DOMUS UNIVERSITATIS 1650

VERÖFFENTLICHUNGEN
DES INSTITUTS FÜR EUROPÄISCHE GESCHICHTE MAINZ
ABTEILUNG FÜR UNIVERSALGESCHICHTE

HERAUSGEGEBEN VON HEINZ DUCHHARDT

BAND 206

VERLAG PHILIPP VON ZABERN · MAINZ
2005

INTEGRATION UND AUSGRENZUNG IN DER STÄDTISCHEN GESELLSCHAFT

EINE JÜDISCH-NICHTJÜDISCHE BEZIEHUNGSGESCHICHTE KÖLNS 1918–1933

VON

NICOLA WENGE

VERLAG PHILIPP VON ZABERN · MAINZ

2005

X, 479 Seiten

Redaktion: Matthias Schnettger
Bildschirmsatz: Annette Reichardt

Die Drucklegung wurde mit Mitteln des Landschaftsverbands Rheinland gefördert.

Bibliografische Information der Deutschen Bibliothek

Die Deutsche Bibliothek verzeichnet diese Publikation
in der Deutschen Nationalbibliografie; detaillierte bibliografische Daten
sind im Internet über <*http://dnb.ddb.de*> abrufbar.

Zugl.: Köln, Univ., Diss., 2003
© 2005 by Verlag Philipp von Zabern, Mainz am Rhein
ISBN 3-8053-3459-1
Alle Rechte, insbesondere das der Übersetzung in fremde Sprachen, vorbehalten.
Ohne ausdrückliche Genehmigung des Verlages ist es auch nicht gestattet, dieses Buch oder Teile
daraus auf photomechanischem Wege (Photokopie, Mikrokopie) zu vervielfältigen
oder unter Verwendung elektronischer Systeme zu verarbeiten und zu verbreiten.
Printed in Germany by Philipp von Zabern
Printed on fade resistant and archival quality paper (PH 7 neutral) · tcf

INHALT

Vorwort IX

Einleitung 1

1. Forschungsüberblick 3
   1.1. Jüdisch-nichtjüdische Sozialbeziehungen und Antisemitismus
       in der Historiographie zur Weimarer Republik 3
   1.2. Forschungsdefizite 8
   1.3. Die deutsch-jüdische Historiographie 8
   1.4. Die historische Antisemitismusforschung 12

2. Fragestellung, Theorie und Methode 20

3. Gliederung, Untersuchungszeitraum und Untersuchungsraum ... 29

4. Quellen 33

5. Zentrale Begriffe: Juden, Integration und Antisemitismus 38

ERSTES KAPITEL
Köln im historischen Rückblick – Der lange Weg der Integration ... 44

1. Das städtische Sozialgefüge entlang der
   konfessionellen Trennungslinien 44

2. Integration und Antisemitismus im Spiegel der
   politischen Kräfteverhältnisse 48

3. Der Erste Weltkrieg 52

4. Rahmenbedingungen in der Weimarer Republik 54

ZWEITES KAPITEL
Alltägliches Miteinander und schleichende Auflösungserscheinungen ... 64

1. Nachbarschaft 67
   1.1. Konfessionelle Strukturen des städtischen Raums 68
   1.2. Gelebte Nachbarschaft 74

2. Bekannte und Freunde 87

3. Partnerwahl, Ehe und Familie 93
    3.1. Ehen im interkonfessionellen Vergleich 97
    3.2. Der katholisch-protestantische Mischehenstreit 101
    3.3. Christlich-jüdische Ehen 108

4. Geselligkeit im Verein 115
    4.1. Traditionen und Entwicklungen 118
    4.2. Das Vereinsleben der Weimarer Zeit 122

5. Fazit 130

DRITTES KAPITEL
Kunst und Kultur – Freiräume für Vielfalt 134

1. Die »höheren Künste« 139
    1.1. Die Sonderbundausstellung 1912 139
    1.2. Kulturelle Dissidenz in der Nachkriegszeit 147
    1.3. Musik- und Theaterleben 156

2. Der Westdeutsche Rundfunk 174
    2.1. Personalpolitik und Senderprofil 174
    2.2. Angriffe gegen den »Systemfunk« 178
    2.3. Milieuinteressen in der Rundfunkgestaltung 181

3. Jüdische Kultur im lokalen Großereignis 185
    3.1. Die Jahrtausendausstellung 1925 186
    3.2. Die Pressa 1928 189

4. Der Kölner Karneval: Feierkultur und Büttenantisemitismus 194

5. Fazit 203

VIERTES KAPITEL
Wissenschaft zwischen Liberalität und Ausgrenzung 207

1. Die Reformuniversität als liberales Projekt 213

2. Jüdische Hochschullehrer und Berufungspolitik 216
    2.1. Das statistische Profil 216
    2.2. Widerstände in der Berufungspraxis 218
    2.3. Der Berufungsstreit Kelsen 223

3. Soziale Begegnungen in der Gelehrtenkultur 231

4. Die Studenten und der Antisemitismus 235
    4.1. Strukturelle Charakteristika der Studentenschaft 235

4.2. Ausgrenzung durch die organisierte Studentenschaft 242
    4.2.1. Der Satisfaktionsstreit 1919/20 243
    4.2.2. Besatzungsbehörden und studentischer Antisemitismus 251
    4.2.3. Die studentische Selbstvertretung 256
    4.2.4. Die katholische Studentenschaft 266
4.3. Rechtsruck und politische Fragmentierung 1926/27 273
5. Universitäre Reaktionen auf die Radikalisierung 1929–1933 279
6. Fazit 295

FÜNFTES KAPITEL
Von der wirtschaftlichen Normalität zum Boykott 297

1. Stadt im Ausnahmezustand: Belastungen der Nachkriegszeit 301
2. »Wucher- und Schiebertum« – ein antisemitisches Feindbild? 303
    2.1. Semantische Traditionslinien eines antisemitischen Stereotyps 306
    2.2. Gebrauch in der öffentlichen Diskussion 309
    2.3. Politisierung im Kapp-Putsch und in den Hungerunruhen 315
3. Das Wirtschaftsleben und seine städtische Normalität 322
    3.1. Die Wirtschafts- und Erwerbsstruktur 322
    3.2. Formen des Miteinanders 326
    3.3. Traditioneller Wirtschaftsantisemitismus 330
4. Die Erosion der Beziehungen 336
    4.1. Radikalantisemitische Angriffe ab 1927 336
        4.1.1. Der Fall Katz-Rosenthal 341
        4.1.2. Tietz und die Mittelstandshetze der NSDAP 344
    4.2. Katholischer Milieuprotektionismus und Antisemitismus 349
5. Fazit 355

SECHSTES KAPITEL
Gestaltungsräume und Gewalt im politischen Leben 358

1. Juden und Kommunalpolitik 362
    1.1. Partizipation in den Parteien: Traditionen und Neuerungen 362
    1.2. Integration durch Stadtverordnete und Stadtverwaltung 367
    1.3. Politischer Entscheidungsprozeß in Konfliktfeldern
        kommunaler Politik 369
        1.3.1. Jüdische Schulen 369
        1.3.2. Jüdische Friedhöfe 372
        1.3.3. Die »Schächtfrage« 377
    1.4. Ostjudenpolitik 383

2. Politischer Antisemitismus 392
   2.1. Radikaler Antisemitismus in der Krise 1919–1923 392
   2.2. DNVP und Völkisch-Sozialer Block:
        der Rechtsruck des Bürgertums 1924–1925 399
   2.3. Reorganisation des völkischen Lagers und antisemitische Gewalt
        1926–1929 401
   2.4. Die Eskalation des politischen Antisemitismus 1930–1933 415

Schluß 423

Abkürzungen 437

Quellen und Literatur 439
1. Archivalien 439
2. Periodika, Zeitschriften und Zeitungen 444
3. Zeitgenössische Veröffentlichungen 445
4. Gedruckte Erinnerungen 446
5. Literatur 446

Register 474

VORWORT

Die vorliegende Studie wurde von der Philosophischen Fakultät der Universität zu Köln unter dem Titel »Zwischen Integration und Ausgrenzung. Antisemitismus und jüdisch-nichtjüdische Sozialbeziehungen in Köln 1918–1933« im April 2003 als Dissertation angenommen. Ich habe sie für die Veröffentlichung leicht gekürzt.

An dieser Stelle möchte ich mich für die vielfältige Unterstützung bedanken, die ich bis zur Drucklegung des Buches erfahren habe: Professor Wolfgang Schieder, mein wissenschaftlicher Betreuer, begleitete mich von Anfang an konstruktiv und stand mir in wichtigen Situationen mit Rat und Tat zur Seite. Professor Jost Dülffer brachte meiner Arbeit als Zweitgutachter großes Interesse entgegen und löste mit Elan organisatorische Probleme rund um die Disputation.

Für die Aufnahme der Dissertation in die *Veröffentlichungen des Instituts für Europäische Geschichte Mainz* bin ich Professor Heinz Duchhardt zu Dank verpflichtet. PD Dr. Matthias Schnettger redigierte die Arbeit für die Drucklegung. Auch ihm sei herzlich gedankt.

Die Arbeit hat nachhaltig vom wissenschaftlichen Austausch mit verschiedenen Kolleginnen und Kollegen profitiert. Dr. Babara Becker-Jákli, Dr. Jakob Borut, Christina Goldmann, Dr. Gideon Reuveni, Dr. Stefanie Schüler-Springorum und Dr. Till van Rahden trugen mit fachlichen Hinweisen dazu bei, das Projekt zu präzisieren und Fehler zu korrigieren. Professor Wolfgang Benz, Professor Christoph Nonn, Professor Hans-Peter Ullmann und Professor Moshe Zimmermann boten mir die Gelegenheit, mein Forschungsvorhaben in ihren Doktorandenkolloquien zu diskutieren. Motivierend war ferner die Teilnahme an dem Leo Baeck Institute Seminar for European and Israeli Young Historians in Jerusalem. Wichtige Impulse gab mir nicht zuletzt das Doktorandenkolloquium zur neueren deutsch-jüdischen Geschichte der Wissenschaftlichen Arbeitsgemeinschaft des Leo Baeck Instituts in Bad Homburg.

Stipendien der Stiftung Bildung und Wissenschaft im Stifterverband für die Deutsche Wissenschaft, des Vidal Sassoon International Center for the Study of Antisemitism der Hebräischen Universität Jerusalem und des Instituts für Europäische Geschichte Mainz erlaubten es mir finanziell, mich dem Thema zu widmen. Der Landschaftsverband Rheinland gewährte einen großzügigen Zuschuß für die Drucklegung.

Um trotz der schlechten Überlieferungssituation die erforderlichen Quellen zusammenzutragen, war ich auf die Beratung und Unterstützung in den Archiven angewiesen. Freundliche Hilfestellungen erhielt ich in allen von mir besuchten Institutionen. Für besonders engagierten und unbürokratischen Beistand danke ich den Mitarbeiterinnen und Mitarbeitern Yad Vashems (Jerusalem), der Germania Judaica (Köln) und des NS-Dokumentationszentrums der Stadt Köln.

Für die jahrelange Begleitung durch Höhen und Tiefen des Promotionsprojekts danke ich vor allem Florian Hofmann und Sabine Osterholt. Die endgültige Fassung der Arbeit entstand in der ebenso kritischen wie freundschaftlichen Auseinandersetzung mit Dr. Mechthild Hempe, Désirée Schauz und Dr. Olaf Stieglitz. Weitere Freunde und Freundinnen waren am Gelingen des Buches beteiligt. Ute Friesen, Thomas Kahl, Jörg Offermann, Dr. Martin Rüther, Manuel Schüren, Susanne Speth, Nadine Teut, Sandra Thomas und Susanne Wenge standen mir mit Korrekturen, technischen Hilfen und emotionaler Unterstützung zur Seite.

Abschließend möchte ich mich besonders bei meinen Eltern bedanken. Sie haben mit ihrem Vertrauen und ihrer Großzügigkeit dieses Buch ermöglicht.

Köln, im Juli 2005   Nicola Wenge

EINLEITUNG

Die Geschichte der Juden in der deutschen Gesellschaft des 19. und frühen 20. Jahrhunderts galt vielen zeitgenössischen Beobachtern im In- und Ausland als ein besonders gelungenes Beispiel erfolgreicher Integration. Die deutsche Kultur übte auf die jüdischen Bürgerinnen und Bürger nicht nur eine starke Anziehungskraft aus, sondern schien auch eine stabile Zukunft zu versprechen. Vor diesem Hintergrund bedeutete die nationalsozialistische Verfolgungs- und Vernichtungspolitik mit ihrer historisch einzigartigen Dimension ein unfaßbares Phänomen.

Diese scheinbar unvereinbaren historischen Realitäten prägen bis heute die Forschung und strukturieren ihre Fragestellungen und Perspektiven. Angesichts der unendlichen Vielzahl von Studien und Forschungsprojekten muß zum ersten verwundern, wie wenig Aufmerksamkeit dabei die Weimarer Republik als die dem Nationalsozialismus unmittelbar vorausgehende Epoche erhielt. Zum zweiten reproduziert sich bis heute dieses scheinbare Paradoxon dahingehend, daß die Geschichte der Juden in Deutschland und die Geschichte des Antisemitismus weitgehend unverbunden nebeneinander stehen.

Es ist das Ziel dieser Arbeit, diese Trennung aufzuheben und das Verhältnis von Integration und Ausgrenzung in den Jahren zwischen 1918 und 1933 als einen dynamischen Interaktionsprozeß zu beschreiben. Hierfür nimmt die Studie eine akteurszentrierte Perspektive ein, in der die alltägliche soziale Praxis des Antisemitismus und die sozialen Beziehungen zwischen Juden und Nichtjuden im lokalen Raum der Stadt Köln aufeinander bezogen werden.

Für die Analyse des Verhältnisses von Integration und Ausgrenzung vor Ort bietet sich Köln als Untersuchungsraum besonders an. Die expandierende Großstadt war in der Weimarer Republik ein führendes Zentrum des deutschen Katholizismus, in dem die NSDAP nur schwer Fuß faßte.[1] Zugleich bil-

---

[1] Bei den Kölner Kommunalwahlen Ende 1929 errang die NSDAP vier von fünfundneunzig Mandaten; bei den Märzwahlen 1933 lagen die Kölner Ergebnisse der NSDAP 10,8 % unter dem Reichsdurchschnitt. Zu Köln in der Weimarer Republik vgl. allgemein Carl DIETMAR/Werner JUNG, Kleine illustrierte Geschichte der Stadt Köln, Köln 1996; Horst MATZERATH, Köln in der Weimarer Republik, in: Peter FUCHS (Hrsg.), Chronik zur Geschichte der Stadt Köln, Bd. 2: Von 1400 bis zur Gegenwart, Köln 1992, S. 188–220; ders. (Hrsg.), »... vergessen kann man die Zeit nicht, das ist nicht möglich ...«. Kölner erinnern sich an die Jahre 1929–1945, Köln 1985; Lothar WEISS, Rheinische Großstädte während der Weltwirtschaftskrise (1929–1933). Kommunale Finanz- und Sozialpolitik im Vergleich, Köln [u. a.] 1999; und Friedrich ZUNKEL, Köln während der Welt-Wirtschaftskrise

dete die rheinische Großstadt als Sitz der ältesten und fünftgrößten jüdischen Gemeinde in Deutschland ein vitales Zentrum jüdischen Lebens.[2] Köln steht noch heute aufgrund seiner katholischen Prägung, der politischen Schwäche der NSDAP und seiner vielbemühten »Liberalität« in dem Ruf, daß sich Antisemitismus hier vor 1933 kaum habe durchsetzen können.[3] Stets wird in der Literatur der vergleichsweise hohe Integrationsgrad der Kölner Juden betont.[4] Um so überraschender ist es, daß im Gleichschaltungsprozeß 1933 Kölner Juden aus vielen gesellschaftlichen Bereichen rigoroser ausgeschlossen wurden als in anderen Städten und daß die Vorreiterrolle Kölns in der frühen nationalsozialistischen Verdrängungspolitik von Kölner Katholiken und Protestanten im individuellen und organisierten Zusammenhang ohne nennenswerten öffentlichen Protest geduldet, mitgetragen und unterstützt wurde.[5]

1929–1933, in: Zeitschrift für Unternehmensgeschichte 26 (1981), S. 104–128.

[2] In die Geschichte der Juden in Köln führen die epochenübergreifenden Darstellungen der Festschrift der Germania Judaica und der Monumenta Judaica ein: Jutta BOHNKE-KOLLWITZ [u. a.] (Hrsg.), Köln und das rheinische Judentum. Festschrift Germania Judaica 1959–1984, Köln 1984; und Konrad SCHILLING (Hrsg.), Monumenta Judaica. 2000 Jahre Geschichte und Kultur der Juden am Rhein. Handbuch und Katalog, Köln 1964. Jüngeren Datums sind der von der Synagogen-Gemeinde in Auftrag gegebene Kurzführer von Monika GRÜBEL, Seit 321. Juden in Köln, Köln 1999, und die journalistische Arbeit Kirsten SERUP-BILFELDT, Zwischen Dom und Davidstern. Jüdisches Leben in Köln von den Anfängen bis heute, Köln 2001. Komprimierte Zusammenfassungen leisten außerdem die Beiträge von Barbara BECKER-JÁKLI, Zur Geschichte der Juden in Köln, in: Dies. (Hrsg.), Ich habe Köln doch so geliebt. Lebensgeschichten jüdischer Kölnerinnen, Köln 1993, S. 323–359, und der Ausstellungskatalog Horst MATZERATH/Elfi PRACHT (Hrsg.), Jüdisches Schicksal in Köln. 1918–1945. Ausstellung des Historischen Archivs der Stadt Köln, NS-Dokumentationszentrum, Köln 1988, S. 15–22. Ältere lesenswerte epochenübergreifende Darstellungen der jüdischen Gemeinde in Köln wurden von Kölner Rabbinern im Exil und in der Nachkriegszeit verfaßt: Zvi ASARIA, Die Juden in Köln. Von den ältesten Zeiten bis zur Gegenwart, Köln 1959; und Adolf KOBER, History of Jews in Cologne, Philadelphia 1940. Als wissenschaftliche Monographie verdient Shulamith Sharon MAGNUS, Jewish Emancipation in a German City. Cologne, 1798–1871, Stanford 1997, besondere Beachtung.

[3] Beispielhaft Hermann KELLENBENZ, Wirtschafts- und Sozialentwicklung der nördlichen Rheinlande im Kaiserreich (1870–1914), in: Franz PETRI/Georg DROEGE (Hrsg.), Rheinische Geschichte, Bd. 3, Düsseldorf 1979, S. 71–112, hier: S. 80; Adolf KLEIN, Köln im Dritten Reich. Stadtgeschichte der Jahre 1933–1945, Köln 1983, S. 19–21; und Wilhelm TREUE, Die Juden in der Wirtschaftsgeschichte des rheinischen Raumes 1648–1945, in: Monumenta Judaica, S. 419–465, hier: S. 453 f. Jüngstes Beispiel: »Die kölsche Lebensart, die ›gelassen-rheinische‹ Weise, die Dinge zu sehen, war vermutlich das Element, das jenseits von konfessionellen oder sozialen Unterschieden die Menschen zusammenschweißte«. SERUP-BILFELDT, Zwischen Dom und Davidstern, S. 107.

[4] ASARIA, Juden, S. 301; BECKER-JÁKLI, Geschichte, S. 325; Hermann GREIVE, Juden im öffentlichen Leben, in: BOHNKE-KOLLWITZ, Köln, S. 207–224, hier: S. 209; Simon GOLDMANN, Beiträge zur Geschichte der Juden in Köln, in: Jahrbuch des Kölner Geschichtsvereins 43 (1971), S. 265–271; und KOBER, History, S. 87–89. Mit Ausnahme Becker-Jáklis vernachlässigen diese Arbeiten jedoch den Aspekt des alltäglichen Zusammenlebens und die Dimension von Antisemitismus entweder grundsätzlich oder zumindest für den Zeitraum zwischen 1918 und 1933.

[5] So wurden Juden an der Kölner Universität, im Kulturbetrieb und selbst in konfessionellen Institutionen bereits entlassen, bevor mit dem sogenannten Gesetz zur Wiederherstellung

Wie zu zeigen sein wird, war die Situation 1933 das Ergebnis eines Desintegrations- und Dissoziationsprozesses, der Mitte der 1920er Jahre einsetzte und sich dann zunehmend beschleunigte. Bis dahin war der Integrationsstand der Kölner Juden vergleichsweise hoch, was einerseits mit der Sozial- und Konfessionsstruktur Kölns im allgemeinen und der des Kölner Bürgertums im besonderen zu erklären ist und andererseits mit dem Verhalten der städtischen Eliten zusammenhängt. Die genaue Rekonstruktion dieses Wandels von einer weitreichenden Integration zur vorauseilenden Ausgrenzung soll die Mechanismen eines erstarkten Antisemitismus und seine Auswirkungen auf die jüdisch-nichtjüdischen Beziehungen für die Weimarer Republik unter Berücksichtigung der lokalen Besonderheiten exemplarisch diskutieren. Unter diesem Blickwinkel stehen die dominierenden Deutungsmuster der deutsch-jüdischen Historiographie und der Antisemitismusforschung zur Weimarer Republik in gleicher Weise auf dem Prüfstand.

1. Forschungsüberblick

1.1. Jüdisch-nichtjüdische Sozialbeziehungen und Antisemitismus in der Historiographie zur Weimarer Republik

Die Weimarer Republik gilt als eine Epoche der Gegensätze: Revolution und Republik traten mit dem Anspruch auf, die alten Formen sozialer Ungleichheit des Kaiserreichs zu überwinden und den Zugang zum gesellschaftlichen und politischen Entscheidungsprozeß zu öffnen. Vor dem Hintergrund eines beschleunigten ökonomischen, sozialen und kulturellen Umbruchprozesses in den 1920er Jahren wurde das Demokratisierungsversprechen nicht nur verfassungsrechtlich festgeschrieben, vielmehr eröffneten sich tatsächlich neue Gestaltungsräume auch für jene Gruppen, die aus der bürgerlich-protestantisch, männlich geprägten Kultur des Kaiserreichs ausgeschlossen waren oder an ihr nur begrenzt teilhaben konnten.[6]

---

des Berufsbeamtentums vom 7. April 1933 die rechtliche Grundlage dafür geschaffen war. Kurt DÜWELL, Die Rheingebiete in der Judenpolitik des Nationalsozialismus vor 1942. Beitrag zu einer vergleichenden zeitgeschichtlichen Landeskunde, Bonn 1968; ders., Das Schicksal der Juden am Rhein im nationalsozialistischen Einheitsstaat. Die Jahre 1933–1945, in: SCHILLING, Monumenta Judaica, S. 601–646; Anselm FAUST (Hrsg.), Verfolgung und Widerstand im Rheinland und in Westfalen 1933–1945, Köln 1992; Frank GOLCZEWSKI, Kölner Hochschullehrer und der Nationalsozialismus. Personengeschichtliche Ansätze, Köln/Wien 1988; Leo HAUPTS/Georg MÖLICH (Hrsg.), Aspekte der nationalsozialistischen Herrschaft in Köln und im Rheinland. Beiträge und Quellen, Köln 1983; Sigrid LEKEBUSCH, Not und Verfolgung der Christen jüdischer Herkunft im Rheinland 1933–1945. Darstellung und Dokumentation, Köln 1995. Zusammenfassend auch DIETMAR/W. JUNG, Geschichte, S. 229.

[6] Eberhard KOLB, Die Weimarer Republik, 5. Aufl. München/Wien 2000, S. 37, 110 f.; Peter LONGERICH (Hrsg.), Die Erste Republik. Dokumente zur Geschichte des Weimarer Staates, München 1992, S. 17; Detlev K. PEUKERT, Die Weimarer Republik. Krisenjahre der klassischen Moderne, 2. Aufl. Frankfurt a. M. 1989, S. 266–271; Heinrich August

Zugleich erscheinen die Jahre der Weimarer Republik aber als eine krisengeschüttelte Zeit, in der sich die gesellschaftlichen Handlungsräume verengten. Das Problembündel aus Kriegshypothek und innenpolitischen Problemen, aus wirtschaftlichen Notlagen und sozialen Konflikten unterminierte die Hoffnungen auf ein stabiles Gemeinwesen. Es ist vielfach beschrieben worden, wie sich die reaktionären und antimodernen Kräfte in den Krisenjahren der Republik dramatisch verstärkten und breite Unterstützung bei einer elementar verunsicherten Bevölkerung und einem desavouierten Bürgertum fanden. Trotz aller Vielschichtigkeiten wird die Weimarer Republik daher weiterhin unter dem Signum ihres Scheiterns und als Vorgeschichte des Nationalsozialismus betrachtet.[7]

Diese zweipolige Interpretation der Weimarer Republik, die letztlich von ihrem Ende dominiert wird, bestimmt auch die Deutung jüdisch-nichtjüdischen Zusammenlebens in den Jahren zwischen 1918 und 1933. Einerseits versprach der neue Staat, die alten Barrieren niederzureißen, die die deutschen Juden von der Vollendung ihrer gesellschaftlichen Integration trennten.[8] Die Weimarer Verfassung legte fest, daß bürgerliche und staatsbürgerliche Rechte vom religiösen Bekenntnis unabhängig seien (Art. 136), daß alle Staatsbürger nach Befähigung und Leistung zu öffentlichen Ämtern zugelassen werden sollten (Art. 109, 128), und sie garantierte außerdem die Autonomie und Gleichheit der religiösen Körperschaften (Art. 137).[9] Tatsächlich fanden nunmehr jüdische Deutsche Zugang zu politischen und administrativen Ämtern, die ihnen

---

WINKLER, Weimar 1918–1933. Die Geschichte der ersten deutschen Demokratie, München 1993, S. 33 f.; Andreas WIRSCHING, Die Weimarer Republik: Politik und Gesellschaft, Oldenburg 2000, S. 98–100; und ders., Deutsche Geschichte im 20. Jahrhundert, München 2001, bes. Kap. 2: Weltkrieg und Demokratie, S. 34–55.

[7] Paradigmatisch Karl Dietrich BRACHER, Die Auflösung der Weimarer Republik. Eine Studie zum Problem des Machtverfalls in der Demokratie, Villingen 1955; und Hans MOMMSEN, Die verspielte Freiheit. Der Weg der Republik von Weimar in den Untergang 1918 bis 1933, Berlin 1990. Ferner auch Ludger GREVELHÖRSTER, Kleine Geschichte der Weimarer Republik 1918–1933. Ein problemgeschichtlicher Überblick, Münster 2000, S. 7; der Literaturüberblick Thomas J. SAUNDERS, Weimar Germany: Crisis as Normalcy – Trauma as Condition, in: NPL 19 (2000), S. 207–226; und Bernd WIDDIG, Culture and Inflation in Wiemar Germany, Berkeley/Los Angeles/London 2001. Zur kritischen Auseinandersetzung mit dieser Perspektive Detlef LEHNERT, Die Weimarer Republik. Parteienstaat und Massengesellschaft, Stuttgart 1999, S. 14; und Gottfried NIEDHARDT, Deutsche Geschichte 1918–1933. Politik in der Weimarer Republik und der Sieg der Rechten, 2. Aufl. Stuttgart 1996, S. 9–12.

[8] Zum Ausschluß der deutschen Juden aus wichtigen Bereichen der Zivilgesellschaft und der öffentlichen Sphäre im Kaiserreich: Peter PULZER, Jews and the German State. The Political History of a Minority 1848–1933, Oxford/Cambridge 1992, S. 19, 114; und ders., Rechtliche Gleichstellung und öffentliches Leben, in: Michael A. MEYER [u. a.] (Hrsg.), Deutsch-jüdische Geschichte in der Neuzeit, Bd. 3, München 1997, S. 151–192; sowie Shulamit VOLKOV, Die Juden in Deutschland 1780–1918, München 1994, S. 55 f.

[9] Avraham BARKAI, Politische Orientierungen und Krisenbewußtsein, in: M. A. MEYER, Deutsch-jüdische Geschichte, Bd. 4, 1997, S. 102–122, hier: S. 102; Arno HERZIG, Jüdische Geschichte in Deutschland. Von den Anfängen bis zur Gegenwart, München 1997, S. 210; und PULZER, Jews, S. 271.

bis dahin verwehrt geblieben waren.[10] Personen jüdischen Glaubens und weit häufiger jüdischer Herkunft konnten erstmalig offiziell Schlüsselpositionen im öffentlichen Leben einnehmen.[11] In der Nachkriegsöffentlichkeit, in den sozialistischen und liberalen Parteien, in Akademikerkreisen und in den neuen Massenmedien agierten Juden zunächst mit gewachsener Bewegungsfreiheit.[12] Peter Gay beschrieb dieses Phänomen bereits 1970 mit der griffigen und vielzitierten Formel, daß Revolution und Republik die bisherigen Außenseiter, zu denen auch viele Personen jüdischer Herkunft und Religion zählten, nunmehr zu »Insidern« gemacht und an die Schaltstellen der Republik gebracht hätten.[13]

Doch obwohl diese Entwicklung als Beweis und Metapher für die integrierende Kraft des Nationalstaats anzusehen ist[14], wurde die gesellschaftliche Integration der deutschen Juden zugleich von einem erstarkten Antisemitismus bedroht: Die nationalistische und völkische Rechte aktualisierte, ideologisierte und radikalisierte antisemitische Stereotypen in bisher unbekannter Weise, stilisierte die Juden zum zentralen Objekt ihrer Agitation und zum inneren Feind der Nation.[15] Die Antisemiten erklärten die Republik zur »Judenrepublik« und machten die Juden für Krieg, Revolution und Inflation verantwortlich.[16] Neu war nicht nur die semantische Verdichtung des antisemitischen Feindbildes, sondern auch seine Umsetzung in Gewalt. Die radikale Rechte hetzte in der direkten Nachkriegszeit hemmungslos gegen jüdische Personen des öffentlichen

---

[10] Werner T. ANGRESS, Juden im politischen Leben der Revolutionszeit, in: Werner E. MOSSE/Arnold PAUCKER (Hrsg.), Deutsches Judentum in Krieg und Revolution 1916–1923, Tübingen 1971, S. 137–315, hier: S. 137; ders., Revolution und Demokratie: Jüdische Politiker in Berlin 1918/19, in: Reinhard RÜRUP (Hrsg.), Jüdische Geschichte in Berlin. Essays und Studien, Berlin 1995, S. 181–196, hier: S. 184; und Trude MAURER, Die Juden in der Weimarer Republik, in: Dirk BLASIUS/Dan DINER (Hrsg.), Zerbrochene Geschichte. Leben und Selbstverständnis der Juden in Deutschland, Frankfurt a. M. 1991, S. 102–120, hier: S. 110.

[11] ANGRESS, Juden, S. 137; Jost HERMAND, Juden in der Kultur der Weimarer Republik, in: Walter GRAB/Julius H. SCHOEPS (Hrsg.), Juden in der Weimarer Republik, Stuttgart 1986, S. 9–37; Ernst G. LOWENTHAL, Die Juden im öffentlichen Leben, in: Werner E. MOSSE/Arnold PAUCKER (Hrsg.), Entscheidungsjahr 1932. Zur Judenfrage in der Weimarer Republik, Tübingen 1965, S. 51–85; und PULZER, Jews, S. 207–210.

[12] Nach PEUKERT, Weimarer Republik, S. 161.

[13] Peter GAY, Die Republik der Außenseiter. Geist und Kultur in der Weimarer Zeit 1918–1933, Frankfurt a. M. 1970, S. 11 f. u. S. 159. Zusammengefaßt auch bei Paul MENDES-FLOHR, Juden in der deutschen Kultur, in: M. A. MEYER, Deutsch-jüdische Geschichte Bd. 4, S. 167–190, hier: S. 167.

[14] So Omar BARTOV, Defining Enemies, Making Victims: Germans, Jews and the Holocaust, in: American Historical Review 103 (1998), S. 771–816, hier: S. 773.

[15] Helmut BERDING, Moderner Antisemitismus in Deutschland, Frankfurt a. M. 1988, S. 102.

[16] BARTOV, Defining Enemies, S. 776–780; BERDING, Moderner Antisemitismus, S. 168–184; Werner BERGMANN, Geschichte des Antisemitismus, München 2002, S. 72; Saul FRIEDLÄNDER, Die politischen Veränderungen der Kriegszeit und ihre Auswirkungen auf die Judenfrage, in: W. E. MOSSE/PAUCKER, Deutsches Judentum, S. 27–65, hier: S. 49.

Lebens, entfachte eine regelrechte Pogromstimmung gegen die sogenannten Ostjuden und setzte in ihren bürgerkriegsähnlichen Angriffen in der und gegen die Republik auch die planmäßige Ausübung physischer Gewalt bis hin zum politischen Mord kalkuliert ein.[17] Selbst die vermeintlich ruhigen Jahre der Republik verschafften den deutschen Juden keine durchgängige Entspannung, wovon die Welle der Friedhofsschändungen 1926/27 und die um dieselbe Zeit einsetzenden Übergriffe der SA zeugen. In den letzten Jahren der Republik nahm die nationalsozialistische Gewalt dann ungeahnt dramatische Ausmaße an.[18] So brachte der neue Staat neben dem verfassungsrechtlichen Anspruch umfassender Integration zugleich ein unbekanntes Bedrohungspotential der physischen Integrität seiner jüdischen Staatsbürger.[19]

Es gehört zu den Grundannahmen der Historiographie zur Weimarer Republik[20] und der historischen Antisemitismusforschung[21], daß die Weimarer Krisenjahre auch deshalb eine neue Dimension in der Entwicklung des Antisemitismus in Deutschland markierten[22], weil die antisemitische Agitation

---

[17] BERDING, Moderner Antisemitismus, S. 185–187; und Werner JOCHMANN, Die Ausbreitung des deutschen Antisemitismus, in: W. E. MOSSE/PAUCKER, Deutsches Judentum, S. 409–510, hier: S. 464–466. Einen fundierten Überblick über die Entwicklung antisemitischer Gewalt bietet Dirk WALTER, Antisemitische Kriminalität und Gewalt. Judenfeindschaft in der Weimarer Republik, Bonn 1999. Siehe auch Martin SABROW, Die verdrängte Verschwörung. Der Rathenau-Mord und die deutsche Gegenrevolution, Frankfurt a. M. 1999; und zur Gewalt gegen osteuropäische Juden Trude MAURER, Ostjuden in Deutschland 1918–1933, Hamburg 1986, S. 329–338, 345–347; sowie David Clay LARGE, »Out with the Ostjuden«. The Scheunenviertel Riots in Berlin, November 1923, in: Christhard HOFFMANN/Werner BERGMANN/Helmut WALSER SMITH (Hrsg.), Exclusionary Violence. Antisemitic Riots in Modern German History, Ann Arbor, Michigan 2002, S. 123–140.

[18] Überzeugend hierin Martin LIEPACH, Das Wahlverhalten der jüdischen Bevölkerung. Zur politischen Orientierung der Juden in der Weimarer Republik, Tübingen 1996, S. 408.

[19] Helmut BERDING, Antisemitismus in der modernen Gesellschaft: Kontinuität und Diskontinuität, in: Jörg K. HOENSCH (Hrsg.), Judenemanzipation – Antisemitismus – Verfolgung in Deutschland, Österreich-Ungarn, den böhmischen Ländern und in der Slowakei, Essen 1999, S. 85–99, hier: S. 98; und Monika RICHARZ (Hrsg.), Jüdisches Leben in Deutschland, Bd. 3: Selbstzeugnisse zur Sozialgeschichte 1918–1945, Stuttgart 1976, S. 42.

[20] KOLB, Weimarer Republik, S. 37, 110 f.; NIEDHARDT, Deutsche Geschichte, S. 60 f.; PEUKERT, Weimarer Republik, S. 162 f.; WINKLER, Weimar 1918–1933, S. 81 f.; und WIRSCHING, Weimarer Republik, S. 98–100.

[21] BERDING, Moderner Antisemitismus, S. 165; BERGMANN, Geschichte, S. 72 f.; und JOCHMANN, Ausbreitung, S. 445, 451. Ihren Befund bestätigen BARTOV, Defining Enemies, S. 771–783; Daniel J. GOLDHAGEN, Hitlers willige Vollstrecker. Ganz gewöhnliche Deutsche und der Holocaust, Berlin 1996, S. 111 f.; Anthony KAUDERS, German Politics and the Jews. Düsseldorf und Nuremberg 1910–1933, Oxford 1996, S. 183 f.; und WALTER, Antisemitische Kriminalität, S. 15.

[22] Zur Diskussion hierzu siehe Wolfgang BENZ/Werner BERGMANN, Antisemitismus – Vorgeschichte des Völkermords?, in: Dies. (Hrsg.), Vorurteil und Völkermord. Entwicklungslinien des Antisemitismus, Freiburg i. Br. 1997, Einleitung, S. 10–29; BERDING, Antisemitismus; Ian KERSHAW, Antisemitismus und die NS-Bewegung vor 1933, in: Hermann GRAML/Angelika KÖNIGSEDER/Juliane WETZEL (Hrsg.), Vorurteil und Rassenhaß, Antisemitismus und faschistische Bewegungen Europas, Berlin 2001, S. 29–49; Donald NIEWYK, Solving the »Jewish Problem«. Continuity and Change in German Antisemitism 1871–1945,

erstmalig auf breite Zustimmung stieß bei einer unter materieller Not leidenden und elementar verunsicherten Bevölkerung sowie unter jenen arrivierten, bürgerlichen Kreisen, die sich im Kaiserreich noch von radikalen Formen der Judenfeindschaft distanziert hatten.[23] Zwar habe der Antisemitismus in der Phase der relativen Stabilisierung der Republik 1924–1929 wieder an Unterstützung verloren, doch nur, um unter den Vorzeichen von Weltwirtschaftskrise und politischer Radikalisierung ab 1929 endgültig von den Rändern in die Mitte der Gesellschaft zu rücken.[24]

Auch in der neueren Historiographie zur deutsch-jüdischen Geschichte, die sich seit den 1990er Jahren der Weimarer Republik verstärkt zuwendet[25], werden die 1920er Jahre zunehmend kritisch bewertet. Die vorliegenden Studien betonen, daß die deutschen Juden trotz aller Hoffnungen auf eine vollständige Integration sozial und politisch zunehmend isoliert, im wirtschaftlichen Leben angefeindet und alltäglichen Erfahrungen von Demütigung und Ausgrenzung ausgesetzt gewesen seien.[26]

---

in: LBIYB 35 (1990), S. 335–370; Herbert A. STRAUSS, Der Holocaust als Epochenscheide der Antisemitismusgeschichte: historische Diskontinuitäten, in: Werner BERGMANN/Rainer ERB (Hrsg.), Antisemitismus in der politischen Kultur nach 1945, Opladen 1990, S. 38–56; Shulamit VOLKOV, Das geschriebene und das gesprochene Wort. Über Kontinuität und Diskontinuität im deutschen Antisemitismus, in: Dies. (Hrsg.), Jüdisches Leben und Antisemitismus im 19. und 20. Jahrhundert, München 1990, S. 54–75.

[23] BERDING, Antisemitismus in der modernen Gesellschaft, S. 86, 95–98; KAUDERS, German Politics, S. 183–191; STRAUSS, Holocaust, S. 44–46; und WALTER, Antisemitische Kriminalität, S. 14 f.

[24] BERDING, Moderner Antisemitismus, S. 164; ders., Antisemitismus in der modernen Gesellschaft, S. 86; und Oded HEILBRONNER, From Antisemitic Peripheries to Antisemitic Centres. The Place of Antisemitism in Modern German History, in: Journal of Contemporary History 35 (2000), S. 559–576; JOCHMANN, Ausbreitung, S. 486; KAUDERS, German Politics, S. 184; STRAUSS, Holocaust, S. 46; und WALTER, Antisemitische Kriminalität, S. 10–16. Ebenfalls John WEISS, Der lange Weg zum Holocaust. Die Geschichte der Judenfeindschaft in Deutschland und Österreich, Hamburg 1997, S. 310 f. Dauerhafte Durchsetzung des Antisemitismus bestreiten indessen Donald L. NIEWYK, The Jews in Weimar Germany, Baton Rouge 1981, S. 51, und Heinrich August WINKLER, Die deutsche Gesellschaft der Weimarer Republik und der Antisemitismus, in: Bernd MARTIN/Ernst SCHULIN (Hrsg.), Die Juden als Minderheit in der Geschichte, München 1981, S. 271–289, hier: S. 285.

[25] Wolfgang BENZ/Arnold PAUCKER/Peter PULZER (Hrsg.), Jüdisches Leben in der Weimarer Republik – Jews in Weimar Germany, Tübingen 1998; Michael BRENNER, The Renaissance of Jewish Culture in Weimar Germany, New Haven/London 1996, deutsch: Jüdische Kultur in der Weimarer Republik, München 2000; Johannes HEIL, Deutsch-jüdische Geschichte, ihre Grenzen und die Grenzen ihrer Synthesen. Anmerkungen zu neueren Erscheinungen, in: HZ 269 (1999), S. 653–680; Moshe ZIMMERMANN, Die deutschen Juden 1914–1945, München 1997.

[26] Vgl. etwa Abraham BARKAI, Jüdisches Leben in seiner Umwelt, in: M. A. MEYER, Deutsch-Jüdische Geschichte, Bd. 3, S. 50–73, hier: S. 59; Wolfgang BENZ, Die jüdische Erfahrung. Die Legende von der deutsch-jüdischen Symbiose vor 1933, in: Ders., Bilder vom Juden. Studien zum alltäglichen Antisemitismus, München 2001, S. 44–56; Michael A. MEYER, Juden – Deutsche – Juden. Wandlungen des deutschen Judentums in der Neuzeit, LBI Information-Sonderheft 1998, Frankfurt a. M. 1998, S. 12; und Stefan ROHRBA-

1.2. Forschungsdefizite

Das im vergangenen Abschnitt skizzierte Bild steht jedoch auf tönernen Füßen, wie ein Blick auf das ebenso erstaunliche wie tiefgreifende Forschungsdefizit zur Sozialgeschichte jüdisch-nichtjüdischen Zusammenlebens und den Auswirkungen eines erstarkten Antisemitismus verdeutlicht. Denn wie sich antisemitische Denk- und Handlungsmuster im sozialen und alltäglichen Leben der Weimarer Republik äußerten, von wem sie kommuniziert und praktiziert wurden und wie sich dieser »Antisemitismus vor Ort« konkret auf die Beziehungen zwischen Juden und Nichtjuden auswirkte, darüber kann weder die deutsch-jüdische Historiographie noch die Antisemitismusforschung zur Weimarer Republik bisher eine befriedigende Antwort geben. Wenn aber Berührungen und Spannungen im Zusammenleben von Juden und Nichtjuden nicht in ihrem Wechselverhältnis an der gesellschaftlichen Basis und in ihrer zeitlichen Entwicklung untersucht werden, so fällt die Bewertung allzu schnell negativ aus, ohne überhaupt fundiert untersucht worden zu sein.[27] Zugleich besteht die Gefahr, Ausgrenzungsformen jenseits des radikalen Antisemitismus zu ignorieren und so ein nur unvollständiges Bild judenfeindlicher Wirkungsmechanismen in der deutschen Gesellschaft zu zeichnen.

1.3. Die deutsch-jüdische Historiographie

Daß die deutsch-jüdische Historiographie über Jahrzehnte entweder die Integrationserfolge der jüdischen Minderheit hervorhob und antisemitische Momente vernachlässigte oder sich umgekehrt auf interne Gruppenprozesse der deutschen Juden in einer als feindselig perzipierten Umwelt konzentrierte, erklärt sich aus dem ebenso schwierigen wie umstrittenen Umgang mit der deutsch-jüdischen Geschichte im Schatten des Holocaust. Denn die einseitigen Forschungsschwerpunkte gründen auf einem moralisch aufgeladenen Streit zwischen Integrationsbefürwortern und -kritikern, der bis in das 19. Jahrhundert zurückreicht und sich unter dem Eindruck des nationalsozialistischen Massenmords dramatisch zuspitzte, indem er die Frage nach dem »richtigen« oder »falschen« Verhalten der deutschen Juden vor und im Nationalsozialismus verhandelte.[28]

CHER, Kaiserreich und Weimarer Republik, Horte innigster deutsch-jüdischer Symbiose?, in: GWU 43 (1992), S. 681–687.

[27] So zu Recht Christoph NONN, Zwischenfall in Konitz. Antisemitismus und Nationalismus im preußischen Osten um 1900, in: HZ 266 (1998), S. 387–418, hier: S. 387.

[28] Bis in die 1970er Jahre blieb die deutsch-jüdische Geschichte aus der allgemeinen deutschen Geschichte ausgeklammert und sektorales Arbeitsfeld jüdischer Historiker und Historikerinnen, die den alten Streit zwischen Zionisten und Assimilationisten ausfochten.

Während im liberalen Narrativ der Integrationsverteidiger Emanzipation, Integration und Akkulturation der deutschen Juden als ein im wesentlichen erfolgreiches Projekt erschienen[29], das in der Weimarer Republik seinen Höhepunkt fand und 1933 abrupt unterbrochen wurde[30], betonen die Zionisten und ihre historiographischen Nachfahren, daß die assimilationswilligen Juden aus Sehnsucht nach gesellschaftlicher Akzeptanz blind für ihre isolierte Gruppenexistenz in den 1920er Jahren gewesen seien und auch rückblickend nicht erkennen wollten, daß der Weg der Integration letztlich nach Auschwitz geführt habe.[31]

David Sorkins These, daß die deutschen Juden angesichts starker Ausgrenzungstendenzen im unvollendeten Emanzipationsprozeß ungewollt eine neue jüdische Subkultur gebildet hätten, fand daher in der sektoralen Historiographie zur Weimarer Republik starken Anklang.[32] Dieser Zweig der Historiographie suchte eine separate Gruppenexistenz und -identität mit divergierenden Kollektivtermini wie »Milieu«, »ethnische (oder ethnisch-konfessionelle) Gruppe«, »Subkultur« und »intime Kultur« zu fassen.[33]

Vgl. zur Tabuisierung und Idealisierung der deutsch-jüdischen Geschichte in der allgemeinen deutschen Geschichte Christhard HOFFMANN, The German-Jewish Encounter and German Historical Culture, in: LBIYB 41 (1996), S. 277–291, bes. S. 281 f.

[29] Zu Emanzipation, Integration, Akkulturation und Assimilation als Kernbegriffe deutsch-jüdischer Geschichte informieren mit grundlegenden Literaturverweisen Reinhard RÜRUP, Emanzipation und Antisemitismus. Studien zur Judenfrage der bürgerlichen Gesellschaft, Göttingen 1975, S. 126–132; Shulamit VOLKOV (Hrsg.), Deutsche Juden und die Moderne, München 1994, S. 7–9. Zur Diskussion und Definition von Assimilation und Akkulturation vgl. etwa auch Simone LÄSSIG/Karl-Heinz POHL, Verbürgerlichung als kulturelles Phänomen. Eine jüdische Quelle, in: GWU 52 (2001), S. 433–444, hier: S. 435; und Till van RAHDEN, Juden und andere Breslauer. Die Beziehungen zwischen Juden, Protestanten und Katholiken in einer deutschen Großstadt von 1860 bis 1925, Göttingen 2000, S. 17–19.

[30] So etwa Reinhard RÜRUP, Jüdische Geschichte in Deutschland. Von der Emanzipation bis zur nationalsozialistischen Gewaltherrschaft, in: BLASIUS/DINER, Zerbrochene Geschichte, S. 79–101, hier: S. 95, und, weniger differenziert, Peter GAY, In Deutschland zu Hause ... Die Juden in der Weimarer Zeit, in: Arnold PAUCKER (Hrsg.), Die Juden im Nationalsozialistischen Deutschland/The Jews in Nazi Germany 1933–1943, Tübingen 1986, S. 31–43. Zugespitzt und stark angreifbar bei Peter SCHUMANN, Jüdische Deutsche im Kaiserreich und in der Weimarer Republik, in: GWU 43 (1992), S. 32–40.

[31] Geradezu traditionsbegründend wirkten Gershom SCHOLEM, Wider den Mythos vom deutsch-jüdischen Gespräch, in: Ders., Judaica, Bd. 2, Frankfurt a. M. 1970, und seine programmatische Autobiographie: Von Berlin nach Jerusalem. Jugenderinnerungen, Frankfurt a. M. 1977. Vgl. stellvertretend für die neuere Historiographie Enzo TRAVERSO, Die Juden und Deutschland. Auschwitz und die »jüdisch-deutsche Symbiose«, Berlin 1993.

[32] Das sektorale Vorgehen wird mit dem Hinweis begründet, daß Antisemitismus als Phänomen der Mehrheitsgesellschaft aus dem Untersuchungsgebiet der jüdischen Geschichte herausfalle, so etwa bei Trude MAURER, Die Entwicklung der jüdischen Minderheit 1780–1933. Neuere Forschungen und offene Fragen, Tübingen 1992, S. 5. Siehe hierzu auch NONN, Zwischenfall, S. 387; und Till van RAHDEN, Ideologie und Gewalt. Neuerscheinungen über den Antisemitismus in der deutschen Geschichte des 19. und frühen 20. Jahrhunderts, in: NPL 41 (1996), S. 11–29.

[33] David SORKIN, The Transformation of German Jewry, 1780–1840, New York 1987. Vgl. zu einer genauen Bestandsaufnahme und kritischen Diskussion der Kollektivbegriffe Till van RAHDEN, Weder Milieu noch Konfession. Die situative Ethnizität der deutschen

In den letzten Jahren gerieten innerhalb der deutsch-jüdischen Historiographie die dichotomen Denkansätze der »Integrationalisten« und der »Separatisten« mit ihren moralischen Implikationen und ihrer Konzentration auf Integrations- bzw. Ausgrenzungsmomente jedoch zunehmend in die Kritik.[34] Diese Kritik speist sich aus einer Rezeption neuer sozial- und kulturhistorischer Ansätze und geht mit einem Generationenwechsel innerhalb der Historiographie zur deutsch-jüdischen Geschichte Hand in Hand. Unter dem Einfluß multikulturalistischer Theorien und eines neuen kulturgeschichtlichen Differenzdenkens werden die deutschen Juden nicht mehr als eine Minderheit begriffen, die sich in einem einseitigen, asymmetrischen Anpassungsprozeß unter Aufgabe der eigenen Gruppenidentität einer homogenen Mehrheitsgesellschaft und -kultur anpaßte[35], aber auch nicht als eine isolierte, ethnische Gruppe betrachtet, die einer feindseligen deutschen Mehrheitsgesellschaft diametral gegenüberstand.[36] Vielmehr, so die neue Grundprämisse, gestalteten Juden und Nichtjuden ihr Zusammenleben in einem komplexen wechselseitigen Verhandlungsakt.[37]

Da Till van Rahden dieses Forschungsparadigma in einer Studie zu den Beziehungen zwischen Juden und Nichtjuden in Breslau 1860 bis 1925 exemplarisch umgesetzt hat, verdient seine Arbeit besondere Erwähnung. Es ist positiv zu vermerken, daß van Rahden die größeren Handlungsspielräume der deutschen Juden in der liberalen Stadtgesellschaft Breslaus im Kaiserreich fundiert herausgearbeitet hat. Allerdings ist fraglich, ob sein Konzept der situativen Ethnizität für die homogenitätsbesessene Gesellschaft des Kaiserreichs jen-

---

Juden im Kaiserreich in vergleichender Perspektive, in: Olaf BLASCHKE/ Frank-Michael KUHLEMANN (Hrsg.), Religion im Kaiserreich. Milieus – Mentalitäten – Krisen, Gütersloh 1996, S. 409–434.

[34] Vgl. neben HEIL, Deutsch-jüdische Geschichte, S. 653–680; Anthony KAUDERS, False Consciousness? »German-Jewish« Identity after Emancipation, in: TAJB 28 (1999), S. 459–508, hier: S. 469–471; RAHDEN, Juden; und ders., Weder Milieu noch Konfession, auch die programmatische Einleitung des Sammelbandes Andreas GOTZMANN/Rainer LIEDTKE/Till van RAHDEN (Hrsg.), Juden, Bürger, Deutsche. Zur Geschichte von Vielfalt und Differenz 1800–1933, Tübingen 2001, S. 3.

[35] Gegen das Integrations- und Assimilationsparadigma der deutsch-jüdischen Geschichte richten sich jüngst vor allem durch die US-amerikanische Historiographie inspirierte Arbeiten, die mit dem Ethnizitätskonzept arbeiten, wie Marion A. KAPLAN, Jüdisches Bürgertum. Frau, Familie und Identität im Kaiserreich, Hamburg 1997; Kerstin MEIRING, Die christlich-jüdische Mischehe in Deutschland 1840–1933, Hamburg 1998; und RAHDEN, Juden, S. 13–36. Früh bereits Marion BERGHAHN, German-Jewish Refugees in England. The Ambiguities of Assimilation, London 1984.

[36] Steven E. ASCHHEIM, German History and German Jewry: Boundaries, Junctions and Interdepence, in: LBIYB 43 (1998), S. 315–322. Besonders rigide Einwände gegen das teleologische Geschichtsmodell der zionistischen Position und den »ethnischen Absolutismus« erhebt Samuel MOYN, German Jewry and the Question of Identity. Historiography and Theory, in: LBIYB 41 (1996), S. 291–308.

[37] Siehe hierzu programmatisch die Einleitung des Sammelbandes GOTZMANN/LIEDTKE/RAHDEN, Juden, Bürger, Deutsche, S. 3.

seits der liberalen Zuwanderungsstadt greift. Zudem bleiben seine Ausführungen zur Weimarer Republik trotz der zeitlichen Rahmengebung im Titel weitgehend kursorisch und können daher die angekündigten Erkenntnisse über die Erosion des fruchtbaren Miteinanders von Juden und Nichtjuden in den Jahren der Republik nicht einlösen.[38] Und auch die 2003 erschienene Monographie Cornelia Hechts *Deutsche Juden und Antisemitismus in der Weimarer Republik* kann nur bedingt neue Einblicke in das Verhältnis von Juden und Nichtjuden vor Ort liefern, da sie lediglich publizistische Quellen auf der Reichsebene auswertet.[39]

Darüber hinaus existieren lediglich einige wenige Studien, die die Beziehungen systematisch in den verschiedenen Bereichen des gesellschaftlichen Lebens, im Alltag und in der privaten Geselligkeit für die 1920er Jahre untersuchen.[40] Dies mag angesichts der unübersehbaren Zahl lokalhistorischer Arbeiten zu Juden in einzelnen Städten und Dörfern erstaunen. Doch behandeln diese Lokalstudien die jüdisch-nichtjüdischen Beziehungen mehrheitlich kursorisch und eindimensional: Bis in die 1930er Jahre verfaßten die örtlichen Rabbiner, die von Juden wie Nichtjuden als die zuständigen Chronisten angesehen wurden, ihre Studien in aufklärerischem Emanzipationsoptimismus; die nichtjüdischen Nachfolgearbeiten waren durch die Auseinandersetzung mit dem Nationalsozialismus motiviert und konzentrieren sich vor allem auf Ausgrenzungsmomente vor und insbesondere nach 1933.[41] Von wenigen positiven Ausnahmen abgesehen, stehen in neueren Arbeiten Integrationserfolge und Ausgrenzungstendenzen oft unverbunden nebeneinander.[42] Trotz einiger wich-

---

[38] RAHDEN, Juden. Zur prinzipiellen Kritik an dem Konzept der situativen Ethnizität vgl. Kapitel I.5.

[39] Cornelia HECHT, Deutsche Juden und Antisemitismus in der Weimarer Republik, Bonn 2003.

[40] Zum Forschungsdefizit siehe auch Werner BERGMANN/Juliane WETZEL, »Der Miterlebende weiß nichts«. Alltagsantisemitismus als zeitgenössische Erfahrung und spätere Erinnerung (1919–1933), in: BENZ/PAUCKER/PULZER, Jüdisches Leben, S. 173–196. Wichtige Ausnahmen: Ulrich BAUMANN, Zerstörte Nachbarschaften. Christen und Juden in badischen Landgemeinden 1862–1940, Hamburg 1999; Dietz BERING, Der Name als Stigma. Antisemitismus im deutschen Alltag 1812–1933, Stuttgart 1987; MEIRING, Mischehe. Nach wie vor relevant daher die einführenden Bemerkungen bei Monika RICHARZ, Bürger auf Widerruf. Lebenszeugnisse deutscher Juden 1780–1945, München 1989.

[41] So bereits die frühe Kritik von Monika RICHARZ, Forschungen zur jüdischen Gemeindegeschichte, in: Benno REICHER (Red.), Jüdische Geschichte und Kultur in NRW. Ein Handbuch, Duisburg 1988, S. 21–27.

[42] Aus der Fülle der lokalhistorischen Studien seien als Ausnahme jene Arbeiten erwähnt, die zwar den Schwerpunkt auf jüdische Geschichte legen, fundiert aber auch das Verhältnis zur nichtjüdischen Bevölkerung thematisieren: Michael BRENNER, Die Weimarer Jahre (1919–1932), in: Andreas NACHAMA/Julius H. SCHOEPS/Hermann SIMON (Hrsg.), Juden in Berlin, Berlin 2001, S. 137–180; Andreas CSER, Geschichte der Juden in Heidelberg, Heidelberg 1996; Roland FLADE, Juden in Würzburg 1918–1933, Würzburg 1985; Ina LORENZ, Die Juden in Hamburg zur Zeit der Weimarer Republik. Eine Dokumentation, Hamburg 1987; und Stefanie SCHÜLER-SPRINGORUM, Die jüdische Minderheit in Königsberg, Preußen 1871–1945, Göttingen 1996.

tiger Arbeiten fehlt es noch an differenzierten Untersuchungen zum Verhältnis zwischen Juden und Nichtjuden in der Weimarer Republik.

1.4. Die historische Antisemitismusforschung

Die historische Antisemitismusforschung, die ebenfalls untrennbar mit dem Wissen um den Holocaust verbunden ist, trägt noch weniger zu einer solchen Sozialgeschichte jüdisch-nichtjüdischen Zusammenlebens bei. Obwohl neuerdings durchaus konstatiert wird, daß die »Geschichte der Judenfeindschaft eng verschränkt« sei »mit der Geschichte der Juden und ihren Interaktionen mit den jeweiligen Mehrheitsgesellschaften«, konzentriert sich die Antisemitismusforschung bis heute weitgehend auf judenfeindliche Tendenzen der nichtjüdischen Bevölkerung und schreibt eine lineare Geschichte der Ausgrenzung, die auf den Fluchtpunkt Auschwitz zuläuft.[43] So wichtig es zunächst angesichts der Verdrängungstendenzen in der deutschen Gesellschaft war, auf die Traditionslinien des Antisemitismus aufmerksam zu machen, und so wenig die Geschichte der deutschen Juden von der Verfolgung und Vernichtung zwischen 1933 und 1945 entkoppelt werden kann und soll, so groß sind die Gefahren einer eindimensionalen Perspektive auf den nationalsozialistischen Massenmord.[44] Denn das teleologische Geschichtsbild, das sich auf die Kontinuitäten und Radikalisierungen antisemitischer Stereotypen und Handlungen fixiert, verleugnet die Handlungspotentiale und Interaktionsräume der deutschen Juden und verstellt den Blick auf eine vielschichtige und offene historische Situation, wie sie die Weimarer Republik in mancherlei Hinsicht darstellte. Wie Reinhard Rürup provokativ zuspitzt, vollendet dies in letzter Konsequenz den Ausschluß der deutschen Juden aus der deutschen Geschichte, den ihre nationalsozialistischen Mörder intendierten.[45] Wenn Juden wie Nichtjuden in offenen Handlungssituationen als Akteure in den Blick genommen werden, so soll damit gerade keine Verharmlosung des Antisemitismus betrieben, sondern sollen dessen gesellschaftliche Wirkung und Verbreitung genau ausgelotet werden.[46]

Diese gravierenden Defizite der Antisemitismusforschung beruhen zunächst darauf, daß die Weimarer Republik im Vergleich zum Kaiserreich als dem Entstehungsort des modernen Antisemitismus und zum Nationalsozialismus mit der ihm eigenen Verfolgungs- und Vernichtungspraxis noch immer ver-

---

[43] Wolfgang BENZ, Antisemitismusforschung als gesellschaftliche Notwendigkeit und akademische Anstrengung, in: Ders., Bilder vom Juden, S. 129–142, hier: S. 140.

[44] R. RÜRUP, Jüdische Geschichte, S. 79.

[45] Reinhard RÜRUP, Jewish History in Berlin – Berlin in Jewish History, in: LBIYB 45 (2000), S. 37–50, hier: S. 50. Vgl. auch Ch. HOFFMANN, Encounter, bes. S. 281–283.

[46] Zum Forschungsdefizit der Gesellschaftlichen Verbreitung von Antisemitismus siehe auch RAHDEN, Juden, S. 30; und Morten REITMEYER, Bankiers im Kaiserreich, Göttingen 1999, S. 177 f.

nachlässigt wird. So steht eine systematische und synthetisierende Darstellung des Antisemitismus in der Weimarer Republik bis heute aus. In den einschlägigen Überblicksdarstellungen wird der Zeitraum zwischen 1918 und 1933 oft ausgespart oder nur kursorisch gestreift.[47]

Schwerer wiegt aber, daß die vorhandenen Arbeiten zur Weimarer Republik theoretische und methodologische Lücken hinterlassen.[48] Die dominierende sozioökonomische Forschung, die in den 1970er Jahren historisch kontextualisierend und sozial differenzierend gegen die These vom »ewigen Judenhaß« antrat und damit wichtige Impulse gab, richtete ihr Erkenntnisinteresse auf die langen Prozesse und überindividuellen Strukturen, auf den Zusammenhang zwischen Modernisierung und Antisemitismus.[49] Sie untersuchte einen politisch und sozial organisierten Antisemitismus, der als Protestbewegung gegen die Moderne die Frustration echter oder vermeintlicher Modernisierungsverlierer auf die Symbolfigur »Jude« richtete, und sie erklärte seine »Erfolge« in sozioökonomischen Krisenzeiten mit einer Kombination aus sozialpsychologischen und politisch-manipulatorischen Faktoren.[50]

[47] So z. B. bei BENZ/BERGMANN, Vorurteil und Völkermord; und Rainer ERB/Michael SCHMIDT (Hrsg.), Antisemitismus und jüdische Geschichte. Studien zu Ehren von Herbert A. Strauss, Berlin 1987. Dieses Defizit merken auch Peter LONGERICH, Deutschland 1918–1933. Die Weimarer Republik. Handbuch zur Geschichte, Hannover 1995, S. 9; WALTER, Antisemitische Kriminalität, S. 13 f.; und WIRSCHING, Weimarer Republik, S. 99, an.

[48] Zur Kritik an der älteren sozialhistorischen Antisemitismusforschung vgl. RAHDEN, Ideologie, S. 12; und ders., Words and Actions: Rethinking the Social History of German Antisemitism, Breslau, 1870–1914, in: German History 18 (2000), S. 413–438, hier: S. 413 f. Ausgewogener dagegen Christhard HOFFMANN, Christlicher Antijudaismus und moderner Antisemitismus. Zusammenhänge und Differenzen als Problem der historischen Antisemitismusforschung, in: Leonore SIEGELE-WENSCHKEWITZ (Hrsg.), Christlicher Antijudaismus und Antisemitismus. Theologische und kirchliche Programme Deutscher Christen, Frankfurt a. M. 1994, S. 293–317, hier: S. 298–300.

[49] So wird Antisemitismus im Zeitalter der Moderne als ein grundsätzlich neues Phänomen begriffen und ein Epochenzusammenhang von 1871–1945 gesetzt. Der moderne Antisemitismus wird als ein gegen- und postemanzipatorisches Phänomen definiert, der seine Angriffe gegen die Juden als Repräsentanten der verhaßten modernen Staats- und Gesellschaftsordnung richtete. Als genuin neue Elemente dieses modernen Antisemitismus werden erstens sein rassistischer Begründungszusammenhang, zweitens seine sozialen und politischen Organisationsformen mit dem Ziel der Rückgängigmachung der Emanzipation der Juden bis hin zur Vernichtung und drittens seine Funktionen als Mittel der Krisenkompensation sowie der politischen Mobilisierung und Integration ausgemacht. Schulbildend wirkten hier Thomas NIPPERDEY/Reinhard RÜRUP, Antisemitismus, in: Otto BRUNNER/Werner CONZE/Reinhard KOSELLECK (Hrsg.), Geschichtliche Grundbegriffe. Lexikon zur politisch-sozialen Sprache in Deutschland, Bde. 1–8, Stuttgart 1975, hier: Bd. 1, S. 129–153; und R. RÜRUP, Emanzipation.

[50] Zum Verhältnis von Rezession und Antisemitismus vgl. originär Hans ROSENBERG, Große Depression und Bismarckzeit. Wirtschaftsablauf, Gesellschaft und Politik in Mitteleuropa, Berlin 1967, S. 94–96. Für die Weimarer Republik besonders auch BARKAI, Jüdisches Leben, S. 50; BERDING, Moderner Antisemitismus, S. 85; Hermann GREIVE, Geschichte des modernen Antisemitismus in Deutschland, Darmstadt 1983, S. 104 f.; und Werner JOCHMANN, Gesellschaftskrise und Judenfeindschaft in Deutschland 1870–1945, Hamburg 1988.

Im empirischen Forschungsdesign zur Weimarer Republik führte diese Ausrichtung zu einer Konzentration auf den politisch und gesellschaftlich organisierten Antisemitismus in den Krisenphasen der Republik, während die mittleren Jahre und die gesellschaftliche Fundierung des Antisemitismus jenseits dieser Organisationen kaum Beachtung finden. Die wenigen Standardarbeiten legen ihren Schwerpunkt auf die Entwicklung radikaler völkisch-antisemitischer Gruppierungen und der NSDAP in Nachkriegszeit und Weltwirtschaftskrise. Sie handeln darüber hinaus die gesellschaftliche Verbreitung der Judenfeindschaft meist nach dem gleichen Darstellungsmuster ab, indem sie schematisch antisemitische Tendenzen gesellschaftlicher Großorganisationen skizzieren.[51]

Auch die Mehrzahl der Spezialmonographien konzentriert sich auf diese beiden Bereiche. Gut erforscht sind Struktur, Semantik und Handlungsweisen der größten antisemitisch-völkischen Verbände und Parteien[52] sowie der NSDAP.[53] Gleiches gilt für die Jugendbewegung und die organisierte Studenten- und Akademikerschaft.[54] Methodisch fragwürdig ist jedoch die Vorgehensweise, von diesen radikalisierten Gruppen oder vom Wahlverhalten der Bevölkerung auf

---

[51] So bei BERDING, Moderner Antisemitismus; GREIVE, Geschichte; JOCHMANN, Ausbreitung; WINKLER, Gesellschaft; und als jüngstes Beispiel Armin PFAHL-TRAUGHBER, Antisemitismus in der deutschen Geschichte, Opladen 2002. Aber auch die Antisemitismuskapitel in den Arbeiten zur Geschichte der deutschen Juden, z. B. Beispielhaft W. E. MOSSE/PAUCKER, Entscheidungsjahr; und NIEWYK, Jews in Weimar Germany.

[52] Volker BERGHAHN, Der Stahlhelm. Bund der Frontsoldaten 1918–1935, Düsseldorf 1966; Brewster S. CHAMBERLIN, The Enemy on the Right. The Alldeutsche Verband in the Weimar Republic 1918–1926, Ph. D. University of Maryland 1972; Iris HAMEL, Völkischer Verband und nationale Gewerkschaft. Der Deutschnationale Handlungsgehilfen-Verband 1893–1933, Hamburg 1967; Gabriele KRÜGER, Die Brigade Ehrhardt, Hamburg 1971; Uwe LOHALM, Völkischer Radikalismus. Die Geschichte des Deutschvölkischen Schutz- und Trutzbundes 1919–1923, Hamburg 1970; SABROW, Verschwörung; Jan STRIESOW, Die Deutschnationale Volkspartei und die Völkisch-Radikalen 1918–1922, Frankfurt a. M. 1981; Anneliese THIMME, Flucht in den Mythos. Die Deutschnationale Volkspartei und die Niederlage von 1918, Göttingen 1969; und Reimer WULFF, Die Deutschvölkische Freiheitspartei 1922–1928, Marburg 1968.

[53] Aus der umfangreichen Literatur zur NSDAP in den Weimarer Jahren siehe William S. ALLEN, The Nazi Seizure of Power. The Experience of a Single German Town, 1930–1935, Chicago 1965; Richard BESSEL, Political Violence and the Rise of Nazism. The Storm Troopers in Eastern Germany 1925–1934, New Haven/London 1984; Thomas CHILDERS, The Nazi Voter. The Social Foundations of Fascism in Germany, 1919–1933, Chapel Hill 1983; Donald M. DOUGLAS, The Early Ortsgruppen. Development of NS Local Groups 1919–23, Ph. D. Kansas State University 1968; Sarah GORDON, Hitler, Germans and the »Jewish Question«, Princeton 1984; Oded HEILBRONNER, The Role of Nazi Antisemitism in the Nazi Party's Acitivity and Propaganda. A Regional Historiographical Study, in: LBIYB 35 (1990), S. 397–439; Michael H. KATER, The Nazi Party. A Social Profile of Members and Leaders 1919–1945, Cambridge 1983; Peter LONGERICH, Die braunen Bataillone. Geschichte der SA, München 1989; Jeremy NOAKES, The Nazi Party in Lower Saxony, 1931–1933, London 1971; Gerhard PAUL, Aufstand der Bilder. Die NS-Propaganda vor 1933, Bonn 1990; Dennis E. SHOWALTER, Little Man, What Now? Der Stürmer in the Weimar Republic, Hamden, Connecticut 1982; und jüngst Sven REICHHARDT, Gewalt und Gemeinschaft im italienischen Squadrismus und in der deutschen SA, Köln 2002.

[54] Vgl. hierzu den Forschungsüberblick in Kapitel V.

die weitere gesellschaftliche Verbreitung von Antisemitismus zu schließen.[55] Die Forschungsergebnisse zum Antisemitismus in den gesellschaftlichen Großorganisationen der Kirchen[56] und Parteien[57] erweisen sich ebenfalls als ambivalent. Vielfach beschrieben sind das publizistische Judenbild und Äußerungen der Parteifunktionäre auf der Reichsebene. Dagegen werden die unteren Ebenen der Organisationen und regionale Unterschiede vernachlässigt. Zudem berücksichtigt der organisationsgeschichtliche Ansatz die Vorstellungsbilder und Handlungsmuster der nicht in die Organisationen eingebundenen Bevölkerung und anderer gesellschaftlicher Akteure kaum, so daß ihre Repräsentativität und Bedeutung im gesellschaftlichen Kontext nicht nachvollzogen werden können. Daher läuft die sozioökonomische Antisemitismusforschung einerseits Gefahr, durch ihre Konzentration auf die radikalisierten Gesellschaftsgruppen und deren organisierte »Verführer« die Auswirkungen des Antisemitismus in der Weimarer Republik zu übertreiben. Andererseits werden wichtige Ausprägungsformen der Judenfeindschaft jenseits der erforschten Gruppen und Institutionen vernachlässigt, und das, obwohl schon früh Kritik an den theoretischen und methodologischen Fußangeln der sozioökonomischen Antisemitismusforschung geübt wurde.

Bereits in den 1970er Jahren entstand eine alltagsgeschichtliche »Gegenbewegung von unten«, die sich gegen die Fixierung auf Institutionen und Groß-

---

[55] So aber GREIVE, Geschichte; und George L. MOSSE, The Crisis of German Ideology, Intellectual Origins of the Third Reich, New York 1964. Mit umgekehrtem Ergebnis für die katholische Bevölkerung dagegen Rudolf LILL, Die deutschen Katholiken und die Juden in der Zeit von 1850 bis zur Machtübernahme Hitlers, in: Karl H. RENGSTORF/Siegfried von KORTZFLEISCH (Hrsg.), Kirche und Synagoge. Handbuch zur Geschichte von Christen und Juden, Bd. 2, Stuttgart 1970, S. 370–420; und Rudolf MORSEY, Der Untergang des politischen Katholizismus. Die Zentrumspartei zwischen christlichem Selbstverständnis und »nationaler Erhebung« 1932–1933, Stuttgart 1977.

[56] Zur katholischen Kirche siehe neben LILL, Katholiken, auch Karl THIEME, Deutsche Katholiken, in: W. E. MOSSE/PAUCKER, Entscheidungsjahr, S. 271–288. Zur evangelischen Kirche vgl. beispielhaft Ino ARNDT, Die Judenfrage im Licht der evangelischen Sonntagsblätter von 1918–1933, Diss. Tübingen 1960; Hans-Joachim KRAUS, Die evangelische Kirche, in: W. E. MOSSE/PAUCKER, Entscheidungsjahr, S. 249–269; und Kurt NOWAK/Gerard RAULET, Protestantismus und Antisemitismus in der Weimarer Republik, Frankfurt a. M./New York 1994.

[57] Einen Überblick über das Verhältnis der Parteien zur »Judenfrage« gibt W. E. MOSSE/PAUCKER, Entscheidungsjahr, mit den Beiträgen von Paul B. WIENER, Die Parteien der Mitte, S. 289–321, und Hans-Helmuth KNÜTTER, Die Linksparteien, S. 323–345. Aber auch PULZER, Jews, sowie anhand der Ostjudenfrage exemplarisch MAURER, Ostjuden. Zum Zentrum vgl. Uwe MAZURA, Zentrumspartei und Judenfrage 1870/71–1933. Verfassungsstaat und Minderheitenschutz, Mainz 1994. Zur SPD und KPD siehe beispielhaft Hans-Helmuth KNÜTTER, Die Juden und die deutsche Linke in der Weimarer Republik 1918 bis 1933, Düsseldorf 1971; Donald L. NIEWYK, Socialist, Anti-Semite, and Jew. German Social Democracy Confronts the Problem of Antisemitism 1918–1933, Baton Rouge 1971; und Robert S. WISTRICH, Socialism and the Jews. The Dilemmas of Assimilation in Germany and Austria-Hungary, London/Toronto 1982. Für die DDP siehe Bruce B. FRYE, The German Democratic Party and the »Jewish Problem« in the Weimar Republic, in: LBIYB 21 (1976), S. 143–172.

organisationen, Eliten und leitende Funktionäre richtete.[58] Diese Arbeiten fragen nach dem Antisemitismus und Rechtsradikalismus der »kleinen Leute vor Ort«. Da sie aber mehrheitlich ihre Ausführungen zu den örtlichen Vorkommnissen nicht in einen größeren Interpretationsrahmen stellen, können sie mit der fruchtbaren alltagsgeschichtlichen Erforschung der NS-Zeit nicht konkurrieren.[59] Einige andere Lokalstudien zum Antisemitismus in der Weimarer Republik brachten jedoch wichtige Ergebnisse, indem sie differenziert antisemitische Tendenzen im lokalen Kontext analysierten und bedeutsame Teilaspekte wie das Verhältnis von lokalem Vereinswesen und Rechtsradikalismus oder antisemitische Tendenzen in der Popularkultur untersuchten.[60]

Seit den 1980er Jahren wird die Dominanz der sozialhistorischen Antisemitismusforschung darüber hinaus von heterogenen ideen-, mentalitäts- und kulturgeschichtlichen Ansätzen herausgefordert, die der lange vernachlässigten Bedeutung von Sprache und Denken, von Wahrnehmungen, Deutungsmuster und Imaginationen für die Geschichte des Antisemitismus nachgehen.[61] Diese kulturgeschichtlichen Arbeiten betonen die eigenständige Bedeutung und kollektive Prägung antisemitischen Denkens, seine langfristigen Strukturen und ideengeschichtlichen Kontinuitäten.[62] Sie widmen sich vorrangig Inhalt

---

[58] Vgl. hierzu allgemein Peter BORSCHEID, Alltagsgeschichte – Modetorheit oder neues Tor zur Vergangenheit?, in: Wolfgang SCHIEDER/Volker SELLIN (Hrsg.), Sozialgeschichte in Deutschland, Bd. 3, Göttingen 1987, S. 78–100; Alf LÜDTKE (Hrsg.), Alltagsgeschichte. Zur Rekonstruktion historischer Erfahrungen und Lebensweisen, Frankfurt a. M./New York 1989; und summierend Ute DANIEL, Clio unter Kulturschock. Zu den aktuellen Debatten der Geschichtswissenschaft, in: GWU 48 (1997), S. 195–219, 259–278, hier: S. 205; und Wolfgang HARDTWIG, Alltagsgeschichte heute. Eine kritische Bilanz, in: Winfried SCHULZE (Hrsg.), Sozialgeschichte, Alltagsgeschichte, Mikro-Historie. Eine Diskussion, Göttingen 1994, S. 19–32.

[59] Aus der Fülle der Literatur seien beispielhaft erwähnt Hubert FRANKEMÖLLE (Hrsg.), Opfer und Täter: Zum nationalsozialistischen und antijüdischen Alltag in Ostwestfalen-Lippe, Bielefeld 1990; und Dieter FRICKE, »Antisemitisch bis in die Knochen!«. Judenfeindschaft in Bremen während der Weimarer Republik, in: Arbeiterbewegung und Sozialgeschichte. Zeitschrift für die Regionalgeschichte Bremens im 19. und 20. Jahrhundert 3 (2000), S. 5–17.

[60] Werner DREIER (Hrsg.), Antisemitismus in Vorarlberg. Regionalstudie zur Geschichte einer Weltanschauung, Bregenz 1988; Roland FLADE, »Es kann sein, daß wir eine Diktatur brauchen«. Rechtsradikalismus und Demokratiefeindschaft in der Weimarer Republik am Beispiel Würzburg, Würzburg 1983; Rudi KOSHAR, Social Life, Local Politics and Nazism: Marburg 1880–1935, Chapel Hill 1986; und Robert Eben SACKETT, Popular Entertainment, Class and Politics in Munich 1900–1923, Cambridge/London 1982.

[61] Auch hier gehen die Erneuerungsimpulse auf die Adaption allgemeiner Trends in der Historiographie zurück, zunächst der Mentalitäts-, dann der neueren Kulturgeschichte. Vgl. im Überblick Christhard HOFFMANN, Neue Studien zur Ideen- und Mentalitätengeschichte des Antisemitismus, in: JbfA 1 (1992), S. 274–285; ders., Christlicher Antijudaismus, S. 301–303; sowie RAHDEN, Ideologie, S. 12 f.; und ders., Words, S. 414 f.

[62] Theoretisch abgesichert bei Johannes HEIL, »Antijudaismus« und »Antisemitismus«. Begriffe als Bedeutungsträger, in: JbfA 6 (1997); Klaus HOLZ, Nationaler Antisemitismus. Wissenssoziologie einer Weltanschauung, Hamburg 2001, S. 11–16; und Victor KARADY, Gewalterfahrung und Utopie. Juden in der europäischen Moderne, Frankfurt a. M. 1999,

und Tradierung antisemitischer Mythen und Topoi, Vorurteile und Stereotypen und haben wichtige Ergebnisse erbracht.[63] Dabei gehört es zum kanonisierten Wissen der Antisemitismusforschung, daß ein latenter, weitverbreiteter Antisemitismus in Krisenzeiten manifest wird und in konkreten Äußerungen und Handlungen Gestalt annimmt. Allerdings treffen diese kulturhistorischen Arbeiten nur vage Aussagen darüber, ob die kollektiven Denkstrukturen gruppenübergreifend oder gruppenspezifisch tradiert wurden. Ferner geben sie kaum Auskunft darüber, wie sich der Übersetzungsprozeß in konkrete Kommunikations- und Handlungsformen vollzog und mentale Strukturen mit der sozialen Praxis korrespondierten.

Die diskurstheoretische Antisemitismusforschung weigert sich explizit, diesen Fragen nachzugehen, da sie Antisemitismus als eine weltanschauliche politisch-soziale Semantik definiert, deren Struktur in den Texten selbst und nicht in den Kontexten (re)produziert werde. Antisemitismus wird als ein Prozeß der symbolischen Formulierung, der Interpretation von Wirklichkeit begriffen, der einer inneren regelgeleiteten Strukturiertheit folge und kaum variiere.[64] Doch besteht so die große Gefahr, die anonymen Strukturen der Sozialgeschichte durch die anonymen Strukturen der Linguistik auszutauschen: Beispielsweise verschwindet in der Welt der diskursiven Kräfte, wie sie Klaus Holz mit einem überzeugenden sprachgeschichtlichen Instrumentarium entworfen hat, das Individuum als historischer Akteur, seine Gestaltungsmöglichkeiten werden gänzlich verneint und Veränderungen in der Lebenssituation der deutschen Juden schlicht ausgeblendet.[65]

S. 206–208. Weniger überzeugend dagegen Dieter JUNG, Das gestörte Weltbild. Über die Funktion des Antisemitismus im völkischen Denken, Berlin 2000, der sich auf der Ebene einer rein philosophischen Textexegese bewegt und die Funktionen des Denkens darüber vernachlässigt.

[63] Als Beispiele der vielfältigen Forschungsarbeiten vgl. Robert CHAZAN, Medieval Stereotypes and Modern Antisemitism, Berkeley 1997; Rainer ERB (Hrsg.), Die Legende vom Ritualmord. Zur Geschichte der Blutbeschuldigung gegen Juden, Berlin 1992; Frank FELSENSTEIN, Anti-Semitic Stereotypes. A Paradigm of Otherness in English Popular Culture 1660–1830, Baltimore/London 1995; Sander L. GILMAN, Rasse, Sexualität und Seuche. Stereotype aus der Innenwelt der westlichen Kultur, Hamburg 1992; Michaela HAIBL, Zerrbild als Stereotyp, Visuelle Darstellungen von Juden zwischen 1850–1900, Berlin 2000; Heinrich PLETICHA (Hrsg.), Das Bild des Juden in der Volks- und Jugendliteratur vom 18. Jahrhundert bis 1945, Würzburg 1985; Stefan ROHRBACHER/Michael SCHMIDT (Hrsg.), Judenbilder. Kulturgeschichte antijüdischer Mythen und antisemitischer Vorurteile, Reinbek bei Hamburg 1989; und Julius H. SCHOEPS/Joachim SCHLÖR (Hrsg.), Antisemitismus, Vorurteile und Mythen, München 1995.

[64] Paradigmatisch hierzu die diskurs- und systemtheoretische Arbeit HOLZ, Antisemitismus, S. 11 f. und S. 31. Als weitere diskurstheoretische Arbeit zum Untersuchungsraum siehe Susanne OMRAN, Frauenbewegung und Judenfrage. Diskurse um Rasse und Geschlecht nach 1900, Frankfurt a. M./New York 2000.

[65] Inspirierend hierzu David Gary SHAW, Happy in Our Chains? Agency and Language in the Postmodern Age, in: History and Theory 40 (2001), S. 1–9.

Dagegen mehren sich in den letzten Jahren die Stimmen aus der sozial- und kulturhistorischen Antisemitismusforschung, die Untersuchung antisemitischen Verhaltens gleichberechtigt neben die Analyse der Einstellungen und Vorurteilsstrukturen zu stellen und das Denken und Handeln der »gewöhnlichen Deutschen« auch im Alltagszusammenhang zu rekonstruieren.[66] Zu Recht wurde darauf hingewiesen, daß für die Entwicklung antisemitischer Denk- und Handlungsmuster neben sozioökonomischen und politischen Faktoren auch die Erklärungsfaktoren Religion[67] und Geschlecht[68] hinzuzuziehen seien. Mit der Fruchtbarmachung der Milieutheorie für die Antisemitismusforschung – insbesondere im Hinblick auf das Verhältnis von Antisemitismus und Katholizismus im Kaiserreich[69] – wurde der Blick auf die sozialen und kulturellen Fragmentierungslinien der Bevölkerung jenseits der Klassengrenzen geschärft.[70]

---

[66] BENZ, Antisemitische Bilder. Statt einer Einleitung, in: Ders., Bilder vom Juden, S. 7–12, hier: S. 12; Aram MATTIOLI (Hrsg.), Antisemitismus in der Schweiz 1848–1960, Zürich 1998, S. 5; RAHDEN, Words, S. 416; und Helmut W. SMITH, Alltag und politischer Antisemitismus in Baden 1890–1900, in: ZGO 141 (1993), S. 280–303. Zwei neuere Fallstudien zu einem Ritualmordprozeß in Chonitz illustrieren anschaulich die konkurrierenden Methoden der neueren sozial- und kulturgeschichtlichen Antisemitismusforschung: Christoph NONN, Eine Stadt sucht einen Mörder. Gerücht, Gewalt und Antisemitismus im Kaiserreich, Göttingen 2002; und Helmut W. SMITH, Die Geschichte des Schlachters. Mord und Antisemitismus in einer deutschen Kleinstadt, Göttingen 2002.

[67] Bereits früh Stefan LEHR, Antisemitismus – religiöse Motive im sozialen Vorurteil. Aus der Frühgeschichte des Antisemitismus in Deutschland 1870–1914, München 1974. Siehe ferner Wolfgang ALTGELD, Katholizismus, Protestantismus, Judentum. Über religiös begründete Gegensätze und nationalreligiöse Ideen in der Geschichte des deutschen Nationalismus, Mainz 1992; Gavin I. LANGMUIR, History, Religion, and Antisemitism, Berkeley/Los Angeles 1990. Zur Integration der Religion in die neuere sozialhistorische Forschung grundlegend BLASCHKE/KUHLEMANN, Religion; Wolfgang SCHIEDER, Sozialgeschichte der Religion im 19. Jahrhundert. Bemerkungen zur Forschungslage, in: Ders. (Hrsg.), Religion und Gesellschaft im 19. Jahrhundert, Stuttgart 1993, S. 11–28; Jonathan SPERBER, Kirchengeschichte or the Social and Cultural History of Religion, in: NPL 18 (1998), S. 13–35. Zur Kritik an dem Interpretament der Religion, die nunmehr wirtschaftliche und politische Interessen ausblende, siehe NONN, Zwischenfall, S. 387–418.

[68] Christina von BRAUN, Zur Bedeutung von Sexualbildern im rassistischen Antisemitismus, in: Inge STEPHAN/Sabine SCHILLING/Sigrid WEIGEL (Hrsg.), Jüdische Kultur und Weiblichkeit in der Moderne, Wien 1994, S. 23–49; dies., »Der Jude« und »Das Weib«. Zwei Stereotypen des »Anderen« in der Moderne, in: Ludger HEID/Joachim H. KNOLL (Hrsg.), Deutsch-jüdische Geschichte im 19. und 20. Jahrhundert, Stuttgart/Bonn 1992, S. 289–322; Jeanette JAKUBOWSKI, »Die Jüdin«, in: SCHOEPS/SCHLÖR, Antisemitismus, S. 196–209; Anne PELLEGRINI, Whiteface Performances: »Race«, Gender, and Jewish Bodies, in: Daniel BOYARIN/Jonathan BOYARIN, Thinking in Differences. The New Jewish Cultural Studies, Minneapolis 1997, S. 108–149. Siehe zur Untersuchung des Antisemitismus in der Frauenbewegung Mechthild BERESWILL/Leonie WAGNER (Hrsg.), Bürgerliche Frauenbewegung und Antisemitismus, Tübingen 1998; und OMRAN, Frauenbewegung.

[69] Olaf BLASCHKE, Katholizismus und Antisemitismus im deutschen Kaiserreich, Göttingen 1997; ders. [u. a.] (Hrsg.), Katholischer Antisemitismus im 19. Jahrhundert. Ursachen und Traditionen im internationalen Vergleich, Zürich 2000; sowie Helmut W. SMITH, The Learned and the Popular Discourse of Anti-Semitism in the Catholic Milieu in the Kaiserreich, in: Central European History 27 (1994), S. 315–328.

[70] Zur zentralen Bedeutung der Kategorie des Milieus für die gegenwärtige Katholizis-

Doch entgegen ihrem eigenen Anspruch beschränken sich diese neueren Arbeiten auf die Analyse publizistischer und normativer Texte der »Milieumanager«.[71] Diese Konzentration auf antijüdische Denk- und Mentalitätsstrukturen der Milieueliten führt einmal mehr dazu, antisemitische Äußerungen aus ihrem Wirkungs- und Handlungszusammenhang zu lösen, sie als antisemitisch zu etikettieren, ohne ihre weitere Verbreitung, ihre Bedeutung im Alltagswissen und ihre Umsetzung in soziale Praxis überhaupt ermessen zu können. Denn sie vernachlässigt ebenso wie die klassische Sozialgeschichte des Antisemitismus die Motivlagen und Konsequenzen antisemitischer Handlungen, die sich erst im Wechselspiel individueller und organisatorischer Akteure entfalten. Zwar erscheinen die Milieueliten nicht länger als Manipulateure konturloser Massen[72], doch auch in der neueren Milieuforschung »laufen die Formierungsanstöße und Informationsflüsse immer von oben nach unten«, von den Milieumanagern zu den einfachen Milieumitgliedern.[73] Und selbst die Kritik an einem homogenen und elitenorientierten Milieuantisemitismus, am deutlichsten von

---

musforschung siehe Karl-Egon LÖNNE, Katholizismus-Forschung, in: GG 26 (2000), S. 128–170, hier: S. 144–148. Dagegen fand die Milieutheorie in der Antisemitismusforschung zur Weimarer Republik kaum Beachtung. Eine Ausnahme ist KAUDERS, German Politics, der sich allerdings vorrangig auf publizistische Quellen stützte. Dem Milieuprinzip oberflächlich verpflichtet ist Arno HERZIG, Zur Geschichte des politischen Antisemitismus in Deutschland (1918–1933), in: Hans Otto HORCH/Horst DENKLER (Hrsg.), Conditio Judaica: Judentum, Antisemitismus und deutschsprachige Literatur vom Ersten Weltkrieg bis 1933/1938. Interdisziplinäres Symposium der Werner-Reimers-Stiftung Bad Homburg, Tübingen 1993, S. 1–15. Problematisch ist die Analyse von Manfred GAILUS, Antisemitismus im protestantischen Sozialmilieu Berlins 1930–1945, in: Michael GRÜTTNER (Hrsg.), Geschichte und Emanzipation. Festschrift für Reinhard Rürup, Frankfurt a. M. 1999, S. 333–358. Gailus fragt nach »vielfältigen Spielarten antijüdischen Glaubens, Fühlens, Denkens und Handelns im protestantischen Sozialmilieu«, zieht jedoch allein Pfarrerschriften als Quellengrundlage heran. Auf dieser mangelnden Grundlage resümiert er, daß Widerstände gegen antisemitische Denkweisen allein von den Rändern des Milieus ausgegangen seien, »von unten, von Nichttheologen und Frauen«. Aus dieser einseitigen Milieuanalyse leitet Gailus schließlich die »Überlegenheit einer überwiegend weiblichen Diakonie des Herzens gegenüber einer dominant männlich theologischen Doktrin des Kopfes« ab (S. 352). Gailus stellt in diesem Aufsatz Auszüge aus seiner Studie Protestantismus und Nationalsozialismus, Studien zur nationalsozialistischen Durchdringung des protestantischen Sozialmilieus in Berlin, Köln 2001, vor.

[71] Vgl. etwa die Diskrepanz zwischen alltagshistorischer Ankündigung und elitenorientierter Herangehensweise bei Urs ALTERMATT, Katholizismus und Antisemitismus. Mentalitäten, Kontinuitäten, Ambivalenzen. Zur Kulturgeschichte der Schweiz 1918–1945, Frauenfeld/Stuttgart/Wien 1999; und Olaf BLASCHKE, Die Kolonialisierung der Laienwelt. Priester als Milieumanager und die Kanäle klerikaler Kuratel, in: BLASCHKE/KUHLEMANN, Religion, S. 93–135.

[72] Beispielhaft für die klassische Sozialgeschichte Hans-Joachim BIEBER, Antisemitism as a Reflection of Social, Economic and Political Tension in Germany: 1880–1933, in: David BRONSEN (Hrsg.), Jews and Germans from 1860–1933. The Problematic Symbiosis, Heidelberg 1979, S. 33–77.

[73] Zit. nach Tobias DIETRICH, Zwischen Milieu und Lebenswelt – Kirchenbindung und Konfession im Hunsrück des 19. Jahrhunderts, in: Monatshefte für Evangelische Kirchengeschichte des Rheinlandes 50 (2001), S. 37–60, hier: S. 38.

David Blackbourn vorgetragen, bleibt einer holzschnittartigen Unterteilung des Katholizismus in Basis und Eliten verhaftet und wird damit der Heterogenität der Akteure nicht gerecht.[74] Somit steht eine Analyse, die die Analyse antisemitischen Verhaltens gleichberechtigt neben die des Denkens stellt, noch aus.

2. Fragestellung, Theorie und Methode

Die vorliegende Arbeit versucht die skizzierten Defizite auszugleichen, indem sie theoretische und methodologische Anregungen der Alltags- und Mikrogeschichte sowie der Geschlechter-, Milieu- und Generationsforschung modifizierend aufgreift und in einem eigenen Konzept miteinander verbindet, das sich sowohl von der klassischen sozialgeschichtlichen als auch von der kulturgeschichtlichen Forschung abgrenzt.

Die Untersuchung ist als eine akteurs- und handlungsorientierte Studie des städtischen Raums angelegt, die die Auswirkungen antisemitischen Denkens und Handelns auf das Verhältnis zwischen Juden und Nichtjuden in Köln sozial differenzierend untersucht. Dabei ist sie drei erkenntnisleitenden Fragestellungen und Zielsetzungen verpflichtet:

Erstens wird in der vorliegenden Studie eine Neubewertung des Verhältnisses von Integration und Antisemitismus angestrebt, indem sie sich von dem bipolaren Interpretationsmodell löst, das die erste deutsche Republik einerseits als Höhepunkt der sozialen Erfolgsgeschichte der deutschen Juden perzipiert und andererseits ihre gesellschaftliche Isolation vor dem Hintergrund eines einseitig untersuchten radikalisierten Antisemitismus annimmt. Statt dessen soll das Verhältnis von Integration und Ausgrenzung als ein dynamischer Prozeß begriffen werden, der sich im Mit- und Gegeneinander identifizierbarer Personen und Institutionen an einem konkret lokalisierbaren Ort vollzog. Integration und Antisemitismus bildeten, wie ich argumentieren werde, keine fest konturierten Verhaltenslager, sondern standen vielmehr in einem graduell abgestuften Verhältnis zueinander, das viele Facetten der Akzeptanz und Ablehnung umfaßte. Das Ziel der Arbeit ist es, diese komplexen Verbindungslinien zwischen jüdischen und nichtjüdischen Akteuren zu rekonstruieren und dabei sowohl die Chancen der Integration als auch Ausmaß und Auswirkungen Antisemitismus in diesen personellen und institutionellen Vernetzungen aufzuzeigen.

Das zweite Ziel ist es, die Verbreitung antisemitischer Denk- und Handlungsmuster in der deutschen Gesellschaft vor 1933 abzuschätzen: In welchen gesellschaftlichen Zusammenhängen wurden antisemitische Vorstellungsbil-

---

[74] David BLACKBOURN, Die Zentrumspartei und die deutschen Katholiken während des Kulturkampfs und danach, in: Otto PFLANZE (Hrsg.), Innenpolitische Probleme des Bismarck-Reiches, München 1983, S. 73–94.

der von wem kommuniziert? Und wie verhielten sich die »gewöhnlichen Deutschen« in den 1920er Jahren gegenüber ihren jüdischen Nachbarn, Vereinskameraden und Arbeitskollegen? Es ist ein grundlegendes Ziel der Studie, die gesellschaftliche Verbreitung von Antisemitismus fundierter als bisher zu bestimmen, einerseits individuelle und gruppenbedingte Unterschiede in situativen Handlungskontexten herauszuarbeiten und sie andererseits auf kollektive Gemeinsamkeiten zu befragen. Dabei ist von besonderem Interesse, ob an der Durchsetzung von Antisemitismus im städtischen Raum tatsächlich die organisierten Antisemiten und radikalisierten Verlierergruppen maßgeblich beteiligt waren oder ob nicht andere gesellschaftlichen Gruppen zum Motor der Ausgrenzung wurden beziehungsweise den Integrationsstand der jüdischen Bürger gemeinsam mit diesen verteidigten. Damit rückt auch das Verhältnis zwischen Stadt, Region und Nation in den Mittelpunkt des Interesses.

Drittens wird der zeitlichen Entwicklung des Mit- und Gegeneinanders von Juden und Nichtjuden nachgegangen. So sind die Auswirkungen von Krieg, Inflation und Besatzung auf die Gestaltung der Beziehungen ebenso zu untersuchen wie die Bedeutung der nationalsozialistischen Machtübernahme. Doch stärker noch als die Traditionslinien und Brüche gegenüber dem Kaiserreich und dem Nationalsozialismus interessiert die Frage, ob in Köln die Krisenphasen der Republik tatsächlich zwingend mit den antisemitischen Konjunkturphasen gleichzusetzen sind.

Die vorliegende Studie orientiert sich zunächst an theoretischen Vorüberlegungen aus der Alltags- und Mikrogeschichte, die den Blick auf die Handlungsspielräume der Individuen in ihren lebensgeschichtlichen und sozialen Zusammenhängen richten.[75] Die Akteure werden als Produzenten sozialer Wirklichkeit begriffen, die die gesellschaftlichen Strukturen durch ihre Deutungen und Handlungen annehmen und festigen oder auch ablehnend transformieren.[76] Das Verhältnis der beteiligten Personen untereinander erscheint nicht länger als ein festgefügtes Funktions- und Statusgefüge, sondern als ein asymmetrisches, aber offenes Beziehungsgeflecht, in dem die Individuen ihr Verhältnis zueinander

---

[75] Vgl. hierzu Carlo GINZBURG, Mikro-Historie. Zwei oder drei Dinge, die ich von ihr weiß, in: Historische Anthropologie 1 (1993), S. 169–192; LÜDTKE, Alltagsgeschichte; und Hans MEDICK, »Missionare im Ruderboot«. Ethnologische Erkenntnisweisen als Herausforderung an die Sozialgeschichte, in: GG 10 (1984), S. 295–319. Zusammengefaßt auch bei Ute DANIEL, Kompendium Kulturgeschichte, 3. Aufl. Frankfurt a. M. 2002; und Thomas KROLL, Sozialgeschichte, in: Christoph CORNELISSEN (Hrsg.), Geschichtswissenschaften. Eine Einführung, Frankfurt a. M. 2000, S. 149–161.

[76] Roger CHARTIER, Zeit der Zweifel. Zum Verständnis gegenwärtiger Geschichtsschreibung, in: Christoph CONRAD/Martina KESSEL (Hrsg.), Geschichte schreiben in der Postmoderne. Beiträge zur aktuellen Diskussion, Stuttgart 1994, S. 53–97, hier: S. 84 f.; und Lynn HUNT, Geschichte jenseits von Gesellschaftstheorie, in: Ebenda, S. 98–122, hier: S. 99. Zur kritischen Auseinandersetzung der neuere Historiographie mit dem Konzept Struktur vgl. auch Andreas SUTER/Manfred HETTLING (Hrsg.), Struktur und Ereignis, Göttingen 2001.

immer wieder neu schaffen oder zu schaffen versuchen.[77] Innerhalb dieses komplizierten Gefüges des Mit- und Gegeneinanders treten Juden wie Nichtjuden als sozial handelnde Akteure auf und bilden Muster der Interdependenz, beeinflußt von Ausgrenzungsversuchen und Negativbildern.

Es gilt dabei aber zu bedenken, daß auch ein akteurs- und handlungsorientierter Zugriff von verallgemeinernden und systematischen Annahmen ausgehen muß. Denn trotz der größeren Offenheit und Beweglichkeit sind die Akteure nicht autonom, sondern in soziokulturelle Kontexte und soziale Gruppenzusammenhänge eingebunden, die wiederum ihre Erfahrungen, Deutungen und Verhaltensweisen präfigurieren.[78] In Abgrenzung von der historischen Anthropologie und der Erfahrungsgeschichte liegt der vorliegenden Arbeit daher kein subjektzentrierter, allein auf Erfahrungen und Handlungen der Menschen rekurrierender verstehender Zugang zu kulturellen und gesellschaftlichen Prozessen zugrunde, der sich über die unreflektierten, ritualisierten und repetitiven Interaktions- und Verhaltensmuster der Menschen erschließt. Vielmehr wird von der Annahme ausgegangen, daß Wahrnehmungen, Erfahrungen und Handlungen gruppenspezifisch geprägt sind und praktiziert werden.[79]

Diese gruppenspezifischen Bewußtseinslagen und Handlungsmuster ergeben sich nicht »von selbst« aus der Position der Akteure im sozialen Oben und Unten der Weimarer Gesellschaft, wie es die sozioökonomische Antisemitismusforschung impliziert. Vielmehr standen sie im Spannungsfeld zahlreicher, einander überschneidender Partikularisierungs-, Segmentierungs- und Nivellierungstendenzen, die in konkurrierenden Deutungs- und Handlungsangeboten das individuelle und soziale Handeln prägten. Wenn aber Denken und Handeln der Menschen nicht selbstverständlich von ihren Positionen in den sozioökonomischen Strukturen »abgeleitet« werden können, muß auch die Tragweite der soziologischen Gruppenkonzepte wie Klassen[80],

---

[77] In Anlehnung an Josef MOOSER, Sozial- und Wirtschaftsgeschichte, Historische Sozialwissenschaft, Gesellschaftsgeschichte, in: Hans-Jürgen GOERTZ (Hrsg.), Geschichte. Ein Grundkurs, Reinbek bei Hamburg 1998, S. 516–538; und Alf LÜDTKE, Alltagsgeschichte, Mikro-Historie, historische Anthropologie, in: Ebenda, S. 557–578, hier: S. 566.

[78] Auf dieses besondere Spannungsverhältnis verweist besonders Reinhard SIEDER, Sozialgeschichte auf dem Weg zu einer historischen Kulturwissenschaft?, in: GG 20 (1994), S. 445–468, hier: S. 448 f. Zum dialektischen Verhältnis zwischen Struktur und Akteur siehe auch KROLL, Sozialgeschichte, S. 159.

[79] Darum ist diese Studie auch einem mehrdimensionalen Akteursbegriff verpflichtet, der nicht nur einzelne Individuen, sondern auch kollektive Akteure wie soziale Organisationen, städtische Institutionen und Behörden umfaßt.

[80] Reduzieren doch sowohl der engere Klassenbegriff Karl Marx' als auch die erweiterten Klassenbegriffe Max Webers, E. P. Thompsons und Pierre Bourdieus die soziale Ungleichheit und die Bewußtseinslagen gesellschaftlicher Gruppen letztlich auf deren Position im ökonomischen Prozeß, sei es im engeren Sinne des Besitzes an Kapital und Produktionsstätten, sei es im weiteren Sinne der Lebens-, Versorgungs- und Erwerbschancen, des Einkommens und Vermögens und der typischen Lebensbedingungen, die sich in sozialen Lebensstilen und Distinktionen niederschlagen. Zu den divergierenden Klassenbegriffen vgl. Stefan HRADIL, Soziale Ungleichheit in Deutschland, 7. Aufl. Opladen 1999, S. 34 f.; Tho-

Schichten[81] und Modernisierungsverlierer[82] für die Verbreitung von Antisemitismus in der modernen deutschen Gesellschaft überprüft werden.[83]

So hat insbesondere die katholische, zunehmend auch die protestantische Milieuforschung[84] darauf hingewiesen, daß Antisemitismus innerhalb der verbindlichen Deutungskultur und des Kommunikations- und Organisationsnetzes dieser soziokulturellen »Nischengesellschaften«, die quer zur Klassenlage standen, tradiert und praktiziert wurde.[85] Es gilt zu untersuchen, inwieweit individuelle und kollektive Akteure auf der Mikroebene in einen unterstellten Milieuantisemitismus eingebunden waren und ob nicht auch integrationsfreundliche Verhaltensmuster im Milieuzusammenhang normativ fundiert und sozial praktiziert wurden.[86] Ferner ist zu fragen, ob innerhalb des Milieus tat-

---

mas MERGEL, Zwischen Klasse und Konfession. Katholisches Bürgertum im Rheinland 1794–1914, Göttingen 1994, S. 9 f.; RAHDEN, Juden, S. 39.

[81] Auch das von Theodor Geiger, Karl Renner und Ralf Dahrendorf entwickelte Schichtenmodell, das der zunehmenden Zahl der Unselbständigen und der Ungleichheit zwischen den Unselbständigen in entwickelten Industriegesellschaften Rechnung trägt und den Beruf zur Schlüsselposition und Statusdeterminante sozialer Ungleichheit erhebt, geht davon aus, daß die Interessen und Mentalitäten der Unter-, Mittel- und Oberschichten als bewegende Kräfte in der Entwicklung des Wirtschafts- und Gesellschaftslebens wirksam seien. HRADIL, Soziale Ungleichheit, S. 36–40.

[82] Diesem Schichtenmodell folgend, galten der alte Mittelstand (Handwerker, Einzelhändler, kleinere Gewerbetreibende), das um seine kulturelle Machtstellung fürchtende Bildungsbürgertum sowie der neue Mittelstand der kleinen Angestellten und Beamten in ihrer Angst vor dem sozialen Abstieg als Modernisierungs- und Inflationsverlierer und damit als besonders anfällig für Nationalsozialismus und Antisemitismus. So z. B. bei BERDING, Moderner Antisemitismus, S. 168–173; GREIVE, Geschichte, S. 104 f.; Michael H. KATER, Everyday Anti-Semitism in Prewar Nazi Germany: The Popular Bases, in: Yad Vashem Studies 16 (1984), S. 129–159, hier: S. 134; LOHALM, Völkischer Radikalismus, S. 139 f.; und J. WEISS, Der lange Weg, S. 309.

[83] Für die Sozialgeschichte allgemein SIEDER, Sozialgeschichte, S. 449; HRADIL, Soziale Ungleichheit, S. 39 f.; und für die deutsch-jüdische Historiographie RAHDEN, Words, S. 414 f.

[84] Siehe hierzu Fußnote 69. Zu den Schwierigkeiten, ein einheitliches bürgerlich-protestantisches Milieu zu definieren, vgl. Peter LÖSCHE/Franz WALTER, Katholiken, Konservative und Liberale. Milieus und Lebenswelten bürgerlicher Parteien in Deutschland während des 20. Jahrhunderts, in: GG 26 (2000), S. 471–492, hier: S. 474.

[85] Während die historische Milieuforschung zunächst von der politischen Soziologie durch Rainer Lepsius angestoßen wurde, der die langfristigen Wahlbindungen in Deutschland mit der Fragmentierung der Gesellschaft in vier sozialmoralische Milieus erklärte und für den Niedergang der Demokratie verantwortlich machte, fokussiert die neuere sozial- und kulturgeschichtliche Forschung die Werte und Normen dieser soziokulturellen Formationen. Rainer LEPSIUS, Parteiensystem und Sozialstruktur. Zum Problem der Demokratisierung der deutschen Gesellschaft, in: Wilhelm ABEL (Hrsg.), Wirtschaft, Geschichte und Wirtschaftsgeschichte. Festschrift zum 65. Geburtstag von Friederich Lütge, Stuttgart 1966, S. 371–393.

[86] Zum Milieuzusammenhang in der Weimarer Gesellschaft vgl. angesichts der nivellierenden Tendenzen der Industriegesellschaft die skeptische Beurteilung bei PEUKERT, Weimarer Republik, S. 149–158. Dagegen Peter LÖSCHE (Hrsg.), Solidargemeinschaft und Milieu. Sozialistische Kultur- und Freizeitorganisationen in der Weimarer Republik, Bde. 1–4, Bonn 1991–1994; Wolfram PYTA, Dorfgemeinschaft und Parteipolitik 1918–1933. Die

sächlich ein homogener Milieuzusammenhang existierte oder ob divergierende Denk- und Handlungsmuster der beteiligten Individuen und Organisationen miteinander konkurrierten. Dabei ist für Köln der Einfluß des katholischen Milieus auf die Gestaltung der Beziehung und die Ausprägung von Antisemitismus von besonderem Interesse, wie zu zeigen sein wird.

Die Geschlechterzugehörigkeit wurde in den letzten Jahren als ein weiteres zentrales Differenzmerkmal der Weimarer Gesellschaft eingeführt, das neben Klasse und Milieu bewußtseinsprägend, identitätsstiftend und handlungsleitend wirkte.[87] Auf geschlechtsspezifische Ausprägungsformen des Antisemitismus verweisen besonders augenscheinlich die männerbündlerischen Gewaltpraktiken der deutsch-völkischen Antisemiten.[88] Weniger spektakulär, aber nicht minder interessant ist es zu analysieren, inwieweit sich geschlechtsspezifische gesellschaftliche Rollen(zuschreibungen), Deutungsmuster und soziale Handlungsspielräume auf die Gestaltung der jüdisch-nichtjüdischen Sozialbeziehungen und antisemitischen Ausgrenzungsformen jenseits dieser Gewaltpraktiken in verschiedenen gesellschaftlichen Bereichen auswirkten.[89]

Für die Weimarer Republik ist darüber hinaus die Generationszugehörigkeit bereits seit längerem als ein wichtiges Strukturprinzip anerkannt, das die Trennung der Bevölkerung nach Milieu, Klasse und Geschlecht überwinden konnte.[90] Für eine sozial differenzierende Antisemitismusforschung ist insbeson-

---

Verschränkung von Milieu und Parteien in den protestantischen Landgebieten Deutschlands in der Weimarer Republik, Düsseldorf 1996; und Siegfried WEICHLEIN, Sozialmilieus und politische Kultur in der Weimarer Republik. Lebenswelt, Vereinskultur, Politik in Hessen, Göttingen 1996. Zum katholischen Milieu Cornelia RAUH-KÜHNE, Katholisches Milieu und Kleinstadtgesellschaft. Ettlingen 1918–1939, Sigmaringen 1991.

[87] Vgl. zur Geschlechtergeschichte allgemein Karen HAUSEN/Heide WUNDER (Hrsg.) Frauengeschichte – Geschlechtergeschichte, Frankfurt a. M. 1992, S. 11; Hans MEDICK/Anne-Charlott TREPP (Hrsg.), Geschlechtergeschichte und Allgemeine Geschichte. Herausforderungen und Perspektiven, Göttingen 1998; und Jutta SCHWARZKOPF/Adelheid von SALDERN/Silke LESEMANN, Geschlechtergeschichte. Von der Nische in den Mainstream, in: ZfG 50 (2002), S. 485–504, hier: S. 485 f. Einen Einblick in die komplexen Geschlechterbeziehungen der Weimarer Republik bieten Renate BRIDENTHAL/Anita GROSSMANN/Marion A. KAPLAN (Hrsg.), When Biology Became Destiny. Women in Weimar and Nazi Germany, New York 1984; PEUKERT, Weimarer Republik, S. 101–106; und Karen HAGEMANN, Frauenalltag und Männerpolitik. Alltagsleben und gesellschaftliches Handeln von Arbeiterfrauen in der Weimarer Republik, Darmstadt 1990.

[88] Tiefere Einblicke in die Perspektiven einer geschlechtergeschichtlichen Antisemitismusforschung bieten Johanna GEHMACHER, Die Eine und der Andere. Moderner Antisemitismus als Geschlechtergeschichte, in: BERESSWILL/WAGNER, Frauenbewegung, S. 101–120; und Ute PLANERT, Reaktionäre Modernisten? Zum Verhältnis von Antisemitismus und Antifeminismus in der völkischen Bewegung, in: JbfA 11 (2002), S. 31–51.

[89] Eine vorbildliche Analyse bietet für das Kaiserreich KAPLAN, Bürgertum. Weitere Anstöße liefert Till van RAHDEN, Intermarriages, the »New Woman« and the Situational Ethnicity of Breslau Jews from the 1870s to the 1920s, in: LBIYB 46 (2001), S. 125–150. Siehe zur gesellschaftlichen Antisemitismusforschung auch Fußnote 68.

[90] In diesem Zusammenhang wird Generation als eine soziale Gruppe von ungefähr Gleichaltrigen definiert, die aufgrund ihres gemeinsamen Erfahrungsschatzes und Erlebnishorizontes in einem inneren Gruppenzusammenhang standen. Ihr Zusammenhalt manife-

re die heftige Opposition der »jungen« Generation der seit 1900 Geborenen gegen die »vergreiste Republik« und ihre Repräsentanten von Interesse. Denn der Gestus dieser »überflüssig« genannten Generation, die in den Wirren des Ersten Weltkriegs und der Nachkriegszeit aufwuchs, am stärksten unter der Überfüllung der Arbeitsmärkte litt und von einer gesicherten Berufsbiographie abgeschnitten schien, war aggressiv-nationalistisch und völkisch-antisemitisch aufgeladen.[91]

Angesichts dieser heterogenen Fragmentierungslinien der Weimarer Gesellschaft sucht die vorliegende Arbeit die Kategorien Klasse, Geschlecht, Generation und Milieu in ihre Analyse einzubeziehen und in verschiedenen gesellschaftlichen Bereichen auf ihre Relevanz zu testen. Sie will den einzelnen Strukturdimensionen daher nicht isoliert nachgehen und beispielsweise Antisemitismus im katholischen Milieu oder in der Frauenbewegung untersuchen, sondern den Einfluß der verschiedenen soziokulturellen Faktoren auf die Ausprägung der Beziehungen und die Entwicklung von Antisemitismus in verschiedenen gesellschaftlichen Kontexten abwägen, um so die Erklärungskraft der analytisch erdachten Ordnungsfaktoren für das konkrete Verhältnis zwischen Juden und Nichtjuden vor Ort zu überprüfen.[92]

Dabei gilt es zu bedenken, daß die idealtypisch entwickelten Ordnungs-, Differenzierungs- und Klassifizierungseigenschaften an der gesellschaftlichen Basis ihre analytische Trennschärfe einbüßen können, da Individuen dort in unterschiedlichen Rollenzusammenhängen agieren oder an den Schnittstellen verschiedener sozialer Gruppen stehen. Darüber hinaus wirkt oftmals die Kombination verschiedener Faktoren handlungsleitend: So zeigten männliche bürgerliche Jugendliche vermutlich andere Verhaltensweisen als ihre Eltern, ihre gleichaltrigen und gleichsituierten Schulkameradinnen oder ihre unterbür-

---

stierte sich in einer geteilten Deutungskultur, einem gemeinsamen Lebensstil und nicht zuletzt der Abgrenzung zu anderen Generationen. Siehe zum Begriff und Konzept der Generation Karl MANNHEIM, Das Problem der Generationen, in: Ders., Wissenssoziologie. Auswahl aus dem Werk, hrsg. von Kurt Wolff, Neuwied 1962, S. 509–565; und Andreas SCHULZ, Individuum und Generation – Identitätsbildung im 19. und 20. Jahrhundert, in: GWU 52 (2001), S. 406–414.

[91] Zum Generationenkonflikt in der Weimarer Republik siehe Ulrich HERBERT, »Generation der Sachlichkeit«. Die völkische Studentenbewegung der frühen zwanziger Jahre in Deutschland, in: Frank BAJOHR/Werner JOHE/Uwe LOHALM (Hrsg.), Zivilisation und Barbarei. Die widersprüchlichen Potentiale der Moderne. Detlev Peukert zum Gedenken, Hamburg 1991, S. 115–144; ders., Best. Biographische Studien über Radikalismus, Weltanschauung und Vernunft 1903–1989, Bonn 1996; Irmtraud GÖTZ VON OLENHUSEN, Jugendreich, Gottesreich, Deutsches Reich. Junge Generation, Religion und Politik 1928–1933, Köln 1987, S. 11–31; und Hans MOMMSEN, Generationskonflikt und Jugendrevolte in der Weimarer Republik, in: Thomas KOEBNER/Rolf-Peter JANZ/Frank TROMMLER, »Mit uns zieht die neue Zeit«. Der Mythos Jugend, Frankfurt a. M. 1985, S. 50–67.

[92] Ein solches Vorgehen wählt auch Nonn für seine Lokalanalyse zu Chonitz, konzentriert sich dabei vor allem auf die Abwägung religiöser, wirtschaftlicher und regionaler Erklärungsfaktoren, während er geschlechts-, milieu- und generationsbedingte Unterschiede kaum berücksichtigt.

gerlichen Geschlechtsgenossen. Zudem ist es aus Quellen- und Zeitgründen nicht möglich, alle Kategorien in jedem Zusammenhang gleichermaßen in den Blick zu nehmen. Bei allen Schwierigkeiten, die ein solches mehrrelationales schichten-, milieu-, generations- und geschlechtsspezifisches Analysemodell in der konkreten Umsetzung daher bereitet, hat es den entscheidenden Vorteil, neue Aussagen über gruppenbedingte Besonderheiten oder übergreifende Gemeinsamkeiten in der Gestaltung der jüdisch-nichtjüdischen Beziehungen zu ermöglichen.

Zur methodologischen Umsetzung dieser theoretischen Vorüberlegungen wurde der Untersuchungsraum verkleinert und die mittlere Analyseebene der Stadt gewählt. Sie ist für eine handlungs- und akteursorientierte Sozialgeschichte besonders geeignet, weil sie sich zwischen der anonymen Großformation der Nation einerseits und dem Mikrokosmos der Individuen andererseits befindet.[93] Dies bietet die Chance, zwischen Makro- und Mikrogeschichte zu vermitteln und die Anbindung gesellschaftlicher Strukturen an die Ebene individueller und sozialer Interaktion zu verdeutlichen.[94] Dabei sollen das Typische bzw. Besondere der lokalen Situation im Rückbezug auf andere Städte herausgearbeitet und abstrakte Deutungsmuster von Integration und Antisemitismus auf ihren Erklärungsgehalt überprüft werden.

Der städtische Raum wurde in fünf Untersuchungsfelder unterteilt, in denen sich Juden und Nichtjuden begegneten und die zugleich mit verschiedenen Ausprägungsformen von Antisemitismus korrespondierten: Es handelt sich dabei um die Sektoren Alltag, Kultur, Wissenschaft, Wirtschaft und Politik. Diese Felder bilden zentrale gesellschaftliche Teilbereiche, in denen sich die Akteure unter jeweils spezifischen Handlungslogiken begegneten und die dadurch selbst wichtige Erklärungsfaktoren für die Ausprägung der jüdisch-nichtjüdischen Beziehungen und des Antisemitismus darstellen. In Abgrenzung von der Systemtheorie und dem Strukturfunktionalismus werden diese gesellschaftlichen Teilbereiche nicht als geschlossene Systeme mit »dimensionsspezifischen Eigengesetzlichkeiten« begriffen, denen die »Inklusionsprozesse« folgten.[95] Vielmehr wird das Verhältnis zwischen Juden und Nichtjuden aus dem Spannungsverhältnis zwischen den vorhandenen Handlungsbedingungen und den konkreten Praktiken der Akteure rekonstruiert. Da sich die Integrations- und Ausgrenzungsmodi innerhalb der einzelnen Felder daher

---

[93] Christoph MICK, Nationalisierung in einer multiethnischen Stadt. Interethnische Konflikte in Lemberg 1890–1920, in: AfS 40 (2000), S. 113–146, hier: S. 118.

[94] Diesen Aspekt hebt auch BAUMANN, Nachbarschaften, S. 18, hervor.

[95] Diesen Ansatz schlägt RAHDEN, Juden, S. 18 f., vor. Doch kennt die Systemtheorie keine Akteure und kann die systemtheoretische Integrationsdefinition aufgrund ihres binären Charakters als innerhalb oder außerhalb eines Systems stehend die graduellen Nuancierungen der Beziehungen und ihren dynamischen Charakter, die im Mittelpunkt der vorliegenden Analyse stehen sollen, nur schlecht erfassen.

unterschiedlich gestalteten, erlaubt nur die vergleichende Analyse dieser Bereiche Aussagen darüber, ob und warum sich in manchen Bereichen antisemitische Denk- und Handlungsweisen eher beziehungsweise stärker durchsetzten als in anderen und welche bereichsübergreifenden Gemeinsamkeiten existierten.[96] Neben diesen theoretischen Gründen waren für die Auswahl dieser Felder und ihrer Unteraspekte die Relevanz in der Forschungsdiskussion, die lokalen Gegebenheiten und die Quellenlage verantwortlich, was zu Beginn eines jeden Kapitels gesondert begründet wird.

Die Analyse der verschiedenen gesellschaftlichen Teilbereiche richtet den Blick auf die individuell gestalteten Beziehungen sowie auf das Interaktionsgefüge der lokalen Organisationen und auf den Einfluß administrativer Handlungsträger wie der Behörden, Polizei und Justiz. Dieser mehrdimensionale Akteursansatz erlaubt tiefere Einsichten in die Mehrschichtigkeit der Beziehungen und in die Dynamik des Antisemitismus, etwa hinsichtlich der Frage, ob er von den städtischen Eliten manipulativ eingesetzt wurde oder ob diese dem Druck »von unten« folgten.

Mit der Untersuchung der individuell gestalteten Beziehungen und der Entwicklung antijüdischer Denk- und Handlungsmuster jenseits der organisierten Verfaßtheit erweitert sich die Geschichte des Antisemitismus um Einblicke in die Alltagswelt. Unter Alltag ist zunächst der eingrenzbare Gegenstand der konkreten Lebens- und Arbeitsverhältnisse zu verstehen, in denen sich Juden und Nichtjuden persönlich begegneten und in denen informelle Ausgrenzungspraktiken in der Nachbarschaft und im Freundeskreis, im Betrieb oder im Verein praktiziert wurden.[97] Zudem beschäftigt sich eine alltagsgeschichtliche Studie auch damit, wie die Akteure ihre Situation »konkret erlebten, erlitten und verarbeiteten«.[98] Alltag ist dabei nicht im engeren phänomenologischen Sinn des Unreflektierten und Repetitiven zu verstehen, vielmehr sollen auch die soziale Eingebundenheit der Individuen sowie die Wechselwirkungen zwischen Alltagswelt, strukturellen Bedingungen und den Interventionsbemühungen der Milieus und antisemitischen Organisationen auf die alltäglichen Beziehungen zwischen Juden und Nichtjuden berücksichtigt werden.

[96] Van Rahden, der ein umfassendes Analysemodell reklamiert, vernachlässigt zentrale gesellschaftliche Teilbereiche wie etwa die Wirtschaft ohne Begründung und ist so in seiner Aussagekraft eingeschränkt. Schüler-Springorum untersucht zwar umfassend die verschiedenen Bereiche städtischen Lebens, muß aber aufgrund des langen Untersuchungszeitraums auf eine detaillierte Tiefenanalyse verzichten.

[97] Auf die Zuordnung des Privaten zum Alltagsleben wurde hier bewußt verzichtet, da die Geschlechtergeschichte zu Recht auf die Brüchigkeit der Trennung zwischen Privatheit und Öffentlichkeit hingewiesen hat. Vgl. hierzu Carola LIPP, Alltagskulturforschung in der empirischen Kulturwissenschaft und Volkskunde, in: Heike DIELSWISCH [u. a.] (Hrsg.), Alltagskultur, Subjektivität und Geschichte. Zu Theorien und Praxis von Alltagsgeschichte, Münster 1994, S. 78–93, hier: S. 85 f.; und SCHWARZKOPF/SALDERN/LESEMANN, Geschlechtergeschichte, S. 92–94.

[98] Zit. nach KROLL, Sozialgeschichte, S. 157.

Bei der Untersuchung der lokalen Organisationen stehen in Abgrenzung zum traditionellen organisationsgeschichtlichen Ansatz nicht länger allein die Funktionsträger und ihre normativen Äußerungen im Vordergrund. Der Blick richtet sich vielmehr auf die internen Kommunikations- und Handlungsmuster im Wechselspiel zwischen Basis, mittleren Ebenen und Funktionseliten, um Aussagen über Motivation und Wirkungsweisen von Antisemitismus innerhalb des Organisationsgefüges zu treffen.[99] Zugleich waren diese Organisationen in einen städtischen Diskussions- und Handlungszusammenhang eingebunden, den sie zu beeinflussen suchten und der wiederum ihre Wirkungsweisen reglementierte. Erst die Untersuchung dieser komplexen Kommunikations- und Handlungsmuster im städtischen Raum erteilt Auskunft darüber, ob und wie sich Antisemitismus vor Ort tatsächlich durchsetzen konnte.

In diesem Zusammenhang ist die Rolle politisch-administrativer Handlungsträger von größtem Interesse. Denn die Kirchen-, Universitäts- und städtischen Behörden konnten durch eine strukturelle Integrationspolitik und eine konsequente Verfolgung von Antisemitismus in ihrem Befugnisbereich sowohl einen hohen Integrationsstand der jüdischen Kölner gewährleisten als auch umgekehrt durch eine strukturelle Ausgrenzungspolitik sowie die Duldung oder Unterstützung antisemitischer Vorstöße das städtische Klima vergiften.[100]

Um die vielfältigen Formen der jüdisch-nichtjüdischen Sozialbeziehungen und des Antisemitismus zu untersuchen, werden quantitative und qualitative Analysemethoden miteinander kombiniert: Soweit es die Quellen zulassen und es erkenntnisgewinnend für den jeweiligen Teilbereich ist, werden zunächst die Rahmenbedingungen beschrieben und die beteiligten Akteure soziostrukturell identifiziert sowie ihre Handlungsgrundlagen und -voraussetzungen herausgearbeitet. Es handelt sich hierbei in der Regel um ein eher induktives, quantitatives Verfahren, das »harte Fakten« gruppenspezifischen Verhaltens entlang der konfessionellen Trennungslinien zusammenträgt und diese auf Hinweise sozialer Nähe oder Distanz diskutiert.[101] Diese sozialstatistische Analyse dient einerseits der Rekonstruktion alltäglicher Lebensentscheidungen wie der Wahl des Wohnorts oder eines andersgläubigen Ehepartners, des Berufs oder Studienfachs. Sie liefert andererseits wertvolle Hinweise auf das

---

[99] Pragmatisch werden unter Funktionseliten Personen gefaßt, die in den verschiedenen Funktionsbereichen, Organisationen und Institutionen Führungspositionen einnahmen und qua Amt gesellschaftliche und politische Macht verwalteten. Mit dieser Definition orientiere ich mich an dem Art. »Funktionseliten« in Gerd REINHOLD (Hrsg.), Soziologie-Lexikon, 3. Aufl. München 1997, S. 127–129.

[100] Vgl. zum Einfluß der Behörden auf die Konflikte zwischen Juden, Ukrainern und Polen in Lemberg MICK, Nationalisierung, S. 113–146.

[101] Dieser interkonfessionelle Gruppenvergleich schützt einerseits vor der Gefahr, jegliches Abgrenzungsverhalten gegenüber Juden als antisemitisch überzuinterpretieren, und bietet andererseits die Chance, den Spuren eines spezifisch protestantischen bzw. katholischen oder aber konfessionsübergreifenden Integrations- bzw. Ausgrenzungsverhaltens nachzugehen.

Verhalten der Organisationen und Behörden gegenüber der jüdischen, katholischen und protestantischen Bevölkerung. Die Grenzen des quantitativen Verfahrens sind jedoch erreicht, wenn über die Deutung und Wahrnehmungen der beteiligten Personen, über den Einfluß anderer Strukturdimensionen jenseits der Konfession und über die Dynamik antijüdischer Prozesse im Wechselspiel der Akteure Aussagen getroffen werden sollen.

Aus diesen Gründen wird die quantitative sozialhistorische Analyse um die qualitative Analyse der Vorstellungsbilder, Handlungsweisen und Gruppenbeziehungen ergänzt. Diese qualitative Analyse beruht auf der Interpretation von Zeugnissen, die die beteiligten Personen im öffentlichen Diskussionszusammenhang, im internen Schriftverkehr und in der rückblickenden Erinnerung hinterließen bzw. die in Form von Zeitzeugeninterviews nachträglich generiert wurden. Es bedarf einer besonderen quellenkritischen Aufmerksamkeit, dieses heterogene Quellenmaterial adäquat zu interpretieren, indem man es in die jeweiligen Kontexte einbettet, miteinander verknüpft und die Bedeutungen dadurch erkennbar und verstehbar macht. Dabei gilt es auch, dem Wechselverhältnis von Wort und Tat im konkreten historischen Kontext nachzugehen und die kulturellen Kontinuitäten und Brüche, in denen sich die antijüdischen Denk- und Handlungsmuster bewegten, zu erschließen.

3. Gliederung, Untersuchungszeitraum und Untersuchungsraum

Die Gliederung der Arbeit orientiert sich an den fünf Untersuchungsfeldern von sozialem Alltagsleben, Kultur, Wissenschaft, Wirtschaft und Politik. Zuvor führt im ersten Kapitel ein historischer Überblick grundlegend in die lokale Situation ein. Die folgenden Kapitel untersuchen jeweils die Beziehungen zwischen Juden und Nichtjuden unter dem Einfluß eines erstarkten Antisemitismus in ihrer zeitlichen Entwicklung.

Das zweite Kapitel zeichnet die persönlichen Beziehungsformen zwischen Juden, Katholiken und Protestanten in Nachbarschaft, Freundschaft, Ehe und im Vereinsleben nach. Anders als in den von den männlichen Akteuren dominierten Feldern der Ökonomie und Politik wurde das soziale Alltagsleben maßgeblich von Frauen, Kindern und Jugendlichen gestaltet.[102] Es ist zu untersuchen, wie sich dieser Umstand auf den Charakter der Beziehungen auswirkte und wie sich das Verhältnis in der zeitlichen Entwicklung veränderte.

Das dritte Kapitel behandelt das Verhältnis von Juden und Nichtjuden in jenen Bereichen des kulturellen Lebens der Stadt, in denen Integrations- und

---

[102] Siehe zu generations- und geschlechtsspezifischen Differenzen Werner T. ANGRESS, Generation zwischen Furcht und Hoffnung. Jüdische Jugend im Dritten Reich, Hamburg 1985; und Marion A. KAPLAN, Die jüdische Frauenbewegung in Deutschland. Organisation und Ziele des jüdischen Frauenbundes 1904–1938, Hamburg 1981, sowie dies., Bürgertum.

Ausgrenzungsmomente öffentlich verhandelt und praktiziert wurden: Das sind die »höheren Künste« Kunst, Musik und Theater, das neue Massenmedium des (Westdeutschen) Rundfunks, zentrale Ausstellungsprojekte der Stadt sowie der Kölner Karneval als Schnittstelle städtisch-öffentlicher Kultur, bürgerlicher Kultur und lokaler »Popularkultur«. Es analysiert die Beziehungen jüdischer und nichtjüdischer Kulturproduzenten, antisemitische Vorstöße lokaler Kulturorganisationen und Parteien sowie das Verhalten der städtischen Verwaltung. Im Mittelpunkt dieses Kapitels steht die Frage, inwieweit sich die Verteidiger der Integration in einem vielschichtigen Tableau von Meinungen, Interessen und Konfliktlagen gegenüber ihren kulturkonservativen und antisemitischen Gegnern durchsetzen konnten.

Das vierte Kapitel widmet sich dem Verhältnis von Juden und Nichtjuden an der Kölner Universität, die im Reichsvergleich als eine »ausgesprochen offene und tolerante Anstalt« gilt.[103] Ob die Kölner Universität diesem Ruf tatsächlich gerecht wird, soll anhand der Rekonstruktion des Interaktionsgefüges aus Hochschullehrern und Universitätsbehörden, jüdischen und nichtjüdischen Studenten sowie außeruniversitären Akteuren wie den Besatzungsbehörden, den lokalen Parteien, der jüdischen Gemeinde und der kommunalen Presse überprüft werden.[104]

Das fünfte Kapitel behandelt die Stellung der Juden in der Kölner Wirtschaft, die Beziehungen zwischen Juden und Nichtjuden im Berufsleben und untersucht Ausmaß und Auswirkungen eines wirtschaftlich motivierten und argumentierenden Antisemitismus. Es geht der Frage nach, wo sich die antisemitische Rhetorik der deutsch-völkischen Organisationen, der NSDAP sowie der mittelständischen Interessenvertretungen artikulierte und in Handlungen übersetzt wurde: ob in der städtischen Wirtschaftspolitik, in den Wirtschaftsgremien, in den alltäglichen Geschäftsbeziehungen, im Konsumverhalten der Bevölkerung oder im Wirtschaftsprotektionismus der Milieus.

Das sechste Kapitel untersucht die Integrations- und Ausgrenzungstendenzen im politischen Leben der Stadt. Es analysiert die staatsbürgerliche Gleichstellung der Juden vor Ort anhand der Partizipationschancen jüdischer Politiker, öffentlicher Integrationsgesten des Stadtrats und der Stadtverwaltung gegenüber der jüdischen Bevölkerung sowie anhand ausgewählter Regelungsbereiche der Kommunalpolitik. Darüber hinaus werden zusammenfassend die Auswirkungen eines politisch organisierten Antisemitismus diskutiert, der in Köln zwar in seinen Wahlergebnissen schwach war, dafür aber ab Mitte der 1920er Jahre durch heftige Agitation und Aktionen auffiel. Die Auswirkungen

---

[103] Zit. nach Notker HAMMERSTEIN, Antisemitismus und deutsche Universitäten 1871–1933, Frankfurt a. M./New York 1995, S. 65.

[104] Diese lokalen Handlungsträger – also Medien, private Stifter und Kommunalpolitiker – waren aufgrund des Charakters der Kölner Hochschule als Stiftungsuniversität, die aus städtischen und privaten Mitteln finanziert wurde, stärker am Universitätsgeschehen interessiert und auch institutionell eingebunden als an anderen Hochschulen.

dieser Radikalisierung des Antisemitismus in Wort und Tat durch die Kölner Nationalsozialisten in der städtischen Gesellschaft verweisen bereits auf die übergreifende Bewertung der Ergebnisse im Fazit.

Das Fazit diskutiert abschließend, wann und wie sich im städtischen Leben antisemitische Denk- und Verhaltensmuster gruppen- und bereichsübergreifend durchsetzen konnten, und stellt diese Ergebnisse in einen allgemeinen Analyserahmen der jüdisch-nichtjüdischen Beziehungen unter dem Einfluß eines erstarkten Antisemitismus.

Den engeren Untersuchungszeitraum bilden die Jahre der Weimarer Republik. Doch sind Rückblicke ins Kaiserreich und Ausblicke in die NS-Zeit wichtige Bestandteile der Arbeit, da nur sie Aussagen über die genuine Qualität der Beziehungen und des Antisemitismus in der Weimarer Zeit ermöglichen. Einerseits verdeutlicht der Rekurs auf das Kaiserreich die Ausgangssituation eines hohen Integrationsniveaus und erlaubt es erst, die Auswirkungen von Krieg, Inflation und Besatzung abzuschätzen. Andererseits ist die Epochengrenze zwischen der Weimarer Republik und dem Nationalsozialismus besonders diskussionswürdig: Denn die Ausgrenzungs- und Diskriminierungsmaßnahmen, die in Köln im Frühjahr 1933 sehr früh und massiv einsetzten, bedeuteten, wie zu zeigen sein wird, keinen tiefen Bruch, sondern nur die Beschleunigung eines Desintegrations- und Dissoziationsprozesses, der bereits früher begonnen hatte.

Vor allem gilt es, die Binnenperiodisierung von Antisemitismus in der Weimarer Republik zu revidieren, wie sie von der historischen Antisemitismusforschung in Anlehnung an das sozioökonomische Krisenmodell entwickelt wurde. Ausgehend von der These, daß der Wandel von Denk- und Praxisstilen komplex ist und an der gesellschaftlichen Basis nicht eins zu eins mit den sozioökonomischen Krisenphasen korreliert, wird den mittleren Jahren der Republik die gleiche Aufmerksamkeit geschenkt wie den frühen und späten Krisenphasen.

Für die Auswahl Kölns als Untersuchungsraum sprechen neben den genannten Erwägungen auch wissenschaftspraktische Gründe. Die Analyse der Stadt Köln schließt eine Forschungslücke im regionalen Vergleich, indem der Fokus, der in den bisherigen Lokalstudien vor allem auf Hamburg, Bayern (München, Würzburg) und dem östlichen Teil Deutschlands (Berlin, Breslau, Königsberg) liegt, auf Westdeutschland erweitert wird.[105] Sie liefert darüber hin-

---

[105] Natürlich liegen zahlreiche Studien zu jüdischen Gemeinden in westdeutschen Städten vor, doch erreichen sie mit Ausnahme der Forschungen von Kauders nicht die Qualität der in Fußnote 42 zitierten Arbeiten. Kauders wertet jedoch allein publizistische Quellen aus und läßt die Handlungsdimension unberücksichtigt. Für Süddeutschland vgl. den Sammelband Nebeneinander – Miteinander – Gegeneinander? Zur Koexistenz von Juden und Katholiken in Süddeutschland im 19. und 20. Jahrhundert, Gerlingen 2002.

aus einen Beitrag zur Katholizismusforschung, die gravierende Lücken zum Verhältnis von Katholizismus und Antisemitismus in der Weimarer Republik aufweist.[106] Und sie erschließt ein Kapitel Kölner Stadtgeschichte, das zwar in zahlreichen Publikationen angeschnitten wurde, aber noch immer nicht systematisch erforscht ist. Gut dokumentiert sind nur die nationalsozialistischen Ausgrenzungs- und Verfolgungspraktiken.[107] Während der Antisemitismus zwischen der Reichsgründung und dem Ersten Weltkrieg immerhin noch in einem Aufsatz behandelt wird, existieren zur Weimarer Republik keine eigenständigen Arbeiten.[108] Die Studien zur NS-Zeit und die Überblicksdarstellungen zu Köln stellen den radikalen Antisemitismus in Köln zwischen 1918 und 1933 stark schematisierend dar. Sie beschränken sich auf die Entwicklung der NSDAP und deren Hetz- und Gewaltaktionen in der Endphase der Republik.[109] Noch stärker wird der gesellschaftliche Antisemitismus in den Untersuchungen zur Kölner Wirtschaft, Politik, Gesellschaft und Kultur ausgeklammert. Beispielsweise streifen die wenigen Studien zum Kölner Katholizismus, die die Zeit der Weimarer Republik berücksichtigen, den Antisemitismus nur kursorisch.[110] Besser gestaltet sich die Forschungssituation lediglich zur Universität Köln.[111]

Die epochenübergreifenden Darstellungen zur jüdischen Gemeinde sowie die älteren Monographien zu einzelnen Aspekten jüdischen Lebens beachten dagegen die nichtjüdische Umwelt wenig, oder sie konzentrieren sich auf Integrationserfolge der Kölner Juden, während sie das alltägliche Zusammenleben

---

[106] Die kontroversen Arbeiten zum Verhältnis von Antisemitismus und Katholizismus zwischen 1918 und 1933 werten entweder nur die Äußerungen des politisch und sozial organisierten Katholizismus auf der Reichsebene aus oder stützen sich auf religionstheoretische und publizistische Quellen: Wolfgang ALTMANN, Die Judenfrage in evangelischen und katholischen Zeitschriften zwischen 1918 und 1933, Diss. München 1971; Hermann GREIVE, Theologie und Ideologie. Katholizismus und Judentum in Deutschland und Österreich 1918–1933, Heidelberg 1969; Walter HANNOT, Die Judenfrage in der katholischen Tagespresse Deutschlands und Österreichs 1923–1933, Mainz 1990; LILL, Katholiken; und MAZURA, Zentrumspartei. Zum Forschungsdefizit siehe auch Wilhelm DAMBERG, Katholizismus und Antisemitismus in Westfalen. Ein Desiderat, in: Arno HERZIG u. a. (Hrsg.), Verdrängung und Vernichtung der Juden in Westfalen, Münster 1994, S. 44–61.

[107] Siehe Fußnote 5.

[108] Barbara SUCHY, Antisemitismus in den Jahren vor dem Ersten Weltkrieg, in: BOHNKE-KOLLWITZ, Köln, S. 252–285.

[109] DIETMAR/W. JUNG, Geschichte; Ingrid HEGE, Köln am Ende der Weimarer Republik und während der Herrschaft des Nationalsozialismus, in: Otto DANN (Hrsg.), Köln nach dem Nationalsozialismus, Wuppertal 1981, S. 15–34; und MATZERATH, Köln.

[110] Eduard HEGEL, Das Erzbistum Köln zwischen der Restauration des 19. und der Restauration des 20. Jahrhunderts 1815–1962, Köln 1987, S. 598 f.; Ulrich von HEHL, Katholische Kirche und Nationalsozialismus im Erzbistum Köln 1933–1945, Mainz 1977, S. 42; ders., Die katholische Kirche im Rheinland während des Dritten Reiches. Kirchenpolitik und alltagsgeschichtliche Aspekte, in: Rheinische Vierteljahrsblätter 59 (1995), S. 249–270, hier: S. 253 f.; und Christoph SCHANK, »Kölsch-katholisch«. Das katholische Milieu in Köln (1871–1933), Köln/Weimar/Wien 2004, S. 304.

[111] Vgl. hierzu jeweils auch den Forschungsüberblick in den einzelnen Kapiteln.

und den Antisemitismus entweder grundsätzlich oder für den Zeitraum zwischen 1918 und 1933 vernachlässigen. Allerdings liefern einige Arbeiten zum jüdischen Vereinswesen in Köln vereinzelte Hinweise auf Ausgrenzungstendenzen aus dem allgemeinen Vereinswesen.[112]

Das 1980 gegründete NS-Dokumentationszentrum der Stadt Köln setzte es sich zum Ziel, die gravierenden Quellen- und Forschungsdefizite aufzuarbeiten. Seine Publikationen bieten den besten Überblick zu Integration und Ausgrenzung von Juden im Köln der Weimarer Republik, ohne Anspruch auf eine systematische Analyse zu erheben.[113]

Doch eine Untersuchung zu Antisemitismus und den jüdisch-nichtjüdischen Sozialbeziehungen in Köln hat mehr zu bieten, als diese Forschungslücken zu schließen. Es sind die besonderen Verhältnisse dieser westdeutschen Großstadt, die ein neues Licht auf die Bedeutung konfligierender Minderheitenlagen und Gruppenantagonismen im städtischen Zusammenleben von Juden und Nichtjuden sowie auf die Entwicklung von Antisemitismus werfen. Diese Situation geht auf die konfessionelle Verteilung der Bevölkerung zurück, die sich mit ökonomischen, politischen und sozialen Ungleichheiten verband und ein spezifisches Spannungsverhältnis markierte.

4. Quellen

Der oben vorgestellte Analysenansatz erfordert eine heterogene Materialgrundlage. Die vorliegende Arbeit stützt sich auf eine breite Quellendecke, die die Archivalien der städtischen Behörden, der Landesregierung und der britischen Besatzungsbehörden ebenso umfaßt wie Kirchen- und Universitätsdokumente sowie Vereins-, Partei- und Schulakten. Wichtige Quellengruppen bilden ferner die lokale jüdische und nichtjüdische Presse und darüber hinaus Erinnerungsliteratur, Zeitzeugenberichte und Nachlässe.

Für zentrale Bereiche der Arbeit bestehen trotz der Heterogenität der Materialien gravierende Überlieferungslücken. So ist eine detaillierte Analyse der

---

[112] Michael BRENNER, Jüdische Turn- und Sportvereine in Köln 1900–1939, Diplomarbeit an der Deutschen Sporthochschule, Köln 1983; Suska DÖPP, Jüdische Jugendbewegung in Köln 1906–1938, Münster 1997; und Martin MEYER, Vom J.T.V. 02 zum Tus Makkabi. 100 Jahre jüdischer Sport in Köln, Köln 2002.

[113] BECKER-JÁKLI, Ich habe Köln; und MATZERATH/PRACHT, Schicksal. Anregend sind ferner eine alltagsgeschichtliche Untersuchung zum Rathenauviertel und eine Fallstudie zu einem Kölner katholischen Gymnasium. Sie rekonstruieren jüdisches und nichtjüdisches Zusammenleben in Köln. Doch wie die Arbeiten des NS-Dokumentationszentrums operieren sie auf einer relativ schmalen Quellenbasis von Zeitzeugenbefragungen oder werten die edierten Dokumente nicht systematisch aus: Anna SASS, Mehr als nur »Kwartier Lateng«. Leben am Rathenauplatz, Köln 1994; Otto GENDTNER/Hans HENGSBACH/Sibille WESTERKAMPF, »Ich bin katholisch getauft und Arier«. Aus der Geschichte eines Kölner Gymnasiums, Köln 1985.

sozialen Lage der jüdischen, katholischen und protestantischen Bevölkerung für Köln kaum möglich, da die einschlägigen Quellen zur Einkommens- und Vermögensverteilung zerstört sind und die Aussagekraft der Berufszählungen für das rheinische Handelszentrum besonders problematisch ist.[114] Darüber hinaus sind die Akten der jüdischen Institutionen während der nationalsozialistischen Verfolgung, ein Großteil bereits während des Novemberpogroms 1938, verlorengegangen. Die Akten der staatlichen und kommunalen Verwaltungen in Köln sowie der NS-Organisationen und zentrale Bestände in privaten Archiven wurden durch Kriegseinwirkung weitgehend zerstört oder gezielt vernichtet.[115] Diese Mängel konnten zum Teil durch mühevolle Einzelrecherche behoben, zum Teil durch die Analyse punktueller Verdichtungsmomente ausgeglichen werden. Genauere Ausführungen zum Quellenkorpus der einzelnen Bereiche finden sich zu Beginn eines jeden Kapitels.

Die quantitative Analyse stützt sich auf die sozialstatistischen Dokumente der Stadtverwaltung, der Kirchengemeinden, Vereine und der jüdischen Synagogengemeinde, soweit letztere in zeitgenössischen Publikationen veröffentlicht wurden oder sich in privaten Unterlagen befanden. Es handelt sich um aggregierte Daten aus den Volkszählungen 1925 und 1933, den statistischen Jahrbüchern der Stadt Köln sowie um Erhebungen aus Kirchen-, Vereins-, Universitätsquellen und zeitgenössischen soziologischen Untersuchungen.[116]

Zu den Handlungsweisen von Stadtverwaltung, Polizei und Justiz geben die relevanten Bestände des Polizeipräsidiums Köln, des Regierungspräsidiums Köln und die Gerichtsakten im Hauptstaatsarchiv Düsseldorf (HStAD) Auskunft.[117] Obwohl ein großer Teil des Archivbestands des Regierungspräsidiums 1945 teils verlorengegangen, teils stark beschädigt worden ist, läßt sich die politische Einschätzung und Vorgehensweise von Polizei und Administration doch in Verbindung mit dem Bestand Polizeipräsidium, mit dem

---

[114] Denn in Köln sind die Berufsgruppen der Selbständigen und Handeltreibenden besonders stark. Der Mischcharakter dieser Berufsgruppen läßt kaum Aussagen über die soziale Lage ihrer Mitglieder zu. Vgl. Sylvia SCHRAUT, Sozialer Wandel im Industrialisierungsprozeß. Esslingen 1800–1870, Essen 1989, S. 345–348.

[115] Vgl. hierzu Avraham BARKAI, Jüdische Minderheit und Industrialisierung. Demographie, Berufe und Einkommen der Juden in Westdeutschland 1850–1914, Tübingen 1998, S. 28; und Die jüdischen Opfer des Nationalsozialismus aus Köln. Gedenkbuch, Köln/Weimar/Wien 1995, S. 10.

[116] Die statistischen Jahrbücher enthalten relevante demographische Angaben zur Kölner Bevölkerung. Sie informieren über die Religionsverhältnisse der Bevölkerung (der Eheschließenden und Geschiedenen, der Neugeborenen nach der Religion der Eltern). Sie geben Auskunft über die Religionszugehörigkeit der Studenten und der Wohnbevölkerung. Die einzelnen katholischen Dekanate und Pfarreien sowie die evangelischen Pfarrbezirke (1933) werden nach der Religion ihrer Wohnbevölkerung aufgegliedert. Auch die Übertritte zur und Austritte aus der evangelischen Kirche 1920–1929 sind getrennt nach Konfessionen erfaßt.

[117] In der Zweigstelle Kalkum befinden sich die Gerichtsakten des (Ober-)Landgerichts, der (Ober-)Staatsanwaltschaft und des Amtsgerichts Köln.

Bestand Oberpräsidium des Rheinlands im Landeshauptarchiv Koblenz (CLHK) und den Akten des Historischen Archivs der Stadt Köln (HStAK) rekonstruieren. Klar konturiert sind insbesondere die Verhaltensweisen der Behörden in der städtischen Ostjuden-, Wirtschafts- und Kulturpolitik. Von besonderem Quellenwert sind darüber hinaus die Namensänderungsakten der Polizei, des Regierungspräsidiums und Landgerichts Köln. Sie verweisen nicht nur auf die strukturelle Ebene der Diskriminierung, die im Aktengang der Institutionen deutlich zutage tritt, sondern machen auch Alltagserfahrungen der Judenfeindschaft transparent, die sonst in den administrativen Quellen nicht zu greifen sind. Eine Hauptquelle für die qualitative Analyse der Beziehungen bieten die jüdischen Publizistika. Zur Darstellung des Deutungsspektrums der Kölner Juden wurden systematisch die sieben lokalen jüdischen Wochenblätter ausgewertet, die während des Untersuchungszeitraums in Köln erschienen, und die überregionale Zeitung des Centralvereins deutscher Bürger jüdischen Glaubens (CV) hinzugezogen, soweit sie zu Vorgängen in Köln berichtete.[118] Diese Periodika, die eine weite weltanschauliche und religiöse Bandbreite umfassen, treffen für den gesamten Untersuchungszeitraum wichtige Aussagen in einem doppelten Sinn: Indem sie sich mit Antisemitismus und Integration theoretisch und auf der Reichsebene auseinandersetzen, verdeutlichen sie ihre grundsätzlichen Positionen und bieten zudem einen Vergleichshintergrund für die Kölner Situation. Mit ihrem z. T. stark ausgeprägten lokalen Bezug dokumentieren sie außerdem präzise und differenziert Integrations- und zunehmend Ausgrenzungserfahrungen der Kölner Juden in verschiedenen Bereichen des städtischen Lebens.

Zur Rekonstruktion der individuellen Erfahrungsebene stützt sich die Arbeit darüber hinaus vorrangig auf die Erinnerungsliteratur Kölner Juden, die in einer Vielzahl von Memoiren und Autobiographien gedruckt vorliegt. Diese Erinnerungen wurden vorrangig aus der Perspektive etablierter Bürger verfaßt, während die standardisierten Zeitzeugeninterviews des NS-Dokumentationszentrums einen größeren Überblick über die Vielzahl der Erfahrungen bieten, da sie ein weites soziales Spektrum abdecken. Die ca. 70 Interviews sind methodisch abgesichert, indem sie dem gleichen lebensgeschichtlichen Verfahren folgen.[119] Daher bilden die Zeitzeugeninterviews unter Berück-

---

[118] Für die Frühphase des Untersuchungszeitraums (1916–1923) wurden die drei zionistischen Zeitschriften Israelitisches Gemeindeblatt (1916–1921), Jüdische Woche (1920/21) und die Jüdische Freie Presse (1921) eingesehen. Ferner wurden die Zeitung des Centralvereins deutscher Staatsbürger jüdischen Glaubens (CV) Im deutschen Reich (1916–1921) und der thoratreue Jüdische Beobachter (1921/22) ausgewertet. Es folgen die CV-Zeitung (1922–1933), das sozialdemokratisch orientierte Kölner Jüdische Wochenblatt (1923–1933) und die Kölner Jüdisch-Liberale Zeitung (1925–1929). Vgl. zum Profil der Zeitschriften Ursula REUTTER, Jüdische Zeitungen in Köln 1919–1938, in: GiK 29 (1991), S. 83–117.

[119] Die offen geführten Interviews konzentrieren sich auf die Erlebnisse der Einzelnen und ihre subjektive Sicht, versuchen jedoch auch, spezielle Kenntnisse der Zeitzeugen über

sichtigung der notwendigen quellenkritischen Vorsicht eine zentrale Quellengruppe für die Erforschung der Alltagsgeschichte des Antisemitismus und der jüdisch-nichtjüdischen Beziehungen.[120] Sie werden durch Nachlässe, Tagebücher, Briefe jüdischer Bürger und Tradierungsbruchstücke jüdischer Organisationen ergänzt, die im NS-Dokumentationszentrum der Stadt Köln, den *Central Archives for the History of the Jewish People* (CCAHJP) und den *Central Zionist Archives* (CZA) in Jerusalem sowie dem Leo-Baeck-Institut (LBI) in New York erhalten sind.

Weit spärlicher als in den jüdischen Quellen fallen die Hinweise auf Interaktions- und Integrationsmomente in den Dokumenten der städtischen und staatlichen Behörden, in Universitäts-, Kirchen-, Vereins- und Schulakten sowie in den rückblickenden Erinnerungen der katholischen und protestantischen Kölner aus. Hier gilt es, die Quellen gegen den Strich zu lesen und aus beiläufig erwähnten Tatbeständen vorsichtig abgesicherte Rückschlüsse zu ziehen.[121]

Um die Äußerungen der nichtjüdischen Akteure im öffentlichen Diskussionszusammenhang zu erfassen, wurden systematisch die führende Kölner Presse unterschiedlicher politischer Provenienz sowie die protestantischen und katholischen Kirchenblätter und die Kölner Universitätszeitung ausgewertet, die das Meinungsklima in der Stadt gleichermaßen beeinflußten und widerspiegelten.[122] Aufschlußreich sind in diesem Zusammenhang auch die Protokolle der Stadtverordnetenversammlung und die Sammlung kirchlicher Erlasse.[123]

Zur Analyse des internen Kommunikationszusammenhangs innerhalb der lokalen Organisationen und soziokulturellen Milieus stützt sich die Arbeit jenseits dieser normativen und publizistischen Äußerungen auf die ungedruckten Archivalien vor Ort. Denn erst der interne Aktengang macht die Dynamik

---

Kölner jüdische Institutionen und Organisationen in ihrem Wechselverhältnis zum nichtjüdischen Gegenüber zu ermitteln und festzuhalten. Siehe hierzu auch BECKER-JÁKLI, Ich habe Köln, S. 9–13.

[120] Die dreizehn Zeitzeugeninterviews und Kurzberichte ehemaliger Kölner Juden, die in Yad Vashem tradiert sind, sind im Vergleich hierzu methodisch weit ungesicherter, wurden aber trotzdem dann für die Analyse hinzugezogen, wenn sie wichtige Zusatzinformationen lieferten.

[121] Denn daß in diesen Quellen antisemitische Tendenzen besser tradiert sind, kann zweierlei bedeuten: Entweder dominierten die Ausgrenzungspraktiken tatsächlich, oder die positiven Formen des Zusammenlebens galten als normal und deshalb weniger erwähnenswert.

[122] Untersucht wurden die Rheinische Zeitung (sozialdemokratisch), die Kölnische Volkszeitung (zentrumsnah), die Kölnische Zeitung (nationalliberal) sowie exemplarisch die Sozialistische Republik (kommunistisch), die Rheinische Tageszeitung (DNVP) und das Kölner Tageblatt (linksliberal). Außerdem wurden der Kirchliche Anzeiger für die Erzdiözese Köln, der Kirchliche Anzeiger für die evangelischen Gemeinden zu Köln und die Kölner Universitätszeitung systematisch ausgewertet.

[123] Wilhelm CORSTEN (Hrsg.), Sammlung kirchlicher Erlasse, Verordnungen und Bekanntmachungen für die Erzdiözese Köln, Bd. 1–3, Köln 1969; und ders. (Hrsg.), Kölner Aktenstücke zur Lage der katholischen Kirche in Deutschland 1933/1945, Köln 1949.

zwischen den verschiedenen Ebenen der Organisationen greifbar.[124] Gerade die Analyse des katholischen Milieus kann sich dabei auf eine reiche Quellengrundlage stützen: Die heterogenen Dokumente reichen von Eingaben der Gemeinde-, Partei- und Vereinsmitglieder über Berichte, Anfragen und Verkündigungen der Pfarrgeistlichkeit, Partei- und Vereinsvorstände bis hin zu Äußerungen der lokalen Funktionseliten. Religiöse und politische Reden und Druckschriften, aber auch Nachlässe Kölner Kommunalpolitiker, darunter der aufschlußreiche Nachlaß Konrad Adenauers im Stadtarchiv Köln, runden das Bild ab. Dagegen ist die Überlieferung aus dem protestantischen Milieu außerordentlich schlecht und verhindert in weiten Teilen eine systematisch vergleichende Analyse.[125]

Am dichtesten ist die Quellengrundlage, überwiegend aus den staatlichen Archiven und dem Universitätsarchiv, zur Analyse des politisch und sozial organisierten Antisemitismus in Köln. Es handelt sich um Propagandamaterialien und Dokumente der lokalen antisemitischen Organisationen und Parteien sowie der polizeilichen und juristischen Verfolgungsbehörden.[126] Wichtige Hinweise auf den radikalen Antisemitismus liefern ferner die Polizeiberichte sowie die Berichte der Staatsanwaltschaft über Pressevergehen und politische Umtriebe der NSDAP an die Oberstaatsanwaltschaft und den Justizminister. Die Prozeßakten am Amts- und Landgericht Köln dokumentieren ebenso wie die publizistischen Dokumente die gesellschaftlichen Reaktionen auf die Radikalisierung des Antisemitismus. Die Stadtverordnetenprotokolle geben Auskunft über die kommunalpolitischen Vorstöße der DNVP, des Völkischsozialen Blocks und der NSDAP. Schließlich steuert die jüdische Erinnerungs- und Zeitschriftenliteratur wichtige Informationen zur Entwicklung alltäglicher Gewaltformen bei. Die hohe Quellendichte zum radikalen Antisemitismus ermöglicht es, ein geschlossenes und differenzierendes Bild seiner Entwicklungslinien in Köln zu zeichnen.

---

[124] Es handelt sich hierbei um Dokumente, die im Historischen Archiv der Stadt Köln, im Hauptstaatsarchiv Düsseldorf, im Bundesarchiv Koblenz sowie im Archiv des Erzbistums Köln (AEK) und im Universitätsarchiv (UAK) tradiert sind. Es liegt auf der Hand, daß hier kein geschlossenes Quellenkorpus zu einer Fragestellung vorlag, sondern daß verschiedene Betreffs erschlossen werden mußten, um ein repräsentatives Gesamtbild zu erreichen.

[125] Eingesehen wurden die Quellen im Evangelischen Zentralarchiv Berlin, dem Archiv der Evangelischen Kirche im Rhein, der Evangelischen Gemeinde Köln am Rhein sowie die jeweiligen Betreffe in anderen Archiven. Systematisch durchgearbeitet wurden ferner neben den oben erwähnten Zeitschriften auch das Missionsblatt des Westdeutschen Vereins für Israel (1918–1933) sowie das Evangelische Rheinland und diverse Druckschriften.

[126] Neben dem in Koblenz tradierten Schrift- und Druckgut der rechtsradikalen Organisationen wurde zusätzlich systematisch der Westdeutsche Beobachter bis 1935 ausgewertet, der als Zeitung des Gaues Rheinland-Süd gegründet worden war und zunächst als Wochenzeitung erschien. Seine Hauptschriftleitung lag von 1926–1931 in den Händen von Josef Grohé, der für den besonders brutalen und verhetzenden Sprachstil verantwortlich war.

5. Zentrale Begriffe: Juden, Integration und Antisemitismus

Die vorliegende Studie verwendet eine enge Definition dessen, wen sie als Juden begreift. Sie orientiert sich zunächst an der formalen Religionszugehörigkeit und unterscheidet zwischen der jüdischen, katholischen und protestantischen Bevölkerung.

Diese enge Begriffseingrenzung hat zunächst den Vorteil, sich jeder »wesenhaften« Definition zu verweigern und die essentialistischen polaren Kollektivkonstruktionen »Deutsche« und »Juden«, die wegen ihres wertenden Charakters ein asymmetrisches Begriffspaar bilden, zugunsten einer trikonfessionellen Symmetrie aufzubrechen.[127] Gerade im katholischen Köln mit seinen konfligierenden Verhältnissen zwischen der katholischen Mehrheit und den protestantischen und jüdischen Minderheiten erlaubt eine solche enge Definition – soweit es die Quellen zulassen – zudem einen interkonfessionell differenzierenden und vergleichenden Analyseansatz.

Darüber hinaus sprechen forschungspragmatische Gesichtspunkte für eine solche Definition, da diese den behördlichen Dokumenten, auf denen die sozialstatistische Analyse basiert, ebenfalls zugrunde liegt und daher dissidente oder getaufte Personen empirisch nicht erfaßt werden und entsprechend auch nicht im interkonfessionellen Gruppenprofil berücksichtigt werden können.

Jedoch muß die qualitative Analyse der Beziehungen zugleich jene Fremd- und Selbstzuschreibungen berücksichtigen, die über die religiöse Definition hinausreichen. Denn einerseits waren zahlreiche säkularisierte, dissidente oder getaufte Juden weiterhin einem jüdischen Selbstverständnis verpflichtet oder in jüdische Gruppenzusammenhänge eingebunden, auch wenn sie nicht mehr (aktiv partizipierender) Teil der jüdischen Religionsgemeinschaft waren, andererseits wurden sie von ihrer Umgebung oftmals auch dann weiterhin als Juden angesehen, wenn sie selbst alle Verbindungen zum Judentum aufgegeben hatten.[128] Um die Dimension dieser Selbst- und Fremdbilder semantisch zu fassen, wurde die Unterscheidung zwischen Personen jüdischen Glaubens und jüdischer Herkunft eingeführt.

---

[127] Zur Asymmetrie der Begriffe deutsch-jüdisch vgl. genauer HOLZ, Antisemitismus, S. 36, 39 f., der sich auf die begriffsgeschichtlichen Überlegungen Kosellecks bezieht. Zur Kritik der bipolaren Kollektivkonstruktion deutsch – jüdisch aus der Perspektive der postmodernen Historiographie Jonathan BOYARIN/Daniel BOYARIN (Hrsg.), Jews and other Differences. The New Jewish Cultural Studies, Minneapolis/London 1997, S. 108–149. Angewandt auf die deutsch-jüdische Geschichte bei MOYN, German Jewry, S. 294–296; und RAHDEN, Weder Milieu noch Konfession.

[128] Nicht nur in den Schriften des rassistischen Antisemitismus, sondern auch im Alltagswissen der (jüdischen und nichtjüdischen) Zeitgenossen war die Überzeugung fest verankert, daß Juden trotz Konversion und aller äußeren Entfernung von jüdischen Lebensformen doch Juden blieben mit den dazugehörigen Merkmalszuschreibungen.

Dagegen werden Kollektivtermini wie Milieu und Subkultur zur Kennzeichnung eines Gruppenzusammenhalts der deutschen Juden jenseits der Religionszugehörigkeit vermieden, setzen sie doch eine einheitliche jüdische Deutungskultur und einen Organisationszusammenhang voraus, der die stark divergierenden weltanschaulichen Positionen unter den deutschen Juden und die Zersplitterung der jüdischen Organisationen ignoriert.[129] Das Konzept der situativen Ethnizität ist zwar insofern brauchbarer, als es die deutschen Juden nicht als eine geschlossene Sozialformation begreift, sondern auf die situativ wirksamen Zentrifugal- und Zentripetalkräfte unter den deutschen Juden aufmerksam macht und darauf verweist, daß sich Personen jüdischen Glaubens und jüdischer Herkunft in bestimmten Zusammenhängen als Juden definierten oder auftraten, in anderen aber nicht. Doch entspricht der Begriff der Ethnizität in der deutschen Gesellschaft der 1920er Jahre stärker den zeitgenössischen antisemitischen Zuschreibungen als dem Selbstverständnis der ganz überwiegenden Zahl der deutschen Juden, die ihre Gruppenidentität vorrangig religiös und kulturell definierten, sich aber scharf gegen die Behauptung einer ethnischen Eigenart wehrten. Auch heute noch ist der Begriff vor dem historischen Hintergrund seines Gebrauchs in Deutschland stark belastet und zudem analytisch wenig hilfreich, da er zwingend die Konstruktion einer »jüdischen Abstammungsgemeinschaft« nach sich zieht. Er erscheint daher wie ein unpassend übertragener Begriff aus der US-amerikanischen Multikulturalismusdebatte.

Um den Integrationsstand der Juden in der städtischen Gesellschaft zu bestimmen, gilt es ferner, den zugrundeliegenden Begriff der Integration zu klären. Unter Berücksichtigung der neueren Debatten in der deutsch-jüdischen Historiographie wird Integration nicht im Sinne von »Assimilation« definiert, die die Einbeziehung einzelner Juden (oder der Juden als Gruppe) in ein übergeordnetes Ganzes durch Anpassung an eine homogene Mehrheitskultur beschreibt. Integration zeichnet sich vielmehr durch gleichberechtigte Partizipationschancen innerhalb eines sozialen Gefüges aus. Vollständige Integration umfaßt einerseits die rechtliche Gleichstellung und den uneingeschränkten Zugang zu Positionen und Ämtern in allen gesellschaftlichen Teilbereichen, andererseits soziale Anerkennung und Offenheit, die es erlaubt, auf individueller und organisatorischer Ebene uneingeschränkt zu partizipieren und neue Formen des Miteinanders zu etablieren. Der Grad der Integration innerhalb eines sozialen Gebildes hängt daher von dem konkret praktizierten Mit- und Gegeneinander der jüdischen und nichtjüdischen Akteure unter den Handlungsbedingungen des jeweiligen Teilbereichs ab, in dem diese einander begegneten.

---

[129] In dieser Bewertung stimme ich überein mit RAHDEN, Weder Milieu noch Konfession, S. 412.

Den Auswirkungen eines erstarkten Antisemitismus auf den Integrationsstand der Kölner Juden nachzugehen erfordert darüber hinaus eine ausführliche Diskussion des zugrundeliegenden Antisemitismusbegriffs.[130] Dabei steht man vor dem prinzipiellen Problem, daß das Urteil darüber, wie antisemitisch eine Gesellschaft war, maßgeblich auch davon abhängt, welche Äußerungen und Handlungen man als antisemitisch bezeichnet.[131] Während enge Definitionsansätze, die Antisemitismus als rassistisch-völkische Weltanschauung einer politisch-sozialen Bewegung definieren[132], Gefahr laufen, die Verbreitung judenfeindlicher Denkbilder und die unterschiedlichen Spielarten antijüdischer Praxis in der Gesellschaft auszublenden und Antisemitismus zu verharmlosen[133], wirken weite Begriffsbestimmungen, die die vielfältigen Formen der Ablehnung der Juden unter dem Etikett Antisemitismus subsummieren, schnell inflationär. Wer jeden negativen Impuls gegen Juden als Antisemitismus tituliert, verwischt die Unterschiede zwischen Inhalten, Trägern und Ausprägungsformen, unterschlägt historische Änderungen und unterminiert damit die analytische Aussagekraft des Begriffs.[134] Einen Ausweg aus dem Dilemma bietet eine präzise Antisemitismusdefinition, die einerseits nicht jede antijüdische Äußerung und Verhaltensweise als antisemitisch bezeichnet und andererseits begrifflich zwischen verschiedenen Formen der Judenfeindschaft unterscheidet.

[130] Das Wort wurde in der postemanzipatorischen Auseinandersetzung über die neu konstruierte »Judenfrage« 1879 von dem antijüdischen Berliner Publizisten Wilhelm Marr geprägt und löste den bis dahin üblichen Terminus »Judenhaß« ab. Damit war ein politisches Schlagwort gefunden, das, aus der Philologie entlehnt, ursprünglich die arabisch-hebräische Sprachfamilie bezeichnete, modern und wissenschaftlich klang und das der in Entwicklung befindlichen, neuen judenfeindlichen Bewegung dazu diente, sich von älteren Formen christlich-religiöser Judenfeindschaft abgrenzend, ein zeitgemäßes Profil zu geben. Zum Begriff des Antisemitismus vgl. unter vielen Yehuda BAUER, Vom christlichen Judenhaß zum modernen Antisemitismus – ein Erklärungsversuch, in: JbfA 1 (1992), S. 77–90; HEIL, »Antijudaismus«, S. 92–114; Gavin I. LANGMUIR, Towards a Definition of Antisemitism, Berkeley/Los Angeles 1990; NIPPERDEY/R. RÜRUP, Antisemitismus, S. 129–153; und Moshe ZIMMERMANN, Aufkommen und Diskreditierung des Begriffs Antisemitismus, in: Ursula BÜTTNER (Hrsg.), Das Unrechtregime, Festschrift für Werner Jochmann, Bd. 1, Hamburg 1986, S. 59–77. Zu Marr als zentraler Figur in der Geschichte des Judenhasses und Gründer der Antisemiten-Liga vgl. Moshe ZIMMERMANN, Wilhelm Marr. The Patriarch of Anti-Semitism, New York 1986.

[131] So auch Werner BERMANN/Rainer ERB, Sozialwissenschaftliche Methoden in der Antisemitismusforschung. Ein Überblick, in: JbfA 7 (1998), S. 103–120, hier: S. 103 f. Nicht zuletzt deshalb sind die verschiedenen Definitionsansätze und die analytische Tragweite des Begriffs heftig umstritten. Einen zusammenfassenden Überblick der Kritik leistet Georg Christoph BERGER WALDENEGG, Antisemitismus: Eine gefährliche Vokabel? Zur Diagnose eines Begriff, in: JbfA 9 (2000), S. 108–126.

[132] Diese enge Definition korrespondiert am ehesten mit sozialhistorischen Definitionen des modernen Antisemitismus.

[133] Neuere Arbeiten zu Antisemitismus kritisieren diese enge Definition, so etwa BLASCHKE, Katholizismus, S. 23; und RAHDEN, Ideologie, S. 24.

[134] In diesem Sinne argumentieren BERGER/WALDENEGG, Antisemitismus, S. 114 f.; und BERGMANN/ERB, Methoden, S. 103 f.

Zentrale Begriffe: Juden, Integration und Antisemitismus

Grundsätzlich soll Antisemitismus in Anlehnung an Helen Fein sowohl als Phänomen des Denkens als auch des sozialen Handelns definiert werden:

»I propose to define antisemitism as a persisting latent structure of hostile beliefs toward Jews as a collectivity manifested in individuals as attitudes, and in culture as myth, ideology, folklore and imagery, and in actions – social or legal discrimination, political mobilization against the Jews, and collective or state violence – which results in and/or is designed to distance, displace, or destroy Jews as Jews«.[135]

Wichtig ist jedoch, diese divergierenden Formen antisemitischen Denkens und Handelns genauer als Fein zu bestimmen. In diesem Zusammenhang soll die Unterscheidung zwischen einem eng gefaßten radikalen und einem weiter definierten gesellschaftlichen Antisemitismus eingeführt werden.[136]

Der radikale Antisemitismus zeichnet sich auf der Denkebene durch sein völkisch-rassistisches Weltbild aus, das alle gesellschaftlichen Probleme auf den verderblichen Einfluß des Feindbilds Juden reduziert und die heterogenen antisemitischen Stereotypen[137] radikalisierend und ideologisierend zu einem geschlossenen Denken von der radikalen negativen Andersartigkeit der »jüdischen Rasse« zusammenfügt.[138] Sein oberstes Ziel liegt in der postemanzipatorischen »Lösung« der selbst konstruierten »Judenfrage«, die nicht länger auf Taufe und Assimilation setzt, sondern biologistisch-rassistisch argumentierend Verdrängung (Segregation, Vertreibung) und Vernichtung fordert.[139] Zur Durchsetzung dieser Ziele organisierte sich der radikale Antisemitismus in der Weimarer Republik in zahllosen völkisch-rassistischen Zirkeln und Parteien, die eine neue Dimension der Gewalt etablierten, die bis hin zu bewaffneten

---

[135] Helen FEIN (Hrsg.), The Persisting Question. Sociological Perspectives and Social Contexts of Modern Antisemitism, Berlin/New York 1987, S. 67. Auch Aram Mattioli bezieht sich in seiner Studie auf Fein. MATTIOLI, Antisemitismus in der Schweiz, S. 5.

[136] Der Begriff des »gesellschaftlichen Antisemitismus« wird in der Antisemitismusforschung vereinzelt zur Kennzeichnung eines Antisemitismus der Vereine und Verbände getragen. Er soll in diesem Konzept aber erweitert werden, um divergierende und diffuse Formen des Antisemitismus jenseits des radikalen Antisemitismus zusammenfassend zu etikettieren.

[137] Der US-amerikanische Journalist Walter Lippmann prägte 1922 in seiner Untersuchung zur öffentlichen Meinungsbildung den Begriff des Stereotyps zur Bezeichnung schablonisierter oder schematisierter »Vorstellungsbilder« über Personengruppen, die sich zwischen die Außenwelt und das individuelle Bewußtsein schöben und sich durch ihre konkrete Visualität sowie Rigidität und Dauerhaftigkeit auszeichneten. Walter LIPPMANN, Die öffentliche Meinung, München 1964, S. 25, 68. Wichtig ist darüber hinaus, daß das Denken in Stereotypen untrennbar mit einem verbalen Ausdruck verknüpft ist. Schon die bloße Nennung eines Wortnamens wie ›Jude‹ vermag bestimmte Vorstellungen und Emotionen zu aktivieren.

[138] Beispielhaft für diese enge Antisemitismusdefinition BERDING, Antisemitismus, S. 102; HEIL, »Antijudaismus«, S. 105; und Moishe POSTONE, Die Logik des Antisemitismus, in: Merkur 36 (1982), S. 13–25, hier: S. 14 f.

[139] Zur Differenzierung des Antisemitismus nach den Lösungsvorstellungen vgl. NIEWYK, Solving the »Jewish Problem«.

Überfällen und Mord reichte. Zugleich diente der radikale Antisemitismus neben seinen Funktionen der Krisenkompensation und politischen Mobilisierung als offensiver Ausdruck einer radikal-nationalistischen Gesinnung und als Symbol der Zugehörigkeit zum »völkischen Lager«.[140]

Im gesellschaftlichen Antisemitismus bilden die antisemitischen Stereotypen und Topoi dagegen kein geschlossenes Denksystem, sondern sind entweder in ein übergeordnetes Weltbild wie Katholizismus oder Sozialismus integriert[141] oder Teil eines diffusen Denkens, das gerade nicht einem einzelnen Weltdeutungssystem verhaftet ist.[142] Diese einzelnen antijüdischen Vorstellungsbilder und Vorurteile[143] sollen aber nur dann als antisemitisch bezeichnet werden, wenn sie im Denk- und Argumentationszusammenhang eine strukturelle Rolle einnehmen, handlungsleitend werden oder stärker ausgeprägt sind als gegenüber anderen sozialen Gruppen. Obwohl dem gesellschaftlichen Antisemitismus konsensuell die Vorstellung zugrunde liegt, einen »negativen jüdischen Einfluß« zurückdrängen zu müssen, wird selten thematisiert, wie dies genauer zu geschehen habe. Im Gegensatz zum radikalen Antisemitismus bildet die »Lösung« der »Judenfrage« nicht den zentralen Fluchtpunkt des Denkens und wird kaum reflektiert.[144] Der gesellschaftliche Antisemitismus manifestiert sich sowohl in den individuellen persönlichen Begegnungen (Alltagsantisemitismus) als auch in gesellschaftlichen und politischen Vereinigungen (Vereins-/Verbandsantisemitismus) und den Verhaltensweisen der Behörden (struktureller Antisemitismus).[145] Dabei reichen seine Ausprägungsformen von ver-

---

[140] So auch HERBERT, Best, S. 51.

[141] Ich folge hier Olaf Blaschke, der zwischen einem ungebundenen, expliziten Antisemitismus der geschlossenen Weltanschauung und einem impliziten, gebundenen Antisemitismus unterscheidet, der als Teilideologie in andere Denk- und Weltbilder integriert war und hier nicht primär und bewußt der Diskriminierung von Juden, sondern der Stützung der übergeordneten Weltsicht diente und inhaltlich maßgeblich von ihnen bestimmt war. BLASCHKE, Katholizismus, S. 23.

[142] Zu Recht hat Hoffmann darauf verwiesen, daß sich in den Denkbildern, Stereotypen und Vorurteilen der Bevölkerung in den meisten Fällen die Trennungslinien zwischen einem engen rassistischen Antisemitismus, traditionalen antijüdischen Ressentiments und anderen Deutungsmustern verwischen. Ch. HOFFMANN, Antijudaismus, S. 312 f. Im Sinne eines diffusen Denkens argumentiert auch Stefan SCHEIL, Die Entwicklung des politischen Antisemitismus in Deutschland zwischen 1881 und 1912. Eine wahlgeschichtliche Untersuchung, Berlin 1999, S. 27 f.

[143] Als Vorurteil soll hier die erfahrungsunabhängige Eigenschafts- oder Verhaltenszuschreibung von Gruppen (oder Individuen, die Gruppen zugeordnet werden) verstanden werden. Auf der kognitiven Ebene dient das Denken in Stereotypen und Vorurteilen zunächst einmal der notwendigen Komplexitätsminimierung der Welt und der Selbstdefinition in Abgrenzung vom anderen.

[144] So auch Olaf BLASCHKE, Die Elimination wissenschaftlicher Unterscheidungsfähigkeit. Goldhagens Begriff des »eliminatorischen Antisemitismus« – eine Überprüfung, in: Johannes HEIL/Rainer ERB (Hrsg.), Geschichtswissenschaft und Öffentlichkeit. Der Streit um Daniel J. Goldhagen, Frankfurt a. M. 1998, S. 63–90, hier: S. 76.

[145] Zugleich läßt sich der gesellschaftliche Antisemitismus nach Stereotypmustern und Ausprägungsformen in den sozialen Teilbereichen in einen ökonomischen, politischen, kul-

deckten Distanzierungen und Zurückweisungen über offen ausgesprochene Ressentiments und Beleidigungen bis hin zu formalen sozialen Ausgrenzungspraktiken in Form von Aufnahme- und Zutrittsverboten, Ausschlüssen oder anderen strukturellen Benachteiligungen. Doch auch diese antijüdischen Ausgrenzungspraktiken werden nur dann als antisemitisch eingeschätzt, wenn sie sich im Intergruppenvergleich besonders stark gegen Juden richteten. In diesem Zusammenhang gilt es zudem, zwischen zwei Hauptfunktionen des gesellschaftlichen Antisemitismus zu differenzieren. Er kann entweder die Funktion übernehmen, den Gruppenzusammenhang einer bestimmten soziokulturellen Gruppe durch die Abgrenzung vom Anderen (unter denen »der Jude« nur einer und nicht unbedingt der wichtigste sein konnte) zu stärken oder die sozialen Fragmentierungslinien innerhalb der nichtjüdischen Bevölkerung durch die Dichotomie deutsch – jüdisch zugunsten einer »nationalen Volksgemeinschaft« künstlich aufzulösen.[146]

---

turellen, akademischen und alltäglichen Antisemitismus untergliedern. Es ist jedoch zu bedenken, daß diese idealtypischen Trennungen den vielschichtigen Überlagerungen und Transformationen antisemitischen Denkens und Handelns kaum gerecht werden.

[146] Shulamit Volkovs vielzitierte These vom Antisemitismus als kulturellem Code, der die Zugehörigkeit zum Lager des Antimodernen symbolisierte, ignoriert die weiterhin wirksamen Fragmentierungslinien der Gesellschaft, indem sie simplifizierend zwei Lager der Integration und des Antisemitismus konstruiert, ohne nach der Funktion von Antisemitismus innerhalb verschiedener gesellschaftlicher Gruppen zu fragen. Trotzdem wurde Volkovs Definition zum Kanon der neueren Antisemitismusforschung. Shulamit VOLKOV, Antisemitismus als kultureller Code, in: Dies., Antisemitismus als kultureller Code. Zehn Essays, 2. Aufl. München 2000, S. 13–36. Völlig unreflektiert z. B. bei SCHEIL, Entwicklung, S. 27 f. Zur Kritik am Begriff des kulturellen Codes Wolfgang BENZ, Judenfeindschaft als Zeitgeist. Theodor Fontane und die Wilhelminische Gesellschaft, in: Ders., Bilder vom Juden, S. 57–69, hier: S. 59; HEILBRONNER, Antisemitic Peripheries, S. 563; HOLZ, Antisemitismus, S. 29; Norbert KAMPE, Studenten und »Judenfrage« im Deutschen Kaiserreich. Die Entstehung einer akademischen Trägerschicht des Antisemitismus, Göttingen 1988, S. 212.

ERSTES KAPITEL

KÖLN IM HISTORISCHEN RÜCKBLICK – DER LANGE WEG DER INTEGRATION

1. Das städtische Sozialgefüge entlang der konfessionellen Trennungslinien

Die freie Reichsstadt Köln war bis zum Ende des 18. Jahrhunderts eine rein katholische Stadt, in der sich der religiöse und gesellschaftliche Gestaltungswille eines offensiv auftretenden Katholizismus mit einer 99prozentigen Konfessionshomogenität der Bevölkerung verband.[1] Gesichert wurde die katholische Vormachtstellung durch den Ausschluß der religiösen Minderheiten: Der Magistrat der Stadt verbannte 1424 die ansässigen Juden, die die älteste Gemeinde auf deutschem Boden errichtet hatten, als Höhepunkt seiner spätmittelalterlichen Marginalisierungs- und Vertreibungspolitik aus der Stadt.[2] Dieses Niederlassungsverbot hatte über dreieinhalb Jahrhunderte Bestand und wurde erst 1794 unter napoleonischer Herrschaft aufgehoben: 1798 ließ sich das erste jüdische Ehepaar wieder in Köln nieder.[3] Den ca. 300–400 Protestanten verwehrte man zwar die Niederlassung in der Stadt nicht dauerhaft, doch waren sie ebenfalls in ihrer politisch-rechtlichen Stellung, der öffentlichen Religionsausübung und ihrem wirtschaftlichen Handlungsradius stark eingeschränkt.[4] Gleichwohl gewannen die Protestanten dank ihrer innovativen

---

[1] Vgl. hierzu Pierre AYCOBERRY, Köln zwischen Napoleon und Bismarck. Das Wachstum einer rheinischen Stadt, Köln 1996; und Rudolf SCHLÖGL, Glaube und Religion in der Säkularisierung. Die katholische Stadt – Köln, Aachen, Münster 1700–1840, München 1995.

[2] Hintergrund dieser Vertreibungen waren Streitigkeiten zwischen dem Erzbischof und dem Rat der Stadt Köln »um das Recht an den Juden und damit um Einkünfte und das Stadtregiment«. GRÜBEL, Seit 321, S. 13. Die Kölner jüdische Gemeinde, erstmalig 321 genannt, war daher sowohl die bei weitem älteste jüdische Gemeinde auf deutschem Boden als auch eine der jüngsten modernen Großstadtgemeinden. Siehe hierzu RICHARZ, Forschungen, S. 25.

[3] Ebenda. Vgl. zur Lage der Juden in Köln im Mittelalter ASARIA, Juden; Hermann KELLENBENZ, Die Juden in der Wirtschaftsgeschichte des rheinischen Raumes von der Spätantike bis zum Jahre 1648, in: SCHILLING, Monumenta Judaica, S. 199–241; KOBER, History; und Markus J. WENNINGER, Zum Verhältnis der Kölner Juden zu ihrer Umwelt im Mittelalter, in: BOHNKE-KOLLWITZ, Köln, S. 17–34.

[4] AYCOBERRY, Köln, S. 126. Da das benachbarte Herzogtum Jülich-Berg eine deutlich liberale Religionspolitik verfolgte, entstanden dort, etwa im nahe bei Köln gelegenen Mül-

Wirtschaftstätigkeit im (Geld-)Handel und der protoindustriellen Produktion rasch eine starke ökonomische Position in der wirtschaftlich stagnierenden Stadtgesellschaft.[5]

Das 19. Jahrhundert brachte einschneidende Veränderungen im konfessionellen und sozialen Gefüge der Stadt. Mit der staatsbürgerlichen Gleichstellung der Minderheiten unter französischer Besatzung[6], der Eingliederung Kölns in den preußischen Staatsverband 1814 und der industrialisierungsbedingten Zuwanderung verschob sich die Konfessionszusammensetzung der Bevölkerung: Das überwältigende Übergewicht der Katholiken sank von 95,8 % (1816) auf 78,1 % (1910), während die protestantische Minderheit von 3,9 % auf 18,6 % durch Zuwanderung aus dem Bergischen Land, vom Niederrhein und aus anderen protestantischen Regionen Preußens zunahm. Der jüdische Bevölkerungsanteil in Köln wuchs von 0,3 % auf 2,4 %[7] und lag damit über dem Reichsdurchschnitt von 1,09 % (1880)[8], was dem Trend zur geographischen

---

heim, evangelische und jüdische Gemeinden. Vgl. allgemein zur protestantischen Minderheit in Köln Barbara BECKER-JÁKLI, Die Protestanten in Köln. Die Entwicklung einer religiösen Minderheit von der Mitte des 18. bis zur Mitte des 19. Jahrhunderts, Köln 1983; und dies., »Fürchtet Gott, ehret den König«. Evangelisches Leben im linksrheinischen Köln 1850–1918, Köln 1988.

[5] »Von den 71 höchstbesteuerten Haushalten im Jahr 1784 waren 24 protestantisch, d. h. 33,8 % der Kölner ökonomischen Oberschicht waren Protestanten«. Gisela METTELE, Bürgertum in Köln. Gemeinsinn und freie Association, München 1998, S. 29. Vgl. hierzu auch BECKER-JÁKLI, Protestanten, S. 17–19 und 44 f.

[6] Hansgeorg MOLITOR, Die Juden im französischen Rheinland, in: BOHNKE-KOLLWITZ, Köln, S. 87–94. Allerdings wurde bereits 1808 durch das »schändliche Dekret« die Niederlassungsfreiheit der Juden erheblich eingeschränkt und gegen Juden in Geld- und Kreditgeschäften generell der Verdacht der Unredlichkeit erhoben. Alwin MÜLLER-JERINA, Zwischen Befreiung und Vernichtung – Juden in Köln, in: Werner SCHÄFKE (Hrsg.), Der Name der Freiheit 1288–1988. Aspekte Kölner Geschichte von Worringen bis heute, Köln 1988, S. 61–72, hier: S. 65. Vgl. auch Rolf HAHN, Das »schändliche Dekret« vom 17. 3. 1808 und seine Auswirkungen auf die rechtliche Stellung der Kölner Juden, Köln 1967. Erst mit der Gewerbeordnung von 1845, dem Gesetz über die Verhältnisse der Juden vom 23. Juli 1847 und schließlich der Verfassung des Norddeutschen Bundes von 1867 wurde den Juden schrittweise die staatsbürgerliche Gleichstellung zugestanden.

[7] Während 1828 erst 390 Juden in Köln lebten, waren es 1890 bereits knapp 7 000 und 1910 schon über 12 000. Den prozentual stärksten Bevölkerungsanteil erreichte die jüdische Minderheit 1885 mit 3,3 % (1885), hielt dann aber nicht mehr mit dem starken allgemeinen Bevölkerungswachstum der Stadt Schritt und fiel 1910 auf 2,35 % zurück; ein Niveau, das bei der Volkszählung 1925 mit 2,3 % knapp gehalten wurde. Tabelle: Die Bevölkerung und ihre Religionsverhältnisse 1816 bis 1910, in: Statistisches Jahrbuch der Stadt Cöln für 1911, S. 3. Siehe auch BECKER-JÁKLI, Ich habe Köln, S. 324; und Hermann KELLENBENZ, Wirtschafts- und Sozialentwicklung im Kaiserreich, S. 80 f.

[8] Statistisches Jahrbuch der Stadt Cöln für 1911, Tabelle: Die Bevölkerung, S. 3. Vgl. auch Walther HERMANN, Wirtschaftsgeschichte der Stadt Köln 1914–1970, in: Zwei Jahrtausende Kölner Wirtschaft, Köln 1976, S. 371; und METTELE, Bürgertum, S. 30. Die jüdischen Zuwanderer kamen zunächst aus dem näheren Kölner Einzugsgebiet der ländlichen Umgebung und der rechtsrheinischen Gemeinden Deutz und Mülheim, doch seit den 1830er Jahren zog die boomende Industrie- und Handelsstadt Köln immer mehr Juden auch

Konzentration und Urbanisierung des deutschen Judentums entsprach.[9] Trotz dieser Verschiebungen blieb in Köln das demographische Minderheits-/Mehrheitsverhältnis zwischen Katholiken und Protestanten im Vergleich zum übrigen preußischen und Reichsgebiet auf den Kopf gestellt, wo die Katholiken nur knapp 37 % der Bevölkerung ausmachten.[10]

Mit der verstärkten Zuwanderung von Protestanten und Juden nach Köln verschob sich das städtische Sozialgefüge zugunsten der religiösen Minderheiten und zu Lasten der katholischen Mehrheitsbevölkerung. Die Protestanten konnten ihre Stellung in der Stadt deutlich festigen und ihre Position im städtischen Wirtschaftsbürgertum weiter ausbauen.[11] Es waren insbesondere die aus dem Umland zuziehenden protestantischen Unternehmer, die den Industrialisierungsprozeß der Stadt vorantrieben.[12] Auch im gehobenen Beamtentum waren die Protestanten deutlich überrepräsentiert, was sowohl auf gruppeninterne Qualifikationsstrategien als auch auf die preußische Personalpolitik zurückzuführen ist, die die Katholiken in der Besetzung wichtiger Verwaltungspositionen benachteiligte.[13]

Dagegen vollzogen sich sowohl der soziale Aufstieg der Kölner Juden als auch ihre ökonomische Diversifizierung in der traditionell von Juden bevorzugten Wirtschaftssparte des Handels.[14] Das Durchschnittseinkommen der jü-

---

aus weiter entfernt liegenden Regionen und insbesondere nach dem Ersten Weltkrieg auch aus Osteuropa an.

[9] In Preußen bildete das Rheinland (nach Berlin) die Region mit der höchsten jüdischen Bevölkerungszahl, und das Handels- und Dienstleistungszentrum Köln erfuhr unter allen rheinischen Städten wiederum den stärksten Zuwachs. Vgl. zur demographischen Entwicklung und Verteilung der deutschen Juden allgemein BARKAI, Minderheit, S. 19 f.; Esra BEN-NATHAN, Die demographische und wirtschaftliche Struktur der Juden, in: W. E. MOSSE/PAUCKER, Entscheidungsjahr, S. 91; und ZIMMERMANN, Juden, S. 12.

[10] Nach Heinz HÜRTEN, Deutsche Katholiken 1918–1945, Paderborn [u. a.] 1992, S. 13.

[11] In einem Bericht über die Geschichte des Kölner Friedrich-Wilhelms-Gymnasiums heißt es: »Die evangelische Gemeinde der Stadt Köln zählte im November 1836 an stimmberechtigten Gliedern 312, unter denen noch einige Beamte sich nicht verzeichnet finden. Von diesen gehörten 169 allein dem Kaufmanns- und Fabrikantenstand an. 86 waren königliche Beamte«. Zit. nach METTELE, Bürgertum, S. 30.

[12] Daß die Protestanten als Motor der Kölner Industrialisierung wirkten, läßt sich besonders gut am Beispiel des protestantisch geprägten und stark industrialisierten Mülheim beobachten, von dessen Eingliederung Köln 1914 profitierte. Plausibel erscheint dabei die These Metteles, daß der ökonomische Erfolg der Protestanten weniger auf ihre protestantische Erwerbsethik als auf die Sozialstruktur der protestantischen Zuwanderer zurückzuführen sei. METTELE, Bürgertum, S. 29 f.; siehe auch Evangelischer Stadtkirchenverband Köln (Hrsg.), Das evangelische Köln, Köln 1965, S. 22.

[13] So gehörten trotz heftiger Proteste von katholischer Seite bis in das 20. Jahrhundert alle Regierungspräsidenten Kölns der protestantischen Konfession an, der Prozentsatz der höheren Beamten lag weit über dem allgemeinen evangelischen Bevölkerungsanteil. Von den höheren Beamten waren 1916 50 (53,8 %) katholisch, 40 (43 %) evangelisch, 1 (1,1 %) jüdisch und 2 (2,2 %) anderer Konfession. BECKER-JÁKLI, »Fürchtet Gott«, S. 25.

[14] Der jüdische Anteil an den Wirtschaftsbranchen in Köln lag im Sektor der Landwirtschaft bei 0 %, der Industrie bei 0,3 %, im Handel bei 15,5 %, in den persönlichen Dienst-

dischen Bevölkerung stieg gewaltig, und mehr Juden als zuvor nahmen ökonomisch herausgehobene Positionen als Großhändler und Bankiers ein.[15] Anders als in den Städten mit einer stark pauperisierten jüdischen Bevölkerung war die wirtschaftliche Ausgangsposition in Köln vergleichsweise günstig.[16] Zwar klaffte auch hier im ersten Drittel des 19. Jahrhunderts eine tiefe Kluft zwischen wenigen jüdischen Notablen[17] und der großen Mehrheit einfacher Händler und Handwerker, doch existierte in Köln kein Elendsghetto, da die überwiegende Mehrheit der nach Köln zuwandernden Juden nicht ganz unvermögend war.[18] Wichtiger noch für die soziale Aufstiegsgeschichte der Kölner Juden und ihre vergleichsweise gelungene Integration in das Kölner Bürgertum im 19. Jahrhundert war jedoch der grundlegende Strukturwandel der Kölner Eliten: Die alten katholischen Patrizierfamilien verloren ihre ökonomische und politische Führungsrolle an ein »neues Bürgertum« mit liberaler Wirtschafts- und Gesellschaftsauffassung, in dem konfessionelle Grenzen an Bedeutung einbüßten und das die Judenemanzipation in Preußen nachhaltig unterstützte und pragmatisch umsetzte. In den Dekaden nach der »verlorenen« 1848er Revolution blieb die Stadtpolitik gegenüber der jüdischen Gemeinde liberaler als jede andere in Preußen.[19]

Die Katholiken rückten mit dem Aufstieg der protestantischen und jüdischen Minderheiten in den mittleren und unteren Bereich des städtischen Sozialgefüges. Mitte des 19. Jahrhunderts zählten etwa zwei Drittel der Kölner Protestanten und Juden zum Bürgertum, aber nur ein Drittel der Katholiken.[20] Dagegen lag ihr Anteil im alten Mittelstand und in der Arbeiterschaft deutlich über dem Durchschnitt.[21] Doch holten die Katholiken diesen sozialen Rück-

---

leistungen bei 4,4 % und im Bereich Erziehung, Künste, Unterricht, Beamtentum bei 1,4 %. Damit waren die Juden um 8,61 % im Handel überrepräsentiert. Quelle: Preußische Statistik Bd. 5/6, Berlin 1864, S. 148 f. und 152 f. Zit. nach RAHDEN, Juden, S. 45. Vgl. auch BECKER-JÁKLI, Ich habe Köln, S. 324; und TREUE, Juden, S. 444–459.

[15] 1880 stellten die Kölner Juden bereits 10 % der gehobenen Einkommen, 1/3 der Bankiers und 1/5 der Kaufleute gehörten der jüdischen Konfession an. MERGEL, Klasse, S. 222.

[16] Siehe hierzu METTELE, Bürgertum, S. 30; sowie Alwin MÜLLER, Das Sozialprofil der Juden in Köln (1808–1850), in: BOHNKE-KOLLWITZ, Köln, S. 102–116; ders., Die Geschichte der Juden in Köln von der Wiederzulassung 1789 bis um 1850. Ein Beitrag zur Sozialgeschichte einer Minderheit, Köln 1984.

[17] Unter den Notablen, die besonders im Bankwesen aktiv waren, nahm der Privatbankier Salomon Oppenheim eine hervorgehobene Position ein. Zu Oppenheim vgl. Michael STÜRMER/Gabriele TEICHMANN/Wilhelm TREUE, Wägen und Wagen. Sal Oppenheim jr. und Cie. Geschichte einer Bank und einer Familie, München/Zürich 1989.

[18] »Cologne's Jews were all middle class in economic function, if not standard of living ... a solid, upstanding group«. MAGNUS, Jewish Emancipation, S. 32.

[19] Grundsätzlich überzeugend hierin MAGNUS, Emancipation. Vgl. auch MERGEL, Klasse, S. 59, 144. Die sozialen Barrieren wurden gleichwohl nicht aufgehoben, wie sich an der Besetzung der städtischen wirtschaftlichen und politischen Gremien zeigte, in denen Juden trotz ihrer ökonomischen Potenz benachteiligt blieben.

[20] MERGEL, Klasse, S. 160.

[21] Während die Konfessionsverteilung des Kölner Bürgertums im 18. und 19. Jahrhun-

stand seit der zweiten Hälfte des 19. Jahrhunderts langsam auf: Neben das alteingesessene Bürgertum, das noch immer wichtige Familien aus reichsstädtischer Zeit umfaßte, war ein erfolgreiches katholisches Wirtschaftsbürgertum der zweiten Generation getreten.[22] Die Katholiken suchten den sozialen Aufstieg zudem über den Bildungsweg zu erreichen und drängten in das beamtete und freie Bildungsbürgertum.[23]

2. Integration und Antisemitismus im Spiegel der politischen Kräfteverhältnisse

Auch die politischen Kräfteverhältnisse wandelten sich in der zweiten Hälfte des 19. Jahrhunderts bis zum Ausbruch des Ersten Weltkriegs. Über Jahrzehnte hatten in Köln die nationalliberale Partei um Ludolf Camphausen und Gustav Mevissen gemeinsam mit der linksliberalen Fortschrittspartei im Stadtrat die Interessen des »neuen Bürgertums« vertreten und diese aufgrund des Drei-Klassen-Wahlrechts mit den nötigen Mehrheiten durchsetzen können.[24] Bismarcks Ausgrenzungspolitik gegen die »inneren Reichsfeinde«, die Katholiken und Sozialisten, nachvollziehend, verfolgten die Kölner Liberalen einen antiklerikalen und antisozialistischen Kurs, wenngleich mit Blick auf die lokalen Verhältnisse gegenüber den Katholiken vergleichsweise moderat.[25]

Gleichwohl förderte der Kulturkampf auch in der Domstadt das Zusammenrücken der Katholiken und die Formierung eines katholischen Milieus. Als Sitz des größten deutschen Erzbistums war Köln ohnehin Zentrum eines reichen kirchlichen Lebens.[26] Nun wurde es darüber hinaus zur Hochburg des

---

dert dank der Arbeiten von Magnus, Mettele und Mergel relativ gut erforscht ist, gilt dies weder für den alten Mittelstand noch für die Unterschichten. Auch die präzise Sozialgeschichte Aycoberries berücksichtigt die konfessionelle Dimension kaum.

[22] Diese katholischen Unternehmer kamen aus dem gewerblichen Mittelstand und profilierten sich in spezifischen, neuen Industriebranchen wie dem Maschinenbau oder der Gummi- und Chemieindustrie, aber auch in traditionell katholischen Gewerbezweigen wie dem Bausektor und dem Druckerei- und Verlagswesen, die sie erfolgreich zu modernisieren wußten. MERGEL, Klasse, S. 120 f.

[23] Ebenda, S. 157–161.

[24] Zum Kölner Liberalismus im Kaiserreich vgl. Everhard KLEINERTZ, Der Liberalismus im Köln der Kaiserzeit (1871–1914), in: GiK 35 (1994), S. 85–104. Die *Kölnische Zeitung* blieb auch in der Weimarer Republik das bedeutendste und einflußreichste nationalliberale Organ Westdeutschlands.

[25] Vgl. zu den Auswirkungen des Kulturkampfes in Köln Jürgen HERRES, Städtische Gesellschaft und katholische Vereine im Rheinland von 1840–1860/70, Essen 1996; und MERGEL, Klasse, S. 167–186. Zu Unrecht betonen dagegen eine fest gefügte Allianz aus Staat und örtlichem Liberalismus Hans-Peter SCHWARZ, Adenauer. Der Aufstieg, 2. Aufl. Stuttgart 1986, S. 39; und Adolf KLEIN, Köln im 19. Jahrhundert. Von der Reichsstadt zur Großstadt, Köln 1992, S. 243–248.

[26] In der Weimarer Zeit zählte die rheinische Metropole über 70 Pfarreien sowie fast 100 Niederlassungen von Ordensgemeinschaften. Die Präsenz von Nonnen und Priestern in

sozialen Katholizismus mit einer Fülle neugegründeter lokal und überregional agierender katholischer Vereine, die einerseits durch die Priester und Kapläne als Beiräte und Vereinsvorsitzenden eng mit der Kirche verflochten waren, andererseits gemeinsam mit den christlichen Gewerkschaften das Reservoir für den politischen Katholizismus bildeten.[27] Die Kölner Zentrumspartei, die aus dem Piusverein hervorging und im Kulturkampf in Opposition zu Staat und liberaler Stadtratspolitik gegründet worden war, konnte 1908 mit der publizistischen Unterstützung der *Kölnischen Volkszeitung* die Mehrheit im Stadtrat erobern und über ein Vierteljahrhundert behaupten.[28] Denn es war dem Zentrum gelungen, zahlreiche katholische Arbeiter einzubinden und so zunächst die Liberalen um ihre Mehrheit zu bringen und dann die bitter bekämpfte SPD in ihrem Aufstieg zu behindern, die um die Jahrhundertwende zum politischen Hauptgegner des Zentrums avanciert war.[29] Daß sich das Zentrum im Kaiserreich gegenüber den Sozialdemokraten durchsetzen konnte, ist aber nur partiell auf die Stärke des katholischen Milieus zurückzuführen. Darüber hinaus sind hierfür auch die politische Schwäche der lokalen SPD-Führung sowie die gemischte Wirtschafts- und Betriebsstruktur der expandierenden Großstadt Köln verantwortlich, die der Bildung eines starken einheitlichen Industrieproletariats mit einem ausgeprägten Klassenbewußtsein entgegenstand.[30]

Das Spannungsverhältnis zwischen Juden, Katholiken und Protestanten war im späten Kaiserreich also mehrfach aufgeladen: Die Katholiken bildeten eine sozial schlechtergestellte Bevölkerungsgruppe, die trotz ihrer demographischen Übermacht an Wohlstand und Bildung merklich hinter Protestanten und Juden zurückblieb. Zugleich bestimmte ein starker Katholizismus in Köln anders als im Reichsgebiet das gesellschaftlich-politische Klima und präfigurierte damit auch den strukturellen und lebensweltlichen Umgang mit den prote-

---

Schulen, Krankenhäusern, an der Universität und in den Straßen der Stadt gehörte zur Alltagsnormalität Kölner Lebens. Vgl. zu den engen kirchlichen Strukturen in Köln auch SCHANK, »Kölsch-katholisch«, S. 19–99.

[27] Zur Rolle der Priester im Vereinsleben vgl. allgemein BLASCHKE, Kolonialisierung, S. 93–135. Zum Kölner katholischen Vereinswesen siehe neben Ernst-Detlef BROCH, Katholische Arbeitervereine in der Stadt Köln 1890–1901, Wendorf bei Hamburg 1971; HERRES, Städtische Gesellschaft; MERGEL, Klasse; und SCHANK, »Kölsch-katholisch«, S. 210–291.

[28] Rolf KRAMER, Kölnische Volkszeitung 1860–1941, in: Hans Dietrich FISCHER (Hrsg.), Deutsche Zeitungen des 17. bis 20. Jahrhunderts, Pullach bei München 1972, S. 257–267; Christoph WEBER, Der politische Katholizismus in Köln von 1870–1914, in: GiK 35 (1994), S. 87–94. Zum Verhältnis zwischen christlichen Gewerkschaften und Zentrum vgl. auch Hans-Werner FROHN, Arbeiterbewegungskulturen in Köln 1890–1933, Essen 1997, S. 40–42.

[29] Bei den Stadtratswahlen blieb auch die dritte Klasse fest in Zentrumshand. Die SPD erreichte zwischen 1895 und 1901 nicht mehr als 17 % der Arbeiterstimmen. Gerhard BRUNN, Die SPD im politischen Leben der Stadt Köln im Kaiserreich, in: GiK 35 (1994), S. 105–115, hier: S. 107.

[30] BRUNN, SPD; DIETMAR/W. JUNG, Geschichte, S. 199 f.; und H.-W. FROHN, Arbeiterbewegungskulturen, S. 34–38.

stantischen und jüdischen Mitbürgern. Gegenüber den Protestanten hatte sich der alte katholisch-protestantische Antagonismus, der im katholischen Rheinland unter preußischer Herrschaft eine lange Tradition hatte, neu aufgeladen und verschärft, wurde jedoch in den folgenden Jahrzehnten trotz Spannungen in der Bevölkerung auf ein niedrigeres Maß zurückgeführt, nicht ohne daß politische und gesellschaftliche Entscheidungen weiterhin stets unter konfessionellen Gesichtspunkten diskutiert wurden.[31]

Zugleich wurde der Kampf der Katholiken gegen die liberale moderne Gesellschaft und für die Stärkung der katholischen Bevölkerung von Teilen des Klerus, der katholischen Vereine, der Zentrumsbasis und -publizistik mit antisemitischen Ressentiments aufgeladen, die die Juden mit dem »verderblichen« Liberalismus identifizierten, sie für die schlechtere sozioökonomische Lage der Katholiken verantwortlich machten und ihren Kampf gegen die vermeintliche jüdische Vorherrschaft mit den tradierten Formen eines religiösen Antijudaismus verbanden.[32] Doch setzten sich diese antisemitischen Tendenzen bei den führenden lokalen Entscheidungsträgern nicht durch, die, dem Zentrumsführer Ludwig Windthorst folgend, den politischen Antisemitismus zu ihrem Gegner erklärten und antisemitische Tendenzen in der katholischen Bevölkerung, der einfachen Vereinsbasis und dem Klerus entschieden bekämpften.[33]

Aufgrund dieser lokalen Konstellation konnte der politisch organisierte Antisemitismus christlich-sozialer, protestantischer Prägung, der sich gegen den erreichten Emanzipations- und Integrationsstand der Juden richtete, in Köln kaum Fuß fassen. Während der 1879 gegründeten Berliner »Antisemiten-Liga« in Brandenburg, Pommern, Oberhessen und Sachsen bald weitere radikale Antisemitenparteien folgten, die sich auf der lokalen Ebene durch die Bildung von Reformvereinen rasch organisatorisch ausbreiteten, wurde in Köln ein »Deutsch-sociater Verein« erst 1891 von Carl Julius Gruner ins Leben gerufen.[34] Den Anlaß für die relativ späte politische Organisation des Antisemitismus bildete der Xantener Sexualmord 1891, in dem der unschuldig angeklagte jüdische Schächter Adolf Buschhoff 1892 zwar schließlich freigesprochen

---

[31] Stärker noch als die ungeliebte preußische Militärpräsenz in der zur Garnisonsfestung aufgerüsteten Rheinstadt wog der säkulare Staatsanspruch, der seine Kultur- und Rechtshoheit gegenüber der katholischen Kirche nicht nur in der Personalpolitik, sondern auch mit Gewaltmitteln durchzusetzen trachtete, wie in den Kölner Wirren 1837, und damit auf erheblichen Widerstand in der Bevölkerung stieß, auch wenn die katholische Kirche den Konflikt ausgelöst hatte. Vgl. allgemein Christel KÖHLE-HEZINGER, Evangelisch – Katholisch. Untersuchungen zu konfessionellem Vorurteil und Konflikt im 19. und 20. Jahrhundert, vornehmlich am Beispiel Württembergs, Tübingen 1976; und zur Fortführung der Konflikte in den 1920er Jahren SCHANK, »Kölsch-katholisch«, S. 300 f.

[32] Siehe hierzu allgemein BLACKBOURN, Zentrumspartei; und BLASCHKE, Katholizismus.

[33] Zu Windthorst und seiner Position zum Antisemitismus im katholischen Milieu vgl. BLACKBOURN, Zentrumspartei, S. 73–94. Zum Verhalten der Kölner Milieuträger siehe zusammenfassend SUCHY, Antisemitismus, S. 280 f.; und genauer die Analyse in den einzelnen Kapiteln.

[34] BERDING, Moderner Antisemitismus, S. 106; und SUCHY, Antisemitismus, S. 268.

wurde, der jedoch den Rahmen bot für eine vehemente antisemitische Agitation mit antijüdischen Ritualmordbeschuldigungen in einem Klima, in dem sich traditionelle antijüdische Vorstellungen mit einer umfassenden Moderne- und Liberalismuskritik verbanden.[35]

Dieser antisemitische Vorstoß wurde in Köln von dem »Deutsch-Socialen Verein« organisiert, der nicht nur zu Hetzvorträgen antisemitischer Wanderredner einlud, die gegenüber einer mehreren hundert Köpfe zählenden Zuhörerschaft eine wilde Ritualmordagitation entfachten, sondern auch antisemitische Flugblätter oder Geldscheine mit dem berüchtigten Treitschke-Zitat »Die Juden sind unser Unglück« verteilte. In der 1893 von dem Verleger Eduard Hensel gegründeten »Antisemitischen Buchhandlung« konnte man in der Kölner Innenstadt alle gängigen Hetzschriften, antisemitischen Bilderbögen und pseudowissenschaftlichen Rassentheorien erwerben, die auf dem Markt kursierten.[36]

Trotzdem blieb der politische Antisemitismus in Köln schwach und konnte bei den Wahlen auch dann keine Erfolge für sich verbuchen, als er sich um die Jahrhundertwende zu einem »Verband Westmark der Deutschsozialen« zusammenschloß. Während in zahlreichen Städten der parteipolitisch organisierte Antisemitismus in einen Vereins- und Verbandsantisemitismus diffundierte, konnten sich in Köln judenfeindliche Ausgrenzungspraktiken im lokalen Organisationsgefüge kaum durchsetzen.[37] Hierzu trugen maßgeblich die politischen und kirchlichen Spitzen des katholischen Milieus in Köln bei, die sich scharf gegen offen praktizierte Formen von Antisemitismus im städtischen Raum richteten und antijüdische Regungen unterdrückten.[38] Daß unter der Oberfläche gleichwohl antisemitische Tendenzen gärten, zeigt sich an anderer Stelle: So durften jüdische Gäste bestimmte Wirtshäuser wie das Weinlokal Gaspers nicht mehr betreten, und jüdische Firmen waren aus rein christlichen Firmenverzeichnissen ausgeschlossen.[39] Obwohl der Kulturkampf und der moderne Antisemitismus also antiliberalen und antisemitischen Sprengstoff im sozialen Gefüge

---

[35] Vgl. hierzu genauer Julius H. SCHOEPS, Ritualmordbeschuldigung und Blutaberglaube, in: BOHNKE-KOLLWITZ, Köln, S. 286–299; und SUCHY, Antisemitismus, S. 252–256. Zu den Auswirkungen der Ritualmordbeschuldigungen auf antisemitische Tendenzen in der Bevölkerung des Kaiserreichs vgl. konträr NONN, Zwischenfall; und SMITH, Geschichte. Einen komprimierten Überblick über die Genese der Ritualmordbeschuldigung liefert Rainer ERB, Die Ritualmordlegende: Von den Anfängen bis ins 20. Jahrhundert, in: Susanne BUTTARONI/Stanislaw MUSIAL (Hrsg.), Die Ritualmordlegende in der europäischen Geschichte, Köln/Wien/Bonn 2003, S. 11–20.

[36] Hensel beschäftigte zwei Tageszeitungsverkäufer, die antisemitische Zeitungen verteilten, und verlegte zahlreiche antisemitische Schriften, darunter auch das »zum Standard-Arsenal übelster Judenhetze« zählende, 1895 veröffentlichte *Lied vom Levi* und eine 1901 von Theodor Franzen verfaßte antisemitische Lokalgeschichte zur *Geschichte der Juden in Köln* von 1901. SUCHY, Antisemitismus, S. 259 f.

[37] Lediglich der deutschnationale Handlungsgehilfenverein schrieb 1898 statutengemäß einen Arierparagraphen fest.

[38] SUCHY, Antisemitismus, S. 280 f.; und die Analyse der folgenden Kapitel.

[39] Ebenda, S. 276 f.

der Kölner Gesellschaft lancierten, konnten sich diese Tendenzen doch vor dem Ersten Weltkrieg aufgrund der starken städtischen Integrationsfront aus liberalem Bürgertum und katholischem Milieu nur vereinzelt zeigen.

3. Der Erste Weltkrieg

Der Erste Weltkrieg wurde in Köln wie im übrigen Reichsgebiet von nahezu allen gesellschaftlichen Gruppen akzeptiert, wenn nicht enthusiastisch begrüßt. Die Kölner SPD vollzog einen radikalen Schwenk von der Kriegskritik zur nationalistischen Kriegsbejahung, und zahllose Kölner meldeten sich freiwillig zum Fronteinsatz, darunter auch viele Bürger jüdischen Glaubens, die auf den vom Kaiser ausgerufenen konfessions- und schichtübergreifenden »Burgfrieden« begeistert reagierten und es als ihre patriotische Pflicht ansahen, in den Krieg zu ziehen.[40] Allerdings holte die Kriegsrealität die Menschen in Köln schneller ein als im übrigen Reichsgebiet und veränderte ihr Leben von Grund auf. Die größte rheinische Festungsstadt glich bereits nach wenigen Monaten einem Heerlager, weil sie wichtige militärische Funktionen als Truppenstationierungs- und Versorgungszentrum übernahm und als Drehscheibe für die militärische Versorgung der Westfront fungierte.[41] Unter der raschen Umstellung der Friedenswirtschaft auf die Kriegs- und Rüstungsproduktion, die mit einer gravierenden Umschichtung des Arbeitsmarkts und einem rasanten Anstieg der Frauenerwerbstätigkeit einherging, litt die Versorgung der Bevölkerung erheblich.[42] Schon 1916 verschlechterte sich die Versorgungslage und nahm im »Steckrübenwinter« 1917 katastrophale Ausmaße an, nachdem die Zwangsbewirtschaftung mit Lebensmitteln zusammengebrochen und die Kartoffelzuteilung eingestellt worden war.[43] Im sozialen Bereich verwischte der Krieg die alten gesellschaftlichen Spannungslinien zugunsten

---

[40] Reinhold BILLSTEIN, Krieg und Revolution, Die Kölner Sozialdemokratie in den Jahren von 1914 bis 1918, in: Ders. (Hrsg.), Das andere Köln. Demokratische Traditionen seit der Französischen Revolution, Köln 1979, S. 189–223; DIETMAR/W. JUNG, Geschichte, S. 203 f.; MATZERATH, Schicksal, S. 16.

[41] Dem letzten Gouverneur der Festung Köln unterstand eine auf rund 60 000 Mann geschätzte Garnison. HERRMANN, Wirtschaftsgeschichte, S. 372.

[42] Trotzdem blieb die geschlechtsspezifische Segmentierung des Arbeitsmarkts insofern erhalten, als Arbeiterinnen weiterhin wesentlich niedrigere Löhne als ihre Kollegen verdienten, selbst wenn sie in der besser bezahlten Rüstungs- und Kriegsproduktion tätig waren. DIETMAR/W. JUNG, Geschichte, S. 204 f. Allgemein zur Wirtschaftsumstellung Friedrich-Wilhelm HENNING, Die Industrie- und Handelskammer zu Köln und ihr Wirtschaftsraum im Ersten Weltkrieg und in der Weimarer Republik, in: Die Geschichte der unternehmerischen Selbstverwaltung in Köln 1914–1997, Köln 1997, S. 7–117, hier: S. 22 f.; und Hermann KELLENBENZ, Die Wirtschaft im Regierungsbezirk Köln 1816–1945, in: 150 Jahre Regierungsbezirk Köln, Berlin 1966, S. 321–340, hier: S. 338.

[43] Zu den katastrophalen Versorgungsengpässen vgl. DIETMAR/W. JUNG, Geschichte, S. 205 f.; und HENNING, Industrie- und Handelskammer, S. 17–19.

des alles überlagernden und sich verschärfenden Gegensatzes zwischen den wenigen »Kriegsgewinnlern« und dem Gros der Bevölkerung, die unter den Kriegseinwirkungen litt. Auch in Köln brachten die letzten Kriegsjahre eine mobilisierte Gesellschaft im Ausnahmezustand hervor.[44]

Die Aufrechterhaltung des »Burgfriedens« gehörte unter diesen widrigen Umständen zu den zentralen Zielen der Kölner Kommunalpolitik. Zur Überwindung der gravierenden Schwierigkeiten kooperierten bereits seit Kriegsbeginn Arbeitgeber- und Arbeitnehmerverbände ebenso miteinander wie die christlichen, freien und liberalen Gewerkschaften. Diese neuen Verbindungen des sozialpolitischen Burgfriedens wurden 1917 kommunalpolitisch durch die Kooperation von Zentrum und SPD abgefedert, nachdem der Zentrumsbeigeordnete Konrad Adenauer 1917 zum neuen Oberbürgermeister gewählt worden war. Die SPD näherte sich dem Zentrum unter der Führung Wilhelm Sollmanns und Johannes Meerfelds an, die die SPD selbstbewußter als bisher führten und sie parteipolitisch nach rechts rückten.[45] Auch gegenüber den Kölner Juden hielt die Stadt am Kurs des Burgfriedens fest: Die Stadtverwaltung ehrte jüdische Bürger ebenso wie nichtjüdische für ihren Kriegseinsatz mit der Verleihung von Verdienstkreuzen[46] und initiierte auf dem städtischen Friedhof gemeinsame Bestattungen von Fliegeropfern durch Vertreter aller Glaubensrichtungen.[47] Es war selbstverständlich, daß Rabbiner Frank dem im August 1917 gegründeten Kölner »Verständigungsausschuß für den inneren Frieden« ebenso beitrat wie die Vertreter der christlichen Kirchen und politischen Parteien, Gewerkschaften, Gewerkvereine, und Angestellten-Verbände.[48]

Die Integrationsfront der städtischen Eliten bröckelte also auch in den letzten beiden Jahren des Ersten Weltkrieges nicht, als reichsweit der Zerfall des Burgfriedens nicht nur durch die alldeutsche Hetze gegen die »jüdische Drückebergerei« und den »jüdischen Kriegswucher« forciert wurde, sondern in der »Judenzählung« des Kriegsministeriums vom 11. Oktober 1916 auch eine strukturelle Dimension der Demütigung annahm und von den deutschen

---

[44] Siehe zu den Auswirkungen von Krieg und Inflation auf der Lokalebene die erkenntnisreiche Studie von Martin H. GEYER, Verkehrte Welt. Revolution, Inflation und Moderne: München 1914–1924, Göttingen 1998.

[45] Vgl. hierzu genauer Manfred FAUST, Sozialer Burgfrieden im Ersten Weltkrieg. Sozialistische und christliche Arbeiterbewegung in Köln, Essen 1991; und H.-W. FROHN, Arbeiterbewegungskulturen, S. 37.

[46] Hiervon legen die Meldungen über Auszeichnungen Kölner jüdischer Kriegsteilnehmer Zeugnis ab im Israelitischen Gemeindeblatt unter der Rubrik »vom Kriege«, 4. Mai 1917, »Aus dem Kriege«, 29. Juni 1917, oder »Nachrichten aus Köln« vom 19. Oktober 1917, 17. Mai 1918, 26. Juli 1918 und 20. September 1918.

[47] Rabbiner Rosenthal war dieser Einladung in Amtstracht gefolgt. Israelitisches Gemeindeblatt, 17. Januar 1918.

[48] An einer großen interkonfessionellen und überparteilichen Konferenz des Ausschusses nahmen neben Rabbiner Dr. Frank auch Justizrat Cahen sowie J. Dülken vom Centralverein teil. Ersichtlich aus einem Schreiben des Polizeipräsidenten an den Regierungspräsidenten, 1. Juli 1917, HStAD, Reg. Köln, 7857.

Juden nahezu einhellig als Signal eines zunehmenden Antisemitismus interpretiert wurde.⁴⁹

4. Rahmenbedingungen in der Weimarer Republik

Anders als im übrigen Reichsgebiet vollzog sich auch der politische Wandel vom Kaiserreich zur Weimarer Republik eher unter der Fortsetzung erprobter Kooperationsmuster als durch einen revolutionären Neubeginn. Der sehr gemäßigte Arbeiter- und Soldatenrat übertrug am 10. November 1918, nur drei Tage nach seiner Gründung, alle wichtigen Befugnisse an den sogenannten Wohlfahrtsausschuß unter Vorsitz Konrad Adenauers, befürwortete die Wahlen zur Nationalversammlung und wurde formal am 18. Dezember von den britischen Besatzungsbehörden aufgelöst.⁵⁰ Aus den ersten allgemeinen, freien und geheimen Stadtverordnetenwahlen im Oktober 1919 ging das Zentrum wieder als stärkste politische Kraft hervor und lenkte unter der energischen Führung Konrad Adenauers die Stadtgeschäfte, während die SPD als zweitstärkste Fraktion bis 1926 als ihr Juniorpartner auftrat.⁵¹ Anders als auf der Reichsebene hatte in Köln die politische Regierungsbildung aus Zentrum und Sozialdemokraten also bereits eine gewisse Tradition und bis 1926 Bestand, zugleich war die schwache DDP aber aus dieser Verbindung ausgeschlossen.⁵²

Trotzdem blieben in den frühen Weimarer Jahren die Voraussetzungen für eine Stabilisierung der neuen Verhältnisse und eine Normalisierung der Lebensbedingungen in Köln außerordentlich schwierig. Denn auch in der Nach-

---

⁴⁹ Vgl. zum Erstarken des Antisemitismus im Weltkrieg allgemein und zur Judenzählung im besonderen BERDING, Moderner Antisemitismus, S. 165–172; Peter PULZER, Der Erste Weltkrieg, in: M. A. MEYER, Deutsch-jüdische Geschichte Bd. 3, S. 356–381; und Klaus SCHWABE, Die deutsche Politik und die Juden im Ersten Weltkrieg, in: Hans-Otto HORCH (Hrsg.), Judentum, Antisemitismus und europäische Kultur, Tübingen 1988, S. 255–266.

⁵⁰ Bernhard NEIDIGER, »Von Köln aus kann der Sozialismus nicht proklamiert werden«. Der Kölner Arbeiter- und Soldatenrat im November/Dezember 1918, Köln 1985; BILLSTEIN, Krieg. Daß sich die SPD als Sachwalterin von Ruhe und Ordnung präsentierte und einen revolutionären Neubeginn verpaßte, hielt weder das Zentrum noch die liberalen Parteien in den nächsten Monaten davon ab, sie für die direkten Nachkriegs- und Revolutionswirren verantwortlich zu machen.

⁵¹ Die endgültige Überwindung der politischen Isolierung der Arbeiterpartei wurde gremienpolitisch dadurch abgesichert, daß erstmalig drei SPD-Beigeordnete an der Spitze der Stadtverwaltung standen und die Sozialdemokraten bis 1932 den Polizeipräsidenten stellten, was eine zielstrebige Verfolgung nationalsozialistischer Delikte nach sich ziehen sollte. Werner JUNG, Ein gleitender Übergang. Die Kölner Polizeiführung zwischen »Preußenschlag« und Machtergreifung, in: Harald BUJAHN/Werner JUNG (Hrsg.), Wessen Freund und wessen Helfer? Die Kölner Polizei im Nationalsozialismus, Köln 2000, S. 64–144.

⁵² Die DDP konnte unter der Führung des jüdischen Politikers Bernhard Falks zwar bei den Wahlen zur verfassunggebenden Nationalversammlung 1919 11 % der Stimmen erzielen, lag damit jedoch bereits um 7,5 % unter dem Reichsdurchschnitt und fiel bei den Juniwahlen 1920 auf 4,9 % ab.

kriegszeit gehörten die Sicherstellung der Lebensmittelversorgung, die Behebung der elementaren Wohnungsnot und 1922/23 die Bekämpfung der Inflationsfolgen zu den drängendsten kommunalpolitischen Problemen der Zeit. Die Stadt litt dabei nicht nur unter den allgemeinen Kriegsfolgen, sondern zusätzlich unter der wirtschaftlichen Bürde der britischen Besatzungsherrschaft.[53] Doch zugleich trugen die Besatzungsbehörden maßgeblich zur Stabilisierung der politischen Verhältnisse bei, indem sie in den frühen Krisenjahren der Republik militaristische und nationalistische Bestrebungen streng kontrollierten und unterdrückten.[54] Mit dem weit interpretierbaren Rechtsgrund, die Sicherheit der Besatzungstruppen zu gewährleisten, erließ die Hohe Interalliierte Kommission[55] entsprechende Rechts- und Verwaltungsordnungen und kontrollierte auch die deutsche Gesetzgebung in ihrem Hoheitsbereich weitgehend.[56] Sie setzte diese formaljuristischen Weisungen restriktiv um, indem sie das Versammlungs- und Presserecht massiv einschränkte sowie rechtsextreme Vereinigungen in allen gesellschaftlichen Bereichen streng überwachte und teilweise verbot. Anders als im übrigen Reichsgebiet trat in Köln also den radikalantisemitischen Bestrebungen neben den deutschen Verfolgungsbehörden ein zusätzlicher Akteur entgegen, dessen Vorgehen im lokalen Raum von herausragender Bedeutung war. In Köln entwickelte sich im Vergleich zur französischen Besatzungszone rasch eine gute Zusammenarbeit zwischen Besatzern und Stadtverwaltung.[57] Insgesamt bildete die »Kölner Insel«, wie sie von den Zeitgenos-

[53] Auf der Grundlage des Waffenstillstandsabkommens von Compiègne und des durch Art. 423 des Versailler Vertrags vorgesehenen Rheinlandabkommens besetzten die Alliierten das linksrheinische Rheinland mit rechtsrheinischen Brückenköpfen gegenüber von Köln, Mainz und Koblenz. Die amerikanische Besatzungszone umfaßte den Niederrhein, zur französischen Zone zählten die südrheinischen Gebiete, während der dazwischen liegende Streifen mit Köln und Aachen unter britischer Kuratel stand. DIETMAR/W. JUNG, Geschichte, S. 228 f.; und Richard van EMDEN, Die Briten am Rhein 1918–1926. Panorama einer vergessenen Besatzung, in: GiK 40 (1996), S. 38–60. Vgl. zu den besatzungsbedingten Zoll- und Wirtschaftshemmnissen der rheinischen Wirtschaft HENNING, Industrie- und Handelskammer, S. 34 f.; und KELLENBENZ, Wirtschafts- und Sozialentwicklung von Beginn des Ersten Weltkriegs bis zum Ausbruch des Zweiten Weltkriegs, in: PETRI/DROEGE, Rheinische Geschichte, Bd. 3, S. 113–153, hier: S. 116.

[54] Die Konsequenzen der Besatzungspolitik auf die Entwicklung des radikalen Antisemitismus werden in den einzelnen Kapiteln ausführlich diskutiert.

[55] Am 28. Juni 1919 wurde die Interalliierte Rheinlandkommission (IRK) als Verwaltungsbehörde der Besatzungsmächte mit Sitz in Koblenz gegründet. Sie setzte sich aus je einem Vertreter Frankreichs, Belgiens, Großbritanniens und der USA unter französischem Vorsitz zusammen.

[56] So konnte sie Gesetze, die (vermeintlich) dem Rheinlandabkommen widersprachen, jederzeit ändern oder annullieren. Zur Prüfung wurden ihr die Verfügungen der Oberbürgermeister sowie der Regierungs- und Polizeipräsidenten vorgelegt. Marie-Luise RECKER, Adenauer und die englische Besatzung, in: Hugo STEHKÄMPER (Hrsg.), Konrad Adenauer. Oberbürgermeister von Köln. Festgabe der Stadt Köln zum 100. Geburtstag ihres Ehrenbürgers am 5. Januar 1976, Köln 1976, S. 99–1921, hier: S. 109.

[57] Sowohl Militärgouverneur Charles Ferguson als auch Major Julian Piggot, der als Delegierter der Rheinlandkommission für die Verbindung zur deutschen Administration und

sen genannt wurde, im besetzten Gebiet eine Ausnahmeerscheinung. Die Stadt genoß nicht nur relative Freiheit, sondern konnte auch als expandierende Großstadt als Sprecherin des Rheinlands auftreten und die Belange des Gebiets in Berlin vertreten.[58]

Trotz aller Probleme beschleunigte sich der demographische, ökonomische und kulturelle Umbruchprozeß Kölns zur modernen Großstadt, der bereits im Kaiserreich eingesetzt hatte, in den Weimarer Jahren und beeinflußte damit auch die konfligierenden Gruppenverhältnisse in Köln nachhaltig, obwohl alte Fragmentierungslinien weiterhin Gültigkeit besaßen.

Aufgrund einer geschickten Stadterweiterungspolitik und der starken Zuwanderung aus dem Umland stieg Köln mit rund 700 000 Einwohnern (1925) und 756 000 (1933) nach Berlin und Hamburg, gemessen an der Zahl seiner Einwohner, zur drittstärksten Stadt des Reichs auf, nachdem noch 1880 erst 144 000 Menschen in Köln gewohnt hatten.[59] Auch die räumliche Expansion der ehemaligen Garnisonsstadt, die von den preußischen Festungsbestimmungen verhindert worden war, wurde durch die Stadterweiterungen und Eingemeindungen der Vororte zwischen 1881 und 1922 schrittweise überwunden, bis Köln schließlich mit einer Fläche von 251 Quadratkilometern zur fünftgrößten Stadt des Reiches aufgestiegen war.[60] Doch erst die von den Alliierten angeordnete Entfestigung der Stadt schuf in den 1920er Jahren die Chance für eine konzeptionell durchdachte städtebauliche Modernisierung.

Auch die ökonomische Modernisierung der Stadt wurde im späten 19. Jahrhundert durch die Eingemeindung der rechtsrheinischen Industriegebiete vorangetrieben, die den traditionsreichen Handels-, Handwerks- und Verkehrsplatz zu einem bedeutenden Industriestandort aufsteigen ließen, ohne das traditionell starke Handwerk zu verdrängen.[61] In den 1920er Jahren antizipier-

---

Bevölkerung in Köln verantwortlich war, schätzten Adenauer als fähigen und kooperativen Verwaltungsfachmann, so RECKER, Adenauer, S. 112. Vgl. allgemein zur Besatzungszeit in Köln EMDEN, Briten.

[58] Ebenda.

[59] Die Raumnot des stadtkölnischen Gebiets war frappant. 1880 zählte Köln mehr als 144 000 Einwohner, was der ungewöhnlich hohen Bevölkerungsdichte von 35 910 Einwohnern pro qkm entsprach. Hamburg zählte rund 26 000 E./qkm, London 9 600 E./qkm und Breslau 6 000 E./qkm. Köln war zehnmal so dicht besiedelt wie Frankfurt am Main und Düsseldorf. DIETMAR/W. JUNG, Geschichte, S. 181 f.; Arnold KREMER, Die Kölner Altstadt und ihre Geschäftsviertel in jüngerer Entwicklung, in: Karl KAYSER/Theodor KRAUS (Hrsg.), Köln und die Rheinlande. Festschrift zum 33. Deutschen Geographentag vom 22. bis 26. Mai 1961, Köln 1961, S. 155–169, hier: S. 155.

[60] Weil die preußischen Festungsbestimmungen katatrophale Wohnverhältnisse produzierten und die Industrialisierung der Stadt behinderten, konstatierte Hans-Werner Frohn, daß Köln durch die Festungsprobleme Gefahr gelaufen sei, den Anschluß an die Moderne zu verlieren. FROHN, Arbeiterbewegungskulturen. Siehe auch Rolf CONRAD, Die Kölner Neustadt und der innere »Grüngürtel«; KAISER/T. KRAUS, Köln, S. 170–181; hier: S. 170; und Arnold STELZMANN, Illustrierte Geschichte der Stadt Köln, 8. Aufl. Köln 1978, S. 293.

[61] In den Jahrzehnten der Industrialisierung dominierte das produzierende Gewerbe in Köln: 1907 arbeiteten knapp 60 % der Erwerbstätigen in Industrie und Handwerk, während

te Köln dann bereits den Trend zum tertiären Sektor und nahm das Gesicht eines modernen Dienstleistungszentrums an.[62] Um die Wirtschaft zu stärken, stieß die Stadt Köln zahlreiche wichtige Projekte an, wie die Erschließung neuer Industriegebiete und die Errichtung eines Handelshafen 1922, die Eröffnung der Messe 1924 und die Ansiedlung der Ford-Werke 1929.

Im kulturellen Bereich bemühte sich Köln im Wettstreit mit der rheinischen Konkurrenzstadt Düsseldorf ebenfalls um ein großstädtisches Profil, das man mit der Gründung der Stiftungsuniversität zu Köln 1919, der Modernisierung der städtischen Kulturbetriebe, der Ausrichtung der Jahrtausendausstellung 1925 und der Pressa 1928 sowie der Übersiedlung des Westdeutschen Rundfunks nach Köln 1926 durchzusetzen suchte.

Politisch blieben die Verhältnisse in Köln trotz der Radikalisierung in den letzten Jahren der Weimarer Republik vergleichsweise stabil. Das Zentrum blieb bis 1933 die stärkste Fraktion, mußte aber ab Mitte der 1920er Jahre gravierende Wählereinbußen hinnehmen.[63] Die SPD bezahlte für ihren reformistischen Kurs und die Übernahme der Regierungsverantwortung ebenfalls mit Stimmeneinbrüchen.[64] Während die KPD bereits 1924 von den Verhältnissen profitieren konnte[65], blieb die radikale Rechte in Köln zunächst extrem

---

jeweils 20 % im primären und tertiären Sektor beschäftigt waren. Kölner Statist. Handbuch (213), 127, Volks-, Berufs- und Arbeitsstätten- sowie Gebäudezählung (695) 1961, Sonderdruck 1965, zit. nach HERMANN, Wirtschaftsgeschichte, S. 386.

[62] 1925 arbeitete nur noch knapp die Hälfte der Bevölkerung im produzierenden Gewerbe (47,5 %), während ein gutes Drittel der Berufstätigen nun sein Auskommen in Handel und Verkehr (33,9 %) und ein knappes Zehntel (9,4 %) im Dienstleistungsbereich fand. In der Landwirtschaft waren nur noch 1,6 % der Kölner und Kölnerinnen tätig. HENNING, Industrie- und Handelskammer, S. 8–11; Günther SCHULZ, Gesellschaftliche Veränderungen in Rheinland-Westfalen zur Zeit der Weimarer Republik, in: Kurt DÜWELL/Wolfgang KÖLLMANN (Hrsg.), Rheinland-Westfalen im Industriezeitalter – Beiträge zur Landesgeschichte, Bd. 3, Wuppertal 1984, S. 35–50, hier: S. 42 f.; und L. WEISS, Großstädte, S. 28.

[63] Das Spitzenergebnis von 40,8 % bei den Wahlen zur verfassungsgebenden Nationalversammlung am 19. Januar 1919 konnte das Zentrum schon bei den Reichstagswahlen im Juni 1920 (35,9 %) und Mai 1924 (32,7 %) nicht mehr erreichen. Die kontinuierliche Abwärtsbewegung bestätigte sich auch bei den Wahlen im Mai 1928 (29,1 %) und erreichte ihren absoluten Tiefpunkt bei den Wahlen im September 1930 (24,9 %). Doch gelang es bei den Juli- und Novemberwahlen 1932, den Stimmenanteil bei 28,2 % bzw. 27,3 % zu konsolidieren. Besser schnitt das Zentrum bei den Kommunalwahlen ab. Hier erzielte es im November 1929 34,9 % und im November 1932 27,3 % der Wählerstimmen. Vgl. Martin RÜTHER, Daten 1919–1932, in: Peter FUCHS (Hrsg.), Chronik zur Geschichte der Stadt Köln, Bd. 2, Köln 1992, S. 194–209.

[64] Ihr Spitzenergebnis erzielte die SPD in den Wahlen zur verfassungsgebenden Nationalversammlung mit 38,6 %. Doch fiel sie bereits 1920 auf 26,3 % zurück und erlitt 1924 einen dramatischen Einbruch auf 12,6 %. Zwar konnte sie ihre Position bis 1930 konsolidieren, fiel dann aber wieder auf unter 18 Prozentpunkte. Während die Kölner SPD 1920 4,6 % über dem Reichsdurchschnitt lag, hatte sich dieses Plus 1924 in ein Minus von 6 % verkehrt, das sich bis 1932 auf 3 % reduzierte. H.-W. FROHN, Arbeiterbewegungskulturen, S. 34, 50 f.

[65] Die Kölner Ortsgruppe der KPD wurde im April 1920 gegründet und verschmolz im Dezember des gleichen Jahres mit der USPD, wobei ein Drittel der ehemaligen USPD-Mitglieder diesen Prozeß nicht nachvollzog und austrat. Auch die Bolschewisierung der Partei

schwach. Nach mühsamen Anfängen der Kölner Ortsgruppe der NSDAP, die im März 1921 von 50 Völkischen, nominell von Hermann Josef Breuer, gegründet wurde und zwischen 1922 und 1924 verboten war, entfaltete sich erst mit der Neugründung der Partei und nach dem Abzug der Besatzungstruppen eine regere organisatorische und politische Aktivität.[66] Gleichwohl waren die Nationalsozialisten im Stadtrat nahezu bedeutungslos und wurden bis 1929 nur von einem einzigen Abgeordneten vertreten.

Doch trotz zahlreicher Erneuerungsimpulse und Stabilitätsmomente blieb die Situation in Köln schon vor dem Ausbruch der Weltwirtschaftskrise angespannt. Zwar hatte sich die Wirtschaftslage nach 1923 normalisiert, doch erholten sich die Gemeindefinanzen unter der Last der kommunalpolitischen Anstrengungen keineswegs. Die Zahl der Erwerbslosen bewegte sich weiterhin auf einem relativ hohen Niveau. Bereits 1928 wurden in Köln wieder mehr als 50 000 Arbeitslose gezählt. Die Auswirkungen des *Wall Street Crashs* vom 24. Oktober 1929 und der weltweiten Depression trafen Köln seit 1930 in Form von drastischen Auftragsrückgängen, massenhaften Konkursmeldungen und exorbitanten Arbeitslosenquoten.[67] Im Oktober 1930 zählte die Stadt 70 000 und im Juli 1932 110 000 Arbeitslose, damit stand rund ein Drittel der erwerbsfähigen Bevölkerung nicht mehr in Lohn und Brot. Während sich unter dem Druck der Verhältnisse auch der Lebensstandard der Noch-Beschäftigten verschlechterte, waren die von der Erwerbslosigkeit betroffenen Familien kaum noch in der Lage, für ihr Existenzminimum aufzukommen, da die sozialen Sicherungssysteme unter der verzweifelten Haushaltslage von Stadt und Land zusammengebrochen waren und die Unterstützungsleistungen zum Überleben kaum mehr ausreichten.[68]

Wie im gesamten Reichsgebiet, zog die Weltwirtschaftskrise auch in Köln radikalisierte politische Verhältnisse nach sich. Die KPD verbuchte noch größere Zuläufe von SPD- und Zentrumswählern und stieg 1932 zur zweitstärk-

---

1925 führte zu starken Konflikten an der Basis, da die neue Organisationsform in Betriebszellen die spezifischen Kölner Stadtstrukturen und die soziale Situation der Arbeitslosen vernachlässigte. So konnte der Bezirk Mittelrhein Mitte der 1920er Jahre nur ca. 6 000 Mitglieder aufweisen, doch wuchsen die Zahlen ab 1931/32 kontinuierlich an. Auch die Wahlergebnisse spiegeln eine Erfolgsgeschichte mit Hindernissen wider: Hatte der Stimmenanteil der KPD als zweitstärkster Partei bei den Wahlen 1924 bei 17,1 % gelegen, fiel sie zwar bei den Kommunalwahlen 1929 auf 13,7 % zurück, um dann jedoch bei den Wahlen 1930 auf 17,0 % zu steigen und bei den Novemberwahlen 1932 ihr Spitzenergebnis von 24,5 % zu erringen. H.-W. FROHN, Arbeiterbewegungskulturen, S. 38–40; RÜTHER, Daten, S. 200, 207–209.

[66] Im August 1925 hatte die NSDAP im Rheinland insgesamt nur 335 Mitglieder, im Dezember 868 und im August 1926 weitere 400 Mitglieder, wobei die Ortsgruppe Köln die stärkste Mitgliedervereinigung war. KLEIN, Köln im Dritten Reich, S. 29. Vgl. auch LOHALM, Völkischer Radikalismus, S. 318.

[67] Zusammenfassend bei DIETMAR/W. JUNG, Geschichte, S. 227 f.

[68] L. WEISS, Großstädte; und ZUNKEL, Köln, S. 104–128; sowie Martin RÜTHER, Arbeiterschaft in Köln 1928–1945, Köln 1990.

sten Fraktion auf. Obwohl die Arbeiterparteien bei der Kommunalwahl 1929 und den Juliwahlen 1932 einen gemeinsamen Stimmenanteil von 35 % bzw. 40,4 % und damit rein rechnerisch die Mehrheit im Stadtrat besaßen, konnten sie aufgrund ihrer starken Zerstrittenheit keinen Nutzen daraus ziehen.[69] Die KPD, die vor allem Arbeiter aus kleineren Betrieben sowie Arbeitslose für sich gewann, war in der Endphase der Republik in einen zunehmend brutalen Straßenkampf mit der NSDAP verwickelt, die durch wilde Agitation und politischen Terror ihre immer noch relativ schwache politische Position in der Kommunalpolitik kompensierte.[70] Doch sollte die marginale Rolle der NSDAP im Stadtrat nicht über das sprunghafte Erstarken der nationalsozialistischen Bewegung ab 1930 auch in Köln hinwegtäuschen. In diesem Jahr stieg die NSDAP zur dritt-, im Juli 1932 sogar zur zweitstärksten Partei auf.[71] Damit war sie aber im Vergleich zum übrigen Reichsgebiet noch immer unterdurchschnittlich repräsentiert.

Die gruppenspezifischen Merkmale und Besonderheiten der Kölner Bevölkerung entlang der konfessionellen Grenzlinien in der Weimarer Republik waren sowohl von den eingangs skizzierten langfristigen Strukturfaktoren als auch von mittel- und kurzfristigen Umbruchs- und Krisenmomenten der Kölner Stadtgesellschaft beeinflußt. Während das überwältigende Übergewicht der Katholiken langsam, aber stetig auf 75,3 % 1933 sank, stieg umgekehrt der evangelische Bevölkerungsanteil leicht auf 19,4 %. Die Zahl der Kölner Juden siteg von ca. 12 000 (1907) auf 16 000 (1925), um bis 1933 auf knapp 15 000 zu sinken; der prozentuale Anteil an der Gesamtbevölkerung sank von 2,3 % (1925) auf 2 % (1933).[72] Das das Einzugsgebiet der Synagogengemeinde über die Stadtgrenzen hinausreichte, liegt die Zahl der Gemeindemitglieder höher. Sie betrug 19 500 (1925) bzw. 18 400 (1929).[73]

Trotz dieser Konfessionsverschiebungen blieb Köln auch in der Weimarer Zeit katholisch geprägt. Immerhin waren auch in den 1920er Jahren zwei Drittel der Kölner Katholiken und damit fast die Hälfte der Kölner Bevölkerung in das katholische Milieu integriert, nimmt man die Zahl der praktizierenden

---

[69] RÜTHER, Daten, S. 206.

[70] Denn auch nach den Kommunalwahlen im November 1929 erhöhte sich die Zahl der NS-Vertreter nur auf vier von insgesamt 95 Abgeordneten und blieb bis 1933 auf diesem Stand.

[71] Im Juli 1932 nahm sie mit 24,5 % dann den zweiten Platz ein, den sie bei den Novemberwahlen jedoch mit einem Rückgang auf 20,4 % an die KPD abtreten mußte. Auch die Mitgliederzahlen der Kölner Ortsgruppe stiegen 1930 sprunghaft von 3 200 im Juli auf 4 625 im September. KLEIN, Köln im Dritten Reich, S. 31.

[72] Hermann, Wirtschaftsgeschichte, hier: S. 370. Nach sechs bitteren Jahren der Entrechtung und Verfolgung lebten 1939 noch ungefähr 8 000 Juden in Köln, was einem Anteil von 1 % an der Gesamtbevölkerung entsprach.

[73] BENNATHAN, Demographische Struktur, Tabelle 5: Anteil der Juden an der deutschen Gesamtbevölkerung 1871–1933, S. 94.

Gläubigen und der Zentrumswähler als Berechnungsgrundlage.[74] Trotz ihrer Aufholtendenzen im sozioökonomischen Bereich waren die Katholiken im Bürgertum, in den freien Berufen und auch in der Studentenschaft noch immer unterrepräsentiert.[75] Gleiches gilt für den neuen Mittelstand, der im Dienstleistungszentrum Köln stark zunahm und darin die reichsweite Entwicklung vom sekundären zum tertiären Sektor antizipierte.[76] Wie die jüdische Minderheit waren die Katholiken verstärkt im alten Mittelstand – im Handel und Handwerk – steckengeblieben, anders als bei jenen blieb ihr Anteil aber auch in der Arbeiterschaft überproportional. Die Klassenlage der Katholiken manifestierte sich ebenfalls in der höheren Quote erwerbstätiger Katholikinnen und einem spezifischen demographischen Verhalten. Die Katholiken heirateten früher und häufiger, hatten mehr Kinder und einen niedrigeren Altersdurchschnitt als ihre andersgläubigen Mitbürger.[77] Der katholische Milieuzusammenhang wurde auch in den 1920er Jahren durch das boomende katholische Vereinsnetzwerk, die gut funktionierende Kommunikationsstruktur, die Unterstützung eines starken christlichen Gewerkschaftsarms und der politischen Mehrheit der Zentrumspartei abgefedert. Noch immer bestimmte der Katholizismus in Köln das gesellschaftliche Klima und die politischen Machtverhältnisse. Andererseits zeigten in der krisengeschüttelten Stadtgesellschaft im Umbruch gerade die katholischen Jugendlichen, Bürger und Arbeiter Tendenzen, aus dem Milieuzusammenhang auszubrechen.[78]

Die Protestanten blieben auch in der Weimarer Republik durchschnittlich vermögender als die Katholiken und stärker im wohlhabenden Bürgertum vertreten. Sie traten weiterhin als industrielle Unternehmer, als akademische Staatsangestellte oder als Professoren an der neugegründeten Universität hervor. Doch zugleich befand sich die evangelische Bevölkerung, relativ gesehen, auf dem sozialen Rückzug. So stieg ihr Anteil an den technischen Berufen,

---

[74] Als klassische Indikatoren der Milieuzugehörigkeit gelten Kirchgang und Wahlverhalten, die Ulrich von Hehl bei seiner Berechnung zur Stabilität des katholischen Milieus im Rheinland für die Weimarer Republik zugrunde gelegt hat. Er kommt zu dem Ergebnis, daß im Erzbistum Köln rund 62 % der formal der katholischen Kirche angehörigen Menschen auch praktizierende Katholiken waren und rund 66 % Zentrumswähler, also rund 2/3 der Katholiken, ins katholische Milieu integriert waren. HEHL, Die katholische Kirche im Rheinland, S. 251 f.

[75] Wegen der gravierenden Forschungslücken zu einem vergleichenden Sozialprofil der Kölner Bevölkerung in der Weimarer Republik stützt sich die vorliegende Arbeit auf die soziologische Untersuchung von Bruno KUSKE, Die Großstadt Köln als wirtschaftlicher und sozialer Körper, Köln 1928, S. 30 f., die die Ergebnisse der Volkszählung 1925 methodisch abgesichert ausgewertet hat.

[76] Zum tertiären Sektor vgl. KELLENBENZ, Wirtschafts- und Sozialentwicklung von Beginn des Ersten Weltkriegs, S. 119–125; und HERMANN, Wirtschaftsgeschichte, S. 386 f.

[77] KUSKE, Großstadt, S. 30 f.

[78] HEHL, Die katholische Kirche im Rheinland, S. 253 f.; und KELLENBENZ, Wirtschafts- und Sozialentwicklung im Kaiserreich, S. 96 f.

unter den Angestellten und in der Arbeiterschaft.[79] Auch von einem engen bürgerlich-protestantischen Milieuzusammenhang kann in den Weimarer Jahren kaum gesprochen werden, obgleich die evangelische Kirche im frühen 20. Jahrhundert ihren Einfluß durch die Gründung mehrerer Tochtergemeinden ausgebaut und die Kölner Protestanten ein Netz aus eigenen Schulen und Vereinen errichtet hatten.[80] Weder die konservative DVP noch die linksliberale DDP waren in einen einheitlichen protestantisch-bürgerlichen Milieuzusammenhang eingebunden. Die in Köln starke DVP fand ihre Anhängerschaft auch in katholischen Kreisen des gehobenen Mittelstands und Beamtentums.[81] Die Linksliberalen, die in Köln ohnehin nur geringe Unterstützung fanden, bildeten nicht zuletzt die politische Heimat der Kölner Juden und mußten sich bereits 1920 mit ihrer Einflußlosigkeit abfinden.[82] Auf der Gemeindeebene führten Liberale, Orthodoxe, »Religiöse Sozialisten« und »Deutsche Christen« in den frühen 1930er Jahren erbitterte Grabenkämpfe, während an der Spitze des synodal-presbyterialen Kirchensystems mit Generalsuperintendent Karl Klingemann (1913–1928) und Ernst Stoltenhoff (1928–1934) Repräsentanten des konservativen Pastorennationalismus standen. Ebenso stark wie die innerkirchlichen Differenzen behinderte der weit fortgeschrittene Säkularisierungsprozeß unter den protestantischen Arbeitern einen einheitlichen protestantischen Milieuzusammenhang, denn anders als zahlreiche katholische Arbeiter definierten ihre evangelischen Genossen ihre Gruppenidentität zweifelsohne über ihre Klassenlage.[83]

Auch das Kölner Judentum zeichnete sich durch seine große Heterogenität und Differenziertheit aus. In der Weimarer Republik war die Kölner Synagogengemeinde nicht nur der Zahl nach in der Region führend, sondern auch in religiöser und intellektueller Hinsicht.[84] Die lebendige Großstadtgemeinde be-

---

[79] KUSKE, Großstadt, S. 30 f.

[80] BECKER-JÁKLI, »Fürchtet Gott«, S. 12–16; DIETMAR/W. JUNG, Geschichte, S. 200.

[81] An ihr Spitzenergebnis von 10,5 % bei den Maiwahlen 1924 konnte die DVP jedoch nicht mehr anknüpfen und brach 1930 zugunsten der NSDAP stark ein. Horst ROMEYK, Die Deutsche Volkspartei in Rheinland und Westfalen 1918–1933, in: Rheinische Vierteljahresblätter 39 (1975), S. 189–236. Für die Juliwahlen 1932 sind die Briefwahlunterlagen für den (groß-)bürgerlichen Villenvorort Marienburg noch erhalten und weisen einen NSDAP-Stimmenanteil von über 60 % auf. Diesen Hinweis verdanke ich Dr. Ludwig Richter.

[82] Die DDP konnte unter der Führung des jüdischen Politikers Bernhard Falks zwar 1919 11,0 % der Stimmen erzielen, rutschte jedoch schon 1920 auf 4,9 % ab.

[83] BECKER-JÁKLI, »Fürchtet Gott«, S. 22; und LEKEBUSCH, Not, S. 55.

[84] So verfügten die liberalen, konservativen und orthodoxen Kreise in Köln über acht Synagogen und zahlreiche Gebetsstuben. In Köln wurden das erste jüdische Gymnasium und ein Rabbinerseminar gegründet. Köln war ein wichtiges Zentrum jüdischer Publizistik und Zentrum des Zionismus. RICHARZ, Forschungen, S. 25 f., mit Literaturangaben. Zum gut ausgebauten Wohlfahrts- und Fürsorgesystem und zum ebenfalls expandierenden Schul- und Vereinswesen vgl. BECKER-JÁKLI, Ich habe Köln, S. 328; und dies., Art. »Köln«, in: Benno REICHER (Red.), Jüdische Geschichte und Kultur in NRW. Ein Handbuch, Duisburg 1988, S. 155–167; Elfi PRACHT, Jüdisches Kulturerbe in Nordrhein-Westfalen, Teil 2: Regierungsbezirk Köln, Köln 1997; und RICHARZ, Forschungen, S. 25 f. Zum Kölner Israelitischen Asyl

treute vielfältige religiöse Einrichtungen, Friedhöfe und Schulen sowie den Auf- und Ausbau des sozialen Fürsorge- und Wohlfahrtssystems, dessen Erfolge in den 1920er Jahren einen Höhepunkt erreichten.[85] Dabei herrschten innerhalb des Kölner Judentums große Differenzen zwischen Liberalen, Konservativen und Orthodoxen, was bereits 1908 zur Abspaltung der orthodoxen Austrittsgemeinde Adass Jeschurun geführt hatte.[86] Die Heterogenität der Kölner Juden beschränkte sich jedoch nicht allein auf religiöse Unterschiede, zumal die Mehrheit der Kölner Juden weitgehend säkularisiert lebte, sondern bezog sich auch auf politische und gesellschaftliche Zielsetzungen. Das Kölner jüdische Vereinswesen, das sich in den 1920er Jahren stark entwickelte, repräsentierte die Bandbreite und Komplexität der Interessen und Einstellungen der Kölner Juden, die nicht zuletzt in ihrer divergierenden sozialen Lage und Herkunft begründet lag. Diese stärkere soziale Ausdifferenzierung beruhte zum einen auf gruppenspezifischen Veränderungen wie der Zuwanderung der osteuropäischen Juden[87], zum anderen auf gesamtwirtschaftlichen und -gesellschaftlichen Veränderungen durch Krieg, Besatzung, Inflation und Wirtschaftskrisen. Noch immer spielte eine deutlich hervortretende Gruppe großbürgerlicher jüdischer Bankiers- und Handelsfamilien im Leben der Stadt eine bedeutende Rolle.[88] Eine zahlenmäßig weit größere Gruppe bildeten die jüdischen Ärzte und Rechtsanwälte, die in Köln zwischen 25 % und 30 % ihres Berufsstandes ausmachten.[89] Die Konzentration in diesen krisengeschüttelten Professionen entspricht ebenso wie die überdurchschnittlichen Bildungsqualifikationen der Kölner Juden und vor allem der Jüdinnen dem Trend zur akademischen

---

vgl. die Studie Barbara BECKER-JÁKLI, Das jüdische Krankenhaus in Köln. Die Geschichte des Israelitischen Asyls für Kranke und Altersschwache 1869 bis 1995, Köln 2004.

[85] Verweis zu Organisationen von ASARIA, Juden.

[86] Alexander CARLEBACH, Adass Yeshurun of Cologne. The Life and Death of a Kehilla, Belfast 1964; ders., Die Orthodoxie in der Kölner jüdischen Gemeinde der Neuzeit, in: BOHNKE-KOLLWITZ, Köln, S. 341–358.

[87] Die osteuropäischen Juden, die aufgrund wirtschaftlicher Notlage und der nicht nachlassenden Verfolgung in Polen und Rußland verstärkt seit dem Ersten Weltkrieg nach Köln kamen, waren durchschnittlich jünger und kinderreicher als ihre alteingesessenen Glaubensgenossen und machten etwa 3 000–4 000 der insgesamt 16 000 Kölner Juden im Jahr 1925 aus. Sie waren größtenteils ungelernte bzw. angelernte Arbeiter oder verdienten ihr Einkommen im sogenannten »Lufthandel«. BECKER-JÁKLI, Ich habe Köln, S. 327; und PRACHT, Jüdisches Kulturerbe, S. 245.

[88] Unter ihnen finden sich die Privatbankiers Oppenheim und Hagen, der Warenhauskonzernbesitzer Leonhard Tietz und die Metallgroßhändler Lissauer und Wolff. Auch Ottmar Strauß, der zeitweilig als Berater der Reichsregierung tätig war, nahm im Wirtschaftsleben der Stadt eine exponierte Stellung ein.

[89] Hans-Jürgen BECKER, Hundert Jahre Kölner Anwaltverein. Zur Geschichte der Kölner Rechtsanwaltschaft 1887–1987, in: Festschrift zum 100jährigen Jubiläum des Kölner Anwaltvereins, Köln 1987, S. 17–126; Michael H. KATER, Studentenschaft und Rechtsradikalismus in Deutschland 1918–1933. Eine sozialgeschichtliche Studie zur Bildungskrise in der Weimarer Republik, Hamburg 1975, S. 148.

Selbständigkeit der deutschen Juden der Weimarer Zeit.[90] Die ökonomische Situation der selbständigen Akademiker divergierte stark, bisweilen klafften ihre schlechte ökonomische Lage und ihr hohes gesellschaftliches Ansehen weit auseinander. Stark aufgefächert war auch die Schicht des alten Mittelstandes, zu der noch immer etwa 50–60 % der Kölner jüdischen Bevölkerung zählten, obwohl ihr Anteil im öffentlichen Dienst und den privaten Dienstleistungen sowie unter den Angestellten langsam stieg.[91] Während die Besitzer von Sachwerten oder die Betreiber größerer Fachgeschäfte und Praxen ihren Lebensstandard halten oder gar verbessern konnten, verloren die kleineren Kaufleute, Rentner und Privatbankiers stark an Einkommen und Prestige.[92] Gerade in der Endphase der Weimarer Republik hatte sich die ökonomische Situation vieler Kölner Juden dramatisch verschlechtert und war die Zahl der jüdischen Armen dramatisch angestiegen.[93] Diese neue jüdische Unterschicht setzte sich aus Klein- und Kleinsthändlern sowie Erwerbslosen und Industriearbeitern zusammen, die überwiegend osteuropäischer Herkunft waren. Auch alleinstehende Frauen waren von der Verarmung besonders betroffen.[94]

Vor dem Hintergrund dieser spezifischen Rahmenbedingungen der städtischen Gesellschaft sollen nun in einem ersten Schritt die persönlichen Sozialbeziehungen zwischen Juden und Nichtjuden untersucht werden.

---

[90] Siehe hierzu BARKAI, Vom Boykott zur »Entjudung«, Der wirtschaftliche Existenzkampf der Juden in Deutschland 1933–1943, Frankfurt a. M. 1989, S. 13; und RICHARZ, Jüdisches Leben, S. 23.

[91] BARKAI, Minderheit, S. 19 f.

[92] Yvonne RIEKER, Von der rechtlichen Gleichstellung bis zum Genozid, in: Yvonne RIEKER/Michael ZIMMERMANN (Hrsg.), Geschichte der Juden im Rheinland und in Westfalen, Köln/Stuttgart/Berlin 1998, S. 141–259, hier: S. 213–215.

[93] 1929 waren unter 18 432 Gemeindemitgliedern nur etwa die Hälfte steuerpflichtig (9 000) und tatsächlich steuerzahlend 35,2 % (6 500). Auch 1933 waren unter 19 500 Gemeindemitgliedern nur 6 717 kirchensteuerfähig, Zahlen sind entnommen aus dem Kölner Jüdischen Wochenblatt, 5. Juli 1929, und Die Leistungen des jüdischen Wohlfahrtsamtes, Gemeindeblatt der Synagogen-Gemeinde zu Cöln, 13. November 1931. Demnach war 1931 jeder achte Kölner Jude unterstützungsbedürftig. 1933 waren von 19 500 Seelen nur 6 717 kirchensteuerfähig, also ein Drittel der Mitglieder der Synagogengemeinde, so daß selbst der intensive Ausbau des Kölner Wohlfahrtsnetzes die Existenznot vieler Juden nur notdürftig gelindert haben dürfte.

[94] Vgl. zur Analyse der geschlechtsspezifischen Armut RAHDEN, Juden, S. 57.

ZWEITES KAPITEL

ALLTÄGLICHES MITEINANDER UND SCHLEICHENDE AUFLÖSUNGSERSCHEINUNGEN

Die persönlichen Sozialbeziehungen zwischen Juden und Nichtjuden sind als Gradmesser der Integration kaum zu überschätzen. Postulieren sich doch in der Bereitschaft sowie in der Weigerung, persönlich miteinander zu verkehren, elementare Erfahrungen von Akzeptanz und Ablehnung, die in individuellen Biographien und im sozialen Gruppenzusammenhang von hoher Bedeutung waren. Denn einerseits konstituieren sich soziale Gruppen und Milieus auf der Mikroebene durch ihre gemeinsamen Verkehrsformen und gründen auf dem darin liegenden Gefühl der Zusammengehörigkeit, andererseits birgt der offene und subtile Ausschluß aus diesen Gruppen ein hohes Ausgrenzungs- und Verletzungspotential für den Einzelnen.[1]

So erklärt sich die große Bedeutung, die die deutsch-jüdische Historiographie den persönlichen Sozialbeziehungen beigemessen hat. Für jene Historiker und Historikerinnen, die Emanzipation, Integration und Akkulturation der deutschen Juden zwischen 1871 und 1933 als eine im wesentlichen erfolgreiche Geschichte ansehen, bilden die 1920er Jahre eine Blütezeit des gesellschaftlichen Miteinanders. Sie konstatieren, daß der Verkehr im jüdischen Gruppenzusammenhang zunehmend an Bedeutung verlor und daß vielfältige soziale Beziehungen zwischen Juden und Nichtjuden existierten.[2] Allerdings überwiegen heute jene integrationskritischen Stimmen, die feststellen, daß die Verkehrskreise zwischen Juden und Nichtjuden weitgehend getrennt waren und Juden in einer eigenen »intimen Kultur« unter sich blieben.[3] Neuere Studien zum 19. Jahr-

---

[1] Andrea HOPP, Jüdisches Bürgertum in Frankfurt am Main im 19. Jahrhundert, Stuttgart 1997, S. 49.

[2] So beispielhaft GAY, In Deutschland zu Hause, S. 34, und, stark angreifbar, SCHUMANN, Jüdische Deutsche, S. 35–38. Siehe auch die Kritik hierzu bei ROHRBACHER, Kaiserreich, S. 684 f.

[3] Marion Kaplan stellte die vielzitierte These auf, daß sich möglicherweise gerade im Bereich der privaten Geselligkeit das Verhältnis zwischen Minderheit und Mehrheit verhärtet habe. Marion KAPLAN, Freizeit – Arbeit. Geschlechterräume im deutsch-jüdischen Bürgertum 1870–1914, in: Ute FREVERT (Hrsg.), Bürgerinnen und Bürger. Geschlechterverhältnisse im 19. Jahrhundert, Göttingen 1988, S. 157–174, hier: S. 172. Auch Jakob Toury betont, daß eine volle gesellschaftliche Integrierung, »symbolisiert durch die Möglichkeit der Gemeinschaft von Tisch und Bett«, eben doch ausgeklammert geblieben sei, zit. nach VOLKOV, Juden in Deutschland, S. 45.

hundert bekräftigen aus der Mikroperspektive, daß die »unsichtbare Grenze« im Privatleben kaum durchlässig gewesen sei.[4] Dieser Befund wird auch verstärkt für die Weimarer Jahre gestellt, obwohl damit die Stimmen einer sozialhistorisch argumentierenden deutsch-jüdischen Historiographie ignoriert werden, die bereits in den 1980er Jahren auf die Heterogenität der Sozialbeziehungen in Abhängigkeit von der sozialen Lage hingewiesen haben.[5] Zudem sind die sozialen Beziehungen in den 1920er Jahren nicht annähernd so gut erforscht wie die des Kaiserreichs.[6] Trotzdem gehört es mittlerweile zum Allgemeingut der Forschung, daß enge soziale Kontakte zwischen Juden und Nichtjuden in den 1920er Jahren kaum existierten. In einer antisemitisch geprägten Atmosphäre, so etwa Michael A. Meyer, verkehrten Juden fast ausschließlich mit Juden.[7] Und obwohl die Antisemitismusforschung den Bereich der individuellen Alltagsbeziehungen kaum beachtete, bestätigt sie diesen Befund.[8] So konstatierte jüngst Wolfgang Benz, daß in der Weimarer Republik die »Ausgrenzung die Integration überwog« und daß die Juden »bei aller äußeren Gleichstellung nicht ins Sozialgewebe der deutschen Gesellschaft« gehört hätten.[9] Auch Avraham Barkai und Paul Mendes-Flohr argumentieren, daß es für die deutschen Juden zunehmend schwieriger geworden sei, die Schranken der nichtjüdischen Bezugsgruppe zu durchbrechen, und daß sie sich nahezu ausschließlich in einem geschlossenen Nachbarschafts-, Bekannten- und Freundeskreis bewegt hätten. Die Gründung jüdischer Vereine und die hohe Zahl jüdischer Binnenehen wurden als Reaktion auf eine restriktive Außenwelt interpretiert.[10] Dabei habe die Trennung der Verkehrskreise keineswegs immer auf konkreten Ausgrenzungserfahrungen oder der Furcht vor Zurückweisung basiert, sondern sei auch Resultat des Bedürfnisses gewesen, unter sich

---

[4] HOPP, Bürgertum, S. 151–154; und SCHÜLER-SRPINGORUM, Minderheit, S. 86.

[5] MAURER, Juden, S. 111; und RICHARZ, Jüdisches Leben, S. 38.

[6] Wichtig bleibt als Einführung das Standardwerk RICHARZ, Bürger. Lokale Anstöße liefern BAUMANN, Nachbarschaften; FLADE, Juden; LORENZ, Juden; und SCHÜLER-SPRINGORUM, Minderheit. Zu erwähnen sind darüber hinaus neuere Arbeiten, die deutsch-jüdische Identitätsmuster untersuchen, sich auf lebensgeschichtliche Quellen stützen und antisemitischen Ausgrenzungsformen ein eigenes Kapitel widmen. Vgl. etwa Miriam GEBHARDT, Das Familiengedächtnis. Erinnerung im deutsch-jüdischen Bürgertum 1890 bis 1932, Stuttgart 1999; Yvonne RIEKER, Kindheiten. Identitätsmuster im deutsch-jüdischen Bürgertum und unter ostjüdischen Einwanderern 1871–1933, Hildesheim/Zürich/New York 1997. Zusammenfassend HECHT, Deutsche Juden, S. 345–357.

[7] M. A. MEYER, Juden, S. 12.

[8] Zum Forschungsdefizit und zu methodologischen Überlegungen vgl. BERGMANN/WETZEL, »Der Miterlebende weiß nichts«. Auch die Studie von Wolfgang Benz zu Alltagsantisemitismus streift die Dimension der alltäglichen Sozialbeziehungen nur kursorisch.

[9] BENZ, Die jüdische Erfahrung, S. 50, 52.

[10] Avraham BARKAI, Jüdisches Leben in seiner Umwelt, in: M. A. MEYER, Deutsch-Jüdische Geschichte, Bd. 4, S. 50–73, hier: S. 59; BRENNER, Weimarer Jahre, S. 175.

zu bleiben. Gerade das Privatleben habe »die intime Kultur« und den »ethnischen« Zusammenhalt der deutschen Juden gestärkt.[11]

Jedoch ist dieses Diktum insofern kritisch zu überprüfen, als es ohne fundierte Untersuchung die Trennung der Verkehrskreise festschreibt, »Ethnizität« und »Antisemitismus« als Erklärungsfaktoren heranzieht und dadurch die essentialistischen Gruppengegenüberstellungen von Deutschen und Juden reproduziert. Dem ist jedoch entgegenzuhalten, daß einerseits gerade in der Großstadt verschiedene soziale Gruppen der Gesellschaft eine eigene »intime Kultur« ausbildeten[12] und daß andererseits einzelne Individuen in der fortschreitend pluralisierten und fragmentierten Weimarer Gesellschaft in verschiedenen Gruppenzusammenhängen auftraten.

Daher fragt dieses Kapitel danach, wie sich die individuellen und persönlichen Begegnungen zwischen Juden und Nichtjuden gestalteten: in welchen Situationen die sozialen Gruppenbarrieren überwunden wurden, in welchen sie sich verfestigten und wo sie dauerhaft dominierten. Hierfür wurden vier Felder sozialer Interaktion ausgewählt, in denen konkret-persönliche Verhältnisse von besonderer Bedeutung waren und die zugleich jeweils eigenen Handlungslogiken folgten: Es handelt sich hierbei um die Bereiche Nachbarschaft, Freundschaft, Ehe- und Vereinsleben, die in der deutsch-jüdischen Historiographie stets für die Untersuchung des »jüdischen Sozialmilieus« herangezogen werden.[13] Daß sich diese Bereiche nicht nur hinsichtlich ihres Intensitätsgrads und ihrer Funktionen unterschieden, sondern auch in der Interventionsbereitschaft der lokalen Eliten und in den Einflußversuchen der radikalen Antisemiten, war für die heterogene, bisweilen sogar widersprüchliche Entwicklung der Beziehungsformen von zentraler Bedeutung, wie zu zeigen sein wird.

Die Untersuchung der alltäglichen Sozialformen steht dabei vor besonderen Herausforderungen. Zum einen wurde das soziale Alltagsleben in Köln in der Literatur zwar durchaus konträr bewertet, aber nicht systematisch analysiert.[14] Zum anderen ist die Quellenlage gerade für die Bereiche von Freundschaft und Vereinsleben so dünn, so daß hier – anders als in den Bereichen von Nachbarschaft und Eheleben – auf ein quantifizierendes interkonfessionelles

---

[11] So exemplarisch SCHÜLER-SPRINGORUM, Minderheit, S. 86; MEIRING, Mischehe, S. 8–11; RAHDEN, Juden, S. 19; und VOLKOV, Juden in Deutschland, S. 45 f.

[12] Chana C. SCHÜTZ, Die Kaiserzeit (1871–1918), in: NACHAMA/SCHOEPS/SIMON, Juden in Berlin, S. 89–136, hier: S. 116.

[13] So auch jüngst bei BRENNER, Weimarer Jahre, S. 125. Die konkret-persönlichen Beziehungen in der Arbeitswelt werden im Wirtschaftskapitel Berücksichtigung finden.

[14] Vgl. beispielhaft für den älteren Forschungsstreit zur Integration in der deutsch-jüdischen Historiographie die integrationskritische Position des emigrierten Kölner Rabbiners ASARIA, Juden, S. 301, und die des Integrationsverteidigers Gustav HORN, Juden in Köln 1925–1933, in: BOHNKE-KOLLWITZ, Köln, S. 359–362. Auf vielfältige soziale Verbindungen und Wechselbeziehungen verweist dagegen BECKER-JÁKLI, Geschichte, S. 325. Unverbunden neeneinander stehen Integrations- und Ausgrenzungsmomente dagegen bei SERUP-BILFELDT, Zwischen Dom und Davidstern, S. 106–119.

Profil verzichtet werden mußte. Dies bot andererseits den Vorteil, sich auf die qualitative Analyse zu konzentrieren und neben den konfessions- und schichtspezifischen Verhaltensweisen die geschlechts- und generationsspezifischen Interaktionsmuster herauszuarbeiten.[15]

1. Nachbarschaft

Die fortschreitende Urbanisierung und der soziale Aufstieg der deutschen Juden zeigten sich deutlich in der Wahl ihres Wohnorts: Schon 1910 wohnten 60% von ihnen in Großstädten, ihr Anteil stieg bis 1933 auf über 70%, davon lebte allein ein Drittel in Berlin. Doch konzentrierten sich die deutschen Juden nicht nur auffällig in wenigen großen Städten, sondern auch innerhalb dieser Städte in bestimmten Vierteln und Straßenzügen.[16] Auch in Köln verteilte sich die jüdische Bevölkerung nicht gleichmäßig im Stadtgebiet. Die Kölner Juden bevorzugten eine Wohnlage im Stadtzentrum, wo sie sich vorrangig im Viertel um die Synagoge an der Roonstraße sowie im sogenannten Thieboldsgassenviertel südlich des Neumarkts niederließen.[17] Mit großem Abstand folgten die bürgerlichen Villenvororte, das Arbeiterviertel Ehrenfeld und die rechtsrheinischen Gemeinden Deutz und Mülheim, in denen jahrhundertelang jüdische Gemeinden existiert hatten.[18]

Es gilt im folgenden zu überprüfen, ob diese Wohnkonzentration als Ausdruck einer restriktiven Umwelt und einer selbstgewählten Segregation interpretiert werden kann[19] oder als ein unbewußter, überkommener Appendix vergangener Zeiten anzusehen ist, der sich ohne die Verfolgungs- und Vernichtungsgeschichte der deutschen Juden im Nationalsozialismus überlebt hätte.[20]

---

[15] Siehe zu generations- und geschlechtsspezifischen Differenzen in der Weimarer Republik GEBHARDT, Familiengedächtnis; HECHT, Deutsche Juden; Helga-Ulrike HYAMS, Jüdische Kindheit in Deutschland. Eine Kulturgeschichte, München 1995; Sibylle QUACK, Zuflucht Amerika. Zur Sozialgeschichte der Emigration deutsch-jüdischer Frauen in die USA 1933–1945, Bonn 1995; RIEKER, Kindheiten; sowie Till van RAHDEN, Mingling, Marrying, Distaining. Jewish Integration in Wilhelmine Breslau and its Erosion in Early Weimar Germany, in: BENZ/PAUCKER/PULZER, Jüdisches Leben, S. 197–222.

[16] BENNATHAN, Struktur, S. 91; ZIMMERMANN, Juden, S. 12.

[17] 23% aller Juden in Köln lebten im Bezirk Neustadt-Mitte, in dem sie 1925 8,4% der Einwohner stellten, 4/5 lebten in 22 Straßen, wo sie 5–19% aller Einwohner ausmachten. Zahlen entnommen aus BENNATHAN, Struktur, S. 91 f.

[18] Zur Wohnstruktur der Kölner Juden vgl. auch PRACHT, Kulturerbe, S. 246; und zum Siedlungsverhalten im 19. Jahrhundert MAGNUS, Emancipation, S. 35, 59 f. und 173.

[19] So etwa Gabriel E. ALEXANDER, Die jüdische Bevölkerung Berlins in den ersten Jahrzehnten des 20. Jahrhunderts: Demographische und wirtschaftliche Entwicklungen, in: Reinhard RÜRUP (Hrsg.), Jüdische Geschichte in Berlin. Essays und Studien, Berlin 1995, S. 117–148, hier: S. 120 f.; HERZIG, Jüdische Geschichte, S. 18; und Albert LICHTBLAU, Antisemitismus und soziale Spannung in Berlin und Wien 1867–1914, Berlin 1994, S. 37 f.

[20] So GAY, In Deutschland zu Hause, S. 34.

1.1. Konfessionelle Strukturen des städtischen Raums

Ein genauerer Blick auf die stadträumliche Verteilung der katholischen, protestantischen und jüdischen Bevölkerung in Köln zeigt, daß alle drei Gruppen spezifische Wohnmuster aufwiesen, aber unterschiedlich dichte Konzentrationspunkte bildeten.[21]

Die Wohnmuster der Katholiken zeigten eindeutige Spuren ihrer im Vergleich zur protestantischen und jüdischen Bevölkerung schlechteren sozialen Lage. So waren die Kölner Katholiken in den Villenvororten besonders schwach vertreten, während sie in den ländlich geprägten Vororten stark und in den Arbeitervierteln deutlich überrepräsentiert waren.[22] In der sozial schwachen Kölner Altstadt lag ihr Anteil ebenfalls über dem Bevölkerungsdurchschnitt, während sie in den sozial gemischten Vierteln mit einem hohen Angestelltenanteil, ihrem Sozialprofil entsprechend, unterrepräsentiert waren.[23] Innerhalb sozial vergleichbarer Viertel findet sich allerdings keine Wohnkonzentration Kölner Katholiken. Oder anders ausgedrückt: die Katholiken entwickelten keine besonderen Präferenzen für ein spezifisches Arbeiterviertel oder einen bestimmten bürgerlich oder ländlich geprägten Vorort. Lediglich die traditionell protestantischen, rechtsrheinischen Stadtteile waren als Wohnort weniger begehrt. Angesichts der zahlenmäßigen Dominanz der katholischen Bevölkerung in fast allen Stadtvierteln leuchtet es unmittelbar ein, warum aus diesem Befund nicht auf einen schwachen katholischen Gruppenzusammenhang geschlossen werden kann. Schon naheliegender ist es, aus der geringeren katholischen Präsenz in traditionell protestantischen Gebieten auf die soziale Distanz zwischen Katholiken und Protestanten zu schließen. Doch auch hier gilt, daß erst die qualitative Analyse der Beziehungen darüber Klarheit verschaffen kann.

---

[21] Der folgende Überblick basiert auf den statistischen Angaben der Volkszählungen von 1925 und 1933. Die erste Volkszählung erhob die konfessionelle Verteilung der Wohnbevölkerung nicht nach Stadtteilen und Stadtbezirken, sondern nach den katholischen und evangelischen Pfarrbezirken. Die Daten zu den Stadtteilen sind zwar über den Umweg der Pfarreiangaben aggregiert, sie sind aber nicht in allen Bereichen identisch mit den Stadtgrenzen und bieten insofern nur eine ungefähre Annäherung.

[22] So lag der Anteil der Katholiken in den dörflich geprägten Vororten Mengenich, Bocklemünd und Worringen zwischen 94 und 98 %, im Villenviertel Marienburg dagegen nur bei 53,4 %. Die Bevölkerung in Köln in den einzelnen katholischen Dekanaten und Pfarreien nach der Religion am 16. Juni 1925 (Volkszählung); Die Bevölkerung in Köln in den einzelnen evangelischen Pfarrbezirken nach der Religion am 16. Juni 1925 (Volkszählung), in: Statistisches Jahrbuch der Stadt Köln 1926, S. 33 f.; sowie Einige Ergebnisse der Volkszählung in Köln am 16. Juni 1933, in: Ebenda, 1933, S. I–IV.

[23] 1925 gehörten in der Kölner Altstadt 78,5 % der Wohnbevölkerung der katholischen Konfession an, in Nippes 81,5 % und in Ehrenfeld 83,2 %. 1933 waren es nur noch 77,6 %, 78 % und 78,4 %. In Mülheim waren es 1925 73,8 % und 1933 73,2 %. 1925 lag der Anteil der Katholiken in der Neustadt bei 73,2 % und in Klettenberg bei 69,5 %, 1933 bei 71,3 % in der Neustadt und 73,6 % in Zollstock. Die Bevölkerung in Köln in den einzelnen katholischen Dekanaten, S. 33; und Einige Ergebnisse, S. I.

Wie die Katholiken, so wählten auch die Protestanten ihren Wohnort in Abhängigkeit von ihrer sozialen Lage. Sie konnten es sich leisten, in (groß-)bürgerliche, städtische Wohngegenden zu ziehen, während sie in den sozial schwachen Gegenden und den ländlichen Vororten entsprechend unterrepräsentiert waren.[24] Doch anders als die katholische Mehrheitsbevölkerung bevorzugte die protestantische Minderheit innerhalb sozial vergleichbarer Viertel bestimmte Wohngebiete und traditionell protestantische Nachbarschaften: Bei einem durchschnittlichen Bevölkerungsanteil von 18 % gehörten 35 % der Wohnbevölkerung des Villenvororts Marienburg der protestantischen Konfession an, während sie in dem sozial vergleichbaren Braunsfeld gute 28 % der Bewohner stellten.[25] In den Arbeitervierteln fiel die Differenz zwar geringer aus. Doch während in Ehrenfeld nur 16 % der Bevölkerung der protestantischen Konfession angehörten, waren es im nordöstlich gelegenen Arbeiterviertel Nippes immerhin 19 %.[26] Hier wirkten sich neben der sozialen Lage also auch die gruppenspezifischen Wohnpräferenzen einer Minderheit aus. Würde man allein aus der Wahl des Wohnorts Rückschlüsse auf den allgemeinen Gruppenzusammenhang ziehen, müßte der Milieuzusammenhang zwischen den Kölner Protestanten stärker ausgeprägt sein als zwischen den Katholiken. Daß dies nicht so ist, wird sich im Verlauf der Arbeit zeigen. Dieses Gedankenspiel bestätigt einmal mehr die Gefahr, aus den sozialstatistischen Befunden eines Indikators wie dem Wohnverhalten Rückschlüsse auf den sozialen Gruppenzusammenhang im allgemeinen zu ziehen.

Das stärkste gruppenspezifische Wohnverhalten zeigten die Kölner Juden. Nur auf den ersten Blick erscheint das Siedlungsverhalten der jüdischen Bevölkerung mit dem der Protestanten vergleichbar. Die Kölner Juden waren ebenfalls in sozial gehobenen Wohngegenden überproportional vertreten[27] und konzentrierten sich in den sozial schwächeren Stadtbezirken in einem bestimmten Arbeiterviertel und einer traditionell jüdischen Wohngegend.[28] Wie ihre protestantischen Mitbürger waren sie in den ländlichen Vororten deutlich

---

[24] In den traditionell evangelischen Stadtteilen und sozial gemischten Vierteln machten sie 22 bis 25 % der Wohnbevölkerung aus, dagegen betrug ihr Anteil an der Wohnbevölkerung nur 16 % in der Altstadt.

[25] Dagegen stellten die Protestanten 1925 beispielsweise im ländlich geprägten Bocklemünd nur 3,7 % der Einwohnerschaft. Angaben aus: Die Bevölkerung in Köln in den einzelnen katholischen Dekanaten und in den einzelnen evangelischen Pfarrbezirken, S. 33 f. 1933 betrug ihr Anteil in Bocklemünd 5,3 %, in Braunsfeld 24,0 %. Entnommen aus: Einige Ergebnisse.

[26] Ebenda.

[27] 1925 lag der Anteil der Juden in Lindenthal bei 2,26 % und in Braunsfeld bei 5,94 %. 1933 bei 4,3 % und 9,0 %, in Marienburg bei 8,4 %.

[28] Shulamit Magnus zufolge verteilten sich die Kölner Juden zu Beginn des 19. Jahrhunderts zunächst relativ regelmäßig in allen vier Sektionen der Stadt. Bis 1850 bildete sich hingegen der 5. Stadtbezirk zu einem bevorzugten jüdischen Wohnviertel aus, wo weder besonders reiche noch besonders arme Menschen lebten. MAGNUS, Emancipation, S. 35, 59 f. und 173.

unterrepräsentiert.[29] Doch wenn man das Siedlungsverhalten der Protestanten und Juden in Hinblick auf spezifische Wohnpräferenzen und ihre stadträumliche Verteilung vergleicht, scheinen gravierende Differenzen auf. Während sich die protestantische Bevölkerung erstaunlich homogen zu jeweils einem Fünftel in den Villen- und Arbeitervororten, der Alt- und Neustadt und den sozial gemischten Vierteln verteilte[30], wohnten mehr als drei Viertel der Kölner Juden im Stadtzentrum (40,7 % in der Altstadt und 35,8 % in der Neustadt), dagegen nur acht Prozent in einem Villenvorort und jeweils drei Prozent in einem Arbeiterviertel und einem sozial gemischten Stadtteil.[31] Die Mikroanalyse der Straßenzüge vertieft auf den ersten Blick den Eindruck der räumlichen Konzentration der Kölner Juden. In den Straßen südlich des Neumarkts und im Viertel rund um die 1899 erbaute Hauptsynagoge erhöhte sich der Anteil der jüdischen Einwohnerschaft auf acht bis zehn Prozent.[32] 1925 lebten in Neustadt-Mitte vier Fünftel aller Juden dieses Bezirks in 22 Straßen, wo sie bis zu 19 % aller Einwohner ausmachten.[33] Doch läßt sich aus der hohen Wohnkonzentration der Kölner Juden noch nicht ihre räumliche Segregierung ableiten: Selbst in den Straßenzügen mit der höchsten jüdischen Konzentration waren nur ein Fünftel aller Einwohner jüdischen Glaubens und stellten die nichtjüdischen Nachbarn die überwältigende Mehrheit. Von einem jüdischen Viertel, einem Ghetto gar, kann also kaum die Rede sein.

Die sozialstatistische Analyse der Wahl des Wohnorts bestätigt also das spezifisch jüdische Siedlungsverhalten im interkonfessionellen Vergleich und

---

[29] In einigen Vororten lebte nach Angaben der Volkszählung von 1925 kein einziger Jude, so etwa in Worringen, Fühlingen und Bocklemünd. Die 25 Juden aus Zollstock machten 0,3 % der Wohnbevölkerung aus, ihr Anteil im Arbeiterviertel Nippes lag 1933 bei 0,6 %. Lediglich das Arbeiterviertel Ehrenfeld wich hier mit einem vergleichsweise hohen jüdischen Bevölkerungsanteil von 1,5 % etwas ab.

[30] Bei einem Bevölkerungsanteil von 18 % wohnten 21,2 % der Protestanten in der Altstadt, 17,9 % in der Neustadt, 15,1 % in den Villenvororten, 16,7 % in den Arbeitervierteln und 22 % in den sozial gemischten Stadtteilen. 1933 hatte sich das Verhältnis zwischen Alt- und Neustadt umgekehrt und betrug nun 16,6 % für die Altstadt und 21,4 % für die Neustadt. 22 % der Protestanten lebten in den Villenvororten, 17 % in den Arbeitervierteln und 23 % in den sozial gemischten Stadtteilen. Dagegen betrug der durchschnittliche jüdische Bevölkerungsanteil 2,3 %. Die Juden stellten 5,12 % der Einwohnerschaft der Neustadt und 3,64 % der Altstadt.

[31] Abweichende Angaben hingegen bei Sass: Im Jahre 1925 lebten danach 15 800 Juden (2,25 %) in Köln. Davon lebten 31 Prozent in der Altstadt und 44 Prozent in der Neustadt, wobei mehr als die Hälfte in der Neustadt/Mitte angesiedelt war. SASS, »Kwartier Lateng«, S. 60. Die Differenz erklärt sich aus unterschiedlichen Definitionen von Alt- und Neustadt. Ich beziehe mich auf die Zuordnung der katholischen Pfarrbezirke, die auch der Volkszählung 1925 zugrunde liegen.

[32] So lag der Anteil der jüdischen Bevölkerung in den in der Altstadt zentral gelegenen Gemeinden St. Mauritius und St. Peter bei 7,5 % und 9 %, in der Gemeinde St. Michael in Neustadt-Mitte bei 10 %. Die Bevölkerung in Köln in den einzelnen katholischen Dekanaten, S. 33; und Einige Ergebnisse, S. I.

[33] BENNATHAN, Struktur, S. 91 f.

verdeutlicht zugleich, warum aus der Wahl des Wohnorts nicht vorschnell auf den sozialen Gruppenzusammenhang im allgemeinen und die räumliche Isolation der Kölner Juden im besonderen geschlossen werden sollte.

Für die Gestaltung der nachbarschaftlichen Beziehungen ist die Struktur der einzelnen Stadtviertel von maßgeblicher Bedeutung, denn die Viertel bildeten nicht nur unterschiedliche soziale Welten, sondern prägten die Nachbarschaftsbeziehungen auch durch die spezifische Gestaltung des (semi-)öffentlichen Raums. So luden die Flure, Vorgärten, Bürgersteige und Plätze in der Neustadt zum Aufenthalt und Gespräch ein, während in den Villenvororten nachbarschaftliche Begegnungen weitgehend erschwert waren. Hier schirmten Garten- und Zaunanlagen die Bewohner vor den Augen und Ohren ihrer Nachbarn ab. Besonders dicht lebten die Nachbarn in den eng besiedelten Arbeitervierteln und der Altstadt zusammen, wo vielfältige Möglichkeiten der Kontaktaufnahme existierten, dagegen die Wahrung der Privatsphäre eingeschränkt war.[34]

Die räumlichen Bedingungen des Zusammenwohnens in der Kölner Alt- und Neustadt sowie in den Vororten hingen eng mit der städtebaulichen Entwicklung Kölns im 19. und frühen 20. Jahrhundert zusammen.[35] In der Altstadt, wo über 40 % der Kölner Juden Quartier nahmen, vollzog sich das Zusammenleben auf engstem Raum in einem Gewirr verwinkelter Gassen, in denen die schmalen dreistöckigen Häuser, »Kölner Handtücher« genannt, dicht nebeneinander standen. Flächenmäßig entsprach die Altstadt dem mittelalterlichen Köln, das bis zur Entfestigung der preußischen Garnisonsstadt den viel zu engen Siedlungsraum darstellte.[36] Mit dem Bevölkerungswachstum der expandierenden Großstadt Köln verschlechterten sich die Wohnbedingungen rapide, und die Raumnot wurde zu einem existentiellen Problem. Damit einhergehend, veränderte sich auch die Sozialstruktur der Einwohnerschaft, da die bessergestellten Kölner das überbevölkerte, stickige Stadtzentrum verließen. Die Mehrheit der Altstadtbewohner, die wegen der verhältnismäßig billigen Mieten blieben oder zuzogen, waren (ungelernte) Arbeiter, Arbeitslose und Klein(st)händler, die ihr Einkommen mühsam erstritten und am Rande des

---

[34] Gerhard KIRCH, Die Nachbarschaft in der Vorstadt. Auszug aus der Dissertation, in: Kölner Vierteljahreshefte für Soziologie 8 (1929), S. 63–77, hier: S. 63; und Hans Achim SCHUBERT, Nachbarschaft, Entfremdung und Protest. Welche Chancen haben Gemeinschaftsinitiativen in modernen Gesellschaften? Freiburg i. Br./München 1977, S. 94.

[35] 1888 wurden 26 Vororte eingemeindet, mit deren Hilfe sich die Stadt auch nach Osten über den Rhein ausdehnte. Die Ausdehnung des rechtsrheinischen Gebiets wurde 1910 durch die Eingliederung von Kalk und Vingst sowie 1914 der Stadt Mülheim fortgeführt. 1922 schuf die Integration der dünnbesiedelten linksrheinischen Gemeinde Worringen Raum für die Ansiedlung industriell-gewerblicher Betriebe. Vgl. H.-W. FROHN, Arbeiterbewegungskulturen, S. 23; und STELZMANN, Geschichte, S. 293.

[36] Die Festungsbestimmungen verboten den Abriß der mittelalterlichen Stadtmauer und die Anlage neuer Straßen und Viertel. Erst nach zähen Verhandlungen billigten die preußischen Behörden die erste Stadterweiterung 1880.

Existenzminimums lebten. Die Sozialstruktur hatte wiederum maßgeblichen Einfluß auf den Milieuzusammenhang. Die Altstadt entwickelte sich zu einer Hochburg des Kölner Kommunismus, während der Einfluß des katholischen Milieus vergleichsweise gering war. Auch im Nationalsozialismus blieb der katholische Einfluß in der Altstadt schwach, was der Dechant dieses Bezirks unverblümt abfällig kommentierte:

> »Das religiöse Leben ist nicht in allen Teilen der Stadt gleich, es ist sehr stark bedingt durch das soziale Niveau, das vorherrscht. Und da sich die sogenannten asozialen Schichten in der Altstadt mit ihren elenden Wohnungsverhältnissen immer mehr zusammenballen, ist es begreiflich, daß dort das kirchliche Leben am schwächsten ist«.[37]

Daß fast ein Drittel der Kölner Juden in diesem Viertel Quartier nahm, steht nur scheinbar mit ihrer überdurchschnittlich gehobenen Sozialstruktur im Widerspruch, war doch die Altstadt das bevorzugte Wohnviertel der armen jüdischen Immigranten aus Osteuropa, die sich bevorzugt im sogenannten Thieboldsgassenviertel niederließen. Hier fanden sich diverse koschere Geschäfte, ostjüdische Bildungs- und Vereinsstätten und kleinere Betstuben, in denen sich die orthodoxen Juden zum Gottesdienst und Gebet trafen.[38] Das Thieboldsgassenviertel bot den unter wirtschaftlicher Not leidenden ostjüdischen Zuwanderern nicht nur billigen Wohnraum, sondern auch ein infrastrukturelles Angebot, das die gewohnte Lebensführung wenigstens teilweise sicherte. Wie in anderen Städten mit einer relativ großen Zahl osteuropäischer Juden, zeigte sich auch in Köln insofern ein typisches Muster ihres Siedlungsverhaltens, als sich die osteuropäischen Immigranten in einem Viertel konzentrierten.[39]

Viele begüterte Juden und Christen zogen aus der Altstadt fort, um sich in der Neustadt oder den Vororten komfortabler einzurichten.[40] Die Neustadt, die ihre Entstehung dem Abriß der Stadtmauer 1881 verdankte, wurde im letzten Drittel des 19. Jahrhunderts als offene und großzügig angelegte Bürgerstadt

---

[37] Bericht über die kirchlichen Verhältnisse in Köln für das Jahr 1939, AEK, GVA Köln überh., 16 II.

[38] Zwar war 1884 in der St.-Apern-Straße eine Synagoge für die orthodoxen Gemeindemitglieder gebaut worden, von denen ein großer Teil nach dem Bau einer Orgel in der Hauptsynagoge 1908 die Trennungsgemeinde Adass Jeschurun gründete, doch zahlreiche osteuropäische orthodoxe Juden besuchten statt der Synagoge lieber die eigenen Betstuben, wo sie oft landsmannschaftliche Kontakte pflegten.

[39] Vgl. Allgemein zum Siedlungsverhalten Steven M. LOWENSTEIN, Jewish Residential Concentration in Post-Emancipation Germany, in: Ders., The Mechanics of Change. Essays in the Social History of German Jewry, Atlanta 1992, S. 153–181, hier: S. 153.

[40] Die Vororte wurden zwischen 1880 und 1922 eingemeindet und wuchsen in den zwanziger Jahren mit dem Stadtzentrum zu einem stark differenzierten Großstadtgebilde zusammen, dessen einzelne Stadtteile einen sehr unterschiedlichen Charakter aufwiesen und einen wichtigen Identitätsbezug für ihre jeweiligen Bewohner besaßen. Siehe hierzu MATZERATH, Köln, S. 192.

angelegt, um den Stadtkern auszuweiten und neuen Wohnraum zu schaffen.[41] Der Bezirk Neustadt-Mitte, in dem sich die jüdische Bevölkerung konzentrierte, bildete eine gehobene Wohnlage. Hier verfügten die Mietshäuser über einen gehobenen Standard und die Einwohner, unter denen Kaufleute, Fabrikanten und Direktoren die stärksten Berufsgruppen darstellten, über ein überdurchschnittliches Einkommen.[42] Im Herzen des Bezirks befand sich auch die 1899 erbaute Hauptsynagoge der Kölner jüdischen Gemeinde:

> »Wer von Bonn mit der Eisenbahn kommt und das Bild der kölnischen Neustadt an sich vorüberziehen läßt, der wird den phantastischen Tempel mit dem grünen Dache nicht übersehen, der aus den Neubauten aufragt und der Neustadt eine originelle Charakteristik gibt«.[43]

In den Straßen rund um das steinerne Symbol jüdischen Selbstbewußtseins lagen viele von Juden geführte Kolonialwaren- und andere Fachgeschäfte, befanden sich wichtige jüdische Institutionen und eine jüdische Buchhandlung, aber auch die Parteizentrale und das Vereinslokal der NSDAP »Karl der Große«, von dem aus die SA seit den späten 1920er Jahren ihre gewaltvollen Angriffe auf die (vermeintlich) jüdischen Bewohner des Viertels unternahm.

In der innerstädtischen Siedlungswelle der Kölner Juden von der Altstadt in die Neustadt manifestierte sich einerseits der wirtschaftliche und soziale Konsolidierungsprozeß der jüdischen Minderheit, die in der Neustadt den passenden Rahmen für eine repräsentative Lebensführung fand, für die sie auch höhere Mietpreise zu zahlen bereit war. Der Umzug in die Neustadt bot andererseits eine lebendige Infrastruktur jüdischen Lebens und die räumliche Nähe zu gleichkonfessionellen Nachbarn, die in einer ähnlichen sozialen und wirtschaftlichen Situation lebten. Nur eine kleine Minderheit der Minderheit zog in die bürgerlichen Vororte und in die Arbeiterviertel, wo sich mit der Ausnahme des Arbeiterviertels Ehrenfeld keine vergleichbar dichten Spuren jüdischen Lebens finden.[44] Es ist zu vermuten, daß für die Bewohner dieser Viertel die jüdische Soziabilität von vornherein nur von untergeordneter Bedeutung war. Dagegen boten Alt- und Neustadt durchaus die infrastrukturellen Möglichkeiten, unter sich zu bleiben, ohne dabei im nachbarschaftlichen Verkehr oder bei alltäglichen Verrichtungen auf etwas verzichten zu müssen. Es verdient schließlich festgehalten zu werden, daß diese stadträumliche Vertei-

---

[41] Die Neustadt wuchs aufgrund des großen Wohnraumbedarfs außerordentlich schnell und zählte um die Jahrhundertwende bereits 80 000 und 1925 über 136 000 Einwohner. R. CONRAD, Kölner Neustadt, S. 170.

[42] SASS, »Kwartier Latäng«, S. 42 f.

[43] Kölner Stadtanzeiger, 24. Februar 1899, zit. nach SASS, »Kwartier Latäng«, S. 60.

[44] In Ehrenfeld waren wichtige jüdische Institutionen wie das Israelitische Asyl für Kranke und Altersschwache und die jüdische Volksschule an der Lützowstraße. 1927 wurde dort auch eine Synagoge eingeweiht. Vgl. zum Israelitischen Asyl jetzt die Studie von Barbara BECKER-JÁKLI, Krankenhaus.

lung der jüdischen Bevölkerung kein lokales Spezifikum darstellte, sondern mit den Wohntrends der deutschen Juden in anderen Großstädten konform ging.[45] Es ist nun zu untersuchen, ob die räumlichen und infrastrukturellen Voraussetzungen eines geschlossenen jüdischen Wohnumfelds der nachbarschaftlichen Praxis entsprachen.

1.2. Gelebte Nachbarschaft

In den Erinnerungen ehemals in Köln lebender Juden gestaltete sich das Zusammenleben mit ihren nichtjüdischen Nachbarn überwiegend positiv.[46] Nicht selten erschien das Verhältnis retrospektiv sogar besonders eng: »Mit den nichtjüdischen Nachbarn in der Straße hatten wir immer einen sehr guten Kontakt«, »Alle Nachbarn und alle waren unsere Freunde«, oder: »Wir hatten das beste Verhältnis, was man sich vorstellen kann«.[47] Doch wenn man danach fragt, worin sich diese enge nachbarschaftliche Verbundenheit im alltäglichen Leben ausdrückte und zu ihrer Beschreibung das in der soziologischen Nachbarschaftsforschung entwickelte Modell eines dicht geknüpften personellen Netzwerks zugrunde legt, das sich aus einem hohen Grad an Kommunikation und Interaktion und gegenseitigen affektiven und materiellen Hilfeleistungen zusammensetzt[48], bleiben manche Momente dieses Netzwerks, das vor allem von Frauen und Kindern geknüpft und gepflegt wurde, in der Erinnerung eigenartig blaß, während andere klar aufscheinen.[49]

---

[45] ALEXANDER, Bevölkerung; LORENZ; Juden, S. LVC und 118–120; sowie LOWENSTEIN, Jewish Residential Concentration, S. 175, 179 f.

[46] Von 28 Zeitzeugen, die sich in den Interviews des NS-Dokumentationszentrums zu den nachbarschaftlichen Beziehungen äußerten, beurteilten diese 22 als positiv (3 sehr gut, 19 gut), 1 als locker und 5 als schlecht (4 kein Kontakt, 1 negativ). Dieses Beurteilungsspektrum stützt zunächst die Aussage, daß das Zusammenleben von Juden und Christen in Köln als relativ problemlos, z. T. sogar als Idylle geschildert wird, so BERGMANN/WETZEL, »Der Miterlebende weiß nichts«, S. 187; und SCHANK, »Kölsch-katholisch«, S. 303 f.

[47] Lore M., in: BECKER-JÁKLI, Ich habe Köln, S. 100; Interview Lotti Korn, 21. Mai 1990, NS-Dok. (aus dem Thieboldsgassenviertel) und Interview Miriam Geiger, 18. Mai 1990, NS-Dok. (aus dem Rathenauviertel).

[48] H. A. SCHUBERT, Nachbarschaft, S. 91.

[49] Die geschlechtsspezifische Dimension der Nachbarschaftsbeziehungen beruhte zunächst auf der Trennung zwischen Arbeitswelt und Wohnbereich, durch die die Männer oftmals zeitlich und räumlich vom Netz der nachbarschaftlichen Beziehungen abgeschnitten waren. Zudem gestalteten diese ihre sozialen Beziehungen in der Freizeit vorrangig in den geschlechtsspezifisch separierten Räumen des Vereins, der Partei oder im Wirtshaus. Für nichtberufstätige Frauen bedeutete das Haus indessen Arbeits- und Freizeitraum zugleich, und im nachbarschaftlichen Kontakt der Frauen gingen Arbeit und Erholung nahtlos ineinander über: »Die Kneipe auf der Ecke war mehr als nur eine Gelegenheit, den Durst zu löschen. Sie war Versammlungsort der Männer aus der Gasse. Hier besprachen sie bei einem Korn und einem Glas Bier ihre Probleme und hielten in dem kleinen Saal zu Karneval ihre Sitzungen ab. [...] Die Frauen hatten ihren Kramladen, in dem sie beim Einkaufen miteinander plauderten und letzte Neuigkeiten aus dem Viertel austauschten«. Peter FRÖHLICH, Es war ein langer Weg. Erinnerungen eines alten Kölners, Köln 1976, S. 13 f. Zur geschlech-

So wird von einer besonders engen Form der Vergesellschaftung zwischen jüdischen und nichtjüdischen Nachbarinnen etwa in Form selbstverständlicher gegenseitiger Besuche oder gar dem Anknüpfen engerer Freundschaften kaum berichtet. Auch lockerere Kommunikationsformen, wie etwa der Schwatz vor der Haustür oder im Laden, finden kaum Erwähnung. Ob dies allerdings ein eindeutiges Zeichen dafür ist, daß der Verkehr zwischen den christlichen und jüdischen Nachbarinnen insgesamt eingeschränkter war, als es das positive Gesamturteil vermuten läßt, steht zu bezweifeln. Ebenso gut könnten die Zeitzeugen, die in der Weimarer Republik noch Kinder waren, den alltäglichen Nachbarschaftskontakten ihrer Mütter wenig Beachtung beigemessen und sie schlichtweg vergessen haben.

Anders verhält es sich mit den gegenseitigen Hilfeleistungen in Form einfacher Tausch- oder Leihgaben oder als Beistand in Krankheitsfällen und anderen Notsituationen. Besonders eindringlich schildert die Tochter einer polnischen Jüdin die nachbarschaftlichen Beziehungen ihrer Mutter, die 1922 nach Köln zog und dort mit ihrem Mann ein Textilgeschäft in der Neustadt betrieb:

> »Meine Mutter hatte ein erstklassiges Verhältnis zu ihren christlichen Nachbarn. Bei uns im Haus wohnten nur Christen. [...] Und ich muß sagen, die Nachbarn waren uns bis zum letzten Moment behilflich; sie fragten immer wieder: Frau Goldberg, brauchen Sie irgend etwas«?[50]

Auch Frau Goldberg zeigte eine besondere emotionale Anteilnahme am Schicksal ihrer Nachbarinnen. Als eine von ihnen psychisch erkrankte und in einer Bonner Nervenheilanstalt behandelt wurde, nahm sie ihre Tochter entgegen der damals üblichen Praxis zu einem Krankenbesuch mit, um der Frau dadurch zu helfen, den Kontakt zu ihrem vertrauten Umfeld zu halten und ihr auch auf diese Weise ihre Anteilnahme zu zeigen.[51]

Nicht immer beruhen die nachbarschaftlichen Hilfeleistungen auf einem derart symmetrischen Verhältnis. Daß die Bitt- und Leihgaben durchaus als eine unangenehme Pflicht aufgefaßt werden konnten, der man sich dennoch nicht entziehen wollte, da dies den Normen widersprochen hätte, die den scheinbar frei zu gestaltenden nachbarschaftlichen Beziehungen auch in der Stadt zugrunde lagen, illustriert plastisch die Schilderung einer katholischen Kölnerin aus dem Jahr 1936, die über eine Leihgabe wider Willen an eine Nachbarin mit einem jüdischen Lebensgefährten berichtet:

> »Sie kam manchmal zu uns rauf und lieh von meinem Mann den Rasierapparat. Sagte mein Mann: ›So 'ne Schweinerei, andere Kerls, die könnten sich

---

terspezifischen Dimension der Nachbarschaft vgl. BAUMANN, Zerstörte Nachbarschaften, S. 74 f.; und KAPLAN, Freizeit – Arbeit, S. 167.

[50] Sarah Ballin, in: BECKER-JÁKLI, Ich habe Köln, S. 304.

[51] Ebenda.

> doch mal einen Rasierapparat anschaffen.‹ Er gab ihn aber doch, knotterte bei mir, aber da sagte er nichts«.[52]

Hier wogen rückblickend die nachbarschaftlichen Normen gegenüber den jüdischen Nachbarn sogar noch in der NS-Zeit schwerer als die persönlichen Vorbehalte.[53]

Dabei waren die praktischen Hilfeleistungen in starkem Maße von der sozialen Klassenzugehörigkeit abhängig. Während die Bitte um materielle Unterstützung dem stark auf Repräsentation ausgerichteten bürgerlichen Habitus widersprach und nur im Familien- und engen Freundeskreis artikuliert wurde, gehörte es zu den gängigen Überlebensstrategien von Arbeiterinnen und anderen unterbürgerlichen Frauen, sich mit einfachen Tausch- oder Leihgaben auszuhelfen und gegenseitig zu unterstützen:

> »War im Haus eine Frau krank oder im Wochenbett, dann sorgte die Nachbarin dafür, daß der Haushalt weiterging. [...] Hatte die eine Frau etwas besonders Leckeres gekocht, dann bekam auch die Nachbarin eine Kostprobe davon. Das Ausleihen von Haushaltungsgegenständen und kleineren Mengen von Lebensmitteln war gang und gäbe«.[54]

Besonders in wirtschaftlichen Krisenzeiten war die gegenseitige materielle Unterstützung unabdingbar:

> »Die Arbeitslosigkeit war damals viel deutlicher zu spüren als heute. [...] die Familien litten deutlich Not, sie konnten oft die Miete nicht bezahlen, die Kinder gingen in abgeschabten Kleidern und auch die Frauen. [...] Meine Mutter, die nähen konnte, half dabei den Nachbarinnen«.[55]

Es war jedoch nicht nur der materielle Zwang, der zum Ausbau eines engen nachbarschaftlichen Verhältnisses in den Arbeitervierteln im allgemeinen und im Thieboldsgassenviertel im besonderen beitrug, sondern auch der Milieuzusammenhang, der sich in der nachbarschaftlichen Verbundenheit ausdrückte: »Es waren eben ganz arme Leute sowieso. [...] Das waren alles Kommunisten und da wurde kein Mensch angefeindet«.[56] Auch andere Zeitzeugen berichten, daß die nichtjüdischen Bewohner des Viertels, meist Arbeiter, keine antisemitischen Ausgrenzungsmuster oder xenophoben Berührungsängste zeigten: »Die Leute waren tolerant, dieses Kompliment muß ich ihnen machen. Die

---

[52] K. Br. [Initialen wurden übernommen, N. W.], in: MATZERATH, »... Vergessen«, S. 166 f.

[53] Baumann betont die Wirkungsmacht normativer Regeln für die Gestaltung der nachbarschaftlichen Beziehungen in den ländlichen Gebieten Badens. Eine offene Verweigerung der Hilfsbitte kam nur selten vor und wurde als »komisch« oder »sonderlich« sanktioniert. BAU geprägten Kölner Nachbarschaftszusammenhängen.

[54] FRÖHLICH, Es war ein langer Weg, S. 23.

[55] Käthe Schlechter-Bonessen, in: MATZERATH, »... Vergessen«, S. 33.

[56] Interview Gertrud Schneider, 28. November 1990, NS-Dok.

Nazis hatten da keinen Fuß drin. [...] Da kann ich überhaupt nicht von Antisemitismus sprechen«.[57]

Doch auch in der als besonders positiv beschriebenen Atmosphäre des Thieboldsgassenviertels gab es Spannungsmomente, wenn sich soziale Unterschiede in Kleidung und Auftreten manifestierten:

> »Und ich erinnere mich noch heute daran, wie meine Mutter an den Feiertagen ihren Pelzmantel anzog und die anderen Damen ihren Schmuck anlegten. Wenn wir so zur Synagoge gingen, dann hat das in dem Arbeiterviertel, in dem wir wohnten, ohne Zweifel Stunk gemacht«.[58]

Diese Form der sozial begründeten Konfliktlage scheint aber weder antisemitisch aufgeladen gewesen zu sein noch zu einem Konfliktvermeidungsverhalten von jüdischer Seite geführt zu haben, da die Furcht, »Risches« zu machen, das heißt aufzufallen und dadurch antisemitische Ausfälle zu provozieren, das Verhalten der erwachsenen Bewohner des Thieboldsgassenviertels nicht beeinflußte.

Der nachbarschaftliche (Milieu-)Zusammenhang manifestierte sich auch in der gemeinsamen Abwehr nationalsozialistischer Übergriffe seit den späten 1920er Jahren, als das alltägliche Leben zunehmend durch Straßenkämpfe zwischen Kommunisten und Nationalsozialisten geprägt wurde und sich die antisemitische Gewaltdrohung durch die Nationalsozialisten besonders gegen die osteuropäischen Juden und ihre Wohnviertel richtete. Gerade im Thieboldsgassenviertel bildeten die nichtjüdischen Nachbarn einen wichtigen Schutz vor antisemitischer Gewalt. Als beispielsweise nach einer Parteiversammlung der NSDAP an einem Maiabend im Jahr 1928 etwa 60 Nationalsozialisten durch die vielfach von Kommunisten bewohnten Straßen gingen, verhielten sich die Anwohner trotz zahlreicher Provokationen zunächst ruhig. Es kam erst dann zu tätlichen Auseinandersetzungen, als die Nationalsozialisten den Metzgermeister Nathan Aussenberg und die Eheleute Berger »als Juden erkannten« und sie mit Faustschlägen mißhandelten, wie es in einem Bericht des zuständigen Staatsanwalts hieß.[59]

---

[57] Vgl. hierzu ausführlich Karl David Ziegellaub, in: BECKER-JÁKLI, Ich habe Köln, S. 72–74. So sei etwa auch ein schwarzer Boxer, der mit den englischen Besatzungstruppen nach dem Ersten Weltkrieg nach Köln gekommen und geblieben war, im Thieboldsgassenviertel tolerant aufgenommen worden. Ebenda, S. 74.

[58] Ebenda, S. 86.

[59] Bericht des Staatsanwaltschaftsrats Dr. Ranker an den Oberstaatsanwalt, 6. September 1928, HStAD, Rep. 21, 331, Bl. 238 f. Für Juni 1932 ist ein ähnlicher Vorfall in der Rheinischen Zeitung beschrieben: »Die Nationalsozialisten zogen in ihren Uniformen provozierend durch die Thieboldsgasse und die angrenzenden Straßen, wo es sehr bald zu lebhaften Schlägereien kam als sich die SA-Leute an dort wohnenden jüdischen Händlern vergriffen«, in: Rheinische Zeitung, 20. Juni 1932. Auch das Kölner Jüdische Wochenblatt lobte in diesem Zusammenhang das »einheitliche und geschlossene Vorgehen der dortigen Anwohner«, in: Antisemitische Ausschreitungen der SA (Altstadt), in: Kölner Jüdisches Wochenblatt, 25. Juni 1932. Als ein SA-Mann 1931 einen alten jüdischen Mann vor einem in der Nähe seiner Wohnung liegenden Gemüsegeschäft mit einem Stock niederschlug, griffen Passanten ein

78 Alltägliches Miteinander und schleichende Auflösungserscheinungen

Zeigte sich im Schutz vor der antisemitischen Gewalt der kollektive Zusammenhalt der Nachbarschaft auf der Straße, fanden die individuellen Beziehungen einen weiteren positiven Ausdruck in den gemeinsam begangenen religiösen Festen. So berichten viele Zeitzeugen, daß sie als Kinder zu christlichen Feiertagen, vor allem zu Weihnachten, von den Nachbarn eingeladen wurden, um den Weihnachtsbaum zu bewundern und Geschenke zu erhalten.[60] Umgekehrt bekamen die christlichen Kinder an den jüdischen Feiertagen Mazzen und kleine Geschenke, wenn sie den strenggläubigen jüdischen Nachbarn am Sabbat bei den anfallenden Verrichtungen halfen.

> »Man lud uns ein, den Weihnachtsbaum zu sehen, und das war schön, wie man eben etwas Schönes sieht. Aber wir hatten den Chanukkaleuchter. Er war nicht weniger schön. Es war nicht weniger befriedigend. Pessach verteilte man Mazzen, und nach Pessach bedachte man uns mit Ostereiern«.[61]

Diese gegenseitige »Feiertagsvergesellschaftung« bezog jedoch fast nur Kinder – und nicht die Erwachsenen – der jeweils anderen Konfession ein.[62] Gerade in einigen strengorthodoxen jüdischen Familien wurde andererseits strikt darauf geachtet, daß die Kinder abgeschirmt von der nichtjüdischen Umgebung lebten und die christlichen Bräuche nicht adaptierten.[63] Hier scheinen generationsbedingte und religiös motivierte Grenzen der Nachbarschaft auf.

Dabei gilt es grundsätzlich zu beachten, daß sich die Nachbarschaftserfahrungen der Kinder stark von denen der Erwachsenen unterschieden. Zum

und unterbanden weitere Mißhandlungen. In einem anschließenden Gerichtsverfahren sagte die Gemüseverkäuferin zugunsten des berufslosen Juden aus. Siehe hierzu: Jedem Nazi sein Privat-Pogrom, in: Rheinische Zeitung, 19./20. Dezember 1931; sowie ein Ermittlungsverfahren wegen Körperverletzung, Bericht des Staatsanwaltschaftsrats Dr. Hofstadt an den Oberstaatsanwalt, 19. Februar 1932, HStAD, Rep. 21, 341, Bl. 1304 f. Dieser Befund steht in Widerspruch zu der Argumentation von HECHT, Deutsche Juden, S. 170.

[60] Vgl. etwa Interviews Korn, Schneider und Interview Max Siegellack, 10. November 1992, NS-Dok. Siehe auch eine anonyme Zeitzeugin, in: BECKER-JÁKLI, Ich habe Köln, S. 100; sowie Lore M., in: Ebenda, S. 289.

[61] Anonyme Zeitzeugin, in: Ebenda, S. 289; sowie Zeitzeugenberichte in SASS, »Kwartier Latäng«, S. 74 f.

[62] Als eine seltene Ausnahme verdient die Teilnahme einer christlichen Hausbesitzerin an einer Sabbatfeier ihrer aus Galizien geflohenen, orthodox-jüdischen Mieter Erwähnung: »Die Vermieterin hatte wohl durch die Fenster gesehen, wie die Mutter die Sabbatlichter anzündete und war neugierig geworden: Da sagt sie einmal zu meiner Mutter: ›Würden Sie mir erlauben, das ich mich daneben stelle, wenn Sie das machen?‹ Und sie sagt: ›Ja, das können Sie.‹ ›Ich sage kein Wort, ich will nur zugucken.‹ Sie hat zugeguckt. Meine Mutter war ganz ungeniert dabei. Sie weinte dabei, segnete mich. Und Frau Schadel war so eingenommen davon. Ich möchte sagen, seitdem wurden wir mit Hochachtung behandelt von denen und auch von der Umgebung«. Interview Siegellack, S. 6. Diese Hochachtung fand ihren Ausdruck auch 1933, als ein SA-Mann im Haus zu den Siegellacks wollte und ihn der Hausbesitzer mit klaren Worten abwies: »Passens up, Jung. Hier in dem Haus wohnen nur anständige Leute, und rein kommst du hier nur über meine Leiche. Hast Du mich verstanden?«. Ebenda.

[63] So berichtet beispielsweise ein Zeitzeuge, Sohn einer orthodoxen Familie aus dem Rathenauviertel, daß er erst mit 15 Jahren das erste Mal den Dom gesehen habe und zu Hause keine Weihnachtslieder hören durfte. Interview Zvi Miller, 24. Juni 1991, NS-Dok.

einen, weil sie in die Nachbarschaftsrolle hineingeboren und in ihrem Aktionsradius größtenteils auf die nähere Nachbarschaft beschränkt waren. Sie kannten ihre Wohngegend also außerordentlich gut und trafen beim Spiel auf der Straße oder in der Nachbarschaftswohnung mit mehr Menschen ihres Viertels zusammen als jeder Erwachsene.[64] Zum anderen besaß für die ganz überwiegende Mehrheit der jüdischen Kinder das gemeinsame Spiel mit den christlichen Kindern eine nicht hinterfragte Normalität. Dies gilt vor allem für die jüdischen Kinder in christlichen Wohngegenden, die kaum die Möglichkeit hatten, einen gleichkonfessionellen Spielkameraden zu wählen.[65] Doch auch in den gemischten Wohnvierteln des Rathenau- und Thieboldsgassenviertels gehörte das Spiel mit den nichtjüdischen Altersgenossen retrospektiv zur selbstverständlichen Alltagsrealität von Jungen und Mädchen: »Vom Haus, wir haben mit allen Kindern gespielt. [...] Wir hatten sehr viele Freunde im Haus«.[66] Anders als unter den Erwachsenen waren enge Freundschaften unter Nachbarskindern keine Seltenheit.[67] Nur einige Söhne aus orthodoxen, osteuropäischen Familien im Thieboldsgassenviertel berichten, daß sie niemals mit christlichen Kindern zusammen waren.[68] Diese Kinder stammten jedoch aus Elternhäusern, die einen rein jüdischen Freundes- und Bekanntenkreis pflegten und ebenfalls keinen Kontakt zu christlichen Nachbarn hatten, so daß hier wohl die Eltern maßgeblich für die Wahl der gleichkonfessionellen Spielkameraden verantwortlich gewesen sein dürften.[69]

Doch alle Kinder, unabhängig von ihrem Familienhintergrund und Wohnort, stießen auch auf antijüdische Ressentiments in der Nachbarschaft. Es gehörte zum kollektiven Erfahrungskanon jüdischer Kinder, auf der Straße von anderen Kindern als Jude verspottet oder beschimpft zu werden.[70] Sie wurden im

---

[64] Bernd HAMM, Betrifft: Nachbarschaft. Verständigung über Inhalt und Gebrauch eines vieldeutigen Begriffs, Düsseldorf 1973, S. 83 f. Siehe hierzu auch H. A. SCHUBERT, Nachbarschaft, S. 182.

[65] »Unsere Wohnung lag auf der dem Dom gegenüberliegenden Seite des Bahnhofs in einer absolut christlichen Gegend. Dort wuchs ich auf und spielte mit den Kindern unserer Straße ohne Schwierigkeiten oder Probleme«. Otto Spier, in: BECKER-JÁKLI, Ich habe Köln, S. 156. Vgl. auch Helmut Goldschmidt, in: Ebenda, S. 129 f.

[66] Interviews Korn, Siegellack und Interview Selma Blaugrund, 13. Mai 1997, NS-Dok.; sowie Interview Edith Freundlich, 25. Juni 1996, NS-Dok.

[67] Interview Ilse Pollack, 14. September 1990, NS-Dok.; Interviews Freundlich und Korn.

[68] Interview Doris Falikmann, 13. Mai 1997, NS-Dok. Außerdem Interview Leo Blau, 9. Juni 1993 und Interview Samuel Brückner, 29. Juni 1992; sowie Interview Efraim Kapelner, 30. August 1994, NS-Dok. Gleiches berichtet Miller.

[69] Daß umgekehrt christliche Eltern ihren Kinder verboten, mit jüdischen Kindern zu spielen, ist nicht überliefert. Dies dürfte aber eher ein Quellenproblem als ein historisches Argument sein.

[70] Diese Erfahrung zieht sich wie ein roter Faden durch die Zeitzeugendokumente und wurde z. T. direkt, z. T. auf Nachfrage von jedem Gesprächspartner berichtet. In den Interviews wurden die negativen Erfahrungen keineswegs ausgeblendet. Diese kollektive Erfahrung jüdischer Kinder beschreiben auch BAUMANN, Nachbarschaften, S. 92; BERGMANN/WETZEL, »Der Miterlebende weiß nichts«, S. 85; und QUACK, Zuflucht Amerika, S. 20. Eine

Streit als »dreckiger Jüd« beleidigt oder aufgefordert: »Du, Jud, geh doch mal weg«. Auch ohne Anlaß rief man ihnen auf der Straße »Jude« nach und stimmte eines der antijüdischen Lieder in Kölner Mundart an, die aus der Hep-Hep-Tradition des Vormärz stammten und als scheinbar harmloses Kinderlied antisemitischen Verfolgungs- und Vernichtungsphantasien Ausdruck gaben.[71] Besonders verbreitet waren das »Jüd, Jüd, Jüd, hep, hep, hep – steck de Nas inne Wasserschepp«, »Wenn der Jüd gestorben ist, dann kommt er in die Eierkist« und »Töff, Töff, Töff, do kütt dä Jüd jefahre, Töff, Töff, Töff, met singem Kinderware, Töff, Töff, Töff, wo well dä Jüd dann hin, Jerusalem, Jerusalem, wo all de Jüdde sin. Treibt sie fort von uns, die Judenbande, treibt sie fort aus unserem Vaterlande«.[72]

Oft blieb es nicht bei diesen verbalen Invektiven; gerade auf dem Schulweg wurden jüdische Kinder von ihren nichtjüdischen Altersgenossen angerempelt, geschlagen oder mit Steinen beworfen.[73] Diese Übergriffe konnten durchaus traumatische Dimensionen annehmen, besonders wenn sich die Gewalt mit dem religiös tradierten Gottesmordvorwurf verband und das jüdische Kind für den Jesusmord persönlich verantwortlich gemacht wurde.[74] So berichtet ein Jude galizischer Herkunft, daß er von zwei christlichen Kindern gezwungen wurde, sich auf einem belebten Platz im Stadtzentrum hinzuknien und zu sagen: »Wir Juden haben Christus erschlagen«. Der Junge glaubte in seiner Not tatsächlich, Gott würde wegen dieser ungeheuerlichen Äußerung einen Blitz herunterschicken und ihn töten.[75] Ebenso traumatisierend war der Überfall zweier Jugendlicher auf ein jüdisches Kind, das 1924 mit dem Dienstmädchen seiner Eltern eine katholische Kirche direkt gegenüber seinem Wohnhaus besuchte. Offensichtlich war dieser Kirchgang der erste seiner Art, denn, erschreckt von den Heiligenfiguren und dem intensiven Weihrauchgeruch, rannte der Junge auf die Straße, wo er von zwei älteren Jungen genau in dem Moment geschnappt wurde, als er auf die Straße kam. Die beiden packten und

---

Ausnahme bildet lediglich der Kölner Soziologe Alphons Silbermann, der sich weder an verbale Beleidigungen noch an physische Übergriffe erinnert. Alphons SILBERMANN, Verwandlungen. Eine Autobiographie, 2. Aufl. Bergisch Gladbach 1992, S. 49.

[71] Auch aus der nichtjüdischen Erinnerungsliteratur geht hervor, daß diese Lieder enorm verbreitet waren: »Von uns Kindern wurden allerdings die Juden in der Ritterstraße regelmäßig geärgert, wenn wir auf dem Heimweg aus der Schule waren«. H. Al. [Initialen übernommen, N. W.], in: MATZERATH, »... Vergessen«, S. 19. Oder auch »Vorerst sangen wir noch, und wir sangen immerzu munter weiter, ganz gleich, was da auch kam«. Heinrich Coenen, in: Ebenda, S. 165.

[72] Der Text des Liedes ist entnommen aus Heinrich Coenen, in: Ebenda, S. 165. Der Kölner Germanist Hans Mayer erinnert sich, daß es »im schnellen 2/4-Takt und nach einer lustigen Weise, die an spätere Karnevalslieder erinnerte«, gesungen wurde. Hans MAYER, Ein Deutscher auf Widerruf. Erinnerungen, Bd. 1, Frankfurt a. M. 1982, S. 53.

[73] So auch GEBHARDT, Familiengedächtnis, S. 108.

[74] Siehe hierzu auch Karl-Erich GRÖZINGER, Die »Gottesmörder«, in: SCHOEPS/SCHLÖR, Antisemitismus, S. 57–67; und ROHRBACHER/SCHMIDT, Judenbilder, S. 151–202.

[75] Interview Blau.

würgten ihn, warfen ihn auf die Erde und riefen: »Judas, du hast Jesus ermordet«.[76]

Die Reaktionen der jüdischen Kinder auf die antijüdischen Beleidigungen und Gewalttaten waren breit gefächert. Sie hingen sowohl von den situativen Rahmenbedingungen und der Schwere der Übergriffe ab als auch von den eigenen physischen Möglichkeiten und psychischen Dispositionen sowie nicht zuletzt von dem Kognitionsschema, in das die Erfahrungen eingeordnet wurden. So wertete der nach dem Kirchgang mißhandelte Junge sein persönliches Erlebnis in den späten zwanziger Jahren um, als er zionistische Überzeugungen annahm:

> »In dem Moment, wo ich Kontakt bekam mit der Jugendbewegung und angefangen habe, etwas zu hören über Zionismus, habe ich mir sofort die Verbindung hergestellt, daß jemand, der nichts von mir weiß, nichts von mir kennt [und mich trotzdem überfällt, N. W.]. Daß man gedacht hat, daß anscheinend die Juden keinen Platz haben in Deutschland«.[77]

Gerade die gewaltsamen Übergriffe lösten bei vielen Kindern Angst und Ärger aus. Sie mieden die Stellen, an denen sie mit antisemitischen Übergriffen rechnen mußten, und verhielten sich sehr vorsichtig:

> »Denn wir wurden jetzt manchmal auf dem Schulweg von Kindern verprügelt. Ich wurde sehr ängstlich. Und meine Eltern mahnten uns immer, wir sollten nicht ›Risches‹ machen, das hieß: unauffällig sein und keinen Streit bekommen«.[78]

Doch anders als Bergmann/Wetzel verallgemeinernd überpointieren, dominierten diese rein defensiven Konfliktvermeidungsstrategien keineswegs.[79] Vielmehr verschafften sich stärkere und sportlichere Kinder den nötigen Respekt nicht selten dadurch, daß sie zurückschlugen, andere beratschlagten mit ihren Eltern, was zu tun sei, ohne deren Ermahnung, auf dem Schulweg gefährliche Stellen zu meiden, unbedingt Folge zu leisten.[80]

Entgegen der herrschenden Forschungsmeinung wurden die Kindheitserfahrungen im mnemetischen Rekonstruktionsprozeß der Erinnernden gegenüber den Erlebnissen nach 1933 nicht durchgängig relativiert, verdrängt und externalisiert.[81] Sicherlich nehmen nachträgliche Umdeutungen und Wertungen

---

[76] Interview Kapelner.

[77] Ebenda.

[78] Anonyme Zeitzeugin, in: BECKER-JÁKLI, Ich habe Köln, S. 291.

[79] BERGMANN/WETZEL, »Der Miterlebende weiß nichts«, S. 185.

[80] »Das hat mich schrecklich geärgert. Ich war noch ziemlich klein, kam nach Hause und sagte: ›Papa, weißt du, heute haben sie wieder Steine auf uns geworfen und haben uns Sachen nachgerufen‹. Da antwortete der Papa: ›Geh doch durch die Hohe Straße [...].‹ Und dann sagte ich: ›Warum? Was hab ich denn getan, warum muß ich so einen Riesenumweg machen?‹«. Margot Buck, in: BECKER-JÁKLI, Ich habe Köln, S. 266.

[81] Insbesondere Miriam Gebhardt erhebt die Externalisierung und Verdrängung von Antisemitismus zur durchgängigen Erinnerungsstrategie, obwohl sie an anderer Stelle darauf verweist, daß diese abhängig von der Textgattung sei und Antisemitismus in den von ihr

einen wichtigen Stellenwert in den Erinnerungen ein, doch müssen die vielschichtigen historischen Erfahrungen der rückblickenden Personen in ihrer Komplexität ebenso ernst genommen werden. Vor dem Hintergrund zahlreicher positiver Alltagserlebnisse konnten einzelne Übergriffe wohl kaum als Ausdruck einer geschlossen feindseligen Umwelt interpretiert werden.[82] Insbesondere dann nicht, wenn sich die Erfahrungen auf verbale Invektiven beschränkten, die in ihrer weiterreichenden antijüdischen Dimension nicht begriffen wurden. Hinzu kam, daß sich auch die jüdischen Kinder an stigmatisierenden Ausgrenzungen gegenüber anderen Kindern beteiligten und diese wegen ihrer regionalen Herkunft, körperlicher Gebrechen oder aus anderen Gründen verhöhnten.[83] Schließlich bekamen nicht nur die jüdischen Kinder beleidigende Lieder und Zurufe zu hören. So war in Köln etwa das Lied »Evangelische Ratten in Butter gebacken, in Mehl gerührt und zum Teufel geführt« sehr beliebt und wurde im Gegenzug von den evangelischen Kindern umgedichtet, um ihre katholischen Altersgenossen zu verspotten.[84] Die jüdischen Kinder ignorierten die verbalen Angriffe, antworteten mit eigenen Spottgesängen oder stritten sich mit ihren Altersgenossen, ohne daß dadurch das gemeinsame Spiel gefährdet war. Wenn sie ernsthaft vorgetragenen Vorurteilen begegneten, versuchten sie diese auch und gerade in den persönlichen Beziehungen zu entkräften. Anschaulich berichtet etwa Edith Freundlich, wie sie dem Vorwurf des Gottesmordes, den die Mütter ihrer Freundinnen beim gemeinsamen Abendessen vorbrachten, in aufklärerischen Diskussionen entgegentrat und sich dabei auch um Argumentationshilfe bei ihrem Vater bemühte.[85]

Die gängige Forschungspraxis vernachlässigt aber nicht nur die historische Erfahrungskomplexität der Weimarer Republik, sondern nimmt darüber hinaus die kindlichen Denkwelten nicht ernst genug. Im Vergleich zum nachbar-

untersuchten Tagebüchern zwischen den 1880er und 1920er Jahren relativ konstant thematisiert werde. GEBHARDT, Familiengedächtnis, S. 103 f., 108. In diese Richtung argumentieren auch QUACK, Zuflucht Amerika, S. 20; und RICHARZ, Jüdisches Leben, S. 28.

[82] In diesem Zusammenhang ist festzuhalten, daß die Interviewten Antisemitismus als nationalsozialistische Judenfeindschaft mit einem hohen Bedrohungsgrad und einem geschlossenen antisemitischen Denk- und Handlungszusammenhang eng definierten. In Kontrastierung hierzu erschien der »eingeborene Antisemitismus« als weniger bedrohlich und in diesem Sinne als »gut«. Diese Zweiteilung bedeutet aber keineswegs, daß in der rückblickenden Erinnerung die alltägliche Dimension der Judenfeindschaft verdrängt oder relativiert wurde, sondern lediglich, daß man keine persönlichen Erfahrungen mit dem nationalsozialistischen Antisemitismus gemacht hatte.

[83] So etwa Karl David Ziegellaub, in: BECKER-JÁKLI, Ich habe Köln, S. 86; und Lore M., in: Ebenda, S. 102. Auch Rieker vermerkt, daß die oft nur latent spürbare Grenze zwischen jüdischen und christlichen Kindern zugunsten anderer Grenzziehungen aufgehoben oder verschoben werden konnte. Gleichwohl konstatiert sie, daß selbst bei gelungener nachbarschaftlicher Integration die Imagination Bestand hatte, daß sich die Juden vom Rest der Gesellschaft unterschieden. RIEKER, Kindheiten, S. 100.

[84] FRÖHLICH, Es war ein langer Weg, S. 50.

[85] Interview Freundlich. Rieker verweist darauf, daß dies eine typische Reaktion auf antisemitische Reaktionen gewesen sei. Ebenda, S. 103.

schaftlichen Verkehr unter Erwachsenen war der Umgang unter Kindern weniger restriktiv und tabuisiert. Gerade vor dem Hintergrund des gemeinsamen Spiels, das alltäglich Formen einer gesicherten und normalen Existenz bestätigte, konnten daher – um es noch einmal zusammenzufassen – verbale Invektiven nicht als bedrohlich wahrgenommen werden. Anders verhielt es sich bei gewaltsamen Übergriffen, die durchaus als bedrohlich interpretiert wurden. In diesem Zusammenhang erschienen die späten 1920er Jahre in der rückblickenden Erinnerung als eine einschneidende Zäsur. Nunmehr litten jüdische Kinder, die sich vorher nicht bedroht gefühlt hatten, unter der Zunahme antisemitischer Beleidigungen, Bedrohungen und Übergriffe.[86]

In den nachbarschaftlichen Beziehungen der Erwachsenen bildeten diese Jahre ebenfalls eine Zäsur. Jedoch blieben Provokationen gegenüber der jüdischen Religion über den gesamten Zeitraum der Weimarer Republik von untergeordneter Bedeutung. Zu Recht hat Ulrich Baumann die Respektierung des jeweils anderen religiösen Lebens als eine wichtige Nagelprobe des interkonfessionellen Zusammenlebens bezeichnet, die sich an der Akzeptanz von Feiertagen und Festzeiten besonders gut ablesen lasse.[87] Anders aber als auf dem Land, wo in den 1920ern auch Erwachsene antijüdische »Scherz«-Bräuche praktizierten, indem sie etwa bei jüdischen Gottesdiensten durch Klopfen an die Synagogenwand ein Erdbeben simulierten, sind für Köln in der Weimarer Republik vergleichbare Provokationen nicht überliefert.[88] Andere mutwillige Störungen der Sabbatruhe sind ebenfalls nicht bekannt, wenngleich die Einhaltung der Festtagsruhe im ökonomischen Leben durchaus einiges Konfliktpotential zwischen Arbeitgebern und -nehmern der unterschiedlichen Konfessionen barg.[89] Hingegen waren Provokationen an protestantischen Feiertagen durch Katholiken selbst und gerade am höchsten protestantischen Feiertag, dem Karfreitag, keine Seltenheit, wie aus der Beschwerde einer evangelischen Arbeitsgemeinschaft aus dem ländlich geprägten Köln-Flittard an die katholischen Kirchenbehörden hervorgeht:

> »Ein Teil unserer katholischen Mitbürger hat die Angewohnheit und betätigt sie alljährlich am Karfreitag durch Auffahrens, Jauchens und Düngens ihrer Felder und Gärten, in herausfordernder Weise besonders in den Kirchenstunden«.[90]

---

[86] Herbert Bluhm, in: BECKER-JÁKLI, Ich habe Köln, S. 30 f.; und Henry Gruen, in: Ebenda, S. 253.

[87] BAUMANN, Nachbarschaften, S. 64.

[88] Ebenda, S. 66. Jedoch erinnert sich ein ehemaliger Bewohner des jüdischen Kinderheims in Ehrenfeld, daß nach 1933 Freitagsabends, wenn die Kinder beim Gottesdienst sangen, häufiger an das Fenster geklopft wurde. Dieser antisemitische Brauch war also durchaus kein regionales Phänomen. Interview Manfred Vogelhut, 19. Juni 1993, NS-Dok.

[89] Vgl. hierzu Kapitel V.

[90] Schreiben der Evangelischen Arbeitsgemeinschaft Köln-Flittard-Stammheim an das Generalvikariat, 12. Februar 1932, AEK, GVA Köln überh., 16. II. Siehe hierzu auch SCHANK, »Kölsch-katholisch«, S. 300 f.

Obwohl sich die Kirchenoberen um die Wahrung des interkonfessionellen Friedens bemühten und ein Abkommen über Einschränkungen von ruhestörenden Arbeiten an Fronleichnam und Karfreitag geschlossen hatten, trug dies nur dann zu einem respektvollen Verhalten der Bevölkerung bei, wenn auch die Pfarrer vor Ort ihre Gemeindemitglieder zur »Wahrung des konfessionellen Friedens« anhielten. Dies war jedoch, wie der geschilderte Fall in Köln-Flittard zeigt, keineswegs selbstverständlich.[91]

Allerdings häuften sich in der zweiten Hälfte der 1920er Jahre Invektiven von nichtjüdischer Seite, die das Nachbarschaftsverhältnis zunehmend belasteten. So wurden Konflikte um Nutzungs- und Anspruchsrechte, die den häufigsten Anlaß nachbarschaftlicher Auseinandersetzungen bilden, nun erstmalig antisemitisch aufgeladen. Als etwa die christlichen Eigentümer eines stattlichen Bürgerhauses 1929 Eigenbedarf auf eine Wohnung anmeldeten und damit auf den Widerstand der jüdischen Mietpartei stießen, äußerte sich ihr Ärger in antijüdischen Beschimpfungen: »Die hätten uns am liebsten ermordet, wenn sie hätten können. Die wollten uns unbedingt raushaben, weil wir die schönste Wohnung in diesem Haus hatten. Und da habe ich immer gehört wie die sagten: ›Die dreckigen Jüdde!‹«[92] Daß im Konfliktfall die nichtjüdische Partei das vermeintliche Fehlverhalten pejorativ mit dem Jüdischsein des Kontrahenten verknüpfte, zeigte sich auch im umgekehrten Fall der Besitzverhältnisse, als 1927 ein jüdischer Hausbesitzer seinen christlichen Mietern, einer Seelsorgeeinrichtung der katholischen Kirche, kündigte.[93]

In den letzten Jahren der Republik wurden Kölner Juden im Alltagsleben darüber hinaus zunehmend mit radikalen Formen antisemitischer Diskriminierung konfrontiert. So kündigte 1932 ein Hauseigentümer, der im gleichen Jahr der NSDAP beigetreten war, seinen jüdischen Mietern wegen ihrer Religionszugehörigkeit, obwohl sie zuvor ein gänzlich konfliktfreies, ja sogar sehr enges Verhältnis hatten.[94] In einem anderen Fall zog 1928 eine schriftliche Wohnungsbe-

---

[91] Ein ansässiger katholischer Pfarrer begründete sein mangelndes Einschreiten gegenüber dem Treiben seiner Gemeinde eher fadenscheinig mit dem Argument, daß er von einer derartigen Vereinbarung nichts gewußt habe. Ebenda. Auch die Synagogengemeinde schloß sich der Bitte der katholischen und evangelischen Gemeinden für die Heilighaltung des Karfreitags an. Ein Zeichen des interkonfessionellen Friedens, in: Kölner Jüdisches Wochenblatt, 18. April 1930.

[92] Interview Falikmann. Dieser Konflikt weitete sich auch auf das übrige Wohnumfeld aus. Die Zeitzeugin berichtet, auch die anderen nichtjüdischen Nachbarn hätten die Familienmitglieder »geplagt, wo sie nur konnten«. Ebenda.

[93] »Ein Jude, der der Eigentümer der Häuser [einer Seelsorgseinrichtung, N. W.] ist, hat dieselben gekündigt und alle Versuche auf gütlichem Wege und auf rechtlichem konnten das Unheil nicht abwehren«. Visitationsbericht Decanat Köln-Süd über das Jahr 1927, 2. Januar 1928, AEK, CR I, 14.2,7; sowie »Zu bedauern ist, dass das Haus [...] durch die Schuld des Eigentümers, eines Juden, verloren gegangen ist, der Jude hat bankrott gemacht«, in: Visitationsbericht über das Jahr 1928, 24. Dezember 1928, in: Ebenda.

[94] »Und eines Tages kündigte uns dieser gleiche Hausinhaber, weil wir Juden waren. Er war plötzlich, von heute auf morgen, gegen Juden«. Lore M., in: BECKER-JÁKLI, Ich habe

werbung, die mit einem jüdisch klingenden Namen unterzeichnet war, wüste Beleidigungen und Drohungen der potentiellen Vermieterin nach sich:

> »Im übrigen vermieten wir unsere saubere Wohnung an Juden prinzipiell nicht. In Palästina werden bestimmt noch alte Baracken frei sein. Also! Haut ab! Sollte Ihnen Palästina zu weit sein, so stecken Sie Ihre Nase mit Zubehör in eine Wasserschepp«.[95]

Auch antisemitische Makler legten nun den jüdischen Wohnungssuchenden so manchen Stein in den Weg, auch wenn sie sich aus Berufsgründen nicht offen brutaler Beleidigungsformen, sondern subtiler Ausgrenzungsformen bedienten.[96]

Als Fazit ist festzuhalten, daß die räumliche Konzentration der Kölner Juden in einzelnen Vierteln der Stadt die Chancen bot, an einem reichen jüdischen Leben in der direkten Wohnumgebung zu partizipieren, doch ist sie kein überzeugender Indikator ihrer gesellschaftlichen Separation und Isolation. Vielmehr gestaltete sich das Miteinander von Juden und Nichtjuden in den ersten Jahren der Republik wesentlich enger, als es die bisherigen Studien zum gesellschaftlichen Verkehr nahelegen: Juden waren weder aus der Hof- und Hausgemeinschaft ausgeklammert, noch gab die christliche Mehrheit durchgängig einen unfreundlichen Ton in den sozial unvermeidlichen Nachbarschaftsbeziehungen an.[97] Ebensowenig pflegten die Kölner Juden und Jüdinnen eine rein »intime Kultur«. Lediglich einige strengorthodoxe Familien osteuropäischer Herkunft hatten keinerlei Kontakt zu ihren christlichen Nachbarn, blieben hiermit aber deutlich in der Minderheit. Auch wenn die Nähe zu jüdischen Nachbarn insgesamt ganz offensichtlich erwünscht war, worauf die dichten Spuren jüdischen Lebens hindeuten, stand diese doch den vielfältigen Kontakten zu nichtjüdischen Nachbarn nicht im Weg.[98]

Die Gestaltung der nachbarschaftlichen Kontakte hing maßgeblich von der Geschlechts-, Klassen- und Alterszugehörigkeit ab. Am intensivsten waren die Beziehungen unter Nachbarinnen in den Arbeitervierteln und in der Altstadt. Dort wurde das positive Verhältnis durch den geteilten Klassen- und Milieuzusammenhang und die gemeinsame Abwehr nationalsozialistischer Aggres-

---

Köln, S. 100.

[95] Eine nichtjüdische Kölnerin mit jüdisch klingendem Namen stellte das Schreiben dem *Kölner Jüdischen Wochenblatt* zur Verfügung. Blinder Eifer, in: Kölner Jüdisches Wochenblatt, 13. Januar 1928.

[96] Siehe zum Verhalten der Makler: Antisemitischer Hausmakler, in: Gemeindeblatt der Synagogengemeinde zu Köln, 1. April 1932; und Widerruf des Hausmaklers, in: Gemeindeblatt der Synagogengemeinde zu Köln, 15. April 1932.

[97] So RICHARZ, Jüdisches Leben, S. 39.

[98] Repräsentativ erscheint da eher die Aussage von Lore M., wenn sie schreibt: »In der Dasselstraße wohnten noch andere jüdische Familien, [...] aber wir hatten zu den jüdischen Nachbarn an und für sich nicht mehr Kontakt als zu den nichtjüdischen«, in: BECKER-JÁKLI, Ich habe Köln, S. 102.

sion verstärkt, in der sich auch männlich geprägte Formen der Nachbarschaft manifestierten. In bürgerlichen Vierteln blieben die Beziehungen dagegen stärker individualisiert und vom Grad der persönlichen Zuneigung abhängig. Dabei war in allen Vierteln die »soziale Fluchtdistanz« unter Erwachsenen deutlich stärker ausgeprägt als unter den Kindern. Wirklich enge Kontakte blieben eher die Ausnahme als die Regel, wenn auch der genaue Grad an Kommunikation und Interaktion, sei es im Gespräch bei der zufälligen Begegnung, in gegenseitigen Besuchen oder gemeinsam begangenen Feiern, nicht rekonstruiert werden kann. Hierbei ist aber grundsätzlich zu berücksichtigen, daß Nachbarschaft in einer Großstadt wie Köln anders als in der dörflich-agrarischen Lebenswelt keinen elementaren und verbindlichen Charakter mehr hatte und daß sich die nachbarschaftlichen Beziehungen allgemein lockerten und individualisierten.[99]

Trotz der vielschichtigen Verbindungen zwischen Juden und anderen Kölnern trugen die nachbarschaftlichen Beziehungen aber nicht den Charakter einer Idylle. Auch wenn den christlichen Kindern nicht unbedingt bewußt gewesen sein mag, welches judenfeindliche Potential sie mit ihren Liedern und Beleidigungen transportierten, machen sie das ganze Ausmaß antisemitischer Denkbilder im sozialen Alltagsleben transparent. Gerade in den scheinbar harmlosen Kinderliedern wurden antisemitische Denkbilder bis hin zu Austreibungs- und Vernichtungsphantasien »spielerisch« sozialisiert und kommuniziert. Dieser alltägliche Antisemitismus blieb von sozioökonomischen Krisenphasen gänzlich unberührt und tradierte sich über Jahrhunderte im Generationenwechsel. Im katholischen Köln trat der religiös motivierte Gottesmordvorwurf dabei nicht nur als Denkbild auf, sondern nahm traumatisierende Formen psychischer und physischer Gewalt an.

Seit der zweiten Hälfte der 1920er Jahre wurden Kölner Juden zunehmend mit einer neuen Dimension verbaler Beleidigungen, nachbarschaftlicher Diskriminierungen und gewaltvoller Übergriffe konfrontiert. Auch wenn die Protestanten bisweilen stärker unter religiös aufgeladenen Provokationen der katholischen Mehrheitsbevölkerung litten, waren sie doch nicht mit den zunehmend aggressiven Stereotypen konfrontiert, in denen jüdische Vermieter zum »jüdischen Ausbeuter« und jüdische Mieter zum »dreckigen Juden« gestempelt wurden, von den brutalen Beleidigungs- und Diskriminierungsformen auf dem Wohnungsmarkt ganz zu schweigen. Auch wenn die Quellen keine Auskunft darüber geben, wie verbreitet diese Formen eines radikalen Antisemitismus waren und ob sie auf eine entschiedene Abwehrhaltung trafen, kann als sicher gelten, daß sie in der Endphase der Republik deutlich zunahmen und

---

[99] Gemeinhin scheinen die nachbarschaftlichen Beziehungen zwischen Juden und Christen auf dem Land trotz unterschiedlicher kultureller und religiöser Traditionsräume sowie verschiedener sozialer Bezüge enger gewesen zu sein als in der Stadt. So auch BAUMANN, Nachbarschaften, S. 47. Andererseits ermöglichte das Leben in der Stadt vielseitigere Kontakte zu nichtjüdischen Mitbürgern. BARKAI, Jüdisches Leben, S. 59.

daß hiervon Juden, die in bürgerlichen Stadtvierteln wohnten, stärker betroffen waren als ihre ärmeren Glaubensgenossen.

2. Bekannte und Freunde

Im Unterschied zu den nachbarschaftlichen Beziehungen folgte der Verkehr im Bekannten- und Freundeskreis stärker individuellen Präferenzen. Mehrheitlich handelte es sich um Kontakte zwischen Angehörigen der gleichen sozialen Schicht mit spezifischen Vergesellschaftungsformen, die wiederum generations- und geschlechtsspezifischen Mustern unterlagen.[100] Es ist im folgenden zu untersuchen, ob sich gerade im Bereich privater Geselligkeit die Abgrenzung verhärtete, die Schranken der nichtjüdischen Bezugsgruppe besonders hoch waren und immer weniger durchbrochen werden konnten.[101] Die Analyse von Freundschaft und Bekanntschaft ist stark durch gravierende Überlieferungslücken eingeschränkt, die repräsentative Aussagen erschweren und die Kürze der Darlegungen sowie die Vernachlässigung katholisch-protestantischer Beziehungen begründen.[102] Sie ist trotzdem unverzichtbar, da sie die Komplexität und Differenziertheit der Beziehungen aus der sozialen Mikroperspektive plastisch veranschaulicht.

In Köln, so scheint es, blieben vor allem die Juden osteuropäischer Herkunft im Thieboldsgassenviertel trotz des ganz überwiegend positiven Verhältnisses zu ihren nichtjüdischen Nachbarn und Nachbarinnen weitgehend unter sich.[103] Ihre gesellschaftlichen Kontakte zu Nichtjuden beschränkten sich in der Erinnerung auf wenige, lockere Kontakte im ferneren Bekanntenkreis.[104] Gerade in den unterschichtspezifischen Formen der Geselligkeit entstand und bestätigte sich das Gefühl des Andersseins:

> »Auch daß mein Vater nie in eine Wirtschaft ging, bedeutete, daß er nicht dazu gehörte. Wenn Kirmes war, habe ich mich als Kind immer mitgefreut, aber es war nicht meine Kirmes. Alle Leute hingen Altardecken oder Kruzifixe aus dem

---

[100] RICHARZ, Bürger, S. 39. In der Arbeiterschaft und im neuen Mittelstand waren die Beziehungen oftmals weniger formalisiert und stärker auf außerhäusliche Aktivitäten wie Tanz, Kino und männerspezifisch auf das Wirtshaus ausgerichtet. Siehe hierzu genauer KAPLAN, Freizeit-Arbeit.

[101] BARKAI, Jüdisches Leben, S. 59; VOLKOV, Juden in Deutschland, S. 45.

[102] So wird ein interkonfessioneller Gruppenvergleich dadurch behindert, daß gemischtkonfessionelle Freundschaften kaum Eingang in die katholische und protestantische Erinnerungsliteratur fanden. Ebenso dünn ist die Quellenlage für jüdische Frauen und Jugendliche, für Arbeiter, Handwerker und kleine Selbständige.

[103] Von 14 Zeitzeugen osteuropäischer Herkunft geben elf an, daß ihre Eltern einen rein jüdischen Freundes- und Bekanntenkreis gehabt hätten. Die drei übrigen waren insofern ihrem Herkunftsmilieu entfremdet, als sie ökonomisch den Aufstieg in das Kölner Bürgertum geschafft hatten und auch nicht im Thieboldsgassenviertel wohnten.

[104] Interviews Siegellack, Blau.

Fenster – wir machten das nicht. Also gehörten wir nicht dazu. Oder gegenüber in der Wirtschaft hing ein Schild: ›Hämchen mit Sauerkraut‹. Wir gingen nicht zum Essen dorthin. Deshalb haben wir nicht dazu gehört«.[105]

Die gesellschaftliche Trennung beruhte einerseits auf den divergierenden kulturellen und religiösen Traditionen, die dem sozialen Miteinander nach den Regeln der christlichen Gesellschaft enge Grenzen setzten, zum andern aber und stärker noch auf der stets gegenwärtigen Angst, abgelehnt zu werden.[106] Aber auch das Verhältnis zu den deutschen Juden war nicht deutlich enger. Gerade auf die Ausschlußmechanismen der eingesessenen Glaubensgenossen, die auf soziale Distinktion bedacht waren, reagierten einige Familien osteuropäischer Herkunft mit Stolz und dem Bedürfnis, unter sich zu bleiben.[107]

Gleichwohl waren die Juden osteuropäischer Herkunft in Köln weit davon entfernt, eine homogene Gruppe zu bilden und eine einheitliche »(ost)jüdische« Identität zu bewahren oder sie in der neuen Heimat zu erfinden, was sich auch in engen sozialen Beziehungen niedergeschlagen hätte. Der gesellschaftliche Verkehr war vielmehr oft von dem nationalen und regionalen Herkunftsort und den differierenden religiösen, politischen und kulturellen Traditionen und Einstellungen bestimmt. Häufig blieb man in der eigenen Familie und Herkunftsgemeinschaft unter sich.[108]

Daß sich mit dem sozialen Aufstieg und dem längeren Verbleib in Deutschland unter den Juden osteuropäischer Herkunft diese exklusiven Verkehrsformen zunehmend lockerten, zeigte sich besonders unter denjenigen Familien, die in der zweiten Generation in Deutschland lebten und ihre ökonomische Lage verbessert hatten. Diese Familien wiesen eine große Varianz an Sozialbeziehungen auf. Während sich manche in rein osteuropäisch-jüdischen Kreisen bewegten, öffneten sich andere partiell einem deutschjüdischen und christlichen Kreis von Bekannten, die in einer vergleichbaren sozialen Situation lebten, oder bevorzugten in ihren privaten Beziehungen primär den Verkehr mit Nichtjuden.[109] Oft waren dabei gerade jene Familien, die an ihrer religiösen

---

[105] Karl David Ziegellaub, in: BECKER-JÁKLI, Ich habe Köln, S. 86.

[106] Ebenda.

[107] Aus diesem Grund wurde bei aller Begeisterung für die deutsche Kultur und Sprache auch die gesellschaftliche Integration abgelehnt: »Sie wollten keine Deutschen sein. Sie fingen an, auch kulturell [...]. Da sie nicht gewollt waren, wollten Sie auch nicht. Waren sehr stolz und waren im Grunde genommen sehr ablehnend für Leute, die sich da so kriecherisch waren. Das empfand man in unserem Hause, die Assimilation empfand man als sehr negativ«. Edith Freundlich, Leo Blau. Siehe zum komplizierten Verhältnis osteuropäischer und deutscher Juden das Standardwerk Steven E. ASCHHEIM, Brothers and Strangers. The East European Jew in German and German-Jewish Consciousness, 1800–1923, Madison 1982; und zur sozialen Abgrenzung RIEKER, Kindheiten, S. 111 f.

[108] »Wir haben in der Synagoge meistens Leute gehabt, die entweder von derselben Stadt gekommen sind oder Verwandte, die dort gefunden haben, die ihnen geholfen haben«. Siehe genauer hierzu auch Karl-David Ziegellaub, in: BECKER-JÁKLI, Ich habe Köln, S. 72 f.; sowie Interviews Blau und Freundlich.

[109] Anni Adler, in: BECKER-JÁKLI, Ich habe Köln, S. 176; Erna Preuninger, in: Ebenda,

Einstellung festhielten, vor die schwierige Aufgabe gestellt, die neuen bürgerlichen Verkehrsformen mit den traditionellen Normen in Einklang zu bringen.[110] So berichtet die Tochter eines jüdischen Fabrikanten osteuropäischer Herkunft, welch großen Stellenwert dieses Problem in den Überlegungen der Eltern einnahm:

> »Wir haben oft mal zu Hause davon gesprochen, wir hatten Freunde, die nicht jüdisch waren, aber mein Vater sagte, es ist sehr schwer, sich richtig anzuschließen, wenn man koscher ißt, denn wir können nie bei denen essen und wenn wir die mal einladen zu uns, dann wollen die doch zurück einladen und das paßt dann nicht«.[111]

Eine ebenso breite Varianz sozialer Beziehungsformen deuten die spärlichen Quellen zum gesellschaftlichen Verhältnis zwischen den jüdischen und nichtjüdischen Arbeitern und Angestellten an, deren Verhältnis im Vergleich zu den bürgerlichen Verkehrsformen oftmals weniger formalisiert und stärker auf außerhäusliche Aktivitäten ausgerichtet war. Sie reichten von einer weitgehenden Trennung der Verkehrskreise über eher locker unterhaltene Beziehungen, in denen man gemeinsamen Freizeitvergnügungen wie Kino, Cafebesuch und Tanz nachging, bis zu engkeknüpften Freundschaften.[112]

Auch in bürgerlichen Kreisen bildeten geteilte Interessen und Vorlieben eine tragfähige Basis für den freundschaftlichen Verkehr. Von großer Vertrautheit und Respekt vor dem (religiösen) Hintergrund des anderen sprechen etwa der gemeinsame Synagogenbesuch und Kirchgang, den der angesehene Kaufmann Arthur Joseph mit seinen christlichen Freunden unternahm.[113] Ebenso verbindend war die geteilte Begeisterung für Sport, Musik oder Literatur. Man traf sich zur Hausmusik oder besuchte gemeinsam künstlerische und kulturelle Diskussionszirkel. Beispielhaft überliefert ist dies für die aufstrebende Schriftstellerin Irmgard Keun[114] und den religiös orthodoxen und politisch zur So-

S. 15–18; und Interview Shulamit Cohen, NS-Dok.

[110] Diese Schwierigkeiten bestätigen die These Schüler-Springorums, daß eine möglichst »unjüdische Haltung« für private Beziehungen nicht unbedingt Voraussetzung sein mußte, aber den Verkehr in gemischten Freundeskreisen erleichterte. SCHÜLER-SPRINGORUM, Minderheit, S. 82.

[111] Interview Cohen. Hier schien sich in der Kindergeneration, die seit der Schulzeit Freundschaften zwischen jüdischen und christlichen Kindern knüpfte und sich in weniger steifen Umgangsformen bewegte, ein beträchtliches Annäherungspotential zwischen Juden und Nichtjuden auszubilden.

[112] Interview Nettie Haas, 9. Juni 1993, NS-Dok.; Interview Rudolf Nathan, 15. Juni 1990, NS-Dok.; und Erich Schäfer, 7. Juni 1993, NS-Dok.

[113] Artur JOSEPH, Meines Vaters Haus, Stuttgart 1959, S. 65 f. Joseph entstammte einer alteingesessenen jüdischen Familie, die eines der bekanntesten Schuhgeschäfte Kölns mit Filialen in anderen Städten führte. Joseph war in das Bürgertum der Stadt integriert und pflegte enge Freundschaften mit prominenten Nichtjuden wie der »Karnevalsgröße« Willi Ostermann.

[114] Heinrich Nezer, in: BECKER-JÁKLI, Ich habe Köln, S. 56. Irmgard Keun pflegte bereits als neunjähriges Mädchen eine innige Freundschaft zu ihrer jüdischen Freundin Mari-

zialdemokratie tendierenden Leiter des israelitischen Lehrlingsheims.[115] In der Kunst- und Kulturszene schien der Verkehr besonders unkompliziert: »Es gab überhaupt keinen Unterschied. Man wußte natürlich, daß da Leute jüdischer Religion waren, aber [...] Antisemitismus in der Kunst, kann ich fast sagen, gab es nicht«.[116] Dabei waren die sozialen Alltagsbeziehungen nicht nur zwischen den jüdischen und nichtjüdischen Künstlern und Künstlerinnen eng geknüpft. Vielmehr waren auch Agenten, Mäzene, Journalisten, Freunde und Museumsmitarbeiter in diese kulturellen Zirkel eingebunden. Gerade die progressiven Kulturproduzenten praktizierten hier bewußt neue Kommunikations- und Interaktionsformen, die sich stärker als zuvor auch im alltäglichen Umgang verdichteten.

Doch im bitteren Rückblick Hans Mayers war es den Juden allein im kulturellen Leben der Stadt gelungen, die gesellschaftliche Anerkennung des gehobenen katholischen Bürgertums zu finden: »Dem eng unter sich verbundenen katholischen Bürgertum der Oberschicht waren im Grunde nur die bedeutenden jüdischen Künstler als Umgang willkommen: am besten, wenn es sich um Musiker handelte«.[117] Im Sozialleben des gehobenen Bürgertums, das sich eher im Rahmen städtisch-kultureller Ereignisse oder im eigenen Haus vollzog, zeigten sich tatsächlich deutliche Exklusionsmomente.[118] So konstatiert Hans-Joachim Henning, der das soziale Verhalten der jüdischen Wirtschaftselite in Köln zwischen 1860 und 1933 anhand personaler Verflechtungen und des gesellschaftlichen Kontaktbereichs in Form von Ehrenämtern und Einsatz

---

anne Ahlfeld-Heymann, einer späteren Bauhausschülerin und Kostümbildnerin an der Kölner Oper. Einen ›patriotischen‹ Höhepunkt dieser Freundschaft bildeten die sonntäglich veranstalteten Puppentheater für die Verwandten mit einem Eintrittspreis, den die Mädchen den Soldaten im Felde spendeten. Voller Stolz schrieben sie dem Kaiser und baten um die Verleihung des Eisernen Kreuzes, der darauf wenig humorvoll mit der (später zurückgezogenen) Anklage wegen Majestätsbeleidigung reagierte. Marianne AHLFELD-HEYMANN, Und trotzdem überlebt. Ein jüdisches Schicksal aus Köln durch Frankreich nach Israel 1905–1955, Konstanz 1994.

[115] Nahezu paradigmatischen Charakter hat hierbei die Beschreibung Henry Isaacs, daß seine Mutter, eine erfolgreiche Pianistin, zahlreiche Kontakte zu andersgläubigen Musikern pflegte und diese zum gemeinsamen Musizieren nach Hause einlud, während der Vater, ein Kaufmann, diesem geselligen Treiben eher skeptisch gegenüberstand. Interview Henry Isaac, 28. November 1990, NS-Dok.

[116] Interview Ernest Berk, 22. Februar 1989, NS-Dok. Berk kommt aus einem großbürgerlichen Elternhaus. Sein Vater war ein erfolgreicher Architekt, die ganze Familie musizierte und malte. Berk selber war Tänzer und stand der KPD nah.

[117] MAYER, Ein Deutscher auf Widerruf, S. 56.

[118] Hier traf man sich zu einer Vielzahl von Anlässen und Aktivitäten und knüpfte gesellschaftliche und geschäftliche Kontakte. Die Bürgerinnen besuchten sich darüber hinaus gegenseitig auf eine Tasse Kaffee oder zum Spielkränzchen, während die Bürger meist in den stärker organisierten Formen des Vereins- und Parteizusammenhangs zusammenkamen. Vgl. hierzu Gisela METTELE, Der private Raum als öffentlicher Ort. Geselligkeit im bürgerlichen Haus, in: Dieter HEIN/Andreas SCHULZ (Hrsg.), Bürgerkultur im 19. Jahrhundert. Bildung, Kunst und Lebenswelt, München 1996, S. 154–169.

für das Gemeinwohl untersuchte, »ein konfessionell betontes Gruppenbewußtsein«, das durch »gelegentliche antisemitische Anfeindungen und gesellschaftliche Distanzierungen noch bestärkt wurde«.[119] Beispielsweise machte Louis Hagen, einer der erfolgreichsten Bankiers und Unternehmer Kölns, die Erfahrung, daß ihm keineswegs in allen Häusern der führenden Gesellschaft die Türen offenstanden.[120] Wenn man berücksichtigt, daß sich die soziale Konstituierung des Bürgertums in starkem Maß über gegenseitige Einladungen und Wiedereinladungen vollzog, eröffnet sich die Tragweite dieses Ausgrenzungsverhaltens.[121] Auch nach seiner Taufe wurde Hagen, der zum Katholizismus konvertiert war und (ungewöhnlich genug für die rheinische Wirtschaftselite) den Namen seiner katholischen Ehefrau angenommen hatte, keineswegs selbstverständlich in die katholischen Kreise aufgenommen.[122] Andererseits lassen sich jenseits der prestigeorientierten und organisierten Verkehrsformen im gehobenen Bürgertum auch Momente einer erstaunlichen Nähe und eines ungetrübten Miteinanders finden. Symbolkräftigen Charakter dürften hierfür die Skatrunden besitzen, zu denen sich der jüdische Brauereibesitzer Treumann, der katholische Priester Rüben und der protestantische Vater des Kölner Regierungspräsidenten Elfgen jeden Sonntag trafen.[123]

Wie vielschichtig die Beziehungen waren, soll am Beispiel der Kölner jüdischen und nichtjüdischen Dozenten aufgrund der guten Quellenlage hier antizipierend angedeutet und verdeutlicht werden.[124] Sie pflegten ihre Beziehungen in der Kölner »Gelehrtenkultur« der Professorentreffen und Nachmittagstees, der Kasinofeste und abendlichen Zusammenkünfte und unterhielten private Freundschaften, die über die sozial unvermeidlichen beruflichen Begegnungen hinausgingen. Trotz des weithin verbreiteten akademischen Antisemitismus beherrschte eine Separierung der Verkehrskreise keineswegs den gesellschaftlichen (Kölner) Universitätsalltag. Selbst in einer so geschlossenen sozialen Gruppe wie der Professorenschaft waren die gesellschaftlichen Beziehungen zwischen Juden und Nichtjuden bemerkenswert heterogen. Dabei konnte die jüdische Identität bei aller gesellschaftlichen Integration in der Wahl

---

[119] Hans-Joachim HENNING, Soziales Verhalten jüdischer Unternehmer in Frankfurt am Main und Köln 1860–1933, in: Werner E. MOSSE/Hans POHL (Hrsg.), Jüdische Unternehmer in Deutschland im 19. und 20. Jahrhundert, Stuttgart 1992, S. 247–270, hier: S. 266 f.

[120] Werner E. MOSSE, Zwei Präsidenten der Kölner Industrie- und Handelskammer: Louis Hagen und Paul Silverberg, in: BOHNKE-KOLLWITZ, Köln, S. 308–340, hier: S. 309. Siehe auch HENNING, Soziales Verhalten, S. 265. Im öffentlichen Leben der Stadt spielte Hagen dagegen eine wichtige Rolle. Er übernahm zwischen 1915 und 1918 den Vorsitz der IHK und wurde bis zu seinem Todesjahr 1932 einstimmig wiedergewählt. Ferner gehörte er zunächst als liberaler, dann als Zentrums-Stadtverordneter dem Stadtrat an.

[121] Siehe hierzu HOPP, Bürgertum, S. 149 f.; sowie METTELE, Bürgertum, S. 209–214.

[122] So zumindest MAYER, Ein Deutscher auf Widerruf, S. 56.

[123] Interview Kuno Treumann, 5. Februar 1996, NS-Dok. Siehe ferner auch das Interview Arnold Helmut Katz, 7. Juni 1989, NS-Dok.; und JOSEPH, Meines Vaters Haus.

[124] Vgl. zu den sozialen Beziehungen der Hochschulprofessoren genauer Kapitel IV.

des Freundeskreises eine maßgebliche Rolle spielen, vorsichtig gehütet oder gänzlich aufgegeben werden sowie situativ einen unterschiedlich großen Raum einnehmen. Von nichtjüdischer Seite bestand zwar einerseits eine relativ große Integrationsbereitschaft, aber andererseits existierten auch Vorbehalte, vor allem dann, wenn zum »Jüdischsein« weitere Außenseitermomente, seien sie fachlicher oder politischer Art, hinzukamen.

Die freundschaftlichen Beziehungen zwischen Juden und Nichtjuden in Köln verweisen also darauf, daß weder das Diktum einer verhärteten Abgrenzung im Bereich privater Geselligkeit noch das einer zunehmenden Durchlässigkeit der sozialen Gruppenschranken greift. Denn die Beziehungen vollzogen sich nicht in einem polaren Verhältnis persönlicher Akzeptanz oder Ablehnung, sondern in einer Grauzone abgestufter Beziehungsstufen. Zudem hing die Bereitschaft, privat und freundschaftlich miteinander zu verkehren, von zahlreichen Faktoren ab, wie der Sozialisation im Familienzusammenhang, der Bedeutung religiöser und kultureller Traditionen, dem beruflichen Umfeld, der politischen Einstellung sowie den persönlichen Sympathien und Vorlieben, die wiederum von generations- und geschlechtsspezifischen Erfahrungen geprägt waren.

Für die Juden osteuropäischer Herkunft und zum Teil für das gehobene Wirtschaftsbürgertum an der Spitze der Kölner Gesellschaft war es tatsächlich schwer, die sozialen Schranken einer indifferenten bis feindseligen Umwelt zu durchbrechen. Hier vollzog sich der gesellschaftliche Verkehr weitgehend im eigenen jüdischen Familien-, Bekannten- und Freundeszusammenhang. Jedoch ist hieraus noch nicht selbstverständlich ein enger jüdischer Gruppenzusammenhang zu folgern. Zur gesellschaftlichen Isolierung der jüdischen Immigranten trugen auch die eingesessenen Juden bei, unter denen die nationalistischen und klassenspezifischen Denk- und Handlungsmuster schwerer wogen als der »ethnische« Zusammenhalt.

Innerhalb des gehobenen Bürgertums ist darüber hinaus die Bedeutung allgemeiner konfessioneller Partikularisierungserscheinungen und Segregierungsformen zu bedenken, wie sie sich in den institutionalisierten Vergesellschaftungsformen der protestantisch-nationalliberalen Lesegesellschaft und der katholischen Bürgergesellschaft manifestieren.[125] Wie weit diese Trennung sich auf die Beziehungen der Freundschafts- und Bekanntschaftskreise erstreckte, ist bis heute ein Forschungsdesiderat und konnte aus Quellengründen auch an dieser Stelle nicht geklärt werden.[126] Immerhin ist in der Erinnerungslitera-

---

[125] H.-W. FROHN, Arbeiterbewegungskulturen, S. 28 f.

[126] Vgl. hierzu Olaf BLASCHKE, Bürgertum und Bürgerlichkeit im Spannungsfeld des neuen Konfessionalismus von den 1830er bis zu den 1930er Jahren, in: GOTZMANN/LIEDTKE/RAHDEN, Juden, Bürger, Deutsche, S. 33–66, der jedoch nicht auf die soziale Alltagsdimension eingeht. Aussagekräftiger hinsichtlich des Einflusses von Konfession und Klasse auf das Vergesellschaftungsverhalten des katholischen (Kölner) Bürgertums ist MERGEL,

tur Kölner Katholiken und Protestanten die Erfahrung der Zurücksetzung oder des befangenen Umgangs nicht dokumentiert, wie sie sich in den (auto)biographischen Quellen Kölner Jüdinnen und Juden findet. So liegt es nahe, im gehobenen Bürgertum von spezifisch antijüdischen Formen gesellschaftlicher Segregation auszugehen.[127]

Besonders enge Formen des alltäglichen Miteinanders gab es vor allem unter den Kölner Kulturschaffenden, die angesichts zahlreicher fachlicher, politischer und sozialer Übereinstimmungen konfessionelle Trennungslinien und traditionelle Gruppengrenzen im sozialen Alltagsleben bewußt zu überwinden suchten, was angesichts des unterstellten hohen Integrationsstands jüdischer Künstler in der Kultur der Weimarer Republik nicht überraschen mag. Doch selbst an der Universität, die als ein zentrales Forum des gesellschaftlichen Antisemitismus in der Weimarer Republik gilt, war das Miteinander der Kölner Dozenten erstaunlich heterogen. Die wenigen Hinweise auf die Kölner Arbeiter, Angestellten und Bürger geben Anlaß zu der Vermutung, daß bei einer vergleichbar dichten Untersuchungsgrundlage ähnliche Vielschichtigkeiten zu Tage treten würden.

Der Verkehr zwischen Juden und Nichtjuden im Freundes- und Bekanntenkreis zeigte zwar vielfältige Verbindungslinien, doch war es ein fragiles Verhältnis. Vorbehalte und Barrieren, unausgesprochene Grenzen, subtile Zurückweisungen bis hin zu offenen Verletzungen gehörten zum sozialen Alltag. Es war für Kölner Juden weit schwieriger, wirklich gute Freunde als gute Nachbarn zu finden. Doch wurden diese Barrieren durch persönliche Sympathien und geteilte Vorlieben, durch fachliche und politische Übereinstimmungen immer wieder überwunden, und zwar nicht nur in individuellen Ausnahmefällen. War diese persönliche Nähe einmal hergestellt, erodierte sie auch nicht in den letzten Jahren der Republik, sondern wurde erst mit der Machtübernahme der Nationalsozialisten auf die Probe gestellt, wie aus den Zeitzeugeninterviews und Autobiographien hervorgeht. Es scheint also, als wären die freundschaftlichen Beziehungen in der zeitlichen Entwicklung von zunehmenden antisemitischen Tendenzen in der Gesellschaft weit weniger unterminiert worden als etwa die nachbarschaftlichen Verkehrsformen.

3. Partnerwahl, Ehe und Familie

Unter allen Formen der Sozialbeziehungen bildete die Ehe die engste und intimste Verbindung zwischen Juden und Nichtjuden. Zumindest dem Ideal nach

---

Klasse, der allerdings ebenfalls nicht systematisch zwischen den Verkehrsformen jüdischer, protestantischer und katholischer Bürger unterscheidet.

[127] Dieser Befund widerspricht der These, daß gerade Juden der Oberklasse mit Christen verkehrten. RICHARZ, Jüdisches Leben, S. 38.

sah die Neigungsheirat des 20. Jahrhunderts vor, mit dem Partner eine dauerhafte Liebesbeziehung zu führen und sich in einem Akt von hoher symbolischer Bedeutung öffentlich zu ihm zu bekennen. Während im 19. Jahrhundert bürgerliche Familien, und besonders jene jüdischen Glaubens, die Binnenheirat durch sorgfältige Arrangements nach konfessionellen und sozialen Kriterien bevorzugten, setzte sich in der Weimarer Republik die individuelle Partnerwahl endgültig durch, ohne daß deshalb die traditionellen Kriterien der Partnerwahl gänzlich irrelevant geworden wären.[128] Stärker als zuvor stand jedoch das Heiratsverhalten im Spannungsverhältnis zwischen gesellschaftlichen Pluralisierungstendenzen und den Kohäsionskräften traditioneller Gruppen und Milieus, in denen das geteilte Bekenntnis zur Binnenheirat gemeinschaftsbildend wirkte und die zukünftige Existenz des Gruppenzusammenhalts sicherte.[129]

Vor diesem Hintergrund bewertete die Historiographie zur deutsch-jüdischen Geschichte die jüdische Binnenehe noch stärker als die nachbarschaftlichen und geselligen Gruppenkontakte als einen zentralen Bestandteil des engen jüdischen Gruppenzusammenhalts.[130] Die starke Neigung der jüdischen Minderheit zur Wahl jüdischer Ehepartner bzw. Ehepartnerinnen im Kaiserreich wurde als »festeste Bastion jüdischer Identität«[131] interpretiert und auf gruppenspezifische Bedürfnislagen, Hoffnungen und Ängste zurückgeführt, zugleich aber auch maßgeblich der feindseligen Haltung einer Gesellschaft zugeschrieben, in der kaum die Bereitschaft dazu bestand, mit einem jüdischen Partner respektive einer jüdischen Partnerin Tisch und Bett zu teilen. »A minority in a society with increasingly practiced racial discrimination, most Jews sought endogamy and in fact had little other choice«.[132]

---

[128] Vgl. die ausführlichen Beschreibungen bürgerlicher Heiratsstrategien und der Verbindung traditional jüdischer und bürgerlicher Ehestrategien im deutsch-jüdischen Bürgertum des 19. Jahrhunderts bei Hopp, Bürgertum, S. 193–211; und Kaplan, Bürgertum, S. 89–98. Kaplan führt die unabhängigeren Heiratsentscheidungen auf die größere ökonomische, geographische und soziale Mobilität zurück. Sie betont zugleich den Wertewandel durch Krieg, Inflation und Depression und die größere Unabhängigkeit der Frauen durch ihre zunehmende Erwerbstätigkeit. Marion A. Kaplan, The Making of the Jewish Middle Class Women, Family, and Identity in Imperial Germany, Oxford 1991, S. 113. Auch Richarz setzt die freiere Partnerwahl in Zusammenhang mit den Veränderungen der Berufs- und Bildungsmöglichkeiten, relativiert aber die Veränderungen insofern, als auch in »Liebesehen« die Partnerwahl nach Kriterien erfolge, die durch soziale Konditionierungen gelenkt seien. Monika Richarz, Der Wandel weiblichen Selbstverständnisses in den Lebenszeugnissen jüdischer Frauen, in: Hans Otto Horch/Charlotte Wardi (Hrsg.), Jüdische Selbstwahrnehmung. La prise de conscience de l'identité juive, Tübingen 1997, S. 99–110, hier: S. 109.

[129] Dirk Blasius, Ehescheidung in Deutschland im 19. und 20. Jahrhundert, Frankfurt a. M. 1992, S. 159; Meiring, Mischehe, S. 129.

[130] Hopp, Bürgertum, S. 213; Kaplan, Making of Jewish Middle Class, S. 115; Werner E. Mosse, The German-Jewish Economic Elite, 1820–1935. A Socio-Cultural Profile, Oxford 1989, S. 161, 211; auch Volkov, Juden in Deutschland, S. 45.

[131] Richarz, Wandel, S. 109.

[132] Kaplan, Jewish Middle Class, S. 85.

Ob die in der Forschung konstatierte ablehnende Haltung der christlich-jüdischen Ehe in der Bevölkerung und ihre Negativperzeption in Publizistik, Wissenschaft und Kirchenkontext im Kaiserreich und der Weimarer Republik jedoch tatsächlich rassenantisemitisch aufgeladen waren, wie Kaplan behauptet, ist umstritten. Während van Rahden die Kritik an der Mischehe auf ein allgemeines »Reinheits- und Homogenitätsideal des 19. und 20. Jahrhunderts« zurückführt, vor dessen Paradigma sich die Ablehnung einer katholisch-protestantischen Ehe kaum von der einer christlich-jüdischen Ehe unterschieden habe, betont Kerstin Meiring, daß sich die Kritik an der jüdisch-christlichen Ehe in der Weimarer Zeit radikalisierte und Mischehe immer mehr entlang von Rassen- denn von Konfessionskonzepten gedacht wurde.[133]

Unbestreitbar ist, daß die Zahl jüdisch-christlicher Ehen in der Weimarer Republik rapide zunahm.[134] Auch unter den Kölner Juden stieg der Anteil der Mischehen von 31,8 % (1921) auf 47,9 % (1933).[135] Doch es bestehen divergierende Interpretationen und Bewertungen dieser Entwicklung der Weimarer Jahre.

Unter den zeitgenössischen jüdischen Beobachtern wurde die Entwicklung vornehmlich als demographische Bedrohung und als ein Schritt radikaler Assimilation verurteilt, der mit dem Verrat am Judentum gleichgesetzt wurde.[136] Wie van Rahden kritisch herausgearbeitet hat, blieb auch die ältere sektorale deutsch-jüdische Forschung diesem abwertenden Blickwinkel verhaftet.[137] Im Konzept der situativen Ethnizität erscheint demgegenüber die jüdisch-christliche Ehe als wichtiger Baustein im Transformationsprozeß der deutschen Juden, der maßgeblich zur Entwicklung einer neuen vitalen Identität der jüdischen Minderheit beigetragen habe.[138] In diesem Wertungszusammenhang

---

[133] MEIRING, Christlich-jüdische Mischehe, S. 36 f.; RAHDEN, Juden, S. 143 f. Zur Begriffsgeschichte des Terminus Mischehe siehe ebenda, S. 12, 34. Als Mischehen wurden seit den 1840er Jahren Ehen zwischen Juden und Christen bezeichnet, während protestantisch-katholische Ehen gemischte Ehen hießen. Im späten 19. Jahrhundert verwischte diese Unterscheidung. Die beiden Termini wurden synonym benutzt, bis der Begriff Mischehe mit dem Aufkommen des völkischen Denkens und Rassenantisemitismus wieder umdefiniert wurde.

[134] Die Zahl der christlich-jüdischen Ehen im deutschen Reich lag zwischen 1920 und 1930 bei ca. einem Drittel aller jüdischen Ehen, während sie 1908 nur 10 % ausgemacht hatten. 1933 waren es bereits knapp 40 %. Besonders in den Großstädten, wie in Berlin, Breslau und Hamburg, war der Trend zur gemischtkonfessionellen Ehe stark ausgeprägt. ZIMMERMANN, Juden, S. 13.

[135] Damit war in Köln die Neigung zur Binnenehe höher ausgeprägt als im Reichsdurchschnitt, der bei 41,9 % lag, aber wesentlich niedriger als im Vergleich zu den protestantisch geprägten Städten Berlin (54,3 %) und Hamburg (74,9 %).

[136] Als demographische Bedrohung erschien die Mischehe aufgrund höherer Scheidungsquoten, niedrigerer Geburtenzahlen und des drohenden sekundären Verlusts durch die Erziehung der Kinder im christlichen Glauben. Zur erregten Debatte um die bevölkerungspolitische Dimension der Mischehe siehe MEIRING, Mischehe, S. 70–73.

[137] RAHDEN, Intermarriages, S. 127–130.

[138] Analog zu dieser Uminterpretation wurde auch die soziale und geschlechtsspezifi-

wird die christlich-jüdische Ehe auch als ein Indiz für den immer selbstverständlicher werdenden Kontakt zwischen Juden und Nichtjuden herangezogen: »Intermarriages indicate the high degree of Jewish assimilation as well as inclusion in society at large«.[139]

Der Schwachpunkt an dieser Argumentation ist allerdings, daß sie die negative und möglicherweise antisemitische Perzeption der jüdisch-christlichen Ehe und ihre Reichweite im Alltagsleben nun ebenso vernachlässigt, wie sie die ältere Forschung überpointiert hat. Dagegen wendet Kauders kritisch ein, daß die Mischehe wohl kaum als ein Indikator für die Akzeptanz von Juden in der Gesellschaft herangezogen werden könne, wenn sich die Beziehungen in allen anderen Bereichen des gesellschaftlichen Lebens verschlechterten.[140] Denn die Zunahme der christlich-jüdischen Ehen könnte auch auf einen sich verstärkenden feindseligen Druck aus der Umwelt hinweisen. Es ist schließlich denkbar, daß die Ehe mit einem nichtjüdischen Partner als eine der wirkungsvollsten Defensivstrategien gegen einen aggressiver auftretenden Antisemitismus angesehen wurde, in der nur die Aufgabe des jüdischen Lebenszusammenhangs Schutz vor Anfeindungen versprach. Hierzu galt es allerdings, einen außergewöhnlich aufgeschlossenen nichtjüdischen Partner zu finden.

Schließlich kann prinzipiell hinterfragt werden, ob Mischehenzahlen überhaupt als Indikator für Integrations- und Ausgrenzungsmechanismen taugen. Wenn man die jüdische Öffnung zur Mischehe in erster Linie als ein Moment der Säkularisierung und Individualisierung begreift und damit als ein allgemeines Modernisierungsphänomen der deutschen Gesellschaft, hängt sie nicht ursächlich mit dem Verhalten der Mehrheitsbevölkerung zusammen.

Um zu überprüfen, welche Rückschlüsse die steigende Zahl christlich-jüdischer Ehen auf das Verhältnis zwischen Juden und Nichtjuden tatsächlich zuläßt, wird im folgenden zunächst ein trikonfessionelles Eheprofil erstellt, das gerade in einer Stadt wie Köln von Erkenntnisgewinn sein kann, da es das Eheverhalten der »moderneren« protestantischen und jüdischen Minderheiten mit einer »weniger modernen« katholischen Mehrheitsbevölkerung kontrastiert.[141]

---

sche Motivation zum Eingehen einer Mischehe umgewertet. Nicht länger wurde quasi apologetisch angeführt, daß ärmeren Frauen oftmals aus mangelnden ökonomischen und sozialen Ressourcen keine andere Möglichkeit auf dem Heiratsmarkt bleibe, als einer Ehe mit einem Nichtjuden einzugehen, so KAPLAN, Jewish Middle Class, S. 94, sondern das freiere und selbstbestimmtere Heiratsverhalten als Grund dafür angeführt, das auch auf eine gleicheren Ordnung der Geschlechter und einer Emanzipation von Familienerwartungen beruhe. RAHDEN, Juden, S. 142 f.

[139] RAHDEN, Mingling, S. 214.

[140] KAUDERS, German Politics, S. 15.

[141] Protestanten und Juden in Köln gehörten, wie erwähnt, mehrheitlich dem gehobenen Bürgertum an und zeigten die damit verbundenen »modernen« demographischen Muster eines relativ hohen Heiratsalters sowie geringerer Ehe- und Kinderzahlen. Statistische Aussagen hierzu werden allerdings dadurch erschwert, daß die standesamtlichen Register der Stadt Köln, die Auskunft über soziale Schichtung und Herkunft der Heiratenden liefern,

Die qualitative Analyse widmet sich anschließend den individuellen und kollektiven Deutungsmustern und Interaktionsformen. Sie geht der Frage nach, wer im städtischen Zusammenhang Position zur »Mischehenfrage« bezog, ob die ablehnenden Haltungen rassenantisemitisch aufgeladen waren und wie sich diese Widerstände auf das Alltagsleben jener Juden, Katholiken und Protestanten auswirkten, die in einer christlich-jüdischen Ehe zusammenlebten.

3.1. Ehen im interkonfessionellen Vergleich

Angehörige einer Minderheitenreligion gehen grundsätzlich häufiger eine gemischte Ehe ein als die Mehrheitsbevölkerung, da sie aufgrund ihrer zahlenmäßigen Unterrepräsentation größere Schwierigkeiten haben, einen gleichgläubigen Partner zu finden.[142] Die Wahrscheinlichkeit der Mischehe hängt dabei auch von der Größe der religiösen Minderheit ab.[143] In Köln lag 1925 bei einer Konfessionsverteilung von 77 % Katholiken, knapp 18,5 % Protestanten und 2,3 % Juden die rechnerische Wahrscheinlichkeit der katholischen Mischehenquote bei 23 %, die der protestantischen bei 81,5 % und die der Juden bei 97,7 %.[144] Der Vergleich des tatsächlichen Eheverhaltens mit dem rechnerischen Durchschnittswert erlaubt einerseits Aussagen über die prinzipielle Bereitschaft zur gemischtreligiösen Ehe und andererseits über Affinitäten oder Abgrenzungstendenzen im Intergruppenvergleich.[145]

Im Zeitraum zwischen 1911–1913 entsprach die Bereitschaft der katholischen Bevölkerung, eine gemischte Ehe einzugehen, genau dem errechneten

---

zerstört sind. So können nur die Angaben der Statistischen Jahrbücher ausgewertet werden, die die Eheschließungen nach Religion der Ehepartner aufschlüsseln.

[142] Siehe hierzu MEIRING, Mischehe, S. 100. Sie verweist beispielhaft darauf, daß in Preußen und Sachsen, wo die Katholiken die Minderheit bildeten, die katholische Mischehenziffer über der protestantischen lag, während es im katholischen Rheinland umgekehrt war.

[143] Sie ergibt sich aus »dem prozentualen Anteil der partnersuchenden Angehörigen der gleichen Religionsgemeinschaft an der Gesamtbevölkerung«. John HENDRICKX/Osmund SCHREUDER/Wouter ULTEE, Die Konfessionelle Mischehe in Deutschland (1901–1986) und den Niederlanden (1914–1986), in: Kölner Zeitschrift für Soziologie und Sozialpsychologie 46 (1994), S. 619–645, hier: S. 623. Da diese »partnersuchenden Angehörigen« aber statistisch nicht erfaßt werden können, wird in der interkonfessionellen Eheforschung vereinfachend auf einen Berechnungskoeffizienten zurückgegriffen, der den prozentualen Anteil der religiösen Gruppe mit ihrem tatsächlichen Eheverhalten in Beziehung setzt.

[144] Tatsächlich dürfte jedoch aufgrund der geringeren Heiratswilligkeit sowohl bezüglich des Anteils derer, die überhaupt heirateten, als auch bezüglich des höheren Heiratsalters der Juden und Protestanten im Vergleich zu den Katholiken der prozentuale Anteil der partnersuchenden Katholiken noch etwas über, derjenige der Protestanten und Juden unter dem Bevölkerungsanteil gelegen haben. So auch Usiel O. SCHMELZ, Die demographische Entwicklung der Juden in Deutschland von der Mitte des 19. Jahrhunderts bis 1933, in: Zeitschrift für Bevölkerungswissenschaft 8 (1982), S. 31–72, hier: S. 43.

[145] Im langfristigen Vergleich der Entwicklungslinien des Eheverhaltens gilt es die Verschiebungen des konfessionellen Gleichgewichts zu berücksichtigen und den Wahrscheinlichkeitswert entsprechend anzupassen.

Wahrscheinlichkeitswert.[146] Der Anteil der Mischehen stieg bis 1922 auf 26 %, um dann bis 1933 konstant auf diesem Niveau zu bleiben und zwischen 1933 und 1936 um einen halben Prozentpunkt zu sinken.[147] Bemerkenswert hieran ist, daß der zunehmende Anteil der Mischehen bis 1922 auf die geringere Zahl katholischer Binnenehen und nicht auf eine absolute Erhöhung der Mischehenzahlen zurückzuführen ist. Damit öffnete sich trotz eines allgemeinen Modernisierungsschubs in den 1920er Jahren die katholische Bevölkerung nur geringfügig einer gemischt-religiösen Ehe.

Unter den eingegangenen Mischehen waren katholisch-protestantische Verbindungen deutlich über- und katholisch-jüdische Ehen stark unterrepräsentiert. Bei einer Verteilung von knapp 20 % Protestanten zu gut 2 % Juden an der Bevölkerung hätte die wahrscheinliche Verteilung der Mischehenquote bei 10 zu 1 liegen müssen, tatsächlich betrug der prozentuale Anteil der katholisch-jüdischen Ehen unter allen Mischehen aber nur 2 statt 10 %. Und unter allen eingegangenen Ehen lag der Anteil der katholisch-jüdischen Ehe im Durchschnitt bei 0,5 % (gegenüber 2,3 % an der Gesamtbevölkerung) während die katholisch-protestantische Ehe im Schnitt 25–27 % (gegenüber 18 % an der Gesamtbevölkerung) betrug. Daß unter den Kölner Katholiken grundsätzlich eher die Heirat mit einem protestantischen Partner in Frage kam, kann nicht auf soziale Schichtunterschiede zurückgeführt werden, da beide Minderheitengruppen mehrheitlich im städtischen Bürgertum verankert waren und sich auch in ihrem übrigen demographischen Verhalten ähnelten. So scheinen antijüdische Barrieren oder jüdische Heiratspräferenzen und nicht die Minderheitengröße und Sozialstruktur die Heiratsmuster mitgeprägt zu haben. Erstaunlich ist dabei zum einen die relative Konstanz dieses Verhältnisses über den gesamten Untersuchungszeitraum, die sich völlig unbeeindruckt von antisemitischen Konjunkturzyklen zeigte, und zum anderen die absolut gesehen geringe Zahl der statistisch erfaßten katholisch-jüdischen Ehen, die zwischen 26 und 45 Ehen pro Jahr pendelten.[148]

---

[146] Als Berechnungsgrundlage dienen, wie erwähnt, die Tabellen der »Religion der Eheschließenden« der Statistischen Jahrbücher der Stadt Köln. Um Kontinuitäten und Brüche gegenüber Kaiserreich und Nationalsozialismus erfassen zu können, wurden die Jahre 1911–1913 und 1933–1936 in die Analyse der Jahre 1918–1932 mit einbezogen. Für das Jahr 1931 konnten keine statistischen Angaben ermittelt werden.

[147] Unter insgesamt 134 528 Ehen mit mindestens einem katholischen Partner waren 34 114 Mischehen, die insgesamt in diesem Zeitraum geschlossen wurden. Unter den Mischehen wurden 31 969 katholisch-protestantische Ehen und 635 katholisch-jüdische Ehen geschlossen. Daß die Zahl der Mischehen im Nationalsozialismus leicht zurückging, könnte möglicherweise auf Schließungstendenzen im katholischen Milieu hinweisen.

[148] So schwankte der Prozentsatz der katholisch-jüdischen Ehen in den statistischen Jahrbüchern lediglich zwischen einem Prozentsatz von 0,4 % und 0,7 %. Diese Schwankungen verteilten sich willkürlich über den gesamten Zeitraum der Republik und zeigten keine zeitlichen Schwerpunkte.

Unter den Kölner Protestanten war die Neigung zur endogamen Ehe trotz ihres höheren »Modernisierungsgrads« deutlich stärker ausgeprägt als unter den Katholiken, wenn auch mit abnehmender Tendenz. Denn während 1911 die tatsächliche Binnenehequote noch 11 % über der rechnerisch zu erwartenden Quote lag, hatte sich der Abstand zwischen wahrscheinlicher und faktischer Binnenehe bis 1933 auf knapp 5 % verringert, so daß am Ende der Weimarer Republik kaum mehr von einer Dominanz protestantischer Binnenheirat gesprochen werden kann.[149] Trotzdem wird deutlich, daß im städtischen Raum der Weimarer Republik das gruppenspezifische Verhalten der protestantischen Minderheit schwerer wog als ihr allgemeiner »Modernisierungsstand«.

Fest steht ferner, daß die Kölner Protestanten im statistischen Mittel etwas häufiger eine Ehe mit einem jüdischen Partner eingingen als die Katholiken. Denn bei einer Verteilung von 80 % Katholiken und 2 % Juden hätte die Verteilung bei 40 zu 1 (oder 100 zu 2,5) liegen müssen. Tatsächlich lag die jüdisch-protestantische Mischehenquote mit 1,3 % noch immer unter dem errechneten Wert von 2,5 %, entsprach aber doch wesentlich eher den statistischen Erwartungen als im Fall der katholisch-jüdischen Mischehen. Und unter allen eingegangenen Ehen lag der Anteil der protestantisch-jüdischen Ehen im statistischen Mittel immerhin bei 0,7 %. Hierbei gilt es zu bedenken, daß für eine Verbindung mit einem jüdischen Ehepartner die vergleichbar gehobene soziale Situation und die gemeinsame Minderheitenerfahrung sprach, daß es aber andererseits in einer katholisch dominierten Stadt immer noch von größerem Vorteil war, einen katholischen als einen jüdischen Partner zu heiraten. Angesichts dieser Überlegungen wird einmal mehr deutlich, daß nur die Kombination der quantitativen mit der qualitativen Analyse der Beziehungen definitive Aussagen zum Eheverhalten bringen kann, zumal auch die protestantisch-jüdische Mischehenquote konstant blieb und die durchschnittlich 10–20 protestantisch-jüdischen Ehen pro Jahr, die in den statistischen Jahrbüchern der Stadt Köln verzeichnet sind, ein verschwindend geringes Phänomen darstellen.

Bei den Kölner Juden erfolgte die Öffnung zur Mischehe anders als bei ihren christlichen Mitbürgern nicht langsam und blieb dann seit Anfang der 1920er Jahre relativ konstant. Vielmehr nahm ihr prozentualer Anteil erst in der zweiten Hälfte der 1920er Jahre dramatisch zu, also zu einem Zeitraum, als der Antisemitismus in Köln eine neue Dimension annahm.[150] Auch hier gilt einmal mehr festzuhalten, daß die steigende Mischehenquote nicht auf

---

[149] Unter 45 659 Ehen mit mindestens einem protestantischen Partner waren 32 289 Mischehen, davon, wie oben erwähnt, 31 969 katholisch-protestantische und 320 protestantisch-jüdische Ehen. Die Mischehenquote hatte in den Jahren zwischen 1911 und 1913 bei 70,6 % im Mittel gelegen und pendelte zwischen 1919 und 1933 zwischen 72 und 76 %.

[150] Unter 2 856 Ehen mit mindestens einem jüdischen Partner wurden 995 christlich-jüdische Ehen geschlossen, davon gehörten 635 Ehepartner der katholischen Konfession und 320 dem protestantischen Glauben an.

einer absoluten Zunahme der christlich-jüdischen Ehen, sondern auf einem niedrigeren Niveau der jüdischen Binnenehe ab Mitte der 1920er Jahre beruhte. Während die Mischehenrate zwischen 1911–1913 nur 33 % betragen hatte und im statistischen Mittel angesichts der vergleichsweise hohen Zahl jüdischer Binnenehen 1918–1924 sogar auf 29 % gesunken war, betrug sie zwischen 1925–1933 im Durchschnitt 41,4 % und 1933 47,1 %.[151] Damit lag aber selbst in der Endphase der Republik die Binnenehenquote noch um 50 % über der zu erwartenden Annahme.[152] Trotz ihres erheblich geringeren Anteils an der Gesamtbevölkerung und der überproportional steigenden Öffnung zur Mischehe war die Neigung zur Endogamie unter den Kölner Juden also ungleich stärker ausgeprägt als unter der protestantischen Minderheit.

Es bestätigt sich noch klarer, daß unter den von Juden eingegangenen Verbindungen die jüdisch-protestantischen Ehen statistisch gesehen eindeutig überwogen, auch wenn absolut gesehen mehr katholisch-jüdische Ehen eingegangen wurden: Obwohl die Protestanten nicht einmal ein Fünftel der Gesamtbevölkerung stellten, machten die protestantisch-jüdischen Partnerschaften ein Drittel aller gemischtkonfessionellen Ehen mit einem jüdischen Partner aus. Dieser hohe Prozentsatz könnte ebenso auf bestehende Vergesellschaftungslinien innerhalb des städtischen Bürgertums wie auf die sozialen Ehestrategien der Kölner Juden hindeuten. Angesichts der absolut gesehen geringen Zahl jüdisch-protestantischer Ehen erklärt es sich, daß diese im statistischen Profil der protestantischen Ehen jedoch kaum ins Gewicht fielen.

So ist als Fazit für das interkonfessionelle Profil festzuhalten, daß sich prinzipiell alle Bevölkerungsgruppen einer Mischehe öffneten, jedoch in unterschiedlichem Maße. Im städtischen Raum zeigten beide religiöse Minderheiten trotz ihres höheren »Modernisierungsstands« ein deutlich endogameres Eheverhalten als die katholische Mehrheitsbevölkerung, so daß dieser Faktor im lokalen Raum nicht überbewertet werden sollte. Die Neigung zur Binnenehe blieb

---

[151] Die kumulative Mischehenrate, das ist der Prozentsatz aller Juden in Köln, die Nichtjuden heirateten, war natürlich beträchtlich niedriger. Der Statistik der Kölner Synagogengemeinde folgend, bestanden 1929 in Köln unter 3 300 Ehen mit einem Gemeindemitglied 800 Mischehen, was einem Prozentsatz von 24,2 % entspricht. Die Differenz aus den Ehezahlen der Statistischen Jahrbücher und den jüdischen Angaben ergibt sich daraus, daß der gewählte Erfassungszeitraum der Jahrbücher erst 1911 beginnt und die Jahre des Ersten Weltkriegs ausspart, während die jüdischen Gemeindeangaben alle lebenden Ehepaare berücksichtigen. Die Zahlen sind entnommen aus Kölner Jüdisches Wochenblatt, 5. Juli 1929. Den Begriff der kumulativen Mischehenrate übernehme ich von Marsha ROZENBLIT, The Jews of Vienna 1867–1914: Assimilation and Identity, Albany/New York 1984, S. 135. Nach Kauders lag die durchschnittliche Mischehenquote in Köln 1926 bei 28,5 %. KAUDERS, German Politics, S. 17.

[152] Daß sich bereits vor den Nürnberger Gesetzen die nationalsozialistische Diskriminierungsatmosphäre in Köln auswirkte, zeigt der Rückgang der christlich-jüdischen Ehen in den Jahren 1934 und 1935, als sich die Heiratszahlen von 56 (1933) auf 25 (1934) und 10 (1935) reduzierten. Die zunehmende gesellschaftliche Isolierung und der Zusammenschluß der verfolgten Minderheit ließ den Prozentsatz der endogamen Ehen unter den Juden auf 79,2 % (1934) und 90 % (1935) hochschnellen.

bis 1933 bei den Juden noch ungemein stärker ausgeprägt als bei den Protestanten und bestätigt damit die gruppenspezifischen Tendenzen der jüdischen Bevölkerung, die bereits der interkonfessionelle Vergleich des Wohnverhaltens gezeigt hat. Der interkonfessionelle Vergleich zeigt auch deutlich divergierende Präferenzen, welchen andersgläubigen Partner man bevorzugte. Sowohl Katholiken als auch Protestanten neigten eher zu einer christlich-christlichen als zu einer christlich-jüdischen Mischehe, was auf antijüdische Barrieren hindeutet. Sie taten dies jedoch nicht im gleichen Maße. Protestantisch-jüdische Verbindungen waren statistisch gesehen wesentlich häufiger, als zu erwarten gewesen wäre. Hieraus aber eine größere soziale Nähe zwischen den religiösen Minderheitengruppen, stärkere Kohäsionskräfte innerhalb des katholischen Milieus oder eine stärker antisemitisch motivierte Ablehnung der christlich-jüdischen Ehe in der katholischen Mehrheitsbevölkerung abzuleiten wäre rein spekulativ – zumal deutlich wird, daß die Mischehenzahlen für sich genommen weder als eindeutiger Indikator eines selbstverständlicheren Umgangs noch als manifester Ausdruck einer zunehmend feindseligen Umgebung herangezogen werden können. Denn die Zahl der christlich-jüdischen Ehen blieb absolut gesehen insgesamt auf einem erstaunlich niedrigen Niveau und unabhängig von gesellschaftlichen Entwicklungen und antisemitischen Hochphasen frappierend konstant, so daß letztlich nur eine inhaltliche Analyse des Mischehenbilds und -alltags Aussagen über Verbreitung und Wirkung der Ressentiments gegenüber einer jüdisch-christlichen Ehe im Vergleich zur protestantisch-katholischen Ehe geben kann.

3.2. Der katholisch-protestantische Mischehenstreit

Der wachsenden Bereitschaft der christlichen Bevölkerung zur Mischehe stand ihre strikte Ablehnung im traditionellen Gruppen- und Milieuzusammenhang gegenüber, zumindest auf der normativen Ebene der Kirchen- und Milieuoberen. Schließlich wurde der Ehe so viel Beachtung beigemessen wie keiner anderen Beziehungsform. Sie galt als Garant der christlichen Gesellschaftsordnung im säkularen Staat und als notwendige Voraussetzung zur demographischen Sicherung der eigenen Gruppe. Besonders harsch fiel die Kritik an den Mischehen im katholischen Milieu aus. Zahlreiche Hirtenschreiben und Predigten warnten vor ihren angeblichen Gefahren. Gedacht wurde dabei wie in dem unten zitierten Bischofsschreiben stets an protestantisch-katholische Verbindungen und nicht an jüdisch-christliche Ehen:

> »Wie betrübend ist es aber, wenn die Kirche sehen muß, wie in den Reihen ihrer eigenen Kinder Verderben einreißt! Unsagbar traurigen und großen Schaden bringen der Kirche die gemischten Ehen, jene Verbindungen, die Katholiken mit nichtkatholischen Christen eingehen«.[153]

---

[153] Gemeinsames Hirtenschreiben der deutschen Bischöfe über die gemischten Ehen, 7. November 1922, AEK, CR I, 17.1,4. So heißt es ferner in diesem Hirtenbrief: »Die Misch-

Die Kirchenoberen zeichneten ein Bild religiöser Zwietracht und Indifferenz der Eheleute, vor allem aber warnten sie vor der drohenden Schwächung der Kirche durch die geringeren Geburten- und höheren Scheidungsquoten der in Mischehe lebenden Katholiken. Außerdem geißelten sie die Erziehung der Kinder im anderen Glauben.[154] Doch auch in den vernichtendsten Untergangsvisionen der katholischen Kirche, die den Niedergang der Kirche in völkischen Metaphern wie der »Verwässerung des katholischen Blutes« und dem »weißen Tod des Volkes« ausmalten, wurden lediglich die Protestanten und nicht die Juden als Bedrohung identifiziert. Dies verweist darauf, wie verbreitet diese Sprachbilder waren und keineswegs immer in ein geschlossenes völkisches Denkbild integriert sein mußten.[155] Daß sich die katholische Kirche kaum gegen die jüdisch-christliche Ehe wandte, erklärt sich mit der vergleichsweisen geringen Zahl jüdisch-katholischer Ehen. Selbst wenn sich katholische Mitglieder einer jüdisch-katholischen Familie tatsächlich der Kirche entfremden sollten, wäre dies quantitativ kaum spürbar gewesen.[156]

Demgegenüber besaßen die protestantisch-katholischen Mischehen in Köln nicht nur eine beachtliche quantitative Dimension, sondern bildeten seit der Eingliederung des katholischen Rheinlands in das protestantische Preußen zugleich einen zentralen Streitpunkt im katholisch-(protestantisch-)preußischen Konflikt um die Trennung zwischen Staat und Kirche, genauer um die Kultur- und Rechtshoheit des Staates gegenüber dem Anspruch kirchlicher Selbstverwaltung, der nicht zuletzt Fragen der Schul- und Ehegesetzgebung berührte.[157]

---

ehe ist das Grab des Katholizismus! 70 % der Diaspora-Katholiken schließen Mischehen. 70,3 % dieser Mischehen sind ohne kirchliche Trauung. 40 % Mischehenkinder jährlich ohne katholische Taufe«. Vgl. außerdem: An den hochwürdigen Seelsorgeklerus des Erzbistums von Kardinal Schulte, 31. Juli 1923; abgedruckt in: Kirchlicher Anzeiger für die Erzdiözese Köln, 1. August 1923; Gesuche um Dispens vom Ehehindernis der gemischten Religion, Generalvikariat, 7. September 1925, in: Ebenda, 14. September 1925; sowie Ein ernstes Bischofswort zu den gemischten Ehen. Empfehlung des Generalvikariats, 1. Juni 1930, in: Ebenda, 1. Juni 1930. Vgl. zur Haltung der katholischen Kirche zur Mischehenfrage auch SCHANK, »Kölsch-katholisch«, S. 331–340.

[154] »Die Mischehe als typische Großstadterscheinung«. Entwurf für die Beratungen des Vertretertages auf dem Katholikentag in Essen, AEK, Gen. I, 3.8. Dabei wurde nicht nur in der jüdischen, sondern auch in der älteren katholischen Forschung die demographische Bedrohungsperspektive übernommen. Vgl. etwa Friedrich Hermann FONK, Das staatliche Mischehenrecht in Preußen vom allgemeinen Landrecht an. Eine rechtsgeschichtliche Untersuchung, Bielefeld 1961, S. 13–15.

[155] Die völkischen Metaphernzitate sind ebenfalls entnommen dem Entwurf für die Beratungen des Vertretertages auf dem Katholikentag in Essen »Die Mischehe als typische Großstadterscheinung«.

[156] So führt eine kirchliche Statistik aus dem Bereich der vier Standesämter der Altstadt Kölns für das Jahr 1920 aus, daß der katholischen Kirche durch katholisch-protestantische Mischehen 540 Kinder, aus Ehen mit Juden hingegen 10 Kinder »entzogen« würden, indem sie nicht katholisch getauft worden seien. AEK, GVA Köln überh., 74. Auch Meiring führt diesen Grund für das geringe Interesse der katholischen Kirche an katholisch-jüdischen Ehen an. MEIRING, Mischehe, S. 33.

[157] Vgl. HERRES, Städtische Gesellschaft, S. 12–15.

Der Mischehenstreit beruhte auf Differenzen zwischen dem katholischen, sakramentalen Eheverständnis, das eine Mischehe nur dann akzeptierte, wenn die Trauung nach katholischem Ritus vollzogen wurde und die Erziehung der Kinder im katholischen Glauben garantiert war, und dem säkularen preußischen Zivileherecht, nach dem eine Mischehe von der Kirche auch dann anzuerkennen war, wenn sie dem bürgerlichen, nicht aber dem kanonischen Recht entsprach.[158]

Noch 80 Jahre nachdem der Mischehenkonflikt im sogenannten Kölner Kirchenstreit 1837 eskaliert war, nach der Beilegung des Kulturkampfes, der Kodifikation des Zivileherechts 1874/75 und der (kurzfristigen) Liberalisierung des katholischen Kirchenrechts bestanden in der Weimarer Republik grundsätzliche Spannungen zwischen den christlichen Konfessionen hinsichtlich der Mischehen. Aus protestantischer Perspektive erschien die Neukodifizierung des *Codex Iuris Canonici* im Mai 1917 als eine erneute Verschärfung des Konflikts, weigerte sich doch die katholische Kirche nach einer kurzen Entspannungsphase bei Strafe der Nichtigkeitserklärung wiederum, eine gemischte Ehe zu akzeptieren, die nicht nach katholischem Kirchenrecht geschlossen worden war. Hinzu kam der erbitterte Kampf um die religiöse Erziehung der Kinder, in dem beide Kirchen seit der Mitte des 19. Jahrhunderts mit massiven Sanktionen drohten, falls die Nachkommen im jeweils anderen Glauben erzogen werden sollten.[159] Für reichlich Sprengstoff in dieser Frage sorgte bis zum Erlaß eines Reichsgesetzes im Juli 1921 eine preußische Regelung, die auf eine Kabinettsorder Friedrich Wilhelms III. von 1825 zurückging und verfügte, daß die Kinder aus Mischehen in der Religion des Vaters zu erziehen seien, solange nicht in beiderseitigem Einvernehmen anderes beschlossen wurde. Auch nach dem Tod des Vaters sollten sie von der andersgläubigen Mutter in dessen Glauben erzogen werden, sofern sie nicht einen einjährigen Religionsunterricht in der Konfession der Mutter absolviert hatten.[160] In einer Stadt wie Köln, in der protestan-

---

[158] BLASIUS, Ehescheidung, S. 22, 44; und FONK, Mischehenrecht, S. 13–18. Dem Lutherischen Eheverständnis als einer weltlichen (und nicht sakramentalen) Angelegenheit folgend, legte das protestantische Kirchenrecht die Ehe in den Zuständigkeitsbereich der weltlichen Gesetzgebung und paßte 1874 trotz bestehender kirchlicher Vorbehalte gegenüber den gemischten Ehen das Kirchenrecht dem Zivilrecht an. BLASIUS, Ehescheidung, S. 22; MEIRING, Mischehe, S. 28; und Gabriele MÜLLER-LIST, Die Sozialstruktur der evangelischen Einwohner Bonns im 19. Jahrhundert, Bonn 1980, S. 154.

[159] Eine preußische Deklaration aus dem Jahr 1853, die 1873 noch einmal allen Offizieren in Erinnerung gebracht wurde, drohte jedem protestantischen Offizier im Falle eines Versprechens, seine zukünftigen Kinder katholisch zu erziehen, die sofortige Entlassung aus dem Heeresdienst an. Ferner verbot die protestantische Trauungsformel vom 27. Juli 1880 die Einsegnung jener gemischten Ehen, die kein protestantisches Kinderversprechen ablegten. Und nach der Bonner Kirchenordnung von 1880 durften katholisch getraute Protestanten weder ein kirchliches Amt bekleiden noch ihr kirchliches Wahlrecht ausüben und mußten in schweren Fällen auch auf die Übernahme der Taufpatenschaft verzichten. MEIRING, Mischehe, S. 29–31; und MÜLLER-LIST, Sozialstruktur, S. 58.

[160] HERRES, Städtische Gesellschaft, S. 12. Das Reichsgesetz ist abgedruckt in: Kirchlicher Anzeiger für die Erzdiözese Köln, 1. November 1921.

tisch-katholische Ehen bevorzugt zwischen (zuziehenden, ledigen) Protestanten und Katholikinnen geschlossen wurden, führte diese patriarchal-bevormundende Familienpolitik nicht nur zu schweren Alltagsproblemen und -konflikten gerade im Ersten Weltkrieg, als die (konfessionelle) Erziehung gänzlich in der Hand der z. T. verwitweten, meist katholischen Mutter lag, sondern galt der katholischen Kirchenspitze auch als Beweis preußisch-antikatholischer Diskriminierungspraxis.[161] Umgekehrt erschien der protestantischen Kirche die Verschärfung der katholischen Ehepolitik als Refundamentalisierung und Affront gegen die protestantische Minderheit.

Der Streit um die Mischehen bewegte sich nicht nur auf der normativen (Rechts-)Ebene, sondern wurde in Köln von den katholischen und protestantischen Milieuspitzen über ein dichtgewebtes Seelsorgenetz in den Alltag des Kirchenvolks getragen: Auf katholischer Seite intensivierte man die »seelsorgliche« Behandlung der Mischehenfrage durch Warnungen und Ermahnungen in der Jugendarbeit allgemein und gegenüber jenen Gemeindemitgliedern, von deren Heiratsplänen der Pfarrer im direkten Gespräch oder im dichten Netz sozialer Kontrolle erfahren hatte.[162] Sollten diese Ermahnungen nicht fruchten, drohte der Pfarrer damit, die Ehe nicht anzuerkennen, wenn sie nicht nach katholischem Recht geschlossen würde.

Diese Praxis rief wiederum heftigen Protest des Kölner evangelischen Pfarrkollegiums und Presbyteriums hervor, das selbst sein Hauptaugenmerk auf die »Fürsorge« der bestehenden Mischehen auf der Gemeindeebende gelegt hatte: »Wir verwahren uns [...] auf das entschiedenste gegen den Versuch der katholischen Kirche, die evangelisch eingesegneten Mischehen zu wilden Ehen herabzuwürdigen«.[163] Die protestantischen Kirchengremien warfen der katholischen Kirche vor, mit ihrer »krassen Unduldsamkeit« den konfessionellen Frieden aufs stärkste zu stören, und kündigten an, nun ihrerseits in Kanzel-

---

[161] So wurde von katholischer Seite immer wieder die paritätische Erziehung der Kinder nach dem Willen der Eltern gefordert. Beispielhaft sei eine Denkschrift »Zur Frage der religiösen Erziehung der Dissidentenkinder« zitiert, die sich auch mit der Frage der Erziehung von Kindern aus gemischten Ehen auseinandersetzt: »Auch hier muß die Kirche für sich das Recht ansprechen, daß sie, und zwar sie allein bestimmt, wie diese Kinder konfessionell zu erziehen sind. [...] Da die Kirche aber mit diesem Anspruch dem modernen paritätischen Verfassungsstaat gegenüber nicht durchkommt, bleibt ihr nichts anderes übrig, als darauf zu bestehen, daß der Wille der Eltern maßgebend sein muß für die konfessionelle Erziehung der Kinder«. AEK, Gen. I, 22.5,1.

[162] »In Städten übernehmen ältere Mitglieder der Jungfrauenkongregration [...], sobald sie von der gemischten Bekanntschaft eines Mädchens erfahren, dasselbe selbst zu beraten oder den Geistlichen möglichst bald auf die Gefahr der Mischehe aufmerksam zu machen«. Bischöfliche Anweisung über die seelsorgliche Behandlung der Mischehen vom 7. Januar 1923, AEK, CR I, 2.3,2. In einer Anweisung Kardinal Schultes an den Seelsorgeklerus, vom 31. Juli 1923 sollten die Laienhelfer auch »wilden Ehen nachgehen und bereits geordnete Fälle nachbehandeln«. Abgedruckt in: Kirchlicher Anzeiger für die Erzdiözese Köln, 1. August 1923.

[163] Zur Frage der Mischehe, in: Kirchlicher Anzeiger für die evangelischen Gemeinden zu Köln, 9. Januar 1921; und Aus der Gemeinde, in: Ebenda, 16. Januar 1921.

verkündigungen und im persönlichen Gespräch auf die in Mischehe lebenden Protestanten einwirken zu wollen, sich den katholischen »Anmaßungen« nicht zu unterwerfen.[164] Angesichts des erbitterten protestantisch-katholischen Mischehenstreits ignorierte die protestantische Kirche die ohnehin verschwindend geringe Zahl protestantisch-jüdischer Ehen ebenfalls und enthielt sich ihnen gegenüber jeden negativen Kommentars, obwohl die Vertreter der Kölner Synagogengemeinde die Mischehe mindestens so stark ablehnten wie die katholische Kirche und beide in ihrer Fundamentalkritik gegenüber der staatlichen Ehe Bündnisse eingingen.

So wenig die christlich-jüdische Ehe für die christlichen Kirchen von Bedeutung war, so stark wurde ihre Zunahme von den jüdischen Zeitgenossen als demographische Gefahr und als letzter Schritt der Abkehr vom Judentum erregt kritisiert und die Mischehenentwicklung als Katastrophe bewertet.[165] Auf der religiösen Argumentationsebene bewegte man sich dabei in deutlicher Nähe zum Katholizismus und lehnte ebenfalls Mischehen ab, die nicht nach dem eigenen Ritus vollzogen wurden. Man ging sogar noch einen Schritt weiter und verweigerte selbst dann die Anerkennung der Mischehe, wenn die Erziehung der Kinder im jüdischen Glauben zugesichert wurde.[166] Auf diesem ähnlichen Eheverständnis kooperierten der orthodoxe Rabbiner Dr. Carlebach und der Kölner Erzbischof Hartmann im Juni 1915, als sie sich »als Hüter der Religion« gemeinsam gegen die Wiederverheiratung »falscher« Kriegerwitwen nach bürgerlichem Recht engagierten.[167]

So wird deutlich, daß die jüdischen und katholischen Bewertungen der Mischehe große Übereinstimmungen zeigten, indem sie das religiös fundierte Eherecht über das bürgerliche Eherecht stellten, dem die protestantisch-lutherische Kirche bei allen Schutzbemühungen um das eigene Kirchenvolk verpflichtet war. Diese gemeinsame Haltung führte auch zu einem Zusammengehen der katholischen Kirchen- und Synagogenspitzen auf der Handlungsebene.

[164] Ersichtlich aus den Dokumenten der Akte Amtshandlungen, Trauungen, auch gemischte Ehen 1904–1925, Archiv der Evangelischen Gemeinde Köln, 23–3,2. Die Schriftleitung der evangelischen Kirchenzeitung empfahl ihren Lesern in diesem Zusammenhang, die Erklärung des Pfarrkollegiums aufzubewahren und hinzuzuziehen, wenn »die Liebe junge Herzen verschiedenen Bekenntnisses zusammenführe«, um diese rechtzeitig zu unterrichten, welchen Weg sie gehen müßten, »um ohne Gewissendruck in Wahrung der Freiheit und der Würde ihr Eheglück zu erflehen«. Zur Frage der Mischehe, in: Kirchlicher Anzeiger für die evangelischen Gemeinden zu Köln, 9. Januar 1921.

[165] Verluste, in: Israelitisches Gemeindeblatt, 1. Juni 1917; Kommentar zur Statistik der Kölner Synagogengemeinde, in: Kölner Jüdisches Wochenblatt, 25. April 1930.

[166] »Dagegen halten wir daran fest, daß auch das Judentum eine Mischehe nicht als jüdische ansehen kann, weil sie bürgerlich anerkannt ist. Hier fehlt eine Grundvoraussetzung für die seelische Übereinstimmung, die wir von jüdischen Eheleuten fordern müssen. Auch Gewährenlassen des nichtjüdischen Gatten genügt nicht; auch nicht die Erziehung der Kinder im Judentum«. Jüdisches Eherecht und jüdische Ehe, in: Kölner Jüdisch-Liberale Zeitung, 27. Januar 1928.

[167] Schreiben Carlebachs an Hartmann, 21. Juli 1915, AEK, Gen. I, 13.2,1.

Angesichts der geringen Zahlen jüdisch-christlicher Ehen in Köln und angesichts des in den 1920er Jahren heftig aufgeladenen protestantisch-katholischen Mischehenstreits waren die Milieueliten und normativen kirchlichen Positionen weit davon entfernt, »allgemeine Reinheits- und Homogenitätsvorstellungen« oder antijüdische Ressentiments zu verbreiten.

Erst unter dem rassenpolitischen Druck der Nationalsozialisten wurden die christlich-jüdischen Ehen – nun staatlicherseits offiziell als Rassenmischehen definiert[168] – im katholischen Milieu als Problem wahrgenommen und verstärkt thematisiert. Dies geschah jedoch weniger aus Sorge um die in Mischehe lebenden jüdisch-katholischen Paare, sondern weil sich die nationalsozialistische Agitation gegen das katholische Eherecht richtete. Denn eine nach kanonischem Recht geschlossene Ehe galt weiterhin als unlösbar und Ehen mit getauften Juden als rechtens, obwohl dies den Bestimmungen der Nürnberger Gesetze widersprach.[169] So attackierte beispielsweise Julius Streicher im Dezember 1935 auf einer Großkundgebung in der Kölner Rheinlandhalle die katholische Kirche, weil sie »eher die Ehe zwischen einer Katholikin und einem getauften Juden oder Neger gut heiße als unter protestantischen und katholischen Deutschen«.[170] Gegen diese Angriffe auf das sakramentale Eheverständnis setzten sich die katholischen Kölner Kirchenspitzen zur Wehr und übten – gleichfalls in die Offensive gehend – in Hirtenbriefen und Predigten öffentlich Kritik an der Auflösung sogenannter »rassisch gemischter Ehen« nach den Nürnberger Gesetzen im September 1935.[171] Dies verstoße gegen das Dogma von der Unlösbarkeit katholisch geschlossener Ehen:

---

[168] In einem Erlaß des Ministers für Wissenschaft, Erziehung und Volksbildung vom 23. Mai 1935 wurde der kirchliche Begriffsgebrauch der interkonfessionellen Ehe explizit verworfen und verfügt, daß im behördlichen Verkehr unter »Mischehe« »eine zu einer Rassenmischung führende Ehe verstanden werden solle«, »d. h. eine solche, die zwischen einem Arier und einer Nichtarierin oder umgekehrt geschlossen wurde«. Ministerialerlaß Nr. 1678, AEK, CR I, 17.1,4. Siehe zur NS-Politik gegenüber jüdisch-christlichen Mischehen Beate MEYER, »Jüdische Mischlinge«. Rassenpolitik und Verfolgungserfahrung 1933–1945, Hamburg 1999, S. 26–29; und für das Rheinland LEKEBUSCH, Not, S. 36–44 und 79–84.

[169] Die katholischen Bischöfe wiesen angesichts der nationalsozialistischen Begriffsverwendungen frühzeitig darauf hin, daß sie bei glaubensgleichen Ehen mit einem vom Judentum konvertierten Katholiken die »Rassenverschiedenheit« niemals als indispensables Ehehindernis anerkennen würden. Vgl. Cornelia ESSNER, Die Alchemie des Rassenbegriffs und die »Nürnberger Gesetze«, in: JbfA 4 (1995), S. 201–223, hier: S. 207.

[170] Bericht über die Rede Streichers und die begeisterten Reaktionen, AEK, Gen. II, 8.4,1a.

[171] Das Landgericht Köln hatte bereits im Dezember 1933 einer Eheanfechtungsklage eines nichtjüdischen Ehemanns gegen seine jüdische Ehefrau mit der Begründung stattgegeben, daß zu den persönlichen Eigenschaften eines Menschen seine Rassenzugehörigkeit in erster Linie gehöre und die Ehe nicht geschlossen worden wäre, wenn dem Ehemann die Sachlage klar gewesen wäre. Diese Information ist dem Gemeindeblatt der israelitischen Gemeinde zu Köln vom 29. Dezember 1933 entnommen.

»Dazu müssen die deutschen Bischöfe pflichtgemäß seelsorglich erklären, daß im Gewissen vor Gott das sakramentale Band der gültig geschlossenen, vollzogenen Ehe nicht irgendwie gelöst werden kann. [...] Mit herzlichstem Mitleid nimmt das ganze katholische Volk, nehmen seine Priester und Bischöfe teil an dem schweren Kreuz, das nunmehr über die rassischen Mischehen zu kommen droht«.[172]

Doch selbst in dieser kritischen Äußerung vollzog der Kölner Erzbischof die nationalsozialistisch verordnete begriffsgeschichtliche Verschiebung der Mischehe von der Glaubensmischehe zur Rassenmischehe nach. Und die Argumentation des Kölner Domvikars Josef Teusch, der in seinen »Abwehrheften und -predigten« die katholische Kirche gegen nationalsozialistische Angriffe zu verteidigen suchte, erhob diese sogar zur traditionsreichen Hüterin der Rassegesundheit und argumentierte ganz im Sinne der NS-Rassenlogik:

»So weit bestimmte Rassen-Mischehen mit mehr oder weniger Sicherheit eine lebensuntüchtige, kranke, ›charakterlich-gespaltene‹ Nachkommenschaft erwarten lassen, sind sie schon immer durch die allgemein-kirchliche Mahnung verwehrt, daß die Eheleute sich vor der Kirche prüfen und ihr Gewissen befragen, ob sie einmal vor ihren Kindern ihre Ehe verantworten können«.[173]

Während sich die katholische Kirche zwar seit Mitte der 1930er Jahre an die NS-Sprache und -logik annäherte, im Kern aber an ihrem staatskritischen Eheverständnis festhielt, zeugte die protestantische Kirchenpolitik unter dem Kölner Superintendenten Georg Klingenburg, einem ehemaligen Parteimitglied der DNVP, bereits ab 1933 von einer deutlichen Nähe zu den Deutschen Christen und der nationalsozialistischen Rassenideologie.[174] Hierfür sprach nicht nur die sofortige Entlassung evangelischer Kirchenangestellter jüdischer Herkunft aus dem Kirchendienst, sondern auch sein im Dezember 1933 vorgelegter Antrag zur erschwerten Aufnahme von Juden in die evangelische Kirche. Der darin gebrauchte Terminus, »daß Fremdlingen der Rasse der Zugang zu den christlichen Gemeinden ihres Gastvolkes nicht verwehrt werden kann«, lag sprachlich auf der NS-Linie und führte zu einer rigiden kirchlichen Diskriminierung jüdischer Konvertiten, ohne daß jedoch die Aufnahme ehemaliger Juden in die protestantische Kirche ganz unterbunden worden wäre.[175] Von Klingenburg war ein Schutz christlich-jüdischer Ehen gegenüber den Nürnberger Gesetzen nicht zu erwarten, und er blieb auch aus.

---

[172] Abgedruckt in Gen. I 8.4. Dezidiert Stellung zur Mischehe nimmt auch die Predigt Domvikar Josef Teuschs: Treu dem Glauben, treu dem Volke, AEK, Gen. I, 22.13,1.

[173] Ebenda.

[174] LEKEBUSCH, Not, S. 55.

[175] Brief Klingenburgs an das evangelische Konsistorium, 14. Dezember 1933, abgedruckt in: Ebenda, S. 264. Vgl. hierzu allgemein auch Aleksandar-Sasa VULETLIĆ, Christen jüdischer Herkunft im Dritten Reich. Verfolgung und organisierte Selbsthilfe 1933–1939, Mainz 1999.

3.3. Christlich-jüdische Ehen

Obwohl die Milieueliten in den Weimarer Jahren die Bewertung der christlich-jüdischen Ehe nicht antisemitisch aufluden, war sie durchaus auch im Milieuzusammenhang mit negativen Vorstellungsbildern und Stereotypen verknüpft. So kolportierte das Flaggschiff des Kölner Katholizismus, die *Kölnische Volkszeitung*, 1925 eine tief im antijüdischen Vorurteilsrepertoire verwurzelte Kritik am angeblichen jüdischen Heiratsverhalten, wie sie auch von bürgerlichen Satirejournalen wie dem *Simplicissimus* oder den *Fliegenden Blättern* verbreitet wurde.[176] Diese Satiren richteten sich gegen den vermeintlich typischen jüdischen Handelsgeist, mit dem Juden in ihrer materialistischen Lebensart sogar noch die Liebe zum Geschäft machten. Marion Kaplan verweist darauf, daß sich in der Kritik an der jüdischen Geldheirat antijüdische und antikapitalistische Tendenzen verbanden und gerade unter den Verlierern der kapitalistischen Wirtschaftsordnung Geldheirat und Mitgift symbolkräftige Repräsentationen für die Macht des Geldes und ungleiche Zukunftschancen darstellten.[177] Anders als die katholische Zeitung, die mit ihrer Kolumne die Ängste und Vorstellungsbilder ihrer (klein)bürgerlichen Leserschaft bediente, vermied die sozialdemokratische *Rheinische Zeitung* 1922 jede antijüdische Konnotation in ihrer Kritik an dem weitverbreiteten »kapitalistischen Ehebegriff« in der bürgerlichen Gesellschaft und verband sie statt dessen mit einer dezidierten Kritik an der Kirche, die diese Ehen feierlich einsegnete.[178]

Insgesamt wurde die christlich-jüdische Ehe in der Kölner Publizistik aber wenig behandelt. Sie wurde zu selten thematisiert, als daß sich hier Verdichtungs- und Verschiebungsmomente antijüdischen Denkens festmachen ließen. Lediglich die DNVP-nahe *Rheinische Tageszeitung* definierte bereits in den frühen 1920er Jahren die Mischehe im rassenpolitische Sinne und lehnte sie daher als »unheilvolle Verbindung« ab, ohne sich allerdings ausführlicher mit ihr zu beschäftigen.[179] Und selbst der *Westdeutsche Beobachter* ließ sich nur in einer einzigen kleinen Notiz 1931 über die Entwicklung des jüdischen Ehever-

---

[176] Unter der Überschrift »Herr Rosenthal und die Königin« brachte die Kölnische Volkszeitung die Geschichte eines jüdisches Gastwirts, der per Heiratsannonce eine Braut suchte, sich von dieser hinsichtlich ihres Äußeren getäuscht sah und ihre Bitte, ihr zu verzeihen, ablehnte: »Herr Rosenthal ist aber ein korrekter und tüchtiger Geschäftsmann, der sich für ein gewähltes Muster nicht eine falsche Ware geben läßt. [...] und verklagte seine Exbraut zur Zahlung von 46 Mark für Reisespesen«. Kölnische Volkszeitung, 23. Oktober 1925.

[177] KAPLAN, Jewish Middle Class, S. 107.

[178] Rheinische Zeitung, 10. März 1922.

[179] So lobte sie den antisemitischen Mischeheroman *Die Jüdin* von Hans Bartsch, weil er das Scheitern dieser Ehe auf die »in dem Manne wie in der Frau unüberwindlich stark wirkenden Gesetze ihres verschiedenen Volkstums« zurückführte und in dieser Quintessenz mit der Rassenforschung übereinstimme. Rheinische Tageszeitung, 11. Januar 1922. Die gleiche Tendenz weist auch auf der Artikel Richard Wagners letzte Schrift, in: Ebenda, 14. Februar 1924.

haltens in Köln aus und fragte angesichts der steigenden Mischehenzahlen polemisch, ob immer noch keine Rassenfrage und -gefahr bestehe.[180] Unter den Kölner radikalen Antisemiten ist von einer Stilisierung der Mischehe zur »Bedrohung der arischen Rasse«, wie sie unter den völkischen Denkern des späten 19. und frühen 20. Jahrhunderts betrieben wurde, nur wenig zu bemerken.[181] Der *Westdeutsche Beobachter* wählte eine andere Methode, um intime christlich-jüdische Verbindungen zu diskreditieren und als Gefährdung der »arischen Rassereinheit« darzustellen. Immer wieder berichtete das Blatt sensationslüstern über angebliche Sittlichkeitsverbrechen jüdischer Männer an »arischen« Frauen.[182] Diese Artikel über sogenannte »Rassenschändungen« bedienten nicht nur voyeuristische und pornographische Bedürfnisse, sondern affirmierten durch die Repräsentation einer pathologischen jüdischen Sexualität und Kriminalität ein positives Selbstbild.[183] Auf der Basis des alten stereotypen Vorurteils über die abnorme Sexualität der Juden nährte der *Westdeutsche Beobachter* zugleich neue, rassenideologisch geprägte völkische Angstphantasien vor einer systematischen Rassenvergiftung und verknüpfte sie mit Angriffen gegen einzelne Personen aus dem lokalen Umfeld.[184] Diese Hetzartikel gegen exponierte Einzelpersonen kamen durch die Nennung des Berufs und Wohnorts des Beschuldigten einem faktischen Rufmord und der indirekten Aufforderung zur Gewaltanwendung gleich. Gleichwohl war diese Form der Hetzpropaganda in der Weimarer Republik mit zwei bis drei Artikeln pro Jahrgang, die erst ab 1929 einsetzten, im Vergleich zu den Verleumdungskampagnen gegen Persönlichkeiten aus dem Wirtschafts- und Kulturleben oder der Kölner Kommunalpolitik quantitativ relativ unbedeutend. Erst ab 1935 wurden die Diffamierungen zur Vorbereitung der Nürnberger Gesetze gezielt propagandistisch eingesetzt. Die

---

[180] Kölsche Klaaf, in: Westdeutscher Beobachter, 5. November 1931.

[181] Siehe hierzu auch MEIRING, Mischehe, S. 34 f.

[182] Mädchen-Schändungen durch den Juden Dr. Rubensohn, in: Westdeutscher Beobachter, 14. Oktober 1928; Wie der Möbeljude Meyer eine deutsche Frau schändete, in: Ebenda, 5. Mai 1929; oder Jüdische Skrupellosigkeit. Wieder ein deutsches Mädchen das Opfer jüdischer Gier, in: Ebenda, 9. Juli 1931. Vgl. hierzu auch SHOWALTER, Little Man.

[183] Die dominante Stereotypwahl von der Bedrohung der schwachen Arierin durch den jüdischen Mann erklärt sich meines Erachtens aus der Doppelfunktion dieses Motivs, in der überwiegend männlichen Leserschaft einerseits Angstphantasien vor der jüdischen Allmacht zu schüren und andererseits sublimierte sexuelle Wünsche zu befriedigen. Siehe zur Verbindung von Sexualität und Antisemitismus GILMAN, Rasse, S. 18 f.; und PELLEGRINI, Whiteface Performances, S. 109.

[184] »Nichtjüdinnen, besonders die der blondgermanischen Rasse, sind dem Juden Freiwild, ja, noch mehr: Der Jude betrachtet das deutsche Mädel als Mittel zum Zweck der Entartung und Vernichtung der germanisch-deutschen Rasse. [...] Nichts ist dem geilen Juden begehrlicher und der Tau Aarons läuft ihm dabei anscheinend besonders in den Bart, wenn er sich an eine schöne Goja heranpirscht und sie für seine asiatischen Wüstentriebe schänden kann. Ein solch merkwürdiger Vertreter seiner Rasse ist der Pferdehändler, weiland Ochsen- und Schweinemetzger Leo Stock in Köln-Nippes, Wilhelmstr. 55«. Versuchte Mädchenschändung, in: Westdeutscher Beobachter, 15. September 1929.

namentliche Nennung der Verurteilten nach der Einführung der Rassenschandeurteile diente als Instrument der Abschreckung.[185]

Auch wenn in der Weimarer Zeit judenfeindliche Stereotype im Kontext der Mischehendiskussion vergleichsweise selten in den Medien lanciert wurden, waren sie in der Kölner Bevölkerung fest verankert. So schildert etwa der bereits erwähnte Kaufmann Arthur Joseph in seiner Autobiographie offen, daß er Zurücksetzungen erfuhr, »wenn sich freundschaftliche Beziehungen zum anderen Geschlecht anbahnten« und er der potentiellen Partnerin zu bedenken gab, »mit wem sie sich einlasse«.[186]

Diese Ressentiments entfalteten auch im katholischen Milieuzusammenhang jenseits der normativen Äußerungen ihre Wirkung und belasteten gemischtreligiöse Ehepartner und ihre jüdischen Freunde. Ein besonders krasser Fall katholischer Judenfeindlichkeit ereignete sich im Kölner Umland im Mai 1930, als ein Pfarrer einen jüdischen Hochzeitsgast in den hinteren Teil der Kirche verbannen wollte und schließlich erbost die Trauung verweigerte, weil er mit seinem Ansinnen auf den Widerspruch der Hochzeitsgesellschaft gestoßen war.[187] Noch in seiner Rechtfertigung gegenüber dem Generalvikariat, das das Verhalten des Pfarrers nach Prüfung des Vorfalls stark kritisierte, empörte sich der Pfarrer über »das freche und geradezu skandalöse Betragen einer Jüdin« und das Verhalten der ganzen Hochzeitsgesellschaft, die in »tumultuarischer Weise für die Jüdin Partei ergriff«.[188] Der Vorfall bestätigt einmal mehr, daß innerhalb des katholischen Milieus antisemitische Tendenzen aus dem Pfarrklerus von oben restriktiv unterbunden wurden.

Auf die stärksten Vorbehalte stießen jüdische und nichtjüdische Kölner, die eine Ehe mit einem andersgläubigen Partner eingehen wollten, in der Weimarer Zeit aber im eigenen familiären Umfeld, was angesichts der Bedeutung der Ehe für das Familienansehen nicht sonderlich überrascht.[189] In der Rückschau do-

---

[185] Vgl. etwa: Rassenschänder gestellt. Die Juden Levano von der Kölner Börse ausgeschlossen, in: Westdeutscher Beobachter, 18. Februar 1935; Juda zeigt sich ohne Maske. Zwei überführte jüdische Sittlichkeitsverbrecher, in: Ebenda, 18. April 1935; Ehr- und würdelos. Verhaftungen wegen rasseschänderischer Beziehungen mit Juden, in: Ebenda, 18. Juli 1935; und Das Urteil gegen Rasseschänder Krüger, in: Ebenda, 5. November 1935.

[186] JOSEPH, Meines Vaters Haus, S. 58.

[187] Das »Fräulein Rosa W. aus Köln-Troisdorf« kam aus dem gleichen Stadtteil wie der Bräutigam Theodor K. Angesichts des Verhaltens des Pfarrers steht zu vermuten, daß auch der Bräutigam jüdischer Herkunft war und zum Katholizismus konvertierte oder daß es sich um eine Mischehe handelte, auch wenn selbiges aus den Akten nicht hervorgeht. AEK, Gen. I, 23.30,1.

[188] Stellungnahme des Pfarrers, 25. Mai 1930, AEK, Gen. I, 23.30,1.

[189] Auch hier wäre ein interkonfessioneller Vergleich zu den Reaktionen auf protestantisch-katholische Mischehen sinnvoll, scheitert aber an den Quellen. Mergel betont zwar, daß diese Ehen sogar im Kulturkampf in der Bevölkerung weitgehend akzeptiert worden seien und der Familienfriede schwerer als der religiöse Friede gewogen habe. Er verallgemeinert aber meines Erachtens seine Beobachtungen aus einigen wenigen Familien des gehobenen Wirtschaftsbürgertums zu stark. MERGEL, Klasse, S. 86.

minieren die Erinnerungen an eine vehemente Ablehnung der jüdisch-christlichen Ehe gerade in der Familie. Sie war offensichtlich so verbreitet, daß sie den meisten Betroffenen retrospektiv als selbstverständlich erschien.[190] Der Grad der familiären Ablehnung hing von zahlreichen Faktoren ab: Je religiöser und wohlhabender die Familie, je konservativer in ihrer politischen Einstellung und in den Vorstellungen zur Kindererziehung, desto entschiedener fiel die Ablehnung der Mischehe aus. Hinzu kamen Spannungsmomente, die das Verhältnis grundsätzlich belasteten, wie beispielsweise die zweite Heirat eines Witwers, dessen Kinder aus erster Ehe noch im Haus wohnten und die neue Ehegattin vehement ablehnten.[191]

Während dies auf jüdische wie nichtjüdische Familien gleichermaßen zutraf, mußten die jüdischen Ehepartner bereits im Kaiserreich spezifisch antijüdische Hemmnisse überwinden, was zuweilen schlechterdings unmöglich war, wenn sich wie im Fall des Kölner Handlungsgehilfen Arthur L. antijüdische Reaktionen im privaten Leben mit einem strukturellen Antisemitismus der Behörden verbanden. Der katholische Schwiegervater in spe machte seine Zustimmung zur Ehe von der Änderung des jüdisch klingenden Nachnamens abhängig, was angesichts der restriktiven preußischen Namensänderungspolitik einer totalen Verweigerung gleichkam.[192]

Doch zugleich bezeugen die Quellen häufig einen Wandel zum Besseren, war die Verbindung erst einmal entgegen allen Widerständen eingegangen und zu einer (neuen) Normalität geworden.[193] Nicht selten dürfte die Geburt eines Enkelkindes zu der innerfamiliären Annäherung beigetragen oder diese beschleunigt haben, wie in der Familie Goldschmidt. Die Tochter eines streng katholischen Polizeimeisters und der Sohn ebenso orthodoxer Eltern jüdisch-osteuropäischer Herkunft hatten sich im Büro des Zionisten Max Bodenheimer kennen-

---

[190] Was sich in Äußerungen niederschlug wie »Es gab natürlich wegen dieser [katholisch-jüdischen, N. W.] Heirat große Schwierigkeiten zwischen den beiden Familien«. Heinrich Goldschmidt, in: BECKER-JÁKLI, Ich habe Köln, S. 126. Vgl. auch die Aussagen in den Interviews Ruth Pincus-Wieruszowski, Yad Vashem 0.33/2399; und Harry H., 7. Juni 1989, NS-Dok.

[191] Interview Pincus-Wieruszowski.

[192] Namensänderungsantrag Arthur L. bei den preußischen Behörden, 30. September 1916, HStAD, Reg. Köln, 11558. In seinem Kommentar zum Namensänderungsantrag, 20. Oktober 1916, stellte der Kölner Polizeipräsident fest, daß Anträge auf Abänderung jüdischer Namen in christliche grundsätzlich abgelehnt würden und er darum um abschlägige Bescheidung des Gesuchs bitte. Ferner wurde zynisch unterstellt, daß der Genannte um die Abänderung seines Namens nur nachsuche, um seine jüdische Abstammung verleugnen zu können. Auch ein an den Kaiser gestelltes Gnadengesuch im November 1916 konnte die abschlägige Entscheidung nicht revidieren.

[193] Anschaulich schildern etwa Harry H. und Heinrich Goldschmidt die zunehmende Akzeptanz der Ehe im Familienkontext. Interview Harry H. und Goldschmidt, in: BECKER-JÁKLI, Ich habe Köln, S. 126. Auch aus den Briefen Lilly Jahns ist eine solche Entwicklung von heftigen Negativreaktionen zu zunehmender Akzeptanz zu konstatieren. Martin DOERRY (Hrsg.), »Mein verwundetes Herz«. Das Leben der Lilli Jahn 1900–1944, 2. Aufl. Stuttgart/München 2002, S. 56 f., 61, 67.

und lieben gelernt und waren damit auf die starke Mißbilligung beider Familien gestoßen. Nach der Geburt des Enkelkindes kamen die Familien erstmalig zusammen und pflegten von da an – so das Familiengedächtnis – »das beste Verhältnis«.[194]

Gerade die religiöse Erziehung der rund 500 Kinder aus christlich-jüdischen Ehen, die in Köln in der Weimarer Republik geboren wurden, illustriert anschaulich, wie vielfältig sich das Zusammenleben von Juden und Nichtjuden in Köln gestaltete und wie in gemischtkonfessionellen Familien neue Formen des jüdisch-nichtjüdischen Zusammenlebens praktiziert und erfahren wurden.[195] Nominell traf die überwiegende Mehrheit der Familien ihre Entscheidung über das religiöse Bekenntnis der Kinder zugunsten der christlichen und vorrangig der katholischen Konfession. Auch wenn keine systematischen statistischen Angaben über das Religionsbekenntnis Kölner Kinder aus jüdisch-christlichen Ehen vorliegen, ist anzunehmen, daß die Taufquote zwischen 60 % und 75 % lag.[196] Daß diese Zahlen gleichwohl wenig über den religiösen Familienalltag und das tatsächliche Ausmaß des jüdischen Selbstverständnisses in den Familien aussagen, soll anhand einiger katholisch-jüdischer Familien aus Köln gezeigt werden, die ihre Kinder allesamt katholisch taufen ließen und innerhalb dieses formalen Rahmens sehr unterschiedliche Lebensformen praktizierten.

In der »glaubenslosen Mischehe«, wie sie beispielsweise die bei der Familie Becker vorlag, zählte, stellte die Taufe einen rein formalen Akt dar, dem die Eltern keinerlei Bedeutung zumaßen:

> »Religiös eingestellt waren meine Eltern überhaupt nicht, und wir Kinder sind auch nicht religiös erzogen worden. Es kann sein, daß meine Mutter noch in der jüdischen Tradition aufgewachsen ist, aber wir haben davon nichts mehr gespürt. Es wurden bei uns in der Familie jedenfalls keine jüdischen Bräuche berücksichtigt. Und wir wurden auch nicht katholisch erzogen. Mein Vater war so wenig katholisch gläubig wie meine Mutter jüdisch gläubig war«.[197]

---

[194] Heinrich Goldschmidt, in: BECKER-JÁKLI, Ich habe Köln, S. 126. Auch Meiring spricht von zahlreichen Versuchen von seiten der jüdischen Familien, die Fremdheit gegenüber den nichtjüdischen Partnern und Partnerinnen zu überwinden und die Verbindungen unter bestimmten Bedingungen zu akzeptieren. MEIRING, Christlich-jüdische Mischehe, S. 122.

[195] Vgl. hierzu die Tabellen »Kinder nach dem Ehestand und der Konfession der Eltern« in den Statistischen Jahrbüchern der Stadt Köln. Der Anteil der Kinder aus Mischehen gegenüber Kindern aus rein jüdischem Elternhaus lag bei gut 10 % mit steigender Tendenz.

[196] Darauf weisen nicht nur die Berechnungen van Rahdens und Meirings hin, die den Anteil getaufter Kinder aus Mischehen auf ¼ in Preußen bzw. ⅓ in Breslau beziffert haben, sondern auch die Kölner Volkszählung vom 17. März 1939. Ihr zufolge lebten 1 478 Kinder und 890 Enkel aus Mischehen in Köln. Unter den ersteren gehörten nur 8,7 % der Synagogengemeinde an, unter den letzteren nur noch 1,3 %, nach LEKEBUSCH, Not, S. 24–26. Die Volkszählung nannte 474 Katholiken jüdischer Herkunft, die entweder im Kindesalter getauft oder später konvertiert waren, und 59 Protestanten jüdischer Herkunft. Ebenda, S. 26.

[197] Heinrich Becker, in: BECKER-JÁKLI, Ich habe Köln, S. 211.

In diesen Familien – die Eltern waren überzeugte Kommunisten – blieb das nominelle Christentum ebenso unbedeutend wie das aufgegebene Judentum.[198]

In der sogenannten »katholischen Mischehe«, in der die katholische Religion den Familienalltag gänzlich dominierte, ging die jüdische Tradition im Familienzusammenhang zugunsten der katholischen verloren. Und obwohl diese Lebensform in den ausgewerteten Zeitzeugeninterviews keine Erwähnung fand, dürfte auch sie in Köln nicht selten praktiziert worden sein. Hier manifestieren sich die gravierenden Lücken der Überlieferung.

In der überwiegenden Mehrheit der Familien, deren Alltag sich aus den Quellen rekonstruieren läßt, flossen hingegen katholische und jüdische Familientraditionen, religiöse Riten und soziale Kontakte, bisweilen harmonisch, bisweilen konfliktträchtig und höchst unterschiedlich in den Familienalltag ein. Sicherlich gehörte es dabei eher zur Ausnahme als zur Regel, daß das Kind in beide Religionsgemeinschaften aufgenommen wurde, wie dies bei Georg Kaufmann der Fall war. Seine Eltern konnten sich über das Bekenntnis ihres Sohnes auch nach langem Streit nicht einigen und ließen ihn deshalb zunächst beschneiden und dann taufen.[199] Häufiger integrierten die Eltern trotz der katholischen Taufe und Erziehung ihrer Kinder jüdische Momente in den Familienalltag, etwa indem die jüdische Mutter oder der jüdische Vater weiterhin die Synagoge besuchte, die Familie jüdische Feste feierte oder die Eltern ihren Kindern zumindest erlaubten, diese Bräuche in der weiteren Familie, der Verwandtschaft oder Nachbarschaft zu begehen.[200] Daß die in Mischehe lebenden Ehepartner ihr jüdisches Leben aufgaben und sich gänzlich in eine nichtjüdische Welt begaben, entsprach wohl eher einem Klischee als der Realität, wenn auch nicht jeder katholische Ehepartner eine so ausgeprägte Affinität zum Judentum besessen haben mag wie der Kölner Schuhvertreter Leopold Dahmen, der im Gegensatz zu seiner jüdischen Ehefrau Hebräisch sprach, seine Kinder in Hochachtung vor der jüdischen Religion erzog und einen fast durchgängig jüdischen Freundeskreis pflegte. Doch auch Dahmen wollte 1930 nicht akzeptieren, daß seine zwölfjährige Tochter zum Judentum konvertierte und hielt sie mit dem Argument davon ab, daß sie das auch später noch tun könne.[201] Ob diese Ablehnung stärker von der Sorge um

---

[198] In der Klassifizierung der verschiedenen Mischehetypen orientiere ich mich an MEIRING, Mischehe, S. 129–132.

[199] Interview Georg Kaufmann, 26. April 1990, NS-Dok.

[200] Nicht immer geschah dies zum uneingeschränkten Gefallen der Kinder, denen die jüdische Welt durchaus fremd sein konnte. So bei Gertrud Schneider, die mit ihrem katholischen Vater und der aus einem polnischen Stetl stammenden Mutter in einem jüdischen Haus nach christlichen Bräuchen lebte: »Ich weiß an Feiertagen wurde ich ja dann immer mit hineingezogen. Ich war ja ewig unten. Ich weiß mich zu erinnern, es war Pessach, da hatten sie mich, war zu Tisch eingeladen [...] und auf einmal sagte denn der Vater: So, sagt er zu mir, jetzt bist Du richtiger Jude. Und ich habe ganz laut geschrien: Nein!«. Interview Gertrud Schneider.

[201] Interview mit Hilde R., 29. März 1990, NS-Dok.

die Zukunft seiner Tochter in einer antisemitisch geprägten Gesellschaft oder von der Skepsis gegenüber einer vorschnellen Entscheidung einer schwärmerischen Jugendlichen herrührte, läßt sich nachträglich nicht mehr bestimmen. Immerhin scheinen hier die Grenzen der Pluralität auf. Eine derartige, die Zukunft ihrer Kinder betreffende eindeutige Entscheidung für das Judentum zu akzeptieren, zu diesem Schritt waren selbst die offensten katholisch-jüdischen Familien kaum bereit. So ist zu vermuten, daß die Nachkommen aus christlich-jüdischen Ehen sich trotz aller Pluralität des Mischehelebens und der jüdischen Teilsozialisation über mehrere Generationen hinweg dem jüdischen Gruppenzusammenhang entzogen hätten und das Fortleben jüdischer Momente im Eheleben eher ein Übergangsphänomen auf dem Weg zur weitergehenden Akkulturation darstellte als eine dauerhafte neue Form jüdischer Identität.

Der interkonfessionelle Vergleich des Eheverhaltens verdeutlicht angesichts der Vielzahl nicht genauer zu bestimmender Einflußfaktoren auf das Eheverhalten der Kölner Juden, Katholiken und Protestanten, wie vorsichtig man mit diesem vermeintlichen Indikator gesellschaftlicher Integration umgehen sollte. Dies gilt um so mehr, als die Zahl ehelicher Verbindungen absolut gesehen ohnehin gering und die interkonfessionelle Ehequote im zeitlichen Verlauf konstant blieb. Gleichwohl verdeutlicht der Vergleich, daß unter der christlichen Bevölkerung die Barrieren gegenüber einer christlich-jüdischen Ehe höher lagen als gegenüber einer protestantisch-katholischen Verbindung. Hier wogen die antijüdischen Ressentiments in der Bevölkerung schwerer als etwaige soziale Aufstiegserwägungen oder innerbürgerliche Vergesellschaftungsformen. Dieser Befund wird auch durch die kolportierten Negativbilder in den Medien und im alltäglichen Erfahrungshorizont ehemaliger jüdischer Bürger bestätigt. Vor diesem Hintergrund kann die christlich-jüdische Mischehe kaum als Indikator zunehmender Integration und eines Zusammenlebens angesehen werden, wie es im Konzept der situativen Ethnizität erscheint. Die Negativbilder und Ablehnungen einer Mischehe waren aber auch nicht von einem kollektiv verbreiteten gesellschaftlichen Antisemitismus geprägt, der zunehmend rassenantisemitische Züge annahm.

Die Vorbehalte in der christlichen Bevölkerung wurden bis 1933 weder im Katholizismus noch im Protestantismus von den Milieuspitzen genährt, deren Auseinandersetzung um die Mischehe in Köln ganz im Zeichen des protestantisch-katholischen Konflikts um das Eherecht und das dahinterliegende kontroverse Staats- und Kirchenverständnis stand. In diesem Punkt gingen Vertreter des Kölner Katholizismus und Judentums eine konservative Interessenallianz ein, deren Argumente gegen die moderne Gesellschaft nahezu austauschbar schienen und sich deutlich von den protestantischen Positionen absetzten. In dieses Bild paßt, daß einerseits antisemitische Vorstöße aus der katholischen Pfarrebene von den Kirchenspitzen entschieden zurückgewiesen wurden und daß sich die katholische Kirchenführung auch nach 1933 stärker einem rassistisch aufgeladenen Eheverständnis verweigerte als die protestantische Kirchenleitung, die bereits früh ihr inhaltliches Entgegenkommen der NS-Ideologie gegenüber signalisiert hatte.

Grundsätzlich gilt, daß die öffentliche Perzeption der christlich-jüdischen Ehe in Köln in den Weimarer Jahren nur in den Medien der radikalen Antisemiten rassistisch aufgeladen war und selbst von den Kölner Nationalsozialisten nicht direkt mit der antisemitisch gestellten »Judenfrage« in Verbindung gebracht wurde. Die christlich-jüdische Mischehe bildete offenbar kein Thema, mit dem sich erfolgreich Propaganda betreiben ließ. Nichtsdestotrotz blieb die christlich-jüdische Mischehe in Köln in der Weimarer Zeit eine Verbindung ohne Reputation, was sich in den zahlreichen Vorbehalten der betroffenen jüdischen und christlichen Familien verdeutlicht.

Doch entgegen allen Vorbehalten bildeten die jüdisch-nichtjüdischen Familien eine neue und besonders enge Form des Zusammenlebens zwischen Juden und Nichtjuden. In den beschriebenen katholisch-jüdischen Ehen wurden die Momente jüdischen Lebens zwar keineswegs aufgegeben, doch sprechen alle Zeichen dafür, daß sie sich auf Dauer nicht hätten behaupten können. Daher sollte die jüdisch-christliche Ehe nicht als Baustein einer neuen jüdischen Identität überbewertet werden. Sie war vielmehr eine innovative Form des Miteinanders einer sehr kleinen Bevölkerungsminderheit und kaum stark genug, ein richtungweisendes und dauerhaftes Modell jüdischen Lebens zu werden. Trotzdem zeigt sie, daß in den Weimarer Jahren die »unsichtbare Grenze« im Zusammenleben überwunden werden konnte.

4. Geselligkeit im Verein

Neben Nachbarschaft und Freundeskreis bildeten Vereine ein drittes zentrales Netz sozialer Interaktion im städtischen Leben.[202] Diese kollektive Organisationsform der Geselligkeit war stärker als die freundschaftlichen und nachbarschaftlichen Beziehungen institutionalisiert, durch Satzung und Statuten rechtlich fixiert und zweckorientiert.[203] Wie die soziale Institution der Ehe, übernahm der Verein eine Doppelrolle im individuellen Lebens- und Milieuzusammenhang: Für den Einzelnen bedeutete die Vereinsaktivität ein wichti-

---

[202] Klaus TENFELDE, Die Entfaltung des Vereinswesens während der Industriellen Revolution in Deutschland (1850–1873), in: Otto DANN (Hrsg.), Vereinswesen und bürgerliche Gesellschaft in Deutschland, München 1984, S. 55–114.
[203] Werner K. BLESSING, Umwelt und Mentalität im ländlichen Bayern. Eine Skizze zum Alltagswandel im neunzehnten Jahrhundert, in: AfS 19 (1979), S. 1–42, hier: S. 38.

ges »Forum sozialer, kultureller und politischer Selbstbestätigung«[204], die mit der Pflege geselliger Kontakte Hand in Hand ging, wobei sich die Feierabends- und Feiertagsgeselligkeit nach einem eigenen Interaktionsritual und eigenen symbolischen Formen vollzog.[205] Selbst in den stärker auf die Interessenvertretung nach außen gerichteten Vereinen, etwa in den Krieger- und Vaterlandsvereinen, waren für die Mehrheit der Mitglieder die sozialen Aktivitäten ihrer örtlichen Gruppierung, die Vereinstreffen und Feste, oftmals wichtiger als die politische Arbeit ihres Landesverbandes.[206] Darüber hinaus übernahmen die Vereine im Gruppen- und Milieuzusammenhang eine zentrale Integrationsrolle, indem sie die Identitätsversicherung nach innen stärkten, kulturelle Deutungsmuster durchsetzten und den Milieuzusammenhalt institutionell absicherten.[207] Gerade die Vereine stellten wichtige Integrationsinstrumente dar, mittels derer der Zusammenhalt des Milieus auf der Mikroebene gestützt wurde. Entgegen der älteren These vom Niedergang des Vereinswesens in der Weimarer Republik, der auf ein verändertes Freizeitverhalten und auf Erosionserscheinungen im katholischen und Arbeitermilieu zurückgeführt wurde, wird mittlerweile zunehmend davon ausgegangen, daß das Vereinsleben zwischen 1918 und 1933 eine dritte und letzte Blütephase erlebte.[208] Auch im Gesellschafts- und Kulturleben Kölns standen zahlreiche protestantische,

---

[204] Jürgen KOCKA, Bürgertum und Bürgerlichkeit als Probleme deutscher Geschichte vom späten 18. bis zum frühen 20. Jahrhundert, in: Ders. (Hrsg.), Bürger und Bürgerlichkeit im 19. Jahrhundert, Göttingen 1987, S. 21–63, hier: S. 34.

[205] BLESSING, Umwelt, S. 1–42.

[206] Thomas ROHKRÄMER Der Militarismus der »kleinen Leute«. Die Kriegervereine im Deutschen Kaiserreich 1871–1914, München 1990, S. 55. Zugleich darf nicht vergessen werden, daß etwa die Aktivitäten der »geselligen« Turn- und Gesangsvereine zutiefst politisch und nationalistisch eingefärbt waren. So TENFELDE, Entfaltung, S. 100; und Rudy KOSHAR, Cult of Associations? The Lower Middle Classes in Weimar Germany, in: Ders. (Hrsg.), Splintered Classes. Politics and the Lower Middle Classes in Interwar Europe, New York 1990, S. 31–54. Vgl. auch George L. MOSSE, Die Nationalisierung der Massen. Politische Symbolik und Massenbewegungen in Deutschland von den Napoleonischen Kriegen bis zum Dritten Reich, Frankfurt a. M. 1976, S. 153–190.

[207] WEICHLEIN, Sozialmilieus, S. 58; siehe hierzu auch Arbeitskreis für kirchliche Zeitgeschichte Münster, Katholiken zwischen Tradition und Moderne. Das katholische Milieu als Forschungsaufgabe, in: Westfälische Forschungen 43 (1993), S. 588–654, hier: S. 576; und Klaus-Michael MALLMANN, Kommunisten in der Weimarer Republik. Sozialgeschichte einer revolutionären Bewegung, Darmstadt 1996, S. 167.

[208] So schon früh Peter LÖSCHE, Zur Organisationskultur der sozialdemokratischen Arbeiterbewegung in der Weimarer Republik. Niedergang der Klassenkultur oder solidargemeinschaftlicher Höhepunkt, in: GG 15 (1989), S. 511–536; ders., Solidargemeinschaft; und Peter LÖSCHE/Franz WALTER, Zwischen Expansion und Krise. Das sozialdemokratische Arbeitermilieu, in: Detlef LEHNERT/Klaus MEGERLE (Hrsg.), Politische Identität und nationale Gedenktage. Zur politischen Kultur in der Weimarer Republik, Opladen 1990, S. 161–187; ebenso MALLMANN, Kommunisten, S. 167–169. Siehe zu den organisatorischen Strukturdimensionen des katholischen Milieus auf der Lokalebene Christine KÖSTERS, Katholische Verbände und moderne Gesellschaft. Organisationsgeschichte und Vereinskultur im Bistum Münster 1918–1945, Paderborn/München 1995; RAUH-KÜHNE, Milieu; noch immer wegweisend KOSHAR, Social Life. Vgl. im Überblick hierzu WIRSCHING, Weimarer Republik, S. 89–95.

katholische und Arbeitervereine sowie eine kleinere Zahl jüdischer Vereine nebeneinander und in Konkurrenz zu den allgemeinen (bürgerlichen) Vereinen.[209] Die vermeintlich allgemeingültigen demokratischen Vereinsprinzipien des freiwilligen Beitritts und der Gleichberechtigung aller Mitglieder existierten oft nur auf dem Papier: Vereinsbeitritt und -zugehörigkeit blieben auch in der Weimarer Zeit in vielen Fällen nach Klasse und Geschlecht, Alter, Konfession oder Bildung beschränkt. Vereinsmitglieder und -vorstand sprachen satzungsgemäß Aufnahmeverbote aus und lehnten Neuanträge formal ab oder grenzten aufgenommene, aber unerwünschte Mitglieder informell aus und trieben sie so zum Austritt. Hier weisen Sezessionen und Parallelgründungen von Vereinen mit gleicher Zielsetzung auf gesellschaftliche Exklusionstendenzen hin.[210] Andererseits boten die um Mitglieder konkurrierenden Vereine zumindest bestimmten Bevölkerungsgruppen auch die Möglichkeit, durch Doppelmitgliedschaften an verschiedenen Vereinen zu partizipieren.

In diesem Zusammenhang wurden die Mitgliedschaft von Juden in allgemeinen Vereinen und die Entfaltung eines jüdischen Vereinswesens kontrovers diskutiert. Einerseits wurde das Miteinander von Juden und Nichtjuden im allgemeinen Vereinswesen als Indikator eines hohen Integrationsstands bewertet, setzte es doch die Bereitschaft zum gesellschaftlichen Kontakt voraus und trug zum Abbau von Trennungslinien bei. Enge Beziehungen entstanden und manifestierten sich auch in der Teilnahme an den informelleren Sozialformen des Stammtischs und lokaler Festlichkeiten.[211] Die zahlreichen Doppelmitgliedschaften in allgemeinen wie jüdischen Vereinen wiesen darauf hin, daß sich Juden in beiden Kulturen zu Hause gefühlt hätten.[212] Zugleich wurde aber die Erweiterung des jüdischen Vereinswesens als Reaktion auf einen zunehmenden Ausschluß von Juden aus dem allgemeinen Vereinswesen seit den 1890er Jahren gewertet, da dieses vor allem in jenen gesellschaftlichen Bereichen expandierte, in denen die formalen und informellen Barrieren gegenüber Juden besonders hoch waren.[213]

---

[209] Leider existieren keine Arbeiten zum Vereinswesen in Köln in der Weimarer Republik mit der Ausnahme von SCHANK, »Kölsch-katholisch«, S. 210–291. Zu den Traditionen des Vereinswesens vgl. HERRES, Städtische Gesellschaft; MERGEL, Klasse, S. 59–65, 177–185; und METTELE, Bürgertum, S. 90–111. Zum protestantischen Vereinswesen siehe außerdem BECKER-JÁKLI, »Fürchtet Gott«, S. 293–481. Über das jüdische Vereinswesen informieren kursorisch DIETMAR/W. JUNG, Geschichte, S. 200 f.; und BECKER-JÁKLI, Geschichte, S. 326–328; sowie ASARIA, Juden, S. 301 f.; außerdem M. MEYER, J.T.V. 02; und DÖPP, Jugendbewegung.

[210] Zur Begründung neuer Differenzierungen durch Vereine und ihrer verstärkenden Wirkung von Abschottungen siehe BAUMANN, Nachbarschaften, S. 113.

[211] Jakob BORUT, »Bin ich doch ein Israelit, ehre ich auch den Bischof mit«. Village and Small-Town Jews within the Social Spheres of Western German Communities during the Weimar Period, in: BENZ/PAUCKER/PULZER, Jüdisches Leben, S. 117–133, hier: S. 121 f.; HOPP, Jüdisches Bürgertum, S. 123.

[212] Avraham BARKAI, Etappen der Ausgrenzung und Verfolgung bis 1939, in: M. A. MEYER, Deutsch-jüdische Geschichte, Bd. 4, S. 193–224; hier: S. 205.

[213] FLADE, Juden, S. 212; Thomas NIPPERDEY, Deutsche Geschichte 1866–1918, Bde. 1–

Die Quellenlage zum Kölner Vereinswesen in der Weimarer Zeit erlaubt es leider nicht, systematische Erhebungen zu Doppelmitgliedschaften von Juden in allgemeinen und jüdischen Vereinen oder zu den Positionen jüdischer Vereinsmitglieder in den allgemeinen Vereinen vorzunehmen und diese einem interkonfessionellen Vergleich zu unterziehen.[214] Im folgenden gilt es daher, zunächst Traditionslinien von Partizipation und Ausgrenzung im Kölner Vereinswesen nachzuzeichnen und sich bei der Analyse der Weimarer Zeit verstärkt auf das bislang vernachlässigte Verhältnis zwischen jüdischen, katholischen und protestantischen Vereinen zu konzentrieren und die qualitative Analyse der Beziehungen von Juden und Nichtjuden in den gemeinsam besuchten Vereinen auf die vorhandene Quellenbasis der Vereinsakten, Zeitungsnachrichten und subjektiven Quellen zu stützen. In diesem Zusammenhang soll der Frage nachgegangen werden, ob das blühende jüdische Vereinswesen der 1920er Jahre als Reaktion auf eine zunehmende Ausgrenzung zu interpretieren ist oder sich im Kontext der allgemeinen Ausdifferenzierung des Vereinswesens bewegte.

4.1. Traditionen und Entwicklungen

Wie im übrigen Reichsgebiet, standen auch die Juden in Köln seit der Entstehung des Vereinswesens im späten 18. und frühen 19. Jahrhundert im Spannungsfeld zwischen Integration und Ausgrenzung.[215] Dabei zeigen sich spezifische lokale Traditionslinien der Integration, die quer zur Periodisierung der deutsch-jüdischen Geschichte und der Antisemitismusforschung stehen und auf die deshalb in einem ausführlicheren Rückblick eingegangen werden soll.

Von den jüdischen Bürgern wurde die neue Vergesellschaftungsform des Vereins mit besonderen Hoffnungen und Erwartungen verfolgt, da sie zum einen »die gemeinsame Ausgangsbasis für ein sich neu konstituierendes Bürgertum« darstellte und da sich zum anderen mit ihr die Hoffnung auf eine end-

---

2, München 1990–1992, hier: Arbeitswelt und Bürgergeist, S. 406; und ZIMMERMANN, Juden, S. 17.

[214] Es existieren keine Mitgliederverzeichnisse Kölner jüdischer Vereine, die mit den allgemeinen Vereinsmitgliederlisten abgeglichen werden können, wie dies etwa van Rahden stichprobenhaft für Breslau vorgenommen hat.

[215] Vgl. zur Entstehung des bürgerlichen Vereinswesens in Deutschland Wolfgang HARDTWIG, Strukturmerkmale und Entwicklungstendenzen des Vereinswesens in Deutschland 1789–1848, in: DANN, Vereinswesen, S. 11–48; und Thomas NIPPERDEY, Verein als soziale Struktur in Deutschland im späten 18. und frühen 19. Jahrhundert, in: Hartmut BOOCKMANN/ Arnold ESCH/Hermann HEIMPEL (Hrsg.), Geschichtswissenschaft und Vereinsleben im 19. Jahrhundert. Beiträge zur Geschichte der historischen Forschung in Deutschland, Göttingen 1972, S. 1–44. Siehe außerdem Dieter HEIN, Soziale Konstituierungsfaktoren des Bürgertums, in: Lothar GALL (Hrsg.), Stadt und Bürgertum im Übergang von der traditionalen zur modernen Gesellschaft, München 1993, S. 151–181; und zuletzt Stefan-Ludwig HOFFMANN, Die Politik der Geselligkeit. Freimaurerlogen in der deutschen Bürgergesellschaft, 1840–1918, Göttingen 2000.

gültige Emanzipation aus dem »Pariastatus der ethnisch-religiösen Minderheit« verband.[216]

Doch obwohl sich die bürgerlichen Vereine, wie oben erwähnt, nach allgemeinen und freiwilligen Prinzipien organisierten und entscheidend zu einer konfessionell übergreifenden »Kultur der Statusgleichen« beitrugen, blieb den deutschen Juden in der ersten Hälfte des 19. Jahrhunderts der Zutritt zu vielen Vereinen ganz oder teilweise verwehrt.[217] In Köln wurden beispielsweise die jüdischen Mitglieder der beiden liberalen Freimaurerlogen Minerva und Agrippina ausgeschlossen, nachdem die Berliner Logen mit der Unterstützung der restaurativen preußischen Behörden massiven Druck ausgeübt hatten.[218] Und im Kölner Casino, der 1809 gegründeten Erholungsgesellschaft der kaufmännischen Oberschicht, blieb der Bankier Salomon Oppenheim lange Zeit das einzige Mitglied jüdischer Religion.[219]

Doch mit der Etablierung eines neuen liberalen Bürgertums in Köln wurden jüdische Mitglieder auch in die bürgerlichen Vereine bereitwilliger aufgenommen.[220] Diese tolerantere Grundhaltung mag ebenso wie die junge Gemeindetradition erklären, warum in Köln anders als in vielen anderen Städten seit den 1820er Jahren noch kein jüdisches Vereinswesen entstand, das Juden, die von der Aufklärungskultur der nichtjüdischen Gesellschaft ausgeschlossen und in den bürgerlichen Clubs nicht anerkannt waren, die Möglichkeiten bot, ihre eigenen Vergesellschaftungsbedürfnisse zu befriedigen. Dies beschrieb David Sorkin als ein zentrales Moment einer jüdischen Subkultur.[221]

Dagegen wirkten sich in Köln die Ausdifferenzierung und die gewaltige Ausdehnung des Vereinswesens zwischen 1850 und 1885 und noch einmal im Wilhelminischen Zeitalter maßgeblich auf seine Integrations- und Ausgrenzungsmuster aus. Nunmehr folgten die Vergesellschaftungsformen des geho-

---

[216] HOPP, Bürgertum, S. 123 f.

[217] Zitiert nach MERGEL, Klasse, S. 59. Vgl. zu antijüdischen Exklusionstendenzen im frühbürgerlichen Vereinswesen RAHDEN, Juden, S. 103 f.

[218] Vgl. hierzu St.-L. HOFFMANN, Politik, S. 90–92; und Jakob KATZ, Jews and Freemasons in Europe, 1723–1939, Cambridge 1970, S. 99 f. und 128 f.

[219] Sogar Oppenheims Mitgliedschaft ist nicht unumstritten und wurde etwa von Aycoberry wegen der antijüdischen Exklusionspolitik der Gesellschaft angezweifelt: »The absence of Jews [in the clubs, N. W.] is not surprising. It was acceptable to do business with Oppenheim, far less so to socialize with him«. AYCOBBERRY, Köln, S. 101 f. Dagegen begründet METTELE, Bürgertum, S. 100, die konfessionelle Struktur des Casinos mit der zunächst noch nicht so guten sozialen Lage der jüdischen Notabeln. Vgl. auch MERGEL, Klasse, S. 62–65. Zu Simon Oppenheim vgl. neben STÜRMER/TEICHMANN/TREUE, Wägen, auch PRACHT, Kulturerbe, S. 244.

[220] 1830 wurden im Kölner Casino unter 124 männlichen Mitgliedern auch vier Juden gezählt. MERGEL, Klasse, S. 65, bewertet das Casino als eine praktizierte Vergemeinschaftung alter reichsstädtischer katholischer Unternehmer, schon etablierter Andersgläubiger und erfolgreicher Neuankömmlinge. Dem weniger elitären Kölner Männer-Gesang-Verein gehörten 1847 ebenfalls zwei Juden an. METTELE, Bürgertum, S. 200.

[221] SORKIN, Transformation, S. 113–123.

benen Bürgertums den Zeichen konfessioneller Trennung, die die gemeinbürgerliche liberale Vorstellung geschlossener Repräsentation der Statusgleichen ablöste, und das gehobene Bürgertum verkehrte entlang der konfessionellen Trennungslinien in den jeweils eigenen repräsentativen Vereinshäusern.[222] Handelte es sich bei dieser Entwicklung um eine allgemeine Ausdifferenzierung des Vereinswesens ohne eine explizit antijüdische Stoßrichtung, deutet doch die geringe Zahl jüdischer Mitglieder in den gesellschaftlich angesehenen Clubs des Casinos, der »Erholung« und der »Cäcilia Wolkenburg« zugleich darauf hin, daß der gesellschaftliche Verkehr zwischen Juden und Nichtjuden im gehobenen Bürgertum nicht nur auf der Ebene individueller Freundschaften, sondern auch im Vereinsleben eingeschränkt war.[223]

Die zunehmenden Differenzierungs- und Trennungsprozesse der Vereinslandschaft zeigten sich ferner darin, daß der Verein nicht länger eine exklusive Sozialform des gehobenen Bürgertums blieb, sondern immer weitere Kreise der Bevölkerung umfaßte.[224] In Köln expandierten insbesondere die katholischen und allgemein-bürgerlichen Vereine, während bis in die 1890er Jahre das protestantische, jüdische und Arbeitervereinswesen in Köln noch vergleichsweise schwach ausgeprägt war.[225] Anders als im katholischen und protestantischen Vereinswesen, das andersgläubige Mitglieder prinzipiell von der Mitgliedschaft ausschloß, standen die allgemeinen Vereine ab 1840 jüdischen Mitgliedern überwiegend offen. Juden spielten nunmehr bei den Vereinsgründungen eine wichtige Rolle und waren auf vielfältige Weise in das lokale Vereinsnetz eingebunden.[226]

[222] 1863 wurde die katholische Bürgergesellschaft ins Leben gerufen, ab 1872 versammelten sich die Honoratioren nationalliberaler, überwiegend protestantischer Provenienz in der Kölner »Lese«(gesellschaft), und 1883 öffnete die Rheinlandloge ihre Pforten für den sozialen Verkehr der jüdischen Gesellschaftsspitzen. Zur Bürgergesellschaft siehe HERRES, Städtische Gesellschaft, S. 362–365; und MERGEL, Klasse, S. 144–147, 177 f. Zur Lesegesellschaft vgl. H.-W. FROHN, Arbeiterbewegungskulturen, S. 29. Über die Rheinlandloge informiert HENNING, Soziales Verhalten, S. 268, der sich auf Emil Bernhard COHN, David Wolffsohn, Herzls Nachfolger, Amsterdam 1939, S. 46, 50 bezieht. Die Rheinlandloge stand dem Centralverein nahe, folgte einem streng antizionistischen Kurs und erhob sowohl die Abwehr des Antisemitismus als auch die geistige und ethische Erziehung der Glaubensgenossen zu ihrer Aufgabe. PRACHT, Kulturerbe, S. 275.

[223] So auch ASARIA, Juden, S. 301. Obwohl die Kölner Juden nur 2 % der Bevölkerung stellten, waren sie doch im gehobenen Bürgertum weit stärker vertreten, so daß ihre geringe Präsenz nicht mit demographischen Gründen erklärt werden kann.

[224] Die zahlreichen Frauen-, Jugend- und Kriegervereine, die Sport-, Kultur- und Geselligkeitsvereine organisierten sich vielfach in den einzelnen Stadtteilen und trennten sich nach konfessionellen und Klassenschranken. D. HEIN, Soziale Konstituierungsfaktoren, S. 174; und TENFELDE, Entfaltung, S. 92.

[225] Zum boomenden katholischen Vereinswesen vgl. HERRES, Städtische Gesellschaft, S. 392; und HÜRTEN, Katholiken, S. 130. Zur Ausdifferenzierung des protestantischen Vereinswesens in Köln vgl. BECKER-JÁKLI, »Fürchtet Gott«, S. 293–481. Zum jüdischen Vereinswesen siehe wie oben erwähnt. Außerdem zur schwachen Organisationsstruktur der Arbeiterschaft H.-W. FROHN, Arbeiterbewegungskulturen, S. 33–39.

[226] Siehe hierzu RAHDEN, Juden, S. 106–117; und HOPP, Bürgertum, S. 124–128. Für

Doch spätestens in den 1890er Jahren, so der übereinstimmende Befund der Antisemitismusforschung, konnte sich ein gesellschaftlicher Antisemitismus als Stimmung und soziale Praxis in den Vereinen und Verbänden durchsetzen.[227] Dieser Umschwung machte sich nicht nur in den berufsständischen Organisationen und nationalistisch-konservativen Interessengruppen, sondern auch in Studenten-, Schüler- und Jugendvereinigungen, in bürgerlichen Frauenvereinen und Gesellschaftsvereinigungen bemerkbar.[228]

Daß sich in Köln seit den 1890er Jahren dieser Vereins- und Verbandsantisemitismus jedoch keineswegs durchgesetzt hatte, war auf die Intervention der lokalen Eliten zurückzuführen, die erstarkte antijüdische Strömungen – etwa unter den Studenten oder im katholischen Klerus – im Ansatz bekämpften. So kündigte 1898 der Kölner Erzbischof Kardinal Fischer an, daß er es nicht dulden werde, wenn sich in seiner Diözese unter dem Pfarrklerus, der die Vorstandsriege der katholischen Vereine bildete, die »jetzt grassierende unfreundliche Stimmung gegen die Juden« ausbreite.[229] Als 1903 die jüdischen Mitglieder eines studentischen Turnvereins an der Kölner Handelshochschule ausgeschlossen werden sollten, damit sich der Verein dem antisemitischen Allgemeinen Studentischen Deutschen Turnerbund anschließen konnte, intervenierten Studiendirektor Professor Schumacher und die Vertreter der Kölner Handelskammer, die die Handelshochschule finanziell unterstützten.[230] Es mag auch dieser Erfahrung zuzuschreiben sein, daß 1904 der jüdische stellvertretende Vorsitzende des Allgemeinen Turnvereins zu Köln, Simon Bendix, feststellte, daß »in den deutschen Turnvereinen den jüdischen Mitgliedern dasselbe Mass von Vertrauen und Achtung von den Angehörigen der anderen Confessionen entgegengebracht wird«.[231]

Und als im vorletzten Kriegsjahr die radikalantisemitische Hetze zunahm und die Stimmung in der Bevölkerung beeinflußte, konstituierte sich der bereits erwähnte »Ausschuß zur Pflege des inneren Friedens Cöln am Rhein«, der sich aus Vertretern der lokalen Interessengruppen und der Presse zusam-

---

Köln sei beispielhaft die Integration namhafter Kölner Juden wie Leonhard Tietz in die Nationalen Verbände, namentlich die Deutsche Kolonialgesellschaft, angeführt. Vgl. hierzu Ulrich S. SOÉNIUS, »Unsere Bestrebungen sind aber wahrhaftig kein Sport ... «. Nationale Verbände in Köln während des Kaiserreichs, in: Geschichte in Köln 1994, S. 116–130, hier: S. 121.

[227] Siehe hierzu die wegweisenden Aufsätze JOCHMANN, Ausbreitung, S. 409–510; und VOLKOV, Antisemitismus, S. 13–36.

[228] So BERDING, Moderner Antisemitismus, S. 110–140; NIPPERDEY, Geschichte, Bd. 2, S. 405; ROHRBACHER, Kaiserreich, S. 681–687; und R. RÜRUP, Jüdische Geschichte, besonders S. 94.

[229] SUCHY, Antisemitismus, S. 279. Siehe zur sozialen Struktur des Kölner Klerus SCHANK, »Kölsch-katholisch«, S. 303–309.

[230] Ebenda.

[231] Artikel Bendix in der Jüdischen Turnerzeitung von 1904, S. 161, zit. nach M. MEYER, J.T.V. 02, S. 51.

mensetzte. Unter dem Vorsitz des Alterspräsidenten Rabbiner Dr. Frank stellte er sich explizit die Aufgabe, zu einem Ausgleich in der Bevölkerung und zum aufklärerischen Abbau von Vorurteilen zu gelangen:

> »Nicht um eine Massenorganisation handele es sich, sondern um die Vereinigung führender massgeblicher Männer aller Richtungen und Strömungen, die grosse Verbände in ihrem Rücken haben und auch auf diese im Sinne des inneren Friedens einzuwirken gewillt sind«.[232]

Daß sich diese Bemühungen auf der unteren Organisationsebene fortsetzten, illustriert der Vortrag eines nichtjüdischen Hauptmanns bei der Tagung des Verbands der Wäschegeschäfte von Rheinland-Westfalen in Köln, in dem der Redner die »hervorragende Tapferkeit und Opferwilligkeit« Kölner jüdischer Regimentsmitglieder lobte und den Antisemitismus danach aufs schärfste verurteilte.[233] Die Abwehrarbeit der Eliten und Vereinsfunktionäre bestätigt einerseits, daß durchaus antijüdische Vorbehalte und Exklusionstendenzen in der Kölner Bevölkerung bestanden, und belegt andererseits, daß diese nicht stark genug waren, um sich als soziale Norm und Handlungspraxis durchzusetzen. Vor diesem Hintergrund sollte die Gründungswelle jüdischer Vereine im Kaiserreich, die seit den 1890er Jahren wie in den übrigen Städten auch in Köln zu beobachten ist, weniger als eine direkte Folge des sozialen Ausschließungsprozesses als vielmehr im Kontext einer allgemeinen gesellschaftlichen Differenzierung interpretiert werden, die sich auch im katholischen, protestantischen und Arbeitermilieu vollzog.[234]

4.2. Das Vereinsleben der Weimarer Zeit

In Köln war das Verhältnis zwischen Juden und Nichtjuden im Vereinswesen in der Frühphase der Weimarer Republik vergleichsweise gut. Hierauf deuten sowohl die Kooperation zwischen katholischen, jüdischen und protestantischen Vereinen als auch die Situation in den gemeinsam besuchten Vereinen hin.

---

[232] Bericht über die am 19. Juni 1917 zu Köln/Rhein im Grossen Kurfürsten stattgefundene Konferenz, auf Veranlassung des Vorbereitenden Ausschusses Berlin, HStAD, Reg. Köln, 7857. Bei der Versammlung waren folgende Vereinigungen vertreten: Centralverein jüdischer Staatsbürger jüdischen Glaubens (3), evangelischer Bekenntnisverein (1), Freunde evangelischer Freiheit (1), Verein für evangelische Freiheit (2), Monistenbund (3), Pax, Verein der katholischen Priester Deutschlands (1). Außerdem jeweils ein Redakteur der *Kölnischen Volkszeitung*, des *Kölner Lokalanzeigers* und des *Rheinischen Merkur* sowie ein Abgeordneter der Kölner SPD und ein Polizei-Inspektor.

[233] Im deutschen Reich, Juli/August 1917.

[234] Um die Jahrhundertwende spiegelte die wachsende Zahl jüdischer Organisationen und Einrichtungen mit kulturellen, gesellschaftlichen und sozialen Zielsetzungen die zunehmende Komplexität der Kölner jüdischen Bevölkerung in ihren Interessen und Einstellungen. Sie reichte von der Rheinlandloge über die Vertretung des liberalen Bürgertums im Centralverein, dem jüdischen Turnverein und dem jüdischen Jugendverein Gabriel Rießer zu zionistischen Vereinigungen und dem Israelitischen Frauenverein. Einen genauen Überblick über die jüdischen Vereine in Köln mit Gründungsdatum bietet ASARIA, Juden, S. 165–169.

Es gehörte zur städtischen Normalität der frühen 1920er Jahre, daß katholische und protestantische Gesellschaftsvereine ihre Räumlichkeiten an jüdische Vereine vermieteten, damit diese dort Veranstaltungen und Feste abhalten konnten. So fand etwa 1918 in der nationalliberalen Lesegesellschaft eine Festversammlung zum 25jährigen Bestehen des Centralvereins statt, auf der Rabbiner Dr. Rosenthal mit Genugtuung feststellte, daß in Köln die Konfessionen »versöhnlich nebeneinander leben«.[235] Wurde schon durch die Praxis der Raumvergabe symbolisiert, daß man keine Berührungsängste hatte, ist die Einladung jüdischer Referenten und Referentinnen zu Veranstaltungen allgemeiner Vereine im kulturellen und national-patriotischen Leben der Stadt als ein weiterer Indikator des positiven Miteinanders zu werten.[236] Darüber hinaus entsandten allgemeine und christliche Vereine Vertreter, um zu besonderen Feierlichkeiten jüdischer Vereine ihre Anteilnahme zu demonstrieren, etwa zum 50jährigen Bestehen der Ortsgruppe Köln des Israelitischen Frauenvereins oder zur Einweihung der Kriegergedenktafel in der Synagoge Roonstraße im Oktober 1924, an der auch die Fahnendeputationen der vaterländischen Vereine Kölns teilnahmen.[237] Selbst im Bereich der Wohltätigkeit, Kernstück getrennter konfessioneller Vereinstätigkeit, finden sich Gesten der Gemeinsamkeit.[238] Besonders bemerkenswert erschien jüdischen Zeitgenossen eine Vortragsreihe im Frühjahr 1924, die der Dominikaner Andreas M. Schmitt, Lektor der Theologie am Kloster zu Köln, in der katholischen Bürgergesellschaft abhielt und der die *CV-Zeitung* einen begeisterten Artikel widmete.[239] Die wöchentlich stattfindenden Vorlesungen unter dem Titel »Vorträ-

---

[235] Im deutschen Reich, April/Mai 1918. Auch für einen Ball des Vereins jüdischer Bürger Köln und Ehrenfeld öffnete die »Lese«, wie die konservativ-bürgerliche Gesellschaft in Köln kurz genannt wurde, ihre Säle. Jüdische Freie Presse, 9. Januar 1921.

[236] So sprachen etwa der Kölner jüdische Professor Wieruszowski vor der nationalen Frauengemeinschaft Köln zum Thema »Deutsches Nationalgefühl« und der Berliner Abgeordnete Dr. Wolfsohn vor der Vereinigung des Bundes der Kriegsbeschädigten. Eine beliebte Referentin in der bürgerlichen Frauenbewegung war die Kölner Journalistin Louise Straus-Ernst. Siehe hierzu Marlene TYRAKOWSKI, »Die machten aus uns keine Nazi'ssen«. Kölner Frauenbewegung und Nationalsozialismus, in: Irene FRANKEN/Christiane KLING-MATHEY (Hrsg.), Köln der Frauen. Ein Stadtwanderungs- und Lesebuch, Köln 1992, S. 261–275, hier: S. 247. Und ein letztes Beispiel: Der Synagogen-Chordirigent Benno Sternberg bestritt auf Veranlassung des Kölner Vereins akademisch gebildeter Musiklehrer drei Beethovenvorträge. HStAD, Pol. Präs. Köln, 209 und HStAD, Reg. 7856; sowie Israelitisches Gemeindeblatt, 27. Oktober 1919.

[237] Kölner Stadtanzeiger, 28. April 1919, zit. nach: Israelitisches Gemeindeblatt, 2. Mai 1919.

[238] So meldet die Kölner Jüdisch-Liberale Zeitung, daß auf dem Wohltätigkeitsfest zu Gunsten des Kölner Israelitischen Waisenhauses in den Räumen des Zoologischen Gartens den »Veranstaltern aus allen Kreisen, ohne Unterschied der Konfession, ansehnliche Spenden« zugeflossen seien. Kölner Jüdisch-Liberale Zeitung, 11. November 1927. Schank berichtet über ein interkonfessionell betreutes Obdachlosenasyl in der Silvanstraße, das von 1910–1926 existierte. SCHANK, »Kölsch-katholisch«, S. 304–307.

[239] Judentum und katholische Kirche, in: CV-Zeitung, 28. August 1924.

ge für Gebildete aller Konfessionen über das katholische Glaubenssystem« wandten sich an ein religiös interessiertes Publikum und zogen an die 300 regelmäßige Besucher an, die laut Einschätzung des Centralvereins überwiegend jüdischen Glaubens waren.[240]

Auch die Partizipation der Kölner Juden am allgemeinen Vereinsleben gehörte in den frühen 1920er Jahren zur Kölner Alltagsrealität. Anläßlich der Aufnahme des Gemeinderabbiners Dr. Kober in die Gesellschaft für Rheinische Geschichtskunde wandte sich ein jüdisches Mitglied der Gesellschaft gegen die zuvor geäußerte Meinung, es handele sich hierbei um eine große Ehrung und seltene Ausnahme, betonte, daß Kober selbstverständlich aufgenommen worden sei, weil die Gesellschaft Interesse an seiner wissenschaftlichen Arbeit habe, und unterstrich, daß in Köln einige jüdische Akademiker der einen oder anderen wissenschaftlichen Vereinigung schon seit Jahren angehörten.[241] Kölner Juden und Jüdinnen nahmen in Krieger- und Turnvereinen, in Frauenvereinen, wissenschaftlichen Zirkeln und Karnevalsgesellschaften führende Positionen ein.[242]

Gleichwohl zeigten sich in der Frühphase der Republik auch in Köln zunehmend Bestrebungen, jüdische Vereine zu verunglimpfen, Juden formal den Zutritt zu allgemeinen Vereinen zu verweigern oder sie von Vorstandspositionen zu verdrängen. Den ersten Vorstoß, antisemitische Normen in die Vereinspraxis umzusetzen, unternahm 1920 die »Sektion Rheinland des deutschen und österreichischen Alpenvereins«, ein Verein, der wegen seiner antijüdischen Ausgrenzungspraxis bereits von sich reden gemacht hatte.[243] Anders etwa als in den späten 1880er Jahren in Breslau, wo sich die liberalen Vereinsmitglieder durchsetzten und die Wahl eines stadtbekannten Antisemiten zum stellvertretenden Vorsitzenden anfochten[244], dominierten in der rheinischen Sektion des Vereins 1920 die antijüdischen Tendenzen. So wurden die 150 Aufnahmegesuche der christlichen Antragsteller angenommen und gleichzeitig die Neuanträge aller zehn jüdischen Bewerber ablehnend beschieden. Die-

---

[240] Ebenda.

[241] Israelitisches Gemeindeblatt, 23. April 1920 und 7. Mai 1920.

[242] Beispielsweise leitete Kuno Treumann, Sohn eines Brauereibesitzers, einige Jahre einen Kölner Turnverein, Interview, 5. Februar 1996. Prof. Bruno Kisch war Vorsitzender des Vereins für Natur- und Heimatkunde Köln. Nachlaß Bruno Kisch, CAHJP, P80/26. Else Falk führte die Ortsgruppe des Bundes Deutscher Frauen, und es gab ein anonymes jüdisches Vorstandsmitglied des Kölner Bundes Kriegsbeschädigter, Kriegsteilnehmer und Hinterbliebener. Ortsgruppe Sülz-Klettenberg, in: Israelitisches Gemeindeblatt, 16. Januar 1920. Zu Karnevalsgesellschaften siehe auch ASARIA, Juden, S. 301.

[243] Siehe zum Antisemitismus des Vereins Alfred M. MÜLLER, Geschichte des Deutschen und Österreichischen Alpenvereins. Ein Beitrag zur Sozialgeschichte des Vereinswesens, Münster 1980; und Andrea WACHTER, Antisemitismus im Österreichischen Vereinswesen für Leibesübungen 1918–38 am Beispiel der Geschichte ausgewählter Vereine, Wien 1983. Vgl. allgemein zum zunehmenden Antisemitismus im Vereinswesen der 1920er Jahre auch HECHT, Deutsche Juden, S. 272–277.

[244] RAHDEN, Juden, S. 171 f.

se nahmen den Affront jedoch nicht hin, sondern wandten sich an die lokalen linksliberalen und sozialdemokratischen Zeitungen, um sich über ihre Nichtaufnahme zu beschweren und das Vorgehen des Alpenvereins publik zu machen. Das *Kölner Tageblatt* und die *Rheinische Zeitung* griffen das Thema unter dem Titel »Intoleranz in Köln« auf, was darauf hindeutet, daß die antisemitische Ausgrenzung durch den Alpenverein noch eine Nachricht mit Neuigkeitswert und keine weitverbreitete soziale Praxis darstellte.[245] In der öffentlich ausgetragenen Auseinandersetzung begründete der Alpenverein sein Vorgehen unverhohlen rassistisch: »Hierzu möchten wir vor allem erklären, daß diese Angelegenheit mit dem religiösen Bekenntnis nicht das geringste zu tun hat. Es handelt sich vielmehr um eine reine Rassenfrage«.[246]

Ebenso offensiv verfolgte die Kölner Ortsgruppe des Bundes Kriegsbeschädigter, Kriegsteilnehmer und Hinterbliebener ihre rassistisch motivierte Diskriminierungspraxis, als sie im Dezember 1919 ein Vorstandsmitglied, das »nach eigenem Zugeständnis der Abstammung nach Jude« war, aufforderte, sein Amt niederzulegen, weil man sich gegen das weitere Eindringen einer »fremden, feindlichen rassigen Minderheit«, die »Vorherrschaft der jüdischen Rasse« und »drohende Verjudung« der Vereine schützen müsse.[247] Der Alpenverein und der Kölner Bund der Kriegsbeschädigten waren neben den studentischen Organisationen, die in einem eigenen Kapitel behandelt werden, die ersten sozialen Institutionen in Köln, die einen rassenantisemitisch motivierten Arierparagraphen in ihren Statuten verankerten und damit auch radikalantisemitische Ausgrenzungspraktiken in das gesellschaftliche Leben Kölns einführten.

Während in den ersten Jahren der Republik diese radikalen Vorstöße gesellschaftlicher Exklusion noch vereinzelte Ausnahmen darstellten, verstärkten sich in den späten 1920er Jahren die Ausgrenzungen und wurden auch von solchen Vereinigungen übernommen, die bislang für ein engeres Verhältnis eingestanden hatten. So kündigte 1929 die Ortsgruppe Köln des Deutschen Kriegerbunds ihr freundschaftliches Verhältnis zum Reichsbund jüdischer Frontsoldaten auf und bat diesen, von einer Veranstaltung zu Ehren der Gefallenen des Weltkriegs fernzubleiben.[248] Das *Kölner jüdische Wochenblatt* kommentierte, daß eine solche Schroffheit zwischen den Frontkämpferbünden in Köln bisher noch nicht vorgekommen sei. Auch in anderen Bereichen des städtischen Vereinslebens wurde das positive Verhältnis zu den Kölner Juden aufgekündigt. War in der frühen Republik die Raumvergabe ein Zeichen der sozialen Nähe, wurde ihre Verweigerung nun zum offenen Hinweis einer juden-

---

[245] In seinem Artikel Bergsport und Judentum, in: Rheinische Tageszeitung, 19. Februar 1922, nimmt das deutschnationale Blatt Bezug auf die anti-antisemitischen Artikel.
[246] Bergsport und Judentum, in: Rheinische Tageszeitung, 19. Februar 1922.
[247] Abgedruckt in: Israelitisches Gemeindeblatt, 16. Januar 1920.
[248] Als Kanonenfutter waren Juden gut genug!, in: Kölner Jüdisches Wochenblatt, 27. September 1929.

feindlichen Grundstimmung. Die Lesegesellschaft demonstrierte ihren Schwenk zum völkischen Antisemitismus unter einem neuen, der DNVP nahestehenden Vorstand seit Ende 1927, indem sie dem Borkumer »Professor« Ludwig Münchmeyer, einem prominenten Antisemiten, einen Saal für einen Hetzvortrag zur Verfügung stellte und sich danach den Kölner Nationalsozialisten öffnete.[249]

Doch nicht nur die Vereine und Institutionen des konservativen Bürgertums, sondern auch die katholische Bürgergesellschaft, die noch 1928 ihre Türen dem CV geöffnet hatte, weigerte sich im Juni 1929, einen Saal an einen jüdischen Verein zu vermieten. Hierbei handelte es sich nicht etwa um einen einmaligen Akt der Unfreundlichkeit, sondern um die Durchführung einer neuen Direktive des Aufsichtsrats, dem führende Personen des Zentrums angehörten.[250] Das Verbot, Säle an öffentliche jüdische Veranstaltungen zu vermieten, begründete der maßgebliche Direktor der Bürgergesellschaft mit dem ebenso beleidigenden wie fadenscheinigen Argument, dass jüdische Veranstaltungsplakate in den eigenen Räumen die Gefühle der katholischen Mitglieder der Gesellschaft verletzten. Daß dieser Vorfall von einer neuen Qualität war, belegt der Kommentar des *Kölner Jüdischen Wochenblatts* vom 28. Juni 1929:

> »Es war bisher doch stets so, daß gerade in Köln zwischen katholischen und jüdischen Organisation, Gesellschaften usw. auf allen Gebieten, wo es möglich war, ein verständnisvolles Einvernehmen herrschte, das von gegenseitiger Achtung und Toleranz getragen war«.[251]

Auch wenn das Verbot später zurückgenommen wurde, änderte dies nichts am Stimmungsumschwung in der Stadt. Drei Jahre später war die Ausnahme bereits Normalität geworden und das positive Miteinander eine erwähnenswerte Nachricht. Im Dezember 1932 meldete das *Kölner Jüdische Wochenblatt*, daß das katholische Gesellenhaus in Sülz-Klettenberg einem jüdischen Verein einen Saal zur Verfügung gestellt hatte. Die Zeitschrift lobte diese »anerkennenswerte Geste« und interpretierte sie »als ein besonderes Zeichen, daß zwischen den jüdischen Familien in Sülz und Klettenberg und ihren christlichen Mitbürgern eine gute Eintracht herrsche«.[252]

---

[249] Die »Lese« als Asyl völkischer Hetzer, in: Kölner Jüdisch-Liberale Zeitung, 16. Dezember 1927; und Ode an Pfarrer Münchmeyer, in: Rheinische Zeitung, 31. Oktober 1928. Die Lese verschrieb sich fortan der Pflege »deutscher Art und deutschen Wesens«, etwa durch die Förderung deutscher Dichter, so beschönigend die Schriftleitung der Monatsschrift im Verlag der Lesegesellschaft zu Köln an Adenauer, 1. August 1930, HStAK, 902, 275/3, Bl. 817.

[250] Ein neuer Geist bei der Bürgergesellschaft?, in: Kölner Jüdisches Wochenblatt, 28. Juni 1929; und Antisemitische Regungen im Kölner Zentrum?, in: Rheinische Zeitung, 7. Juli 1929.

[251] Ebenda.

[252] Von der Vorortsgruppe Sülz-Klettenberg, in: Kölner Jüdisches Wochenblatt, 16. Dezember 1932.

In den frühen 30er Jahren machten sich auch die Bemühungen der Nationalsozialisten, im städtischen Vereinsleben Fuß zu fassen, bemerkbar. Sie konnten dabei zwar im Vergleich zu anderen Regionen nur wenige Erfolge verbuchen[253], doch auch in Köln waren ihre Vorstöße in den Kriegervereinen, im renommierten Männergesangsverein, in einigen Sportvereinen, im Tierschutzverein, im protestantischen Vereinswesen und in der Jugendbewegung geeignet, das gesellschaftliche Klima für die jüdischen Mitbürger weiter zu vergiften und ihren Stand dort zu erschweren.[254] So arbeiteten im Gegensatz zum Kaiserreich die nunmehr zahlreichen und expandierenden jüdischen und nichtjüdischen Jugendorganisationen in Köln nicht länger zusammen, woran auch die Vermittlungsbemühungen der Kölner Ortsgruppe des Centralvereins im Jahr 1927 nichts ändern konnten. Ein wichtiger Grund für die Skepsis von jüdischer Seite aus lag sicher auch darin, daß gerade die organisierten jüdischen Jugendlichen oftmals auf Wanderungen und Fahrten mit antisemitischen Überfällen rechnen mußten.[255]

Es scheint, als wären seit den späten 1920er Jahren nur noch die Frauenvereine zur interkonfessionellen Zusammenarbeit in bestimmten Fragen der Sittlichkeits- und Wohltätigkeitsarbeit bereit gewesen, beispielsweise in Form gemeinsamer Eingaben an die Stadtverwaltung oder durch die Bildung von Zweckbündnissen der katholischen, evangelischen und israelitischen Hausfrauenvereinigungen.[256] Bereits im Kaiserreich hatten sich Kölner Jüdinnen nicht nur mit karitativen Zielsetzungen im politisch aktiven Zweigverein des Jüdischen Frauenbunds organisiert, sondern sich auch erfolgreich in die bürgerliche Frauenbewegung integriert, wie die Besetzung führender Positionen in der Kölner Ortsgruppe des Bundes deutscher Frauen (BdF) und anderen

---

[253] Vgl. hierzu etwa die Entwicklung nationalistischer und nationalsozialistischer Tendenzen des Vereinswesens in Marburg und im Schwarzwald: KOSHAR, Social Life; und Oded HEILBRONNER, Die Achillesferse des deutschen Katholizismus, Gerlingen 1998.

[254] Ohne dieses Thema hier weiter ausführen zu können, sei auf den einschlägigen Aufsatz zum Männergesang verwiesen: Dietmar KLENKE, Bürgerlicher Männergesang und Politik in Deutschland, in: GWU 40 (1989), S. 458–485, 534–553. Siehe zur Bejahung des Nationalsozialismus im Kölner evangelischen Vereinswesen: »Wohin steuert der »Evangelische Bund?«, in: Israelitisches Gemeindeblatt, 13. August 1931. Seit 1927 schalteten die evangelischen Vereine Ankündigungen zu ihren Veranstaltungen im Westdeutschen Beobachter.

[255] Die Kölner Ortsgruppe des Brith Haolim wurde beispielsweise 1932 bei einem Bundestreffen von einer Gruppe Nationalsozialisten überfallen, wobei es acht Schwerverletzte gab. Vgl. genauer auch DÖPP, Jugendbewegung, S. 150 f. Einziger Hinweis auf Bemühungen um die jüdischen Jugendlichen war die Eröffnungsfeier einer neuen Kölner Jugendherberge, die koschere Mahlzeiten für die geladenen Vertreter der jüdischen Organisationen und Geistlichkeit anbot. Kölner Jüdisch-Liberale Zeitung, 10. Februar 1928.

[256] TYRAKOWSKI, »Die machten aus uns keine Nazi'ssen«, S. 249. Siehe hierzu auch Sully ROECKEN, Der Stadtverband Kölner Frauenvereine und seine angeschlossenen Vereine, in: Kölner Frauengeschichtsverein, »10 Uhr pünktlich Gürzenich«. 100 Jahre bewegte Frauen in Köln – zur Geschichte der Organisationen und Verbände, München 1995, S. 183–211, hier: S. 185; Vgl. allg. zu antijüdischen Tendenzen in der bürgerlichen Frauenbewegung BERESWILL/WAGNER, Frauenbewegung; und OMRAN, Frauenbewegung.

paritätischen Vereinen durch Klara Caro, Else Falk und Rosa Bodenheimer veranschaulicht.[257] Else Falk, die zugleich seit 1920 erste Vorsitzende des Stadtverbands Kölner Frauenvereine war, dem 36 Organisationen mit ca. 14 000 Mitgliedern angehörten, war darüber hinaus noch in mindestens acht anderen (Frauen-)Vereinen aktiv.[258] Anders als auf der Reichsebene des BdF, auf der die Ernennung Alice Salomons zum Vorstandsmitglied wegen ihrer jüdischen Herkunft und ihres jüdisch klingenden Nachnamens sabotiert wurde, gab es gegen die Vergabe führender Positionen an Kölner Jüdinnen in der Ortsgruppe bis 1933 keine offen formulierten Einwände.[259] Als die Ortsgruppe des jüdischen Frauenbundes zur Abwehr des erstarkten Antisemitismus seit 1928 interkonfessionelle Arbeitskurse anbot, in denen Führungen durch jüdische Einrichtungen, Synagogenbesichtigungen, Vorträge, Volkshochschulkurse und Diskussionsabende auf dem Programm standen[260], erachtete die Leiterin der Ortsgruppe des jüdischen Frauenbundes, Klara Caro, den jüdischen Frauenbund für diese Aufklärungsarbeit als besonders geeignet, »schon weil durch die von ihm geübte soziale Arbeit eine gewisse Bindung zu interkonfessionellen Organisationen und Vereinen besteht«.[261] Die Einladungsliste läßt vermuten, daß es sich bei diesen Vereinigungen um den Stadtverband der Kölner Frauenvereine und seiner angeschlossenen Vereine (Lehrerinnenvereine, Hausfrauenverbände usw.) sowie die Kölner Ortsgruppen des Weltfriedensbundes und des Bundes religiöser Sozialistinnen handelte. Auch die Studentinnenvereine und sämtliche Oberklassen höherer und mittlerer Schulen wurden zu den Aufklärungsveranstaltungen eingeladen. Darüber hinaus wurde mit

---

[257] Zur leitenden Position Falks und Bodenheimers vgl. etwa auch Paula MÜLLER-SCHAFFRATH, Die Chronik des Lädchens, Erinnerungsbericht, in: Kölner Frauengeschichtsverein, »10 Uhr pünktlich Gürzenich«, S. 12–15.

[258] Siehe hierzu Sully ROECKEN, Else Falk, in: Kölner Frauengeschichtsverein, »10 Uhr pünktlich Gürzenich«, S. 220 f.; dies., Stadtverband; und das Aktenstück: Ausscheiden von Else Falk aus dem Vorsitz des Stadtverbandes Kölner Frauenvereine, 22. März 1933, HAStK, 1138, 2.

[259] Eine dezidiert kritische Äußerung findet sich aber in einer internen Eingabe der Vorsitzenden des KdF mit Sitz in Köln an Erzbischof Schulte im März 1918, in der behauptet wurde, daß im Bund Deutscher Frauenvereine als Organisation der interkonfessionellen Frauenbewegung fast ausschließlich Protestantinnen und Jüdinnen die Führung hätten und sie die konfessionellen Frauenverbände systematisch ausschalteten. Brief des Zentralvorstandes des Kath. Frauenbundes Deutschlands, Köln, Roonstr. 36 an Kardinal Schulte, 2. März 1918, AEK, Gen. I, 23.36,1.

[260] Vorher hatte sich der 1926 gegründete jüdische Frauenbund mit der Abwehr von Antisemitismus nur theoretisch auseinandergesetzt, hielt es aber nunmehr für unabdingbar, sich »in einer solchen Zeit der Hochflut des Antisemitismus und äußersten Gefahr für das Judentum auch praktisch auf diesem Gebiete zu betätigen«. Besichtigung der Synagoge Glockengasse, in: Gemeindeblatt der Synagogen-Gemeinde zu Köln, 19. Februar 1932. Vgl. auch Marina SASSENBERG, Der Jüdische Frauenbund in Köln (1926–1938), in: Kölner Frauengeschichtsverein, »10 Uhr pünktlich Gürzenich«, S. 239–245, hier: S. 242.

[261] Jüdischer Frauenbund, in: Gemeindeblatt der Synagogen-Gemeinde zu Köln, 27. November 1931.

den Vorsitzenden andersgläubiger Frauenvereine das Gespräch zur Abwehr des Antisemitismus gesucht.[262] Eingeschränkt blieb allerdings die Zusammenarbeit mit den katholischen Frauenorganisationen, die wie auch die übrigen katholischen Vereine eine interkonfessionelle Zusammenarbeit prinzipiell ablehnten.[263] Hier dominierten die konfessionellen Gruppengrenzen gegenüber geschlechtsspezifischen Verbindungslinien. Die vom Frauenbund und der Schwesternloge organisierten Synagogenführungen und Aufklärungsvorträge wurden gleichwohl von einem gemischten nichtjüdischen Publikum angenommen, das nicht selten von sich aus an die Organisatorinnen herantrat, um von dem Angebot Gebrauch zu machen.[264] Daß diese institutionalisierte Aufklärungsarbeit über die formalisierten Grenzen einer Vortragsreihe hinausweisen konnte, zeigte eine Aussprache der Teilnehmerinnen und Teilnehmer nach einer Störung einer Veranstaltung durch nationalsozialistische Jugendliche im November 1931. Die Diskussion verlief so fruchtbar, daß auf informeller Ebene weitere Treffen anberaumt wurden.[265] Das lokale Netzwerk der bürgerlichen Frauenzusammenhänge trug auch noch in der Endphase der Republik, als in den übrigen untersuchten gesellschaftlichen Bereichen die soziale Exklusion im Vereinsleben bereits stark ausgeprägt war.[266] Dies ist möglicherweise damit zu erklären, daß sich bürgerliche Frauen seit dem Kaiserreich im Vereinsleben besonders eng zusammengeschlossen hatten, um ihren Ausschluß aus den männlich dominierten Macht- und Entscheidungspositionen zu überwinden. Diese gewachsenen Verbindungslinien schufen die persönlichen und fachlichen Fundamente für eine vertrauensvolle und über Jahrzehnte praktizierte enge Zusammenarbeit, die nicht so schnell zu erschüttern war.

Angesichts der zunehmenden Verhärtung zwischen jüdischen und nichtjüdischen Vereinen und den verstärkten Ausgrenzungstendenzen vornehmlich in den späten 1920er Jahren erscheint die zweite Blütephase des jüdischen Vereinswesens zwar nach wie vor als ein Ausdruck vielfältigen jüdischen Lebens, das mit zahlreichen Neugründungen, Spaltungen und Zusammenschlüssen sich entfaltende konkurrierende oder sich gegenseitig verstärkende Strömungen widerspiegelte.[267] Dies wird besonders bei der Entwicklung der jüdischen

---

[262] Generalversammlung der Ortsgruppe Köln des jüdischen Frauenbundes, in: Kölner Jüdisches Wochenblatt, 14. Mai 1932.

[263] Vgl. hierzu etwa den Bericht über die Generalversammlung des Zweigvereins Köln des Katholischen Deutschen Frauenbunds vom 19. September 1924, AEK, Gen. I, 23.36, 1.

[264] Besuch in der Synagoge Roonstraße, in: Kölner Jüdisch-Liberale Zeitung, 13. Juli 1928.

[265] Kölner Jüdisches Wochenblatt, 18. November 1932.

[266] So warb etwa das Nachrichtenblatt des Stadtverbands Kölner Frauenvereine 1932 verstärkt für die Tätigkeiten des interkonfessionellen Kursus »zur Anbahnung gegenseitigen Verständnisses und zur Förderung von Frieden und Duldsamkeit unter den Konfessionen«. Zit. nach ROECKEN, Stadtverband, S. 217.

[267] Artikel »Köln«, in: Jüdische Geschichte und Kultur in NRW, S. 152.

Turnvereine deutlich, die sich aufgrund politischer und weltanschaulicher Unterschiede spalteten, neu gründeten und erst nach 1933 reichen Zulauf aus den allgemeinen Sportvereinen erhielten.[268] Doch daß gerade Gesellschaftsclubs und Jugendvereine parallel zum allgemeinen Vereinswesen aufgebaut wurden, weist auf besonders hohe Barrieren gegenüber Juden in diesen Zweigen des allgemeinen Vereinswesens hin.

So läßt sich resümieren, daß das Vereinswesen bis in die 1920er Jahre ein wichtiger Indikator für das positive Miteinander von Kölner Juden und Nichtjuden ist. Die antisemitische Gesellschaftsstimmung der 1890er Jahre konnte sich in der Domstadt aufgrund der Intervention der Eliten als soziale Praxis nicht durchsetzen.[269] Vielmehr hatten die Traditionslinien der Integration Bestand, die sich in den positiven Kooperationsformen mit katholischen und protestantischen Vereinen ebenso zeigten wie in der Selbstverständlichkeit, mit der jüdische Vereinsmitglieder hohe Funktionen in allen Bereichen des gesellschaftlich-kulturellen Vereinslebens einnahmen. Dieser Befund unterstützt die differenzierenden Untersuchungsergebnisse neuerer Arbeiten zur Integration von Juden im allgemeinen Vereinswesen des Kaiserreichs und weist die verallgemeinernden Aussagen der Antisemitismusforschung zurück. Allerdings nahmen die Exklusionstendenzen bereits ab 1919 spürbar zu. Erstmalig wurden soziale Ausschlußpraktiken in bürgerlichen Vereinen in Köln von den Vereinsvorständen unterstützt und rassenantisemitisch begründet. Doch erst in den späten 1920er Jahren hatte sich die antisemitische Gesellschaftsstimmung in weiten Teilen des allgemeinen, katholischen und protestantischen Vereinswesens so weit durchgesetzt, daß diese Form der sozialen Exklusion eine neue Dimension annahm. Nunmehr waren nur noch die allgemein-bürgerlichen und protestantischen Frauenvereine zu einer engen Kooperation mit jüdischen Vereinen bereit. Insgesamt hatten sich die Barrieren zwischen Juden und Nichtjuden drastisch erhöht und verweisen auf eine zunehmende Intoleranz und eine neue Qualität des Antisemitismus in Köln.

5. Fazit

Die persönlichen Beziehungen zwischen Juden und Nichtjuden in Köln zeichneten sich in mancherlei Hinsicht durch soziale und emotionale Nähe aus. Geteilte Interessen, persönliche Sympathien und übereinstimmende Meinungen in politischen und gesellschaftlichen Fragen ließen die sozialen Gruppenbarrieren nebensächlich erscheinen und ebneten den Weg zu einem vertrauten Umgang. Die Bereitschaft zum Miteinander manifestierte sich in alltäglichen,

---

[268] Vgl. hierzu M. MEYER, J.T.V. 02; und BECKER-JÁKLI, Geschichte, S. 334 f.
[269] HOPP, Bürgertum, S. 123; und RAHDEN, Juden, S. 133.

wenig aufsehenerregenden sozialen Praktiken: in den gegenseitigen nachbarschaftlichen Hilfeleistungen und im selbstverständlichen Spiel der Kinder, in der gemeinsam verbrachten Freizeit unter Freunden und im Verein sowie in der neuen lebendigen Alltagswirklichkeit der christlich-jüdischen Ehe.

Trotz dieser vielfältigen Verbindungslinien zwischen Juden und Nichtjuden verlor der Verkehr im jüdischen Gruppenzusammenhang nicht an Bedeutung. Vielmehr deuten die räumliche Nähe zu jüdischen Nachbarn, plurale Formen innerjüdischer Soziabilität und das blühende jüdische Vereinswesen vor dem Aufkommen antisemitischer Ausgrenzungstendenzen darauf hin, daß Kölner Juden diesen Gruppenzusammenhang weder aufgeben wollten noch durch einen übermächtigen Assimilationsdruck dazu gezwungen waren.

Gleichwohl waren die alltäglichen Sozialbeziehungen nicht frei von Anfeindungen und Negativerfahrungen. Kölner Juden mußten in allen Bereichen des sozialen Alltagslebens auch erleben, nicht dazuzugehören. Sie erlitten subtile Verletzungen und offene Diskriminierungen in der Nachbarschaft, im sozialen Verkehr, in Vereinen und auf dem Wohnungsmarkt. Darüber hinaus waren sie mit antisemitischen Beleidigungen bis hin zu psychischer und physischer Gewalt konfrontiert. Während im Bereich der Freundschaft und des Ehelebens keine eindeutigen zeitlichen Entwicklungslinien einer zunehmenden sozialen Ausgrenzung festzustellen sind, erodierten die weniger indiviualisierten und stärker kollektiv praktizierten Formen der Nachbarschaft und des Vereinslebens in den späten 1920er Jahren. Hier konnten die zunehmende judenfeindliche Stimmung und ein radikalisierter Antisemitismus schneller Fuß fassen als in den privat gewählten und persönlich fundierten Sozialbeziehungen.

Innerhalb der einzelnen Beziehungsfelder glich der gesellschaftliche Integrationsstand der Kölner Juden eher einem vielschichtigen Tableau aus zahlreichen Momenten als einem bipolaren Entweder-Oder gesellschaftlicher Akzeptanz oder Isolation. Wer in welchen Situationen dazugehörte und wer stärker ausgeschlossen blieb, hing maßgeblich von der Alters- und Klassenzugehörigkeit sowie der regionalen Herkunft der beteiligten Personen ab. Während die nachbarschaftlichen Beziehungen unter den ärmeren osteuropäischen Juden und ihren nichtjüdischen Nachbarn deutlich enger waren als unter den sozial bessergestellten Bürgern, verkehrten diese andererseits häufiger und enger mit Nichtjuden im Freundschafts- und Bekanntschaftskreis. Die engsten Freundschaften mit nichtjüdischen Kölnern knüpften jüdische Kinder und Jugendliche, die gleichzeitig am stärksten aus dem allgemeinen Organisationsnetz ausgeschlossen waren und am meisten unter der antijüdischen Gewalt litten. Umgekehrt waren die wohlsituierten Bürger jüdischen Glaubens womöglich am besten in das allgemeine Vereinsleben integriert, blieben aber im gesellschaftlichen Verkehr und hinsichtlich ihrer Partnerwahl stärker unter sich.

Die mehrdimensionale Analyse soziokultureller Faktoren zeigt, daß sich zwar die spezifischen Formen von Integration und Ausschluß je nach Alter, Herkunft und sozialer Lage unterschieden, daß sich daraus aber insgesamt kein qualitativer Unterschied, kein Mehr oder Weniger an sozialer Nähe ableitete. Ebenso komplex gestaltet sich der Einfluß des katholischen und protestantischen Milieuzusammenhangs auf die Beziehungen. Während die katholischen Milieuspitzen wesentlich stärker als die protestantischen Kirchenspitzen antisemitische Tendenzen innerhalb des eigenen Milieus und im städtischen Raum bis in die späten 1920er Jahre unterbanden, wirkten sich doch im sozialen Organisationszusammenhang die Ablehnung der interkonfessionellen Berührungspunkte und die schärfere Kontrolle sozialer Gruppenschranken negativ aus. Auf die Gestaltung der persönlichen Beziehungen schien der Milieuzusammenhang aber wenig Einfluß nehmen zu können. Am deutlichsten läßt sich noch die Geschlechtszugehörigkeit als ein positiv wirkender Faktor ausmachen: Frauen waren sowohl in den nachbarschaftlichen Beziehungen als auch im Vereinsleben eher bereit, miteinander zu verkehren als Männer. Dies ist wohl damit zu begründen, daß Frauen im Alltag und im (semi)öffentlichen Raum stärker auf informelle Netzwerke angewiesen waren, um ihre Lebenssituation positiv zu gestalten und private wie gesellschaftliche Ziele durchzusetzen. Der persönliche Verkehr in diesen Netzwerken stärkte das Vertrauen, baute Vorurteile ab und hielt die Kontakte auch in den letzten Jahren der Republik stabil, als sich antisemitische Ausgrenzungsbestrebungen im sozialen Alltagsleben verstärkten.

Schon in der frühen Republik waren antijüdische Denkbilder im sozialen Alltagsleben unterschwellig präsent und manifestierten sich etwa in den Kinderliedern und den Ablehnungen der christlich-jüdischen Ehe. Diese Denkbilder waren von sozioökonomischen Krisenerfahrungen unabhängig und wurden konfessions-, geschlechts- und klassenübergreifend verbreitet, wenn man von dem Gottesmordvorwurf einmal absieht, der stärker in der katholischen Bevölkerung verankert war. Allerdings verhinderten bis in die 1920er Jahre weitgehende normative Barrieren, daß diese Denkbilder im sozialen Alltagsleben unter Erwachsenen allzu laut kommuniziert wurden. Als sich in den 1890er Jahren erste Bestrebungen zeigten, diese Denkbilder in die soziale Praxis umzusetzen und Kölner Juden aus Vereinen auszuschließen, wurde dieser Vorstoß von den städtischen Eliten verhindert, die sich für die Wahrung der gesellschaftlichen Integration einsetzten.

In den Jahren der Republik blieben die Bemühungen der politisch und sozial organisierten Antisemiten, auf die sozialen Beziehungen zwischen Juden und Nichtjuden Einfluß zu nehmen, erstaunlich schwach. Im Vergleich zu anderen Bereichen städtischen Lebens griffen die radikalen antisemitischen Organisationen wie der Deutsch-Völkische Schutz- und Trutzbund und später die NSDAP die soziale Nähe zwischen Juden und Nichtjuden als Thema ihrer Propaganda kaum auf. Wenn sie es taten, dann in dem Bemühen, den selbstverständlichen Verkehr zur Gefahr und Widernatürlichkeit umzudefinieren, doch scheint ihnen dies kaum gelungen zu sein. Denn radikalantisemitische Denk- und Handlungsweisen blieben auch in der späten Republik noch Minderheitenpositionen, die allerdings in Form antijüdischer Beleidigungen, Gewaltdrohungen und Übergriffe auf der Straße kontinuierlich zunahmen. Die zunehmende antisemitische Gewalt auf der Straße hatte aber zumindest in den Arbeitervierteln den entgegengesetzten Effekt, denn durch die nationalsozialistischen Übergriffe wurde der Zusammenhalt gestärkt.

Die Verschlechterung der sozialen Beziehungen ist daher weniger ein direktes Resultat deutsch-völkischer Propagandabemühungen im sozialen Alltagsleben als Ausdruck einer allgemein stärkeren antisemitischen Grundstimmung, die durchaus von den Nationalsozialisten geschürt wurde. Wichtig ist in diesem Zusammenhang, daß die antisemitischen Tendenzen in der Bevölkerung zwar von den städtischen Eliten und Milieuspitzen bis 1933 weder initiiert noch instrumentalisiert wurden, daß sie sie in den letzten Jahren der Republik aber nicht mehr offensiv bekämpften, so daß die Ausgrenzungen nunmehr erstmalig die sozialen Beziehungen nachhaltig beeinflußten. Mit der Zunahme dieser Ausgrenzungen in den späten 1920er Jahren verdichten sich die Anzeichen dafür, daß die lebendige innerjüdische Soziabilität nun doch zu einem Refugium vor einer feindlichen Umwelt wurde. So bleibt festzuhalten, daß sich in den letzten Jahren der Republik die Barrieren des sozialen Verkehrs stark erhöhten.

DRITTES KAPITEL

KUNST UND KULTUR – FREIRÄUME FÜR VIELFALT

Wie kein anderer gesellschaftlicher Bereich gilt gerade das kulturelle Leben als Sphäre, in der die Integration der deutschen Juden am weitesten fortgeschritten war: »Das Stück Normalisierung, das man jüdischerseits schon in der Durchsetzung der rechtlichen Gleichstellung gesehen hatte [...], hat erst recht die kulturelle Szene – man möchte fast sagen ganz selbstverständlich – bestimmt«.[1] Selbst in der neueren deutsch-jüdischen Historiographie, die dem Integrationsmodell kritisch gegenübersteht, wird die Kultur der Weimarer Republik als zentrales »Ko-Konstituierungsfeld« jüdischer und nichtjüdischer Künstler und Intellektueller bewertet, in dem »ethnische« und religiöse Differenzierungslinien peripher und unbedeutend waren.[2] Gerade im Kulturleben hätten die bisherigen Außenseiter, die Verfechter einer progressiven Kultur der Moderne, bedeutende Positionen einnehmen können.[3] Zu ihnen zählten auch viele Künstler jüdischer Herkunft oder Religion, die erstmalig in allen Bereichen des kulturellen Lebens der Republik eine prominente Rolle spielten.[4]

---

[1] GREIVE, Juden, S. 218.

[2] Zit. nach ASCHHEIM, German History, S. 319.

[3] Vgl. zur Vielschichtigkeit des Begriffs Georg BOLLENBECK, Tradition, Avantgarde, Reaktion. Deutsche Kontroversen um die kulturelle Moderne 1880–1945, Frankfurt a. M. 1999; Hans Ulrich GUMBRECHT, Art. »Modern« in: Otto BRUNNER/Werner CONZE/Reinhart KOSELLECK (Hrsg.), Geschichtliche Grundbegriffe. Historisches Lexikon zur politisch-sozialen Sprache in Deutschland, Bd. 4, Stuttgart 1978, S. 93–131; Corona HEPP, Avantgarde – Moderne Kunst. Kulturkritik und Reformbewegungen nach der Jahrhundertwende, München 1992; und Georg MÖLICH, »Moderne« und »Modernisierung« als Leit- und Epochenbegriff in den Kulturwissenschaften. Eine kritische Skizze, in: Dieter BREUER/Gertrude CEPL-KAUFMANN (Hrsg.), Moderne und Nationalsozialismus im Rheinland. Vorträge des Interdisziplinären Arbeitskreises zur Erforschung der Moderne im Rheinland, Paderborn [u. a.] 1997, S. 17–20.

[4] GAY, Republik, S. 11 f. u. S. 159. Zusammengefaßt auch bei MENDES-FLOHR, Juden, S. 167. Vgl. aber die Kritik an der These von der überproportionalen Vertretung von Juden in der Moderne zuerst bei Peter GAY, Begegnung mit der Moderne. Deutsche Juden in der deutschen Kultur, in: Werner E. MOSSE/Arnold PAUCKER, Juden im Wilhelminischen Deutschland, Tübingen 1976, S. 241–311; und HERMAND, Juden, S. 9–37. Diese Bewertungen reproduzieren semantisch antisemitische Topoi der Weimarer Zeit bzw. eine philosemitische Nostalgie der Forschung zur Weimarer Republik. Zudem gründet sich das Bild eines uneingeschränkten Miteinanders von Juden und Nichtjuden stark auf die avantgardistische Metropolenkultur Berlins.

Zugleich, so der übereinstimmende Befund der Forschung, erschütterte der deutsch-völkische Kampf gegen »Judenrepublik« und »Judenkultur« die Weimarer Republik. Es steht außer Frage, daß durch Weltkriegserfahrung, Revolution und Inflation die »reaktionären und antimodernistischen Kräfte dramatisch« zunahmen.[5] Ihr erbitterter Kampf gegen die Kultur der Weimarer Republik als »Verkörperung der Vorherrschaft der Moderne« basierte auf der zentralen Denkfigur von der vermeintlichen »Verjudung« des Kulturlebens. Der dichotomen Denkstruktur des deutsch-völkischen Antisemitismus folgend, wurden die Juden als Repräsentanten einer dekadenten, zersetzenden, rein äußerlichen und auf Gewinn ausgerichteten Moderne der innerlichen, im Volk verwurzelten deutschen Kultur antithetisch gegenübergestellt, und es wurde den jüdischen Kulturschaffenden die Fähigkeit zu echten Kulturleistungen abgesprochen.[6] Wenn auch Ausmaß und Konsequenzen dieser antisemitischen Angriffe auf die Stellung der deutschen Juden in der Kultur umstritten sind[7], wird mehrheitlich ein quälender Widerspruch konstatiert. Einerseits seien die deutschen Juden so stark wie nie zuvor mit der deutschen Kultur verwoben gewesen, während andererseits ihr Recht auf diese Beteiligung immer heftiger in Frage gestellt worden sei.[8]

Jedoch ist der zugrundeliegende Kulturbegriff dieses Diktums aus mehreren Gründen zu kritisieren. Erstens wird Kultur unhinterfragt mit dem Bereich künstlerischer Produktion gleichgesetzt, ohne weitergehende Bedeutungen von Kultur als einem Gefüge von Normen, Deutungen und Sinngefügen auch nur zu erwähnen oder andere kulturelle Bereiche wie die der Wissenschaft zu berücksichtigen. Zweitens reduzieren gerade die Vertreter eines hohen Integrationsstands der deutschen Juden die Kultur der Weimarer Republik auf die progressiven Strömungen der Moderne, ohne danach zu fragen, ob diese

[5] Zit. nach MENDES-FLOHR, Juden, S. 167. Vom »kulturreaktionären Antisemitismus« spricht auch LOHALM, Völkischer Radikalismus, S. 152–160. Zu Gewalt und Kultur vgl. ferner Lothar EHRLICH/Jürgen JOHN (Hrsg.), Weimar 1930. Politik und Kultur im Vorfeld der NS-Diktatur, Köln/Weimar/Wien 1998; und WIDDIG, Culture. Zu den modernen Momenten in der deutsch-völkischen Bewegung und umgekehrt zuerst Jeffrey HERF, Reactionary Modernism. Technology, Culture, and Politics in Weimar and the Third Reich, 4. Aufl. Cambridge 1990; und Peter Ulrich HEIN, Die Brücke ins Geisterreich. Künstlerische Avantgarde zwischen Kulturkritik und Faschismus, Reinbek bei Hamburg 1992.

[6] HERMAND, Juden, S. 10–12; MENDES-FLOHR, Juden, S. 41; NIEWYK, Jews in Weimar Germany, S. 41; und ZIMMERMANN, Juden, S. 37.

[7] Der These Peter Gays vom Insidertum widersprach am vehementesten TRAVERSO, Juden. Auch Marline Otte beschreibt die Weimarer Republik als Zeit der Erschütterung des Assimilationsprojekts. Am Beispiel des Berliner Jargontheaters stellt sie die These vom Dissimilationsprozeß der Mehrheit der deutschen Juden auf, ohne indessen eine fundierte Analyse für die Zeit ab 1918 zu liefern. Marline OTTE, Eine Welt für sich? Bürger im Jargontheater von 1890 bis 1920, in: GOTZMANN/LIEDTKE/RAHDEN, Bürger, Juden, Deutsche, S. 121–145, hier: S. 144.

[8] HERMAND, Juden, S. 28–33; MENDES-FLOHR, Juden, S. 168; und NIEWYK, Jews in Weimar Germany, S. 32 f. Beispielhaft für die Antisemitismusforschung ist J. WEISS, Der lange Weg, S. 318–336.

»Weimarer Kultur«[9] sich auch jenseits der Kulturmetropole Berlin durchsetzen konnte.[10] Drittens wird das Bild von der Kultur der Weimarer Zeit als einer Kampfzone zwischen den Verfechtern der progressiven Moderne und ihren deutsch-völkischen Angreifern historiographisch tradiert, ohne die Stärke dieser Angriffe und die Kräfteverhältnisse im Feld der Kultur genauer ausgelotet zu haben.

Das Kulturverständnis, das dieser Arbeit zugrunde liegt, sucht diese Kritikpunkte aufzugreifen und zugleich methodologisch so umzusetzen, daß eine Einordnung in den dominierenden Forschungszusammenhang gewährleistet bleibt. Daher wird Kultur ebenfalls eng als »Summe künstlerischer Veranstaltungen, Angebote und Institutionen und deren Rezeption« definiert und Wissenschaft als ein eigenständiger gesellschaftlicher Bereich behandelt.[11] Zugleich trägt diese Definition aber dem weitergefaßten Kulturbegriff der neueren Kulturgeschichte insofern Rechnung, als sie Kultur nicht länger mit der progressiven Moderne und einer reaktionär(-modern)en Gegenkultur gleichsetzt, sondern als ein »weitgespanntes Netz höchst unterschiedlicher Artikulationen, personeller Beziehungen und Sinnzusammenhänge« begreift.[12]

Aus diesem Netz wurden die traditionellen Bereiche »bürgerlicher Elitenkultur« – Kunst, Musik und Theater – ausgewählt, mit Rückblicken auf das Kaiserreich analysiert und mit den neuen Formen der »Weimarer Kultur« – den Avantgardeströmungen in der direkten Nachkriegszeit sowie dem Massenmedium des Rundfunks – kontrastiert. Ferner wird der Präsentation jüdischer Kultur in den beiden kulturellen Großereignissen der Jahrtausendausstellung 1925

---

[9] Die »Weimarer Kultur« bleibt in den Standardwerken zur Weimarer Republik seltsam undefiniert. Sie wird meist als Synonym für die kulturellen Formen der klassischen Moderne verwandt, für spätwilhelminische und republikanische Avantgarderichtungen, Neue Sachlichkeit und die Durchsetzung der Massenkultur. So etwa bei GAY, Republik; KOLB, Weimarer Republik, S. 91 f.; und PEUKERT, Weimarer Republik, S. 166. Zur Problematisierung des Begriffs siehe Jürgen JOHN, »Weimar« als regionales, intellektuelles Reform- und Experimentierfeld, in: Wolfgang BIALAS/Burkhard STENZEL (Hrsg.), Die Weimarer Republik zwischen Metropole und Provinz. Intellektuellendiskurse zur politischen Kultur, Weimar/Köln/Wien 1996, S. 11–21, hier: S. 13.

[10] Der Eindruck der Dominanz spätwilhelminischer Avantgardebewegungen und der Neuen Sachlichkeit in der Weimarer Republik und ihrer gewalttätigen Bekämpfung resultiert nicht zuletzt aus der bis heute fortwirkenden Konzentration auf Berlin. Vgl. zur Faszination Berlins auch Bärbel SCHRADER/Jürgen SCHEBERA, Kunstmetropole Berlin 1918–1933, Berlin/Weimar 1987; und Emily D. BILSKY (Hrsg.), Berlin Metropolis. Jews and the New Culture 1890–1918, New York 2000.

[11] In Anlehnung an D. HEIN/A. SCHULZ, Bürgerkultur, S. 10. Dies ist um so einleuchtender, als an der wichtigsten Wissenschaftsinstitution, der Kölner Universität, die im Zentrum des Wissenschaftskapitels steht, die Integrations- und Ausgrenzungsmodi eigenen Regeln folgten.

[12] Zit. nach Michael JEISMANN, »Bürgerliche Kultur« und Kultur des Bürgertums – Theater und Museen im 19. Jahrhundert, in: Franz J. JACOBI (Hrsg.), Geschichte der Stadt Münster, Bd. 2, Münster 1993, S. 498–508, hier: S. 489 f. Obwohl sich Jeismanns Definition auf die »bürgerliche Kultur« des 19. Jahrhunderts bezieht, ist sie doch so abstrakt formuliert, daß sie auch den veränderten Verhältnissen der Weimarer Republik gerecht wird.

und der Pressa 1928 nachgegangen, da diese Ausstellungsprojekte wertvolle Hinweise darauf geben, ob jüdische Kultur als ein gleichberechtigter Bestandteil des allgemeinen Kulturzusammenhangs im lokalen Raum akzeptiert wurde.[13] Schließlich richtet sich das Augenmerk auf den Kölner Karneval, da hier soziale Exklusionsmuster zugleich spielerisch überwunden und karnevalistisch reproduziert wurden. Aus Quellengründen mußten andere Bereiche der Popularkultur wie Kino, Operette, Volksfeste und der Sport leider unberücksichtigt bleiben.

Ausgehend von der Annahme, daß sich die vielschichtigen Beziehungen zwischen Juden und Nichtjuden im Feld der Kultur nicht auf die Gegenüberstellung zweier konträrer Lager der Moderne und ihrer radikalantisemitischen Gegner reduzieren lassen, gilt es ferner, eine genauere Bestimmung der Akteure vorzunehmen, die im städtischen Raum die vielfältigen kulturellen Beziehungen prägten.[14]

Noch immer beruht das Bild der Inklusion deutscher Juden der Weimarer Kultur vorrangig auf der Beschreibung prominenter jüdischer Künstler und Künstlerinnen in Literatur, Theater, Kunst, Musik und Architektur.[15] Diese Beitragshistoriographie reproduziert jedoch nicht nur ein antiquiertes Kulturverständnis, daß auf die großen Künstlerindividuen fixiert ist und diese durch die Zuordnung zu einem Kultursektor aus ihrem kommunikativen Denk- und Handlungskontext löst, sondern faßt sie in erster Linie unter der Kategorie »Jude«, was dem Selbstverständnis vieler Kulturschaffender diametral entgegensteht.[16] Demgegenüber verwendet diese Arbeit den Begriff des »Kulturproduzenten«, der von der grundlegenden Soziabilität der künstlerisch tätigen Akteure ausgeht, die in den 1920er Jahren in Denk- und Arbeitszusammenhängen eng miteinander verbunden waren.[17] Diesen Gemeinschaften gehörten

---

[13] Unter jüdischer Kultur verstehe ich in diesem Zusammenhang literarische und künstlerische Bekundungen Kölner Juden im städtischen Raum, die spezifische Inhalte im kollektiven Gruppenzusammenhang oder über das Judentum als Gruppe nach außen kommunizierten. Nach BRENNER, Renaissance, S. 15.

[14] Anregend hierzu Lutz RAPHAEL, Diskurse, Lebenswelten und Felder. Implizite Vorannahmen über das soziale Handeln von Kulturproduzenten im 19. und 20. Jahrhundert, in: Wolfgang HARDTWIG/Hans-Ulrich WEHLER (Hrsg.), Kulturgeschichte Heute, Göttingen 1996, S. 165–181.

[15] Zur Kritik an dieser Form der Beitragshistoriographie und ihrer gleichzeitigen Reproduktion vgl. HERMAND, Juden, S. 14 f.; und MENDES-FLOHR, Juden, S. 172. Zusammenfassend auch NIEWYK, Jews in Weimar Germany, S. 32 f. Vgl. zu Köln GREIVE, Juden, S. 207–225; und Christine von KOHL, Jüdische Künstler und Schriftsteller – ihr Beitrag zum rheinischen Kulturleben. Von der Emanzipation bis zur Ausschließung, in: SCHILLING, Monumenta Judaica, S. 467–519.

[16] So auch Alphons SILBERMANN, Juden im Musikleben der Weimarer Republik, in: Julius H. SCHOEPS, Juden als Träger bürgerlicher Kultur in Deutschland, Stuttgart/Bonn 1989, S. 109–121, hier: S. 117.

[17] Raphael führt in seinem Aufsatz den Fleckschen Begriff des Denkkollektivs ein und definiert ihn als »Gemeinschaft der Menschen, die im Gedankenaustausch oder in gedanklicher Wechselwirkung stehen« und »Träger geschichtlicher Entwicklungen eines Denkge-

nicht nur jüdische und nichtjüdische Künstler und Künstlerinnen an, sondern auch Agenten, Mäzene, Journalisten, Freunde und Repräsentanten städtischer Kulturinstitutionen wie Museumsvertreter, die durch Übereinstimmungen in Fachfragen sozial, kognitiv und emotional in Beziehung standen. Besonders wichtig erscheint in diesem Zusammenhang die Annahme, daß der soziale Zusammenhang dieser Gruppierungen durch alltägliche Verkehrsformen abgefedert und verdichtet wurde.[18] In der Analyse der kulturellen und sozialen Verbindungslinien der Kölner Kulturproduzenten gilt es, der Bedeutung der jüdischen Herkunft im Selbstverständnis und den Reaktionen des städtischen Umfelds nachzugehen und – soweit es die Quellen zulassen – die alltäglichen Denk- und Arbeitszusammenhänge zu rekonstruieren.[19]

Eine mikrohistorische Sozialgeschichte des kulturellen Handelns im städtischen Raum muß ferner auch jene Personen und Institutionen einbeziehen, die zwar nicht zum engeren Kreis der Kulturproduzenten zählten, die aber auf die Gestaltung des Kulturlebens im städtischen Raum Einfluß zu nehmen suchten und daher ebenfalls im lokalen Kommunikations- und Handlungszusammenhang auftraten. Einer der wichtigsten Akteure war die Stadt Köln selber, die sich aufgrund der Selbstverwaltungspolitik der preußischen Städte seit dem 19. Jahrhundert aktiv an der Gestaltung öffentlicher Museen und Ausstellungen, Theater und kultureller Lehrinstitutionen wie der Kölner Musikhochschule beteiligte.[20] In der Unterstützung bestimmter Kulturströmungen sowie in der Unterdrückung mißliebiger Tendenzen agierte sie teils in Kooperation, teils in Konfrontation mit privaten Förderern und kunst- und kulturinteressierten Vereinen, wobei Oberbürgermeister Konrad Adenauer eine besonders aktive Rolle in der Kulturpolitik einnahm, wie zu zeigen sein wird.[21] Diese städtischen und privaten Akteure hatten bereits im Kaiserreich die institutionelle Grundlage eines lokalen kulturellen Netzwerks in Köln gebildet, das sich in

---

bietes, eines bestimmten Wissensbestandes und Kulturstandes, also eines besonderen Denkstils«, sind. Ludwig FLECK, Entstehung und Entwicklung einer wissenschaftlichen Tatsache. Einführung in die Lehre vom Denkstil und Denkkollektiv, Frankfurt a. M. 1980, zit. Nach L. RAPHAEL, Diskurse, S. 172.

[18] Ebenda.

[19] Die Analyse des Kölner Kulturlebens kann sich auf eine vergleichsweise dichte Literatur- und Quellenlage stützen. Der Interaktions- und Produktionszusammenhang der Kulturschaffenden läßt sich anhand der Ausstellungskataloge, Bilder und selbsterstellten Zeitungen sowie von Zeitungsartikeln, Tagebüchern, Korrespondenz und Autobiographien gut rekonstruieren. Gleiches gilt für die zeitgenössische Rezeption sowie die Formierung antisemitischer Widerstände.

[20] Wolfgang J. MOMMSEN, Stadt und Kultur im Deutschen Kaiserreich, in: Ders. (Hrsg.), Bürgerliche Kultur und politische Ordnung. Künstler, Schriftsteller und Intellektuelle in der deutschen Geschichte 1830–1933, Frankfurt a. M. 2000, S. 11–45, hier: S. 12.

[21] Kurt DÜWELL, Universität, Schulen und Museen. Adenauers wissenschafts- und bildungspolitische Bestrebungen für Köln und das Rheinland (1917–1932), in: STEHKÄMPER, Adenauer, S. 167–206.

der Weimarer Republik erheblich erweiterte.[22] Einerseits gingen wichtige Kulturinstitutionen nun in die städtische Verwaltung über und wurden dadurch zum Verhandlungsgegenstand der Stadtpolitik und der dort vertretenen Parteien, andererseits erhoben nunmehr neben den traditionellen bürgerlichen Vereinen auch neue Gesellschaftsgruppen und Organisationen Anspruch auf die (Mit-)Gestaltung des Kulturlebens und suchten diese durch durch gezielte Lobbyarbeit durchzusetzen.[23] In den 1920er Jahren waren die Kölner Kulturgeschehnisse stärker als je zuvor Gegenstand von Verhandlungen und Diskussionen in einem dichtgeknüpften Geflecht städtischer Akteure.

In diesem heterogenen lokalen Kommunikations- und Handlungszusammenhang vollzogen sich die kulturellen Beziehungen zwischen Juden und Nichtjuden und waren antisemitischen Widerständen ausgesetzt. Es wird zu untersuchen sein, welche Rolle die deutsch-völkischen Organisationen und die NSDAP in ihren Bemühungen um eine Kulturrevolte und in ihren radikalantisemitischen Bestrebungen im Kölner Kulturleben bis 1933 einnahmen. So ist zu fragen, ob diese völkische Kulturoffensive tatsächlich auf den Rückhalt in breiten Schichten der Bevölkerung[24], im allgemeinen Bewußtsein der Kulturkonsumenten[25] und in der bürgerlichen Honoratiorenkultur[26] hoffen konnte und wer, wenn nicht die radikalen Antisemiten, maßgeblich an der Durchsetzung antisemitischer Ziele beteiligt war.

1. Die »höheren Künste«

1.1. Die Sonderbundausstellung 1912

Die Sonderbundausstellung, die erstmalig in Köln ein breiteres Publikum mit der modernen Kunst bekanntmachte und damit vehemente Ablehnung provozierte, war ein Projekt der städtischen Eliten, angestoßen von nichtjüdischen und jüdischen Honoratioren und unterstützt von der Stadtverwaltung. Sie eignet sich daher besonders, um im Rückblick auf die Traditionslinien der Integration in der »bürgerlichen Kultur« des spätwilhelminischen Zeitalters aufmerksam zu machen und die Ablehnung der Moderne im städtischen Diskussionszusammenhang auf antisemitische Tendenzen zu untersuchen, um so eine Vergleichsfolie für Brüche und Kontinuitäten in der Weimarer Zeit zu bilden.

---

[22] Wolfgang J. MOMMSEN, Die Stiftung bürgerlicher Identität. Kunst- und Museumsvereine in Deutschland 1820–1914, in: Ders., Bürgerliche Kultur und politische Ordnung, S. 48–58, hier: S. 49.

[23] Vgl. hierzu auch Jost HERMAND/Frank TROMMLER, Die Kultur der Weimarer Republik, 2. Aufl. München 1978, S. 194 f.

[24] KOLB, Weimarer Republik, S. 15.

[25] Ebenda.

[26] JOHN, »Weimar«, S. 17.

Im Jahr 1912, als die Sonderbundaustellung die internationale Avantgarde moderner Kunst nach Köln brachte[27], war die Domstadt alles andere als eine Kunstmetropole, wenn man von den exzellenten Sammlungen altkölnischer und -flämischer Meister absieht. Vielmehr verband sich der konservativ-provinzielle Geschmack des Kölner Kunstpublikums, das allem Neuen skeptisch gegenüberstand, mit strukturellen Problemen einer stagnierenden Museenlandschaft und einer fehlenden Kunstakademie, die wie in Düsseldorf neue Impulse hätte geben können.[28] Vor diesem Hintergrund stellte die Sonderbundaustellung eine geradezu bahnbrechende Neuerung dar, die zwar in der Kunstszene eine beträchtliche Signalwirkung hatte und internationale Anerkennung fand[29], in Köln selbst jedoch auf vernichtende Kritiken in der Presse und in großen Teilen des Publikums auf unverhohlene Ablehnung stieß.[30]

Organisator und Initiator der Ausstellung war der 1908 gegründete Sonderbund, der ursprünglich eine Vereinigung einiger Düsseldorfer Künstler war, ehe er sich 1910 umkonstituierte und sich programmatisch zum »Sonderbund westdeutscher Kunstfreunde und Künstler« erweiterte.[31] Zunächst wollte der Sonderbund die großangelegte internationale Kunstausstellung in Düsseldorf zeigen, doch stieß er hier auf den Widerstand einiger lokaler Künstler, die dafür sorgten, daß dem Sonderbund die bereits zugesagte Erlaubnis, im Düsseldorfer Kunstpalast auszustellen, wieder entzogen wurde.[32] Nun zeigte die Stadt Köln

---

[27] Ausgestellt wurden exponierte Vertreter der Moderne wie Van Gogh, Cézanne, Gauguin, Picasso und Munch aus den sieben teilnehmenden Ländern Frankreich, Holland, Schweiz, Ungarn, Norwegen, Österreich und Deutschland. Eine gesonderte Abteilung für modernes Kunstgewerbe rundete das Ausstellungskonzept ab. Zum genauen Werkverzeichnis der 577 Gemälde und Zeichnungen sowie 56 Skulpturen siehe den Katalog Internationale Kunstausstellung des Sonderbundes Westdeutscher Kunstfreunde und Künstler zu Cöln 1912, Köln 1912, S. 19–76.

[28] Walter Först, Köln 1918–1936. Kleine Stadtgeschichte im 20. Jahrhundert, Düsseldorf 1982, S. 26; H.-W. Frohn, Arbeiterbewegungskulturen, S. 27; und Matzerath, Köln, S. 192. Allerdings bemühte sich Alfred Hagelstange als Leiter des Wallraf-Richartz-Museums um ein etwas aufgeschlosseneres Profil der Stadt und erwarb als einer der ersten westdeutschen Museumsdirektoren moderne Kunst.

[29] Wulf Herzogenrath, Die Tradition aktueller Kunstausstellungen in Köln, in: Ders. (Hrsg.), Frühe Kölner Kunstausstellungen. Sonderbund 1912, Werkbund 1914, Pressa USSR 1928. Kommentarband zu den Nachdrucken der Ausstellungskataloge, Köln 1981, S. 11–19, hier: S. 14.

[30] Vgl. hierzu Dirk Teuber, Die Ausstellungen im Spiegel der Kölner Presse: Sonderbund, in: Herzogenrath, Kunstausstellungen, S. 148–175. Siehe rückblickend auch den Kunstsammler Josef Haubrich 1949 zur Sonderbund-Ausstellung, 1912. in: Johann Jakob Hässlin (Hrsg.), Kunstliebendes Köln – Dokumente und Berichte aus hundertfünfzig Jahren, München 1957, S. 175 f.

[31] Teuber, Ausstellungen, S. 148.

[32] Walter Cohen, in: Kunstchronik Neue Folge 22 (1910/11), Sp. 51, zit. nach Teuber, Ausstellungen, S. 148. Angeblich befürchtete »die Düsseldorfer Künstlerschaft durch die fortschrittliche Arbeit des Sonderbundes eine Störung des Düsseldorfer Kunstfriedens«, so der Art. Die Spaltung im Sonderbund Westdeutscher Kunstfreunde, in: Kölner Stadtanzeiger, 28. April 1913. Vgl. auch W. J. Mommsen, Stadt, S. 32; und Teuber, Ausstellungen, S. 148.

Die »höheren Künste« 141

entschiedenes Engagement, die Ausstellung in die Domstadt zu holen, um dadurch ihren Großstadtcharakter unter Beweis zu stellen und zugleich im permanenten Wettstreit mit der Konkurrenzstadt Düsseldorf einen Pluspunkt für sich zu verbuchen: »Aber was in Wien, Paris, Berlin geboten wird, soll auch Köln sehen [...], weil wir Großstadt sind und bleiben wollen. [...] Köln, das Kunstzentrum des Westens auf musikalischem Gebiet, warum könnte es nicht das Zentrum der bildenden Künste werden?«[33] Das städtische Engagement manifestierte sich auch in der Mitwirkung führender Beamter im Sonderbund: Der Kölner Oberbürgermeister und der Polizeipräsident saßen im Ehren- und Förderausschuß der Internationalen Kunstausstellung des Sonderbundes, jeweils zwei Beigeordnete waren im Vorstand und im Arbeitsausschuß vertreten.[34]

Die Ausschuß- und Vorstandslisten sowie die Besetzung von Kunstkommission und Jury ermöglichen eine genaue Rekonstruktion jener Gruppe engagierter Kunstförderer, Sammler, Museumsdirektoren und Künstler, die sich an der Vorbereitung der Sonderbundausstellung beteiligten.[35] Neben den Vertretern der städtischen und preußischen Behörden waren im Ehrenausschuß zahlreiche prominente Personen aus dem (west)deutschen und internationalen Kunstleben vertreten. Gleichwohl dominierte das gehobene Kölner Bürgertum.[36] Der Arbeitsausschuß bestand zur Hälfte aus auswärtigen Mitgliedern, die für die Auswahl und Beschaffung der Ausstellungsexponate verantwortlich waren, und zur Hälfte aus Kölner Juristen, Kommunalpolitikern und Bauexperten, die die Organisation vor Ort regelten. Die eigentliche Trägerschaft übernahm der Vorstand, der sich aus den Direktoren der führenden westdeutschen (Kunst-)Museen und Kunsthochschulen, jeweils drei lokalen Kunstmäzenen und Malern, einem juristischen und literarischen Beirat sowie zwei Stadtverordneten zusammensetzte.[37]

Unter diesen lokalen Honoratioren, die sich für die Organisation der Sonderbundausstellung einsetzten, waren nicht wenige jüdischen Glaubens oder jüdischer Herkunft. So betätigten sich der liberale Stadtverordnete Louis Eliel und

---

[33] Auszug aus der Rede des Abgeordneten Laués auf der Abschlußveranstaltung der Sonderbundausstellung, zitiert in: Köln als Kunststadt, in: Kölner Stadtanzeiger, 15. Oktober 1912. Die Stadt stellte nicht nur die neuen städtischen Ausstellungshallen zur Verfügung, sondern unterstützte die Ausstellung auch mit einem Zuschuß von 25 000 RM.

[34] Die Mitgliederliste des Ehrenausschusses nennt ferner u. a. den Regierungspräsidenten, den Oberpostdirektor, den Eisenbahn-Direktionspräsidenten und preußische Generäle der Festungsgarnison Köln. Katalog Internationale Kunstausstellung, S. 9. Die ungewöhnliche Schutzherrschaft moderner Kunst durch Beamtentum und Militär war selbst für die teilnehmenden Künstler ein beachtenswertes Novum, wie ein Tagebucheintrag August Mackes vom 26. Mai 1912 illustriert: »Die Ausstellung ist gestern mit kommandierenden Generälen und Oberbürgermeistern aus der Taufe gehoben worden«. Zit. nach FÖRST, Köln, S. 26.

[35] Listen des Vorstands sowie des Ehren- und Arbeitsausschusses und der Stifter in Katalog Internationale Kunstausstellung, S. 8–13.

[36] Es handelte sich dabei insbesondere um führende Kölner Unternehmer und Bankiers (13), aber auch einige Professoren (3), Justiz- (4) und Regierungsräte (2).

[37] Vgl. den Katalog Internationale Kunstausstellung, S. 8.

der zionistische Rechtsanwalt Max Heimann im Arbeitsausschuß, und im Ehrenausschuß saßen Eugen Bock, Julius Flechtheim, Louis Hagen, Moritz und Dr. P. Seligmann, Leonhard Tietz und Alfred Ludwig Wieruszowski. Ferner waren als jüdische Vorstandsmitglieder die Kölner Kunstmäzene Josef Feinhals[38] und Hermann Hertz[39] sowie der Düsseldorfer Galerist Alfred Flechtheim[40] aktiv.

Damit bildeten die Kulturproduzenten jüdischer Religion und Herkunft eine bedeutende Minderheit innerhalb der entscheidenden Gremien, die zwischen 10 und 30 % lag. Dieser Befund spricht sowohl für die gleichberechtigten Partizipationschancen jüdischer Bürger in der kulturellen Gremienarbeit als auch für ihr Interesse an der kulturellen Moderne, doch sagt die reine Übernahme eines Amts noch wenig über das Engagement der einzelnen Mitglieder aus. Folgt man den Ausführungen des prominenten Kölner Kunstsammlers Josef Haubrich, dann dominierten die vielen nichtjüdischen Kölner Unternehmer und Fabrikanten zwar formal in den Ausschüssen, doch engagierten sich diese »notorisch konservativen Herren« in der Praxis kaum für die Sonderbundausstellung. Dagegen wurde die eigentliche Arbeit, wie sich Haubrich erinnert, von dem ersten Vorstandsvorsitzenden Karl Ernst Osthaus[41], dem Direktor

---

[38] Der erfolgreiche Tabakwarenfabrikant und -händler Josef Feinhals (Köln 1867–1947) engagierte sich als Kuratoriumsmitglied der Kölner Werkkunstschulen und der Staatlichen Hochschule für Musik. Er gehörte zu den engagiertesten Kunstförderern der Stadt und legte in seiner Marienburger Villa eine erlesene Sammlung moderner Kunst an. Siehe hierzu Klara DRENKER-NAGELS, Die rheinischen Expressionisten und ihre Förderer – Ein Überblick, in: Dieter BREUER (Hrsg.), Die Moderne im Rheinland und ihre Förderung und Durchsetzung in Literatur, Musik, Architektur, angewandter und bildender Kunst 1900–1933, Köln 1994, S. 367–382, hier: S. 372; RIEKER, Gleichstellung, S. 21; sowie das freundschaftliche Porträt Feinhals' durch Heinrich von Wedderkopp, Persönlichkeiten der Stadt, 1928, abgedruckt in: Kölnischer Kunstverein (Hrsg.), Vom Dadamax zum Grüngürtel – Köln in den 20er Jahren. Ausstellungskatalog, Braunschweig 1975, S. 242–244, hier: S. 243.

[39] Die Kölner Familie Hertz blickt auf eine lange Mäzenatentätigkeit zurück. Insbesondere Henriette Hertz (1846–1913) machte sich durch die Stiftung der kunsthistorischen Bibliotheka Hertziana in Rom einen Namen, die mehr als 60 000 Bände zählte. Sie kaufte zu diesem Zweck die Villa Zuccari und schenkte sie der Kaiser-Wilhelm-Gesellschaft. Michael S. CULLEN, Juden als Sammler und Mäzene, in: SCHOEPS, Juden, S. 123–148, hier: S. 134; und GOLDMANN, Beiträge, S. 268.

[40] Alfred Flechtheim (Düsseldorf 1878–1937, fortan London) war Kunsthändler, Sammler mit Vorliebe für die moderne französische Kunst und Verleger. Er eröffnete seine erste Galerie 1913 in Düsseldorf, 1921/22 folgten Galerien in Berlin, Frankfurt und Köln. Als Verleger hatte sich Flechtheim auf den Druck wichtiger graphischer Werke spezialisiert und gab die namhafte Kunstzeitschrift *Der Querschnitt* heraus. Peter PARET, Bemerkungen zu dem Thema: Jüdische Kunstsammler, Stifter und Kunsthändler, in: Ekkehard MAI/Peter PARET (Hrsg.), Sammler, Stifter und Museen. Kunstförderung in Deutschland im 19. und 20. Jahrhundert, Köln/Weimar/Wien 1993, S. 173–185, hier: S. 179–181; Hans SCHMITT-ROST, Galerien und Kunsthandlungen in den 20er Jahren, in: Kölnischer Kunstverein, Vom Dadamax, S. 22–24, hier: S. 23; und ZIMMERMANN, Juden, S. 216.

[41] Zu Osthaus (1874–1921) als einem der anerkanntesten Sammler moderner Kunst vgl. Vernon L. LIDTKE, Museen und die zeitgenössische Kunst in der Weimarer Republik, in: MAI/PARET, Sammler, S. 179–181.

des Hagener Folkwangmuseums, und dem »vielfach angefeindete[n] Kleeblatt Josef Feinhals, Alfred Flechtheim und Hermann Hertz« geleistet.[42]

Gerade diese jüdischen Mäzene, so scheint es, zeichneten sich durch ihre aktive Vorstandsarbeit[43], großzügige Leihpraxis aus ihren privaten Sammlungen[44] und auch als Käufer ausgestellter Exponate aus.[45] Die lebhafte Forschung der letzten Jahre hat schlüssig herausgearbeitet, daß das aktive Engagement jüdischer Mäzene für die Moderne wohl in erster Linie auf ihrem bürgerlichen Selbstverständnis beruhte, dem die Förderung von Kunst und Kultur konstitutiv zugrunde lag. Hinzu kam, daß das Mäzenatentum zugleich ein zentrales Medium bürgerlicher Vergesellschaftung bildete.[46] In diesem Sinne bot der Sonderbund eine Möglichkeit, sich Zugang zur städtischen Honoratiorenschicht zu verschaffen bzw. vorhandene Kontakte zu pflegen und dadurch gesellschaftliches Prestige zu erwerben oder zu vertiefen. Gerade für jüdische Mäzene mochte die institutionalisierte Kunstförderung darüber hinaus dazu dienen, soziale Ausgrenzung zu überwinden. Allerdings läßt sich diese These vom »kompensierenden Minderheitenverhalten« für die jüdischen Mäzene im Sonderbund nicht aufrechterhalten[47], denn Feinhals, Tietz und Hertz förderten selbstbewußt und aktiv das Neue, obwohl sie sich dadurch exponierten, von der Mehrheit der nichtjüdischen Mäzene unterschieden und in die Nähe des Stereotyps von der engen Verbindung der Juden zur Moderne rückten. Sie trachteten also keines-

---

[42] Josef Haubrich, Sonderbund-Ausstellung 1912, aus dem Jahr 1950, abgedruckt in: HÄSSLIN, Köln, S. 170.

[43] Feinhals war als Mitbegründer des Sonderbunds 1909–1912, auch 2. Vorsitzender Flechtheim war ebenfalls Vorstandsmitglied und Schatzmeister.

[44] Neben Flechtheim und Feinhals stellten auch Leonhard Tietz und P. Leffmann Bilder aus ihrem Besitz für die Ausstellung zur Verfügung. In diesem Sinne engagierte sich jedoch auch der nichtjüdische Geh. Kommerzienrat Dr. Emil vom Rath. Katalog Internationale Kunstausstellung, S. 14–16.

[45] Rückblickend urteilt Haubrich, daß Möglichkeiten zum Erwerb wesentlicher Kunstwerke kaum genutzt worden seien. Als Ausnahmen führt er lediglich Feinhals, Hertz und Alfred Leonhard Tietz an. Leider geben die in der Kölner Presse veröffentlichten Verkaufsberichte keine Käufernamen an, so daß Haubrichs Eindruck nicht näher verifiziert werden kann. Der Kölner Stadtanzeiger meldete am 10. September 1912, daß bis zum 31. August Bilder im Wert von 250 000 RM verkauft wurden.

[46] Hierin einig, wenn auch unterschiedlich argumentierend: Elisabeth KRAUS, Jüdisches Mäzenatentum im Kaiserreich: Befunde – Motiven – Hypothesen, in: Jürgen KOCKA/Manuel FREY (Hrsg.), Bürgerkultur und Mäzenatentum im 19. Jahrhundert, Berlin 1998, S. 38–53, hier: S. 41 f.; Simone LÄSSIG, Juden und Mäzenatentum in Deutschland. Religiöses Ethos, kompensierendes Minderheitsverhalten oder genuine Bürgerlichkeit?, in: ZfG 46 (1998), S. 211–236, hier: S. 226 f.; Olaf MATTHES, James Simon, Mäzen im Wilhelminischen Zeitalter, Berlin 2000, S. 283–287; und PARET, Bemerkungen, S. 177–179. Vgl. auch Cella-Margaretha GIRADET, Jüdische Mäzene für die Preußischen Museen zu Berlin. Eine Studie zum Mäzenatentum im Deutschen Kaiserreich und in der Weimarer Republik, 2. Aufl. Egelsbach 2000.

[47] Gegen CULLEN, Juden S. 146: Für den »Zugang zu den innersten Zonen der Gesellschaft, für die eiserne Anti-Antisemitismus-Weste war man bereit, tief in die Tasche zu greifen«.

wegs danach, im bürgerlichen Wertekanon die richtige Balance zu halten und ihre Handlungsweisen denen der nichtjüdischen Förderer anzugleichen.[48] Statt dessen verbanden die jüdischen Mäzene die Erfüllung bürgerlicher Normen mit ihrer persönlichen Kunstneigung.[49] Daß die jüdischen Mäzene ihren individuellen Interessen ohne weiteres nachgingen und sich weder in einem Akt freiwilliger Selbstkontrolle noch aufgrund von »Anfeindungen von außen« weitgehenden Assimilationsforderungen unterwarfen, spricht mindestens ebenso sehr wie ihre Wahl in den Vorstand für ihre selbstbewußte Position im Sonderbund. Dabei wogen individuelle Präferenzen und unterschiedliche Kunstvorstellungen unter den jüdischen Sonderbundmitgliedern stärker als ein geschlossenes Auftreten nach außen. Dies zeigt die Spaltung des Sonderbunds 1913, die auf Streitigkeiten zwischen den Düsseldorfer Künstlern und den progressiven Mitgliedern innerhalb der Kunstjury zurückging.[50] So traten Alfred Flechtheim und Hermann Hertz in Solidarität mit den progressiven, nichtjüdischen Vertretern der Jury aus dem Sonderbund aus, während Josef Feinhals unter den »konservativen Zurückgebliebenen« den Ersten Vorsitz übernahm.

Im weiteren städtischen Umfeld wurde diese Vorliebe der jüdischen Mäzene für die Moderne jedoch keineswegs geteilt. Die Sonderbundausstellung stieß auf vehemente Ablehnung in weiten Teilen der Kölner Presse. Fast durchgängig begriffen die Rezensenten die Ausstellung als Herausforderung ihres eigenes Kunstverständnisses und diskreditierten die ausgestellte Kunst als qualitativ minderwertig. Lediglich das *Kölner Tageblatt* bemühte sich um eine halbwegs differenzierte Auseinandersetzung mit dem Gezeigten.[51] Die Kölner Presse zeigte damit ein weitverbreitetes Reaktionsmuster des (alten Bildungs-)Bürgertums auf moderne Kunstströmungen, aus dem die Angst vor dem Verlust ihrer »idealen Habe« und das drohende Gefühl des Kompetenzverlusts sprach.[52] In vielen Artikeln verband sich die Ablehnung der modernen Kunst mit kulturkritischen Tönen, die den Niedergang der deutschen Kultur voraussagten.[53] In den Ausstellungsbesprechungen wurde die moderne Kunst als

---

[48] So aber MATTHES, Simon, S. 283 f.

[49] Umgekehrt widmeten sich auch Kölner nichtjüdische Mäzene wie der Kölner Jurist und Oberregierungsrat Dr. Heinrich Stinnes, ein Bruder von Hugo Stinnes, der modernen Kunst. Stinnes war Stiftungsmitglied des Sonderbunds und saß 1914 der Jury der Kölner Werkbundausstellung vor. Zudem zeigten nicht alle jüdischen Mäzene diese Vorliebe für die Moderne. Albert von Oppenheim, Miteigentümer des Kölner Bankhauses, sammelte etwa alte Meister und stiftete in der Wilhelminischen Ära erhebliche Summen für das Wallraf-Richartz-Museum. Er war Mitbegründer des Kölner Kunstvereins, des Theatervereins und des örtlichen Konservatorium. RIEKER, Gleichstellung, S. 215.

[50] Die Spaltung im Sonderbund Westdeutscher Kunstfreunde, in: Kölner Stadtanzeiger, 28. April 1913; und TEUBER, Ausstellungen, S. 150.

[51] Vgl. den detailreichen Überblick der Kunstrezeption ebenda, S. 153–156.

[52] Georg BOLLENBECK, Kulturelle Enteignung? Diskursive Reaktionen auf die Moderne in Deutschland, in: EHRLICH/JOHN, Weimar, S. 31–45, hier: S. 39.

[53] Köln als Kunststadt, in: Kölner Stadtanzeiger, 15. September 1912; Umfassende Polemik gegen die Sonderbundausstellung, in: Kölner Stadtanzeiger, 31. Mai 1912; und Vincent

»Absonderlichkeit« im Umfeld »großstädtische[r] Prostitution« angesehen, die der »moderne[n] Jagd nach dem Neuesten«, »frivole[r] Sensationslust« und den »Exzentritäten eines kranken Geistes« geschuldet sei. Zugleich wurden diese Kulturerscheinungen als Phänomene einer »neufranzösische[n] nach Deutschland verschleppte[n] Malerei« angegriffen und als »die Nebengärungen der Pariser Kunst« betrachtet, der die »heilige, deutsche« Kunst dichotomisch in einem Akt nationaler Selbstdefinition gegenübergestellt wurde.[54] Wie verbreitet die nationalistischen Vorbehalte gegenüber der Ausstellung waren, verdeutlichen auch die Reden zur Ausstellungseröffnung durch Oberbürgermeister Max Wallraf und den Museumsdirektor Alfred Hagelstange. Wallraf erklärte die »Pflege der aufstrebenden, deutschen Kunst« zum Hauptziel des Bundes, und Hagelstange ordnete van Gogh in den germanischen Kulturkreis ein, um den »Vorwurf des Franzosentums der neueren Richtung« zu entkräften.[55]

Dieser Befund bestätigt die These Segals, daß in den deutschen Kunstdebatten 1910–1918 antifranzösische Ressentiments mit der ästhetischen Abneigung gegen die zum Teil französisch inspirierte »moderne« Kunst gekoppelt waren und sich mit dem prinzipiellen Widerwillen gegen jegliche Kunstform verbanden, die »deutschem Kunstverständnis« zuwiderlief.[56] Nach Ansicht Segals äußerten vor allem Vertreter der Heimat- und Phantasiekunst antifranzösische Schmähungen. In Köln gehörten diese jedoch zur Standardargumentation des Feuilletons und wurden bei offiziellen Gelegenheiten sogar von jenen Kulturproduzenten aufgegriffen, die sich für die Präsentation französischer Kunst im städtischen Raum eingesetzt hatten, waren also auch unter den Trägern der Elitenkultur weit verbreitet.

Wichtig ist hierbei insbesondere, daß die Definition deutscher Kunst nur in der äußeren, antifranzösischen Abgrenzung erfolgte und nicht mit einer antisemitischen Feindbildzeichnung im Innern einherging. In der lokalen Kulturkritik wurden »die Juden« nicht für jene Tendenzen angeblicher moralischer Dekadenz und Zersetzung verantwortlich gemacht, die man an der »französisch« inspirierten Kunst so stark kritisierte.[57] Dies zeigt, daß Kulturkritik und

van Gogh, Paul Cezanne, Paul Gauguin ..., in: Kölner Stadtanzeiger, 25. Mai 1912; Wie soll das enden?, in: Kölner Tageblatt, 5. Mai 1912.

[54] Selbst die positivsten Bemühungen um ein Verständnis für die moderne Kunst blieben diesem dichotomisierenden, völkerpsychologisierenden Erklärungsraster deutsch-französischer Differenz verhaftet, wenn sie anregten, daß die Deutschen, die mit Geistigem und Philosophischem beschwert seien, die französische Freude an der Oberfläche kultivieren sollten. Vgl. Kölner Tageblatt, 25. Mai 1912.

[55] Eröffnung der Kunstausstellung des Sonderbundes, in: Kölner Stadtanzeiger, 24. Mai 1912; und o. T. im Kölner Stadtanzeiger, 24. Mai 1912.

[56] Joes SEGAL, Krieg als Erlösung. Die deutschen Kunstdebatten 1910–1918, München 1997, S. 45–51.

[57] Zur engen Verknüpfung des antifranzösischen und antisemitischen Feindbilds in der deutschen Selbstefinition vgl. Michael JEISMANN, Der letzte Feind. Die Nation, die Juden

Nationalismus durchaus eine Verbindung eingehen konnten, ohne zwingend antisemitisch aufgeladen zu sein, auch wenn sie in vielen Fällen mit Antisemitismus gepaart waren.

In der ganz überwiegenden Mehrzahl der städtischen Reaktionen auf die Ausstellung blieb die Kritik abstrakten Überlegungen verhaftet und bezog die Organisatoren des Sonderbunds nicht mit ein. Lediglich der *Kölner Stadtanzeiger* verband seine Kritik an der modernen Kunst mit Angriffen auf die Akteure im städtischen Raum. Das Blatt stilisierte sich als »Vertreter ernster öffentlicher Interessen« und erklärte es zu seiner Aufgabe, die Sonderbundausstellung energisch zu bekämpfen.[58] In diesem lokalen Zusammenhang wurde auch ein exklusionsträchtiges Wir-Gruppen-Gefühl gegenüber den Vertretern der Moderne in Köln aufgebaut: »Bringen wir Steuern auf, um einer kleinen Gruppe von Ultramodernen die teuern Steckenpferde zu bezahlen?«[59] Doch verzichtete der *Kölner Stadtanzeiger* auf offene persönliche Angriffe.

Daß dagegen Vorbehalte gegenüber den Förderern der Moderne durchaus in breiteren Bevölkerungskreisen vorhanden und antisemitisch aufgeladen waren, deuten die Erinnerungen Josef Haubrichs an. Er berichtet, daß die spöttische Rede über Feinhals, Flechtheim und Hertz als »Zigarrenhändler«, »Getreidehändler« und »Korsettenkapitän« in Köln weit verbreitet gewesen sei[60], was auf die Wirkungskraft des Stereotyps vom jüdischen »Parvenü« verweist, der ohne harte körperliche Arbeit zu Geld gekommen sei und trotz hartnäckiger kultureller Bestrebungen seinen Mangel an echter innerer Kultur nicht verbergen könne. Mochte er auch vorgeben, im Zentrum der Kultur zu stehen, er blieb dem Stereotyp nach Außenseiter und vermochte dies auch mit den größten ökonomischen Bemühungen nicht zu ändern.[61]

So ist zusammenfassend zu konstatieren, daß jüdische Kulturproduzenten in der Sonderbundausstellung als Ausdruck spätwilhelminischer Bürgerkultur selbstverständlich einen wichtigen Platz einnahmen. Unter den Förderern der Moderne partizipierten die jüdischen Kulturproduzenten nicht nur gleichberechtigt, sondern engagierten sich in einer Form, die soziale Akzeptanz voraussetzt. Mit ihrer Wertschätzung für die neue Kunst gehörten sie aber einer verschwindenden Minderheit im lokalen Raum an, der massive Widerstände entgegengebracht wurden. Diese Widerstände waren innerhalb des städtischen Bürgertums zwar überwiegend kulturkonservativ und nationalistisch, aber nicht antisemitisch aufgeladen, wie die Kommentare des Feuilletons doku-

---

und der negative Universalismus, in: Peter ALTER/Claus Ekkehard BÄRSCH/Peter BERGHOFF (Hrsg.), Die Konstruktion der Nation gegen die Juden, München 1999, S. 173–190, hier: S. 188.

[58] Umfassende Polemik gegen die Sonderbundausstellung, in: Kölner Stadtanzeiger, 31. Mai 1912.

[59] Köln als Kunststadt, in: Kölner Stadtanzeiger, 15. Oktober 1912.

[60] Haubrich, in: HÄSSLIN, Köln, S. 170.

[61] Zum Parvenüvorwurf vgl. auch RIEKER, Gleichstellung, S. 77.

mentieren. Doch jenseits der öffentlichen Foren bürgerlicher Hochkultur wurden antisemitische Denkbilder und Stereotype sehr wohl offen gegen die jüdischen Mäzene gerichtet und wurde ihr Verhalten pejorativ auf ein vermeintlich kulturloses Gewinnstreben reduziert. Diese »weitverbreitete Rede« verdeutlicht das antisemitische Potential in der Bevölkerung, das jedoch ohne einen offen auftretenden organisierten Antisemitismus und ohne Bündnispartner im Bürgertum zunächst folgenlos blieb.

1.2. Kulturelle Dissidenz in der Nachkriegszeit

In der revolutionären Nachkriegszeit übten progressive Kulturproduzenten scharfe Kritik am elitären Charakter des Wilhelminischen Kulturbetriebs und suchten nach neuen Formen eines kulturellen Lebens, in dem sie die gesellschaftlichen Hierarchien der untergegangenen Monarchie überwinden wollten. Sie erprobten neue Kommunikations- und Interaktionsformen in eigenen kulturellen Zirkeln der Dissidenz.

Auch in Köln strebten nach dem Ende des Ersten Weltkriegs und dem Zusammenbruch der Hohenzollernmonarchie Künstler und Künstlerinnen die radikale Erneuerung von Kultur und Gesellschaft an. Im Gegensatz zu den Mitgliedern des Sonderbunds, die die moderne Kunst in Köln in den bürgerlichen Vorstellungshorizont integrieren wollten, um die Stadt unter veränderten Kunstmarktbedingungen anschluß- und wettbewerbsfähig zu machen, forderten neue Kunstgruppierungen wie die »Gesellschaft der Künste« und die Kölner Dadaisten den bürgerlichen Kunstbetrieb dezidiert heraus. Ihre Provokationen des herkömmlichen Kulturbetriebs und ihre neuen Formen des Zusammenlebens und -arbeitens riefen entsprechend heftige Gegenreaktionen nunmehr auch der städtischen und der Besatzungsbehörden hervor.

Allerdings fielen in Köln die kulturrevolutionären Bestrebungen im Vergleich etwa zu Berlin oder München ausgesprochen dünn aus, was angesichts der lokalen Schwäche der Revolutionsbewegung kaum überraschen kann. Zwar hatte sich auch in Köln unter Führung des Galeristen und Verlegers Karl Nierendorf am 28. Dezember 1918 die »Gesellschaft der Künste« (GdK) gebildet, die sich als »Gruppe Rheinland des Arbeitsrates für Kunst in Berlin« mit dessen Zielen solidarisch erklärte[62] und vollmundig »die Verbindung aller Kunstwilligen zur gemeinsamen Durchführung eines radikalen kunstpolitischen Programms« beschwor.[63] Entgegen diesen Verbalradikalismen blieben die tatsächlichen Aktivitäten der GdK jedoch ganz dem bürgerlichen Kulturkanon verhaftet[64], was

---

[62] »Das Recht zum Aufruf«, Programm der Gesellschaft der Künste, abgedruckt in: Kölner Tageblatt, 3. Januar 1919 und 6. Januar 1919.

[63] Die GdK erstrebte »die lebendige Gemeinschaft der Kunstmacht mit dem Volke und die künstlerische Freiheit der Schaffenden«, forderte die Befreiung der Kunst von jeder Bevormundung durch Staat, Gemeinde und Partei und die Beseitigung aller Machthaber und Kunstbeamten, die ihre Amtsgewalt zur Unterdrückung künstlerischer Freiheit einsetzten.

[64] So wurden auf der ersten künstlerischen Veranstaltung am 23. Februar 1919 die Pro-

maßgeblich auf den gemäßigten Flügel um Nierendorf zurückzuführen ist.[65] Die wenigen Protestaktionen gegen die fortdauernden Wilhelminischen Präsentationsformen, politischen Botschaften und Moralcodizes im städtischen Kulturbetrieb gingen daher nicht von der GdK als Organisation, sondern von einzelnen ihrer Mitglieder und deren Umfeld aus.[66] Unter diesen vereinzelten Aktionen war die Störung des monarchistischen Theaterstücks »Der junge König« im Kölner Schauspielhaus am Karnevalsdienstag 1919 wohl am publikumswirksamsten. Eine Gruppe junger Demonstranten unterbrach die Aufführung durch Pfeifen und verbale Unmutsbekundungen, begrüßte eine Feldherrengestalt auf der Bühne mit dem Zuruf »Hindenburg« und stimmte die Kaiserhymne »Heil dir im Siegerkranz« an.[67] In einem Schreiben an die Kölner Presse erklärten die Demonstranten jedoch, daß sich der Protest nicht primär gegen die politische Tendenz des Stücks, sondern gegen seine künstlerischen Mängel und die Günstlingswirtschaft im »schwarzen« Köln richte, die katholische Autoren wie Raoul Konen protegiere, der das Stück geschrieben hatte.[68]

pheten Jesaias, Jeremias und die Bergpredigt bemüht, Texte von Goethe, Novalis und Hölderlin rezitiert und der Abend mit einem Bachkonzert beschlossen. Auch bei den späteren Veranstaltungen der GdK, ihren Vorträgen zur modernen Kunst und Kultur etwa unter dem Titel »Aktive Kunst im öffentlichen Leben«, ihren Kunstausstellungen, Literaturlesungen und Musikkonzerten, war die Vermittlung der Moderne an ein breiteres Publikum wichtiger als die Überwindung des bürgerlichen Kulturbetriebs. Gesellschaft der Künste, Musik und Vorlesung im Gürzenich, in: Kölner Tageblatt, 17. Februar 1919, zit. nach Walter VITT, Dada-Köln – Daten und Fakten, in: Wulf HERZOGRATH (Hrsg.), Max Ernst in Köln. Die rheinische Kunstszene bis 1922. Ausstellungskatalog Kölnischer Kunstverein 7. 5.–6. 7. 1980, Köln 1980, S. 150–174, hier: S. 152. Zu den Veranstaltungen der GdK vgl. auch Peter HEYWORTH, Otto Klemperer, Dirigent der Republik 1885–1933, Berlin 1988, S. 154–156; und Elke OSTLÄNDER/Dirk TEUBER, Zur Kultur in Köln 1910–1922. Kunstereignisse und chronologische Daten zu Max Ernst, in: HERZOGRATH, Max Ernst, S. 17–38.

[65] Nierendorf war als führender Förderer der Expressionisten einem allgemein menschlichen Pathos verpflichtet und stellte sich lieber in den »Dienst des geistigen Neuaufbaus und der Neugestaltung der Gesamtkultur« als in konkret revolutionäre Zusammenhänge. Selbstpräsentation des von Nierendorf betriebenen Kairos-Verlags, Köln am Rhein, abgedruckt in: Ursula DUSTMANN, Die Kölner Zeitschriften und Verlage für aktuelle Kunst und Literatur, in: HERZOGRATH, Max Ernst, S. 114–125, hier: S. 119.

[66] Zu den radikaleren Mitgliedern der GdK zählten der spätere Surrealist Max Ernst und Dr. Luise Straus-Ernst, promovierte Kunsthistorikerin und Geschäftsführerin der Gesellschaft, die sich bei ihrem gemeinsamen Studium der Kunstgeschichte in Bonn kennenlernten und 1919 heirateten. Während des Studiums der Kunstgeschichte in Bonn fand Ernst rasch Kontakte zur Dada-Bewegung. Bis zu seinem Umzug nach Paris 1921 lebte und arbeitete er in Köln. Artikel von Max Ernst in der Kölnischen Volkszeitung, 7. März 1919.

[67] Das Drama war Anfang November 1918 im Kölner Schauspielhaus uraufgeführt worden. Es stellt den letzten Hohenstaufenkönig Konradin und sein tragisches Schicksal auf die Bühne, was leicht als Parallele zur Abdankung Kaiser Wilhelms II. und zum Kriegsschicksal Deutschlands gedeutet werden kann. Vgl. zum Vorfall auch VITT, Dada-Köln, S. 156; und ders., Auf der Suche nach Baargeld. Drehbuch zum Fernsehfilm über den Kölner Dadaisten, in: D. BREUER, Moderne im Rheinland, S. 85–131, hier: S. 104.

[68] Offensichtlich schockiert, erbat der Autor die Absetzung des Stücks, um »durch weitere Aufführungen nicht zu eventuellen Ruhestörungen Veranlassung« zu geben; es erfreute sich jedoch in christlichen Kreisen weiter großer Beliebtheit. »Der junge König« wurde in

Die Störung stieß auf überaus aggressive Reaktionen im Publikum und löste tumultuarische Szenen und Prügeleien aus. Einige der Demonstranten wurden schließlich von der eintreffenden Polizei in Handschellen ab- und dem Richter vorgeführt. Aus dem späteren Gerichtsverfahren und einem Leserbrief Max Ernsts geht hervor, daß sich der Kern der Demonstranten wohl aus Bonner Exkommilitonen um Ernst und Louise Straus-Ernst[69] zusammensetzte, während Nierendorf in einem Schreiben an den Oberbürgermeister Adenauer jede Beteiligung der GdK weit von sich wies.[70]

Von einer revolutionären Aufbruchstimmung zeugen darüber hinaus lediglich eine sozialrevolutionäre und dadaistisch gestaltete Zeitschrift namens *Der Ventilator*, die bereits nach der sechsten Nummer von den britischen Besatzungskräften wegen »subversiver Tätigkeit« verboten wurde[71], und zwei antibürgerliche Ausstellungen der Kölner Dadaisten. Auf diese provokativen Ausstellungen im Herbst 1919 und Frühling 1920, in denen das Publikum mit Tabubrüchen aller Art und der »antidiskursiven Brechung der Sprache und Rückkehr zu elementarem Lautmaterial« konfrontiert wurde, reagierten die Behörden ausgesprochen repressiv.[72] Sie beschlagnahmten den dadaistischen Sonderkatalog zur Herbstausstellung der GdK 1919, bei der die Dadaisten zwar noch zugelassen waren, aber aufgrund scharfer inhaltlicher Differenzen mit dem Organisator Nierendorf getrennt ausgestellt und einen eigenen Katalog veröffentlicht hatten.[73] Die Ausstellung »Dada-Vorfrühling« im März

---

geschlossenen Vorstellungen der christlichen Gewerkschaften weiter aufgeführt und im November 1920 vom Verband kath. Schüler höherer Lehranstalten »Neu-Deutschland« gespielt. VITT, Dada-Köln, S. 159.

[69] Luise Straus, 1893 als Tochter des jüdischen Hutfabrikanten Jakob Straus und seiner Ehefrau Charlotte in Köln geboren, arbeitete nach ihrer Promotion als wissenschaftliche Mitarbeiterin am Wallraf-Richartz-Museum und als freie Journalistin für verschiedene Kölner und überregionale Zeitungen, u. a. für die *Vossische Zeitung*. Am 29. Mai 1933 emigrierte sie nach Paris, wo sie seit 1941 als verschollen gilt. Biographische Angaben entnommen aus Luise Straus-Ernst, Erste Skizzen zu einer Biographie, in: HERZOGENRATH, Max Ernst, S. 287–294.

[70] Das Kölner Schöffengericht tagte am 14. Juni 1919. Ein Kölner Schauspieler und fünf Frauen aus Bonn, die namentlich nicht genannt wurden, wurden »wegen Verübung groben Unfugs« mit Strafmandaten von 75 und 80 Mark belegt. HEYWORTH, Klemperer, S. 155; und VITT, Dada-Köln, S. 159.

[71] *Der Ventilator* erschien im Februar/März 1919 mit einer Auflage von 20 000 Exemplaren als Beilage der USPD-Zeitung *Sozialistische Republik*. Er verband seine bissigen Angriffe auf Kirche, Staat, Prominenz und Kunst mit einer dadaistischen Text- und Bildgestaltung. Herausgegeben wurde *Der Ventilator* vom Organisationssekretär der Kölner USPD und späteren Separatisten Josef Smeets, inhaltlich engagierten sich bereits die späteren Dadaisten Johannes Theodor Baargeld alias Alfred Ferdinand Gruenwald, Angelika und Heinrich Hoerle, Max Ernst und Otto Freundlich. Werner LIPPERT, Und noch mehr Dada W/3 und Stupid, in: HERZOGENRATH, Max Ernst, S. 34–36, hier: S. 34; und VITT, Dada-Köln, S. 155.

[72] Cornelius PARTSCH, Schräge Töne. Jazz und Unterhaltungsmusik in der Kultur der Weimarer Republik, Stuttgart/Weimar 2000, S. 11.

[73] In seinen biographischen Notizen schreibt Max Ernst über die Ausstellung: »Die von

1920 wurde sogar wegen »Erregung öffentlichen Ärgernisses« für einen Tag geschlossen. Sie bildete den Höhe- und Endpunkt der kurzen kulturrevolutionären Phase in Köln, in der sich Kulturproduzenten öffentlich zu positionieren und eine alternative Kultur zu präsentieren suchten.

Diese provokativen Kulturprojekte wurden im Kern von einem fest umrissenen Personenkreis von ca. 10–15 Personen getragen. Ihm gehörten Künstler und Künstlerinnen an, die nur für kurze Zeit in Köln lebten, wie Max Ernst und Otto Freundlich.[74] Andere waren dagegen in der Stadt aufgewachsen und betätigten sich nun erstmalig kulturell, wie Louise Straus-Ernst und Johannes Theodor Baargeld, die beide aus gutbürgerlich jüdischen Familien stammten.[75] Diese Personen standen untereinander in einem engen fachlichen und persönlichen Austausch, dessen Fundament auf zwei Kölner Kunstzirkel des späten Kaiserreichs zurückgeht. Es handelte sich hierbei um den 1910 gegründeten Gereonsclub, der sich die künstlerische Förderung der Moderne zum Ziel gesetzt hatte[76], und um den sogenannten Jathokreis um den liberal-prote-

---

Karl Nierendorf gegründete GdK organisiert in den Räumen des Kölnischen Kunstvereins am Wallrafplatz eine Ausstellung von all dem, was zur Zeit im besetzten Rheinland als fortschrittliche Kunst gilt. Baargeld und Max, unvorsichtigerweise dazu eingeladen, fassen die Gelegenheit mit unverhohlener Freude beim Schopf. Stirnrunzeln und Angstanfälle Nierendorfs als die auszustellenden Werke im Kunstverein eintreffen. [...] Trotz der Proteste Nierendorfs findet die Ausstellung statt, jedoch in reinlich getrennten Räumen – hie Dada – hie G. d. K. Separate Kataloge und Plakate«, in: Stadt Brühl (Hrsg.), Dadamax 1919–1921. Ausstellungskatalog, Brühl 1982, S. 196.

[74] Der Maler, Bildhauer und philosophische Essayist Otto Freundlich (1878, Polen–1943, KZ Majdanek) studierte 1907/08 Bildhauerei und Malerei in Berlin. 1914 wurde er als Sanitätssoldat in Köln stationiert. Er war an der Sonderbund-Ausstellung beteiligt und, neben Max Ernst, in Köln der Künstler mit den besten Beziehungen zur ausländischen Avantgarde. 1914–1924 überwiegend in Köln und Berlin lebend, Unterstützung durch den Kölner Sammler und Mäzen Josef Feinhals. Zu Freundlich siehe Kölnischer Kunstverein (Hrsg.), Franz W. Seiwert 1894–1933. Leben und Werk. Text und Werkverzeichnis von Uli Bohnen, Köln 1978, S. 30; und SK Stiftung Kultur (Hrsg.), Zeitgenossen. August Sander und die Kunstszene der 20er Jahre im Rheinland, Köln 2000, S. 235.

[75] Johannes Theodor Baargeld (1895–1927), mit bürgerlichem Namen Alfred Ferdinand Gruenwald. Sohn des aus Ungarn stammenden Heinrich Grünwald, Direktor der Kölner Rückversicherungsgesellschaft. In einem großbürgerlichen Elternhaus aufgewachsen, studierte Alfred Grünwald nach seinem Ausscheiden aus der Dada-Bewegung Staatswirtschaft und promovierte 1923 in Köln. Er verunglückte 1927 bei einer Bergtour in den Alpen. Zu Baargeld siehe VITT, Auf der Suche, S. 34.

[76] Zum Gereonsclub zählten neben den Gründungsmitgliedern F. M. Jansen, Olga Oppenheimer und Emmy Worringer die rheinischen Expressionisten wie August Macke, Max Ernst, der Dichter Johannes Theodor Kuhlemann und der spätere Hauptvertreter der Kölner Progressiven Heinrich Hoerle. Hier verkehrten aber auch die Museumsleiter und Mäzene, deren Namen bereits aus dem Sonderbund bekannt sind. 1913 gab Hoerle seine Arbeit aufgrund »unüberbrückbarer Widerstände« in der Kölner Bürgerschaft auf. Zum Gereonsclub auch Joachim HEUSINGER VON WALDEGG, Max Ernst und die rheinische Kunstszene 1909–1919, in: HERZOGENRATH, Max Ernst, S. 89–110, hier: S. 94, und Hildegard REINHARDT, Olga Oppenheimer (1886–1941) und Emmy Worringer (1889–1961). Zwei Kölner Künstlerinnen zu Beginn des 20. Jahrhunderts, in: FRANKEN/KLING-MATHEY, Köln, S. 261–275, hier: S. 266 f.

stantischen Pfarrer Carl Oskar Jatho und seine Frau Käthe, der stärker humanistisch und politisch ausgerichtet war.[77] Die Jathos hatten im Kriegswinter 1916/17 in ihrer Privatwohnung eine halböffentliche Vortragsreihe zur modernen Kunst abgehalten und einen Kreis engagierter Kriegsgegner um sich geschart.[78] Diese Gruppen bildeten Kommunikations- und Interaktionsformen aus, die von den kulturellen Zirkeln der frühen Republik aufgegriffen und fortgeführt wurden. Bemerkenswert ist schon hier der Prozeß sozialer Interaktion durch die alltäglichen Treffen, die beide Kreise in Form regelmäßiger Vorträge, Treffen und Diskussionen im Gruppenzusammenhang praktizierten. Als Knotenpunkte ihrer Kommunikation dienten ihnen einzelne Ateliers und Privatwohnungen, Cafés[79] und Buchhandlungen.[80] Vor dem Hintergrund gemeinsamer fachlicher und politischer Überzeugungen traten religiöse und soziale Trennungslinien zurück; sie spielten auch in der Pflege enger persönlicher Beziehungen keine Rolle. So teilte sich die rheinische Expressionistin und jüdische Mitbegründerin des Gereonclubs Olga Oppenheimer nicht nur mit ihrer christlichen Freundin Emmy Worringer das Atelier, das den zentralen Treffpunkt des Gereonsclubs bildete, sondern heiratete auch Emmys Bruder Adolf R. Worringer.[81] Tiefe Freundschaft verband etwa auch den katholischen Maler Seiwert[82] mit dem fast 20 Jahre älteren Bildhauer und Maler Otto

---

[77] Die Gruppe um die Jathos bildeten um 1916/17 die Schauspieler Hans Schweickart und Aribert Wäscher, der Maler, Bildhauer und Essayist Otto Freundlich (1878–1943), der Maler Franz W. Seiwert, die Unternehmersgattin Mathilde von Mevissen, die Seiwert mit dem Ausmalen der Kuppel ihres Hauses beauftragte, und der spätere Rundfunkjournalist Walter Stern. Vgl. hierzu DUSTMANN, Kölner Zeitschriften, S. 122–125; und Kölnischer Kunstverein, Franz W. Seiwert, S. 11.

[78] So berichtet der Kölner Maler Franz W. Seiwert rückblickend: »unsere kriegsgegnerschaft und der furchtbare druck, der auf allem lag, schloß unseren kreis sehr fest«. Ebenda.

[79] Der Treffpunkt der rheinischen Expressionisten, denen u. a. Theodor Kuhlemann, Alfred Salmony und Otto Freundlich zuzurechnen sind, war etwa das Kölner Café Luna am Rheinufer, nach dem sich die Künstler auch als Lunisten bezeichneten. HEUSINGER VON WALDEGG, Max Ernst, S. 159.

[80] »Etwa zur gleichen Zeit, als die Jathos ihre Vortragsabende veranstalteten, entwickelte sich die Kölner »Buchhandlung in der Passage« zu einem Ort konspirativer Rebellion gegen den Krieg, wie Walter Stern, späterer Redakteur beim Westdeutschen Rundfunk für Kunst- und Architekturfragen in einem Brief vom 18. November 1966 berichtet. Die Buchhandlung in der Passage wurde 1924 der Internationalen Arbeiter-Hilfe angegliedert, Seiwert und Hoerle gestalteten 1925 die konstruktivistische Fassade des Geschäfts. Vgl. HEUSINGER VON WALDEGG, Max Ernst, S. 133.

[81] Oppenheimer (1886–1941) wuchs als älteste Tochter einer Kölner jüdischen Textilkaufmannsfamilie in einem vermögenden, bürgerlich-liberalen Elternhaus auf. Gemeinsam mit Emmy Worringer studierte sie Kunst in Dachau und München und richtete danach das Atelier im Gereonshaus ein. Sie beteiligte sich 1912 an der Sonderbundausstellung und heiratete 1913 den angesehenen Kölner Gastronomen Worringer. Oppenheimer wurde 1941 in das KZ Lublin-Majdanek deportiert und dort ermordet. REINHARDT, Olga Oppenheimer, S. 272.

[82] Seiwert (1894–1933) besuchte 1910–1912 die Kunstgewerbeschule in Köln. Er verband sein linksradikales Engagement mit künstlerischer Tätigkeit als Mitbegründer und zentrale Gestalt der Gruppe progressiver Künstler in Köln, biographische Angaben sind entnommen aus: SK Stiftung Kultur, Zeitgenossen, S. 244 f.

Freundlich, der aus Polen stammte und jüdischer Herkunft war. Ihr Verhältnis war grundlegend von den gemeinsamen sozialrevolutionären politischen und künstlerischen Überzeugungen bestimmt, mit denen sie sich noch kurz vor Kriegsende in Köln isoliert sahen:

> »wir glaubten uns in köln mit unserem wollen allein und der krieg war unabsehbar. erst in den letzten tagen vor der revolution gab uns ein sozialdemokratischer redakteur die verbindung zum spartakusbund, aber da waren auch keine massen [...] freundlich verfasste ein plakat, das sich genauso gegen den wilhelm wie gegen seine pseudosozialistischen steigbügelhalter wandte, es war auf der rückseite von in der druckerei zurückgebliebenen roten bekanntmachungen des gouverneurs der festung köln gedruckt. in der nacht als es aufgeklebt werden sollte, es war der 7. november, erschienen die matrosen in köln«.[83]

Noch enger als im Kaiserreich waren die Verbindungen unter diesen Kulturschaffenden und ihrem künstlerischen und sozialen Umfeld in der frühen Republik, die nun offen aus der bewußten Abkehr von alten Kunst- und Gesellschaftsformen und dem Aufbruch zu neuen Lebensformen motiviert waren. Der Vergesellschaftungsprozeß vollzog sich gleichermaßen im alltäglichen Gedankenaustausch wie in den kollektiven Arbeits- und Publikationsformen. Eine zentrale Voraussetzung bildete hierfür ein stets erreichbarer Treffpunkt, wie ihn Max Ernst und Louise Straus-Ernst in ihrer Privatwohnung zur Verfügung stellten:

> »Die günstige Lage unserer Wohnung, vermutlich auch unsere Personen, hatten uns ganz von selbst zum Mittelpunkt dieses Kreises junger Künstler und Kunstfreunde gemacht, die nun in endlosen Gesprächen eine neue Welt aufzubauen dachten, dabei zahllose Cigaretten rauchten und unentwegt Tee tranken. Ein Glück, daß wir 24 Tassen hatten. Sie waren alle ständig ›in Betrieb‹. Wir gingen viel aus, standen an der Spitze eines jener Bünde, die damals wie Pilze hervorschossen, mit Vorträgen, Konzerten, Versammlungen und v. a. aber vielen großen Ideen und kleinen Skandalen«.[84]

Eine vergleichbare Rolle in der Topographie Kölner Kultur übernahmen die Wohnung der Hoerles und eine von den Jathos angemietete alte Mühle in der Eifel, in der sich bis 1920/21 verschiedene Kölner Schriftsteller und bildende Künstler zu kürzeren und längeren Aufenthalten trafen.[85] Diese »Kalltalge-

---

[83] Seiwert, a bis z, Heft 10, Köln 1930, zit. nach Kölnischer Kunstverein, Franz W. Seiwert, S. 36.

[84] Louise Straus-Ernst, Nomadengut (Lebenserinnerungen, geschrieben 1941), auszugsweise abgedruckt in: HERZOGENRATH, Max Ernst, S. 298, und Neuabdruck Köln 1999. Auch ihr Sohn Jimmy Ernst erinnert sich, daß das Wohnzimmer zum Dreh- und Angelpunkt für Dada Köln, »gewitzte Kunsthändler« und für anreisende Künstler, Schriftsteller, Kritiker und Dichter wurde. Jimmy ERNST, Nicht gerade ein Stilleben. Erinnerungen an meinen Vater Max Ernst, Köln 1985, S. 34.

[85] Der »Kalltalgemeinschaft« gehörten zahlreiche Personen aus dem früheren Umkreis des Jatho-Zirkels an. So lebte Seiwert für ein halbes Jahr dort, und auch Otto Freundlich gehörte zu den häufig gesehenen Gästen. Neu hinzu kamen die weißrussische Künstlerin Bekya Gusik und ihre Schwester Genya. Auch Ret Marut und seine Mitarbeiterin Irene

meinschaft«, nach der alten Mühle bei Simonskall genannt, erprobte eine neue Form der Lebens- und Arbeitsgemeinschaft mit dem Ziel einer humaneren Gesellschaft, die die religiösen und sozialen Gruppengrenzen spielerisch überwand. So schmückte etwa Otto Freundlich im Winter 1919/20 den Weihnachtsbaum mit Engeln und Davidsternen aus Buntpapier.[86]

Diese Vernetzung des Lebens und Arbeitens manifestierte sich ferner in gemeinsamen Zeitungs- und Ausstellungsprojekten, die das Resultat ihres permanenten Gedankenaustauschs bildeten. So war die Gestaltung des dadaistischen Blatts *Ventilator* die erste gemeinsame Aktion von Max Ernst, den Hoerles, Otto Freundlich und Johannes Theodor Baargeld, der die Wochenschrift mit dem Geld seines Vaters finanzierte, worauf sein Pseudonym ironisch verweist.[87] Ihr folgten als Nachfolgeprojekte die Ausstellungskataloge der beiden Dada-Ausstellungen.[88] Der enge Produktionszusammenhang wurde zusätzlich durch die eigenen kleinen Privatverlage Hoerles und Nierendorfs verstärkt, die trotz aller inhaltlichen Differenzen auch Arbeiten von Ernst, Freundlich und Seiwert druckten.[89] Die Kalltalgesellschaft verlegte ebenfalls eigene Druckschriften auf einer Handpresse, die mit der Auflösung der Gemeinschaft 1921 heimlich nach Köln zurückgeschmuggelt wurde, um nicht die Aufmerksamkeit der Besatzungsbehörden zu erregen.[90]

Über den Aktions- und Kommunikationszusammenhang hinausgehend bezeugen auch für die Weimarer Zeit Liebesbeziehungen und tiefe Freundschaften die emotionale Nähe der Kulturproduzenten jüdischer und nichtjüdischer

---

Mermet, die nach der Zerschlagung der Räterepublik am 1./2. Mai 1919 München verlassen mußten, fanden hier zeitweise Unterschlupf. DUSTMANN, Kölner Zeitschriften, S. 123.

[86] Ebenda. Seiwert beschreibt 1930 die Kalltalgemeinschaft mit folgenden Worten: »Es herrschte ein Gefühl der absoluten Kameradschaft, aufgebaut auf gegenseitiger Hilfe und aufrichtiger Ehrlichkeit gegeneinander, die sich bis auf die kleinsten persönlichen Dinge bezog«. Art. hoerle und ich, in: a bis z, Heft 10, Köln 1930, S. 38 f.

[87] Unterhaltungsbeilage zur Tagespresse. Wochenschrift. Jeweils 8 Seiten, auf Zeitungspapier gedruckt. – Meist handelte es sich um anonyme oder pseudonyme Beiträge zur Tagespolitik in den Wochen der Revolution, außer einem Gedicht von Walt Whitman und zwei Gedichten von Arthur Rimbaud enthielt sie keine literarischen Beiträge. Mit einem Holzschnitt von Franz Wilhelm Seiwert. DUSTMANN, Kölner Zeitschriften, S. 117.

[88] *Das Bulletin* D war die erste Zeitschrift der Kölner Dada-Gruppe mit Texten von Max Ernst, Otto Freundlich, Heinrich Hoerle und Abbildungen von Werken von Hans Arp (dessen Eltern 1919 nach Köln gezogen waren), Johannes Theodor Baargeld, Max Ernst, Angelika Hoerle, Heinrich Hoerle, Paul Klee, Anton Räderscheidt und Franz W. Seiwert.

[89] Verlagsprogramm des Kairos-Verlag, abgedruckt in: DUSTMANN, Kölner Zeitschriften, S. 119.

[90] Nach Angaben Walter Sterns in einem Brief vom 18. November 1966 an den Kölner Maler und Bildhauer Hans Schmitz, zit. nach DUSTMANN, Kölner Zeitschriften, S. 123. Walter Stern (1896–1970) war Schüler des Kölner Wirtschaftshistorikers Bruno Kuske, Mitglied in einer sozialistischen Studentengruppe und jüdischer Herkunft; ab 1930 Assistent in der Vortragsabteilung der Westdeutschen Rundfunk AG; Mitglied der Kölner Progressiven und Mitbegründer der Zeitschrift *a bis z 1929*. 1933 Emigration nach Ibiza; um 1937 aus der Schweiz Emigration nach Kolumbien. Biogr. Angaben entnommen aus: SK Stiftung Kultur, Zeitgenossen, S. 245.

Herkunft. Hierzu gehört die Verbindung zwischen Max Ernst und Louise Straus-Ernst ebenso wie die tiefe Freundschaft zwischen Max Ernst und Theodor Baargeld, die wie bei Freundlich und Seiwert in dem gemeinsamen Denk- und Handlungshorizont verankert war. Beiden gemein waren die Postkriegserfahrungen der Erschütterung und Desillusionierung, die in einen radikalen antibürgerlichen Gestus mündete.[91]

Doch schon 1921 zeichnete sich ab, daß unterschiedliche politische und künstlerische Vorstellungen innerhalb dieser Kunstkollektive zu Streitigkeiten, Spaltungen und Neuformierungen führten. Schon die im November 1919 provozierte Sezession Baargelds und Ernsts auf der Herbstausstellung der Gesellschaft der Künste wurde von Freundlich, Seiwert und den Hoerles kritisch beobachtet.[92] Baargeld verlor nach der großen Frühjahrsausstellung der Dadaisten im Brauhaus Winter das Interesse an der Kunst, Max Ernst suchte den internationalen Anschluß und ging 1922 nach Paris, während sich Seiwert und die Hoerles politisierten und die Aktivitäten der Dadaisten sozial als zu wenig konkret und ästhetisch als zu radikal kritisierten. Sie konstituierten eine feste lokale Gruppe namens »stupid«, aus der später die Kölner Vertreter der Neuen Sachlichkeit und der sozialistisch orientierten Kölner Progressiven hervorgingen.[93] Dieser Assoziations- und Dissoziationsprozeß unter den Kölnern Kulturschaffenden basierte jedoch allein auf kunst- und gesellschaftspolitischen Vorstellungen, ein jüdischer oder nichtjüdischer biographischer Hintergrund war hierfür völlig belanglos.

Gleiches gilt für die durchgehend negativen Reaktionen aus dem städtischen Umfeld, der Behörden und der lokalen Presse.[94] Die repressive Linie der Behörden, die jeglichen künstlerischen und kulturpolitischen Bestrebungen durch Verbote, Festnahmen und Beschlagnahmungen ein schnelles Ende bereiteten, richtete sich gleichermaßen gegen jüdische wie nichtjüdische Kulturproduzenten. Auch die überaus kritischen Reaktionen der Presse auf die Störaktionen der Dadaisten blieben ganz überwiegend frei von antijüdischen Anfeindungen und Stereotypen.[95]

[91] So schreibt Max Ernst in seiner Biographie: »Wir waren um fünf Jahre unseres Lebens betrogen worden [...]. Mein Freund Baargeld und ich verteilten an den Fabriktoren unsere Zeitschrift Der Ventilator. Unser Eifer erstrebte den totalen Umsturz«. Zit. nach: Stadt Brühl, Dadamax, S. 174.

[92] Sie beteiligten sich zwar am Katalog Bulletin D, Hörle und Seiwert übten jedoch Kritik an der Sezession, Seiwert mit der Begründung: »Dada ist bürgerlicher Kunstbetrieb«.

[93] VITT, Auf der Suche, S. 102, 104.

[94] Anders im persönlichen Umfeld der Kulturproduzenten. Max Ernst und Louise Straus-Ernst mußten vor und während ihrer Ehe etwa erhebliche Probleme mit den streng religiösen Eltern ausfechten, die eine Hochzeit ablehnten und sich auch nach der Geburt eines Sohnes nicht versöhnten. Ebenso hartnäckig waren die Feindseligkeiten ihres Vermieters. Straus-Ernst, Nomadengut, S. 297; ERNST, Stilleben, S. 37 und 128.

[95] Literarische Spartakusse, in: Kölner Stadtanzeiger, 7. Februar 1919; Ein expressionistischer Abend, in: Kölner Tageblatt, 8. Februar 1919; Ruchloses Attentat auf einen König, in: Kölner Tageblatt und Kölner Stadtanzeiger, 5. März 1919. »Vor Beginn des ersten Auf-

Eine Ausnahme bildet allerdings ein Artikel zum »Theaterputsch« im März 1919 in der *Rheinischen Volkswacht*, dem offiziellen Organ der Zentrumspartei für den Landkreis Köln.[96] Der Bonner Kunstprofessor Menne entwarf darin ein Komplott der dadaistischen »Kulturbolschewisten« Max Ernst und Louise Straus-Ernst, die ihm wahrscheinlich von ihrem Kunstgeschichtsstudium an der Bonner Universität persönlich bekannt waren. Beteiligt war dem Artikel zufolge auch der Redakteur der sozialdemokratischen *Rheinischen Zeitung*, Georg Beyer, der ebenfalls jüdischer Herkunft war und in der *Rheinischen Zeitung* massive Kritik an dem Stück geübt hatte.[97] Menne konstruierte dadurch eben jene Verbindung aus »Judenkultur« und »Judenrepublik«, die er im folgenden angriff und zu deren Diskreditierung er das rassistische Stereotyp des kriminellen, körperlich und kulturell minderwertigen Ostjuden verwandte. Der Kunstprofessor beschimpfte die Demonstranten als »fanatische Kunst- und Stimmungsvandalen, zumeist landfremde ›Edelblüte‹, krauslockige und plattfüßige Galizier«, die »mit tierischem Brüllen, Johlen, Zwischenrufen und Zuhälterjargon und Singen von Liedern die Vorstellung« unterbrochen hätten.[98] Die dezidert antirepublikanische Stoßrichtung dieser antisemitischen Tirade wird im abschließenden Kommentar deutlich, als Menne resümiert: »Wir leben ja im neuen Staate der Freiheit«.[99]

Diese antisemitische und antirepublikanische Feindbildverdichtung gegenüber den Kunstkollektiven blieb jedoch die Ausnahme. Die bürgerliche Presse begegnete ihr eher mit demonstrativem Desinteresse und verweigerte den progressiven Kunstkreisen jede Aufmerksamkeit:[100] »Die dadaistischen Stammeleien Max Ernsts (Köln) ernst zu nehmen, seine verquirlten Rätselaufgaben raten zu wollen, fühlen wir uns nicht veranlaßt. Wie sagt Böcklin? Nichts können ist noch lange keine neue Richtung«.[101] Allein was an den sakralen Orten bür-

---

zuges sah man im ersten Rang links eine Reihe jugendlicher Damen und Herren, die in der neugegründeten Ges. d. Künste eine Rolle spielen, darunter den expressionistischen Maler M. Ernst [...] und seine Gemahlin, Frau Dr. L. Straus-Ernst [...] Vielleicht dürfte es der Gesellschaft der Künste diesmal nicht so leicht fallen, ihre Beteiligung wegzuerklären, wie vor einigen Wochen«. Zit. aus: Radauszenen im Schauspielhaus von Prof. Menne, in: Rheinische Volkswacht, 18. März 1919.

[96] Ebenda.

[97] Ebenda. Es liegt nahe, eine persönliche Motivation der Kampagne Mennes zu vermuten, da sich der Bonner Kunstprofessor und die ehemaligen Kunststudenten Straus und Ernst sicher begegnet sein und in ihrem Kunstverständnis nicht unbedingt konfliktfrei übereingestimmt haben dürften.

[98] Bezieht sich wahrscheinlich auf Beyers vermeintlich ostjüdische Herkunft. Radauszenen im Schauspielhaus von Prof. Menne, in: Rheinische Volkswacht, 18. März 1919.

[99] Ebenda.

[100] Beispielhaft: Der einzige Trost, in: Kölner Tageblatt, 22. Juni 1919; Das Manifest der Dadaisten, in: Kölner Tageblatt, 16. Juni 1919; und Vom höheren Blödsinn in der Kunst, in: Kölner Stadtanzeiger, 8. August 1920.

[101] Kölner Stadtanzeiger, 23. Oktober 1919; Rheinische Zeitung, 30. Oktober 1919.

gerlicher Kultur, den Kunstmuseen und Schauspielhäusern, vor sich ging, war kommentar- und empörungspflichtig.

Als Fazit gilt, daß sich in der Kölner Avantgarde finden sich ausgesprochen enge Verbindungslinien zwischen jüdischen und nichtjüdischen Kulturproduzenten, die bereits auf Traditionslinien des Kaiserreichs aufbauten, sich aber in der revolutionären Nachkriegszeit emotional, fachlich und sozial im alltäglichen Lebenszusammenhang erheblich verdichteten und damit eine neue Qualität annahmen. Innerhalb dieser Zirkel wurden mit großer Energie neue Formen des Miteinanders erprobt, die klassischen Gruppengrenzen ebenso kreativ wie gezielt überschritten und als Ausdruck einer maroden Gesellschaft bekämpft.
Allerdings blieben diese Gruppen und ihre Verkehrsformen im städtischen Kulturleben nur eine verschwindend kleine Minderheit, der es zwar gelang zu provozieren, die aber über ein wenig geduldetes Nischendasein nicht hinauskam und wohl auch nicht hinauskommen wollte.[102] Interne Spaltungen, externe Widerstände und die kulturellen Zeitläufte sorgten dafür, daß dieses alternative Kulturmodell in Köln kaum Schule machen konnte. Statt der revolutionären Atmosphäre einer drängenden Avantgarde dominierte eine weite bürgerliche Abwehrfront, die von den Behörden und der Presse verstärkt wurde.[103] So fest diese auch stand, so wenig wurde sie durch eine antisemitische Feindbildzeichnung zusammengehalten und von organisierten radikalen Antisemiten oder völkischen Zirkeln vorangetrieben. Es wäre völlig verfehlt, von einer deutsch-völkischen Offensive im Kulturleben der direkten Nachkriegszeit auszugehen. Trotzdem markierten die Angriffe gegen die Dadaisten durch den Bonner Kunstprofessor Menne eine neue Qualität. Erstmalig wurden radikalantisemitische rassistische Stereotypen offen geäußert, und zwar von einem etablierten Kunstprofessor in einer Zentrumszeitung. Es scheint, als hätten sich hier Kulturkonservativismus, persönliche Feindseligkeit und Antisemitismus unheilvoll verbunden und ohne Schwierigkeiten ein Forum erhalten. Diese Verknüpfung von Modernefeindlichkeit und Antisemitismus sollte in einigen katholischen Kreisen noch eine größere Rolle spielen, wie im folgenden zu zeigen sein wird.

1.3. Musik- und Theaterleben

Sowohl Musik- als auch Theaterleben bildeten im 19. Jahrhundert zentrale Räume der sich entfaltenden bürgerlichen Kultur und Öffentlichkeit. Die Kölner Bürger genossen nicht nur das »Bildungs- und Kulturerlebnis«[104], sondern trugen durch finanzielle und institutionelle Förderung aktiv zu seiner Entwicklung

---

[102] BILSKY, Berlin, S. 3–6.
[103] Kölnischer Kunstverein, Vom Dadamax, S. 30.
[104] Zit. nach HOPP, Jüdisches Bürgertum, S. 274.

bei.[105] Noch in der Weimarer Zeit richtete sich ihre Aufmerksamkeit weit stärker auf die Geschehnisse der bürgerlichen Elitenkultur als etwa auf die provokativen Kunstausstellungen der Dadaisten oder die neuen Freizeit- und Erholungsmöglichkeiten der 1920er Jahre. Dies gilt auch und gerade für die ganz überwiegende Zahl der Kölner Juden, für die die »Tempel der Hochkultur« von herausragender Bedeutung waren. Kaum ein anderer Bereich städtischen Lebens hinterließ einen so nachhaltigen Eindruck in den subjektiven Erinnerungen wie das kulturelle Erlebnis beim Besuch von Konzerten, Theateraufführungen und Opern. Tagebücher, Zeitzeugenberichte und Autobiographien schildern so einhellig wie alters-, herkunfts- und geschlechtsübergreifend die Bedeutung dieser klassischen Instanzen bürgerlicher Öffentlichkeit im alltäglichen Leben und bestätigen einmal mehr den Befund der deutsch-jüdischen Historiographie von der passionierten Pflege der Hochkultur in den jüdischen Familien.[106] Wenngleich die Annahme einer überproportionalen Repräsentation der Kölner Juden als Kulturkonsumenten jeder statistischen Grundlage entbehrt[107], galt sie doch bei jüdischen wie nichtjüdischen Zeitgenossen als selbstverständlich. Sie wurde bisweilen ironisch behandelt, wie durch den jüdischen Cellisten Emanuel Feuermann[108] auf einem Kölner Kammermusikkonzert:

> »Feuermann schaute sich in der Pause im Saale um und rief dann plötzlich mit seiner lauten Stimme, die durch den ganzen Saal trug, seiner Nachbarin zu: ›Frau Reifenberg, was tun eigentlich die armen Seewalds, wenn hier eine Christenverfolgung ausbricht?‹ Es erfolgte allgemeines Gelächter. Auch ich schau-

---

[105] JEISMANN, »Bürgerliche Kultur«, S. 489 f.; W. J. MOMMSEN, Stadt, S. 16. Zur Kölner Entwicklung siehe MERGEL, Klasse, S. 59–62; METTELE, Bürgertum, S. 176–203 und 215–226; sowie Klaus Wolfgang NIEMÖLLER, Musikleben und jüdisches Mäzenatentum bis 1933, in: D. BREUER, Moderne im Rheinland, S. 225–240.

[106] Jost HERMAND, Bürger zweier Welten? Zweigs Einstellungen zur deutschen Kultur, in: Ders., Judentum und deutsche Kultur. Beispiele einer schmerzhaften Symbiose, Köln [u. a.] 1996, S. 115–135, hier: S. 115; ders., Juden, S. 13; LOWENTHAL, Juden, S. 64; MENDES-FLOHR, Juden, S. 173; und Steven M. LOWENSTEIN, Der jüdische Anteil an der deutschen Kultur, in: M. A. MEYER, Deutsch-jüdische Geschichte, S. 302–332, hier: S. 304. Ausführlich hierzu siehe auch HOPP, Bürgertum, S. 274 f.

[107] Einen Nachweis dieser These bleiben auch LOWENSTEIN, Anteil, S. 64, und Paul MENDES-FLOHR, The Berlin Jew as Cosmopolitan, in: BILSKY, Berlin, S. 14–32, hier: S. 15, schuldig. Es wäre an der Zeit, die Stichhaltigkeit der Annahme von der Überproportionalität von Juden als Kulturkonsumenten ebenso zu überprüfen wie die der Juden als Kulturproduzenten.

[108] Emanuel Feuermann, weltberühmter Cellist aus Osteuropa (geb. Kolomea 1902), Korrepetitor bei Otto Klemperer, mit 17 Jahren zum Lehrer am Kölner Konservatorium berufen und Mitglied des Bram-Eldering-Quartetts in Köln, ging 1923 nach Wien. KOHL, Künstler, S. 508; Seymour W. ITZKOFF, Emanuel Feuermann, Virtuoso. A Biography, Alabama 1979; und Hans MAYER, Gelebte Musik. Erinnerungen, Frankfurt a. M. 1999. Feuermann war einer der wenigen jüdischen Künstler, die sich aktiv im Gemeindezusammenhang engagierten. So spielte er etwa auf dem 25. Jubiläum des Kinder-Spar-Vereins in Köln-Sülz. Festschrift 35 Jahre Israelitischer Kinder-Spar-Verein vom 10. Juni 1932, LBI NY, Cologne, Jewish Community Archives AR 998, AR 5324, Add.: Kl/4/B.

te mich um, und in der Tat waren unter den etwa 150 Hörern zwei Drittel Juden«.[109]

Auch im jüdischen Gruppenzusammenhang nahmen die traditionellen Kulturformen eine herausragende Bedeutung ein. So beging die Kölner Synagogengemeinde das Jubiläum zum 25jährigen Bestehen ihrer Hauptsynagoge im April 1924 mit der Aufführung des Aufklärungsdramas »Nathan der Weise« im städtischen Schauspielhaus. Der linksrheinische Landesverband des Centralvereins 1925 hielt seine Kundgebung »Zum Recht der deutschen Juden an der deutschen Heimat« in der Kölner Oper ab, begleitet von musikalischen Beiträgen des städtischen Orchesters.[110] Lessing, Beethoven und Wagner bildeten die Koordinaten, in denen sich die kulturelle Repräsentation der Kölner Juden bewegte.[111] Daß die städtische Theaterkommission die Bühnen der Stadt für jüdische Veranstaltungen zur Verfügung stellte und das städtische Orchester an der CV-Feier mitwirkte, zeigt deutlich, daß die städtischen Kulturinstitutionen den jüdischen Bürgern offen gegenüberstanden und ihre selbstbewußte Repräsentation im städtischen Raum unterstützten.[112]

Nicht nur die jüdischen und nichtjüdischen Bürger der Stadt, sondern auch die Stadt selber engagierte sich seit dem 19. Jahrhundert als »Selbstverwaltungskörper und Ort bürgerlich-liberaler Hegemonie« zunehmend in diesen Kultursektoren.[113] Ab 1905 wurden das Stadttheater in der Glockengasse und die Oper am Habsburgring weitgehend aus städtischen Mitteln finanziert.[114] Dieser Trend verstärkte sich noch in den Weimarer Jahren unter anderen Vorzeichen.[115] Denn die Überführung der »Vereinigten Stadttheater« in die städtische Verwaltung im Jahr 1921 bot zugleich die Möglichkeit demokratischer Öffnung

---

[109] Richard SEEWALD, Der Mann von gegenüber. Spiegelbild eines Lebens, München 1963, S. 85. In einem Kommentar zu einem antisemitischen Stück des Kölner Schauspielhauses, auf das weiter unten noch genauer eingegangen wird, schreibt die Vorsitzende der Kölner Ortsgruppe des Jüdischen Frauenbunds Klara Caro: »Von einer Bühne, deren Publikum sich zum großen Teil aus jüdischen Kreisen rekrutiert, sollte man erwarten [...]«, in: Kölner Jüdisches Wochenblatt, 23. September 1932.

[110] Protokollbuch der Theaterkommission, Sitzung vom 22. November 1923, HStAK, 46, 5–7, Bl. 84. Aufruf zur Kundgebung, »Mappe Kultur« der Sammlung des NS-Dokumentationszentrums.

[111] Zur Einweihung der großen Synagoge wurde im Schauspielhaus Lessings Nathan der Weise gegeben. Siehe Kölnische Zeitung, 19. März 1924. Vgl. zur Bedeutung des Toleranzstücks Klaus L. BERGHAHN, Der Jude als der Andere, in: Jost HERMAND/Gert MATTENKLOTT (Hrsg.), Jüdische Intelligenz in Deutschland, Hamburg 1988, S. 7–33, hier: S. 21–23.

[112] Die Hälfte des Gewinns der vollbesetzten Veranstaltung ging an die Stadt, die auf Beschluß der städtischen Theaterkommission das Haus der Gemeinde überlassen hatte.

[113] W. J. MOMMSEN, Stadt, S. 17.

[114] Volker CANARIS/Tota GAEHME/Jürgen PULLEM (Hrsg.), Theaterstadt Köln, Köln 1986, Vorwort, S. 9–21, hier: S. 21.

[115] So stand ab dem 1. April 1921 der Opern- und Theaterbetrieb unter dem Namen »Vereinigte Stadttheater« unter städtischer Verwaltung. Auch die Rheinische Musikhochschule (das 1858 gegründete Konservatorium) wurde am 31. Oktober 1923 städtisch, um sie erhalten zu können.

und innovativer Kulturarbeit wie die Gefahr verstärkter Einflußnahme und Reglementierung durch Stadtrat und Theaterkommission, die ab 1920 unter der Leitung des sozialdemokratischen Theaterkommissars Johannes Meerfeld stand.[116] Gerade Kulturpolitiker wie Meerfeld und Konrad Adenauer waren bemüht, künstlerisch wichtige Kulturproduzenten an die städtischen Kulturinstitutionen zu holen bzw. dort zu halten, um das künstlerische Niveau zu gewährleisten, wie zu zeigen sein wird. Erstmalig forderten in der Republik aber auch neue gesellschaftliche Gruppen ihr Recht auf Partizipation im Kulturleben ein. Als zusätzliche Akteure der Kölner Musik- und Theaterkultur traten in der Weimarer Republik mitgliederstarke Organisationen wie der interkonfessionelle Bühnenvolksbund oder die Freie Volksbühne Köln e. V. auf, die nicht nur jene Besucherschichten dem Theater zuführen wollten, die bisher aus den traditionellen Kulturinstitutionen ausgeschlossen waren, sondern auch durch gezielte Lobbyarbeit ihre Vorstellungen im städtischen Theater- und Musikbetrieb durchzusetzen suchten.[117] Vor diesem Hintergrund wurden die Kölner Theater- und Musikereignisse stärker als zuvor zum Gegenstand öffentlicher Diskussionen zwischen städtischen Behörden und Parteien, bürgerlichen Vereinen und Besucherorganisationen, die mit divergierenden Zielsetzungen interagierten. In ihren Konflikten wurden auch antijüdische Ressentiments und kulturkonservative Vorbehalte kommuniziert.

So sehr sich die strukturellen Voraussetzungen, die Akteure und die voneinander abweichenden Interessen im und am Musik- und Theaterleben der Stadt ähnelten, so unterschiedlich gestalteten sich die Voraussetzungen für die Durchsetzung einer gemäßigten Moderne und die Partizipation jüdischer Kulturproduzenten.

Im Musikleben der Stadt dominierte eine Tradition der Aufgeschlossenheit gegenüber jüdischen Künstlern, seitdem Ferdinand Hiller 1850 zum städtischen Hofkapellmeister berufen worden war und der talentierte Dirigent durch geschickte musikorganisatorische Tätigkeit die Grundlagen für den Ruf Kölns als Musikstadt gelegt hatte, den dieses bis in die Weimarer Jahre verteidigen konnte.[118] Die Wirkungsgeschichte zahlreicher Dirigenten, Kapellmeister, Choristen und Instrumentalisten jüdischer Herkunft und Religion ist an anderer Stelle ausführlich beschrieben worden.[119] Hier soll der Hinweis genügen,

---

116 HERMAND/TROMMLER, Kultur, S. 194 f.
117 Ebenda, S. 199 f.; und H.-W. FROHN, Arbeiterbewegungskulturen, S. 130–140.
118 Isaac Offenbach (1779–1850), Chasan der Kölner Synagoge und Vater Jacques Offenbachs, war noch von Veranstaltungen der musikalischen Gesellschaften in Köln ausgeschlossen worden. KOHL, Künstler, S. 482; Irmgard SCHARBERTH, Hundert Jahre einer langen Musiktradition, in: Dies. (Hrsg.), Gürzenich-Orchester Köln, Köln 1988, S. 13–113; und SILBERMANN, Juden, S. 115.
119 Die Stellung jüdischer Musiker im Kölner Musikleben ist gut dokumentiert. ASARIA, Juden, S. 220–234; GREIVE, Juden, S. 218–222; KOHL, Künstler, S. 489–510; NIEMÖLLER, Musikleben; und SILBERMANN, Juden, S. 109–121.

daß in der Musik fachliche Qualifikation und Talent auch zu gesellschaftlichem Ansehen der Künstler führten.[120] Doch nicht nur die jüdischen Musiker, sondern auch Musikmäzene wie die Bankiers Abraham Oppenheim (1804–1878) und Heinrich Seligmann (1835–1909) waren fest in die städtische Musikszene integriert. Dies verdeutlicht ihre Vorstandstätigkeit in den renommiertesten Kölner musikalischen Gesellschaften.[121] So bedeutet es eher die Fortführung einer Traditionslinie als eine kulturelle Neuerung, daß in den Weimarer Jahren Musiker jüdischer Konfession oder Herkunft wie Walter Braunfels zentrale Positionen an den führenden städtischen Musikinstitutionen besetzten.[122] Braunfels kam 1925 nach Köln, um gemeinsam mit dem Katholiken Hermann Abendroth die Kölner Musikhochschule aufzubauen. Er leitete das renommierte Gürzenich-Orchester, das mit seinen Konzerten in hohem Ansehen des konservativ-bürgerlichen Publikums stand, nicht zuletzt aufgrund seines hohen Kommunikationsspotentials:

> »Jedes Konzert [im Gürzenich, N. W.] war ein Fest der Bürgerschaft. [...] Die große Pause erfüllte sich mit enthusiastischen Konfessionen oder kritischen Debatten; manche freilich nutzten sie weniger leidenschaftlich als gesellig und plauderten mit alten Bekanntschaften oder knüpften neue Beziehungen an. [...] Im ganzen war das Auditorium etwas wie ein Club von Musikfreunden, die einander seit Jahren kannten und von Saison zu Saison ›ihre‹ Plätze einnahmen«.[123]

Um die Aktualisierung der Kölner Oper und ihren Anschluß an die zeitgenössische Musik machten sich der Intendant Otto Klemperer 1917–1924[124] und

---

[120] »Dem eng unter sich verbundenen katholischen Bürgertum der Oberschicht waren im Grunde nur die bedeutenden jüdischen Künstler als Umgang willkommen: am besten, wenn es sich um Musiker handelte. Man liebte die Musik und verstand etwas davon. Weshalb man Max Bruch und Ferdinand Hiller gern im 19. Jahrhundert bei sich aufnahm«. MAYER, Ein Deutscher auf Widerruf, S. 56.

[121] Beide zählten neben Louis Hagen zu den Vorstandsmitgliedern der musikalischen Gesellschaft. Alfred Leonhard Tietz förderte zudem die Gesellschaft für neue Musik. Tietz war der Sohn des Kaufhausbesitzers Leonhard Tietz (1849–1914) und Flora Baumanns. NIEMÖLLER, Musikleben, S. 229 f. Zur Mäzenatentätigkeit der Familien Oppenheim und Seligmann siehe ebenda, S. 230; und SCHARBERTH, Gürzenich-Orchester Köln, S. 116–127, hier: S. 118, 126 f.

[122] Der Pianist und Komponist Walter Braunfels (1882–1954), Sohn eines jüdischen Vaters und nach dem Ersten Weltkrieg zum Katholizismus konvertiert, wurde 1925 zum Direktor der Musikhochschule in Köln berufen und baute gemeinsam mit Abendroth die »Staatliche Hochschule für Musik« auf. Braunfels zeigte sich zwar zeitgenössischer Musik gegenüber aufgeschlossen, war aber skeptisch gegenüber radikalen Neuerungen. ASARIA, Juden, S. 230; und GREIVE, Juden, S. 221 f. Siehe detailliert auch Ute JUNG, Walter Braunfels (1882–1954), Regensburg 1980.

[123] JOSEPH, Meines Vaters Haus, S. 88.

[124] Der berühmte Operndirigent Otto Klemperer (1885–1973) stammte aus einer Breslauer jüdischen Familie, studierte am Hochschen Konservatorium in Frankfurt und war sieben Jahre (1917–1924) als Generalmusikdirektor und erster Dirigent am Opernhaus in Köln, nachdem er in Wiesbaden und Mannheim Kapellmeister gewesen war. Nach seinem

sein Nachfolger Eugen Szenkar verdient.[125] Diese leitenden Kulturproduzenten achteten bei der Anstellung der übrigen Musiker an den städtischen Musikinstitutionen nicht auf den konfessionellen Hintergrund und gewannen zahlreiche gute Musiker jüdischen und christlichen Glaubens.[126] Darüber hinaus sicherten jüdische wie nichtjüdische Mäzene auch in den 1920er Jahren die Förderung alter und neuer Musik institutionell ab und engagierten sich wie Leonhard Tietz in den Vorständen der Musikalischen Gesellschaft und der Gesellschaft für neue Musik.[127]

Mit dem blühenden Musikleben der Stadt konnte das Kölner Theaterwesen nicht konkurrieren.[128] Das Schauspielhaus machte im Kaiserreich vor allem durch seine Provinzialität von sich reden und wurde in der überregionalen Theaterkritik wegen seines beschaulichen Repräsentationstheaters verspottet, das zu gleichen Teilen auf das Konto des wilhelminisch geprägten Intendanten Fritz Rémond und der von 1902–1920 zentrumsdominierten Theaterkommission ging, die über die Einhaltung ihrer strengen Moralvorstellungen wachte.[129] Erfolgreiche private Theater existierten kaum, eine lebendige alternative Theaterkultur schon gar nicht.[130] Lediglich dem progressiven Metropoltheater, das 1924 das jüdische Künstler-Theater Habima zum Gastspiel einlud, sowie dem kommerziellen Reichshallentheater mit seinem Operettenrepertoire gelang es, neben den populären Hänneschen- und Millowitschtheatern, ein größeres Publikum anzuziehen. So stark die Tradition jüdischer Kulturproduzenten und -förderer im Musikleben war, so schwach blieb ihre Partizipation am Kölner Theaterleben. Ausnahmen bildeten einige wenige Schauspieler und Schauspielerinnen wie der Operettenstar Friedl Münzer und ihr Kollege Robert Tauber vom Reichshallentheater sowie Walter Hertner von den städti-

---

Fortgang aus Köln leitete er bis 1933 die Berliner Kroll-Oper und nach seiner Emigration 1933 das Philharmonische Orchester von Los Angeles. HEYWORTH, Klemperer.

[125] Eugen Szenkar (geb. 1891), aus Ungarn stammender jüdischer Komponist, war fast zehn Jahre Operndirektor in Köln (1924–1933). Er folgte nach dem Zweiten Weltkrieg einem Ruf an die Deutsche Oper am Rhein in Düsseldorf. KOHL, Künstler, S. 510.

[126] ASARIA, Juden, S. 230–233; GREIVE, Juden, S. 222; KOHL, Künstler, S. 486 f., 508–511; und SILBERMANN, Juden, S. 116 f.

[127] NIEMÖLLER, Musikleben, S. 232 f.

[128] CANARIS/GAEME/PULLEM, Theaterstadt Köln; Gisela FLATZ/Helmut GROSSE, Theaterstadt Köln – kölnisches Theater?, in: Kölnischer Kunstverein, Dadamax, S. 176–179; und Bernd VOGELSANG, Die Moderne in der »Theaterprovinz«. Bühne und Bühnenbild rheinischer Theater 1908–1928, in: D. BREUER, Moderne im Rheinland, S. 153–200.

[129] Der Hofrat Fritz Rémond leitete die Geschicke der Intendanz von 1912 bis 1928. Als ehemaliger Sänger achtete er vor allem auf die Qualität der Stimmen und liebte Inszenierungen in aufwendigen Kulissen- und Draperieausstattungen. Siehe zu Rémond VOGELSANG, Moderne, S. 165; und zur Theaterkommission H.-W. FROHN, Arbeiterbewegungskulturen, S. 27.

[130] Hier konnte die alternative Theaterszene des Arbeitermilieus, etwa der Freien Volksbühne e. V., nicht berücksichtigt werden.

schen Bühnen.[131] Dort waren außerdem der Dramaturg Sascha Simchowitz[132] und Gustav Hartung als Intendant angestellt, der jedoch nur für ein Jahr am Kölner Schauspielhaus bleiben sollte.[133]

Die Kulturhoheit lag im Kölner Theater-, aber auch im Musikleben nicht selbstverständlich bei jenen progressiven Elementen, die Gay als führende Kräfte in der Weimarer Republik bezeichnet hat. In Köln konnten sich die gemäßigte Moderne und ihre jüdischen wie nichtjüdischen Verfechter keineswegs frei entfalten. Vielmehr standen innerhalb des städtischen Akteursgeflechts die Vertreter einer größtenteils gemäßigten Moderne kulturkonservativen Kritikern gegenüber, die ihre Angriffe mit antijüdischen Vorurteilen verbanden und mit unterschiedlichem Erfolg ein christliches bzw. völkisches Kulturkonzept durchzusetzen suchten.

Der kulturkonservative Flügel des katholischen Milieus übte auf die maßgeblichen Instanzen und ganz besonders auf den Oberbürgermeister Druck aus, um die mißliebigen Tendenzen im Kölner Kulturleben zu unterdrücken. Wenig erfolgreich waren die Bestrebungen aus dem katholischen Vereinsleben, wenn diese der tatkräftigen Unterstützung des Generalvikariats, des Zentrums und der Bevölkerung entbehrten. So erhielt die Kölner Ortsgruppe der Katholischen Frauenvereinigung weder den angestrebten Sitz im Verwaltungsausschuß des Theaters noch Einsicht in die Regiebücher, die sie 1927 verlangte.[134] Auch der interkonfessionelle, aber katholisch dominierte Bühnenvolksbund, der in seinen besten Zeiten 1929 an die 26 000 Kölner Mitglieder zählte[135], scheiterte letztlich mit seinem Anspruch, das Theater- und Musikwesen in »christlich-deutschem Volksgeist« zu reformieren und den städti-

---

[131] KOHL, Künstler, S. 512; und Wilhelm UNGER, Das Kölner Theater in den Zwanziger Jahren, in: CANARIS/GAEHME/PULLEM, Theaterstadt Köln, S. 36–44, hier: S. 43. Für die Privattheater besteht hier noch einiger Forschungsbedarf, der im Rahmen dieser Arbeit nicht geleistet werden konnte.

[132] Der aus Osteuropa stammende Sascha Simchowitz war nicht nur Dramaturg am Kölner Stadttheater, sondern seit 1916 als Orientalist mit einem Lehrauftrag an der Handelshochschule und seit 1920 an der Philosophischen Fakultät betraut. Vgl. genauer hierzu Frank GOLCZEWSKI, Jüdische Hochschullehrer an der neuen Uni Köln vor dem Zweiten Weltkrieg, in: BOHNKE-KOLLWITZ, Köln, S. 341–358, hier: S. 356.

[133] Gustav Hartung war jüdischer Herkunft und galt als einer der prominentesten deutschen Regisseure. Er hatte in seinen Frankfurter Jahren 1914–1920 Stücke von Konfred und Sternheim uraufgeführt, sich vor allem aber dort und in Darmstadt 1920–1924 für das dramatische Werk Fritz von Unruhs eingesetzt. UNGER, Das Kölner Theater, S. 39 f.; und VOGELSANG, Moderne, S. 165.

[134] H.-W. FROHN, Arbeiterbewegungskulturen, S. 165.

[135] Schreiben des Landesgeschäftsführers des BVB an Domkapitular Prälat Dr. Lenné vom 3. Juni 1931, AEK, Gen. I, 23.49. Die Kölner Ortsgruppe des BVB konstituierte sich am 4. Oktober 1921. Die Mitgliederzahlen dieser Publikumsorganisation schwankten stark. Sie stiegen bis 1923 auf 7 000, im folgenden Jahr auf 15 000 (1924), sanken bis 1927 auf 1 500 Mitglieder ab und stiegen 1929 wieder auf 26 000. Eine vergleichbare Entwicklung durchlief die andere große Theaterorganisation der Freien Volksbühne. Vgl. hierzu H.-W. FROHN, Arbeiterbewegungskulturen, S. 133.

schen Spielplan in diesem Sinne zu beeinflussen.[136] Daß sich diese Bestrebungen gerade auch gegen die vermeintliche »Verjudung des Kulturbetriebs« richteten, wird zwar in nur wenigen Quellen, dort aber mit größtem Nachdruck geäußert. So klagte der Bühnenvolksbund, daß die deutschen Theaterdirektionen ausschließlich in jüdischen Händen lägen und daß Schauspieler, die offiziell einer katholischen Schauspielerorganisation angehörten, in ihren Berufsaussichten benachteiligt, wenn nicht »sogar erledigt« seien.[137] Als sich der Münchener Intendant Geis, der der katholischen Kirche angehörte, 1930 auf die Kölner Intendanz bewarb, hieß es in einem geheimen Gutachten, er sei der »im wesentlichen homogen-jüdischen Direktion [in München, N. W.] gegenüber ziemlich aufgeschmissen und diente ihr zu allem, wozu eben ein dummer Goy in solchen Fällen dient«.[138]

Obwohl der Bühnenvolksbund einigen Erfolg in der Organisation geschlossener Sondervorstellungen im Schauspielhaus und der Vergabe verbilligter Theaterabonnements hatte[139] und so auch in den ökonomischen Krisenzeiten verarmten Bevölkerungskreisen einen Theaterbesuch ermöglichte, fand seine weltanschauliche Arbeit, für die etwa der Zentrumsabgeordnete Gails in der Stadtverordneten-Versammlung eine Lanze brach, in Köln wenig Verständnis auch im eigenen Milieu.[140] Der Leiter des Katholischen Bühnenvolksbunds beklagte 1929, daß die katholische Bevölkerung und die Leiter der übrigen Vereine den Reformbestrebungen des Bühnenvolksbunds fast verständnislos gegenüberstünden, obwohl zu deren Förderung von maßgebender Stelle wie dem Bildungsausschuß der Katholiken Köln, der Arbeitsgemeinschaft der katholi-

---

[136] »Gelingt es nicht durch Zusammenfassung der noch wirklich künstlerisch empfindenden und geistig verwurzelten Kreise die Nachfrage nach wertvollen Dramen und Bühnenwerken zu steigern, so wird nach wie vor das deutsche Theater von minderwertiger Asphalt-Literatur und mondäner Geschmacklosigkeit nicht verschont bleiben. Je stärker sich aber der organisierte Kreis der kulturell und verantwortlich denkenden Theaterbesucher erweist, desto entscheidender wird der Spielplan der Bühne günstig beeinflusst werden können«. Schreiben Heinrich Stoffels an Kardinal Schulte, 13. Mai 1929, AEK, Gen. I, 23.49.

[137] Ablehnende Stellungnahme des BVB vom 1. März 1926 zu einem Vorstoß, in Deutschland eine Organisation für katholische Schauspieler und Schauspielerinnen zu gründen. Ebenda.

[138] Brief des katholischen Intendanten Hofmüller an den Kölner Zentrumsabgeordneten Maus, HStAK, 902, 193/5, Bl. 261.

[139] H.-W. FROHN, Arbeiterbewegungskulturen, S. 139. Erklärtes Ziel des BVB war es, »breite Schichten der Bevölkerung, insbesondere der katholischen Kreise«, den Städtischen Theatern zuzuführen. Entschließung des Bildungsausschusses der Katholiken Kölns im Mai 1927, AEK, Gen. I, 23.49.

[140] »Wir wollen keine Konfessionalisierung, wir wollen keine Zensur. Aber wir verlangen Respekt vor christlicher Sitte. Gerade auf den städtischen Bühnen, an dieser prominenten Stelle, soll nicht nur die Freiheit der Kunst unangetastet bleiben, sondern auch die Rechte, die christliche Tradition und christliche Sitte in einer tausendjährigen Kulturarbeit sich gerade hier im Westen, gerade in Köln, erworben haben«. 5. Sitzung vom 15. April 1930, Protokolle der Stadtverordneten-Versammlung 1930, S. 177.

schen Vereine und dem Bezirkskatholikentag aufgerufen worden sei.[141] Selbst Aufführungen »guter Bühnenwerke katholischer Dichter« würden in Köln so schlecht besucht, daß die Stücke schon nach ein paar Aufführungen wieder abgesetzt werden müßten. Es fehle einfach die Basis, nachhaltigen Einfluß auf die Gestaltung der Spielpläne der Städtischen Theater auszuüben.[142]

Die kulturkonservativen Angriffe konnten sich hingegen immer dann durchsetzen, wenn die katholischen Moralwächter am Rhein alle Register moderner Skandalinszenierung und politischer Einflußnahme zogen, um gegen die vermeintliche Bedrohung deutscher Kultur vorzugehen. Der erste Vorstoß aus dem katholischen Milieu richtete sich 1924/25 gegen Gustav Hartung, den aus Darmstadt berufenen Theaterintendanten jüdischer Herkunft. Die Theaterkommission hatte den renommierten Intendanten, der mit modernen Inszenierungen bekannt geworden war, unter wohlwollender Billigung Adenauers nach Köln gerufen, um den schlechten Ruf des Kölner Theaters zu verbessern.[143] Ohnehin vom konservativen (Abonnenten-)Publikum abgelehnt und in Zentrumskreisen mißtrauisch beäugt, bedeutete für ihn das Inzeststück »Giovanni und Arabella« von Ernst Kalser nach John Fords »Schade, daß sie eine Hure ist« das Aus.[144] Nachdem der Kölner Klerus und die Zentrumspresse Hartung und seine Stücke hart angegangen und als »undeutsch« gegeißelt hatten, verließ der Intendant nach nur einem Jahr die Bühnen der Stadt Köln.[145] Meerfeld und Adenauer hatten in ihren Bestrebungen um eine Modernisierung des Kölner Theaters eine empfindliche Niederlage einstecken müssen.[146] Seitdem dominierte am städtischen Theater ein konservativer Ton: Bereits Hartungs Nachfolger Ernst Hardt (1925/26) setzte den eingeschlagenen Weg nicht fort, wurde aber immer noch als zu modern kritisiert und wechselte daraufhin zum Rundfunk.[147] Unter dem nächsten Intendanten Theo Modes (1926–1929) er-

---

[141] Schreiben des Geschäftsführers des BVB Köln an Kardinal Schulte, 27. Juni 1928, AEK, Gen. I, 23.49.

[142] Ebenda.

[143] Daß Adenauer Hartungs Theaterkünste durchaus schätzte, zeigt sich darin, daß er bei ihm für die Jahrtausendfeier der Rheinlande ein Feststück bestellte. UNGER, Das Kölner Theater, S. 40.

[144] Vgl. DIETMAR/W. JUNG, Geschichte S. 223; FLATZ/GROSSE, Theaterstadt Köln, S. 178; und VOGELSANG, Moderne, S. 165 f.

[145] So beispielsweise in der Rheinischen Volkswacht, 1. Dezember 1924. Vgl. auch FLATZ/GROSSE, Theaterstadt Köln, S. 178; H.-W. FROHN, Arbeiterbewegungskulturen, S. 28; und UNGER, Das Kölner Theater, S. 40.

[146] »Der Vorgänger Hardts, Herr Hartung, hatte gewiß seine großen Fehler, die sich auch im Spielplan äußerten, er war jedoch ein Inszenator ersten Ranges [...]. Heute ist die Führung im Schauspiel wieder auf Düsseldorf und Duisburg übergegangen. Die Kritiken der auswärtigen Presse über das Kölner Schauspiel sind genau wie die der Kölner Blätter durchweg recht abfällig, zum Teil stark spöttisch«. Schreiben Meerfelds an Adenauer, 7. November 1925, HStAK, 902, 193/5, Bl. 3–7.

[147] Ernst Hardt (1876–1947), neuromantischer Lyriker und Dramatiker, war 1919–1924 Generalintendant des deutschen Nationaltheaters in Weimar und Träger des Schillerpreises.

hielten christlich-konservative Fragen »in vielen Fällen deckungsgleiche völkisch-nationalistische Antworten«.[148] Und Fritz Holl (1930–1933) brachte 1932 eine ausgesprochen antisemitische Fassung des Shakespeare-Stücks »Der Kaufmann von Venedig« auf die Bühne, die die Figur des Shylock als geldbesessenen Juden darstellte, der dem Mammon verfallen war und der christlichen Umwelt feindlich gegenüberstand. An dieser Version des Stücks fand selbst der *Westdeutsche Beobachter* Gefallen, der sonst kein gutes Haar am Kölner Theater ließ.[149] Der empörte Kommentar der Leiterin des Kölner Jüdischen Frauenbunds lautete entprechend:

> »Hier [im Kölner Schauspielhaus, N. W.] wird in einer Zeit der maßlosesten Verhetzung an einer Stätte, die Kultur und Erziehung verbreiten sollte, in plumper Weise den Nazis Material in die Hände geliefert. [...] Durch das Bild eines rachsüchtigen gemeinen Schacherjuden, das hier allabendlich aufgeführt wird«.[150]

Es ist bezeichnend, daß diese antisemitische Aufführung außerhalb der jüdischen und der sozialdemokratischen Presse keine öffentliche Reaktion bei dem doch so leicht erregbaren Theaterpublikum auslöste.

Ganz anders hatte dieses im Sommer 1926 reagiert, als die katholischen Sittlichkeitsvereine mit der Unterstützung des Generalvikariats ihre Bestrebungen darauf richteten, den »Tanzdämon Bella Siris« aus dem Kölner Schauspielhaus auszutreiben.[151] Obwohl die Aufführungen der Tänzerin in keiner anderen Stadt beanstandet worden waren, intervenierte das Generalvikariat erfolgreich beim Polizeipräsidenten, der daraufhin veranlaßte, Fotos der Künstlerin aus den Fenstern des städtischen Verkehrsamtes entfernen zu lassen.[152] Auf das Vorgehen des Generalvikariats reagierte der Oberbürgermeister zwar gereizt, versprach jedoch, daß die städtische Verwaltung Vorsorge treffen werde, daß »durch Aufführungen in den städtischen Theatern das Empfinden der Bevölkerung nicht verletzt« werde.[153]

Doch bereits im November 1927 kam es zum nächsten und größten Kulturskandal der Stadt, dem »krassesten Beispiel mangelnder Toleranz und Illibe-

---

[148] Zit. nach FLATZ/GROSSE, Theaterstadt Köln, S. 178.

[149] Zu Shylock siehe BENZ, Bilder vom Juden, S. 16.

[150] Noch einmal: »War das Shylock?« Kommentar von Klara Caro, in: Kölner Jüdisches Wochenblatt, 23. September 1932.

[151] »Tanzdämon« Bella Siris im Kölner Kammerspielhause, abgedruckt in: Kölnische Volkszeitung, 18. August 1926; Kölner Stadtanzeiger, 18. August 1926; und Rheinische Volkswacht, 19. August 1926. Siehe auch die Akte Sittlichkeitsvereine und Sittlichkeitsfragen (6. Gebot), AEK, Gen. I, 23.30.

[152] Mitteilung des Kölner Polizeipräsidenten vom 21. August 1926, AEK, Gen. I, 23.30. Auch gegen die »unmoralischen Kräfte« im eigenen Lager ging man nicht eben zimperlich vor und kündigte dem amtlichen Kreisblatt des Zentrums für den Landkreis Köln, das eine Anzeige der Veranstaltung geschaltet hatte, das Abonnement auf. Protestbrief der Redaktion der Rheinischen Volkswacht, 20. August 1926, AEK, Gen. I, 23.30.

[153] Adenauer an das Generalvikariat, 21. Oktober 1926, AEK, Gen. I, 23.30.

ralität des Kölner Publikums«.[154] Nunmehr war der Opernintendant Eugen Szenkar heftigen Angriffen ausgesetzt. Seine moderne Inszenierung der Bartók-Pantomime »Der wunderbare Mandarin« löste einen wahren Entrüstungssturm aus. In diesem Fall verbanden sich öffentliche Angriffe aus der katholischen Presse mit direktem antisemitischen Druck aus der Zentrumsbasis auf den Oberbürgermeister:

> »Gerade in den letzten Jahren hat man zur Genüge beobachten können, dass die zuständigen Stellen, die Theaterkommission, die Generalintendanz und der Operndirektor, sich gerade für moderne und modernste Werke ausländischer Komponisten, (darunter viele Juden) eingesetzt und gute Werke deutscher Komponisten vollständig an die Wand gedrückt haben. [...] Es war offen gesagt eine Unverschämtheit, den Kölner Bürgern ein derartig schamloses, jeder Sittlichkeit hohnsprechendes, lüsternes, perverses Werk vorzusetzen wie den Mandarin. In vielen deutschen Städten, namentlich hier am Rhein, wäre ein solches Werk unmöglich gewesen. [...] Es muss Herrn Szenkar, auf dessen Betreiben das Werk angenommen wurde, mit aller Deutlichkeit gesagt werden, dass er in Köln wirkt und nicht in Budapest oder Prag«.[155]

Auch hier trugen die kulturkonservativen Kräfte insofern einen Sieg davon, als Adenauer persönlich für die Absetzung des Opernstücks sorgte.[156] Es handelte sich bei diesem Zensureingriff jedoch nur um einen »Teilerfolg«, da sich Szenkar nicht aus Köln vertreiben ließ und weiterhin die Rückendeckung Adenauers und des Intendanten Hofmüller genoß. In der akuten Skandalsituation distanzierte sich Adenauer zwar von Szenkar, doch ließ er ihn nicht prinzipiell fallen, da er ihn weiterhin als Motor für die Innovation des Kulturlebens betrachtete.

Im Vergleich zum Theaterwesen blieben die kulturkonservativ-antisemitischen Kräfte im Musikleben der Stadt ungleich schwächer. Hier konnten jüdische und nichtjüdische Kulturproduzenten eine weit innovativere und der Moderne zugewandte Spielpraxis durchsetzen, was jedoch nicht ausschloß, daß selbst prominente Musikförderer tiefsitzende antisemitische Vorurteile pflegten, wie dies die 1921 publizierten Erinnerungen des protestantischen Vorsitzenden der Musikalischen Gesellschaft Viktor Schnitzler über den erfolgreichen Musiker und Kölner Kappellmeister Bruno Walter[157] illustrieren:

> »Ich habe ihn damals in Köln und ebenso später in München als feinsinnigen Mozartdirigenten eingeschätzt, wenn er auch was manche Tempi und dem tiefern deutschen Empfinden widerstrebende äußere Effekte anlangt, seine semitische Abstammung nicht verleugnen konnte. [...] Ich bin niemals Antisemit gewesen und bin es heute nicht, zumal ich mit vielen Juden die freundschaftli-

---

[154] DIETMAR/W. JUNG, Geschichte, S. 223.

[155] Brief des Redakteurs Sinkhöfer an Adenauer über die Uraufführung des »Mandarin«, 29. November 1926, HStAK, 902, 193/5, Bl. 181–183.

[156] FLATZ/GROSSE, Theaterstadt Köln, S. 178.

[157] Bruno Walter (1876–1962) war 1893/94 Korrepetitor im Stadttheater Köln und ein bekannter Dirigent. ASARIA, Juden, S. 231; KOHL, Künstler, S. 508 f.

chen Beziehungen pflege und ihre Begeisterung für Kunst und Wissenschaft hochschätze. Wogegen ich mich aber wende, ist die Macht des Judentums, die unsrer Kunst ihren Stempel aufzudrücken versucht«.[158]

Das antisemitische Vorstellungsbild vom Unvermögen jüdischer Musiker, echte deutsche Musik wahrhaftig nachempfinden zu können, transportierte auch der stadtbekannte Musikkritiker Otto Neitzel in einer Besprechung des ersten musikalischen Abends der GdK, an dem unter Begleitung Klemperers die »Kindertotenlieder« und andere Lieder von Mahler gesungen wurden.[159] Neitzel kritisierte, daß »Mahler als Semit, der entsprechende Empfindungen nicht verbergen könne, eben doch eine gewisse Ähnlichkeit mit Meyerbeer und Goldmark habe«, während die übrige Kölner Presse die Lieder und ihre Darbietung mit Begeisterung aufnahm.[160]

Im Gegensatz zu Walter Braunfels, der mit seiner behutsamen Öffnung des Musikwesens zur Moderne im konservativ-bürgerlichen Konzertwesen des Gürzenich-Orchesters Rückendeckung und Bewunderung fand[161], stieß Otto Klemperer in seinen Modernisierungsbestrebungen der Oper durch die Aufführung zeitgenössischer Stücke und moderner Interpretationen auf heftige Widerstände innerhalb des Opernorchesters und bei Teilen des Publikums. Diese äußerten auch Zweifel an der nationalen Zuverlässigkeit und der religiösen Überzeugung des zum Katholizismus konvertierten gebürtigen Breslauers jüdischer Herkunft.[162] Klemperer fand aber zugleich begeisterte, meist jüngere Anhänger, wurde von der lokalen Musikkritik größtenteils gelobt, und bei seinem drohenden Weggang 1919 wurden alle Mittel aufgeboten, um ihn zu halten.[163] Auch Szenkar konnte trotz wachsender Widerstände den Kurs der Moderne bis zur nationalsozialistischen Machtergreifung im Opernhaus weiterverfolgen. Erst 1933 wurde die gemäßigte Moderne gewaltsam aus dem kulturellen Leben entfernt. Daß die Oper für die jüdischen Mitarbeiter und Mitarbeiterinnen gegen Ende der Weimarer Republik gleichwohl keinen uneingeschränkt harmoni-

---

[158] Viktor SCHNITZLER, Erinnerungen aus meinem Leben, Köln 1921, S. 166 f.

[159] Zu Mahler siehe Leon BOTSTEIN, Judentum und Modernität. Essays zur Rolle der Juden in der deutschen und österreichischen Kultur 1848 bis 1938, Wien/Köln 1991, S. 126–148.

[160] Neitzel in: Kölnische Zeitung, 4. März 1919, zit. nach HEYWORTH, Klemperer, S. 158.

[161] ASARIA, Juden, S. 230; GREIVE, Juden, S. 222; und U. JUNG, Braunfels, S. 166–170. Vgl. auch NIEMÖLLER, Musikleben, S. 230. Siehe auch Walter Braunfels: 50 Jahre, Der Meister erzählt aus seinem Leben, in: Kölnische Volkszeitung, 19. Dezember 1932.

[162] So etwa, als sich Klemperer 1918 für die Gesellschaft der Künste engagierte und zum »Drahtzieher« kulturrevolutionärer Bestrebungen an der Oper erhoben wurde oder sich das Orchester im gleichen Jahr weigerte, an der Aufführung eines tschechischen Dirigenten mitzuwirken, »dessen Landsleute deutsche Auen verwüsten und deutsche Frauen schänden«. Peter HEYWORTH (Hrsg.), Gespräche mit Otto Klemperer, Frankfurt a. M. 1974, S. 75; ders., Klemperer, S. 155–162.

[163] JOSEPH, Meines Vaters Haus, S. 88; und HEYWORTH, Klemperer, S. 155–162. Vgl. etwa auch den positiven Artikel zu Klemperer: Theaterkrisen in Köln?, in: Kölnische Zeitung, 2. Mai 1919.

schen Ort des kulturellen Miteinanders mehr darstellte, bestätigen auch die Memoiren der Bühnenbildnerin und Kostümschneiderin Marianne Ahlfeld-Heymann. Sie konnte sich zwar auf kollegiale Freundschaften verlassen, wurde aber zunehmend mit offener Feindseligkeit konfrontiert.[164]

Wie aber gestalteten sich die Vorstöße einer deutsch-völkischen Kulturhegemonie und radikalantisemitische Bestrebungen im Kölner Theater- und Musikleben? Wurden Musik- und Theaterleben auch in Köln wichtige Arenen der restaurativen Gegenkultur, und gewann die radikalantisemitische Aggression bis 1933 an Stärke?

Tatsächlich befaßten sich die Nationalsozialisten mit den Fragen des städtischen Kulturbetriebs im Stadtrat stärker als mit anderen kulturellen Themen. Allerdings wurde bis 1930 nur vereinzelt gegen die »Verjudung des Kulturlebens« gehetzt, und zwar bei der jährlichen Etatbewilligung des städtischen Haushalts und bei Polemiken gegen Schenkungen jüdischer Mäzene.[165] Erst ab 1930 beantragten die Nationalsozialisten regelmäßig die Absetzung »jüdisch-marxistischer« Stücke an den städtischen Bühnen und die Entlassung des »jüdischen« Theaterintendanten Hartung und des Operndirigenten Szenkar, der seit 1930 im Fadenkreuz nationalsozialistischer Angriffe im Stadtrat stand.[166] Doch konnte sich im Stadtrat bis 1933 kein einziger NSDAP-Antrag durchsetzen. Anstatt inhaltlich auf die rassistischen Positionen des nationalsozialistischen Stadtverordneten und späteren Bürgermeisters Wilhelm Ebel einzugehen, der durch permanente und vehemente antisemitische Redebeiträge in Kulturfragen auffiel, verspotteten die übrigen Beigeordneten in seltener Eintracht den Nationalsozialisten:

[164] So ließ ein Kollege ein von ihr satirisch angebrachtes Hakenkreuz aus einem Kostüm verschwinden, das sie vor der Vorstellung vergessen hatte zu entfernen. Ihr nationalsozialistischer Vorgesetzter hätte nur darauf gewartet, diesen Vorfall gegen sie zu verwenden: »Der Meister der Herrengarderobe behandelte mich feindlich und mit Verachtung. Aber ich hatte einen guten Freund im zweiten Garderobier, einem kleinwüchsigen Mann. [...] Mein Freund Fassbender hat mir einmal sehr geholfen, als ich Figurinen zu Perichole von Offenbach machte. Da hatte ich einem vertrottelten Adeligen am Hofe des ›Vizekönigs von Peru‹ ein großes Hakenkreuz an die Brust geheftet, was gefährlich war im Jahr 1932, besonders noch wegen meines Garderoben-Feindes [dem Vorgesetzten, N. W.]. Nach zwei Stunden erschien Fassbenderchen bei uns [...], zog schweigend das Blatt mit dem Hakenkreuz heraus und sah uns nur an«. AHLFELDT-HEYMANN, Und trotzdem überlebt, S. 20.

[165] In den Protokollbüchern der Theaterkommission, HStAK, 46, 5–7, und den gedruckt vorliegenden Protokollen der Stadtverordneten-Versammlungen sind bis 1924 keinerlei radikalantisemitische Vorstöße vermerkt. Zu den zunehmenden Polemiken gegen Schenkungen jüdischer Mäzene vgl. etwa die Verhandlungen der Stadtverordneten-Versammlung zu Köln vom Jahre 1928, 9. Sitzung vom 31. Mai 1928, Protokolle der Stadtverordneten-Versammlung 1928, S. 385; und 2. Sitzung vom 30. Januar 1930, Protokolle der Stadtverordneten-Versammlung 1930, S. 43 f.

[166] 6. Sitzung des Theaterausschusses am 6. März 1930, Beschlußbuch der Theaterausschüsse 1930, HstAK, 46/7a. 2. Haushaltslesung in der 5. Sitzung vom 15. April 1930, S. 193, und 4. Sitzung vom 22. April 1931.

»Das gleiche gilt von den Theatern. Ich nenne nur den Namen Hartung. In Wirklichkeit heißt der Mann ja ›Baruch May‹ (Zuruf Trimborn: Lassen Sie Sich mal eine Blutprobe machen, Sie sind auch nicht ganz rasserein! Heiterkeit!) Auch da fordern wir, daß die deutsche Kunst von deutschen (Zuruf Stahl: Von deutschen Ebels geleitet wird!) Förderern geleitet wird. (Zuruf Frl. Ackermann: Hurra, hurra, hurra)«.[167]

Auch glichen die Kölner Bühnen keineswegs jenem antirepublikanischen und antisemitischen Schauplatz, zu dem sie in zahlreichen anderen Städten aufgrund der dramatischen Zunahme der antimodernistischen Kräfte wurden, die mißliebige alternative kulturelle Projekte gewaltsam unterbanden. Nicht selten geschah dies mit der Unterstützung lokaler Stadtparlamente, Polizeibehörden und Gerichte, die die Aufführung jener Stücke mit dem Argument verboten, daß diese – und nicht die rechtsradikalen Angriffe – dazu angetan seien, Ruhe und Ordnung zu stören.[168] Neben dem Kinofilm »Im Westen nichts Neues« bildete auch die erfolgreichste Komödie der Weimarer Republik, Carl Zuckmayers »Der fröhliche Weinberg«, eine der Hauptangriffsflächen deutsch-völkischer Aggression.[169] In Köln sollte das Stück ab dem 1. August 1926 im Reichshallentheater aufgeführt werden.[170] Die Polizei war in erhöhter Alarmbereitschaft, seitdem ein Vertrauensmann mitgeteilt hatte, daß diese »Aufführung von rechtsradikalen Leuten, hauptsächlich Angehörigen der Wehrwolforganisation«, gestört werden solle. Sie wollten die Darbietung durch Pfeifen und Stinkbomben verhindern.[171] Anders als in Chemnitz, Elberfeld oder Kassel verboten die Kölner Behörden das Schauspiel nicht. Zwar meldete die städtische Theaterkommission Zensurbestrebungen an[172], und der Polizeipräsident schickte

---

[167] Haushaltslesung in der 7. Sitzung der Stadtverordneten-Versammlung vom 26. März 1925. Ähnlich bei der Haushaltslesung in der 5. Sitzung vom 3. März 1926.

[168] Vgl. hierzu etwa Egon SCHWARZ, The Staging of Arthur Schnitzler's play Reigen in Vienna creates a public uproar that draws involvement by the press, the police, the Viennese city administratin, and the Austrian parliament, in: Sander L. GILMAN/Jack ZIPES (Hrsg.), Yale Companion to Jewish Writing and Thought in German Culture 1096–1996, New Haven/London 1997, S. 412–419.

[169] Der frühere Expressionist und Kleistpreisträger Zuckmayer (1896–1977), der von den Rechtsradikalen als »Halbjude« angegriffen wurde, erhielt für dieses derbe Volksstück begeisterte Kritiken. 1925 in Berlin uraufgeführt, wurde es hunderte Male inszeniert und zugleich durch die Angriffe der Rechtsradikalen skandalisiert, die gegen die »unglaubliche Schweinerei« der Verhöhnung von Christentum und Nation gewaltvoll vorgingen. GAY, Republik, S. 162; HERMAND/TROMMLER, Kultur, S. 230 f.; und MENDES-FLOHR, Juden, S. 174.

[170] Erklärung des Reichshallentheaters, abgedruckt in: Rheinische Volkswacht, 22. Juli 1926.

[171] Polizeipräsident an das Kommando der Schutzpolizei, 27. Juli 1926, HStAD, Pol. Präs. Köln, 216.

[172] »Über die Vorgeschichte des Fröhlichen Weinbergs in Köln müßte man ein besonderes Kapitel schreiben. Es müßte darin die Rede sein von der Freiheit der Kunst des Theaters, von Toleranz und Bevormundung von einer Theaterkommission und Parteipolitik, von Bürokratie, Hakenkreuz, Judentum, von einer Reise nach Düsseldorf, von roten Strichen und von manchen Leuten, die von Amtswegen verpflichtet sind, viel vom Theater und vom Drama zu versehen«. Der fröhliche Weinberg. Erstaufführung im Reichshallen-Theater, in:

seine Kommissare in das Theater, um gleichermaßen rechtsradikale Übergriffe abzuwehren wie Moral und Sitte des Stücks zu überprüfen[173], jedoch folgten diesen Überwachungsmaßnahmen keine restriktiven Konsequenzen:

> »Sämtliche Beamte, die bisher die Theateraufsicht ausgeübt haben, haben sich dahin geäußert, daß die Aufführungen des Stückes ›Der fröhliche Weinberg‹ zu Beanstandungen nicht geführt haben. Wohl ist dieses Lustspiel letztlich ziemlich frei gehalten und mit volksderbem Witz durchsetzt, jedoch enthält es keine gröbliche Verletzung der guten Sitten. Es ist durchweg vom Publikum mit großem Beifall aufgenommen worden. Das Vornehmen irgend welcher polizeilicher Maßnahmen ist während der 3wöchigen Spielzeit nicht erforderlich geworden [...]. Es liegt daher absolut kein Grund vor, ein Verbot dieses Stückes in die Wege zu leiten«.[174]

Der *Völkische Beobachter* bezeichnete den liberalen Umgang mit der Zuckmayer-Komödie als »Schande von Köln«.[175]

Auch in den folgenden Jahren wurden die Kulturbühnen der Stadt nicht zu Arenen radikalantisemitischer Gewalt. Lediglich im Jahr 1930 überfielen Nationalsozialisten das linke Kabarett »Kolibri«, eine kleine Bühne gegenüber dem Schauspielhaus, die wegen ihrer politischen Tendenz und angeblichen »Verjudung« unter propagandistischem Beschuß des *Westdeutschen Beobachters* stand.[176] Diese Aktion führte jedoch weder zu einer Schließung des Kabaretts von städtischer Seite, noch schüchterte sie die Kabarettisten ein, wie der Tänzer und Schauspieler Ernest Berk rückblickend berichtet.[177]

Die Hauptaktivitäten der Kölner Nationalsozialisten im Kulturleben beschränkten sich auf verbale Hetzkampagnen des *Westdeutschen Beobachters*, die ab 1930 eine neue Dimension annahmen. Stärker noch als in allgemeinen Haßtiraden gegen »Judenrepublik« und »Judenkultur« erging sich das Blatt in kulturantisemitischen Angriffen im lokalen Raum. Diese richteten sich vorrangig gegen die öffentlichen Akteure, die Mitglieder der Theaterkommission und die leitenden Mitarbeiter an den städtischen Bühnen. »Alljuda herrscht im Kölner Schauspielhaus« und »Die Kölner Oper als Judentempel«, das waren

---

Kölner Tageblatt, 2. August 1926. Zuvor bereits: Humor, Skandal, »Fröhlicher Weinberg«. Ein Wort zur Toleranz in Dingen der Kunst, in: Kölner Tageblatt, 26. Juli 1926.

[173] Berichte des 5., 8., 21. und 36. Polizeireviers an den Polizeipräsidenten über die Aufführungen vom 1. bis 5. August, HStAD, Pol. Präs. Köln, 216.

[174] Der Polizeipräsident, 17. August 1926, HStAD, Pol. Präs. Köln, 216.

[175] Völkischer Beobachter, 11. August 1926.

[176] Kolibri: Kölner Geschmacklosigkeiten, in: Westdeutscher Beobachter, 29. September 1930; Kölsche Klaaf, in: Westdeutscher Beobachter, 4. August 1931, und Westdeutscher Beobachter, 15. Dezember 1931. Der Oberpräsident der Rheinprovinz berichtete dem Preußischen Innenminister am 15. November1930, das Kabarett habe die »Gegensätze zwischen Hitler und Strasser satirisch behandelt«. LHK, 403, 16786, Bl. 411.

[177] Interview Berk. Wie erwähnt, stammte Berk aus einer großbürgerlichen Familie. Er wuchs in einem avantgardistisch-freien Elternhaus auf. Mit 19 wurde er Buddhist und wanderte für ein Jahr durch Deutschland, bevor er in Köln eine Ausbildung an einer Wigman-Schule absolvierte und hier eine eigene Tanzschule eröffnete.

die stereotypen Formeln vom Niedergang deutscher Kultur[178], für die ebenso stereotyp der »Marxist Chaim Meerfeld« und der »Ostjude« Georg Beyer als Theaterkommissare sowie die Intendanten Hartung und Holl verantwortlich gemacht wurden.[179] Der Umstand, daß gegen Sprechbühne und Opernhaus unabhängig von dem realen Anteil jüdischer Mitarbeiter gleichermaßen gehetzt wurde, verweist darauf, daß für die antisemitische Agitation gegen die »überproportionale Vertretung der Juden« im Kulturleben die tatsächlichen Zahlenverhältnisse völlig unerheblich waren.

Während in anderen Städten die Infiltration bürgerlicher Theater- und Musikvereine durch die Nationalsozialisten gerade in den letzten Jahren der Republik Wirkung zeigte, blieben diese Bemühungen in Köln weitestgehend erfolglos.[180] Zwar traten 1931 der stellvertretende Direktor der Musikhochschule, Richard Trunk, der zudem den renommierten Kölner Männer-Gesang-Verein leitete, sowie ein weiterer Professor der Musikhochschule, der Dirigent Hermann Unger, der NSDAP bei, am Profil der Schule oder des Vereinswesens sollte sich dadurch aber bis 1933 nichts ändern.[181] Als Trunk im April 1932 im *Westdeutschen Beobachter* seine Begeisterung für Adolf Hitler verkündete, wurde dies im Kölner Männer-Gesang-Verein und der lokalen Presse mit erheblicher Empörung quittiert.[182] Trunk sah sich genötigt, seine Äußerung als reine Privatangelegenheit zu rechtfertigen und den Oberbürgermeister um schlichtende Fürsprache zu bitten:

> »Wie ich weiss, haben meine im Westdeutschen Beobachter erschienenen Worte über Adolf Hitler mehrfach Anstoss erregt und zu Missdeutungen Anlass gegeben. [...] Umsomehr war ich erstaunt, meine Zeilen, die ich lediglich als private Aeusserung gewertet haben wollte, insofern missdeutet zu sehen, als sie mit meiner Eigenschaft als Dirigent des K. M. G. V. in Verbindung gebracht wurden und dadurch Beunruhigung im Verein hervorgerufen haben. Das bedauere ich ungemein, denn es lag mir ferne, Andersgesinnte in ihrer parteipoliti-

---

[178] Kultur-Bolschewismus im Kölner Schauspielhaus, in: Westdeutscher Beobachter, 2. März 1930; Das erzählt der Kölner Opernspielplan: Ausländer, Juden, Judenstämmlinge ... Beispiel für den Niedergang der deutschen Bühne, in: Westdeutscher Beobachter, 30. April 1931.

[179] Unter vielen: Kölner Charakterköpfe III. Dr. Chatzid Meerfeld, in: Westdeutscher Beobachter, 19. Dezember 1931; Frontsoldaten der Republik: Herhören, Jude Beyer! Ihr bezahlter Idealismus ist entlarvt, in: Westdeutscher Beobachter, 9. Dezember 1931; und Meerfeld moralisch restlos erledigt, in: Westdeutscher Beobachter, 12. Dezember 1931.

[180] Michael H. KATER, The Revenge of the Fathers. The Demise of Modern Music at the End of the Weimar Republic, in: German Studies Review 15 (1992), S. 295–315, hier: S. 306 f.

[181] Abgesang auf die Freiheit, in: Kölner Stadtanzeiger, 23./24. April 1932.

[182] Trunk und der Männergesangverein. Eine Abschüttelung, in: Rheinische Zeitung, 13. April 1932.Eine Erklärung, die mißdeutet werden könnte, in: Kölner Lokal-Anzeiger, 9. April 1932; und Private Äußerung, in: Kölner Lokal-Anzeiger, 13. April 1932. Dies ignoriert KLENKE, Männergesang. Er leitet aus der Parteimitgliedschaft Trunks die nationalsozialistische Ausrichtung des gesamten Vereins ab, ohne hierzu Quellenhinweise liefern zu können.

schen oder weltanschaulichen Einstellung verletzen zu wollen. Ich wäre Ihnen zu grossem Danke verpflichtet, wenn Sie im Interesse des Vereines freundlicherweise mithelfen wollten, die Angelegenheit gütlich wieder zu regeln«.[183]

Wie Adenauer auf dieses Ansinnen reagierte, ist unbekannt. Der Vereinsvorstand distanzierte sich jedenfalls scharf von seinem Leiter und setzte dessen Dirigentenschaft zur Probe aus.[184]

Noch wirkungsloser gestalteten sich deutsch-völkische Bemühungen um eine eigene Kulturproduktion im Musik- und Theaterleben. Der »Kampfbund für deutsche Kultur« trat kaum in Erscheinung, er brachte lediglich einige »Volksepen« oder Thingspiele auf eine »deutsche Bühne« im ländlichen Vorort Köln-Dellbrück.[185] Aussichtsreicher erschien es den Kölner Nationalsozialisten, in Anknüpfung an die katholische Passionsspieltradition einem katholischen Publikum antisemitische Inhalte zu vermitteln. Doch auch das von den Kölner Nationalsozialisten organisierte Gastspiel der »Festspielgemeinde für christliche Volkskunst, Berlin« war ein völliges Fiasko. Das Passionsspiel zog kaum Zuschauer an, wie selbst der *Westdeutsche Beobacher* zugab und dafür das Kölner Zentrum und die katholische Presse verantwortlich machte, die sich gegen den Besuch der Passionsspiele ausgesprochen hatten.[186] So verurteilten Behörden und kommunale Parteien, bürgerliche Vereine und katholische Milieuorganisationen in Köln radikalantisemitische, antimodernistische Vorstöße im Kulturleben bis 1933 zum Scheitern.

Weder das Kölner Theater- noch das Musikleben entsprachen dem Modell von der Weimarer Republik als den neuen Ko-Konstituierungsfeldern jüdischer und nichtjüdischer Kulturproduzenten. Während im Musikleben die positive Tradition der Zusammenarbeit bei gleichzeitiger Fortdauer antijüdischer Denkbilder fortgeführt wurde und ab Mitte der 1920er Jahre stärkere Spannungen entstanden, blieb das öffentliche Theaterwesen auch in den Weimarer Jahren eine konservative Kulturdomäne, in der die progressiven Vertreter der Moderne gerade jüdischer Herkunft einen schweren Stand hatten. Im Musik- und im Theaterleben waren die Grenzen des Miteinanders enger gesetzt als im spätwilhelminischen Sonderbund oder in den dissidenten Zirkeln der direkten Nachkriegszeit, in der Musik aber entschieden durchlässiger als im Theaterwesen.

---

[183] Brief Trunks an den Oberbürgermeister, 16. April 1932, HStAK, 902, 275/3 Bl. 715.

[184] Präsident des Kölner Männer-Gesang-Vereins Heimann an den Regierungspräsidenten Hans Elfgen betr.: Angelegenheit Trunk, 26. April 1932, ebenda, Bl. 721.

[185] Ausnahme: Theo Töller liest: »Peter Pott«. Ein deutsches Volksepos, in: Westdeutscher Beobachter, 10. September 1931.

[186] Zentrum gegen religiöse Kunst, in: Westdeutscher Beobachter, 30. März 1931; und Passionsspiele in der Rheinlandhalle. Ein Abend des Mysterienspiels, in: Westdeutscher Beobachter, 31. März 1931.

Die im Vergleich zum Kaiserreich neue Dimension dieser Kulturfelder lag vor allem darin, daß ihre Gestaltung in der städtischen Öffentlichkeit stärker umstritten war als zuvor und daß neue Akteure öffentlich um Einfluß kämpften. Mit der NSDAP trat ab den späten 1920er Jahren ein politisch organisierter Antisemitismus im Kölner Kulturleben auf, der öffentlich gegen die vermeintliche »Verjudung der Kultur« hetzte. Die Nationalsozialisten nutzten insbesondere den *Westdeutschen Beobachter* und die Stadtverordneten-Versammlung als Foren radikalantisemitischer Propaganda, die sich systematisch gegen exponierte Persönlichkeiten der städtischen Kultur richtete und die eine neue Qualität verbaler Gewalt annahm. Allerdings blieb das Kölner Theater- und Musikleben noch in den Jahren der ökonomischen Krise und der Brutalisierung der politischen Auseinandersetzungen von gewaltsamen Angriffen verschont. Die aggressiven kulturpolitischen Vorstöße sowie die Bemühungen, das bürgerliche Vereinswesen zu infiltrieren, blieben bis 1933 ebenfalls weitgehend folgenlos, da sie weder in der Bevölkerung noch unter den bürgerlichen Honoratioren an Rückhalt gewinnen konnten.

Der Kampf zwischen den Verteidigern der Moderne und ihren kulturkonservativen Kritikern, die nun nicht selten mit antijüdischen Denkmustern argumentierten, wurde vielmehr zwischen den etablierten Akteuren ausgetragen und zog sich insbesondere durch das katholische Milieu, das von einem einheitlichen Milieuantisemitismus weit entfernt war: Die kulturkonservativen Kräfte im katholischen Milieu – Teile des Klerus, der Zentrumsfraktion und des Bühnenvolksbunds – initiierten die antijüdischen Vorstöße im kulturpolitischen Raum. Sie suchten ihren schwächer gewordenen Einfluß auf die Gestaltung des Kölner Kulturlebens durch antijüdische Vorstöße zu kompensieren und jüdische Konkurrenten von den Schaltstellen des kulturellen Lebens zu entfernen. Im Kontext dieser kulturpolitischen Verteilungskämpfe polemisierten sie systematisch gegen die »Verjudung« des Kulturlebens und gegen einzelne Kulturproduzenten jüdischer Herkunft. Diese antisemitischen Angriffe setzten 1924/25 ein und erreichten mit der Kampagne gegen Eugen Szenkar 1927 einen ersten giftigen Höhepunkt, also in den mittleren Jahren der Republik, die allgemein als Phase eines entspannten Miteinanders angesehen werden. Die antisemitischen Angriffe aus dem katholischen Milieu nahmen den verhetzenden Gestus der Nationalsozialisten vorweg, sowohl hinsichtlich der Mittel der Skandalinszenierung als auch in Hinblick auf den Inhalt der beleidigenden Kampagnen. Diese katholischen Vorstöße zeigten auch eine stärkere Wirkung als die der Nationalsozialisten, da ihre Protagonisten einen größeren Einfluß auf die Entscheidungsträger vor Ort hatten. Doch blieb ihre Wirkung insgesamt begrenzt. Denn ein offen artikulierter und antisemitisch aufgeladener Kulturkonservatismus wurde von den führenden Kommunalpolitikern und der weiteren Bevölkerung weder in Wort noch Tat mitgetragen. Der antisemitische Kulturkonservativismus war ein kulturpolitisches Instrument bestimmter katholischer Kreise. Er war weder primär weltanschaulich motiviert noch dominierender Bestandteil des katholischen Denkens und Handelns.

Eine Schlüsselrolle bei der Durchsetzung dieser Tendenzen kam Oberbürgermeister Adenauer zu, der mit hoher Entscheidungskompetenz und ausgeprägtem Gestaltungswillen immer wieder intervenierend in das Kulturleben eingriff. Einerseits sah er sich in Konfliktsituationen durchaus genötigt, sich dem kulturkonservativen Druck zu beugen. Andererseits bemühte er sich um eine gesicherte Position fachlich kompetenter Kulturproduzenten unabhängig von ihrer Konfession, damit Köln auch kulturell Großstadtqualitäten aufweisen könne. Mehrheitlich konnten sich daher die antisemitischen Angriffe in diesem Konfliktfeld divergierender Kulturvorstellungen und -interessen nicht durchsetzen.

2. Der Westdeutsche Rundfunk

2.1. Personalpolitik und Senderprofil

Auf den ersten Blick scheint der Rundfunk nicht recht in die zugrundeliegende Definition des Kölner Kulturlebens zu passen, da seine Trägerin, die Westdeutsche Rundfunk AG (Werag), als private Rundfunkgesellschaft konzipiert war und unter staatlicher Kontrolle stand, also keine städtische Institution darstellte. Außerdem richtete sich der Rundfunk nicht an ein lokales Publikum.[187] Doch seitdem sich der Westdeutsche Rundfunk 1926 in Köln angesiedelt hatte, wurde das neue Medium im lokalen Kommunikationszusammenhang diskutiert und von Kölner Akteuren in der Redaktions- und Gremienarbeit mitgestaltet. Als neue feste Größe des Kölner Kulturlebens erreichte der Westdeutsche Rundfunk außerdem viele Kölner und Kölnerinnen, die an den traditionellen bürgerlichen Kulturinstitutionen nicht partizipierten.[188] Somit stand der Rundfunk durchaus im lokalen kulturellen Zusammenhang. Darüber hinaus sprechen auch inhaltliche Gründe für eine Rundfunkanalyse. Wenn es

---

[187] Zur Geschichte der Werag vergleiche Wolf BIERBACH, Rundfunk zwischen Kommerz und Politik. Der Westdeutsche Rundfunk in der Weimarer Zeit, Frankfurt a. M. [u. a.] 1986; außerdem ders., Von Wefag und Werag. Rückblick und Chronik I (1924–1933), in: Walter FÖRST (Hrsg.), Aus Köln in die Welt. Beiträge zur Rundfunk-Geschichte, Köln/Berlin 1974, S. 167–228; Winfried B. LERG, Rundfunkpolitik in der Weimarer Republik, München 1980, S. 163–167; und Renate SCHUMACHER, Zur Geschichte des Westdeutschen Rundfunk A. G. (WERAG). Hans Stein, Mitarbeiter der WERAG von 1927 bis 1933, in: D. BREUER/CEPL-KAUFMANN, Moderne und Nationalsozialismus, S. 287–299, hier: S. 289.

[188] Vgl. allgemein zum neuen Medium Rundfunk in der Weimarer Republik die grundlegende Darstellung von Konrad DUSSEL, Deutsche Rundfunkgeschichte. Eine Einführung, Frankfurt a. M. 1999, mit weiteren Literaturhinweisen; und LERG, Rundfunkpolitik; sowie Thomas PENKA, »Geisterstäuber« Rundfunk. Sozialgeschichte des Südfunkprogramms in der Weimarer Republik, Potsdam 1999. Alle Arbeiten ignorieren indessen die Aspekte jüdischer Integration und des Antisemitismus.

einen Kultursektor in Köln gegeben hat, in dem die liberalen Insider der progressiven Weimarer Kultur dominierten und der zugleich deutsch-völkischen Angriffen ausgesetzt war, dann war es der Rundfunk. Einerseits war er mit seinen neuen technischen Möglichkeiten, seiner massenhaften Verbreitung, den demokratischen Ansprüchen der Radiomacher und der politisch-rechtlichen Verankerung in der Republik integraler Bestandteil der Kultur der Weimarer Republik.[189] Andererseits häuften sich ab 1930 heftige deutsch-völkische Angriffe der Kölner Nationalsozialisten gegen den »verjudeten, marxistisch-liberalen Systemfunk«, so daß überprüft werden kann, ob zumindest in diesem Sektor ein Kampf zwischen Moderne und deutsch-völkischer Reaktion ausgefochten wurde.

Während der erste deutsche Radiosender bereits 1923 in Berlin seine Arbeit aufnahm und ihm zwischen März und Oktober 1924 sieben weitere regionale Sender folgten, litt der Westdeutsche Rundfunk aufgrund der Besatzung unter erschwerten Startbedingungen. Er war als letzte der regionalen Rundfunkgesellschaften gegründet worden und hatte seinen provisorischen Sitz 1924 zunächst in Münster eingenommen, wo ihn finanzielle Probleme und ein Mangel an professionellen Kräften behinderten.[190] Erst mit dem Abzug der Besatzungstruppen, dem Wechsel des Senders nach Köln und der Berufung des ehemaligen Kölner Theaterindentanten Ernst Hardt zum neuen Rundfunkleiter befand sich der Westdeutsche Rundfunk finanziell, personell und damit auch in seinem Programm im Aufschwung und konnte sein Profil deutlich verbessern.[191]

Die wichtige Rolle Hardts für die offene Arbeitsatmosphäre und das liberale Senderprofil des Westdeutschen Rundfunks zeigte sich bereits bei der Auswahl seiner Mitarbeiterinnen und Mitarbeitern, mit denen er ab 1926 den neuen Sender aufbaute.[192] Hardt, der gerade erst mit seinem vergleichsweise

---

[189] Ingrid GRÜNBERG, Operette und Rundfunk. Die Entstehung eines spezifischen Typs massenwirksamer Unterhaltungsmusik, in: Dieter STERN (Hrsg.), Angewandte Musik der 20er Jahre, Berlin 1977, S. 59–80, hier: S. 66 f.; HERMAND/TROMMLER, Kultur, S. 326; KOLB, Weimarer Republik, S. 101 f.; PEUKERT, Weimarer Republik, S. 170–172; Christian SCHÄR, Der Schlager und seine Tänze in Deutschland der 20er Jahre. Sozialgeschichtliche Aspekte zum Wandel in der Musik- und Tanzkultur während der Weimarer Republik, Zürich 1991, S. 44–48; und John WILLETT, Die Weimarer Jahre. Eine Kultur mit gewaltsamem Ende, Stuttgart 1987, S. 60

[190] Die Interalliierte Rheinland-Kommission hatte durch die Verordnung Nr. 71 über Spionageabwehr vom 26. Januar 1921 den Empfang und die Sendung von Funkdarbietungen allen Bewohnern des Rheinlandes verboten. Vgl. hierzu Wolfgang SCHÜTTE, Regionalität und Föderalismus im Rundfunk. Die geschichtliche Entwicklung in Deutschland 1923–1945, Frankfurt a. M. 1971, S. 37–41.

[191] BIERBACH, Rundfunk, S. 168–192; ders., Wefag, S. 167–228; und SCHUMACHER, Geschichte, S. 289.

[192] Adenauer hatte Hardt nach seinem Scheitern am Schauspielhaus dem Aufsichtsrat der Werag als künstlerischen Leiter des Senders empfohlen. Rainer ROSSBACH, »... und der Rundfunk«, in: Kölnischer Kunstverein, Dadamax, S. 170–174, hier: S. 171.

innovativen Kulturkonzept am Kölner Schauspielhaus gescheitert war, bot seinen Mitarbeitern trotz der enggesteckten rundfunkpolitischen Reglementierungen[193] einen weit größeren Spielraum und attraktivere Arbeitsmöglichkeiten als die traditionellen Kulturinstitutionen in Köln.[194] Ihm war an Mitarbeitern gelegen, die mit Enthusiasmus und Fachwissen an die Lösung der ungeheuren »kulturellen und volkserzieherischen Aufgaben«[195] des neuen Mediums herangingen. Der Intendant wertete fachliche Kompetenz seiner Redakteure höher als ihren Hintergrund oder auch eine kommunistische Vergangenheit, die einer Anstellung nicht im Weg standen.[196] Unter den leitenden Mitarbeitern nahmen auch Rundfunkredakteure jüdischer Religion oder Herkunft führende Positionen ein, wie Fritz Worm, Abteilungsleiter der Literatur- und Kulturwissenschaft, oder Hans Ulmann, dem die Programmredaktion unterstand. Fritz Lewy war für die Öffentlichkeitsarbeit und Statistik verantwortlich: Er entwarf das avantgardistische Programmheft der Werag. Der wissenschaftliche Mitarbeiter der Vortragsredaktion Walter Stern referierte hauptsächlich zu Architektur und Kunstfragen. Diese Offenheit machte Hardt auch vor dem Mikrophon zum Prinzip, als er von 1928–1930 mit dem Sozialisten Hans Stein, dem liberalen Fritz Worm und dem sozialdemokratischen Soziologen Prof. Paul Honigsheim, dem Leiter der Kölner Volkshochschule, wöchentlich über Entstehung und Entwicklung von Staat und Gesellschaft diskutierte und damit ein Lehrstück der Kommunikation jenseits weltanschaulicher Grenzen etablierte.[197] Diese wöchentlichen Gesprächsrunden waren dem politisch-aufklärerischen Ziel verpflichtet, ein plurales Meinungsbild zu präsentie-

---

[193] In den Richtlinien über die Regelung der Rundfunkgesellschaften vom 1. März 1926, die ein Produkt der Verhandlungen zwischen Reich und Ländern darstellten, war der politische Auftrag ergangen, unpolitisch zu sein und sich auf Belehrung und Unterhaltung zu beschränken. Zur Kontrolle der Richtlinien wurden die Zensurgremien des politischen Überwachungsausschusses und des kulturellen Beirats eingesetzt. Vgl. hierzu Ingo FESSMANN, Rundfunk und Rundfunkrecht in der Weimarer Republik, Frankfurt a. M. 1973; und LERG, Rundfunkpolitik, S. 372–405.

[194] Ernst HARDT, Bekenntnis zum Rundfunk, in: Funk 3 (1926) und leicht geändert: Dichter, Theater, Rundfunk, in: Der Mittag, 23. April 1930, zit. nach BIERBACH, Rundfunk, S. 223. Den Berichten eines ehemaligen Werag-Redakteurs zufolge gestaltete ein knappes Dutzend Abteilungsleiter, die alle dem Intendanten direkt unterstanden, das gesamte Programm, unterstützt von je ein bis zwei Assistenten und Sachbearbeitern oder Reportern in der Nachrichten- und Sportabteilung. Der Dramaturg war dabei gleichzeitig Gesamtprogrammplaner und Sendeleiter. Karl HOLZAMER, Als Redakteur in den dreißiger Jahren, in: FÖRST, Köln, S. 87–104, hier: S. 92 f.

[195] Hardt zitiert nach ROSSBACH, Rundfunk, S. 174.

[196] Beispielhaft sei hier der sozialistische Vorsitzende der Abteilung Wirtschafts- und Sozialfunk Hans Stein erwähnt, der aus einer angesehenen Kölner katholischen Zentrumsfamilie stammte und 1924/25 in Moskau lebte. Seine Vortragsreihe »Rußland heute« aus dem Jahr 1927 war so erfolgreich, daß Hardt ihn zum Abteilungsleiter beförderte. Weitere Informationen zu Stein bei SCHUMACHER, Geschichte.

[197] Zu den einzelnen Mitarbeitern und dem Profil der Diskussionsrunden vgl. ROSSBACH, »... und der Rundfunk«, S. 171 f.

ren und den Hörerinnen und Hörern damit die Grundlage zur Bildung eines eigenen Urteils zu liefern. Das vergleichsweise offene Senderprofil zeigte sich auch darin, daß Wort- und Musikbeiträge zu jüdischer Religion und Kultur im Radio einen selbstverständlichen Platz einnahmen.[198]

Die regelmäßige Repräsentation jüdischer Themen im Westdeutschen Rundfunk bot eine neue Chance, über das moderne Massenmedium auch jene Bevölkerungskreise zu erreichen, die weder am bürgerlichen Kulturleben partizipierten noch an seinen traditionellen Präsentationsformen (wie etwa Ausstellungen) teilhatten und die durch das Radio erstmals mit jüdischer Kultur in Berührung kamen. Der konservative Kölner Rabbiner Rosenthal nutzte ab 1928 diese neuartige räumliche und soziale Reichweite des Massenmediums, um Zuhörer aller Schichten und jeden Alters über die Ethik des Talmuds oder das Verhältnis von »Natur und Geist« im Judentum zu informieren.[199] Neben den regelmäßigen Vortragsreihen zu jüdischer Ethik und Religion sendete der Westdeutsche Rundfunk auch einzelne thematische Vorträge zu verschiedenen Aspekten jüdischen Lebens und jüdischer Kultur.[200] Erfreut notierte die *Kölner Jüdisch-Liberale Zeitung* in diesem Zusammenhang:

> »Es ist noch nicht sehr lange her, daß man vom Jüdischen im allgemeinen nur mit der größten Zurückhaltung vor einer breiten Masse sprach. Tempora mutantur, Zeiten und Anschauungen haben auch in dieser Hinsicht eine beachtenswerte Wandlung erfahren. Und es gebührt dem Westdeutschen Rundfunk und den Mitwirkenden bei der Aufführung seines Programms aufrichtiger Dank für sein Bestreben, kulturell Wertvolles ohne Rücksicht auf Voreingenommenheit zu bieten, die gerade noch häufig genug jüdischen Dingen gegenüber obwaltet«.[201]

---

[198] Von einer inhaltlichen Analyse des Programms im allgemeinen und der jüdischen Beiträge im besonderen mußte leider abgesehen werden, da weder die Sendebeiträge noch die Redaktionsprotokolle erhalten sind.

[199] Der Talmud im Rundfunk, in: Kölner Jüdisches Wochenblatt, 11. Mai 1928; Gemeinderabbiner Dr. Rosenthal wiederum im Rundfunk, in: Kölner Jüdisch-Liberale Zeitung, 5. April 1929; Talmudvorträge im Rundfunk: letzte Reihe Dr. Rosenthals, in: Kölner Jüdisches Wochenblatt, 20. September 1929; Rundfunkvorträge über das Alte Testament, in: Kölner Jüdisches Wochenblatt, 28. September 1930; Gemeinderabbiner Rosenthal (Köln) über Natur und Geist im Judentum, in: CV-Zeitung, 23. September 1932.

[200] Beispielsweise veranstaltete der Westdeutsche Rundfunk im Mai 1929 einen hebräisch-europäischen Abend, an dem Rundfunkorchester und -chor hebräisch-liturgische Gesänge, moderne hebräische Lieder und weltlich-jüdische Musik spielten. Hebräisch-europäischer Abend im Westdeutschen Rundfunk, in: Kölner Jüdisch-Liberale Zeitung, 3. Mai 1929. Vgl. ferner Synagogale Gesänge im Westdeutschen Rundfunk, in: Kölner Jüdisches Wochenblatt, 27. April 1928; Spinoza im Rundfunk, in: Gemeindeblatt der Synagogengemeinde zu Köln, 9. Dezember 1932; und Rundfunkvorträge, in: Kölner Jüdisch-Liberale Zeitung, 9. November 1928 (zu einem Vortrag Adolf Kobers über jüdische Wohlfahrtspflege in einer Vortragsreihe über Wohlfahrtspflege). Die Rheinische Zeitung berichtete, daß der WDR in unmittelbarer Aufeinanderfolge Beispiele katholischer, protestantischer und synagogaler Musik in den Nachmittagsstunden angesetzt hatte, die sich bei den Hörern einer außerordentlichen Beliebtheit erfreut hätten, in: Rheinische Zeitung, 4. April 1928.

[201] Jüdische Musik im Westdeutschen Rundfunk, in: Kölner Jüdisch-Liberale Zeitung,

Ob die Vorstellung jüdischer Kultur im Rundfunk jedoch tatsächlich jene aufklärerische Wirkung beim Hörerpublikum erzielte, die sich etwa das *Kölner jüdische Wochenblatt* 1930 oder die *CV-Zeitung* noch 1932 von ihr erhofften, läßt sich leider nicht rekonstruieren, da bedauerlicherweise die Zuhörereingaben nicht systematisch überliefert sind.[202] Doch boten diese Vorträge neue Denkanstöße, die zumindest punktuell die Glaubwürdigkeit antisemitischer Propaganda erschütterten, wie der Brief eines nichtjüdischen Kaufmanns an Rabbiner Rosenthal zeigt:

> »Ich habe eben Ihren Vortrag im Rahmen des Programms des Westdeutschen Rundfunks gehört über die Ethik des Talmuds. Ich war überrascht, mehr als das, völlig erstaunt und wundersam berührt. Sie werden mich als Nichtjuden fragen, wie das kommt. Gerade vorher hatte ich ein Buch gelesen, das ich aus Freundeshand bekam, die ›Zionistischen Protokolle‹. Es geht mir nun fast so wie Pilatus, ich möchte Sie fragen, was ist Wahrheit? Ich möchte einmal klar sehen können, sind solche Bücher wie diese ›Protokolle‹ echt? Und wie sind Ihre Lehren dann mit den Weisheiten des Talmuds in Einklang zu bringen? [...] Nach Ihren Worten ist es mir nicht mehr ohne Weiteres möglich, an den Inhalt des Werkes als Tatsache zu glauben«.[203]

2.2. Angriffe gegen den »Systemfunk«

Es kann aufgrund des Programm- und Personalprofils des Westdeutschen Rundfunk nicht verwundern, daß der Radiosender im Fadenkreuz der radikalantisemitischen Agitation stand, die die Nationalsozialisten unter der Führung Peter Winkelnkempers seit 1930 einmal mehr im *Westdeutschen Beobachter* entfachten. Sie richtete sich insbesondere gegen den Intendanten und die jüdischen und sozialdemokratischen Rundfunkmitarbeiter, während die Beiträge zu jüdischer Kultur und Religion ignoriert wurden. In schreienden Aufmachungen wiederholte das NS-Blatt die Versatzstücke seiner Verschwörungstheorie vom Westdeutschen Rundfunk als Brutstätte jüdisch-bolschewistischer Zersetzungsarbeit und verband sie mit hohntriefenden und diskreditierenden Angriffen auf Hardt, Stein, Worm, Ulmann und den freien Mitarbeiter Georg Beyer als Träger des »jüdisch-marxistischen Systemfunks«.[204] Die Rundfunk-

---

24. Mai 1929.

[202] »Es ist auch darüber kein Zweifel möglich, daß derartige Übertragungen das Wissen um die jüdische Gemeinde, über jüdisches Wesen und jüdische Denkungsart bei einem großen Publikum verbreiten werden: es ist also gleichzeitig eine sehr begrüßenswerte Abwehrmaßnahme gegen den sich immer mehr ausbreitenden Antisemitismus, der ja seine Hauptwurzel in der schrecklichen Unwissenheit über jüdische Dinge in der breiten Öffentlichkeit hat«. Repräsentantensitzung im WDR, in: Kölner Jüdisches Wochenblatt, 14. März 1930. So auch: Im Rundfunk: Gemeinderabbiner Rosenthal (Köln) über Natur und Geist im Judentum, in: CV-Zeitung, 23. September 1932.

[203] Kölner Nachrichten. Stimmen zu den Talmudvorträgen im WDR, in: Kölner Jüdisches Wochenblatt, 7. Dezember 1928.

[204] Beispielhaft für viele: Amtliche Knochenerweichung durch den Westdeutschen Rundfunk, in: Westdeutscher Beobachter, 13. März 1931; und Vom WDR: Eine Woche

redakteure wurden mit den Mitteln des modernen Sensationsjournalismus systematisch demontiert.[205] Der *Westdeutsche Beobachter* appellierte dabei in der schwierigen Wirtschaftssituation 1931/32 auch an den Sozialneid, indem er von astronomischen Gehältern bei angeblich schwachen Leistungen berichtete.[206] Die NS-Zeitung verknüpfte diese Diffamierungen mit heftigen Drohungen, die sich wie ein direkter Appell zur Gewaltanwendung lesen.[207]

Doch wie im städtischen Musik- und Theaterleben stand die Heftigkeit der antisemitischen Agitation gegen den Rundfunk in keinem Verhältnis zu ihren realen Einflußmöglichkeiten, was gleichermaßen auf die rundfunkpolitischen Vorgaben, das liberale Senderprofil der Werag und die Schwäche der nationalsozialistischen Kulturbewegung zurückzuführen ist. Die Nationalsozialisten waren sowohl institutionell aus den Aufsichtsgremien des politischen Überwachungsausschusses[208] und des kulturellen Beirats[209] als auch inhaltlich-programmatisch ausgeschlossen und somit jeder Möglichkeit beraubt, antisemitische Propaganda im neuen Massenmedium zu verbreiten. Hardt rechtfertigte 1929 etwaige Zensurmaßnahmen auch als legitime Abwehrmaßnahme gegen antisemitische Propaganda:

Pazifismus [...] Juden und Judengenossen / Der Hottentottengeneral, in: Westdeutscher Beobachter, 14. März 1931, S. 9.

[205] Die Schmutzkampagne wurde im September 1930 mit der großaufgemachten Artikelreihe »Märchen vom Westdeutschen Rundfunk« eröffnet. Man flüstert: Märchen vom Westdeutschen Rundfunk, in: Westdeutscher Beobachter, 8. Sepember 1930 und die Folgeartikel in Nr. 43–45.

[206] »Viele tausend Mark für oft sehr mittelmäßige Arbeit / Jede Nebenarbeit im Dienst wird bezahlt. Doppelt- und Dreifachverdiener, die große Mode! [...] So geht es von Woche zu Woche weiter, die guten Freunde, besonders die Juden, werden nach wie vor bevorzugt«. Die Kölner Rundfunk-Gehälter, in: Westdeutscher Beobachter, 21. Februar 1931. Siehe auch: Die Künstler im Kölner Rufu-Haus, in: Westdeutscher Beobachter, 28. Februar 1931; Ernst Hardt und die »Hethiternasen« Herr Prof. Braunfels, Herr Lewy und Herr F. P. Brückner, in: Westdeutscher Beobachter, 17. Januar 1932.

[207] Seine wöchentlichen Programmkritiken beschloß der Westdeutsche Beobachter häufig mit drohenden Bemerkungen wie »Herr Hardt, wir beobachten weiter«, »Herr Hardt, es muß bald anders werden«.

[208] Der politische Überwachungsausschuß bestand in Köln aus dem Reichsvertreter und Finanzbeamten Walter Luyken (DVP), Jakob Kaiser (Zentrum – Vertreter der Christlichen Gewerkschaften) und Wilhelm Schack (SPD – Vertreter der Freien Gewerkschaften). Diese Zusammensetzung sollte den Proporz der staatstragenden Parteien garantieren. SCHUMACHER, Geschichte, S. 291.

[209] Leiter des Beirats war auf Vorschlag Adenauers Professor Walter Braunfels. Als Vertreter des Reichs fungierte Bernhard Marschall, eine der einflußreichsten Persönlichkeiten im katholischen Bildungswesen und eine in Köln bekannte Persönlichkeit. Der Ausschuß, der keineswegs ausgewogen besetzt war, wurde von den rheinischen, katholischen Mitgliedern dominiert. Nur zwei der neun Mitglieder waren Protestanten, alle gehörten dem Bildungsbürgertum an. Aus der zahlenmäßig größten Hörerschicht, der Arbeiterschaft, kam kein Mitglied. Ihre Interessen sollte Paul Honigsheim vertreten. BIERBACH, Rundfunk, S. 241–245.

»Wie wirkt sich [...] diese Rundfunkzensur aus? Angenommen, es gäbe jemand von Ihnen eine Abendgesellschaft und hat dazu zum ersten Male auch eine Persönlichkeit eingeladen, die er nicht genau kennt, die ihm aber sagt: Ich werde heute abend über den Antisemitismus sprechen. Dann würden Sie doch als Gastgeber sicherlich fragen: Was wollen Sie denn sagen; es sind mehrere jüdische Gäste bei mir zu Gast. Mehr tut der Rundfunk auch nicht [...]. Sie können im deutschen Rundfunk sagen, was Sie wollen, vorausgesetzt, daß sie nicht ganz so sprechen wie in einer Versammlung von Gesinnungsgenossen«.[210]

Der nationalsozialistisch dominierte Reichsverband Deutscher Rundfunkteilnehmer (RDR) blieb mit seiner Untergrabungstaktik bei der Werag gänzlich erfolglos, und der Aufbau einer nationalsozialistischen Rundfunkabteilung vollzog sich nur schleppend, nachdem 1931 der Kölner Stadtverordnete Wilhelm Ebel zum Gaufunkwart ernannt worden war.[211]

Auch als bei anderen Sendern die nationalsozialistischen Unterwanderungsstrategien nach der Rundfunkreform 1932 Wirkung zeigten und vermehrt deutsch-völkische Inhalte transportiert wurden[212], verhinderten Hardt, Stein und der gemäßigt auftretende katholische Rundfunkkommissar Franz Thediek strukturelle Programmänderungen.[213] Immerhin gelang es der NSDAP, den SS-Mann Heinrich Glasmeier noch vor dem 20. Januar 1933 in den neuen Programmbeirat des Westdeutschen Rundfunks zu lancieren.[214] Auch innerhalb des Orchesters gewannen die Nationalsozialisten an Boden. Hier trat der Musikchef Wilhelm Buschkötter[215], als einziger führender Abteilungsleiter, 1932

---

[210] Protokollabdruck einer Rede Hardts auf einer 1929 abgehaltenen Tagung »Literatur und Rundfunk«. Ebenda, S. 258.

[211] Ebenda, S. 389–404.

[212] Zur Verstaatlichung des Rundfunkprogramms und zur Instrumentalisierung durch die Rechte vgl. DUSSEL, Rundfunkgeschichte, S. 73–77; und FESSMANN, Rundfunk, S. 74–85.

[213] 1932 durfte zwar erstmalig der Gauredner der NSDAP, Gottfried Adolf Krummacher, zwei Vorträge über Freiherr von Stein und Bismarck halten, doch zugleich wurden die liberal eingestellten Wortsendungen mit sozialpolitischen Themen von den Nachmittagsstunden ins Abendprogramm verlegt, wo sie einen wichtigen Schwerpunkt bildeten. Außerdem traten um diese Zeit noch namhafte Persönlichkeiten der Linken wie die Theaterkritiker Herbert Ihering und Dr. Rudolf Arnheim vor das Mikrophon des Westdeutschen Rundfunks. Wolf BIERBACH, Versuch über Ernst Hardt, in: FÖRST, Köln, S. 363–405, hier: S. 396; ders., Wefag, S. 227; und Ansgar DILLER, Rundfunkpolitik im 3. Reich, München 1980, S. 45

[214] 1927 war seine Mitgliedschaft im kulturellen Beirat noch abgelehnt worden. BIERBACH, Rundfunk, S. 241. Glasmeier, 1892 im westfälischen Dorsten geboren und Kriegsfreiwilliger im Ersten Weltkrieg, wurde 1924 Leiter der Westfälischen Adelsarchive und 1927 Leiter der Archivberatungsstelle der Provinz Westfalen, wo er vornehmlich genealogische Forschungen und »Rassenkunde« betrieb. Er trat 1932 in die NSDAP ein, wo er eine steile Karriere machte und schließlich Intendant des Großdeutschen Rundfunks wurde. Vgl. Birgit BERNARD, Gleichschaltung im Westdeutschen Rundfunk 1933/34, in: D. BREUER/ CEPL-KAUFMANN, Moderne und Nationalsozialismus, S. 301–310, hier: S. 304 f.; und BIERBACH, Wefag, S. 227.

[215] Wilhelm Buschkötter (1887–1967), promovierter Musikwissenschaftler und Opernleiter in Turku/Finnland 1923, wurde 1924 Erster Kapellmeister der »Berliner Funkstunde« und gründete dort das erste deutsche Rundfunkorchester, bevor er zum Aufbau eines neuen Orchesters nach Köln kam. Lutz LÜDEMANN, Art. »Buschkötter«, in: Dietrich KÄMPER

der NSDAP bei, und Musiker aus der Kapelle Leo Seypolds gaben Interna aus dem Rundfunk an die Partei weiter.[216] Trotzdem konnte ein offensiv auftretender radikaler Antisemitismus im Westdeutschen Rundfunk bis 1933 keinen Fuß fassen.

2.3. Milieuinteressen in der Rundfunkgestaltung

Anders als im Theater- und Musikleben wurde der Westdeutsche Rundfunk auch nicht von jenen Parteien und Milieuorganisationen, die »systemimmanent« auf die Programmgestaltung Einfluß zu nehmen suchten, wegen seines liberalen und modernen Sendeprofils, der Mitarbeit jüdischer Redakteure an prominenter Stelle oder der Präsentation jüdischer Kultur im Programm angegriffen.[217] Zwar wurde insbesondere innerhalb des katholischen Bildungsvereinswesens lauthals vor der »Verflachung, Vermassung und Nivellierung« durch das neue Medium gewarnt und damit der Rundfunk in die allgemeine kulturkritische Ablehnung der Moderne einbezogen.[218] In diesem Zusammenhang verband sich die katholische Argumentation aber nicht mit antijüdischen Konnotationen und Denkfiguren oder Bestrebungen zur Durchsetzung eines christlich-völkischen Kulturkonzepts. Stärker als die kulturkonservativen Vorbehalte der Volksbildungsbewegung wog innerhalb des katholischen Milieus die Angst, im paritätischen Wettlauf um den Einfluß auf das neue Medium ins Hintertreffen zu geraten[219], standen doch Protestanten und Sozialdemokraten dem neuen Medium und seinen Mitarbeitern trotz einiger Kritikpunkte positiver gegenüber und bemühten sich früh um aktive Mitwirkung am Westdeutschen Rundfunk.[220] Dabei waren sie gremienpolitisch weit weniger effizient als die Katholiken, nachdem diese sich unter der Führung des Präsidenten der »Rundfunkarbeitsgemeinschaft der deutschen Katholiken« (RDK) Bernhard Marschall erst einmal zur Mitarbeit entschlossen hatten und fortan ihre Partizi-

---

(Hrsg.), Rheinische Musiker, 6. Folge, Heft 80, Köln 1969, S. 29 f.

[216] BIERBACH, Rundfunk, S. 405 und 415, Westdeutscher Beobachter, 28. April 1931, S. 3. Als prominentes NSDAP-Mitglied ist ferner der Kölner Germanist Ernst Barthel zu nennen, der 1927 die Morgenfeiern der Freireligiösen referierte und 1931 im Westdeutscher Beobachter hetzte: Bekannter Kölner Wissenschaftler über den WDR: Wie Herr Hardt nationale Vorträge »absetzt«. So wird's gemacht!, in: Westdeutscher Beobachter, 28. April 1931.

[217] Die KPD und ihre Kulturorganisationen waren ebenso wie die NSDAP von einer direkten Partizipation ausgeschlossen und lehnten das Medium als »bürgerliches Instrument zur Unterdrückung des Proletariats« ab. Auch in ihrer Kritik finden sich keine antijüdischen Konnotationen. Vgl. BIERBACH, Rundfunk, S. 380–398.

[218] Zit. nach Günther BAUER, Kirchliche Rundfunkarbeit 1924–1939, Frankfurt a. M. 1966, S. 28.

[219] BOLLENBECK, Enteignung, S. 39.

[220] G. BAUER, Rundfunkarbeit, S. 21–24; BIERBACH, Rundfunk, S. 331–344 und 351–376.

pationsansprüche mittels effizienter Lobbyarbeit entschieden verfochten.[221] Diese engagierte Mitarbeit beim Rundfunk fußte jedoch keineswegs auf einem genuinen Interesse am demokratischen Profil des Senders oder an der pluralistischen Repräsentation der verschiedenen – auch jüdischen – Gesellschaftsgruppen[222], sondern diente allein dem Erhalt und Ausbau der eigenen Milieuinteressen. Dies soll anhand der Haltung zu dem von den Nationalsozialisten scharf angegriffenen Intendanten Hardt veranschaulicht werden. Zwar vermieden die Protestanten ab 1930 sorgfältig jede öffentliche Kritik an Hardt, doch nur weil sie befürchteten, daß sein Nachfolger ihre Interessen (noch) weniger berücksichtigen werde. In einem internen Schreiben warnte der protestantische Rundfunkvertreter Dusse im Januar 1931:

> »Auf der einen Seite bekämpfen ihn scharf die Nationalsozialisten wegen all zu pazifistischer und sonstiger Einstellung. Auf der anderen Seite nennt man in Berliner Kreisen schon ganz offen den Zentrumsabgeordneten, der sein Nachfolger sein soll. [...] An Hardts Stelle käme jetzt nur ein Zentrumsmann oder ein ausgesprochener Sozialdemokrat. Ein Wechsel könnte für uns keinen Gewinn [...] bedeuten. Es ist also unsererseits alles zu vermeiden, was durch öffentliche Angriffe (Presse) Hardts Stellung erschwert und den Angriffen hilft«.[223]

Bis 1933 vollzog die Kölner evangelische Rundfunklobby unter Dusse den nationalistischen und antisemitischen Rechtsruck im Protestantismus nicht öffentlich nach, wie er sich etwa in dem reichsweit vertriebenen evangelischen Publikationsorgan *Der Rundfunkhörer* durchgesetzt hatte. Doch schon im März 1933 wurde für die evangelischen Morgenfeiern am Westdeutschen Rundfunk ein Pfarrer berufen, der den »Deutschen Christen« angehörte, um so die Akzeptanz der neuen Verhältnisse zu demonstrieren.[224]

---

[221] Dies gilt sowohl für die inhaltliche Kontrolle des Programms durch Marschall im kulturellen Beirat als auch für den Ausbau des katholischen Programmteils in den sonn- und feiertäglichen Morgenfeiern sowie allgemeinen Vortragsreihen und erreichte seinen Höhepunkt mit der Liveübertragung des Katholikentags 1930. G. BAUER, Rundfunkarbeit, S. 33–37; und BIERBACH, Rundfunk, S. 315–348.

[222] So waren die jüdischen Beiträge auch nicht in die paritätisch aufgeteilten morgendlichen Sonntagsfeiern integriert, in denen die Katholiken jedoch gegenüber den Protestanten und den Freireligiösen (Freidenkern) bevorzugt waren. Hierauf deuten nicht nur die Sendezeiten der jüdischen Vorträge, sondern auch eine Liste mit den Morgenfeiern im Generalvikariat aus dem Jahr 1932 hin, in der streng nach ihren protestantischen, katholischen und sozialistischen Rednern unterschieden wird. Lediglich in der Sparte für sozialistische Veranstaltungen wurde für den 27. Mai 1930 ein Vortrag von Martin Buber über »Das Judentum« notiert und daneben handschriftlich »Jude« vermerkt. AEK, Gen. I, 23.60,2. Es bleibt unklar, ob eine Integration der jüdischen Beiträge in die Sonntagsfeiern von den größeren Gruppierungen verhindert wurde, um mehr Sendezeit zur Verfügung zu haben oder ob Rosenthal die halbjährlichen Vortragsreihen bevorzugte, etwa weil er die Übertragung einer religiösen Andacht im Radio aus prinzipiellen Erwägungen ablehnte oder weil er nicht über die infrastrukturellen Möglichkeiten regelmäßiger Sendezeit verfügte.

[223] So Dusse im Januar 1931, zit. nach BIERBACH, Rundfunk, S. 340.

[224] Ebenda, S. 344.

Die Katholiken, die Hardt 1927 ebenfalls intern noch als zu liberal attackiert hatten, rühmten sich in ihren einflußreicheren späteren Jahren der guten Zusammenarbeit und unterließen gleichfalls öffentliche Angriffe.[225] Sie hatten jedoch 1933 an seiner Absetzung und der Gleichschaltung des Senders ebenfalls nichts auszusetzen, da sie sich davon eine Ausweitung ihres Einflusses erhofften. In einem internen Schreiben des katholischen Rundfunkbeauftragten an das Generalvikariat wird dabei erstmalig und frei von jedem strategischen Argumentationsopportunismus gegenüber den nationalsozialistischen Machthabern auch eine offen antisemitische Denkstruktur transparent:

> »Unsere Zusammenarbeit mit dem Rundfunk bleibt wie bisher. Sie steht in allen Bezirken gut [...]. Man muß ehrlich sagen, dass in allen Sendehäusern mehr als bisher christlicher Geist und Verstehen für christliche Aufgaben herrscht. Die Hemmungen von sozialistisch-freidenkerischer und von jüdisch-liberaler Seite sind gefallen«.[226]

Die Logik der katholischen Milieuegoismen bestimmte auch die Reaktionen auf die Entlassung und Verfolgung von Rundfunkmitarbeitern in der nationalsozialistischen Gleichschaltungsphase.[227] Marschall protestierte weder gegen die radikale Einschüchterungspolitik im Februar und März 1933, als Hardt und seine jüdischen Mitarbeiter noch offensiver als bisher bedroht und terrorisiert wurden[228], noch gegen die Entlassungswellen gegen jüdische und sozialdemokratische Mitarbeiter nach den Reichstagswahlen vom 5. März 1933, als bis Juni 1933 rund 20 % der Mitarbeiterschaft ausgewechselt wurden, der gesamte profilierte Mitarbeiterstab durch Nationalsozialisten ersetzt und so das erfolgreiche Miteinander jüdisch-nichtjüdischer Kulturproduzenten im neuen Massenmedium Radio gewaltsam zerstört wurde.[229] Er intervenierte lediglich für

---

[225] So bedauerte die katholische »Radio-Kommission«, daß Hardt leider »aus seiner liberalen Haltung noch nicht heraus« komme. Protokoll der Sitzung der Radio-Kommission, 20. April 1927, zit. nach BIERBACH, Rundfunk, S. 323. Zur positiven Kehrtwende siehe ebenda.

[226] Bericht Marschalls im Mai 1933 an Kardinal Schulte, AEK, Gen. I, 23.60,2.

[227] Siehe hierzu genauer BERNARD, Gleichschaltung; und Dieter HEIMANN, NS-Rundfunkführung am Beispiel des Westdeutschen Rundfunks, in: Winfried B. LERG/Rolf STEININGER (Hrsg.), Rundfunk und Politik 1923–1973. Beiträge zur Rundfunkforschung, Berlin 1975, S. 153–178.

[228] Wie der Rundfunkintendant Hardt den Kulturbolschewismus fördert, in: Westdeutscher Beobachter, 16. Februar 1933; und: »Jüdische Kollegen wie der liberale, feinsinnige Fritz Worm, ein ehemaliger Buchhändler, wurden durch Briefe und laufende nächtliche Anrufe mürbe gemacht [...] und wir insgesamt als jüdische, schwarze und rote Systemhörige beschimpft«. HOLZAMER, Redakteur, S. 97.

[229] Hardt wurde bereits am 25. März 1933 beurlaubt, unter Hausverbot gestellt und September 1933 im Klingelpütz inhaftiert. Mit ihm mußten Fritz Worm, Fritz Lewy, Walter Stern und der Hauskomponist Hans Ebert ihre Arbeit aufgeben. In der ersten Aprilwoche folgten die Beurlaubungen von Hans Ulmann, den Musikern Aramesco, Spitz und Feldin sowie der Photographin Leonore Maaß und der Kinderfunkredakteurin Els Vordemberge. Korruption beim WDR. Die früheren Leiter, Intendant Hardt und Direktor Korte verhaftet, in: Westdeutscher Beobachter, 15. September 1933. Zum letzten Mal startete der West-

die katholischen hauptamtlichen Mitarbeiter, stellte beim Reichsrundfunkkommissar die Forderung, daß der Intendant von Köln katholisch zu sein hätte und wertete die Berufung des katholischen SS-Manns Glasmeier zum neuen Intendanten zunächst als Erfolg.[230] Vor diesem Hintergrund mußte der Appell eines empörten katholischen Rundfunkhörers ungehört bleiben, der die Kirchenspitzen zum Protest gegen die Agitation der Nationalsozialisten im gleichgeschalteten Rundfunk aufrief:

> »Als treuer Christ und Katholik sehe ich mit großer Sorge die groß eingesetzte und wohlorganisierte Haßkampagne gegen unsere Mitmenschen. Von Haß und Neid diktiert sind alle Rundfunkreden der letzten Monate, die in den Abendstunden verkündet wurden. [...] Lassen Sie nicht zu, daß die katholische Kirche sich zum Mitschuldigen macht an dieser größten der Sünden«.[231]

Der Westdeutsche Rundfunk blieb bis 1933 ein Feld offener und pluralistischer Kulturgestaltung, an dem jüdische Kulturproduzenten gleichberechtigt und in führenden Positionen mitarbeiteten. Einmal mehr waren hierfür die entscheidenden Impulse von oben nach unten gegeben worden: So hatte sich der Oberbürgermeister für die Berufung Hardts eingesetzt, und der Intendant gewährleistete durch die Auswahl der leitenden Redakteure, den verantwortlichen Umgang mit der Rundfunkzensur und das vergleichsweise offene inhaltliche Profil die soziale Offenheit dieses Sektors. Es spricht ebenfalls für das vergleichsweise liberale Profil des Rundfunks, daß jüdische Kultur einen eigenen Repräsentationsraum für ein Massenpublikum fand. Damit ist nicht ausgeschlossen, daß subtile antisemitische Inhalte über den Äther gingen und innerhalb der Redaktionen einzelne Mitarbeiter antisemitische Vorbehalte gegenüber ihren Vorgesetzten pflegten, sie waren jedoch weder durchsetzungs- noch mehrheitsfähig.

Anders als im Theater- und Musikwesen wurden unter den »systemimmanenten Akteuren« der Parteien und Milieuorganisationen, die durch eine gezielte Gremienpolitik Einfluß auf die Gestaltung des Westdeutschen Rundfunks nehmen wollten, bis 1933 auch im internen Schriftverkehr keine antijüdischen Denkstrukturen und Vorstöße kommuniziert. Einmal mehr wird deutlich, daß kulturkonservative Vorbehalte nicht zwingend antisemitisch aufgeladen sein

---

deutsche Beobachter eine mehrteilige Verleumdungskampagne gegen Hardt. Auch Vordemberge wurde dort mehrmals heftig angegriffen. Nach ihrer Entlassung schrieb der Westdeutsche Beobachter, 8. April 1933: »Haben Sie schon gehört, daß die freche Jüdin Vordemberge, die in diesen Tagen endlich aus den Räumen des WDR verjagt worden ist, mehrmals in unverschämter Weise deutsche Gedichte in projüdischem Sinne umgefälscht hat?«

[230] Marschall an die bischöflichen Ordinariate, 26. April 1933, AEK, Gen. I 23.60,2, ebenda.

[231] Brief des Kölner Katholiken Karl K. an Kardinal Schulte, 30. März 1933, AEK, Gen. I, 23.60,2. Zwischen März 1933 bis September 1933 erfolgte eine starke Politisierung des Programms durch häufige Übertragungen von Reden und Sondersendungen. BERNARD, Gleichschaltung, S. 307.

mußten und daß der Kulturkonservativismus innerhalb der konkurrierenden Kräfte des katholischen Milieus nur eine Minderheitenposition darstellte. Gleichwohl zeigt sich auch hier der brüchige Boden der Weimarer Kultur, denn das pluralistische Kulturkonzept wurde von den Katholiken und Protestanten nicht inhaltlich mitgetragen. Es erschien nur zur Durchsetzung der eigenen Milieuegoismen nützlich und wurde ohne weiteres aufgegeben, wie die Ereignisse nach 1933 zeigen, als man die nunmehr verfolgten Mitarbeiter, mit denen man jahrelang zusammengearbeitet hatte, umstandslos fallenließ.

Die Kölner Nationalsozialisten hatten Hardt und seine Untergebenen bereits in den späten 1920er Jahren zu öffentlichen Feindbildern aufgebaut und den Druck auf sie seit 1930 sukzessive durch verstärkte verbale Attacken und offene Gewaltandrohungen erhöht. Daß die radikalen Antisemiten wiederum gremienpolitisch schwach blieben und den Rundfunk nicht zu einer deutschvölkischen Kampfzone ausbauen konnten, schien ihren Haß auf die Rundfunkleute nur verstärkt zu haben. Die Gleichschaltungsphase 1933 im städtischen Kulturleben glich daher im lokalen Raum keinem bürokratischen Entrechtungsprozeß, sondern einem Rachefeldzug gegen einzelne Personen, die schon über Jahre im Fadenkreuz der Nationalsozialisten gestanden hatten.[232] Die Nationalsozialisten konnten ihren Rachegelüsten für die lange Einflußlosigkeit aber nur deshalb so schnell und so brutal nachkommen, weil die lokalen Akteure den liberalen Vertretern der neuen Kultur jede Unterstützung aufkündigten, um ihre Milieuinteressen nun unter veränderten Rahmenbedingungen weiterzuverfolgen.

3. Jüdische Kultur im lokalen Großereignis

Im Bereich sowohl des Theater- und Musiklebens als auch des Rundfunks wurde die Repräsentation jüdischer Kultur im öffentlichen Raum bereits gestreift. Eine systematische Analyse dieser Repräsentation bietet sich anhand zweier kultureller Großereignisse der Stadt Köln an, der Jahrtausendausstellung 1925 und der Pressa 1928, in deren Rahmen jeweils eine jüdische Sonderschau zu sehen war. Beide Projekte zogen als großangelegte Sonderschauen ein Millionenpublikum an und hatten jenseits ihres Charakters als kulturelle Informationsveranstaltungen auch eine explizit (national)politische Dimension: »Mit der ›Jahrtausend-Ausstellung der Rheinlande‹ wollte Adenauer die Befreiung der besetzten Gebiete feiern bzw. fortführen. Drei Jahre später gelang es ihm mit der ›Pressa‹, Deutschland international wieder zu rehabilitieren«.[233] Im städtischen Kontext bildeten die kommunalen Großveranstaltungen zugleich einen wichtigen kulturpolitischen und ökonomischen Faktor, der von Adenauer,

---

[232] Ebenda.
[233] Zit. nach HERZOGENRATH, Kunstausstellungen, S. 24.

wie bereits die Sonderbundausstellung, zur Standortverbesserung Kölns initiiert wurde und zumindest im Fall der Pressa wiederum auf lokalen Widerstand stieß. Zu fragen ist nunmehr nach den Zielen der Ausstellungsmacher für eine jüdische Sonderschau, nach ihren Themen und Inhalten, ihrem Wechselspiel mit den beteiligten Personen und Institutionen in der Vorbereitung der Ausstellung sowie den Reaktionen im städtischen Umfeld.

3.1. Die Jahrtausendausstellung 1925

Die Jahrtausendausstellung war anläßlich der Feierlichkeiten zur 1 000jährigen Zugehörigkeit des Rheinlands zum deutschen Reich in den neuen Kölner Messehallen von Mai bis Oktober 1925 zu sehen.[234] Als politische Demonstration nationaler Einheit in Besatzungszeiten konstruierte die Ausstellung eine epochenübergreifende historische Kontinuität »rheinisch-deutscher Geschichte, rheinisch-deutschen Volkstums und rheinisch-deutscher Kultur« und fand darin die symbolische und tatkräftige Unterstützung der Reichsregierung und Länder, deren prominente Vertreter im Ehrenausschuß saßen und die Ausstellungseröffnung besuchten.[235] Für die inhaltliche Planung der Ausstellung waren die beiden Kuratoren Wilhelm Ewald, Direktor des Historischen Museums in Köln, und der Kölner Wirtschafts- und Sozialhistoriker Prof. Bruno Kuske verantwortlich.[236] Sie verfolgten ein synthetisierendes Ausstellungskonzept, indem sie versuchten, die politischen, künstlerischen, wirtschaftlichen und sozialen Aspekte »rheinischer Kulturleistungen« in ihrer historischen Entwicklung zusammenzutragen und in zwei Hauptabteilungen zu präsentieren.[237]

Die jüdische Abteilung war »organisch in den Gesamtzusammenhang« integriert, wie der Kölner Rabbiner und promovierte Historiker Adolf Kober befand, der gemeinsam mit der am Wallraf-Richartz-Museum angestellten Kunsthistorikerin Elisabeth Moses die jüdische Sonderschau organisierte. Er wies darauf hin, daß das Hauptziel der Ausstellung, den »Kulturzusammenhang zwischen Judentum und rheinischem Land und Volk« aufzuzeigen, bereits durch die räumliche Anordnung symbolisiert wurde.[238] Zur Einrichtung der jüdischen Abteilung mußten zunächst die verstreuten Memorabilien jüdi-

---

[234] Vgl. DÜWELL, Universität, S. 197–199; und STELZMANN, Geschichte, S. 309 f.

[235] Die Jahrtausendfeier der Rheinlande. Ein Aufruf des Ehrenausschusses, in: CV-Zeitung, 8. Mai 1925.

[236] Elisabeth MOSES, Die Abteilung »Juden und Judentum im Rheinland« auf der Jahrtausendausstellung in Köln Juni–August 1925, in: Soncino-Blätter. Beiträge zur Kunde des jüdischen Buchs, Berlin 1925, S. 86–89; sowie Wilhelm EWALD/Bruno KUSKE (Hrsg.), Katalog der Jahrtausendausstellung der Rheinlande in Köln 1925, Köln 1925.

[237] Abteilung A, in die auch die jüdische Abteilung integriert war, zeigte die geschichtliche, politische und künstlerische Entwicklung des Rheinlands, Abteilung B die kommunalpolitische, wirtschaftliche und soziale Situation.

[238] Gemeinderabbiner Dr. Kober, Von der Jahrtausendausstellung der Rheinlande in Köln, in: CV-Zeitung, 26. Juni 1925.

scher Geschichte im Rheinland zusammengetragen werden, bevor sie erstmalig in einem übergreifenden landesgeschichtlichen und implizit nationalhistorischen Rahmen präsentiert werden konnten. In drei Räumen waren Pläne alter jüdischer Siedlungen, Grabsteine, Memorbücher, bildliche Darstellungen jüdischer Bauwerke, Porträts berühmter Juden und Gegenstände des täglichen Gebrauchs ausgestellt. Zu sehen waren ferner Synagogenmobiliar, Religionsgegenstände und Dokumente jüdischer Geistesgeschichte. Die Ausstellung zeigte aber auch Dokumente der Verfolgungsgeschichte und der Teilnahme an der allgemeinen Kultur, wie das Bild eines jüdischen Minnesängers oder das Zeugnis einer jüdischen Augenärztin aus dem Jahr 1450.[239]

Das Hauptanliegen der Organisatoren lag einerseits darin, den Reichtum jüdischer Kultur vorzustellen, und andererseits darin, die enge Verknüpfung rheinischer und jüdischer Geschichte zu unterstreichen und zu betonen, daß die Juden an der Ausformung rheinischer und deutscher Kultur in einem zwei Jahrtausende währenden Interaktionsprozeß beteiligt waren.[240] Aus diesem Interaktionsprozeß wurde in allen reflexiven Texten der Ausstellungsmacher und der jüdischen Presse die Zugehörigkeit der Juden zum Rheinland und zur deutschen Nation qua Geschichte und Kultur abgeleitet und demonstriert.[241] Die Ausstellung wandte sich mit dieser Botschaft explizit an ein nichtjüdisches (Massen-)Publikum, das über die Geschichte und Kultur der Juden im Rheinland kaum informiert sei, wie jüdische und nichtjüdische Quellen einmütig konstatierten.[242] Die Wissensvermittlung verfolgte dabei das pädagogisch-didaktische Ziel, die nichtjüdische Bevölkerung über den berechtigten Anspruch der rheinischen Juden an ihrer Heimat aufzuklären.[243] Folgt man der Festrede des katholischen Bürgermeisters Linnartz, der seine eigene Rezeptionserfahrung zu einem kollektiven Lernerfolg verallgemeinerte, war mit

[239] Vgl. genauer den Katalog der Ausstellung, S. 315–339.

[240] »Was ihr aber die eigene Note verleiht, das ist der hier gelieferte Beweis, daß jüdische Kultur am Rhein zwar Dienerin gewesen ist jüdischen Glaubens und jüdischer Religionsübung, daneben aber Mitbegründerin und Mitträgerin rheinischer und damit deutscher Kultur«. MOSES, Abteilung, S. 88. In einem Leitartikel der CV-Zeitung führt Bernhard Falk aus: »An dieser [rheinischen und deutschen] Kulturarbeit haben wir deutschen Juden reichen Anteil. Sie ist auch unser Erbe, unser Besitz, unser Stolz und unsere Arbeit«. Der deutsche Jude auf rheinischer Erde, in: CV-Zeitung, 26. Juni 1925.

[241] Beispielhaft für viele Äußerungen der Kölner Ortsgruppenleiter des CV Eugen Jacobi: »Eine 1800jährige Geschichte und Kulturentwicklung hat ihn [den rheinischen Juden, N. W.] mit diesem Boden zusammengeschweißt, untrennbar und unlösbar«. Der CV im Rheinland, in: CV-Zeitung, 26. Juni 1925; und Gemeinderabbiner Dr. Kober, Von der Jahrtausendausstellung der Rheinlande in Köln, in: Ebenda.

[242] Margarete Caemmerer, Jüdische Altertümer auf der Jahrtausend-Ausstellung in Köln, in: Der Schild, 31. Juli 1925; sowie Das Judentum auf der Tausendjahrausstellung in Köln, in: Kölnische Zeitung, 24. Januar 1925.

[243] »Jedenfalls scheint durch die jüdische Abteilung, wenn man auf die Urteile der Andersgläubigen hört, die zu vielen Tausenden die Abteilung besucht haben, auch dem Judentum ein Dienst erwiesen worden zu sein, da sie das Recht der deutschen Juden auf den rheinischen Heimatboden unwiderleglich beweist«. Kober, Jahrtausendausstellung.

diesem Konzept ein Meilenstein für ein zukünftiges positives Zusammenleben von Juden und Nichtjuden in Deutschland geschaffen:

> »Ich bin wiederholt in der Jahrtausendausstellung gewesen, und immer und immer wieder zog es mich zu den Räumen der jüdischen Altertümer, die ich mit Staunen und Ehrfurcht betrachtete: und immer und immer wieder mußte ich feststellen, daß gerade diese Räume die besuchtesten waren. Und ich bin sicher, daß alle christlichen Besucher dachten wie ich: Wir wußten ja nicht, daß auch Sie auf eine so lange und segensreiche Kultur in unseren Landen zurückblicken können! Ich habe die feste Überzeugung und den innigen Wunsch, daß gerade diese Ausstellung den Stein legen möge zu einem künftigen idealen Mit- und Nebeneinander im Dienste und Interesse unseres gemeinsamen Vaterlandes«.[244]

Trotz des floskelhaft anmutenden Charakters der Festrede wird doch in diesen Worten der Gegenwartsbezug der jüdischen Sonderausstellung deutlich. Besonders klar wird diese aktuelle Dimension der Ausstellung im Rahmenprogramm jüdischer Organisationen, etwa bei der bereits erwähnten großen Kundgebung des Linksrheinischen Landesverbands des CV mit ca. 2 000 Teilnehmern am 3. Juni 1925 in der Kölner Oper unter dem Motto »Das Recht der deutschen Juden an der deutschen Heimat!«.[245] An diesem Tag zogen die CV-Redner eine freimütige Bestandsaufnahme zur Situation der rheinischen Juden.[246] Einmütig stellten sie fest, daß das Zusammenleben zwischen Juden und Nichtjuden im Rheinland zwar nicht von so »tiefgreifender sozialer und gesellschaftlicher Entfremdung« geprägt sei wie in anderen Teilen Deutschlands und Antisemitismus »nur« von außen in die Region getragen werde, daß aber auch hier das Recht der Juden auf ihre Heimat verstärkt angegriffen werde, so daß es nach wie vor verteidigt werden müsse.[247] In diesem Licht erscheint die selbstbewußte Repräsentation jüdischer Kultur auf der Jahrtausendausstellung vor allem als ein wichtiges Mittel in der Abwehr des Antisemitismus durch die Vermittlung eines staatsbürgerlichen Nationskonzepts. Die jüdische Abteilung der Jahrtausendausstellung stellte den Versuch dar, die Mehrheit der nichtjüdischen Deutschen davon zu überzeugen, daß die geteilte Kultur und Geschichte die Zugehörigkeit zur Nation begründete und daß die rheinischen Juden eine konstitutive Rolle in dieser gemeinsamen Kultur und Geschichte einnahmen. Die immigrierten Juden osteuropäischer Herkunft fan-

---

[244] Der 8. Lehrerverbandstag in Köln, in: CV-Zeitung, 12. Juni 1925.
[245] Westdeutsche Verbandstagung des CV am 28. und 29. Juni 1925 in Köln, in: CV-Zeitung, 19. Juni 1925; und Auftakt im Kölner Opernhause, in: CV-Zeitung, 3. Juli 1925.
[246] Aufruf zur Kundgebung, Mappe Kultur der Sammlung des NS-Dokumentationszentrums.
[247] Falk, Der deutsche Jude; Eugen Jacobi, Der CV im Rheinland, in: CV-Zeitung, 26. Juni 1926; und Die Entschließung der westdeutschen Verbandstagung des CV, in: Ebenda. Der KC-Tag am Rhein, Bewußte Juden, freie Deutsche!, in: Ebenda; sowie Auftakt im Kölner Opernhause, in: CV-Zeitung, 3. Juli 1925.

den in dieser historisch konstruierten nationalen Gemeinschaft weder Platz noch überhaupt Erwähnung.

Dieses nationalstaatliche Konzept fand die Zustimmung und Unterstützung der städtischen Behörden. Der Plan einer jüdischen Sonderschau ging von den beiden Ausstellungskuratoren Ewald und Kuske aus, die »Juden und Judentum im Rheinland« als einen integralen Bestandteil »rheinischer Kulturleistungen« begriffen und an Kober herangetreten waren, um ihn mit der Organisation der jüdischen Sonderschau zu betrauen.[248] Der Oberbürgermeister selbst warb in einem persönlichen Schreiben um eine aktive Präsenz jüdischer Organisationen während der Jahrtausendausstellung, andere hohe Repräsentanten der Stadt wie der erwähnte Bürgermeister Linnartz waren bei ihren Kundgebungen zugegen.[249]

Obwohl die Jahrtausendausstellung in der nationalen Euphorie kurz vor Ende der Besatzungszeit durchweg begrüßt wurde, nahm die städtische Öffentlichkeit kaum Notiz von der jüdischen Sonderschau und ihrer Unterstützung durch die städtischen Träger. Die Integration jüdischer Kultur in die Konstruktion der deutschen Nation fand keine bemerkenswerte Anerkennung, wurde aber auch nicht öffentlich kritisiert. Man mag dies als Zeichen mangelnden Interesses oder als Signal eines selbstverständlichen Umgangs werten. Die völkische Rechte, die die jüdische Sonderschau scharf ablehnte, konnte ihre Angriffe 1925 noch nicht lautstark artikulieren. Es sind weder antisemitische Flugblätter oder Zeitungsartikel tradiert, noch findet sich eine entsprechende Reaktion in den jüdischen Zeitungen, die die Ausstellung und die Rahmengeschehnisse aufmerksam verfolgten.

3.2. Die Pressa 1928

War die Jahrtausendausstellung vor allem eine nationale Demonstration deutscher Eigenständigkeit, bildete die Pressa eine Schau der internationalen Anschlußfähigkeit Deutschlands im kulturellen und wirtschaftlichen Geschehen der Zeit. Die internationale Presseausstellung 1928 stellte als neue Weltausstellung fachspezifischer Art den Höhepunkt wirtschaftlicher, politischer und

---

[248] PRACHT, Kulturerbe, S. 247.

[249] Die Jahrtausendausstellung stieß auf reges Interesse von jüdischer Seite. Prominente Kölner Juden wie der Vorsitzende der Synagogengemeinde Emil Blumenau, der liberale Landtagsabgeordnete Bernhard Falk und Adolf Kober in seiner Funktion als Vorsitzender des rheinisch-westfälischen Rabbinerverbandes saßen im Ehrenausschuß der Ausstellung; sechs überregionale jüdische Organisationen folgten der Einladung Adenauers und tagten während der Jahrtausendfeier in der Domstadt, und die jüdische Presse schenkte der Jahrtausendausstellung große Aufmerksamkeit. Schreiben Adenauers an Kober, 6. Dezember 1924, Tagebuch Nr. VIII A 32, LBI NY A.-Kober-Collection, MF 524 Reel 12. Die Jahrtausendfeier der Rheinlande. Ein Aufruf des Ehrenausschusses, in: CV-Zeitung, 8. Mai 1925. In Köln tagten während der Jahrtausendausstellung der CV, RjF und der KC sowie Frauen-, Rabbiner-, Lehrer- und Kantoren-Verbände.

kultureller Ausstrahlungskraft Kölns in der Weimarer Republik dar.[250] Die Pressa, für die sich Adenauer wegen ihrer überragenden staats- und stadtpolitischen Bedeutung mit aller Energie eingesetzt hatte, war als große Kulturschau konzipiert, in der sich neben den einzelnen Ländern und Zeitschriften auch verschiedene gesellschaftliche und weltanschauliche Gruppen vorstellten und konfessionelle Sonderschauen organisierten.[251] Anders als bei der Jahrtausendausstellung ging die Initiative hierzu diesmal von den Gruppen selber aus, die mit ihrem Wunsch nach Beteiligung an die Ausstellungsleitung herantraten.[252] Unter den konfessionellen Sonderschauen verlief einzig der Aufbau der katholischen Sektion, die als erste den Gedanken einer eigenen Abteilung lancierte, problemlos[253], während die Protestanten schon mit größeren Anlaufschwierigkeiten kämpften, bis sie mit der Gründung eines »Evangelischen Dienst[s] 1928« ihre Kräfte bündelten und mit dem modernen Sakralbau des Berliner Architekten Otto Bartning einen aufsehenerregenden Beitrag lieferten.[254] Die jüdische Sonderschau (ISOP) hatte die größten Probleme zu überwinden, wäre sie doch beinahe an finanziellen Problemen und inhaltlichen Differenzen gescheitert, wie ihr Kölner Leiter, der zionistische Rechtsanwalt Dr. Max Bodenheimer, anschaulich schildert:

> »Ganz besonders verwickelt und fast aussichtslos schien es in der kurzen Zeit, die zur Verfügung stand, eine Schau der jüdischen Kulturwelt und ihres Zusammenhangs mit der Presse zu schaffen. Die Zersplitterung der Gemeinden, Vereine und Verbände in allen Ländern und der Mangel jeglicher Organisation der Presse selbst ließ es kaum möglich erscheinen, aus diesem Chaos ein des Judentums würdiges Werk zu gestalten«.[255]

Insbesondere die Konkurrenz zwischen dem Kölner Arbeitsausschuß[256], der

---

[250] 44 Länder und der Völkerbund beteiligten sich an der umfassenden Würdigung des Pressewesens, die von 5–6 Millionen Besuchern aus aller Welt besucht wurde. DIETMAR/ W. JUNG, Geschichte, S. 224; Peter FUCHS, Pressa Köln. Rückblicke nach 30 Jahren auf die 1. Internationale Presseausstellung 1928 in Köln, Köln 1958; MATZERATH, Köln, S. 190; und STELZMANN, Illustrierte Geschichte, S. 310.

[251] Die Pressa gliederte sich in die drei Hauptabteilungen der Kulturhistorischen Abteilung, Modernen Tageszeitung und der Zeitschriftenschau. Aus weltanschaulichen oder organisatorischen Gründen hatten sich einige Sonderschauen einen eigenen Rahmen gegeben, wie Generaldirektor Dr. Esch auf der Eröffnungsrede ausführte, Die Eröffnung der Internationalen Presse-Ausstellung in Köln, Kölnische Zeitung, 12. Mai 1928.

[252] Max Bodenheimer, Entstehung und Bedeutung der Jüdischen Sonderschau, in: Menorah 6, Festnummer zur jüdischen Sonderschau der Pressa 1928.

[253] Der Kölner Erzbischof stellte die ersten finanziellen Mittel zur Verfügung; ein internationales Komitee koordinierte die Organisation der Sonderschau, so Bodenheimer, Entstehung.

[254] Die evangelische Gemeindeburg auf der Pressa, in: Kölner Tagesanzeiger, 31. Mai 1928; Leopold Zahn, Die Stahlkirche, Pressa 1928, in: HÄSSLIN, Köln, S. 216.

[255] Bodenheimer, Entstehung.

[256] Der Kölner Presse-Ausschuß unter der Leitung Bodenheimers und mit dem Rechtsanwalt Rudolf Callmann als stellvertretendem Vorsitzenden setzte sich aus 14 Personen zusammen. Hierzu zählten neben dem Stadtdirektor Dr. Kramer und Rabbiner Kober, der die

eng mit der Pressaleitung zusammenarbeitete und die Unterstützung der Kölner Synagogengemeinde genoß, und dem Berliner Ausschuß, der sich aus den Berliner und internationalen Pressevertretern zusammensetzte, lähmte die Vorbereitungen.[257] Erschwerend kam hinzu, daß die großen jüdischen Organisationen zwar nicht an allgemeinen Sympathiebekundungen sparten, sich aber zunächst mit einer konkreten inhaltlichen und finanziellen Beteiligung zurückhielten.[258] Diese erste kritische Anlaufphase überstand die ISOP nur aufgrund eines Darlehens der Kölner Synagogengemeinde in Höhe von 25 000 Mark und des Verzichts der Stadt Köln auf die Platzmiete für den jüdischen Pavillon.[259] Einmal mehr bewies die Stadtverwaltung, daß ihr an der Repräsentation jüdischer Kultur im allgemeinen Kulturrahmen tatsächlich gelegen war. Es scheint, als sei die lokale Kooperation zwischen nichtjüdischer Pressaleitung und jüdischem Presseausschuß weit einfacher gewesen als die zwischen den jüdischen Arbeitsausschüssen der Kölner Provinz, die die Rheinstadt trotz aller Bestrebungen darstellte, und der Metropole Berlin, die sich als eigentlicher Knotenpunkt jüdischen Lebens begriff. Immer wieder drohten inhaltliche Kontroversen unter den jüdischen Veranstaltern das Zustandekommen der ISOP zu gefährden, doch konnten letztlich die zahlreichen Konflikte beigelegt werden[260], so daß mit dem jüdischen Pavillon des Kölner Architekten Robert Stern auf der Zeitungsstraße ein angemessener Repräsentationsbau entstand.[261]

Über den Türen des weißen Pavillons thronten zwei Menora, auf dem Dach flatterte die Flagge des zukünftigen Staates Israel, und auf dem Turm war das alte jüdische Symbol, der Davidstern, zu sehen. Im Innern des Pavillons grup-

---

historische Abteilung der ISOP leitete, auch einige jüdische Redakteure, Rechtsanwälte und der Dramaturg Dr. Simchowitz. Schreiben Bodenheimers an den Ausschuß zur Vorbereitung der Pressa in Berlin 6. Juli 1927, CZA, A15, 766.

[257] Der Berliner Arbeitsausschuß wurde von Professor Sobernheim geführt.

[258] Bericht und Dokumente zur Jüdischen Sonderschau der »Pressa« 1928, Köln, »ISOP«, E.V., aus dem Nachlaß Max Bodenheimers, CZA, A15, 770.

[259] Schreiben des Vorstands der Kölner Synagogengemeinde an den Vorstand der Jüdischen Gemeinde, 11. Januar 1928, ebenda; Eine erregte Repräsentantenversammlung, in: Kölner Jüdisch-Liberale Zeitung, 17. Februar 1928.

[260] Zunächst war sie durch einen prinzipiellen Streit über die Berechtigung einer jüdischen Sonderschau gefährdet, da diese keine geschlossene Weltanschauung darstelle und eine gemeinsame jüdische Basis fehle. Dann drohte eine Sezession der deutschen jüdischen Journalisten, die in der deutschen Zeitschriftenabteilung ausstellen wollten und nur durch den Kompromißvorschlag der doppelten Ausstellmöglichkeit zur Mitarbeit an der ISOP bewegt werden konnten. Die letzte Hürde bildete schließlich der Streit um die Gestaltung des jüdischen Pavillons, nachdem die Pläne der weit aufwendigeren katholischen und evangelischen Sonderschauen bekannt geworden waren und der ursprüngliche Entwurf des Kölner Architekten Robert Stern unzulänglich erschien. Entgegen der Einwände des Berliner Arbeits-Ausschusses, nunmehr den Berliner Gemeinde-Architekten Beer mit dem Bau zu beauftragen, setzte sich ein kostengünstigerer, überarbeiteter Entwurf Sterns durch, der nunmehr in enger Kooperation mit der Pressa-Leitung verwirklicht wurde. Entstehung und Bericht, Bodenheimer Nachlaß, Blatt VII f.

[261] GREIVE, Juden, S. 218; und PRACHT, Kulturerbe, S. 247.

pierten sich fünf Räume um einen Ehrenhof, in dessen Mitte eine alte, reich mit Silber verzierte Wormser Thorarolle stand.[262] In diesen Räumen wurde die jüdische Presse, von den Veranstaltern definiert als Presse, die vom jüdischen Standpunkt aus die jüdischen Interessen vertritt, vorgestellt.[263] Dieses Panoptikum jüdischer Zeitungen und Zeitschriften aus 35 Ländern und 26 Sprachen sollte als »abgerundetes und eindrucksvolles Bild des jüdischen Schaffens in aller Welt«[264] ein Spiegelbild jüdischer Kultur und jüdischen Lebens in Vergangenheit und Gegenwart liefern und war darin einem doppelten Ziel verpflichtet.[265] Einerseits sollten die kollektiven Bindungen des jüdischen Gruppenzusammenhalts gestärkt werden[266], andererseits richtete sich die Ausstellung erneut vorrangig an ein nichtjüdisches Massenpublikum und war darauf angelegt, den »Vexierspiegel von der jüdischen Presse in der allgemeinen Vorstellung«[267] und den »Gesichtspunkt einer oft judenfeindlichen Umgebung«[268] zu korrigieren. Explizit wandten sich die Ausstellungsmacher gegen das antisemitische Konstrukt, daß die öffentliche Meinung durch die Juden dominiert werde, die ihren Einfluß in der Presse zur Stärkung des eigenen Reichtums nutzten und auf das »Volkswesen« zersetzend wirkten.[269] Der Ausstellungskatalog wies den antisemitischen Begriff der »Judenpresse« und ihre Identifizierung mit den liberalen Zeitungen und der linken Presse entschieden zurück und verwandte statt dessen den engeren Begriff jüdische Presse, der der Katalog in der Umkehrung antisemitischer Diffamierungen genau jene Attribute zuschrieb, die ihr die Antisemiten verweigerten: »Opferwilligkeit im Kampf für ideelle Werte und Vaterlandsliebe«.[270] Auch im Ausstel-

---

[262] Margarete Edelheim, Das jüdische Schrifttum auf der »Pressa«, in: Der Schild, 7. September 1928.

[263] Max BODENHEIMER, Die jüdische Presse, in: Internationale Presse-Ausstellung (Hrsg.), Pressa. Kulturschau am Rhein, Köln 1928, S. 125–128, hier: S. 126; und Aufruf zur Jüdischen Sonderschau, in: Mappe »Kultur« des NS-Dokumentationszentrums.

[264] Führung durch die ISOP, aus dem Nachlaß Bodenheimer, CZA, A 15,770, Bl. 1.

[265] Aufruf, Moses Waldmann, Der Sinn einer jüdischen Sonderschau, in: Menorah 6 (1928), Festnummer zur ISOP.

[266] »In dieser Ausstellung lernen wir die Werte des jüdischen Schrifttums schätzen. Wir erkennen ihre Bedeutung, wir sehen, dass sie in einer geschlossenen einheitlichen Eigenart erscheinen, der gegenüber unsere inneren Auseinandersetzungen bedeutungslos sind«. Führung durch die ISOP, Bl. 2 f.

[267] BODENHEIMER, Presse, S. 125.

[268] Führung durch die ISOP, Bl. 2.

[269] Verschwörungstheoretisch aufgeladen und weit verbreitet wurde dieses antisemitische Konstrukt von der »Judenpresse« in den »Protokollen der Weisen von Zion«: »Durch die Presse kamen wir zu Einfluß und blieben doch selbst im Schatten; dank ihr haben wir Berge von Gold in unsere Hände gebracht, ohne uns darum zu kümmern, daß wir aus Strömen von Blut und Tränen schöpfen mußten«. Gottfried zur BEEK (Hrsg.), Die Geheimnisse der Weisen von Zion, 10. Aufl. München 1930, S. 27, zit. nach BENZ, Bilder vom Juden, S. 31.

[270] BODENHEIMER, Presse; und ders., Entstehung: »Sie zeigt, daß die jüdische Presse ihre Macht nicht für Mammon und Materialismus mißbraucht, sondern daß sie die unvergäng-

lungskatalog zur Pressa findet sich die aufklärerische Hoffnung wieder, daß die Sonderschau das wirksamste Mittel zur Bekämpfung verhängnisvoller Vorurteile über das Judentum sein und zur Beseitigung von Rassen- und Glaubenshaß beitragen könne.

Wie bei der Jahrtausendausstellung gab es auch bei der Pressa eine gute Kooperation der jüdischen Beteiligten mit den Ausstellungsorganisatoren. Sie fand ihren symbolischen Ausdruck, als Adenauer in seiner Eigenschaft als Präsidiumsvorsitzender der Internationalen Presse-Ausstellung ein Ehrendiplom an den Reichsbund jüdischer Frontsoldaten für herausragende Leistung verlieh.[271] Vergleichbar mit der Jahrtausendausstellung ist auch die weitgehende Nichtbeachtung der ISOP in der lokalen Presse.[272] Neu ist allerdings, daß die Pressa im Fadenkreuz der Kölner Nationalsozialisten stand. Diese nutzten die Schau als willkommenen Anlaß, ihre antisemitische Agitation gegen die »Judenpresse« mit einem kommunalpolitischen Vorstoß gegen Adenauer zu verknüpfen: »Aber nicht streiten kann man darüber, daß diese ›kulturelle‹ Tat Adenauers der alljüdischen Weltpresse zu einem ›kulturellen‹ Erfolg ihrer Art verholfen hat«.[273] In zahlreichen Artikeln und Karikaturen, die Adenauer mit einer »jüdischen« Physiognomie zeigten, wurde der Oberbürgermeister als Helfershelfer der Ausbeutung durch Juden präsentiert, und es wurden verschwörungstheoretische Ängste geschürt.[274] Als besonders sensationswirksam erwies sich die Strategie, die negativen Folgen eines drohenden finanziellen Desasters für die Kölner Bevölkerung in schlimmsten Farben auszumalen und die Kommunalpolitiker dafür verantwortlich zu machen.[275] Tatsächlich stieß die Pressa wegen ihrer Kosten und dem letztendlich entstandenen Defizit angesichts der angespannten Finanzlage der Stadt Köln 1928 und der kaum zu bewältigenden Sozialleistungen auch auf Kritik in der Stadt, die zur antisemitischen Stimmungsmache hemmungslos eingesetzt und geschürt wurde. Reißerisch verknüpfte der *Westdeutsche Beobachter* so kommunalpolitische Vor-

lichen sittlichen Werte des Judentums zu fördern bestrebt ist. Sie zeigt, [...] daß es kein zersetzendes, sondern ein staatserhaltendes Volkselement ist«.

[271] Eine seltene Auszeichnung, in: Der Schild, 17. Mai 1929.

[272] Lediglich der Kölner Stadtanzeiger erwähnte beiläufig in einer Beschreibung der ISOP, daß diese die Verschmelzung des deutschen und jüdischen Geisteslebens dokumentiere. Pressa Schau, in: Kölner Stadtanzeiger, 9. Mai 1928.

[273] Der Pressaball, ein Zeichen der Zeit. Salomon der Weise als Schutzgeist. Eine Verhöhnung der Notlage des Volkes, in: Westdeutscher Beobachter, 21. Oktober 1928.

[274] Presse und Pressa, in: Westdeutscher Beobachter, 15. April 1928; Adenauer und die Pressa-Juden, Westdeutscher Beobachter, 5. August 1928; und Das wahre Gesicht der Pressa, Internationalismus und Freimaurertum?, in: Westdeutscher Beobachter, 21. Oktober 1928.

[275] Pressa Rummel, Im Interesse der zureisenden in- und ausländischen Juden sollen tausende Existenzen vernichtet werden. Einem Juden von auswärts wird der Alleinvertrieb der Pressakarten übertragen, in: Westdeutscher Beobachter, 1. April 1928; Die Stadt Köln baut Pressa's und wirft 11-köpfige Familien auf die Straße!! Herr Oberstadtsekretär Schulze, erklären sie sich, in: Westdeutscher Beobachter, 20. Februar 1928.

würfe und eine populistische Kapitalismuskritik mit einer antisemitischen Verschwörungstheorie, in der die internationale Entwicklung des Pressewesens, wie sie auf der Pressa im positiven Licht präsentiert wurde, als jüdische Verschwörung dargestellt wurde, der die lokalen Politiker zu Diensten seien. Die Pressa war das erste kulturelle Großereignis, mit dem die nationalsozialistische Agitation ihren Vorwurf gegen »Judenrepublik« und »Judenkultur« einläutete und in die lokale Arena trug. Sie suchte die verbreiteten kulturellen antijüdischen Ressentiments, wie sie auch die Veranstalter der ISOP konstatierten, im lokalen Zusammenhang aufzuladen, ohne daß sie hierbei jedoch auf öffentlich artikulierte Zustimmung stieß.

Auf den beiden renommiertesten kulturellen Großereignissen Kölns der 1920er Jahre nahm jüdische Kultur einen eigenen Platz im allgemeinen Zusammenhang ein. Diese selbstbewußte Demonstration kultureller Zugehörigkeit und Eigenständigkeit wurde dadurch unterstützt, daß die städtischen Entscheidungsträger und Ausstellungsveranstalter die jüdische Kultur als einen gleichberechtigten und integralen Bestandteil des allgemeinen Kulturzusammenhangs akzeptierten und ihren Organisatoren den notwendigen Raum zur (Selbst-)Darstellung ließen. Sie praktizierten damit eine Form kultureller Offenheit, die die enggesteckten Grenzen einseitiger Assimilationsforderungen überstieg und einem pluralistischen Kulturkonzept verpflichtet war.

Doch so selbstbewußt und sicher die jüdischen Ausstellungsmacher im lokalen Raum auch agieren konnten, so sehr waren sie in ihrer Grundaussage doch auf eine defensive Haltung und die Abwehr antisemitischer Denkmuster und eines deutsch-völkischen Nationskonzepts ausgerichtet, das sie durch die Demonstration kultureller Werte und Leistungen zu entkräften suchten. Jenseits der Festreden städtischer Politiker und der infrastrukturellen Unterstützung durch die Behörden fanden die jüdischen Bemühungen im städtischen Umfeld dabei kaum Beachtung, geschweige denn Anerkennung oder Unterstützung.

Die Angriffe der Nationalsozialisten richteten sich daher auch nicht gegen die jüdischen Sonderschauen selber, die ihnen als vernachlässigenswerte Größen erschienen sein mögen, sondern konstruierten 1928 ein verschwörungstheoretisch aufgebauschtes Miteinander jüdischer und städtischer Akteure im lokalen Raum, an dem antijüdische Ressentiments aktualisiert und kommunalpolitisch ausgebeutet werden konnten.

4. Der Kölner Karneval: Feierkultur und Büttenantisemitismus

Einen kulturellen Anziehungsmagneten ganz anderer Qualität bildete der Kölner Karneval, unbestrittener Höhepunkt im lokalen Festkalender. In den jährlich wiederkehrenden sechs Tagen rheinischen Frohsinns zwischen Weiberfastnacht und Aschermittwoch gab es für viele Kölnerinnen und Kölner kein

Halten mehr. Schon in den 1920er Jahren zogen zehntausende kostümierter Menschen lachend und singend durch Straßen und Lokale, vergnügten sich auf Karnevalssitzungen und Maskenbällen und bejubelten am Rosenmontag die aufwendig gestalteten Wagen der Karnevalsvereine und -gesellschaften, die unter einem jährlich wechselnden Motto durch die Innenstadt zogen.[276]

Das Festereignis Karneval markierte dabei die Schnittstelle zwischen städtisch-öffentlicher Kultur, bürgerlicher Kultur und lokaler »Popularkultur«. Karneval wurde – wenn auch nicht durchgängig – seit dem Mittelalter im öffentlichen Festraum der Straßen und Plätze mit Umzügen begangen. Auch nach der bürgerlichen Reorganisation des Karnevals im Jahr 1823 blieben die Straßenzüge wichtige Orte des fastnachtlichen Treibens mit dem Rosenmontagszug als seinem Höhepunkt. Dadurch waren die Organisatoren des Karnevals von der Unterstützung der städtischen Behörden abhängig, die die öffentlichen Umzüge genehmigten, städtische Säle und Räume an Karnevalsvereine und -gesellschaften vermieteten und den Rosenmontagszug seit 1902 finanziell unterstützten.[277] Umgekehrt profitierte auch die Stadt vom Karneval, da er eine wichtige Rolle im Fremdenverkehr einnahm und die erwirtschafteten Überschüsse der öffentlichen Armenfürsorge zuflossen.[278]

Zugleich bildete der Karneval einen integralen Bestandteil bürgerlicher (Fest-)Kultur. Seine Reorganisation 1823 ging von einer kleinen Gruppe führender Kölner Bürger teils aus alten Patrizierfamilien, teils aus dem neuen Bürgertum hervor, die das Fest in romantischer Rückwendung zu reichsstädtischen Symbolen neu inszenierten und mit dem bis heute in seinen Grundstrukturen gültigen Festzeremoniell ausstatteten.[279] Hierdurch sollte einerseits das »pöbelhafte« Volksfest Karneval kontrolliert und diszipliniert werden und sich andererseits in den Karnevalsvereinen und -gesellschaften ein genuin bürger-

---

[276] Seit der Jahrhundertwende nahm das alte Volksfest neue Massendimensionen an. Bereits 1902 versammelten sich allein auf dem Kölner Neumarkt 10 000 Zuschauer, um den Rosenmontagszug zu betrachten. Trotz wirtschaftlicher Probleme nahm diese Tendenz in der Weimarer Republik weiter zu. 1927 verkaufte die Reichsbahn für auswärtige Besucher allein am Rosenmontag 63 000 Tageskarten. 1929 wurden 685 öffentliche Maskenbälle und Sitzungen sowie 540 geschlossene Karnevalsveranstaltungen polizeilich angemeldet und genehmigt. Vgl. hierzu Festkomitee des Kölner Karnevals von 1823 e. V. (Hrsg.), 175 Jahre ... und immer wieder Karneval, Köln 1997, S. 56; sowie Kölns Riesenverkehr zu Karneval 1927 und Der Kölner Karneval im Urteil der Behörden, in: Emil KUHNEN (Hrsg.), Kölner Karneval und Rosenmontagszug in Wort und Bild, Köln 1927, S. 181 und 254.

[277] Christine FROHN, Der organisierte Narr, Karneval in Aachen, Düsseldorf und Köln von 1823 bis 1914, Marburg 2000, S. 19, 142.

[278] Das eher gute Verhältnis zu den Behörden zeigte sich auch an den traditionellen Einladungen führender rheinpreußischer Regierungen und Behörden, Polizei und Militärs. Ebenda, S. 265 f.

[279] Peter FUCHS/Max-Leo SCHWERING, Kölner Karneval. Zur Kulturgeschichte der Fastnacht, Bd. 1, Köln 1972, S. 32–49; Joseph KLERSCH, Die Kölnische Fastnacht. Von ihren Anfängen bis zur Gegenwart, Köln 1961, S. 84–115; und Max-Leo SCHWERING, Fragen an den Kölner Karneval, Köln 1991, o. S.

licher Handlungs- und Kommunikationsraum eröffnen, der der Entstehung einer bürgerlichen Öffentlichkeit nach außen und dem bürgerlichen Vergemeinschaftungsprozeß nach innen diente. Im 19. Jahrhundert wechselte die Trägerschicht des organisierten Karnevals von der städtischen Elite zur breiteren Mittelschicht. Karnevalsvereine wurden nunmehr auch von Handwerkern gegründet, Karneval im katholischen und Arbeitervereinswesen begangen. Das gehobene Bürgertum zog sich in die renommierten Karnevalsgesellschaften zurück, die weiterhin für die Organisation des Rosenmontagszugs zuständig waren, und traf sich auf exklusiven Karnevalsbällen oder – in der Weimarer Zeit – auf den alternativen Lumpenbällen, dem letzten Schrei des Kölner Karnevals der 1920er Jahre.[280]

Im (Straßen-)Karneval wurden festgelegte soziale Grenzen überschritten und die Verhaltenskodices des Alltags außer Kraft gesetzt. Maskierungen und Kostümierungen verschleierten die äußeren Markierungen der »Standesschranken« und erlaubten es nicht nur, in andere Rollen zu schlüpfen, sondern auch »familiär« mit Menschen zu verkehren, mit denen man sonst kaum Kontakt aufgenommen hätte.[281] In den »tollen sechs Tagen« wurden die üblichen sozialen Exklusionskriterien im Zeichen einer alles integrierenden Kölner Lokalidentität ausgehebelt. Wer sich als »100 % kölsches Mädchen« fühlte wie Doris Liffmann, die 1915 in Köln als Tochter polnischer Juden in Köln geboren wurde, für den war Karneval eben etwas ganz besonderes und der teilte diesen Moment gern mit Gleichgesinnten: »Ich habe den Rosenmontag, ach da habe ich drauf gewartet wie auf den Messias. Das habe ich so gern gehabt«.[282]

Eine Untersuchung der Integration der Kölner Juden in den Kölner Karneval muß die kulturelle Handlungspraxis des gemeinsamen Feierns berücksichtigen, die spontane Begegnung auf der Straße und das organisierte Karnevalstreiben im Verein. Sie muß darüber hinaus die bisher vernachlässigte Dimension karnevalistischer Denkfiguren im närrischen Zeremoniell in den Blick nehmen. Konnte sich doch ein nicht unerhebliches antijüdisches Exklusionspotential dadurch äußern, daß sich das »Kölsche Wir-Gefühl« durch die Abgrenzung vom Fremden konstituierte und die Juden die Rolle des Anderen einnahmen oder karnevaleske Anspielungen auf aktuelle und gesellschaftliche

---

[280] KLERSCH, Fastnacht, S. 174; Michael ZEPTER, Paradiesvogel und Lumpenball, Zwei Kölner Künstlerfeste zwischen 1925 und 1939 im Spiegel der Presse, in: D. BREUER/CEPL-KAUFMANN, Moderne und Nationalsozialismus, S. 395–432.

[281] Vgl. hierzu auch Ch. FROHN, Narr, S. 332; Manfred LINKE/Gerárd SCHMIDT, Karneval in Köln. Ein Fest in Bildern, Köln 1990, S. 16–23; und Rüdiger STEINLEIN, Die Stadt als geselliger und als karnevalistischer Raum. Theodor Fontanes »Berliner Romane« in anderer Sicht, S. 41–68, in: Klaus SIEBENHAAR (Hrsg.), Das poetische Berlin. Metropolenkultur zwischen Gründerzeit und Nationalsozialismus, Wiesbaden 1992, S. 41–68, hier: S. 51 f.

[282] Interview Doris Falikmann. So auch Otto Spier: »Mein Vater war ein richtiger Kölscher. Er und meine Mutter feierten Fastelovend, gingen in die Gürzenichkonzerte – sie machten alles mit«, in: BECKER-JÁKLI, Ich habe Köln, S. 159.

Verhältnisse judenfeindliche Ideen transportierten. In diesem Zusammenhang sind neben den subjektiven Quellen Kölner Juden auch Karnevalslieder und -orden, Büttenreden und Wagendekorationen von hohem Aussagewert. Sie fanden nicht nur im direkten Kommunikationszusammenhang der Feiernden Verbreitung, sondern wurden auch in karnevalistischen Publikationen und Kölner Tageszeitungen abgedruckt und abgebildet.

Legt man beide Analyseebenen zugrunde, so zeigt sich bereits zu Beginn des 19. Jahrhunderts eine Gemengelage aus Integrations- und Ausgrenzungstendenzen im Kölner Karneval. Einerseits spiegeln sich unter französischer Herrschaft Vorbehalte, Juden nach dem über 300jährigen Ausschluß aus der Stadt nun wieder als Mitbürger zu akzeptieren. So bildeten die »neuen Hebräer« 1803 und 1804 ein zentrales Thema des Kölner Karnevals, da diese »den damaligen republikanischen Zuständen und Sitten eben keinen großen Glanz verliehen«, wie der spätere russische Staatsrat Faber befand.[283] Auch zeigt sich in der ersten Karnevalshymne des neuen Karnevals 1823 die Tendenz, die eigene Identität über die Ausgrenzung des jüdischen Fremden zu konstruieren. Die überaus populäre »Cölner Melodie«, die bereits 1824 im Kölner Karnevals-Almanach als »volkstümlich anerkannt« galt und den Kölner Karneval zehn Jahre lang beherrschte, sendete ein zumindest ambivalentes Signal, in dem es die »braven Leute« zum Mitfeiern aufforderte und ihnen die »Ritter, Türken und Juden« gegenüberstellte, diesen aber zugleich empfahl, »des Zwanges Joch zu lassen« und »in des Jubels Fluten recht brüderlich mit einzustimmen«.[284]

Zugleich vollzog sich im frühen bürgerlichen Karneval jedoch nachhaltig die fortschreitende Integration der – ökonomisch erfolgreichen – Kölner Juden in das städtische Bürgertum. So bat das Kölner Festkomitée, das sich aus Mitgliedern alter Kölner Patrizierfamilien zusammensetzte, den jüdischen Bankier Simon Oppenheim, beim Rosenmontagszug 1824 die Hauptfigur der »Karnevalsprinzessin Venetia« darzustellen.[285] Oppenheim fuhr, frenetisch umjubelt vom Kölner Publikum, in einem reichgeschmückten Festwagen durch die Straßen und eröffnete anschließend gemeinsam mit dem »Prinzen Karneval« den Maskenball im mittelalterlichen Gürzenichgebäude, zu dem sich die Spitzen der Kölner Gesellschaft eingefunden hatten. Sowohl im öffentlichen Raum des Straßenkarnevals als auch in der sozial exklusiven Atmosphäre bürgerlicher Geselligkeit konnte ein jüdischer »Homo novus« als voll akzeptierter

---

[283] Aufzeichnungen Fabers, zit. nach Michael EULER-SCHMIDT, Kölner Maskenzüge 1823–1914, Köln 1991, S. 11.

[284] Die Cölner Melodie, abgedruckt in: Paul MIES, Das kölnische Volks- und Karnevalslied von 1823–1923. Ein Beitrag zur Kulturgeschichte der Stadt Köln von 1823–1923 im Lichte des Humors, Köln/Krefeld 1951, S. 120 f.

[285] EULER-SCHMIDT, Maskenzüge, S. 16; Ch. FROHN, Narr, S. 45; und Peter FUCHS/Max-Leo SCHWERING/Klaus ZÖLLNER, Kölner Karneval. Seine Geschichte, seine Eigenart, seine Akteute, Köln 1984, S. 69 f. In einem Schreiben vom 29. Januar 1824 nimmt Oppenheim das Anliegen des Komitee dankend an, HAStK, Abt. 1123, Kast. 15 (Protokoll der KG 1824), zit. nach Ch. FROHN, Narr, Fußnote 31, S. 59.

Repräsentant des Kölner Karnevals partizipieren und sogar eine exponierte Ehrenrolle einnehmen.[286]

In der Weimarer Republik schien der Kölner Karneval sein ausgrenzendes Erbe überwunden zu haben. Einmütig konstatieren Forschungs- und Erinnerungsliteratur[287] die Begeisterung und Selbstverständlichkeit, mit der Kölner Juden gemeinsam mit nichtjüdischen Karnevalisten am närrischen Treiben teilnahmen, und beschreiben anschaulich das harmonische Miteinander.[288] Zugezogene Juden fühlten sich nicht zuletzt deshalb in ihrer Wahlheimat zu Hause, weil ihnen »die leichte Lebensauffassung der Rheinländer, der schlagfertige Humor und natürlich der Kölner Karneval« zusagten.[289] Da die Erinnerungen des jüdischen Schuhgeschäftinhabers Artus Joseph die Verschränkung von institutionellem Karneval und persönlicher Alltagserfahrung besonders prägnant zusammenfassen, sollen sie an dieser Stelle ausführlicher wiedergegeben werden:

> »Übrigens ließ der Karneval mich immer wieder mit Freude spüren, wie populär ›Das Geschäft‹ in der Stadt geworden war. Die Rosenmontags-Kapellen bliesen vor seiner Front einen Tusch, und überall in ganz Köln sang man den Vers: ›Maria un Joseph – die han en der Schelderjaß en Schohnsjeschäff...‹ [...]. Als noch die Pferdebahnen durch Köln fuhren und keine Oberleitungen im Weg waren, baute man die Wagen des Umzugs so hoch, daß Josef Wingender, ein Freund des Vaters, als er einmal Prinz Karneval war, von seinem Wagen aus einen Paradestrauß roter Rosen in Großmutters Wohnstube werfen konnte. Übrigens war es damals üblich, die Kunden des Hauses zum Zug einzuladen, so daß an diesem Tag das Geschäft sich in ein Vergnügungslokal verwandelte; keiner ließ sich vergeblich bitten. [...] Viele ›Präsidenten‹, Liederdichter und Komponisten zählten zu unsren Kunden, und so waren die Berühmtheiten des Karnevals, deren Gesichter und Namen so oft in den Zeitungen erschienen, mir nicht fremd. Der bekannteste von ihnen, Willi Ostermann, kam mir auch persönlich nahe«.[290]

Auch die Fotografien August Sanders vom alternativen Karneval der Weimarer Zeit zeugen von dem vergnüglichen Miteinander der Kölner Karnevalisten unabhängig von Konfession und Herkunft. Die Lumpenbälle der »Kölner Progressiven«, die in der einfachen Eckkneipe »Zum decken Tommes« gefeiert wurden, demonstrierten die Ablehnung der bürgerlichen Festrituale und eine

---

[286] Dies bestätigt den Befund von Shulamit Magnus, daß die neue Bürgerschicht den Motor jüdischer Integration darstellte und zugleich antijüdische Vorurteile weit verbreitet waren.

[287] ASARIA, Juden, S. 301; HENNING, Soziales Verhalten, S. 269; und HORN, Juden, S. 359.

[288] Hilda Albers-Frank, Life in a Changing World, New York 1978, Memoirs 1910–1975, LBI NY. ME 139; MM reel 1, S. 32; Interview Falikmann, Otto Spier, in: BECKER-JÁKLI, Ich habe Köln, S. 159; Adler, in: Ebenda, S. 185; und JOSEPH, Meines Vaters Haus, S. 53–56.

[289] »... war ich froh, Köln zu meiner Wahlheimat machen zu können. Die leichte Lebensauffassung der Rheinländer, der schlagfertige volkstümliche Humor und natürlich der Karneval sagten mir zu«. Herbert Liffmann/Doris Liffmann, Erinnerungen, LBI NY, Archives ME 2809, MM reel 49.

[290] JOSEPH, Meines Vaters Haus, S. 55.

Nähe zur proletarischen Feierkultur. Hier versammelten sich aber keineswegs nur arme Künstler und linksgerichtete Karnevalskritiker. Zu den Gästen zählten etwa auch Alfred Leonhard Tietz und seine Frau, wie August Sander in einem Foto 1928 festgehalten hat, und andere illustre Förderer der Kölner progressiven Kulturszene.[291]

Wenngleich eine fundierte Analyse des Miteinanders in den Karnevalsgesellschaften aus Quellengründen kaum möglich erscheint, sprechen doch einige Indizien für die These, daß Juden und Nichtjuden in den Karnevalsbeziehungen gute Beziehungen pflegten und sich gemeinsam am Festzeremoniell beteiligten.[292] Jüdische Vereinsmitglieder nahmen nicht nur Spitzenpositionen in den renommierten Kölner Karnevalsgesellschaften ein, sondern partizipierten auch aktiv an den Sitzungen, wie die Büttenrednerin Gertie Ranshoff, der Liedertexter Hans Tobar oder der Sänger Norbert Stein.[293] Sie wurden ebenso wie ihre nichtjüdischen Vereinskameraden mit Ehrendiplomen, Mützen und Orden ausgezeichnet, wenn sie sich um ihren Verein verdient gemacht hatten.[294] Auch gegenüber dem einzigen jüdischen Karnevalsverein in Köln namens Kleiner Kölner Klub scheint es – zum Ärger des *Westdeutschen Beobachters* – keine Berührungsängste gegeben zu haben, worauf der positive Sitzungsbericht im Kölner Tagesblatt über die »echt kölschen Jungen« und der Besuch der Karnevalsgesellschaft der »Fidelen Ehrenfelder« beim KKK im Februar 1929 verweisen.[295] Daß es zu keinen weiteren jüdischen Karnevalsvereinsgründungen kam, legt den Schluß nahe, daß sich die Kölner Juden bevorzugt in allgemeinen Vereinen engagierten und hier nicht auf Exklusionstendenzen stießen wie in anderen Bereichen des Kölner Vereinslebens seit den späten 1920er Jahren. Diese Vermutung wird zusätzlich dadurch gestützt, daß weder jüdische Zeitungen noch subjektive Erinnerungen über diskriminierende Erfahrungen in den allgemeinen Vereinen berichten, obwohl diese doch stets aufmerksam kolportiert wurden.

Der Eindruck ungetrübter Harmonie relativiert sich allerdings, wenn man die Inhalte der Büttenreden und Karnevalslieder genauer analysiert. Dann findet man in den 1920er Jahren erstmalig wieder antijüdische Denkfiguren im »närrischen Zeremoniell« der Karnevalisten. Zwar hatte sich der Kölner Karneval bereits spätestens seit 1870/71 symbolisch dem preußischen Militarismus und

---

[291] Foto vom Lumpenball 1928 mit Tietz und Frau, Seiwert, Hoerle, Schmitz und anderen Künstlern und Künstlerinnen, in: HERZOGENRATH, Dadamax, S. 244.

[292] Jürgen MEYER, Organisierter Karneval und »Narrenrevolte« im Nationalsozialismus. Anmerkungen zu Sein und Schein im Karneval 1933–1935, in: GiK 37 (1997), S. 69–88, hier: S. 78. Viele Vereinsakten wurden im Zweiten Weltkrieg zerstört, andere werden, wie Meyer schreibt, nicht zur Einsicht freigegeben.

[293] Ebenda.

[294] Ebenda.

[295] Echte kölsche Junge!, in: Westdeutscher Beobachter, 29. Januar 1928; und Kölner Nachrichten, in: Kölner Jüdisches Wochenblatt, 8. Februar 1929.

deutschem Nationalismus stark angenähert, wie die Gründung neuer Karnevalsgesellschaften unter Namen wie »Seine Tollität Reichsflotte« und die rasche Zunahme waffentragender Korps und Ehrengarden bezeugen. Nunmehr wurden auch die Rosenmontagszüge im Zeichen eines historisierenden Nationalismus und die Lobpreisungen von »Kaiser« und »Reich« in Büttenreden und Ordensmotiven abgehalten.[296] In diesem Sinne hatte der Karneval einerseits »die patriotische Volksstimmung zu einem einheitlichen Nationalgefühl«[297] gebündelt und andererseits die Ideen des Nationalismus bei der Bevölkerung popularisiert, doch finden sich in den karnevalistischen Äußerungen vor dem Ersten Weltkrieg keinerlei judenfeindliche Motive. In Abgrenzung zu Shumalit Volkov ließe sich daher formulieren, daß in der Festkultur des Karnevals vor dem Ersten Weltkrieg der Antisemitismus keineswegs eine Codefunktion auf dem Weg des Bürgertums zum antiliberalen Nationalismus einnahm.

Ab Mitte der 1920er Jahre legten Karnevalslieder, -reden und Züge jedoch nicht nur beredtes Zeugnis von einem offensiveren Chauvinismus und aggressiveren Nationalismus des Kölner Karnevals ab[298], sondern spiegelten erstmalig auch wirtschafts- und kulturantisemitische Denkstrukturen.[299] Wann genau diese Wende einsetzte, läßt sich indessen nicht rekonstruieren, da der offizielle Kölner Karneval im Ersten Weltkrieg und durch das Verbot der Besatzungsmächte eine zehnjährige Zwangspause einlegte.[300] Erst ab Mitte der 1920er Jahre waren öffentliche Sitzungen, Maskenbälle und Rosenmontagszüge wieder zugelassen, bis wirtschaftliche Schwierigkeiten bereits 1932 erneut zur Einstellung der großen Maskenzüge führten.[301]

---

[296] EULER-SCHMIDT, Maskenzüge, S. 74–80; Ch. FROHN, Narr, S. 75, 266; Michael MÜLLER, Karneval und Politik. Zum Verhältnis zwischen Narren und Obrigkeit am Rhein im 19. Jahrhundert, Koblenz 1982, S. 32–46; und Max-Leo SCHWERING, Historische Kölner Karnevalsorden, Köln 1989, o. S.

[297] Michael EULER-SCHMIDT, »Und wer ein Weiser Juble sich heiser: Hoch leb' der Kaiser ... «, in: Festkomitee des Kölner Karnevals von 1823 e. V., 175 Jahre, S. 44–53, hier: S. 44.

[298] Abend am Rhein, Unsere deutschen Frauen, in: Lieder vom Kölner Karneval, Köln 1927, S. 7 f., 11 f. Vgl. beispielhaft auch die Reden von Hans Jonen, Äskulap, in: KUHNEN, Kölner Karneval, S. 62–72; und Engelbert Sassen, Diogenes sucht Menschen, in: Ebenda, S. 280–284. Vgl. zu antidemokratischem Denken Nähe völkisch-nationalistischer Ideologie im Kölner Karneval der Weimarer Republik auch J. MEYER, Carneval, S. 69 f. Das Festkomitee richtete sich 1927 gegen die ungezügelten Tendenzen der Militarisierung des Rosenmontagszugs, indem es keine neuen Korps zum Zug mehr zuließ. Vgl. P. FUCHS/SCHWERING/ZÖLLER, Karneval, S. 88.

[299] Lieder vom Kölner Karneval; und Erich KUHNEN (Hrsg.), Hundert Jahre Kölner Karneval. Die Wiedergeburt 1925, Köln 1926; und ders., Kölner Karneval.

[300] Ilse PRASS, Treffpunkt Karneval. Tips und Infos rund um die Kölner Karnevalsgesellschaften, Köln 1995, S. 21; Festkomitee des Kölner Karnevals von 1823 e. V., 175 Jahre, S. 64; Helmut SIGNON/Stefan VOLBERG, Die Roten Funken von Köln, Köln o. J., S. 53–58.

[301] Unterstützung fand diese auch bei den Kirchen, den städtischen Behörden und der Sozialdemokratie. Vgl. etwa die Entschließung gegen die Wiederbelebung des Karnevals, Novembersitzung des Presbyteriums, in: Kirchlicher Anzeiger für die evangelischen Ge-

Der forcierte Nationalismus des Weimarer Karnevals spiegelte sich einerseits in den wenigen Rosenmontagszügen, in denen ein »operettenhafter Militarismus« dermaßen überhand zu nehmen drohte, daß das Festkomitee 1927 keine weiteren Korps und Ehrengarden zuließ.[302] Er manifestierte sich aber auch in den Büttenreden und Liedern, in denen sich die Anklage der außenpolitischen Opferrolle Deutschlands mit einer Selbststilisierung der Karnevalisten als gesunde Volkstumsträger gegenüber einer verderbten Großstadtkultur verband und in diesem Zusammenhang zum Teil mit antisemitischen Stereotypen aufgeladen wurde. Bereits auf der offiziellen Eröffnungssitzung des Kölner Karnevals erhielt der stadtbekannte Volkstumsdichter Hans Jonen im Februar 1925 tosenden Beifall für seine Rede, in der der geknechtete Prinz Karneval das personifizierte Leiden des unterdrückten deutschen Volks symbolisierte und ihm dichotomisch ein Heer von Schiebern und Kriegsgewinnlern gegenüberstellte, für das er eine Hauptmetapher antisemitischer Agitation verwandte: das Bild vom blutsaugenden Vampir am kranken Volkskörper.[303] Sogar segregationistische Phantasien des radikalen Antisemitismus konnten 1927 in Kölner Büttenreden weithin Gehör finden:

> »Es war einst einmal ein fleißiger Michel,
> Der stand an dem Amboß, der schwang seine Sichel
> Und sagte: ›Was hilft's, wenn ihr schimpft nur und grollt,
> Viel Reden ist Blech, nur Arbeit ist Gold!‹
> Und eines Tags schmiß er mit Pack und mit Bündel
> Aus dem Lande das faule Wuchergesindel.
>
> Die Hetzer und Schreier, die kamen hinterdrein,
> Und dann war in Deutschland die Luft wieder rein«.[304]

Auch wenn das Schlüsselwort Jude in diesen Versen nicht ausgesprochen wurde, macht die antithetische Gegenüberstellung des produktiven, fleißigen deutschen Michels mit den semantischen Codewörtern antisemitischer Propaganda von den unproduktiven Wucherern und Hetzern, die Deutschlands Luft ver-

---

meinde, 21. November 1920; Warnung vor der Wiedereinführung des Karnevals, Kardinal Schulte vom 12. Dezember 1924, in: Kirchlicher Anzeiger der Erzdiözese, 15. Dezember 1924. Zum Rechtsstreit zwischen der Stadt Köln und den Karnevalsgesellschaften um die Wiedereinführung von Maskenbällen 1925 vgl. KLERSCH, Fastnacht, S. 165–175; und zur negativen Haltung der Sozialdemokratie, Ch. FROHN, Narr, S. 304 f.

[302] P. FUCHS/SCHWERING/ZÖLLER, Karneval, S. 43–50; KLERSCH, Fastnacht, S. 173: »Es konnte den Anschein haben, als ob der durch den Versailler Vertrag für das Rheinland verbotene Militarismus sich in den Karneval geflüchtet hätte, um sich hier unter der Tarnung der Maske ein Reservat zu schaffen«.

[303] Karnevalserlösung, Rede von Hans Jonen, in: KUHNEN, Hundert Jahre, S. 52–62, hier: S. 56 f.

[304] Till Eulenspiegel, Rede von Heinz Ehnle, in: KUHNEN, Kölner Karneval, S. 132–136, hier: S. 134. In der Karnevalsanthologie des Jahres 1927 sogar als »einer der besten und produktivsten Redner, die wir haben«, bezeichnet.

pesteten, klar, wer gemeint war.³⁰⁵ Diese semantische Verschlüsselung war insofern klug, als sich der Büttenredner dadurch nicht direkt angreifbar machte und eine denkbare Strafanzeige vereitelte.

Hinzu kamen karnevaleske Aufbereitungen des traditionellen Wirtschaftsantisemitismus, etwa indem auf die Melodie des »Rattenfängers« die schmutzigen Werbe- und Verkaufsmethoden eines fliegenden Händlers mit jüdischem Vornamen besungen wurden.³⁰⁶ In aktuellen Anspielungen auf die zersetzende und unmoralische Wirkung vermeintlich »jüdischer« Stücke wie Zuckmayers »Fröhlicher Weinberg« 1926 oder der Bartok-Pantomime »Der wunderbare Mandarin« am Opernhaus, die von dem jüdischen Intendanten Szenkar in Szene gesetzt worden war, wurden ein Jahr später auch kulturantisemitische Versatzstücke im lokalen Gewand an die karnevalistische Öffentlichkeit gebracht.³⁰⁷

In den Reden und Liedern des Kölner Karnevals der 1920er Jahre findet sich also bereits ein beträchtliches Exklusionspotential, das ab 1933 in massive antijüdische Ausgrenzungspraktiken mündete. Es waren ja keineswegs nur die vom Verkehrsamt organisierten Rosenmontagswagen mit den antisemitischen Motiven, die die judenfeindliche Stimmung im Kölner Karneval des Nationalsozialismus ausmachten.³⁰⁸ Bereits 1933 erfreuten sich Karnevalslieder bekannter Komponisten wie »Die Jüdde wandern uss« großer Beliebtheit.³⁰⁹ In allen Bereichen des karnevalistischen Lebens mehrten sich antisemitische Ausgrenzungen: Langjährige Mitglieder alteingesessener Karnevalsgesellschaften wurden denunziert und ausgeschlossen, jüdische Karnevalistinnen auf der Straße beschimpft:

> »An einem Karnevalstag hatte ich mich verkleidet und mir auf einen Trainingsanzug lauter Lappen aufgenäht [Der ›Lappemann‹ ist ein klassisches Kölner Karnevalskostüm, N. W.], da riefen sie mir ›Lumpenjud‹ nach. Ich bin schnell nach Hause gelaufen und habe geweint«.³¹⁰

Das grenzüberschreitende Potential der Festkultur war einem ebenso rigiden wie demütigenden Ausgrenzungsritual gewichen.

---

305 Siehe zu einer genaueren Analyse des Wucher- und Schieberstereotyps auch Kap. 5.

306 Dä billige Jakob, Lied von Heinz Förster Jr., in: KUHNEN, Kölner Karneval, S. 100.

307 Rechtsanwalt Maier IV., Rede von Franz Klein, in: Ebenda, S. 214–217, hier: S. 216 f. Vgl. auch die Rede von Aloys Fritzen, Heinrich Heine redivivus, in der der Gestank der Wunderbaren Mandarinen beklagt wird, die doch als allerbeste Waren angepriesen worden seien, in: Ebenda, S. 299–303, hier: S. 300. In dieser Rede wird Heinrich Heine jedoch nicht antisemitisch angegriffen, sondern als rheinischer Spötter zum Kronzeugen der Kritik erhoben.

308 Ingrid SCHWIENORST-MEYER, Karneval im »Dritten Reich« unter besonderer Berücksichtigung der Stadt Köln, Staatsexamensarbeit, Berlin 1983.

309 Zum vollen Liedtext vgl. J. MEYER, Karneval, S. 75 f., zit. nach Günther Bernd GINZEL, Jüdischer Alltag in Deutschland 1933–1945, Düsseldorf 1984, S. 82.

310 Anni Adler, in: BECKER-JÁKLI, Ich habe Köln, S. 175; J. MEYER, Karneval, S. 77 f.

Der Kölner Karneval zeugt im Resümee auf verschiedenen Ebenen von einem engen Miteinander von Juden und Nichtjuden. Man feierte ausgelassen gemeinsam auf der Straße und im Verein, vergnügte sich sowohl in den informellen als auch in den institutionalisierten Formen des karnevalesken Frohsinns. Auf individueller und organisatorischer Ebene waren in diesen sechs Tagen die sozialen Exklusionsschranken zwischen Juden und Nichtjuden ausgehebelt. Insofern entspricht die Analyse der kulturellen Handlungspraxis des gemeinsamen Feierns dem Befund der Literatur.

Doch wenn man darüber hinaus die Dimension karnevalistischer Denkfiguren berücksichtigt, zeigen sich in den Büttenreden und Liedern bereits seit Mitte der 1920er Jahre antisemitische Tendenzen, während man nach einer höhnischen Verspottung deutsch-völkischer Gesinnung oder eines radikalen Antisemitismus vergeblich sucht. So trug der Karneval auf der verbalen, nicht der Handlungsebene dazu bei, antisemitische Vorurteile aus dem Wirtschafts- und Kulturleben zu popularisieren und antisemitische Austreibungsphantasien zu enttabuisieren. Wenn diese Worte auch zunächst die Formen des Miteinanders nicht unterminieren konnten, zeigt ihre Zunahme doch, daß die vermeintlich feste Bastion des positiven Miteinanders schon seit Mitte der 1920er Jahre keineswegs einheitlich und nur positiv zu bewerten ist. Diese dunkle Seite des Karnevals erklärt womöglich auch, wieso die Kölner Juden nach 1933 so schnell ausgeschlossen wurden.

5. Fazit

Insgesamt gesehen war das Kulturleben ein Bereich städtischen Lebens, in dem Juden weitgehend integriert waren. Das enge Miteinander jüdischer und nichtjüdischer Kulturproduzenten manifestierte sich sowohl in der Einführung der Moderne durch eine neue Trägerschicht des Kunstbetriebs als auch in den alternativen Projekten kultureller Dissidenten. Es fußte auf langen Traditionslinien der Partizipation im Musikleben und im Karneval und vollzog sich unter den neuartigen Produktions- und Arbeitsbedingungen des Rundfunks der Weimarer Zeit. Kölner Juden und Jüdinnen engagierten sich aktiv in allen Bereichen des Kultursystems: als Kulturkonsumenten, Teilhaber an der lokalen Feierkultur, als Kulturförderer und -produzenten. Auch im kollektiven Gruppenzusammenhang agierten jüdische Kulturproduzenten selbstbewußt bei der Repräsentation jüdischer Kultur im öffentlichen Raum. Diese Repräsentation jüdischer Kultur innerhalb allgemeiner Kulturprojekte überschritt die engen Grenzen umfassender Assimilationsforderungen und war gelebte Praxis eines pluralistischen Kulturkonzepts. Die mikrohistorische Analyse sozialen Handelns bestätigt in diesem Punkt die Befunde der älteren Literatur und kann sie in einen neuen Begründungszusammenhang stellen. Erstens vollzog sich die enge emotionale, fachliche und soziale Vergesellschaftung im alltäglichen

Kommunikations- und Arbeitsprozeß jüdischer und nichtjüdischer Kulturproduzenten jenseits der religiösen und soziokulturellen Gruppengrenzen. Zweitens waren die jüdischen Kulturförderer bis 1933 eng in das bürgerliche Vereinswesen eingebunden, wie ihre (Vorstands-)Tätigkeit in den Kunst-, Musik- und Karnevalsvereinen belegt.[311] Zwar waren in den bürgerlichen Vereinen antijüdische Denkbilder durchaus präsent, mündeten aber nicht in antisemitische Handlungen und unterminierten auch nicht die gute Zusammenarbeit jüdischer und nichtjüdischer Mitglieder in den Vereinen. In diesem Bereich blieben die Unterwanderungsbestrebungen der Nationalsozialisten relativ erfolglos. Hinzu kam drittens die aufgeschlossene Haltung der städtischen Behörden, die sich durch eine liberale Einstellungspolitik »jüdischer« Kulturproduzenten an städtischen Kulturinstitutionen und ihre vorurteilsfreie Praxis gegenüber jüdischen Organisationen ausdrückte. Die alltäglichen und wenig aufsehenerregenden Praktiken der offenen Raumvergabe, der Partizipation an jüdischen Veranstaltungen, der symbolischen Ehrung des kulturellen Engagements und der Unterstützung selbstbewußter Repräsentation jüdischer Kultur blieben bis 1933 selbstverständlicher Bestandteil städtischen Lebens. Viertens richteten sich im lokalen Raum Behörden, kommunale Parteien, Vereine, katholische und protestantische Milieuorganisationen gegen radikalantisemitische Bestrebungen im Kulturleben. In Köln fand die völkische Kulturoffensive also keinen Rückhalt in breiten Schichten der Bevölkerung, im allgemeinen Bewußtsein der Kulturkonsumenten und in der bürgerlichen Honoratiorenkultur. Ein auch in Köln vorherrschender Kulturkonservativismus wurde nur in Ausnahmefällen antisemitisch aufgeladen. Fünftens schließlich war die deutsch-völkische Bewegung auch als eigenständiger Akteur im Kulturleben der Stadt extrem schwach. Dies gilt insbesondere für die Frühphase der Republik wegen der besonderen organisatorischen Schwäche der völkischen Rechten in der Besatzungszeit.[312] Erst ab den späten 1920er Jahren forcierte die Kölner NSDAP in ihrem Parteiblatt eine radikale, kulturantisemitische Agitation, mit der sie eine Atmosphäre der Bedrohung gegen lokale Akteure im städtischen Raum zu inszenieren suchte, ohne diese bis 1933 in offene Gewalt umzusetzen. Auch die kulturpolitischen Vorstöße im Stadtrat, die Unterwanderung institutioneller Kulturträger und der Aufbau eigener Kultur-

---

311 Zum Kunstverein vgl. Peter GERLACH, Moralität und Konflikte im Kölnischen Kunstverein, in: D. BREUER, Moderne im Rheinland, S. 367–382.

312 Einer der wenigen Vorstöße der deutsch-völkischen Bewegung im Kulturleben der Stadt stellte im November 1920 die Drohung des Deutschvölkischen Schutz- und Trutzbundes dar, einen Vortrag des Sexualwissenschaftlers Magnus Hirschfeld zu stören, ohne daß dies zu einem Verbot der Veranstaltung führte oder die Drohung in der Tat umgesetzt wurde. Protestbrief des DVSTB Gaugruppe Rheinland Ortsgruppe Köln an das Polizeipräsidium, 7. November 1920, HStAD Pol. Präs. Köln, 209. Der Polizeipräsident lehnte es ab, den Vortrag zu verbieten, er mahnte nur zur Überwachung des Vortrags. Polizeipräsident Nr II Nr. 2842, 11. November 1920, ebenda; und das Schreiben des Polizeipräsidenten an den DVSTB, 13. November 1920, ebenda.

organisationen blieben weitestgehend erfolglos. Die deutsch-völkische Kulturoffensive konnte also die hohe Qualität des Miteinanders von Juden und Nichtjuden nicht unterminieren.[313]

In Köln tobte kein Zweikampf einer fest konturierten Moderne und einer ebenso eng definierten antisemitischen Reaktion. Vielmehr dominierten die Integrationsverteidiger in einem vielschichtigen Tableau von Interessen, Konfliktlagen und Meinungen gegenüber ihren Gegnern. Wenn das positive Bild an dieser Stelle gleichwohl etwas zu relativieren ist, liegt das zunächst an der weiten Verbreitung antijüdischer Denkbilder und Vorurteilsstrukturen im kulturellen Leben der Stadt auch unter jenen, die sich durchaus nicht dem deutsch-völkischen Lager zurechneten. So belegte man die jüdischen Mäzene der Sonderbundausstellung mit dem Stereotyp des Parvenüs und redetete von der jüdischen Dominanz im Musikleben, Rundfunk und Theater. Selbst und gerade im Kölner Karneval, der gemeinsam von Kölnern aller Konfessionen gefeiert wurde und als Hochburg der Integration gilt, mehrten sich seit Mitte der 1920er Jahre antisemitische Inhalte in den Karnevalsliedern und Büttenreden. Sogar segregationistische Austreibungsphantasien konnten ab 1927 in der Bütt unter Beifall Gehör finden. Dies verweist darauf, dass in der Popularkultur antisemitische Äußerungen stärker waren als in der Elitenkultur. Doch auch im Karneval standen diese Äußerungen weder in einem dichtgewebten, noch in einem geschlossenen argumentativen Zusammenhang. Sie trugen auch in den frühen 30er Jahren noch einen Ausnahmecharakter.

Zudem wurde unter den etablierten Kräften der Stadt, im katholischen Milieu, durch kulturkonservative Gegner der gemäßigten Moderne mittels antisemitischer Denkbilder Druck erzeugt, um die eigenen kulturellen Vorstellungen und Interessen durchzusetzen. Die Auswirkungen waren in den einzelnen Kultursektoren der Stadt dabei durchaus unterschiedlich. Am stärksten wirkten sie sich im Theaterleben der Stadt aus, wo sich der kulturkonservative Druck von unten auf die liberaleren Milieuspitzen und auf Adenauer durch geschickte Lobbyarbeit durchzusetzen vermochte und wo konservative Traditionslinien dominierten. Der Oberbürgermeister spielte in diesem Zusammenhang, wenn es ihm opportun erschien, durchaus selber die Karte des Kulturkonservativismus aus.[314] In diesem Zusammenhang finden sich erstmalig offene Kommuni-

---

[313] Eine obskure Ausnahme bot allerdings der esoterische Vortrag eines Bremer Astrologen namens Radetzky über »okkulte Erscheinungen, Medien, Spiritismus, Astrologie« vor etwa 1 000 Zuhörern in Köln im November 1925. Während einzelne Zuhörer in und nach der Pause gegen die antisemitischen Äußerungen protestierten, kam es wegen der Zwischenrufe zu Tumulten im Publikum, und die Zwischenrufer mußten unter »Heraus«-Rufen den Saal verlassen. Bericht über den Radetzky-Vortrag durch die Abt. Ia Nr. 2481/b, 19. November 1925, HStAD Pol. Präs. Köln, 210.

[314] So kritisierte er 1932, man habe sich zu lange an der Berliner Theaterszene orientiert, deren »Theater heute vom Geist der Zersetzung in bedenklichem Maß angenagt sei«. Zit. nach Matthias von HELLFELD/Brigitte JUMPERTZ, Mit der Stimme des Blutes. Theater im Dritten Reich, in: CANARIS/GAEHME/PULLEM, Theaterstadt, Köln, S. 45–53, hier: S. 45.

kationsmuster antijüdischer Tendenzen im institutionalisierten Kulturbetrieb der Stadt. Es waren vor allem die Mittellagen des katholischen Milieus – Vereinsfunktionäre aus der Volksbildungsbewegung und den Sittlichkeitsvereinen, kulturkonservative Zentrumsabgeordnete und Journalisten – die aus kulturpolitischen Motiven antijüdische Vorstöße im lokalen Raum initiierten. Doch ohne weitergehende milieuinterne Unterstützung waren diese Kräfte kaum durchsetzungsfähig. Die antijüdischen Dispositionen in den Köpfen der einfachen Bevölkerung waren noch zu schwach, die Interessen der Milieu- und Stadtspitzen zu inklusionsfreudig und die Traditionen des Miteinanders im Bürgertum zu eng geknüpft, als daß sich die antisemitischen Vorstöße hätten durchsetzen können.

VIERTES KAPITEL

WISSENSCHAFT ZWISCHEN LIBERALITÄT UND AUSGRENZUNG

Bildung und Wissenschaft galten der überwiegenden Mehrheit der deutschen Juden als Kernbereiche und Schlüsselbegriffe deutscher Kultur. Die Wertschätzung dieser zentralen Institutionen der »Sinngebungskompetenz« und »Orientierungskraft« war tief in ihrem Wertehorizont verankert[1], und akademische Professionen rangierten auf der Skala des Sozialprestiges ganz oben, nicht zuletzt auch deshalb, weil mit ihnen weiterhin die Hoffnung auf sozialen Aufstieg und soziale Anerkennung verbunden war. Die kulturelle Ausstrahlungskraft von Bildung und Wissenschaft fand daher ihre gesellschaftliche Entsprechung in den weit überdurchschnittlichen Bildungsqualifikationen, dem Trend zu akademischen Berufen und dem hohen Anteil jüdischer Studenten und – stärker noch – Studentinnen an den deutschen Universitäten.[2]

Daß die jüdischen Wissenschaftler im Kaiserreich mit gravierenden Vorbehalten an den staatlichen, preußisch-protestantischen Bildungsinstitutionen kämpften, daß sie eindeutig benachteiligt wurden und ohne Taufe kaum die Chance bekamen, auf eine ordentliche Professur berufen zu werden, konnte ihren außerordentlichen Erfolg in den Geistes- und, stärker noch, in den Naturwissenschaften seit der Jahrhundertwende nicht verhindern. Die hohe Zahl deutsch-jüdischer Nobelpreisträger wurde als Beleg dafür immer wieder herangezogen.[3]

---

[1] Zit. nach Ulrich Sieg, Der Preis des Bildungsstrebens. Jüdische Geisteswissenschaftler im Kaiserreich, in: Gotzmann/Liedtke/Rahden, Juden, Bürger, Deutsche, S. 67–95, hier: S. 67. Siehe hierzu George L. Mosse, Jüdische Intellektuelle. Zwischen Religion und Rationalismus, Frankfurt a. M./New York 1992.

[2] Vgl. hierzu genauer Avraham Barkai, Die Juden als sozio-ökonomische Minderheitengruppe in der Weimarer Republik, in: Grab/Schoeps, Juden, S. 330–346; Claudia Huerkamp, Jüdische Akademikerinnen 1900–1938, in: GG 19 (1993), S. 311–331; und Richarz, Jüdisches Leben, S. 23.

[3] Zu den Exklusionstendenzen an den deutschen Universitäten im Kaiserreich vgl. Kaplan, Bürgertum, S. 203–207; Pulzer, Gleichstellung, S. 152–157; und Sieg, Preis. Zu den Erfolgen siehe Klaus Fischer, Jüdische Wissenschaftler in Weimar: Marginalität, Identität und Innovation, in: Benz/Paucker/Pulzer, Jüdisches Leben, S. 89–116; und Shulamit Volkov, Soziale Ursachen des Erfolgs in der Wissenschaft. Juden im Kaiserreich, in: HZ 245 (1987), S. 315–342, Wiederabdruck in: Dies., Antisemitismus als kultureller Code, S. 146–175; und dies., Juden als wissenschaftliche »Mandarine« im Kaiserreich und in der

Es wurde jüngst kritisch angemerkt, daß diese Ausnahmefiguren der Wissenschaft über Jahrzehnte dazu gedient hätten, die gelungene Integration jüdischer Wissenschaftler zu illustrieren und ein harmonisierendes Bild »deutsch-jüdischer Kultursymbiose« vor 1933 zu zeichnen. Dies mag vereinzelt zutreffen.[4] Allerdings dominierte sowohl in der deutsch-jüdischen Historiographie als auch in der Antisemitismusforschung das Bild von den deutschen Universitäten als Zentrum des gesellschaftlichen Antisemitismus und Hort der Reaktion.[5]

Das starke Interesse der sozialgeschichtlichen Antisemitismusforschung seit den 1960er Jahren an Studenten[6] und Professoren[7] als sozialen Trägergruppen des Antisemitismus und der Verbreitung der Judenfeindschaft an einzelnen Hochschulen[8] gründete sich hierbei auf den Umstand, daß das akademische Bildungsbürgertum des Kaiserreichs aufgrund seines hohen Sozialprestiges und seiner Multiplikatorfunktion im Berufs- und Gesellschaftsleben den Antisemitismus salonfähig machte.[9]

Bei der Verbreitung des radikalen Antisemitismus spielten die Studenten eine besonders exponierte Rolle. Es ist nunmehr hinlänglich bekannt, daß sie als erste Gruppe innerhalb des Bürgertums bereits zwischen 1880 und 1900

Weimarer Republik. Neue Überlegungen zu sozialen Ursachen des Erfolgs jüdischer Naturwissenschaftler, in: AfS 37 (1997), S. 1–18.

[4] SIEG, Preis, S. 89. Er bleibt dafür allerdings den Nachweis schuldig. Zwei Seiten zuvor richtet sich Sieg gegen Volkov, die konstatierte, daß die von ihr untersuchten Naturwissenschaftler »in den deutschen Wissenschaftsbetrieb vollkommen integriert waren«. VOLKOV, Ursachen, S. 151. Zu denken wäre etwa an Helmut Heiber, der behauptete, daß die Universitäten der Weimarer Republik frei von Antisemitismus gewesen seien: Helmut HEIBER, Universität unterm Hakenkreuz, Bde. 1–2, München 1991–1992, hier: Bd. 2, S. 67.

[5] Für die deutsch-jüdische Historiographie vgl. BARKAI, Jüdisches Leben, S. 55; NIEWYK, Jews in Weimar Germany, S. 61–67; und RICHARZ, Jüdisches Leben, S. 37–39.

[6] Aus der Fülle der Literatur seien hier nur die wichtigsten Standardwerke angeführt: Hans Peter BLEUEL/Ernst KLINNERT, Deutsche Studenten auf dem Weg ins Dritte Reich. Ideologie – Programme – Aktionen 1918–1935, Gütersloh 1967; Konrad JARAUSCH, Deutsche Studenten 1800–1970, Frankfurt a. M. 1984; KATER, Studentenschaft; Thomas SCHINDLER, Studentischer Antisemitismus und jüdische Studentenverbindungen 1880–1933, Gießen 1988; sowie Heike STROELE-BUEHLER, Studentischer Antisemitismus in der Weimarer Republik. Eine Analyse der Burschenschaftlichen Blätter 1918–1933, Frankfurt a. M. 1991.

[7] Hans Peter BLEUEL, Deutschlands Bekenner. Professoren zwischen Kaiserreich und Diktatur, Bern 1968; Horst FUHRMANN, »Sind eben doch alles Menschen gewesen«. Gelehrtenleben im 19. und 20. Jahrhundert, München 1996; Werner JOCHMANN, Akademische Führungsschichten und Antisemitismus, in: Ders., Gesellschaftskrise, S. 13–29; und Fritz K. RINGER, Die Gelehrten. Der Niedergang der deutschen Mandarine, 1890–1933, München 1987.

[8] Auch hier verbietet die große Zahl der Einzelstudien einen vollständigen Überblick. Vgl. als besonders gewinnbringende Arbeiten Christian JANSEN, Professoren und Politik. Politisches Denken und Handeln der Heidelberger Hochschullehrer 1914–1935, Göttingen 1992; und Norbert KAMPE, The Friedrich-Wilhelms-Universität of Berlin: A Case Study on the Students' »Jewish Question«, in: LBIYB 32 (1987), S. 43–101.

[9] BERDING, Moderner Antisemitismus, S. 118; JOCHMANN, Führungsschichten, S. 19; und WINKLER, Gesellschaft, S. 188. Wenig ergiebig dagegen Gabriele MICHALSKI, Der Antisemitismus im deutschen akademischen Leben in der Zeit nach dem Ersten Weltkrieg, Frankfurt a. M. 1980.

einen völkischen Nationalismus adaptierten und in ihren Ausschüssen und Verbindungen rassistische Ausschließungsprinzipien verankerten.¹⁰ Die weitere Rechtsradikalisierung der Studentenschaft nach dem Ersten Weltkrieg und der Siegeszug des NS-Studentenbundes an zahlreichen Universitäten in der Endphase der Republik sind ebenfalls weitgehend erforscht.¹¹ Die Ursachen- und Motivforschung zur Erklärung des radikalen Antisemitismus der Studenten hat mit stark unterschiedlicher Gewichtung sozioökonomische, politische und generationsspezifische Faktoren angeführt.¹² Dabei scheint gerade in der Verbindung von Hochschulkrise, ökonomischen Problemen und beruflicher Perspektivlosigkeit mit der politischen Radikalisierung, Emotionalisierung und Mobilisierung der seit 1921 an die Hochschule drängenden »Kriegsjugendgeneration« ein schlüssiger Erklärungsansatz zu liegen.

Warum Universitätsbehörden und Professorenschaft diesem studentischen Rechtsradikalismus so wenig entgegensetzten und gegen die Gleichschaltung der Universitäten kaum Widerstand leisteten oder sie gar befürworteten, bildete lange Zeit das Haupterkenntnisinteresse der Forschung. Dabei war die Historiographie weit stärker als bei der Untersuchung der Studenten ideologie- und ideengeschichtlich ausgerichtet. Sie konzentrierte sich auf den Wandel der politischen Einstellung der Professoren von engagierten Liberalen zu vermeintlich unpolitischen Gelehrten, die mehrheitlich einem antidemokratischen

---

¹⁰ Vgl. hierzu besonders JARAUSCH, Studenten; und KAMPE, Studenten.
¹¹ Neben der bereits erwähnten Arbeit Katers sei verwiesen auf Anselm FAUST, Der Nationalsozialistische Deutsche Studentenbund. Studenten und Nationalsozialismus in der Weimarer Republik, Bde. 1–2, Düsseldorf 1976; und Steven STEINBERG, Sabers and Brown Shirts: The German Students' Path to National Socialism, 1918–1935, Chicago 1973. Auch in Hinblick auf den Nationalsozialismus ist eine Analyse der Weimarer Studentengeneration unerläßlich, wie Ulrich Herbert verdeutlichte. Der akademisch ausgebildete Führungsnachwuchs der Nationalsozialisten rekrutierte sich aus der Studentengeneration der Weimarer Republik. Es bestand ein enger Zusammenhang zwischen der politischen Sozialisation dieser Männer in der »völkischen Studentenbewegung« und ihrer späteren Zugehörigkeit »zum weltanschaulichen Elitekorps von SD und Gestapo«. HERBERT, »Generation der Sachlichkeit«; und ders., Best.
¹² Im Gegensatz zu Winkler und Kater, die das sozialökonomische Konkurrenzmotiv als Erklärungsmuster überstrapazieren, betont Niewyk, daß die eigentliche Ursache des studentischen Rassismus in der politischen Emotionalisierung der Weimarer Studenten gelegen habe. Er führt durchaus überzeugend an, daß die Studenten der Technischen Hochschulen einen besonders rigiden Antisemitismus verfochten, ohne sich dabei jemals in einer vermeintlichen oder realen Konkurrenzsituation mit jüdischen Kommilitonen befunden zu haben. NIEWYK, The Jews in Weimar Germany, S. 61 f. Sowohl Michael Grüttner als auch Ulrich Herbert verwenden einen generationsspezifischen Erklärungsansatz, um die Affinität der Studenten zum völkischen Antisemitismus und Nationalsozialismus zu analysieren – ihr Erkenntnisgewinn differiert jedoch stark. Während Grüttner in der Einleitung seiner Monographie Studenten im Dritten Reich, Paderborn 1995, S. 10, losgelöst von der historisch-politisch-ideologischen Dimension die Nähe zum NS ganz allgemein in der Begeisterungsfähigkeit einer jungen Generation, ihrem ausgeprägten Elitebewußtsein und ihrem relativ großen Maß an Selbstbestimmung vermutet, nutzt Herbert gewinnbringend soziologische Generationstheorien, um sie fundiert zu einer Studie der politischen Mentalität der Weimarer Studentengenerationen auszubauen.

Denken anhingen.¹³ Auch wenn, so die verallgemeinernde Position, nur wenige Professoren Mitglieder der NSDAP waren und sie den radikalen Antisemitismus mehrheitlich als pöbelhaft ablehnten, teilten die Hochschullehrer antijüdische Vorurteile, die in ein national-konservativen Weltbild eingebettet waren, begegneten den völkischen Studenten daher mit einiger Toleranz und ihren jüdischen Kollegen mit Ablehnung.¹⁴

Doch greift die neuere Forschung das eindimensionale Bild von der reaktionären, antisemitischen Universität stark an.¹⁵ Georg G. Iggers verweist auf die Komplexität der Situation bereits im Kaiserreich: Obwohl antisemitische Vorbehalte an der Universität weit verbreitet gewesen seien, habe sich die Universität sehr wohl für konvertierte wie nichtkonvertierte Juden geöffnet und Chancen einer akademischen Karriere, allerdings jenseits des Ordinariats, bereitgestellt. Die Weimarer Zeit sei von einer noch größeren Inkonsistenz geprägt gewesen, da einerseits wegen der vorurteilsfreien Politik des preußischen Bildungsministeriums und der neugegründeten Reformuniversitäten Köln, Hamburg und Frankfurt mehr Juden in bedeutende Positionen gelangt seien¹⁶, sich aber andererseits der rassistische Antisemitismus in weiten Teilen der organisierten Studentenbewegung etabliert und seit 1931 zu gewaltsamen Attacken gegen jüdische Professoren geführt habe.¹⁷

Notker Hammerstein revidiert die alten Forschungspositionen sogar noch weitgehender. Zwar verweist auch er auf die unterschwelligen antijüdischen Vorurteile und auf die schwierige Situation jüdischer Hochschullehrer insbesondere an den älteren, traditionsreichen Universitäten in der Weimarer Zeit,

---

¹³ JANSEN, Professoren und Politik, S. 11, 13; NIEWYK, The Jews in Weimar Germany, S. 67.

¹⁴ Siehe hierzu BLEUEL, Bekenner und; die wegweisende Studie RINGER, Die Gelehrten.

¹⁵ Bisher findet sich nur eine übergreifende Monographie zum Antisemitismus an deutschen Universitäten von 1871–1933, die sich schwerpunktmäßig mit der Zeit des Kaiserreichs befaßt und die Weimarer Republik auf knapp 20 Seiten abhandelt: HAMMERSTEIN, Antisemitismus. Ders. mit leicht stärkerer Akzentuierung des Antisemitismus: Professoren in Kaiserreich und der Weimarer Republik, in: ALTER/BÄRSCH/BERGHOFF, Konstruktion, S. 119–136.

¹⁶ Die Kölner und Hamburger Hochschulen folgten dem Frankfurter Vorbild, wo der Oberbürgermeister Franz Adickes bereits 1914 eine moderne Stiftungsuniversität ins Leben gerufen hatte. Vgl. zu der Entstehung der neuen »Großstadt-Universitäten« auch HAMMERSTEIN, Antisemitismus, S. 76–79; ders., Die Johann Wolfgang Goethe-Universität Frankfurt am Main. Von der Stiftungsuniversität zur staatlichen Hochschule 1914–1950, Frankfurt a. M. 1989; und im knappen Rückblick zu der Entstehungsgeschichte der Hamburger Universität Michael GRÜTTNER, Die Hamburger Universität im »Dritten Reich«. Analyse und Dokumente, Berlin/Hamburg 1991.

¹⁷ Georg G. IGGERS, Academic Anti-Semitism in Germany 1870–1933. – A Comparative International Perspective, in: TAJB 27 (1998), S. 473–489. Den zugespitzten Bewertungen der Antisemitismusforschung widersprach bereits 1987 Hartmut TITZE, Hochschulen, in: Dieter LANGEWIESCHE/Heinz-Elmar TENORTH, Buch der deutschen Bildungsgeschichte, Bd. 5: 1918–1945. Die Weimarer Republik und die nationalsozialistische Diktatur, München 1989, S. 209–239, hier: S. 218, der auf demokratische Tendenzen an einer Reihe von Universitäten wie Berlin, Heidelberg, Leipzig und Jena hinwies.

doch betont er, daß im protestantisch-preußischen Bildungswesen katholische Wissenschaftler ebenfalls diskriminiert worden seien. Ferner unterstreicht er den prinzipiell konfessionell neutralen, sachbezogenen und fachlich-wissenschaftlichen Anspruch der Universitäten. Eine offizielle antisemitische Hochschulpolitik habe es nie gegeben, eher seien – insbesondere an den neuen Großstadtuniversitäten – gegenteilige Tendenzen in Erscheinung getreten.[18] Der rassistische Antisemitismus sei von außen und allenfalls von der Studentenschaft an die Universität getragen worden, aber bei den maßgeblichen Entscheidungsträgern kaum auf Zuspruch gestoßen und deswegen als eher unbedeutend einzuschätzen.[19]

Gerade diese unterschiedlichen Bewertungen der Bedeutung und Verbreitung antisemitischer Momente im Universitätsleben verdeutlichen einmal mehr die Notwendigkeit einer differenzierten Betrachtungsweise. Denn einerseits beruht das Bild des akademischen Antisemitismus noch immer vorrangig auf der sozialhistorischen Geschichte der radikalisierten studentischen Organisationen und einer politischen Ideengeschichte der Professoren, die inklusionsfreudige Aspekte der Hochschulpolitik und die Alltagsdimension des Miteinanders vernachlässigt. Andererseits stützt sich das positivere Urteil der neueren Forschung in erster Linie auf Berufungsstatistiken und offizielle Verlautbarungen der Reformuniversitäten und der demokratischer ausgerichteten Hochschulen (wie Breslau, Berlin, Jena oder Leipzig) und zeichnet damit ebenfalls ein eindimensionales Bild. So können weder die Dynamik antisemitischer Denk- und Handlungsmuster noch ihre Grenzen an der Universität erfaßt werden.

Diese Arbeit bemüht sich dagegen, das Interaktionsgefüge an der Hochschule sowie der lokalen Handlungsträger in ihrem Einfluß auf das akademische Leben genau auszuleuchten und dadurch fundierte Einblicke in die Mechanismen des Mit- und Gegeneinanders im Bereich der Wissenschaften zu erzielen.[20]

Die Kölner Hochschule bietet sich für eine solche mehrdimensionale Analyse besonders an. In der Forschung gilt die 1919 als Stiftungsuniversität gegründete Hochschule, die in den 1920er Jahren rasch expandierte und zur zweitgrößten Universität Preußens aufstieg, als eine liberale Hochschule[21], die

---

[18] HAMMERSTEIN, Antisemitismus, S. 95. Auch Zimmermann konstatiert, daß die offizielle Position der Universitäten im allgemeinen gegen Antisemitismus gerichtet gewesen sei, betont aber, daß das akademische Leben gleichwohl antisemitische Züge getragen habe. ZIMMERMANN, Juden, S. 41.

[19] Vgl. zur Kritik an Hammerstein RAHDEN, Ideologie, S. 14 f. Van Rahden kritisiert die Gleichsetzung der jüdischen und katholischen Diskriminierungserfahrung und die Verharmlosung der Folgen des Antisemitismus für die Berufschancen jüdischer Akademiker.

[20] Da die Kölner Hochschule eine Stiftungsuniversität war, waren die lokalen Akteure – also Kommunalpolitiker, private Stifter und Medien – in das Universitätsgeschehen involviert.

[21] Vgl. HAMMERSTEIN, Antisemitismus, S. 65.

sich durch ihre vorurteilslose Berufungspraxis, den hohen Anteil jüdischer Professoren und das scharfe Vorgehen der Universitätsbehörden gegen den radikalen Antisemitismus der Studentenschaft in der Endphase der Republik auszeichnete.[22] Judenfeindliche Äußerungen seien bis 1929/30 ohnehin Einzelfälle geblieben[23], da die Studenten in Köln politisch maßvoll und der NS-Studentenbund ausgesprochen schwach gewesen seien.[24] So seien anders als etwa in Freiburg und Erlangen die Kölner Studenten keineswegs als Speerspitze eines radikalisierten Rassenantisemitismus aufgetreten. Demgegenüber soll im folgenden argumentiert werden, daß die Situation der jüdischen Dozenten und Studenten an der Kölner Universität weit komplexer war, als dieser Eindruck nahelegt.

Um diese These zu untermauern, widmet sich der erste Teil des Kapitels nach einer Einführung in die Kölner Rahmenbedingungen der Situation der jüdischen Hochschullehrer und überprüft anhand der Berufungspolitik die These von der liberalen Kölner Hochschulpolitik. Hierzu werden sozialstatistische Methoden mit einer qualitativen Analyse der Berufungspraxis kombiniert, die danach fragt, wer die Berufung jüdischer Hochschullehrer befürwortete, welche – antisemitisch aufgeladenen – Widerstände sich aus den Fachbereichen sowie aus dem lokalen Umfeld formierten und wer sich letztlich im Konfliktfeld divergierender wissenschaftspolitischer Interessen durchsetzen konnte.[25] Um die soziale Akzeptanz der bereits berufenen Hochschullehrer zu untersuchen, werden darüber hinaus ihre gesellschaftlichen Kontakte zu den nichtjüdischen Kollegen untersucht.

Im zweiten Teil des Kapitels steht die Entwicklung des studentischen Antisemitismus im Mittelpunkt. Leider verhindern gravierende Quellenlücken, ein dichtes Bild der informellen Kontakte zwischen jüdischen und nichtjüdischen Studenten zu zeichnen. Daher treten die studentischen Organisationen als Hauptakteure auf.[26] Nach der Erstellung eines Sozialprofils, das soziostrukturelle Gründe für einen vermeintlich schwach ausgeprägten studentischen Anti-

---

[22] Ebenda, S. 78–81; und NIEWYK, The Jews in Weimar Germany, S. 67. Vergleiche ferner GOLCZEWSKI, Jüdische Hochschullehrer, S. 341–358; und Bernd HEIMBÜCHEL, Die neue Universität. Selbstverständnis – Idee und Verwirklichung, in: Bernd HEIMBÜCHEL/Klaus PABST, Kölner Universitätsgeschichte, Bd. 2: Das 19. und 20. Jahrhundert, Köln/Wien 1988, S. 101–692.

[23] GOLCZEWSKI, Jüdische Hochschullehrer, S. 379.

[24] DÜWELL, Universität, S. 181. Siehe ferner Michael WORTMANN, Der Nationalsozialistische Deutsche Studentenbund an der Universität Köln (1927–1933), in: GiK 8 (1980), S. 101–118.

[25] Überzeugend hat eine solche qualitative Analyse der Berufungspraxis bereits Sieg für die Zeit des Kaiserreichs vorgenommen. Zur theoretischen Fundierung siehe SIEG, Preis, S. 70 f.

[26] Eine solche Perspektive kann jedoch die gravierenden Überlieferungsprobleme hinsichtlich der Studentinnen nicht aufheben. Die in Erscheinung tretenden jüdischen und nichtjüdischen Akteure sind – von wenigen Ausnahmen abgesehen – männliche Studenten, was auf das stark patriarchal geprägte studentische Organisationsleben zurückzuführen ist.

semitismus diskutiert, werden die Interaktionsmuster der Waffenstudentenschaft, der katholischen Studentenschaft und der studentischen Selbstvertretung als der einflußreichsten studentischen Organisationen an der Kölner Universität im Verhältnis untereinander, zu den jüdischen Studenten und den externen Akteuren untersucht. Besonderes Augenmerk richtet sich schließlich auf die Rechtsradikalisierung der Studentenschaft bereits ab 1926/27 und die neuen Agitations- und Aktionsformen des studentischen Antisemitismus ab 1929.[27]

1. Die Reformuniversität als liberales Projekt

Der festliche Gründungsakt zur Eröffnung der Universität zu Köln am 12. Juni 1919 in dem alten Gemäuer des Gürzenichsaals weckte sicherlich bei manchem Teilnehmer Gedanken an die glanzvollen Zeiten der alten Universität, die 1388 gegründet und 1798 unter Napoleon geschlossen worden war. Gleichwohl stellte die Kölner Universität eine moderne Großstadtuniversität dar, die sowohl in ihrer Entstehungsgeschichte als auch in Struktur und Selbstverständnis eng mit der Weimarer Zeit verknüpft war und sich hierin stark von den alten Traditionsuniversitäten absetzte.[28]

Nachdem zahlreiche Wiederbegründungsversuche der Universität im 19. Jahrhundert am französischen und preußischen Widerstand gegen eine Stärkung der katholischen Stadt gescheitert waren[29], wären vermutlich auch die jüngsten Anstrengungen des seit 1904 amtierenden Studiendirektors der Kölner Handelshochschule Christian Eckert und des Oberbürgermeisters erfolglos geblieben, hätten nicht die veränderten politischen Rahmenbedingungen nach dem Ersten Weltkrieg die Durchsetzung ihrer Pläne ermöglicht und hätte der neue Kultusminister Konrad Haenisch nicht die Gründung unter der Voraussetzung unterstützt, daß die Kölner Universität aus stadteigenen und privaten

---

[27] GOLCZEWSKI, Jüdische Hochschullehrer; ders., Kölner Universitätslehrer; HEIMBÜCHEL, Universität; Peter LAUF, Jüdische Studierende an der Universität zu Köln 1919–1934, Köln/Weimar/Wien 1991; und WORTMANN, Studentenbund. Lauf bietet zwar methodisch fundierte Informationen zu den Zahlen der jüdischen Studierenden, ihrer geographischen Herkunft und Sozialstruktur, geht aber rein quantifizierend vor, die Studien- und Lebenssituationen bleiben unerwähnt. Auch die nichtjüdischen Studierenden finden jenseits der Radikalisierung in der Endphase der Republik kaum Beachtung, wenn man von einigen sozialstatistischen Angaben absieht. Weitaus besser erforscht sind die biographischen Hintergründe der jüdischen Hochschullehrer.

[28] Vgl. zu der Entstehung der neuen Großstadt-Universitäten auch HAMMERSTEIN, Antisemitismus, S. 76–79; und ders., Johann Wolfgang Goethe-Universität; sowie im knappen Rückblick zur Entstehungsgeschichte der Hamburger Universität GRÜTTNER, Hamburger Universität.

[29] Siehe hierzu Manfred GROTEN (Hrsg.), Älteste Stadtuniversität Nordwesteuropas. 600 Jahre Kölner Universität, Köln 1988; und HEIMBÜCHEL/PABST, Universitätsgeschichte.

Mitteln finanziert würde.[30] In der entscheidenden Sitzung des Kölner Stadtrats am 20. März 1919 wurde die Universitätsgründung in einem einhelligen Beschluß des Zentrums, der Sozialdemokraten und der Liberalen trotz zahlreicher sachlicher Vorbehalte der Stadtverordneten, insbesondere wegen der hohen finanziellen Belastung für den Haushalt der Stadt, angenommen und Adenauer zur Unterzeichnung des Staatsvertrags zwischen der Stadt Köln und der Preußischen Staatsregierung bevollmächtigt.[31]

Dieser Vertrag schrieb die besondere Struktur der Kölner Universität als einer städtischen Stiftungsuniversität nach dem Frankfurter Vorbild fest: Zwar trug die Hochschule den Charakter einer Landesuniversität und stand unter ministerieller Aufsicht, jedoch verpflichtete sich die Stadt zu ihrer Finanzierung.[32] Die städtischen Mittel reichten jedoch bei weitem nicht aus, um den Ausbau der Universität zu gewährleisten, so daß bald zusätzlich private Stifter den Unterhalt sicherten. Der zentralen Rolle von Stadt und Stiftern Rechnung tragend, wurde das Kuratorium, das sich aus Vertretern der Universität, der Stadt und einigen Stiftern unter dem Vorsitz von Konrad Adenauer zusammensetzte, mit wichtigen Machtbefugnissen ausgestattet. Dem Kuratorium unterstand nicht nur die innere Verwaltung der Universität, sondern es verfügte auch über das Recht, die Berufungsvorschläge der Fakultät an das Ministerium mit einer Stellungnahme zu versehen.[33] Diese wichtige Befugnis sollte in parteipolitischen und konfessionellen Proporzfragen noch zu großen Spannungen zwischen Kuratorium und Oberbürgermeister auf der einen Seite und den Fakultäten sowie Vertretern der städtischen Öffentlichkeit auf der anderen Seite führen, die ihre Interessen an universitätspolitischen Fragen auch mit antisemitisch aufgeladenen Positionen ausfochten. Wegen ihres Stiftungscharakters stand die Kölner Universität weit stärker im Spannungsfeld divergierender Interessen universitärer und außeruniversitärer Akteure als eine traditionelle Landesuniversität.

Im ersten Jahrzehnt nach ihrer Gründung durchlief die Kölner Universität eine dynamische Entwicklung. Sie konnte mit einer geglückten Berufungspolitik führende Wissenschaftler gewinnen. Der rasche Aufstieg der Fächer ver-

---

[30] Vor dem Hintergrund von Besatzung und Separatismusbestrebungen sprach nunmehr auch das preußische Kultusministerium einer Kölner Universität wichtige (kultur)politische Funktionen zu: In der außenpolitischen Frontstellung gegen die französischen Besatzung sollte das »geistige deutsche Bollwerk am Rhein« die französische Kulturpropaganda »abwehren« und zugleich die Lücke schließen, die die katholische Universität in Straßburg durch die Abtretung Elsaß-Lothringens hinterließ. Außerdem wurde intendiert, mit einem positiven Signal in der Universitätsfrage den inneren Zusammenhalt des Rheinlands mit Preußen zu stärken. Siehe zum Motivgeflecht und Verhandlungsgang der Entstehung der Universität DÜWELL, Universität, S. 167–173; sowie HEIMBÜCHEL, Universität, S. 320–325; und Erich MEUTHEN, Kleine Kölner Universitätsgeschichte, Köln 1998, S. 30 f.

[31] HEIMBÜCHEL, Universität, S. 321, 327.

[32] Der Staatsvertrag wurde am 28./29. Mai 1919 in Berlin und Köln von Haenisch und Adenauer unterzeichnet. Ebenda, S. 337.

[33] Ebenda, S. 338 f.

band sich mit einem starken Zulauf der Studenten und Studentinnen: Bis Ende der 1920er Jahre waren die Studentenzahlen von 1 300 auf über 5 000 geklettert, hatte sich die Zahl der Lehrstühle auf 65 verdoppelt und wurde der Ausbau der Fakultäten erfolgreich abgeschlossen.[34] Die Attraktivität der Kölner Universität lag nicht zuletzt in ihrem fortschrittlichen Profil begründet, das von den drei Prinzipien der Praxisorientierung, des Gesellschaftsbezugs und des weltanschaulichen und wissenschaftlichen Pluralismus geprägt war.[35] Die Wurzeln dieses universitären Selbstverständnisses lagen im Demokratisierungsbestreben der frühen Republik und der neuen Hochschulreformbewegung.[36] In ihrem Anspruch, wissenschaftliche Lehre an eine berufspraktische Orientierung anzubinden, knüpfte die neue Universität auch an die Traditionen ihrer kommunalen Vorläuferinstitutionen an.[37] Der Schwerpunkt der Hochschule lag dabei auf neueren Fächern und Fachrichtungen, die im klassischen Universitätskanon wenig Berücksichtigung fanden.[38] Das inhaltliche Profil der Hochschule wurde besonders von der Wirtschafts- und Sozialwissenschaftlichen Fakultät geprägt, die aus der Handelshochschule hervorgegangen war und auch hinsichtlich der Studentenzahlen führend blieb.[39] Als tragendes Moment des universitären Selbstverständnisses verdient schließlich die Verankerung eines weltanschaulichen und wissenschaftsmethodischen Pluralismus besondere Erwähnung. Stets betonte Adenauer in seiner Funktion als Kuratoriumsvorsitzender, daß die Kölner Universität die herrschenden Strömungen der Zeit zu repräsentieren habe und daß katholische, sozialistische und liberale Positionen gleichermaßen vertreten sein sollten. Zugleich knüpfte sich gerade im katholischen Köln an die neue Universität die Erwartung, daß mit ihr ein katholisches Gegengewicht gegen das preußisch-protestantische Bildungswe-

---

[34] MEUTHEN, Kleine Kölner Universitätsgeschichte, S. 32.

[35] Ebenda, S. 34. Im folgenden beziehe ich mich auf HEIMBÜCHEL, Universität, S. 328–350.

[36] Ebenda, S. 376.

[37] Unter diesen war am bedeutendsten die von dem Großkaufmann und Präsidenten der Handelskammer Gustav Mevissen 1901 gegründete Handelshochschule, der 1904 die Kölner Akademie für praktische Medizin, 1906 die Vereinigung rechts- und staatswissenschaftlicher Fortbildung und 1912 die Hochschule für kommunale und soziale Verwaltung folgten. All diese Institutionen, die auf städtische und private Stiftungsinitiativen zurückgingen, waren spezialisierte, praktisch motivierte Forschungseinrichtungen mit dem Ziel, wissenschaftliche Methoden an die moderne Wirtschafts- und Gesellschaftsentwicklung anzupassen und eine adäquate akademische Berufsausbildung zu gewährleisten. Vgl. HEIMBÜCHEL, Universität, S. 332.

[38] Hierin glich die Kölner Hochschule einmal mehr der Frankfurter Stiftungsuniversität.

[39] Sie zählte 1919 69 % der Studenten und wies selbst in Rezessionszeiten, in denen ein wirtschaftswissenschaftlich ausgerichtetes Studium nicht sonderlich attraktiv war, einen Studentenanteil von nur knapp unter 40 % auf. Die Juristische Fakultät war eng mit der Wiso-Fakultät verbunden und nahm vermutlich auch deswegen einen raschen Aufschwung von anfänglich 12 % der Studierenden auf 28 % im Winter 1928. GROTEN, Stadtuniversität, S. 127 f.; HEIMBÜCHEL, Universität, S. 445.

sen entstehen werde.⁴⁰ Obwohl in diesem Prinzip die Gefahr eines permanenten Streits um Parität angelegt war, zeichnete sich die Kölner Hochschule – folgt man dem Bild, das Golczewski, Heimbüchel und Hammerstein einmütig skizzierten – in ihrer Berufungspolitik durch eine liberale Linie aus, die fachlicher Kompetenz höhere Bedeutung beimaß als ideologischen oder vorurteilsbegründeten Kriterien und die den Gleichbehandlungsgrundsatz in ihren Statuten festschrieb.⁴¹ Zurückgeführt wurde diese liberale Linie erstens auf den offeneren, flexibleren und innovativeren Charakter der neuen Großstadtuniversität, zweitens auf ihre weitgehend liberal-republikanische Ausrichtung und drittens auf ihren wissenschaftlichen Aufbauwillen, der mit der Hoffnung gepaart war, das Universitätsprestige durch die Berufung hervorragender Fachvertreter zu steigern.

2. Jüdische Hochschullehrer und Berufungspolitik

2.1. Das statistische Profil

Die liberale Berufungspraxis wirkte sich sowohl auf das allgemeine Profil der Kölner Professorenschaft aus, die im Durchschnitt deutlich jünger sowie fachlich und politisch heterogener ausgerichtet war als die Kollegien an den traditionellen Universitäten, als auch auf die zahlenmäßige Stärke jüdischer Dozenten.⁴² Die Kölner Hochschule stand dabei in einem deutlichen Gegensatz zu den traditionellen Hochschulen wie Tübingen, Erlangen und Würzburg, Münster, Rostock und Königsberg, wo Wissenschaftler jüdischer Herkunft und jüdischen Glaubens nahezu von Berufungen ausgeschlossen waren.⁴³ Und selbst an den liberalen Universitäten wie Berlin, Frankfurt und Heidelberg war

---

⁴⁰ DÜWELL, Universität, S. 174.

⁴¹ »Die Berufung zu einem Lehramt ist unabhängig von der religiösen Überzeugung oder Betätigung. Auch dem lehramtlichen Wirken dürfen aus solchen Gründen Schranken nicht gesetzt werden«. Zit. nach einem Schreiben des Kölner Rektors an den Konsul von Stein, 22. März 1927, UAK, 9, 4. Siehe zur Kölner Universität auch GOLCZEWSKI, Jüdische Hochschullehrer, S. 363; HAMMERSTEIN, Antisemitismus, S. 65, 79; und HEIMBÜCHEL, Universität, S. 395.

⁴² Der folgende statistische Überblick orientiert sich zunächst an der Arbeit Golczewskis. Sie verwendet, wie in der Forschung üblich, einen weiten Judenbegriff, der Dissidenten, getaufte Juden und (Enkel-)Kinder getaufter Juden, die schon als Christen geboren wurden, umfaßt, also alle, die unter die nationalsozialistischen Rassengesetze fielen. In den eigenen Ausführungen wird anschließend nach Personen jüdischen Glaubens und jüdischer Herkunft differenziert.

⁴³ Uwe Dietrich ADAM, Hochschule und Nationalsozialismus. Die Universität Tübingen im Dritten Reich, Tübingen 1977, S. 31; GOLCZEWSKI, Jüdische Hochschullehrer, S. 363; Michael H. KATER, Die nationalsozialistische Machtergreifung an den deutschen Hochschulen. Zum politischen Verhalten akademischer Lehrer bis 1939, in: Hans VOGEL/Helmut SIMON/Adalbert PODLECH (Hrsg.), Die Freiheit des Anderen. Festschrift für Martin Hirsch, Baden-Baden 1981, S. 49–75, hier: S. 51; und SCHÜLER-SPRINGORUM, Minderheit, S. 221.

die Bereitschaft, jüdische Privatdozenten als ordentliche Professoren zu berufen, gering, auch wenn sich diese Universitäten insgesamt vergleichsweise stark jüdischen Wissenschaftlern öffneten.[44] Trotzdem mußten diese in der Regel mindestens doppelt so lang wie ihre christlichen Kollegen auf einen Ruf warten, herausragende Leistungen wurden oftmals nicht honoriert. In der Weimarer Zeit reichte auch die Taufe, die im Kaiserreich oftmals als Eintrittsbillet in den akademischen Betrieb gedient hatte, allzuoft nicht, um die Diskriminierungspraxis zu durchbrechen.[45]

An der Kölner Universität unterrichteten in den Jahren zwischen 1919 und 1933 22 Hochschullehrer jüdischen Glaubens bzw. jüdischer Herkunft. Ihr Anteil am Lehrkörper war mit 11,4 % in der Gründungsphase der Republik am höchsten und sank bis zum Wintersemester 1932/33 leicht auf 9,8 %.[46] Hier machte sich zunächst die liberale Berufungspolitik der Vorgängerinstitutionen, der Handelshochschule und der medizinischen Akademie, bemerkbar, von denen die Universität acht jüdische Hochschullehrer übernahm. Die Kölner Universität führte also in der liberalen Berufungspolitik eine Tradition des Kaiserreichs fort, als die Handelshochschulen und medizinischen Akademien dem Trend des stetig sinkenden Anteils jüdischer Ordinarien an den Universitäten entgegenstanden.[47] In den Jahren 1919 bis 1933 wurden 14 weitere Hochschullehrer jüdischen Glaubens und jüdischer Herkunft berufen.

Stärker noch als im hohen Anteil der jüdischen Dozenten am Kölner Lehrkörper, der ja leicht abnahm, scheint sich die liberale Politik der Universitätsgremien in den Aufstiegschancen der jüdischen Hochschullehrer auszudrükken. Denn während in der Frühphase der Universität nur wenige Ordinariate mit jüdischen Professoren besetzt waren, stieg die Zahl der jüdischen Ordinarien von 8,6 % auf 12,3 % im Wintersemester 1929/30.[48]

Jedoch relativieren absolute Zahlenangaben den Eindruck einer ausgesprochen starken Präsenz jüdischer Dozenten an der Kölner Universität. An der Juristischen Fakultät etwa machten die beiden Professoren Alfred Ludwig Wie-

---

[44] Vgl. zu Frankfurt HAMMERSTEIN, Professoren, S. 127; und zu Berlin BRENNER, Weimarer Jahre, S. 171; sowie R. RÜRUP, Jewish History, S. 43. Zu einer relativ liberalen Berufungspolitik an der Heidelberger Universität siehe JANSEN, Professoren, S. 177, der allerdings keine statistischen Angaben liefert.

[45] Vgl. genauer zur Habilitations- und Berufungspraxis der Weimarer Republik mit ihren tiefgreifenden Diskriminierungen HAMMERSTEIN, Antisemitismus, S. 68–75. Hammerstein bietet hier allerdings auf der Basis von Erinnerungsliteratur eher einen impressionistischen Einstieg in das wichtige Thema als eine genaue Analyse.

[46] Siehe hierzu GOLCZEWSKI, Jüdische Hochschullehrer, S. 379.

[47] Vgl. die Denkschrift Bernhard Breslauers über »Die Zurücksetzung der Juden an den Universitäten Deutschlands«, verfaßt im Auftrag des Verbandes Deutscher Juden, der die Handelshochschulen und medizinischen Akademien als Auffangbecken jüdischer Wissenschaftler bezeichnete. Zit. nach HEIMBÜCHEL, Universität, S. 394.

[48] GOLCZEWSKI, Jüdische Hochschullehren, S. 379, Tab. 2: Ordentliche Professoren an der Universität Köln.

ruszowski und Fritz Stier-Somlo, ein zum Protestantismus konvertierter Rabbinersohn, ein Drittel des Lehrkörpers aus.

Noch wichtiger ist der Umstand, daß die weite Definition, die Golczewski und Hammerstein zugrunde legen, nicht zwischen den Berufungszahlen der dem Judentum angehörenden und der getauften Dozenten unterscheidet. Wenn man diesen Unterschied aber berücksichtigt, besticht die deutliche Unterrepräsentierung der Ordinarien jüdischen Glaubens gegenüber ihren konvertierten Kollegen auch – und gerade – in Köln.[49] Denn nur zwei von 14 Dozenten jüdischer Religion waren Ordinarien, dagegen fünf von acht Dozenten jüdischer Herkunft.[50] Bevor Bruno Kisch 1926 zum Ordinarius berufen wurde, war die Kölner Universität sogar die einzige preußische Hochschule, die keinen ordentlichen Professor jüdischen Glaubens angestellt hatte.[51]

So wird deutlich, daß in Köln Wissenschaftler jüdischer Herkunft durchaus Karriere machen konnten und sich die neueren rassistischen Diskriminierungen hier nicht wie an der Mehrzahl der deutschen Universitäten durchsetzten. Gleichwohl verringerte sich an der Kölner Hochschule der Anteil jüdischer Wissenschaftler im Lauf der Weimarer Republik. Darüber hinaus griffen die klassischen akademischen Ausgrenzungsmuster des 19. Jahrhunderts besonders deutlich. Schließlich war der Taufdruck an der Kölner Hochschule überdurchschnittlich hoch. Bis auf wenige Ausnahmen konnten nur zum Christentum konvertierte Wissenschaftler eine Professur bekommen. Bereits dieser statistische Überblick legt nahe, die Berufungspraxis nicht vorbehaltlos als eine qualitativ neue, vorurteilsfreie Hochschulpolitik einzuschätzen, sondern allenfalls als eine Berufungspolitik, die die Radikalisierung der Ausgrenzung an den traditionellen Hochschulen nicht nachvollzog und an den tradierten Exklusionsmustern festhielt.

2.2. Widerstände in der Berufungspraxis

Motive und Mechanismen der vermeintlich vorurteilsfreien Berufungspolitik der Universität sowie antisemitische Vorbehalte gegenüber jüdischen Bewerbern lassen sich jedoch deutlicher anhand der Berufungsverhandlungen nachvollziehen, da sie von der Statistik nicht erfaßt werden.

---

[49] Auch Golczewski erwähnt diesen Umstand knapp. Ebenda, S. 378.

[50] Es handelte sich bei den beiden jüdischen Ordinarien um Bruno Kisch von der Medizinischen Fakultät, der 1926 vom Privatdozenten zum ordentlichen Professor berufen worden war, und den bereits erwähnten Romanisten Leo Spitzer. Die fünf Ordinarien jüdischer Herkunft waren der Psychiatrieprofessor Gustav Aschaffenburg, die Juristen Fritz Stier-Somlo und Hans Kelsen, Max Scheler als Direktor des Sozialwissenschaftlichen Instituts und der Zoologe Ernst Bresslau.

[51] Eine Zuschrift aus dem Professorenkreis, in: Kölner Jüdisches Wochenblatt, 18. Juli 1930.

Ein frühes Beispiel antisemitischer Vorstöße aus der Juristischen Fakultät bietet das Berufungsverfahren Fritz Haymann.[52] Haymann wurde 1923 von Rostock nach Köln berufen, um als ordentlicher Professor für Römisches Recht, Bürgerliches Recht und Rechtsphilosophie zu lehren. Der Gutachter der Fakultät sprach sich trotz bester fachlicher Qualifikation Haymanns gegen eine Berufung aus, da er den Gelehrten »für Kölner Studenten wegen seines Aussehens und seiner Gebärden weniger geeignet« halte.[53] Wenn man bedenkt, daß es zum Kern des antisemitischen Denkens gehört, Personen jüdischer Herkunft durch die Zuschreibung körperlicher Merkmale und ein spezifisches Gebaren als Juden zu definieren und zu diskreditieren, mag es erstaunen, wie unverblümt hier in einem vermeintlich wissenschaftlich objektiven Gremium dieses fachfremde »Argument« gegen den Rostocker Juristen vorgetragen und dabei zugleich offen ausgesprochen wurde, daß er für den Kölner akademischen Nachwuchs nicht tragbar sei. Dieser antisemitische Vorstoß konnte sich aber nicht durchsetzen, weil das Kuratorium entgegen dem Gutachten einhellig der Ansicht war, daß nur die wissenschaftliche und pädagogische Befähigung entscheiden dürfe.[54] Allerdings wurde der Rostocker Ordinarius, der unter den Bewerbern über die beste fachliche Qualifikation verfügte, mit der offiziellen Begründung nur auf den zweiten Listenplatz gesetzt, daß man bezweifle, ihn für Köln gewinnen zu können. Letztlich zeigte der Wechsel Haymanns nach Köln aber, daß diese (vermeintlichen) Zweifel ganz unbegründet waren.[55]

Als drei Jahre später der bereits erwähnte Physiologe Bruno Kisch zum ordentlichen Professor ernannt werden sollte, wurde dagegen offen mit der Begründung interveniert, daß er Jude tschechoslowakischer Herkunft sei.[56] Bereits 1918/19 war der Mediziner, der aus einer orthodox-jüdischen Familie stammte, mit einem ersten antisemitischen Angriff konfrontiert worden, der

---

[52] Haymann (1874–1947) hatte sich 1907 an der Frankfurter Akademie für Sozial- und Handelswissenschaften habilitiert und war dort ab 1914 als außerplanmäßiger Honorarprofessor und Richter tätig, bis er 1919 als Ordinarius nach Rostock berufen wurde. GOLCZEWSKI, Jüdische Hochschullehrer, S. 372.

[53] Über dieses Gutachten informiert das Schreiben des Rektors an Konsul von Stein, 22. März 1927, UAK, 9, 4.

[54] Ebenda.

[55] Inwiefern hier Konzessionen gegenüber dem Gutachter eine Rolle spielten oder Haymanns Wechsel tatsächlich nicht erwartet wurde, läßt sich nicht mehr rekonstruieren. Vgl. zur Berufung Haymanns auch HEIMBÜCHEL, Universität, S. 451, der die antijüdische Dimension des Vorfalls nicht erwähnt.

[56] Dies geht aus dem Schreiben des Rektors vom 22. März 1927 hervor. Der gebürtige Prager Kisch wurde 1913 von Professor Hering als Assistent an dessen Pathologisch-Physiologisches Institut an der Akademie für praktische Medizin nach Köln geholt, nahm am Ersten Weltkrieg als Kriegsfreiwilliger im österreichischen Heer teil und wurde nach seiner Rückkehr nach Köln im Oktober 1918 Privatdozent, 1922 Extraordinarius und 1925 ordentlicher Professor für Biochemie und pathologische Physiologie der Kölner Universität. GOLCZEWSKI, Jüdische Hochschullehrer, S. 365.

ihn beinahe seine Stellung an der Universität gekostet hätte. Als Kisch nach Kriegsende an die Universität zurückkehrte, wurde ihm vom städtischen Leiter der Medizinalangelegenheiten, dem Zentrumsverordneten Krautwig, Ende Dezember 1918 die Kündigung mit der Begründung zugestellt, Kisch habe durch seinen Eintritt in das österreichische Heer seine Anstellung in Köln unterbrochen und vakante Stellen müßten jetzt für Kölner Bürger reserviert werden. Da Kisch seinen Dienst ohne Kenntnis und Einverständnis der städtischen Verwaltung wiederaufgenommen habe, habe er sich nunmehr als gekündigt zu betrachten.[57] Noch Jahrzehnte nach dem Vorfall empört sich Kisch in seiner Autobiographie über diese »verächtliche Verlogenheit« Krautwigs, da er selber nachweislich seine Stellung als Assistent nie unterbrochen habe und die Stadt ihm »Liebesgaben ins Feld gesandt« und sogar noch für zwei Jahre Gehaltsdifferenzen nachgezahlt habe.[58]

Adenauer setzte sich in seiner Eigenschaft als Kuratoriumsvorsitzender für den angegriffenen jüdischen Mediziner ein, nachdem sich dieser bei ihm um Unterstützung bemüht hatte.[59] Dabei kam dem Physiologen die Umwandlung der medizinischen Akademie in eine Universitätsfakultät zugute, da letztere auf Kisch nicht verzichten mochte und ihm die weitere Mitarbeit garantierte, was die Mißgunst seiner gleichgestellten Kollegen aus dem Mittelbau erregte. Im Herbst 1920 schickte ihm der Assistentenrat der Universitätsklinik Lindenburg einen Brief mit der Aufforderung, so schnell wie möglich auf seine Stellung zu verzichten, damit ein aus dem Felde zurückkommender Kollege sie bekommen könne. Hiervon ließ sich Kisch seinen rückblickenden Erinnerungen zufolge allerdings weniger beeindrucken als von dem Schreiben Krautwigs:

> »Ich empfand diese Aufforderung als eine Unverschämtheit und antwortete den Herren in entsprechender Weise. Ich wäre ebenfalls eben aus dem Felde zurückgekommen und ihre Wünsche seien mir völlig gleichgültig. Damit, glaubte ich, sei die Angelegenheit beendigt«.[60]

Auch wenn die Vorbehalte gegen Kisch dadurch nicht ausgeräumt waren und sich in den oben zitierten Einwänden gegen seine Berufung zum ordentlichen Professor noch einmal manifestierten, schadeten sie Kisch ebensowenig in seinem weiteren beruflichen Werdegang wie sein Zerwürfnis mit seinem christlichen Vorgesetzten Hering: Kisch wurde früher als irgendeiner seiner gleichrangigen Kollegen zum Ordinarius berufen, da sich in der Berufungsfrage nicht nur Adenauer, sondern auch Ministerialdirektor Richter vom Berliner Kultusministerium für ihn eingesetzt hatte.[61] Kisch konnte sich also gegen

---

[57] Bruno KISCH, Wanderungen und Wandlungen. Die Geschichte eines Arztes im 20. Jahrhundert, Köln 1966, S. 201 f.

[58] Ebenda, S. 202.

[59] Adenauer ließ Kisch durch Professor Hering mitteilen, daß er sich keine Sorgen zu machen brauche und zunächst in seiner Stellung verbleiben könne. Ebenda.

[60] Ebenda, S. 201.

[61] Ebenda, S. 217 f. und 225.

Widerstände der Assistenten und der städtischen Behörden durchsetzen, da ihm die Unterstützung der übergeordneten Instanzen sicher war.

Allerdings blieb es dem Physiologen trotz seines wissenschaftlichen Renommees verwehrt, seinen begabten Assistenten Jesaiah Leibowitz ebenfalls in größerem Umfang zu fördern.[62] Leibowitz war 1927 mit den besten Empfehlungen Carl Neubergs, des Leiters des Kaiser-Wilhelm-Instituts für Biochemie in Dahlem, nach Köln gewechselt, um sich dort zu habilitieren: »Der Stellungswechsel erscheint mir auch aus dem Grunde besonders erstrebenswert, als das Fortkommen auf der akademischen Laufbahn sich für mich leichter von der Universität Köln aus gestalten dürfte, als ausgehend von den Forschungsinstituten in Dahlem«.[63] Neuberg teilte diese Einschätzung und ergänzte: »Er ist Jude, was ihm sein Fortkommen in Berlin auch nicht erleichtern dürfte«.[64] Kisch, der Leibowitz wegen seiner bedeutenden wissenschaftlichen Arbeiten in Berlin als einen wertvollen Mitarbeiter schätzte, sah allerdings auch an der Kölner Universität einige Schwierigkeiten auf Leibowitz zukommen, sollte dieser seine Assistentenstelle verlängern oder gar habilitieren wollen.[65] Trotzdem bemühte er sich nachdrücklich darum, Leibowitz' akademischen Werdegang zu fördern, wurde aber von seiten des Kuratoriums über die großen Hemmnisse hinsichtlich einer Habilitation seines Assistenten belehrt.[66] Der Nachwuchswissenschaftler erfülle die Vorbedingungen für die Zulassung zur Lehrtätigkeit nicht, die in der Approbation als Arzt und dem medizinischen Doktorgrad lagen. Zwar könne prinzipiell bei einer ¾-Mehrheit eine Ausnahme von den Zulassungsbedingungen gewährt werden, diese sei aber im Fall des ostjüdischen Assistenten kaum zu erwarten:

> »In jeder Fakultät und besonders heutzutage wird es Persönlichkeiten geben, die an der Tatsache, daß Herr Dr. L. gebürtiger Ausländer ist und an seiner Konfession Anstoss nehmen. Es wird seinerzeit für so Denkende natürlich ein leichtes sein das sachliche Bedenken, das nach unserer Habilitationsvorschrift die Vorbedingungen vom Bewerber nicht erfüllt sind, vorzuschützen um ihre persönlichen Bedenken überhaupt nicht erörtern zu müssen«.[67]

Es sei hingegen kein Problem, Leibowitz die befristete Stelle zukommen zu lassen. Dieser mußte sich mit diesem Arrangement zufriedengeben und blieb drei Jahre als Assistent bei Kisch. Er sah aber wohl keine Möglichkeit einer

---

[62] Dieser Befund entspricht den klassischen Schwierigkeiten jüdischer Hochschullehrer, wie sie Sieg für die Geisteswissenschaftler im Kaiserreich herausgearbeitet hat. SIEG, Preis, S. 79.

[63] Bewerbung Dr. Leibowitz bei Professor Kisch, 26. November 1927, CAHJP, Nachlaß Bruno Kisch, P80/36b.

[64] Schreiben Neubergs an Kisch, 21. November 1927, ebenda.

[65] Kisch an Neuberg, 23. November 1927, ebenda.

[66] Diese wichtige Quelle aus dem Nachlaß Bruno Kisch ist leider nicht persönlich unterschrieben. Schreiben an Kisch, 1. Dezember 1927, ebenda.

[67] Ebenda.

weiteren wissenschaftlichen Karriere in Deutschland und wanderte 1930 nach Palästina aus, wo er bald die Leitung des Biochemischen Instituts der Universität Jerusalem übernahm.[68] Entgegen den Hoffnungen, die der liberale Ruf der Kölner Universität in begabten Nachwuchswissenschaftlern wie Leibowitz weckte, blieben in Köln die Grenzen des Aufstiegs aufgrund antisemitischer Ressentiments eng gesteckt.

Auch an der Philosophischen Fakultät regten sich schon früh antijüdische Bestrebungen.[69] Sascha Simchowitz, der zuvor erwähnte Dramaturg am Kölner Stadttheater, war seit 1916 mit einem Lehrauftrag an der Handelshochschule und seit 1920 an der Philosophischen Fakultät als Theaterwissenschaftler betraut. Obwohl ihm Adenauer und Eckert die besten Gutachten über seine wissenschaftliche Befähigung ausstellten, wurde er nicht zum ordentlichen Professor ernannt. So wird hier wie im Fall Leibowitz deutlich, daß gerade »die Hemmnisse im Habilitationsverfahren den Fakultäten die Möglichkeit gaben, mißliebige Wissenschaftler ihre Macht spüren zu lassen«.[70] Die Widerstände gegen seine Berufung dürften sowohl auf seiner jüdischen Herkunft wie auf seinem ungewöhnlichen biographischen Werdegang und der Tätigkeit am Theater beruht haben, der dem gängigen akademischen Habitus widersprach.[71] Allerdings liegen die genaueren Hintergründe für die Entscheidung im dunkeln, was wesentlich häufiger der Fall gewesen sein dürfte als offen ausgesprochene antisemitische Vorbehalte. Denn die Ausgrenzungen in den Berufungsverfahren waren gerade deshalb so effektiv, weil sie in vielen Fällen nicht offensiv vertreten wurden und es viele Möglichkeiten gab, bestimmte Kandidaten ohne die Angabe der tatsächlichen Gründe auszuschalten.[72]

Eine klarere Motivlage findet sich hinsichtlich der Vorwürfe der »jüdischen Cliquenwirtschaft« im Romanistischen Seminar. Bereits bei der Berufung Leo Spitzers zum Ordinarius im Sommer 1930 fühlten sich die ansässigen Romanisten aus dem Mittelbau – wie im folgenden im Berufungsstreit Kelsens zu berichten sein wird – zurückgesetzt und witterten eine antikatholische Verschwörung. Als Spitzer nun einen angestammten Französischlektor entließ und statt seiner den begabten Politikwissenschaftler und Philosophen Raymond Aron, einen jüdischen Franzosen, anstellte, mündeten Stellenneid und Zukunftsangst in den in der Weimarer Republik weitverbreiteten Vorwurf, daß, wenn ein Jude berufen würde, ihm aufgrund des engen Gruppenzusammenhangs schnell weitere folgen würden.[73] Die antijüdische Stimmungs-

---

[68] KISCH, Wanderungen, S. 254.

[69] Da Golczewski diese Fälle ausführlich beschrieben hat, beschränke ich mich an dieser Stelle auf eine knappe Zusammenfassung.

[70] Zit. nach SIEG, Preis, S. 81.

[71] GOLCZEWSKI, Jüdische Hochschullehrer, S. 366; HAMMERSTEIN, Antisemitismus, S. 79.

[72] Ich folge in diesen Überlegungen HAMMERSTEIN, Professoren, S. 133 f.; und SIEG, Preis, S. 82 f.

[73] GOLCZEWSKI, Jüdische Hochschullehrer, S. 375.

mache blieb aber am Romanistischen Seminar folgenlos und konnte weder die Berufung Spitzers noch die Anstellung Arons verhindern.

Der genauere Blick auf die Berufungsverhandlungen und die Positionsnahme zugunsten angefeindeter Kollegen bestätigt die Annahme einer »liberalen Hochschulpolitik von oben«. Insbesondere der Kuratoriumsvorstand setzte sich ohne jeden Vorbehalt für die jüdischen Wissenschaftler ein und verteidigte sie vor den zunehmend antisemitischen Widerständen auf der Fachebene, die besonders aus dem Mittelbau initiiert wurden. Hier scheint das Konkurrenzmotiv in Verbindung mit einem ausgeprägten Nationalismus ausschlaggebend gewesen zu sein, richteten sich die Angriffe doch am stärksten gegen jene Dozenten, die die deutsche Staatsbürgerschaft nicht besaßen und dadurch am angreifbarsten waren. In einigen wenigen Fällen, erinnert sei an Simchowitz und Leibowitz, konnten sich diese Strömungen durchsetzen und die liberale Berufungspolitik administrativ aushebeln. In der Regel dominierten jedoch die höheren Universitätsbehörden in ihrem Bemühen, das Niveau der Universität durch eine vorurteilsfreie Berufungspolitik zu stärken, so daß die meisten antijüdischen Angriffe aus den Strukturen der Hochschule selber folgenlos blieben. Trotzdem kann aus einer vorurteilsfreien Berufungspolitik nicht auf ein allgemein liberales Klima an der Universität selbst geschlossen werden. Hierzu waren die antisemitischen Tendenzen zu weit verbreitet.

2.3. Der Berufungsstreit Kelsen

Die Kölner Universität bildete kein geschlossenes System, sondern stand aufgrund ihrer besonderen Struktur in großer Nähe zu den lokalen Akteuren. Diese Interaktion zwischen universitären und außeruniversitären Handlungsträgern brachte eine besondere Dynamik des Antisemitismus und seiner Abwehr hervor, wie die folgende Beschreibung des Berufungsstreits Kelsen illustrieren soll. Eine wichtige Rolle spielte in diesem Zusammenhang die Zentrumspartei, zu deren wichtigsten Zielen es, wie bereits angedeutet, in der Weimarer Republik zählte, die Parität des katholischen Volksteils zu erlangen, also jenen Anteil an den gesellschaftlichen Positionen, der in etwa der katholischen Bevölkerungsquote entsprach. Auch an den Universitäten sollte den Katholiken ein größerer Einfluß eingeräumt werden. Dieser Kampf des Zentrums um Parität nahm im Berufungsstreit um Hans Kelsen eine besonders aufgeladene Dimension an.

Im August 1930 folgte der österreichische Staatsrechtler Hans Kelsen einem Ruf der Kölner Juristischen Fakultät und wurde Ordinarius für Öffentliches Recht, insbesondere Allgemeine Staatslehre und Rechtsphilosophie.[74] Die Fa-

---

[74] Hans Kelsen (1881–1973) begann seine akademische Laufbahn als Dozent an der Wiener Handelsakademie, an der er sich 1911 habilitierte. Er stand während des Weltkriegs im Dienst des Österreichischen Kriegsministeriums und erhielt 1918 eine außerordentliche

kultät feierte Kelsens Wechsel von Wien nach Köln als einen großen Erfolg, den sie in sechsjährigen, zähen Verhandlungen mit dem Berliner Staatsministerium mühsam erstritten hatte.[75] Der lange Atem hatte sich gelohnt, brachte doch der »überall als erste Autorität anerkannte Gelehrte« einen beträchtlichen Prestigegewinn.[76] Schließlich hatte der bedeutende Staatsrechtler im Auftrag des österreichischen Staatskanzlers Karl Renner die österreichische Staatsverfassung ausgearbeitet und gehörte dem Wiener Verfassungsgerichtshof an. Aufgrund seiner jüdischen Herkunft und politischen Überzeugung war Kelsen, der 1905 zum Protestantismus konvertiert war, in Wien immer stärkeren antisemitischen Angriffen ausgesetzt, die ihn 1930 bewogen, nach Köln zu wechseln.[77]

Allerdings gestaltete sich der öffentliche Empfang in Köln alles andere als freundlich. Die katholische Presse entfachte eine regelrechte Hetzkampagne gegen Kelsens Berufung, die sie als einen Skandal bezeichnete – wodurch sie einen solchen erst inszenierte. Am 14./15. Juli 1930 brachten die *Kölnische Volkszeitung* und der *Kölner Lokal-Anzeiger* einen wortgleichen Artikel, in dem es hieß:

> »Ist es [...] nicht unverständlich und wirkt es nicht befremdend, wenn man jetzt hört, daß Oberbürgermeister Dr. Adenauer für die in diesen Tagen erfolgte Berufung von Kelsen (Wien) sich tatkräftig eingesetzt habe? Ist dem Oberbürgermeister nicht bekannt, daß die Universität Köln bereits mit Dozenten jüdischen Bekenntnisses überbesetzt ist; eine Tatsache, die auch in Professorenkreisen aus fachlichen Gründen starken Widerspruch findet«.[78]

In den kommenden beiden Wochen veröffentlichte die Zeitung sechs weitere Artikel, in denen die Berufungspraxis der Universität angeprangert und gegen

---

Professur für Öffentliches Recht und Militärrecht an seiner Heimatuniversität Wien, wo er 1919 ordentlicher Professor für Staats- und Verwaltungsrecht wurde. Der Neukantianer Kelsen gilt als der Exponent der von ihm begründeten »Wiener Schule« der reinen Rechtslehre. Politisch stand er der Sozialdemokratie nahe, ohne einer Partei beizutreten. Die biographischen Angaben sind entnommen aus GOLCZEWSKI, Jüdische Hochschullehrer, S. 374 f.; und HEIMBÜCHEL, Universität, S. 453 f.

[75] Bereits 1925 wurde Kelsen einstimmig auf Platz Eins der Berufungsliste für einen neu einzurichtenden Lehrstuhl für Internationales Recht gesetzt, den das Ministerium aber mit der Begründung verweigerte, daß andere Lehrstühle notwendiger seien. Obwohl sich die Kölner Professoren, unter ihnen besonders Heinrich Lehmann, und der Oberbürgermeister für Kelsen einsetzten, gab das Ministerium erst im Sommer 1930 dem Kölner Drängen nach. Siehe genauer hierzu GOLCZEWSKI, Jüdische Hochschullehrer, S. 374 f.; HEIMBÜCHEL, Universität, S. 454 f.; und ein Schreiben Adenauers an Professor Lauscher, 4. August 1930, HstAK 902,141/3, Bl. 244 f.

[76] Die Formulierung ist der Laudatio des Dekans Coenders entnommen. Die Fakultät verkündete ferner, »keinen Gelehrten des Internationalen Rechts finden zu können, den nicht Kelsen als Gesamtpersönlichkeit überragte«. Zit. nach HEIMBÜCHEL, S. 454.

[77] GOLCZEWSKI, Jüdische Hochschullehrer, S. 375.

[78] Wissenschaft und Charakter. Zur Hochschulpolitik der Universität Köln. Ein Berufungsskandal, in: Kölnische Volkszeitung, 14. Juli 1930. HAMMERSTEIN, Antisemitismus, S. 96, ordnet diese aus der Kölnischen Volkszeitung ebenfalls zitierte »antisemitische Provokation« fälschlicherweise völkischen und extrem nationalistischen Blättern zu.

die vermeintliche Überrepräsentierung jüdischer Dozenten und Studenten polemisiert wurde.[79] Die Attacke der *Kölnischen Volkszeitung* wurde jedoch sowohl in den übrigen Medien als auch von den Universitätsbehörden scharf verurteilt. Die *Rheinische Zeitung* etwa wies unter der Überschrift »Arm in Arm mit Hitler. Zentrums-Antisemiten rüffeln Adenauer. Jüdische Professoren dürfen an die Kölner Universität nicht berufen werden« den Vorstoß der *Kölnischen Volkszeitung* brüsk zurück. Es sei geradezu ein Attentat auf die Geistesfreiheit, diese Berufung zu bekämpfen, weil Kelsen Jude sei. Wenn an der Kölner Universität wirklich einige jüdische Professoren mehr amtierten als an anderen deutschen Universitäten, so sei das nur ein Zeichen dafür, daß in Köln von vornherein der alte muffige Geist der Vorkriegszeit, in dem das Daseinsrecht der Juden stark beschränkt gewesen sei, sich nicht breitmachen könne.[80] Auch das liberale *Kölner Tageblatt* hielt den Vorwurf der Überbesetzung der Kölner Universität mit jüdischen Dozenten für ausgesprochen befremdlich. Es falle schwer, diesem Vorwurf mit Mäßigung zu begegnen, zumal das angesehene Zentrumsorgan den übelsten antisemitischen Hetzern eine fragwürdige Hilfestellung leiste.[81]

Und tatsächlich griffen die Kölner Nationalsozialisten die Vorlage der katholischen Zeitung dankbar auf. In der Diffamierung Adenauers als »Judenfreund« und in der Hetze gegen die »Verjudung« der Universität berief sich der *Westdeutsche Beobachter* auf die *Kölnische Volkszeitung*, die, »aus ihrem Dornröschenschlaf erwachend«, den Skandal der Berufung eines jüdischen Dozenten als solchen erkannt und deswegen sogar Stellung gegen ihren Parteifreund Adenauer bezogen habe.[82] Der Oberbürgermeister überließ es Rektor und Senat, die Angriffe der *Kölnischen Volkszeitung* öffentlich zurückzuweisen, bemühte sich jedoch innerhalb des Zentrums und der katholischen Görresgesellschaft intensiv um Unterstützung für seine Universitätspolitik, worauf

---

[79] Angeführt seien hier nur beispielhaft Intoleranz oder Verständigung. Zur Hochschulpolitik der Universität Köln, in: Kölnische Volkszeitung, 25. Juli 1930; und In Sachen der Kölner Universität, Kölnische Volkszeitung, 31. Juli 1930.

[80] Arm in Arm mit Hitler. Zentrums-Antisemiten rüffeln Adenauer. Jüdische Professoren dürfen an die Kölner Universität nicht berufen werden, in: Rheinische Zeitung, 17. Juli 1930. Auch die Rheinische Zeitung räumte dem Vorfall einigen Platz ein und veröffentlichte ebenfalls sechs Artikel zum Thema. Vgl. etwa Geschenk der Hahnenschwänzler für Köln. Warum Professor Kelsen nach Köln kommt. Der Stein des antisemitischen Anstoßes für die Kölner Zentrumspresse, in: Rheinische Zeitung, 17. Juli 1930; und Brief an Adenauer: Neuer Wissenszweig: Konfessionsmathematik: Die Kölner Universität und ihre Berufungen, in: Rheinische Zeitung, 30. Juli 1930.

[81] Professor Kelsen, Kölner Universität und Zentrum. Eine unerfreuliche Angelegenheit, in: Kölner Tageblatt, 18. Juli 1930. Dieser Artikel wurde wortgleich im Kölner Jüdischen Wochenblatt vom 18. Juli 1930 unter der Überschrift »Unerfreuliches von der Kölner Universität. Ein Berufungsskandal?« abgedruckt.

[82] Die fortschreitende Verjudung der Kölner Universität. Ein neuer Berufungsskandal, das Werk Adenauers. Von Stadtv. W. Ebel, in: Westdeutscher Beobachter, 27. Juli 1930, S. 7.

später noch eingegangen werden soll. Öffentliche Kritik am Vorstoß der *Kölnischen Volkszeitung* übten dagegen das *Kölner Jüdische Wochenblatt* und die Kölner Ortsgruppe des Centralvereins. Mit höflichem Bedauern stellte der Centralverein fest, daß er nicht umhin könne, gegen die Auslassungen der Zeitung Einspruch zu erheben, da diese in weiten jüdischen Kreisen – nicht nur in Köln – starkes Befremden hervorgerufen hätten. Die Ablehnung Kelsens sei unsachlich und kränkend. »Sie haben wiederholt in Ihren Spalten den Antisemitismus abgelehnt. Wie aber müssen Auslassungen der vorliegenden Art in Ihrem Blatte wirken, das wir bisher als vornehm anerkannt haben?«[83]

Ihre vornehme Zurückhaltung aber gab die *Kölnische Volkszeitung* bereitwillig auf, um im Kampf um Parität die katholischen Milieuinteressen zu vertreten, die im »Fall Kelsen« mit starken antijüdischen Ressentiments aufgeladen waren. In weiten Zentrumskreisen dominierte die Meinung, daß die Katholiken im preußischen und rheinischen Universitätsbereich noch immer benachteiligt seien, und die geringere Quote katholischer Professoren und Studenten wurde nach wie vor mit planmäßiger Diskriminierung erklärt.[84] Entsprechend hatten sich, wie erwähnt, die Hoffnungen besonders auf die neue Kölner Hochschule gerichtet. Das Kölner Zentrum hielt seine offensive Forderung nach Parität auch deshalb für gerechtfertigt, weil es im Stadtrat maßgeblich die Finanzierung der Universität sicherstellte. Konrad Adenauer sollte als Vorsitzender des Kuratoriums, das mit seinen weitgehenden Berufungskompetenzen entscheidende Einflußmöglichkeiten bot, die hochschulpolitische Linie des Zentrums durchsetzen. Tatsächlich gelang es Adenauer und Eckert in den ersten Jahren, verstärkt katholische Professoren wie Martin Spahn und den zum Katholizismus konvertierten Max Scheler, um nur die prominentesten unter ihnen zu nennen, nach Köln zu holen und so das katholische Gewicht an der Universität zu stärken. Sie stießen jedoch bald auf Widerstand innerhalb der Fakultäten und der Öffentlichkeit.[85] So klagte die nationalliberale *Kölnische Zeitung* im August 1921, daß das konfessionelle Gleichgewicht aus den Fugen geraten sei. Die *Rheinische Zeitung* stieß nach und fragte polemisch, ob die Kölner Universität eine Stätte der freien Wissenschaft oder eine Versorgungsanstalt für das Zentrum werden solle.[86] Am Streit um die Ausrichtung der zu berufenden Professoren waren also alle großen politischen Gruppen der Stadt beteiligt. Genährt wurde dieser weltanschauliche Wettkampf noch durch das oben erwähnte Selbstverständnis der Kölner Universität, den großen weltanschaulichen Strömungen des Liberalismus, der Sozialdemokratie und des

---

[83] Schreiben des Central-Vereins deutscher Staatsbürger jüdischen Glaubens an die Redaktion der Kölnischen Volkszeitung, abgedruckt in: Kölner Jüdisches Wochenblatt, 25. Juli 1930.
[84] DÜWELL, Universität, S. 173.
[85] Ebenda, S. 175 f.
[86] Kölnische Zeitung, 27. August 1921; und Rheinische Zeitung, 17. September 1921. Zit. nach DÜWELL, Universität, S. 175.

Katholizismus paritätisch Platz einzuräumen.[87] Doch war die eifersüchtige Angst vor einer Benachteiligung unter keiner Gruppe so stark ausgeprägt wie unter den Katholiken. Wohl bemühte sich Konrad Adenauer gemeinsam mit dem katholischen Historiker Gerhard Kallen in Kölner Zentrumskreisen mehr »Verständnis für die schwierigen Fragen wissenschaftlicher Befähigungen zu wecken, die nicht einseitig vom konfessions- oder parteipolitischen Gesichtspunkt aus beurteilt werden konnten«.[88] Allerdings stieß Adenauer, der nun in Berufungsfragen zurückhaltender auftrat und wissenschaftlichen Kriterien mehr Gewicht beimaß als in den ersten Jahren nach der Universitätsgründung, zunehmend auf Kritik in der eigenen Partei. Dort wurde befürchtet, daß der Oberbürgermeister von der Tendenz, katholische und zentrumsnahe Wissenschaftler zu unterstützen, zunehmend abrücke.[89] Um so wichtiger erschien es den Kölner Zentrumskreisen, die katholischen Interessen nunmehr selber lautstark zu vertreten:

>»Daß, worauf es uns wesentlich ankommt, ist die Vertretung und Verteidigung der verfassungsmäßigen Rechte katholischer Gelehrter, die leider in Köln die größten Schwierigkeiten haben, um hierher berufen zu werden und bei deren Ablehnung ihre katholische Religion oft das ausschlaggebende Moment ist«.[90]

Bereits im Mai 1930, als ein Ordinariat für Romanische Philologie neu besetzt werden sollte und der Ruf an den jüdischen Romanisten Leo Spitzer erging, hatte die *Kölnische Volkszeitung* schrille Töne angeschlagen und verkündet, daß mehrere hochqualifizierte jüngere Romanisten, »allerdings gebürtige Katholiken«, übergangen worden seien.[91] Einige Wochen später erreichte die Empörung über die vermeintliche Zurücksetzung der katholischen Anwärter in der Reaktion auf die Berufung Kelsens ihren emotionalen Höhepunkt, auch hinsichtlich ihrer antijüdischen Stoßrichtung: »Der katholische Volksteil wird sich diese haarsträubende Ungerechtigkeit und vermeintliche ›Objektivität‹ der Universität nicht weiter bieten lassen«, schrieb die *Kölnische Volkszeitung* und fragte, wie oben zitiert, ob der Oberbürgermeister nicht wisse, daß die Universität Köln bereits mit Dozenten jüdischen Bekenntnisses übersetzt sei.[92]

---

[87] Zum weltanschaulichen Pluralismus als Gründungsidee der Kölner Universität, die von Eckert und Adenauer 1917/18 in der Konzeption des Sozialwissenschaftlichen Forschungsinstituts entwickelt wurde, vgl. HEIMBÜCHEL, Universität, S. 574 f.

[88] DÜWELL, Universität, S. 178.

[89] HEIMBÜCHEL, Universität, S. 396.

[90] Schreiben der Kölnischen Volkszeitung an den Centralverein deutscher Staatsbürger jüdischen Glaubens, abgedruckt in: Kölner Jüdisches Wochenblatt, 25. Juli 1930.

[91] Kölnische Volkszeitung, 25. Juni 1930. Dabei war Spitzer den ansässigen Romanisten wissenschaftlich weit überlegen. Er galt als einer der bedeutendsten Vertreter der romanistischen Stilforschung und hatte sich auch im organisatorischen Ausbau der Romanistik an der Kölner Universität hervorgetan. Spitzer (1887–1961) hatte sich 1913 in Wien habilitiert und war nach dem Ersten Weltkrieg nach Bonn gegangen, bis er 1925 einem Ruf nach Marburg folgte. GOLCZEWSKI, Jüdische Hochschullehrer, S. 375.

[92] Wissenschaft und Charakter. Zur Hochschulpolitik der Universität Köln. Ein Beru-

Sie setzte das antijüdische Moment gezielt ein, um einen von katholischer Seite aus abgelehnten Professor zu diffamieren, die Berufungspolitik Adenauers zu disqualifizieren und die katholischen Interessen zu ventilieren. Die semantische Diskriminierung bewegte sich dabei auf einer doppelten Ebene: Zunächst einmal war Hans Kelsen kein Jude, sondern seit 25 Jahren Protestant. Zu Recht stellte ein Kölner Professor in einem Leserbrief klar, daß an der Universität nur zwei jüdische Ordinarien lehrten. »Wir nehmen nicht an, daß die Kölnische Volkszeitung die von Juden abstammenden ordentlichen Professoren protestantischer Religion zu ›Dozenten jüdischen Bekenntnisses‹ abstempelt«.[93] Die Redaktion des *Kölner Jüdischen Wochenblatts* kommentierte, daß die in der *Kölnischen Volkszeitung* genannte Zahl von sechs jüdischen Dozenten diesen Schluß sehr wohl nahelegte.[94] Selbst wenn man zugute hält, daß sich der Autor des Artikels in der Konfessionszugehörigkeit Kelsens schlichtweg geirrt hatte, spricht die Statistik der *Kölnischen Volkszeitung* eine eigene Sprache: Die katholische Zeitung definierte die »jüdischen« Professoren unabhängig von ihrer Religionszugehörigkeit über ihre Abstammung. Daß der *Westdeutsche Beobachter* diese Zahlen aufgriff, erstaunt nicht, gehörte es doch zur »geschickten Vernebelungstaktik« der Nationalsozialisten, getaufte Juden als »Rassejuden« zu bezeichnen, um die Zahl der jüdischen Dozenten in die Höhe zu treiben.[95] Wie verbreitet diese völkische Definitionsmacht in der Kölner Gesellschaft war, belegt allerdings die Stellungnahme der *Rheinischen Zeitung*, die die Zahl der amtierenden jüdischen Professoren an der Kölner Universität ebenfalls auf ein halbes Dutzend bezifferte.[96]

Zum zweiten nutzte die *Kölnische Volkszeitung* diese statistischen Angaben, um vor einer »jüdischen Übersetzung« zu warnen und dadurch an die antijüdische Polemik in Zeiten des Kulturkampfs anzuknüpfen, als die Zentrumspresse wegen einer vermeintlich bedrohlichen Überrepräsentation von Juden an der Universität einen »NC« für Juden und die Herstellung der katholischen Parität forderte.[97] Anders aber als im Kaiserreich, als die Zentrumsfraktion antisemitischen Regungen an der Basis eine vehemente Abfuhr erteilte, brachte sie der antijüdischen Polemik der *Kölnischen Volkszeitung* größtes Verständnis entgegen, folgt man dem Bericht des Reichstagsabgeordneten Prof. Lauscher aus Bonn: »Man wunderte sich nicht sowohl über den Vorstoß der KV und des hinter ihr stehenden Kölner Zentrums, als vielmehr darüber, daß die-

---

fungsskandal, in: Kölnische Volkszeitung, 14. Juli 1930.

[93] Eine Zuschrift aus dem Professorenkreis, in: Kölner Jüdisches Wochenblatt, 18. Juli 1930.

[94] Auch aus zeitgenössischer Perspektive wurde also der weite Judenbegriff, unter den zahlreiche konvertierte Dozenten gefaßt wurden, angegriffen.

[95] KATER, Studentenschaft, S. 150.

[96] Arm in Arm mit Hitler, in: Rheinische Zeitung, 17. Juli 1930.

[97] SCHINDLER, Antisemitismus, S. 81.

ser Vorstoß nicht schon längst erfolgt sei«.[98] Lauscher ging in seinen verschwörungstheoretischen Annahmen über den jüdischen Einfluß an der Kölner Universität sogar noch über die *Kölnische Volkszeitung* hinaus:

> »Und wenn dann auch noch von einer Seite, die allerwärts in beängstigendem Tempo sich der Universitäten bemächtigt, für Köln geradezu eine quittierte Rechnung präsentiert wird, so eröffnet auch das eine Perspektive, in welcher das Resultat der einen oder anderen Berufungsverhandlung von vornherein zwangsläufig festgelegt erscheint«.[99]

Es war wieder Konrad Adenauer, der intensive (wissenschafts)politische Argumentationsarbeit leistete, um gegen die antisemitischen Ressentiments im Zentrum anzugehen und intensiv um Verständnis für seine Universitätspolitik zu werben. Adenauer wurde dabei auch maßgeblich von der Sorge geleitet, daß das Zentrum die finanzielle Unterstützung der Universität nicht länger mittragen würde. So hatte der Zentrumsabgeordnete Rings im Stadtrat offen gedroht, die Finanzierung aufzukündigen:

> »Es fällt uns besonders schwer [...], diesen Zuschuß zu bewilligen. Die innere Struktur der Universität, die Raum für alle Weltanschauungen bietet, bietet unserer Weltanschauung einen sehr engen Raum. (Zustimmung im Zentrum.) [...] Wenn diese Dinge sich nicht ändern, dann werde ich meinen Freunden, wenn ich noch sein werde, vorschlagen, keine Zuschüsse mehr für die Universität zu bewilligen«.[100]

Auch Lauscher spielte das finanzielle Druckmittel aus und drohte, daß die Fraktion nicht länger den Plan unterstützen würde, daß der Staat die Hälfte der Finanzierung der in Not geratenen Kölner Universität übernehmen solle, falls sich die Kölner Universitätspolitik nicht ändere.[101] In seinem Antwortschreiben an den Bonner Zentrumspolitiker rechtfertigte Adenauer die Berufungsentscheidungen minutiös und kritisierte, daß die Angriffe der *Kölnischen Volkszeitung* weit über das berechtigte Maß hinausgingen. Sie seien ferner im höchsten Maße unklug und verhinderten geradezu, die berechtigten Interessen katholischer Bewerber durchzusetzen.[102] Auf einer Tagung der Görres-Gesellschaft ging der Oberbürgermeister in die Offensive und richtete den Blick auf die eigentliche Ursache, warum die katholischen Bewerber oftmals nicht berücksichtigt werden könnten:

---

[98] Schreiben Lauschers an Adenauer, 29. Juli 1930, HStAK 902, 141/3, Bl. 241 f.

[99] Ebenda.

[100] In der ersten Haushaltslesung der Kölner Stadtverordneten-Versammlung vom 14. April 1930 reagierten die SPD- und KPD-Abgeordneten empört auf diese Darstellung der Benachteiligung: Zuruf Görlinger – SPD: »Was sollen wir denn erst sagen?« Zuruf Stahl – KPD: »Wollen Sie eine Jesuiten-Universität haben?« Entgegnung Görlingers: »[...] so haben wir das Recht, mit noch viel größerm Nachdruck zu betonen, daß diese Universität den von uns vertretenen Schichten noch sehr wenig gibt«. Protokolle der Stadtverordneten-Versammlung 1930, S. 113 f.

[101] Schreiben Lauschers an Adenauer, 29. Juli 1930, HStAK 902,141, 3, Bl. 241 f.

[102] Adenauer an Lauscher, 4. August 1930, ebenda, Bl. 243–245.

»Die Lage ist erschreckend, wenn ich an die Qualität und Quantität des wissenschaftlichen Nachwuchses denke. Das trifft in besonderem Maße auf den katholischen Nachwuchs zu. [...] Die Tatsache bleibt wahr, daß wir Katholiken weniger Nachwuchs haben als die anderen«.[103]

Warum es auch aus katholischer Perspektive vor diesem Problemhintergrund letztlich kontraproduktiv sei, allein auf die richtige Konfession und nicht auf die wissenschaftliche Qualifizierung der Bewerber zu achten, verdeutlichte der Kölner Historiker Gerhard Kallen bereits 1929: »Es nützt nichts, in bestehende Lücken mangelhaft qualifizierte Katholiken hineinzuschieben. Wir stärken dadurch nur den Vorwurf der Inferiorität und verbauen für spätere jüngere Kräfte den Aufstieg«.[104] Ob die amtierenden katholischen Professoren Kallens Meinung teilten oder ob ihnen die fachliche Kompetenz ihrer zukünftigen Kollegen prinzipiell wichtiger war als deren Konfessionszugehörigkeit, ist nicht mehr zu rekonstruieren. Fest steht jedoch, daß sie geschlossen Hans Kelsen und Leo Spitzer als die besseren Bewerber unterstützten und die Kampagne der *Kölnischen Volkszeitung* ablehnten.[105] Die Universitätsbehörden wiesen das Ansinnen, konfessionelles Lagerdenken in eine wissenschaftliche Berufungsentscheidung einfließen zu lassen, in einer öffentlichen Erklärung strikt zurück:

»Man hat gemeint, vor der ungebührlichen Einflußnahme katholischer Kreise auf die Universität warnen zu müssen, auf der anderen Seite beschwert man sich in heftigsten Ausfällen über mangelnde Berücksichtigung katholischer Dozenten bei Berufungen und überhaupt eine ostentativ katholikenfeindliche Einstellung der Universität [...]. Zur Erhärtung der Vorwürfe wird der Öffentlichkeit unrichtiges oder falsch beurteiltes, zumeist aus trüben Quellen stammendes Material unterbreitet. [...] Zur Abwehr der verständnislosen parteipolitischen Angriffe muß sie sich begnügen zu erklären, daß die Berufungsfragen pflichtgemäß mit strengster Objektivität und dem Bewußtsein der Verantwortlichkeit für die Zukunft behandelt werden. Die Zukunft der Universität aber verlangt, [....] den jeweils fähigsten und geeignetsten Gelehrten als Vertreter seines Faches zu gewinnen«.[106]

Die liberale Berufungspolitik der Kölner Universitätsgremien löste nicht nur interne Widerstände an der Universität aus, sondern weitete sich 1930 zu einem öffentlich ausgetragenen Konflikt im städtischen Raum aus. Dieser Konflikt wurde von Teilen des Kölner Katholizismus lanciert, antijüdisch aufgeladen und entbrannte zu einem innerkatholischen Machtkampf. Auf der einen Seite standen neben den katholischen Nachwuchswissenschaftlern vor

---

[103] Jahresbericht der Görres-Gesellschaft 1929/30, Köln 1931, S. 57, zit. nach DÜWELL, Universität, S. 180.

[104] HAStK 902/141/2, zit. nach ebenda.

[105] »Zur Beleuchtung der Gesamtlage sei ausdrücklich darauf hingewiesen, daß die katholischen Professoren [...] die Angriffe der Kölnischen Volkszeitung, als der Einsicht in die faktischen Verhältnisse entbehrend und den ruhigen und stetigen Aufbau der Universität schädigend, einmütig verurteilen«. Aus der Erklärung von Rektor und Senat, abgedruckt in: Kölnische Volkszeitung, 5. August 1930.

[106] Ebenda.

allem die lokalen Vertreter des politischen Katholizismus, Zentrumsabgeordnete und Journalisten, die sich von den katholischen Mitgliedern der Universitätsgremien in ihren Paritätsbestrebungen verraten fühlten. Sie suchten mit öffentlichkeitswirksamen Pressekampagnen und finanziellen Drohgebärden den Druck auf die entscheidenden Machthaber auszubauen und verbanden ihre Vorwürfe von der Überrepräsentation jüdischer Professoren mit Versatzstücken antisemitischer Verschwörungstheorien.

Im städtischen Konfliktfeld unterstützten die Kölner Nationalsozialisten diese antisemitische Kritik aus katholischen Kreisen, während die liberale und sozialdemokratische Presse die Hochschulpolitik der Universitätsgremien verteidigte. Diese Konstellation führte zu starken Konflikten zwischen den katholischen Akteuren, wobei die etablierten Professoren und Kuratoriumspolitiker im Loyalitätskonflikt zwischen Katholizismus und Universität zugunsten der Hochschule entschieden. Dafür gerieten sie unter Beschuß der katholischen Assistenten und des politischen Katholizismus, ohne daß dessen Vertreter etwas am Kurs der etablierten Insider der Universität ändern konnten. Dieser Befund zeigt, daß die Diskriminierungstendenzen gegen jüdische Wissenschaftler keineswegs nur Teil des protestantisch-preußischen Bildungswesens waren, unter dem jüdische und katholische Kollegen gleichermaßen litten. Vielmehr waren gerade der katholische Nachwuchs und der politische Katholizismus in den 1920ern selbst mehr als bereit, vehement mit antisemitischen Bandagen gegen die vermeintliche Benachteiligung von Katholiken an einer Universität zu kämpfen, die sich eine vorurteilsfreie Berufungspolitik in alle Richtungen auf die Fahnen geschrieben hatte. Zugleich manifestiert der tiefe Riß, der den Kölner Katholizismus durchzog, wie weit dieser von einem homogenen Milieuantisemitismus entfernt war.

3. Soziale Begegnungen in der Gelehrtenkultur

In der Weimarer Zeit war der gesellige Verkehr im akademischen Leben von außerordentlicher Bedeutung für die Professoren, beschränkte sich doch das Universitätsleben der Hochschullehrer nicht allein auf den akademischen Betrieb von Forschung und Lehre, sondern konstituierte sich maßgeblich über die sozialen Begegnungen. In zahlreichen offiziösen und semioffiziösen Treffen und Feiern an der Universität, in Diskutierzirkeln und Salons sowie in privaten Zusammenkünften wurden wissenschaftliche und andere Themen behandelt, Kontakte geknüpft und Freundschaften gepflegt, kurzum: soziales Kapital akkumuliert.[107]

> »In jeder Stadt Deutschlands, die eine Universität besitzt, bildet deren Lehrkörper eine Art geschlossenen Kreises [...]. Auch die Mitglieder der Kölner

---

[107] Vgl. hierzu JANSEN, Professoren, S. 35.

Universität versuchten sehr bald, ein geselliges akademisches Leben neben dem rein fachwissenschaftlichen in Gang zu bringen«.[108]

Wenn man den Platz der jüdischen Professoren in dieser Kölner »Gelehrtenkultur« der Professorien und Nachmittagstees, der Kasinofeste und abendlichen Zusammenkünfte bestimmen will und danach fragt, ob private Freundschaften entstanden, die über die sozial unvermeidlichen beruflichen Begegnungen hinausgingen, gilt es zu bedenken, daß sich die »Gelehrtenkultur« der Weimarer Zeit gerade durch ein hohes Maß gemeinsam verbrachter Freizeit auszeichnete, in der der Übergang zwischen beruflichem Kontakt, Bekanntschaft und Freundschaft durchaus fließend sein konnte.

In den Erinnerungen Bruno Kischs, dessen Autobiographie den gesellschaftlichen Verkehr der Kölner Professoren ausführlich thematisiert, war seine jüdische Herkunft nur ein, wenngleich wichtiges, Kriterium im sozialen Verkehr, dem andere Momente gleichgewichtig zur Seite treten konnten. Kisch war bereits als Assistent eng in die »Kölner Gelehrtenkultur« eingebunden und wurde zu zahlreichen offiziellen und privaten Zusammenkünften nichtjüdischer Professoren eingeladen. Sein Unbehagen an diesen mehr oder weniger formellen Gesellschaften lag dabei zunächst einmal darin begründet, daß er aus der Position des untergeordneten Mitarbeiters »die Gesellschaften der Chefs absitzen ging«. Wegen seiner schüchternen Art und konservativen Lebensführung waren ihm gerade die Tanzabende mit Professorentöchtern ein Greuel.[109] Hinzu kam aber erschwerend der kulturelle Unterschied zwischen dem in Prag aufgewachsenen Rabbinersohn und seinen deutschen Kollegen. Mit Befremden beobachtete Kisch die politische und kriegerische Einstellung der meisten Fachgenossen, aber auch die religiöse Atmosphäre im katholischen Köln, da »in Prag und in Österreich das Religiöse überhaupt nie zur Sprache kam«.[110] Bei diesen Zusammenkünften war Kisch daran gelegen, nichts von seinem jüdischen Hintergrund preiszugeben.[111] Dagegen genoß er andere, weniger formelle oder lärmende Zusammenkünfte mit seinen Kollegen sehr, knüpfte engere Bekanntschaften und Freundschaften auch mit nichtjüdischen Dozenten und Professoren, unter denen er den Psychiater Dr. Remertz besonders schätzte.[112] Diese ungleiche Freundschaft zwischen dem ehemaligen Korpsstudenten und Offizier a. D., der aus einer gutbürgerlichen preußischen Akademikerfamilie kam, und dem noch jungen, unsicheren Nachwuchs-

[108] KISCH, Wanderungen, S. 213.

[109] Ebenda.

[110] Diese Beobachtungen beziehen sich noch auf die Zeit vor dem Ersten Weltkrieg, über mögliche Wandlungen der Geselligkeitsformen in der Weimarer Republik äußert sich Kisch nicht. Ebenda, S. 127.

[111] Als Kisch etwa einmal nichtsahnend von seiner Tischdame gefragt wurde, er sei wohl gewiß ein großer Marienverehrer, weil er immer ein Marienblümchen im Knopfloch trage, blieb er die Antwort schuldig. Ebenda, S. 125.

[112] Ebenda, S. 129.

wissenschaftler, der in Benimmfragen immer wieder den Rat des Älteren einholte, war sicherlich ungewöhnlich, zeigt aber, daß gerade in der individuellen Begegnung gruppenspezifische Vorbehalte und Hemmnisse überwunden werden konnten:

> »Eines Tages sprachen wir über die im Rheinland stark betonte Gegensätzlichkeit zwischen Katholiken und Protestanten. Dabei sagte ich ihm, daß ich selbst Jude sei. Ich werde nie den sprachlosen starren Ausdruck seiner Augen vergessen, als er das hörte, und seinen Ausruf: ›Das ist nicht möglich.‹ Aber der wohlerzogene Mann war sofort wieder in Fassung, und es hat sich an unseren gegenseitigen Beziehungen bis zu seinem Tod nie etwas geändert. Ich bin überzeugt, daß ich im Leben von Remertz der erste und zweifellos auch der letzte Jude war, den er näher kennengelernt hat«.[113]

Die tiefste Freundschaft verband Kisch jedoch mit seinem jüdischen Kollegen Emil Meirowsky, einem engen Vertrauten, der ihm über zwei Jahrzehnte mit Rat und Tat beistand.[114] Meirowsky wiederum verkehrte nicht nur im akademischen, sondern stärker noch im großbürgerlichen Milieu der Stadt. Als bekannte Gestalt des Kölner gesellschaftlichen Lebens bildete er sicherlich eine Ausnahme unter den Kollegen.[115] Der Dermataloge und Bruder eines bedeutenden Großindustriellen unterhielt neben seiner Universitätstätigkeit eine gut florierende Praxis, in der Patienten aus der Oberschicht ein- und ausgingen. Außerdem engagierte sich Meirowsky, Träger des EK II, in der DDP, trat aber wegen der Annäherung der Partei an die SPD aus. Meirowsky bewohnte eine Villa in bester Wohnlage und verkehrte als Kunst- und Musikliebhaber mit den »besten und einflußreichsten Kreisen der Stadt«.[116]

Auch der angesehene Jurist Alfred Ludwig Wieruszowski, einer der führenden Richter Kölns, wies in seinem Wirkungskreis weit über die Universität hinaus.[117] Wieruszowski befand sich in der Weimarer Zeit auf dem Höhepunkt seiner Karriere, wurde 1921 Senatspräsident am Oberlandesgericht und ein Jahr später Präsident der Reichsdisziplinarkammer. Er trat als Schieds-

---

[113] Ebenda, S. 130.

[114] Ebenda, S. 214, 269. Meirowsky (1876–1960) promovierte 1902 in Königsberg zum Dr. med. und war seit 1919 Professor in Köln, wo er 1921 zum nichtbeamteten Extraordinarius für Haut- und Geschlechtskrankheiten berufen wurde. Biographische Angaben nach GOLCZEWSKI, Jüdische Hochschullehrer, S. 365.

[115] KISCH, Wanderungen, S. 213.

[116] Ebenda, S. 214; siehe außerdem GOLCZEWSKI, Kölner Universitätslehrer, S. 172. Welch geringe Rolle das Judentum im Hause Meirowskys spielte, mag die Konversion der Tochter zum Katholizismus veranschaulichen. Sie trat in ein Kloster ein und wurde 1942 gemeinsam mit Edith Stein nach Auschwitz deportiert.

[117] Wieruszowskis juristische Karriere begann 1888 als Amtsrichter in Siegen. 1906 wurde er in Köln zum Oberlandesgerichtsrat befördert und 1915 zum Geheimen Justizrat ernannt. Nach dem Krieg verlieh ihm die Bonner Universität die Ehrendoktorwürde der Rechte. 1921 wurde Wieruszowski Senatspräsident am Oberlandesgericht Köln und ein Jahr später Präsident der Reichsdisziplinarkammer. Biographische Angaben nach GOLCZEWSKI, Jüdische Hochschullehrer, S. 367.

richter in großen zivilrechtlichen Prozessen auf, erhielt die Ehrendoktorwürde an der Bonner Universität und wurde zum Mitglied des deutschen Juristentages ernannt.[118] Obwohl beruflich und gesellschaftlich in hohem Maße anerkannt und deutschnationaler Überzeugung, bewegte sich Wieruszowski privat eher in einem jüdischen Freundeskreis.[119] Doch als er nach dem Tod seiner jüdischen Ehefrau eine Protestantin heiratete, kritisierte so mancher alte Freund den »fremden Stil der neuen Frau« und blieb schließlich fort.[120] Diese Distanzierung ist jedoch kein eindeutiges Indiz für den tiefen gesellschaftlichen Graben zwischen Juden und Nichtjuden, könnten doch auch Kritik an der Persönlichkeit der neuen Ehefrau oder prinzipielle Vorbehalte gegen eine Nachfolgerin der verstorbenen Gattin den Ausschlag für ihr Verhalten gegeben haben. Die Tochter Ruth führte indessen die eigene harsche Ablehnung der neuen Mutter maßgeblich auf deren Nicht-Jüdischsein zurück: »Wäre Frieda Fischer nicht so ausgesprochen ›deutsch‹ gewesen, so wären ich und meine Schwester ihr gewiß mit weniger Feindseligkeit entgegengetreten«.[121]

Daß gesellschaftliche Anerkennung, die etwa Meirowsky und Wieruszowski genossen, aber nicht automatisch mit der fachlichen Wertschätzung Hand in Hand ging, illustriert das Beispiel Hans Kelsens. Der Jurist, der von seinen Kollegen einstimmig nach Köln gerufen worden war und sich einer besonders hohen wissenschaftlichen Reputation erfreute, blieb an der Universität gesellschaftlich ein Außenseiter. Hierzu dürfte seine öffentliche Stigmatisierung als Jude im Berufungsstreit nicht unerheblich beigetragen haben. Sie beraubte Kelsen jedenfalls der Möglichkeit, eigenmächtig zu entscheiden, wann und in welcher Form er seine jüdische Herkunft mitteilte. Hinzu kam seine streitbare sozialistische Einstellung, die er offensiv vertrat und mit der er selbst in einem weltanschaulich relativ heterogenen und offenen Lehrkörper wie der Kölner Professorenschaft eine Außenseiterrolle einnahm:

> »Statt aller Auseinandersetzung hielt man sich an Floskeln der höflichen Ablehnung, die weitergereicht wurde an die Studenten, denen man alle Beschäftigung mit dem Denken des schrulligen, zwar scharfsinnigen, doch offenbar weltfremden Österreichers widerriet«.[122]

Wenn sich bereits ein so hochdotierter Jurist wie Kelsen mit gesellschaftlichen Ausgrenzungstendenzen konfrontiert sah, so mußten weniger erfolgreiche Kol-

---

[118] Interview Pincus-Wieruszowski.

[119] Ebenda.

[120] Ebenda.

[121] Ebenda. Interessanterweise wird hier retrospektiv der jüdisch-nichtjüdische Gegensatz über die Dichotomie deutsch-jüdisch versprachlicht. Der biographische Hintergrund Ruth Pincus-Wieruszowskis, die zum Zeitpunkt des Interviews seit Jahrzehnten in Israel lebte, mag diese Wortwahl erklären. Daß dieser jüdisch-nichtjüdische Gegensatz zwischen Töchtern und Mutter kulturell und nicht konfessionell aufgeladen war, belegt der Austritt der Geschwister aus der Synagogengemeinde 1930.

[122] Zit. nach HEIMBÜCHEL, Universität, S. 457.

legen weit größeren Anfechtungen widerstehen. Es war an der Kölner Universität mehr als üblich, sich über Kollegen zu mokieren, deren wissenschaftlicher Werdegang vom Üblichen abwich.[123] Dabei litten die jüdischen Privatdozenten, erinnert sei nur an Sascha Simchowitz, unter einer doppelten Diskriminierung: Aufgrund antijüdischer Berufungspraktiken in ihrer Karriere behindert oder in Außenseiterfächer gedrängt, wurde ihnen dieser Werdegang auch noch vorgeworfen und im eingeschränkten gesellschaftlichen Verkehr verdeutlicht.

Im sozialen Verkehr mit ihren nichtjüdischen Kollegen waren die jüdischen Hochschullehrer also weder vollständig in die Verkehrsformen des akademischen Lebens eingebunden, noch blieben sie in einem eindeutig zu bestimmenden Maße soziale Außenseiter. Vielmehr gestalteten sich die gesellschaftlichen Beziehungen bemerkenswert unterschiedlich, wobei wirklich enge Freundschaften zwischen Juden und Nichtjuden aber eine Ausnahme blieben. Die jüdische Identität, die bei aller gesellschaftlichen Integration in der Wahl des Freundeskreises eine maßgebliche Rolle spielte, konnte vorsichtig gehütet oder gänzlich aufgegeben werden sowie situativ einen unterschiedlich großen Raum einnehmen. Von nichtjüdischer Seite bestanden vor allem dann starke Vorbehalte gegenüber den jüdischen Kollegen, wenn zum »Jüdischsein« weitere Außenseitermomente, seien sie fachlicher oder politischer Art, hinzukamen. Der gesellschaftliche Verkehr innerhalb der Professorenschaft wurde von zahlreichen Faktoren bestimmt, unter denen antijüdische Ressentimens gerade in der Kopplung mit anderen Vorbehalten durchaus von ausschlaggebender Bedeutung waren. Allerdings wurden unter den jüdischen und nichtjüdischen Kollegen weder offene Antisemitismen geäußert, noch waren erstere a priori aus der akademischen Gesellschaft ausgeschlossen. Es gilt nun zu untersuchen, inwieweit dies auch für die Studenten an der Kölner Hochschule zutrifft.

4. Die Studenten und der Antisemitismus

4.1. Strukturelle Charakteristika der Studentenschaft

Die Kölner Studentenschaft zeigte hinsichtlich ihrer regionalen und sozialen Herkunft, der Geschlechter-, Alters- und Konfessionsstruktur einige Besonderheiten im Vergleich zu anderen, insbesondere den traditionellen Hochschulen, die für studentische Inklusions- und Exklusionsmuster von Bedeutung waren.

Anders als in den klassischen Universitätsstädten entstammten knapp 75 % der Studenten dem näheren Einzugsgebiet der Stadt. Jeder vierte Hochschüler pendelte zwischen Wohnort und Universität hin und her.[124] Daß die ganz über-

---

[123] Vgl. GOLCZEWSKI, Jüdische Hochschullehrer, S. 186.
[124] Im Wintersemester 1932/33 kamen von insgesamt 5 463 Studierenden 3 998 aus dem Rheinland (darunter 1 403 aus Köln), aus dem übrigen Preußen 1 088 (insbesondere aus

wiegende Mehrzahl der Studenten noch bei ihren Eltern wohnte, war primär ihrer schlechten wirtschaftlichen Lage geschuldet. Nur 18 % der Hochschüler entstammten dem gehobenen Besitz- und Bildungsbürgertum (gegenüber 33 % im Reichsdurchschnitt). In der Spätphase der Weimarer Republik verschlechterte sich die wirtschaftliche Situation der Studenten dann noch einmal dramatisch. Entsprechend hoch lag der Anteil der sogenannten Werkstudenten, die sich ihren Lebensunterhalt neben dem Studium selbst verdienen mußten. Gleichwohl ist daraus nicht auf eine besondere Demokratisierung der Kölner Hochschule zu schließen, da der Anteil der Studenten, die aus einer Arbeiterfamilie kamen, mit 4 % dem gesamtdeutschen Durchschnitt entsprach.[125]

In den offiziellen Verlautbarungen der Universitätsbehörden wurde die vergleichsweise schwache wirtschaftliche Situation der Studenten als Hauptursache ihrer relativ gemäßigten politischen Haltung angeführt, da die Kölner Studenten weder Zeit noch Geld für »radikale Umtriebe« hätten und statt dessen einen »ernsthaften Arbeitswillen« demonstrierten.[126] Dagegen ist allerdings einzuwenden, daß gerade die wirtschaftliche Notlage einen Hauptfaktor für die Radikalisierung des studentischen Antisemitismus bildete. Wichtiger erscheint in diesem Zusammenhang, daß die schlechtere soziale Lage den Zusammenhalt des traditionell elitären Korporationswesens unterminiert haben mag. Viele der (Pendel-)Studenten waren vermutlich aus zeitlichen und finanziellen Gründen nicht so stark in ein engmaschiges studentisches Leben eingebunden, das sich maßgeblich durch eine gemeinsame Wohn- und Freizeitkultur etablierte und das das Rückgrat des traditionellen studentischen Verbindungswesens darstellte. Gleichwohl könnte man auch vermuten, daß die wirtschaftlich schwächeren Studenten ein besonderes Interesse an den sozialen Aufstiegsmöglichkeiten über das Korporationswesen zeigten.

Im Vergleich zu anderen Universitäten waren die Studentinnen an der Großstadtuniversität Köln mit 12 % (1927/28) gegenüber Bonn (19 %), Frankfurt (14 %), Münster (21 %) und Heidelberg (18 %) leicht unterrepräsentiert.[127]

---

den westfälischen Industriegebieten), aus dem übrigen Deutschland 243 und aus dem Ausland 134. Die Studierenden der Universität Köln im Wintersemester 1932/33, UAK, 9, 15.

[125] Ebenda. Vgl. auch HEIMBÜCHEL, Universität, S. 365; und MEUTHEN, Kleine Kölner Universitätsgeschichte, S. 32.

[126] Rede Rektor Thieß zur Feier der Rektoratsübergabe am 10. November 1923, in: Kölner Universitäts-Zeitung, 15. Januar 1924; und Bericht Gravens über die verhängten Strafen und die akademische Disziplin, 5. April 1921, UAK, 28, 99, Bl. 98 f.

[127] HEIMBÜCHEL, Universität, S. 364. Der prozentuale Anteil der Studentinnen lag im ersten Jahr nach der Universitätsöffnung bei 15 %, pendelte bis 1928/29 auf niedrigerem Niveau zwischen 10–12 %, stieg bis zum Sommersemester 1931 auf ein Maximum von 21 % und sank dann wieder ab. Irene FRANKEN (Hrsg.), »Ja, das Studium der Weiber ist schwer!« Studentinnen und Dozentinnen an der Kölner Universität bis 1933. Katalog zur Ausstellung in der Universität und Stadtbibliothek, Köln 1995, S. 44 f. Auf einer Rangliste der Zeitschrift Die Studentin nahm die Kölner Universität 1926 aufgrund der relativ niedrigen Studentinnenzahlen sogar nur den 13. Platz ein. Die Studentin, 1. Dezember 1926, in: Ebenda, S. 37.

Besonders schwach waren die Studentinnen an der Medizinischen und vor allem der Juristischen Fakultät vertreten. Sie bevorzugten ein Studium an der Wiso-Fakultät mit dem Abschluß des Handelslehramts und ab Ende der 1920er Jahre an der Philosophischen Fakultät und paßten sich damit in ihrer Studienwahl dem geschlechtsspezifischen Studienmuster der Zeit an.[128]

Ferner ist auf das Durchschnittsalter der Kölner Studenten hinzuweisen, das mit fast 24 Jahren im Reichsvergleich relativ hoch war. Dies gilt im besonderen Maß für die Wiso-Fakultät, an der im Wintersemester 1933/34 über 40 % der Studenten älter als 25 Jahre waren.[129] Das hohe Durchschnittsalter der Studenten erklärt sich einerseits dadurch, daß die Kölner Universität vor allem Examens-Semester von außen anzog, und andererseits durch den hohen Anteil der Werkstudenten, die für den Abschluß ihres Studiums länger brauchten.[130] Legt man die Generationseinteilung der Weimarer Studenten in eine Kriegsgeneration (der 1890–1900 Geborenen), der Kriegsjugendgeneration (zwischen 1900–1910 Geborenen) und der Nachkriegsgeneration zugrunde, fand der Wechsel zwischen der Kriegsjugendgeneration und der radikaleren Nachkriegsgeneration in Köln entsprechend später als an anderen Universitäten statt und läßt eine zeitverzögerte Radikalisierung der Studentenschaft erwarten.

Ein besonderes Merkmal der Studentenschaft war schließlich ihre Konfessionsstruktur. Während 1930 reichsweit 67,2 % Protestanten, 27,4 % Katholiken und 5,4 % Juden studierten, dominierten in Köln 1932/33 die katholischen Studenten mit 56,6 % gegenüber ihren protestantischen Kommilitonen mit 37,7 % und den jüdischen Hochschülern mit 3,9 %.[131] Betrachtet man allein die weiblichen Studierenden, so ist dieses Übergewicht mit 63,6 % Katholikinnen gegenüber 31,4 % Protestantinnen und 4,1 % Jüdinnen sogar noch deutlicher.[132] Wenn man das Verhältnis allerdings mit der allgemeinen Konfessionsstruktur des nahen Umlands in Beziehung setzt, dem der überwiegende Teil der Studentenschaft ja entstammte, waren die katholischen Studenten deutlich unterrepräsentiert.[133] In diesem Sinne konstatierte der *Kölner*

---

[128] Frauenbeauftragte der Universität Köln (Hrsg.), »Genia – Nur für Frauen«. Lese- und Handbuch für Studentinnen, Köln 1995, S. 36–38. Angesichts der gravierenden Überlieferungsprobleme hinsichtlich der Studentinnen werden insbesondere die männlichen Studenten als Akteure in Erscheinung treten.

[129] Die Studierenden der Universität Köln im Wintersemester 1933/34, UAK, 9, 15.

[130] Kölner Stadtanzeiger, 4. Januar 1929.

[131] Die Studierenden der Universität Köln im Wintersemester 1932/33, UAK, 9, 15. Die reichsweiten Daten sind entnommen aus GRÜTTNER, Studenten, S. 41.

[132] Die Studierenden, UAK, 9, 15.

[133] Nur an den Universitäten, die in einer Region mit einem hohen katholischen Bevölkerungsteil lagen, stellten die katholischen Studenten den größten Teil der Hochschüler – so in München, Würzburg, Münster, Bonn und Köln – oder eine starke Minderheit von mindestens einem Drittel wie in Breslau, Freiburg und Karlsruhe. Anders aber als etwa an der Universität Münster, wo der Anteil der katholischen Studenten höher war als im katholisch geprägten Umland, wirkten in Köln also die gängigen Rekrutierungsmuster der deutschen Universitäten mit der Unterrepräsentierung der katholischen Studenten nach. Wäh-

Stadtanzeiger 1929, daß die konfessionelle Zusammensetzung der Studenten nicht der Konfessionsgliederung des Rheinlandes entspreche, da die protestantischen Hochschüler mit fast 40 % ein verhältnismäßiges Übergewicht hätten.[134] Demgegenüber lag der Anteil der jüdischen Hochschüler an der Kölner Hochschule zwar über dem durchschnittlichen Bevölkerungsanteil – nationalsozialistische Statistiken griffen immer wieder auf Hochschulen wie Berlin, Frankfurt, Hamburg und Köln zurück, um auf die »Verjudung der deutschen Universitäten« hinzuweisen.[135] Tatsächlich lag der Anteil jüdischer Hochschüler zwischen 3,5 % und 3,8 % an der Kölner Universität jedoch weit unter den Werten in Berlin (9,56 %), Frankfurt (9,66 %) sowie an den preußischen Hochschulen insgesamt (5,08 %) und dem reichsdeutschen Durchschnittswert (4,5 %).[136] Ihre deutliche Überrepräsentierung an der Medizinischen und der Juristischen Fakultät entsprach hingegen dem reichsweiten Studienmuster jüdischer Hochschüler.[137] Die katholischen Studenten bevorzugten demgegenüber ein Studium an der Philosophischen Fakultät (62,7 %) und an der Medizinischen Fakultät (61,5 %) gegenüber der Juristischen (55,2 %) und Wiso-Fakultät (48,0 %).[138]

Da sich die traditionellen waffenschlagenden Verbindungen, die die Speerspitzen des radikalen Antisemitismus bildeten, vorrangig aus protestantischen Studentenkreisen rekrutierten und mehrheitlich von katholischer Seite abgelehnt wurden, dürfte die Konfessionsstruktur der Studentenschaft gravierende Auswirkungen auf das Verbindungswesen gehabt und die Vorherrschaft der

---

rend 1930 ein knappes Drittel der Reichsbevölkerung (32,5 %) katholisch war, bekannten sich lediglich 27,4 % der Studenten zur katholischen Konfession. Vgl. GRÜTTNER, Studenten, S. 41; und JARAUSCH, Studenten, S. 96–98. Die traditionell schwächere Repräsentation der Katholiken im Kaiserreich beruhte auf einem heterogenen Ursachengeflecht, bestehend aus kulturellen und sozioökonomischen Mustern innerhalb des katholischen Milieus wie auch auf einer protestantisch-preußischen antikatholischen Diskriminierungspraxis. Siehe Michael KLÖCKER, Das katholische Bildungsdefizit in Deutschland, in: GWU (32) 1981, S. 79–98.

[134] Kölner Stadtanzeiger, 4. Januar 1929.

[135] KATER, Studentenschaft, S. 148 f.

[136] HEIMBÜCHEL, Universität, S. 365; und KATER, Studentenschaft, S. 147. Andererseits lag der Anteil jüdischer Hochschullehrer in den kleineren Universitätsstädten wie Marburg, Halle, Kiel und Münster z. T. weit unter dem reichsdeutschen Bevölkerungsanteil. Ebenda.

[137] Durchschnittlich lag die Quote der männlichen jüdischen Studenten an der männlichen Gesamtstudentenschaft an der Medizinischen Fakultät bei 6,45 %, an der Juristischen Fakultät bei 4,85 % und an der Wiso-Fakultät bei 2 %. Dagegen bevorzugten die jüdischen Studentinnen ein Wiso-Studium (3,9 %) gegenüber einer Lehramtsausbildung der Philosophischen Fakultät (3,7 %). Trotz geringer absoluter Zahlen erreichten sie beträchtliche Prozentwerte von zwischen 10 % bzw. 30 % an der Juristischen und Medizinischen Fakultät. LAUF, Studierende, S. 60–64. Diese Zahlen wurden in der nationalsozialistischen Propaganda als Mittel gegen die »Verjudung« der akademischen Schlüsselberufe extensiv ausgebeutet. Siehe dazu KATER, Studentenschaft, S. 148 f.

[138] Die Studierenden der Universität Köln im Wintersemester 1932/33 nach Fakultät und Religion, UAK, 9, 15.

Korporationen in Frage gestellt haben. Ferner ist zu untersuchen, ob und inwiefern sich der geringere Prozentsatz jüdischer Studenten in Köln auf studentische Positionen auswirkte. Dies gilt in besonderem Maß für die jüdischen Studenten aus Osteuropa.

War insgesamt der Anteil ausländischer Studierender in Köln mit 3 % im Vergleich zu den meisten übrigen Hochschulen und auch zur Kölner Vorkriegszeit extrem gering[139], so trifft dies in noch stärkerem Maß auf die ausländischen jüdischen Studenten zu. Ihr Anteil betrug an der Kölner Hochschule etwa 5 % unter den ausländischen Studenten, während er im Reichsdurchschnitt bei 20 % lag.[140] Dieser geringe Prozentsatz beruhte auf einer diskriminierenden Auswahlpraxis der Kölner Universitätsbehörden, die aufgrund des Stiftungscharakters der Universität über die Zulassung der ausländischen Studierenden entschieden. Ihnen war aus (kultur)politischen und finanziellen Gründen sehr daran gelegen, nur einen »gut ausgewählten Körper von Auslandsstudenten« an die Hochschule zu ziehen.[141] Sie bevorzugten ausländische Studenten, die aus »wirtschaftlich gesunden, hochvolutarischen Ländern« kamen, sowie »alle Studierenden von zweifelsfrei deutscher Nationalität aus den osteuropäischen Staaten«.[142] Daß die jüdischen Studenten nach diesen Kriterien als unerwünscht galten, belegen die Übersichten über die von Reichsausländern gestellten Immatrikulationsanträge. Unter den pro Semester durchschnittlich 25–35 Bewerbern wurden die jüdischen Antragsteller überproportional oft abgelehnt.[143] Diese Behandlung der ausländischen Studenten jüdischer Herkunft stellt die These von der liberalen Nichtdiskriminierungspraxis der Universitätsbehörden einmal mehr in Frage und verdeutlicht, daß eine sach- und interessengeleitete Hochschulpolitik durchaus mit antisemitischen Ausgrenzungsmustern kompatibel war, in denen sich finanzielle Erwägungen mit völkischen Denkmustern verbanden. Gerade der Stiftungscharakter der modernen Hochschule und die damit einhergehenden Machtbefugnisse ermöglichten es ihr, eine nationalistisch und antisemitisch motivierte Auswahlpraxis ihrer Studenten zu installieren und gegenüber jüdischen Studenten aus Osteuropa einzusetzen.

[139] An den Universitäten Berlin, Jena, Leipzig, TH Danzig, Berlin, Dresden, Darmstadt, Braunschweig, den Handelshochschulen und tierärztlichen Hochschulen lag der Anteil bei 15 %. Mitteilungen der Akademischen Auskunftsstelle im Sommersemester 1923, UAK, 28, 76, Bl. 64. Vor dem Krieg studierten in Köln etwa 20–25 % Ausländer. Rektor an Minister UAK, 28, 76, Bl. 43.

[140] KATER, Studentenschaft, S. 151.

[141] Siehe hierzu die Denkschrift über die Ausländerfragen für die Universität Köln vom Senats-Ausschuß für Ausländerfragen, mitgeteilt in der Senatssitzung vom 9. Mai 1923, UAK, 28, 76, Bl. 23–25.

[142] Ebenda.

[143] Dies zeigte sich besonders deutlich im Sommersemester 1925, als von neun Antragstellern israelitischer Konfession sechs abgelehnt, von 24 nichtjüdischen Bewerbern 22 zugelassen wurden. Übersicht über die bei der Universität in Köln von Reichsausländern gestellten Anträge auf Zulassung zum Studium für das Sommersemester 1925, UAK, 28, 76, Bl. 90–95.

Das Sozialprofil der Kölner Studenten spiegelt sich auch in ihren Organisationsformen wider. Während an den traditionellen Hochschulen die schlagenden Korporationen, die sich durch ihre radikalantisemitischen Denk- und Handlungsmuster auszeichneten[144], das studentische Vereinsleben stark dominierten und sich bis zu 80 % der Studenten in einer solchen Verbindung organisierten, gestaltete sich das Vereinsleben an der Kölner Hochschule weit heterogener.[145] Insgesamt expandierte das studentische Organisationswesen im Untersuchungszeitraum beträchtlich. Die Zahl der Organisationen stieg seit der Gründung der Universität kontinuierlich von 31 Vereinigungen (1919) auf 75 (1924) und 99 (1933). Dieses dichte Netz studentischer Organisationen umfaßte neben schlagenden und nichtschlagenden Verbindungen auch Interessen- und Fachvereinigungen sowie hochschulpolitische Gruppierungen. Insgesamt lassen sich die studentischen Organisationen in drei relativ gleichmäßig große Blöcke aufteilen: Es handelte sich hierbei erstens um die Waffenstudentenschaft, zweitens die nichtschlagenden Verbindungen und drittens um einen heterogenen Block, der sich aus anderen studentischen Organisationen zusammensetzte.[146]

Zu letzterem gehörten die akademischen Clubs und Sportvereine, die relativ schwachen Hochschulgruppen der politischen Parteien, die Interessen- und Fachvereinigungen sowie die wenigen protestantischen Vereine und die Freistudentenschaft. Sie bleiben in den Quellen schwach konturiert und treten weder als Träger integrationsfreudiger noch exklusionsträchtiger Handlungen in Erscheinung. Sie werden daher im folgenden keine Berücksichtigung finden. Eine Ausnahme bildet allerdings der NS-Studentenbund, auf den gesondert eingegangen werden soll.

Der Block der nichtschlagenden Verbindungen umfaßte einige Burschenschaften, die sich explizit als nicht konfessionell bezeichneten und die die Satisfaktion ablehnten, sowie drei jüdische Verbindungen, von denen zwei zioni-

---

[144] BERDING, Moderner Antisemitismus, S. 119; BLEUEL/KLINNERT, Studenten, S. 144; und GRÜTTNER, Studenten, S. 31.

[145] Daher soll anhand der Kölner Universitätskalender und der Vereins- und Korporationsverzeichnisse ein knappes statistisches Profil der Organisationen gezeichnet werden, um deren Stärke innerhalb der Kölner Gesamtstudentenschaft abzuschätzen.

[146] Während sich die Zahl der schlagenden Korporationen zwischen 1919–1924 von 9 auf 22 erhöhte, stieg die der nichtschlagenden Verbindungen etwas stärker von 10 auf 27 und die der übrigen Vereinigungen von 12 auf 26. Der sinkende Anteil der Waffenstudentenschaft am Organisationswesen setzte sich bis 1933 fort, als 27 schlagende, 35 nichtschlagende Verbindungen und 40 andere Vereinigungen gezählt wurden. Im Nationalsozialismus lösten sich diese Gruppierungen am schnellsten auf – im Wintersemester 1934/35 bestanden an der Kölner Universität noch 18 schlagende und 25 nichtschlagende Verbindungen, aber nur 12 Vereine verschiedener Zielrichtung. Die Angaben sind entnommen aus: Senatspräsident Dr. Graven, Fünf Jahre Kölner Studentenschaft, in: Kölner Universitätskalender 1925/26, S. 132 f.; Studentische Vereins- und Korporationsverzeichnisse des Sommersemesters 1927 und der Wintersemester 1929/30, in: UAK, 28, 370, Bl. 62–70 und Bl. 129–139 sowie der Wintersemester 1932/33, in: UAK, 28, 371, Bl. 37–46 und des Wintersemesters 1934/35, in: UAK, 28, 371, Bl. 37–46 und Bl. 76–82.

stisch orientiert und einer dem Bund Jüdischer Akademiker angeschlossen war.[147] Den überwiegenden Anteil der nichtschlagenden Verbindungen machten aber die katholischen Organisationen mit ca. 75 % aus, die damit ungefähr so stark wie die Waffenstudentenschaft waren. Es wird zu untersuchen sein, in welchem Verhältnis diese zu den jüdischen Organisationen einerseits und zu den waffenstudentischen Organisationen andererseits standen. Dabei steht besonders die Frage im Vordergrund, ob und wie sich die rassistischen Codes und Verhaltensmuster der Korporationen in der katholischen Studentenschaft durchsetzen konnten.

Die relativ schwache Position der waffenstudentischen Verbindungen in Köln ist nicht nur an der Zahl ihrer Organisationen ersichtlich, sondern bestätigt sich auch hinsichtlich der Mitgliederzahlen. Aus einer Aufstellung der Kölner Korporationen aus dem Sommersemester 1929/30 geht hervor, daß 881 Studenten einer Waffenverbindung und 968 Studenten einer satisfaktionsverweigernden Korporation angehörten. Bei insgesamt ca. 5 600 Studenten entsprechen 1 849 Korporierte einem Organisationsgrad von 33 %, was beispielsweise der Quote an der Universität Heidelberg gleichkam; knapp 16 % der Studenten gehörten einer schlagenden Verbindung an.[148] Wenn man allerdings berücksichtigt, daß es sich bei den Verbindungen um reine Männerbünde handelte und als Berechnungsgrundlage die »korporationsfähigen« männlichen Studenten nimmt, erhöht sich der Anteil der Waffenstudentenschaft auf gute 19 % und der der Verbindungsstudenten auf ca. 40 %, liegt aber immer noch deutlich unter dem Reichsdurchschnitt.[149] Trotzdem war die Waffenstudentenschaft in Köln keine »im wesentlichen bedeutungslose kleine Minderheit«, wie dies Heimbüchel in seiner Universitätsgeschichte schrieb.[150] Immerhin gehörte ihr jeder fünfte männliche Student der Kölner Universität an.

---

[147] Insgesamt entsprach die Differenzierung des jüdischen Organisationswesens an der Kölner Universität den weltanschaulichen und religiösen Spaltungen innerhalb des Judentums. Neben den beiden nichtschlagenden zionistischen Verbindungen ist die schlagende Verbindung Rheno-Guestphalia zu erwähnen, die nationalistisch und assimilationsfreudig war. Der Bund Jüdischer Akademiker stand auf dem Boden des gesetzestreuen Judentums und nahm nur strenggläubige Juden als Mitglieder auf. Vgl. allgemein zum jüdischen Verbindungswesen in der Weimarer Republik SCHINDLER, Antisemitismus, S. 107–146.

[148] Unterrepräsentiert waren die Korporationen auch an den neuen, liberalen Großstadtuniversitäten Hamburg und Frankfurt, wo sich hemmend auswirkte, daß die Verbände auf keine lange Tradition zurückblicken konnten. Hinzu kam der soziale Hintergrund der Studentenschaft, bei der etwa der katholische Glauben oder die politische Sozialisation einem Anschluß an eine Waffenkorporation entgegenstanden. GRÜTTNER, Studenten, S. 31; Norbert GIOVANNINI, Zwischen Kaiser und Führer. Die Kommilitonen von Ernst Toller, Carl Zuckmayer, Joseph Goebbels und Golo Mann, in: Karin BUSELMEIER/Dietrich HARTH/Christian JANSEN (Hrsg.), Auch eine Geschichte der Universität Heidelberg, Mannheim 1985, S. 195–210, hier: S. 198.

[149] Diese Auflistung findet sich in UAK, 28, 370, Bl. 40.

[150] GROTEN, Stadtuniversität, S. 129, vertritt diese Position, ohne daß er sich auf einer empirisch stichhaltigen Grundlage bewegt.

4.2. Ausgrenzung durch die organisierte Studentenschaft

Die starke Anziehungskraft des Verbindungswesens auf die Weimarer Studentenschaft beruhte nicht zuletzt auf seinen kulturellen Repräsentationsformen und sozialen Praktiken.[151] Auch in der Weimarer Zeit stellten die Korporationen noch die zentrale Sozialisationsinstanz studentischer Normen, Wertvorstellungen und Verhaltensregeln dar.[152] Aufgrund des engen Gruppenzusammenhangs und des starken Sanktionierungsdrucks, dem die Studenten bei der Regelverstößen ausgesetzt waren, verinnerlichten die Korporationsmitglieder diese Normen stärker als Angehörige anderer studentischer Organisationen und setzten sie in Alltagshandeln um. Der Comment regelte dabei nicht nur den Ehrenkodex, sondern allgemein den Umgang miteinander, mit den »Couleurdamen« und den jüdischen Kommilitonen.[153] Dabei stellte die Waffenstudentenschaft, bestehend aus den prestigereichen elitären Corps, den Burschen- und Landsmannschaften sowie den Wehr- und akademischen Turn- und Sängerschaften den sozialen Ausschluß der jüdischen Kommilitonen auf eine rassistische Grundlage, nachdem sie den Antisemitismus bereits im Kaiserreich als soziale Norm und Diskriminierungspraktik in ihren Verbindungen etabliert hatte. Nach dem Vorbild des Kyffhäuserverbandes des Vereins Deutscher Studenten verankerten fast alle schlagenden Verbindungen den Arierparagraphen ab 1890 in ihren Satzungen und verlangten eine Erklärung auf Ehrenwort, daß bis zu den Großeltern keine Juden in der Familie existiert hatten. Zum Teil schlossen sie auch die jüdischen alten Herren aus ihren Verbindungen aus, was dem zentralen Prinzip der korporativen Lebenstreue diametral zuwiderlief.[154] Mit der Radikalisierung der Studentenschaft nach dem Ersten Weltkrieg, ihrer Adaption des Frontsoldatenmythos und -habitus und der völkischen Weltanschauung setzte sich der rassistische Antisemitismus in der Waffenstudentenschaft endgültig durch.[155]

---

[151] Heimbüchels bedauernde Feststellung, daß die Verbindungen viel von ihrer integrativen Kraft eingebüßt und so zur allgemeinen Orientierungslosigkeit und Verunsicherung der Studenten beigetragen hätten, ist zumindest hinsichtlich der Verbindungsmitglieder zu hinterfragen. HEIMBÜCHEL, Universität, S. 374.

[152] Mit dieser Einschätzung folge ich GRÜTTNER, Studenten, S. 32; und KATER, Studentenschaft, S. 25.

[153] Eine genaue Beschreibung des studentischen Korporationswesen liefern neben JARAUSCH, Studenten, auch GIOVANNINI, Kaiser, S. 197 f., und GRÜTTNER, Studenten, S. 33, sowie Dietrich HEITHER [u. a.] (Hrsg.), Blut und Paukboden. Eine Geschichte der Burschenschaften, Frankfurt a. M. 1997.

[154] Siehe hierzu genauer BERDING, Moderner Antisemitismus, S. 111–120; BLEUEL/KLINNERT, Studenten, S. 144–149; und KAMPE, Studenten, S. 185–199.

[155] IGGERS, Anti-Semitism, S. 487. Die Waffenstudentenschaft bildete bis 1928/29 den Kern der rechtsgerichteten Studentenschaft. »In ihren Reihen gedieh schon früh jene Mischung aus antidemokratischem Ressentiment und nationalistischer Rhetorik, aus emphatischer Verherrlichung des Frontsoldatentums und antisemitischen Vorurteilen«. Zit. nach GRÜTTNER, Studenten, S. 32.

Auch an der Kölner Universität praktizierten die schlagenden Korporationen die soziale Ausgrenzung der jüdischen Kommilitonen auf rassistischer Grundlage. Sie nutzten den Universitätskalender als öffentliches Forum, um sich unter der Angabe ihres Namens und Gründungsdatums, ihrer Farben und Prinzipien vorzustellen. Dabei gehörte es zum gängigen Duktus, sich als deutsch-völkisch zu charakterisieren, deutsche Abstammung und christliches Bekenntnis als Aufnahmebedingung zu fordern und das arische Prinzip zu betonen, ohne daß die Universitätsbehörden, die die Herausgabe des Kölner Universitätskalenders unterstützten, Anstoß an dieser Praxis nahmen.[156] Doch nicht nur im rassistischen Ausschluß aus den eigenen Organisationen, auch im Verkehr mit den jüdischen Kommilitonen gehörten symbolische und handfeste Diskriminierungsmuster zum alltäglichen Verhalten der Kölner Verbindungen, wie im folgenden anhand des Satisfaktionsstreits 1919/1920 verdeutlicht werden soll.[157]

4.2.1. Der Satisfaktionsstreit 1919/20

Nur drei Monate nach ihrer Gründung ereignete sich ein Vorfall an der Kölner Universität, in dem sich studentischer Antisemitismus, jüdische Reaktionsweisen und universitätsbehördliche Positionen auf ungewöhnliche Weise verdichteten. Im Oktober 1919 hängte der »Cölner Weiße Waffenring« (CWW), ein Zusammenschluß aus der Burschenschaft Teutonia und der Sängerschaft Merovingia, am schwarzen Brett der Universität seine Satzung aus, die jüdischen Studenten grundsätzlich die Genugtuung mit der Waffe verweigerte.[158] Daraufhin wandte sich die jüdische Verbindung Rheno-Guestphalia, die selber den Prinzipien der Satisfaktion verpflichtet war[159], am 11. Oktober 1919 mit einem Protestschreiben an den Rektor, in dem sie auf die »schwere Beleidigung nicht nur ihrer selbst, sondern auch aller Kölner K.C.-er und aller jüdischen Studierenden der Universität« hinwies und in Anbetracht der Schwere

---

[156] Entsprechend äußerten sich beispielsweise im Wintersemester 1920/21 die Burschenschaften Teutonia und Alemannia, die Sängerschaft Merowingia, die Turnerschaft Ubia und der Verein deutscher Studenten. Der Arierparagraph der übrigen Verbindungen geht aus ihrer Zugehörigkeit zu den übergreifenden Verbänden wie dem ADB oder dem Kösener SC hervor, die diesen bindend in ihren Satzungen verankert hatten. Kölner Universitätskalender 1920/21, S. 86–89.

[157] Vgl. allgemein zum Thema Satisfaktionsstreit, das allerdings nur zum Kaiserreich Beachtung fand, Tobias C. BRINGMANN, Duell, Student und Davidstern. Satisfaktion und Antisemitismus in Deutschland 1871–1900, Freiburg 1995; Zeev ROSENKRANZ, »Der Zionismus des Dreinschlagens«: Die Rituale der nationaljüdischen und zionistischen Studenten im ausgehenden Kaiserreich, in: Menora 3 (1992), S. 63–84; und knapp Miriam RÜRUP, Jüdische Studentenverbindungen im Kaiserreich. Organisationen zur Abwehr des Antisemitismus auf »studentische Art«, in: JbfA 10 (2001), S. 113–137.

[158] Abschrift des Cölner Weißen Waffenrings vom Oktober 1919, UAK, 28, 114a, Bl. 4 f.

[159] Unter Satisfaktion ist die Bereitschaft eines Verbindungsmitglieds zu verstehen, auf eine Beleidigung durch einen »satisfaktionsfähigen Herrn« mit einer Duellforderung zu antworten beziehungsweise eine solche Forderung in jedem Falle anzunehmen. Siehe hierzu SCHINDLER, Antisemitismus, S. 164.

der Kränkung den Universitätsleiter aufforderte, den Anschlag sofort entfernen zu lassen.[160] Dieser Forderung kamen die Universitätsbehörden auch unverzüglich nach. Bereits am folgenden Tag leitete Rektor Christian Eckert den Brief an den zuständigen Universitätsrichter Dr. Graven mit der Bemerkung weiter, daß der Anschlag ohne sein Wissen angebracht worden sei, was den universitären Bestimmungen zuwiderlief.[161] Am 15. Oktober beschloß der Senat, daß »die Veröffentlichung des gerügten § 3 der Statuten des CWW geeignet sei, die Ordnung des akademischen Lebens namentlich in der Universität zu gefährden und daß sie daher zu unterbleiben habe«.[162] Daraufhin berief der Universitätsrichter die Vorstände der angeklagten Verbindungen Teutonia und Merowingia zu sich, die sich verpflichteten, den Aushang zu entfernen und zukünftig keine Mitteilungen mehr ohne Kenntnisnahme des Rektors vorzunehmen. Im Anschluß daran erklärte sich der Vorstand der Rheno-Guestphalia am 20. Oktober bereit, den Vorfall als erledigt zu betrachten.[163] Nun birgt dieses Ereignis mehr Brisanz, als es die obige Wiedergabe der Fakten vermuten läßt, denn die Weigerung des Cölner Weißen Waffenrings, den jüdischen Studenten Satisfaktion zu geben, hat zugleich einen stark symbolhaften und handfesten radikalantisemitischen Hintergrund.

Es gehörte zum zentralen Kern der Ehrenkodices der schlagenden Verbindungen, Ehrenhändel im Duell auszutragen und auf Beleidigungen mit dem »Waffengang« zu reagieren. Dieser Code der Ehre, dem jeder Waffenverbindungsstudent zu folgen hatte, wurde in den Korporationen als soziale Norm vermittelt und stand im Zusammenhang mit dem allgemeinen »Comment«, der minutiös den alltäglichen Umgang der Studenten untereinander regelte.[164] Dabei diente die studentische Ehre als ein wichtiges Integrationsmoment, das zum einen »die Vergemeinschaftung aller Satisfaktionsfähigen garantierte, zum anderen aber jene Gruppen der Gesellschaft, die nicht als satisfaktions- und duellfähig galten, vom Umgang mit den Studenten ausschloß«.[165] Nach den traditionellen Normen des Comment diente die Verweigerung der Satisfaktion der sozialen Abgrenzung gegen Arbeiter, Bauern und Handwerker. Innerhalb der Studentenschaft galten hingegen jeder Waffenstudent und jede Korporation solange als ehrenhaft, bis sie sich durch ein konkretes Fehlverhalten diskreditiert hatten. Daher blieben auch nach der antisemitischen Wende der Verbindungen in den 1890er Jahren jüdische Studenten und Korporationen

---

[160] Schreiben der Rheno-Guestphalia, i. A. Arnold Mayer, an den Rektor, 11. Oktober 1919, UAK, 28, 114 a, Bl. 1.

[161] Mitteilung Eckerts an Graven, 12. Oktober 1919, UAK, 28, 114a, Bl. 6.

[162] Senatssitzung, 15. Oktober 1919, UAK, 27P, 1, Bl. 31.

[163] Tagebuch Nr. 3 des Universitätsrichters vom 18. und 20. Oktober 1919, UAK, 28, 114a, Bl. 7 f.

[164] Vgl. zur Subkultur der Korporationen genauer JARAUSCH, Studenten, S. 239–262.

[165] Ute FREVERT, Ehrenmänner. Das Duell in der bürgerlichen Gesellschaft, München 1995, S. 171.

zunächst satisfaktionsfähig, selbst wenn man Juden als Bundesbrüder innerhalb der eigenen Verbindung nicht mehr akzeptieren wollte.[166] Unter dem Druck des erstarkenden studentischen Antisemitismus gründeten sich seit den 1890er Jahren zahlreiche jüdische Korporationen, die antisemitischen Äußerungen mit einer Duellforderung begegneten und sich 1896 zu dem oben erwähnten Kartell-Convent, dem Dachverband der jüdischen Corps, zusammenschlossen.[167] Auch jüdische Studenten, die keiner oder einer zionistischen Verbindung angehörten, setzten sich nach den traditionellen Regeln des studentischen Zweikampfes gegen judenfeindliche Äußerungen zur Wehr.[168]

Doch mit der Durchsetzung eines rassistischen Antisemitismus in der Studentenschaft wurde den jüdischen Kommilitonen kollektiv ihre Ehrenhaftigkeit abgesprochen und die Satisfaktion prinzipiell verweigert. In Österreich verankerte die überwiegende Mehrheit der Korporationen die pauschale Satisfaktionsverweigerung bereits 1896 mit dem sogenannten »Waidhofner Beschluß«:

> »In vollster Würdigung der Tatsachen, daß zwischen Ariern und Juden ein tiefer moralischer und psychischer Unterschied besteht [...], in Anbetracht der vielen Beweise, die auch der jüdische Student von seiner Ehrlosigkeit und Charakterlosigkeit gegeben, und da er überhaupt der Ehre nach unseren deutschen Begriffen völlig bar ist, faßt die heutige Versammlung deutscher wehrhafter Studentenverbindungen den Beschluß: Dem Juden auf keine Waffe mehr Genugtuung zu geben, da er deren unwürdig ist«.[169]

Anders als in Österreich lag es in Deutschland zunächst noch im Ermessen der einzelnen Verbindungsstudenten, einem Juden Genugtuung zu geben, doch verweigerten 1920 der Verein deutscher Studenten, die Waffenringe, die Landsmannschaften und die Deutsche Wehrschaft – also die große Mehrheit der Waffenstudentenschaft – den jüdischen Korporationen prinzipiell die Satisfaktion und etablierten damit in der Nachkriegszeit eine neue rassistische Diskriminierungspraxis an den deutschen Universitäten.[170]

Vor diesem Hintergrund verdeutlicht sich die tatsächliche Schwere der Beleidigung, die in dem Aushang des Cölner Weißen Waffenrings lag: Sie beruhte zunächst auf dem Umstand, daß die jüdischen Studenten öffentlich und kollektiv als unehrenhaft diskreditiert wurden. Im antisemitischen Vorstellungskomplex verband sich die Vorstellung vom unehrenhaften Juden mit den Zuschreibungen eines betrügerischen und feigen Charakters, dem dichoto-

---

[166] KAMPE, Studenten, S. 200.

[167] Siehe genauer zum KC, der in seiner politischen und programmatischen Ausrichtung dem Centralverein nahestand, und seinem Kampf gegen den Antisemitismus, BLEUEL/KLINNERT, Studenten, S. 169–172; und SCHINDLER, Antisemitismus, S. 117–126. Auch die Rheno-Guestphalia gehörte dem KC an.

[168] M. RÜRUP, Studentenverbindungen, S. 115 f.; SCHINDLER, Antisemitismus, S. 117.

[169] KAMPE, Studenten, S. 201. Dem »Waidhofner Beschluß« lag eine öffentlich gelobte Selbstverpflichtung 22 österreichischer, deutschnationaler Korporationen im März 1896 zugrunde.

[170] BLEUEL/KLINNERT, Studenten, S. 166 f.; GOLCZEWSKI, Kölner Hochschullehrer, S. 34.

misch der ehrliche und aufrechte Deutsche gegenübergestellt wurde. In der frühen Weimarer Republik wurde das Stereotyp vom unehrenhaften Juden noch, wie eingangs erwähnt, um die Dimension des jüdischen Drückebergers erweitert, der seinen patriotischen Pflichten im Ersten Weltkrieg nicht nachgekommen sei und so seine antinationale Gesinnung offenbart habe.[171] Die jüdischen Studenten wurden durch die Behauptung der Unehrenhaftigkeit gleichermaßen aus der nationalen wie studentischen Gemeinschaft ausgeschlossen, deren sozialer Zusammenhang sich maßgeblich über den Code der Ehre herstellte, wie sich im weiteren Verlauf des Streits zeigte.

So war es mehr als folgerichtig, daß die Rheno-Guestphalia, die sich am 16. März 1919 unter dem programmatischen Wahlspruch »Amico pectus, hosti frontem« (»Dem Freund die Brust, dem Feind die Stirn«) gegründet hatte, und der an die 20 Studenten angehörten, gegen diese Beleidigung vorging. Als Verbindung im K.C. hatte sie den Kampf gegen den Antisemitismus in der deutschen Studentenschaft in ihren Satzungen verankert und verfocht ein Gleichberechtigungsstreben, das ihrem Judentum und Deutschsein gleichermaßen Raum gewährte: Sie propagierte die

> »Erziehung ihrer Mitglieder zu selbstbewußten Juden, die im Bewußtsein, daß die deutschen Juden einen durch Geschichte, Kultur und Rechtsgemeinschaft mit dem deutschen Vaterland unlöslich verbundenen Volksteil bilden, jederzeit bereit und imstande sind, für die politische und gesellschaftliche Gleichberechtigung der Juden einzutreten«.[172]

In ihrem ersten Kampf um die gesellschaftliche Gleichberechtigung der jüdischen Studenten an der Kölner Universität schaltete die Rheno-Guestphalia die Universitätsbehörden ein, nachdem »eine mündliche Besprechung mit Vertretern der beiden Korporationen nicht zum Ziele geführt hat«.[173]

Die akademischen Behörden – Rektor, Senat und Universitätsrichter – waren auch die richtigen Ansprechpartner, da ihnen laut Universitätssatzung die disziplinarische Kontrolle der Studenten unterlag.[174] Sie hatten als akademische Disziplinarbehörden die Befugnis, gegen Studierende Strafen auszusprechen, wenn sie Handlungen begingen, welche »die Sitte und Ordnung des akademischen Lebens stör[t]en oder gefährd[et]en, oder durch welche sie ihre oder ihrer Genossen Ehre verletz[t]en«.[175] Auch der »Ungehorsam gegen die

---

[171] Vgl. hierzu Volker ULLRICH, Drückeberger, in: SCHOEPS/SCHLÖR, Antisemitismus, S. 210–217.

[172] Selbstdarstellung der Rheno-Guestphalia im Kölner Universitätskalender 1920/21, S. 89 f.

[173] Schreiben der Rheno-Guestphalia an den Rektor, 11. Oktober 1919, UAK, 28, 114a.

[174] Siehe § 42, Abschnitt V der Universitätssatzung, 27. Mai 1919, UAK, 27, 139.

[175] Bericht des Rektors über die rechtlichen Grundlagen der Disziplinarverfolgung von Studenten an der Universität Hamburg, 6. März 1924, UAK, 28, 114, Bl. 7. Die Kölner Universität richtete sich bis zur Neuordnung der preußischen Universitätsverfassung 1931 nach den allgemein gültigen preußischen Vorschriften für die Studierenden der Landes-Universitäten vom 1. Oktober 1879. Maßgeblich waren die §§ 25 und 26 der Bestimmungen.

Anordnungen der akademischen Behörden und Beamten« und die »Herausforderung zum Zweikampf und Annahme derselben, der Zweikampf selbst und die Teilnahme daran« wurden unter Strafe gestellt.[176] Das Duell war in der Weimarer Republik darüber hinaus als antidemokratisches Relikt der monarchistischen Gesellschaft gesetzlich verboten und konnte strafrechtlich verfolgt werden.[177] Die akademischen Behörden hatten also zahlreiche Gründe, den Aushang des Waffenrings zu ahnden, begnügten sich aber mit einer Ermahnung und argumentierten in ihrer Kritik an dem Aushang rein formal: Sie übergingen die disziplinar- und strafrechtlich relevanten Duellregelungen des Statuts und kritisierten lediglich, daß die Verlautbarung entgegen der bindenden Bestimmungen nicht dem Rektorat zur Genehmigung vorgelegt worden war. Ebensowenig beanstandeten sie den rassistischen Inhalt der Satzung, der die verfassungsmäßig geschützte Gleichberechtigung der jüdischen Minderheit verletzte.[178] Obwohl sich der Universitätsleiter inhaltlich nicht auf die Beschwerde der jüdischen Verbindung einließ und eine Bestrafung des Cölner Weißen Waffenrings unterblieb, kamen die Behörden dem Protest der Rheno-Guestphalia doch insofern nach, als sie den Aushang sofort entfernen ließen.

Mit dieser Regelung war der Vorfall allerdings keinesfalls beigelegt. Welch großer Stellenwert ihm von jüdischer Seite eingeräumt wurde, zeigt die Reaktion der Synagogengemeinde, die sich »als berufene Vertreterin des Judentums zu Köln« zu Wort meldete und eine Woche nach der universitätsinternen Regelung der Angelegenheit eine Beschwerde an den Rektor, den Oberbürgermeister, der zugleich erster Vorsitzender des Kuratoriums war, und an das Preußische Kultusministerium in Berlin richtete.[179] Augenscheinlich hielt die Gemeinde den Vorfall für so schwerwiegend, daß sie es für angebracht hielt, eine möglichst große Öffentlichkeit herzustellen und sich direkt an die höchsten Instanzen zu wenden. Der federführende Rabbiner Blumenau erhob im Namen der Gemeinde schärfsten Einspruch gegen die in Form und Inhalt der Bekanntmachung liegende Beleidigung und bat darum, ähnliche Vorkommnisse für die Zukunft zu verhindern. Blumenau bewegte sich argumentativ genau auf jener inhaltlichen Ebene, die die Universitätsbehörden ausgeklammert hatten: »Wenn aber eine Verbindung allgemein Genugtuung mit den Waffen gewähren will, so ist es eine schwere Beleidigung, davon einen ganzen Volksteil auszuschliessen und damit als ehrlos bezeichnen zu wollen, von dem Tausende auf dem Felde der Ehre für unser deutsches Vaterland gefallen sind«. Indem der Rabbiner die

---

[176] Ebenda, Bl. 8.
[177] Siehe hierzu GOLCZEWSKI, Kölner Hochschullehrer, S. 35; und ausführlich FREVERT, Ehrenmänner, S. 296–315.
[178] Eckert an Graven, 12. Oktober 1919, UAK, 28, 114a. Vgl. zur Kritik an Eckert auch GOLCZEWSKI, Kölner Hochschullehrer, S. 35.
[179] Der Vorstand der Synagogengemeinde an Eckert, 31. Oktober 1919, UAK, 28, 114a, Bl. 105; wortgleiches Schreiben vom selben Datum an den Oberbürgermeister, ebenda, Bl. 105, und an das preußische Kultusministerium Berlin, ebenda, Bl. 111.

Ehrenhaftigkeit der Juden durch den Rekurs auf ihre Opferbereitschaft für die Nation wiederherstellte, wies er nicht nur das Stereotyp vom feigen, jüdischen Drückeberger zurück, sondern forderte auch offensiv einen Platz im nationalen und universitären Kollektiv: »In einer Zeit, die den siegreichen Eroberer an den Ufern des Rheins sieht, sollten alle Angehörigen der neuerstandenen Hochschule sich die Hand reichen und sich zusammenschliessen zum Wiederaufbau Deutschlands, nicht sich befehden und beleidigen«.[180]

Direktor Eckert interpretierte das Schreiben der Synagogengemeinde als einen schweren Vorwurf, den er in einer scharfen Replik als eine unberechtigte und überflüssige Einmischung in universitäre Angelegenheiten zurückwies:

> »Es bedurfte Ihres Antrags: ›Wir bitten Anordnung zu treffen, dass solche Vorkommnisse für die Folge unmöglich machen‹, nicht. Sollte sich das unerlaubte Anheften eines Anschlags der gedachten Art jemals wiederholen, so wird genau wie im vorliegenden Fall eingeschritten werden, auch ohne dass die berufene Vertreterin des Judentums schärfsten Einspruch dagegen hebt«.[181]

In dieser Haltung wurde der Rektor sowohl vom Ministerium als auch vom Senat unterstützt, der das »Vorgehen der Synagogengemeinde lebhaft bedauert[e]«.[182]

Entgegen ihrer Versicherung sorgten die Universitätsbehörden jedoch keineswegs dafür, vergleichbare Vorfälle zu unterbinden, da die diskriminierende Bestimmung zwar nicht mehr veröffentlicht, aber weiterhin umgesetzt werden durfte.[183] So kam es bereits im März 1920 zu einem weiteren, diesmal gewalttätigen Zusammenstoß zwischen der Rheno-Guestphalia und der völkischen Burschenschaft Alemannia im Zusammenhang mit einer Satisfaktionsverweigerung.[184]

Der ursprüngliche Grund der Auseinandersetzung lag in der Verbreitung von Propagandamaterial des Deutsch-völkischen Schutz- und Trutzbundes in der Universität, für die die Rheno-Guestphalia Angehörige der Burschenschaft Alemannia verantwortlich machte. Bei einem gemeinsamen Aufenthalt auf dem Fechtboden hatte der jüdische Student Arnold Mayer ein frisch geklebtes, noch feuchtes Flugblatt des DVSTB entdeckt, das folgenden antisemitischen

---

[180] Blumenau an Eckert, 31. Oktober 1919, ebenda.

[181] Eckert an den Vorstand der Synagogen-Gemeinde, ebenda, Bl. 109.

[182] Protokoll der Senatssitzung, 12. November 1919, ebenda, Bl. 110; und Ministerialerlaß, 24. Januar 1920 an den Rektor durch den Regierungspräsidenten, ebenda, Bl. 114a. Adenauer erklärte in einem Schreiben, 4. November 1919 an den Vorstand der Synagogen-Gemeinde, lapidar, daß er den Vorfall als erledigt betrachte. Ebenda, Bl. 105.

[183] In dieser Argumentation stimme ich mit GOLCZEWSKI, Kölner Hochschullehrer, S. 36, überein.

[184] Die folgende Darstellung des Vorfalls beruht auf den Zeugenaussagen der beteiligten Studenten, den Anmerkungen des Universitätsrichters, UAK, 28, 114a, Bl. 175–180, und den Ausführungen des Gerichtsurteils, ebenda, Bl. 196–201.

Inhalt trug: »Von den Universitätslehrern sind 15 % Juden, dagegen kommt nach der Bevölkerungsziffer auf 100 Deutsche nur 1 Jude. Wir verlangen deutsche Lehrer für deutsche Schüler«.[185] Von den jüdischen Korpsstudenten zur Rede gestellt, wichen die Alemannen dem Vorwurf aus, für die Propaganda verantwortlich zu sein, und erwiderten auf die Forderung, die Sache studentisch auszutragen – was einer Duellforderung gleichkam –, daß ihre Burschenschaft jüdischen Verbindungen keine Satisfaktion gebe. Nun verschärfte sich die Auseinandersetzung nach einem festen Formelrepertoire. Die jüdischen Verbindungsmitglieder bezichtigten die Alemannen zu »kneifen«, was nach den Comment-Regeln eine gröbere Beschimpfung darstellte und ein Duell hätte nach sich ziehen müssen.[186] Doch die Burschenschaftler gewährten wiederum keine Genugtuung, wechselten statt dessen in den Erfrischungsraum der Universität, wo sie abermals Aufkleber des DVSTB hinterließen und die jüdischen Verbindungsmitglieder, die ihnen gefolgt waren, hierdurch stark provozierten und anschließend den neu erhobenen Vorwürfen ein weiteres Mal auswichen. Daraufhin forderte die Rheno-Guestphalia eine Aussprache mit den Alemannen, die auf den nächsten Tag anberaumt und nach den eigenwilligen Regeln studentischen Lebens gestaltet wurde. Jeweils drei Mitglieder der Rheno-Guestphalia und der Alemannia, die in Couleur erschienen waren und so signalisierten, daß sie als offizielle Vertreter ihrer Korporation auftraten, trafen – unter großem Interesse zahlreicher Zuschauer – vor der Universität in Zweiergruppen aufeinander und »diskutierten« den Vorfall. Dabei eskalierte die Auseinandersetzung zwischen den Studenten Felix Meyer und Walter Cohn, als Meyer auf die Frage Cohns nach dem Flugblatt im Erfrischungsraum antwortete, daß die Alemannen Juden »ebensowenig wie Negern Satisfaktion geben«, was die rassistische Dimension des studentischen Antisemitismus provozierend auf den Punkt brachte und für einen deutschnational sozialisierten Studenten der Weimarer Zeit eine Beleidigung darstellte, wie sie größer kaum sein konnte. Cohn erklärte darauf, daß er sich dann die Satisfaktion auf andere Weise hole und gab Meyer eine schallende Ohrfeige. Diese Reaktion war bei Angehörigen des K.C. gegenüber Invektiven von seiten völkischer Korporationsmitglieder durchaus üblich und ersetzte die verweigerte Genugtuung mit der Waffe.[187]

Aufgrund der großen Öffentlichkeit des Vorfalls sahen sich die akademischen Behörden nun gezwungen einzuschreiten und eröffneten gegen Meyer

---

[185] Aufkleber ebenda, Bl. 176R.

[186] FREVERT, Ehrenmänner, S. 186.

[187] Mit dem Erstarken des Nationalsozialistischen Deutschen Studentenbundes in der zweiten Hälfte der 20er Jahre wurde es für die KCer notwendig, sich gegen tätliche Angriffe meist in Überzahl auftretender Gegner zu verteidigen. Um sich besser zur Wehr setzen zu können, legten die KC-Verbindungen zunehmend mehr Wert auf das Erlernen von Kampfsportarten wie Boxen oder Jiu-Jitsu als auf die traditionelle fechterische Ausbildung. SCHINDLER, Antisemitismus, S. 122.

und Cohn ein Disziplinarverfahren »wegen Verstoßes gegen die Sitte und Ordnung des akademischen Lebens durch Ehrenkränkung«, zu dem auf Anordnung des Rektors auch drei Vertreter des Kölner Allgemeinen Studenten-Ausschusses (AStA) hinzubestellt wurden.[188] Nach Beschluß des Senats vom 12. Mai 1920 wurde Cohn die Entfernung von der Universität angedroht, während Meyer mit dem niedrigeren Strafmaß eines Verweises davon kam.[189] Der Senat rechtfertigte seine Entscheidung in geradezu abenteuerlicher Weise: Die Mitglieder der Rheno-Guestphalia hätten den Anlaß zu dem Vorgang gegeben, da diese im Wissen um die Satisfaktionsverweigerung der Alemannia die Genugtuung mit der Waffe gefordert und somit Tätlichkeiten provoziert hätten. Die Ohrfeige sei als eine solche Tätlichkeit eine erheblich schwerere Verfehlung gegen die akademische Ordnung und Sitte und eine weit größere Ehrenkränkung als die Äußerung des nichtjüdischen Studenten Meyer und müsse entsprechend härter geahndet werden. Cohn habe sich außerdem nicht, wie dieser zu seiner Verteidigung anführte, in einem echten Notstand befunden, sondern lediglich in einem selbstgeschaffenen Notstand.[190] Daß Cohn Meyer auch geohrfeigt hätte, wenn der Ausdruck »Neger« nicht gefallen wäre, lastete der Senat dem jüdischen Studenten zusätzlich an.[191] Hingegen sei Meyer nach der Rechtsordnung befugt gewesen, die Satisfaktion zu verweigern.[192]

Mit diesem Urteil erkannte der Senat die rassistische Satisfaktionsverweigerung als rechtmäßig an und bestrafte die Abwehr des Antisemitismus. Ursprünglich hatte Graven sogar die Suspendierung der jüdischen Korporation erwogen[193], war aber nach einer disziplinarrechtlichen Anfrage bei der Bonner Universität von dem dortigen Rektor belehrt worden, daß die »freie Korporationsbildung [...] seit dem Bestehen der jetzigen Staatsverfassung« derartige Eingriffe nicht mehr zulasse und daß deshalb nur die schwache Rücknahme der »Anerkennung« der Verbindung in Frage käme.[194] Letztlich wurde daher auf eine kollektive Bestrafung zugunsten der individuellen Ahndung verzichtet. Nur drei von insgesamt 17 Professoren lehnten das Strafmaß ab und kritisierten, daß der jüdische Student schärfer bestraft wurde als der antisemitische

---

[188] Schreiben des Universitätsrichters an Adolph-Leo Nettmann, Wilhelm Wienkötter und Arthur Miebach, 20. April 1920, UAK, 28, 114a, Bl. 181.

[189] Urteil in der Disziplinarsache gegen Meyer und Cohn, 12. Mai 1920, ebenda, Bl. 196–201.

[190] Ebenda, Bl. 200.

[191] Ebenda, Bl. 201. In dieser Argumentation schwingen die inhaltlichen Wertungen trotz der vermeintlich formalen Argumentationsweise überdeutlich mit. Die rassistische Beschimpfung als »Neger« durfte demnach ein deutscher Student mit einer Ohrfeige bestrafen, die rassistische Diskriminierung als »unehrenhafter Jude« indessen nicht.

[192] Ebenda.

[193] Schreiben Gravens an den Bonner Universitätsrichter Riefenstahl, 29. März 1920, UAK, 28, 115, Bl. 34–36.

[194] Rektor Tillmann, Universität Bonn, an Graven, 3. April 1920, ebenda, Bl. 37.

Provokateur.[195] Die Vertreter der offiziellen Studentenschaft trugen das Urteil einstimmig mit. Es überrascht nicht, daß die deutsch-völkischen Studenten dieses Urteil als großen Erfolg bewerteten und das Urteil am Schwarzen Brett der Universität aushängen wollten. Der Senat gewährte dieses Anliegen und legitimierte damit die Satisfaktionsverweigerung noch einmal öffentlich.[196]

Im Satisfaktionsstreit 1919/20 zeigte sich zunächst der radikale Antisemitismus der studentischen Korporationen. Die Waffenstudenten verbreiteten nicht nur die radikalantisemitische Propaganda des DVSTB, sondern vollzogen auch den Ausschluß der jüdischen Studenten aus dem sozialen Leben, indem sie ihnen die Zugehörigkeit zur nationalen und studentischen Gemeinschaft verweigerten. Entsprechend groß war die Empörung über die Satisfaktionsverweigerung auf jüdischer Seite und löste ein entschlossenes Entgegentreten auf verschiedenen Ebenen aus. Verbal begegnete die Synagogen-Gemeinde dem Vorwurf der Unehrenhaftigkeit mit einer nationalistischen Argumentation und dem selbstbewußten Appell an eine neue Burgfriedensgemeinschaft. Zugleich riefen die Gemeindevertreter und die jüdische Verbindung die (Disziplinar-)Instanzen zur Verfolgung auf, stellten eine breite Öffentlichkeit her und scheuten von studentischer Seite auch vor ihrer handgreiflichen Verteidigung nicht zurück. Dem Senat war aber insbesondere die öffentliche Reaktion der Gemeinde ein Dorn im Auge, die er als einen haltlosen Eingriff in universitätsinterne Angelegenheiten begriff und mit dem Argument zurückwies, die universitäre Abwehr antisemitischer Übergriffe sei ausreichend, was den Tatsachen jedoch nicht entsprach.[197] Denn die akademischen Instanzen duldeten den studentischen Antisemitismus, anstatt ihn mit Sanktionen zu belegen, und waren für die rassistische Dimension der Satisfaktionsverweigerung blind. Nicht nur gegenüber den osteuropäischen jüdischen Studenten, sondern auch im Satisfaktionsstreit zeigte daher die Fassade einer vorurteilsfreien Hochschulpolitik antijüdische Risse.

4.2.2. Besatzungsbehörden und studentischer Antisemitismus
Es war durchaus keine Ausnahme, daß Studenten Propagandamaterialien des DVSTB verteilten. Dabei fiel besonders der Jurastudent Hans Neumann als Anstifter verschiedener Propagandaaktionen auf und machte mehrmals durch »antisemitische Redensarten beleidigendster Art« auf sich aufmerksam,

---

[195] Unter den drei Professoren war nur der angesehene Jurist und getaufte Rabbinersohn Fritz Stier-Somlo (1873–1932) jüdischer Herkunft. Siehe zu Stier-Somlo GOLCZEWSKI, Jüdische Hochschullehrer, S. 367.
[196] Sitzung des Senats, 12. Mai 1920, UAK, 28, 114a, Bl. 195R.
[197] In seinem Brief an den Bonner Universitätsrichter argumentiert Graven, daß die Verfehlung der jüdischen Korporation deshalb so schwerwiegend sei, weil sie »absichtlich vor der Öffentlichkeit auf der Straße erfolgt sei« und so »dem Ansehen der Gesamtstudentenschaft schade«.

worauf schließlich der jüdische Student Heinrich Berg beim Universitätsrichter Anklage gegen Neumann erhob.[198] In dem zur Anzeige kommenden Fall hatte Neumann in einer gemeinsam benutzten Straßenbahn antisemitische Hetzzettel des DVSTB verteilt, die Berg geeignet schienen, »den Frieden zwischen den christlichen und jüdischen Bürgern überhaupt und den der akademischen insbesondere zu stören«. Auf Dauer würden sich die jüdischen Studenten, gleichgültig ob korporiert oder nicht, diese Art der Propaganda nicht gefallen lassen, dann käme es leicht zu Tätlichkeiten. Auch er selbst hätte sich – so führte er aus – von einem Nichtangehörigen der Universität Genugtuung geholt, jedoch im Falle des Studenten Neumann davon Abstand genommen, um sich nicht der Gefahr auszusetzen, unter Umständen relegiert zu werden. Er bat nun den Senat um »Abwehr dieser ihn in seiner Würde als jüdischer Angehöriger der Universität beleidigenden antisemitischen Propaganda«.[199] Es scheint, als hätte die Rechtsprechung der akademischen Behörden im Satisfaktionsstreit bereits ihre Wirkung gezeigt. Der jüdische Student traute sich nicht, auf die Provokationen des antisemitischen Kommilitonen im öffentlichen Raum zu reagieren, da er eine ernste Bestrafung befürchten mußte. Bei einer Aussprache am 14. Juli 1920 vermittelte der Universitätsrichter zwischen den beiden Studenten und legte den Streit bei.[200]

Im Dezember 1922 erregte ein Einbruch in das Privatzimmer eines Vorstandsmitglieds des Vereins jüdischer Studenten große universitäre Aufmerksamkeit.[201] Es deutete auf einen deutsch-völkischen Hintergrund des Verbrechens hin, daß der Einbrecher ein Hakenkreuz-Schreiben im Zimmer hinterließ. Überdies legte seine genaue Kenntnis des Einbruchsopfers und der übrigen Vereinsmitglieder, die er im Gespräch mit der Zimmerwirtin preisgab, nahe, daß es sich bei dem Täter um einen Studenten handelte.[202] Doch auch wenn man in Übereinstimmung mit den Rechtsanwälten des geschädigten Studenten einen antisemitischen Hintergrund der Tat vermutet, lassen sich weder über Motivation noch Herkunft der Täter fundierte Aussagen treffen, da die kriminalpolizeilichen und universitären Ermittlungsversuche ergebnislos blieben. In diesem Fall zeigte der Universitätsrichter großes Engagement zugunsten des jüdischen Studenten und unterstützte ihn bei der Suche nach dem Täter, indem er das Verbrechen am Schwarzen Brett der Universität verurteilte und zur Aufklärung aufforderte. In der Argumentation vermittelte Graven jedoch den Eindruck, daß es sich um einen Täter außerhalb der Universität han-

---

[198] Heinrich Berg an den Universitätsrichter, 14. Juni 1920, UAK, 28, 114a, Bl. 251 f.
[199] Ebenda.
[200] Neumann beteuerte, Berg nicht als einen Studenten erkannt zu haben und ihn nicht durch die Auslegung der Zettel beleidigen haben zu wollen, worauf jener seine Befriedigung äußerte. Neumann versprach außerdem, sich in Zukunft »von unwürdiger Propaganda / Zettelkleben u. s. w.« fernzuhalten. Ebenda, Bl. 251R.
[201] Nähere Informationen zum Verein folgen unten.
[202] UAK, 28, 114a, Bl. 251 f.

delte, und ignorierte die naheliegenden antisemitischen Beweggründe des Einbruchs. Dieses Argumentationsmuster sollte sich später im Zusammenhang mit dem erstarkenden NSDStB noch verheerend auswirken.[203]

Abgesehen von diesen Vorfällen finden sich keine weiteren radikalantisemitischen Übergriffe an der Universität in der Frühphase der Weimarer Republik, auch wenn man berücksichtigt, daß viele Vorfälle nicht zur Anzeige kamen und man die Dunkelziffer antisemitischer Übergriffe entsprechend hoch veranschlagen muß. Für das geringe Ausmaß radikalantisemitischer Angriffe spricht aber auch die Entwicklung des oben erwähnten Vereins jüdischer Studenten, der sich im Januar 1922 als »Abwehrorganisation gegen etwaige antisemitische Angriffe« gegründet hatte und anfänglich die beachtliche Mitgliederzahl von 20 Personen aufwies, was der Stärke einer erfolgreichen Korporation entsprach und die Mitgliederzahlen des frühen NSDStB in Köln bei weitem übertraf.[204] Doch nach eigenem Bekunden fand der Verein bis Ende des Jahres keine Gelegenheit zur aktiven Betätigung, hielt weder Versammlungen noch Vorstandswahlen ab und löste sich Anfang 1923 auf.[205] Der Grund für die vergleichsweise Schwäche des radikalen Antisemitismus lag, so meine These, vorrangig in den politischen Rahmenbedingungen.

Die Besatzungsbehörden schränkten die Studenten sowohl in der öffentlichen Repräsentation ihres völkischen Nationalismus und Antisemitismus als auch in der politischen Organisationsmöglichkeit wirkungsvoll ein. Dabei berief sich die Rheinlandkommission auf ihre erste Verordnung und die im Friedensvertrag verbriefte »Pflicht der Hohen Interalliierten Rheinland-Kommission [...] über Unterhalt, die Sicherheit und Bedürfnisse der Besatzungstruppen und infolgedessen über die öffentliche Ordnung zu wachen«, um die scharfe Kontrolle der schlagenden Verbindungen auf nationalistische und militaristische Bestrebungen zu legitimieren.[206] Sie forderte zu Beginn eines jeden Semesters eine Liste der schlagenden Korporationen mit genauen Angaben zu den Verbindungsmitgliedern[207], ließ es aber nicht bei diesen Maßnahmen bewenden: Im Juni 1921

---

[203] Graven bat in einem Aushang die Studenten um Mithilfe bei der Lösung des Falls, »sowohl um dem Geschädigten in seinen berechtigten Interessen Unterstützung zu gewähren, als auch dem immer mehr um sich greifenden Treiben von Verbrechern, die auch in der Universität sich bemerkbar machen, soweit irgend möglich Einhalt zu gebieten«. Ebenda.

[204] Schreiben des Vorstandsmitglieds Hans-Erich Kalischer an Graven, 22. Dezember 1922, UAK, 28, 116, Bl. 167 und 167R. Die Mitgliederzahl ist dem Verzeichnis der an der Universität Köln bestehenden Korporationen und Vereinigungen des Wintersemesters 1921/22 entnommen, UAK, 28, 369, Bl. 122. Leider finden sich in den Unterlagen keine Angaben, warum der Verein gegründet wurde, etwa als Reaktion auf einen antisemitischen Vorfall an der Universität.

[205] Ebenda.

[206] Verordnung 1 der Hohen Interalliierten Kommission für die besetzten Rheinlande, hrsg. vom Reichs- und Staatskommissar für die besetzten Gebiete, S. 1, UAK, 9, 52.

[207] Laut einer Mitteilung Adenauers an Eckert, 6. Mai 1921, verlangte die Rheinlandkommission diese Liste erst im dritten Jahr der Kölner Universität, da sie erst zu dem Zeitpunkt erfahren habe, daß ohne ihre Kenntnis in Köln ein Fechtverein bestehe. Es sei aber

untersagte sie mit Bezugnahme auf die oben zitierte erste Verordnung einen Fackelzug der Gesamtstudentenschaft, der wie alle öffentlichen Prozessionen und politischen Versammlungen einer vorherigen Anmeldepflicht von 48 Stunden unterlag.[208] Es war durchaus begründet, in einem Fackelzug zur Sonnenwendfeier eine Gefährdung der öffentlichen Ordnung zu sehen. Denn die im deutsch-völkischen Lager beliebten Sonnenwendfeiern, in denen sich ein vermeintlich germanischer Götterkult mit einem rechtsradikalen politischen Bekenntnis verband, führten des öfteren zu gewaltsamen Auseinandersetzungen mit sozialdemokratischen und kommunistischen Arbeitern, die diese politischen Demonstrationen zu unterbinden suchten.[209] Die Kölner Korporationen wichen dem interalliierten Verbot aus, indem sie sich an einer Sonnenwendfeier der Kölner Ortsgruppe des DVSTB im unbesetzten Siebengebirge beteiligten.[210] Dort wurde die Feier »nach arischer Sitte in echt deutsch-völkischem Sinne« begangen, wie es in einer Propagandaschrift des DVSTB hieß. Auf dem Felsplateau der Rosenau errichtete man einen Scheiterhaufen neben einer gehißten Hakenkreuzfahne. Um das Feuer versammelt waren die Düsseldorfer und Kölner Jugendgruppen des DVSTB, die Korporationen der Bonner und Kölner Universität, der Aachener Hochschule sowie die Pfadfinderkorps von Bonn und Godesberg und einige Sport- und Ruderklubs. Der Gauwart des DVSTB hielt eine nationalistische Rede, unterbrochen von Zurufen, die sich in »Verwünschungen gegen die Juden-Regierung« ergingen. Anschließend wurde die Rede als »Akt der Selbstreinigung« den Flammen übergeben. Nach der Fahnenweihe sprach ein Kölner Vertreter der Studentenschaft, der seine Kommilitonen zum Festhalten am »alten, teuren, deutschen Vaterlande anfeuerte«. Revanchistische Lieder und Gedichte wie »Die Wacht am Rhein« und »Macht Schlesien frei« bildeten den Abschluß der Versammlung. In diesem Ereignis verdeutlicht sich die enge Verbundenheit der Korporationen mit der radikalantisemitischen Organisation des DVSTB noch deutlicher als im Satisfaktionsstreit und bei anderen Gelegenheiten, bei denen die Studenten als Propagandagehilfen des DVSTB auftraten. Gleichzeitig deutet sich bereits die geistige Nähe der Studenten zur Ideologie des Nationalsozialismus an.[211]

---

nicht beabsichtigt, die Waffenübungen der Studenten einzuschränken. UAK, 28, 369, Bl. 63. Der Anordnung folgend, forderte der Rektor die Korporationen auf, ihm die geforderten Informationen semesterweise zuzusenden, 19. November 1921, ebenda, Bl. 91.

[208] Bericht des Vorstands der Studentenschaft der Universität Köln an den Rektor, 17. Dezember 1921, UAK, 9, 52; und Mitteilung der Hohen Kommission des Rheinlandes (Kreisoffizier) an den Kölner Polizeipräsidenten, 18. März 1920 betr.: Umzugsverbot und politische Versammlungen, HStAD, Pol. Präs. Köln, 291, Bl. 31.

[209] So endete die Sonnenwendfeier 1922, die in das unbesetzte Siebengebirge verlegt worden war, nach der Rückkehr der »Feiernden« mit einer Massenschlägerei von 500 bis 600 Beteiligten am Kölner Bahnhof. Bericht eines Polizeihauptwachmeisters, 25. Juni 1922, HStAD, Pol. Präs. Köln, 8087.

[210] Druckschrift des DVSTB der Ortsgruppe Köln, ebenda.

[211] Vgl. zur ideologischen Nähe der Korporationen zum Nationalsozialismus GRÜTTNER,

Nur zwei Monate später, im August 1921, ordneten die Besatzungsbehörden ein Flaggenverbot für die schwarz-weiß-rote Farben tragenden Korporationen an, da die alten Reichsfarben die Zugehörigkeit zum monarchistischen, radikal nationalistischen und deutsch-völkischen Lager signalisierten und einen symbolischen Ausdruck antidemokratischen Denkens darstellten.[212] Das Verbot traf in Köln die Burschenschaft Germania, die Turnerschaft Arminia und den Verein Deutscher Studenten, die ihre Fahnen an den Räumen der Korporation und den Vereinslokalen einholen mußten und auch nicht mehr zu Stiftungsfesten und anderen feierlichen Anlässen oder bei Auffahrten anläßlich gemeinsamer Universitätsfeiern flaggen durften.[213] Besonders empörte die Studenten, daß selbst die Aufstellung von Tischfähnchen in Schwarz-Weiß-Rot untersagt war.[214] Aber weder die zahlreichen Eingaben der Studenten, daß es sich bei den Farben lediglich um einen traditionell gewordenen Brauch des Couleur-Studententums handle und nicht um nationale Provokationen oder verstecktes Zeigen ehemaliger Landesfahnen, noch die Interventionen des Rektors und des Polizeipräsidenten zugunsten der Studenten brachten den gewünschten Erfolg.[215]

Die stärkste Einschränkung des radikalen Antisemitismus dürfte aber in der Verhinderung seiner politischen Organisationsmöglichkeit gelegen haben. Während der Verein deutscher Studenten und vor allem der Hochschulring deutscher Art an anderen Universitäten radikalantisemitische Inhalte und Methoden an den Hochschulen systematisch verbreiteten, wurde ihnen an der Kölner Hochschule, wie auch an den übrigen Universitäten des besetzten Gebiets, diese Möglichkeit durch eine restriktive Haltung der Besatzungsbehörden verwehrt.[216] So zeigte der Hochschulring, ohnehin in Köln erst im Wintersemester 1922/23 gegründet[217], im Sommersemester 1923 keinerlei Akti-

Studenten, S. 32 f.

[212] Zum Flaggenstreit vgl. allgemein Bernd BUCHNER, Um nationale und republikanische Identität: Die deutsche Sozialdemokratie und der Kampf um die politischen Symbole in der Weimarer Republik, Bonn 2001, S. 45–131.

[213] Es ist nicht ausgeschlossen, daß auch andere Kölner Korporationen von dem Verbot betroffen waren, dieses aber stillschweigend hinnahmen. Bezeugt ist nur das Verbot der oben genannten Verbindungen durch ihre Protestbriefe an den Vorstand der Kölner Studentenschaft, UAK, 9, 52.

[214] Vgl. die Mitteilungen des Vorstands der Studentenschaft vom 17. Dezember 1921, ebenda.

[215] Die Beschwerde des Vereins deutscher Studenten Köln am Rhein, 15. Dezember 1921, ebenda, illustriert zum einen das Mißtrauen der Besatzungsbehörden gegenüber den studentischen Organisationen, zum anderen die Akzeptanz des Waffenstudententums innerhalb der maßgeblichen Funktionseliten der Stadt. Sogar der sozialdemokratische Polizeipräsident unterstützte den ausgewiesen radikalnationalistischen und antisemitischen Kyffhäuserverband in seinen Bemühungen, sich republikfeindlicher Gesten zu bedienen.

[216] Dem Hochschulring Deutscher Art waren im Reich fast alle Korps und Burschenschaften und zahlreiche nicht-korporierte Studenten angeschlossen. Vgl. zum Hochschulring neben HERBERT, »Generation der Sachlichkeit« auch KATER, Studentenschaft, S. 21–23.

[217] Aufruf zur Gründung des Hochschulrings im Wintersemester 1922/23, UAK, 28, 369. Herbert irrt also, wenn er schreibt, daß zum Wintersemester 1920/21 Hochschulringe

vitäten und hatte seine Arbeit noch gar nicht richtig aufgenommen, als er am 23. Oktober 1923 gemeinsam mit dem Kyffhäuserverein wieder verboten wurde.[218]

So ist festzuhalten, daß die Kölner Waffenstudentenschaft ebenso wie ihre Kommilitonen an anderen Hochschulen bereit war, radikalantisemitische Denk- und Handlungsmuster zu verbreiten und sich in Wort und Tat dem DVSTB verbunden fühlte. Daß dieses radikalantisemitische Potential nicht in weitergehende Handlungsformen umgesetzt werden konnte, geht auf die Intervention der Besatzungsbehörden zurück.

4.2.3. Die studentische Selbstvertretung

Da, wie gezeigt, der Aktionsradius der Studenten extrem eingeschränkt war, stellt sich die Frage, ob jenseits der greifbaren radikalantisemitischen Aktivitäten judenfeindliche Positionen in der Studentenschaft überwogen oder ob sich wegen der Schwäche der radikalen Antisemiten positive Formen des Miteinanders durchsetzen konnten.

Aus drei Gründen bietet sich zur Beantwortung dieser Frage die Analyse der studentischen Selbstvertretung an: Erstens spiegelt der frühe Kölner AStA die politischen und gesellschaftlichen Kräfteverhältnisse unter den Studenten wider, da sich an den ersten Studentenwahlen an die 90 % der Kölner Hochschüler beteiligten. Zweitens werden hier sowohl Integrationsmomente als auch Ausschließungsbestrebungen gegenüber den jüdischen Kommilitonen greifbar, und drittens zeichnet sich die politische Rechtsentwicklung der Studentenschaft besonders deutlich ab.

Bei der Gründung der Kölner Studentenschaft als dem offiziellen studentischen Selbstverwaltungsgremium der Universität stand der Gedanke einer partei- und konfessionsübergreifenden Interessenvertretung aller Hochschüler im Mittelpunkt. Die Verfassung der Studentenschaft verankerte das Ziel, »unter den Studierenden den Boden zu gegenseitigem Verstehen und gemeinsamer Arbeit« zu schaffen und die studentische Selbstverwaltung vor allem auf dem »Gebiet der allgemeinen sozialen Fürsorge« wahrzunehmen.[219] Eine »vaterländische Betätigung«, wie sie etwa der AStA Erlangen in seinen Statuten festschrieb, fand dagegen keine Aufnahme.[220] Entsprechend lag der Schwerpunkt

---

an allen reichsdeutschen Universitäten existiert hätten. HERBERT, »Generation der Sachlichkeit«, S. 122.

[218] Schreiben des Vorsitzenden des Hochschulrings Karl Martin an den Universitätsrat, 26. Oktober 1923, UAK, 9, 52.

[219] §§ 1 und 2 der Satzung der Studentenschaft der Universität Köln, UAK, 28, 304, Bl. 68. Die Satzung der Studentenschaft wurde am 16. Juli 1919 durch den Senat angenommen.

[220] Die unterschiedliche Ausrichtung zeigte sich im Januar 1920. Während die Erlanger Studentenschaft eine Lebensmittelspende englischer Quäker mit dem ironischen Hinweis ablehnte, daß sich die englische Humanität am Versailler Vertrag zeige und man die jetzige Not gemeinsam mit den übrigen Deutschen trage, nahm der Kölner AStA die Quäkerspeisung dankend an. Vgl. das Protokoll der AStA-Sitzung, 17. März 1920, abgedruckt in: Köl-

der Kölner AStA-Arbeit auf der sozialen und ökonomischen Selbsthilfe, zu der neben der Vermittlung von Wohnungen und Arbeitsmöglichkeiten, der Beschaffung von Vergünstigungen für Studenten und der akademischen Berufsberatung auch die Herausgabe einer Universitäts-Zeitung und der Aufbau einer Studentenbücherei zählten.[221] Die AStA-Ausschüsse setzten in ihrer praktischen Tätigkeit das Prinzip der Ausgewogenheit um. So lehnte etwa die Redaktion der *Kölner Universitäts-Zeitung*, des offiziellen Organs der Studentenschaft, Beiträge ab, »die irgend eine studentische Gruppe in ihrer weltanschaulichen, politischen Überzeugung, in ihrer Auffassung von studentischen Fragen verletzen könnten. Dem Ausgleich, nicht dem Kampf der Meinungen soll die K.U.Z. dienen«.[222] Beim Aufbau der Studentenbücherei achtete der zuständige Literaturausschuß streng darauf, eine einseitige Auswahl zu vermeiden. Er erhob die künstlerische Qualität zum alleingültigen Maßstab.[223] Aus einem Tätigkeitsbericht der Studentenbücherei aus dem Jahr 1930/31 geht hervor, daß unter den Neuerscheinungen auch jüdische Autoren wie Josef Roth und Jakob Wassermann berücksichtigt wurden. Im Literaturausschuß faßte der kulturell argumentierende Antisemitismus, der die Auseinandersetzungen um die zeitgenössische Literatur oft prägte, nicht Fuß.

Der Kölner AStA grenzte sich auch in seiner politischen Positionierung von der »reaktionären Tendenz« in der Deutschen Studentenschaft ab. So erklärte es der Vorsitzende der Kölner Studentenschaft in einem Schreiben an das Kuratorium zu einer ihrer Hauptziele, »daß in Köln zuerst für die Außenwelt der üble Beigeschmack verloren geht, ein Hort der Reaktion und eine Sammelstelle hirn- und geistloser Radaubrüder zu sein«.[224] In diesem Sinne suchte die

---

ner Universitäts-Zeitung, 24. März 1920; und zum Erlanger AStA Manfred FRANZE, Die Erlanger Studentenschaft 1918–1945, Würzburg 1972, S. 73.

[221] Vgl. zur Tätigkeit des Kölner AStA die Artikel Otto A. Spieker, Die Studentenschaft der Universität Köln, in: Kölner Universitäts-Kalender 1921/22, S. 72–79; und Hans Bitter, Die Studentenschaft der Universität Köln – Ziele und Einrichtungen, in: Ebenda 1924/25, S. 80–83 sowie Graven, Fünf Jahre Kölner Studentenschaft. Am 23. Januar 1922 wurde zusätzlich der Verein Kölner Studentenburse gegründet, der alle immatrikulierten Studenten umfaßte und im Rahmen der studentischen Selbstverwaltung der materiellen Fürsorge diente.

[222] Grenzen der Universitätszeitung, in: Kölner Universitäts-Zeitung, 4. Dezember 1920. In einem Schreiben an den Rektor stellte der Vorsitzende des literarischen Ausschusses, Braecker, ebenfalls fest, daß die »einseitige Beeinflussung zu Ungunsten einzelner politischer, religiöser oder anderer Richtungen bisher vermieden [wurde] und auf den Widerstand der gesamten Kölner Studentenschaft« stoßen würde, 19. April 1920, UAK, 28, 345, Bl. 34.

[223] Vorstellung des Bücherei-Ausschusses (cand. iur. Anne-Marie Mauss), in: Kölner Universitäts-Zeitung, 15. Mai 1920, S. 8; Tätigkeitsbericht der Studentenbücherei im Jahr 1930/31, UAK, 28, 332, Bl. 87 f.

[224] Brief der Studentenschaft an der Universität Köln an Konrad Adenauer, HStAK 902,117, 1, Bl. 41–47. Als Ausdruck seiner demokratischen Ausrichtung sei angeführt, daß der AStA die Bildung Freiwilliger Technischer Wehren als verdecktes politisches Engagement ablehnte und den Kapp-Putsch aufs schärfste als Bruch der Rechtsordnung verurteilte, der in seinen Folgen unabsehbar und entsetzlich sei. Der AStA forderte alle Kommilitonen

Studentenschaft ein positives Gegenmodell der konstruktiven Zusammenarbeit aller studentischen Gruppen an der Kölner Universität zu verwirklichen. Stolz verwies der AStA-Vorsitzende Maste im Januar 1920 auf die »wirklich einträchtige Arbeit aller, der verschiedensten Korporationen, Vereinigungen, sowie der Wildenschaft angehörige Kommilitonen«.[225] Ein solches Programm basierte auf der pluralistischen Zusammensetzung des frühen AStAs, dessen Vorstand und Mitglieder mehrheitlich den eher demokratisch eingestellten Wildenschaftlern und den katholischen Korporationen angehörten.[226] Dieser Pluralismus erstreckte sich auch auf die Mitarbeit jüdischer Studenten. Verbürgt ist beispielsweise die Mitwirkung Jenny Gusyks, die trotz des dreifachen Außenseiterstatus als Frau, Ausländerin und Jüdin zu den Gründungsmitgliedern des AStA zählte.[227]

Ein solchermaßen pluralistischer AStA, der auf dem Boden der Republik stand, wurde schnell zum Objekt der Kritik der rechtsgerichteten Studentenschaft, und die jüdischen AStA-Mitglieder bildeten eine besonders exponierte Angriffsfläche, wie sich auf einer Generalversammlung der Studenten im Juni 1920 zeigte, auf der ein neuer Studentenausschuß gewählt werden sollte. Nachdem die Arbeit des alten AStAs harsch kritisiert worden war, wurden die jüdischen Kandidaten systematisch von den anstehenden Neuwahlen ausgeschlossen. Die Initiative für diesen Ausschluß ging zunächst von Studierenden der Juristischen Fakultät aus und fand dann bei den übrigen Studenten Unterstützung.[228] Aus Protest gegen diesen handstreichartigen und undemokrati-

---

auf, sich jeder Kundgebung innerhalb der Universität zu enthalten. Siehe die Protokolle der Sitzungsberichte des AStA vom 29. Oktober 1919 und 17. März 1920, abgedruckt in Kölner Universitäts-Zeitung, 4. Mai 1920.

[225] Die Vertretung der Kölner Studentenschaft, in: Kölner Universitäts-Zeitung, 20. September 1919.

[226] Der AStA wurde jährlich in geheimen, gleichen und allgemeinen Kammerwahlen fakultätsweise gewählt, wobei auf 80 immatrikulierte Studenten ein AStA-Vertreter kam. Während die Juristische und Medizinische Fakultät Einheitslisten aufstellten und aufgrund ihrer geringen Studentenzahlen nur drei bzw. zwei Sitze erzielten, bestand an der Wiso-Fakultät keine Listenverbindung, so daß sich hier die Kräfteverhältnisse der sechs konkurrierenden Gruppen gut ablesen lassen: Die Wildenschaftler an der Wiso-Fakultät erhielten zehn, die katholischen Korporationen acht und die schlagenden Korporationen fünf Sitze. Abgeschlagen waren die Sozialisten mit zwei Mandaten. Ergebnis der AStA-Wahl am 22. Januar 1920, in: Kölner Universitäts-Zeitung, 31. Januar 1920. Laut Bericht über die erste AStA-Vollsitzung vom 27. Januar 1920 wurden als Vorsitzende Adolph-Leo Nettmann von der katholischen Korporationsliste, Helm Wienkötter von der Wildenschaft und Arthur Miebach von der juristischen Einheitsliste gewählt.

[227] Die 1897 in Rußland geborene Studentin besaß die türkische Staatsangehörigkeit und war die erste an der Kölner Universität immatrikulierte Frau überhaupt. 1923 schrieb Gusyk die Abschlußarbeit ihrer kaufmännischen Diplomprüfung über den Sozialisten und Pazifisten Jean Jaurès und verließ die Universität mit einem sehr guten Abschluß. FRANKEN, »Ja, das Studium«, S. 33 f.

[228] Leider bleiben die genaueren Umstände dieser Versammlung unklar, da die Erklärung des AStA zur Vollversammlung etwas nebulös ausfiel. Kölner Universitäts-Zeitung, 12. Juni 1920.

schen Akt legten zwei Drittel der amtierenden AStA-Mitglieder ihr Mandat nieder. Sie wiesen es als Anmaßung eines kleinen Teils der Studentenschaft, der aber wohl die Mehrheit auf der Vollversammlung besaß, zurück, die Pflege des nationalen Gedankens als ihr Monopolgut zu beanspruchen, und betonten, daß zu einer nationalen Arbeitsgemeinschaft jeder gehöre, der sich nicht selbst von ihr ausschließe.[229] In einer separaten Erklärung solidarisierte sich die Hälfte der AStA-Mitglieder noch einmal explizit mit ihren jüdischen Kommilitonen, die einen großen Teil der Arbeitslast des AStAs mit geradezu vorbildlichem Pflichteifer und größter Korrektheit getragen hätten, und verwahrte sich nachdrücklich gegen die Ungerechtigkeit, die jenen auf der Vollversammlung widerfahren sei.[230] Interessant ist in diesem Zusammenhang nicht nur, daß die Positionsnahme zugunsten der jüdischen Studenten außergewöhnlich deutlich ausfiel, sondern daß sie auch von der Mehrheit der katholischen und der Waffenkorporationsstudenten[231] sowie nachträglich von den beiden Vertretern der Medizinischen Fakultät unterzeichnet wurde.[232] Der Gruppenzusammenhang zwischen den jüdischen und nichtjüdischen AStA-Mitgliedern wirkte hier also stärker als die antijüdischen Denk- und Verhaltensmuster der schlagenden Verbindungen und der Klinikerschaft. Zudem zeigt dieser Zwischenfall, daß der frühe AStA als organisierte Studentenvertretung gerade nicht radikalisierend auf die unorganisierte Studentenschaft einwirkte. Er war vielmehr im Forum der Vollversammlung den radikalantisemitischen Angriffen »von unten« ausgesetzt, da sich die Mehrzahl der Studenten auf der Generalversammlung mit diesen Angriffen einverstanden erklärte.

Als eigentlicher Kristallisationspunkt in der Positionsnahme zur »Judenfrage« eines jeden AStAs in der Weimarer Republik hat aber der Verfassungsstreit zwischen dem preußischen Kultusminister C. H. Becker und der Deutschen Studentenschaft um das staatsbürgerliche versus völkisch-antisemitische Prinzip ihrer Verfassung zu gelten. Dieser Streit zog sich über mehrere Jahre hin, bis er 1927 mit der Auflösung der Studentenschaft wegen ihres Beharrens auf dem antisemitischen Prinzip dramatisch endete. Den Hintergrund der Auseinandersetzung bildete die staatliche Anerkennung der Studentenschaft als ein verfas-

---

[229] Ebenda. Auch hier wurde also den antisemitischen Angriffen mit dem Anspruch auf ein nationales Kollektiv begegnet, das keine Ausschlußmechanismen qua Abstammung kenne. Kölner Universitäts-Zeitung, 10. Juli 1920.

[230] Die Juden im AStA, in: Kölner Universitäts-Zeitung, 12. Juni 1920. Es ist im nachhinein nicht zu rekonstruieren, wie viele der übrigen Studenten die Erklärung nicht unterschrieben, weil sie betroffen waren oder sich nicht solidarisieren wollten.

[231] Da der überwiegende Teil der namentlich Unterzeichnenden den Kandidatenlisten der Wiso-Fakultät zugeordnet werden konnte, ließ sich rekonstruieren, welcher studentischen Gruppe sie angehörten. Den Aufruf unterschrieben fünf Vertreter der Wildenschaften, fünf Mandatsträger der katholischen Korporationen und drei der Korporationsliste. Vermutlich unterzeichneten die jüdischen Mitglieder der Wildenschaftsliste den Aufruf nicht, was ihre relativ geringe Beteiligung am Aufruf erklärt.

[232] Mitteilung in der Kölner Universitäts-Zeitung, 10. Juli 1920.

sungsmäßiges Gremium der Universität durch den preußischen Kultusminister, der die überregionale Interessenvertretung der lokalen Studentenschaften im Dachverband der Deutschen Studentenschaft garantierte und ihnen das Recht auf eigene, aber genehmigungsbedürftige Satzungen zubilligte.[233] Der Streit entfachte sich nun am Aufbau der Deutschen Studentenschaft, die, dem großdeutschen Prinzip folgend, auch die Hochschulen der freien Reichsstadt Danzig, des Sudetenlands und Österreichs umfaßte. Während die reichsdeutsche Studentenschaft das staatsbürgerliche, nationalkulturelle Prinzip in ihren Satzungen verankerte, das die Zugehörigkeit zur Nation qua Herkunft und Kultur definierte, nahmen die österreichischen und sudetendeutschen Studentenvertretungen nur »deutsch-arische« Studenten auf und verweigerten sogenannten Judenfreunden, also republikanischen und sozialistischen Studenten, die den Ausschluß der Juden ablehnten, ebenfalls die Aufnahme.[234] Dieses »arische Prinzip« barg einen doppelten Konflikt, der einerseits fast zum Bruch innerhalb der deutschen Studentenschaft und andererseits zum Zerwürfnis zwischen Studentenschaft und preußischem Minister führte. Auf den Deutschen Studententagen, zu denen die lokalen Vertreter zusammentrafen, standen die prorepublikanischen Gruppen, die die Mitgliedschaft der DSt prinzipiell auf dem »staatsbürgerlichen« Prinzip aufbauen wollten, einer starken Front der Völkischen gegenüber. Die nationalistischen Korporationen und der »Deutsche Hochschulring« vertraten den deutscharischen Standpunkt der Österreicher und griffen das staatsbürgerliche Prinzip der reichsdeutschen Studentenschaft an. Die stetig stärker werdende völkisch-rassistische Richtung in der Deutschen Studentenschaft siegte endgültig im Januar 1924, als die letzten republikanischen Minderheiten vor dem »Hochschulring« kapitulierten.[235] Anders als die österreichische Regierung, die die radikal antisemitische Deutsche Studentenschaft Österreichs anerkannte, akzeptierte der preußische Kultusminister die Entwicklung der reichsdeutschen Studentenschaft nicht: »Wenn man sich zum völkischen Gedanken bekennt, ist man im republikanischen Staat unmöglich«.[236] Der Minister gab seine jahrelang verfolgte Duldungspolitik gegenüber

---

[233] Die Verordnung über die Bildung von Studentenschaften vom 18. September 1920 und die Richtlinien ihrer Ausführung vom 1. November gleichen Jahres finden sich in UAK, 28, 304, Bl. 24–28. Vgl. zur Stellung der Studentenschaft in der preußischen Hochschulreform und dem daraus resultierenden Verfassungskonflikt Kurt DÜWELL, Staat und Wissenschaft in der Weimarer Epoche. Zur Kulturpolitik des Ministers C. H. Becker, in: Theodor SCHIEDER (Hrsg.), Beiträge zur Geschichte der Weimarer Republik, München 1971, S. 31–74, hier: S. 53; sowie HEIMBÜCHEL, Universität, S. 348–350.

[234] Siehe GRÜTTNER, Studenten, S. 26.

[235] Minutiös verfolgt Jürgen Schwarz die erstarkende völkisch-rassistische Richtung auf den Studententagen bis 1923: Jürgen SCHWARZ, Die deutsche Studentenschaft in der Zeit zwischen 1918 und 1923, Berlin 1971, S. 257–299. Prägnant faßt JARAUSCH, Studenten, S. 148, die Entwicklung zusammen.

[236] Bericht über die Sitzung des Kulturausschusses des preußischen Landtags vom 9. Dezember 1926, zit. nach Adolf LEISEN, Die Ausbreitung des völkischen Gedankens in der Studentenschaft der Weimarer Republik, Heidelberg 1964, S. 129.

der Studentenschaft auf, die auf der Hoffnung basiert hatte, daß sich die republikanische Richtung innerhalb der Deutschen Studentenschaft durchsetzen werde. Nachdem er sich im preußischen Landtag abgesichert hatte, stellte er die Deutsche Studentenschaft vor die Alternative, als wirklich großdeutsche Studentenvertretung alle Studenten, auch die jüdischen und sozialistischen, in Österreich aufzunehmen oder sich auf das reichsdeutsche Gebiet zu beschränken. Er erließ am 23. September 1927 eine neue Studentenverordnung, die für Reichs- und Auslandsdeutsche gleichermaßen das Kulturnation-Prinzip festlegte und die er den preußischen Studenten zur Abstimmung stellte – mit einem vernichtenden Ergebnis: 77 % der Studenten entschieden sich gegen die Verfassung und für den Arierparagraphen, was das offizielle Ende der Deutschen Studentenschaft bedeutete.

Die Kölner Studentenschaft stellte sich im Verfassungsstreit zunächst gemeinsam mit dem ersten Vorstand der Deutschen Studentenschaft auf die Seite Beckers. Die Vertreter der Kölner Hochschule begrüßten die Initiative des Kultusministeriums, der Deutschen Studentenschaft die rechtliche Anerkennung anzubieten, als rundum positiv und würdigenswert. Sie waren gewillt, eine Satzung in Kooperation mit dem Ministerium – also auf der Grundlage der Weimarer Verfassung – zu entwerfen und standen somit bereits im Gegensatz zu den rechten Studentenausschüssen, die jede Zusammenarbeit mit einer sozialdemokratischen Regierung ablehnten. Der Kölner Politikstudent Helm Wienkötter, Mitglied des Verfassungsausschusses der Deutschen Studentenschaft, warf den rechten ASten vor, in vollständiger Verkennung der guten Grundidee des ministeriellen Entwurfs eine politische Auseinandersetzung zu suchen, statt ruhig und besonnen Verbesserungen einzubringen.[237] In Übereinkunft mit dem Minister vertrat der Kölner AStA ferner die Position, daß den deutschen Juden unbedingt die Mitgliedschaft in der Deutschen Studentenschaft gewährt werden müsse. In den Kämpfen um die Verankerung des staatsbürgerlichen versus völkischen Prinzips, die die ersten Deutschen Studententage mit stets wechselnden Satzungsentwürfen und -beschlüssen bestimmten, traten die Kölner Teilnehmer ausnahmslos für die Mitgliedschaft der deutschen Juden in der Studentenschaft und das national-kulturelle Prinzip ein.[238] Dieses sei im Gegensatz zum ari-

---

[237] Helm WIENKÖTTER, Das neue Studentenrecht, in: Kölner Universitäts-Zeitung, 15. Mai 1920.

[238] Die Kölner Teilnehmer am Dresdner Studententag, Wienkötter und die katholische Jurastudentin Anne-Marie Mauss, begrüßten beispielsweise den Dresdner Beschluß, die deutschen Juden als Mitglieder in der DSt aufzunehmen, weil nun die »Unterschiede der Konfession, der politischen Weltanschauung und völkischen Herkunft innerhalb der deutschen Staatszugehörigkeit überbrückt« seien, in: Kölner Universitäts-Zeitung, 12. Juni 1920. Desgleichen unterstützten sie die »Verfassung der Deutschen Gesamt-Studentenschaft« Ende Mai 1922, die antisemitische Tendenzen der letzten Satzungsentwürfe eliminierte und bestimmte, daß das national-kulturelle Prinzip entscheidend sei, in: Kölner Universitäts-Zeitung, 17. Juni 1922.

schen Rasseprinzip, das jeder wissenschaftlichen, juristischen oder ähnlichen Abgrenzung entbehre, bedingungslos anzuerkennen.[239]

Um so mehr erstaunt es daher zunächst, daß die Kölner Studentenschaft in ihrer eigenen Verfassung 1920 das völkische Prinzip übernahm und sich deswegen auf einen Konflikt mit dem Minister einließ. In der Präambel der Verfassung der Kölner Studentenschaft heißt es nämlich: »Die voll eingeschriebenden Studierenden deutscher Staatsangehörigkeit, sowie die nichteingebürgerten volleingeschriebenen Studierenden deutscher Abstammung und Muttersprache der Universität Köln bilden die Studentenschaft«.[240] Man erkannte damit zwar den deutschen Juden die Mitgliedschaft uneingeschränkt zu, legte jedoch bei der Zugehörigkeit der Ausländer zur Kölner Studentenschaft mit der Formulierung »deutscher Abstammung und Muttersprache« die arischen Prinzipien der Österreicher zugrunde.[241] Nun läßt sich einwenden, daß »deutsche Abstammung« nicht zwingend im rassistischen Sinne definiert sein mußte.[242] Die Kölner Studentenschaft legte sich aber auf einer außerordentlichen Generalversammlung vom 8. Juli 1920 eindeutig auf die österreichische Definition fest. Nach einem Bericht über den vergangenen Dresdner Studententag, auf dem offiziell Sanktionen gegen nach Deutschland eingewanderte osteuropäische Juden gefordert worden waren, fand die »Ausländerfrage« besondere Aufmerksamkeit. Man lobte zunächst die Dresdner Tagung, weil sie in vollkommener und umsichtiger Weise die Interessen der Studentenschaft wahrgenommen habe[243], und lehnte einen Antrag des Studenten Weingarten ab, nichteingebürgerte Studenten unbeschränkt zur deutschen Studentenschaft zuzulassen. Die Generalversammlung stellte sich vielmehr auf den Standpunkt, daß Ausländer an deutschen Hochschulen nur dann gleichberechtigt mit deutschen Studenten anerkannt werden sollten, wenn sie auch an den ausländischen Hochschulen volle Gleichberechtigung genössen.[244] Solange also ein Arierparagraph an österreichischen Universitäten existierte, schrieben die Kölner Hochschüler diesen an der eigenen Hochschule ebenfalls fest.

---

[239] Helm Wienkötter, Endlich Klarheit. Die Notverfassung der »Deutschen Studentenschaft« vom 18. Januar 1922, Artikel vom 23. Januar 1922 ohne Zeitungsangabe, UAK, 28, 304, Bl. 93.

[240] Verfassung der Studentenschaft der Universität Köln, ebenda. Bl. 68.

[241] Siehe hierzu auch J. SCHWARZ, Studentenschaft, S. 263.

[242] Im national-kulturellen Sinne umfaßte deutsche Abstammung Sprache, Geschichte, Kultur und eigenes Bekenntnis, im rassisch-völkischen Sinne die Zugehörigkeit aufgrund des gleichen Blutes.

[243] Bericht über die außerordentliche Generalversammlung vom 8. Juli 1920, in: Kölner Universitäts-Zeitung, 24. Juli 1920. Es sei darauf hingewiesen, daß die Beschlüsse von Dresden nur jenen jüdischen Studenten die Mitgliedschaft zur DSt zuerkannten, die bereits vor dem 1. August 1914 die deutsche Staatsangehörigkeit erworben hatten, und daß die Studentenschaft forderte, die Naturalisation der »ostgalizischen Juden und polnischen Elemente« rückgängig zu machen sowie außerdem zu verhindern, daß weitere Ostjuden die deutsche Staatsbürgerschaft erlangten.

[244] Ebenda.

Die antisemitischen Vorbehalte gegenüber den osteuropäischen Juden wurden von den lokalen Tageszeitungen geteilt. So äußerte die *Kölnische Volkszeitung* durchaus Verständnis für die »Wirkung der Judenfrage« in den ersten Jahren der Republik: »Denn bei den damals noch ganz in der Entwicklung begriffenen nachrevolutionären innerpolitischen Verhältnissen schien ein Überfluten der deutschen Hochschulen mit ostjüdischen Elementen möglich«.[245] Auch dem Kölner Senat war nicht daran gelegen, die institutionelle Verankerung des rassistisch begründeten Ausschlusses ausländischer Juden zu verhindern. Obwohl Universitätsrichter Graven am Rande des Schriftstücks euphemistisch vermerkte, daß die Präambel »leicht zu Verstimmungen« führen könne, genehmigte der Senat die Verfassung am 4. Mai 1921.[246] Der Minister, dem die Satzung anschließend vorgelegt wurde, äußerte hingegen Vorbehalte und billigte sie nur vorläufig unter der Maßgabe, daß die Präambel geändert werde:

> »Wenn die einzelne Studentenschaft als die amtlich anerkannte Vertretung aller Studierenden [...] angesehen werden soll, so ist [...] Voraussetzung, daß für alle Deutsch-Österreicher und die Auslandsdeutschen die Möglichkeit des Eintritts in die Studentenschaft ohne Rücksicht auf Konfession und Rasse besteht«.[247]

1923 war der Kölner Studentenschaft die Anerkennung durch den Minister noch wichtiger als der Arierparagraph, denn anders als die Deutsche Studentenschaft, die sich für das völkische Prinzip entschieden hatte, änderte sie im Dezember 1923 ihre Satzungen nach den ministeriellen Bestimmungen.[248] Trotzdem bleibt festzuhalten, daß die Kölner Studentenschaft an ihr verfassungsmäßiges Handeln einen doppelten Maßstab anlegte. Während sie auf der Reichsebene der Deutschen Studentenschaft die liberale Hochschulpolitik des preußischen Ministers unterstützte, versuchte sie intern, den völkisch-antisemitischen Ausschluß jüdischer Studenten aus Osteuropa zu praktizieren. Sie konnte sich darin der lokalen Unterstützung der städtischen Öffentlichkeit und der Professoren gewiß sein, scheiterte aber an der harten Linie des preußischen Ministers.

Der soziale Ausschluß jüdischer Studenten manifestierte sich darüber hinaus in einem anderen Bereich universitären Lebens: dem der Feste und Feierlichkeiten, und zeigte sich in der Frage, wer die Studentenschaft vertreten dürfe. Als verfassungsmäßig anerkannte Repräsentanten der Kölner Studenten traten die AStA-Vertreter als Redner auf Universitätsfeiern auf, flankiert von chargierenden Korporationen. Während die katholischen und waffenstudentischen Korporationen bei den Universitätsfeiern abwechselnd vertreten waren, blieb

---

[245] S. W. Cordé, Die Politik des Hochschulrings, in: Kölnische Volkszeitung, 19. August 1922.
[246] Handschriftliche Notiz am Rand der Verfassung, UAK, 28, 304, Bl. 68.
[247] Ministerialerlaß des Innern, 14. Juli 1922, UAK, 28, 304, Bl. 122.
[248] Mitteilung des Vorsitzenden des AstA-Referats für Verfassungs- und Rechtsfragen vom 20. Dezember 1923, UAK, 28, 304, Bl. 124.

es der jüdischen Korporation Rheno-Guestphalia verwehrt, als offizielle Vertretung der Studenten aufzutreten.[249] Die jährlichen Anträge der K.C.-Verbindung, als Dritter Ring zu chargieren und so die jüdischen Hochschüler zu repräsentieren, die aus den übrigen Korporationen ausgeschlossen waren, wurden vom AStA immer wieder abgelehnt.

Auch in anderen Festriten und -reden verdichtete sich die zunehmend nationalistische und antidemokratische Einstellung der Kölner Studenten auf symbolischer wie inhaltlicher Ebene. So boten die monarchistischen Erinnerungsrituale und -monumente Gelegenheit zu patriotischen Kundgebungen und nationalistischen Resolutionen der Studenten, etwa bei den Feiern zum Reichsgründungstag am 21. Januar, die trotz Revolution, Abdankung des Kaisers und Etablierung der Demokratie einen festen Bestandteil des universitären Lebens der Weimarer Republik darstellten.[250] 1921 hatte der Protest des Waffenrings gegen die »mangelnde nationale Gesinnung« des Rektors bei der Feier zum 50. Jubiläum der Reichsgründung noch zu Protesten bei den übrigen Studentenschaftsvertretern und zum Bruch mit den katholischen Korporationen geführt. Als jedoch auf Veranlassung des Kuratoriums in den Weihnachtsferien 1922/23 das Kaiserbild im Lichthof der Universität entfernt wurde, protestierte die Studentenschaft auf einer Versammlung geschlossen und äußerte Zweifel an der nationalen Haltung des Rektors.[251] Dem Senat gingen die rechtsnationalen Tendenzen der Studentenschaft nun auch zu weit. Er beschloß am 21. Januar 1925, Reden von Vertretern der Studentenschaft künftig nach Möglichkeit nicht mehr zuzulassen.[252]

In dieses Bild paßt, daß sich die Studenten zwar nicht scheuen, politische Demonstrationen im monarchistischen Sinne zu unterstützen, daß sie aber eine Trauerfeier zu Ehren des ermordeten Walter Rathenau in der Universität im Juli 1922 ablehnten. Der AStA beschied den Antrag eines Privatdozenten, einen Hörsaal für eine Rathenau-Gedächtnisfeier des Lehrkörpers und der Studierenden zur Verfügung zu stellen, negativ, da eine solche Feier den Charakter einer politischen Veranstaltung trage. Die Trauerfeier mußte in den weißen Saal der katholischen Bürgergesellschaft ausweichen und wurde nunmehr nur noch von einzelnen Mitgliedern des Lehrkörpers und der Studentenschaft begangen, da sich der Senat der Einschätzung der Studentenschaft anschloß.[253] Die Universitätsbehörden weigerten sich auch hier, ein Signal für die Republik

---

[249] 1922 planten Senat und Studentenschaft sogar gemeinsam eine Reichsgründungsfeier, die letztlich aber von der Interalliierten Rheinlandkommission verboten wurde. Erich MEUTHEN (Hrsg), Kölner Universitätsgeschichte, Bd. 3: Die neue Universität. Daten und Fakten, Köln/Wien 1988, S. 19.
[250] Siehe hierzu BLEUEL/KLINNERT, Studenten, S. 111 f.
[251] MEUTHEN, Kölner Universitätsgeschichte, Bd. 3, S. 20 f.
[252] Ebenda, S. 24.
[253] Ebenda, S. 20.

zu setzen und sich symbolkräftig von dem radikal gewalttätigen Antisemitismus zu distanzieren, dem sich die Mörder Rathenaus verschrieben hatten.

Die zunehmende Abkehr der studentischen Selbstvertretung von republikanischen Tendenzen und die Hinwendung zu völkisch-antisemitischen und monarchistischen Strömungen beruhte auf dem erstarkenden Einfluß der Waffenstudentenschaft und der nationalen und antisemitischen Gruppierungen im AStA bereits ab 1922, wie die Kammerwahlergebnisse zeigen. Hatten 1920 die Willdenschaft und die katholischen Korporationen noch mit einer klaren Mehrheit vor der Waffenstudentenschaft gelegen und den Vorstand des AStA gestellt und verfügten sie auch 1922 noch über mehr Mandate als die Korpsstudenten, sah das Bild 1924 bereits ganz anders aus. Zwar hatten Wildenschaft und katholische Korporationen jeweils neun Sitze inne, doch konnte die Waffenstudentenschaft zwölf Sitze erzielen. Ihr waren eine nationale und eine völkische Liste zur Seite getreten, die erstmalig kandidierte und auf Anhieb jeweils drei Mandate erhielt. In den Kammerwahlen 1925/26 lag die Waffenstudentenschaft dann bereits mit 19 Mandaten in Führung, während die völkisch-nationalen Verbindungen auf elf Sitze kamen.[254] Zwar kann immer noch nicht davon die Rede sein, daß die deutsch-völkischen und nationalistischen Verbindungen die Kölner Studentenvertretung beherrschen, ihr Einfluß machte sich aber zunehmend bemerkbar. Gleichzeitig vertrat der AStA immer weniger Studierende. Seine Legitimität krankte an der stark rückläufigen Wahlbeteiligung, die von über 90 % 1919 über 65 % 1920 auf knapp 30 % 1925 sank. Außerdem beteiligten sich am organisierten studentischen Leben, das sich in den Wahlen zur Kammer der Studentenschaft kristallisierte, vor allem Gruppierungen der Rechten und der Mitte. Demgegenüber blieb die Haltung der Mehrzahl der Unorganisierten und die der kleinen Minderheit der Linken in diesen Jahren unsichtbar.[255]

Zusammenfassend ist auf den rapiden Desintegrationsprozeß in der studentischen Selbstvertretung hinzuweisen. Der Kölner AStA bewies in den ersten Jahren seines Bestehens, daß eine vorurteilsfreie Kooperation unter den Studenten in der Weimarer Republik durchaus möglich war. Diese Kooperation überwand die Grenzen der Geschlechter- und Konfessionsgrenzen zugunsten einer sachbezogenen Zusammenarbeit, in der sich Pluralismus als dominierendes Prinzip durchsetzte.[256] Auch im Streit um die Verankerung rassistischer Prinzipien im Deutschen Studentenrecht signalisierten die Kölner Studenten, daß sie dem Antisemitismus keine Chance gaben. Doch schon früh überwogen im universitätsinternen Zusammenhang die sozialen und rassistischen Aus-

---

[254] Ergebnisse der Kammerwahlen 1922 in: Kölner Universitäts-Zeitung, 18. Juli 1922; sowie für 1924 in: Kölner Universitäts-Zeitung, 15. November 1924; und für 1925/26, UAK, 28, 305, Bl. 260.

[255] GOLCZEWSKI, Kölner Hochschullehrer, S. 39.

[256] Siehe dagegen zur Dominanz der rechten Verbindungen im frühen AStA ADAM, Hochschule, S. 10; sowie BLEUEL/KLINNERT, Studenten, S. 155–157.

grenzungsmechanismen gegenüber den jüdischen Kommilitoninnen und Kommilitonen. Bereits 1920 wurden die jüdischen Mitglieder aus dem AStA gedrängt, und der Protest dagegen war zwar bemerkenswert, blieb aber folgenlos. Zugleich präferierten die Kölner Studenten an der eigenen Hochschule ein völkisches Studentenrecht, um die osteuropäischen Juden nach rassistischen Kriterien auszuschließen. Sie konnten sich hierbei der Unterstützung des lokalen Umfelds sicher sein. Darüber hinaus wurden die jüdischen Studenten aus der zunehmend nationalistischen Feierkultur der Studentenschaft ausgeschlossen. All dies zeigt, daß die Kölner Studentenschaft zwar zunächst vor dem Generationswechsel zur »Kriegsjugendgeneration« integrative Tendenzen pflegte, daß diese aber auch in Köln nur ein kurzes Intermezzo bildeten, bevor die Waffenstudentenschaft mit ihren antisemitischen und nationalistischen Tendenzen zunehmend an Boden gewann.

4.2.4. Die katholische Studentenschaft

Rein quantitativ bildete die katholische Studentenschaft das stärkste Gegengewicht zur Waffenstudentenschaft. Knapp 30 % der katholischen Studenten waren Mitglied in mindestens einer der zahlreichen Studentenorganisationen ihrer Konfession.[257] So unterschiedlich die katholischen Vereine in ihrer Ausrichtung auch waren, ob sie sich vorrangig als studentische Verbindungen verstanden, sozial-karitative Aufgaben übernahmen oder dem wissenschaftlichen Austausch und geselligen Miteinander dienten[258], sie alle schrieben sich die religiös-sittliche (Selbst-)Erziehung zu »tüchtigen katholisch-deutschen Menschen« auf ihre Fahnen und waren darauf ausgerichtet, die »katholische Weltanschauung zu festigen und zu stärken«, wie es als erklärtes Ziel in den Satzungen der Vereine verankert war.[259] Darüber hinaus traten der »Katholische Akademiker-Ausschuß«, der sich als Repräsentationsorgan der nichtorganisierten Studenten verstand, gemeinsam mit dem verbindungsübergrei-

---

[257] Dieser Prozentsatz ergibt sich, wenn man die knapp 800 Vereins- und Verbindungsmitglieder mit einer Gesamtzahl von etwa 2 800 katholischen Studenten in Beziehung setzt. UAK, 28, 370, Bl. 40. Insgesamt erhöhte sich die Zahl der katholischen Korporationen und Vereine kontinuierlich von 9 (1919) über 19 (1924) und 25 (1927) auf 28 (1932/33). Siehe hierzu die studentischen Vereins- und Korporationsverzeichnisse des Sommersemesters 1927 und der Wintersemester 1929/30, UAK, 28, 370, Bl. 62–70 und Bl. 129–139; sowie der Wintersemester 1932/33, UAK, 28, 371, Bl. 37–46.

[258] Das katholische Vereinswesen in Köln wurde von den Korporationen dominiert, die vier verschiedenen Verbänden angehörten. Daneben widmeten sich die Akademische Bonifatius-Einigung, die Akademische Vinzenz-Konferenz und der Görres-Ring der »Diaspora- und Karitasarbeit« und der Schulung in katholisch-politischem Denken. Hinzu kamen die katholischen Studentinnen-Vereine »Gisela« und »Hochwacht« sowie die »Akademische Elisabeth-Konferenz«. Siehe zur Entwicklung der großen katholischen Studentenkorporationen allgemein JARAUSCH, Studenten, S. 63–66, 124; und LEISEN, Ausbreitung, S. 88–95.

[259] Die Formulierungen sind beispielhaft den Statuten der katholischen Vereine Hochwacht, Rappoltstein und Gisela entnommen, wurden aber auch wortgleich von anderen Vereinen benutzt. Kölner Universitäts Kalender 1925/26, S. 177–182.

fenden »Ring der katholischen Korporationen« offensiv für die Interessen der gesamten katholischen Studentenschaft ein.

Die katholischen Hochschüler bildeten darüber hinaus nicht nur quantitativ die stärkste Gruppe der Studentenschaft, sondern waren unter der Leitung des Studentenseelsorgers Robert Grosche und seines Nachfolgers Hermann Schlegel auch in ein dichtgeknüpftes Netz seelsorgerischer Einrichtungen und karitativer Organisationen eingebunden, die das religiöse und gesellschaftliche Leben der Studenten gleichermaßen umfaßten.[260]

Die katholischen Einrichtungen prägten den Charakter der Kölner Universität überhaupt nachdrücklich mit. So führten katholische Ordensschwestern die Krankenpflege, das Küchen- und Ordnungswesen der Universitätsklinik Lindenburg[261], und sogar die Universitätsmensa unterstand der rigiden Führung einer katholischen Nonne, was später noch von Bedeutung werden sollte.[262]

Im Vergleich dazu fielen die evangelischen und jüdischen seelsorgerischen Bemühungen mehr als bescheiden aus. Der protestantische Pfarrer Robert Nack und der Gemeinderabbiner Dr. Kober nahmen ihr Amt offiziell erst im Juni 1922 bzw. Mai 1931 auf.[263] Obwohl sie ebenfalls in größeren Abständen akademische Gottesdienste und seelsorgerische Beratungen abhielten, gelang es ihnen nicht, ein vergleichbares religiöses oder karitatives System aufzubauen.[264]

Es gilt nun zu untersuchen, ob sich das Selbstverständnis der in dieses Organisationsnetz integrierten katholischen Studenten durch die Abgrenzung von der Waffenstudentenschaft konstituierte und damit möglicherweise ein

---

[260] Zum vielfältigen Angebot für die katholischen Studenten siehe etwa den Hochschulführer der katholischen Studierenden der Universität Köln, Wintersemester 1925/26 (Köln 1925) von Heinrich Nahen. Vgl. hierzu auch die Akte »Seelsorge für die katholischen Studierenden 1919–1939«, UAK, 28, 300.

[261] KISCH, Wanderungen, S. 124.

[262] Nähere Informationen enthält die Akte »Katholisches Studentenhaus e. V. (Studentenküche)«, UAK, 28, 339.

[263] Rabbiner Kober stellte im Mai 1931 einen Antrag an den Rektor, offiziell als Seelsorger von der Universität betraut zu werden. Kober folgte hierin einer Anregung des Allgemeinen Rabbiner-Verbandes in Deutschland, dem bislang einzigen Berliner Beispiel eines offiziellen jüdischen Studentenseelsorgers zu folgen. Im Juli 1931 teilte der Rektor dem Rabbiner mit, daß sich der Senat mit dem Antrag »gern einverstanden erklärt« und Kober für Mitteilungen an die Studierenden ein Platz am Schwarzen Brett der Universität zur Verfügung stünde. UAK, 28, 302, Bl. 1, 3.

[264] Lediglich das evangelische Studentinnentagesheim in der Trajanstraße, das im Juni 1930 eröffnet wurde, bildete ein handfestes Gegenangebot zu den katholischen Institutionen. Entsprechend begründete auch ein Artikel im Kölner Tageblatt die Einrichtung des Tagesheims: »Die katholischen Studentinnen und auch diejenigen, die sich zu Gruppen zusammengeschlossen hatten, besaßen allerdings klubähnliche Heime. Die evangelischen Studentinnen und diejenigen, die sich keiner Verbindung angeschlossen hatten, wußten aber niemals so recht, wo sie sich abends oder in der Mittagszeit aufhalten sollten«. Erholung und Ruhe. Evangelisches Studentinnenheim. Häuslichkeitsersatz für die Frau, in: Kölner Tageblatt vom 28. Juni 1930, aus UAK, 28, 340, Bl. 7. Da keine explizit jüdische Einrichtung für Studenten existierte, bot das israelitische Wohlfahrtshaus mit einer Volks- und Mittelstandsküche eine Ausweichmöglichkeit, die auch koscheres Essen anbot.

positiveres Verhältnis zu ihren jüdischen Kommilitonen begründete oder ob sie die Denk- und Handlungsmuster der Waffenstudentenschaft adaptierten und damit innerhalb des katholischen Milieus als Speerspitze des Antisemitismus auftraten.

Die katholischen Studentenorganisationen standen statutengemäß nur den Angehörigen der eigenen Konfession offen. Dieser konfessionell begründete Ausschluß jüdischer Kommilitonen barg theoretisch die Möglichkeit einer intensiven Kooperation und Interaktion mit jüdischen Studentenvereinen und Organisationen. Tatsächlich aber finden sich bei den katholischen Studentenorganisationen der Kölner Universität noch weniger Hinweise auf eine Kooperationsbereitschaft als bei den katholischen Frauenverbänden. Es ist kein einziges Dokument überliefert, das auch nur auf eine verhaltene Zusammenarbeit hindeutet. Allein in einer gemeinsamen Verurteilung nationalsozialistischer Unruhen an der Universität im Juli 1931 solidarisierten sich zwei Ringe der katholischen Korporationen und die Rheno-Guestphalia in einem Aufruf, der ebenfalls vom protestantisch dominierten Wingolf, der Jugendbewegung, der Freistudentenschaft, der sozialistischen Studentenvereinigung und sogar vom Waffenring unterzeichnet wurde.[265] Von einer sichtbaren Kommunikations- oder Interaktionsbereitschaft der katholischen Studentenschaft kann also keine Rede sein.

Das Verhältnis der katholischen Korporationen zur Waffenstudentenschaft und zum deutsch-völkischen Antisemitismus war aus historischen Gründen und auf der Reichsebene ungleich komplizierter. Zwischen den großen katholischen Verbindungen und der Waffenstudentenschaft lag ein tiefer Graben, da sich die katholischen Korporationen in den späten 1860er Jahren in Abgrenzung von den traditionellen Verbindungen gegründet hatten, um trotz kirchlichen Satisfaktionsverbots und der eigenen religiös-politischen Ausrichtung ein Verbindungsleben zu ermöglichen. Sie wurden von den traditionellen Korporationen als nicht gleichberechtigt angesehen und im »akademischen Kulturkampf« der nationalen Unzuverlässigkeit verdächtigt.[266] Im Gegenzug argwöhnten die katholischen Korporationen, daß der studentische Antisemitismus mit seinem kleindeutsch-protestantischen Nationsverständnis, wie er insbesondere vom Verein Deutscher Studenten propagiert wurde, eine antikatholische Stoßrichtung habe, und distanzierten sich von ihm. Auch in der Weimarer Zeit warnten die Vereinsfunktionäre und Teile des Episkopats vor einem übersteigerten Nationalismus und Antisemitismus in der Studentenschaft und lehnten die Rassentheorie aus religiösen Gründen ab.[267] Andererseits erstarkten in der katholi-

---

[265] UAK, 28, 361, Bl. 20. Da sich im Quellenkorpus keinerlei Hinweise auf Integration oder Antisemitismus der nichtkorporierten Studenten- und Studentinnenorganisationen finden, konzentriert sich die folgende Darstellung ganz auf die katholischen Korporationen.
[266] JARAUSCH, Studenten, S. 63 f.
[267] Vgl. hierzu BLEUEL/KLINNERT, Studenten, S. 150–153.

schen Studentenschaft durchaus antijüdische Tendenzen. Bereits im Kulturkampf hatten sich die katholischen Verbandszeitungen einer antijüdischen Polemik bedient, indem sie auf eine vermeintlich bedrohliche Überrepräsentation der jüdischen Studenten mit Forderungen nach einem »NC« und der Herstellung der katholischen Parität reagierten.[268] Zudem übernahmen katholische Studentenkreise den völkischen Nationalismus der Kyffhäuserbewegung. Insbesondere der katholische Cartell-Verband lehnte sich stark an die traditionellen Korporationen an und integrierte in seinen großdeutschen Nationalismus völkisch-antisemitische Versatzstücke. Zahlreiche, auch führende Mitglieder wurden durch die geschickte Koalitionspolitik des Kyffhäuserverbands und Hochschulrings in die antisemitische Bewegung eingebunden, was der Seelsorger des Cartell-Verbands ausdrücklich billigte.[269] Als innerhalb des Verbands eine Diskussion um die Einführung eines Arierparagraphen ausbrach, der katholische Studenten jüdischer Herkunft aus dem Verband ausschließen sollte, erhob dieser zwar theologische Einwände gegen die Rassenlehre, vertrat aber zugleich selbst einen rassistischen Nationalismus und segnete die Einführung des Arierparagraphen ab: »Es ist von seiten der katholischen Kirche und Moral nichts einzuwenden, wenn der C. V. sich rassenrein erhalten, die eigene deutsche Rasse pflegen und keine Juden in seinen Reihen aufnehmen will«.[270] Und der Ring Katholischer Deutscher Burschenschaften, der sich 1925 vom Unitas-Verband abgespalten hatte, um sich stärker an die traditionellen Studentenverbindungen anlehnen zu können, verankerte in seiner Aachener Grundsatzung 1925, daß nur solche katholischen Akademiker aufgenommen würden, die sich dem Grundsatz der (groß)deutschen Volks- und Staatseinheit verpflichteten.[271] Während der Kartell-Verband und die katholischen Studentinnenvereine öffentliche Verlautbarungen zum Antisemitismus oder zur »Judenfrage« vermieden, lehnte allein der Unitas-Verband den völkischen Nationalismus strikt ab und bekannte sich eindeutig zur Weimarer Republik.[272]

Angesichts der divergierenden Positionen der einzelnen Verbindungen ist einmal mehr von der These eines homogenen katholischen Milieuantisemitismus abzurücken. Jedoch wirft die Adaption des völkischen Antisemitismus in einigen katholischen Korporationen wichtige Fragen auf. Sind diese als mög-

---

[268] SCHINDLER, Antisemitismus, S. 81.
[269] Schlund erteilte nämlich die Erlaubnis, in nationalen, völkischen und ausgesprochen antisemitischen Organisationen mitzuarbeiten, wohingegen er die Mitgliedschaft in der SPD oder anderen sozialistischen Gruppen verbot. LEISEN, Ausbreitung, S. 93–95.
[270] Zur Rassenfrage, in: Academia vom 15. Juli 1927, zit. nach LEISEN, Ausbreitung, S. 93–95. In diesem Artikel spricht Schlund auch von der Pflicht, die Rasse von den ihr anhaftenden Minderwertigkeiten zu befreien und sie höherzuzüchten, was sich aus der Vaterlandsliebe ergebe und aus der Verpflichtung gegenüber dem eigenen Volk und Volkstum, zu der das Bekenntnis zum eigenen Stamm und die Forderung nach Erhaltung des Blutes, der Rasse gehörten.
[271] Ebenda.
[272] Ebenda.

liche Wegbereiter eines radikalen Antisemitismus innerhalb des Kölner Katholizismus anzusehen, die milieuintern die Rolle einnahmen, die die Korporationen im gesamtgesellschaftlichen Zusammenhang spielten?[273] Oder anders gewendet: Fand die Integration rassistischer Denkmuster in die katholische Gedankenwelt, wie sie der Kartell-Verband vorführte, auch im lokalen (Handlungs-)Kontext Unterstützung, so daß sich Waffenstudentenschaft und katholische Studentenschaft zunehmend annäherten?

Das Verhältnis zwischen den katholischen und waffenschlagenden Korporationen an der Kölner Universität gestaltete sich in der Frühphase der Republik zunächst schwierig. Zwar wurden die Beziehungen der studentischen Organisationen nicht nur in den Festreden der Rektoren, in Universitätschroniken und Disziplinarakten sowie in den studentischen Quellen als außerordentlich positiv dargestellt[274], doch zerbrach der Kölner Korporationsring, der die Interessen der Studentenschaft verbindungsübergreifend vertreten sollte, bereits 1921 an einer nationalistischen Kritik des Waffenrings an der Universitätsfeier zum 50. Jahrestag der Reichsgründung.[275] Seitdem traten katholische und waffenstudentische Korporationen bei universitären Feiern und studentischen Veranstaltungen getrennt auf, was auf eine stärkere Fragmentierung in der Studentenschaft hindeutet, als es die obigen harmonisierenden Darstellungen vermitteln.[276] Welchen Einfluß dabei die Differenzen über den völkischen Antisemitismus der Waffenstudentenschaft auf das Verhältnis zwischen katholischen und schlagenden Verbänden hatte, zeigte sich erst 1927 in der Positionsnahme zum Verfassungsstreit mit dem preußischen Minister Becker und dann wieder in der Frage, ob die katholische Studentenschaft an den rechten AStA-Wahlen 1932 teilnehmen sollten, und wird später diskutiert werden.

Die Verbreitung des deutsch-völkischen Gedankenguts in der katholischen Studentenschaft und der Einfluß des Hochschulrings beschäftigten aber bereits

---

[273] Es wäre interessant, die Beteiligung der katholischen Alten Herren am Diffundierungsprozeß von Antisemitismus im katholischen Milieu genauer nachzuzeichnen und ihre Rolle als Multiplikatoren des Antisemitismus zu verfolgen.

[274] Beispielhaft für viele sei die Ansprache Eckerts bei der Gründungsfeier der Universität am 30. Mai 1920 angeführt: »Die Kölner Studentenschaft ist in den ersten drei Semestern vor tieferen Erschütterungen glücklich bewahrt geblieben. In vorbildlicher Einigkeit, in geschlossenen Reihen hat sie ihre Interessen sachlich wahrgenommen«, in: Kölner Universitäts-Zeitung, 12. Juni 1920. Siehe auch den Bericht Gravens über die verhängten Strafen und die akademische Disziplin, 5. April 1921, UAK, 28, 99, Bl. 98 f.

[275] Der Kölner Waffenring protestierte gegen das Programm, da »sowohl die Rede seiner Magifizenz wie auch die Auswahl der Lieder nicht dem entsprachen, was die wohl durchweg national gesinnten Kölner Studenten von einer Reichsgründungsfeier erwarteten«. Gegenerklärungen erfolgten hierzu von katholischen Korporationen, aber auch den Corps »Hansea« und der »Friso-Luneburgia«, die am 31. Januar 1921 aus Protest aus dem Waffenring ausschieden. MEUTHEN, Kölner Universitätsgeschichte, Bd. 3, S. 18.

[276] Schreiben des Rektors an die Interessengemeinschaft interkonfessioneller nichtschlagender Korporationen an der Universität Köln, 16. Juni 1926, UAK, 28, 370, Bl. 27.

1924 den hohen Kölner Klerus.[277] Erzbischof Schulte schätzte die Wirkung des Hochschulrings an der Kölner Universität als sehr stark ein. Obwohl der Hochschulring aufgrund der restriktiven Besatzungspolitik nur über eingeschränkten Handlungsspielraum verfüge, wirkten seine Ideen stark auf die katholische Studentenschaft. Schulte führte diesen Umstand auf das geteilte Kriegserlebnis und den gemeinsamen Gegensatz der Korporationen zu vielen Revolutionserscheinungen zurück, darüber hinaus auf die politische Entfremdung der Studenten von der Zentrumspartei und stärker noch auf einen neuen Nationalismus: »Kulturell-politisch brennt den katholischen Studenten die Frage des Verhältnisses von Katholizismus und Deutschtum mehr auf der Seele als man vielfach glaubt«.[278] Der Erzbischof ergänzte, daß die katholischen Korporationsstudenten es als ihre gegenwärtige Hauptaufgabe bezeichneten, nicht mehr die (unbedrohte) katholische, sondern die bedrohte vaterländische Idee zu pflegen. Da der Hochschulring »nur eine Abstumpfung des katholischen Empfindens sein kann«, lehnte der Kardinal die Mitarbeit katholischer Korporationen im Hochschulring schließlich entschieden ab und formulierte auch eine klare politische Kritik: »Der Ideenreichtum der meisten Mitglieder erschöpft sich in der Vorliebe für Schwarz-Weiss-Rot, für ein aus alten Erinnerungen und mit Hilfe der rechtsstehenden Parteien seltsam zusammenkonstruiertes neues Reich, das Ganze gewürzt mit einem Antisemitismus höherer oder niederer Art«.[279] In Köln wurden die katholischen Korporationen bei der Verbreitung radikal nationalistischer und antisemitischer Positionen nicht durch den hohen Episkopat unterstützt. Auch der zuständige Studentenseelsorger Grosche nahm eine distanzierte Position zur Jugendbewegung und zu den Korporationen ein.[280] Hingegen demonstrierte der Domprediger Pater Dionysius gerne Nähe zur antisemitisch-nationalistischen Studentenschaft und trat regelmäßig als Redner bei ihren Feiern und Versammlungen auf.[281] Als einziger katholischer Professor an der Kölner Universität war der Historiker Martin Spahn dem Hochschulring Deutscher Art eng verbunden.[282] Er absolvierte

---

[277] Schulte äußerte sich auf eine Anfrage des Breslauer Kardinals Bertram zum Einfluß des Hochschulrings ausführlich zum Thema. Aus der Perspektive eines katholischen Amtsträgers geschrieben, stand seine Analyse ganz im Zeichen der Bemühungen, die Entfremdung der katholischen Studenten von der Kirche und ihre Hinwendung zum deutsch-völkischen Lager zu verhindern. Undatiertes Schreiben Schultes an Bertram, aufgrund des Aktengangs zwischen März und Oktober 1924 einzuordnen, AEK Gen. I/23.11,2.
[278] Ebenda.
[279] Ebenda.
[280] Zum Abschied des Studentenseelsorgers Dr. Robert Grosche, in: Kölnische Volkszeitung, 1. Juni 1930.
[281] So beispielsweise bei der Einweihung eines Ehrenmals der Studentenschaft am 21. Februar 1922, in: Kölner Universitäts-Zeitung, 21. Februar 1922; oder bei der Anti-Versailles-Kundgebung vom Juli 1931, die als »großangelegte Werbeaktion« für den Rechtsradikalismus gedacht war. Zit. nach HEIMBÜCHEL, Universität, S. 378.
[282] Der ehemalige Ordinarius in Straßburg folgte 1919 einem Ruf an die Kölner Universität und betreute den Lehrstuhl für Zeitungskunde. Nachdem Spahn jahrelang dem Zen-

sein reges Engagement für den Hochschulring allerdings nicht in Köln, sondern in Berlin, wohin er 1922 nach dem drohenden Einmarsch der Franzosen ins Rheinland geflohen war. Seither vernachlässigte er seine Hochschulpflichten in Köln und stand mit den Universitätsbehörden bis zu seinem Wechsel an die Berliner Universität in einem Dauerkonflikt.[283] Spahn befand sich jedoch innerhalb der katholischen Professorenschaft in einer isolierten Außenseiterposition.

Es ist zu vermuten, daß die katholischen Studenten an der Kölner Universität aufgrund der ablehnenden Haltung der Milieuspitzen und der katholischen Professoren gegenüber einem völkischen Antisemitismus bei der Formulierung antisemitischer Forderungen und Aktionen eher zurückhaltend waren. Grundsätzlich ist aber zu konstatieren, daß die katholischen Forderungen nach Parität und der »Abwehr der jüdischen Überfremdung« zunächst weniger von den Studentenorganisationen, als von den lokalen Vertretern des politischen Katholizismus mit der Unterstützung der *Kölnischen Volkszeitung* vorangetrieben wurden. So zog das Blatt 1918, also noch vor der Gründung der Kölner Hochschule, gegen »den bedenklich hohen Prozentsatz der Juden« an der Universität Wien zu Felde und gratulierte den katholischen und schlagenden Korporationen zu ihrem vaterländischen Zusammenschluß, um sich gegen »alle Übergriffe der sich breit machenden Fremdlinge an der Alma Mater Rudolfina« zu verteidigen, und wiederholte diese Vorwürfe im Berufungsstreit Kelsen 1930.[284]

Die exklusionsträchtigen Tendenzen katholischer Studenten manifestierten sich in den ersten Jahren der Republik lediglich in einem einzelnen Bereich des studentischen Alltagslebens und wurden zur sogenannten »Mensafrage« hochstilisiert, als die katholischen Studenten im Januar 1920 den Ausschluß von Ausländern vom studentischen Mittagstisch forderten.[285] Sie stellten einen entsprechenden Antrag beim AStA und baten den Zentrumsverordneten Maus um Unterstützung, der sich in seiner Stellungnahme zum Antrag unschlüssig war und den Universitätsleiter um Rat fragte. Eckert lehnte den Wunsch der Studenten ab und argumentierte pragmatisch, daß ein solcher

---

trum nahegestanden hatte, war er 1921 zur DNVP übergetreten und saß für die Deutschnationalen ab 1924 im Reichstag. HEIMBÜCHEL, Universität, S. 378, 498 f.

[283] In Berlin gehörte Spahn zum Kreis des Berliner Juni-Clubs von Moeller van den Bruck und Heinrich von Gleichen. Er nahm dort direkten Einfluß auf die Politik und weltanschauliche Ausrichtung des Hochschulrings. HERBERT, »Generation der Sachlichkeit«, S. 123. Vgl. zum »Fall Spahn« an der Kölner Universität DÜWELL, Universität, S. 174–176; und HEIMBÜCHEL, Universität, S. 378.

[284] Kölnische Volkszeitung, 7. März 1918 und 19. Juni 1918.

[285] Zuvor hatte die katholische Mensaführung bereits mit dem Ausschluß der Studentinnen einige Aufmerksamkeit erregt, ohne daß der Rektor die verantwortliche Schwester Ignatia zur Aufgabe dieser kölnspezifischen Form geschlechtsspezifischer Diskriminierung bewegen konnte. Schreiben Eckerts an den Regierungspräsidenten Brugger, 10. Januar 1920, UAK, 28, 339, Bl. 13. Siehe genauer auch FRANKEN, »Ja, das Studium«, S. 49 f.

Ausschluß nicht nur politisch unklug wäre und dem Friedensvertrag entgegenstehe, sondern auch nur die außerordentlich geringe Zahl von 26 Ausländern bei insgesamt 2 438 Studenten betreffe, da die katholischen Studenten ihre deutsch-österreichischen Kommilitonen explizit nicht in diese Rechnung aufgenommen hatten.[286] Der Vorstoß war also ein rein politisch-symbolischer Akt, aus dem purer Chauvinismus sprach.[287]

Die katholischen Studentenorganisationen zeigten keinerlei Integrationstendenzen oder auch nur Ansätze einer Zusammenarbeit mit den jüdischen Studentengruppen. Wenngleich völkisch-antisemitische Denkmuster in der katholischen Studentenschaft durchaus akzeptiert waren, äußerten sie sich nicht in explizit judenfeindlichen Handlungen an der Kölner Universität. Rassistische Codes und Verhaltensmuster konnten sich in der lokalen katholischen Studentenschaft anscheinend zunächst nicht durchsetzen. Der einzig dokumentierte chauvinistisch-nationalistische Vorstoß der katholischen Studentenschaft scheiterte an den Universitätsbehörden. Auch Episkopat und Professorenschaft standen mit wenigen Ausnahmen einer Anlehnung der katholischen Studentenschaft an die völkische Bewegung skeptisch gegenüber. Im Vergleich zu den nationalistisch-völkischen Tendenzen der Ortsgruppe des Zentrums und in der *Kölnischen Volkszeitung*, die in den Paritätsforderungen radikaler als die Studentenschaft auftraten, bildeten die Studenten zu diesem Zeitpunkt also keineswegs eine Speerspitze des katholischen Antisemitismus.

4.3. Rechtsruck und politische Fragmentierung 1926/27

Als mit dem Abzug der Besatzungstruppen die politischen Restriktionen gegen die nationalistischen Studentenorganisationen aufgehoben wurden, traten die Korporationen und der Vorstand der Studentenschaft als Träger des studentischen radikalen Nationalismus und Antisemitismus stärker als bisher in den Vordergrund und nutzten geschickt ihren neugewonnenen Handlungsspielraum. Bereits nach wenigen Wochen zeigten die veränderten politischen Rah-

---

[286] Eckert an Maus, 22. März 1920, UAK, 28, 339, Bl. 22.

[287] Am Ende der Weimarer Republik lieferte eine andere universitäre Einrichtung, die erstmalig auch Frauen die Möglichkeit gab, gemeinsam mit ihren männlichen Kommilitonen zu essen, eine Angriffsfläche antisemitischer Agitation. Sie richtete sich gegen die 1929 gegründete »Gaststätte ohne Alkohol im Universitätsgarten« (GOA), die von einem Trägerverein aus Sozialistinnen, Angehörigen der neutralen Frauenbewegung und Protestantinnen getragen wurde, und zielte auf die beiden jüdischen Vorstandsvorsitzenden Else Falk und Luise Tietz. 1931 und 1932 wurden im Westdeutschen Beobachter und in den Kreisen des NSDStB Vorwürfe der Unsauberkeit und des zu geringen Nährwerts laut. Vgl. etwa den Artikel Rund um die Kölner Universität – Etwas von der GOA-Burse und der SPD, in: Westdeutscher Beobachter, 10. November 1931. Diese Angriffe lösten unter den Studenten eine wahre Unmutsexplosion gegen die GOA aus. Siehe dazu FRANKEN, »Ja, das Studium«, S. 51 f. Die Vorwürfe weisen große Ähnlichkeiten mit anderen Kampagnen etwa gegen die jüdische Schnellrestaurantkette Katz-Rosenthal auf, die ebenfalls erfolgreich waren.

menbedingungen ihre Wirkung: Am 19. Februar 1926 wurde die Neuzulassung des Vereins Deutscher Studenten in einem feierlichen Festkommers begangen, bei dem zahlreiche Korporationen und Professoren, Vertreter der staatlichen und städtischen Behörden sowie einige Offiziere der Reichswehr und viele Kölner Bürger ihre Sympathie für die radikalantisemitische Organisation offen zur Schau stellten.[288] Geschah dies noch in einem semiprivaten Rahmen, wurde die universitäre Befreiungsfeier, die die Studentenschaft unter der Leitung des AStA-Vorsitzenden Krämer am 20. Februar organisierte, zu einer öffentlichen Demonstration nationalistisch-revanchistischer Gesinnung. Vor ca. 3 000 Teilnehmern, vor den vollständig versammelten Korporationen und zahlreichen Ehrengästen, zu denen die Spitzen der Universitäts-, Stadt- und Landesbehörden sowie die Reichsminister Stresemann und Marx zählten, verwandte die Studentenschaft die rechtsnationale Symbolik, die ihr bis dahin versagt geblieben waren.[289] Der Große Saal der Bürgergesellschaft war in schwarz-weiß-roten Farben geschmückt, und auf dem Festprogramm stand das Lied »Der Gott, der Eisen wachsen ließ«.[290] Mit dieser politischen Demonstration stieß die Kölner Studentenschaft jedoch erstmalig auf nachhaltige Kritik. Der Abgeordnete Görlinger (SPD) empörte sich in einer Sitzung der Stadtverordneten-Versammlung nicht nur über das »skandalöse Auftreten« der Studentenschaft, sondern warf auch Adenauer in seiner Funktion als Vorsitzender des Kuratoriums vor, das monarchistische Treiben der Studenten nicht unterbunden zu haben.[291]

Im Juni 1926 unternahm der Vorstand der Studentenschaft dann den ersten hochschulpolitischen Vorstoß, um seine antisemitisch-nationalistische Position öffentlich kundzutun. Er schickte der Studentenschaft in Hannover ein Grußtelegramm, in dem dem »Abwehrkampf« der Kommilitonen gegen Professor Lessing »sachlich voller Erfolg« gewünscht wurde.[292] Gegen Theodor Lessing, einen aktiven Sozialdemokraten und jüdischen Privatdozenten für Philosophie an der Technischen Hochschule in Hannover, blies die nationali-

---

[288] V.D.ST. und die Räumung der Kölner Zone, in: Kölner Universitäts-Zeitung, 1. Mai 1926. Auch der Hochschulring wurde wieder zugelassen, ohne jedoch hochschulpolitisch noch mehr an Einfluß zu gewinnen, steckte er doch reichsweit in einer tiefen Krise, und er konnte den verlorenen Boden in Köln nicht mehr wettmachen.

[289] Befreiungskommers, in: Kölner Universitäts-Zeitung, 21. März 1926.

[290] Die Befreiungsfeier der Kölner Studentenschaft. Stresemann gegen die nationale Phrase – Es fehlt die schwarz-rot-goldene Fahne der Deutschen Republik, in: Rheinische Zeitung, 22. Februar 1926.

[291] Zwar ist der Einwand des Oberbürgermeisters berechtigt, das Kuratorium habe weniger Einfluß auf Veranstaltungen der Studentenschaft, die ein eigenständiges Gremium der Universität bildete, als Rektor und Senat. Allerdings muten seine weiteren Ausführungen, daß die Studenten gar nicht die Absicht hatten, den Saal mit den alten Reichsfarben zu schmücken, sondern lediglich Reste der rot-weißen Karnevalsdekoration um die preußischen Farben weiß und schwarz ergänzten, wie ein eigener Karnevalsbeitrag an. Protokolle der Stadtverordneten-Versammlung 1926, 6. Sitzung vom 3. März 1926, S. 153–155.

[292] Die Kölner Studentenschaft und der Fall Lessing, in: Kölner Universitäts-Zeitung, 26. Juni 1926.

stische Studentenschaft in ganz Deutschland zum Sturm, nachdem dieser Hindenburg im Reichspräsidentenwahlkampf im April 1925 polemisch attackiert hatte.[293] Der Kampf der in ihrer »nationalen Ehre« gekränkten Studentenschaft in Hannover gegen Lessings »undeutschen Geist« und den preußischen Kultusminister, der den Universitätslehrer nicht ohne Prüfung des Sachverhalts relegieren wollte, führte zu flammenden Solidaritätskundgebungen fast sämtlicher Einzelstudentenschaften und aller nationalen Verbände und endete mit der Versetzung Lessings.

Der Kölner Vorstand stieß jedoch auf lebhaften Widerstand in den eigenen Reihen. Er hatte sein Vorgehen nämlich nicht mit der Kammer der Studentenschaft abgesprochen, was starken Protest bei der katholischen Fraktion auslöste. Diese billigte zwar den Inhalt des Telegramms, verlangte jedoch, ohne Anhörung der Kammer keine weiteren Schritte im Fall Professor Lessings zu unternehmen, und stellte fest, daß diese auch zukünftig in ähnlichen wichtigen Fällen zu befragen sei. Daraufhin entbrannte ein heftiger Streit zwischen den katholischen Kammermitgliedern und den Vertretern der schlagenden Korporationen, der im Auszug der Waffenstudenten aus der Sitzung gipfelte, so daß über einen Sympathiestreik zugunsten der Hannoveraner Studenten, den der Vorstand der Studentenschaft beantragt hatte, nicht mehr abgestimmt werden konnte.[294] Ob die Reaktion der katholischen Korporationen stärker auf inhaltlichen Differenzen zum »Fall Lessing« beruhte oder von der Angst herrührte, in politischen Entscheidungen übergangen zu werden, ist letztlich nicht zu beantworten. Die Verstimmung war jedenfalls so tiefgreifend, daß der Plan des neugegründeten Korporationsrings, erstmalig wieder gemeinsam eine Reichsgründungsfeier zu begehen, scheiterte. Auf dem Reichsgründungskommers der Waffenstudentenschaft nahm der völkische Nationalismus in Rede und Lied dann so aggressive Züge an, daß ein anwesender Professor den Kölner Polizeipräsidenten mit Rücksicht auf Andersdenkende »nichtamtlich persönlich« warnte.[295]

Die Fragmentierung und Zerstrittenheit der Kölner Studentenschaft spiegelte sich auch in den Plänen zur Kammerwahl im Juni 1927. Diese sollte erstmalig nicht nach dem alten Fakultäts-, sondern nach dem neuen politischen Listenprinzip erfolgen, bei dem sich 13 studentische Gruppierungen zur Wahl stellten, die das gesamte weltanschauliche Spektrum der Studentenschaft abdeckten.[296] Über Listenverbindungen formierten sich die drei großen Blöcke der

---

[293] Siehe zum »Fall Lessing« genauer BLEUEL/KLINNERT, Studenten, S. 125–127; A. FAUST, Studentenbund, S. 50–52; und JARAUSCH, Studenten, S. 146 f.
[294] Ebenda.
[295] Schreiben des Polizeipräsidenten Bauknecht an Adenauer, 19. Januar 1927, HStAK, 902, 151/1, Bl. 719. Auch in dieser Antwort wiegelte der Oberstadtdirektor ab. Er teilte mit, daß für den offiziellen und den Beginn des inoffiziellen Teils der Feier die Vorwürfe unberechtigt seien, daß Lied und Rede erst spät gehalten und von den Bonner Corpsstudenten initiiert worden seien. Adenauer an Bauknecht, 29. Januar 1927, ebenda, Bl. 721.
[296] Die Kammeranwärter, in: Kölner Universitäts-Zeitung, 2. Juli 1926.

Waffenstudentenschaft, der katholischen Studentenorganisationen (noch einmal in zwei Listen geteilt) und der Freistudentenschaft. Ferner gingen die Vertreter der Jugendbewegung und der »Volksstudenten«, eines Linksbündnisses aus der Demokratischen Studentenvereinigung, des Kartells Republikanischer Studenten, des pazifistischen Studentenbunds und der sozialistischen sowie der marxistischen Studentenvereinigung, eine Allianz ein. Lediglich die Liste »Jüdische Studierende« blieb ohne Bündnispartner.[297]

Zwar wurde die Änderung des Wahlverfahrens mit dem Argument begründet, daß nunmehr auch die bislang unberücksichtigten Minderheiten Vertreter in die Kammer entsenden könnten, doch zeigt der Wahlkampf, wie weit sich die Gruppierungen von der ursprünglichen Idee einer partei- und konfessionsübergreifenden, sachorientierten Zusammenarbeit entfernt hatten und von den Themen des rechten Nationalismus bestimmt waren.[298] Während der stellvertretende AStA-Vorsitzende Corbach die »Mitarbeit am Wiederaufstieg unseres Vaterlandes durch Kultivierung des großdeutschen Gedankens [und den] Kampf gegen die Kriegsschuldlüge« und die »Stärkung des Deutschtums im bedrohten Westen« zu den Hauptaufgaben der Studentenschaft erklärte[299], griff die linke Bündnisliste die Studentenvertretung scharf an. Sie habe sich willig in die Front der Hochschulreaktion eingereiht, wie sie im »Fall Lessing« bewiesen habe. Das vorrangige Ziel sei daher der Kampf gegen die Hochschulreaktion, Antisemitismus und völkische Verhetzung.[300]

Doch scheiterte die Durchführung dieser Kammerwahl am Widerspruch Minister Beckers gegen einen Passus der neuen Wahlordnung. Zum denkbar knappsten Zeitpunkt – einen Tag vor der Abstimmung – teilte er mit, daß er die neue Wahlordnung nicht anerkenne.[301] Er monierte insbesondere den zweiten Paragraphen der Wahlordnung, der nur Auslandsdeutschen von deutscher Abstammung und Muttersprache das aktive und passive Wahlrecht zusprach.[302] In Verhandlungen mit dem Rektor ließ der Minister keinen Zweifel daran, daß er diesen Passus als völkisches Prinzip ablehnte. Dagegen behauptete der Vorstand der Studentenschaft gegenüber dem Rektor, daß besagter Paragraph aus der alten Wahlordnung übernommen und damals vom Minister »aufs eifrigste gefördert« worden sei, was eine mustergültige Verdrehung der

---

[297] Ebenda.

[298] Die Frage der Kölner studentischen Kammerwahlen, in: Kölner Universitäts-Zeitung, 1. Februar 1927.

[299] Wahlaufruf zur Kammerwahl für das Rektoratsjahr 1926/27, in: Kölner Universitäts-Zeitung, 2. Juli 1926.

[300] Wahlaufruf der »Volksstudenten«, UAK, 28, 304, Bl. 149.

[301] Mitteilung des Wahlkommissars Hammel an den Rektor, 5. Juli 1926, UAK, 28, 305, Bl. 13; Verschiebung der Kammerwahl der Kölner Studentenschaft, in: Kölnische Zeitung, 5. Juli 1926.

[302] Ordnung für die Kammerwahlen, § 2: Wahlrecht: »Wahlberechtigt und wählbar ist jeder an der Universität Köln volleingeschriebene Studierende deutscher Staatsangehörigkeit, sowie diejenigen deutscher Abstammung und Muttersprache«. UAK, 28, 305, Bl. 2.

Tatsachen darstellte. Der Vorstand jedenfalls sei nicht gewillt, den Paragraphen im reichsdeutschen Sinne zu ändern.[303]

So entflammte die Auseinandersetzung zwischen dem preußischen Minister und der Kölner Studentenschaft bereits im Sommer 1926 an der neuen Wahlordnung der Studentenschaft und zog sich in Verhandlungen zwischen Ministerium, Rektorat und Studentenschaft unter immer wieder neu angekündigten und verschobenen Wahlen bis zum November 1927 hin, bis der Minister bestimmte, daß vor der Urabstimmung über das neue, staatsbürgerliche Studentenrecht von einer Kammerwahl abzusehen sei.[304]

Zur Erinnerung sei noch einmal darauf verwiesen, daß der lange schwelende Konflikt zwischen der Deutschen Studentenschaft und dem Minister im September 1927 eskaliert war und die Kölner Studentenschaft in der Frühphase der Republik zu den eifrigsten Befürwortern des staatsbürgerlichen Prinzips auf der Reichsebene gezählt hatte. Als aber im November 1927 die Wahlen zum Verfassungsentwurf vor der Tür standen, war von den alten Unterstützern kaum mehr etwas zu vernehmen. So gab der Ring der Katholischen Korporationen bekannt, daß er zum neuen preußischen Studentenrecht keine Stellung nehme, daß aber die Mehrheit seiner Mitglieder wohl gegen den Erlaß stimmen dürfte.[305] Die *Kölner Universitäts-Zeitung*, die das völkische Prinzip ehemals vehement abgelehnt hatte, enthielt sich jeder Stellungnahme und beschränkte sich auf neutrale Informationen zum Wahlmodus.[306] Von den früheren Solidaritätserklärungen mit den jüdischen Studenten oder auch nur einer klaren Ablehnung des völkisch-antisemitischen Prinzips war keine Spur mehr zu finden, sieht man von der Ausnahme der katholischen Unitas-Vereine ab, die öffentlich erklärten, daß sie die österreichische Hinzuziehung arischer Sondergruppen als großvölkisch ablehnten und die Ministerialverordnung begrüßten.[307] Lediglich die jüdischen Verbindungen im K C bekräftigten noch einmal, daß sie getreu ihrer Grundtendenz die Vereinigung aller sich zur deut-

---

[303] Schreiben der Studentenschaft an Stier-Somlo, 6. Juli 1926, UAK, 28, 305, Bl. 17 f.

[304] Bis dahin blieb der alte Vorstand der Studentenschaft kommissarisch im Amt und sorgte mit weiteren Amtsüberschreitungen für neue Verstimmungen unter den Studenten. Siehe hierzu zahlreiche Dokumente aus dem Aktenbestand »Studentenschaftswahlen, Urabstimmung und Auflösung der Studentenschaft der Universität Köln 1926–1927«, UAK, 28, 305.

[305] Studentischer Verfassungskampf und der R. d. K. K., in: Kölner Lokal-Anzeiger, 30. November 1927.

[306] In einem Rechtfertigungsschreiben an den Rektor, der sich 1928 besorgt zeigte über die politische Entwicklung der Kölner Universitäts-Zeitung, führte der Herausgeber der Zeitung Hans Bitter an, daß die Zeitung in den Verfassungsstreit schon deswegen nicht aktiv eingegriffen habe, um eine weitere Verhetzung der seinerzeit einander unfreundlich gegenüberstehenden studentischen Gruppen nach Möglichkeit zu vermeiden. Immerhin habe man aber, so die etwas müde klingende Formel, die Forderungen des Ministers als aus den Staatsnotwendigkeiten heraus geboten betrachtet. Hans Bitter an Rektor Walb, 30. April 1928, UAK, 28, 305, Bl. 107.

[307] Studentischer Verfassungskampf und der R. d. K. K., in: Kölner Lokal-Anzeiger, 30. November 1927.

schen Kulturgemeinschaft bekennenden Studierenden in einer deutschen Studentenschaft als einer vom Staat mit öffentlichen Rechten versehenen Organisation erstrebten.[308] Demgegenüber dominierten die antirepublikanischen Stimmen in den Wahlaufrufen und in der Kundgebung gegen das neue Studentenrecht vom 25. November 1927.[309]

Allerdings kann von einer antisemitischen Agitationsflut des Nationalsozialistischen Studentenbundes, des Hochschulrings oder der nationalistischen Korporationen in Köln ebenfalls keine Rede sein. Im Vergleich zu Berlin und anderen Städten vollzog sich die Auseinandersetzung in Köln eher moderat.[310] Trotzdem fiel die Entscheidung gegen das neue Wahlrecht überdeutlich aus: Am 30. November 1927 sprachen sich von insgesamt 2 801 Wählern bei 4 978 Stimmberechtigten nur 562 Studenten für (20,4 %) und 2 202 (79,6 %) gegen das neue Studentenrecht aus; die Wahlbeteiligung lag bei 56,3 %.[311] Auch wenn man bedenkt, daß an den antisemitischen Hochburgen Greifswald, Hannover und Marburg bei einer bedeutend höheren Wahlbeteiligung die Ablehnung des neuen Studentenrechts bei 90 % lag[312], zeigt der Vergleich mit den rheinischen Universitäten, daß sich die Kölner Studentenschaft gegenüber den zur Wahl stehenden staatsbürgerlichen Prinzipien der Studentenschaft deutlich ablehnender verhielt als ihre Kommilitonen in Bonn und Düsseldorf.[313] Gleiches gilt für die Studentenschaften an den als liberal bekannten Hochschulen wie Berlin, Frankfurt und sogar Breslau.[314] Bestenfalls mag man mit Golczewski annehmen, daß die zahlreichen Nichtwähler in Köln dem neuen Studentenrecht eher positiv gegenüberstanden, und konstatieren, daß der Anteil der eindeutig demokratischen Studenten immerhin bei 20 % lag.[315] Angemessener erscheint jedoch eine skeptischere Interpretation der Zahlen. Demnach war bereits Ende 1927 die Mehrheit der Kölner Studenten nicht mehr bereit, sich für ihre jüdischen Kommilitonen und die republikanischen Prinzipien

---

[308] Verbandstagung des K. C. in: Kölner Universitäts-Zeitung, 3. Dezember 1927.

[309] Der Kampf gegen das neue Studentenrecht, in: Kölnische Zeitung, 25. November 1927.

[310] So etwa in den Wahlaufrufen, UAK, 28, 305, Bl. 199 und 205. Die Skizzierung der Situation, wie sie bei JARAUSCH, Studenten, S. 148 zu finden ist, trifft auf Köln also in diesem Maße keineswegs zu.

[311] Amtliche Feststellung des Wahlergebnisses, UAK, 28, 305, Bl. 204.

[312] Preußens Studenten lehnen das neue Studentenrecht ab, in: Kölner Universitäts-Zeitung, 3. Dezember 1927.

[313] In Aachen erreichten die Waffenstudenten durch einen Wahlboykott, daß die Wahl für ungültig erklärt wurde, was einer Ablehnung des neuen Wahlrechts gleichkam, in Bonn und der Medizinischen Fakultät in Düsseldorf stimmten 36,4 % bzw. 36,1 % für und 63,4 % bzw. 63,9 % gegen das neue Wahlrecht. Ebenda.

[314] Hier kamen die Befürworter des neuen Studentenrechts immerhin auf 36,6 %, 27,6 % und 27,5 % der Stimmen. Von der katholisch-theologischen Fakultät Braunsberg, die als einzige das Studentenrecht mit 33 Ja- und einer Gegenstimme anerkannte, ganz zu schweigen. Ebenda.

[315] GOLCZEWSKI, Kölner Hochschullehrer, S. 40.

einzusetzen, sei es aus Gleichgültigkeit, sei es aus latenter Ablehnung. Unter jenen aber, die sich politisch äußerten, stimmten 80 % der antirepublikanischen und antisemitischen Absage an das neue Studentenrecht zu. Und auch in der katholischen Studentenschaft – zumindest in den führenden Studentenorganisationen – war die judenfeindlich aufgeladene Konfrontation mit dem Staatsminister mehrheitsfähig geworden.[316]

5. Universitäre Reaktionen auf die Radikalisierung 1929–1933

Die neue Dimension der studentischen Judenfeindschaft ab 1929 lag in ihrer politischen Organisierung und Radikalisierung. Die Träger dieses neuen politischen Antisemitismus an der Kölner Universität waren zunächst die Universitätsgruppe des Stahlhelm und der nationalsozialistische Studenten-Bund, bisweilen unterstützt von den Korporationen. Sie vergifteten die Atmosphäre an der Universität nicht nur durch eine verstärkte antisemitische Propagandatätigkeit und durch Hetzkampagnen gegen einzelne Kölner jüdische Stifter und Professoren, sondern auch durch offen ausgeübte judenfeindliche Gewalt.

Die Hochschulgruppe des Stahlhelm läutete die neue Ära der nationalistisch-antisemitischen Gewalt ein. Dabei hatte sich die Kölner Stahlhelmgruppe, als ein lockerer Zusammenschluß der an der Universität studierenden Stahlhelmangehörigen am 15. Juni 1926 gegründet, in den ersten Jahren relativ unauffällig verhalten.[317] Sie demonstrierte ihre politische Ausrichtung zwar durch die Wahl der schwarz-weiß-roten Farben und den Arierparagraphen der »deutschen Abstammung«, beschränkte sich jedoch in ihrer Arbeit auf die Pflege der »im Felde begründeten Kameradschaften« und auf Wehrsportübungen.[318] Im Zuge der Rechtsradikalisierung der Studentenschaft und mit der Durchsetzung einer offen antirepublikanischen und völkisch-antisemitischen Richtung im Stahlhelm politisierten sich aber auch die Ziele und Aktionen der akademischen

---

[316] Dieses Wahlergebnis führte am 1. Dezember 1927 zur Auflösung der Kölner Studentenschaft. Eine organisierte Studentenvertretung sollte erst 1932 auf Betreiben des Nationalsozialistischen Studentenbundes wieder entstehen. Bis dahin übernahm der Verein Kölner Studentenburse die Aufgaben der wirtschaftlichen Selbsthilfe und ein 1927 neuerlich gegründeter Kölner Korporationsring die Repräsentation der Studentenschaft, die nach der Auflösung ihrer Selbstvertretungsgremien stark geschwächt war. Vgl. zur Burse HEIMBÜCHEL, Universität, S. 359–363.

[317] In den Jahren 1926/27 gründeten sich an verschiedenen Hochschulen Stahlhelmgruppen, wobei die Initiative von nationalistischen Studenten ausging, die am Wehrsport teilnahmen und weltanschaulich dem Hochschulring Deutscher Art nahestanden. 1929 schlossen sich diese bis dahin eher locker organisierten Gruppen auf Bundesvorstandsbeschluß zum »Stahlhelm-Studentenring-Langemarck« unter der Führung des DNVP-Abgeordneten Eduard Stadtler zusammen. Siehe hierzu BLEUEL/KLINNERT, Studenten, S. 193–195; und LEISEN, Ausbreitung, S. 151–155.

[318] Kölner Universitätskalender 1927/28, S. 132.

Stahlhelmgruppen im allgemeinen und der Kölner Gruppe im besonderen.[319] Sie pflegten die »geistig-politische Tradition« des Kriegserlebnisses, um die Studenten zur geistigen Führung der Nation heranzubilden, und verstanden sich als Keimzelle des politischen Engagements gegen das »System«, schrieben die Revision des »inneren und äußeren Versailles« unter Berufung auf die Dolchstoßlegende auf ihre Fahnen und betrieben eine planmäßige paramilitärische Ausbildung der Studenten.[320] Daß sie dabei in unmittelbare Nähe zur NSDAP rückten, ist in Köln durchaus im wörtlichen Sinn zu begreifen. So wechselte die Universitätsgruppe des Stahlhelm 1929 ihr Vereinslokal und verkehrte fortan im berüchtigten Lokal »Zur Rübe«, der Heimstätte der Kölner NSDAP und dem Ausgangspunkt zahlreicher gewaltvoller Übergriffe.[321]

Es war denn auch die Hochschulgruppe des Stahlhelm, die im Januar 1929 als erste studentische Organisation der Kölner Universität öffentlich zu einer gewaltsamen Sprengung einer mißliebigen Versammlung aufrief, bei der der Präsident der französischen Sektion der Liga für Menschenrechte Viktor Basch im Reichshallen-Theater sprach und in dessen Folge es zu antijüdischen Übergriffen kam.[322] Bei einem anschließenden Umzug von Stahlhelmern und NSDAPlern wurden in der Kölner Innenstadt jüdische Passanten und solche, die dafür gehalten wurden, angegriffen. Es war allein dem energischen Eingreifen der Schutzpolizei zu verdanken, daß niemand ernsthaft verletzt wurde.[323] Angesichts der neuen Qualität des Vorfalls erstaunen die ausbleibenden Reaktionen der akademischen Behörden. Obwohl der Stahlhelm am Schwarzen Brett zur gewaltsamen Störung des öffentlichen Friedens aufgerufen hatte und in Theorie und Praxis gegen die akademischen Regeln verstieß, zogen Rektor und Senat keine Konsequenzen.[324] Erst als der preußische Ministerpräsident Otto Braun Adenauer im November 1929 darauf hinwies, daß der Stahlhelm an der Universität immer noch ein Schwarzes Brett unterhielt, was nicht nur im Hinblick auf die republikfeindliche Haltung des Verbandes zu bedauern, sondern wegen des 1929 im Rheinland erlassenen Verbots des Stahlhelms »geradezu polizeiwidrig« sei, wurde das Anschlagbrett entfernt.[325]

---

[319] Siehe zur Politisierung und Rechtsradikalisierung des Stahlhelms V. BERGHAHN, Stahlhelm; und Irmtraud GÖTZ VON OLENHUSEN, Vom Jungstahlhelm zur SA: Die junge Nachkriegsgeneration in den paramilitärischen Verbänden der Weimarer Republik, in: Wolfgang R. KRABBE (Hrsg.), Politische Jugend in der Weimarer Republik, Bochum 1993, S. 146–182.

[320] Ebenda, S. 155 f.; und LEISEN, Ausbreitung, S. 53.

[321] Studentisches Vereins- und Korporationsverzeichnis Sommersemester 1929, UAK, 28, 370, Bl. 119.

[322] Faschistisch-Akademisches. Vom Schwarzen Brett der Kölner Universität darf zum Terror aufgefordert werden, in: Rheinische Zeitung, 25. Januar 1929.

[323] Kölner Nachrichten, in: Kölner Jüdisches Wochenblatt, 1. Februar 1929.

[324] Nur zwei Wochen nach dem Vorfall genehmigte Rektor Zinsser einen weiteren Aushang der Stahlhelmgruppe. Schreiben der Stahlhelmgruppe an Zinsser, 19. Februar 1929 mit handschriftlichem Vermerk des Rektors, UAK, 28, 212, Bl. 56.

[325] Vgl. hierzu DÜWELL, Universität, S. 182.

Zum Hauptakteur des politischen Antisemitismus an der Universität entwickelte sich ab 1929 der Kölner NSDStB trotz oder gerade wegen seiner politischen Bedeutungslosigkeit bis 1931/32.[326] Erst im Juli 1927 durch den Wirtschaftsstudenten Rudolf Weiler zu einem Zeitpunkt gegründet, als der NSDStB bereits über mehr als 20 Hochschulgruppen verfügte, stagnierte die Mitgliederzahl der Kölner Hochschulgruppe im ersten Jahr und sank im Sommersemester 1928 sogar auf den Tiefpunkt von vier Mitgliedern, um 1929 auf 25 Personen anzusteigen. Während an zahlreichen anderen Universitäten die nationalsozialistischen Studentenbünde seit 1928/29 ihren Siegeszug antraten und mangelnde Mitgliederzahlen durch spektakuläre Wahlerfolge wettmachten, konnte sich der Kölner NSDStB nicht auf studentische Wahlen stützen, da diese in Köln nach dem Verfassungsstreit und der Auflösung der Studentenschaft bis Februar 1932 nicht mehr durchgeführt wurden.[327] Außerdem wirkten sich die politischen Streitigkeiten zwischen dem Hochschulgruppenführer Prinz einerseits und dem Ortsgruppenleiter Schaller und Gauleiter Ley andererseits lähmend auf die Aktivitäten des Kölner NSDStB aus, die zudem oftmals unklug geplant waren, so daß Baldur von Schirach die Kölner Hochschulgruppe als »die schlechteste im ganzen deutschen Sprachgebiet« bezeichnete.[328]

In den ersten beiden Jahren nach seiner Gründung fiel der NSDStB aufgrund seiner organisatorischen Schwäche an der Kölner Universität dann auch kaum durch öffentliche Tätigkeiten auf und verhielt sich gegenüber der Hochschulleitung eher zahm. So nahm Hochschulführer Prinz nach der Intervention des Rektors Anschläge des NSDStB vom Schwarzen Brett wieder ab, die die Universitätsbehörden wegen des Satzes »Juden haben keinen Zutritt« beanstandet hatten.[329] Doch gegen Ende des Jahres 1929 forcierte die Kölner Hochschulgruppe ihren politischen Aktivismus und radikalen Antisemitismus, was sowohl auf den Kurswechsel des NSDStB unter Baldur von Schirach zurückzuführen ist, der die Propaganda des NS-Studentenbunds exzessiv steigerte, als auch auf lokale Veränderungen in Gruppenstruktur und -führung unter Ferdinand Bohlmann, der sich kompromißloser und politisch geschickter zeigte als sein Vorgänger und zunehmend Mitglieder für den NSDStB gewinnen konnte.[330]

Nunmehr organisierte die Kölner Hochschulgruppe öffentliche Vortragsveranstaltungen, hielt gruppeninterne Sprech- und Schulungsabende zu »Organisation und Propaganda« ab und unternahm auch Anstrengungen, den *West-*

---

[326] Da WORTMANN, Studentenbund, die Entwicklung des NSDStB an der Kölner Universität präzise beschrieben hat, beschränke ich mich im folgenden auf eine komprimierte Skizze der Probleme des NS-Studentenbunds.
[327] Vgl. zum Aufstieg des NSDStB an den deutschen Hochschulen BLEUEL/KLINNERT, Studenten, S. 200–202; A. FAUST, Studentenbund; und JARAUSCH, Studenten, S. 159.
[328] WORTMANN, Studentenbund, S. 104 f., 110 f.; Schirach an Gau Rheinland, 9. Januar 1929, RSF/II A7, zit. nach ebenda, S. 106.
[329] Ebenda, S. 104.
[330] Siehe hierzu ebenda, S. 107; und A. FAUST, Studentenbund, S. 79–82.

deutschen Beobachter im Lesesaal auszulegen. Außerdem demonstrierte der NSDStB seine Präsenz an der Universität offensiv durch die Verteilung von Propagandamaterialien und die Teilnahme an studentischen und akademischen Veranstaltungen in Uniform.[331] Einen ersten großen Erfolg konnte der NSDStB in Köln bei der Reichsgründungsfeier im Januar 1930 erringen, als die NS-Studenten widerspruchslos in Braunhemd und mit Hakenkreuzfahne chargierten und sich in trauter Eintracht mit den Korporationen zeigten.[332]

Den Auftakt der verschärften Propagandaaktivitäten markierte ein Flugblatt, das die Hochschulgruppe am 15. November 1929 vor der Universität verteilte und in dem sich das Lamento über die vermeintliche Benachteiligung der Gruppe durch die Universitätsbehörden mit einer scharfen antisemitischen Hetze verband:

> »Können Sie, Herr Kommilitone, diese Dinge begreifen, wenn Sie wissen, daß von 4 Dekanen der Universität 2 Dekane jüdischer Rasse (Professor Stier-Somlo, Professor Aschaffenburg) sind? Glauben Sie, Herr Kommilitone, daß man mit ähnlichen Schikanen gegen den Sozialistischen Studentenbund vorgeht? Erkennen Sie Zusammenhänge zwischen schwarz-roter Stadtverwaltung und Universität? Wissen Sie jetzt, warum der jüdische Bankier Hagen-Levy eine namhafte Spende zum Universitäts-Neubau gab? Erkennen Sie eine Verbindung zwischen Universität und Finanzkapital?«[333]

Die verschwörungstheoretisch zusammengefügten Propagandaversatzstücke von der »Verjudung der Universität«, der Herrschaft des »internationalen jüdischen Finanzkapitals« und der Unterdrückung des »nationalen Kampfs durch das System« dienten einerseits der Rechtfertigung der eigenen Schwäche, andererseits dem offenen Angriff auf mißliebige Dozenten und Stifter wegen ihrer jüdischen Abstammung. Auch hier bot der Charakter der Kölner Universität als einer kommunal und privat finanzierten Anstalt einen geeigneten Hebel, die antijüdischen Ressentiments der Studenten zu mobilisieren. Besonders exponierte Ziele der aggressiven nationalsozialistischen Propaganda waren dabei Louis Hagen[334] und Alfred Leonhard Tietz[335], deren großzügige Spenden Wasser auf die verschwörungstheoretischen Mühlen der Nationalsozialisten waren: »Wir

---

[331] A. FAUST, Studentenbund, S. 59; Kölner Nachrichten: An der Kölner Universität wird weiter gehetzt!, in: Kölner Jüdisches Wochenblatt, 6. Dezember 1929, S. 5.

[332] Während in Frankfurt nach ähnlichen Vorkommnissen der NSDStB kurzerhand verboten wurde, konnte man sich an der Kölner Universität zu ähnlichen Schritten zunächst nicht entschließen.

[333] »Vivat academia!! Vivant professores!!« Flugblatt, 15. November 1929, UAK, 28, 372.

[334] In enger Kooperation mit Adenauer trug Hagen viel zur Neugründung der Universität bei, erhielt deswegen am 20. August 1920 den Ehrendoktortitel, war Kuratoriumsmitglied und unterstützte finanziell den Neubau der Universität. Vgl. GOLCZEWSKI, Jüdische Hochschullehrer, S. 380.

[335] Alfred Leonhard Tietz setzte mit seinem Mäzenatentum für die Universität und für Institute zur Fortbildung von kaufmännischem Personal das frühere, große Engagement der Familie im Kaiserreich fort. Siehe hierzu GOLCZEWSKI, Jüdische Hochschullehrer, S. 381.

haben immer wieder darauf hingewiesen, daß der wirkliche Machthaber in Köln nicht Adenauer, sondern Levi Hagen heißt, dessen unsichtbarer Einfluß auch auf das Kuratorium der Kölner Universität eine unheilvolle zersetzende Wirkung hat«.[336] Und als Tietz wegen seiner Verdienste von der Universität im Januar 1930 geehrt wurde, kommentierte der *Westdeutsche Beobachter*: »Daß der Herr Alfred Leonhard Tietz auch noch zum Ehrendoktor ernannt wurde, das paßt ganz in diese Republik und kennzeichnet den Geist unserer Hochschulen«.[337] Wie wirksam die nationalsozialistische Propaganda war, zeigte die skandalträchtige Universitätsgründungsfeier im Gürzenich am 10. Mai 1930. Als Rektor Planitz die letztjährigen Ehrendoktoren bekanntgab, spendeten die Studenten den nichtjüdischen Stiftern starken Beifall, reagierten aber auf den Namen Tietz mit großer Unruhe und Unmutsscharren. Jüdische Hochschüler brichteten dem *Kölner Jüdischen Wochenblatt*, daß diese antijüdische Demonstration vom NSDStB ausging und dann die Zustimmung anderer Studenten fand, insbesondere unter den stark alkoholisierten Waffenstudenten.[338]

Die Universitätsgründungsfeier war nicht der erste Vorfall, bei dem die nationalsozialistischen Studenten einen Skandal provozierten, um auf sich aufmerksam zu machen und den politischen Gegner zu desavouieren. Bereits im Februar war es zu einer tumultartigen Veranstaltung des NSDStB gekommen, bei der sich der Redner Gustav Simon, späterer Leiter des Gaus Koblenz/Trier, in wüsten, antisemitischen Tiraden gegen die »Novemberverbrecher« und »Jämmerlinge der neuen Republik« erging und die deutschen Professoren als Gesinnungsopportunisten beschimpfte.[339] Die anschließende »Aussprache« gipfelte in einem wilden Terror gegen jüdische und sozialistische Studenten, die die Rede kritisiert hatten. Sie wurden wie der Vorsitzende der Rheno-Guestphalia mundtot gemacht oder unter Handgreiflichkeiten aus dem Raum entfernt. Anschließend mußte jeder Diskussionsredner ausdrücklich versichern, daß er kein Jude sei.[340] Der Protest noch anwesender Kommilitonen wurde niedergeschrien, bis die Veranstaltung in einer Schlägerei zwischen den Studenten der gegnerischen Lager endete. Die Universitätsbehörden reagierten unnachgiebig auf diesen Vorfall und verboten den NSDStB am 7. Februar 1930 für ein Jahr.[341]

---

[336] Die fortschreitende Verjudung der Kölner Universität, in: Westdeutscher Beobachter, 27. Juli 1930.

[337] 50 Jahre Leonhard Tietz »Vom Lause-Cohn zum Goldbaron« – Tietz läßt sich 5 Millionen Steuern schenken, und »stiftet« davon den zwanzigsten Teil – Die Presse spricht dafür von »rühmenswerter Wohltätigkeit«, in: Westdeutscher Beobachter, 26. Januar 1930.

[338] Pöbelhafte Akademiker, in: Kölner Jüdisches Wochenblatt, 16. Mai 1930; und Rüpelszenen an der Universität. Dreigroschenantisemitismus der Satisfaktionsfähigen, in: Rheinische Zeitung, 13. Mai 1930; sowie Die studentischen Ungezogenheiten im Gürzenich. Mützen, Bänder und Schmisse in Köln, in: Ebenda, 18. Mai 1930.

[339] Zit. nach WORTMANN, Studentenbund, S. 109.

[340] Nationalsozialistische Studentengruppe in Köln verboten, in: CV-Zeitung, 21. Februar 1930.

[341] Mitteilung des Rektors an den geschäftsführenden Vorsitzenden des Kuratoriums, 18.

Im Reichsvergleich divergierten die Reaktionen der Hochschulbehörden auf die nationalsozialistische Agitation an den Universitäten stark. Während die Professoren an kleineren Universitäten wie Erlangen den nationalsozialistischen Vorstößen bisweilen mit unverhohlener Sympathie begegneten, stießen sie an den größeren Hochschulen wie Hamburg, München und Frankfurt auf administrative Restriktionen.[342] Auch die Kölner Hochschulbehörde steht in dem Ruf, gegen den radikalen Antisemitismus der Nationalsozialisten entschlossen vorgegangen zu sein.[343]

Jedoch verfolgte die Universitätsleitung zunächst einen sehr milden Kurs gegenüber den nationalsozialistischen Studenten. So sah Rektor Zinsser im November 1929 von einer Strafverfolgung jener Hochschüler ab, die die radikalantisemitischen Flugblätter vor der Universität verteilt hatten. Auch das uniformierte Auftreten des NSDStB auf der Reichsgründungsfeier im Januar 1930 zog nach einer Aussprache mit dem Rektor keine Konsequenzen nach sich. Nur einen Monat später wurde dem NSDStB sogar erlaubt, eine öffentliche Veranstaltung in der Hochschule abzuhalten, was bei Baldur von Schirach durchaus Anerkannung fand:[344] »Die Tatsache, daß in Köln der Rektor der Universität dem NSDStB einen Hörsaal zur Verfügung stellte, beweist, daß dort Möglichkeiten bestanden, die an nur ganz wenigen anderen Hochschulen zu finden sind«.[345] Besorgte Nachfragen des Aachener Hochschulleiters und des Berliner Kultusministeriums über die Aktivitäten der Gruppe und die Reaktionen der Hochschulbehörden wiegelten die Kölner Rektoren ab, indem sie die Bedeutungslosigkeit und leichte Lenkbarkeit des NSDStB in Köln betonten.[346] Man mag darüber spekulieren, ob diese Einschätzung einer Mischung aus politischer Naivität und akademischer Selbstüberschätzung entsprang oder als vorgeschobene Schutzbehauptung gegenüber Berlin diente, um das Kultusministerium auf Distanz zu halten. Eine antisemitische Gesinnungskumpanei beeinflußte die Haltung der Universitätsbehörden jedenfalls nicht, zögerten die Universitätsbehörden doch im Falle gewaltsamer Übergriffe nicht, restriktiv einzuschreiten: Dabei reichte die Bandbreite der administrativen Maßnahmen von der vorsorglichen Alarmierung der Polizei am 15. November 1929 für den Fall, daß es während oder nach der Flugblattaktion zu Ausschreitun-

---

Februar 1930, UAK, 9, 28. Die NSDAP Köln stellte am 13. Februar 1930 einen Antrag an die Stadtverordneten-Versammlung, daß die Verbotsverfügung gegen den NSDStB mißbilligt werden sollte. UAK, 9, 18. Der Oberbürgermeister forderte daraufhin eine genaue Schilderung der Vorfälle, die ihm der Rektor am 22. Februar 1930 zukommen ließ. Ebenda.

[342] GRÜTTNER, Studenten, S. 44.
[343] NIEWYK, Jews in Weimar Germany, S. 63.
[344] Handschriftlicher Vermerk auf dem Flugblatt »Vivat academia«.
[345] Schirach an Bohlmann, 27. Februar 1930, RSF/II A7, zit. nach WORTMANN, Studentenbund, S. 109.
[346] Habe doch die Gruppe auf Vorhaltungen stets klein beigegeben und sowohl antijüdische Anschläge entfernt als auch versprochen, auf akademischen Feiern nicht mehr in Uniform zu erscheinen. Kroll an Geheimrat Eckert, 9. März 1931, UAK, 28, 373.

gen an der Universität käme, über disziplinar- und strafrechtliche Sanktionen gegen die Studenten, die gegen die Verleihung der Ehrendoktorwürde protestiert hatten, bis hin zum einjährigen Verbot der NS-Hochschulgruppe nach der tumultartigen Veranstaltung des NSDStB im Februar 1930.[347]

Wie wirksam die Werbeaktivitäten des nationalsozialistischen Studentenbunds in Köln trotz dieser Gegenmaßnahmen bereits 1930 unter den Studenten waren, ist schwer einzuschätzen, fehlen doch hier die Wahlergebnisse, die für die Studentenschaften an den übrigen Universitäten nicht zuletzt aufgrund der hohen Wahlbeteiligung einen wichtigen Indikator bilden. Gleichwohl kann von einer relativ großen Akzeptanz des NSDStB bei der Waffenstudentenschaft ausgegangen werden, wie das gemeinsame Chargieren bei der Universitätsgründungsfeier und die antisemitische Provokation gegen die Verleihung der Ehrendoktorwürde an Tietz nahelegen.[348] Die überwiegende Zahl der übrigen Studenten stand den Nationalsozialisten jedoch wegen ihrer neuen Agitations- und Aktionsformen skeptisch gegenüber. So berichteten die aufmerksamsten Beobachter von Antisemitismus und Nationalsozialismus, das *Kölner Jüdische Wochenblatt* und die *Rheinische Zeitung*, daß noch immer der »anständige Teil der Studentenschaft« überwiege, der »von diesen üblen Hetzern« nichts wissen wolle, und daß die antijüdischen Aktionen bei großen Teilen der Studenten auf ausgesprochene Ablehnung stoße: »In Köln sind die studentischen Flegeleien noch selten«.[349] Auch im Universitätsbetrieb sei von einer antisemitischen Atmosphäre nichts zu spüren. Trotzdem waren die jüdischen Studenten und der CV auf der Hut. Sie riefen dazu auf, sich aktiv am Kampf gegen den Antisemitismus zu beteiligen, um der nationalsozialistischen Verhetzung vorzubeugen.[350]

---

[347] Und auch der studentische Protest gegen die Verleihung der Ehrendoktorwürde an Tietz im Mai 1930 zog einige Konsequenzen nach sich, obwohl Tietz den Rektor gebeten hatte, hiervon Abstand zu nehmen. Der Senat verlangte jedoch eine Entschuldigung der Verantwortlichen beim Rektor und gab eine Erklärung in der Kölner Universitäts-Zeitung ab, die den Mangel an Mut derjenigen Studenten und Korporationen hervorhob, die sich nicht als Schuldige bekannten. Außerdem wurden für das Sommersemester 1930 die Korporationen nicht zu den Universitätsfeiern eingeladen und vier als Störer festgestellte Studenten (ein Angehöriger der Burschenschaft Baldur und drei Mitglieder der Sängerschaft Cimbria) mit der Disziplinarstrafe der »Androhung der Entfernung von der Universität« belegt.

[348] Einmal mehr veranschaulichen die studentischen Symbolpraktiken auf den Universitätsfeiern die Rechtsentwicklung der Studentenschaft und die Isolation der jüdischen Studentenverbindung. Während die Rheno-Guestphalia im Juli 1929 als einzige Korporation an der Verfassungsfeier der Universität teilnahm, traten auf der Reichsgründungsfeier die waffenstudentischen und nationalsozialistischen Korporationen gemeinsam auf. Verfassungsfeier der Universität Köln. Ein starkes Bekenntnis zum Staat von Weimar, in: Kölnische Volkszeitung, 30. Juli 1929, UAK, 9, 18.

[349] Ein Kölner Student schreibt uns: Unsere Universität und ihr Lebensstil, in: Rheinische Zeitung, 15. Juli 1930; und Pöbelhafte Akademiker, in: Kölner Jüdisches Wochenblatt, 16. Mai 1930.

[350] Nationalsozialistische Hetzer an der Kölner Universität, in: Kölner Jüdisches Wochenblatt, 22. November 1929; sowie An die jüdischen Akademiker! Ein Aufruf von Rechtsan-

Das harte Eingreifen gegenüber der Hochschulgruppe, die das Verbot dadurch zu umgehen suchte, daß sie offiziell als Sektion Universität der Kölner NSDAP firmierte, zeigte zunächst eine deutliche Wirkung. Die Universität schränkte die Hochschulgruppe nämlich auch nach dem Verbot noch dadurch ein, daß sie sorgfältig prüfte, ob die Gruppe Versammlungen abhielt und diese gegebenenfalls unterband.[351] Daraufhin konzentrierte sich der NSDStB auf eine »sehr rege Wurfzettelpropaganda«, gegen die die Universitätsbehörden nicht einschritten.[352] Mangelnde Handlungsspielräume und interne Querelen mit der Ortsgruppenführung, in deren Abhängigkeit der NSDStB nunmehr stand, lähmten die Arbeit der Kölner Ortsgruppe weiter. Sie versank noch einmal in der hochschulpolitischen Bedeutungslosigkeit. Doch als im Wintersemester 1930/31 die NS-Studentengruppen die Universitäten mit einer Serie schwerer Krawalle und Ausschreitungen überzogen und erdrutschartige Wahlerfolge erzielten, ging auch die Kölner Gruppe trotz ihres Verbots wieder in die Offensive. Am 25. Februar 1931 hielt sie eine »nationale Kundgebung« mit 600 Demonstranten am Kriegerdenkmal vor der Universität ab, in deren Folge es zu Zusammenstößen mit der Polizei und zu Verhaftungen einiger Waffen- und Freistudenten kam.[353] Die »Deutschland erwache«- und »Juda verecke«-Rufe der in die Universität strömenden Studenten wurden in der lokalen Presse als »die üblichen nationalistischen und antisemitischen Flegeleien« abgetan.[354]

Noch gewalttätiger gebärdeten sich die Studenten bei einer Anti-Versailles-Kundgebung am 2. Juli 1931, die von schweren Ausschreitungen und zahlreichen Festnahmen begleitet war. Erstmalig kam es auch zu blutigen Mißhandlungen jüdischer Studenten in und außerhalb der Universität. Dabei wurden sowohl Mitglieder der Rheno-Guestphalia angegriffen, die vor der Universität ihren Stehconvent abhielt, als auch einzelne jüdische Studenten, die die Kundgebung zufällig passierten.[355] Diesmal griffen die Hochschulbehörden besonders rigoros durch. Sie riefen die politische Polizei und Schutzpolizei zur Ein-

---

walt Dr. Rudolf Callmann, Köln, Vorsitzender des Landesverbandes Rheinland (linksrheinisch) des CV, in: CV-Zeitung, 17. Januar 1930.

[351] WORTMANN, Studentenbund, S. 111.

[352] Pöbelhafte Akademiker, in: Kölner Jüdisches Wochenblatt, 16. Mai 1930.

[353] Bericht des Rektors an Kurator Eckert, 9. März 1931, HStAK, 902, 151/1 Bl. 957–963; siehe außerdem: Gummiknüppel in der Kölner Universität, in: Westdeutscher Beobachter, 26. Februar 1931.

[354] Nazi-Studenten und SA-Leute in Gemeinschaft: Kölner Universität unter Hakenkreuz-Terror, in: Rheinische Zeitung, 26. Februar 1931. Siehe außerdem den Bericht des Rektors an Kurator Eckert, 9. März 1931, HStAK, 902, 151/1 Bl. 957–963 und UAK, 9, 28.

[355] Da HEIMBÜCHEL, Universität, S. 378–380, den Hergang der Kundgebung detailliert schildert, verzichte ich auf eine genauere Beschreibung der Ereignisse. Siehe zu den Mißhandlungen an den jüdischen Studenten, den Art. Versailles, Studenten, Rektor, in: Kölner Jüdisches Wochenblatt, 2. Juli 1931; und Neue Krawalle an der Universität, in: Rheinische Zeitung, 3. Juli 1931; sowie den Bericht des Rektors an den Minister für Wissenschaft, Kunst und Volksbildung, 20. Juli 1931, UAK, 9, 28.

dämmung der Gewalt, leiteten gegen die Verhafteten Disziplinarverfahren ein und organisierten einen universitären Sicherheitsdienst, der durch städtische Beamte verstärkt wurde und die Studenten für eine Woche streng kontrollierte.[356] In einem Aushang, der am 6. Juli an allen Hörsälen, Instituten und Seminaren angebracht wurde, bekundeten Rektor und Senat tiefste Abscheu gegenüber den unflätigen Beschimpfungen und rohen Mißhandlungen akademischer Bürger und erklärten, daß sie »alles daran setzen, um Ehre und Freiheit eines jeden Kommilitonen auf akademischem Boden zu schützen«.[357] Auch von studentischer Seite wurden die Tumulte am 3. Juli scharf abgelehnt. In dieser Haltung wurden sogar die Grabenkämpfe zwischen den verschiedenen Organisationen überwunden. Gemeinsam verurteilten der Waffenring und die jüdische Verbindung Rheno-Guestphalia, die katholischen Studentenorganisationen und der protestantische Wingolf, die Gruppen der Jugendbewegung, die Freistudentenschaft und die sozialistische Studentenvereinigung noch am Abend des 3. Juli die Ausschreitungen.[358] Der Ring der katholischen Korporationen sprach dem Rektor der Universität sein volles Vertrauen aus und erklärte, daß er die Maßnahmen der Universitätsbehörden bei derartigen Vorfällen nach wie vor aufs tatkräftigste unterstützen werde.[359] Auch die nachdrücklichen Ermahnungen eines engagierten Professors, der in seinen Vorlesungen zu bedenken gab, wie wenig es dem Geist des Studententums und der Universität entspreche, ihre Räume für gewalttätige Propaganda politischer Meinungen zu mißbrauchen, stieß bei der großen Mehrzahl der Hochschüler auf Zustimmung:

> »[...] begann zunächst eine grössere Anzahl von Personen beifällig zu trampeln, darauf sollen, wie mir später von einigen Anwesenden mitgeteilt worden ist, einige Wenige mißfällig gescharrt haben [...], dann setzte aber sofort ein von Seiten der überwältigsten Mehrheit getragenes und längere Zeit andauerndes Beifallstrampeln ein«.[360]

Es scheint also, als sei das Urteil des Rektors berechtigt, wonach die Gewalt von außen an die Kölner Hochschule getragen worden sei und die überwältigende Mehrheit der Studenten den »Unfug radikaler Elemente« ablehne.[361] Trotzdem stimmt die in beschwörendem Ton verfaßte Presseerklärung der Universitätsleitung skeptisch, daß »der Gott sei Dank recht beträchtliche Teil der besonnenen Elemente unter den Studenten durchaus hinter dem Rektor steht«.[362] Für die Kölner Waffenstudentenschaft trifft seine Einschätzung nicht zu, denn in den Verbindungskreisen hatten die Nationalsozialisten bereits zahlreiche An-

---

[356] Mitteilungen des Rektors, 11. Juli 1931, UAK, 28, 361, Bl. 36 und 69.
[357] Aushang vom 6. Juli 1931, ebenda, Bl. 49.
[358] Aufruf der studentischen Organisationen, ebenda, Bl. 20.
[359] Ring der Katholischen Korporationen an den Rektor, 8. Juli 1931, ebenda, Bl. 33.
[360] Paul Honigsheim an den Rektor, 13. Juli 1931, ebenda, Bl. 88.
[361] Antwort Krolls an Honigsheim, 14. Juli 1931, ebenda, Bl. 89.
[362] Pressemitteilung, 3. Juli 1931, ebenda, Bl. 42.

hänger: Schon im Februar 1931 verwies der damalige Rektor Kroll darauf, daß in den Korporationen »viele nationalsozialistische Elemente« seien. Insbesondere die Wehrschaften seien ganz nationalsozialistisch.[363] Das größte und willigste Reservoir für die Nationalsozialisten bildeten aber die Burschenschaften, die, wie es in einem Protestschreiben eines Altburschenschaftlers an den Rektor hieß, die Zeit ersehnten, »wo wieder deutsche Banner auf Deutschlands Hochschulen lehren«.[364] Die Waffenverbände hatten trotz ihrer Verurteilung der Ereignisse vom 3. Juli nicht nur die Anti-Versailles-Kundgebung des NSDStB unterstützt, sondern hielten bereits wenige Tage später eine zweite Veranstaltung gegen die »Kriegsschuldlüge« ab, in der sich der nationalsozialistische Redner Dr. Gisevius unter Beifall der Versammlung wiederum in schweren Beleidigungen gegen den Rektor erging.[365] Auf die Drohung des Senats, die veranstaltenden Korporationen mit einem Couleurverbot zu bestrafen, sollten sich diese nicht binnen einer Woche entschuldigen, reagierten Stahlhelm, Waffenring und Deutschnationale Studentengruppe nur widerwillig mit gewundenen Entschuldigungsschreiben, die aber vom Senat als befriedigend anerkannt wurden.[366]

Doch die Wirkung der NS-Propaganda beschränkte sich keineswegs auf die engeren Kreise der Waffenstudentenschaft. Ihren maßgeblichen Erfolg bei den Studenten gestand der Rektor, der noch im Februar 1931 selbstbewußt erklärt hatte, daß die Nationalsozialisten in Köln keine Wirkung erzielen könnten, in internen Äußerungen vier Monate später freimütig ein. So urteilte er in einem Bericht an den Senat über die Unruhen und die Wirkung auf die Studentenschaft, daß diese »im allgemeinen durch den Pressefeldzug des Westdeutschen Beobachters verhetzt« sei.[367] Er sprach seine tiefe persönliche Erschütterung über die Propagandaerfolge der Nationalisten auch offen gegenüber den Studenten aus:

> »Es ist in diesen Tagen der Erregung sehr deprimierend gewesen zu sehen, was eine zielbewußte, keine Mittel scheuende Hetze in den Köpfen von Studenten anzurichten vermag. Daß Akademiker nicht nur in den einfachsten politischen Fragen, sondern auch in Fragen allgemein menschlichen Urteils so kritiklos sein können und sich als jeglicher Fanatisierung zugänglich erweisen, ist für unsern ganzen Stand äußerst schmerzlich«.[368]

[363] Kroll an Geheimrat Eckert, 9. März 1931, UAK, 28, 372.

[364] Protestschreiben Alarich B. an den Rektor gegen das vermeintliche Verbot der Anti-Versailles-Kundgebung, 2. Juli 1931, UAK, 28, 361, Bl. 22.

[365] Auszug aus dem Beschlußbuch des Senats der Universität Köln, Sitzung vom 13. Juli 1931 zur Kundgebung der Studentenschaft auf Einladung des Kölner Waffenrings am 9. Juli 1931, ebenda, Bl. 90.

[366] Stellungnahmen des Waffenrings, des Stahlhelm und der Deutschnationalen Studentengruppe ebenda, Bl. 94, 95 und 110; sowie Auszug aus dem Beschlußbuch, Bl. 90.

[367] Ebenda.

[368] Der Rektor an den Ring der katholischen Korporationen, 10. Juli 1931, ebenda, Bl. 34. Vor diesem Hintergrund scheint die Einschätzung Heimbüchels, daß die große Mehrheit der

Ein weiteres Indiz für die Rechtsradikalisierung der Studentenschaft bildet die *Kölner Universitäts-Zeitung,* die sich in dieser Situation völkischen Tendenzen öffnete und antisemitisch-nationalistischen Positionen ein weithin akzeptiertes Forum bot.[369] Die Redaktion, die sich stets als ausgleichende Instanz der verschiedenen studentischen Gruppen begriffen hatte, rechtfertigte ihr Vorgehen mit dem Hinweis, daß sich die Meinung zwar nicht »restlos« [im Text unterstrichen, N. W.] mit der Anschauung der Schriftleitung decke, »aber eine sittlich wertvolle jugendliche Grundhaltung bezeugte, die auch in der Gesamtheit der Studierenden stärksten Widerhall findet«.[370]

Trotz dieser Entwicklung ermöglichten es die Kölner Universitätsbehörden dem NSDStB nur wenige Monate später, seinen politischen Agitations- und Aktionsradius auszudehnen, indem sie ihre restriktive Linie aufgaben und die nationalsozialistische Studentenorganisation am 16. Dezember 1931 wieder zuließen. Der scheidende Rektor Kroll und sein sozialdemokratischer Nachfolger Kuske begründeten diesen Schritt mit den besseren Kontroll- und Sanktionsmöglichkeiten einer formal anerkannten Gruppe, die inoffiziell ohnehin ihr Treiben fortsetze und nunmehr versichere, daß sie die akademische Ruhe halten wolle.[371] Stärker noch als Kroll sah sich Kuske dabei als ein großer Mediator studentischer Streitparteien. Er traf sich mit Korporationen und hochschulpolitischen Gruppen, lobte das gute Einvernehmen mit den studentischen Organisationen und versuchte, staatsbürgerlich erziehend auf sie einzuwirken.[372] Kuske war davon überzeugt, daß er auf die divergierenden Gruppen positiv Einfluß nehmen könne, solange er mit ihnen im Gespräch stehe: »Nach

---

Studenten noch im Juli 1931 die demokratischen Bestrebungen der Universität unterstützt habe, zumindest fraglich. Seiner Meinung, daß die antidemokratischen und radikalen Elemente von außen kamen und universitätsfremd waren, muß jedenfalls entschieden widersprochen werden. Hier scheint der Autor zu stark der beschwichtigenden Argumentationslinie des Rektors gegenüber der Öffentlichkeit gefolgt zu sein. HEIMBÜCHEL, Universität, S. 381.

[369] So in den Artikeln »Deutsche Volkheit« von Dr. Rudolf Neumann, in: Kölner Universitäts-Zeitung, 14. Juli 1930; »Das bündische Aufgebot« von Kleo Pleyer, in: Kölner Universitäts-Zeitung, 19. Mai 1931; und »Volk im Raum« von Martin Spahn, in: Kölner Universitäts-Zeitung, 5. Dezember 1931.

[370] Schreiben der Schriftleitung der Kölner Universitäts-Zeitung an Dr. Reinhold Heinen, 26. Mai 1931, UAK, 9, 28. Zwar kündigten die Universitätsbehörden auf den Protest des sozialdemokratischen Stadtverordneten und Chefredakteur der Rheinischen Zeitung Georg Beyer an, daß sie das Blatt zukünftig stärker kontrollieren wollten, hielten diese Ankündigung jedoch nicht durch. Schreiben Beyers an Eckert, 8. Juni 1931; und Antwort Krolls an Beyer, 10. Juni 1931, ebenda.

[371] Siehe zur ausführlichen Darstellung der Argumentation Kuskes und Krolls WORTMANN, Studentenbund, S. 381 f.

[372] Dieses Ziel der staatsbürgerlichen Erziehung gehörte, wie oben erwähnt, zu den Grundprinzipien der neuen Universität. Vgl. hierzu HEIMBÜCHEL, Universität, S. 350 f., 585. Diesem Ziel waren zahlreiche Reden der Hochschuldirektoren verpflichtet, von denen hier beispielhaft nur die Rede des Rektors Planitz »Der Student als Staatsbürger« im November 1929, UAK, 9, 18, angeführt sei.

der studentischen Seite hin ist es zweckmäßig, daß für deren verschiedene Richtungen mit Einschluß auch der äußersten Flügel amtlich genehmigte Vereinigungen bestehen, da es hierdurch dem Rektor möglich ist, mit diesen zu verhandeln sowie Unstimmigkeiten aufzuklären und in Ruhe auszuräumen«.[373] Daß er aber durch die Anerkennung den Nationalsozialisten und ihrem neuerlichen Propagandatreiben neuen Raum schuf, fand in seinen Überlegungen keinen Platz. Und doch ermöglichte erst die Wiederanerkennung dem Kölner NSDStB, die erstmalig seit der Auflösung der Studentenschaft im Februar 1932 wieder abgehaltenen Studentenschaftswahlen in seinem Sinne umzugestalten, einen großangelegten Propagandawahlkampf zu entfachen und im ersten Anlauf 50 % der abgegebenen Stimmen auf sich zu vereinen. Dieses Ergebnis ist jedoch nicht nur als Ausdruck der Rechtsradikalisierung der Studentenschaft zu werten, sondern auch als Zeichen ihrer tiefen Zerstrittenheit. Dabei war die Wahlinitiative zunächst von einem breiten Spektrum studentischer Organisationen getragen worden. Auch die liberalen Studentengruppen der DVP und DDP, die Freistudentenschaft und die Rheno-Guestphalia unterstützten den Aufruf zur Bildung einer neuen Studentenschaft, der von dem ca. 2 000 Studenten zählenden Kölner Korporationsring ausging und als Schritt zur Überwindung der tiefen Spaltung zwischen Waffenring und katholischen Korporationen, zwischen Verbindungen und Freistudenten intendiert war, die die Auflösung der Studentenschaft nach sich gezogen hatte.[374] Der Vorstoß zur neuerlichen Bildung einer Studentenschaft zielte vor allem auf die Stärkung der studentischen Selbsthilfe auf wirtschaftlichem und sozialem Gebiet und knüpfte hierin an die alten Ideale des Kölner AStA an.[375] Auch der Rektor stand den Plänen zur Bildung einer neuen Studentenschaft zunächst wohlwollend gegenüber, war er doch der Ansicht, daß es in einer »Großstadtuniversität mit Studierenden, die zu drei Viertel aus wenig bemittelten Kreisen stammen, ein Vorteil sein könne, wenn ihr eine umfassendere Studentenvertretung zur Verfügung steht«.[376] Überdies sah er in dieser studentischen Organisationsform – seinem Selbstverständnis als Schlichter studentischer Streitigkeiten entsprechend – »ein sehr wertvolles Mittel zur Förderung des Zusammenschlusses aller Kräfte, zur Entwicklung gegenseitiger Aufklärung und Vermeidung von Missverständnissen«.[377] Er stellte allerdings die Bedingung, daß es

---

[373] Bericht des Rektors an den Minister für Wissenschaft, Kunst und Volksbildung Berlin durch den Oberpräsidenten der Rheinprovinz, 8. Februar 1932, UAK, 28, 309, Bl. 122. Kuske führte die Aussprachen mit den studentischen Gruppen im Dezember 1931 ein und wiederholte sie im Februar, Juni und Juli 1932.

[374] Schreiben des Deutsch-Akademischen Rings zu Köln an den Rektor, 12. Januar 1929, UAK, 9, 18, Bl. 3–6; sowie Schreiben der Vereinigung Deutscher Demokratischer Studenten an der Universität Köln an den Rektor, 25. Juni 1930, ebenda, Bl. 58.

[375] Brief der Freistudentenschaft an der Universität an den Rektor, 27. Januar 1932, ebenda, Bl. 45.

[376] Bericht des Rektors an den Minister, 8. Februar 1932, ebenda, Bl. 118.

[377] Pressemitteilung des Rektors, 27. Januar 1932, UAK, 28, 309, Bl. 59; siehe auch das

sich um eine freie Studentenvertretung für örtliche Zwecke handele, die den ministeriellen Anforderungen entspreche.

Nun entfachte der Kölner NS-Studentenbund aber eine rege Agitation zur Durchsetzung der eigenen Ziele für die Studentenwahl und politisierte die Wahlziele, indem er den Anschluß der Kölner Studentenschaft an die seit 1931 nationalsozialistisch beherrschte »Deutsche Studentenschaft« in den Mittelpunkt stellte.[378] Es gelang dem NSDStB auf der entscheidenden studentischen Versammlung vom 16. Januar, die Mehrheit der anwesenden studentischen Gruppen auf seine Seite zu ziehen und zu erklären, daß es »ohne Deutsche Studentenschaft keinen Kölner AStA« gebe.[379] Dies war weder mit den ministeriellen und universitätsbehördlichen Bedingungen zur Genehmigung einer Kölner Studentenschaft vereinbar, noch entsprach es den ursprünglichen Zielsetzungen der Wahlinitiative, so daß sich die Freistudentenschaft und der Ring der katholischen Korporationen von dem Vorhaben zurückzogen und zum Wahlboykott aufriefen.[380] Auch der Rektor entzog seine Unterstützung, sicherte jedoch zu, daß er »private Wahlen« außerhalb der Universität nicht stören würde.[381] Mit diesem Entgegenkommen ermöglichte er es dem NSDStB, nun auch in Köln den lang verwehrten Propagandawahlkampf zu führen:

> »Es entstand ein lebhafter Kampf ausserhalb des Universitätsgebäudes mit Flugblättern, teilweise auch in der Presse, hier besonders in dem nationalsozialistischen ›Westdeutschen Beobachter‹ [...] und der ›Westdeutschen Akademischen Rundschau‹ [...]. Von auswärts berufene nationalsozialistische Parteiführer hielten in der Stadt Studentenversammlungen ab«.[382]

Das Ergebnis der Wahlen, die am 3. und 4. Februar 1932 in verschiedenen Gaststätten der Stadt durchgeführt wurden, fiel entsprechend aus: Der NSDStB konnte auf Anhieb die Hälfte der Stimmen und acht Mandate errin-

---

Schreiben an den Vorsitzenden des Korporationsrings, 4. Januar 1931, ebenda, Bl. 6.

[378] Der Vorsitzende des Waffenrings hatte bereits auf einer Tagung der DSt seine Unterstützung für den NS-Kurs zugesagt, die übrigen Korporationen wurden von Emissären der DSt aus Berlin auf Linie gebracht. Vor allem wurde der Zug zur Angliederung an die DSt von den nationalsozialistischen Studenten, hinter denen der NS-Studentenbund und die NSDAP standen, maßgeblich betrieben, berichtete der Rektor dem Kultusminister am 8. Februar 1932, UAK, 28, 309, Bl. 119.

[379] An dieser Versammlung nahmen laut Mitteilung der Freistudentenschaft an den Rektor sie selber und außerdem der Waffenring, der Ring der katholischen Korporationen, der interkonfessionelle Ring, der NS-Studentenbund, der Stahlhelm und die Hochschulgruppe der DVP teil. Schreiben an den Rektor, 27. Januar 1932, ebenda, Bl. 45.

[380] In einem Boykottauf des C. V., des KV, der katholischen Damenkorporationen und des UV distanzierte man sich von den Bemühungen, eine der DSt angeschlossene Studentenvertretung an der Kölner Universität zu gründen. Dieser Vorstoß werde von außen aus politischen Gründen an die Universität getragen, entbehre von vornherein der gesetzlichen Anerkennung und zerstöre den Plan einer Gesamtvertretung, die allein die Möglichkeit zu sachlicher und fruchtbarer Arbeit gewährleiste. UAK, 28, 309, Bl. 91.

[381] Bericht des Rektors an den Minister, 8. Februar 1932, ebenda, Bl. 121.

[382] Ebenda.

gen, die andere Hälfte entfiel auf den »Nationalen Block«, der aus Waffenring, Wingolf, Stahlhelm, der Katholischen deutschen Burschenschaft Saxonia, dem Ring interkonfessioneller nichtschlagender Korporationen, den Hochschulgruppen der DNVP und DVP sowie aus den Nationalen Freistudentinnen und -studenten bestand.[383] Obwohl dieses Ergebnis eine enorme Bestätigung des NSDStB darstellte, ist der Wahlausgang bei einer Wahlbeteiligung von nur 22,7 % keineswegs als repräsentativ für die gesamte Studentenschaft anzusehen. Immerhin entzogen sich knapp 80 % der Studenten der nationalsozialistischen Mobilisierung, wobei wohl das Wissen um die faktische Bedeutungslosigkeit der Wahlen, der Mehraufwand aufgrund der Auslagerung der Wahlen und die Ablehnung der Wahlen durch die katholische, die sozialistische und die Freistudentenschaft für die niedrige Wahlbeteiligung ausschlaggebend waren. Der eigentliche Erfolg des NSDStB lag also weniger in der Höhe der Stimmenzahl als in dem politischen Akt der Umdeutung der Wahlen. Er hatte nicht nur die zarten Ansätze einer Renaissance parteiübergreifender Sacharbeit sabotiert, sondern auch die Studentenschaft gespalten, die nationalistischen Gruppen – darunter auch die katholischen Burschenschaften – auf seine Seite gezogen und die Wahlen zum nationalsozialistischen Agitationsmittel instrumentalisiert.

Weniger plakativ, doch um so effektiver gestaltete sich der zweite große Erfolg des NSDStB im Sommer 1932, als die von der Medizinischen Fakultät angestrebte Wahl Gustav Aschaffenburgs zum Rektor aufgrund eines einzigen anonymen Briefs verhindert wurde.[384] Dieser Brief, aus der Perspektive unpolitischer Studenten verfaßt, die sich vorgeblich nur um den ruhigen Verlauf ihres Studiums sorgten, skizzierte die Pläne der »Nazi-Studenten und ihrer Leute« für den Fall der Ernennung Aschaffenburgs zum Rektor. Angekündigt war demnach, Unruhe an der Universität anzuzetteln bis hin zu ihrer Schließung und auch die Wohnung des Professors regelrecht zu belagern.[385] Vor dem Hintergrund der nationalsozialistischen Provokationen und Störaktionen an anderen Universitäten dürfte diese indirekte Drohung durchaus über einiges Gewicht verfügt haben. Als mit Ernst Cassirer 1929 ein jüdischer Rektor in Hamburg gewählt wurde, machten die nationalsozialistischen Studenten be-

---

[383] WORTMANN, Studentenbund, S. 115 f.

[384] Gustav Aschaffenburg (1866–1944) war von 1904 bis 1934 Ordinarius für Psychiatrie sowie Direktor der psychiatrischen und Nervenklinik der Universität, ordentlicher Professor seit 1906 und Mitdirektor des Kriminalistischen Seminars seit 1928. Aschaffenburg war vom Judentum zum Protestantismus übergetreten und Träger des EK II. GOLCZEWSKI, Kölner Hochschullehrer, S. 364. Golczewski schildert auch detailliert die Verhinderung der Wahl zum Rektor. Ebenda, S. 384 f.

[385] Schreiben der Studierenden der Universität Köln an den Dekan der Medizinischen Fakultät, 2. Februar 1932, UAK, 67, 986. Es ist nicht rekonstruierbar, ob es sich um eine kaschierte Aktion des NSDStB selber handelte oder ob die »unpolitischen« Studenten die Drohungen des NSDStB nur kolportierten und sich so zu dessen Sprachrohr mißbrauchen ließen; das ist aber auch für den weiteren Verlauf des Geschehens ganz unerheblich.

reits durch zahlreiche Provokationen auf sich aufmerksam.[386] Die Skandalinszenierungen gegen demokratische und vor allem jüdische Dozenten erreichten 1932 dann eine neue Stufe, mittels derer man die Ressentiments der Studenten mobilisierte und den akademischen Betrieb in ein Chaos verwandelte. Ob in Heidelberg, München, Jena, Leipzig oder Berlin, Breslau und Greifswald, überall griff man zu den gleichen Methoden. Die angegriffenen Opfer wurden in nationalsozialistischen Zeitschriften und Flugblättern als Feinde der Nation denunziert, ihre Vorlesungen durch Lieder, Reden und Scharren gestört, die Absetzung der Professoren von den Behörden gefordert und andernfalls der gesamte Universitätsbetrieb durch gewalttätige Provokationen lahmgelegt.[387] Die Reaktionen der Hochschulbehörden auf diesen wilden Aktivismus reichten von der Schließung der Universitäten (wie in München und Berlin) und der entschlossenen Ahndung der Übergriffe über eine milde Bestrafung der Aktivisten bis hin zum komplizenhaften Einlenken und der Distanzierung von den angegriffenen Dozenten.[388] Es ist vor diesem Hintergrund durchaus verständlich, daß Aschaffenburg die negativen Konsequenzen, die aus einem Festhalten an der Kandidatur erwachsen könnten, fürchtete und seine Bewerbung nur einen Tag, nachdem ihn der anonyme Brief erreicht hatte, zurückzog.[389] Doch daß Rektor und Fakultät ebenfalls umstandslos von ihren Wahlplänen abließen und Aschaffenburg weder zur Aufrechterhaltung der Kandidatur ermunterten noch ihm Unterstützung zusagten, falls er seine Meinung noch ändern sollte, zeigt, wie wenig die Kölner Universitätsbehörden 1932 auch nur einem angedeuteten radikalen Antisemitismus entgegensetzten.[390] In diesem Sinne ist die Verhinderung der Wahl Aschaffenburgs in Köln zwar weniger spektakulär als die Skandalfälle an den übrigen Universitäten, aber nicht weniger bedenklich. Hinzu kam, daß die Universitätsbehörden auch gegen die Verschärfung der Gewalt gegen jüdische Studenten nicht länger energisch durchgriffen. So berichtet Heinz Kühn, Vorsitzender des Sozialistischen Studentenbunds, daß die Polizei nicht mehr gerufen wurde, obwohl sich die nationalsozialistischen Übergriffe an der Kölner Universität 1932 häuften:

> »Die Hitlerstudenten in ihren braunen Hemden pöbeln und brüllen, versuchen psychischen Terror und physische Brutalitäten. [...] Hier in der Universität können wir nicht mit der Hilfe der preußischen Polizei rechnen, die zuverlässig und einsatzfreudig ist, aber durch die blödsinnige, geistes-elitäre Arroganz des

---

[386] Geoffrey J. GILES, Students and National Socialism in Germany, Princeton/London 1985, S. 51 f.

[387] Vgl. zu den Vorfällen an den einzelnen Hochschulen genauer A. FAUST, Studentenbund, Bd. 2, S. 10 f.; und LEISEN, Ausbreitung, S. 160–167.

[388] Ebenda.

[389] Brief Aschaffenburgs an den Rektor, 3. Juli 1932, UAK, 27, 19.

[390] GOLCZEWSKI, Jüdische Hochschullehrer, S. 384.

universitären Sonderrechts daran gehindert ist, den Bereich des ›akademischen Staates‹ im Staat zu betreten«.[391]

Seinen größten Triumph dürfte der Kölner NSDStB aber gefeiert haben, als der neue Rektor Ebers, der an die Stelle von Aschaffenburg getreten war, noch vor der Machtübernahme der Nationalsozialisten einen zentralen Programmpunkt des NSDStB umsetzte und am 2. Januar 1933 einen informellen »NC« für jüdische Zahnmedizinstudenten aus den USA verkündete:

»Zu der Frage des um der Ruhe an den Hochschulen willen durchaus unerwünschten Andrangs jüdischer Medizinstudenten aus Nordamerika habe ich [...] den Herren Direktoren der betreffenden Institute in einem Schreiben nahegelegt, bereits immatrikulierten Amerikanern nur dann einen Arbeitsplatz anzuweisen, wenn alle deutschen Kommilitonen einen solchen erhalten haben, und künftig Gesuche um Zulassungen mit der Begründung des Platzmangels abzulehnen. [...] Von 60 für Köln angemeldeten Amerikanern sind nur 15 willkommen«.[392]

Von Anfang an zählte die »NC«-Forderung im Programm des NSDStB zu den wenigen präzisen Forderungen, die in dem Konglomerat aus völkisch-aggressiven und ökonomisch-gesellschaftspolitischen Versatzstücken zu finden waren.[393] Die Vorstöße zur Umsetzung des »NC« gingen fast ausnahmslos von Medizinstudenten aus, deren Anträge 1928 zwar in den Studentenvertretungen Berlins, Erlangens und Würzburgs auf überwältigende Unterstützung zählen konnten, aber zu diesem Zeitpunkt noch auf den Widerstand der Deutschen Studentenschaft stießen, die eine solche Diskriminierung als unrechtmäßig verurteilte.[394] Wie Kater zu Recht konstatiert hat, paarte sich in den »NC«-Anträgen gesellschaftliche Verunsicherung mit Rassedenken: »Mit weitaus übertriebenen Zahlen jüdischer Akademiker operierend, versuchte diese Agitation die Frustration der Studenten über die Überfüllung und schlechten Berufsaussichten auszubeuten«.[395] Die Kölner Klinikerschaft forderte schon vor den Kampagnen des NS-Studentenbundes einen »NC« für jüdische Studenten und entsprach darin dem reichsweiten Verhalten der Medizinerschaft, die für ihren kollektiven Antisemitismus bekannt war.[396] Der Erfolg des NSDStB, der

---

[391] Heinz KÜHN, Widerstand und Emigration. Die Jahre 1928–1945, Hamburg 1980, S. 43 f.

[392] Zit. nach Kölner Jüdisches Wochenblatt, 20. Januar 1933.

[393] Siehe zum Programm des NSDStB BLEUEL/KLINNERT, Studenten, S. 169 f.; A. FAUST, Studentenbund, Bd. 1, S. 41–43; und LEISEN, Ausbreitung, S. 157.

[394] A. FAUST, Studentenbund, Bd. 1, S. 90.

[395] KATER, Studentenschaft, S. 155.

[396] Siehe zum Antisemitismus der Mediziner BLEUEL/KLINNERT, Studenten, S. 153 f. Die Klinikerschaft, nicht jedoch der Medizinerinnenverband schrieben das deutsch-völkische Prinzip in ihren Satzungen fest. Es war wohl nicht zuletzt dem Einfluß der Klinikerschaft geschuldet, daß der Rektor bereits am 20. Januar 1933 einen Aufnahmestop jüdischer Medizinstudenten an der Kölner Universität offen aussprach, den er bereits im Oktober 1932 informell erlassen hatte.

diese Initiativen aufgriff, war in stärkstem Maße abhängig von den Reaktionen der Hochschulbehörden. In Köln wurden die nationalsozialistischen Forderungen ab 1932 nicht nur salonfähig gemacht, sondern auch von höchster Stelle mitpraktiziert, ohne daß die Behörden unter strukturellem Druck gestanden hätten. Im »NC« für die amerikanischen Studenten jüdischer Konfession erprobte die Kölner Universität, was sie in der NS-Zeit systematisch umsetzen sollte.

6. Fazit

Die Kölner Hochschule war in vielerlei Hinsicht durch ihr liberales Profil geprägt und keineswegs ein Hort der Reaktion: Die Chancen für Dozenten jüdischer Herkunft, nach Köln berufen zu werden und in der Domstadt akademische Karriere zu machen, waren weit größer als an anderen deutschen Universitäten. Jüdische Dozenten waren im sozialen Verkehr auf vielfältige Weise in die Kölner Gelehrtenkultur eingebunden. Das Interesse der maßgeblichen Instanzen am fachlichen Aufbau der neuen Universität und der Reputationsgewinn durch fähige jüdische Wissenschaftler wog schwerer als etwaige Vorurteile in den Köpfen. Sie unterstützten daher jüdische Kollegen vor antisemitischen Intrigen der Nachwuchswissenschaftler und vor kommunalpolitischen Angriffen der lokalen Akteure.

Einmal mehr wurden diese antisemitisch aufgeladenen Angriffe aus dem politischen Katholizismus an die Universitätsbehörden herangetragen. Den Höhepunkt dieser Polemik bildete die Hetzkampagne gegen die Berufung Hans Kelsens an die Juristische Fakultät der Universität. Doch konnten ihre Initiatoren – anders als im städtischen Kulturbetrieb – nicht einmal einen Teilerfolg erzielen. Zugleich distanzierten sich die katholischen Seelsorger an der Universität, die Milieuspitzen und katholischen Professoren dezidiert von völkisch-antisemitischen Bestrebungen aus der Studentenschaft und richteten ihre Bemühungen darauf, daß sich solche Tendenzen unter den katholischen Hochschülern nicht durchsetzen konnten. Soweit deutet alles auf eine inklusionsfreudige Position der Universitätsbehörden und der Milieueliten hin.

Allerdings waren die Grenzen der liberalen Nichtdiskriminierungspolitik schnell erreicht. Dies mußten all jene Menschen erfahren, die der Universität weniger Prestigegewinn brachten oder nicht im Blickpunkt der Milieuinteressen standen. Die Ausgrenzung osteuropäischer Assistenten und ausländischer Studenten fand von Beginn an nahezu konsensuale Zustimmung und ihre strukturelle Umsetzung in den universitären Satzungen, der Immatrikulationspraxis, der Diskriminierung jüdischer Doktoranden und im »NC« für ausländische Medizinstudenten.

Die mikrohistorische Analyse der Kölner Universität bestätigt damit zwar das positive Potential einer sachbezogenen Hochschulpolitik, verweist aber zugleich auf ihre Schattenseite. Denn Sachbezogenheit ging eben nicht per se mit Vorurteilsfreiheit einher, wie Hammerstein suggeriert. Gerade das sachbezogene Profil der Universität und die größeren Handlungsspielräume der privaten Stiftungsuniversität führten schon in den 1920er Jahren zu sozial argumentierendem strukturellem Antisemitismus an der vermeintlich liberalen Hochschule. Dieses »sachliche Denken« erklärt möglicherweise erst den erstaunlichen Spagat zwischen der Weimarer Integration jüdischer Hochschullehrer und ihrer Diskriminierung 1933 unter rascher Preisgabe der demokratischen Prinzipien der liberalen Universität.[397]

In weit stärkerem Maß als die Dozenten waren die jüdischen Studenten der Weimarer Jahre an der Kölner Hochschule isoliert, soweit sich dies aus dem organisierten Vereinsleben ablesen läßt. Von der kulturellen, sozialen und politischen Praxis universitärer Feiern, im Umgang der studentischen Vereine untereinander und in der studentischen Selbstvertretung waren jüdische Studenten seit 1926 schlichtweg ausgeschlossen. Aus konfessionellen und rassistischen Gründen war ihnen zu den beiden beherrschenden Zentren des studentischen Organisationslebens ohnehin der Zutritt verwehrt.

Gleichwohl blieb der radikale Antisemitismus an der Kölner Universität bis 1926 extrem schwach und zumindest bis 1929 auch noch relativ gering im Vergleich zu anderen Universitäten. Dies ist zum einen der sozialen, konfessionellen und politischen Heterogenität der Studenten zuzuschreiben, zum anderen aber vor allem auf die restriktive Linie der Milieu- und Universitätsspitzen und insbesondere der Besatzungsmächte zurückzuführen. Erst nach dem Abzug der letzteren konnte die Studentenschaft nationalistische und völkische Positionen ungestört nach außen tragen. Ab Mitte der 1920er Jahre kristallisierte sich zunächst im »Kölner Verfassungsstreit« 1926/27, dann in antijüdischen Angriffen und Ausschreitungen gegen jüdische Dozenten, Stifter und Studenten ein immer offenerer Antisemitismus heraus, der ab 1930 in Gewalt gegen jüdische Studenten mündete. Zwar fand dieser radikale Antisemitismus wohl auch in den späten Jahren weder die Unterstützung der Mehrheit der Studenten noch der Universitätsbehörden. Doch war die Ahndung und Kritik dieser antisemitischen Übergriffe von seiten der Universitätsrichter und Rektoren zunehmend mit Verharmlosungs-, Relativierungs- und Entlastungsbestrebungen gepaart, die die Dynamik des studentischen Antisemitismus beschleunigten. Im lokalen Maßstab war damit die Universität sehr wohl zu einem Zentrum des Antisemitismus geworden.

---

[397] Vgl. Frank GOLCZEWSKI, Die »Gleichschaltung« der Universität Köln im Frühjahr 1933, in: HAUPTS/MÖLICH, Aspekte, S. 49–72; HEIMBÜCHEL, Universität, S. 588–591; und Peter LIEBERMANN, Die Selbstgleichschaltung der Universität, in: Wolfgang BLASCHKE (Hrsg.), Nachhilfe zur Erinnerung. 600 Jahre Universität Köln, Köln 1988, S. 69 f; zur Verfolgung der Hochschullehrer im Nationalsozialismus außerdem GOLCZEWSKI, Kölner Universitätslehrer.

FÜNFTES KAPITEL

VON DER WIRTSCHAFTLICHEN NORMALITÄT ZUM BOYKOTT

Der wirtschaftlich motivierte und argumentierende Antisemitismus ist seit den späten 1960er Jahren auf der Reichsebene gut erforscht. Das Interesse der sozialhistorischen Antisemitismusforschung richtete sich insbesondere auf die wirtschaftlichen Voraussetzungen für die Entstehung und Verbreitung des Antisemitismus in den Krisenphasen der Weimarer Republik und auf die wirtschaftlichen Motive seiner sozialen Träger.[1] Auch die wirtschaftliche Dimension des antisemitischen Judenbildes[2] und die Wirtschaftspropaganda des Verbandsantisemitismus, der völkischen Gruppierungen und der NSDAP sind weitgehend bekannt.[3]

Es zählt dabei zu den anerkannten Ergebnissen der Forschung, daß sich mit der materiellen Verelendung und Orientierungslosigkeit weiter Bevölkerungskreise in der direkten Nachkriegszeit der Antisemitismus als politische Massenbewegung nicht zuletzt wegen seiner gezielten Wirtschaftspropaganda erstmals in breiten Bevölkerungskreisen und im Bürgertum durchsetzen konn-

---

[1] BIEBER, Anti-Semitism; Hans Wolfram GERHARD, Die wirtschaftlich argumentierende Judenfeindschaft, in: Karl THIEME (Hrsg.), Judenfeindschaft. Darstellung und Analysen, Frankfurt a. M. 1963, S. 80–125; Wilhelm TREUE, Zur Frage der wirtschaftlichen Motive im deutschen Antisemitismus, in: W. E. MOSSE/PAUCKER, Deutsches Judentum, S. 387–408, eingegangen in die neuere sozialhistorische Forschung bei BERDING, Moderner Antisemitismus, S. 85; JOCHMANN, Ausbreitung, S. 477; und WINKLER, Antisemitismus, S. 281 f. Eine gute Zusammenfassung des Forschungsstands bietet Ch. HOFFMANN, Antijudaismus, S. 301.

[2] Avraham BARKAI, Der Kapitalist, in: SCHOEPS/SCHLÖR, Antisemitismus, S. 265–272, hier: S. 268; Wolfgang BENZ, Das Bild vom mächtigen und reichen Juden, in: Ders., Bilder vom Juden, S. 13–26; Olaf BLASCHKE, Antikapitalismus und Antisemitismus. Die Wirtschaftsmentalität der Katholiken im Wilhelminischen Deutschland, in: Johannes HEIL/Bernd WACKER (Hrsg.), Shylock? Zinsverbot und Geldverleih in jüdischer und christlicher Tradition, München 1997, S. 113–146; Michaela HAIBL, Vom Ostjuden zum Bankier. Zur visuellen Genese zweier Judenstereotypen in populären Witzblättern, in: JbfA 6 (1997), S. 44–91; und Freddy RAPHAEL, Der Wucherer, in: SCHOEPS/SCHLÖR, Antisemitismus, S. 103–117.

[3] HAMEL, Völkischer Verband; KATER, Anti-Semitism; LOHALM, Völkischer Radikalismus; Wolfram MEYER ZU UPTRUP, Weltherrschaft und Weltwirtschaft. Eine Skizze aus den Quellen zu einem Aspekt des Antisemitismus in der NSDAP-Propaganda, in: HEIL/WACKER, Shylock?, S. 219–233; und Angelika MÜLLER, Der »jüdische Kapitalist« als Drahtzieher und Hintermann. Zur antisemitischen Bildpolemik in den nationalsozialistischen Wahlplakaten der Weimarer Republik 1924–1933, in: JbfA 7 (1998) S. 175–197.

te, während er in der Phase der relativen Stabilisierung 1924–1929 an Unterstützung verlor, um in der Weltwirtschaftskrise eine neue Größenordnung anzunehmen.[4]

Der Antisemitismusforschung zufolge konnte eine gezielt manipulierende radikale Rechte mit ihrer Hetze gegen die »jüdischen Wucherer und Schieber«, die »Verjudung der deutschen Wirtschaft« und das »raffende, jüdische Finanzkapital« die Zustimmung in der breiten Mehrheit der Bevölkerung, im Mittelstand und bei den Inflationsverlierern finden, weil sie an deren traditionsreiche Vorurteilsstruktur anknüpfte, ein Erklärungsangebot für die unverstandene Krisensituation lieferte und zugleich versprach, die ökonomischen Interessen der verarmten Mittelschichten gegenüber den jüdischen Konkurrenten zu vertreten.[5] In diesem Zusammenhang wird auf die besondere Sozialstruktur der deutschen Juden hingewiesen, die sich erfolgreich in expandierenden Berufsfeldern mit modernen Wirtschaftspraktiken engagierten, im Bank- und Handelswesen, als frei praktizierende Ärzte, Rechtsanwälte und selbständige Gewerbetreibende, so daß die mittelständische Propaganda mit einer gewissen Realitätsverhaftung und um so größerer Plausibilität ihr Feindbild habe pflegen können.[6]

Für den Erfolg des Antisemitismus in den wirtschaftlichen Krisenzeiten werden in unterschiedlicher Gewichtung, doch meist kombiniert, sozialpsychologische, konkurrenztheoretische und politisch-manipulatorische Faktoren herangezogen, wobei die These von einem erstarkten Antisemitismus auf der Basis einer realen Konfliktsituation in der neueren Forschung größtenteils auf Ablehnung stößt. Neuere kulturhistorische Arbeiten verweisen vielmehr auf die verhängnisvollen mentalen Auswirkungen der Kriegs- und Inflationserfahrung und führen die dramatische Beschleunigung der Dynamik des Antisemitismus in der Republik auf die tiefsitzende Krise der Wahrnehmungs- und Identitätsmuster

---

[4] Zum Verhältnis von Rezession und Antisemitismus vgl. ROSENBERG, Große Depression, S. 94–96; so auch JOCHMANN, Gesellschaftskrise. Es versteht sich aber, daß sich die verhängnisvolle Dynamik der wirtschaftskonjunkturellen Komponente in der gesellschaftlichen Situation des Umbruchs und der Unsicherheit entfaltete, in der neben den ökonomischen Krisenmomenten auch die mentalen Kriegsfolgen, die Verschärfungen der sozialen und politischen Spannungen und der tiefgreifende Wandel in der politischen Kultur zu einer Zuspitzung der Krisensituation beitrugen. BARKAI, Jüdisches Leben, S. 50; BERDING, Moderner Antisemitismus, S. 85; und GREIVE, Geschichte des modernen Antisemitismus, S. 104 f.

[5] BARKAI, Kapitalist, S. 265, 269; BERDING, Moderner Antisemitismus, S. 168–173; Helmut GENSCHEL, Die Verdrängung der Juden aus der Wirtschaft im Dritten Reich, Göttingen [u. a.] 1966; GEYER, Verkehrte Welt, S. 280; GREIVE, Geschichte, S. 104 f.; KATER, Anti-Semitism, S. 134; LOHALM, Völkischer Radikalismus, S. 139 f.; und J. WEISS, Der lange Weg, S. 309.

[6] Die Literatur zum jüdischen Sozialprofil in der Weimarer Republik ist erschöpfend. Maßgeblich sind immer noch insbesondere die zeitgenössische Studie Heinrich SILBERGLEIT, Die Bevölkerungs- und Berufsverhältnisse der Juden im Deutschen Reich, Berlin 1930; sowie BARKAI, Juden; und BENNATHAN, Struktur. Gute Zusammenfassungen bieten BARKAI, Bevölkerungsrückgang; und RICHARZ, Jüdisches Leben. Zu einem geschlechtsspezifischen Sozialprofil siehe QUACK, Zuflucht Amerika.

und das Wechselspiel zwischen ökonomischer Verwüstung und sozialer Gewalt zurück, das sich in der Weltwirtschaftskrise entfaltete.[7]

Jedoch wird gerade in den Arbeiten zum Wirtschaftsantisemitismus aus der verbalen Sprengkraft und der brutalen Handlungsbereitschaft der radikalantisemitischen Agitation oftmals vorschnell ihr Erfolg bei der Bevölkerung und die weitere Verbreitung ihrer Denk- und Handlungsmuster abgeleitet, ohne über die konkreten Verbindungslinien und Wirkungsmechanismen des Antisemitismus im Wirtschaftsleben vor Ort näher Auskunft zu geben.[8]

Auch die deutsch-jüdische Historiographie thematisierte die Auswirkungen des Antisemitismus auf die Lebenswirklichkeit der deutschen Juden im Wirtschaftsleben lediglich punktuell, da sie sich weit intensiver mit gruppenspezifischen Gründen für den wirtschaftlichen und sozialen Niedergang der jüdischen Minderheit in der Endphase der Republik befaßte.[9] Sie beschränkte sich auf vereinzelte Hinweise zur diskriminierenden Einstellungs- und Entlassungspolitik gegenüber jüdischen Angestellten in der Weltwirtschaftskrise und der zunehmenden Boykottbereitschaft der nichtjüdischen Kundschaft insbesondere in den Kleinstädten. Immerhin wurden die Auswirkungen der nationalsozialistischen Boykottagitation ab 1929 ausführlicher und kontrovers diskutiert: Während Niewyk und Herzig konstatieren, daß der NS-Boykott keine weitere Unterstützung in der Bevölkerung fand, bestreiten dies Liepach und Barkai, die die Boykotterfolge als einen wichtigen Indikator der wirtschaftlichen Exklusion der deutschen Juden begreifen.[10] Eine systematische Untersuchung der alltäglichen Dimension des wirtschaftlichen Antisemitismus in der Weimarer Republik, die den Kern dieses Kapitels darstellt, ist daher sowohl aus der Perspektive der Antisemitismusforschung als auch in der deutsch-jüdischen Historiographie noch ein Desiderat.

Als eine sozial differenzierende Analyse des Antisemitismus im Wirtschaftsleben richtet diese Arbeit daher den Blick auf die Akteure in ihrem sozialen Kontext und in ihren alltäglichen Denk- und Arbeitszusammenhängen.

---

[7] WIDDIG, Culture, S. 223–235. Vgl. aber auch schon BERDING, Moderner Antisemitismus, S. 97; Gerald D. FELDMAN, Die Nachwirkungen der Inflation auf die deutsche Geschichte, 1924–1933, München 1985. Pointiert zusammengefaßt auch bei J. WEISS, Der lange Weg, S. 309 f.

[8] Vgl. zur Reflexion über die weithin ignorierten Schwierigkeiten, die Auswirkungen von Propaganda zu untersuchen, Jeffrey VERHEY, Neuere Arbeiten zur Propagandageschichte, in: AfS 41 (2001), S. 624–632.

[9] BARKAI, Boykott, S. 42; ders., Juden, S. 334; Martin LIEPACH, Das Krisenbewußtsein des jüdischen Bürgertums in den Goldenen Zwanzigern, in: GOTZMANN/LIEDTKE/RAHDEN, Juden, Bürger, Deutsche, S. 410–414; ROHRBACHER, Kaiserreich, S. 681–687; TREUE, Frage, S. 394 f.

[10] BARKAI, Jüdisches Leben, S. 51; HERZIG, Jüdische Geschichte, S. 212; LIEPACH, Krisenbewußtsein, S. 410–414; und NIEWYK, Jews in Weimar Germany, S. 49. Eine Mittelposition vertritt Sibylle MORGENTHALER, Countering the Pre-1933 Nazi Boykott against the Jews, in: LBIYB 36 (1991), S. 127–149. HECHT, Deutsche Juden, S. 332–344, die die Boykott-Berichterstattung des CV analysiert, enthält sich einer Bewertung.

Es ist zu untersuchen, wie stark sich ein ökonomisch motivierter und argumentierender Antisemitismus, der die Juden mit der Bedrohung bestimmter Wirtschaftszweige und -praktiken identifizierte, in den lokalen Erfahrungswelten tatsächlich auswirkte.[11] Erst in der genauen Identifizierung der Mechanismen dieses alltäglichen Antisemitismus können Aussagen über die kollektiven Ausprägungsformen des Antisemitismus und seine sozialen Differenzen getroffen werden. Im Wirtschaftsleben vollzog Antisemitismus sich im Wechselspiel der jüdischen und nichtjüdischen Produzenten und Konsumenten, ihrer organisierten Vertreter, der Parteien, Milieus und städtischen Behörden.[12] Auch dem Einfluß der radikalantisemitischen Agitation der deutsch-völkischen Organisationen des DVSTB und der NSDAP sowie der mittelständischen Interessenvertretungen ist auf der Mikroebene nachzugehen. So wird untersucht, wo genau sich Mittelstandsrhetorik und Wirtschaftsantisemitismus durchsetzen konnten: in der städtischen Wirtschaftspolitik, in den Wirtschaftsgremien, in den alltäglichen Geschäftsbeziehungen, im Konsumverhalten der Bevölkerung oder im Wirtschaftsprotektionismus der Milieus.[13]

Leider kann sich die Arbeit in diesem Bereich städtischen Lebens kaum auf Forschungsergebnisse zu den Beziehungen zwischen Juden und Nichtjuden oder einem wirtschaftlich motivierten Antisemitismus in Köln vor 1933 stützen. Es gehört gleichwohl zum Standardrepertoire der Literatur festzustellen, daß die Kölner Juden ihren Platz im Wirtschaftsleben gefunden hätten, daß aber andererseits ein erstarkter Antisemitismus in ökonomischen Krisensituationen diese Position zunehmend bedrohte.[14] Zur Überprüfung dieser These werden die Auswirkungen der radikalantisemitischen Agitation in den frühen Krisenjahren der Republik am Beispiel des Wucher- und Schieberstereotyps untersucht. Danach stehen die alltäglichen Wirtschaftsbeziehungen jenseits spektakulärer Kristallisationspunkte und im zeitlichen Längsschnitt im Mittelpunkt des Interesses. Schließlich gilt es, der erstarkten antijüdischen Boykottbewegung im städtischen Wirtschaftsleben ab 1927 nachzugehen.

Die Erforschung des Wirtschaftsantisemitismus in Köln hat leider mit gravierenden Quellendefiziten zu kämpfen. Massive Aktenverluste des Wirtschaftarchivs der Stadt Köln und der Industrie- und Handelskammer (IHK) sowie mangelnde relevante Unternehmensbestände im Wirtschaftsarchiv führen zu

---

[11] Vgl. zu den Auswirkungen der Berufsstruktur auf die Beziehungen federführend RICHARZ, Jüdisches Leben, S. 22–29; und REITMEYER, Bankiers, S. 177 f.

[12] So differenziert nachgezeichnet bei GEYER, Verkehrte Welt.

[13] Lediglich Herzig diskutiert kurz in seiner Überblicksdarstellung die Auswirkungen von Antisemitismus im protestantischen und katholischen Milieu. HERZIG, Jüdische Geschichte. Vgl. außerdem O. BLASCHKE, Antikapitalismus.

[14] BECKER-JÁKLI, Geschichte, S. 335 f.; Bruno FISCHER, Köln, in: Ludger HEID/Julius H. SCHOEPS (Hrsg.), Wegweiser durch das jüdische Rheinland, Berlin 1992, S. 148–175, hier: S. 157 f.; Leo HAUPTS, Zum Schicksal der Kölner Juden, in: BOHNKE-KOLLWITZ, Köln, S. 399–414; HERRMANN, Wirtschaftsgeschichte, S. 365–372; und MATZERATH, Schicksal, S. 20.

großen Überlieferungslücken. Diese Defizite wurden durch die Auswertung der Aktenbestände des Landeshauptarchivs in Koblenz, des Düsseldorfer Hauptstaatsarchivs, des Historischen Archivs der Stadt Köln, publizistischer Quellen, Druckschriften und der Erinnerungsliteratur so weit wie möglich ausgeglichen.

1. Stadt im Ausnahmezustand: Belastungen der Nachkriegszeit

Im Zeichen der gesellschaftlichen und ökonomischen Belastungen der ersten Nachkriegsjahre gelang es in Köln kaum, die Bevölkerung und die heimkehrenden Soldaten und Flüchtlinge mit den notwendigen Lebensmitteln, den Gütern des täglichen Gebrauchs, mit Wohnraum und Arbeit zu versorgen. Hierfür waren neben den strukturellen Problemen der Weimarer Nachkriegsgesellschaft und -ökonomie auch spezifische Besatzungsbelastungen verantwortlich: Einerseits mußten die britischen Truppen zusätzlich mit Lebensmitteln und Wohnraum ausgestattet werden, andererseits lähmten die Bestimmungen der interalliierten Kommission den Güterverkehr mit dem unbesetzten Gebiet. Zudem wirkte sich die Einbindung der Wirtschaft in die Reparationsleistungen erschwerend aus.[15] Aufgrund der strukturellen Belastungen der Wirtschaft lag die Erwerbslosenquote im ehemaligen Rüstungsproduktionszentrum Köln zwischen 1919/20 und 1929 immer über dem Reichsdurchschnitt. Bereits Ende 1918 waren 25 000 Kölner erwerbslos. Die Arbeitslosenzahlen stiegen von Woche zu Woche. Besonders heftig wirkte sich der starke Arbeitsplatzabbau 1923 und 1926 aus.[16] Wegen des maroden sozialen Sicherungssystems und der leeren Stadtkassen waren die Arbeitslosen und ihre Familien vor sozialem Elend nicht geschützt. Ab November 1923 lagen die Erwerbslosengelder, wie der Kölner Oberbürgermeister offiziell mitteilte, unter den Armensätzen der Stadt.[17]

Die ökonomische Krisensituation durch Kriegs- und Besatzungsfolgen, Arbeitslosigkeit und die galoppierende Teuerung ab 1922 hatte desaströse Auswirkungen auf die Lebenssituation der Stadtbevölkerung.[18] Ein existentielles Problem bildete zunächst die Ernährungslage. Die bittere Notlage zeigte sich in der Unterernährung der Kinder ebenso wie im Einbruch der Gesundheitsvorsorge. So verdoppelte sich die Zahl der Tuberkulosetoten, und eine Grippeepidemie forderte im Oktober und November 1918 an die 1 300 Opfer.[19] Nur über den schwarzen Markt und durch massenhafte Hamsterfahrten in die ländliche Umgebung konnte die Kölner Bevölkerung am Rande der Legalität ihre Ernährung

---

[15] HENNING, Industrie- und Handelskammer, S. 34–36; und KELLENBENZ, Wirtschafts- und Sozialentwicklung von Beginn des Ersten Weltkriegs, S. 116.

[16] H.-W. FROHN, Arbeiterbewegungskulturen, S. 25.

[17] Heinrich August WINKLER, Von der Revolution zur Stabilisierung. Arbeiter und Arbeiterbewegung in der Weimarer Republik 1918 bis 1924, Berlin/Bonn 1984, S. 719.

[18] HENNING, Industrie- und Handelskammer, S. 18.

[19] DIETMAR/W. JUNG, Geschichte, S. 204 f.

mühsam sichern. Auch in den Nachkriegsjahren sorgten Versorgungsengpässe und Teuerungswellen auf dem Schwarzmarkt für tiefe Beunruhigung und Verbitterung der Bevölkerung, die 1920, 1922 und 1923 in Hungerprotesten und Geschäftsplünderungen eskalierten.[20] Zudem verschärfte sich die Wohnungsnot dramatisch, nachdem im Weltkrieg der Wohnungsbau hatte eingestellt werden müssen und nach Kriegsende neben den heimkehrenden Soldaten und Flüchtlingen auch die 55 000 Besatzungssoldaten unterzubringen waren, deren Zahl sich nur langsam reduzierte. Die Mieten stiegen ins Unerschwingliche. Viele Menschen lebten in Blechhütten und Bretterbuden der Schrebergärten; besonders problematisch gestaltete sich die Wohnsituation in der Altstadt. Die Eindämmung der Wohnungsnot gehörte daher neben der Sicherung der Lebensmittelversorgung zu den wichtigsten kommunalpolitischen Aufgaben.[21]

Nach einer kurzfristigen Entspannung der Situation erreichte die ökonomische und gesellschaftliche Krise im Hyperinflationsjahr 1923 ihren Höhepunkt, als auch in Köln die Verhältnisse auf den Kopf gestellt waren und sich die Gesellschaft spaltete in jene, die von der »verkehrten Welt« profitierten, und jene, die ihr mühsam angespartes Vermögen verloren oder deren Löhne, Gehälter und Renten nicht mit den astronomischen Teuerungsraten Schritt halten konnten. Während weite Kreise der Kölner Bevölkerung verarmten und noch stärker als zuvor unter Hunger, Not und Elend litten, erzielten die Bauern aus dem Umland, kreditfähige Investoren oder Händler mit Zugriff auf harte Währung große Gewinne.[22] Andere wurden durch gewagte Spekulations- oder Schleichgeschäfte über Nacht reich. In einer Zeit, in der die bürgerlichen Tugenden der Sparsamkeit, Zukunftsvorsorge und Bescheidenheit ad absurdum geführt waren, vollzog sich die Spaltung der Gesellschaft nicht nur materiell, sondern auch im Habitus des ungezügelten und offen zur Schau gestellten Konsumverhaltens jener »Neureichen«, die nun erstmals über die nötigen finanziellen Möglichkeiten verfügten, das von den Zeitgenossen gegeißelte »Lotterleben« und die »Luxus- und Verschwendungssucht« auszuleben, und jener »Verzweifelten«, die alles verloren hatten und in den traditionellen Verhaltensnormen keinen Sinn mehr sahen.[23]

---

[20] Vgl. zur Ernährungsfrage in München GEYER, Verkehrte Welt, S. 167 f., mit den entsprechenden Literaturhinweisen zu Hunger und Lebensmittelunruhen. Zusammenfassend auch Hans MOMMSEN, Aufstieg und Untergang der Republik von Weimar 1918–1933, 2. Aufl. München 2001, S. 176 f.; und WINKLER, Revolution, S. 647.

[21] DIETMAR/W. JUNG, Geschichte, S. 228 f.

[22] Zu der Spaltung der Gesellschaft in Inflationsgewinnler und -verlierer vgl. die umfassenden Literaturhinweise bei Geyer, Widdig und Feldman. Zusammenfassend auch Gordon A. CRAIG, Deutsche Geschichte 1866–1945. Vom Norddeutschen Bund bis zum Ende des Dritten Reiches, 2. Aufl. München 1999, S. 486–489; H. MOMMSEN, Aufstieg, S. 176 f.; und J. WEISS, Der lange Weg, S. 309–311.

[23] »Auf dem Höhepunkt der Geldentwertung [...] vollzog sich auch innerhalb unserer Schulklasse, sichtbar für einen jeden, doch von niemand ernsthaft überdacht, eine neue und tiefe Spaltung: jenseits der Religionen und der hastig von uns übergestreiften politischen

2. »Wucher- und Schiebertum« – ein antisemitisches Feindbild?

Das Erbe der Kriegs- und Inflationszeit läßt sich nicht allein auf strukturelle Probleme wie Wohnungsknappheit oder »Verluste« und »Gewinne« verschiedener Gesellschaftsgruppen reduzieren. Ebenso wichtig waren, wie Martin Geyer anhand der Wirkung der Inflation in der Münchner Stadtgesellschaft herausgearbeitet hat, die moralischen Auseinandersetzungen über soziale Gerechtigkeit.[24] Diese moralische Empörung über die tiefe Spaltung der Gesellschaft, die sich im scharfen Kontrast zwischen neuem Wohlstand und äußerster materieller Not, zwischen sozialer Verzweiflung und ungezügelter Lebenslust zeigte, ließ den Wucher- und Schiebertopos als Chiffre dieser gesellschaftlichen Situation entstehen. In der zeitgenössischen Wahrnehmung wurden nämlich nicht Kriegs- und Rezessionsfolgen, politische und ökonomische Ursachen für die Verarmung verantwortlich gemacht, sondern vielmehr die moralisch anstößige Bereicherung einer kleinen Minderheit auf Kosten der Mehrheit. Griffig und plakativ wurde in der Rede vom Wucher- und Schiebertum die rechtliche, ökonomische, moralische und soziale Dimension der Krisensituation personalisiert und die öffentliche Empörung gegenüber ihren Nutznießern gebündelt.[25]

Damit unterlagen die Topoi gegenüber der Vorkriegszeit einem beträchtlichen Bedeutungswandel: Sie richteten sich nicht länger gegen das individuelle Fehlverhalten einzelner im engeren Sinne des übermäßigen Zinsnehmens (Wucher)[26] oder spekulativen Prolongierens von Börsengeschäften (Schie-

---

Überzeugungen. Es war von nun, jedenfalls bis zur Stabilisierung des Geldes, die Zweiteilung in die Kinder der Habenichtse und der neureichen Geschäftemacher. Die Beamtengehälter hatten alle Kaufkraft verloren, man sah es an den Frühstücksbroten der Söhne. Die Kaufleute jedoch handelten und verhandelten auf Dollargrundlage. Ihnen ging es gut. Auch meine Familie gehörte dazu. In unserer Klasse saßen zwei Mitschüler, nette Burschen übrigens, deren Väter bei uns am Abendbrottisch einfach mit dem lieblosen Ausdruck ›Spritschieber‹ qualifiziert wurden. Die Jungen hatten viel Taschengeld, nämlich solide Valuta. Sie pflegten auf Motorrädern zu fahren, was ganz unerhört war, denn schon ein gutes Fahrrad war begehrt. Die meisten Mitschüler kamen und gingen zu Fuß. Wenn die unerträglichen Schulausflüge stattzufinden hatten, die ich inbrünstig haßte, so fanden sich die Habenichtse mit dem Rucksack ein; man wußte, was er zu enthalten hatte oder enthalten konnte. Harte Eier, etwas Kaffee oder Kakao, schmächtige Brote. Wir Söhne der Nachkriegsgewinner benutzten den ersten Vorwand, um uns angeblich im Wald zu verlaufen. Worauf wir irgendwo einkehrten, großspurig Zeche machten, mit Alkohol, wie es sich versteht, um dann mit der Bahn nach Köln zurückzufahren. Am andern Tag gab es natürlich Krach in der Schule, aber der war bereits einberechnet. Ich bin damals mitgelaufen im Häuflein der neuen Bourgeois. Doch die Spaltung innerhalb der Klasse fand sich, nach solcher brutalen Kündigung aller Kameradschaft, weiterhin vertieft«. MAYER, Ein Deutscher auf Widerruf, S. 35 f.

[24] GEYER, Verkehrte Welt, S. 242.

[25] Vgl. ebenda, S. 279 f.

[26] Im Kaiserreich wurde der individuelle Wuchervorwurf – im engeren Sinne des übermäßigen Zinsnehmens – vor allem von den Produzenten, den kleinen Bauern und Handwerkern, gegenüber ihren Banken und Kreditgebern erhoben. Dieser individuelle Wuchervorwurf

ben).²⁷ Vielmehr bezeichneten sie nunmehr alle unrechtmäßigen und unmoralischen Geschäftshandlungen, die in der allgemeinen Not- und Krisensituation die Bedürfnis-, Not- oder Zwangslage der notleidenden Bevölkerung zur eigenen Bereicherung ausnutzten.²⁸ Diese semantische Erweiterung der Topoi bildete den Auftakt dafür, daß sich nunmehr die verschiedenen Bevölkerungsgruppen gegenseitig der wucherischen Ausbeutung anklagten.²⁹ In der prekären Wirtschaftssituation, in der die marktüblichen Gesetze und Verhaltensmuster außer Kraft gesetzt waren, erhoben Konsumenten den Wuchervorwurf gegen Produzenten, die Stadtbevölkerung gegen die Bauern und die Händler gegen Industrie und Arbeiterschaft. Der Wuchervorwurf konnte schlichtweg von jedem gegen jeden erhoben werden. Doch zugleich markierte das Schlagwort vom Wucherer und Schieber, der die soziale Gemeinschaft schädigte, ein kollektives Feindbild, das mit sozialdarwinistischen und völkischen Metaphern aufgeladen wurde. In dieser neuen Kollektivlogik stand der Wucherer und Schieber außerhalb der nationalen und lokalen (Not-)Gemeinschaft, war für ihre Krise maßgeblich verantwortlich und mußte daher in einem rigorosen Abwehrkampf bekämpft werden. Nahezu idealtypisch führte der jüdische DDP-Abgeordnete und Justizrat Bernhard Falk diese neuen semantischen Bedeutungsmuster in einer bewegten Sitzung der Kölner Stadtverordneten im September 1918 zusammen:

> »Nun wohl, unser Volk muß freigemacht werden von diesem Schwergewicht des alles herabziehenden Wuchers, der das öffentliche Recht beugt und die öffentliche Moral mißachtet, der als Krankheit nagt an der Gesundheit unseres Volkes und der die Arbeitskraft schwächt und damit die Verteidigung unseres Vaterlandes lähmt, unseres Vaterlandes, das sonst unüberwindlich sein würde«.³⁰

nahm sowohl in seiner rechtlichen Verfolgung als auch in der gesellschaftlichen Diskussion jenseits dieser Produzentengruppen keine große Bedeutung ein. Zum Wucherverständnis im Kaiserreich siehe GEYER, Verkehrte Welt, S. 280; und REITMEYER, Bankiers, S. 179 f.

²⁷ Diesen begriffsgeschichtlichen Wandel konstatierte der Brockhaus 1933: Erst »während des Weltkriegs und seitdem [werde der Begriff Schieber verwendet, N. W.] für Personen, die unter Verletzung oder Umgehung der wirtschaftlichen Gesetzgebung (über Schleichhandel, Preistreiberei, Devisenwirtschaft usw.) ohne Rücksicht auf die Schädigung der Allgemeinheit ihre Geschäfte zu machen suchen«. Der Große Brockhaus Bd. 16, 15. Aufl. 1933, S. 585.

²⁸ Art. »Schieber«, in: Der Grosse Herder, Bd. 10, 4. Aufl. 1935, Spalte 899; Art. »Schieber«, in: Der Große Brockhaus, Bd. 16, 15. Aufl. 1933, S. 585; Art. »Wucher«, in: Der Grosse Herder, Bd. 10, 4. Aufl. 1935, Spalte 1281 f.; Art. »Wucher«, in: Der Große Brockhaus, Bd. 16, 15. Aufl. 1933, S. 463 f.; Art. »Wucher« in: Realencyklopädie für protestantische Theologie und Kirche (RThK), Bd. 21, 3. Aufl. 1908; Art. »Wucher«, in: Lexikon für Theologie und Kirche (LThK), Bd. 10, 1. Aufl. 1965, Spalte 1245.

²⁹ Zur Unterscheidung zwischen Individual-Wucher und Sozial-Wucher vgl. Staatslexikon. Recht, Wirtschaft, Gesellschaft, Bd. 5, 7. Aufl. 1989, Sp. 1132.

³⁰ Redebeitrag Falks in der 20. Sitzung vom 19. September 1918, Protokolle der Stadtverordneten-Versammlung 1918, S. 343. Falk wurde am 26. März 1867 geboren, studierte Jura in Bonn und München und praktizierte als niedergelassener Rechtsanwalt am Oberlandesgericht in Köln. Seine politische Karriere begann er 1908 als Stadtverordneter. Nach dem Krieg wurde er für die DDP Mitglied der Nationalversammlung, des Rheinischen Provinziallandtags und 1924 des Landtags. Außerdem führte er den Vorsitz seiner Partei in der Rhein-

Die Aufladung des Wucherbegriffs mit völkischen Termini im nationalen Selbstverständnis war also keineswegs eine Domäne der Konservativen, sondern zählte zum parteienübergreifenden Konsens der Kölner Kriegs- und Nachkriegsgesellschaft. Im rhetorischen Kampf gegen den Wucher, den alle Fraktionen zur Hauptaufgabe der sozialen Gemeinschaft ausriefen, gehörten Krankheits-, Schmarotzer- und Vampirmetaphorik im Zusammenhang mit Schleichhandel, Spekulationsgewinnen und den maßlosen Preissteigerungen zum Grundvokabular.[31] Die obsessive Befassung mit dem Wucher- und Schiebertum blieb nicht auf den Stadtrat beschränkt. Vielmehr forderte der Oberbürgermeister die Behörden, konfessionellen Gruppen und privaten Organisationen zum gemeinsamen Kampf gegen Wucher und Schiebertum auf.[32] In institutionalisierter Form wurde hierzu im Oktober 1919 die städtische Wucherpolizei eingerichtet und von der Zweigstelle zur Wucherbekämpfung sowie den neuetablierten Wuchergerichten unterstützt, die in Köln besonders rigoros vorgingen.[33] Von den 5 500 Preistreibungsverfahren, die in Preußen im Jahr 1920 angestrengt wurden, entfiel allein ein Fünftel auf die Stadt Köln. Hier wurden damit nahezu ebensoviele Wucherdelikte verfolgt wie in ganz Bayern zusammen.[34] Kölner Mittelstandsvereinigungen erließen Resolutionen gegen den Wucher, die Arbeiterpresse wütete, »daß der Lump, der im Schiebercafé Valuten schiebt, in einer Stunde mehr errafft, als der Mann der Wissenschaft in seiner Tätigkeit im Jahre verdient«.[35] Im Kölner Umland richteten sich Demonstrationen gegen »Wucher und Schiebertum«. Pfarrer verfaßten Antiwucherschriften, Rabbiner richteten »mahnende Worte an die Gläubigen« und geißelten »das Niedrige und Verwerfliche des Wucher und Schieber-

provinz. Biographische Angaben entnommen aus Fritz WAHL, Bernhard Falk, ein rheinischer Patriot, in: Den Unvergessenen. Opfer des Wahns 1933–1945, Heidelberg 1952, S. 105–122.

[31] Unter dem Beifall von links wetterte etwa auch der Zentrumsabgeordnete Trimborn 1923 gegen »jene Vampire am deutschen Volkskörper, die in diesen düstern Tagen des Hungers und der Verzweiflung nur den Götzen Profit anbeteten«. Redebeitrag Trimborns in der 13. Sitzung vom 4. Juni 1923, Protokolle der Stadtverordneten-Versammlung 1923, S. 268.

[32] Nachrichten aus Köln aus dem Bureau der Synagogen-Gemeinde, in: Israelitisches Gemeindeblatt, 9. Januar 1920.

[33] Die Wucherstellen bildeten eine Art »Taskforce« aus städtischen und staatlichen Behörden. Die Kölner Preisprüfungsstellen waren mit der Aufgabe betraut, auf der Grundlage der sogenannten Wuchergesetze angemessene Preise festzustellen und Höchstpreise festzulegen. Die städtische Polizei wurde von der staatlichen Polizei darin unterstützt, die Einhaltung der kriegswirtschaftlichen Vorschriften zu überwachen und Vergehen gegen die Vorschriften durch Durchsuchungen und Razzien aufzudecken. Die im Oktober 1919 eingerichtete »Vermittlungsstelle zur Wucherbekämpfung« sollte die Polizeiarbeit koordinieren und unterstützen. Unter der Oberleitung des städtischen Polizeiinspektors Wecker hatte sie die Aufgabe, alle zur Anzeige gebrachten Fälle von Wucher, Schleichhandel und Schiebertum statistisch zu erfassen, Verdächtige unter Zuhilfenahme der Beamten zu beobachten und die Informationen an die Polizeiverwaltungen weiterzugeben.

[34] GEYER, Verkehrte Welt, S. 198.

[35] Se. Majestät der Schieber, in: Rheinische Zeitung, 5. November 1920.

tums«.[36] Auch im kulturellen Leben stand das Thema auf der Agenda. Das Schauspielhaus setzte auf dem Höhepunkt der Hyperinflation im Oktober 1923 das Stück »Wechsler und Händler« des Kölner Volksdichters Hanns Johst auf den Spielplan.[37] Die lokale Presse forderte die sozialen und politischen Insitutionen der Stadt lautstark auf, die soziale Gerechtigkeit wiederherzustellen und angemessene Preise fest- und durchzusetzen, kurzum: Wucher und Schiebertum zu bekämpfen.[38] Gegen den öffentlichen Feind erging man sich nicht zuletzt in Verbalradikalismen. So zeigte etwa die *Rheinische Zeitung* großes Verständnis dafür, wenn die Bevölkerung »gegen das Schieber- und Wuchergesindel Lynchjustiz« üben sollte.[39]

In der gesellschaftlichen und wirtschaftlichen Notlage der direkten Nachkriegszeit spielte das Feindbild des Wucherers und Schiebers in den Vorstellungswelten verschiedenster sozialer Gruppen der Stadt also eine erhebliche Rolle. Mit dem Kampf gegen Wucher und Schiebertum wurde die Krise begreifbar, und es eröffneten sich zugleich vermeintliche Handlungsspielräume, diese aktiv zu überwinden. Dieser Kampf wurde daher konfessions-, schicht- und parteiübergreifend zum mobilisierenden Agens. Ein Kampf, der von Privatpersonen, Vertretern wirtschaftlicher Verbände, Milieuorganisationen kommunaler Parteien und der Stadtverwaltung gemeinsam – und gegeneinander – geführt wurde.

Dabei nahm das Wucher- und Schieberstereotyp eine spannungsgeladene Doppelgestalt an: Es diente einerseits als Feindbild, das dem nationalen und lokalen Kollektiv gegenübergestellt wurde und mit völkischen Metaphern aufgeladen war. Es war andererseits eine inflationär gebrauchte Diffamierung eines jeden, der den wirtschaftlichen Interessen der eigenen ökonomischen Gruppe entgegenhandelte, und war damit Ausdruck der tiefen Zerrissenheit dieses vermeintlichen Kollektivs.

2.1. Semantische Traditionslinien eines antisemitischen Stereotyps

Die radikalen Antisemiten suchten in dieser Situation das Feindbild des Wucherers und Schiebers weiter zu personalisieren und zu konkretisieren, indem sie es mit den Juden ineinssetzten, diese für die wirtschaftliche Krise verantwortlich machten und sie zum eigentlichen Feind der Nation stilisierten.[40] In

---

[36] Nachrichten aus Köln, in: Israelitisches Gemeindeblatt, 9. Januar 1920.

[37] Schauspielhaus Hanns Johst: Wechsler und Händler, in: Rheinische Zeitung, 9. Oktober 1923. Leider ist eine Inhaltsanalyse des Stückes auf antisemitische Konnotationen nicht mehr möglich, auch die Rezension liefert hierüber keine Hinweise.

[38] »Von der Stadtverwaltung ist zu fordern, daß sie alles tut, was ihr zu tun möglich ist, um dem Wucher Einhalt zu bieten und die Lebensmittelversorgung Kölns sicherzustellen«. Redebeitrag Trimborn (Zentrum), 13. Sitzung vom 4. Juni 1923, Verhandlungen der Stadtverordneten-Versammlung zu vom Jahre 1923, S. 268.

[39] Der Vampir, in: Rheinische Zeitung, 23. Februar 1920.

[40] Vgl. allgemein hierzu auch BERDING, Moderner Antisemitismus, S. 168–173; GEYER,

ungezählten Klebzetteln, Flugblättern und öffentlichen Versammlungen verbreiteten die antisemitischen Organisationen, Gruppen und Zirkel, unter denen der 1918 gegründete Deutsch-völkische Schutz- und Trutzbund die bei weitem aggressivste Propagandatätigkeit entfaltete[41], das Vorstellungsbild vom jüdischen Wucherer und Schieber als Vampir am deutschen Volkskörper, der vernichtet werden müsse, wenn Deutschland wirtschaftlich gesunden solle: »Wer stellt die meisten Kriegswucherer? Juden, Wer betreibt am rücksichtslosesten Schleichhandel? Juden«, hieß es beispielhaft für viele Attacken in einem Flugblatt des Deutsch-völkischen Schutz- und Trutzbunds.[42] Der manipulative Charakter dieser Kampagne wurde von den maßgeblichen Instanzen des DVSTB offen thematisiert. So stellte der Münchener Generalmajor von Epp fest, daß die Teuerung »die Leute im Hören geneigter und wild in der Grundstimmung« mache. »In diese Stimmung hinein muß immer das Wort Jude geblasen werden. Ob es zutrifft oder nicht. Teuerung und Jude müssen zwei zusammengehörige Begriffe werden«.[43]

Die radikalen Antisemiten aktualisierten und verschärften mit diesen Vorwürfen das traditionelle Denkbild vom jüdischen Wucherer, das zu den ältesten und verbreitetsten antijüdischen Stereotypen gehört.[44] Das mittelalterliche Vorurteilsbild vom gierigen und geizigen Juden, vom grausamen Wucherer und rücksichtslosen Ausbeuter, der die braven Christen unter der Last der Schulden beugte, um sich schließlich ihres Gewinns zu bemächtigen, verbreitete sich in gelehrten Schriften ebenso wie in Legenden, Sagen, Volksromanen und Karikaturen.[45] Auch die Blutsauger- und Blutfressermetaphorik, die die vermeintliche wirtschaftliche Schädigung der Christen durch die Juden dramatisch unterstrich und ihr einen dämonisierenden Duktus verlieh, war bereits ein

---

Verkehrte Welt, S. 280; LOHALM, Völkischer Radikalismus, S. 140–142; und TREUE, Frage, S. 407.

[41] Zum DVSTB vgl. die immer noch vorzügliche Studie Lohalms sowie BERDING, Moderner Antisemitismus, S. 78–84; und JOCHMANN, Ausbreitung, S. 455–462, 471. Das Bild vom politischen Kampfbund zugunsten eines gesellschaftlichen bürgerlichen Vereins revidierte Gerd KRÜGER, »Treudeutsch allewege!« Gruppen, Vereine und Verbände der Rechten in Münster (1887–1929/30), Münster 1992, und, ihm folgend, WALTER, Antisemitische Kriminalität, S. 62.

[42] Zit. nach LOHALM, Völkischer Radikalismus, S. 143.

[43] Zit. nach GEYER, Verkehrte Welt, S. 283.

[44] Mit dem mittelalterlichen Zinsleihverbot der katholischen Kirche und der erzwungenen Tätigkeit der Juden im Geldhandel wurden in der mittelalterlichen Gesellschaft Juden und Wucher gleichgesetzt. Im 13. Jahrhundert geronn der Vorwurf des unrechtmäßigen Kreditgewinns schließlich zum Negativstereotyp vom jüdischen Wucherer. Vgl. Matthias Thedor KLOFT, Das christliche Zinsverbot in der Entwicklung von der Alten Kirche zum Barock. Eine Skizze, in: HEIL/WACKER, Shylock?, S. 21–34. Siehe auch F. RAPHAEL, »Der Wucherer«, S. 106; und Michael SCHMIDT, Hinter den Spiegeln: Mergels Uhr und Aarons Risiko. Aufsatz ohne Untertitel, in: HEIL/WACKER, Shylock?, S. 171–191, hier: S. 171 f.

[45] BERDING, Moderner Antisemitismus, S. 18; Anat FEINBERG-JÜTTE, »Shylock«, in: SCHOEPS/SCHLÖR, Antisemitismus, S. 119–126, hier: S. 119 f.; und F. RAPHAEL, »Der Wucherer«, S. 106.

elementarer Bestandteil dieser christlichen Mythen und Vorurteile.[46] Im Zeitalter der Aufklärung verbanden sich die Zuschreibungen vom Wucher mit dem Stereotyp des Schachers, dem vermeintlich betrügerischen Kleinhandel des Ghettojuden, das sich in den 1920er Jahren vornehmlich gegen die osteuropäischen Juden richten sollte.[47]

Im 19. Jahrhundert wurde das Stereotyp vom jüdischen Wucherer dann an die neue soziale und ökonomische Situation der bürgerlich-kapitalistischen Welt und den sozialen Aufstieg der deutschen Juden angepaßt. Der jüdische Wucherer erschien nunmehr als sozialer Aufsteiger, der mit seinen skrupellosen und raffgierigen Geschäftsmethoden die Christen ausnahm[48], getrieben von einem grenzenlosen Profitdenken, das keine moralischen Normen außer denen des »Mammons« gelten ließ.[49] Die exponierte Tätigkeit der Juden in Hochfinanz und Börse, ihre Präsenz in der Warenhandelstätigkeit und in Geld- und Kreditgeschäften stützte die abstrahierende Transformation des Bildes vom jüdischen (Groß-)Wucherer zum jüdischen Finanzkapital, das als unproduktiv, rein spekulativ und parasitär geschmäht, für die Krisenmomente der deutschen Wirtschaft verantwortlich gemacht und im Gründerkrach dem redlichen, schaffenden deutschen Kapital gegenübergestellt wurde. So faßte Otto Glagauer die judenfeindliche Botschaft seines berüchtigten Artikels in der katholischen Zeitschrift *Gartenlaube* 1874 zusammen mit den Worten: »Sie schaffen nichts, aber zerstören alles«.[50] Im 19. Jahrhundert waren die Vorstellungsbilder vom jüdischen Wucherer, dem vermeintlich hinterhältigen jüdischen Geschäftsgebaren und dem negativen Einfluß des jüdischen Finanzkapitals beileibe nicht auf die antisemitische Bewegung und ihre mittelständische, überwiegend protestantische Klientel beschränkt, wenn sie hier auch maßgeblich als Kompensation und Erklärung ökonomischer Mißstände, der Negativfolgen des Strukturwandels und der Gründerkrise diente. Vielmehr fanden sie ihren Platz auch im Ideenfundus eines antimodern argumentierenden Katholizismus und in der frühen Arbeiterbewegung.[51] Alte Sprichwörter wie »Dä' nem Jüd vertraut, dä hät op Sand

---

[46] Nicole HORTZITZ, Die Sprache der Judenfeindschaft, in: SCHOEPS/SCHLÖR, Antisemitismus, S. 19–40, hier: S. 24.

[47] Michael SCHMIDT, Schacher und Wucher. Ein antisemitisches Stereotyp im Spiegel christlicher und jüdischer Autobiographien der Goethezeit, in: Menora. Jahrbuch für deutschjüdische Geschichte 1 (1991), S. 235–277; und ders., Hinter den Spiegeln, S. 177.

[48] Ch. HOFFMANN, Antijudaismus, S. 299 f.

[49] Ebenda, S. 297–299; und BERDING, Moderner Antisemitismus, S. 319.

[50] »Das Judentum hat diese Entwicklung [des freien Handels, N. W.] auf die Spitze getrieben. Allein das Handelsinteresse zählt, und einzig das Feilschen und der Wucher. Der Jude arbeitet nicht, sondern läßt die anderen arbeiten; er spekuliert und macht Geschäfte mit den Produkten der Handarbeit und der geistigen Arbeit von anderen. Das Zentrum seiner Aktivitäten ist die Börse. Dieser fremde Stamm hat sich im deutschen Volk eingenistet, um es bis aufs Mark aufzusaugen«. Zitiert nach F. RAPHAEL, »Der Wucherer«, S. 108 f.

[51] O. BLASCHKE, Antikapitalismus; und KNÜTTER, Juden. In diesem Sinne zitierte die Zeitschrift der Katholischen Kaufmannsvereine 1913 den ihr unverdächtig erscheinenden Zeugen Werner Sombart: »Sie [die Juden, N. W.] erscheinen überall als Störer der ›Nah-

gebaut« spiegeln die Verbreitung und Tradierung dieses Alltagswissens vom negativen jüdischen Geschäftsgebaren auch im katholischen Köln.[52]

Das lang tradierte und immer wieder aktualisierte Stereotyp vom jüdischen Wucherer bot also einerseits zahlreiche Anknüpfungspunkte für die verschiedenen sozialen Gruppen der Nachkriegszeit, es in ihre Deutungsmuster zu integrieren und die Juden so für die Krisensituation verantwortlich zu machen. Andererseits richtete sich das Wucherstereotyp nunmehr auch gegen alle denkbaren nichtjüdischen Personen und Gruppen, so daß dadurch möglicherweise die semantische Verbindung zwischen Juden und Wucher sogar gelokkert war und die Juden nicht zum kollektiven Feindbild stilisiert wurden.

2.2. Gebrauch in der öffentlichen Diskussion

In der Frühphase der Weimarer Republik wurde in Köln jenseits radikalantisemitischer Kreise kaum öffentlich vom jüdischen Wucherer und Schieber geredet, geschweige denn geschrieben. Die Radikalisierung und Ideologisierung des Stereotyps wurde in Köln in der Weimarer Republik coram publico nicht nachvollzogen. Obwohl der Wucher- und Schieberbegriff eine Vielzahl antisemitischer Assoziationsmöglichkeiten und Angriffsflächen bot, wurde er in der öffentlichen Diskussion mehrheitlich nicht in diesem Sinne gebraucht. Selbst unter den verbittertsten Kleinhändlern, der vermeintlich willfährigsten Klientel antisemitischer Verführer, verbanden sich die höchst aggressiven Wucher- und Schiebervorwürfe, die sich der Blut- und Vampirmetaphorik bedienten, eher mit einem nationalistischen Ausländerhaß gegenüber den grenznahen Niederländern als mit einem wilden Antisemitismus:

> »Der wilde Straßenhandel wird aber am meisten von den Holländern (die hier in Köln rudelweise herumlaufen) betrieben. Die meisten Holländer betreiben hier ein unsauberes, schmutziges Geschäft, all die Ware, die dieselben auf den Markt bringen, sind meistens durch Kettenhandel erworben. [...] Auf dem Heumarkt liegen Deutsche ohne Beine – bei Sturm und Regen, aber in der Markthalle sitzen die dicken, faulen Holländer (ein Stand neben dem andern) und saugen dem Deutschen das Letzte aus. [...] Also christlicher Mittelstand, zeige uns nun, daß du existierst. Deine treuen Anhänger auf dem Heumarkt«.[53]

Die katholische Presse nahm in der Berichterstattung über Wucher im allgemeinen und über die Barmat-Skandale, eine »Goldgrube« antisemitischer Propaganda, die Rolle der Mahnerin für eine gerechte Beurteilung ein.[54] Gerade

---

rung‹, weniger durch Betrug im vollen kriminalistischen Sinne als durch Geschäftspraktiken, die auf bestehende Rechts- oder Sittennormen nicht immer Rücksicht zu nehmen pflegen«. Merkuria Nr. 50/51 1913. AEK, Gen. I, 23.13,1, Bl. 430 f.

[52] Entnommen aus Fritz HÖNIG (Hrsg.), Sprichwörter und Redensarten in Kölnischer Mundart, 2. Aufl. Köln 1912, S. 79.

[53] Kölner Nachrichten, Nachrichten-Blatt des »Christlichen Mittelstands« (Ortsgruppe Köln), 16. Oktober 1920.

[54] Der Konkurs des von den Brüdern Barmat geleiteten Unternehmens, das wegen seiner

die *Kölnische Volkszeitung* wurde vom *Israelitischen Gemeindeblatt* für ihre differenzierte Wucheranalyse gelobt.[55] Und in der scharfen Verurteilung der Wucherer und Schieber durch katholische Mittelstandsvereinigungen und die Zentrumspartei wurden ebenfalls offene Antisemitismen vermieden. Die Arbeiterpresse richtete sich explizit gegen die ideologisch und politisch motivierten Bestrebungen der radikalen Antisemiten, Wucher- und Schiebertum den Juden zuzuschreiben.[56] Als im Stadtrat der DVP-Abgeordnete Heimberg 1924 damit Stimmung zu machen suchte, daß »die Juden das Getreide verschieben«, womit er im Stadtrat der frühen Jahren der Republik eine auffällige Ausnahme darstellte, wurde dieser Vorwurf von den kommunistischen Abgeordneten entschieden zurückgewiesen.[57] Man mag es als ein weiteres Indiz dafür ansehen, daß die Antisemiten noch nicht die offene Definitionshoheit über den Begriff des Wuchers und Schachers erzielen konnten, daß die jüdischen Zeitgenossen diese Termini ebenfalls benutzten, obwohl synonyme Begriffe wie Preistreiberei oder Kettenhandel existierten. Darüber hinaus griffen sie lediglich die »antisemitische Verleumderpresse« und die »Rechtspresse« an, Juden mit Wucherern und Schiebern in eins zu setzen.[58] Dabei verstand sich gerade die Kölner Ortsgruppe des Centralvereins als kritische Beobachterin der Öffentlichkeit. So verurteilte sie im Herbst 1922 die öffentliche Nennung der Religion eines jüdischen Verurteilten am Wuchergericht. Der Oberstaatsanwalt hatte kurz vor Ausbruch der Hungerunruhen die Veröffentlichung in den Kölner Tageszeitungen angeordnet, obwohl diese Praxis unüblich war und auf Intervention des Centralvereins wieder eingestellt wurde.[59] Angesichts der erregten Stimmung im Herbst 1922, auf die weiter unten genauer eingegangen wird, fällt es schwer, die Nennung der jüdischen Konfession als einen bedauernswerten Zufall abzutun, wie es der Oberstaatsanwalt auf Nachfrage darstellte. Es könnte vermutet werden, daß diese Namensnennung aus dem hohen Druck der beteiligten Behörden resultierte, in der Krisensituation populistische

---

Kreditspekulationen und mangelnden Liquiditätsreserven heftig angegriffen wurde, bot Anlaß zu einer beispiellosen Hetze der Rechtspresse. Als Beispiel der antisemitischen Ausbeutung der Finanzskandale vgl. Sklarz, Parvus, Lewin & Co. oder Vor und hinter den Kulissen, in: Kölner Nachrichten, 13. Februar 1920. Dagegen aber: Die Bilanz der Barmatuntersuchung, in: Kölnische Volkszeitung, 18. Oktober 1925.

[55] Vom Profitgeist, in: Israelitisches Gemeindeblatt, 4. August 1916.

[56] Vgl. beispielhaft: Wucherbeurteilung nach Konfession?, in: Rheinische Zeitung, 16. November 1922; und Schaffender oder Raffender? Eine Lehre aus dem Fall Ivar Kreuger, in: Rheinische Zeitung, 7./8. Mai 1932.

[57] Redebeitrag Heimberg, 14. Sitzung vom 28. August 1924, Protokolle der Stadtverordneten-Versammlung 1924, S. 370.

[58] Die jüdische Religion und der Wucher, in: Israelitisches Gemeindeblatt, 8. März 1916; Der Wuchertaumel, in: Israelitisches Gemeindeblatt, 2. Juni 1916; oder Von der Wucherrasse, Israelitisches Gemeindeblatt, 1. September 1916.

[59] Wucherbeurteilung nach Konfession?, in: Rheinische Zeitung, 16. November 1922; Oberstaatsanwalt an Generalstaatsanwalt, 27. November 1922, HStAD, Rep. 145, 206, Bl. 124.

Erfolge im Kampf gegen den Wucher zu erzielen. Da dieser Vorfall indessen der einzig kolportierte aus den Wucherbehörden ist und sich diese Praxis nicht durchsetzte, sollte er nicht überbewertet werden.

Doch auch wenn die Juden mehrheitlich keineswegs offen mit dem Wucher- und Schiebervorwurf gleichgesetzt wurden, blühte in den Krisenzeiten das traditionelle Bild vom jüdischen Wucherer und wurde ungehemmt kommuniziert.[60] So war die antijüdische Wuchermetaphorik im Kölner Katholizismus fest verankert. Daß die Grenzen zur antisemitischen Aktualisierung dabei fließend waren, zeigen vereinzelte Artikel aus den letzten Kriegsjahren, in denen die Juden des Kriegswuchers bezichtigt und als Kriegsprofiteure dargestellt wurden.[61] Mit antijüdischen Glossen hielten die katholischen Zeitschriften das Bild vom reichen und mächtigen Juden in den folgenden Jahren wach.[62] Die genuine Verbreitung des antijüdischen Denkens anhand der Wuchermetaphorik zeigte sich auch im – nichtöffentlichen – Denken der politischen Eliten. So notierte der Kölner Justizrat und Zentrumspolitiker Carl Bachem am 9. April 1933, daß er »bei allem Abscheu vor den Härten, Roheiten und Brutalitäten des 1. April doch das Überwuchern der jüdischen Warenhäuser, das Überwiegen im Rechtsanwalts- und Ärztestand, den verderblichen Einfluß jüdischer Ärzte [...] auch vom katholischen Standpunkt aus als verderblich hält«.[63]

In protestantischen Kreisen scheinen die Vorwürfe jüdischen Wuchers stärker verbreitet gewesen zu sein. 1919 sah sich die evangelische Zeitschrift der Judenmission, die sich nicht gerade durch vorurteilsfreie Positionen einen Namen gemacht hatte, dazu genötigt, darauf hinzuweisen, daß der Vorwurf des jüdischen »Lebensmittelwucher[s], oder sonst etwas dergleichen, was man jetzt den Juden vorhält«, nicht von der jüdischen Religion veranlaßt würde.[64] Trotz dieser Mahnung zeigt sich die Vorstellung vom zersetzenden Einfluß des Judentums, der das Wucherstereotyp untergeordnet war, bei dem ebenfalls in der Mission tätigen Pfarrer Fliedner, der innerhalb des Protestantismus aus völkischen Kreisen noch wegen seiner »zu judenfreundlichen« Haltung angegriffen wurde:[65]

---

[60] Vgl. beispielhaft: Das gewissenlose Händlertum im Lichte christlicher Moral, in: Kölnische Volkszeitung, 14. März 1920.

[61] Siehe etwa: Die jüdische Religion und der Wucher, in: Kölnische Volkszeitung, 12. Dezember 1915.

[62] Aus Palästina, in: Kölnische Volkszeitung, 20. Juni 1920; Herr Rosenthal und die Königin, in: Kölnische Volkszeitung, 23. Oktober 1925.

[63] Tagebuch Carl Bachem, HStAK, 1006, 524.

[64] Zur Judenfrage in unseren Tagen, in: Missionsblatt des Westdeutschen Vereins für Israel, 8. August 1919.

[65] Der Vorwurf beruhte nicht zuletzt darauf, daß er den zum Protestantismus konvertierten Missionar Dr. A. Löwy beschäftigte. Zur Ambivalenz der protestantischen Judenmission siehe Paul Gerhard ARING, Christliche Judenmission. Ihre Geschichte und ihre Problematik dargestellt und untersucht am Beispiel des evangelischen Rheinlands, Neukirchen-Vluyn 1980, bes. S. 200–213; und ders., Christen und Juden heute – und die »Judenmission«? Geschichte

»Die letzte Ursache für all die zersetzenden Einflüsse, die der jüdische Geist allenthalben in den Völkern ausübt, ist auch heute noch der selbstgerechte und weltselige christusfeindliche, christushassende Geist, der das Ich vergöttert, den Mammon anbetet«.[66]

Dieses Denken nahm aber im öffentlichen Kommunikationszusammenhang der Protestanten keine wichtige Rolle ein. Die Milieuspitzen schwiegen dazu.[67]

Es war letztlich die Kölner Arbeiterpresse, die den Wucher- und Schiebervorwurf im lokalen Kontext dezidert gegen einzelne jüdische Unternehmer richtete und sich damit auf einer Ebene mit der antisemitischen Presse bewegte.[68] Die *Rheinische Zeitung* beschwor bisweilen das antisemitisch aufgeladene Wucher- und Schieberstereotyp, wenn sie wirtschaftliche Entscheidungen Kölner Unternehmer kritisierte oder diese aus anderen Gründen angriff. Sie richtete diese Attacken auch gegen konvertierte Personen aus dem Wirtschaftsleben und übertrug das jüdische Stereotyp auf Unternehmer, die mit jüdischen Geschäftspartnern zusammenarbeiten. So wurde der protestantische Kölner Metallwarengroßhändler Otto Wolff, der das liberale *Kölner Tageblatt* kaufte, als jüdischer Kriegsgewinnler diskreditiert, der mit allem handele, solange es ihn nur bereichere.[69] Noch heftiger wurde Louis Hagen angegriffen. In einem satirischen Spottgedicht anläßlich einer Ordensverleihung durch Papst Pius XI. »entlarvte« die *Rheinische Zeitung* Hagens katholischen Glauben als Deckmäntelchen seines wahren Wesens, das vom jüdischen Wucher- und Schiebergeist beherrscht sei.

---

und Theologie protestantischer Judenmission dargestellt und untersucht am Beispiel des Protestantismus im mittleren Deutschland, Frankfurt a. M. 1987, bes. S. 274–296.

[66] Wir und die Juden von Fliedner (Andacht), in: Kirchlicher Anzeiger für die evangelischen Gemeinden, 27. August 1922. Oder stärker noch: Vom Zionismus, in: Kirchlicher Anzeiger für die evangelischen Gemeinden, 16. August 1933: »Wäre der zionistische Beschluß zur Tat geworden, daß jeder Jude der Welt jährlich den Zehnten seines Einkommens für die Zionskasse zahlen müsse, dann könnten sie die halbe Welt kaufen, denn das meiste Geld der Welt ist in jüdischen Taschen«.

[67] Trotz aufmerksamer Aktendurchsicht der Konsistorienakten des Archivs der Evangelischen Kirche des Rheinlands, der Bestände der Evangelischen Gemeinde Köln am Rhein sowie des Kirchlichen Anzeigers für die evangelischen Gemeinden zu Köln, des Missionsblatts und der Zeitschrift Das evangelische Rheinland wurden keine diesbezüglichen Äußerungen gefunden.

[68] So griff die deutsch-nationale Rheinische Tageszeitung Hagen und Seligmann direkt als Wucherer und Schieber an. Vgl. etwa: Der Dollar in der Kölner Handelskammer, in: Rheinische Tageszeitung, 6. April 1924; und Die Aufwertung in Köln. Vom internationalen Großkapital, den Herren Hagen und Adenauer und sonstigen Dingen, in: Rheinische Tageszeitung, 4. Juli 1924.

[69] »[...] jene bekannte Großeisenfirma, die vor und nach dem Kriege durch geschickte Ausnützung der Konjunktur ungezählte Millionen verdient hat, [die] das demokratische Kölner Tageblatt in ihren Besitz gebracht hat. Die Firma [...] scheint schon seit einiger Zeit davon durchdrungen zu sein, daß es heute unter Umständen ebenso rentabel sein kann, mit öffentlicher Meinung zu handeln, wie mit Eisen«. Der große Kölner Zeitungsschub, in: Rheinische Zeitung, 21. Mai 1920. Zu Otto Wolff siehe Felix PINNER, Deutsche Wirtschaftsführer, Charlottenburg 1925, S. 58–65.

»Ritter Doktor Louis Hagen
Stammt aus ältestem Geschlechte
In den Althebräer-Sagen
Stehen alte Levy-Rechte.

Doch in Louis aus dem Stamme,
Rann das blaue Blut symbolisch.
Frömmigkeit war seine Amme –
schließlich wurde er katholisch.

Unter Sachwert-Elementen
Wendet sich der Geist zum Guten.
Er bezeugt es mit Prozenten,
Er bekennt es in Valuten«.[70]

Am stärksten waren jedoch die osteuropäischen Juden im lokalen Raum von dem Wucher- und Schiebervorwurf betroffen. Sie wurden im öffentlichen Kommunikationszusammenhang kollektiv und undifferenziert als Schieber und Devisenspekulanten verleumdet, ohne daß diese Angriffe auf eine sachliche Grundlage gestellt worden wären. Die Ankoppelung des Ostjudenstereotyps an den Wucher- und Schiebervorwurf wurde in Köln gruppenübergreifend mit antisemitischen Konnotationen kommuniziert und war mit expliziten Handlungsanweisungen an die Behörden verbunden. So forderte die renommierte nationalliberale *Kölnische Zeitung* die »Entfernung der lästigen Ausländer, insbesondere der ostjüdischen Schieber und Schleichhändler«, da es sich um Ausbeuter handele, die die wenigen Waren und Metallvorräte über die Grenze schleppten. Zumindest aber müßten diese Ausländer dauerhaft und scharf überwacht werden.[71] Sie blies damit in dasselbe Horn wie die radikalen Antisemiten, die Mittelstandsvereinigungen und die DNVP, die die Überwachung und Ausweisung der osteuropäischen Juden aus Köln forderten.[72] Die *Kölnische Volkszeitung* verbreitete den Kollektivvorwurf krimineller Spekulationsgeschäfte und des »Banknotenschiebertums« mit den gleichen Mitteln wie die Rechtspresse, indem sie die Verhaftungen und Verurteilungen osteuropäischer Juden vor dem Wuchergericht aufmerksam verfolgte und eifrig kolportierte, während sie die christlichen Straftäter ignorierte.[73] Über die Nennung des jüdisch klingenden Namens, der religiösen Zugehörigkeit oder die Gruppenbezeichnung »russisch-polnischer Jude« wurde der individuelle Straf-

---

[70] Louis Hagen im Silvesterorden, in: Rheinische Zeitung, 6. Januar 1922.

[71] Der Stand der Ausländerfrage, in: Kölnische Zeitung, 1. April 1920. Von hier aus war es kein weiter Weg zum Aktionsprogramm der DNVP, das an die Antisemitenpetition 1880 erinnert: »Die Zuwanderung fremdstämmiger, insbesondere ostjüdischer Elemente muß unbedingt verhindert werden: bereits zugewanderte Fremde sind auszuweisen oder in Lagern unterzubringen. Die dadurch freiwerdenden Wohnungen sind den Kriegsbeschädigten und Ausgewiesenen zu übergeben«. Abgedruckt in: Rheinische Tageszeitung, 1. September 1923.

[72] Kriegswucher, in: Kölnische Volkszeitung, 22. März 1918.

[73] Verhaftung eines Banknotenschiebers, in: Rheinische Tageszeitung, 18. November 1921.

täter mit dem kollektiven antisemitischen Wucher- und Schiebervorwurf in Verbindung gebracht und das ökonomische Vorurteilsbild dadurch gleichermaßen konstruiert wie bestätigt.

In den Argumentationen der preußischen und lokalen Behörden verband sich das Vorstellungsbild vom jüdischen Wucherer und Schieber ebenfalls mit dem Ostjudenstereotyp und richtete sich konkret gegen die neuen jüdischen Einwanderer aus Osteuropa. Sie bewerteten sie als politisch unzuverlässig, arbeitsscheu, krank und zu körperlicher Arbeit unfähig und deshalb als prädestiniert, um sich durch Wucher- und Schiebergeschäfte über Wasser zu halten und die deutsche Bevölkerung zu schädigen.[74] Dieses Denken bestimmte auch die Ministerialerlasse des preußischen Innenministeriums, nachdem es von seiner anfänglich moderaten Haltung gegenüber den osteuropäischen Juden sukzessive zugunsten einer fremdenfeindlichen und antisemitischen Gesetzgebung abgerückt war. Im Mai 1920 riet der preußische Innenminister Severing in einem Ministerialerlaß an den Kölner Regierungspräsidenten die »Ausweisung der unerwünschten ausländischen Gäste« wegen der »Verstöße gegen Devisengesetze insbesondere von galizischen Juden« dringend an.[75] Die antisemitisch geprägten Anweisungen zur Behandlung der osteuropäischen Juden wurden von den lokalen Behörden im gleichen Geiste ausgeführt. Der Bonner Bürgermeister ließ sich in einem geheimen Schreiben an seinen Kölner Kollegen über die »dubiosen Geschäfte« und kriminellen Energien der osteuropäischen Juden aus und rechtfertigte ihre Ausweisung mit dem Argument, daß sie den Deutschen Lebensmittel, Wohnungen und Arbeit stählen.[76] Der Kölner Regierungspräsident ordnete in Reaktion auf die Ministerialerlasse zunächst die statistische Erfassung der Ausländer an, was, wie sich später erweisen sollte, zugleich ein erster Schritt zu Ausweisungen und Deportationen war. Es wurden dabei nicht nur Name und Beruf der Ausländer erfaßt, sondern alle Kleinsthändler, also Händler ohne Lager und Laden, unter denen besonders viele osteuropäische Juden waren, kollektiv als Schieber bezeichnet.[77] Die Wucherpolizei organisierte Razzien auf dem Salzmarkt, um die Aufenthaltsgenehmigung der fliegenden Händler zu überprüfen.[78] Wer keine Aufenthaltsgenehmigung besaß, wurde unabhängig von der Verfolgungssituation in den

---

[74] Zum Ostjudenstereotyp vgl. ASCHHEIM, Brothers. Siehe auch zur diskriminierenden Praxis Jack L. WERTHEIMER, Unwelcome Strangers: East European Jews in Imperial Germany, Oxford 1987; und MAURER, Ostjuden.

[75] Ministerium des Innern an den Kölner Regierungspräsidenten, 8. Februar 1919, betr. Ausweisung, HStAD, Pol. Präs. Köln, 8126, und desgl., 2. Mai 1919, ebenda.

[76] Geheimes Schreiben der Ortspolizeibehörde OB Bonn, 15. November 1920, ebenda.

[77] Regierungspräsident an den Polizeipräsidenten, 31. Juli 1920, I.J. 845 HStAD, Pol. Präs. Köln, 177; Anweisung des Polizeipräsidenten an die Reviere, 6. August 1920, ebenda.

[78] Streife der Kölner Kriminalpolizei im Heumarktsviertel, in: Rheinische Zeitung, 24. Juni 1920; Überprüfung der Gewerbescheine auf dem Heumarkt, in: Rheinische Zeitung, 8. Oktober 1920.

Herkunftsländern und den Schwierigkeiten, eine Aufenthaltsgenehmigung in Köln zu erhalten, umstandslos abgeschoben.[79]

Die Radikalisierung, Ideologisierung und Aktualisierung des Wucher- und Schieberstereotyps richtete sich in erster Linie gegen die osteuropäischen Juden. Der sozial argumentierende und kriminalisierende rassistische Antisemitismus der bürgerlichen Mitte und Rechten forderte erstmalig entsprechende Taten der Behörden, die sich in Denk- und Handlungsmustern mit dem Antisemitismus der lokalen Akteure einig wußten. Der interne Aktengang zeigt deutlich, wie stark die Beamten die radikalantisemitischen Denkmuster verinnerlicht hatten, sie im gängigen Sprachduktus einsetzten und ohne Zögern in strukturelle Diskriminierung umsetzten. Im Vergleich hierzu fällt besonders auf, daß sich das schicht- und konfessionsübergreifende Motiv vom negativen, jüdischen Geschäftsgebaren nicht allgemein zu einem offenen Feindbild verdichtete. Dies kann zweierlei Gründe haben: Entweder wurden die kollektiven antisemitischen Wuchervorwürfe jenseits der osteuropäischen Juden von den lokalen Akteuren nicht geteilt, oder sie galten im öffentlichen Kommunikationszusammenhang als nicht aussprechbar. Dies würde darauf hindeuten, daß auch im städtischen Ausnahmezustand der Nachkriegsgesellschaft die traditionellen Norm- und Tabuschranken noch funktionierten. Die Analyse der radikalantisemitischen Wucher- und Schieberhetze und der Reaktionen im städtischen Umfeld vermag hierüber möglicherweise Aufschluß zu bringen.

2.3. Politisierung im Kapp-Putsch und in den Hungerunruhen

Die giftigsten Hetzkampagnen gegen die »jüdischen Wucherer und Schieber« entfaltete die Kölner Ortsgruppe des Deutsch-völkischen Schutz- und Trutzbunds. Unter der Ägide des Gauführers Egon Lützelers, der engste Verbindungen zur Organisation Consul nach München unterhielt, entwickelte sie sich zu einem aktiven Zentrum deutsch-völkischer Tätigkeit im besetzten Rheinland, ohne hierbei bis zum Rathenaumord 1922 auf den Widerstand der Besatzungsmächte oder der staatlichen und städtischen Polizeibehörden zu treffen.[80] Die Kölner Ortsgruppe wuchs bis zum Frühjahr 1922 aufgrund intensiver Werbetätigkeit bis auf ca. 1 000–1 200 Mitglieder und konnte so zu der größten antisemitischen Organisation in Köln ausgebaut werden, auch wenn sie damit im Vergleich zu anderen großstädtischen Ortsgruppen wie München (4 000), Berlin (3 700), Hamburg (3 600) und Hannover (3 000) noch relativ schwach blieb.[81] Reichsweit übertraf der Schutz- und Trutzbund mit seinem weitge-

---

[79] Diese repressive Ostjudenpolitik wird im folgenden Kapitel genauer untersucht. Beschwerde eines Kölner Fleischers beim Regierungspräsidenten, 6. Juni 1924, HStAD, Reg.Köln, 2122.
[80] Nach LOHALM, Völkischer Radikalismus, S. 118, 221.
[81] Bericht des Polizeipräsidenten über die Ortsgruppe Köln des DVSTB, 27. Juli 1922,

spannten Organisationsnetz von 530 Ortsgruppen, seinen über 200 000 Mitgliedern und dem Umfang der Agitation wie oben erwähnt alle anderen völkischen Gruppen. Er war bereits im Herbst 1918 im Umkreis der Alldeutschen unter Konstantin von Gebsattel zur Einigung der antisemitischen Zirkel gegründet worden mit dem einzigen Auftrag, »über Wesen und Umfang der jüdischen Gefahr aufzuklären und diese mit allen zu Gebote stehenden Mitteln zu bekämpfen«.[82] Hierzu organisierte sich der Schutz- und Trutzbund auch in Köln in einer Doppelstruktur aus politischem Kampfbund und geheimem Nebenverband. Für seinen Erfolg bei Beamten, Lehrern, Kaufleuten und Angestellten war sein biederes Gesicht als bürgerlicher Honoratiorenverein mit Stammtisch und Familienabenden ebenso ausschlaggebend wie seine radikale antisemitische Gesinnung.[83] Neben der internen Vergesellschaftungsfunktion versuchte die Kölner Ortsgruppe einen nach außen gerichteten antisemitischen Aktionismus zu entfachen, der von der Verbreitung antisemitischer Propaganda und der Organisation von Versammlungen bis zu der Unterstützung von Terror- und Mordanschlägen reichte.[84]

Der erste großangelegte Versuch des Kölner Schutz- und Trutzbundes, die erregte Stimmung in der Bevölkerung gegen die Juden zu richten und zu antisemitischer Gewalt aufzufordern, bildeten die Kölner Großdemonstrationen gegen den Kapp-Lüttwitz-Putsch im März 1920.[85] In zahlreichen Städten kam die Strategie des DVSTB, bei Demonstrationen und Protestaktionen die Empörung der Bevölkerung auf die Juden zu lenken und für die eigenen Zwecke politisch auszubeuten, während des Kapp-Putschs zu einem propagandistischen Höhepunkt. In den Märztagen verstärkte der DVSTB seine Zettel- und Flugschriftenpropaganda ganz außerordentlich. In Berlin und anderen Garnisonsstädten konnte sich der DVSTB dabei der Unterstützung durch die Kapp-

---

LHK, 403, 13468, Bl. 349 f.

[82] Alfred ROTH, Unser Wollen – unsere Arbeit. Eine Antwort auf die Frage nach Zweck und Ziel des Deutschvölkischen Schutz- und Trutz-Bundes, Hamburg 1921, zit. nach JOCHMANN, Ausbreitung, S. 455.

[83] Der DVSTB war eine bürgerlich-mittelständische Organisation mit einem großbürgerlichen Vorstand auf der Reichsebene und zahlreichen Akademikern, Beamten, Kaufleuten und Angestellten auf der mittleren Führungsebene. Das Gros der Anhänger rekrutierte sich aus den unteren Mittelschichten. BERDING, Moderner Antisemitismus, S. 180 f.

[84] Allein im Jahr 1920 ließ die Bundesleitung 7,9 Millionen antisemitische Klebemarken, 4,8 Millionen Handzettel und 7,5 Millionen Flugblätter verteilen. BERDING, Moderner Antisemitismus, S. 181.

[85] Einen Tag nach der Verkündigung des Erzberger-Prozesses versuchten militante Rechts-Kreise um General Lüttwitz und den ostpreußischen Politiker Wolfgang Kapp, die Regierungsgewalt an sich zu reißen. Obwohl die Putschisten aufgrund des Verhaltens der Reichswehr kampflos Berlin besetzen konnten und der Umsturzversuch auf Sympathien in weiten Kreisen der Schwerindustriellen, Großagrarier und höheren Beamten stieß, scheiterte er an der entschlossenen Abwehrhaltung der Arbeiterschaft. Vgl. CRAIG, Geschichte, S. 464; Heinz HUERTEN, Der Kapp-Putsch als Wende, Opladen 1989; KOLB, Weimarer Republik, S. 39 f.; H. MOMMSEN, Aufstieg, S. 110; und WINKLER, Revolution, S. 295–309.

Regierung und aus Teilen der Truppen und Offiziere sicher sein.[86] Mit Besorgnis wurden daher die Ereignisse um den Kapp-Putsch auch von Kölner Juden wahrgenommen:

> »Gestern haben die Konservativen in Berlin eine Gegenregierung aufgemacht. [...] Die Sache soll unblutig verlaufen sein. Ich fürchte jedoch, dass es zu einem Pogrom kommen wird. Die Judenhetze ist in letzter Zeit so arg gewesen, dass eine solche Reaktion kommen kann. Die neue Regierung wird eine Hochburg des Antisemitismus sein. Daher kann sich kein Jude mit ihr befreunden, obwohl gewiß viele eine feste Herrenhand am Staatsruder gern sehen«.[87]

Doch nach der gewerkschaftlichen Aufforderung zum Generalstreik am 13. März, zur Vereitelung des militärischen Rechtsputschs in Berlin, kam es auch in Köln zu einer breiten Solidarisierung der Arbeiterschaft mit der geflüchteten Regierung.[88] Fast ein Drittel der Bevölkerung, über 200 000 Menschen, folgte dem Aufruf von SPD und USPD, gegen den Staatsstreich der Reaktion zu protestieren, und versammelte sich zu einer der größten Demonstrationen der Stadt.[89] Auf dieser Kundgebung verteilte der DVSTB zahlreiche Flugblätter, etwa zur »Weltherrschaft des Judentums. Enthüllungen jüdischer Geheimblätter«, und forderte zum Boykott jüdischer Geschäfte auf.[90] Dabei ging der Schutz- und Trutzbund seiner verhetzenden Tätigkeit unter gezielter Ausbeutung des Wucherstereotyps nach. Programmatisch hieß es auf einem dieser Flugzettel:

> »Wir lehnen jede Herrschaft einer fremden Minderheit ab. Ist es nur ein Zufall, daß der Aufstieg des Judentums und der Niedergang der Deutschen zeitlich zusammenfallen, daß Wucher und Zersetzung des Geistes der Nation Hand in Hand gehen?«[91]

Erstmalig verband sich in der besetzten Stadt die antisemitische Propaganda auf der Straße auch mit der offenen Aufforderung zur antisemitischen Gewalt. Jugendliche Mitglieder des DVSTB schürten die Pogromstimmung gegen die

---

[86] Die Kapp-Regierung versprach die unerbittliche Bekämpfung des »Wucher-, Schieber- und Verbrechertums« und die Ausgabe von Mehlzuteilungen an Arbeiter, die eigentlich für Juden reserviert waren. Soldaten und Offiziere, die Hakenkreuze am Helm trugen, verteilten DVSTB-Flugblätter an die Bevölkerung. In Berlin rempelten Armeeangehörige jüdische Bürger auf der Straße an und inhaftierten jene, die gegen derartige Gewalttaten protestierten. Auch in Breslau und Ulm beteiligten sich Offiziere und Soldaten an den Übergriffen. JOCHMANN, Ausbreitung, S. 471.

[87] Tagebuch Dr. Schönenberg, NS-Dok., Nachlaß Schönenberg, S. 3. Der Mediziner Max Schönenberg praktizierte als niedergelassener Arzt in dem Arbeiterviertel Köln-Ehrenfeld. Gemeinsam mit seiner Frau wurde Schönenberg im Juni 1942 nach Theresienstadt deportiert, wo er am 8. Januar 1943 an Flecktyphus starb. Erna Schönenberg wurde im Oktober 1944 nach Auschwitz verschleppt und dort ermordet.

[88] Ein Staatsstreich der Reaktion! Aufruf des Kölner Gewerkschaftskartells, in: Rheinische Zeitung, 13. März 1920.

[89] DIETMAR/W. JUNG, Geschichte, S. 216.

[90] Flugblatt: »Deutschland den Deutschen!«, HStAD, Pol. Präs. Köln, 197.

[91] Flugblatt ohne Titel, Ebenda.

osteuropäischen Juden in der Altstadt, indem sie laut skandierten: »Haut die Juden, auf nach der Bayardsgasse«.[92]

Doch während sich in anderen Städten gewaltvolle Übergriffe auf jüdische Passanten während der Putschtage häuften, blieben die Agitationsversuche der radikalen Antisemiten in Köln weitgehend folgenlos und der Schutz- und Trutzbund ohne Bündnispartner isoliert. Die Demonstrationen wurden von den Besatzungsbehörden und der Polizei aufmerksam beobachtet und jede Form der Gewalt im Keim erstickt. Hinzu kam das entschiedene Auftreten der Kölner Arbeiterparteien, die der antisemitischen Hetztätigkeit den Kampf ansagten. Sie informierten darüber, daß die Völkischen bei den bisherigen Demonstrationen antisemitische Handzettel verteilt hatten, um eine Pogromstimmung hervorzurufen, und warnten, daß diese auch bei kommenden Demonstrationen auftreten würden.

> »Darum, Arbeiter und Genossen! Die Augen auf! Diese deutschvölkischen Agitatoren, die ihre Hetze nur geheim zu betreiben wagen, sind die Gesinnungs- und Parteifreunde der Berliner Reaktion! Stellt die Burschen, die es wagen, den Volkszorn durch antisemitische Pogromhetze von den wirklichen Schuldigen abzulenken! Nieder mit den deutschvölkischen Pogromhelden!«[93]

Trotzdem ist die Bilanz der Putschtage hinsichtlich des Wirkens der radikalen Antisemiten zwiespältig. Denn die sozialdemokratischen und kommunistischen Parteiführer und Journalisten hielten es für notwendig, »anti-antisemitische« Aufklärungsarbeit bei der Basis zu betreiben, was auf eine gewisse Affinität der Kölner Bevölkerung für die hetzerische Botschaft des DVSTB hinweist. In diese Richtung deutet auch der Kommentar der *Rheinischen Zeitung*, daß es nur dem entschiedenen Auftreten sozialdemokratischer Arbeiter zu verdanken sei, daß die Pogromhetze keinen Erfolg gehabt habe.[94]

Und auch in mittelständischen Kreisen war die Stimmung nach dem Kapp-Putsch antisemitisch aufgeladen und verband sich mit antirepublikanischen Ressentiments. Als etwa ein deutschnationaler Redner im April 1920 auf einer Versammlung des Christlichen Mittelstands wetterte, die »sogenannte Regierung« habe die Schieber heraufbeschworen, wurde er von lauten Rufen »Juden, Juden!« unterbrochen.[95]

Dieses antisemitische Potential der Bevölkerung nutzten die radikalen Antisemiten in den sogenannten Hungerunruhen in den Jahren 1922 und 1923 dann geschickter als zuvor. Sie suchten das Wucher- und Schieberstereotyp in

---

[92] Kölnisches: Schimpfende deutschvölkische Schutz- und Trutzbündler, in: Rheinische Zeitung, 24. März 1920. In der Bayardsgasse, die in der Altstadt liegt, wohnten besonders viele osteuropäische Juden.

[93] Lockspitzel der Reaktion!, in: Rheinische Zeitung, 15. März 1920.

[94] Schimpfende Deutsch-Völkische Schutz- und Trutzbündler, in: Rheinische Zeitung, 24. März 1920.

[95] Reaktion im Mittelstandskleide. Deutschnationale und Zentrum als Doppelgespann, in: Rheinische Zeitung, 27. April 1920.

der erregten Stimmung dadurch antisemitisch aufzuladen und hieraus politisches Kapital zu schlagen, daß sie an die Alltagsnöte der Bevölkerung anknüpften. Sie erklärten die Notlage, die überhöhten Preise und die Lebensmittel- und Wohnungsknappheit mit dem angeblich skrupel- und moralosen Geschäftsgebaren der jüdischen Wucherer und Schieber.[96]

Nachdem es bereits im Krieg wegen der mangelnden Versorgung mit Lebensmitteln und den Gütern des täglichen Gebrauchs zu verbitterten Demonstrationen gekommen war[97] und sich im März 1920 die Unruhen vor allem gegen die Bauern aus dem Kölner Umland gerichtet hatten[98], führten im November 1922 und 1923 die akuten Versorgungsengpässe einerseits und die Teuerungswellen auf dem Schwarzmarkt andererseits in Köln wie in anderen Großstädten zu Großdemonstrationen gegen Wucher und Schieber, und die Verbitterung entlud sich in Geschäftszerstörungen und -plünderungen.[99]

Die Stadt wurde im November 1922 zum Schauplatz schwerer Massenausschreitungen. Gegen Abend versammelten sich in den Arbeitervororten und im Stadtzentrum an die 1 000 Menschen, die ihrem Unmut über die Lebensmittelverteuerungen und explodierenden Kleidungs- und Schuhpreise lauthals Luft machten. Es waren laut Zeitungs- und Polizeiberichten vor allem männliche Jugendliche, die in den Abendstunden durch die Straßen zogen und die Schaufenster zahlloser kleinerer Geschäfte und der großen Kaufhäuser einschlugen und vereinzelt Läden plünderten, bevor sie von der Polizei verfolgt und verhaftet wurden.[100] Die eskalierende Gewalt zwischen Demonstranten und Polizisten mündete in mehrere hundert Festnahmen, ungezählte Verletzte und forderte zwei Todesopfer unter den Demonstranten.[101]

---

[96] HECHT, Deutsche Juden, S. 332–334; JOCHMANN, Ausbreitung, S. 451; und LOHALM, Völkischer Radikalismus, S. 143.

[97] Vgl. hierzu GEYER, Verkehrte Welt, S. 40–47; mit den entsprechenden Literaturangaben; und Jürgen KOCKA, Klassengesellschaft im Krieg 1914–1918. Deutsche Sozialgeschichte 1914–1918, Göttingen 1973, S. 40 f. Vgl. zu Köln DIETMAR/W. JUNG, Geschichte, S. 228 f.

[98] Auf einer Demonstration mit mehreren tausend Teilnehmern im Kölner Umland gegen »Schieber- und Wuchertum« verbanden die Redner diesen Vorwurf mit dem Protest gegen die mangelhafte Belieferung mit Kartoffeln. Auch in den kommenden Jahren richtete sich der Zorn der Kölner gegen die Bauern aus dem Umland, die angeklagt wurden, die Abgabequoten nicht zu erfüllen und Waren für den Schwarzmarkt zurückzuhalten. 1922 wurden sogar die Geschäftshäuser des rheinischen Bauernverbands geplündert. Der Bürgermeister von Hermülheim an den Regierungspräsidenten Köln, 13. März 1920, HStAD, Pol. Präs. Köln, 7855; Landrat Köln an den Regierungspräsidenten, 1. September 1923, HStAD, Pol. Präs. Köln, 7726; sowie Ortsverband Kerpen des Rheinischen Bauernvereins an die Rechtsschutzstelle des Kg. Gouverneurs Köln, 18. November 1922, HStAD, Pol. Präs. Köln, 7626.

[99] GEYER, Verkehrte Welt, S. 168–178; H. MOMMSEN, Aufstieg, S. 176 f.; und WINKLER, Revolution, S. 647.

[100] Teuerungs-Krawalle in Köln, in: Kölner Tageblatt, 28. November 1922. Weitere erhebliche Ausschreitungen in Köln – Plünderungen, in: Kölner Stadt-Anzeiger, 4. November 1922. Vgl. auch die täglichen Meldungen der Polizei an den Polizeipräsidenten, HStAD, Pol. Präs. Köln, 7726.

[101] Bericht an den Polizeipräsidenten, 21. November 1922, ebenda; Tätigkeitsbericht der

Nunmehr war es die 1921 gegründete Kölner Ortsgruppe der NSDAP, die während der Unruhetage eine Stimmung antisemitischer Gewalt unter der Bevölkerung zu entfachen suchte:

> »Am 12. 11. sprach der Nationalsozialist Esser in einer Versammlung und als Auswirkung dieses Vortrages wurden bei den Ansammlungen Rufe wie ›Nieder mit den Juden‹ laut und Flugblätter der beiliegenden Art verteilt, die die Aufmerksamkeit der Ruhestörer auf jüdische Geschäfte lenken sollten«.[102]

Ihr Auftreten bei den Hungerunruhen war eine der ersten Aktionen der Kölner Nationalsozialisten, die zunächst ganz im Schatten des mitgliederstärkeren Schutz- und Trutzbunds standen.[103] Nichtsdestotrotz war ihre Agitation während der Unruhetage, zu denen der Düsseldorfer Nationalsozialist Esser als Zugpferd eingeladen worden war, weit wirkungsvoller als die antisemitischen Bestrebungen während des Kapp-Putsches. Ein Kölner Arbeiter kommentierte die Stimmung während der Hungerunruhen folgendermaßen: »Man muß nur in die Menge gehen und sich umhören. Überall heißt es, die Juden sind schuld, sie müssen ausgemerzt werden«.[104] Erstmalig mündeten die antisemitischen Hetzaufrufe in konkrete Gewalt: Einen Tag, nachdem die Nationalsozialisten insbesondere gegen die »verjudete Textil- und Lederbranche« gehetzt hatten, wurden auffallend viele Schaufenster in jüdischen Konfektions- und Schuhläden zerschlagen, obwohl in ihnen entweder nichts zu holen war oder trotz der sich bietenden Gelegenheit nicht geplündert wurde.[105] Doch anders als in anderen deutschen Städten sah die Kölner Polizei diesen Ausschreitungen nicht tatenlos zu.[106] Sie schützte unter anderem die jüdische Metzgerei Katz, die 1928 in den Sog einer vehementen nationalsozialistischen Boykottagitation gezogen werden sollte. Die Verteidigung der Mülheimer Filiale des jüdischen Warenhauses Tietz, deren Scheiben zertrümmert und Auslagen geplündert wurden, führte zu einer offenen Konfrontation zwischen der Polizei und den Demonstranten, bei der eine Demonstrantin erschossen und über 40 Personen festgenommen wurden.[107]

---

uniformierten Polizei während der Unruhen am 12. Oktober 1923, 13. Oktober 1923, ebenda.

[102] Bericht an den Polizeipräsidenten, 21. November 1922, ebenda.

[103] Vgl. hierzu LOHALM, Völkischer Radikalismus, S. 318.

[104] Die Meinung eines Arbeiters. Man schreibt uns aus Arbeiterkreisen, in: Rheinische Zeitung, 14. November 1922.

[105] Bericht an den Polizeipräsidenten, 21. November 1922, HStAD, Pol. Präs. Köln, 7726; Neue Teuerungskrawalle in der Altstadt und in mehreren Vororten, in: Rheinische Zeitung, 14. November 1922; Die Meinung eines Arbeiters, in: Rheinische Zeitung, 14. November 1922; und Nationalsozialisten als Krawallführer?, in: Rheinische Zeitung, 16. November 1922; sowie Wohin treiben wir?, in: Rheinische Zeitung, 17. November 1922.

[106] Zu Memmingen siehe LOHALM, Völkischer Radikalismus, S. 143.

[107] Tätigkeitsbericht der uniformierten Polizei, 13. Oktober 1923, HStAD, Pol. Präs. Köln, 7726.

Es war den radikalen Antisemiten damit tatsächlich gelungen, erstmalig offene antisemitische Stimmung zu schüren und judenfeindliche Übergriffe zu provozieren. Vor allem männliche Jugendliche ließen sich für antisemitische Gewalt mobilisieren. In Köln wurde aber eine Eskalation dieser antisemitischen Ausschreitungen durch das entschiedene Auftreten der städtischen Behörden und der Arbeiterschaft verhindert.[108] Die Motivation der Polizei lag sicherlich stärker in der Wiederherstellung des staatlichen Gewaltmonopols als in einer gezielten Abwehr des Antisemitismus. Die Behörden traten der judenfeindlichen Hetze in ihren Stellungnahmen nämlich ebensowenig entgegen wie die Stadtverordneten oder die bürgerliche Öffentlichkeit, wodurch sie deeskalierend hätten wirken können. Es war allein die Kölner Arbeiterpartei, die einmal mehr vor den politischen Folgen dieser unheiligen Allianz aus sozialem Protest und antisemitischer Agitation warnte und die mit Erschrecken die Zunahme der antisemitischen Stimmung in der Bevölkerung beobachtete.[109]

Die Untersuchung des Wucher- und Schieberstereotyps im lokalen Raum bestätigt die Verbreitung radikalantisemitischer Denk- und Handlungsmuster im Wirtschaftsleben der frühen Nachkriegsjahre und relativiert sie zugleich. Obwohl sich DVSTB und NSDAP in diesem Bereich städtischen Lebens weit stärker propagandistisch rüsteten als in jedem anderen, konnte sich ihr radikaler Antisemitismus im öffentlichen Kommunikationszusammenhang nicht durchsetzen. Jenseits radikalantisemitischer Kreise wurde der Wucher- und Schiebervorwurf weder explizit gegen die jüdischen Mitbürger gerichtet und antisemitisch aufgeladen noch in alltägliche Verfolgungs- und Diskriminierungspraxis umgesetzt.

Allerdings zeugen die Ausnahmesituationen der Hungerunruhen vom antisemitischen Potential in der Bevölkerung und den Wirkungsmechanismen antisemitischer Propaganda. Als die geltenden Normen des städtischen Lebens außer Kraft gesetzt waren und antisemitische Propaganda direkt vor Ort verbreitet wurde, schlug diese antisemitische Stimmung erstmalig in Gewalt um. Die antisemitischen Äußerungen in der erregten Menge lassen eine Verharmlosung als »Dummejungenstreiche« gewaltbereiter Jugendlicher nicht zu. Andererseits spiegelten diese Taten aber auch keinen kollektiven Konsens wider. Daß die antisemitische Gewalt nicht eskalierte, war vor allem der Kölner Polizei zu verdanken, die jeden Gewaltansatz rigide unterdrückte. Im Reichsvergleich blieben in Köln also die Manifestationen eines radikalen Antisemitismus im Wirtschaftsleben extrem schwach, auch wenn verschiedene Indizien

---

[108] Niewyk zeigt sich überrascht, daß die Bevölkerung nicht stärker auf die antisemitische Agitation reagierte, doch mag dies mit dem restriktiven Verhalten der staatlichen und städtischen Behörden erklärt werden und läßt keine Rückschlüsse auf die mentalen Befindlichkeiten zu. NIEWYK, Jews in Weimar Germany, S. 51.

[109] Keine Verschleierung. Ursache und Wirkung, in: Rheinische Zeitung, 18. November 1922; und Die Kölner Sozialdemokratie zur Lage, in: Ebenda.

darauf hinweisen, daß die antisemitischen Vorstellungsbilder vom jüdischen Wucherer und Schieber sowohl in der Arbeiterschaft als auch im Mittelstand weiter verbreitet waren, als man öffentlich aussprach.

Im städtischen Raum wurde dieses konsensuale Schweigen gegenüber den osteuropäischen Juden explizit gebrochen. Es war jedoch gerade nicht die Agitation der deutsch-völkischen Außenseiter sondern es waren die bürgerliche Mitte und die Behörden, die die radikalisierte Stereotypisierung auf der Handlungsebene vorantrieben und ihre rassistischen Denkbilder als erste der lokalen Akteure in alltägliche Verfolgungs- und Diskriminierungspraktiken umsetzten. Von dieser strukturellen Gewalt waren als erstes die osteuropäischen Juden betroffen. Der Erfolg des Stereotyps vom ostjüdischen Schieber und Wucherer basierte also weniger auf dem Agitationssturm der politischen Verführer eines radikalisierten Mittelstands als vielmehr auf einem konfessions- und schichtübergreifenden Konsens der städtischen Gesellschaft, dessen Dynamik sich aus ihrer Mitte und nicht von den Rändern her entfaltete.

3. Das Wirtschaftsleben und seine städtische Normalität

3.1. Die Wirtschafts- und Erwerbsstruktur

Das Hauptcharakteristikum der Wirtschaftsstruktur Kölns in den 1920er Jahren bildete ihre Heterogenität: Die rheinische Großstadt blieb trotz des relativen Verlusts an volkswirtschaftlicher Bedeutung ein regional führendes Banken- und Versicherungszentrum[110] und bedeutender Industriestandort.[111] Obwohl die Industrie im produzierenden Gewerbe eine starke Stellung einnahm, konnte sich das Handwerk relativ gut behaupten, weil sich ihm neben der traditionellen Nahrungs- und Genußmittelherstellung im Baugewerbe und in den modernen Industriebranchen neue Betätigungsmöglichkeiten boten.[112] Eine

---

[110] Im Konzentrationsprozeß des Kölner Bank- und Versicherungsgewerbes traten als Hauptakteure der Privatbankier Louis Hagen mit dem Bankhaus Levy, das Bankhaus Sal. Oppenheim jr. & Cie., der Schaafhausensche Bankverein und die Bank J. H. Stein auf. Im Kölner Versicherungswesen nahm der Gerling-Konzern eine besonders exponierte Position ein. KELLENBENZ, Wirtschaft, S. 333–335; L. WEISS, Großstädte, S. 28.

[111] Führend war die rechtsrheinische Großindustrie mit dem Schwerpunkt auf der Metallverarbeitung, dem Maschinenbau und der Stahlproduktion. Aber auch das Baugewerbe und die Verkehrsindustrie sowie die neuen Industriezweige der chemischen Industrie und Kabelproduktion spielten eine zentrale Rolle. H.-W. FROHN, Arbeiterbewegungskulturen, S. 25. Vgl. allgemein zur Kölner Industrie neben HERRMANN, Wirtschaftsgeschichte, und HENNING, Industrie- und Handelskammer auch KELLENBENZ, Wirtschaft.

[112] Vgl. HERRMANN, Wirtschaftsgeschichte, S. 411–413; KUSKE, Großstadt, S. 36–39; Max-Leo SCHWERING, Handwerk in Köln, Köln 1984; und die beschönigende Jubiläumsschrift Herbert SINZ, 200 Jahre Kölner Handwerk. Chronik einer großen Leistung, Köln 1975. Insgesamt waren 1926 rund 25 700 Kölner im Handwerk beschäftigt, und zwar über 8 600 Innungsmitglieder mit 12 300 Gesellen und fast 4 800 Lehrlingen. KUSKE, Großstadt, S. 37.

zentrale Säule der Kölner Wirtschaft bildete darüber hinaus der Handel, der 1929 die Hälfte der Umsätze erwirtschaftete.[113] Mit etwa 11 000 Betrieben dominierte der Einzelhandel, in dem das Kleinunternehmen, das oftmals gerade den Unterhalt einer Familie sicherte, die Regel darstellte. Mit dem traditionellen Gemischtwaren- und Fachgeschäft konkurrierte zunehmend das moderne Warenhaus und Einheitspreisgeschäft, das Leonhard Tietz 1902 bzw. in den 1920er Jahren in Köln eingeführt hatte.[114] Im Groß- und Außenhandel dominierte der Import/Export mit Konsumgütern, Textilartikeln sowie Eisen- und Stahlprodukten. Wichtige Institutionen für den Geld- und Warenverkehr bildeten die Kölner Börse und Messe. Die Ausdehnung der öffentlichen und privaten Dienstleistungen im Handel, im Banken- und Versicherungswesen, in den Wirtschaftsverwaltungen und Verbänden sowie im Verkehrssektor legte den Grundstock für den Wandel der Domstadt zum modernen Dienstleistungszentrum seit der Jahrhundertwende und begründete den Ausbau des tertiären Sektors.[115] 1925 arbeitete nur noch knapp die Hälfte der Bevölkerung im produzierenden Gewerbe (47,5 %), während ein gutes Drittel der Berufstätigen nun ihr Auskommen in Handel und Verkehr (33,9 %) und ein knappes Zehntel (9,4 %) im Dienstleistungsbereich fanden. In der Landwirtschaft waren nur noch 1,6 % der Kölner und Kölnerinnen tätig.[116]

Die Kölner Wirtschaft zeichnete sich, wie für den Handel bereits angedeutet, nicht nur durch eine große Streuung der Branchen, sondern auch der Betriebsgrößen aus.[117] Neben wenigen industriellen Großbetrieben und den großen Bank-, Versicherungs- und Warenhäusern stand eine Vielzahl an mittleren und kleineren, mittelständisch geprägten Industrie-, Handwerks- und Handelsbetrieben, auch wenn deren Zahl im Konzentrationsprozeß seit Mitte der 1920er Jahre

---

[113] 1925 zählte die Stadt 19 000 Handelsbetriebe mit 72 000 Beschäftigten, darunter 26 000 Frauen. Frauen stellten somit knapp 36 % der Beschäftigten im Kölner Handel und lagen hiermit wiederum unter dem Reichsdurchschnitt von 36,7 %. KUSKE, Großstadt, S. 30, 36.

[114] Peter FUCHS, Hundert Jahre Kaufhof Köln 1891–1991, Köln 1991; Konrad FUCHS, Jüdische Unternehmer im deutschen Groß- und Einzelhandel dargestellt an ausgewählten Beispielen, in: W. E. MOSSE/POHL, Unternehmer, S. 177–195, hier: S. 187 f.; HERRMANN, Wirtschaftsgeschichte, S. 413–418; Johannes LUDWIG, »Wartet nur – wir kommen schon«. Der große Boykott vom 1. April 1933. Aus dem Traditionskaufhaus »Leonhard Tietz« wird die »Kaufhof AG«, in: Ders., Boykott, Enteignung, Mord. Die »Entjudung« der deutschen Wirtschaft, Hamburg 1989, S. 104–127; und Georg TIETZ, Hermann Tietz. Geschichte einer Familie und ihrer Warenhäuser, Stuttgart 1965.

[115] In den 1920er Jahren expandierten nicht nur Lager-, Speditionsgewerbe und Verkehrsmittelindustrie, hier ließen sich auch die großen Schiffahrts- und Speditionsgesellschaften nieder. Reichsbahn und Post hatten in Köln fast 19 000 Angestellte. L. WEISS, Großstädte, S. 28.

[116] HENNING, Industrie- und Handelskammer, S. 8–11.

[117] Von den rund 15 000 Betrieben, die 1925 gezählt wurden, entfallen allein auf diejenigen mit 1–5 Beschäftigten etwa 12 000. 1914 zählte Köln allein 2 000 metallverarbeitende Betriebe. DIETMAR/W. JUNG, Geschichte, S. 36; und KUSKE, Großstadt, S. 36.

stark abnahm.[118] Der differenzierten Gewerbe- und Betriebsstruktur entsprach eine ebenso heterogene Berufsverteilung mit einem vergleichsweise hohen Anteil von Angestellten und Kleingewerbetreibenden.[119] 1925 betrug die Gruppe der Selbständigen in Köln 13,7 % (zuzüglich 2,6 % mithelfender Familienangehöriger), die der Beamten und Angestellten 30,6 %.[120] Die Arbeiterschaft stellte mit 53,1 % die größte Gruppe, bildete jedoch kein einheitliches Profil aus, da ihre Mitglieder nach Qualifikation, Geschlecht, Einkommen, Branche und politischer Ausrichtung stark differierten. Hinzu kam, daß die Grenzen zwischen einem eher industriell und einem stärker handwerklich orientierten Kleinbetrieb in Köln fließend waren.[121] Dies gilt auch und gerade in der Spätphase der Republik für die Trennung zwischen der sozial bessergestellten Gruppe der Facharbeiterschaft und dem unteren Angestelltentum.[122] Die heterogenste Berufsgruppe bildeten die Selbständigen, die sich aus Angehörigen des gehobenen Bürgertums (Industrielle, wohlhabende Rentiers, Bankiers, große Geschäftsleute, freie Akademiker), des alten Mittelstands (altes Kölner Besitzbürgertum, kleine Fabrikanten, Handwerksmeister, Besitzer von Einzelhandelsgeschäften etc.) und Unterschichtsangehörigen (Hausierer, Besitzer von kleinen Kiosken etc.) zusammensetzten. Während der Anteil der Selbständigen im Erwerbsleben zurückging, nahm der proportionale Anteil der Angestellten zu. Dieses wissenschaftlich, technisch oder kaufmännisch gebildete Verwaltungs-, Aufsichts- und Büropersonal stellte in Köln mit einem Viertel der Berufstätigen eine relativ große Gruppe.[123] Insgesamt war in Köln der Mittelstand verhältnismäßig stark vertreten. Dagegen betrug der Anteil der Beamten, die bei der städtischen und staatlichen Verwaltung, an Schulen, bei der Reichsbahn, der Post und der 1919 neu gegründeten Universität in Köln beschäftigt waren, nur 6,5 % gegenüber 8,3 % in Berlin und 10,2 % in München, da Köln keine Landeshauptstadt war.[124]

---

[118] DIETMAR/W. JUNG, Geschichte, S. 187 f.; HERRMANN, Wirtschaftsgeschichte, S. 400, 404–406; und KELLENBENZ, Wirtschafts- und Sozialentwicklung vom Beginn des Ersten Weltkriegs, S. 132 f.

[119] Eine exakte Klassifizierung im Sinne einer sozialen Schichtung ist daraus jedoch nicht ableitbar, da die Berufsposition mit anderen Indikatoren wie Abstammung, Bildungsstand, Einkommen und sozialer Selbsteinschätzung gekoppelt werden müßte. Karlbernhard JASPER, Der Urbanisierungsprozeß dargestellt am Beispiel Köln, Köln 1977, S. 99.

[120] HERRMANN, Wirtschaftsgeschichte, S. 369.

[121] Die Arbeiterschaft ist zwar die besterforschte soziale Gruppe des Untersuchungszeitraums, doch gilt dies v. a. hinsichtlich ihrer organisatorischen und politischen Verfaßtheit. Informativ hierzu Günther BERS, Eine Regionalgliederung der KPD. Der Bezirk Mittelrhein und seine Parteitage in den Jahren 1927/1929, Reinbek 1981; M. FAUST, Burgfrieden; NEIDIGER »Von Köln aus«; und RÜTHER, Arbeiterschaft.

[122] DIETMAR/W. JUNG, Geschichte, S. 190; und HERRMANN, Wirtschaftsgeschichte, S. 369.

[123] Die Angestellten- und Beamtenzahlen verdoppelten sich in Rheinland-Westfalen zwischen 1907–1925. Siehe hierzu genauer G. SCHULZ, Veränderungen, S. 43–45.

[124] KUSKE, Großstadt, S. 40, 42.

Was läßt sich aus diesem stadtspezifischen Wirtschaftsprofil nun für die folgende Analyse ableiten? Die gemischte Wirtschaftsstruktur mit dem großen Anteil des Bank- und Handelswesens zog eine für eine westdeutsche Großstadt ungewöhnliche Bevölkerungsstruktur nach sich, die stark mittelständisch geprägt war. Trotz des modernen Wirtschaftsprofils der Stadt fanden viele Menschen ihr Einkommen in kleinen und mittleren Handwerks- und Handelsbetrieben. Diese Bevölkerungskreise mußten für einen mittelständisch argumentierenden Antisemitismus besonders anfällig sein, wenn man die sozioökonomisch argumentierende Konkurrenzthese zugrundelegt. Doch auch die neuen Angestellten waren ab 1930 von Arbeitslosigkeit und einer »schleichenden Proletarisierung« betroffen oder fühlten sich zumindest hiervon bedroht. Wäre allein die Zugehörigkeit zu den radikalisierten Gruppen des alten und neuen Mittelstands ausschlaggebend für den Erfolg eines wirtschaftlich argumentierenden Antisemitismus, hätte dieser in Köln auf eine besonders große Resonanz stoßen müssen.

Doch wäre es zu kurz gegriffen, als Erklärungsfaktor für einen wirtschaftlich motivierten Antisemitismus a priori die mittelständisch geprägte Bevölkerungsstruktur hervorzuheben, ohne die konfessionelle Dimension der Berufs- und Erwerbsstruktur zu berücksichtigen. Das eingangs erstellte differenzierende Sozialprofil der Kölner Bevölkerung entlang der konfessionellen Grenzen verdeutlicht, daß in Köln keineswegs eine reiche und moderne jüdische Minderheit einer nichtjüdischen Mehrheit an Modernisierungsverlierern gegenüberstand. Die Minderheiten-/Mehrheitenkonstellation in Köln gestaltete sich weit vielschichtiger. Im 19. Jahrhundert stellten sowohl Protestanten als auch Juden besser verdienende und gebildete Minderheiten neben einer katholischen Mehrheitsbevölkerung, die sich die Überwindung ihrer wirtschaftlichen Inferiorität auf die Fahnen geschrieben hatte. Allerdings waren die Kölner Juden überproportional in jenen Wirtschaftsbranchen vertreten, die seit der Strukturkrise der 1870er Jahren und ihren antisemitischen Interpretationsmustern zu ihrem (Negativ-)Symbol wurden, und standen in direkter Konkurrenz zu jenen mittelständischen, überwiegend katholischen Kreisen, die sich als Verlierer der Wirtschafts- und Gesellschaftsentwicklung begriffen.[125] In den 1920er Jahren verringerten sich die sozialen Unterschiede zwischen Protestanten, Juden und Katholiken. Trotzdem waren sowohl Juden als auch Katholiken vornehmlich im alten Mittelstand stecken geblieben und standen hier in einem stärkeren Konkurrenzverhältnis zueinander als je zuvor.

---

[125] LOHALM, Völkischer Radikalismus, S. 140; und NIPPERDEY, Geschichte, Bd. 2, S. 293. Zur wirtschaftlichen Konkurrenz als Motiv für den Antisemitismus siehe BARKAI, Kapitalist, S. 270; ders., Minderheit, S. 39 f.; BERDING, Antisemitismus in der modernen Geschichte, S. 94, 97; und Reinhard RÜRUP, Emanzipationsgeschichte und Antisemitismusforschung. Zur Überwindung antisemitischer Vorurteile, in: ERB/SCHMIDT, Antisemitismus, S. 467–478, hier: S. 473.

Es wird zu überprüfen sein, ob sich unter dem Einfluß der Krisensituation und der radikalantisemitischen Agitation der Nationalsozialisten das konfessionelle Gruppenbewußtsein innerhalb der nichtjüdischen Bevölkerung ungeachtet der noch immer divergierenden sozialen Lagen zwischen Katholiken und Protestanten, ihrer unterschiedlichen Minderheits-/Mehrheitserfahrungen und tradierten Denkwelten zugunsten eines schicht- und konfessionsübergreifenden Antisemitismus auflöste. Denkbar ist im Gegenteil auch, daß sich das konfessionelle Gruppenbewußtsein in der Bevölkerung und die Forderung nach der Schließung des eigenen Milieus vor der andersgläubigen Konkurrenz zwar verstärkten, daß sich dieser wirtschaftlich motivierte Schutz vor »dem Anderen« jedoch gegen jeden richtete, der nicht der eigenen Gruppe angehörte, und deshalb nicht antisemitisch aufgeladen war. In diesem Fall hätte die Antisemitismusforschung die spezifischen Milieumechanismen in wirtschaftlichen Krisenzeiten unter- und einen dezidierten Wirtschaftsantisemitismus überschätzt. Schließlich könnte sich der konfessionelle Gruppenzusammenhang mit antisemitischen Denk- und Handlungsmustern verbunden und graduell stärker gegen die jüdische als die nichtjüdische Konkurrenz gerichtet haben. Inwieweit ein solcher wirtschaftlich motivierter und argumentierender Antisemitismus seine Spuren in den konkreten Handlungspraktiken und alltäglichen Entscheidungen der Kölnerinnen und Kölner hinterließ, gilt es nun zu untersuchen.

3.2. Formen des Miteinanders

Die Beziehungen zwischen Juden und Nichtjuden waren stark von der Position im ökonomischen Prozeß geprägt und fächerten sich nach der Stellung im Wirtschaftsleben auf. Entgegen der These Bennathans, daß »die abgeschlossene Oligarchie der Wirtschaftselite mit aristokratischer Exklusivität den Zugang für Juden zu Spitzenpositionen in Industrie und Handel erschwerte«, nahmen erfolgreiche jüdische Unternehmer in Köln zentrale Positionen im Wirtschaftsleben der Stadt ein.[126] Sie waren Träger wichtiger wirtschaftlicher und gesellschaftlicher Ehrenämter, nachdem erstmalig mit Simon Oppenheim 1823 einstimmig ein Jude in die Handelskammer berufen und sein Bruder Abraham 1846 als erstes jüdisches Mitglied in den Stadtrat gewählt worden war.[127] Louis Hagen wurde unabhängig von seiner jüdischen Herkunft 1916 zum Präsidenten der Industrie- und Handelskammer berufen und bis zu seinem Tod 1932 einstimmig wiedergewählt. Auch seinem Nachfolger Paul Silverberg stand der jüdische Familienhintergrund 1932 nicht im Wege. Jüdische Unternehmer fun-

---

[126] BENNATHAN, Struktur, S. 127.

[127] Zu Simon Oppenheim vgl. PRACHT, Kulturerbe, S. 244. Abraham Oppenheim war als Mitglied der Konservativen in den Stadtrat gewählt worden. Nach dem Ausbruch der Revolution wechselte er zum moderaten Liberalismus über. Peter PULZER, Politische Einstellung und politisches Engagement jüdischer Unternehmer, in: W. E. MOSSE/POHL, Unternehmer, S. 313–331, hier: S. 317.

gierten als Handelsrichter, waren im städtischen Schlichtungsausschuß der IHK tätig und nahmen Vorstandstätigkeiten in den Fachverbänden ein, wie Leonhard Tietz im Einzelhandelsverband, dem 1930 zum 50jährigen Firmenjubiläum auch die Ehrendoktorwürde der Kölner Universität verliehen wurde.[128] Für ihre Integration in die städtische Elite spricht auch ihr Engagement als politische Vertreter der lokalen Parteien im Stadtrat und in den bürgerlichen Vereinen. Daß sie darüber hinaus die staatliche Anerkennung für ihre berufliche Tätigkeit fanden, spiegelt sich in der überproportional häufigen Ernennung Kölner jüdischer Unternehmer zu geheimen Kommerzienräten.[129]

Doch auch auf den mittleren und unteren Ebenen des Wirtschaftslebens gehörten gute Beziehungen zwischen Juden und Nichtjuden durchaus zur Normalität des wirtschaftlichen Alltags. Jüdische Ärzte und Rechtsanwälte wurden von andersgläubigen Patienten und Klienten aufgesucht, wovon die Geschichte des Kölner Israelitischen Asyls ebenso Zeugnis gibt wie die Erinnerungsliteratur niedergelassener Juristen und Mediziner.[130] Die Memoiren berichten über den Respekt, den gerade jüdische Rechtsanwälte in Fachverbänden und bei Gericht fanden.[131] Und sie zeigen, daß Geschäftsverbindungen zwischen gemischtkonfessionellen Geschäftspartnern durchaus nicht so selten waren, wie etwa Richarz konstatiert.[132] Als prominentestes Beispiel mag hierfür die höchst erfolgreiche Partnerschaft zwischen dem protestantischen Metallwarenhändler Otto Wolff und seinem jüdischen Kompagnon Ottmar Strauß dienen. Die beiden hatten sich im Krankenzimmer des Israelitischen Asyls kennengelernt und dort den Entschluß gefaßt zusammenzuarbeiten. Sie begründeten damit eine steile Karriere für beide Unternehmer, die jedoch für Strauß in der NS-Zeit mit dem Ausschluß aus dem Unternehmen bitter endete.[133]

---

[128] HENNING, Soziales Verhalten, S. 247–270. Auch der etablierte Kaufmann Artur Joseph schildert, daß er sowohl in die Vorstände von Wirtschaftsverbänden als auch nach dem Tod seines Vaters in das Schiedsgericht der IHK Köln gewählt worden sei. JOSEPH, Meines Vaters Haus, S. 103.

[129] Unter den bis 1909 ernannten Kommerzienräten waren jüdische Unternehmer mit einem knappen Drittel (30,4 %) vertreten, das sind doppelt so viele wie im Reichsdurchschnitt, aber deutlich weniger als in Frankfurt. In der Stadtverordnetenversammlung stellten die jüdischen Unternehmer und Rechtsanwälte um die Jahrhundertwende 9 % der Abgeordneten. HENNING, Soziales Verhalten, S. 269.

[130] Vgl. hierzu BECKER-JÁKLI, Krankenhaus; vgl. schon jetzt Elisabeth von AMELN, Köln Appellhofplatz. Rückblick auf ein bewegtes Leben, Köln 1985; und Siegmund Mannheim, Unveröffentlichte Biographie o. T., Brüssel 1941, Memoirs 1880–1941, LBI NY, ME 420; MM reel 53; sowie die Interviews mit Sholamid Ginossah, 4. Juli 1997, NS-Dok. und Ruth Pincus-Wieruszowski. Zum Israelitischen Asyl siehe SERUP-BILFELDT, Zwischen Dom und Davidstern, S. 97–102.

[131] Hilde DOMIN, Von der Natur nicht vorgesehen, München 1974, S. 14.

[132] RICHARZ, Jüdisches Leben, S. 38. Zur gemischtkonfessionellen Berufspartnerschaft etwa Interview Blaugrund. Daß antisemitische Beweggründe auch Verbindungen vereitelten, soll damit nicht bestritten werden. Vgl. hierzu Mannheim, Unveröffentlichte Biographie.

[133] Elfi PRACHT, Ottmar Strauß, Industrieller, Staatsbeamter, Kunstsammler, in: Menora. Jahrbuch für deutsch-jüdische Geschichte 1994, S. 39–70, hier: S. 52–58.

Mit Ausnahme weniger Beschäftigungszweige waren die Geschäftsverbindungen Kölner Juden zu Nichtjuden ausgedehnter als zu ihren Glaubensgenossen, sei es als Lieferanten, Kunden oder Kollegen.[134] Dies ist angesichts der Minderheitensituation logisch, aber ein Umstand, der in der Literatur nur allzuleicht übersehen wird.

Noch am wenigsten Verkehr zur nichtjüdischen Umwelt pflegten die jüdischen Angestellten, die in jüdischen Betrieben beschäftigt waren. Es scheint, als hätten bis in die Mitte der 1920er Jahre vor allem religiös lebende Juden, die wegen der abweichenden Feiertagsregelungen in christlichen Betrieben mit Konflikten rechnen mußten, dezidiert Anstellung in einem jüdischen Unternehmen gesucht. Zumindest in der Metallbranche standen diese in einer engen Verbindung und bildeten tatsächlich so etwas wie ein abgeschlossenes ökonomisches Milieu: »Sie haben sicher von Lissauer gehört, das waren Brüder. Die waren alle verwandt diese Metallfirmen. [...] Und dadurch, daß die am Schabbat geschlossen waren, waren die sehr begehrt bei uns jüdischen Jugendlichen«.[135]

Doch auch wenn jüdische Arbeitgeber unter jüdischen Arbeitssuchenden besonders beliebt waren, stellten diese ihre Mitarbeiter – einmal mehr den Gesetzen des ökonomischen Lebens folgend – überwiegend aufgrund fachlicher Qualifikation und nicht wegen ihrer Religionszugehörigkeit ein und schufen damit die infrastrukturellen Voraussetzungen für kollegiale Kontakte jenseits der Konfessionsgrenzen.[136] So arbeiteten bei der Leonhard Tietz A.G. 1933 reichsweit insgesamt 20 000 Angestellte, darunter nur 1 500 jüdischer Konfession. Dieses Einstellungsmuster findet sich auch in den kleinen jüdischen Betrieben vor Ort und sogar bei jüdischen Milieuinstitutionen wie dem Israelitischen Lehrlingsheim oder dem Israelitischen Asyl.[137]

Trotz der Überlieferungslücken hinsichtlich der Beziehungen jüdischer und nichtjüdischer Arbeitskollegen in den Betrieben ist mehr über ein kollegiales Miteinander und die Abwehr antisemitischer Propaganda als über Anfeindungen und soziale Ausgrenzungen zu erfahren. Ohne genauere Aussagen darüber treffen zu können, wie sich die Auftragslage jüdischer Firmen in Köln hin-

---

[134] So BENNATHAN, Struktur, S. 128.

[135] Interview Blaugrund. Verallgemeinernd die These vom geschlossenen ökonomischen Milieu bei RICHARZ, Jüdisches Leben, S. 23.

[136] Die Erinnerungsliteratur vermittelt einmal mehr Kenntnis darüber, wie am Arbeitsplatz Kontakte zwischen Juden und Nichtjuden entstanden und sich auch in gemeinsamen Freizeitaktivitäten vertieften.

[137] So berichtet etwa der Kölner Otto Spier von seiner Lehrzeit in einer jüdischen Fabrik in Ehrenfeld mit meist christlichen Angestellten. Spier in: BECKER-JÁKLI, Ich habe Köln, S. 163. Zu den christlichen Mitarbeitern im Asyl siehe auch Lydia Treidel, Lebenserinnerungen, Jerusalem 1956, Memoirs 1880–1956, LBI NY, ME 646; MM reel 77. Heinrich Nezer, der Sohn des Leiters des Israelitischen Lehrlingsheims berichtet, daß außer den Eltern das ganze Personal nichtjüdisch war: die beiden Dienstmädchen, die Waschfrau und der Turnlehrer. Nezer in: BECKER-JÁKLI, Ich habe Köln, S. 55. Shulamit Cohen erzählt etwa von der elterlichen Fabrik für Arbeiterschutzbekleidung mit 30 christlichen Arbeitern und einem christlichen Teilhaber. Interview Cohen.

sichtlich des konfessionellen Hintergrunds der Auftraggeber gestaltete, ist immerhin gesichert, daß jüdische Firmen vorurteilslos von katholischen Krankenhäusern oder Klöstern mit der Ausstattung ihrer Häuser oder anderen Aufträgen betraut wurden, wenn sie ein entsprechend gutes Angebot abgaben.[138] Und auch die Stadt Köln zeigte keine Scheu, die Leistungen jüdischer Unternehmen in Anspruch zu nehmen. So schloß sie mit einem jüdischen Brauereibesitzer Verträge für die Belieferung des Gürzenich ab, der seit dem späten Mittelalter das Zentrum bürgerlicher Festkultur in Köln bildete.[139] Diese wirtschaftlichen Beziehungen zur nichtjüdischen Klientel sicherten erst die materielle Grundlage vieler jüdischer Unternehmen.

Dies gilt in weit größerem Maße für die zahlreichen Einzelhändler. Gerade die kleinen jüdischen Gemischtwarenläden in der Altstadt waren nicht nur für die gleichkonfessionelle Kundschaft, sondern auch die katholischen und protestantischen Käuferinnen und Käufer attraktiv:

> »Eine besondere Anziehungskraft hatte für uns der sich in der Nachbarschaft befindliche Altkrämerladen des Juden Levi. In seinem Geschäft wurde alles an- und verkauft, was noch irgendwie brauchbar war, vom verrosteten Nagel bis zum Hasenfell. Davon haben wir auch hier und da Gebrauch gemacht [...]. Wir besuchten das Ehepaar Levi auch deshalb häufig und haben stundenlang bei ihm in der Küche gesessen und geplaudert, weil Herr Levi für uns die Hasen und Kaninchen mit einer ganz besonderen Geschicklichkeit und ohne ein einziges Loch in das Fell zu schneiden abzog«.[140]

Schuhgeschäfte osteuropäischer jüdischer Inhaber lebten in der Altstadt von einer rein christlichen Kundschaft, und selbst koscher geführte Geflügelläden konnten auf eine treue nichtjüdische Stammkundschaft zählen.[141] Auch jüdische Kunden standen in engen Banden zu nichtjüdischen Geschäftsinhabern. Es waren allein einige – längst nicht alle – streng orthodox lebende Juden osteuropäischer Herkunft, die ihr Konsumverhalten von kollektiven Gruppenidentitäten leiten ließen und prinzipiell in jüdischen Läden kauften.[142] Es gehörte zur gängigen Praxis, daß jüdische Kundinnen in ihrem nichtjüdischen Stammladen um die Ecke anschreiben ließen. Umgekehrt gewährten etablierte eingesessene Kaufleute wie der Schuhladenbesitzer Arthur Joseph diese Praxis ihren Kundenstamm, ohne nach der Religionszugehörigkeit zu fragen und damit ihre Geschäftsgrundlage zu gefährden.[143] Und das Kaufhaus Tietz konnte

---

[138] Zu erschließen aus den zahlreichen Beschwerden und Eingaben katholischer Kaufleute gegen diese Kontakte aus den Aktenbeständen der Katholischen Kaufmannsvereine, AEK, Gen. I, 23.13,1. Siehe hierzu auch die späteren Ausführungen in diesem Kapitel.
[139] Interview Treumann.
[140] Rosa Maria ELLSCHEID, Erinnerungen von 1896–1987, Köln 1988, S. 48.
[141] Karl David Ziegellaub in: BECKER-JÁKLI, Ich habe Köln, S. 75 f.
[142] Interview Blau.
[143] JOSEPH, Meines Vaters Haus, S. 103.

wegen seines hervorragenden Preis-Leistungs-Verhältnisses auf eine Massenkundschaft jenseits der konfessionellen Grenzziehungen bauen.[144]

3.3. Traditioneller Wirtschaftsantisemitismus

Gerade gegen diese gewachsenen Formen des Miteinanders richteten sich im Wirtschaftsleben bereits seit der Gründerkrise antisemitische Diskriminierungsaufrufe, die darauf abzielten, die jüdische Stellung im Wirtschaftsleben zu schwächen. Hierzu gehörte vor allem die Forderung, nicht in jüdischen Geschäften und Warenhäusern zu kaufen sowie jüdische Ärzte und Rechtsanwälte zu boykottieren.[145] Diese Boykottaufrufe wurden mit dem Negativbild jüdischen Geschäftsgebarens begründet, das mit seinen modernen Wucher- und Schacherpraktiken angeblich den deutschen Mittelstand zerstöre. Die Schlagworte »Kauft nicht beim Juden« und »Meidet jüdische Ärzte und Rechtsanwälte« zählten zum Kernbestand der antijüdischen Reaktion auf die ökonomische Krise. Seit der Jahrhundertwende wurden auch in Köln Aufrufe zur Ächtung jüdischer Geschäfte laut. Gerade zu Weihnachten und in der Erstkommunions- und Konfirmationszeit verbanden sich religiöse und wirtschaftliche Motive in den einschlägigen antisemitischen Blättern zu vehementen Boykottaufrufen: »Christliche Mitbürger! Ein ehrlicher Christ sollte überhaupt nie bei Juden kaufen, aber ein Verbrechen begeht er, wenn er Confirmandenanzüge bei Juden kauft«.[146]

Diese Aufrufe waren beileibe keine Domäne der deutsch-völkischen Presse, wenn diese auch am lautesten an die Öffentlichkeit traten. Das Schlagwort »Kauft nicht bei Juden« war vielmehr auch in katholischen Kreisen verbreitet.[147] Bei den katholischen Boykottforderungen verband sich das ökonomische Vorteilsdenken jedoch stärker mit einer tradierten religiösen Vorurteilsstruktur, die gerade den Kauf von Devotionalien oder von Waren zu hohen religiösen Feiertagen bei unchristlichen und unmoralischen Anbietern emotionalisierte und als Sünde stilisierte.[148] Hinzu kam die spezifische Verbindung

---

[144] »So lebte man respektierlich nebeneinander, und auch die vielen jüdischen Geschäfte hatten ihre festen Kunden im Veedel, z. B. Leonhard Tietz, Orgeler, Lebensmittelgeschäfte in der Weidengasse und die vielen An- und Verkaufsläden in der Ritterstraße«. H.Al. Z.1, in: MATZERATH, »Vergessen«, S. 19.

[145] MORGENTHALER, Countering, S. 128.

[146] Mitteilungen aus dem Verein zur Abwehr des Antisemitismus 1895, S. 92, zit. nach SUCHY, Antisemitismus, S. 276.

[147] So auch O. BLASCHKE, Antikapitalismus, S. 139.

[148] Die Zeitschrift Merkuria des Kölner Kaufmännischen Vereins faßt idealtypisch die Argumentationsstränge des katholischen Antisemitismus zusammen und soll daher im folgenden ausgiebig zitiert werden. Den Finger auf die Wunde, in: Merkuria, 14. Dezember 1913, AEK, Gen. I, 23.13,1: »Ist es denn nicht auch ein unerträglicher Gedanke, in jüdischen Geschäften unsere Devotionalien zum Verkauf ausgestellt zu sehen? ... ein Kruzifix, ein Skapulier, ein Rosenkranz, ein Weihwasserbecken aus Judenhand erworben ist mir einfach unfaßlich«.

eines katholischen Inferioritätsbewußtseins mit den Negativstereotypen vom jüdischen Geschäftsgebaren, die die Juden als Repräsentanten der Moderne für die schlechte wirtschaftliche Lage der Katholiken verantwortlich machte. Ein solcher katholischer Antisemitismus reproduzierte in seinen Selbst- und antijüdischen Fremdzuschreibungen das Deutungssystem des mittelständischen Antisemitismus der 1880er Jahre und ersetzte die allgemeinere, national-christliche Opferidentität durch die katholisch spezifizierte.[149] Die Gründe für den Erfolg der jüdischen Konkurrenz und die eigene Notlage konnten dann in den angeblich unlauteren, ausbeuterischen, betrügerischen, modernen jüdischen Geschäftspraktiken gesucht werden, denen die ehrlichen Wirtschaftsprinzipien der Katholiken nichts entgegenzusetzen hätten.[150] Gerade die Katholiken hätten den Juden zu ihrer wirtschaftlichen Dominanz verholfen, indem sie die vielgeschmähten jüdischen Kaufleute und jüdischen Warenhäuser durch ihr Kaufverhalten unterstützt hätten.[151] Als Ausweg aus dieser Situation wurden gleichermaßen der engere ökonomische Zusammenschluß der Katholiken und ein antisemitischer Wirtschaftsboykott angeregt, um das katholische Milieu vor dem vermeintlich unlauteren Wettbewerb zu schützen, es damit ökonomisch aufzuwerten und zusammenzuhalten.[152]

In Köln warben seit der Jahrhundertwende ultramontane Schriften und Zeitschriften des katholischen Mittelstands im Kampf um Käufergunst und Gewinnsteigerung bei ihren Glaubensgenossen für den Boykott jüdischer Geschäfte.[153] Der katholische Ökonom Hans Rost empfahl 1908, jüdische Warenhäuser zu meiden und wetterte gegen die »Schande«, daß Kruzifixe und Heiligengestalten bei Tietz und Wertheim gekauft würden.[154] 1912 wurde ein Firmenverzeichnis für die Kölner Diözese herausgegeben, das ausschließlich christliche Unternehmen aufnahm.[155]

---

[149] Diesen Umstand ignoriert etwa O. BLASCHKE, Antikapitalismus, der den Wirtschaftsantisemitismus des katholischen Mittelstands als kollektives katholisches Deutungsschema zu etablieren sucht und dabei die Klassengebundenheit dieses Denkens unterschätzt. Zur Zusammenfassung dieses dualistischen Denkens vgl. BLASCHKE, Antikapitalismus, S. 130. Während sich der wirtschaftliche Antisemitismus im katholischen Milieu anhand der Akten der Kaufmännischen Vereine und der »Generalia diversa« im Archiv des Erzbistums Köln sehr genau rekonstruieren läßt, fallen die Hinweise auf einen vergleichbaren Wirtschaftsantisemitismus im Protestantismus spärlich aus. Trotz aufmerksamer Akten- und Zeitschriftenanalyse wurden keinerlei vergleichbare Äußerungen gefunden, so daß sich die Analyse auf das katholische Milieu konzentriert.

[150] Finger auf die Wunde, in: Merkuria, 14. Dezember 1913. Vgl. hierzu auch O. BLASCHKE, Antikapitalismus.

[151] Finger auf die Wunde, in: Merkuria, 14. Dezember 1913.

[152] O. BLASCHKE, Antikapitalismus, S. 143.

[153] SUCHY, Antisemitismus, S. 276 f.

[154] Hans ROST, Die Katholiken im Kultur- und Wirtschaftsleben der Gegenwart, Köln 1908, S. 80, zit. nach O. BLASCHKE, Antisemitismus, S. 144.

[155] Rheinische Volksstimme, zit. nach SUCHY, Antisemitismus, S. 276 f.; Den Finger auf die Wunde, in: Merkuria, 14. Dezember 1913.

Hier finden sich erste Anzeichen zur Formierung eines religiös-wirtschaftlich motivierten Milieuprotektionismus, der sich mit antijüdischen Diskriminierungspraktiken verband und in den späten 1920er Jahren aufblühen sollte, wie zu zeigen sein wird.[156] Jedoch war ein antijüdischer Boykott im Kölner Katholizismus der Vorkriegszeit noch nicht mehrheitsfähig und konnte weder das Verhalten der weiteren Bevölkerung noch das der Milieueliten nachhaltig beeinflussen, wie das Echo auf den mehrfach zitierten *Merkuria*-Artikel, dem Blatt der katholischen Kaufmannsvereine, vom Dezember 1913 zeigt. Der Beitrag löste neben jüdischen Protesten auch Widerspruch in den eigenen Reihen aus, die der Redaktion antisemitische Tendenzen vorwarfen.[157] Weder die katholische Tagespresse noch die Milieuspitzen griffen die »Anregungen« der *Merkuria* auf.[158] Und auch in der Frühphase der Republik waren innerhalb des katholischen Milieus Boykottforderungen kaum verbreitet.[159] Die jüdischen Geschäfte schienen von der einsetzenden Boykottpropaganda nicht betroffen zu sein. Noch hatte sich das Kaufverhalten der Bevölkerung nicht verändert.

Gleichwohl – und trotz aller positiven Momente im beruflichen Verkehr – zeigte sich die Fragilität der wirtschaftlichen Beziehungen bereits im Kaiserreich und in der frühen Republik. Aus den Namensänderungsanträgen an die preußischen Regierungsbehörden geht das Ausmaß der alltäglichen antisemitischen Diskriminierung im Wirtschaftsleben deutlich hervor.[160] Wer einen jüdischen Namen trug, wurde im beruflichen Verkehr mit nichtjüdischen Geschäftspartnern und Beamten regelmäßig mit einem höhnischen Lächeln und

---

[156] Vgl. zu den Traditionslinien der katholischen Boykottforderungen MORGENTHALER, Countering, S. 128; und O. BLASCHKE, Antikapitalismus, S. 143f.

[157] Brief des Vereins für die jüdischen Interessen Rheinlands an Kardinal Hartmann vom 16. Januar 1914, AEK, Gen. I, 23.13,1, Bl. 430 f.; Auch eine Wunde, in: Merkuria, 21. Dezember 1913; und nochmals: Finger auf die Wunde, in: Merkuria, 11. Januar 1914.

[158] Antwort des Verbandes KK vom 31. Januar 1914 an Hartmann. AEK, Gen. I, 23.13,1, Bl. 430; und Brief Kardinal Hartmanns an den Kölner Rabbiner Dr. Wolf, 7. Januar 1914, ebenda.

[159] Lediglich die Mittelstandsvereinigung Köln im Deutschen Wirtschaftsverband richtete im Dezember 1922 eine Klage an das Generalvikariat, die sich gegen Inserate in Tageszeitungen richtete, die von verarmten Kreisen Edel- und Altmetall kaufen wollten. Da der Metallhandel auch in Köln stark von jüdischen Firmen dominiert wurde, mag hierin ein versteckter antisemitischer Boykottaufruf gelegen haben. Schreiben vom 18. Dezember 1922, AEK, Gen. I, 8.2,4. Offen findet sich ein solcher, auf den ökonomischen Vorteil bedachter Antisemitismus in der Eingabe des Metallschmelzwerkunternehmers H. D. vom 8. Mai 1933. Dieser bittet darum, den Zwischenhandel mit Metallabfällen zu umgehen und direkt mit ihm Verbindung aufzunehmen, da der Handel mit derartigen Abfällen ausschließlich in Händen von israelitischen Metallfirmen liege, die sich nicht einwandfreier Geschäftspraktiken bedienten. AEK, Gen. I, 23.13,2.

[160] Die Anträge in den Namensänderungsakten, durchgesehen ab 1915, geben regelmäßig als zentrales Hauptmotiv zur Aufgabe ihres alten Namens Beeinträchtigungen im Wirtschaftsleben an. Tatsächlich mußte der Leidensdruck groß sein, um sich dem komplizierten bürokratischen Akt zu unterziehen, der nur in den seltensten Fällen erfolgreich war.

spöttischen Bemerkungen konfrontiert.[161] Diese antisemitisch aufgeladene Diskreditierung jüdischer Namen führte nicht nur zu offen artikulierten Vorbehalten, sondern auch zu Benachteiligungen im Wirtschaftsleben.[162] Er war, so lautete die einstimmige Klage, »in vielen Branchen hinderlich, eine geeignete Lebensstellung zu finden«.[163] Er hemme »das geschäftliche Fortkommen« und führe zu »geschäftlichen Schädigungen«.[164] Wenn Juden trotz ihres jüdisch klingenden Namens in christlichen Geschäften eine Anstellung fanden, mußten sie, wie der Kölner Ludwig Moses, damit rechnen, kurzerhand umgenannt zu werden.[165] Dieser Befund weckt den Verdacht, daß die geschäftlichen Kontakte vor allem dann gut liefen, wenn von jüdischer Seite aus die Religionszugehörigkeit verschwiegen wurde. Es waren keineswegs nur die sozial schwachen Angestellten und kleinen Kaufleute, die in der Wirtschaftswelt unter ihrem Namen litten und sich seiner so bald wie möglich entledigten. Es sei noch einmal daran erinnert, daß auch Louis Hagen bei der Hochzeit mit seiner katholischen Frau 1893 seinen Geburtsnamen Levy ablegte, der in der antisemitischen Namenspolemik hochgradig aufgeladen war.[166] Trotzdem konnte ihn dieser für die Wirtschaftselite ungewöhnliche Schritt nicht davor schützen, daß in der öffentlichen Kritik an seiner Person immer wieder auf seinen ursprünglichen Namen verwiesen und dieser so zur Pfeilspitze der antisemitisch aufgeladenen Polemik wurde.[167] Gerade wegen seiner wirtschaftlich und gesellschaftlich integrierten Position griffen mittelständische und rechte Postillen sowie der DVSTB, aber auch die *Rheinische Zeitung* Hagen als Repräsentanten der jüdischen Wirtschaftselite an, ohne daß dies seine Position hätte schädigen können. Auch ihre Vorwürfe gegenüber der Familie Tietz fruchteten zu-

---

[161] Antrag auf Namensänderung bei der Regierung Köln durch Itzig K., 29. September 1919, HStAD, Reg.Köln, 11528.

[162] Vgl. hierzu allgemein auch BERING, Name; und ders., Kampf um Namen. Bernhard Weiß gegen Joseph Goebbels, 2. Aufl. Stuttgart 1992.

[163] Antrag auf Namensänderung an den Regierungspräsidenten von Arthur Lazarus in Lenders, 30. September 1916, HStAD, Reg.Köln, 11558.

[164] Erklärung des Gefreiten Julius I. vom 17. November 1917, HStAD, Reg.Köln, 11561.

[165] »Gleich als ich mit 14 Jahren in die Lehre kam, wurde ich ebenfalls Moser genannt. Mein Chef sagte, Moses sei ein Vorname und meine Collegen wurden auch mit dem Familiennamen gerufen. So gab es sich, dass ich fortan nur Moser hiess«. Antrag auf Änderung des Namens von Ludwig Moses, 10. Februar 1919, HStAD, Reg.Köln, 11563.

[166] Der antisemitische Kölner Verleger Eduard Hensel hatte 1895 Eduard Schwechtens »Lied vom Levi« verlegt, das das Schillersche »Lied von der Glocke« mit übelsten antisemitischen Rassewitzen umdichtete und damit einen Massenerfolg beim bürgerlichen Publikum erzielte. Nachdem Kölner Juden eine Klage wegen »Aufreizung zum Klassenhaß« angestrengt hatten, wurde es zunächst eingezogen, Schwechten aber schließlich freigesprochen. SUCHY, Antisemitismus, S. 258 f.

[167] »Der jüdische Name ist ein Etikett, welches die Natur des Trägers deutlich bezeichnet; er ist ein Stigma, er nagelt den Juden fest, so daß er nicht mehr entweichen kann«. Leo LÖWENTHAL, Falsche Propheten. Studien zum Autoritarismus, Frankfurt a. M. 1982, S. 88 f., zit. nach BERING, Kampf, S. 24.

nächst nicht. Im Gegenteil, wie wiederum aus den Namensänderungsakten hervorgeht: Gerhard und Alfred Tietz akzeptierten den jüdischen Vornamen ihres Vaters Leonhard stolz als Markenzeichen des Erfolgs, bewerteten ihn als geschäftsfördernden Garanten der Familientradition und nahmen ihn nach dem Tod ihres Vaters als Zweitnamen an.[168] Hier hatte die antisemitische Namenspolemik offensichtlich keine Wirkung gezeigt.

Daß jüdische Angestellte in Köln schon vor dem Ersten Weltkrieg unter sozialen Anfeindungen im Wirtschaftsleben litten und sich antisemitische Denkmuster in der Einstellungspraxis christlicher Geschäfte niederschlugen, geht auch aus anderen Quellen hervor. So entließ ein stadtbekanntes Waffen- und Munitionsgeschäft einen jüdischen Lehrling fristlos, nachdem dieser von seinem Vater für den Samstag von der Arbeit beurlaubt worden war. Die Firma begründete die Auflösung des Ausbildungsverhältnisses nicht etwa damit, daß der Lehrling nicht bereit war, an einem jüdischen Feier- und christlichem Arbeitstag zu arbeiten, sondern erklärte, daß sie prinzipiell nur christliche Lehrlinge und Angestellte einstelle.[169] Auch im Schaafhausen'schen Bankverein, einer der ältesten und führenden Banken Kölns, bestimmten antisemitische Beweggründe über Jahrzehnte die Einstellungspolitik.[170] Dieses Thema löste 1913 bei einer Generalversammlung nahezu einen Tumult aus, als ein jüdischer Aktionär Aufklärung darüber verlangte, ob in der Kölner Zentrale der Bank tatsächlich seit 30 Jahren – also seit dem Gründerkrach – kein jüdischer Mitarbeiter mehr eingestellt worden sei.[171] Der Vorstand weigerte sich, Klarheit über diesen Punkt zu verschaffen, und entzog dem Aktionär, der auf einer Auskunft beharrte, das Rederecht. In der sich anschließenden Diskussion wurde festgestellt, daß der katholische Bankverein nach der Übernahme des Kölner Bankhauses J. L. Eltzbacher & Cie. 1883 dessen Mitarbeiterstab übernommen, aber den einzigen jüdischen Angestellten mit der Begründung entlassen hatte, daß er »mit Rücksicht auf [seine] übrigen Beamten« keine Juden beschäftigen könne. Daß gerade der Bankverein »das Zentrum des innerbankgewerblichen Antisemitismus« bildete, lag sicherlich, wie Reitmayer konstatiert, an den konkurrenzbedingten Ressentiments der höheren Bankangestellten und des Vorstands einerseits und den ausgeprägten Kundenkontakten zu

---

[168] »Es würde auch weiter geschäftlich von Interesse und Nutzen sein, wenn bei der Firma Leonhard Tietz akt. Ges., der auf meine Lebensarbeit gegründet ist, der Name des Gründers in seinen Söhnen fortlebt«. Namensänderungsantrag, 27. März 1919, HStAD, Reg.Köln, 11526.

[169] »Im Auftrage des Herrn Eduard Kettner mache ich Ihnen die Mitteilung, daß Herr Kettner in seinen Geschäften nur Lehrlinge und Angestellte einstellt, die einer christlichen Konfession angehören. Da Ihr Sohn Karl israelitischer Konfession ist, so bedauert Herr Kettner sehr, Ihren Sohn nicht weiter beschäftigen zu können. Als Vergütung für den Monat April gehen Ihnen durch die Post 10 Mark zu. Die noch hier befindlichen Kleidungsstücke Ihres Sohnes werde ich Ihnen zusenden«. Im deutschen Reich 23 (1917), S. 225.

[170] Ich orientiere mich im folgenden an REITMEYER, Bankiers, S. 186.

[171] Siehe hierzu ebenda.

den selbst von Antisemitismus nicht freien rheinisch-westfälischen Industriellen andererseits.[172] Der Bankenantisemitismus wurde so durch die gleichgesinnten Partner verstärkt.

Weit schwerer sind indessen die Angriffe gegenüber den jüdischen Ärzten und Rechtsanwälten zu fassen, auch wenn gerade in diesen Berufsgruppen konkurrenz- und sozialisationsbedingte Ressentiments unter den nichtjüdischen Kollegen nicht unterschätzt werden dürfen und die eine oder andere Partnerschaft an antisemitischen Vorbehalten scheiterte.[173] Denn für die durch die strukturelle Überfüllungs- und Arbeitsmarktkrise unter Druck geratenen Ärzte und Rechtsanwälte war es verlockend, den Erfolg der jüdischen Kollegen und die eigene soziale Misere mit den jüdischen Geschäftspraktiken und ihrem zersetzenden Einfluß zu erklären. Hinzu kam die antisemitische Sozialisationserfahrung mittelständischer und bildungsbürgerlicher Gruppen bereits seit den 1880er Jahren. Seit der Gründerkrise kam dem Antisemitismus in ihrer politischen Sprache, ihrem Organisationsgefüge und ihren kulturellen Repräsentationen eine zentrale Rolle zu.

So wird deutlich, daß sich trotz und gerade wegen der positiven Beziehungen zwischen Juden und Nichtjuden Ausschließungstendenzen im Kölner Wirtschaftsleben in jenen Kreisen zeigten, die durch judenfeindliche Vorstöße ihre eigenen beruflichen Interessen bzw. die ihrer Beleg- oder Kundschaft verfolgten. Zur Jahrhundertwende organisierte sich zu diesem Zweck auch in Köln ein ökonomisch motivierter Verbandsantisemitismus zum »Schutz vor der jüdischen Konkurrenz«. Die Impulse zur Ausgrenzung der Juden gingen von dem Kölner Zweigverein des Deutschnationalen Handlungsgehilfenverbands (DHV) aus, der 1898 »Juden und Bescholtene« von der Mitgliedschaft ausschloß.[174] Dieser ökonomisch motivierte Antisemitismus verschärfte sich in der Nachkriegszeit, wie auch aus einer Rede des Kölner Rabbiners Blumenau auf einer Repräsentantensitzung im Oktober 1920 hervorgeht.[175] Doch verblieb er den traditionellen Formen und negativen Vorstellungsbildern jüdi-

---

[172] Ebenda.

[173] Vgl. Peter THOMSEN, Ärzte auf dem Weg ins »Dritte Reich«. Studien zur Arbeitsmarktsituation, zum Selbstverständnis und zur Standespolitik der Ärzteschaft gegenüber der staatlichen Sozialversicherung während der Weimarer Republik, Husum 1996. Siehe auch BARKAI, Jüdisches Leben, S. 52.

[174] SUCHY, Antisemitismus, S. 278. Zum DHV immer noch grundlegend HAMEL, Völkischer Verband.

[175] »Dann möchte ich zum Schluß noch darauf hinweisen, daß wir auch auf die Auswüchse des Antisemitismus, wie sie jetzt leider Tag für Tag sich zeigen, eines Antisemitismus, der in seiner Pöbelhaftigkeit glücklicherweise etwas zum Stillstand gekommen zu sein scheint, unser Augenmerk richten mußten. Zwar können wir amtlich wenig dazu tun, denn die uns verbrieften Rechte werden ja im großen und ganzen nicht angetastet. Der Antisemitismus, wie er sich äußert, ist gesellschaftlicher und wirtschaftlicher Art, und da kann eine Behörde, wie wir sie darstellen, keine Vorschriften oder Abwehrmaßregeln ergreifen oder etwa sagen, du hast über die Juden günstiger zu denken«. Aus der Repräsentanz der Synagogengemeinde Köln, in: Israelitisches Gemeindeblatt, 10. Oktober 1920.

schen Geschäftsgebarens verhaftet und konnte langfristig gewachsene Wirtschaftsbeziehungen nicht unterminieren.

4. Die Erosion der Beziehungen

4.1. Radikalantisemitische Angriffe ab 1927

1927 begann mit der verstärkten Agitation der Kölner Nationalsozialisten ein neuer Abschnitt in den Bemühungen, die wirtschaftlichen Beziehungen zwischen Juden und Nichtjuden zu unterbinden. In Zeiten der sich abzeichnenden neuerlichen ökonomischen Misere und zunehmender Arbeitslosigkeit suchten die Nationalsozialisten einmal mehr die Emotionen gegen die jüdischen Bürger zu richten. Sie inszenierten im Wirtschaftsleben der Stadt eine Atmosphäre der Angst und Bedrohung. Auf der verbalen Ebene wurden diese Bemühungen wiederum exzessiv von dem Sprachrohr der Kölner Nationalsozialisten, dem *Westdeutschen Beobachter*, vorangetrieben. Seine systematische Agitationstätigkeit bei Wirtschaftsthemen erreichte sowohl quantitativ als auch inhaltlich eine selbst für das nationalsozialistische Hetzblatt ungeahnte Dimension. Die Zeitung richtete ihre Wirtschaftspropaganda in schmutztriefenden Verleumdungskampagnen gegen mehr als 80 lokale Unternehmer und Betriebe und stilisierte sich zugleich zur Ikone im antijüdischen Abwehrkampf:

> »Wir haben in unserem Kampfe gegen das Judentum an Hunderten von Beispielen die Richtigkeit dieses Ausspruches [daß die Juden betrögen und die Völker verdürben, N.W.] bewiesen. Betrügereien der Warenhäuser, Wäschejuden, Fleischerjuden usw. wurden durch unser Blatt aufgedeckt. Keine andere Zeitung wagt es überhaupt, den Kampf gegen die Juden in ebenso brutaler Weise zu führen, wie das Judentum den Vernichtungskampf gegen das Deutschtum führt«.[176]

Der *Westdeutsche Beobachter* brach das eklektizistische NS-Wirtschaftsprogramm auf simple Haßformeln eines Skandaljournalismus herab, dem kein Vorwurf zu plump und keine Unterstellung zu abwegig war, um die ansässigen jüdischen Unternehmer und Firmen als kriminell und ausbeuterisch zu diskreditieren, sie namentlich vorzuführen und in schreienden Überschriften ungeheuerlicher Wirtschaftsverbrechen zu beschuldigen.[177] Diese Invektiven wurden zusätzlich durch Anspielungen oder direkte Verleumdungen aus anderen Stereotypbereichen wie der sexuellen Perversion oder Grausamkeit verschärft. So wurde kolportiert, daß nichtjüdische Angestellte und Patientinnen sexuell mißbraucht oder durch unmenschliche Arbeitsbedingungen in den

---

[176] Der Jude Rothschild und die Lichtspiele des Westens, in: Westdeutscher Beobachter, 14. April 1929.

[177] Die häufigsten Vorwürfe richteten sich gegen die angebliche Ausbeutung und den Betrug an Kunden und Gläubigern in zahllosen Variationen, gegen Wechsel- und Münzfälschung, Zinswucher und unhygienische Verhältnisse in Lebensmittelbetrieben.

Selbstmord getrieben worden seien.[178] Ebenso zynisch wie regelmäßig stilisierte sich der *Westdeutsche Beobachter* in diesen Schmutzkampagnen zum gesetzestreuen Diener der Staatsgewalt, indem er seine Artikel mit Handlungsaufforderungen enden ließ, wie »Herr Staatsanwalt, übernehmen sie!« oder »Ein Fall für die Kölner Polizei!«.[179] Wenn die juristische Verfolgung dann ausblieb, konnte einmal mehr der Vorwurf der Korruption erhoben und die Stadtverwaltung mit verschwörungstheoretischen Argumenten diskreditiert werden.[180] Zum Objekt dieser Rufmordkampagnen konnte jeder werden, der mit seinem Namen der »verderblichen Verjudung« der Wirtschaft und dem zerstörerischen »jüdischen Einfluß« ein Profil gab und damit zugleich für gewaltbereite Antisemiten als Gegner markiert und direkt angreifbar wurde. Führende Bankiers und Wirtschaftsunternehmer wurden ebenso verleumdet wie Kaufleute, Rechtsanwälte und Ärzte oder mittellose Markt- und Altwarenhändler. Daß anders als im Kulturleben nicht nur exponierte Persönlichkeiten Opfer der Hetze wurden, hängt eng mit den (antizipierten) Bedürfnissen einer Leserschaft zusammen, die sich für die Herabsetzung ihrer direkten Konkurrenz wohl ebenso interessiert haben dürfte wie für die »Machenschaften der Großen«. Als erklärte Hauptgegner der Nationalsozialisten standen aber Louis Hagen und jüdische Familienunternehmen wie Katz-Rosenthal und Leonhard Tietz im Mittelpunkt der Angriffe. Letztere wußten erfolgreich moderne Wirtschaftspraktiken in das Kölner Wirtschaftsleben zu integrieren und wurden damit sowohl außerordentlich populär als auch zur Zielscheibe des Sozialneids.[181]

Die Skandalisierung und Kriminalisierung jüdischer Geschäftsleute und Unternehmen vor Ort ist nur vor dem Hintergrund der nun systematisch organisierten Boykottbewegung der Nationalsozialisten zu begreifen.[182] Sätze wie

[178] Beispielhaft für viele: Selbstmord eines Angestellten im Hotel Disch, in: Westdeutscher Beobachter, 26. August 1928; In den Tod getrieben, in: Westdeutscher Beobachter, 16. September 1928; Mädchenschändungen durch den Juden Dr. med. ..., in: Westdeutscher Beobachter, 14. Oktober 1928; Sittlichkeitsverbrechen im Hause Tietz, in: Westdeutscher Beobachter, 9. September 1928.

[179] Stellvertretend: An die Adresse des Herrn Staatsanwalt, in: Westdeutscher Beobachter, 14. April 1929, wo eine Liste jüdischer Betriebe aufgeführt war; Kölner Gewerbepolizei, die Augen auf!, in: Westdeutscher Beobachter, 9. Juni 1929; und Herr Staatsanwalt, ein fetter Bissen für Sie, in: Westdeutscher Beobachter, 20. Oktober 1929.

[180] Vgl. etwa: Gegen das jüdische Warenhaus. Für den deutschen Mittelstand. Bauknecht-Polizei provoziert, in: Westdeutscher Beobachter, 29. Dezember 1928; Schwere Schiebungen hinter stadtkölnischen Kulissen, in: Westdeutscher Beobachter, 18. Januar 1929; Levy-Hagen, Tietz, Katz-Rosenthal und die Stadtverwaltung, in: Westdeutscher Beobachter, 21. April 1929.

[181] Diesen Hauptfeinden wurden nicht nur die meisten Artikel gewidmet, sie nahmen auch in der Selbstdarstellung des Westdeutschen Beobachters einen exponierten Rang ein: »Wir rufen Severing, Grzesinksi, Bauknecht, Louis Levy-Hagen zu Zeugen hier an. Unser Kampf gegen Banken und Warenhäuser, gegen Leonhard Tietz, Katz-Rosenthal usw. hat die Juden des Central-Vereins ›Deutscher Staatsbürger‹ in hellen Aufruhr versetzt«. Westdeutscher Beobachter, 21. April 1929.

[182] Zur Boykottbewegung in der Weimarer Republik vgl. HECHT, Deutsche Juden,

»Kauft nicht bei Juden, denn sie sind die Totengräber des deutschen Volkes« oder »Wer beim Juden kauft, ist ein Volksverräter« gehörten zum Standardrepertoire der nationalsozialistischen Propaganda. Die Erregung von Ekel und Abscheu gegenüber den vermeintlich betrügerischen jüdischen Geschäftspraktiken war eines der schlagkräftigsten Mittel des Nationalsozialisten, das Kaufverhalten der Bevölkerung systematisch zu Ungunsten der jüdischen Geschäfte zu beeinflussen und dadurch die Kölner Juden auch ohne die angestrebte wirtschaftliche Sondergesetzgebung zu schwächen. Vor dem Hintergrund dieser systematisch ausgeweiteten Boykottbestrebungen der Nationalsozialisten wird die Schwäche der Boykottanstrengungen in den frühen und stärker noch in den mittleren Jahren der Republik besonders deutlich. In der katholisch geprägten Stadt suchten die Nationalsozialisten – wie schon im 19. Jahrhundert ihre deutsch-sozialen Vorläufer – die Boykottagitation mittels religiöser Motive zu untermauern, indem sie gerade in der Vorweihnachtszeit und zu anderen hohen kirchlichen Feiertagen ihre Aufrufe mit religiösen Ressentiments aufluden und insbesondere den Kauf religiöser Devotionalien in jüdischen Geschäften anprangerten.[183] Die Kölner Nationalsozialisten verbreiteten auch Verzeichnisse nationalsozialistischer Firmen, meist mit einem Begleittext, der die jüdischen Kaufleute in gehässigster Weise, unter grober Entstellung der Tatsachen und unter Beschimpfungen angriff.[184] Dagegen trat der ebenfalls von den Nationalsozialisten zur Organisation des Boykotts gegründete »Kampfbund des gewerblichen Mittelstands« in Köln kaum in Erscheinung. Ab September 1927 finden sich hier die ersten Anzeichen eines organisierten Boykotts, der sich in den Kampagnen gegen Tietz und Katz-Rosenthal verdichtete, aber prinzipiell gegen alle jüdischen Geschäfte gerichtet war. Seine neue Dimension zeigte sich nicht nur in der inhaltlichen Schärfe, sondern auch in der Verbreitungsstrategie. In Zeitschriftenartikeln und Flugblättern, die vor dem Dom, auf der Straße und in Warenhäusern verteilt wurden, in öffentlichen Versammlungen und Demonstrationszügen riefen die Nationalsozialisten dazu auf, »beim deutschen Volksgenossen, nicht beim Juden« zu kaufen.[185] Sie wurden hieran nicht länger von den Besatzungsbehörden und nur vereinzelt von der Kölner Polizei gehindert.

S. 336–344; MORGENTHALER, Countering; Donald L. NIEWYK, The Impact of Inflation and Depression on the German Jews, in: LBIBY 28 (1983), S. 19–36, hier: S. 29 f.; und Günter PLUM, Wirtschafts- und Erwerbsleben, in: Wolfgang BENZ (Hrsg.), Die Juden in Deutschland 1933–1945. Leben unter nationalsozialistischer Herrschaft, München 1989, S. 268–314, hier: S. 271 f.

[183] Deutsches Christfest oder jüdische Schacherorgie?, in: Westdeutscher Beobachter, 19. Dezember 1931; Weihnachten im Notwinter 1932, in: Westdeutscher Beobachter, 13. Dezember 1932.

[184] Wegweiser für Köln, Was wollen Sie kaufen? Schenken Sie unserem alphabetisch geordnetem Warenverzeichnis Beachtung, in: Westdeutscher Beobachter, 4. Januar 1929.

[185] Gegen das jüdische Warenhaus, für den deutschen Mittelstand, in: Westdeutscher Beobachter, 29. Dezember 1928.

Neben den verbalen Hetzkampagnen und Boykottaufrufen vergifteten offene Gewaltakte die Atmosphäre im lokalen Wirtschaftsleben. Anders etwa als im Kulturleben richteten sich die Kölner Nationalsozialisten ab 1928 ebenso offen wie brutal gegen die jüdischen Unternehmer vor Ort. Nationalsozialisten klebten provokative Zettel an die Schaufenster jüdischer Geschäfte und warfen Stinkbomben in Ladenlokale, womit sich einmal mehr symbolische Geste und terroristische Kundenbeeinflussung verbanden.[186] Auch die Tumulte vor jüdischen Geschäften oder das Einwerfen von Fensterscheiben nach öffentlichen Versammlungen und Demonstrationszügen der Nationalsozialisten gehörten nunmehr zur Alltagsrealität, während sie in der Frühphase der Republik nur in den Ausnahmezuständen der Hungerunruhen vorgekommen waren.[187] Anders als bei den Hungerunruhen gelang es den Nationalsozialisten nun allerdings nicht mehr, die Plünderung jüdischer Warenhäuser zu provozieren.[188] Dieser Umstand beruht aber im wesentlichen darauf, daß Hunger in der Weltwirtschaftskrise nicht länger einen öffentlichen Mobilisierungsfaktor darstellte, wie auch die Kommunisten erfahren mußten.[189] Dagegen häuften sich Angriffe auf einzelne jüdische Geschäftsleute oder deren Privathäuser, unter denen der Überfall auf die Villa des jüdischen Industriellen Ottmar Strauß herausstach. 1930 überfielen an die 30 nationalsozialistische Jugendliche sein Haus, schlugen sämtliche Fensterscheiben ein, warfen den Wagen des Hausarztes um und bedrohten den hinzueilenden Chauffeur, der gegen ihr Vorgehen protestierte, mit Schußwaffen. Diese gewaltvollen Übergriffe nahmen 1932 wohl noch einmal zu.[190]

Doch nicht nur im öffentlichen Raum, auch in den Betrieben und Geschäften begann sich die radikalantisemitische Hetze der Nationalsozialisten bemerkbar zu machen. Ab 1928 verstärkten sie ihre Agitation in den Betriebsversammlungen, wo sie Werbematerialien verbreiteten und um Mitglieder für die NSDAP warben, ohne damit jedoch vor 1933 großen Einfluß gewinnen zu können.[191] In einigen Branchen und Wirtschaftszweigen konnten rechtsradikale Kreise allerdings bereits vorher Fuß fassen. Besonders berüchtigt wa-

---

[186] Herbert Bluhm in: BECKER-JÁKLI, Ich habe Köln, S. 32.

[187] Nicht die Verhetzten, die Hetzer sind schuld, in: Kölner Jüdisches Wochenblatt, 5. Juli 1929.

[188] Für ihre Bestrebungen wurden die Nationalsozialisten von der Justiz mit zwei Monaten Gefängnis belangt. Kölner Nachrichten, in: Kölner Jüdisches Wochenblatt, 19. April 1929.

[189] Statt dessen gab es einen resignativen, individualisierten und privatisierten Rückzug der Hungernden. Vgl. hierzu auch Alf LÜDTKE, Hungererfahrungen und Hungerpolitik am Ende der Weimarer Republik, in: AfS 27 (1987), S. 145–176, hier: S. 169–171; und RÜTHER, Arbeiterschaft, S. 41 f.

[190] Hakenkreuzler-Terror in den Straßen Kölns, in: Kölner Jüdisches Wochenblatt, 31. Mai 1929. PRACHT, Ottmar Strauß, S. 47; und JOSEPH, Meines Vaters Haus, S. 115.

[191] Jakob Kübbeler in: MATZERATH, »... Vergessen«, S. 20.

ren in diesem Zusammenhang die Kölner Post, wo der DVSTB bereits 1922 einen starken Stand hatte, und die Branche der privaten Droschkenfahrer.[192]

Im Stadtrat meldeten sich die Kölner Nationalsozialisten ab 1929 mit hetzerischen Anträgen zu Wort, die sich vor allem gegen die wirtschaftlichen Großunternehmer, Rechtsanwälte und osteuropäischen Juden richteten.[193] Im Mittelpunkt der kommunalpolitischen Argumentation standen dabei der »Kampf gegen das jüdische Warenhaus« bereits 1922 und der »Schutz des ehrlichen christlichen Einzelhandels«, wie er auch als Punkt 16 im Parteiprogramm der NSDAP verankert war.[194] Zum »Schutz des Mittelstands« wurde die Wiedereinführung der Warenhaussteuer gefordert und ab 1927 der systematische Boykott gegen den jüdischen Einzelhandel im allgemeinen und das Warenhaus Tietz im besonderen betrieben. Die Nationalsozialisten agitierten gegen Schenkungen des Warenhausbesitzers an die Stadt, richteten Mißtrauensvoten gegen die geschäftlichen Vereinbarungen der Stadt mit der Einheits-Preis-AG und forderten mit den stets gleichen Argumenten wiederholt eine Sondersteuer für Warenhäuser und ihre Filialen:

> »Die Stadt Köln würde, wenn das durchgedrückt würde [die Sondersteuer, N. W.] eine jährliche Einnahme von Millionen haben. Aber da wagt man sich nicht heran, aus den Gründen, die bekannt sind. Man will die kleinen Leute kaputt machen, damit die Großen, die internationalen Bank- und Warenhausjuden schließlich die einzigen sind, die übrigbleiben. (Zuruf seitens der Kommunisten: Du wärest besser Bulldogge geworden!)«.[195]

Aus analytischen Gründen wurden die verschiedenen Ebenen der NS-Wirtschaftspropaganda im lokalen Raum bisher getrennt voneinander vorgestellt,

---

[192] Deutschvölkische bei der Post, in: Rheinische Zeitung, 10. Juli 1922. Über eine antisemitische Einstellungspraxis berichtet das Blatt unter dem Titel Die unpolitischen Posthelfer, in: Rheinische Zeitung, 22. Februar 1929. Ermittlungsverfahren gegen einen Kraftdroschkenführer wegen Vergehen gegen das Republikschutzgesetz, Beleidigung und Bedrohung, HStAD, Rep. 21, 32, Bl. 197–212.

[193] Wieder waren es vorrangig die Haushaltslesungen, die die Nationalsozialisten für ihre wirtschaftsantisemitische Propaganda nutzten. Siehe aber beispielsweise auch die Ablehnung des Antrags auf die Übernahme der Rechtsauskunftsstelle durch den Anwaltsverein vom 28. Januar 1932, die Grohé mit dem hohen jüdischen Prozentsatz in der Anwaltschaft Kölns begründete. Protokolle der Stadtverordneten-Versammlung 1932/33, S. 24.

[194] An die 100 Artikel des Westdeutschen Beobachters richten sich allein gegen das Warenhaus Tietz, allgemeine Hetztiraden gegen das Warenhauswesen sind nicht mitgerechnet.

[195] Erste Haushaltslesung auf der vierten Sitzung vom 14. Oktober 1930, Protokolle der Stadtverordneten-Versammlung 1930, S. 138; Redebeitrag Ebels in der dritten Sitzung der Stadtverordnetenversammlung vom 16. Februar 1929 und in der vierten Sitzung vom 28. Februar 1929, den Fortsetzungen der ersten Lesung des Haushaltsplans, Protokolle der Stadtverordnetenversammlung. 1929, S. 90 und S. 133–139; Sitzung des Ältestenausschusses vom 30. Dezember 1929, HStAK, 3, 18/35, Bl. 45f.; Antrag auf Einführung einer Warenhaussteuer vom 30. Dezember 1929, Protokolle der Stadtverordnetenversammlung 1929, S. 570 f.; Polemik Grohés gegen eine Schenkung von Tietz und vehemente Diskussion auf der zweiten Sitzung der Stadtverordnetenversammlung vom 30. Januar 1930, Protokolle der Stadtverordnetenversammlung 1930, S. 43 f., und in der achten Sitzung vom 20. November 1931, Protokolle der Stadtverordnetenversammlung 1931, S. 243.

obwohl gerade ihre Verquickung ihre besondere Schlagkraft bewirkte. Um die Mechanismen und Auswirkungen dieser mehrdimensionalen radikalantisemitischen Agitation besser auszuloten, soll im folgenden die entfesselte Wirtschaftspropaganda im lokalen Raum an zwei Beispielen aus der Mikroperspektive analysiert werden.

4.1.1. Der Fall Katz-Rosenthal

Das erste Beispiel bildet die 1928 entfachte Schmutzkampagne gegen die jüdische Großschlachterei Katz-Rosenthal, ein 1919 gegründetes, höchst erfolgreiches und prosperierendes Unternehmen.[196] Katz-Rosenthal wurde vor allem durch seine innovative Geschäftsidee bekannt, nicht nur Fleischwaren zu verkaufen, sondern auch billige Schnellmahlzeiten in seinem Ladenlokal anzubieten. Dieses Vorläufermodell des Fast-Food-Konzepts zog als absolutes Novum in Köln eine vielköpfige Kundschaft an. Selbst ärmere Kölner und Kölnerinnen konnten sich dank der niedrigen Preise auch in wirtschaftlich schlechten Zeiten bei Katz-Rosenthal eine warme Mahlzeit außer Haus leisten, was es wiederum der Firma ermöglichte, weiter zu expandieren. Anläßlich einer Filialeröffnung im März 1928 drückte der *Westdeutsche Beobachter* erstmalig sein tiefes Unbehagen an dem Erfolg des jüdischen Automatenrestaurants aus: »Katz-Rosenthal. Dieser Name ist Symbol in Köln. Symbol für die Enteignung des deutschen Gewerbes und die Ausbreitung des jüdischen Konzerns. Und jedes Kind kennt ihn. Das ist das schlimme. Er ist populär. Ist volkstümlich wie Karneval oder sonst was«.[197]

Nur einen Monat darauf zettelte das Blatt seine Schmutzkampagne an, die »Justiz, Polizei, Presse und Bevölkerung in Köln fast zwei Jahre lang in Atem hielt«, wie es eine neue Kölner Stadtgeschichte formuliert.[198] Als Aufhänger der Kampagne diente die sensationelle Geschichte, daß der stadtbekannte Boxer Jack Domgörgen bei einer Mahlzeit im Schnell-Restaurant eine tote Maus in seinem Essen gefunden habe.[199] Das Ungeziefer, das Domgörgen mit einem Helfershelfer in seine Mahlzeit geschmuggelt hatte, symbolisierte plastischer als jede Mittelstandsrhetorik das vermeintlich ekelhafte jüdische

---

[196] Die Metzgerei unterhielt ein Hauptgeschäft auf der Schildergasse und sechs Filialen in verschiedenen Kölner Stadtteilen. Sie beschäftigte an die 200 Mitarbeiter. Der enge Zusammenhalt dieser Kölner Metzgerfamilie, deren Kinder alle das Fleischerhandwerk ergriffen oder in Metzgerfamilien einheirateten, manifestierte sich auch in der Gründungsgeschichte Katz-Rosenthals: Die Firma war von dem ältesten Sohn der Familie Abraham (Abba) Katz mit seiner Schwester Röschen und deren Ehemann Samuel (Sammy) Rosenthal gegründet worden. Das Kapital hatte der jüngere Bruder Danny Katz eingebracht, der auch Hauptinhaber war. Interview Katz.

[197] Familie Mammon. Katz-Rosenthal, in: Westdeutscher Beobachter, 4. März 1928.

[198] SERUP-BILLFELDT, Zwischen Dom und Davidstern, S. 111.

[199] Dieses Gerücht wurde im Westdeutschen Beobachter seit dem 20. Mai 1928 in 15 folgenden Zeitungsnummern wiederholt.

Geschäftsgebaren und appellierte direkt an die Emotionen.[200] Das Blatt löste damit in der Stadt eine Welle der Erregung und Empörung aus, die es im entfesselten Boykottkampf mit immer neuen Beschuldigungen und Bezichtigungen über angebliche Mißstände bei Katz-Rosenthal stets anzufachen verstand.[201] Zu den Vorwürfen des Betrugs und der unhygienischen Verhältnisse gesellten sich im von Katz-Rosenthal angestrengten Zivil- und Strafverfahren auch noch die Bezichtigungen der Zeugenbestechung und des Meineids.[202] Die erregte Stimmung in der Bevölkerung suchten die Kölner Nationalsozialisten durch ein offensives, öffentlichkeitswirksames Vorgehen zu verstärken. Sie organisierten im Juni 1928 zwei öffentliche Großversammlungen in der Innenstadt, die sich ganz dem Skandal um Katz-Rosenthal widmeten, und luden auf großen Plakaten öffentlich dazu ein.[203] Im aufgeheizten Klima zogen die hetzerischen Reden des NS-Gauleiters Grohé und des Landtagsabgeordneten Dr. Ley 800 bzw. 1 000 Zuhörer an. Gezielt kalkuliert und öffentlichkeitswirksam inszeniert war dabei auch der Übergang zur Gewalt gegen die Großmetzgerei. Eine Demonstration der Nationalsozialisten zog von Filiale zu Filiale, wo die Zugteilnehmer laut »Nieder, Nieder« riefen. In der Schildergasse, wo Domgörgen die Maus angeblich in seinem Essen »gefunden« hatte, zertrümmerten sie eine Fensterscheibe des Geschäfts. Einige Stunden später konnte Ley vor dem Lokal noch einmal ungehindert eine Hetzrede halten, und es wurde ein weiteres Mal eine Fensterscheibe eingeschlagen, bevor die Polizei eingriff.[204] Dieses ungewohnt brutale und offensive Bedrohungsszenario ging mit vehementen Boykottforderungen an die Bevölkerung einher, die erstmalig in der Stadt deutlichen Erfolg zeigten: Die Filiale litt unter einem deutlichen Kundenrückgang.[205]

[200] Die Motivation des Boxers war vermutlich weniger politisch als pekuniär. Bei einer Unterredung mit Frau Rosenthal am Tag des Vorfalls hatte er Schadenersatz verlangt und auch zwei Tage später in einer weiteren Auseinandersetzung Ersatz für die Preisgelder ausgefallener Kämpfe gefordert, an denen er nicht habe teilnehmen können, weil er sich den Magen verdorben habe. Als Frau Rosenthal darauf nicht einging, drohte er, daß »so eine Schweinerei an die Presse kommen müsse«. Oberstaatsanwalt an die Inhaber der Firma Katz-Rosenthal, 23. Februar 1929, HStAD, Rep.145, 53, Bl. 55.

[201] Katz-Rosenthals »k.o.-Sieg über Jack Domgörgen«. Die Maus war doch im Essen. Erneute Vorwürfe gegen Katz-Rosenthal, in: Westdeutscher Beobachter, 27. Mai 1928. Ein Hereinfall Katz-Rosenthals; und Katz-Rosenthal in Aufregung, in: Ebenda.

[202] Beschwerde gegen die Beschlagnahme des Westdeutschen Beobachters durch Beschluß vom 26. Mai 1928 durch Rechtsanwalt Bartels, 29. Mai 1928, HStAD, Rep. 9, 323, Bl. 9 f.

[203] Oberstaatsanwalt an den Generalstaatsanwalt in Köln betr. Strafverfolgung des Landtagsabgeordneten Dr. Ley, 13. Juli 1928, HStAD, Rep. 21, 53, Bl. 7–13, hier: Bl. 12.

[204] Zahlreiche Zeugenvernehmungen deuten auf diesen Tatbestand hin, restlos konnte der Vorfall aber nicht aufgeklärt werden. Oberstaatsanwalt an den Generalstaatsanwalt in Köln betr. Strafverfolgung des Landtagsabgeordneten Dr. Ley, 13. Juli 1928, ebenda.

[205] Siehe zu den Auswirkungen den Boykotts auch: Um die Abendmahlzeit betrogen, in: Rheinische Zeitung, 2. Juni 1928. Der Artikel berichtet, daß nunmehr auch die armen Arbeiter dem Lokal fern blieben. Und Die Maus im Graubrot, in: Rheinische Zeitung, 24.

Dem *Westdeutschen Beobachter* gelang es, die Popularität des Betriebs zu erschüttern. Hierzu hatte aber die kommmunistische Tageszeitung *Sozialistische Republik* beigetragen, die bereits vor dem *Westdeutschen Beobachter* gegen die »großkapitalistische Metzgerei« und »Die Schweinereien bei Katz-Rosenthal« gewettert hatte und somit ein emotionalisiertes Sujet lieferte, dass der *Westdeutsche Beobachter* nur aufzugreifen brauchte.[206] In diesem aufgeheizten Klima konnte sich die jüdische Firma nicht behaupten, obwohl sie in der Tagespresse offensiv den Unterstellungen widersprach, auch die Unterstützung der demokratischen Blätter fand und die antisemitischen Behauptungen durch einstweilige Verfügungen und eine Vielzahl von Gerichtsverfahren zu unterbinden suchte.[207] Doch der Staatsanwalt gab der Klage der Firma gegen den *Westdeutschen Beobachter* nicht statt, da er befürchtete, daß dadurch sein Ansehen in der Öffentlichkeit demontiert würde. Er fällte diese Entscheidung, obwohl einige Zeugen aussagten, daß Domgörgen die Maus ins Essen geschmuggelt hatte[208], gesundheitsamtliche Gutachten dokumentierten, daß Katz-Rosenthal keinerlei hygienische Defizite aufwies[209], und der Staatsanwalt selbst von einer judenfeindlichen Motivation des *Westdeutschen Beobachters* ausging:

> »Wenn auch zuzugeben ist, daß die Artikel im ›Westdeutschen Beobachter‹ offensichtlich auf eine antisemitische Hetze abgestellt sind, so glaube ich doch [...] das Vorliegen eines öffentlichen Interesses an der Strafverfolgung wegen Beleidigung der Inhaber der Firma Katz-Rosenthal verneinen zu sollen, zumal bei Erhebung der öffentlichen Klage ein Eintreten der Staatsanwaltschaft für die angegriffenen Personen in der Öffentlichkeit ungünstig beurteilt werden dürfte«.[210]

September 1930. »Die damals in Mitleidenschaft gezogene Firma war eine jüdische Großschlächterei, die man dann auch durch den entfesselten Boykott gezwungen hat, ihren Restaurationsbetrieb in der Schildergasse zu verkaufen«. Ruth K., geb. in Solingen, in: Franz J. JÜRGENS (Hrsg.), »Wir waren ja eigentlich Deutsche«. Juden berichten über Emigration und Rückkehr, Berlin 1997, S. 187–203, hier: S. 189. Die Schließung der Filiale erfolgte aber erst 1935 nach einer weiteren, verstärkten Boykottaktion. Siehe hierzu genauer Britta BOPF, »Arisierung« in Köln. Die wirtschaftliche Existenzvernichtung der Juden 1933–1945, Köln 2004.

[206] Zu den Zeitungsartikeln der Sozialistischen Republik siehe auch die Gerichtsakten HStAD, Rep. 11, 551. Heftige Kritik an der Berichterstattung übte die Rheinische Zeitung, 19. Mai 1928, unter dem Titel: Katz und Maus. Eine Kölner Schweinigelei.

[207] Am 13. Juli 1928 berichtet der Oberstaatsanwalt bereits von acht Ermittlungsverfahren wegen Beleidigung durch die Presse. HStAD, Rep. 21, 53, Bl. 7. Der Westdeutsche Beobachter reagierte mit Gegenklagen wegen Lebensmittelvergehens und dem Vorwurf der Zeugenbestechung.

[208] Oberstaatsanwalt an Rechtsanwalt Bartels, 2. April 1929, HStAD, Rep. 145, 75, Bl. 67–70.

[209] Oberstaatsanwalt an den Generalstaatsanwalt, 17. Dezember 1928, HStAD, Rep. 145, 53, Bl. 47.

[210] Oberstaatsanwalt durch den Generalstaatsanwalt an den preußischen Justizminister, 21. Juni 1929, HStAD, Rep. 145, 63, Bl. 76–80, hier: Bl. 79 f.

Somit verstand die NSDAP also bereits 1928, emotionalisierend an eine leicht entzündbare Vorurteilsstruktur anzuknüpfen und mit den Mitteln des modernen Sensationsjournalismus das Verhalten der Bevölkerung und der Behörden nachhaltig zu beeinflussen.

4.1.2. Tietz und die Mittelstandshetze der NSDAP

Diese Mittel suchten die Kölner Nationalsozialisten auch im Kampf gegen Leonhard Tietz und seine Söhne Alfred und Gerhard einzusetzen.[211] Warum gerade Tietz in der vehementen Anti-Warenhaus-Polemik als Hauptfeind des Einzelhandels stilisiert und zum Symbol der Bedrohung des Mittelstands erhoben wurde, während andere jüdische Kaufhäuser wie Bluhm, Landauer oder Michels in Köln relativ unbehelligt blieben, erklärt sich aus dem besonderen Erfolg der Leonhard Tietz A.G.

Leonhard Tietz, der gemeinsam mit seinem Bruder Hermann in Deutschland ein Netz von Warenhäusern aufgebaut hatte und um die Jahrhundertwende nach Köln gezogen war, konnte auf ein imposantes Lebenswerk zurückblicken.[212] Bereits 1914 verfügte die Leonhard Tietz A.G. über 18 Zweigniederlassungen mit 5 500 Angestellten und stand mit einem Umsatz von 84 Millionen Mark an der Spitze der deutschen Warenhäuser.[213] Das Unternehmen expandierte durch die Fortsetzung seines Wirtschaftskurses und die Etablierung von Einheitspreis-Geschäften auch in den Weimarer Jahren und zählte 1929 34 Verkaufshäuser mit 15 000 Angestellten und einem Umsatz von 190 Millionen Reichsmark.[214] Das Erfolgsgeheimnis der Warenhausdynastie lag

---

[211] Da die antisemitischen Anwürfe gegen die jüdischen Warenhäuser im allgemeinen und Tietz im besonderen in zahlreichen Wiederholungen um die gleichen Argumente kreisen, sollen sie paradigmatisch im längeren Sinnzusammenhang vorgestellt werden: »Wir haben schon öfter zum Ausdruck gebracht, daß die Großwarenhäuser, die sich fast ausschließlich in jüdischen Händen befinden, den Ruin des ehrlichen Mittelstandes nach sich ziehen müssen. Die Verbraucher erhalten meistens eine Schundware, zu deren Kauf sie sich nur auf Grund einer jüdisch-raffiniert geleiteten Reklame entschließen. Während der ehrliche Geschäftsmann schon allein im Interesse der Erhaltung seiner Kundschaft gute Ware liefern muß, sieht das jüdische Warenhaus, welches ja über genügend Geldmittel für Reklamezwecke verfügt, nicht danach. Es finden sich immer wieder Dumme, die darauf hereinfallen. Tausende von kleinen deutschen Existenzen sind bereits vernichtet worden, und tagtäglich hört man weitere Klagen über den Abbruch, den die Warenhäuser dem kleinen Geschäftsmann tun«, in: Westdeutscher Beobachter, 6. November 1927.

[212] Der gelernte Gemischtwarenhändler Leonhard Tietz, geboren und aufgewachsen in dem Posener Landstädtchen Birnbaum an der Warthe, eröffnete 1879 sein erstes eigenes Geschäft in Stralsund. Zehn Jahre später gründete er in Elberfeld eine Niederlassung, um von dort aus in Rheinland-Westfalen Geschäft um Geschäft zu etablieren, während sich sein Bruder Hermann bei dem Aufbau seines Warenhauskonzerns auf Nord- und Ostdeutschland konzentrierte. Fritz BLUMRATH, Essay über Leonhard Tietz, in: Rheinisch-Westfälische Wirtschaftsbiographien, Bd. 7, Hagen 1960, S. 48–66, hier: S. 50–53; und P. FUCHS, 100 Jahre, S. 17–23.

[213] Ebenda, S. 78.

[214] K. FUCHS, Unternehmer, S. 187 f.; und P. FUCHS, 100 Jahre, S. 83.

darin, daß sie die modernen Wirtschaftsprinzipien der Rationalisierung, Konzentration und Expansion konsequent auf den Einzelhandel anwandte und die neue Verkaufseinrichtung Kaufhaus mit ihrem Warengroßangebot durch geschickte Marketingstrategien für die Käufer populär machte.[215] Daß in Deutschland gerade jüdische Unternehmer wie Tietz, aber auch Wertheim, Schocken oder Althoff führend bei den großen Warenhäuser waren und 1932 knapp 80 % des gesamten Warenhausumsatzes im Reichsgebiet erreichten, wurde von der nationalsozialistischen Propaganda extensiv ausgebeutet.[216]

In Köln fand Leonhard Tietz mit dem Wandel der Stadt zum modernen Industrie- und Diensthandelszentrum genau jene Bedarfssituation vor, die ihm ein Massenpublikum zuführte. Das erste Geschäft in der Hohen Straße, das unter der Leitung seines Schwagers Sally Baumann 1891 in der Innenstadt eröffnete, hatte in nur fünf Tagen seine Lager ausverkauft und mußte schließen, um die Bestände zu ergänzen.[217] Ihm folgten weitere Filialen, darunter zwei Monumentalbauten in der Innenstadt. 1933 verfügte Tietz in Köln in den beiden Kaufhäusern in der Innenstadt und fünf weiteren Stadtfilialen über ein riesiges Warensortiment, das zusätzlich durch die Ehape-Einheitspreis-Handelsgesellschaft für Massenbedarf von Kleinpreiswaren ergänzt wurde.[218]

Die Weimarer Jahre boten der Familie Tietz in Köln nicht nur den Höhepunkt der ökonomischen Expansion, sondern auch der gesellschaftlichen Anerkennung. Bereits der nach Köln zugezogene Leonhard und seine Ehegattin Flora Tietz waren – wie erwähnt – in das städtische Leben integriert, nachdem sie anfänglich auf Ablehnung gestoßen waren.[219] Leonhard engagierte sich als Kunstkenner, Sammler und Mäzen vor allem in der lokalen Kunstszene. Seine Witwe Flora Tietz hinterließ nach dem Tod ihres Mannes 1914 der Stadt 100 000 RM für eine Stiftung, deren Zinsen unbemittelten Studierenden zukommen sollten.[220] Auch die zweite Kölner Generation, Alfred Leonhard und Margarethe Tietz, nahm im städtischen Leben der 20er Jahre einen anerkannten Platz ein, wobei sie bürgerliches und jüdisches Selbstverständnis problemlos miteinander verband, wie ihre Aktivitäten im bürgerlichen und konfessionellen Vereinswesen der Stadt illustrieren: Margarethe Tietz teilte ihre Zeit zwischen der Vorstandstätigkeit in bürgerlichen Frauenvereinen und ihrem Engagement in der jüdischen Wohlfahrtsarbeit. Ihr Mann war sowohl Mitglied des feudalen Regiments der Gardekürassiere als auch Angehöriger des Komitees pro Palästina. Gemeinsam vergnügte sich das Paar, das im Kölner Villen-

---

[215] Zur Geschichte des Warenhauses siehe BLUMRATH, Essay, S. 48 f., 57; und P. FUCHS, 100 Jahre, S. 44–47.

[216] BARKAI, Bevölkerungsrückgang, S. 48.

[217] BLUMRATH, Essay, S. 56 f.; und P. FUCHS, 100 Jahre, S. 25 f.

[218] Ebenda, S. 83. Die Leonhard Tietz A.G. beschäftigte 1933 insgesamt 20 000 Angestellte, darunter 1 500 jüdischen Glaubens.

[219] HENNING, Soziales Verhalten, S. 265.

[220] P. FUCHS, 100 Jahre, S. 78.

vorort Marienburg lebte, zu Karneval mit nichtjüdischen Bürgern und Bohemiens auf den legendären Lumpenbällen, während ihr Sohn Wolfgang die Theatergruppe am Friedrich-Wilhelm-Gymnasium leitete, das schon früh wegen nationalsozialistischer Äußerungen seiner Schüler ins Gerede kam.[221] Das Geschäft war so populär, daß es 1928 in einem Karnevalslied Willi Ostermanns als Anlaufstelle verzweifelter Eltern gepriesen wurde, um ihren Kindern die heißersehnten Wünsche zu erfüllen.[222]

Der florierende Großbetrieb Tietz war ohne Zweifel nicht erst in den 1920er Jahren der stärkste Konkurrent mittlerer und kleinerer Einzelhändler, deren eigene ökonomische und soziale Situation alles andere als konsolidiert war.[223] Seit Jahrzehnten war deshalb der Vorwurf an Tietz, »billig und schlecht« zu sein, von jenen erhoben worden, die unter der Angst litten, von der »Schleuderkonkurrenz« erdrückt zu werden.[224] Bereits in der Strukturkrise des ausgehenden 19. Jahrhunderts war Tietz deshalb die Zielscheibe einer mittelständisch organisierten, politischen Anti-Warenhaus-Kampagne, die ihre Unterstützung gerade in jenen Kreisen fand, die von der Strukturkrise betroffen waren und befürchteten, den modernen Wirtschaftspraktiken nichts entgegensetzen zu können.[225]

Diese Warenhauspolemik war durchaus auch in Köln erfolgreich, wo der Stadtrat wie in Aachen, Düren, Remscheid, Eschweiler und Mayen eine Filialsteuer für Warenhäuser einführte, die 1908 vom Oberverfassungsgericht für unzulässig erklärt wurde.[226] Trotzdem konnte sie nicht verhindern, daß die zufriedene Kundschaft weiterhin und zunehmend bei Tietz kaufte und daß sich der Klein- und Detailhandel nach den ersten Anfeindungen auf eine gemeinsame Organisationsplattform mit Tietz einließ, um die Interessen gegen die Produzentenseite zu bündeln: Alfred Leonhard war bis 1929 Vorstandsmitglied des Kölner Einzelhandelsverbands.[227] Auch die vereinzelten Boykottaufrufe gegen Tietz in den ersten Jahren der Republik, die sich inhaltlich der Argumente des 19. Jahrhunderts bedienten, blieben ohne weitere Wirkung.

---

[221] Zur Mitgliedschaft Alfreds bei den Gardekürassieren siehe ebenda, S. 78. Siehe ferner den Tätigkeitsbericht des Deutschen Komitees Pro Palästina für die Zeit vom 15. Dezember 1926 bis 31. Januar 1928, HStAK, 285,1 Bl. 369–381. Zur Tätigkeit von Margarete Tietz in der bürgerlichen Frauenbewegung vgl. beispielhaft den Bericht über die Distrikttagung am 9. Mai 1932 in Köln, Rheinlandloge, Cäcilienstr. 18, B'nai Brith Collection, LBI NY, AR 3836/A. 1135; und das Schreiben von Margarethe Tietz an Ruth Kisch-Arndt, 27. Mai 1933, CAHJP, P80, Nr. 71. Über die Theatertätigkeit des Sohns informiert das Abiturzeugnis Wolfgang Leonhard Tietzs, 5. März 1932, HStAK, 561, 130 Bl. 43.

[222] »… dann jangk nohm Tietze Leinad un kauf däm Jung dat Pähd«, zit. nach P. FUCHS, 100 Jahre, S. 83.

[223] HERRMANN, Wirtschaftsleben, S. 140 und 413.

[224] PINNER, Wirtschaftsführer, S. 270.

[225] BLUMRATH, Essay, S. 59.

[226] Ebenda.

[227] Wenn das am grünen Holz geschieht, in: Kölner Nachrichten, 20. April 1929.

Doch ab 1927 erreichte die gezielt einsetzende Boykottpropaganda eine ganz neue Qualität.[228] Die Muster der Agitation sind bereits hinlänglich bekannt: Sensationsheischende Skandalisierung, Vorwürfe schlimmster betrügerischer Machenschaften, unhygienischer Zustände und des sexuellen Mißbrauchs von Angestellten wurden immer wieder kolportiert, um bei der Bevölkerung Angst und Ekel zu schüren und sie vom Kauf in Tietzschen Warenhäusern abzuhalten. Auch gegen Tietz wurden die schlimmsten Vorwürfe jeweils in der Weihnachtszeit erhoben, um die antisemitische Polemik religiös zu untermauern und im umkämpften Weihnachtsgeschäft eine Bresche für nationalsozialistische Anhänger schlagen zu können.[229] Termingerecht erschien im Dezember 1929 ein Branchenverzeichnis »arischer« Firmen. Wie schon im Fall Katz-Rosenthal, ging mit der Artikelflut eine öffentliche Mobilisierung antisemitischer Gewalt einher, die durch Versammlungen auf der Straße und Boykottdemonstrationen eingeläutet wurde. Zeitlich parallel forcierten die Nationalsozialisten 1930 und 1932 die Vorstöße im Stadtrat zur Wiedereinführung der Warenhaussteuer und zur sozialen und politischen Ächtung Tietz'. Bei Tietz war diese mehrdimensionale Agitationsstrategie auf den ersten Blick jedoch weniger wirksam als bei Katz-Rosenthal. Weder im Stadtrat noch in der weiteren Bevölkerung fand die nationalsozialistische Offensive Unterstützung. Doch zugleich bot die Agitation gegen Tietz eine Verbindung zur mittelständischen Bewegung. Sowohl die Anträge der Wirtschaftspartei als auch die der Deutschnationalen atmeten den gleichen Geist mittelständischer Ressentiments gegen das »jüdische Warenhaus«. Ihre Zeitungen brachten ähnliche Verleumdungen und Boykottaufrufe, und ihre Abgeordneten brachen die Isolierung der Nationalsozialisten im Stadtrat partiell auf.[230] Auch im organisatorischen Zusammenhang wurde Tietz zunehmend isoliert und mußte 1929 seine Vorstandstätigkeit im Kölner Einzelhandelsverband aufgeben. Als Al-

---

[228] Der Westdeutsche Beobachter startete seine Initiative gegen Tietz am 6. November 1927 mit dem Artikel »Leonhard Tietz A.G. dringt vor«.

[229] In einem Antrag auf eine einstweilige Verfügung aus dem Jahr 1929 der Leonhard Tietz A.G. gegen den Westdeutschen Beobachter begründete die Firma ihr Anliegen folgendermaßen: »Die Zeitung hat sich [...] seit längerer Zeit zur Aufgabe gemacht, die Antragstellerin in frivolster Weise anzugreifen, Verdächtigungen unerhörtetester Art und unwahre Behauptungen waren am schlimmsten am 2. 12. 1928 und im Extrablatt 11. Dezember 1928, die weit über das erlaubte Maß der Kritik der Presse hinausgingen«. HStAD, Rep. 9, 333.

[230] In der Stadtratssitzung vom 5. Juli 1928 bat der Abgeordnete Runge von der Wirtschaftspartei, daß die Stadt die aufdringliche Reklame Tietz' auf Fahrscheinheftchen nicht mehr zulasse, und unterstützte die Einführung der Warenhaussteuer. Protokolle der Stadtverordneten-Versammlung 1928. In der Debatte um den Antrag von Grohé und Genossen zu Maßnahmen zum Schutz des Mittelstandes (Polemik gegen Warenhäuser) traten ihm die Mittelstandsparteien ein weiteres Mal zur Seite. Sitzung vom 9. Januar 1930, Protokolle der Stadtverordnetenversammlung 1930. Siehe hierzu auch die Berichterstattung: Kampf dem Warenhaus! Die Wirtschaftspartei läßt nicht locker – Der Antrag zur Herbeiführung der Warenhaussteuer erneut eingebracht!, in: Kölner Nachrichten, 14. Juli 1928; und Kampf dem Warenhaus! Warenhaus Tietz endlich nicht mehr im Kölner Einzelhandelsverband, in: Kölner Nachrichten, 13. April 1929.

fred Leonhard Tietz 1930 die Ehrendoktorwürde an der Kölner Universität verliehen wurde, wurde, wie erwähnt, diese symbolische Geste der Anerkennung durch studentische Proteste konterkariert. Auch wenn sich die Agitation nicht so geschäftsschädigend auswirkte wie bei Katz-Rosenthal, darf ihre Wirkung nicht unterschätzt werden, denn auch sie vergiftete das Klima und ebnete den Weg für den strukturellen Boykott der Nationalsozialisten, unter denen das Kaufhaus Tietz bereits im März 1933 besonders litt. Die Familie Tietz mußte ihr Leben in Köln aufgeben und floh 1933 nach Amsterdam.

Die Boykottbewegung zeigte ihre Wirkung ab 1930 auch im kleineren und mittleren jüdischen Einzelhandel, der ohnehin stark von der Wirtschaftskrise in Mitleidenschaft gezogen war. Auf diese Tatsache weisen insbesondere die Reaktionen der Kölner Juden hin. Kaufleute berichteten öffentlich über zunehmende Boykottendenzen und riefen ihre Kollegen dazu auf, sich zu wehren. Die Rechtsbelehrungen der CV-Anwälte füllten Seiten der lokalen Presse, und die einstweiligen Verfügungen und Klagen gegen den Boykott häuften sich.[231] Jüdische Angestellte waren insbesondere in den rechtsradikal infiltrierten Betrieben wie der Post oder den privat organisierten Droschkenunternehmen durch eine antisemitische Einstellungspraxis und alltägliche Diskriminierungen bedroht.[232] So berichtete das *Kölner Jüdische Wochenblatt*, das sich schon mehrfach mit den Zuständen bei der Reichspost in Köln befaßt hatte, von einem, wie die Zeitung bemerkte, keineswegs außergewöhnlichen Vorfall, der Licht auf die Alltagspraktiken der Post warf. Der Zeitung zufolge hatte das Unternehmen einen Postschaffner in Zivil abgestellt, der sich am Droschkenstand aufhielt und immer, wenn ein Fahrgast in einen Kraftwagen mit einem jüdischen Fahrer einsteigen wollte, diesen mit den Worten ansprach: »Fahren Sie nicht mit dem Judenpack, fahren Sie mit der Reichspost! Bei uns sind Sie versichert«.[233] Die Zeitung schloß mit den Worten, daß es unerträglich sei, daß sich ein staatlicher Betrieb eines derartig beleidigenden Antisemitismus bediene, und führte zur Begründung an, daß gerade in den Kölner Filialen der Reichspost und an führenden Positionen rechtsradikale Elemente besonders

---

[231] Auch der Kaufmann muß sich wehren. Leserbrief eines Kölner Kaufmanns an die CV-Zeitung, 11. Juli 1930; Zur Bekämpfung des Boykotts, in: Kölner Jüdisches Wochenblatt, 23. Januar 1932; Wirksames Vorgehen gegen antisemitischen Boykott, in: Gemeindeblatt der Synagogen-Gemeinde zu Köln, 5. Februar 1932; Kampf dem Boykott! Von Rechtsanwalt Dr. Hans Lazarus Berlin, in: Gemeindeblatt der Synagogen-Gemeinde zu Köln, 20. Januar 1933.

[232] Deutschvölkische bei der Post, in: Rheinische Zeitung, 10. Juli 1922; Die unpolitischen Posthelfer, in: Rheinische Zeitung, 22. Februar 1929; Ermittlungsverfahren gegen einen Kraftdroschkenführer wegen Vergehen gegen das Republikschutzgesetz, Beleidigung und Bedrohung, HStAD, Rep. 21, 32, Bl. 197–212.

[233] Die unpolitische Post. Untersuchung der Kölner Zustände durch das Reichspostministerium, in: Kölner Jüdisches Wochenblatt, 1. März 1929; und Noch einmal: Die unpolitische Post: Hakenkreuzverschmierungen auf der Post, in: Kölner Jüdisches Wochenblatt, 15. März 1929.

stark vertreten seien: »ein Umstand, der auch schon anderwertig aufgefallen ist und manches erklärt, was man am eigenen Leib schon verspürte«.[234] Doch es war nicht nur die Post, sondern auch die Stadtverwaltung, die ihre Entscheidungen nun bisweilen von antisemitischen Ressentiments abhängig zu machen schien, erhob sie doch ohne jede Begründung Einwand gegen die Genehmigung eines streng koscheren Kaffee- und Milchausschanks in einer jüdischen Bäckerei.[235] Auch in den privaten Betrieben häuften sich die antisemitischen Beleidigungen. Nicht immer gelangten diese an die Öffentlichkeit wie im Fall einer Kölner Kontoristin, die von ihrem Chef als »dreckiges Judenmädchen« beschimpft wurde und darauf mit einer Beleidigungsklage vor das Arbeitsgericht zog.[236] Diese Beleidigungen und Herabsetzungen am Arbeitsplatz verweisen darauf, daß sich die strukturellen Diskriminierungen in Zeiten der Wirtschaftskrise häuften und jüdische Angestellte die judenfeindliche Stimmung am eigenen Leib in einer diskriminierenden Einstellungs- und Entlassungspolitik spürten.[237] Gerade in der Erinnerungsliteratur wird deutlich, daß es für jüdische Jugendliche seit 1930 zunehmend schwieriger wurde, eine Lehrstelle in einem nichtjüdischen Betrieb zu finden.[238]

4.2. Katholischer Milieuprotektionismus und Antisemitismus

Doch es war keineswegs nur die radikalantisemitische Agitation der Nationalsozialisten, die die Situation der Juden im Kölner Wirtschaftsleben in den letzten Jahren der Weimarer Republik entscheidend belastete. Gerade im katholischen Milieu lassen sich die Mechanismen eines erstarkten Antisemitismus und seine alltäglichen Auswirkungen ab 1928 präzise nachzeichnen. Wie bereits erwähnt, fanden sich weder im Ersten Weltkrieg noch in den frühen ökonomischen Krisenjahren der Republik Spuren eines verstärkten katholischen Wirtschaftsantisemitismus. Die Impulse zum Ausschluß der Kölner Juden aus dem Wirtschaftsleben der Katholiken setzten erst ab 1928 ein. So regte der Zentrumsabgeordnete Albers in diesem Jahr die Förderung der Solidarität un-

---

[234] Seltsame Methoden der Reichspost, in: Kölner Jüdisches Wochenblatt, 21. Februar 1930.
[235] Tolerant, in: Kölner Jüdisches Wochenblatt, 10. Februar 1928.
[236] Aus dem antisemitischen Sumpfe, in: Kölner Jüdisches Wochenblatt, 7. Dezember 1928.
[237] »Gerade wir, die wir mit Kreisen der Arbeiterschaft eher in Berührung kommen, wissen, wie tief der Antisemitismus gewühlt hat. Wie vielleicht zu einem anerzogenen Judenhaß der Neid hinzukommt, einen jüdischen **Kollegen** arbeiten zu sehen, während man selbst ›stempelt‹. Der Jude wird zu einem **Konkurrenten**, mit dem man um den Arbeitsplatz kämpfen muß. [...] Endlich darf man auch nicht vergessen, daß Massen jüdischer Angestellter von großen Firmen entlassen werden, weil sie der antijüdischen Stimmung des Volkes Rechnung tragen müssen«. Leserbrief des Max Schupler, in: Gemeindeblatt der jüdischen Synagogengemeinde zu Köln, 7. August 1931.
[238] Otto Spier in: BECKER-JÁKLI, Ich habe Köln, S. 161–163; Herbert Bluhm in: Ebenda, S. 32.

ter den Katholiken auf wirtschaftlichem Gebiete an und empfahl, hierbei »von den Andersgläubigen, insbesondere den Juden«, zu lernen.[239] Albers befürwortete die Bevorzugung von Christen – nicht nur von Katholiken! – bei Neueinstellungen und schlug zu diesem Zweck die Einrichtung einer Arbeitsvermittlungsstelle vor, denn in dem Maße, wie es gelinge, christlichen Arbeitern gute Lohn- und Arbeitsmöglichkeiten zu geben, in dem Maße könne auch der kulturelle Einfluß des Christentums gesichert werden. Der Zentrumspolitiker fand mit seinem Vorstoß die Zustimmung Kardinal Schultes, der die »beachtenswerte Denkschrift« als Grundlage sachdienlicher Beratung und Besprechung bewertete.[240] Nur sechs Wochen später wurde die erste oberhirtliche Ermahnung an den Kölner Seelsorgklerus und die Ordensgemeinschaften erlassen, nur bei katholischen Geschäftsleuten zu kaufen.[241]

In erster Linie ist das Verhalten der Funktionseliten als Reaktion auf den Druck von der katholischen Basis zu begreifen, wurde doch der Ausbau dieses milieuprotektionistischen »Schutzes« in Wirtschaftsfragen seit 1928 mit zunehmender Vehemenz von einzelnen Geschäftsleuten und einfachen Verbandsmitgliedern an die Kirchenspitzen herangetragen, wie z. B. im Fall des Ferdi M., der Haushaltsartikel herstellte:

> »Ich bin aus bestem katholischem Hause [...] und habe durch die Inflation und nachfolgenden schweren Krankheiten mein sehr grosses Vermögen verloren. Ich habe nun mein Geschäft wieder eröffnet, und habe ich, der ich früher sehr viel an katholische Krankenanstalten, Kloster und ähnliche Betriebe lieferte, durch die langen Krankheiten die meisten meiner katholischen Häuser verloren. Es ist mir sehr schwer wieder festen Fuss zu fassen, da mich andere sogar jüdische Firmen bei meinen früheren befreundeten Häusern verdrängt haben. Ich wäre dem hochwürdigsten Herrn Cardinal sehr verbunden und dankbar, wenn ich eine Empfehlung in der heute ohne dies schweren Zeit von dem Generalvikariat bekommen könnte«.[242]

Zwar richteten sich die Invektiven im Kampf um die Vergabe der lebensnotwendigen Aufträge auch gegen protestantische oder sozialdemokratische Mitbewerber[243], doch trugen sie häufiger eine antijüdische Färbung. Und nicht

---

[239] Schreiben zur Lage der Kölner Katholiken, HStAK, 902, 118, 3, Bl. 33–65. Albers bediente damit das Bild vom abgeschlossenen ökonomischen jüdischen Milieu, der »Gegenseitigkeitsbedienung«, wie es im Merkuria-Artikel geheißen hatte.

[240] Schreiben Schultes an Albers, 28. Juli 1928, HStAK, 902, 118, 2, Bl. 31.

[241] »Auf Ihre Eingabe vom 22. Dezember 1928 beehren wir uns zu versichern, daß für die Erzdiözese Köln eine oberhirtliche Verordnung, die katholischen Geschäftsleute zu berücksichtigen, an alle Ordensgenossenschaften in diesem Jahre ergangen ist«. Schreiben Schultes an den KKV, 27. Dezember 1928, AEK, Gen. I, 23.13,1. Dieser Erlaß wurde am 8. September 1928 ausgesprochen.

[242] Schreiben vom 30. Oktober 1930, AEK, Gen I, 19.4.

[243] Insgesamt sind in den einschlägigen Akten des Generalvikariats fünfundzwanzig dieser Briefe tradiert. Davon richteten sich zwei Verfasser gegen die protestantische, einer gegen die freidenkerische und fünf gegen die jüdische Konkurrenz: Anonymer Brief an Kardinal Schulte, 3. Juni 1931, AEK, Gen. I, 23.13,1; Beschwerde der Kunstschlosserei v. B., 21. September 1931 an das Generalvikariat, AEK, Gen. I, 23.13,2; und ein Schreiben gegen

immer mußte das Wort Jude fallen, um zu wissen, gegen wen sich die katholischen Einzelhändler richteten, wenn sie sich über den Einkauf im modernen Warenhaus empörten.[244] Der Grundkanon dieser Briefe war bisweilen demütig, häufiger verbittert und in einigen Fällen mit Drohungen durchzogen, sich von der Kirche abzuwenden, falls sich die Auftragsvergabe nicht ändern sollte. Die stärkste Empörung richtete sich gegen das Verhalten der katholischen Nonnen, die den Eingaben zufolge regelmäßig und mit großem Vergnügen ihre Einkäufe in nichtkatholischen Häusern, überwiegend bei Tietz, tätigten und den nötigen Warenerwerb mit einem Besuch im Kaufhaus versüßten, zu dem sie, wie die Ursulinen, sogar ihre Zöglinge mitnähmen.[245] Die katholischen Wirtschaftsorganisationen und konfessionell übergreifenden Mittelstandsvereinigungen unterstützten die Forderungen des einfachen Kirchenvolks, indem sie immer wieder an die Kirchenbehörden appellierten, sich grundsätzlich stärker im »Schutz des Mittelstands« zu engagieren, und zum Kauf beim katholischen bzw. christlichen Einzelhandel aufforderten.[246]

Die Kirchenbehörden reagierten auf das Ansinnen der katholischen Geschäftsleute und Berufsvertretungen entgegenkommend: Sie erneuerten und erweiterten ihre Boykottaufrufe regelmäßig, da sie offensichtlich noch nicht die gewünschte Wirkung erzielten. Hatte sich die oberhirtliche Ermahnung 1928 lediglich an die Priester und Schwestern als die entscheidenden Milieumanager gerichtet, die größere wirtschaftliche Aufträge vergaben, wurden 1930 bereits alle Kirchenmitglieder der Erzdiözese durch Pressemeldungen aufgefordert, ihren Einkauf bei den ortsansässigen katholischen Geschäften zu tätigen.[247] 1931 hielt das Generalvikariat dann nicht nur dazu an, bei ortsansässigen katholischen Kaufleuten zu kaufen, sondern nunmehr auch noch nur katholische Künstler mit Aufträgen zu betrauen.[248] Diese Boykottaufrufe müssen, wie die zeitliche Nähe von Eingaben und Aufrufen nahelegten, als direkte Reaktionen auf die Petitionen aus dem Mittelstand begriffen werden.[249] Immer wieder

die Freidenker: Beschwerde der Arbeitgebervereinigung für das Bewachungsgewerbe vom 9. Juni 1932 an das Generalvikariat, ebenda.

[244] Boykottaufruf des badischen Pfarrers Wilhelm S., 4. April 1929. Vgl. auch das Bittgesuch des Kölner Rolladen-Fabrikanten P. H., 7. Februar 1931, oder des Gewerbehauses Heinrich St., undatiert, einsortiert zwischen dem 25. Februar 1931 und dem 3. Juni 1931, AEK, Gen. I, 23.13,1.

[245] Vgl. etwa die Eingabe des Strumpfhauses W. H. an das Generalvikariat, 15. März 1930, ebenda.

[246] Verband des KKV, 22. Dezember 1928; Brief der Reichspartei des Deutschen Mittelstands, 4. November 1930; und die Bäcker-Innung an Kardinal Schulte, 9. Oktober 1930, AEK, Gen. I, 23.13,1.

[247] Dies geht aus dem Dankesbrief des Strumpfhauses W. H., 15. März 1930 hervor.

[248] Erlaß des Generalvikariats, 25. Februar 1931, AEK, Gen. I, 23.13,1.

[249] So erneuerte das Generalvikariat nur eine Woche, nachdem sich der Reichsverband des deutschen Mittelstands am 4. November 1930 über die Kaufpraxis der Kölner Nonnen beschwert hatte, den »dringenden Wunsch« an die Oberinnen der Schwesternniederlassungen in der Erzdiözese Köln, daß sie ihren Bedarf (auch bei größeren Anschaffungen) vor

äußerten die Kirchenbehörden kurz nach Eingang einer weiteren Petition demonstrativ Verständnis für die wachsende Erregung katholischer Geschäftsleute und Handwerker, die in den ökonomisch schweren Zeiten bei der Vergabe von Aufträgen nicht berücksichtigt wurden. Religiöse Argumente spielten in diesem Zusammenhang kaum eine Rolle. Lediglich hinsichtlich des Künstlerboykotts wurde vermerkt, daß ein religiöses Kunstwerk nur aus »katholischem Denken und Fühlen« erwachsen könne.[250] Die Motivation der Milieueliten für ihr entgegenkommendes Verhalten war von dem strategischen Interesse bestimmt, über die Vermittlung der konfessionellen Solidarität die katholischen Handwerker und Gewerbetreibenden in das katholische Milieu einzubinden und sie so gegenüber der nationalsozialistischen Mittelstandspropaganda zu immunisieren. Darüber hinaus hatte die Betonung der katholischen Wirtschaftssolidarität die Funktion, von den Interessenkonflikten zwischen den verschiedenen Wirtschaftsgruppen innerhalb des Milieus abzulenken, die sich in der Krisensituation verschärften und zu denen sich die katholischen Milieufunktionäre strikt neutral zu verhalten hatten, um keine der Gruppen zu verärgern:

> »Es ist von jeher ein Verdienst der Geistlichen gewesen, für wirtschaftlich bedrängte Kreise des Volkes einzutreten. Wir wünschen, daß dies so bleiben möge. Die scharfen Wirtschaftskämpfe der Gegenwart bringen es aber mit sich, daß die wirtschaftlichen Bemühungen und Maßnahmen eines Volksteils viel stärker und unmittelbarer als früher die anderen Volksteile treffen (man denke z. B. an die sich widerstreitenden Interessen von Einzelhandel und Konsumvereinen). Aus diesem Grunde ist es dringend zu wünschen, daß der Geistliche dort, wo wirtschaftliche Sorgen der einzelnen Kreise des Volkes sich so kreuzen und miteinander ringen, Zurückhaltung übt, um sich das Vertrauen des ganzen Volkes zu erhalten«.[251]

Es blieb indessen nicht allein bei den Boykottaufforderungen durch die Milieuspitzen. Vielmehr engagierten sich katholische Institutionen nunmehr aktiv bei der Unterminierung der Geschäftsbeziehungen vor allem zu den jüdischen Mitbürgern. Erstmalig legten katholische Gemeindeämter Listen christlicher Lieferanten an, die zur Einsicht offen auslagen.[252] Der *Kirchliche Anzeiger* schaltete bereits 1930 auf Initiative einer hartnäckigen Privatperson keine Anzeigen jüdischer Firmen mehr.[253] Die Kirchenzeitung erfüllte damit als eine

---

allem bei katholischen Geschäftsleuten (nicht Warenhäusern) und katholischen Handwerkern decken sollten. Erlaß des Generalvikariats an die Oberinnen der Schwesternniederlassungen vom 15. November 1930, ebenda.

[250] Erlaß des Generalvikariats, 25. Februar 1931, ebenda.

[251] Anordnung des Generalvikariats zum Verhalten der Geistlichen in Wirtschaftskämpfen, abgedruckt in: Kirchlicher Anzeiger für die Erzdiözese Köln, 15. Februar 1929.

[252] Brief der Kölner Kolonial- und Fettwaren-Großhandlung Ferdinand M.-P., 2. August 1930, AEK, Gen. I, 23.13,1.

[253] Der Schriftwechsel zwischen dem Kölner Katholiken Carl R. und dem Generalvikariat zwischen dem 9. März und dem 3. November 1929 ist tradiert in AEK, CR I, 26.4, 2. Nachdem das Generalvikariat den Leumund und die Religionszugehörigkeit R.s geprüft hatte, unterstützte sie ihn in seinen Bestrebungen. Abschließend heißt es in einer internen Stellung-

der ersten Kölner Zeitungen eine Hauptforderung antisemitischer Propaganda, die dem »jüdischen Reklamerummel« geradezu hypnotische Wirkungskraft unterstellte, ihm eine Mitschuld am Kaufverhalten der Bevölkerung und am Niedergang des Mittelstands zuschrieb und den Anzeigenboykott als Lösungsmittel anpries. Und als der katholische Görresverlag 1932 das liberale *Kölner Tageblatt* übernahm, kündigte es den drei bisherigen jüdischen Redakteuren der Zeitung. Nach einer persönlichen Besprechung mit den Vertretern des Verlags vermerkte der Vorsitzende der Kölner Ortsgruppe des Centralvereins, daß er der Überzeugung sei, daß der katholische Verlag keine jüdischen Redaktionsmitglieder beschäftigen wolle und daß die Gründe dafür in den Bestrebungen der inneren Abgeschlossenheit zu finden seien, die einen der Machtfaktoren des Katholizismus darstellten. Er hielt dem Kölner Katholizismus gleichwohl zugute, daß er geneigt sei, den Juden alle religiösen und staatsbürgerlichen Rechte zuzugestehen, und verneinte daher eine antisemitische Motivation.[254] Dem ist insofern zuzustimmen, als die Hauptstoßrichtung der Boykottforderungen nicht – anders als in der radikalantisemitischen Boykottagitation – auf die Vernichtung der jüdischen Konkurrenz zielte, nicht rassistisch und primär ideologisch motiviert war und auch keine wirtschaftliche Sondergesetzgebung forderte.[255] Diese enge Antisemitismusdefinition vernachlässigt jedoch, wie sich diese wirtschaftlichen Milieuinteressen zu diskriminierenden Alltagspraktiken vor allem gegenüber ortsansässigen jüdischen Unternehmen verdichteten. So auch im Fall einer alteingesessenen Firma, die in Köln als größter Hersteller und Vertreiber von Krankenartikeln tätig war.[256] Zu ihren Kunden zählten seit über 30 Jahren verschiedene katholische Krankenhäuser, die 1931 auf Druck des Generalvikariats trotz voller Zufriedenheit mit ihrem Geschäftspartner die wirtschaftlichen Beziehungen aufkündigten, nachdem sich die katholische Konkurrenz über die Auftragsvergabe an den jüdischen Unternehmer beklagt hatte.[257] Weder die Intervention des katholischen Direktors der Kölner Taubstummenanstalt zugunsten der Firma, der sich als langjähriger Kenner der Firma und Familie für diese einsetzte, noch die Proteste der 56 Angestellten, von denen 50 katholischer und nur zwei jüdi-

---

nahme der Kirchenzeitung: »Sein Interesse äußert sich leider immer nur in Beschwerden. Um ihm keinen Grund zu geben, in seinem grenzenlosen Judenhaß eine jüdische Firma in der Kirchenzeitung zu entdecken, haben wir unsere Anzeigenvertreter wiederholt angewiesen, jüdische Firmen auf keinen Fall zu besuchen«. Zur zentralen Bedeutung der Kirchenzeitung als Kommunikationsorgan im katholischen Milieu vgl. auch SCHANK, »Kölsch-katholisch«, S. 75–81.

[254] Schreiben Jacobis an die Zentrale des CV in Berlin, 16. Oktober 1932, Osoby, Fond 721, Opis I, Akte 2285, eingesehen in: CAHJP, HM 2 8758, Frame 2285.

[255] Zu den Unterschieden zwischen den nationalsozialistischen und katholischen Boykottforderungen siehe auch O. BLASCHKE, Antikapitalismus, S. 143 f.

[256] Brief des Direktors der Provinzial- und Taubstummenanstalt Köln an das Generalvikariat, 14. September 1931, AEK, Gen. I, 23.13,2.

[257] Antwort des Generalvikariats an den Direktor, 18. September 1931, ebenda.

scher Religion waren, konnten das Generalvikariat von seiner harten Linie abbringen. Ungewohnt hartnäckig forderte die Belegschaft mehrmals, die Sperre gegenüber ihrer Firma aufzuheben, bis die Kirchenbehörden mitteilten, daß sie ihrer Entscheidung nichts mehr hinzuzufügen hätten.[258]

Doch nicht immer ging die antisemitische Dynamik im Wirtschaftsleben von der antisemitischen Basis aus und war das Verhalten der Kirchenleitung reaktiv, wie hinsichtlich der organisatorischen Vertretung des katholischen Mittelstands deutlich wird. Als das Generalvikariat und die Vereinsführung des Katholischen Kaufmannvereins bereits 1920 den Entschluß faßten, den katholischen Kaufmannsverein dem antisemitischen Deutschnationalen Handlungsgehilfenverein anzuschließen, übergingen sie hierbei den Protest einiger einfacher Vereinsmitglieder und ganzer Gauverbände, die den Beitritt zum DHV wegen dessen judenfeindlichen Charakters ablehnten.[259] Auch die 1931 und 1932 erneuerten Widersprüche gegen die Verbindung zum DHV wegen des »extrem völkischen und rein antisemitischen Ursprung[s]« verpufften wirkungslos.[260] Die interne Korrespondenz zwischen Generalvikariat und dem Sekretariat des Katholischen Kaufmannsvereins verdeutlicht die Beweggründe ihres Vorgehens. Die Eliten kritisierten zwar den Antisemitismus des DHV, nahmen ihn aber billigend in Kauf, um nicht mit dem liberalen Gewerkschaftsbund der Angestellten (GdA) kooperieren zu müssen.[261] Hier dominierte einmal mehr das strategische Kalkül des Milieuinteresses.

So bleibt festzuhalten, daß sich die wirtschaftlichen Beziehungen zwischen Juden und Katholiken in den späten 1920er Jahren massiv verschlechterten, indem sich katholische Boykottbestrebungen im lokalen Alltagsleben niederschlugen. Bereits ab 1930 boykottierten katholische Zeitschriften jüdische Anzeigenkunden, stornierten Aufträge an jüdische Firmen aufgrund der Religionszugehörigkeit ihrer Inhaber und entließen jüdische Mitarbeiter aus eben diesem Grunde. Erstmalig waren Boykottforderungen und -aktionen offizielle Kirchenpolitik geworden. Kirchen- und Parteispitzen propagierten 1928 die wirtschaftliche »Verteidigung« der Katholiken, weil sie fürchteten, durch die beginnende Wirtschaftsnot Einfluß bei ihrer Klientel zu verlieren, wenn sie

---

[258] Schreiben des Anton L. an das Generalvikariat, 14. und 28. September 1931, ebenda.

[259] Brief des Ruhr-Emscher-Gaus im KKV vom 14. Januar 1920 an Kardinal Schulte mit einer beigefügten Abwehrschrift gegen Antisemitismus sowie die Stellungnahme des KKV zur Gewerkschaftsbewegung und zum Abkommen mit dem DHV gleichen Datums, Abschrift der Vereinbarung zwischen dem Deutschnationalen Handlungsgehilfen-Verband und dem Verband katholischer kaufmännischer Vereinigungen Deutschlands, 25. Februar 1920, AEK, Gen. I, 23.13,1.

[260] Eingabe des katholischen Jugendführers im Gewerkschaftsbund der Angestellten, GDA, an den Kölner Prälaten Lenné; Eingabe des Ernst W. aus Köln-Bickendorf, 5. November 1932, ebenda.

[261] Stellungnahme des Jugendbundes im Verband KKV, 9. Februar 1932; und Generalvikariat an Jugendsekretariat im GDA, 11. Juli 1932, das ein Eingreifen in die Beziehung zum DHV ablehnt, AEK, Gen. I, 23.13,2.

nicht durch den Ausschluß speziell der jüdischen Konkurrenz ihr Milieu ökonomisch aufwerteten und zusammenhielten. Auch wenn über die quantitativen Ausmaße des Boykotts keine Aussagen getroffen werden können, gilt es festzuhalten, daß sich die strukturelle Lücke zwischen antisemitischem Stereotyp und seiner praktischen Einlösung, zwischen Boykottpropaganda und Boykott, zwischen rhetorischer Diskreditierung und realer Diskriminierung im katholischen Milieu bereits vor 1933 und nicht erst im strukturellen Boykott der Nationalsozialisten geschlossen hatte.[262]

5. Fazit

Die wirtschaftlichen Beziehungen zwischen Juden und Nichtjuden waren besonders rigiden Herausforderungen ausgesetzt und verschlechterten sich rapide in den späten 1920er Jahren. Dabei war das Miteinander von Juden und Nichtjuden zunächst auch im wirtschaftlichen Leben von vielfältigen Verbindungslinien geprägt, die stärker den Regeln des Markts und des ökonomischen Profits als einem gruppenspezifischen Milieuprotektionismus bzw. einem gruppenübergreifenden Antisemitismus folgten: Jüdische Unternehmer, die den entsprechenden beruflichen Erfolg aufwiesen, wurden vorbehaltlos in die Wirtschaftsgremien der Stadt aufgenommen und konnten selbst in jenen Branchen, die wie der Einzelhandel als besonders antisemitisch galten, Spitzenpositionen einnehmen. Jüdische und nichtjüdische Unternehmer gingen berufliche Partnerschaften ein, pflegten einen Kundenstamm jenseits konfessioneller Gebundenheiten und entschieden über die Einstellung ihrer Angestellten anhand der fachlichen Eignung. Die Konsumgewohnheiten der Bevölkerung und die Vergabe von Aufträgen folgten stärker Preis-Leistungs-Überlegungen als gruppenspezifischen Verhaltensmustern. In diesem Zusammenhang wogen die Regeln des Wirtschaftslebens schwerer als klassen-, milieu-, geschlechts- oder generationsbedingte Unterschiede.

Seit der Gründerkrise hatten sich aber auch in Köln die Angriffe gegen diese gewachsenen Formen des Miteinanders verstärkt: Die Stereotypen vom skrupellosen und raffgierigen jüdischen Geschäftsgebaren, von der Geldbesessenheit der Juden und ihrer parasitären Rolle im Wirtschaftsleben wurden im späten 19. Jahrhundert zunehmend kommuniziert und waren in den mentalen Deutungsmustern der Bevölkerung fest verankert. Radikalantisemitische und katholische Boykottaufrufe suchten hieran anzuknüpfen und das Kaufverhalten der nichtjüdischen Bevölkerung zu verändern. Die Auswirkungen dieser feindseligen Stimmung zeigten sich nicht zuletzt im Alltag der jüdischen Mitbürger, wie die Namensänderungsakten verdeutlichen. Allerdings blieben die

---

[262] So aber O. BLASCHKE, Antikapitalismus, S. 144.

se Angriffe innerhalb des städtischen Zusammenhangs noch in der Minderheit und konnten die wirtschaftlichen Beziehungen zwischen Juden und Nichtjuden nicht gefährden.

In der aufgeladenen Situation der direkten Nachkriegszeit suchten die radikalen Antisemiten gerade über eine gezielte Wirtschaftspropaganda eine antisemitische Stimmung zu schüren. In den erregten Tagen der Hungerunruhen gelang es ihnen erstmalig, bei der materiell verzweifelten, hochgradig emotionalisierten und mobilisierten Bevölkerung offen ausgesprochene Vernichtungsforderungen und antisemitische Ausschreitungen hervorzurufen. Hier wirkte die sozioökonomische Krisensituation tatsächlich nachweisbar als ein direkter Katalysator für einen radikalisierten Antisemitismus.

Trotzdem stieß die radikale Rechte jenseits dieser punktuellen Ausnahmesituationen mit ihrer Hetze gegen die »jüdischen Wucherer und Schieber« nicht auf die Zustimmung in der breiten Mehrheit der Bevölkerung, im Mittelstand und bei den Inflationsverlierern. In den lokalen Medien, im Stadtrat, in den Sitzungen der Mittelstandsvereinigungen und im Alltagsleben wurden die radikalantisemitischen Wirtschaftsstereotypen kaum öffentlich verbreitet, und die Kölner Polizei unterdrückte Tendenzen antisemitischer Gewalt im Keim. Selbst in der Krise wirkten die gewachsenen Beziehungen, die Gesetze des Marktes und die städtischen Tabuschranken stärker als das vorhandene antisemitische Potential. Da die osteuropäischen Juden aber nicht in dieses ökonomische und normative Beziehungsgeflecht eingebunden waren, wurden sie kollektiv und unabhängig von einer direkten Konkurrenzsituation zu Sündenböcken gestempelt und aus der städtischen Gemeinschaft ausgeschlossen. Die Impulse hierzu gingen nicht primär von den deutsch-völkischen Antisemiten oder einem radikalisierten Mittelstand aus, sondern wurden von allen städtischen Gruppen – mit Ausnahme der Arbeiterschaft – lanciert. Hier wogen die sozialpsychologischen und mentalen Gründe schwerer als politisch-manipulatorische und konkurrenztheoretische Faktoren, was die Ergebnisse der neueren kulturgeschichtlichen Forschung aus der Mikroperspektive untermauert.

Die Angriffe der radikalen Antisemiten auf die Beziehungen ab 1927 bewirkten sowohl direkt als auch indirekt nachhaltige Erschütterungen im wirtschaftlichen Beziehungsgefüge. Noch vor dem Einbruch der Weltwirtschaftskrise, als sich in Köln die ökonomische Misere aber bereits abzeichnete, setzten die Nationalsozialisten ganz auf die skandalorientierte und wirtschaftsantisemitische Karte, um ihren Boykottbestrebungen zu einer größeren Durchschlagskraft zu verhelfen. Damit verstanden sie es bereits 1928 besser als in anderen Bereichen und besser als in der Frühphase der Republik, das Verhalten der Bevölkerung und der Behörden zumindest punktuell zu beeinflussen und die jüdischen Bürger zu schädigen. Allerdings sei davor gewarnt, den nationalsozialistischen Boykottaufruf ohne eine sozialstatistische Analyse eindeutig als einen wichtigen Indikator für den wirtschaftlichen Ausschluß der deutschen

Juden aus dem Wirtschaftsleben zu begreifen, denn seine Auswirkungen liegen jenseits der punktuellen Diffamierungsmomente im dunkeln.

Schwerer wogen in Köln – meines Erachtens nach – die indirekten Folgen der nationalsozialistischen Agitation. Diese beschleunigte nämlich einen erstarkten Wirtschaftsantisemitismus im Katholizismus, der ab 1928 ebenfalls eine neue Qualität annahm. Im Milieuzusammenhang nahm der katholische Mittelstand eine zentrale Rolle in der Radikalisierung des Antisemitismus ein, zählte er doch zu den heftigsten Verfechtern eines katholischen Wirtschaftsboykotts und übte entsprechenden Druck auf die Milieuspitzen aus.

Die tradierten antisemitischen Denk- und Kommunikationsmuster der kleinen Firmenbesitzer und Gewerbetreibenden hatten sich auf der Grundlage der mentalen Krisenerfahrung von Krieg und Inflation und durch die aktuelle nationalsozialistische Agitationswelle der letzten Jahre massiv verschärft. Auch die zugespitzte Konkurrenzsituation zwischen Juden und Katholiken trat in diesem Zusammenhang klar zutage. Erstmals ab 1927 forderten die kleinen Handwerker und Einzelhändler die Kirchenoberen offen zur Intervention gegen die jüdische Konkurrenz auf. Sie taten dies in einer Form, die zuvor nicht denkbar gewesen wäre und die 1933 eine weitere qualitative Stufe erreichen sollte.[263]

In der neuen politischen Konstellation eines erstarkten Nationalsozialismus und unter den Vorzeichen einer dramatischen Wirtschaftskrise, die die herkömmlichen sozialen Bindungslinien aufzulösen drohte, gaben die katholischen Funktionseliten antisemitischen Forderungen aus strategischen Gründen der Milieustabilisierung erstmals nach und ihre Rolle als normative Kontrollinstanz innerhalb des Katholizismus auf. Um die radikalisierten katholischen Bevölkerungskreise nicht an die Nationalsozialisten zu verlieren, übten sie nun selber Druck auf jene Kreise innerhalb des Milieus aus, die diesen Schritt nicht nachvollzogen und weiterhin gute Beziehungen zu ihren jüdischen Geschäftspartnern pflegten. Daß die Boykottaufrufe an Klerus und Ordensschwestern permanent wiederholt wurden, weist zwar darauf hin, daß diese sich zunächst nicht am Milieuboykott beteiligten, doch scheint sich der Druck von oben und unten ab 1931 so verstärkt zu haben, daß die wirtschaftlichen Beziehungen zwischen Katholiken und Juden schließlich doch beeinträchtigt wurden. Bereits vor dem nationalsozialistischen Wirtschaftsboykott im April 1933 hatten die katholischen Kirchenbehörden und Milieuspitzen der Durchsetzung eines strukturellen Antisemitismus den Weg geebnet und die Lücke zwischen antisemitischer Forderung und ihrer Umsetzung in strukturelle Verhaltensmuster geschlossen. Im Wirtschaftsleben waren die Mechanismen des Antisemitismus auf verschiedenen Ebenen besonders stark ausgeprägt.

---

[263] Dies gilt im übrigen auch für die Milieuspitzen. Auf eine antisemitische Eingabe des Reichsverbands Deutscher Schuhhändler Köln vom 2. Mai 1933 antwortete das Generalvikariat, daß es bereits seit Jahren ermahnt habe, nicht in jüdischen Warenhäusern einzukaufen. AEK, Gen. I, 23.13,2.

SECHSTES KAPITEL

GESTALTUNGSRÄUME UND GEWALT IM POLITISCHEN LEBEN

Dieses Kapitel untersucht die Integration der jüdischen Bürgerinnen und Bürger im politischen Leben vor Ort. Es setzt sich zum Ziel, die These von der zunehmenden Isolierung der deutschen Juden im politischen Leben der Republik, die in der deutsch-jüdischen Historiographie und der Antisemitismusforschung dominiert, aus der handlungsorientierten Perspektive im lokalen Raum zu überprüfen.[1]

Hierzu gilt es zunächst, die Integrationsmodi der Politik neu zu definieren, wurden doch die Fortschritte politischer Gleichberechtigung der deutschen Juden und ihre Partizipation im demokratischen Gemeinwesen in den ersten Wochen und Monaten der Republik bislang insbesondere anhand des Zugangs zu wichtigen politischen und administrativen Ämtern bemessen, die ihnen bis dahin verwehrt geblieben waren.[2] Es war zweifellos ein wichtiger Schritt zur verfassungsrechtlich verbrieften politischen Gleichstellung, daß sowohl prominente Figuren des politischen Lebens wie Hugo Preuss, der Vater der Weimarer Verfassung, oder der parteilose Aufbau- und spätere Außenminister Walther Rathenau als auch weniger bekannte jüdische Politiker und Beamte auf Reichs-, Landes- und kommunaler Ebene die politische Bühne betraten und den Verfassungsanspruch in Politik gestaltende Realität umsetzen konnten.[3] Daher sollen im ersten Teilabschnitt dieses Kapitels neben den Tradi-

---

[1] Für die deutsch-jüdische Historiographie vgl. ANGRESS, Juden, S. 154; FRIEDLÄNDER, Veränderungen, S. 5, 9; HERZIG, Jüdische Geschichte, S. 214; LIEPACH, Wahlverhalten, S. 10; Werner E. MOSSE, Die Krise der europäischen Bourgeoisie und das deutsche Judentum, in: W. E. MOSSE/PAUCKER, Deutsches Judentum, S. 1–26, hier: S. 5; NIEWYK, Jews in Weimar Germany, S. 25, 48; sowie RICHARZ, Jüdisches Leben, S. 42. Für die Antisemitismusforschung siehe BERDING, Antisemitismus in der modernen Gesellschaft, S. 86; ders., Moderner Antisemitismus, S. 172–177; WALTER, Antisemitische Kriminalität, S. 15; und WINKLER, Gesellschaft, S. 214.

[2] Personen jüdischen Glaubens und weit häufiger jüdischer Abstammung gelangten als Abgeordnete der Nationalversammlung und als Regierungsmitglieder erstmalig in leitende politische Stellen, wobei sie sich besonders in den Berliner und Münchener Revolutionsregierungen engagierten. Auch als Bürgermeister, Minister und hohe Staatsbeamte besetzten sie Schlüsselpositionen im öffentlichen Leben der Republik. ANGRESS, Juden, S. 137; LIEPACH, Wahlverhalten, S. 31; MAURER, Juden, S. 110; und PULZER, Jews, S. 207–210.

[3] Monika Richarz beziffert die Zahl jüdischer Stadtverordneter auf 1 400, ohne allerdings

tionslinien auch die neuen Chancen und Barrieren der Partizipation jüdischer Politiker an der Kölner Kommunalpolitik untersucht werden.[4]

Politische Integration bedeutet aber auch die Gleichbehandlung der jüdischen Bevölkerung in der politischen Alltagspraxis. Hierzu gehören zunächst Entscheidungen in kommunalen Regelungsbereichen, die die Kölner Jüdinnen und Juden direkt betreffen, wie etwa die Behandlung jüdischer Schulen und Friedhöfe, die Regelung der Schächtfrage und die sogenannte Ostjudenpolitik. Diese vier Bereiche wurden ausgewählt, da sie in der schwierigen Quellensituation Inseln der Überlieferung darstellen, zugleich die vielfältigen Mechanismen politischer Integration im Alltagsleben verdeutlichen und in der Literatur noch keine befriedigende Beachtung gefunden haben. Obwohl die sogenannte Ostjudenpolitik von diesem Diktum auf der Reichsebene und für Bayern weitgehend auszunehmen ist, mangelt es weiterhin an Untersuchungen, die ihre Umsetzung auf der kommunalen Ebene fokussieren.[5] Noch schlechter erforscht ist die Regelung der Schächtfrage, in der sich der Schutz religiöser Freiheit gegenüber antisemitischen Angriffen im lokalen Raum vor dem Hintergrund einer erregten öffentlichen Diskussion beispielhaft verdichtete.[6]

Zu dieser politischen Alltagspraxis gehört darüber hinaus die Gleichbehandlung der jüdischen Bevölkerung durch Stadtrat und Stadtverwaltung. Konnten diese doch durch symbolische und finanzielle Formen der Politik Anerken-

---

eine allgemeine Vergleichszahl zu nennen. RICHARZ, Jüdisches Leben, S. 44. Ob die Zahl der Berufungen als politischer Erfolg einzuschätzen ist, bleibt umstritten. Während Lowenthal resümiert, daß der Anteil der deutschen Juden im parlamentarischen Leben im Reich und in den Ländern nur gering war und auch im kommunalen Raum geringfügig blieb, hebt Niewyk hervor, daß eine beeindruckende Zahl von Juden Autoritätspositionen einnehmen konnte. LOWENTHAL, Juden, in: W. E. MOSSE/PAUCKER, Entscheidungsjahr 1932, S. 51–85, hier: S. 55; sowie NIEWYK, Jews in Weimar Germany, S. 25–32.

[4] Wegen der großen Überlieferungslücken in den lokalen Parteiakten stützt sich die Analyse vorrangig auf die publizistischen Quellen, die Stadtverordnetenprotokolle, die städtischen Verwaltungsakten sowie auf die Polizei- und Regierungsakten.

[5] Für die Weimarer Republik vgl. ASCHHEIM, Brothers; Ludger HEID, Maloche – nicht Mildtätigkeit. Ostjüdische Arbeiter in Deutschland 1914–1923, Hildesheim/Zürich/New York 1995; MAURER, Ostjuden; sowie Józef ADELSON, The Expulsion of Jews with Polish Citizenship from Bavaria in 1923, in: Polin. A Journal of Polish-Jewish Studies 5 (1990), S. 57–73; John P. FOX, Weimar Germany and the »Ostjuden« 1918–1923: Acceptance or Expulsion?, in: Michael R. MARRUS (Hrsg.), Refugees in the Age of Total War, New York 1992, S. 51–68; Reiner POMMERIN, Die Ausweisung von »Ostjuden« aus Bayern 1923. Ein Beitrag zum Krisenjahr der Weimarer Republik, in: VJZ 34 (1986) S. 311–348; und WALTER, Antisemitische Kriminalität, S. 111–151. Ein gelungenes Beispiel für die Analyse der Ostjudenpolitik vor Ort im Kaiserreich bietet Till van RAHDEN, Die Grenze vor Ort – Einbürgerung und Ausweisung ausländischer Juden in Breslau 1860–1918, in: TAJB 27 (1998), S. 47–69.

[6] Für die Schweiz, in der 1893 offiziell ein Schächtverbot erlassen wurde, vgl. genauer Aaron KAMIS-MÜLLER, Antisemitismus in der Schweiz 1900–1930, Zürich 1990, S. 45–54; und Beatrix MESMER, Das Schächtverbot von 1893, in: MATTIOLI, Antisemitismus, S. 215–239. Knappe Berücksichtigung in der Literatur zu Deutschland findet das Thema nur bei PULZER, Die jüdische Beteiligung an der Politik, in: Werner E. MOSSE/Arnold PAUCKER (Hrsg.), Juden im Wilhelminischen Deutschland 1890–1914, Tübingen 1978, S. 143–239, hier: S. 173.

nung affirmieren oder durch eine ablehnende Haltung das Gefühl vermitteln, Bürger zweiter Klasse zu sein.[7]

Drittens ermißt sich der Integrationsstand der Kölner Juden über ihre Möglichkeit, aktiv in den politischen Entscheidungsprozeß einzugreifen, Interessen offen zu artikulieren und am Willensbildungsprozeß zu partizipieren. Dies gilt sowohl für die Formulierung kommunalpolitischer Forderungen als auch für die Kritik an bereits getroffenen Maßnahmen des Stadtrats. Parteiinterne Auseinandersetzungen und Prozesse auf der lokalen Ebene können leider aufgrund gravierender Überlieferungslücken keine Berücksichtigung finden. Dafür werden jene jüdischen und nichtjüdischen Personen, Medien und Institutionen untersucht, die sich am politischen Entscheidungsfindungsprozeß durch öffentliche Meinungsbildung oder direkte Intervention beteiligten. Auch die Literatur zur Situation der Kölner Juden im politischen Leben ist vergleichsweise dünn. Rege Aufmerksamkeit fanden lediglich die Ämter jüdischer Politiker und Politikerinnen[8], vereinzelte antisemitische Äußerungen in der lokalen Presse und den Parteien[9] sowie radikalantisemitische Übergriffe der NSDAP in den späten Jahren der Republik.[10]

Folgt man dem dominierenden Narrativ der deutsch-jüdischen und der Antisemitismusforschung allgemein, dann war der Scheitelpunkt der politischen Integration der deutschen Juden bereits im November 1919 überschritten.[11] Hierzu habe zunächst die beispiellose antisemitische Kampagne der radikalen Rechten nach der militärischen Niederlage und in den Revolutionswirren beigetragen. Wegen der relativ starken Präsenz von Politikern jüdischer Herkunft

---

[7] Die wenigen Äußerungen zum Verhalten der Stadtverwaltungen gegenüber ihren jüdischen Mitbürgern sind kontrovers. Während Flade konstatiert, daß die Würzburger Stadtverwaltung bis 1933 frei von Antisemitismus gewesen sei, betont Schüler-Springorum den Wandel des politischen Klimas in Königsberg. FLADE, Juden, S. 159; SCHÜLER-SPRINGORUM, Minderheit, S. 209.

[8] ASARIA, Juden, S. 218–236; GREIVE, Juden, S. 210–217; HECHT, Deutsche Juden, S. 119; HENNING, Soziales Verhalten, S. 267; KOBER, History, S. 300–305; und MATZERATH/PRACHT, Schicksal, S. 19. Zu einzelnen Politikern siehe Henriette H. BODENHEIMER, Max Bodenheimer. Ein zionistisches Lebensbild, Köln 1986; Yvonne KÜSTERS, Rosa Bodenheimer 1876–1938, in: Kölner Frauengeschichtsverein (Hrsg.), »10 Uhr pünktlich«, S. 73; und PRACHT, Ottmar Strauß, S. 41–44. Außerdem WAHL, Bernhard Falk; und Robert STEIMEL, Kölner Köpfe, Köln 1958.

[9] Zu antisemitischen Äußerungen der Kölnischen Volkszeitung etwa LEHNERT, Weimarer Republik, S. 33 f.; und MAZURA, Zentrumspartei; zur Verbindung von KPD und NSDAP H.-W. FROHN, Arbeiterbewegungskulturen, S. 270 f.

[10] ASARIA, Juden, S. 321 f.; BECKER-JÁKLI, Geschichte, S. 325; DIETMAR/W. JUNG, Geschichte, S. 226 f.; KLEIN, Köln im Dritten Reich, S. 32, 39–41; PRACHT, Kulturerbe, S. 248; SASS, »Kwartier Latäng«, S. 130–138; und SERUP-BILFELDT, Zwischen Dom und Davidstern, S. 109–113.

[11] ANGRESS, Juden, S. 137; BARKAI, Politische Orientierungen, S. 108; HECHT, Deutsche Juden, S. 86; und LIEPACH, Wahlverhalten, S. 26. Eine Ausnahme bildet NIEWYK, The Jews in Weimar Germany, S. 51 f.

in den linken Parteien und Revolutionsregierungen wurden die Juden verallgemeinernd als »internationale Sendboten des Umsturzes« und »zersetzendes Element der bestehenden Ordnung« dargestellt, für Niederlage, Revolution und Republik verantwortlich gemacht und verschwörungstheoretisch zum inneren Feind der Nation aufgebaut.[12] Auf die Wirkung dieser politisch motivierten judenfeindlichen Hetze wurde nicht zuletzt daraus geschlossen, daß antisemitische Stereotypen in den Parteiblättern und Äußerungen hoher Politiker Verbreitung fanden und daß nach der terroristischen Anschlagwelle auf jüdische Politiker nach dem Tod Walther Rathenaus 1922 kein Jude mehr in wichtige Ämter berufen oder auf führende Listenplätze gesetzt worden sei.[13]

Obgleich die Antisemitismusforschung den mittleren Jahren der Republik weit weniger Aufmerksamkeit geschenkt hat, wurden diese doch wegen der Stabilisierung des politischen Systems sowie der Zersplitterung der radikalen Rechten als Jahre bezeichnet, in der eine »Atmosphäre genereller Toleranz« vorgeherrscht habe und die in den rückblickenden Erinnerungen der deutschen Juden als die ruhigsten erschienen.[14] Nunmehr wurden nicht länger der radikale Antisemitismus, sondern die strukturellen Probleme des politischen Systems, insbesondere der Niedergang des politischen Liberalismus, dafür verantwortlich gemacht, daß sich auch in den vergleichsweise ruhigen Jahren der Republik der politische Gestaltungsraum der deutschen Juden weiter verengte.[15] Denn die staatstragenden Parteien und politischen Verteidiger der Republik, die zugleich für die politische Integration der Juden einstanden, hätten gegenüber den rechten Parteien und den Interessen- und Regionalparteien an Macht im politischen System und an Akzeptanz in der Bevölkerung verloren, so daß der Garant staatsbürgerlicher Inklusion kontinuierlich an Substanz eingebüßt habe.[16]

---

[12] BERDING, Antisemitismus in der modernen Gesellschaft, S. 86; ders., Moderner Antisemitismus, S. 172–177; und WINKLER, Gesellschaft, S. 214.

[13] LOWENTHAL, Juden, S. 55; MAURER, Juden, S. 110; NIEWYK, Jews in Weimar Germany, S. 33; PULZER, Jews, S. 221, 266, 271.

[14] Zit. nach KAUDERS, German Politics, S. 151 f.; Jakob TOURY, Gab es ein Krisenbewußtsein unter den Juden während der »Guten Jahre« der Weimarer Republik, 1924–1929?, in: TAJB 17 (1988), S. 145–168, hier: S. 154, wiederabgedruckt in: Ders., Deutschlands Stiefkinder. Ausgewählte Aufsätze, Gerlingen 1997, S. 191–214. Siehe außerdem HERZIG, Jüdische Geschichte, S. 1, 10; KERSHAW, Antisemitismus, S. 37 f.; und NIEWYK, Jews in Weimar Germany, S. 52.

[15] BARKAI, Politische Orientierungen, S. 107; HERZIG, Jüdische Geschichte, S. 222; W. E. MOSSE, Krise, S. 4–10; NIEWYK, Jews in Weimar Germany, S. 28 f., 72; RICHARZ, Jüdisches Leben, S. 45; sowie umfassend LIEPACH, Wahlverhalten, S. 30–43, 299–309; und PULZER, Jews, S. 20–25, 215–220. Zum Rechtsruck in der politischen Kultur vgl. außerdem genauer George L. MOSSE, Die deutsche Rechte, in: W. E. MOSSE/PAUCKER, Entscheidungsjahr, S. 183–246, ders., Krise, S. 25. Zur Position der Parteien vgl. ferner PULZER, Jews, S. 225–247.

[16] Zu den strukturellen Akzeptanzproblemen der Weimarer Republik und den politischen Defiziten vgl. CRAIG, Geschichte, S. 538–551; KOLB, Weimarer Republik, S. 72–74; LONGERICH, Die Erste Republik, S. 22–31; H. MOMMSEN, Aufstieg, S. 236–245; NIEDHARDT,

Diese strukturelle Schwächung der deutschen Juden und ihrer ehemaligen Bündnispartner ab spätestens 1930/31 gilt auch als Erklärung dafür, daß der beispiellosen antisemitischen Hetz- und Gewaltwelle der NSDAP in der Endphase der Republik, die eine Atmosphäre von Angst und Bedrohung im politischen und öffentlichen Raum schuf, kaum öffentlich begegnet wurde.[17] Einerseits habe ihre Agitation mehr Menschen als je zuvor erreicht, andererseits seien Zentrum und SPD als verbliebene Verteidiger der staatsbürgerlichen Integration dem radikalen Antisemitismus nicht offensiv entgegengetreten, da sie den politisch argumentierenden und agierenden Antisemitismus entweder nicht als bedrohliches Problem wahrnahmen oder mit antisemitischen Tendenzen an der eigenen Basis kämpften, so daß die deutschen Juden bereits vor der nationalsozialistischen Machtübernahme politisch isoliert gewesen seien.

Zur Überprüfung dieser These werden im ersten Teil des Kapitels die Gestaltungsräume der Kölner Juden in der Kommunalpolitik ausgemessen und im zweiten Teil die radikalantisemitischen Bestrebungen unter den spezifischen Bedingungen der Stadt Köln untersucht. Wurden die radikalen Antisemiten in den bisherigen Kapiteln als ein Akteur unter anderen behandelt, so wird ihre Agitations- und Aktionstätigkeit in diesem zweiten Teil systematisch in der zeitlichen Entwicklung analysiert, um ihre Auswirkungen auf die Situation der Juden in Köln zusammenfassend zu diskutieren.

1. Juden und Kommunalpolitik

1.1. Partizipation in den Parteien: Traditionen und Neuerungen

Das Engagement jüdischer Politiker in der Kölner Kommunalpolitik hing eng mit den allgemeinen politischen Entwicklungstendenzen auf der Reichsebene und im lokalen Raum zusammen: So wurden einzelne Juden in Köln wie im übrigen Preußen erstmalig in den 1840er Jahren aktiv, als im liberalen Bürgertum die Durchsetzung der Emanzipation der deutschen Juden breite Unterstützung fand und den Grundstock legte für die traditionelle Bindung des deutschen Judentums an den Liberalismus als Garant ihrer rechtlichen und politischen Gleichstellung.[18] Auf der lokalen Ebene setzten die Kölner Bürger ihre verfassungsrechtlichen Forderungen nach politischer Emanzipation, die von dem be-

---

Deutsche Geschichte, S. 62–72; WIRSCHING, Deutsche Geschichte, S. 45; ders., Weimarer Republik, S. 15–23.

[17] BARKAI, Politische Orientierungen, S. 108; BERDING, Antisemitismus in der modernen Gesellschaft, S. 98; KAUDERS, German Politics, S. 183; LIEPACH, Wahlverhalten S. 37; W. E. MOSSE, Niedergang, S. 12; RICHARZ, Jüdisches Leben, S. 4; TOURY, Krisenbewußtsein, S. 160; und ZIMMERMANN, Juden, S. 26.

[18] Vgl. zum politischen Engagement der deutschen Juden im 19. Jahrhundert allgemein ANGRESS, Revolution, S. 181; LIEPACH, Wahlverhalten, S. 34; und PULZER, Politische Einstellung, S. 313.

reits mehrfach erwähnten Bankier Abraham Oppenheim in einer Immediatseingabe initiiert und vom Rheinischen Landtag unterstützt wurde, in die politische Praxis um und wählten Oppenheim 1846 zum ersten jüdischen Stadtverordneten. Er blieb über mehrere Dekaden im politischen Leben aktiv.[19]

Auch in der Revolutionsbewegung 1848 konnten Kölner Politiker jüdischer Herkunft und Religion wie Moses Heß, Dagobert Oppenheim und Andreas Gottschalk führende Positionen einnehmen, an den wichtigen Medien der *Neuen Rheinischen Zeitung* und *Rheinischen Zeitung* mitarbeiten und gemeinsam mit nichtjüdischen Demokraten für die Emanzipation der Juden und des dritten Standes kämpfen.[20] Doch das linksliberale und sozialistische Engagement im Vormärz und während der Revolution diente zugleich als Grundlage des langlebigen und in der Weimarer Republik so präsenten Vorurteils, daß Juden »als Vorkämpfer des Umsturzes, Feind der bestehenden Ordnung und als destruktives Element« anzusehen seien.[21] Das Bild vom jüdischen Revolutionär, der die Politik hinterhältig zu eigenen Zwecken nutze, war nicht zuletzt in der Kölner Arbeiterschaft selbst verwurzelt. Dies zeigen etwa die Anfeindungen im Kölner Arbeiterverein gegenüber Gottschalk, dem trotz – oder gerade wegen – seines großen Erfolgs im Zuge politischer Auseinandersetzungen öffentlich vorgeworfen wurde, seine »Erklärungen und Rechtfertigungen« seien nichts anderes als »jüdische Arglist«.[22] Gerade in Köln wurden antijüdische Ressentiments in politischen Streitigkeiten breit ventiliert, wie auch Ferdinand Lassalle und Karl Marx erfahren mußten.[23] Diese antijüdischen Traditionslinien mögen ebenso wie der »konfessionspolitische Anstrich der Parteipolitik« im katholischen Rheinland erklären, warum das sozialistische Engagement Kölner Juden auf der Lokalebene schwach blieb und die Sozialdemokraten während des gesamten 19. Jahrhunderts im Rheinland keine jüdischen Reichstagsabgeordneten aufstellten, obwohl die Partei grundsätzlich keine konfessionellen Barrieren ihrer Mitglieder und Funktionäre akzeptierte.[24]

---

[19] Zur proemanzipatorischen Haltung des Kölner Bürgertums vgl. MAGNUS, Emancipation; MERGEL, Klasse, S. 35; METTELE, Bürgertum, S. 226–231; und A. M. MÜLLER, Geschichte, S. 241–246; sowie zur Wahl Oppenheims zum Stadtverordneten B. FISCHER, Köln, S. 157 f.

[20] Zum Engagement jüdischer Politiker in Köln im Vormärz vgl. GREIVE, Juden, S. 210–212; Arno HERZIG, Andreas Gottschalk und der Kölner Arbeiterverein in: BOHNE-KOLLWITZ, Köln, S. 177–182; und MAGNUS, Emancipation; Helmut HIRSCH, Moses Heß und Köln – bis zur Emigration im Jahre 1842, in: BOHNKE-KOLLWITZ, Köln, S. 177–181.

[21] Zit. nach W. E. MOSSE, Krise, S. 5. Siehe hierzu auch Peter PULZER, Jewish Participation in Wilhelmine Politics, in: David BRONSEN (Hrsg.), Jews and Germans from 1860–1933.The Problematic Symbiosis, Heidelberg 1979, S. 78–99, hier: S. 79.

[22] Zit. nach HERZIG, Andreas Gottschalk, S. 180. Vgl. zum Stereotyp des jüdischen Revolutionärs auch ANGRESS, Juden, S. 154; BARTOV, Defining Enemies, S. 773; RICHARZ, Jüdisches Leben, S. 42.

[23] HERZIG, Andreas Gottschalk, S. 180.

[24] GREIVE, Juden, S. 215; PULZER, Participation, S. 84. Allgemein zum Verhältnis von Sozialismus und Juden im 19. Jahrhundert vgl. Rosemarie LEUSCHEN-SEPPEL, Sozialdemo-

Die Sozialdemokratie gewann nämlich nicht nur aus inhaltlichen Gründen an Attraktivität unter jüdischen Intellektuellen, sondern auch weil sie sich anders als die Liberalen nicht dem antisemitischen Klima seit der Konservativen Wende 1877 beugte und auf die Nominierung jüdischer Kandidaten nicht verzichtete.

Mit der Krise des Liberalismus nahmen die politischen Partizpationsmöglichkeiten der Juden auf der Reichsebene stark ab. Zwischen 1880 und 1912 ging die Zahl jüdischer Parlamentier zurück, die liberalen Parteien stellten keine jüdischen Kandidaten mehr auf, und der Ausschluß jüdischer Politiker von Regierungs- und Verwaltungsstellen erschien als ein unverrückbares Dogma.[25] Doch konnten in Köln jüdische Bürger bis zum Ende des Kaiserreichs im politischen Leben sowohl als Stadtverordnete als auch als leitende städtische Beamte dauerhaft Politik mitgestalten.[26] Die Position jüdischer Politiker und Beamter wurde weder durch die Konservative Wende noch durch den Verlust der liberalen Stadtratsmehrheit 1908 zugunsten der Zentrumspartei geschwächt. In der vorurteilsfreien Vergabe politischer Ämter zeigen sich einmal mehr die dauerhaften Integrationsinteressen der städtischen Eliten und verweisen auf die wirksamen Verbindungslinien innerhalb des städtischen Bürgertums.

Die inklusionsfreudigen Traditionslinien Kölner Kommunalpolitik und die Schwäche der Revolutionsbewegung in Köln dürften auch als Hauptgründe dafür anzuführen sein, daß die neue Republik keinen einschneidenden Neubeginn in der politischen Integration Kölner Juden darstellte, wenn man die Vergabe politischer Ämter zum Maßstab nimmt. So wurde in Köln weder an den politischen Grundfesten gerüttelt, noch nahmen jüdische Politiker der Linken führende Positionen ein. Eine Ausnahme bildete lediglich der städtische Kulturpolitiker und Redakteur der *Rheinischen Zeitung* Georg Beyer.

Vielmehr verteilte sich das politische Engagement von Politikern jüdischen Glaubens und jüdischer Herkunft gleichmäßig über die Weimarer Parteien, wenn man auf die bekannteren Kommunalpolitiker blickt: Bernhard Falks Engagement für die DDP und das Georg Beyers für die SPD wurden bereits erwähnt.[27] Zu nennen sind außerdem Louis Hagens Tätigkeit für das Zentrum

---

kratie und Antisemitismus im Kaiserreich. Die Auseinandersetzungen der Partei mit den konservativen und völkischen Strömungen des Antisemitismus 1871–1914, Bonn 1978; und WISTRICH, Socialism.

[25] PULZER, Politische Einstellung, S. 314.

[26] So wurde Dr. Joseph Rosenthal (1877–1888) als Justizassessor Vizebürgermeister, Wilhelm Hertz engagierte sich ab 1868 in der städtischen Schulkommission. Als liberale Stadtverordnete traten Louis Eltzbacher (1870–1875), Benjamin Liebmann (1876–1913) und Dr. Callmann (1914–1948) in Erscheinung. Eine besondere Rolle in der Kommunalpolitik nahm Bernhard Falk ein, der auch in der Weimarer Republik führende Funktionen der Kölner Linksliberalen einnahm. Als städtischer Beamter trat unter anderem der medizinische Betreuer des städtischen Waisenhauses Dr. Jacob Feist in Erscheinung. KOBER, History, S. 304 f.

[27] Die Unterstützung Falks beschränkte sich nicht nur auf das öffentliche Leben, sondern fand auch in den privaten Tagebucheintragungen einer jüdischen Kölnerin ihren Nachhall, die für den 23. Januar 1920 notiert, daß Justizrat Falk für die Demokraten einen Sitz geholt

und Paul Silverbergs Eintreten für die DVP, doch bildeten deren Hausmacht nicht die politischen Parteien, sondern die Wirtschaftsverbände und die Beziehungen nach Berlin.[28]

In der Revolutionsphase 1918/19 wurden weder liberale noch sozialdemokratische Politiker öffentlich als »jüdische Bolschewisten« oder als Träger der »Judenrepublik« beschimpft. Daß aber solche Stereotypen sehr wohl bis weit in die Kölner Zentrumskreise präsent waren, zeigt die Berichterstattung der *Kölnischen Volkszeitung* zum Revolutionsgeschehen in Bayern.[29] Ebenso antirevolutionär wie antisemitisch kommentierte das Blatt die Ermordung Eisners durch den rechtsradikalen Grafen Arco-Valley mit dem Stereotyp der (ost-) jüdischen Herrschaft über das deutsche Volk und legitimierte damit das Attentat nachträglich:

> »Worüber man sich die letzten Monate hindurch einzig und allein noch wunderte, das ist, um mit dem demokratischen Fränkischen Kurier zu sprechen, die ›Schafsgeduld‹ mit der das bayerische Volk die Gewaltherrschaft der Eisner, Landauer, Levin und anderer ›Östlichen‹ mit ihren Trabanten ertrug und, wie es scheint, auch in neuer Auflage ertragen wird. [...] Wer redet überhaupt von den ungezählten Mordtaten der Revolutionäre! Was gelten ihre Opfer gegen einen Eisner und einen Liebknecht!«[30]

Im lokalen Raum wurden solche Verunglimpfungen aber nicht verbreitet. Dies hing nicht primär mit der politischen Haltung der Kölner Sozialdemokratie und ihrer führenden Politiker zusammen, da diese trotz ihrer gemäßigten Positionen in den bürgerlichen und Zentrumsblättern schnell für die negativen Folgen der Nachkriegszeit verantwortlich gemacht wurden.[31] Es erscheint vielmehr plausibel, daß die oftmals seit Jahrzehnten bekannten Politiker von dem allgemeinen Stereotyp ausgenommen wurden.

Eine kontinuierliche Fortsetzung kommunalpolitischer Traditionen bildete darüber hinaus die Mitarbeit jüdischer Beamter in der Stadtverwaltung. Hierbei traten insbesondere der Stadtdirektor Dr. Kramer als rechte Hand des Bürgermeisters und die Leiterin des Sozialwesens, Hertha Kraus, in Erscheinung; viele andere Kölner jüdischen Glaubens und jüdischer Herkunft waren in Kommissionen und Deputationen tätig.[32] Aus der Perspektive eines zeitgenössischen jüdischen Beobachters wurde es darüber hinaus als Zeichen eines in

---

habe. Gisela Block Collection, politische Kurzkommentare, Tagebücher 1917/18 und 1919/ 20, LBY NY, AR 11010/A28/1, S. 10.

[28] HENNING, Soziales Verhalten, S. 267; MATZERATH/PRACHT, Schicksal, S. 19.

[29] So wurde Eisner beispielsweise ganz in der Tradition radikalantisemitischer Hetze durch die Nennung eines Namenscodes als Ostjude diskreditiert und verunglimpft: Die Treibereien Eisners. Kurt Eisner, alias Salomon Kosmanowsky aus Galizien, sitzt immer noch auf dem Stuhle des bayerischen Ministerialpräsidenten, in: Kölnische Volkszeitung, 1. Dezember 1918.

[30] Der Geist Eisners lebt fort, in: Kölnische Volkszeitung, 23. Februar 1919.

[31] M. FAUST, Burgfrieden, S. 146–151.

[32] KOBER, History, S. 305; MATZERATH/PRACHT, Schicksal, S. 19, 84–88.

Köln nicht existenten Antisemitismus interpretiert, daß die Juden in Köln »Zutritt zu nahe sämtlichen öffentlichen Ehrenämtern« hatten.[33]

Allerdings erlaubt die Quellenlage weder Einblicke in die quantitative Entwicklung der Ämtervergabe noch in die alltäglichen Einbindungen, Probleme oder Erfolge ihrer politischen und administrativen Arbeit[34] – von den Positionen, die die jüdischen Mitglieder in den Parteien einnahmen, ganz zu schweigen. Da die Erinnerungen des Juristen und Vorsitzenden des Demokratischen Clubs Siegmund Mannheim, die dieser im belgischen Exil 1941 niederschrieb, die Komplexität der Integration vor Ort verdeutlichen, sollen sie an dieser Stelle ausführlicher vorgestellt werden.[35]

Mannheim, der nach seinem Jurastudium in Berlin als Referendar und später als niedergelassener Rechtsanwalt in Köln arbeitete, war Mitglied der Kölner Ortsgruppe der DDP und fand dort nach eigenem Bekunden »große Anerkennung und manchen persönlichen Freund«.[36] Seine Wahl zum ersten Vorsitzenden des Demokratischen Clubs in den frühen 1920er Jahren nimmt einen besonderen Stellenwert in seinen Memoiren ein. Obwohl er sie als eine seiner schönsten Erinnerungen beschreibt, verdeutlicht sie zugleich die Brüchigkeit der Integration auch bei den Linksliberalen, die zumindest in den ersten Jahren der Republik die politische Heimat der deutschen Juden darstellten.[37] Denn Mannheim wurde zwar einhellig gedrängt, die Wahl in den Vorstand anzunehmen, und bewertete die Vorstandsarbeit rückblickend als Kooperation in »vollster Harmonie«, doch zugleich wird deutlich, wie verbreitet die Stereotypen von »jüdischem Machtstreben« und »jüdischer Vorwitzigkeit« im politischen Alltagsleben waren. Nur der konnte in Amt und Würden gelangten, befand Mannheim, der sich in ständiger »Zurückhaltung, die nebenbei wohlüberlegt war als Jude«, übte.[38] Bemüht, ein dauerhaft einvernehmliches gesellschaftliches Klima und einen freundschaftlichen Umgang zwischen den jüdischen und nichtjüdischen Mitgliedern zu schaffen, sorgte das neue Vorstandsmitglied nach eigenen Worten als erstes dafür, daß das Verhältnis der jüdischen Mitglieder zu

---

[33] Fritz A. Lewinson, Das jüdische Leben in Köln 1932–1936, Yad Vashem, 01, 150.

[34] Eine Ausnahme bildet hier lediglich eine Notiz im Kölner Jüdischen Wochenblatt, 22. November 1929, die nach den Kommunalwahlen meldet, daß drei jüdische Stadtverordnete für die Sozialisten im Stadtrat sitzen.

[35] Siegmund Mannheim, Unveröffentlichte Biographie, Brüssel 1941.

[36] Ebenda, S. 132.

[37] Dieser Befund scheint auch in den Zeitzeugeninterviews und Autobiographien durch. Dort wird deutlich, daß die jüngere Generation stärker als ihre Eltern den Arbeiterparteien zuneigte. Beispielhaft angeführt sei hierfür ein Kommentar Lilly Jahns, einer Kölner jüdischen Medizinstudentin und späteren Ärztin 1924: »Gleich gehe ich wählen. Diese ganze elende Judenhetzerei des Rechtsblocks veranlaßt mich doch, meine Stimme abzugeben. Es bleibt mir nichts anderes übrig als demokratisch zu wählen. Am liebsten würde ich noch mehr links wählen«. DOERRY, »Mein verwundetes Herz«, S. 37 f.

[38] Mannheim, Unveröffentlichte Biographie, S. 133.

den nichtjüdischen »zahlenmäßig gesund« blieb.[39] Es erscheint tragisch, daß die Verinnerlichung weitverbreiteter antijüdischer Vorurteile und die Angst vor der sozialen Ausgrenzung bei dem jüdischen Vorstandsmitglied nun dazu führten, in einem demokratischen Verein informell einen judenfeindlichen »NC« einzuführen, um die eigene Position abzusichern.

So läßt sich zusammenfassend festhalten, daß die Partizipationslinien Kölner Politiker jüdischen Glaubens und Herkunft bis in die 1840er Jahre zurückreichen und wegen der inklusionsfreudigen Haltung der politischen Eliten von den Konjunkturzyklen der Reichspolitik kaum betroffen waren. Auch verweist die Ämtervergabe an führenden Positionen und in städtischen Kommissionen auf eine fortlaufende Integrationslinie in Köln, die bis 1933 nicht unterbrochen wurde. Im lokalen Raum wurden jüdische Politiker nicht öffentlich antisemitisch angegriffen. Doch verdeutlicht das Beispiel des Demokratischen Clubs zugleich, daß das Verhältnis von Integration und Ausgrenzung eben nicht allein anhand der Berufung einzelner Juden in führende Positionen ablesbar ist. In der politischen Alltagspraxis wirkte sich die antisemitische Stereotypisierung durchaus negativ aus, auch ohne daß sie öffentlich kommuniziert wurde.

1.2. Integration durch Stadtverordnete und Stadtverwaltung

Das öffentliche Auftreten kommunaler Politiker und Behörden gegenüber den jüdischen Bürgern und deren Institutionen ist ein wichtiger Bestandteil der politischen Alltagspraxis und für die politische Integration vor Ort nicht zu unterschätzen. Wie stark etwa die finanzielle Unterstützung der Synagoge bereits im Kaiserreich als zentraler Bestandteil städtischer Integration begriffen wurde, zeigt eine Äußerung des Rabbiners Frank aus dem Jahr 1899:

> »Am 28. Mai 1428 saßen die Räte der Stadt Köln im Hansasaal und beschlossen, das jüdische Gotteshaus, das 413 Jahre im Besitz der Judenheit gewesen war, die jetzige Rathauscapelle, in ein christliches Gotteshaus [...] umzuwandeln, und gerade 470 Jahre später, am 23. Mai 1894, saßen wiederum die Räte der Stadt Köln im Hansasaal und faßten einen Beschluß, wodurch der Bau dieses Hauses wesentlich gefördert wurde«.[40]

Diese Politik der Integration führte die Stadt Köln in den Kriegsjahren fort und hielt öffentlich am Kurs des kaiserlich ausgerufenen Burgfriedens fest: Die Stadtverwaltung ehrte jüdische Bürger ebenso wie nichtjüdische für ihren Kriegseinsatz mit der Verleihung von Verdienstkreuzen[41] und initiierte auf

---

[39] Ebenda.

[40] Dankesschreiben Rabbiner Franks an den Regierungspräsidenten, 28. März 1899, LHK, 403, 15219, Bl. 271.

[41] Dies zeigen die Meldungen über Auszeichnungen Kölner jüdischer Kriegsteilnehmer im Israelitischen Gemeindeblatt unter der Rubrik »Vom Kriege« vom 4. Mai 1917; »Aus dem Kriege« vom 29. Juni 1917 oder »Nachrichten aus Köln« vom 19. Oktober 1917. Weitere Meldungen finden sich am 17. Mai, 26. Juli und 20. September 1918.

dem städtischen Friedhof gemeinsame Bestattungen von Fliegeropfern durch Vertreter aller Konfessionen[42]

In der Weimarer Republik wurde diese Politik der öffentlichen Gleichbehandlung fortgeführt. An den Ehrungen der gefallenen jüdischen Bürger im Ersten Weltkrieg nahmen ranghohe städtische Vertreter teil, soweit diese Feierlichkeiten einen öffentlichen Charakter trugen. Sie waren ebenso bei der Enthüllung der Gedenktafel für die im Weltkrieg gefallenen jüdischen Bürger 1924 anwesend wie bei der Kranzniederlegung an der Synagoge anläßlich des 14. Turnerfests in Köln 1928 oder bei der Veröffentlichung des Gedenkbuchs für die 321 Kölner Gefallenen jüdischen Glaubens, das der Reichsbund jüdischer Frontsoldaten zum Jahreswechsel 1932/33 vorlegte.[43] Die Desintegration der jüdischen Staatsbürger aus der nationalen Gemeinschaft, die sich nicht zuletzt auf die Vorstellungsbilder von der jüdischen Drückebergerei und der Verletzung ihrer nationalen Pflicht im Ersten Weltkrieg stützte, fand auf der städtischen Ebene keine Entsprechung.

Doch auch jenseits dieser öffentlichen Riten der Erinnerungskultur waren die städtischen Integrationsgesten deutlich konturiert. Jüdische Kölnerinnen und Kölner wurden in vielfältiger Weise für ihre Verdienste für die Stadt ausgezeichnet, sei es in persönlichen Worten, in Form von Ehrenauszeichnungen oder in öffentlichen Danksagungen für die Schenkungen jüdischer Bürger im Stadtrat, die städtischen Belangen zugute gekommen waren.[44] Die polemischen Attacken des nationalsozialistischen Abgeordneten Ebels gegen diese Schenkungen wurden im Stadtrat stets ironisch ausgehebelt und von Adenauer schnellstmöglich unterbunden.[45]

---

[42] Eingesandt, in: Israelitisches Gemeindeblatt, 17. Januar 1918.

[43] Zur Einweihung der Gedenktafel vgl. das Schreiben des Vorstands der Synagogengemeinde Emil Blumenau an den Oberpräsidenten, 29. August 1924, LHK, 403, 15219, Bl. 311, 315; und Eine Kriegergedenktafel in Köln 231 gefallene Helden, in: CV-Zeitung, 2. Oktober 1924. Zur Kranzniederlegung am Gefallenendenkmal der jüdischen Gefallenen durch den Stadtverordneten Dr. Gödde, den ersten Vorsitzenden des Hauptausschusses des Deutschen Turnfests, siehe auch Kölner Jüdisches Wochenblatt, 27. Juli 1928. Das Gedenkbuch fand zahlreiche Anerkennungsschreiben, u. a. von Kardinal Schulte, Superintendent Klingenburg, dem Senatspräsidenten Prof. Dr. H. Graven, dem Oberbürgermeister und dem Polizeipräsidenten von Köln, Lingens. Kölner Jüdisches Wochenblatt, 16. Dezember 1932; und Gemeindeblatt der Synagogengemeinde zu Köln, 20. Januar 1933.

[44] Dankesschreiben Adenauers an Dr. Friedrich Wolff zum 85. Geburtstag, in dem er ihm für die Pflege und Förderung der Gesundheitsfürsorge dankt und ihm bescheinigt, sich um die Bürgerschaft große Verdienste erworben zu haben. Schreiben Adenauers an Wolff, 22. Oktober 1932, HStAK, 902, 263/6, Bl. 725. Zu den symbolischen Ehrungen vgl. etwa die Verleihung der Ehrenmedaille an den Reichsbund jüdischer Frontsoldaten im Rahmen der Pressa 1928. Zu den Danksagungen an jüdische Stifter siehe beispielhaft die 9. Sitzung vom 31. Mai 1928, Protokolle der Stadtrats-Versammlung 1928, S. 385; und die 2. Sitzung vom 30. Januar 1930, Protokolle der Stadtverordnetenversammlung 1930, S. 43 f.

[45] Vgl. etwa die 8. Sitzung vom 2. Mai 1928 und die 18. Sitzung vom 30. Dezember 1929, Protokolle der Stadtrats-Versammlung 1929, S. 279, 579; die 2. Sitzung vom 30. Januar; die 8. Sitzung vom 30. Juli 1930, Protokolle der Stadtverordnetenversammlung 1930, S. 43 f. und 301.

Es gehörte zur gängigen Praxis, jüdischen Bürgern ebenso wie nichtjüdischen zu beruflichen Jubiläen oder besonderen privaten Feierlichkeiten wie einem hohen Geburtstag oder einer Goldenen Hochzeit zu gratulieren, was in seiner Signalwirkung alltäglicher Integration nicht zu unterschätzen ist.[46] Das gleiche gilt für die öffentliche Anerkennung jüdischer Organisationen durch die städtischen Behörden, die in Vereinsjubiläen besonders greifbar wird. So überbrachten Vertreter der Stadt zum 100jährigen Bestehen des Israelitischen Frauenvereins Glückwünsche und besuchten nicht nur die Jubiläumsfeier des Centralvereins zum 25jährigen Gründungstag, sondern unterstützten sie durch die offene Raumvergabe des städtischen Theaters und die Teilnahme des städtischen Orchesters als Teil des Gemeinwesens. In diesem Zusammenhang verdient auch Konrad Adenauers Mitgliedschaft im Komitee Pro Palästina, das den jüdischen Aufbau in Palästina unterstützte, Beachtung.[47]

Ein letzter Indikator staatsbürgerlicher Gleichbehandlung ist die Einladung der Repräsentanten der jüdischen Gemeinde und jüdischer Organisationen zu staatlichen und städtischen Feiern wie der Trauerfeier zum Tode Friedrich Eberts am 8. März 1925 oder den Verfassungsfeiern, die jährlich am 11. August begangen wurden.[48]

So zeigt sich in den öffentlichen Bekundungen der Kommunalpolitiker und den symbolischen Formen der Kommunalpolitik ein durchaus hohes Maß staatsbürgerlicher Gleichstellung in der städtischen Öffentlichkeit. Die vielfältigen Formen öffentlicher Integrationsgesten bis in die 1930er Jahre widerlegen zunächst das Bild einer zunehmenden politischen Isolierung der Kölner Juden. Ob sich mit den symbolischen Politikformen die Gleichbehandlung in der politischen Praxis verband, steht nun bei der Analyse des politischen Entscheidungsprozesses in strittigen kommunalpolitischen Fragen im Mittelpunkt.

1.3. Politischer Entscheidungsprozeß in Konfliktfeldern kommunaler Politik

1.3.1. Jüdische Schulen

Die Behandlung der konfessionellen Schulen durch die Stadtverwaltung war ein äußerst sensibler Bereich der Kommunalpolitik. Stand die Stadt doch im Fadenkreuz zwischen der Entkonfessionalisierung des Schulwesens einerseits, die die preußische SPD-Landesregierung ab 1919 intendierte, und den eifersüchtigen Besitzstandwahrungen der religiösen Gruppen vor Ort, die die Schu-

---

[46] Dankesschreiben Rabbiner Dr. Rosenthals an Adenauer für die Glückwünsche zum Amtsjubiläum, 9. November 1922, HStAK, 902, 263/1, Bl. 159. Glückwunschschreiben Adenauers an Rabbiner Blumenau zum 70. Geburtstag, 11. November 1927, HStAK, 10, 45/14; und Antwortschreiben mit Dankgedicht, 22. November 1927 sowie Glückwunschschreiben Adenauers an Dr. Friedrich Wolff, ebenda.

[47] Zu Adenauers Engagement im Komitee vgl. HStAK, 902, 285/1, Bl. 1.

[48] Einladung zur Trauerfeier, Adolf-Kober-Collection und Einladung zur Verfassungsfeier an Frau Justizrat Bodenheimer, 14. April 1930, Nachlaß Max Bodenheimer, CZA, A 15, 1145.

len als genuines Element ihrer Nachwuchssicherung betrachteten und entsprechend behandelten.[49] Das Konfliktpotential in der Schulpolitik manifestierte sich beispielsweise 1921, als ein katholischer Direktor an das humanistische Friedrich-Wilhelm-Gymnasium berufen wurde, das als einziges der vier Altstadtgymnasien traditionell unter evangelischer Führung stand. Diese Entscheidung zog ebenso heftige wie erfolglose Proteste liberaler und evangelischer Kreise nach sich.[50] Doch nicht nur die Einstellung des schulischen Leitungspersonals, sondern auch die materielle Unterstützung der Schulen war ein steter Gegenstand der öffentlichen Aufmerksamkeit.

Im Kaiserreich war die Stadt von jüdischer Seite wegen ihrer vorbildlichen Schulpolitik dezidiert gelobt worden. Diese konzentrierte sich zunächst ganz auf die Unterstützung der jüdischen Volksschule an der Lützowstraße, da die beiden übrigen jüdischen Volksschulen als religiöse Anstalten ohne staatliche Anerkennung für eine kommunale Subventionierung nicht in Frage kamen und das jüdische Reformgymnasium Jawne erst 1919 gegründet wurde. Mit der großzügigen Unterstützung der Stadt konnte die Volksschule an der Lützowstraße bereits im 19. Jahrhundert zu einer großen städtischen Schule ausgebaut werden und 1917 einen modernen Neubau beziehen, mit dem reichsweit keine andere jüdische Volksschule konkurrieren konnte, wie das *Israelitische Gemeindeblatt* 1917 kommentierte:

> »Wenn die Stadt Köln schon seit Jahren wahrhaft vorbildliche Parität übte, indem sie die städtische jüdische Schule zu einem großen 14-klassigen Schulorganismus ausbaute, so dürfte Köln auch jetzt wieder in ganz Deutschland die erste Stadt sein, die einer so reich gegliederten jüdischen Schule ein ihrer Größe entsprechendes allen neuzeitlichen Anforderungen gerecht werdendes Gebäude errichtet hat«.[51]

Diese vorbildliche paritätische Schulpolitik stand 1920 auf dem Prüfstand, als die Stadtbehörden drohten, der jüdischen Volksschule das Schulgebäude zu entziehen und einem katholischen Gymnasium zuzuweisen, das sich auf dem Nachbargelände befand.[52] In dieser Konfliktsituation protestierte die Repräsentanten-Sitzung ebenso selbstbewußt wie kritisch mit dem Argument, daß mit dieser Entscheidung die Stadt »den Kurs einer gerechten und streng paritätischen Schulpolitik verlassen« würde. Rabbiner Blumenau brachte dieses Argument bei seiner Intervention bei den städtischen Behörden vor und erreichte, daß der Streit um die Nutzung des Schulgebäudes dauerhaft zugunsten der jü-

---

[49] Ulrich HERRMANN (Hrsg.), »Neue Erziehung« – »Neue Menschen«. Erziehung und Bildung zwischen Kaiserreich und Diktatur, Weinheim/Basel 1987.

[50] Artikel zum Friedrich-Wilhelm-Gymnasium, in: Kölnische Zeitung, 16. Januar 1921 und 19. Januar 1921; sowie in den Deutschen Volksblättern, 12. Januar 1921.

[51] Kriegswucher, in: Israelitisches Gemeindeblatt, 4. Mai 1917.

[52] Nachrichten aus Köln Aus dem Bureau der Synagogen-Gemeinde, in: Israelitisches Gemeindeblatt, 11. Juni 1920. Insgesamt ist die Quellenlage zur Schulpolitik so dünn, daß sie nur punktuelle Tendenzaussagen erlaubt.

dischen Schule entschieden wurde und diese auf dem Gelände an der Lützowstraße bleiben konnte.[53] Der Protest der jüdischen Gemeinde im politischen Entscheidungsfindungsprozeß wirkte sich also zu ihren Gunsten aus und führte dazu, die paritätische Schulpolitik zu wahren.

Anders verhielt es sich 1928 im Fall des jüdischen Privatlyzeums Jawne. Nach dem Tod des langjährigen Direktors Dr. Joseph Carlebach 1927 faßte die neue Schulführung den Plan, das Reformgymnasium zur staatlich anerkannten Vollanstalt auszubauen, wofür der Schuletat erheblich aufgestockt werden mußte.[54] Daher stellte die Schulführung der Jawne den Antrag bei der Stadt, ihr »den gleichen Zuschuss zu gewähren, den auch die übrigen Privatlyzeen aus städtischen Mitteln erhalten«.[55] Eine solche Unterstützung, die die Stadt sechs katholischen und drei evangelischen Lyzeen gewährte, würde es erst ermöglichen, die Auflagen des Provinzialschulkollegiums in Koblenz zu erfüllen und damit die Anerkennung als Vollanstalt zu erhalten.[56] Obwohl sich die Verhandlungen zwischen Schule, Schulbehörden und dem Bürgermeister Dr. Linnartz als Ansprechpartner der Stadt zunächst positiv entwickelten und sich Linnartz gegenüber der Jawne für die Befürwortung des Antrags aussprach, wurde er im Herbst 1928 mit der Begründung abgelehnt, daß sich die Stadt an der Bezuschussung privater Lyzeen nur bei solchen Anstalten beteilige, die auch vom Staat unterstützt würden. Doch da ohne die städtische Unterstützung keine staatliche in Sicht war, bedeutete dieser Beschluß eine massive Beeinträchtigung der Weiterentwicklung der Jawne.[57] In diesem Sinne argumentierte auch Rabbiner Dr. Rosenthal, der als Mitglied der städtischen Schuldeputation 1929 das Thema noch einmal forcierte und eine städtische Subventionierung einforderte. Er betonte, daß die Jawne anders als die übrigen konfessionellen Schulen durch die Stadt nicht gefördert werde, und sah darin eine profunde Diskriminierung.[58] Dieser Einschätzung schloß sich der Spitzenkandidat der SPD, Wilhelm Sollmann, 1932 in Wahlkampfzeiten an, als er in einem Interview gegenüber der *Kölner Jüdischen Wochenzeitung* betonte, daß er zwar grundsätzlich konfessionelle Schulen ablehne, aber trotzdem die Benachteiligung der Jawne verurteile.[59]

[53] Nachrichten aus Köln. Aus dem Bureau der Synagogen-Gemeinde, in: Israelitisches Gemeindeblatt, 18. Juni 1920; Kölner Jüdisches Wochenblatt, 4. November 1927.

[54] Vgl. hierzu genauer Dieter CORBACH, Die Jawne in Köln. Zur Geschichte des ersten jüdischen Gymnasiums in Köln, Berlin 1990.

[55] Antrag des Vorsitzenden des Kuratoriums der Jawne an die Stadt Köln, 25. September 1928, CAHJP, Nachlaß Bruno Kisch, P80/48a.

[56] Schreiben des Provinzialschulkollegiums Koblenz an den Oberbürgermeister, 20. April 1929, ebenda; Eine Forderung der Kölner Judenheit an die Stadt Köln, in: Kölner Jüdisches Wochenblatt, 18. Oktober 1929.

[57] Ablehnung des Antrags durch Schreiben des Oberbürgermeisters an die Jüdische höhere Schule Jawne z. Hd. Herrn Rabbiner Dr. Rosenthal, 25. Oktober 1928, CAHJP, Nachlaß Bruno Kisch, P80/48a,

[58] Forderung der Kölner Judenheit, in: Kölner Jüdisches Wochenblatt, 18. Oktober 1929.

[59] Sozialdemokratie und Wir. Bedeutsame Erklärungen Sollmanns, in: Kölner Jüdisches

Wenn also formaljuristisch an der Argumentation der Stadt nichts auszusetzen war und sie die gesetzliche Gleichbehandlung nicht direkt unterminierte, gab sie doch ihre Vorreiterrolle einer paritätischen Schulpolitik in den späten Jahren der Weimarer Republik auf. Hier wirkte sich der eklatante Geldmangel der Stadt wohl ebenso aus wie der fehlende politische Wille, ein jüdisches Gymnasium trotz der desolaten Haushaltslage durchzusetzen. Die Intervention der jüdischen Akteure blieb erfolglos, da sie zwar im Wahlkampf Unterstützung bekamen, diese aber in den entscheidenden Gremien versagte oder ganz ausblieb. Trotzdem wäre es überinterpretiert, hieraus einen eindeutigen Indikator für einen politischen Desintegrationsprozeß der Kölner Juden abzuleiten.

1.3.2. Jüdische Friedhöfe

Nicht in allen Bereichen städtischen und jüdischen Lebens waren die Traditionslinien der Stadtpolitik so paritäts- und integrationsfreundlich wie in der Behandlung jüdischer Schulen. So suchte die Stadt Köln im 19. Jahrhundert die Entstehung eines jüdischen Friedhofs in zentraler Lage zu blockieren, obwohl eine solche Begräbnisstätte angesichts der wachsenden Bevölkerungszahlen von großer Bedeutung für die jüdische Gemeinde war. Die Behörden wollten laut einem Beschluß aus dem Jahr 1860 ein Friedhofsgrundstück nur dann der jüdischen Gemeinde überlassen, wenn sie die Bestimmungen des Hauptfriedhofs Melaten übernehme. Diese Forderung war allerdings für die jüdische Gemeinde unannehmbar, da der darin enthaltene Belegungsturnus für die Gräber dem jüdischen Bestattungsritual widersprach.[60] Aus diesem Grund wurden seit den 1890er Jahren in den Vororten Ehrenfeld, Deckstein und Bocklemünd drei kleinere jüdische Friedhöfe eingerichtet, die den traditionellen rechtsrheinischen Friedhof in Köln-Deutz ergänzten und somit für die linksrheinische jüdische Bevölkerung die unhaltbare Situation beendeten, ihre Toten zum Begräbnis quer durch die Stadt transportieren zu müssen.[61] Damit war zunächst eine für alle Seiten befriedigende Situation geschaffen.

Daß der neue Oberbürgermeister Konrad Adenauer in Bestattungsfragen eine tolerantere Position einnahm als seine Vorgänger, zeigte sich in seiner Position zu der Frage, ob in Köln ein Krematorium errichtet werden solle.

Wochenblatt, 16. Juli 1932.

[60] PRACHT, Kulturerbe, S. 285.

[61] So nutzte 1899 die Ehrenfelder jüdische Gemeinde erstmalig ein Grundstück, das sie 1893 für die Einrichtung eines Begräbnisplatzes erstanden hatte. Der Friedhof an der Decksteiner Straße wurde als Begräbnisstätte der orthodoxen Austrittsgemeinde Adass Jeschurun ca. 1910 angelegt. Auf dem jüdischen Friedhof in Bocklemünd, der im Dezember 1918 als abgegrenzter Teil des Westfriedhofs eröffnet wurde, wurden traditionsbewußte Kölner Juden der Hauptgemeinde und zahlreiche Angehörige ostjüdischer Familien begraben. Dort bestand erstmalig auch die Möglichkeit, statt schlichter Reihengräber reiche Familiengruften anzulegen, die als steinerne Denkmäler bürgerlichen Selbstverständnisses christlichen Grabanlagen auf dem Melatenfriedhof glichen und eine Kontroverse innerhalb der jüdischen Gemeinde entfachten. Ebenda, S. 287–290.

Adenauer konstatierte gegenüber dem Erzbischof, der ein solches Vorhaben strikt ablehnte: »Ich kann auch nach wie vor nicht einsehen, woher ein Katholik das Recht nehmen soll, einem Protestanten oder Juden die Möglichkeit zu nehmen, für sich eine Bestattungsform anzuwenden, wie er sie für gut hält«.[62] Doch handelte es sich hier eher um eine persönliche Meinung als um städtische Politik. Der Bau des Krematoriums, für dessen Errichtung schon vor Kriegsausbruch eine jüdische Stiftung die Mittel bereitgestellt hatte, wurde immer wieder hinausgezögert und kam bis 1933 nicht zustande.

In der Intervention zum Erhalt des mittelalterlichen jüdischen Friedhofs 1922 zeichnete sich die Stadt jedoch klar durch eine integrationsfreundliche Haltung aus, als die Reichsbahn zur Erweiterung eines Güterbahnhofs unwissentlich das Grundstück des alten jüdischen Friedhofs erstanden und bei Baggerarbeiten Gräber und Menschenknochen freigelegt hatte. Obwohl die Bahn als Privatgesellschaft das Gelände für sich in Anspruch nehmen wollte, konnte die alte Grabstätte erhalten bleiben, nachdem sich die jüdische Gemeinde – diesmal mit Unterstützung des Erzbischofs und der Friedhofskommission – erfolgreich hierfür eingesetzt und die Stadt der Bahn das Gelände 1922 abgekauft hatte, um den Friedhof zu schützen.[63]

Allerdings zeigte sich die Stadt als Grundstückseigentümerin dann nicht mehr primär als Hüterin jüdischer Interessen. Bereits 1926 waren Exhumierungen nötig, da die Stadt ein Teil des Friedhofsgrundstücks zum Straßenbau nutzte.[64] Ende des Jahres 1928 wurden Pläne veröffentlicht, nach denen das Friedhofsgrundstück in das Bauland für eine neue Markthalle einbezogen werden sollte. Doch nachdem es zunächst so schien, als würde die Kommune die neuerlichen Proteste gegen ihr Vorhaben ignorieren, gab sie schließlich nach und verzichtete auf die Realisierung ihrer Pläne. Offenkundig verhinderte der starke öffentliche Protest der jüdische Gemeinde, die hierin von der katholischen Kirche unterstützt wurde, daß sich die (nunmehr städtischen) Eigeninteressen durchsetzen konnten.[65]

[62] Zit. nach Henning KÖHLER, Adenauer. Eine politische Biographie, Frankfurt a. M./Berlin 1994, S. 148.

[63] Siehe hierzu die Berichterstattung in der Kölnischen Volkszeitung, 27. Juni 1922, und Kölner Jüdisches Wochenblatt, 15. Juni 1928. Wie stark die katholische Kirche bereits in den ersten Jahren des Nationalsozialismus von dieser integrationsfreundlichen Linie abwich, zeigt ein Schreiben des Generalvikariats aus dem Jahr 1935. Ihm zufolge mußten jüdische Personen, die sich auf einem katholischen Friedhof neben ihrem katholischen Ehegatten beerdigen lassen wollten, eine dreifache Gebühr zahlen, während protestantische Ehepartner ohne Aufpreis beerdigt wurden. Schreiben des Generalvikariats Köln an das Generalvikariat Münster, 12. September 1935, betr. Beerdigung von Nichtkatholiken auf katholischen Friedhöfen und Glockenbenutzung, AEK, Gen. I, 6.2.

[64] PRACHT, Kulturerbe, S. 283.

[65] Enteignung des jüdischen Friedhofs am Bonntor?, in: Kölner Jüdisches Wochenblatt, 16. November 1928; Friedhof am Bonntor bleibt erhalten, in: Kölner Jüdisches Wochenblatt, 21. Dezember 1928; und Um den Friedhof Bonntor, in: Kölner Jüdisch-Liberale Zeitung, 16. November 1928.

Daß die Stadt gerade Ende 1928 den jüdischen Friedhof seiner religiösen Bestimmung entziehen wollte, gewinnt seine volle Brisanz erst aus der Tatsache, daß in diesem Zeitraum jüdische Friedhöfe durch antisemitische Schändungen besonders bedroht waren, die die Nationalsozialisten und ihre jugendlichen Trittbrettfahrer in Köln wie im gesamten Reichsgebiet verübten.[66] Den Beginn dieser spezifischen Form antisemitischer Gewalt in Köln bildete die Schändung des jüdischen Friedhofs an der Decksteiner Straße. In der Nacht vom 27. zum 28. Juli 1927 wurden über 70 Grabsteine umgestürzt und zum Teil zerstört, nachdem bereits im Dezember 1926 im Kölner Umland einige Grabsteine umgeworfen und beschädigt worden waren.[67] Im Sommer 1928 wurde dann der alte Friedhof am Bonntor Opfer einer weiteren Schändung, bei der nicht nur der Davidstern des Bettempels abgebrochen und entwendet, sondern auch einige Gräber mit Kot beschmiert wurden.[68] Es war kaum eine Woche vergangen, als ein weiterer Anschlag auf den jüdischen Friedhof in Ehrenfeld nur dadurch verhindert werden konnte, daß ein Friedhofswächter die Eindringlinge mit der Schußwaffe bedrohte und diese schließlich flüchteten.[69]

Doch obwohl in allen vier Fällen polizeilich ermittelt wurde, wurde keine der Schändungen juristisch bestraft. Dabei war die Ermittlungsgrundlage bei der Schändung des Decksteiner Friedhofs im Juli 1927 durchaus dicht. So wurde in zahlreichen Verhören protokolliert, daß namentlich bekannte Parteimitglieder der Kölner NSDAP sowohl vor als auch nach der Tat über die Schändung geredet hätten. Außerdem war aus der Parteizentrale der NS-Ortsgruppe ein anonymes Schreiben an die politische Polizei gegangen, das die

---

[66] Der CV begann 1924 mit Zählungen der in diesem Jahr praktizierten Friedhofs- und Synagogenschändungen. Nachdem 1925 mit insgesamt sieben Fällen gegenüber 1924 mit 17 Schändungen zeitweise ein Rückgang zu verzeichnen war, wurden 1926 erneut 17 Schändungen bekannt und 1927 bereits 24 Schändungen, also zwei Fälle pro Monat. Zu den Friedhofsschändungen vgl. allgemein HECHT, Deutsche Juden, S. 225–235; Marion NEISS, Diffamierung mit Tradition – Friedhofsschändungen, in: Wolfgang BENZ (Hrsg.), Antisemitismus in Deutschland. Zur Aktualität eines Vorurteils, München 1995, S. 140–156; WALTER, Antisemitische Kriminalität, S. 157–167; und die vom Centralverein herausgegebene zeitgenössische Dokumentation Friedhofsschändungen in Deutschland 1923–1931. Dokumente der politischen und kulturellen Verwilderung unserer Zeit, 4. Aufl. Berlin 1932.

[67] Zur Schändung des jüdischen Friedhofs in Köln-Deckstein siehe die Akten in HStAD, Rep. 11, 574; und zu Kerpen ebenda, Nr. 565. Vgl. außerdem Rheinische Zeitung, 1. August 1927; Kölner Jüdisches Wochenblatt, 13. Januar 1928; Kölner Jüdisches Wochenblatt, 11. Mai 1928; und Kölner Jüdisch-Liberale Zeitung, 11. Mai 1928.

[68] Zur Friedhofsschändung des mittelalterlichen Friedhofs siehe die Anzeige der Synagogengemeinde an das Polizei-Präsidium, 16. Juli 1928, den Bericht des Oberstaatsanwalts an den Generalstaatsanwalt, 27. August 1928, und den des Generalstaatsanwalts an den preußischen Justizminister, 29. Dezember 1928, HStAD, Rep.11, 574, Bl. 3–5. Außerdem Kölner Jüdisches Wochenblatt, 27. April 1928; und Kölner Jüdisches Wochenblatt, 22. Juni 1928; Kölner Jüdisch-Liberale Zeitung, 15. Juni 1928; und 22. Juni 1928; Rheinische Zeitung, 1. August 1927.

[69] Zur Vereitelung des Anschlags vgl. den Bericht des Oberstaatsanwalts an den Generalstaatsanwalt in Köln, 27. August 1928, HStAD, Rep.11, 574, Bl. 3 f.; und die Artikel in Kölner Jüdisches Wochenblatt, 20. Juli 1928; und in der Rheinischen Zeitung, 20. Juli 1928.

Einstellung der Ermittungen forderte und anhand eines Schrifttypenvergleichs identifiziert werden konnte.[70] Im November 1927 hielt die Oberstaatsanwaltschaft deshalb an ihrem Anfangsverdacht fest, daß die Täter »in rechtsradikalen Kreisen« zu suchen seien, und begründete ihren erhärteten Verdacht nicht zuletzt mit dem allgemeinen antijüdischen Auftreten der NSDAP.[71]

Da nach Meinung des zuständigen Staatsanwalts die Täter daher unter das Reichsgesetz vom 14. Juli 1928 fielen, das eine Amnestie für Straftaten erließ, die aus »politischen Beweggründen« begangen worden waren, stellte er die Ermittlungen ein und löste damit einen Diskussionsprozeß im preußischen Innenministerium aus.[72] In den übrigen Fällen wurden die Täter nicht bestraft, da sie im Falle der Kerpener Friedhofsschändung entweder ein ärztliches Attest vorwiesen, das sie wegen Geisteskrankheit für strafunfähig erklärte, oder nicht ausfindig gemacht werden konnten.[73] Möglicherweise führte die Diskussion um die Amnestie aus politischen Gründen dazu, daß bei den späteren Schändungen ein »politischer oder religiöser« Beweggrund für die Tat von vornherein ausgeschlossen wurde oder die Taten nicht weiter verfolgt wurden. Die Staatsanwaltschaft unterstellte für die Schändung des Friedhofs am Bonntor lediglich »diebische Absicht«, obwohl es kaum zu einem reinen Raubzug gehören dürfte, Gräber zu beschmieren und das Diebesgut dann achtlos jenseits der Friedhofsmauer liegen zu lassen.[74] Die politische Motivation des Ehrenfelder Schändungsversuchs lag noch klarer auf der Hand, da die die Eindringlinge nach Auskunft des Friedhofswärters »auf der linken Rockseite ein Hakenkreuzabzeichen« trugen.[75] Doch auch die veränderte Einschätzung der Motivlage führte nicht zu einem erfolgreichen Ermittlungsergebnis.

Angesichts dieser mangelhaften Verfolgung der antisemitischen Straftaten forderten das *Kölner Jüdische Wochenblatt* und die *Rheinische Zeitung* mit deutlichen Worten, energischer als bisher die Hintergründe der Taten aufzu-

---

[70] Bericht des Oberstaatsanwalts an den Preußischen Justizminister durch den Generalstaatsanwalt, 12. November 1927, in der Strafsache gegen Decker und Genossen, HStAD, Rep.11, 574, Bl. 26–28, Zitat Bl. 27a.

[71] Schreiben des Oberstaatsanwalts an den Generalstaatsanwalt, 4. September 1928, ebenda, Bl. 40.

[72] WALTER, Antisemitische Kriminalität, S. 173. Laut Walter bezeichnete das Innenministerium »die Einbeziehung des Falls unter die letzte Amnestie als wenig befriedigend«.

[73] Vgl. allgemein zum mangelnden juristischen Verfolgungswillen antisemitischer Delikte in der Weimarer Republik Udo BEER, Die Juden, das Recht und die Republik. Verbandswesen und Rechtsschutz 1919–1933, Frankfurt a. M./Bern/New York 1986; Cyril LEVITT, The Prosecution of Antisemites by the Courts in the Weimar Republic: Was Justice Served?, LBIYB 35 (1991), S. 151–167; und Donald L. NIEWYK, Jews and the Courts in Weimar Germany, in: Jewish Social Studies 37 (1975), S. 99–113.

[74] In der Anzeige der jüdischen Synagogengemeinde vom 16. August war auf diese Umstände hingewiesen worden, die der Oberstaatsanwalt in seinem Bericht vom 27. August ignorierte.

[75] Nach Angaben des Artikels: Ein neuer Schurkenstreich verhindert: Kölner Jüdisches Wochenblatt, 20. Juli 1928 (der sich auf die Aussage des Friedhofswärters beruft).

klären, die Täter sowie die geistigen Urheber zur Verantwortung zu ziehen, und richtete diesen Appell nicht nur an die staatlichen Behörden. Als im September 1928 mit »fürchterlicher Pünktlichkeit fast alle vierzehn Tage Synagogen- oder Friedhofsschändungen« im Kölner Umland begangen wurden, kommentierte das *Kölner Jüdische Wochenblatt*: »Darf man fragen, ob die katholischen Geistlichen, die in diesen religiösen Gegenden einen außerordentlich tiefgehenden Einfluß auf die Bevölkerung ausüben, sich dazu geäußert haben? Und wann faßt die Polizei einen Burschen?«[76] Nun berichteten die beiden Blätter zunehmend verärgert, daß die polizeilichen Bemühungen erfolglos blieben und die Schändungen als »Dummejungenstreich« eingestuft würden.[77] Man empörte sich darüber, daß gegen die geistigen Urheber zu lasch vorgegangen werde, und stellte fest, daß kein Zweifel bestehen könne, daß es »sich auch hier in Köln um das Werk gefügiger Subjekte handelt, die von völkischer Seite zu solch unerhörten Schandtaten mißbraucht werden«. Wenn es endlich gelänge, die Täter zu ergreifen, könnte man »einmal gründlich in die Werkstatt des völkischen Pöbels hineinleuchten«.[78]

Statt dessen wurden zwei Monate später die Pläne der Stadt deutlich, den Boden des jüdischen Friedhofs am Bonntor endgültig zu entweihen und eine Markthalle darauf zu erbauen. Für die verunsicherten jüdischen Bürger mochte so der Eindruck entstehen, daß die städtischen Behörden in Zeiten radikalantisemitischer Friedhofsschändungen nicht nur in Fragen des praktischen Staatsschutzes versagten, sondern auch selbst das Recht auf freie Religionsausübung und den Schutz der Stätten dieser Religion gering schätzten. Das Gefühl, in der Bedrohungssituation alleine gelassen zu werden, zeigte sich deutlich 1932, als der Friedhof Bonntor ein weiteres Mal geschändet wurde und die Polizei wieder einmal nicht auf die näheren Hintergründe der Tat einging. Das *Kölner Jüdische Wochenblatt* kommentierte:

> »Wir stellen nunmehr bereits zum vierten Male fest, daß seitens der zuständigen Stellen nichts zur Information der Öffentlichkeit über die andauernden Übeltaten gegen Juden geschieht. Wir erheben gegen eine solche Verschleierungspolitik ernsten Protest, sie ermöglicht den Tätern, ihr schändliches Handwerk im Dunkeln fortzusetzen«.[79]

Auch wenn die Stadt die Gleichbehandlung der jüdischen Friedhöfe nicht auf-

---

[76] Neue Friedhofsschändungen in der Umgebung von Köln, in: Kölner Jüdisches Wochenblatt, 7. September 1928.

[77] Keine Spur von den Schändern des Friedhofs in Köln-Ehrenfeld, in: Kölner Jüdisches Wochenblatt, 12. Oktober 1928; Zum Friedhofsfrevel in Köln-Ehrenfeld, in: Kölner Jüdisch-Liberale Zeitung, 12. Oktober 1928; und Noch keine Spur von den Friedhofsschändern, in: Rheinische Zeitung, 12. Oktober 1928; Maßnahmen gegen Friedhofsschänder, in: Kölner Jüdisches Wochenblatt, 5. Oktober 1928.

[78] Vandalismus auf dem jüdischen Friedhof am Bonntor, in: Kölner Jüdisches Wochenblatt, 13. Juli 1928.

[79] Schändung des Bonntor-Friedhofes, in: Kölner Jüdisches Wochenblatt, 11. November 1932, S. 4.

gab und aufgrund des gesellschaftlichen Drucks auch ihre Eigeninteressen zugunsten der jüdischen Gemeinde zurückstellte, wurde sie in diesem Politikfeld aufgrund ihrer passiven Haltung gegenüber den Friedhofsschändungen doch nicht mehr als Hüterin einer strukturellen Integration wahrgenommen.

1.3.3. Die »Schächtfrage«

Die sogenannte Schächtfrage ist als eine zentrale Nagelprobe für die Haltung der Behörden gegenüber der Gleichstellung der jüdischen Bürger im Alltagsleben anzusehen, da sie die Angriffsfläche für eine antisemitische Kampagne bot und in ihrer Regelung über den Schutz der freien Religionsausübung vor Ort entschieden wurde. Zum Recht auf ungestörte Religionsausübung, das die Weimarer Verfassung verbürgte, gehörte auch die Möglichkeit, die verbindlichen Religionsgesetze im Alltag umzusetzen. Hierzu zählte für gesetzestreue Juden unter anderem die Befolgung der Speisegesetze, die vorschrieben, nur Fleisch von rituell geschlachteten Tieren zu verwenden, das heißt von Tieren, die ohne Betäubung durch einen Halsschnitt geschächtet worden waren. In Köln ernährten sich 1917 ca. 4 000 Juden auf diese traditionelle Weise.[80]

Um die Fleischversorgung der gesamten – koscher wie nicht koscher lebenden – Bevölkerung gewährleisten zu können, wurde 1895 der städtische Schlachthof in Köln als eine Schlachtanstalt errichtet, in dem das Vieh sowohl geschächtet als auch durch Kopfschuß getötet wurde.[81] Wie im übrigen Reichsgebiet waren Schlachthandwerk und Viehhandel auch in Köln traditionell Berufssparten, die von Juden ausgeübt wurden. 1931 waren laut Schätzung der *Rheinischen Zeitung* 75 % aller Kommissionäre und Viehhändler, die den Kölner Schlachtviehmarkt besuchten, jüdischen Glaubens, bei den Großmetzgern waren es über 50 %.[82]

Der politisch und sozial organisierte Antisemitismus, der die Gleichstellung der deutschen Juden in allen Lebensbereichen angriff, setzte im 19. Jahrhundert auch das Schächten auf seine Agenda und diskreditierte die Schlachtmethode als einen jüdischen Blutaberglauben, um dessen willen unschuldige Tiere grausam zu Tode gequält würden.[83] Diese antisemitischen Stereotypen

---

[80] Diese Zahl wird in einem Kommentar des Rabbiners Dr. Rosenthal genannt, den dieser über die Verhandlungen zwischen der Kölner Synagogengemeinde und der Kriegsfürsorgekommission veröffentlichte, in: Israelitisches Gemeindeblatt, 21. Juli 1916. Es ist nur schwer zu schätzen, bei wievielen Juden in den 1920er Jahren koscheres Fleisch auf dem Speiseplan stand, denn der Bedarf an Koscherfleisch stieg einerseits durch den Zuzug gesetzestreuer Juden aus Osteuropa, während sich andererseits zugleich in vielen Familien der Lebensstil lockerte und damit die Speisegesetze weniger streng eingehalten wurden. Siehe hierzu allgemein M. A. MEYER, Deutsch-jüdische Geschichte, Bd. 3, S. 283.

[81] Nach einer Reichsverordnung vom Jahr 1917 wurde zwar generell das Schächten verboten, aber für die Bedürfnisse der jüdischen Bevölkerung eine Sondergenehmigung erlassen. Als Schächter durften nur die von den Synagogengemeinden bestellten Personen arbeiten.

[82] Ueble konfessionelle Verhetzung, in: Rheinische Zeitung, 22. November 1931.

[83] Siehe hierzu genauer auch MESMER, Schächtverbot, auf deren Ausführungen der fol-

drangen zunehmend in die Argumentation der bürgerlichen Tierschutzbewegung ein, die das Schächten als besonders grausame Schlachtmethode denunzierte und zugleich darauf abzielte, durch Eingaben an Gemeinde- und Landräte ein gesetzliches Schächtverbot zu erreichen. Oftmals verband sich in den Tierschutzvereinen die Sorge um die Tiere mit einer antisemitischen Einstellung und ökonomischen Motiven des nichtjüdischen Mittelstandes, wie der berufliche Hintergrund der Gewährsleute der Antischächtkampagnen zeigt. Denn die zu Experten ernannten Schlachthausverwalter, Schlachthofdirektoren und Amtsärzte sowie ihre nichtjüdische Klientel hatten ein handfestes Interesse daran, den Einfluß der jüdischen Konkurrenz durch die Monopolisierung der von ihnen präferierten Schlachtmethoden zurückzudrängen. Doch während diese Antischächtkampagnen in der Schweiz – und wenig bekannt auch in Sachsen – 1893 zu einem gesetzlichen Schächtverbot führten und damit das Recht auf freie Religionsausübung einschränkten, blieb in den übrigen Ländern des Deutschen Reichs das rituelle Schlachten erlaubt.[84]

Eine Neuauflage dieser antisemitischen Schächtkampagne vollzog sich in den 1920er Jahren, als sich einmal mehr judenfeindliche Motive mit vermeintlicher Tierliebe zu einer rigiden Kampagne gegen das jüdische Schlachtverfahren verbanden, wie die *CV-Zeitung* 1926 kommentierte:

> »Nur wer die Augen absichtlich zudrückt wird übersehen können, daß als die Wortführer auf der Bühne und die Akteure hinter der Bühne bei allen dem Schächtverbot dienenden Bestrebungen Völkische sich betätigen. [...] Soviel Diplomat allerdings ist der Völkische schon, um sich für diesen Keulenschlag, auf das rituelle Schlachten gezielt, die zwar dünne, aber weithin leuchtende Papierhülle ›Tierschutz‹ gern – zumal sie ungemein wirksam ist – gefallen zu lassen. Die Nichtvölkischen sollten diese Tatsachen nicht leicht wägen«.[85]

Auch in Köln zeigten sich nun erstmalig Vorstöße, das Schächtwesen einzuschränken. Als führender Protagonist trat ebenfalls der Tierschutzverein in Erscheinung, dessen Kölner Ortsgruppe 1868 gegründet worden war und der 1922 auf einem »Fest des Tierschutzes« öffentlich gegen das Schächten polemisierte, dabei jedoch auf offene Antisemitismen verzichtete.[86] Die bürgerlichen Schächtgegner bekamen im Stadtrat Schützenhilfe von den Kölner Kommunisten, deren Abgeordneter Weinand 1924 im Stadtrat antisemitische Schächtphantasien verbreitete und darüber spekulierte, daß die Juden geschächtetes Blut an Christen verkauften.[87]

---

gende Überblick über die Antischächtkampagne beruht.

[84] Das sächsische Schächtverbot währte von 1893–1930, in der Schweiz wurde das Schächtverbot vorübergehend von 1918–1920 aufgehoben. Siehe hierzu knapp MESMER, Schächtverbot, S. 215; und PULZER, Beteiligung, S. 173.

[85] Gegen den Gewissenszwang, in: CV-Zeitung, 12. November 1926.

[86] Ein Fest des Tierschutzes, in: Kölnische Zeitung, 21. August 1922.

[87] Antrag Knab und Genossen betr. Schlachthofgebühren usw. in den rechtsrheinischen Schlachthöfen, 16. Sitzung vom 9. Oktober 1924, Protokolle der Stadtverordneten-Versammlung 1924, S. 437 f. Auch die Sozialdemokraten befürworteten eine Einschränkung

Erstmalig reagierte die städtische Schlachthofverwaltung 1925 auf die Forderungen, die Schächtungen einzuschränken. Unter dem Vorsitz des Beigeordneten Bergmann erhob der städtische Schlachthofausschuß gegenüber den jüdischen Großschlächtereien die Forderung nach einer Steuer auf geschächtetes Fleisch, um so die Schächtzahlen zu reduzieren. Gegen diesen Vorstoß protestierten die Kölner Rabbiner jedoch entschieden, da sie die staatsbürgerliche Gleichstellung der jüdischen Bevölkerung gefährdet sahen:

> »Der von der Stadt bis jetzt bestrittene Weg erscheint uns aber psychisch noch mehr als materiell als eine Belastung und Beunruhigung der jüdischen Bevölkerung weil er eine Sondersteuer auferlegt, die den Juden eine im Gesetz nicht begründete Sonderstellung zuweist. Es muß infolgedessen ein Vorgehen wie das der städtischen Verwaltung von der jüdischen Bevölkerung als ein Eingriff in ihre religiöse Freiheit und bürgerliche Gleichberechtigung angesehen werden«.[88]

Leider geht aus den überlieferten Akten nicht hervor, ob diese Steuer tatsächlich erhoben wurde. Fest steht nur, daß sich zu Beginn des Jahres 1926 die orthodoxe Synagogengemeinde Adass Jeschurun, deren Gemeindemitglieder am stärksten von einer Schächtsteuer betroffen gewesen wären, gesondert an Oberbürgermeister Adenauer wandte, um ihre Unzufriedenheit mit der bisherigen Lösung der Schächtungsfrage auszudrücken und um einen persönlichen Empfang zu bitten.[89] Unstrittig ist darüber hinaus, daß die Zahl der Schächtungen zwischen 1926 und 1930 beträchtlich zurückging, wie der Beigeordnete Bergmann 1930 im Stadtrat mitteilte.[90]

Doch damit waren die Antischächtstimmen nicht zum Schweigen gebracht. Den Auftakt für eine konzertierte Antischächtkampagne bildete 1928 einmal mehr die Kölner Ortsgruppe des Tierschutzvereins, die auf ihrer Generalversammlung das Thema Schächten ausgiebig diskutierte. Als Hauptreferent sprach Schlachthofdirektor Klein aus Lennep, der ein Jahr später von den Kölner Nationalsozialisten als Kronzeuge gegen das Schächten zitiert wurde.[91] Nach seinem Referat faßte der Tierschutzverein trotz zweier Gegenreferate, unter anderem von Rabbiner Dr. Kober, den Entschluß, das Schächten »in Vergleich mit dem modernen Betäubungsschlachtverfahren vom tierschützlerischen Standpunkt aus als nachteilig« zu bezeichnen.[92]

---

der Schächtquote. Vgl. etwa Die Schächtungen im städtischen Schlachthof, in: Rheinische Zeitung, 29. August 1925.

[88] Brief der Rabbiner Rosenthal, Kober und Carlebach, 23. Dezember 1925, HStAK 902, 229/1.

[89] Schreiben des Vorstands der Synagogengemeinde an Oberbürgermeister Adenauer, 13. Januar 1926, ebenda.

[90] Redebeitrag Bergmann, 9. Sitzung vom 3. Oktober 1930, Protokolle der Stadtverordneten-Versammlung 1930, S. 363.

[91] Tierschutzverein und Schächtfrage, in: Kölner Jüdisch-Liberale Zeitung, 27. Januar 1928; Antrag Grohé, 18. Sitzung vom 30. Dezember 1929, Protokolle der Stadtverordneten-Versammlung 1929, S. 601.

[92] Tierschutzverein und Schächtfrage, in: Kölner Jüdisch-Liberale Zeitung, 27. Januar

Diese pseudowissenschaftliche Schächtkritik war assoziativ eng verknüpft mit religiösen Vorurteilen, die die Juden als fremde Ritualgemeinschaft mit absonderlichen Bräuchen diskreditierten und die die jüdischen Religions- und Sittengesetze als minderwertig, mysteriös und grausam verurteilten.[93] Diese religiös motivierte Schächtkritik spiegelt sich beispielhaft in einem Artikel des katholischen *Kölner Lokalanzeigers*, der im März 1928 schrieb:

> »Nur die Juden töten mit einer häßlichen Grausamkeit das Tier ohne es zu betäuben. Sie fesseln die vier Füße mit einem Strick, der oben an der Decke festgemacht ist und langsam hochgewunden wird. Ohne sich von der Stelle zu bewegen, verlieren die Füße den Halt, fallen hin und der mächtige Körper liegt hilflos auf einer Seite, wird weiter hochgezogen bis das Opfer hoch hängt und mit stumpfer Angst tief atmet. Der Schächter ist der Mann mit einem armlangen Messer, er schneidet kunstvoll und geübt den Schlund auf, so daß langsam und sicher das Tier verendet«.[94]

Diese Beschreibung wirkt deshalb besonders perfide, weil sich hier der Kollektivvorwurf jüdischer Grausamkeit mit der ebenso emotionalisierenden wie voyeuristischen Beschreibung des Tötungsakts verbindet und dadurch die assoziative Nähe zum Ritualmordvorwurf hergestellt wird. Doch während sie in dem katholischen Artikel nur mitschwingt, beuteten die radikalen Antisemiten den Ritualmordvorwurf exzessiv aus, um im Rheinland gezielt antisemitische Stimmung bei der katholischen Bevölkerung zu erzeugen. Sie zielten in ihrer Propaganda darauf ab, die gedankliche Verbindung zwischen Schächten und Ritualmordvorwürfen direkt zu etablieren:

> »Als Nationalsozialisten sehen wir am Festhalten der Judengesamtheit die unlösliche Verkettung des noch so modernen Juden an dem uralten Blutglauben verworfener Geschlechter. Als Wissende besteht für uns kein Zweifel, daß zwischen dem Schächten der Tiere und dem Ritualmord an Knaben und Mädchen nur ein kleiner Schritt liegt, der von Angehörigen jüdischer Geheimsekten auch heute noch beschritten wird«.[95]

Einmal mehr strebte die Antischächtkampagne ein gesetzliches Schächtverbot an, das die Nationalsozialisten im Dezember 1928 im Stadtrat beantragten.[96] Der Abgeordnete Grohé begründete seinen Antrag mit den Argumenten, daß

1928. Es gehörte zum Kernstück der jüdischen Abwehrstrategie gegen die Antischächtkampagne, die wissenschaftlichen Gutachten prominenter Physiologen wie Rudolf Virchow gegen die Meinungsmache lokaler Tierärzte und Schlachthofdirektoren zu setzen. Diese Bemühungen blieben oftmals erfolglos, wie auch der Fall des Kölner Tierschutzvereins zeigt.

[93] MESMER, Schächtverbot, S. 222.

[94] Auszug aus dem Artikel: Ein Morgen im Schlachthof, zit. nach dem Kölner jüdischen Wochenblatt, 23. März 1928 unter der Überschrift »Ist das katholisch?«.

[95] Eine Kulturschande, in: Die neue Front, 8. März 1929. Auch in anderen Artikeln wurde semantisch diese Nähe zwischen Schächten und Ritualmordvorwurf etabliert: Vgl. beispielsweise: Und dennoch jüdischer Blutmord! Menschenschächtung zu rituellen Zwecken, in: Westdeutscher Beobachter, 28. Dezember 1932.

[96] 18. Sitzung vom 30. Dezember 1929, Protokolle der Stadtverordneten-Versammlung 1930, S. 603.

das Schächten besonders grausam sei und eine Verrohung der Sitten darstelle, verwies auf andere Länder, in denen, wie in Bayern, das Schächtverbot parteiübergreifend Anerkennung gefunden habe, und bezifferte für den Kölner Schlachthof den Anteil der Schächtungen an allen im Schlachthof vorgenommenen Schlachtungen auf 60 %, eine Zahl, die später von dem Beigeordneten Bergmann auf 5–7 % korrigiert wurde.[97] Erstmalig erhielten die Nationalsozialisten in einem kommunalpolitischen Vorstoß die partielle Zustimmung eines Zentrumsabgeordneten. Zwar distanzierte sich der Beigeordnete Richter von einer Gesetzesänderung und beantragte, die Angelegenheit dem zuständigen Fachausschuß zu überweisen, er fügte jedoch hinzu, daß dieser alles tun sollte, um »diese tierquälerischen Maßnahmen«, soweit das gesetzlich zulässig sei, einzuschränken.[98] Auch die *Rheinische Zeitung* schloß sich wenige Monate später der Verdammung des Schächtens an und zeigte in ihrer skandalheischenden Beschreibung der Schächtung eine erstaunliche Nähe zum *Lokalanzeiger*: »Die Grausamkeit des Schächtens besteht wohl in erster Linie in der Art, wie man die Tiere im wahrsten Sinne des Wortes vergewaltigt, um ihnen dann bei vollem Bewußtsein den Hals durchzuschneiden«.[99]

Zunächst schien es so, als würde sich die Stadtverwaltung in den Dienst der Nationalsozialisten stellen lassen. Der zuständige Fachausschuß beauftragte auf nationalsozialistischen Antrag die Verwaltung im Januar 1930 damit, bei der preußischen Staatsregierung eine gesetzliche Neuregelung des Schlachtverfahrens zu beantragen.[100] Am 29. Januar 1930 richtete die Stadt eine entsprechende Eingabe an den preußischen Minister für Landwirtschaft, Forsten und Domänen, erhielt jedoch keine schriftliche Antwort, weil das Ministerium schwebende Untersuchungen zur elektrischen Betäubung abwarten wollte, bevor es Antwort erteilte.[101] In dieser Situation gingen die jüdischen Medien in

[97] Bergmann, 9. Sitzung vom 3. Oktober 1930, ebenda, S. 363. Grohé, geb. 1902, stammte aus dem Hunsrück und war das neunte von dreizehn Kindern eines katholischen Kleinkaufmanns. Als Volontär kam er im Dezember 1919 nach Köln, wo er schnell an nationalistischen Sabotageakten gegen die Besatzungsherrschaft beteiligt war, so daß er im Frühjahr 1923 für ein halbes Jahr in München untertauchte, um im Oktober wieder nach Köln zurückzukehren. 1925 wurde Grohé besoldeter Geschäftsführer des Gaus Rheinland der NSDAP. KLEIN, Köln im Dritten Reich, S. 24 f.

[98] Ebenda.

[99] Rheinische Zeitung, 21. Februar 1930, zit. nach Kölner Jüdisches Wochenblatt, 28. Februar 1930.

[100] Dieser Schritt erregte auch im Centralverein große Aufmerksamkeit. Vgl. das Schreiben Dr. Hirschbergs an Rabbiner Munik, 1. Oktober 1930, Osoby Fond 721, Opis I, Akte 3386, eingesehen in: CAHJP, HM2 8825, Frame 1062.

[101] So Bergmann in der Stadtverordneten-Versammlung vom 3. Oktober 1930, Protokolle der Stadtverordnetenversammlung 1930, S. 363. Sowohl auf preußischer Landesebene als auch im lokalen Raum wurde die elektrische Betäubung als ein möglicher Weg angesehen, die Forderungen der Schächtgegner nach einem vorherigen Betäubungsverfahren mit der religiösen Praxis gesetzestreuer Juden zu vereinbaren. Allerdings war diese Betäubungspraxis sowohl von wissenschaftlicher als auch von religiös-halachischer Seite noch nicht abschließend beurteilt worden. Zur Frage der elektrischen Betäubung, in: Kölner Jüdisch-Liberale

die Offensive. Einerseits suchten sie den Beweis anzutreten, daß das Schächten keine Tierquälerei sei, wozu sie die Gutachten international bekannter Mediziner und Physiologen anführten, sich auf entsprechende Gerichtsurteile beriefen und die Grausamkeit anderer Schlachtmethoden betonten, die die Schächtgegner systematisch ausblendeten.[102] Darüber hinaus griffen sie direkt die Antischächtmetaphorik der katholischen und sozialdemokratischen Presse an. Sie warfen dem *Lokalanzeiger* eine antisemitische Gesinnung und der *Rheinischen Zeitung* »unverständlich krasse Werturteile« vor.[103]

Doch anders als in früheren Jahren konnte sich die jüdische Gemeinde ab 1930 in der Schächtfrage auf die Unterstützung der Stadtverwaltung verlassen. Als im Oktober die nationalsozialistische Fraktion ihren Antrag auf das Schächtverbot erneut stellte, sprach der Beigeordnete Bergmann klare Worte:

> »Darüber hinaus möchte ich noch sagen, daß für die Stadtverwaltung aber auch keine sachliche Veranlassung vorliegt, in der Angelegenheit etwas Weiteres zu tun. (Hört, hört! bei den Nationalsozialisten.) Die Zahl der Schächtungen ist infolge gemeinsamer Zusammenarbeit zwischen der Schlachthofverwaltung und den Kölner Synagogengemeinden in den letzten Jahren erheblich zurückgegangen«.[104]

Von dieser Position wich die Stadt bis 1933 nicht mehr ab und verfolgte eine neutrale Schlachthofpolitik, in die sie positive Gesten gegenüber der jüdischen Bevölkerung integrierte. So gratulierte die Schlachthofdirektion zur Synagogeneinweihung und Rabbinereinführung in Ehrenfeld und verlegte 1931 den Schlachtviehmarkt, der zeitlich mit dem jüdischen Versöhnungsfest zusammenfiel, ohne daß die wütenden Proteste der Nationalsozialisten dagegen etwas ausrichten konnten.[105]

Mit der Machtübernahme der Nationalsozialisten wurde dann am 14. März 1933 offiziell das lang angestrebte Schächtverbot durchgesetzt, und am 3. April wurden die jüdischen Metzger und Viehhändler (mit Ausnahme der Frontkämpfer des Ersten Weltkriegs) vom Schlachthof vertrieben, und durch einen »NC« strukturell ausgegrenzt.[106] Diese brutale Verdrängungsmaßnahme war von

Zeitung, 19. April 1929; Wird das »Schächten« gehindert? Betäubung oder Lähmung der Schlachttiere, in: Kölner Jüdisches Wochenblatt, 19. April 1929.

[102] Schächten ist keine Tierquälerei, in: Kölner Jüdisches Wochenblatt, 21. Februar 1930; Schächten und Tierquälerei, in: Kölner Jüdisches Wochenblatt, 7. März 1930; An den Verein für humane Tötung der Tiere, in: Kölner Jüdisches Wochenblatt, 13. Juni 1930.

[103] Ist das katholisch?, in: Kölner Jüdisches Wochenblatt, 23. März 1928; und Kommt es zur Regelung der Schächtfrage?, in: Kölner Jüdisches Wochenblatt, 28. Februar 1930 und 13. Juni 1930.

[104] Bergmann auf der Stadtverordneten-Versammlung, 3. Oktober 1930, Protokolle der Stadtverordnetenversammlung 1930, S. 363.

[105] Ueble konfessionelle Verhetzung vom 22. November 1931, in: Kölner Jüdisches Wochenblatt, 4. Oktober 1929; Kölsche Klaaf, in: Westdeutscher Beobachter, 22. September 1931.

[106] Schächten in Köln verboten, in: Westdeutscher Beobachter, 14. März 1933; Schächtverbote in Gladbach-Rhydt und Düsseldorf, in: Westdeutscher Beobachter, 18. März 1933.

einem »Aktionsausschuß zur Vertreibung der Juden aus dem Schlachthof in Köln-Ehrenfeld« vorbereitet worden, der sich aus Parteifunktionären und nichtjüdischen Metzgern zusammensetzte, die ihre langjährigen Kollegen gegenüber SA und SS denunzierten. Die bürokratische Entlassungsprozedur verband sich mit einem Kesseltreiben gegen die jüdischen Metzger und Viehhändler, bei der der Viehhändler Max Moses so brutal mißhandelt wurde, daß er nach qualvollem Leiden im Januar 1934 seinen tödlichen Verletzungen erlag.[107]

Allerdings hatten die Nationalsozialisten in der Schächtfrage bereits vor der Machtübernahme mehr Unterstützung aus dem städtischen Umfeld bekommen als in jedem anderen Politikfeld. Der Grund hierfür ist nicht nur in der ökonomischen Konkurrenz und einem wirtschaftlich motivierten Antisemitismus zu suchen, vielmehr wirkten sich alte religiöse Vorurteile und populistische Vorstellungsbilder vom grausamen Juden maßgeblich aus. Auch die Stadtverwaltung schien im Konflikt um die Schächtzahlen 1925 und bei den ersten Reaktionen auf den NSDAP-Antrag zum Schächtverbot ihren Platz in einer konfessions- und schichtübergreifenden Antischächtkoalition einzunehmen. Doch zeigte sich 1930, daß sie keineswegs bereit war, gesetzliche Änderungen, die antisemitisch motiviert waren und eine Desintegration der jüdischen Bevölkerung nach sich gezogen hätten, umzusetzen. Damit war die Stadt Köln in dieser Frage der wichtigste Verbündete im Kampf um die Bewahrung der religiösen Freiheit im Alltagsleben geworden.

1.4. Ostjudenpolitik

Die Behandlung der jüdischen Zuwanderer aus Osteuropa bildet ein zentrales Moment für die Bewertung der Integrations- oder Ausgrenzungspolitik der Behörden. Einerseits war die Situation der osteuropäischen Juden angesichts der Gewaltdrohung der radikalen Antisemiten und in einer feindselig eingestellten städtischen Öffentlichkeit besonders gefährdet. Andererseits hatte sich die frühe Republik auf ihre Fahnen geschrieben, die antisemitische »Ostjudenpolitik« des Kaiserreichs mit ihrer repressiven Einbürgerungsverhinderung, polizeilichen Überwachung und restriktiven Ausweisungspolitik zu überwinden, die schärfer gegen die jüdischen Immigranten als gegen jede andere Ausländergruppe gerichtet war.[108]

Zur Vertreibung der Juden vom Schlachthof vgl. insbesondere die Akte HStAD, Rep. 231, 120.

[107] In einem Wiedergutmachungsverfahren aus dem Jahr 1961 wurde der Angeklagte aus Mangel an Beweisen freigesprochen. Vgl. hierzu HStAD, Rep. 231, Nr. 1429–1432.

[108] Zur antisemitisch motivierten Ausschluß- und Abwehrpolitik im Kaiserreich vgl. als beste Analyse noch immer WERTHEIMER, Unwelcome Strangers. Siehe außerdem Dieter GOSEWINKEL, »Unerwünschte Elemente«. Einwanderung und Einbürgerung der Juden in Deutschland, in: TAJB 27 (1998), S. 71–106; Christhard HOFFMANN, Politische Kultur und Gewalt gegen Minderheiten. Die antisemitischen Ausschreitungen in Pommern und Westpreußen 1881, in: JbfA 3 (1994), S. 93–120; Helmut NEUBACH, Die Ausweisungen von Po-

Der erste grundlegende Erlaß des preußischen Innenministers Wolfgang Heine am 1. November 1919 schrieb das Bleiberecht der osteuropäischen Juden bis auf weiteres fest und berücksichtigte die spezifische Verfolgungssituation der osteuropäischen Juden in ihren Herkunftsländern. So wurden selbst Immigranten ohne gültige Papiere geduldet, sofern sie »persönlich einwandfrei« waren, eine Wohnung und ein Arbeitsverhältnis vorweisen konnten und die »öffentliche Sicherheit nicht gefährdeten«.[109]

Für die Umsetzung dieser humanitären Politik gegenüber den osteuropäischen Juden vor Ort waren neben den staatlichen auch die städtischen Behörden verantwortlich. Stadtverwaltung und Polizei suchten die Einbürgerungs- und Ausweisungspolitik des Innenministers und Regierungspräsidenten durch Schilderungen über die Situation vor Ort zu beeinflussen. Zudem setzten sie die Politik gegenüber den osteuropäischen Juden konkret um und mußten sich darin den übergeordneten Instanzen gegenüber verantworten.[110] In diesem Zusammenhang sind für Köln die britischen Besatzungsbehörden von besonderer Bedeutung, die bis 1926 die Ein- und Durchwanderung im besetzten Gebiet durch die restriktiven Paß- und Meldevorschriften kontrollierten und so über die Einwanderung von Juden aus Osteuropa direkt mitentschieden. Es gilt im folgenden zu überprüfen, ob sich die Kölner Stadtregierung und der sozialdemokratische Polizeipräsident in den Dienst einer liberalen »Ostjudenpolitik« stellten und diese möglicherweise auch dann weiterverfolgten, als auf Reichs- und Landesebene die massiven Widerstände gegen die liberale Linie zu einer sukzessiven Rückkehr zur antisemitischen Abwehrpolitik führten.[111]

Die Einreise in das besetzte Gebiet wurde durch Titel I, Artikel 5, 6 und 8 der Verordnung der Hohen Interalliierten Rheinlandkommission – Abschnitt Verkehrspolizei – geregelt. Die Verordnung sah vor, daß Ausländer nur mit gültigem Paß der heimischen Behörden in das besetzte Gebiet einreisen durften, und schrieb darüber hinaus fest, daß die Aufenthaltserlaubnis nur jenen Zuwanderern erteilt werden sollte, die vorschriftsmäßig polizeilich angemeldet waren, einer genehmigten Beschäftigung nachgingen, einen gemeldeten Wohnsitz hatten und keine »lästigen Ausländer« waren. Bei Nichterfüllung dieser Bedingungen seien die Zuwanderer direkt aus dem besetzten Gebiet auszuweisen.[112]

---

len und Juden aus Preußen 1885/86, Wiesbaden 1967; und Egmont ZECHLIN, Die deutsche Politik und die Juden im Ersten Weltkrieg, Göttingen 1969.

[109] Siehe zu diesem Erlaß HEID, Maloche, S. 146–148; MAURER, Ostjuden, S. 277–284; und ZIMMERMANN, Juden, S. 23.

[110] Zum Verhältnis zwischen staatlichen und städtischen Behörden in der konkreten »Ostjudenpolitik« vgl. RAHDEN, Grenze.

[111] Vgl. hierzu ausführlich HEID, Maloche, S. 146–228; MAURER, Ostjuden, S. 104–118, 255–309.

[112] Zit. Stellungnahme des Polizeipräsidenten in der Ostjudenfrage, 17. Oktober 1920, HStAD, Pol. Präs. Köln, 8126. Siehe auch die Verordnungen der Rheinlandkommission betr. Einreise, Aufenthalt und Wohnsitz von Personen im besetzten Gebiet, HStAD, Pol.

Damit hatten jüdische Immigranten eine doppelte Grenze zu überwinden, um nach Köln zu kommen: Sie mußten zunächst die Reichsgrenze im Osten und dann die Grenze zwischen unbesetztem und besetztem Gebiet passieren, die noch einmal besonders scharfe Anforderungen an eine Einreise für jene staatenlosen Flüchtlinge stellte, die aus vielfältigen Gründen keine gültigen Papiere besaßen und auch nicht beantragen konnten.[113] Wer dennoch nach Köln gekommen war, dem drohte aufgrund der Besatzungsvorschriften stärker als anderswo die Ausweisung.

Die Kölner Behörden suchten eine besonders restriktive Ostjudenpolitik durchzusetzen. Kölner Vertreter der staatlichen Behörden und der Polizei stimmten darin überein, daß »der lästige Zuzug der Ostjuden« gesteuert werden müsse.[114] Insbesondere der sozialdemokratische Polizeipräsident Paul Runge machte Stimmung gegen den »starken Zuzug von sog. Ostjuden« und dachte darüber nach, wie man »dem die öffentliche Ruhe, Sicherheit und Ordnung gefährdenden Aufenthalt dieser Ausländer« in Köln ein Ende machen könne.[115] Sowohl der Regierungspräsident als auch der Polizeipräsident reproduzierten im internen Schriftverkehr die einschlägigen Argumente aus dem Standardarsenal des Ostjudenstereotyps und denunzierten die Migranten als Schieber und bolschewistische Unruheherde.[116]

Mit dieser Einschätzung standen sie nicht allein. Die Perzeption der ostjüdischen Zuwanderer als wirtschaftliche und politische Schädlinge reichte, wie bereits diskutiert, weit in alle politischen Lager hinein und korrespondierte mit offen ausgesprochenen Forderungen nach Zuwanderungsstop und Ausweisungen. Beispielhaft für viele soll an dieser Stelle nur die Position des christlichen

---

Präs. Köln, 283, Bl. 1–4; HStAD, Rep. 145, 237, Bl. 13–15; und die Ausführungen der Jüdischen Arbeiter-Fürsorgestelle vom 6. Oktober 1920, HStAD, Pol. Präs. Köln, 8126.

[113] Zum Problem der Staatenlosigkeit vgl. Eberhard JUNGFER, Flüchtlingsbewegungen und Rassismus. Zur Aktualität von Hannah Arendt, »Die Nation der Minderheiten und das Volk von Staatenlosen«, in: Beiträge zur nationalsozialistischen Gesundheits- und Sozialpolitik 11 (1993), S. 9–47; und Michael R. MARRUS, The Unwanted. European Refugees in the Twentieth Century, Oxford 1985.

[114] Protokoll aus der Besprechung zwischen einem Kölner Oberregierungsrat und Polizeirat, 18. Februar 1920, HStAD, Pol. Präs. Köln, 283, Bl. 33 f.

[115] Polizeipräsident Köln an den Regierungspräsidenten, 16. März 1920, HStAD, Pol. Präs. Köln, 283, Bl. 46 f. Runge gehörte als SPD-Abgeordneter der verfassunggebenden preußischen Landesversammlung und von 1919 bis 1921 dem preußischen Landtag an. Der 1877 in Berlin geborene gelernte Anstreicher zählte zu den führenden Funktionären der Kölner Sozialdemokratie. Runge wurde am 28. August 1919 zum kommissarischen Polizeipräsidenten berufen, erhielt am 1. Februar 1920 die definitive Ernennung und wurde nach einem »Intrigenspiel zwischen Regierungspräsidium, seinen Kritikern im Polizeipräsidium und der Militärregierung« im August 1922 in der gleichen Funktion nach Halle versetzt. Biographische Angaben entnommen aus: W. JUNG, Übergang, S. 65 f.

[116] Bericht des Polizeipräsidenten an den Regierungspräsidenten, 18. März 1920, HStAD, Pol. Präs. Köln, 283, Bl. 42R–43R; Telegramm des Regierungspräsidenten an den Oberbürgermeister, 9. April 1920, ebenda, Bl. 59. Vgl. ferner die »Stellungnahme in der Ostjudenfrage« des Polizeipräsidenten, 17. Oktober 1920, HStAD, Pol. Präs. Köln, 8126.

Gewerkschaftsabgeordneten und Zentrum-Manns Albers wiedergegeben werden. Er führte in einer Besprechung mit dem Regierungspräsidenten aus, daß in den Straßen Kölns zahlreiche Personen zu sehen seien, deren Herkunft aus dem Osten unverkennbar sei. Aus Gründen der »Volksgesundheit«, die er durch die »Anwesenheit derartiger unkontrollierbarer und unkontrollierter Elemente« gefährdet sah, und weil die »Ostjuden« Arbeitslosigkeit, Wohnungsnot und Lebensmittelmangel verschärften, erklärte er es für »wünschenswert, daß diese schädlichen Elemente, soweit irgend angängig, dem besetzten Gebiete ferngehalten werden möchten«.[117]

Die Übersetzung dieses gruppenübergreifenden Ostjudenstereotyps in die politische Praxis erfolgte stufenweise. Die im Wirtschaftsleben deutlich gewordenen Methoden der statistischen Erfassung der osteuropäischen Juden, der Polizeirazzien und Ausweisungen zeigen bei genauerer Betrachtung Züge einer systematischen Diskriminierungs- und Vertreibungspolitik. Ein wichtiger Baustein war dabei die genaue Kontrolle ostjüdischer Zuwanderer, die von den Kölner Behörden bereits im Februar 1920 als notwendig erachtet wurde.[118] Im April gleichen Jahres wies der Polizeipräsident die Schutzmannschaften an, alle zuziehenden Personen genau zu kontrollieren und bei Verstoß gegen die Meldevorschriften Strafanzeige zu erstatten.[119] Der antisemitisch motivierte Erlaß des Reichsinnenministers Severing im Herbst gleichen Jahres, der aufgrund des massiven öffentlichen Drucks von seiner liberalen Linie abgewichen war, ermöglichte nun, die Sondererfassung osteuropäischer Juden auf Anweisung des Regierungs- und Polizeipräsidenten von den Kölner Schutzmannschaften vor Ort in großem Stil und systematisch umzusetzen.[120] Dieser Schritt widersprach dem Verfassungsgebot staatsbürgerlicher Gleichberechtigung offen und brach mit der gängigen Praxis des städtischen statistischen Amts, auf eine konfessionelle Erfassung der Migranten zu verzichten.[121] Aus den einzelnen Polizeirevieren gingen im November zahllose Meldungen ein, die mitteilten, wieviele jüdische Flüchtlinge aus dem Osten sich in ihrem Hoheitsgebiet aufhielten und wieviele unter ihnen schätzungsweise keine gültigen Papiere besaßen.[122] Damit war durch das polizeiliche

---

[117] Regierungspräsident an Innenminister, 18. Dezember 1920, HStAD, Pol. Präs. Köln, 8126. Es handelt sich bei Albers um jenen Gewerkschaftssekretär, der 1928 eine antijüdische Wirtschaftspolitik in katholischen Kreisen ventilierte.

[118] Protokoll der Besprechung zwischen Oberregierungsrat und Polizeirat, 18. Februar 1920, HStAD, Pol. Präs. Köln 283, Bl. 33 f.

[119] Ministerium des Innern an den Kölner Regierungspräsidenten, 8. Februar 1919, HStAD, Pol. Präs. Köln, 8126, und dass., 2. Mai 1919, ebenda; Polizeipräsident an das Kommando der Schutzmannschaft zur Bekanntmachung an die Reviere, 14. April 1920, HStAD, Pol. Präs. Köln, 283, Bl. 60.

[120] Polizeipräsident an die Reviere, 9. September 1920, HStAD, Pol. Präs. Köln, 177.

[121] Laut Mitteilung des Regierungspräsidenten an den Polizeipräsidenten in Köln, 31. Juli 1920, ebenda.

[122] Diese Meldungen hatten z. B. folgenden Wortlaut: »... 11 jüdische Flüchtlinge aus

Hintertürchen bereits 1920 ein religiöser Zensus der Einwanderer mit explizit antisemitischer Stoßrichtung wieder eingeführt, der das Verfassungsversprechen der Gleichstellung konterkarierte und seit der Antisemitenpetition 1880/81 zum Kernbestand antisemitischer Forderungen zählte.

Ein zweiter Baustein dieser Politik bestand darin, die Zugewanderten in Köln systematisch daran zu hindern, eine legale Existenz aufzubauen. Laut Erlaß des Polizeipräsidenten wurde bereits im März 1920 den »hier zugezogenen und zuziehenden Ostjuden grundsätzlich die Niederlassung« untersagt. Ausnahmen wurden nur in ganz besonderen Fällen zugelassen.[123] Der Polizeipräsident wies die Polizeiverwaltung an, für die »Ostjuden keine Personalpapiere« auszustellen, da er sie unter den Pauschalverdacht stellte, daß sie »bei der Nachweisung von Personalausweisen unrichtige Angaben über ihre Verhältnisse machen«.[124] Er weigerte sich auch, die Identitätspapiere der jüdischen Arbeiterfürsorgestelle in Köln, die zur Umsetzung des Heine-Erlasses gegründet worden war, als gültig anzuerkennen.[125] Außerdem bat der Polizeipräsident den Oberbürgermeister, das Wohnungsamt anzuweisen, bei der Wohnungsgenehmigung »auf die Herkunft der Ausländer« zu achten, wie es die Polizeibehörden durchgängig täten.[126] Das Arbeitsamt unterstützte wiederum den Ausschluß der Ostjuden vom lokalen Arbeitsmarkt und berief sich auf die Anordnungen des Demobilmachungsausschusses.[127] Damit wurden die jüdischen Flüchtlinge systematisch aller Möglichkeiten beraubt, sich ein menschenwürdiges Leben in Köln aufzubauen und legal in Köln aufzuhalten, da das Bleiberecht an gültige Papiere, Wohnung und Arbeit gekoppelt war. Sie wurden so nicht nur in die Illegalität und Kriminalität gedrängt, sondern mußten jederzeit mit ihrer Ausweisung rechnen. Selbst Juden osteuropäischer Herkunft, die schon über Jahre und Jahrzehnte in Köln lebten und über die nötigen Voraussetzungen für eine Naturalisation verfügten, wurde systematisch die Einbürgerung mit dem Argument verweigert, daß es sich bei »galizischen Juden« und »Ostjuden« um keinen »erwünschten Bevölkerungszuwachs« handele und ihre Einbürgerung nicht dem Staatsinteresse entspreche.[128]

---

dem Osten zugezogen, Fälle, daß sich Juden unter Entziehung der Paß- und Meldevorschriften hier aufhalten, sind nicht bekannt«. Oder: »576 Ausländer zur Anmeldung, davon 345 Juden, schätzungsweise fast ein Drittel der o. a. unter Umgehung der Paß- und Meldeschriften«. Meldung des 1. und 2. Polizeireviers an den Polizeipräsidenten, 10. Dezember 1920, ebenda.

[123] Erlaß des Polizeipräsidenten, 12. März 1920, HStAD, Pol. Präs. Köln, 283, Bl. 41R.

[124] Der Polizeipräsident an den Regierungspräsidenten, 16. März 1920, ebenda, Bl. 46 f.

[125] Geht hervor aus dem Schreiben des Reichskommissars für die besetzten rheinischen Gebiete an den Regierungspräsidenten, 3. Februar 1922, ebenda, Bl. 262.

[126] Der Polizeipräsident an den Regierungspräsidenten, 1. Juni 1920, HStAD, Pol. Präs. Köln, 8126.

[127] Arbeits- und Berufsamt der Rheinprovinz, Düsseldorf, 7. September 1920, ebenda.

[128] Vgl. hierzu die Einbürgerungsakten der Stadt Köln, die für die Jahre 1918–1922 systematisch ausgewertet wurden. In allen Fällen erfolgte die Ablehnung des Einbürgerungs-

Darüber hinaus war die in Köln praktizierte Ausweisungspolitik gegenüber den osteuropäischen Juden besonders rigide. Sie folgte dem Grundsatz, Ostjuden ausnahmslos und sofort abzuschieben, sobald sie sich unter Verletzung der oben aufgeführten Bestimmungen im besetzten Gebiet aufhielten.[129] Im Sommer 1919 hatte diese Linie des Generalgouverneurs Kölns noch den Protest der britischen Behörden nach sich gezogen, da offensichtlich auch Zuwanderer mit gültigen Papieren von den Ausweisungen betroffen waren, wie die Eingabe der britischen Behörden gegen die Abschiebung deutlich macht:

> »It is reported that Poles are all being expelled from the British Occupied Area. If this report is correct, the practice must cease. There is no objection to any Pole who is in possession of a pass from the British Military Authorities being allowed to remain in the area and no such Pole will in future be expelled from this Area«.[130]

Die britischen Besatzungsbehörden widersprachen zunächst nicht nur dieser Form der kollektiven Abschiebung, sondern setzten sich auch für den Verbleib einzelner jüdischer Migranten ein, die von den deutschen Behörden bereits den Ausweisungsbescheid erhalten hatten.[131] Doch schließlich führten die Verhandlungen zwischen den Besatzungs- und den deutschen Behörden dazu, daß die Briten die repressive Handhabe der Ordonnanzen durch die deutsche Exekutive tolerierten.[132] Nunmehr konnten die deutschen Behörden ihre antisemitische Diskriminierungspolitik vorbehaltlos umsetzen. Wer ohne gültige Papiere, Wohnsitz oder Arbeit von der Polizei aufgegriffen wurde, wurde festgenommen, in ein Polizeigefängnis eingeliefert (»um einen geordneten Abschub zu gewährleisten«) und dann umstandslos zunächst in das unbesetzte Gebiet, später in die Ostgebiete abgeschoben, um dadurch eine Wiedereinwanderung zu vereiteln.[133]

antrags. Ausnahmen wurden lediglich in drei Fällen in der ersten Kriegsphase für Kriegsfreiwillige gemacht, um diese als deutsche Staatsbürger in den Krieg ziehen zu lassen. HStAD, Pol. Präs. Köln, Nr. 176 und 177 und Nr. 11681. Exemplarisch etwa die Ablehnung des Antrags durch den Polizeipräsidenten für Benjamin Wolf F., 23. Februar 1921, HStAD, Reg. Köln, 11681.

[129] Regierungspräsident, 16. Februar 1920, HStAD, Pol. Präs. Köln, 8126.

[130] Captain i. O. Cologne Intelligence Office an das Polizei-Präsidium, 7. August 1919, HStAD, Pol. Präs. Köln, 285, Bl. 288R; Brig.-General D.A. und Q.M.G. to Military Governor Occupied German Territory, 9. September 1919, HStAD, Pol. Präs. Köln, 8126.

[131] So wurde die bevorstehende Ausweisung Chaim Isaac R.s und seiner Ehefrau nach Protest der britischen Behörden wieder zurückgenommen. HStAD, Pol. Präs. Köln, 285, Bl. 480–483.

[132] »Der Herr Kommissar der Rheinlandkommission hat meinem Vertreter, Polizeirat Blümel erklärt, daß er auf die Bestrafung der ohne Heimatpaß einreisenden Ostjuden verzichtet und daß gegen ihre Ausweisung und Abschiebung keine Einwendungen erhoben werden«. Bericht des Polizeipräsidenten an den Regierungspräsidenten über die Ausweisung der Ostjuden, Verfügung, 19. Februar 1920, HStAD, Pol. Präs. Köln, 283, Bl. 42R–43R.

[133] Erlaß des Polizeipräsidenten betr. Ausweisung, 6. März 1920, ebenda, Bl. 41; sowie des Polizeipräsidenten, 10. September 1920, ebenda, Bl. 94: »Um den ausgewiesenen Polen, meistens Juden, die Schiebergeschäfte treiben, oder Hehlerei [...] zu einer Rückkehr

Ein integraler Teil dieser Abschiebepolitik waren die Ausweisungen osteuropäischer Juden in Folge von Polizeirazzien. So wurden im März 1920 systematisch Wirtschaften und Herbergen, die von osteuropäischen Juden besucht wurden, durchsucht und über hundert Personen ohne gültigen Personalausweis oder festen Wohnsitz festgenommen und später abgeschoben.[134] Gleichwohl forderte bereits Mitte April der Kölner Oberregierungsrat Rudding, daß die Zahl der Abschiebungen »der aus dem Osten kommenden Ausländer« gesteigert werden müßte.[135] Im Oktober 1920 fand eine weitere Razzia statt, die diesmal sogar die Häuser jüdischer Wohltätigkeitsvereine einbezog, in denen allein zwölf jüdische Flüchtlinge festgenommen wurden.[136] Bei dieser Razzia wurde laut Darstellung des Arbeiterfürsorgevereins lediglich die Frage »Bist Du Jude?« gestellt und bei einer bejahenden Antwort sofort inhaftiert.[137]

Zwar protestierten nun jüdische Organisationen und die jüdische Presse gegen diese Politik, wobei die Kritik sich auch direkt an den preußischen Innenminister richtete und eine Änderung der Abschiebepraxis sowie eine humanere Behandlung osteuropäischer Juden forderte.[138] Welchen schweren Stand die jüdischen Akteure in diesem städtischen Klima der Feindseligkeit damit hatten, verdeutlicht jedoch ein Aufruf vom Mai 1920, der von den Organisationen sämtlicher Richtungen der Kölner Synagogen-Gemeinde unterschrieben war. Die »Erklärung« verurteilte Ungerechtigkeiten gegen die Ostjuden als solche, betonte aber ebenso stark »ein Abrücken von jenen verbrecherischen und schädlichen Elementen überhaupt, die durch ihr gemeingefährliches Treiben das Judentum und die jüdische Gesamtheit aufs schwerste schädigen, und die es öffentlich zu verurteilen gelte«.[139] Selbst in dieser moderaten Form wurden die jüdischen Forderungen nach einer gerechten Behandlung in den Stellungnahmen lokaler Behörden brüsk zurückgewiesen und fanden keinen weiteren Eingang in den politischen Entscheidungsprozeß, so daß der repressive Kurs der Ostjudenpolitik in Köln von den schwachen Kritikern nicht korrigiert werden konnte.

---

nach Köln weniger Gelegenheit zu bieten, erscheint es angebracht zu sein, sie bis an die polnische Grenze zu schaffen. Sollte dies nicht möglich sein, erscheint es jedoch dringend erforderlich, sie mehr nach der östlichen Gegend in Deutschland zu verbringen«.

[134] Bericht des 11. Polizeireviers an den Polizeipräsidenten, 5. März 1920, HStAD, Pol. Präs. Köln, 284, Bl. 44 f.; Bericht des Polizeipräsidenten an den Regierungspräsidenten über die Ausweisung der Ostjuden, 18. März 1920, HStAD, Pol. Präs. Köln, 283, Bl. 42R–43R.

[135] Oberregierungsrat Rudding an Polizeirat Niemann, 16. April 1920, HStAD, Pol. Präs. Köln, 298, Bl. 56.

[136] Beschwerde der Jüdischen Arbeiterfürsorge-Stelle an den Polizeipräsidenten, 6. Oktober 1920, HStAD, Pol. Präs. Köln, 8126.

[137] Eingabe der Arbeiterfürsorge beim Reichsinnministerium, 3. November 1920, ebenda.

[138] Ebenda. Die Hetze gegen die Ostjuden, in: Israelitisches Gemeindeblatt, 23. Januar 1920.

[139] Nachrichten aus Köln, in: Israelitisches Gemeindeblatt, 7. Mai 1920.

Mit ihrer repressiven Ostjudenpolitik war es der Stadt gelungen, die Zuwanderung osteuropäischer Juden nach Köln deutlich niedriger zu halten als in anderen Städten des unbesetzten Gebiets, wie das Arbeitsamt der Rheinprovinz, der Kölner Polizeipräsident und der Regierungspräsident im Herbst 1920 mit Genugtuung feststellten.[140] Unter Berufung auf das Besatzungsrecht hatten die Kölner Behörden eine faktische Grenzsperre vor Ort etabliert, die das ursprünglich humanitäre Anliegen der preußischen SPD-Regierung komplett konterkarierte und ein geschlossenes System antisemitischer Abwehrpolitik vorwegnahm. In diesem Sinne kommentierte auch die jüdische Arbeiterfürsorgestelle, daß die »Ostjudenpolitik gewisser Stellen bei der Regierung Köln und im Polizeipräsidium« offensichtlich darauf hinauslaufe, unter dem Vorwand der Rheinland-Ordonnanz die Bestrebungen des Innenministeriums auf Regelung der Dinge zu sabotieren.[141]

In Köln hatte sich damit früh eine antisemitisch dominierte Ostjudenpolitik durchgesetzt, die als lückenloses System antijüdischer Verdrängungspolitik mit dem Münchener Vorgehen unter dem rechtsgerichteten Regime von Kehr zu vergleichen ist. Doch während die bayerische Ostjudenpolitik noch heute als Teil der rechtsradikalen Politik eines semiautoritären Regimes eingeschätzt wird, ist kaum bekannt, daß auch in Köln unter tatkräftiger Unterstützung eines sozialdemokratischen Polizeipräsidenten eine solche rigide Vertreibungspolitik praktiziert wurde, bevor überhaupt reichsweit die Rechtsgrundlage dafür geschaffen worden war. Unter Ausnutzung des britischen Sonderrechts setzten die Kölner Behörden ihren harten Kurs durch, der im unbesetzten Preußen so nicht möglich gewesen wäre.

Die Analyse der Integration im politischen Leben vor Ort verweist auf ein komplexes Bild, das einfache Deutungen kaum erlaubt. Mißt man die politische Integration am Zugang zu administrativen Ämtern, dann ist von einer zunehmenden Isolierung keineswegs zu sprechen. Die Vergabe politischer Ämter war durch die vergleichsweise liberalen Traditionslinien und ihr Weiterbestehen in der Republik geprägt. In der Revolutionsphase 1918/19 wurden jüdische Politiker in der bürgerlichen und katholischen Presse weder als »jüdische Bolschewisten« noch als Träger der »Judenrepublik« diskreditiert. Ebensowenig bestätigt sich die These von der umfassenden politischen Desintegration im öffentlichen Verhalten der städtischen Behörden und Politiker gegenüber den jüdischen Bürgern und deren Institutionen. Bis 1933 wurden in den offiziellen Formen symbolischer Politikvermittlung vielfältige Formen der Gleichbehandlung praktiziert.

---

[140] Polizeipräsident, 2. September 1920, HStAD, Pol. Präs. Köln, 8126; und Arbeits- und Berufsamt der Rheinprovinz, 7. September 1920, ebenda.

[141] Bericht über die Kölner Verhandlungen des Generalsekretärs Kaufmann, 16. November 1920, ebenda.

Darüber hinaus konnten jüdische Akteure im Konfliktfall mit der Stadtverwaltung in wichtigen Fragen die politischen Entscheidungen zu ihren Gunsten beeinflussen. Sie taten dies sowohl in Form direkter Gremienpolitik (im Fall der städtischen Schule an der Lützowstraße) als auch durch informelle Lobby- und geschickte Bündnisarbeit (wie im Fall des mittelalterlichen jüdischen Friedhofs), wobei sie sich auf die tatkräftige Unterstützung durch die katholische Kirche verlassen konnten. Die Stadtverwaltung schützte ferner das verfassungsrechtlich verbriefte Recht der jüdischen Bürger auf freie Religionsausübung in der sogenannten Schächtfrage auch in den letzten Jahren der Republik, als sich eine breite Koalition gebildet hatte, um dieses Recht auszuhebeln. In diesem Fall präsentierte sich die Stadt besonders deutlich als Garant der Religionsfreiheit. Dieser Befund widerspricht deutlich dem dominierenden Narrativ der deutsch-jüdischen Geschichte und der Antisemitismusforschung.

Doch gilt zugleich festzuhalten, daß sich das politische Klima in den mittleren Jahren der Republik veränderte und daß sich die subtilen Zurückweisungen häuften. Hatte sich die Stadtverwaltung in den frühen Konfliktfällen stets zurückgenommen und war ihr nicht zuletzt deshalb von den jüdischen Akteuren eine vorbildliche paritätische Politik bescheinigt worden, so mangelte es ihr gerade in den mittleren Jahren an sogenannter »genereller Toleranz«, einem Entgegenkommen gegenüber den Belangen der jüdischen Gemeinde und den religiös lebenden Juden. Dies wird in den Fragen der jüdischen Schulen und Friedhöfe deutlich, auch wenn Ausmaß und Konsequenzen des Stimmungswandels nur schwer greifbar sind. Als Erklärung für diesen Wandel kann angesichts der kommunalpolitischen Situation kaum der Niedergang des politischen Liberalismus dienen. Denkbar ist aber sehr wohl, daß sich mit dem Rechtsruck der Wähler, wie er sich in Köln ab 1920 und deutlicher noch einmal ab 1924 manifestierte, das Zentrum einen zunehmend antiliberalen Kurs verfolgte und auf die antijüdischen Befindlichkeiten seiner Wähler in Grenzen Rücksicht nahm.

Schon in den ersten Jahren der Republik waren aber die osteuropäischen Juden wehrlos einer strukturellen Diskriminierungspolitik ausgesetzt. Anders als in anderen Bereichen des kommunalpolitischen Lebens blieben die ohnehin schwachen Einwände der jüdischen Organisationen wirkungslos, da sie auf keine Bündnispartner zählen konnten, die ihre Forderungen unterstützt hätten. Darüber hinaus trat hier die politisch-administrative Bürokratie erstmalig als Träger antisemitischer Forderungen und als ihr ausführendes Organ zugleich auf. Und schließlich verhinderten die britischen Behörden diesen administrativen Antisemitismus nicht, da er im Gegensatz zu den Bestrebungen der radikalen Rechten nicht drohte, die politische Situation zu destabilisieren. Daß die osteuropäischen Juden in der Interaktion der politischen Akteure nahezu isoliert waren, besiegelte die uneingeschränkte Umsetzung dieser hochgradig repressiven Ostjudenpolitik.

2. Politischer Antisemitismus

2.1. Radikaler Antisemitismus in der Krise 1919–1923

Die britischen Besatzungsbehörden und die deutsche Polizei agierten in den ersten Jahren der Republik gegenüber dem politisch organisierten Antisemitismus als ein geschlossener Ordnungsblock, der verhinderte, daß die neu entstehenden völkischen Bünde, Zirkel und Parteien das politische Klima der Stadt nachhaltig beeinflussen konnten.

Wie in den übrigen deutschen Großstädten, so bildete sich auch in Köln in den ersten Nachkriegsjahren ein Geflecht antisemitischer Organisationen, die sich die »Lösung der Judenfrage« auf ihre Fahnen geschrieben hatten und in ihren politischen Aktionen alles daran setzten, die »Judenrepublik« zu stürzen und gegen den »jüdischen Einfluß« zu kämpfen. Unter ihnen war die Kölner Ortsgruppe des Deutsch-Völkischen Schutz- und Trutzbunds in den ersten Jahren der Republik mit Abstand die am besten organisierte und stärkste Gruppierung. Zu ihr gehörten seit 1920/21 Josef Grohé, Heinz Haake sowie die Aachener Brüder Rudolf und Eduard Schmeer, die nach 1933 leitende Positionen in der NSDAP einnehmen sollten.[142] In der Kölner Welt der völkischen Bünde und Zirkel nahm diese Gruppe eine zentrale Rolle ein, da sie in engem Kontakt mit den wenigen Wehrverbänden stand, die im besetzten Gebiet zugelassen waren, geheime Kontakte zur militärischen Geheimorganisation der Organisation Ehrhardt unterhielt und personelle Überschneidungen mit den Kölner Ortsgruppen der DNVP und NSDAP aufwies.[143] Ihre im Mai 1921 gegründete Jugendgruppe hatte zwar nur vergleichsweise wenig Mitglieder (dreißig bis fünfzig Personen), stand aber ebenfalls in Verbindung zu den rechtsorientierten Jugendorganisationen des Jungdeutschen Ordens, der schlagenden Verbindungen sowie den Studenten- und Jugendgruppen der DNVP und DVP Köln.[144] Darüber hinaus betrieb sie systematisch eine paramilitärische Nachwuchsarbeit, die sie auch nach polizeilichen Verboten unter wechselnden Tarnnamen wie »Turn- und Wander-

---

[142] KLEIN, Köln im Dritten Reich, S. 24.

[143] Einige Schlüsselfiguren der völkischen Szene in Köln wie Eugen Lützeler, Norbert Windfelder oder Konrad Lauen organisierten sich zunächst im DVSTB, unterhielten Kontakte zu militärischen Geheimorganisationen und beteiligten sich dann stets an den Neugründungen, Reorganisationen und Umstrukturierungen der neueren Bünde, Zirkel und Parteien. So rekrutierte sich nach Polizeiangaben die neugegründete NSDAP fast gänzlich aus Mitgliedern der im Juli 1922 verbotenen Ortsgruppe des Schutz- und Trutzbundes. Licht auf das personelle Netzwerk der völkischen Organisationen und der Verbindung zur Organisation Consul werfen die polizeilichen Ermittlungen im Zuge des Rathenau-Attentats.

[144] Zur Jugendgruppe des DVSTB vgl. das Schreiben des Polizei-Präsidenten an den Regierungspräsidenten, 30. August 1921, HStAD, Reg. Köln, 8101; sowie den Bericht, 10. Juli 1922, HStAD, Reg. Köln, 8087.

verein Arminius« oder »Deutsche Turn- und Fechtgemeinde« fortführte.[145] Gesellschaftsvereine wie der »Deutsch-Völkische Stammtisch Helga« und die »Völkische Lesegemeinschaft« suchten neue Mitglieder zu rekrutieren, federten den personellen und institutionellen Zusammenhalt des antisemitischen Lagers ab und dienten darüber hinaus dem Zweck, als scheinbar unpolitische Vereinigungen das Polizeireglement zu umgehen.[146]

Doch obwohl sich diese antisemitischen Zirkel und Parteien intern durch zahlreiche Verbindungen und Aktivitäten auszeichneten, blieb ihre Agitations- und Handlungsfähigkeit nach außen in den ersten Jahren der Republik stark eingeschränkt. Während im unbesetzten Gebiet mit der gegenrevolutionären Mobilisierung durch Freikorps und Rechtsverbände die antisemitische Agitation und Gewalt bereits in der ersten Jahreshälfte 1919 eine neue und ungeahnte Dimension annahm, traten die radikalen Antisemiten in Köln zunächst öffentlich gar nicht in Erscheinung.[147] Sie konnten ihre Propagandamaterialien nur heimlich verteilen und ihre haßtriefenden Vorträge lediglich in geschlossenen Versammlungen abhalten.[148] Der politische Wahlkampf, der in vielen Städten zur Arena antisemitischer Hetze und Gewalt wurde, verlief in Köln bis 1921 ruhig, wie aus den Stimmungsberichten des Regierungspräsidenten hervorgeht.[149] Darüber hinaus verhinderten die britischen Besatzungsbehörden Aufzüge und Massendemonstrationen der Rechtsverbände und schoben damit der öffentlichen Verbreitung der antisemitischen Hetze einen Riegel

---

[145] Zum Turnbund Arminius vgl. die Berichte an den Polizeipräsidenten, 8. Juni 1922 und 27. Juni 1922, HStAD, Reg. Köln, 8087. Zur Deutschen Turn- und Fechtgemeinde siehe den Bericht des Polizeipräsidenten Köln an den Regierungspräsidenten, 8. September 1922, LHK, 403, 14082, Bl. 287 f.

[146] Zur Funktion und Gründung des Deutsch-Völkischen Stammtischs Helga siehe das Durchsuchungsprotokoll und die pol. Beurteilung an den Polizeipräsidenten, 3. Juli 1922, HStAD, Reg. Köln, 8087; und den Artikel zum Verbot der Lesegemeinde des Völkischen Beobachters, in: Ministerial-Blatt für die Preußische innere Verwaltung, 14. Februar 1922, S. 144, HStAD, Pol. Präs. Köln, 7687.

[147] Vgl. allgemein zur Brutalisierung und Militarisierung der Innenpolitik BERDING, Antisemitismus in der modernen Gesellschaft, S. 95, 98; Richard BESSEL, Militarismus im innenpolitischen Leben der Weimarer Republik: Von den Freikorps zur SA, in: Klaus Jürgen MÜLLER/Eckart OPITZ (Hrsg.), Militär und Militarismus in der Weimarer Republik, Düsseldorf 1978, S. 193–222, hier: S. 196 f., 204; HEILBRONNER, Antisemitic Peripheries, S. 571 f.; H. MOMMSEN, Aufstieg, S. 58–61; Bernd WEISBROD, Gewalt in der Politik. Zur politischen Kultur in Deutschland zwischen den beiden Weltkriegen, in: GWU 43 (1992), S. 391–404, hier: S. 395; und WIRSCHING, Weimarer Republik, S. 10.

[148] Die strenge Kontrolle und Überwachung militaristischer und nationalistischer Vereinigungen traf, wie ausgeführt, eben auch besonders die radikalen Antisemiten, deren Flugblätter und Plakate der Zensur unterlagen und die zunächst keine Erlaubnis für öffentliche Versammlungen und Vereinigungen bekamen.

[149] Stimmungsberichte des Regierungspräsidenten über die politische Lage, 29. Oktober 1919, 19. Januar 1920, LHK 403, 13587, Bl. 221 f., Bl. 763–765. Sowie die Berichte, 12. Mai 1920, 27. Mai 1920 und 12. Juni 1920, LHK, 403, 14800, Bl. 167–171, Bl. 213, Bl. 253; und vom 28. Januar 1921, LHK, 403, 14801, Bl. 63.

vor. Im besetzten Rheinland konnten die Freikorps schlichtweg keinen offenen bürgerkriegsähnlichen Terror verbreiten.

Auch die Zeitgenossen betonten den engen Zusammenhang zwischen den politischen Rahmenbedingungen der Besatzungsherrschaft und der stabilen politischen Lage in Köln sowie der schwachen Präsenz antisemitischer Agitation und Gewalt. In den Memoiren der protestantischen Rechtsanwältin Elisabeth von Ameln, die als Tochter eines jüdischen Rechtsanwalts 1933 an der Ausübung ihres Berufs gehindert wurde, heißt es lapidar: »Das Rheinland wurde von den Engländern besetzt, daher blieb Köln von inneren Unruhen verschont«.[150] Und als im November 1919 der Berliner Vorsitzende des Centralvereins Dr. Holländer in Köln einen Vortrag zum Thema Antisemitismus hielt, kommentierte das *Israelitische Gemeindeblatt*:

> »Die Ausführungen Dr. Holländers, die mit Rücksicht auf die politischen Verhältnisse im linksrheinisch besetzten Gebiet dem größten Teil der Hörer nicht bekannt waren, wurden von dem zahlreich erschienenen Publikum mit größter Spannung aufgenommen [...], zumal Herr Dr. Holländer in anschaulicher Weise die Quellen erhellte, aus denen die antisemitische Hetzpropaganda materiell und ideell gespeist wird«.[151]

Da die antisemitischen Organisationen aufgrund der restriktiven Haltung der Behörden nicht in der Lage waren, öffentlich aufzutreten und aggressiv das »verjudete System« zu attackieren, um so die politische Lage zu destabilisieren, suchten sie situativ Handlungsräume zu ihren Gunsten auszunutzen und sich wie im Kapp-Putsch 1920 und den Hungerunruhen 1922 aus ihrer Defensivposition zu lösen. Sie verteilten in diesen Tagen des Ausnahmezustands systematisch antisemitische Propaganda, um so die aufgebrachte Stimmung in der Bevölkerung gegen die osteuropäischen Juden zu richten. Diese Situationen waren geschickt gewählt, da sich die radikalen Antisemiten in Zeiten allgemeiner Erregung einerseits relativ frei von politischer Überwachung fühlen konnten, andererseits das städtische Klima ohnehin von einer aggressiven Haltung gegenüber den osteuropäischen Juden aufgeladen war. Dies gilt besonders für die Tage des Kapp-Putschs Mitte März 1920. Die feindselige Berichterstattung in der lokalen Presse korrespondierte mit der großangelegten Razzia vom 6. März 1920 durch die städtische Polizei und ging mit einer gewaltbereiten Stimmung in der Bevölkerung einher, wie die Polizei- und Regierungsberichte kolportierten. Ihnen zufolge war es da bereits zu antisemitischen Übergriffen nichtjüdischer Anwohner der Altstadt auf ihre jüdischen Nachbarn gekommen, da jene »über das Treiben der polnischen Juden zutiefst beunruhigt« gewesen seien.[152] Allerdings ist die Glaubwürdigkeit dieser Berich-

---

[150] AMELN, Köln Appellhofplatz, S. 40.

[151] Versammlung für Mitglieder des C. V., in: Israelitisches Gemeindeblatt, 28. November 1919.

[152] Bericht des 11. Polizeireviers Tagebuchnr. 2399 an den Polizeipräsidenten, 5. Mai 1920, HStAD, Pol. Präs. Köln, 283, Bl. 44.

te nicht gesichert, denn sie folgten nicht nur einer grundsätzlichen judenfeindlichen Wertung, sondern dienten dazu, die Razzia zu legitimieren, indem die osteuropäischen Juden zum Gefahrenherd der öffentlichen Ruhe und Sicherheit stilisiert wurden. Für eine kritische Hinterfragung angeblicher Ausschreitungen spricht auch, daß diese Vorfälle keine Erwähnung in der jüdischen Presse und Erinnerungsliteratur fanden. Insgesamt ist aber festzuhalten, daß die radikalen Antisemiten in Köln, anders als in zahlreichen anderen Städten des Reichs, aufgrund des entschiedenen Vorgehens der Arbeiterparteien und der Polizei weder während des Kapp-Putschs noch während der Hungerunruhen 1922 offen antisemitische Gewalt gegenüber den osteuropäischen Juden ausüben konnten.

In den Jahren 1921 und 1922 verstärkten die radikalen Antisemiten zudem stufenweise ihre Präsenz in der Öffentlichkeit. Im Sommer 1921 und 1922 fuhren sie demonstrativ in das nichtbesetzte Gebiet, um dort die Sonnwendfeiern zu begehen.[153] Im März 1922 trat der DVSTB erstmalig mit größeren – genehmigten – Veranstaltungen an die Öffentlichkeit und hielt Ende April seinen ersten Gautag in Köln ab.[154] Doch nach wie vor standen die politischen Verhältnisse einer freien Agitationstätigkeit entgegen. Auf einer Großveranstaltung des DVSTB im Jahr 1922, die von über 1 000 Personen besucht wurde und auf der der Redner vom Kampf gegen die »jüdische Gefahr« und der Beseitung des »jüdischen Mammonismus« sprach, um den Weg für die wirtschaftliche Gesundung zu ebnen, stieß er auf erheblichen Widerstand aus dem Publikum, das dem Redner nicht erlaubte fortzufahren, bis die Veranstaltung von den englischen Behörden aufgelöst wurde.[155]

Mit dem Mord an Walter Rathenau am 24. Juni 1922 endete dieses kurze Kapitel einer etwas stärkeren öffentlichen Präsenz der radikalen Antisemiten in Köln bereits wieder.[156] Denn mit der Formierung einer starken republikanischen Bewegung geriet auch die lokale rechtsradikale Szene, die unter den städtischen Akteuren bisher kaum Aufmerksamkeit gefunden hatte, unter bislang unbekannten öffentlichen Druck. In Köln wie in anderen Städten löste die Ermordung des Außenministers, der eine monatelange antisemitisch aufgeladene Hetzkampagne und eine Serie politischer Morde an anderen prominenten demokratischen Politikern vorausgegangen war, »allgemeine Empörung über

---

[153] Zur Sonnwendfeier 1921 siehe die Druckschrift des DVSTB Ortsgruppe Köln aus dem Jahr 1921, HStAD, Pol. Präs. Köln, 8087; und den Bericht des Polizeipräsidenten an den Regierungspräsidenten, 9. Juli 1921, HStAD, Reg. Köln, 8101.

[154] Bericht des Polizeipräsidenten über die Ortsgruppe Köln des DVSTB, 27. Juli 1922, LHK, 403, 13468, Bl. 349 f.

[155] Wie kommen wir aus der jetzigen Not?, in: Rheinische Tageszeitung, 31. März 1922.

[156] Zu Rathenau als Zielscheibe antisemitischer Aggression siehe HECHT, Deutsche Juden, S. 138–162; Ernst SCHULIN, Walther Rathenau. Repräsentant, Kritiker und Opfer seiner Zeit, Göttingen/Zürich/Frankfurt 1979; und Shulamit VOLKOV, Überlegungen zur Ermordung Rathenaus als symbolischem Akt, in: Tilmann BUDDENSIEG [u. a.] (Hrsg.), Ein Mann vieler Eigenschaften. Walther Rathenau und die Kultur der Moderne, Berlin 1990, S. 99–105.

das ruchlose Verbrechen« aus.[157] Man verstand das Attentat als genau jenen Angriff auf die Republik von rechts, als der es von der Organisation »Consul« angelegt war.[158] Hier wie andernorts hatte der Mord eine große öffentliche Mobilisierungswirkung der demokratischen Linken und Mitte, die sich in Köln zu einem breiten Bündnis zusammenschloß, dem auch der Reichsbund jüdischer Frontsoldaten angehörte, zur Folge. Die von diesem Bündnis organisierten Massendemonstrationen übertrafen mit bis zu 250 000 Teilnehmern zahlenmäßig die Kundgebungen anläßlich des Kapp-Putschs deutlich.[159] Neben den öffentlichen Kundgebungen wurden zahlreiche Trauerfeiern abgehalten, die die Distanzierung des Kölner Bürgertums von der rechtsradikalen Gewaltwelle markierten.[160] Der Stadtrat legte ein öffentliches Bekenntnis zur Republik ab und verabschiedete rasch einen Entschluß, zum Gedenken an Walther Rathenau einen zentralen Kölner Platz umzubenennen.[161] Auf öffentlichen Druck verurteilte selbst der Bezirksverband Köln der DNVP, der in seinem Organ der *Rheinischen Tageszeitung* zuvor maßgeblich an der antisemitischen Hetze gegen Rathenau mitgewirkt hatte, nunmehr »die Ermordung Rathenaus wie alle politischen Morde«.[162]

[157] Bericht an den Polizeipräsidenten, 30. Juni 1922, HStAD, Reg. Köln, 8087. Zur Reaktion auf den Rathenau-Mord vgl. KOLB, Weimarer Republik, S. 48; LEHNERT, Weimarer Republik, S. 1–97; und H. MOMMSEN, Aufstieg, S. 165.

[158] Zu den Hintergründen des Rathenaumords vgl. SABROW, Der Rathenaumord. Rekonstruktion einer Verschwörung gegen die Republik von Weimar, München 1994; und ders., Verschwörung.

[159] Daß die christlichen Gewerkschaften ihre Demonstrationen gesondert in den Sälen der Bürgergesellschaft abhielten und dort zum Schutz der Republik aufriefen, zeigt, daß innerhalb des republikanischen Lagers die Kluft zwischen den politischen Teilkulturen durchaus ihre Wirkung behielt. Zu den Kölner Demonstrationen siehe auch die Polizeiberichte, 29. Juni 1922, 3. Juli 1922 und 5. Juli 1922, HStAD, Reg. Köln, 8087; sowie die Berichte des Regierungspräsidenten betr. die politische Lage, 30. Juni 1922 und 20. Juli 1922, LHK, 403, 14801, Bl. 1259 f. und LHK, 403, 14802, Bl. 33.

[160] Zur Trauerfeier der DDP und an der Universität vgl. Rheinische Zeitung, 30. Juni 1922 und 17. Juli 1922. Nachruf Adenauers auf den Außenminister Dr. Rathenau, 18. Sitzung vom 6. Juli 1922, Protokolle der Stadtverordneten-Versammlung 1922, S. 393.

[161] Antrag der SPD betr. Straßenbenennungen in Rathenau- und Erzbergerstr. im Ältestenausschuß, 5. Juli 1922, Sitzungsberichte des Ältestenausschusses 1922–1927, HStAK, 3, 18/31, Bl. 23Rf.; 2. Sitzung vom 1. Februar 1923, Protokolle der Stadtverordneten-Versammlung 1923, S. 21 f.

[162] Vgl. beispielsweise die heftige antisemitische Schmähung Rathenaus anläßlich seiner Ernennung zum Außenminister in der Rheinischen Tageszeitung, 2. Februar 1922: »Aber es muß gesagt werden, daß der Verlust des Krieges und die Revolution die Macht über das deutsche Volk den Kreisen in die Hand gespielt haben, denen Dr. Rathenau angehört [gesperrt] und die er geistig führt. Es muß ferner gesagt werden, daß jene 300 Männer, die nach Dr. Rathenaus Ausspruch die Welt regieren, und die sich alle untereinander kennen, ungeheuer an Einfluß gewonnen haben durch die Beseitigung der deutschen Monarchien, vor allem der preußischen Monarchie. Und es darf künftig nicht verschwiegen werden, daß Dr. Rathenau nicht zu der großen Mehrheit von Juden Deutschlands gehört, die sich zum deutschen Volke rechnen. Daß er vielmehr bewußt sich als Kind eines selbständigen jüdischen Volkes fühlt. Man wird also annehmen dürfen, daß er die Interessen seines jüdischen

Doch beschränkten sich die Republikverteidiger nicht auf politisch organisierte Großdemonstrationen und staatlich verordnete Trauerfeiern der Freunde und Verehrer Rathenaus, die ihn in diesen Monaten nahezu in den Rang eines »Schutzheiligen des Staats« erhoben.[163] Vielmehr gerieten die radikalen Antisemiten vor Ort direkt in die politische Kampflinie. Wer es wagte, in persönlichen Gesprächen auf der Straße oder in den Betrieben seiner Genugtuung über die Ermordung Rathenaus Ausdruck zu verleihen und sich damit offen als Deutsch-Völkischer zu erkennen gab, nahm vehemente, oftmals handfeste Streitigkeiten in Kauf und mußte mit Anzeigen und Strafverfolgung rechnen.[164] Die *Rheinische Zeitung* forderte ihre Leser explizit dazu auf, sich antisemitische Äußerungen nicht gefallen zu lassen, sondern sich direkt an die Staatsanwaltschaft oder die Polizei zu wenden, die mit dem am 26. Juni 1922 verabschiedeten »Gesetz zum Schutz der Republik« eine rechtliche Handhabe gegenüber den rechtsradikalen Hetzern hatten.[165]

Die Sozialdemokraten gingen darüber hinaus in die publizistische und kommunalpolitische Offensive gegen jene Kölner Schutz- und Trutzbündler, die als Beamte in Staatsdiensten standen. Sie veröffentlichten nicht nur ihre Namen und Positionen, sondern stellten auch den Antrag, ein Disziplinarverfahren einzuleiten, um ihre Entlassung aus der städtischen Verwaltung zu forcieren.[166] Angesichts der öffentlichen Bloßstellung distanzierten sich zahlreiche der Deutsch-Völkischen von ihrer Organisation, was die *Rheinische Zeitung* mit großer Befriedigung zur Kenntnis nahm.[167]

Die öffentliche Isolierung der radikalen Antisemiten im städtischen Raum ging mit einer flächendeckenden polizeilichen Überwachung und juristischen Verfolgung der deutsch-völkischen Organisationen durch die politischen Behörden einher. Zu den engeren kriminalpolizeilichen Ermittlungen gehörten Wohnungsdurchsuchungen, Vernehmungen und Verhaftungen von Kölner DVSTB-Mitgliedern, die in Verdacht standen, mit der Organisation »Consul«

---

selbständigen Volkes zu vertreten geneigt ist, und als deutscher Minister immer dann in innere Konflikte geraten muß, wenn deutsche Interessen mit den Interessen seines selbständigen jüdischen Volkes in Kollision geraten«.

[163] Zit. nach SCHULIN, Rathenau, S. 136 f.

[164] Bericht eines Kriminal-Betriebs-Assistenten betr. Verstoß gegen die Verordnung des Herrn Reichspräsidenten, 26. Juni 1922. Anzeigende: Buchdrucker Aloys Schlitzer und Schlosser Friedrich Schlack (Betriebsratsmitglieder bei der Firma Stollwerk, Annostr.), 6. Juli 1922, HStAD, Reg. Köln, 8087.

[165] Republikanisches Allerlei. Stimmungsbilder von denen draußen, Rheinische Zeitung, 1. Juli 1922; und Reif für den Staatsgerichtshof, in: Rheinische Zeitung, 4. Juli 1922.

[166] Am Pranger! Schutz- und Trutzbündler bei der Stadt Köln, in: Rheinische Zeitung, 7. Juli 1922; oder Sabotage an der Republik Fort mit den monarchistischen Beamten, in: Rheinische Zeitung, 13. Juli 1922. Zum Vorstoß in der Stadtverordnetenversammlung siehe Anfrage Ackermann und Genossen betr. Beamte als Mitglieder des DVSTB, 22. Sitzung vom 7. September 1922, Protokolle der Stadtverordneten-Versammlung 1922, S. 520–527.

[167] Sie wollen nicht deutschvölkisch sein!, in: Rheinische Zeitung, 13. Juli 1922.

in Verbindung zu stehen. Ferner wurden verdächtige Mitglieder der DNVP daraufhin überprüft, ob sie Geld an Geheimorganisationen gezahlt hatten.[168]

Die rigorose Handhabung des Gesetzes zum Schutz der Republik führte auch mittelfristig zu einer weiteren strukturellen Schwächung der radikalen Antisemiten. Die Polizei überprüfte nun sorgfältig die Tätigkeiten der deutschvölkischen Jugendorganisationen, untersagte die politische Betätigung der rechtsgerichteten Schülervereine, verbot die öffentliche Abhaltung der Sonnwendfeier und löste den »Turnerbund Arminius« aufgrund seiner militaristischen Ausbildungstätigkeiten auf.[169] Am schwersten wogen die Auflösung des DVSTB und in den folgenden Jahren der NSDAP, der Völkischen Lesegemeinschaft und der Deutsch-Völkischen Freiheitspartei, die das Organisationsgefüge der radikalen Antisemiten nachhaltig schwächte.[170]

Doch auch wenn nach außen das deutsch-völkische Lager in Köln so unbedeutend wirkte, daß die ansässige Ortsgruppe des Centralvereins im stärksten Krisenjahr 1923 wiederum einen Berliner Referenten nach Köln bat, um ein Bild »von der antisemitischen Strömung« zu geben, »wie man sie hier im Gebiet nicht« kenne, blieb die Polizei wachsam und beobachtete die geheimen Aktionen der Rechtsradikalen weiter.[171] Ihren größten Erfolg erzielte sie im Juli 1923, als sie etwa »20 rechtsradikale Putschisten« festnahm, die sämtlich verbotenen Organisationen angehörten und eine große Menge Sprengstoff nach Köln geschmuggelt hatten.[172]

In Köln konnte von einer entfesselten Kampagne gegen »Judenrepublik« und »Judenparteien« also keine Rede sein. Weder führten die frühen Krisenjahre zu einer allgemeinen Brutalisierung der politischen Kultur noch zu einer Welle antisemitischer Gewalt. Zwar hatten die Kölner Antisemiten leicht verspätet und mühevoll mit der Ortsgruppe des DVSTB und ihren Querverbindungen zu anderen Gruppen eine entsprechende Infrastruktur aufgebaut, doch ließen die politischen Rahmenbedingungen der Besatzung und der politische Verfolgungswille der britischen und deutschen Behörden sowie die aufmerk-

---

[168] Liste mit acht Mitgliedern der DVSTB, Polizeipräsident an Regierungspräsident, 5. Juli 1922, und die Durchsuchungs- und Vernehmungsprotokolle der einzelnen Verdächtigen, HStAD, Reg. Köln, 8087.

[169] Ministerialerlaß an die Provinzialschulkollegien und Regierungen, Preußischer Minister der Wissenschaft, Kunst und Volksbildung, 4. August 1922, HStAK, 560, 787 Bl. 39.

[170] Bericht über das Verbot der Lesegemeinschaft für Leser völkischer Schriften, Ortsgruppe Köln, Polizeipräsident an den Regierungspräsident, 24. Februar 1923, HStAD, Pol. Präs. Köln, 7687. Zum Verbot der NSDAP und der Deutsch-Völkischen Freiheitspartei siehe Oberpräsident der Rheinprovinz: Referat Unbesetztes Gebiet, 31. Dezember 1923, HStAD, Pol. Präs. Köln, 8119a; Verbot des Wiking Bunds (früher Brigade Ehrhardt), Chef der Heeresleitung von Seeckt, 20. Februar 1924, ebenda.

[171] Den Hinweis auf diese Akte verdanke ich Christine Goldmann. Schreiben des Vorsitzenden der CV-Ortsgruppe Köln Eugen Jacobi nach Berlin, 6. Februar 1923, Osoby 721, Opis I, Akte 796, eingesehen in: CAHJP, HM 2 8712, Frame 1912 f.

[172] Siehe hierzu die Akten im Ermittlungsverfahren gegen Otto Löwenich, Deutsch-Soziale Partei, 14. Juli 1923, HStAD, Rep.9, 256. Siehe auch RÜTHER, Daten, S. 198.

samen Reaktionen der Arbeiterparteien schlichtweg keine größeren Agitations- und Aktionsräume zu. Die politische Strategie der radikalen Antisemiten, in Ausnahmesituationen antisemitische Stimmung zu erzeugen und im Geheimen zu wirken, blieb im Vergleich zu anderen Städten weitgehend folgenlos. Spätestens nach dem Rathenau-Mord waren auch jene zaghaften Vorstöße hinfällig geworden, ihren Aktionsradius in der Stadt schrittweise zu vergrößern. Die radikalen Antisemiten in Köln blieben Außenseiter im städtischen Leben und konnten das politische Geschehen nicht beeinflussen. Auch der Stadtrat blieb ihnen als Arena ihrer antisemitischen Vorstöße zunächst verschlossen. Denn bei den Kommunalwahlen 1919 konnte die DNVP nur 2 von 114 Mandaten erzielen.[173] Ihre Stadtverordneten hielten sich in den folgenden Jahren mit antisemitischen Äußerungen extrem zurück, lancierten weder Diskussionen zur »Judenfrage« noch stellten sie judenfeindliche Anfragen oder Anträge. Als der kommunistische Abgeordnete Neuhauser 1922 in der Haushaltslesung gegen die deutsch-völkische Schulpolitik polemisierte, hielt ihm Adenauer entgegen, daß in Köln kein Deutsch-Völkischer im Rat sitze und die Diskussion daher verfehlt sei.[174]

2.2. DNVP und Völkisch-Sozialer Block: der Rechtsruck des Bürgertums 1924–1925

Entgegen dem klassischen Periodisierungsschema der Antisemitismusforschung traten die radikalen Antisemiten in Köln in den Jahren 1924–25 deutlich stärker als bisher im politischen Leben der Stadt auf. Bei den Kommunalwahlen 1924 holte der Völkisch-Soziale Block, wie sich die Liste nach dem Verbot der NSDAP nannte, aus dem Stand 3 % und erreichte damit einen im Reichsvergleich durchschnittlichen Stimmenanteil.[175] Nachdem einer der beiden Stadtverordneten des Völkisch-Sozialen Blocks 1925 zur DNVP übergetreten war, vertrat der andere, Wilhelm Ebel, künftig die Nationalsozialisten in der Stadtverordnetenversammlung.

Wichtiger als die bloße Anwesenheit Ebels im Stadtrat war die Aufnahme der Völkischen in die »Liberale Arbeitsgemeinschaft«, zu der sich die Kölner DVP und DNVP bei den Ausschußwahlen zusammengeschlossen hatten. Dieser Arbeitsgemeinschaft gehörte auch der Rheinische Wirtschaftsbund an, der als neu angetretene Interessenpartei auf Anhieb 5,4 % der Stimmen erzielt hatte.[176]

---

[173] Bei den Wahlen zur Nationalversammlung holte die DNVP 2,8 % und lag damit 7,5 % unter dem Reichsdurchschnitt.

[174] 12. Sitzung vom 12. April 1922, Protokolle der Stadtverordneten-Versammlung 1922, S. 270–272.

[175] RÜTHER, Daten, S. 200. Der Stadtverordnete Heinberg trat im Juli 1925 zur DNVP über, laut Sitzungsbericht des Ältestenausschusses, 8. Juli 1922, HStAK, 3, 18/31, Bl. 140.

[176] Besprechung, 30. Mai 1924, zur Gründung der »Liberalen Arbeitsgemeinschaft« aus DVP und DNVP und zur Verbindung mit dem Wirtschaftsbund und den Deutsch-Völkischen, HStAK, 3, 18/31 Bl. 101.

Damit erhielten die radikalen Antisemiten die Anerkennung der rechtsbürgerlichen Parteien und galten als politikfähig, auch wenn sie davon nach wie vor im Stadtrat selber kaum Gebrauch machten und wenig Präsenz zeigten. Die Aufnahme der Deutsch-Völkischen in die »Liberale Arbeitsgemeinschaft« ist ebenso wie der Zusammenschluß von DNVP und DVP als Zeichen einer politischen Rechtsentwicklung in Köln zu bewerten, die sich auch in den Wahlergebnissen widerspiegelt. Zwar bildeten das Zentrum und die Arbeiterparteien die Hauptkräfte der Kölner Kommunalpolitik, doch konnten die Rechtsparteien ihre Präsenz fast verdreifachen und ihre Mandatszahl von 8 (1919) auf 21 (1924) erhöhen.[177]

Im Gegensatz zu früheren Wahlkämpfen zogen DNVP und Deutsch-Völkische zu den Reichstags- und Kommunalwahlen 1924 erstmalig mit offener antisemitischer Hetze in die politische Auseinandersetzung, obschon dies einem Abkommen der Parteiführer der Rheinprovinz zur »Wahrung des politischen Friedens« widersprach und die öffentlichen Veranstaltungen der politischen Parteien und Verbände nach wie vor streng kontrolliert wurden.[178] Die antisemitische Wahlpropaganda stieß jedoch auf die Abwehr der Kölner Mitglieder des Reichsbunds jüdischer Frontsoldaten und des neugegründeten republikanischen Kampfverbands Reichsbanner[179], die die judenfeindlichen Bemerkungen in den Wahlveranstaltungen lauthals kommentierten und den Flugblattverteilern ihre Hetzmaterialien abnahmen. Nachdem es im April 1924 zu Handgreiflichkeiten zwischen Anhängern der DNVP und des Reichsbunds jüdischer Frontsoldaten gekommen war, bezog die *Kölnische Volkszeitung* in bemerkenswerter Weise Stellung gegen die antisemitischen Provokationen und verteidigte die Reaktionen »der israelitischen Mitbürger« als legitime Gegenwehr.[180] Auch die polizeilichen Ermittlungen gegen einen jüdischen Reichsbanner-Aktivisten, den eine deutschnationale Nachbarin anonym angezeigt hatte, wurden im August 1925 eingestellt.[181]

In den Jahren 1924/1925 häuften sich die tätlichen Auseinandersetzungen zwischen den politischen Gegnern. 1924 wurden allein vier Schlägereien zwischen dem Reichsbund jüdischer Frontsoldaten und den Deutschnationalen ak-

---

[177] RÜTHER, Daten, S. 195, 200.

[178] Bericht des Regierungspräsidenten betr. die politische Lage, 15. April 1924, LHK, 403, 14803, Bl. 511.

[179] Zum Reichsbanner vgl. allgemein Robert BECKER, Der Wahrheit die Ehre: Das Reichsbanner Schwarz-Rot-Gold. Die vergessene »Judenschutztruppe« der Weimarer Republik, Wiesbaden 2000; BUCHNER, Identität, S. 99 f.; und Karl ROHE, Das Reichsbanner Schwarz Rot Gold. Ein Beitrag zur Geschichte und Struktur der politischen Kampfverbände zur Zeit der Weimarer Republik, Düsseldorf 1966.

[180] Antisemitismus und deutschvölkische Bewegung, in: Kölnische Volkszeitung, 28. April 1924; und In der rheinischen Metropole, in: Kölnische Volkszeitung, 5. Mai 1924.

[181] Eidesstattliche Versicherung der Zeugin Anna Müller betr. Schlägerei zwischen RjF und DNVP, 22. Juni 1925, HStAD, Rep. 9, 302, Bl. 5–8.

tenkundig.¹⁸² Und 1925 wiederholen sich die Zusammenstöße zwischen Angehörigen der verschiedenen politischen Parteien »in beängstigender Weise«, wie der Kölner Polizeipräsident Karl Zörgiebel im November gleichen Jahres befand. Er befürchte, daß insbesondere nach Abzug der Besatzung dieser Übelstand weiter um sich greifen werde und zuletzt wohl kaum mehr jemand in den Abendstunden über die Straße gehen könne, ohne sich der Gefahr auszusetzen, angepöbelt zu werden.¹⁸³ Zörgiebel schloß sein Schreiben mit der Bemerkung, daß er alles aufbieten werde, um das zu verhindern.

Im Vergleich zu den frühen Krisenjahren konnten sich die radikalen Antisemiten in Köln aus ihrer absoluten Randposition zwar etwas befreien, erzielten in den Kommunalwahlen 1924 für rheinische Verhältnisse ein überdurchschnittlich gutes Wahlergebnis und wurden von den bürgerlichen Parteien als Bündnispartner akzeptiert. Mit der Lockerung der Besatzungsherrschaft zeigten sie zugleich erste Ansätze, die Straße im Wahlkampf als Arena antisemitischer Gewalt zu nutzen. Doch stießen sie damit nicht nur auf handfesten Widerstand des RjF und des Reichsbannerbundes, sondern auch der katholischen Presse und der Polizeibehörden. Es wäre daher völlig verfehlt, sie bereits als einen Machtfaktor im Zentrum der politischen Gravitationskräfte anzusehen.

2.3. Reorganisation des völkischen Lagers und antisemitische Gewalt 1926–1929

Mit dem Abzug der Besatzungstruppen fielen wesentliche strukturelle Fesseln, die zuvor einer ungehemmten Entfaltung politisch und antisemitisch motivierter Agitation und Gewalt im Wege gestanden hatten. Die rechtsnationalen und deutsch-völkischen Organisationen nutzten den neu entstehenden Handlungsspielraum politischer Freiheit zunächst zu Neu- und Wiedergründungen im ehemals besetzten Gebiet und zu demonstrativen Auftritten im städtischen Raum. Sie hielten, wie der neugegründete »Verein Deutscher Studenten« an der Universität oder der »Frontkämpferbund Schlageter« im evangelischen Gemeindehaus Kölns, ihre Gründungsfeiern ab und signalisierten selbstbewußt, daß sie nunmehr einen Platz in der Mitte der Gesellschaft einzunehmen suchten, der ihnen (zumindest räumlich) bereitwillig zugestanden wurde.¹⁸⁴ Auch politische Tagungen, wie sie der Jungdeutsche Orden Ende Juli und die Alldeutschen gemeinsam mit der DNVP im September 1926 in Köln abhielten, verwiesen auf die neue Präsenz der Rechtsorganisationen im Rheinland.¹⁸⁵

---

¹⁸² Auflistung der Zusammenstöße, ebenda, Bl. 14.

¹⁸³ Schreiben des Polizeipräsidenten an den Oberbürgermeister, 27. Oktober 1925, HStAD, Rep. 21, 338, Bl. 177. Der 1878 als Sohn eines Fabrikarbeiters geborene Sozialdemokrat Karl Zörgiebel wurde am 13. März 1923 zum Kölner Polizeipräsidenten ernannt und blieb dies bis zu seiner Versetzung nach Berlin im Jahr 1926. W. JUNG, Übergang, S. 67–69.

¹⁸⁴ Aus der Bewegung Rheinland Süd, in: Westdeutscher Beobachter, 27. Dezember 1925.

¹⁸⁵ Vgl. etwa die Neuzulassung des Vereins Deutscher Studenten im 19. Februar 1926, die

Am stärksten machten diese durch öffentliche Umzüge auf sich aufmerksam. Die Wehrverbände besetzten als erste die Straße als politische Arena, wie das *Berliner Tageblatt* am 1. April 1926 in Bezug auf Köln mit Besorgnis kommentierte: »Seit Abzug der Besatzungstruppen entfalten Rechtsverbände Wikingbund, Bismarck-Bund, Werwolf und Stahlhelm lebhafte Tätigkeit, die in zahlreichen Überfällen auf Reichsbannerleute zum Ausdruck kommt«.[186] Im Lauf des Jahres häuften sich die Auseinandersetzungen zwischen diesen Wehrorganisationen auf der einen Seite und Mitgliedern der Linksparteien und Reichsbannerleuten auf der anderen. Doch auch die Nationalsozialisten machten bereits vereinzelt durch politische Gewalt auf sich aufmerksam, etwa als sie im September 1926 nach einer Schlägerei mit Kommunisten von Schußwaffen Gebrauch machten.[187]

Allerdings sollten diese einsetzenden Aktivitäten der Rechtsorganisationen im Rheinland nicht über ihre politische Schwäche hinwegtäuschen, die weiterhin eklatant blieb. Die neugegründeten völkischen Bünde und Wehrorganisationen konnten, wie die NSDAP-nahe »Schilljugend«, entweder keine größeren Mitgliederzahlen erreichen oder lösten sich wie der »Treubund Schlageter« wegen Interesselosigkeit der Mitglieder 1928 wieder auf.[188] Wie die *CV-Zeitung* kommentierte, hatte sich die Hoffnung der Rechtsradikalen schlichtweg nicht erfüllt, daß eine Bevölkerung, die jahrelang unter »unerträglichem Feindesdruck« gestanden hatte, den völkischen Nationalisten als ihren Rettern zujubeln würde.[189]

Innerhalb des Stadtrats veränderten sich die Kräfteverhältnisse nach 1924 zumeist nicht, so daß die Rechtsparteien unterdurchschnittlich repräsentiert blieben und das Zentrum die Stadtgeschäfte führte. Einen der wenigen politischen Erfolge erzielte die Kölner DNVP 1927 in ihrem Bestreben, Einfluß auf bisher unpolitische Einrichtungen und Institutionen zu gewinnen. Sie konnte

---

Gründung der Schilljugend bereits Ende 1925 und die 1926 neu zugelassenen Organisationen des Frontkämpferbunds und des Treubunds Schlageter. Zum Schillbund siehe einen Bericht des Regierungspräsidenten an den Oberpräsidenten, 25. Juli 1928, LHK 403, 16819, Bl. 196 f. Zum Frontkämpferbund mit angeschlossenem »Treubund Schlageter« vgl. Polizeipräsident an Regierungspräsidenten, 7. Januar 1926, HStAD, Pol. Präs. Köln, 7714.

[186] Plänkeleien mit Rechtsradikalen, in: Rheinische Zeitung 35, 1. April 1926; und Die Rechtsverbände im besetzten Gebiet, in: Berliner Tageblatt, 1. April 1926, HStAD Rep. 9, 252 Bl. 2 und 4.

[187] Polizeipräsident an Staatsanwaltschaft, 30. April 1926, hier Ergänzungsbericht zum Bericht vom 19. April 1926, ebenda, Bl. 16; Schiessende Hakenkreuzler. Sechzig gegen einen!, in: Rheinische Zeitung, 2. September 1926, HStAD, Rep 9, 80 Bl. 3; und Zeugenaussage des Kaufmanns Abraham Weiss, ebenda, Bl. 9 f. Vgl. etwa auch Der Jungdo in Köln, in: Kölnische Volkszeitung, 2. August 1926.

[188] Zum »Schillbund« siehe den Bericht des Regierungspräsidenten an den Oberpräsidenten, 25. Juli 1928, LHK 403, 16819, Bl. 196 f.; Zum »Treubund Schlageter« vgl. Regierungspräsident an den Oberpräsidenten im April 1928, 20. September 1928, LHK, 403, 16819, Bl. 499.

[189] Die völkische Gefahr am Rhein, in: CV-Zeitung, 8. April 1927.

bei den Vorstandswahlen der Kölner Lesegesellschaft am 28. Mai 1927 die Mehrheit erringen und sorgte fortan für die judenfeindliche Exklusionspolitik der Lesegesellschaft.[190]

Wie schwach die rechte Opposition gegen die Kölner Kommunalpolitik unter der Führung Adenauers war, zeigte sich 1928, als die Deutschnationalen mit der vereinigten Unterstützung zwölf vaterländischer Verbände Adenauer in einer Öffentlichkeitskampagne der »nationalen Unzuverlässigkeit« verdächtigten und im Stadtrat den Vorwurf erhoben, daß »die Stadtverwaltung nicht gewillt« sei, den »selbstverständlichen nationalen Belangen der Bevölkerung gebührend Rechnung zu tragen«.[191] Im Stadtrat knickten die Deutschnationalen schnell ein, nachdem der Vorstoß vom Oberbürgermeister und nahezu allen Fraktionen mit Ausnahme Ebels heftig kritisiert worden war.[192] Sogar intern führte dieser Vorstoß zu heftigen Auseinandersetzungen innerhalb der Ortsgruppe der DNVP und zog den Rücktritt des langjährigen Fraktionsführers Kloth nach sich.[193]

Die Nationalsozialisten standen nach der Neugründung ihrer Ortsgruppe Köln im Frühjahr 1925 politisch noch wesentlich schwächer da. Daran konnten auch Ortsgruppenleiter Heinz Haake[194] und sein Nachfolger Richard Schaller[195] sowie der Gauleiter des Rheinlands Süd Robert Ley[196] wenig än-

---

[190] Lagebericht des Polizeipräsidenten für die Zeit vom 1. April bis 30. September 1927, 1. Oktober 1927, HStAK, 902, 105/4, B. 471–533, hier: Bl. 523–525.

[191] 13. Sitzung vom 20. September 1928, Protokolle der Stadtverordneten-Versammlung 1928, S. 326–339, hier: S. 328. Hintergrund dieses Vorwurfs waren einige Vorkommnisse der frühen Sommermonate, als Adenauer der Einweihungsfeier für die Errichtung eines Bismarckdenkmals fernblieb, zwei nationalistische Ozeanflieger nicht von städtischen Vertretern empfangen ließ und auf der Pressa 1928 weder die schwarz-rot-weiße Flagge der Handelsflotte gehißt noch die Deutschlandhymne gespielt wurde. Siehe hierzu den Bericht des Regierungspräsidenten an den Oberpräsidenten, 20. August 1928; Bericht des Regierungspräsidenten an den Innenminister, LHK 403, 16865, Bl. 325–328.

[192] 13. Sitzung vom 20. September 1928, Protokolle der Stadtverordneten-Versammlung 1928, S. 333. Die DVP enthielt sich formal einer Stellungnahme, kritisierte in einem kurzen Begleitkommentar aber beide Parteien, wobei sie faktisch der DNVP zuneigte.

[193] Mitteilungen aus der Presse-Abteilung an den Oberbürgermeister betr. innerer Vorgänge in der DNVP vom 23. August 1928 und 9. September 1928, HStAK, 902, 101/4, Bl. 15, 17 und HStAK, 902, 258/3.

[194] Heinz Haake, 1892 in Köln geboren, kehrte 1918 schwerverletzt aus dem Krieg nach Köln zurück. Haake war zunächst Leiter der völkischen Übergangsorganisation in den beiden rheinischen Wahlkreisen und dann bis 1925 Gauleiter der NSDAP. KLEIN, Köln im Dritten Reich, S. 26 f.

[195] Schaller war ein ehemaliger Kommunist und sollte gemeinsam mit seinem jüngeren Bruder Alfons im Gau Rheinland noch eine große Rolle spielen. Ebenda, S. 29.

[196] Robert Ley, geb. 1890, promovierter Chemiker. Von 1921 an arbeitete er bei den Bayerwerken in Wiesdorf, im Mai 1924 warb er für die völkische Liste und knüpfte erste Kontakte nach Köln. Ende 1927 schied Ley gegen eine beträchtliche Abfindung aus dem Arbeitsleben aus und bestritt fortan seinen Lebensunterhalt mit der Herausgabe des Westdeutschen Beobachters. Im Mai 1928 wurde er mit fünf weiteren Nationalsozialisten in den preußischen Landtag gewählt. Ebenda, S. 28 f.

dern. Im Vergleich zu den Reichstagswahlen 1924 erzielten die Nationalsozialisten 1928 nur die Hälfte der Stimmen und kamen lediglich auf 1,6 %. Darüber hinaus blieben sie im Stadtrat mit nur einem Beigeordneten vertreten.[197]

Noch im Oktober 1926 urteilte der Kölner Polizeipräsident, daß die nationalsozialistische Partei sich weder in der Öffentlichkeit weiter bemerkbar mache noch von großer Bedeutung sei. Er betonte, daß sie in Köln bestimmt keinen besonderen Einfluß gewinnen werde.[198]

Gerade wegen ihrer politischen Schwäche und mangelnden kommunalpolitischen Einflußmöglichkeiten entfachten die Nationalsozialisten in Köln 1927–29 jedoch einen antisemitischen Aktivismus, der alle bisherigen politischen Artikulationsformen in den Schatten stellte und für die städtischen Akteure eine ganz neue Herausforderung bedeutete.

Den Beginn dieser neuen antisemitischen Gewalt markierte ein Überfall auf die Besucher der Kölner Synagoge am 13. März 1927, dem Tag der Repräsentanten-Wahlen. Nachdem die Kölner Ortsgruppe der NSDAP zunächst wiederholt in geschlossenen Formationen am Wahllokal in der Synagoge Roonstraße vorbeimarschiert war und Lieder skandierte wie »Es gehört zu unseren Pflichten, Juda zu vernichten«, kamen nachmittags kleinere Gruppen von Nationalsozialisten bewaffnet zurück, verwickelten jüdische Wähler durch provokative Beleidigungen in Schlägereien und verletzten drei Personen, darunter einen älteren Mann, der unbeteiligt am Straßenrand gestanden hatte, mit Messerstichen in Hinterkopf und Rücken.[199] Wieder unterband die Kölner Polizei, diesmal unter dem persönlichen Kommando des Polizeipräsidenten Otto Bauknecht und mit Einsatz von Gummiknüppeln, die antisemitische Gewalt.[200] Die Täter wurden festgenommen und nicht zuletzt durch die Aussagen anwesender Polizeibeamter belastet. Der Polizeipräsident verfügte im April 1927 die Auflösung der NSDAP und verhängte ein einstweiliges Aufmarschverbot für die völkischen Organisationen der NSDAP, die Deutsch-Völkische Freiheitsbewegung und die diversen Frontkämpferbünde.[201] Im Widerspruch zu dieser harten Linie der Polizei stand allerdings die juristische Ahndung des Gewaltverbrechens. Trotz eindeutiger Indizienlage sprach das Gericht alle An-

---

[197] RÜTHER, Daten, S. 206. Allerdings gilt es zu bedenken, daß die Nationalsozialisten auch im Reichsdurchschnitt nur 2,6 % der Stimmen auf sich vereinigen konnten. LEHNERT, Weimarer Republik, S. 125.

[198] Lagebericht des Polizeipräsidenten für August und September, 5. September 1926, LHK, 403, 13454, Bl. 41–55. Vgl. auch die Schilderung bei HECHT, Deutsche Juden, S. 195 f.

[199] Beschreibung des Übergriffs in einem Brief des Vorstands der Synagogen-Gemeinde an den Regierungspräsidenten, 2. September 1930, LHK, 403, 16010, Bl. 693.

[200] Der Sozialdemokrat Otto Bauknecht, 1876 als Sohn eines Schreiners geboren, wurde 1926 zum Polizeipräsidenten Kölns berufen und blieb bis zum Preußenschlag im Amt. W. JUNG, Übergang, S. 69.

[201] Ausschreitungen in Köln. Ein Warnungszeichen für Gleichgültige, in: CV-Zeitung, 18. März 1927.

geklagten im Oktober 1927 von dem Vorwurf gefährlicher Körperverletzung frei, da es den nationalsozialistischen Zeugenaussagen mehr Glauben schenkte als den Worten der Angegriffenen.[202]

Die Kölner Nationalsozialisten ließen sich von den polizeilichen Verfügungen daher kaum beeindrucken. Auch nach ihrer offiziellen Auflösung provozierten die Nationalsozialisten monatelang Zusammenstöße mit Anhängern anderer politischer Parteien und Organisationen, was zu »einer erheblichen Beunruhigung der Öffentlichkeit« führte, wie es in einem Polizeibericht hieß.[203] Nicht zuletzt geschah dies auch am Verfassungstag, dem 10. August 1927, als Stahlhelmleute und NSDAPler gemeinsam aus ihrem Versammlungslokal »Zur Rübe« in der St. Apernstraße den Fackelzug des Reichsbanners mit Schmährufen wie »Nieder mit der Republik! Judenrepublik!« störten und die Demonstranten mit verschiedenen Gegenständen bewarfen.[204]

Diese rhetorische Verknüpfung antidemokratischer und antisemitischer Vorbehalte in der Hetze gegen die sogenannte »Judenrepublik« hatte in Köln seit dem Frühjahr 1927 eine neue Dimension angenommen. Zwar waren auch in früheren Jahren einzelne Personen wegen Beschimpfung der Regierung als »Judenknechte« oder der Republik als »Schieberrepublik« in einer politischen Versammlung oder einem Zeitschriftenartikel der radikalen Rechten wegen Vergehens gegen § 8 des Republikschutzgesetzes aufgefallen und juristisch verfolgt worden.[205] Nunmehr avancierte diese Form der politischen Kampfpropaganda jedoch zum alltäglichen Politikstil. Den Beginn markierte der Artikel »Demokratische Freiheit« des *Westdeutschen Beobachters*, der das vom Polizeipräsidenten erlassene Verbot öffentlicher Versammlungen der NSDAP in Köln mit den Worten kommentierte: »Wir hassen die Zuhälter des Novemberstaats, aber wir bedauern die Beamtenschaft, die dazu verurteilt ist, diesen auf Meineid und Hochverrat aufgebauten Staat gegen die Interessen des Gesamtvolkes vertreten zu müssen«.[206] Damit handelte sich das Gaublatt der NSDAP allerdings ein dreimonatiges Erscheinungsverbot ein.[207]

---

[202] Vgl. hierzu die Gerichtsakten im Ermittlungsverfahren gegen Wilden und Genossen wegen Misshandlung, HStAD, Rep. 21, 330, Bl. 99–127, insbesondere die Begründung des Freispruchs im Berufungsverfahren gegen Wilhelm Kayser, der im ersten Verfahren zu einer Freiheitsstrafe von sechs Monaten verurteilt worden war, Bl. 122–127.

[203] Politischer Lagebericht des Polizeipräsidenten von Köln (1. Oktober 1927–31. März 1928), LHK, 403, 16865, Bl. 113–183, hier: Bl. 145.

[204] Die Stahlhelmprovokation am Römertor, in: Rheinische Zeitung, 13. August 1927; und der Bericht des Oberstaatsanwalts an den Generalstaatsanwalt, 10. Oktober 1927, HStAD, Rep. 21, 330 Bl. 55 f.

[205] Vgl. etwa das Verfahren wegen Beschimpfung der Regierung, 28. November 1924, das wegen Geisteskrankheit des Angeklagten eingestellt wurde, die Beleidigung der Regierung durch die Rheinische Tageszeitung vom 1. März 1925 oder die Beleidigung Stresemanns als Knecht des internationalen Finanzkapitals durch Josef Grohé vom 18. September 1925, HStAD, Rep. 145, 122 sowie Rep. 21, Nr. 16 und Rep. 21, Nr. 19.

[206] Westdeutscher Beobachter, 20. März 1927. Diese Aussage entspricht der typischen NS-Propaganda gegenüber den Beamten, die als Instrumente und Objekte einer verhaßten

Als Reaktion auf dieses Verbot gingen im Frühling und Sommer 1927 Nationalsozialisten und Stahlhelmleute dazu über, an öffentlichen Orten wie dem Gasthaus oder auf der Straße antisemitische Kampflieder zu singen und mit dem Kehrreim »Wir pfeifen auf die Judenrepublik« gegen die Kölner Polizei und das »verjudete System« zu protestieren.[208] Gegen diese Form des politisch motivierten Antisemitismus auf der Straße griff die Justiz wiederum nicht durch, sondern stellte alle diesbezüglichen Verfahren ein, die zum Teil von Zivilpersonen, zum Teil von der Polizei angestrengt worden waren.[209]

Auch in den nunmehr wöchentlich abgehaltenen Sprechabenden der Nationalsozialisten und den zunehmenden öffentlichen politischen Versammlungen seit Ende des Jahres 1927 spielten die Hetzredner lautstark auf der antirepublikanischen und antisemitischen Klaviatur. In diesen Versammlungen, die von einem starken Aufgebot Uniformierter abgesichert wurden, hielten die Kölner Hauptredner Ley, Grohé, Schaller und Kaiser sowie berüchtigte NS-Agitatoren von auswärts wie der Borkumer Pfarrer Ludwig Münchmeyer oder Julius Streicher[210] aufpeitschende Propagandareden und benutzten ein breites Spektrum radikalantisemitischer Parolen, ohne allerdings direkte Gewaltaufforderungen gegenüber Juden auszusprechen.[211] Erst als die Nationalsozialisten am 12. Juli 1928 eine öffentliche Versammlung unter dem Thema »Die Justiz als Dirne der Juden« ankündigte, widerrief die Stadt die Genehmigung einer öffentlichen Versammlung.[212]

In den Jahren 1927/28 wurde der *Westdeutsche Beobachter* zu einem weiteren Pfeiler nationalsozialistischer Agitation ausgebaut. Nachdem die Zeitung ursprünglich als unbedeutendes Wochenblatt mit kleiner Auflage begonnen hatte, steigerte sie ihre Auflagenzahlen nun erheblich und vertrieb im Sommer

---

politischen Führung dargestellt wurden. Vgl. hierzu genauer Jane CAPLAN, Government without Administration. State and Civil Service in Weimar and Nazi-Germany, Oxford 1988, S. 102.

[207] Schreiben des Oberpräsidenten der Rheinprovinz an den Verlag und die Redaktion des Westdeutschen Beobachters in Köln, 26. März 1927, LHK, 403, 13472, Bl. 227–229.

[208] Vgl. hierzu die zahlreichen Anzeigen und Einstellungen der Ermittlungsverfahren in HStAD Rep. 145, Nr. 63, 123 und 124.

[209] Ebenda.

[210] Die Nationalsozialisten im Rheinland. Umfangreiche Versammlungsarbeit, in: CV-Zeitung, 20. April 1928.

[211] Der antisemitische Inhalt dieser Propagandareden ist sowohl in den Polizeiberichten als auch in den Ermittlungsakten der Staatsanwaltschaft tradiert. Vgl. beispielsweise den Bericht des Oberstaatsanwalts in Köln an den Generalstaatsanwalt, 19. Januar 1928: »Nach dem Bericht der hiesigen Polizei ist Grohé seit längerer Zeit verantwortlicher Redakteur des in Köln erscheinenden Westdeutschen Beobachters und Gau-Geschäftsführer der NSDAP. Er gilt als äußerst radikaler Nationalsozialist, der in geschlossenen und öffentlichen Versammlungen besonders scharf gegen Juden Stellung nimmt«. HStAD, Rep. 145, 24, Bl. 29. Vgl. hierzu insbesondere die Gerichtsakten HStAD, Rep. 11, Nr. 577 sowie Rep. 145, 124 und Reg. Köln, 7563.

[212] RÜTHER, Daten, S. 206.

1928 etwa 5 000 Exemplare.²¹³ Zu ihrer Expansion trug sicherlich die zunehmende Konzentration auf lokale Themen vor allem in den Städten Köln, Aachen, Krefeld und Koblenz bei. Hinzu kam ein neues rot-schwarzes Layout, das von einer auffälligen Karikatur auf dem Titelblatt und schreienden Überschriften begleitet wurde und mit neuen antisemitischen Rubriken wie »Hast du schon gehört?« ausgestattet war, in denen antisemitische Gerüchte und Skandale auf der kommunalen Ebene Verbreitung fanden. Bereits im April 1927 äußerte sich der Centralverein alarmiert über die Auswirkungen der antisemitischen Hetze im *Westdeutschen Beobachter*:

> »Ein Blatt, das sich in Verhetzung und Verleumdung nicht genug tun kann, das sich an die niedrigsten Instinkte wendet und trotzdem auch hier eine nicht zu unterschätzende Verbreitung gefunden hat. Die verhetzende Wirkung ist nicht ausgeblieben. All die Ausschreitungen der letzten Zeit, von unbesonnenen, verführten jungen Menschen begangen, sind zweifellos auf dieses Blatt zurückzuführen«.²¹⁴

Dabei richteten sich die Angriffe der Zeitung noch kaum gegen einzelne jüdische Personen oder Geschäfte vor Ort, wenn man von der 1927 einsetzenden Kampagne gegen Tietz absieht.²¹⁵ Trotzdem hatten die Nationalsozialisten insgesamt eine so starke antisemitische Agitations- und Aktionstätigkeit entfaltet, daß die großangelegte Friedhofsschändung in Köln-Deckstein im Juli 1927 von den staatlichen Verfolgungsbehörden den Nationalsozialisten zugerechnet wurde, wie aus einem Bericht des zuständigen Staatsanwalts klar hervorgeht:

> »Der dringende Verdacht wird ausserdem noch durch den Umstand verstärkt, dass der von der national-sozialistischen Ortsgruppe Köln in ihrem Gesamtauftreten sowie in Wort und Schrift gegen das Judentum mit grösster Parteileidenschaft und verhetzender Schärfe geführte Kampf es höchstwahrscheinlich macht, dass die in Frage stehende Ausschreitung von Nationalsozialisten begangen worden ist«.²¹⁶

Diese Auffassung vertrat auch der Centralverein deutscher Bürger jüdischen Glaubens. Er hatte bereits seit Anfang des Jahres vor einer »judenfeindlichen Welle« und einem »Feldzug der Nationalsozialisten mit allen offenen und geheimen Mitteln« gewarnt und sah seine Befürchtungen im Sommer 1927

---

²¹³ Politischer Lagebericht des Regierungspräsidenten von Köln, 12. April 1928 (Berichtszeitraum 1. Oktober 1927 bis 31. März 1928), LHK, 403, 16865 Bl. 113–183, hier: S. 157. Dabei gilt es aber zu bedenken, daß die Zeitung im gesamten Gaugebiet verteilt und im Hauptabsatzgebiet Koblenz allein 2 000 Exemplare vertrieben wurden.

²¹⁴ Die völkische Gefahr am Rhein, ebenda.

²¹⁵ Siehe hierzu beispielsweise die krude Verdrehung der Tatsachen anläßlich der Messerstechereien vor der Synagoge im Artikel Bauknecht, Warum nicht?, in: Westdeutscher Beobachter, 3. Juli 1927; oder direkte Aktionsaufrufe: »Jungkameraden, unsere Antwort auf die Unterdrückungsmaßnahmen marxistischer Behörden muß ein um vielfaches erhöhter Aktionismus sein. Tut eure Pflicht! Werbt neue Mitglieder! Zahlt eure Beiträge regelmäßig!«, in: Westdeutscher Beobachter, 31. Juli 1927.

²¹⁶ Schreiben des Oberstaatsanwalts an den Generalstaatsanwalt, 4. September 1928, HStAD, Rep. 11, 574 Bl. 40.

noch übertroffen.[217] Der CV verstärkte seine Abwehrarbeit gegen den politischen Antisemitismus im rheinischen Gebiet ab 1927 deutlich und suchte seine Präsenz im städtischen Raum durch Tagungen, Vorträge und einen intensivierten Dialog mit den nichtjüdischen Bürgern zu vertiefen. Zugleich forcierte der Centralverein seine journalistische Aufklärungsarbeit und die juristische Strafverfolgung.

Er mußte gleichwohl hinnehmen, daß in den beiden folgenden Jahren die Kölner Nationalsozialisten ihre verschiedenen öffentlichkeitswirksamen Agitationsmethoden immer stärker aufeinander abstimmten und zunehmend perfektionierten, wie die Schmutzkampagne gegen die Schnellrestaurantkette Katz-Rosenthal 1928 zeigt. Gerade in der Kombination aus der sensationsheischenden Kampagne des *Westdeutschen Beobachters*, den öffentlichkeitswirksamen Großversammlungen in der Innenstadt und dem anschließenden gewalttätigen Demonstrationszug verstärkten sich antisemitisches Wort und judenfeindliche Tat gegenseitig und markierten einen neuen öffentlichen Auftritt der Nationalsozialisten, dem die Staatsanwaltschaft einmal mehr keine klaren Grenzen entgegensetzen mochte und der erstmalig nachhaltige Wirkungen in der Kölner Bevölkerung zeigte.

Ein zentrales Moment dieser mehrdimensionalen antisemitischen Agitationsinitiative bildete die von Robert Ley und einigen anderen Redakteuren des *Westdeutschen Beobachters* großangelegte Ritualmordkampagne, die in Köln zwar – wie eingangs erwähnt – im 19. Jahrhundert von den politisch organisierten Antisemiten im Fall Adolf Buschhoff ausgebeutet worden war, um eine judenfeindliche Stimmung in der katholischen Bevölkerung zu erregen, die jedoch bis in die Mitte der 1920er Jahre unter den völkischen Antisemiten keine größere Beachtung fand, da ihr zu sehr der Ruch des Antiquierten anhaftete. Erst ab 1926 entdeckten zunächst der *Stürmer* und der *Münchener Illustrierte Beobachter* diese neue Form des antisemitischen Voyeurismus mit seinen Berichten über sexuelle Verfehlungen, Mädchenhandel und insbesondere Ritualmorde als Instrument im Kampf um die Vorherrschaft in der öfenlichen Meinung.[218] Die Kölner Ritualmordkampagne begann mit einem skandalträchtigen Artikel »Daube von Juden geschächtet« am 28. Oktober 1928.[219] Der ehemalige Chemiker Ley nutzte den ungeklärten Mord an dem Gladbecker Gymnasiasten Helmut Daube zu einem stark emotionalisierenden Ritualmordvorwurf, dessen Botschaft er in einer verhetzenden Karikatur auf dem Titelblatt plakativ darstellte.[220] Ley mag damit gerechnet haben, daß er als

---

[217] Die völkische Gefahr am Rhein, in: CV-Zeitung, 8. April 1927.

[218] Den Hintergrund der Ritualmordkampagne 1926 bildete ein ungeklärter Mordfall in Breslau, der voyeuristisch ausgebeutet und mittels einer antisemitischen Talmudexegese völkischer Autoren als Ritualmord belegt werden sollte. WALTER, Antisemitische Kriminalität, S. 177–181, der auch den Begriff des antisemitischen Voyeurismus prägte.

[219] Daube von Juden geschächtet, in: Westdeutscher Beobachter, 28. Oktober 1928.

[220] Nach Art des Westdeutschen Beobachters beutete das Blatt (und sein Interimsorgan

Landtagsabgeordneter strafrechtlich nicht verfolgt werden würde, oder er provozierte willentlich einen Prozeß wegen Ritualmordvorwurfs, um dadurch eine noch größere Öffentlichkeit zu erzielen.

Die Staatsanwaltschaft folgte jedenfalls der Anzeige der Kölner Rabbiner Rosenthal und Kober wegen Aufreizung zum Klassenkampf, Religionsbeschimpfung und groben Unfugs und beantragte beim Preußischen Landtag erfolgreich die Aufhebung der Immunität Leys.[221] Der Prozeßtermin wurde nach einiger Verspätung für den 26. Juli 1929 anberaumt und Ley in allen Anklagepunkten schuldig gesprochen. Er erhielt eine einmonatige Gefängnisstrafe, die in eine Geldstrafe von 1 000 RM umgewandelt wurde und konnte auch in den Berufungsprozessen keine Strafmilderung erreichen.[222]

In der öffentlichen Auseinandersetzung um den Ritualmordvorwurf und -prozeß mußten die Nationalsozialisten jedoch nicht nur wegen des Gerichtsurteils eine herbe Niederlage hinnehmen. Einhellig verurteilten die lokalen Blätter die nationalsozialistische Ritualmordagitation als infame Unterstellung.[223] Im Preußischen Landtag, den Ley als Agitationsplattform weiterer Ritualmordhetze nutzte, trat ihm nicht zuletzt der Zentrumsabgeordnete Prälat Dr. Linneborn mit entschiedenen Worten entgegen.[224] Und die katholische Kirchenbehörde Kölns weigerte sich explizit, einer Einladung zu einer öffentlichen Veranstaltung der Kölner Nationalsozialisten Folge zu leisten, die am Abend der Gerichtsverhandlung stattfand.[225] Statt dessen verlas Rabbiner Rosenthal in einer Gegenveranstaltung den Brief des Erzbischöflichen Generalvikariats, in dem volle Sympathie mit der Versammlung, die der Wahrheit, dem Recht und dem Frieden dienen wolle, zum Ausdruck gebracht wurde. Diese

---

Die neue Front nach dem Verbot des Gaublatts für vier Monate wegen Beschimpfung der Republik im Dezember 1928) das Thema extensiv aus, um durch stete Wiederholungen die Stereotypen in den Köpfen der Leserschaft festzuklopfen. Vgl. etwa auch den Artikel: Beschimpfung einer Religionsgemeinschaft, in: Die neue Front, 1. März 1929; oder Eine Kulturschande, in: Die neue Front, 8. März 1929; sowie Ritualmordprozeß gegen Dr. Ley, in: Westdeutscher Beobachter, 28. April 1929.

[221] Aufhebung der Immunität, in: Kölner Jüdisch-Liberale Zeitung, 18. Januar 1929.

[222] Schreiben des Oberstaatsanwalts an das Rabbinat der Synagogengemeinde Köln, 6. Juni 1929, CZA, Nachlaß Bodenheimer, A15, 762; Ritualmordprozeß in Köln, in: CV-Zeitung, 2. August 1929; und Der Ritualmordhetzer Dr. Ley vor Gericht, in: Kölner Jüdisches Wochenblatt, 2. August 1929.

[223] Der Ritualmord, in: Rheinische Zeitung, 28. Oktober 1928; oder Die Ritualmordhetze, in: Kölnische Zeitung, 31. Oktober 1928; Pressestimmen zur völkischen Hetze, in: Kölner Jüdisch-Liberale Zeitung, 9. November 1928. Außerdem Kölnisches/Der Ritualmord, in: Kölnische Volkszeitung, 30. Juli 1929. Vgl. auch Die Ritualmordlegende, in: Kölner Tageblatt, 30. Juli 1929; sowie Ein Greuelfeldzug in Köln. Ritualmord, in: Stadt-Anzeiger für Köln, 30. Juli 1929.

[224] Propagandistisch verzerrt: Dr. Leys Abrechnung mit dem Zentrum, in: Westdeutscher Beobachter, 5. Mai 1929; und Um die Echtheit des jüdischen Blutmordes, in: Westdeutscher Beobachter, 12. Mai 1929.

[225] Notiz der Zentrale Berlin des CV, 23. Juli 1929, Osoby, Fond 721, Opis I, Akte 1133, eingesehen in: CAHJP, HM 2 8700.

vom Centralverein ausgerichtete Gegenveranstaltung fand in allen führenden Blättern Kölns lobende Unterstützung.[226]

Mit der Ritualmordversammlung gelang der Kölner Ortsgruppe des Centralvereins ihr bislang größter Erfolg im Kampf gegen den Antisemitismus, wie ihr Vorsitzender Eugen Jacobi an die Berliner Zentrale schrieb:

> »Einliegend sende ich Ihnen die Kölner Zeitungen von Bedeutung [...] Erfolg wirklich sensationell [...] in meiner Abwehrtätigkeit zweifellos das stärkste Ergebnis [...] die in Bewegung gesetzten Massen sind mit 10 000 nicht zu hoch gegriffen. Ich habe gewagt, auf meine Verantwortung die Veranstaltung zu arrangieren und freue mich umso mehr des Ergebnisses«.[227]

Obwohl tagelang riesengroße Plakate an den Anschlagsäulen die Kölner Bevölkerung zu der Veranstaltung eingeladen hatten, überstieg der Andrang alle Erwartungen. Der Veranstaltungssaal der Kölner Harmonie, der normalerweise 1 300 bis 1 400 Personen faßte, und in den sich 2 000 Besucher drängten, mußte polizeilich gesperrt werden. Wegen des stetigen Andrangs der Besucher stockte der Verkehr in den umgebenden Straßen. Die Veranstaltung wurde schließlich von einem starken Polizeiaufgebot geschützt, das die Menschenmengen umleitete und vereinzelte Störversuche der Nationalsozialisten abblockte, so daß die Versammlung mit den Redebeiträgen dreier Rabbiner ungestört verlaufen konnte und ihr Ende in einem »unbeschreiblichen Beifall von minutenlanger Dauer« fand.[228] Damit wurde die Ritualmordlegende lokal zu einem öffentlich mobilisierenden Ereignis, das die Gegner der antisemitischen Verhetzung zu einem selten dezidierten und eindeutigen solidarischen Schulterschluß mit den jüdischen Bürgern veranlaßte.

Daraus aber ein prinzipielles Scheitern der Ritualmordagitation ableiten zu wollen wäre verfehlt. Erstens verfolgte die Kölner Justiz weitere Ritualmordartikel, die von den Nationalsozialisten in der *Antisemitischen Zeitung* und im *Westdeutschen Beobachter* lanciert wurden, nur noch mit halber Kraft.[229] So kam Grohé für seinen im Oktober erschienenen Artikel »Und dennoch jüdischer Blutmord! Menschenschächtung aus rituellen Zwecken« mit einer glimpflichen Geldstrafe davon. Zudem ließ das Gericht es dahingestellt sein, ob es jemals Ritualmorde gegeben habe.[230] Gegen Peter Longerich, den verantwortlichen Redakteur für einen weiteren sensationsheischenden Ritual-

---

[226] Kölnisches. Der Ritualmord, in: Kölnische Volkszeitung, 30. Juli 1929.

[227] CV Verband Linksrhein Jacobi an die Zentrale, 30. Juli 1929, Osoby, Fond 721, Opis I, Akte 1116, eingesehen in: CAHJP, HM 2 8700.

[228] Entsprechend triumphierend der Tenor in der CV-Zeitung: Sieg der Wahrheit!, 2. August 1929.

[229] Ein Blutmord in Hofheim, in: Antisemitische Zeitung, 30. März 1929; Ritualmordprozeß in Köln, in: Westdeutscher Beobachter, 24. August 1929; Und dennoch jüdischer Blutmord! Menschenschächtung zu rituellen Zwecken, in: Westdeutscher Beobachter, 13. Oktober 1929.

[230] Schon wieder ein Ritualmordprozeß, in: Kölner Jüdisches Wochenblatt, 4. April 1930.

mordartikel im *Westdeutschen Beobachter* mit einer noch blutrünstigeren Karikatur, wollte die Kölner Staatsanwaltschaft das Verfahren gar einstellen. Nur durch Intervention des Justizministeriums, das auf die Privatanzeige eines Dresdener Bürgers reagierte, wurde das Verfahren wiederaufgenommen und Longerich in erster und zweiter Instanz verurteilt.[231]

Zweitens zeigte die emotionalisierende Ritualmordhetze genau jene aufreizende Wirkung unter der Bevölkerung, wegen der sie strafrechtlich verfolgt werden sollte. Als im April 1930 der Ritualmordprozeß gegen Grohé die Aufmerksamkeit der Kölner auf sich zog, kam es in der Kölner Innenstadt zu einem »bezeichnenden Vorfall«, wie es das *Kölner jüdische Wochenblatt* formulierte.[232] Weil ein Kind, das gemeinsam mit seinen Spielkameraden vor dem Haus eines jüdischen Geschäftsmannes gespielt hatte, nicht pünktlich nach Hause gekommen war, versammelte sich binnen Stundenfrist unter der Wortführerschaft des aufgebrachten Vaters eine mehrere hundert Menschen zählende Menge vor dem Haus eben jenes Kaufmanns. Die Leute beschuldigten ihn, das Kind in seinem Haus zu verstecken, da »die Juden ja Kinder bräuchten«.[233] Mit dieser kruden, auf dem Ritualmordvorwurf beruhenden Anschuldigung drangen sie in das Haus des jüdischen Kaufmanns ein und durchsuchten es gegen den Willen eines hinzugekommenen Polizisten. Die bedrohliche Situation wurde nur dadurch aufgelöst, daß das Kind von seinem Spiel zurückkehrte und das Treiben ein Ende fand. Hier zeigt sich, wie stark die radikalantisemitische Hetze die Gefühle der Bevölkerung mobilisierte und wie schnell die Ritualmordagitation auch im 20. Jahrhundert zu einer massiven Bedrohung jüdischer Personen im Alltagsleben führen konnte, ohne daß diese direkt von den Nationalsozialisten ausging.

Auffällig ist besonders die zeitliche Verschränkung einer verstärkten öffentlichen Agitationstätigkeit der Nationalsozialisten mit »Ausbrüchen« spektakulärer antisemitischer Gewalt gegen Juden und jüdische Institutionen im städtischen Raum. So wurde die Öffentlichkeitsoffensive der Nationalsozialisten in der ersten Hälfte des Jahres 1927 von aufsehenerregenden Überfällen auf die Hauptsynagoge und den Friedhof in Köln-Deckstein flankiert. Der Kampagne gegen Katz-Rosenthal, die im Juni 1928 ihren Höhepunkt fand, folgten einen Monat später zwei Friedhofsschändungen. Und der Ritualmordprozeß Ende Juli 1929 bildete den zeitlichen Auftakt zu zwei Überfällen auf zwei kleinere Synagogen in einem Monat.[234]

---

[231] Vgl. hierzu die umfangreiche Aktenüberlieferung HStAD, Rep. 21, 90, Bl. 243–273.
[232] Ein bezeichnender Vorfall, in: Kölner Jüdisches Wochenblatt, 4. April 1930.
[233] Ebenda.
[234] Am zweiten August wurden Schüsse aus dem NSDAP-Lokal »Zur Rübe« auf Gottesdienstbesucher in der Synagoge Adass Jeschurun gefeuert, Ende des Monats die Synagoge an der Glockengasse überfallen. Hakenkreuzler-Attacke gegen die Synagoge der Adass Jeschurun, in: Kölner Jüdisches Wochenblatt, 30. August 1929; und Rohheit: Montagabend Überfall in der Glockengasse, in: Jüdisches Wochenblatt, 30. August 1929.

Indem die Nationalsozialisten in diesen zeitlichen Verdichtungsmomenten ihrer Agitation antisemitische Gewalt zugleich provozierten, legitimierten und bündelten, verstärkten sie nicht nur ihre öffentliche Präsenz, sondern motivierten jüngere Mitglieder ihrer Partei und Mitläufer, die bislang politisch nicht aktiv geworden waren, in diesen Situationen bestehende Tabuschranken gegenüber antisemitischer Gewalt zu durchbrechen. Mit dieser Strategie riefen sie jedoch unter den demokratischen und katholischen Akteuren eine Abwehrreaktion hervor, die insbesondere die Schändungen und die Ritualmordbeschuldigungen als besonders rohe Akte diskreditierte und zunächst zu einem öffentlichen Schulterschluß mit den jüdischen Gewaltopfern und nicht zu ihrer Isolierung führte.

Weniger öffentliche Anteilnahme erfuhren dagegen die Opfer der zunehmenden judenfeindlichen Straßengewalt, die sich gegen jüdische Passanten und Geschäftsleute richtete. Wie die *CV-Zeitung* konstatierte, waren Angriffe auf jüdische Personen, die persönlich bekannt, situativ zu erkennen waren (etwa weil sie aus einer Synagoge kamen) oder wegen einer vermeintlich »jüdischen Physiognomie« beleidigt und verfolgt wurden, bereits 1927 in Köln keine Seltenheit mehr.[235] Gerade bei diesen Übergriffen auf einzelne Personen war die Dunkelziffer besonders hoch, da nur außerordentlich schwere Fälle angezeigt wurden, in die Medien gelangten und dadurch überliefert sind. Dies gilt etwa für einen Überfall auf zwei junge jüdische Männer vor einer Kegelbahn im März 1927, die schwere Mißhandlung eines jüdischen Synagogenbesuchers an einem hohen jüdischen Feiertag im Februar 1928, den Einwurf mehrerer Fenster in verschiedenen jüdischen Geschäften im Mai 1929 und die Mißhandlung eines angesehenen jüdischen Kaufmanns fortgeschrittenen Alters im gleichen Monat, der zwei Passanten um Hilfe bitten mußte.[236]

Die Berichterstattung über solche Gewaltfälle fand bezeichnenderweise nur in den jüdischen Medien statt und wurde von den allgemeinen Blättern, mit Ausnahme der *Rheinischen Zeitung,* geflissentlich übersehen. Der einzige Kommentar des *Kölner Tageblatts* zum Thema offenbart sogar (vermutlich unwillentlich) eine gewisse Toleranz gegenüber dieser Form antisemitischer Gewalt. Die Zeitung berichtete von einem antisemitischen Überfall in Bremen, in dem »leider« auch ein brasilianischer Konsular, der fälschlicherweise von den Angreifern für einen Juden gehalten wurde, zu Boden geworfen und geschlagen wurde. Bitter verwies das *Kölner Jüdische Wochenblatt* darauf, daß die liberale Zeitung kein Wort des Bedauerns für die Angriffe auf Juden finde.[237] Doch zugleich betonten alle tradierten Berichte, daß die Gewaltopfer in der konkreten Gefahrensituation auf Hilfe von umstehenden Passanten, aus

---

[235] Die völkische Gefahr am Rhein, in: CV-Zeitung, 8. April 1927.
[236] Ebenda. Siehe außerdem Ein Gegenstück; Vermischtes; und Hakenkreuzler-Terror in den Straßen Kölns, in: CV-Zeitung, 3. Februar 1928, 3. Mai 1929 und 31. Mai 1929.
[237] Pogrome in Deutschland, in: Kölner Jüdisches Wochenblatt, 28. September 1928.

der Nachbarschaft oder von hinzugekommenen Polizisten rechnen konnten und nicht allein gelassen wurden.[238]

Kölner Juden waren während nationalsozialistischer Veranstaltungen, Straßenmärsche und Kundgebungen besonders gefährdet. So wurde die Mißhandlung eines jüdischen Ehepaars in einem Arbeiterviertel nach einer Wahlkundgebung der NSDAP im Mai 1928 nur durch den Angriff von Kommunisten auf die Nationalsozialisten vereitelt.[239] Und ein Überfall auf jüdische Passanten nach einem rechtsextremen Protestmarsch gegen einen Vortrag des Präsidenten der französischen Sektion der Liga für Menschenrechte in Köln wurde im Dezember 1929 nur durch das energische Eingreifen der Schutzpolizei verhindert.[240]

Nicht zuletzt gerieten politisch aktive und öffentlich bekannte Juden in das Visier rechtsextremer Gewaltdrohung. Schon im Herbst 1926 waren anonyme Morddrohungen an verschiedene jüdische Bürger Kölns gegangen, darunter an einzelne Funktionäre des CV-Landesverbands.[241] Die genaueren Hintergründe dieser Drohung konnten aber trotz einer ausgesetzten Belohnung zur Ergreifung der Täter von 500 RM und polizeilicher Ermittlungen nicht aufgeklärt werden. Im November 1928 versuchten die Nationalsozialisten dann, eine CV-Kundgebung der Ortsgruppe Köln dadurch zu verhindern, daß sie der Bürgergesellschaft androhten, die Versammlung zu sprengen, wenn sie dem Centralverein einen Saal zur Verfügung stellen würde. Die Bürgergesellschaft ließ sich zu diesem Zeitpunkt aber nicht von ihrer Politik der offenen Tür abbringen, so daß die Versammlung durch umfassenden polizeilichen Schutz abgesichert wurde und stattfinden konnte.[242]

Schließlich veranstaltete der *Westdeutsche Beobachter* ab 1928/29 zahllose Rufmordkampagnen gegen exponierte jüdische Persönlichkeiten aus dem Wirtschafts- und Kulturleben oder der Kölner Kommunalpolitik. Durch die Nennung des Berufs und Wohnorts des Genannten kamen diese Artikel einer indirekten Aufforderung zur Gewaltanwendung gleich. Diese Verleumdungs-

---

[238] Vgl. neben den oben zitierten Artikeln auch Aus dem antisemitischen Sumpf, in: Kölner Jüdisches Wochenblatt, 16. November 1928. Hier wird geschildert, wie ein Polizeibeamter in einem Streit zwischen einem antisemitischen Postangestellten und jüdischen Gästen in einem Lokal zugunsten der Angegriffenen intervenierte.

[239] Hakenkreuzler überfallen R.F.B.-Kameraden, in: Sozialistische Republik, 5. Mai 1928; Bericht des Polizeipräsidenten an den Regierungspräsidenten betr. Veranstaltungen und Übergriffe der NSDAP für das Jahr 1928. Mißhandlung eines jüdischen Ehepaares, 15. Dezember 1928, HStAD, Reg. Köln, 7563.

[240] Hoppla, wir leben!, in: Kölner Jüdisches Wochenblatt, 1. Februar 1929.

[241] Die Drohung hatte folgenden Inhalt: »Hebräer! Wir warnen Dich zum ersten Male! Wenn Du das rote Kreuz erblickst, so denke an Deine Todesstunde! F............E.........M.........E (soll heissen Feme)«. Dieser Inhalt ist wiedergegeben in einem Schreiben des CV-Vereins Köln an den CV-Verein Berlin, 29. September 1926, Osoby, Fond 721, Opis I, Akte 2251, eingesehen in: CAHJP, Hm 2 8757, Frame 1073. Da Feme-Morde zum Arsenal politischer Rechtsbünde in den ersten Jahren der Republik gehörten, wirkt der Femebezug zusätzlich einschüchternd.

[242] Kundgebung in Köln, in: CV-Zeitung, 12. November 1928.

kampagnen nahmen 1928/29 eine neue Dimension an, indem sie einzelne Personen herausgriffen und mit allen Mitteln des modernen Sensationsjournalismus ihre Opfer systematisch demontierten. Zwar suchten einzelne Angegriffene wegen Beleidigung, übler Nachrede und Verleumdung gegen diese Agitationsmethoden vorzugehen und ihnen ein Ende zu bereiten. Doch ließ sich der *Westdeutsche Beobachter* hiervon keineswegs beirren, zumal die meisten Verfahren eingestellt wurden.[243]

So ist zu resümieren, daß die bisherige Entwicklung offener antisemitischer Hetze und Gewalt in Köln nicht übereinstimmte mit dem idealtypischen Periodisierungschema der Weimarer Republik. Bereits seit 1926 verbanden sich verbale und tätliche Gewalt zu einer neuen Bedrohungssituation.[244] Diese Entwicklung ist einerseits mit lokalen Besonderheiten zu erklären – so konnten die Kölner Nationalsozialisten mit ihrer aggressiven Politik der Gewalt erst nach dem Abzug der Besatzungstruppen einsetzen. Außerdem gründete sie nicht zuletzt auf der kommunalpolitischen Schwäche der Partei und der besonderen Radikalität ihrer regionalen Führer. Andererseits entfachten die Nationalsozialisten in anderen deutschen Städten ebenfalls eine bedrohliche Form antisemitischer Gewalt, wie Dirk Walter und Cornelia Hecht herausgearbeitet haben. In Großstädten wie Breslau, Bremen und Berlin und in kleineren Städten wie Nürnberg, Tilsit und Chemnitz nahmen antisemitische Straßengewalt, Schändungswellen und Ritualmordagitation ebenfalls bereits zwischen 1926 und 1929 eine neue Dimension an, die darauf hindeutet, daß die sogenannten ruhigen Jahre für die Juden tatsächlich keine waren.[245]

Diese neuen, effektheischenden Formen antisemitischer Propaganda zeigten bereits vor der Weltwirtschaftskrise Wirkung in der Bevölkerung, wie sowohl die Ritualmordhetze als auch die Kampagne gegen Katz-Rosenthal zeigten. Insofern mögen sich die Nationalsozialisten in ihrer Strategie bestätigt gesehen haben, zumal sie in den Kommunalwahlen 1929 nunmehr 9,7 % der Stimmen erhielten und damit im Rheinland im Vergleich zu vorherigen Wahlen einen großen Erfolg verbuchten.[246] Wenn das radikalantisemitische Auftreten der

---

[243] Die Kölner Polizei und Justiz reagierte mit einer Welle von Ermittlungsverfahren gegen die öffentliche Hetze gegen die Republik und Störung der öffentlichen Ordnung. So wurden allein gegen Ley zwischen 1925 bis 1931 69 Strafverfahren angestrengt, gegen Grohé sogar nicht weniger als 121 Gerichtsverfahren wegen Verleumdung, Körperverletzung, Beschimpfung von Religionsgemeinschaften oder Verstoß gegen das Republikschutzgesetz, die allerdings nahezu alle eingestellt wurden. KLEIN, Köln im Dritten Reich, S. 28, 35.

[244] »Es gibt etwas, was von Beginn des Jahres bis zu seinem Ende ständig begleitet hat. Das ist der wütende und schamlose Judenhaß der Nazis. Es sind in diesem Jahre eine ganze Reihe von tätlichen Angriffen auf Juden in den Straßen Kölns geschehen. [...] Eine Erregung sondergleichen bemächtigte sich der Juden Kölns, in dessen Mauern die Drahtzieher dieser Hetze den geeigneten Boden zu finden glaubten«. Köln im Jahre 5089. Jahresrückblick, in: Kölner Jüdisches Wochenblatt, 4. Oktober 1929.

[245] HECHT, Deutsche Juden, S. 187–205; und WALTER, Antisemitische Kriminalität, S. 157–199.

[246] RÜTHER, Daten, S. 206.

Kölner Nationalsozialisten auch nicht primär für die Wahlentscheidung verantwortlich war, so schreckte es ihre Wähler zumindest nicht ab.

Zugleich aber mobilisierten diese antisemitischen Übergriffe und die damit verbundenen Angriffe auf die politische Kultur in den mittleren Jahren zunächst ein vergleichsweise dichtes Abwehrnetz aus den Vertretern der gemäßigten Parteien, der lokalen Presse, der jüdischen Organisationen – insbesondere des CVs – und der katholischen Kirche. Auch das konsequente Eingreifen von Polizei, Nachbarn und Zivilpersonen dürfte bei den jüdischen Bürgern dazu beigetragen haben, sich den nationalsozialistischen Angriffen nicht wehrlos ausgeliefert zu fühlen. Anders als etwa die Berliner Polizei reagierte die Kölner Polizei weiterhin offensiv mit einer engmaschigen Kontrolle der rechtsradikalen Bestrebungen, sprach Organisations- und Umzugsverbote aus und scheute sich nicht, den *Westdeutschen Beobachter* über Monate zu verbieten. Auch im Stadtrat gaben die Arbeiterparteien und das Zentrum den antisemitischen Vorstößen der Nationalsozialisten keine Chance und schoben der politischen Desintegration somit einen weiteren Riegel vor. Das größte Einfalltor bildete daher die Kölner Justiz, die stark an ihrem Verfolgungswillen gegenüber antisemitischer Gewalt zweifeln ließ.

2.4. Die Eskalation des politischen Antisemitismus 1930–1933

Unter dem Einfluß der verschärften sozialen und ökonomischen Verteilungskämpfe und des politischen Durchbruchs der Nationalsozialisten zu einer Massenbewegung wurden auch in Köln seit 1930 die radikalantisemitischen Agitations- und Aktionsmethoden im Vergleich zu früheren Jahren auf einem höheren Niveau weitergeführt. Da die Nationalsozialisten im Stadtrat nach wie vor unterrepräsentiert blieben, forcierten sie insbesondere ihre Präsenz auf der Straße, um dort ihre politische Durchschlagkraft und Zielstrebigkeit zu demonstrieren. Die häufigen Wahlen boten den Nationalsozialisten Anlaß für Pressekampagnen und Großveranstaltungen. So konnte die NSDAP mit großangelegten Werbeveranstaltungen im Wahlkampf die stärksten Besucherzahlen aller Parteien für sich verbuchen. Während die Nationalsozialisten 1931 zwischen 4 500 und 10 000 Zuhörer anzogen, konnten die übrigen großen Parteien im Schnitt lediglich 1 000–2 000 Hörer gewinnen. Zum Hitlerbesuch in Köln 1932 kamen insgesamt sogar 35 000 Personen.[247]

Erstmalig wurden im Oktober 1930 auf einer politischen Wahlveranstaltung offen Vertreibungs- und Vernichtungsphantasien geäußert und diese mit einer direkten Aufforderung zur antisemitischen Gewalt verbunden. So rief der Redakteur des *Westdeutschen Beobachters* Peter Winkelnkemper in einer Wahlkampfrede aus:

---

[247] Verzeichnis der bemerkenswerten Wahlversammlungen im Regierungsbezirk Köln, LHK, 403, 16786, Bl. 709 f.

»Ihr Arbeiter der Faust und Stirn, treibt diese Blutsauger aus Deutschland heraus« – »Ihr Arbeiter der Faust und Stirn, wir stellen Führer in unserem Namen und mit unserem Vertrauen sollen sie einmal Deutschland von diesen Vampyren befreien, dass sie nicht wiederkehren« – »Schlagt ihnen die Lügenmäuler ein«.[248]

Je gewalttätiger sich die Nationalsozialisten gebärdeten, desto weniger Bereitschaft zeigte die Kölner Justiz, diese Übergriffe zu ahnden. Winkelnkemper wurde vor Gericht mit der haarsträubenden Begründung freigesprochen, daß die Rede logisch aufgebaut sei, dem Programm der NSDAP entspreche und man einen Aufruf zu Gewalttätigkeiten nicht nachweisen könne.[249]

Auch die konkrete Bedrohung jüdischer Politiker nahm in den letzten Jahren der Republik zu, wie aus den Erinnerungen der Tochter Georg Beyers hervorgeht. Die Nationalsozialisten steigerten seit den Reichstagswahlen im September 1930 die persönlichen Bedrohungen gegen den sozialdemokratischen Schriftleiter der *Rheinischen Zeitung*, die sich bis dahin auf Angriffe im *Westdeutschen Beobachter* beschränkt hatten. Ab 1931 wurden nicht nur mehrmalig die Fenster der Privatwohnung Beyers eingeschlagen, sondern den Familienmitgliedern in nächtlichen Telefonanrufen gedroht: »Du Judensau, Du wirst mit dem Jud' Beyer zusammen geschlachtet werden«.[250] 1932 wurde das Haus Beyers, der 1933 in die Niederlande emigrierte, unter Privatschutz gestellt.

Es blieb nicht bei den Gewaltdrohungen. In den tumultartigen Veranstaltungen der NSDAP und ihrer Unterorganisationen wie dem NS-Studentenbund kam es 1930 und 1931 zu schweren Ausschreitungen gegen jüdische Studenten und Passanten. Im Juni 1930 wurde ein jüdischer Rot-Kreuz-Sanitäter, der auf einer nationalsozialistischen Großkundgebung in der Messehalle seinen Dienst leistete, körperlich mißhandelt. Die Täter wurden einmal mehr vor Gericht freigesprochen.[251] Zugleich hatte sich die antisemitische Straßengewalt im Schatten der politischen Versammlungen so verschärft, daß im August 1930 das *Kölner Jüdische Wochenblatt* davor warnte, sich bei NSDAP-Ver-

---

[248] Der Oberstaatsanwalt an das erweiterte Schöffengericht A I in Köln, 8. Dezember 1930, HStAD, Rep. 21, 334, Bl. 579–590, hier: S. 579.

[249] Ebenda, S. 589 f. 1931 gab der Kölner Oberpräsident zu verstehen, daß er es nicht beanstande, wenn auf öffentlich ausgehängten Wahlplakaten der NSDAP der Zusatz stehe, daß Juden keinen Zutritt hätten. Er begründete das mit dem zweifelhaften Argument, daß auch andere Parteien dazu übergingen, den Teilnehmerkreis ihrer Versammlung durch Ausschluß bestimmter gegnerischer Gruppen zu beschränken. Schreiben des Oberpräsidenten D 2454 zu NSDAP Plakaten mit »Juden haben keinen Zutritt«, 17. Juni 1931, LHK, 403, 16801, Bl. 83. Vgl. auch die »Morddrohung gegen jüdische Volksgenossen« auf einer Rede durch den Reichstagsabgeordneten Wilhelm Börger 1932, der wiederum straffrei ausging. Vgl. hierzu Man muß ihnen auf die Finger sehen!, in: Kölner Jüdisches Wochenblatt, 24. Februar 1932; und Beschluß des Schöffengerichts B III an den Oberstaatsanwalt, 6. Januar 1933, HStAD, Rep. 9, 133 Bl. 29.

[250] Gisela Nadrigny-Beyer in: MATZERATH, »... vergessen«, S. 29 f.; und H.-W. FROHN, Arbeiterbewegungskulturen, S. 277.

[251] Urteil in der Strafsache ./. Ferdinand S. durch das Schöffengericht B I in Köln, 7. August 1930, HStAD, Rep. 21, 26, Bl. 160, 160a.

sammlungen in der Nähe des Veranstaltungsorts oder den Zu- und Abgangsstraßen aufzuhalten, da eine große Gefahr bestehe, daß jüdisch aussehende Passanten überfallen würden.[252]

Die einschneidendste Veränderung gegenüber den Vorjahren bildete die Brutalisierung der öffentlichen Auseinandersetzungen mit den politischen Gegnern. Die SA nutzte als politischer Kampfverband auch in Köln die Straße als Aufmarschgebiet und lieferte sich regelmäßig Schlachten mit dem Rotfrontkämpferbund. Bei den gewaltsamen Zusammenstößen mit den erstarkten Kommunisten wurden zahllose Personen verletzt und einige ermordet.[253] Zeitweilige Versammlungs- und Umzugsverbote, die von der Kölner Polizei etwa von Oktober bis Dezember 1930 ausgesprochen wurden[254], um die Eskalation der Gewalt einzudämmen, konnten der Gewaltspirale kein Ende setzen, da sie nicht dauerhaft aufrechterhalten blieben. Dieser politische Machtkampf wurde auch in den Alltag der jüdischen und nichtjüdischen Bürger getragen, wie etwa Harry H. berichtet:

> »Man sah und hörte mehr von den kommenden Nazis als einem lieb war. Die Straßenschlachten, durch die Versammlungen, durch die vielen Pamphlete, die unterwegs waren und alles das. Und vor allen Dingen ich habe, ich bin einige Male ohne daß ich dafür konnte, Zeuge geworden und einmal war ich mittendrin in so einer Straßenschlacht zwischen Kommunisten und SA. Da mußte man nur die Flucht suchen [...]. Es mußte ja jeder sehen, daß das irgendwie mal zu einer Explosion kommen mußte«.[255]

Insbesondere in der Nähe nationalsozialistischer Vereinslokale, die Knotenpunkte judenfeindlicher Gewalt darstellten, ging von den SA-Leuten eine spezifisch antisemitische Gefahr aus, denn von hier aus unternahmen sie stärker als zuvor ihre gewaltsamen Angriffe auf die (vermeintlich) jüdischen Bewohner des Viertels:

> »Die Zentrale dieser Gewaltakte ist die berüchtigte ›Rübe‹ in der St. Apernstr., dem Sammelpunkt der SA-Leute. In den letzten Tagen mehren sich bei uns die Klagen jüdischer Mitbürger, die besonders gegen Abend von den dort herumlungernden halbwüchsigen Nazis gröblich insultiert werden. [...] Es vergeht fast kein Tag, ohne daß an dieser Stelle leichtere oder schwerere Zwischenfälle sich ereignen«.[256]

---

[252] Jüdisches Leben in Köln, in: Kölner Jüdisches Wochenblatt, 15. August 1930.

[253] MATZERATH, »... vergessen«, S. 15.

[254] Regierungspräsident, betr. Verbot von Versammlungen und Umzügen, 18. Oktober 1930, LHK, 403, 16866, Bl. 305.

[255] Harry H., Interview, S. 51.

[256] Uebles Treiben der Kölner Hakenkreuzler, in: Kölner Jüdisches Wochenblatt, 18. Juli 1930. Vgl. auch Die Judenfalle »Zur Rübe«, in: Kölner Jüdisches Wochenblatt, 1. August 1930. Sowie für 1932: Eine beispiellose Rohheit, in: Kölner Jüdisches Wochenblatt, 23. Juli 1932; und Heimtueckischer Überfall, in: Gemeindeblatt der Synagogengemeinde zu Köln, 27. Mai 1932.

Es führte zu ernsthaften Verstimmungen unter den Kölner Juden, daß die Polizei der seit 1930 mehrfach erhobenen Forderung, an diesem Brennpunkt antisemitischer Straßengewalt dauerhaft einen Polizisten zu stationieren, nicht nachkam. Besorgt fragte das *Kölner Jüdische Wochenblatt* im Juli 1932, kurz vor den Reichstagswahlen, nachdem binnen einer Woche ein junger jüdischer Mann durch zwanzig SA-Männer am Rathenauplatz überfallen und ein behinderter jüdischer Junge schwer mißhandelt und am Boden liegend mit Messern verletzt worden war: »Sollen wir schon Freiwild für nationalsozialistische Kopfjäger sein?«[257]

Die Gewalt wurde in den Zeiten der Weltwirtschaftskrise auch in die großbürgerlichen Viertel getragen. Hierzu trug sicherlich die antikapitalistische Hetze des *Westdeutschen Beobachters* bei, die den Wirtschaftsantisemitismus in den Krisenzeiten schürte und die Aggressionen gegen einzelne jüdische Personen und Unternehmen zu richten wußte. Die Wirkung läßt sich unschwer an den Angriffen auf die Privathäuser jüdischer Geschäftsleute in den vornehmen Vororten ablesen, unter denen (wie berichtet) der Überfall von dreißig nationalsozialistischen Jugendlichen auf die Villa des Industriellen Ottmar Strauß in Marienburg das eklatanteste Beispiel bildete.

Schließlich waren die Straßen im Thieboldsgassenviertel mit ihren zahlreichen jüdischen Bewohnerinnen und Bewohnern aus Osteuropa ein gefährdetes Ziel nationalsozialistischer Aggression. Doch obwohl sich hier nationalsozialistischer Pogromwille, wie er sich 1931 in Berlin offen austobte, mit dem Bestreben verband, in die sozialistische Hochburg der Altstadt einzudringen, um dort die politische Hegemonie zu erzwingen, blieben diese Straßen noch vergleichsweise sicher.[258] Trotzdem berichtete die *Rheinische Zeitung* im Juni 1932, daß die Nationalsozialisten in ihren Uniformen provozierend durch die Thieboldsgasse und die angrenzenden Straßen zogen, »wo es sehr bald zu lebhaften Schlägereien kam, als sich die SA-Leute an dort wohnenden jüdischen Händlern vergriffen«. Erst gegen Mitternacht sei es der Polizei gelungen, nach einigen Verhaftungen die Ruhe wiederherzustellen.[259] Daß in Köln die antisemitische Gewaltbereitschaft auf tatkräftige Gegenwehr stieß, ist gleichermaßen auf den kollektiven Milieuschutz wie auf den Polizeieinsatz zurückzuführen.

In den Wahlkampfzeiten 1932 nahmen darüber hinaus die antisemitischen Übergriffe auf jüdische Institutionen dramatisch zu. So wurde im April 1932 das Israelitische Kinderheim an der Lützowstraße mit nationalsozialistischen

---

[257] Wieder eine unerhörte Rohheitstat, in: Kölner Jüdisches Wochenblatt, 30. Juli 1932.

[258] Zur Expansion der Nationalsozialisten in den sozialen Raum der Großstadt siehe Detlef SCHMIECHEN-ACKERMANN, Großstädte und Nationalsozialismus 1930–1945, in: Rolf MÖLLER (Hrsg.), Nationalsozialismus in der Region. Beiträge zur regionalen und lokalen Erforschung und zum internationalen Vergleich, München 1996, S. 254–270, hier: S. 255.

[259] Kölner Blutsonntag – Die Nazis provozierten einen Dauerkrieg mit der Kölner Polizei – Scharfe Schüsse am Ring ... Mißhandlungen von Juden ..., in: Rheinische Zeitung, 20. Juni 1932.

Parolen beschmiert.²⁶⁰ Im August 1932 plazierten unbekannte Täter vor der Synagoge Roonstraße eine mit Sprengstoff gefüllte Bombe, und wenige Tage später wurden drei Besucher der Synagoge Adaß Jeschurun von Nationalsozialisten überfallen, nachdem kleinere Angriffe schon zur Tagesordnung zählten und im Rabbinat Drohbriefe eingegangen waren.²⁶¹ Nach diesen Vorfällen wurde ein permanenter Polizeischutz vor den Synagogen eingerichtet, und Gläubige konnten nur noch mit Eintrittskarten in das Gotteshaus gelangen.²⁶² Im November gleichen Jahres kam es zu der Schändung des Friedhofs am Bonntor und der bereits erwähnten Störung des interkonfessionellen Kursus, den der jüdische Frauenverein zu Aufklärungszwecken initiiert hatte. Dieser wahlkampfbegleitende judenfeindliche Aktionismus zeigt einmal mehr, daß die antisemitische Gewalt eine explizit politische Funktion hatte.

Zunehmend wurde diese von den Kölner Juden als eine Bedrohung für die eigene Sicherheit perzipiert. Immer lauter wurden die Rufe nach einem ausreichenden Polizeischutz, immer stärker die Kritik an den juristischen Urteilen gegenüber den nationalsozialistischen Gewalttätern. Denn einerseits brüskierte die Kölner Justiz mit ihrer offensichtlichen Milde gegenüber den Nationalsozialisten die Opfer der Gewalt, andererseits war der Polizeischutz angesichts der Eskalation antisemitischer Gewalt auf der Straße einfach nicht mehr ausreichend, auch wenn er in besonders bedrohlichen und akuten Gewaltsituationen noch immer funktionierte. Trotzdem konnten die Nationalsozialisten nicht die antisemitische Herrschaft über die Straße erzielen, da dies der nachbarschaftliche und polizeiliche Schutz vereitelte. Im ganzen blieb sich die Kölner Polizei in ihrer harten Linie gegenüber der antisemitischen Gewalt weiterhin treu. Daran änderte sich auch nichts, als der konservativ-nationale Polizeipräsident Walter Lingens seinen Vorgänger Otto Bauknecht nach dem Preußenschlag im Juli 1932 ablöste.²⁶³

Insgesamt scheiterten die Nationalsozialisten außerdem in ihrem Vorhaben, durch ihre Gewaltoffensive die Kölner Juden politisch zu isolieren. Nach wie vor galten die offen antisemitischen Übergriffe und Schändungen als verachtenswerte Taten, die im städtischen Kommunikationszusammenhang keine offene Unterstützung fanden. So kommentierte das Wochenblatt der Wirtschaftspartei in Abgrenzung zu den Nationalsozialisten in Wahlkampfzeiten 1930:

> »Wir verspüren nicht die Neigung, uns für das Judentum besonders einzusetzen. Ist dieses doch Manns genug das selbst zu besorgen. Aber eine politische Kampfesweise, die mit Schlagringen, Dolchen, Teschings oder mit Boxhieben

---

[260] Bubenhände. Nazi-Roheit am Kinderheim, in: Rheinische Zeitung, 15. April 1932.

[261] Attentat gegen die Synagoge Roonstraße und Überfälle auf Synagogenbesucher, in: Kölner Jüdisches Wochenblatt, 12. August 1932. Vgl. allgemein zu antisemitischen Drohbriefen in den Weimarer Jahren HECHT, Deutsche Juden, S. 130–137.

[262] Der Schutz der Synagogen, in: Kölner Jüdisches Wochenblatt, 26. August 1932.

[263] W. JUNG, Übergang, S. 76.

ihre Argumente stützt oder mit aus der Gosse geschöpften Kraftausdrücken ›Kulturbringer‹ spielt, sollte jeder halbwegs anständige Mensch ablehnen«.[264]

Gerade in Köln blieben die Sozialdemokratie und das Zentrum feste Bündnispartner der Kölner Juden im Kampf gegen den radikalen Antisemitismus. Die *Rheinische Zeitung* berichtete stets über radikalantisemitische Vorfälle in Köln und distanzierte sich von ihnen mit harschen Worten.[265] Es waren insbesondere die sozialdemokratischen und kommunistischen Abgeordneten im Stadtrat, die den nationalsozialistischen Attacken am stärksten widersprachen.[266] Und auch der kollektive Milieuschutz bewährte sich bis in die letzten Jahre der Republik.

Weniger eindeutig war das Verhältnis des Kölner Protestantismus zur radikalantisemitischen Gewalt. Während sich an der gesellschaftlichen Basis gerade die evangelischen Lehrerinnen und Frauenverbände an den Aufklärungsinitiativen des Centralvereins und des Jüdischen Frauenbunds beteiligten und stärker als ihre katholischen Geschlechtsgenossinnen an den Synagogenführungen und dem Interkonfessionellen Kursus partizipierten, forcierte die Kirchenführung unter dem Superintendenten Klingenburg seit 1930 ihre Sympathiebekundungen für die Deutschnationalen und Nationalsozialisten, während sie zugleich eine deutliche Ablehnung nationalsozialistischer Gewalt verweigerte.[267]

Dagegen verurteilten die katholische Kirchenleitung und führende Zentrumspolitiker in Köln den radikalen Antisemitismus durchgängig. Der namhafte Kölner Zentrumspolitiker Leo Schwering kritisierte den Antisemitismus der NSDAP und forderte in einem Artikel in der *Central-Zeitung* des CV im

---

[264] Kölner Nachrichten. Wochenschrift der Reichspartei des deutschen Mittelstands (Wirtschaftspartei), 12. Juli 1930, Osoby, Opis I, Akte 111, eingesehen in: CAHJP, HM 2 8695, Frame 1711.

[265] So etwa in ihren Artikeln Bubenhände, 15. April 1932; Kölner Blutsonntag, 20. Juni 1932; und Selbstschutz, 29. August 1932.

[266] Insgesamt blieben die radikalen Antisemiten im Stadtrat eine verschwindende Minderheit und konnten keinen ihrer Anträge durchbringen.

[267] Die Affinität der protestantischen Kirchenführung gegenüber dem Nationalsozialismus zeigte sich bereits seit Mitte der 1920er Jahre, als evangelische Kirchentermine regelmäßig im Westdeutschen Beobachter veröffentlicht wurden und das Evangelische Gemeindeheim sich nationalsozialistischen Treffen öffnete. Zwar rief das öffentliche Auftreten des Superintendenten Klingenburg in einer deutschnationalen Wahlversammlung am 18. April 1932 in Wuppertal-Barmen einen Skandal hervor, als er eine monarchistische Verteidigungsrede hielt und erklärte, daß 1918 nicht der Kaiser, sondern das deutsche Volk seinen Fahneneid gebrochen habe. Doch nachdem das Presbyterium zunächst öffentlich gegen die »politisch-agitatorische« Tätigkeit Klingenburgs protestiert hatte, konnte der Superintendent unangefochten im Amt bleiben. Siehe hierzu die Protokolle des Presbyteriums und der Repräsentation, 1930–1933, Sitzung des Presbyteriums, 6. Mai 1932, S. 513; und Sitzung des Presbyteriums vom 15. Juli 1932, S. 533 f.

April 1929 eine gemeinsame Abwehrfront von Juden und Katholiken.[268] Auf einer Abwehrveranstaltung des Centralvereins trat der katholische Referent Dr. theol. Kaufmann 1930 als Redner öffentlich gegen den Nationalsozialismus auf.[269] Und die Zentrumsfraktion im Stadtrat stellte sich ebenfalls der antisemitischen Hetze der NSDAP entgegen. Mit klaren Worten richtete sich Kardinal Schulte in einem Hirtenbrief vom 2. April 1932 gegen »die überaus rohe und jeder Gesittung hohnsprechenden Beschimpfungen der jüdischen Glaubensgemeinschaft« und rief »alle Gutgesinnten« dazu auf, der »zunehmenden Verwilderung der Sitten mit aller Energie« entgegenzuwirken.[270]

Doch bei genauerer Betrachtung verliert das Bild des katholischen Bollwerks gegen den radikalen Antisemitismus an Überzeugungskraft. Denn die Parteinahme zugunsten der Juden beschränkte sich auf einige wenige Äußerungen. Sie ist außerdem – anders als im protestantischen und im Arbeitermilieu – nur für die Spitzen von Kirche und Partei dokumentiert, während Vereinsfunktionäre und Klerus zur antijüdischen Gewalt schwiegen. Zumindest äußerten sie ihren Unmut nicht vor einem größeren Forum, das sie sehr wohl in anderen, ihnen bedeutsam erscheinenden Fragen nutzten. Das Schweigen beruhte zum Teil auch auf einem genuin katholischen Antisemitismus, wie der bereits zitierte Tagebucheintrag des Kölner Justizrats und Zentrumspolitikers Carl Bachem illustriert, der trotz seiner Abneigung gegenüber den Nationalsozialisten den verderblichen jüdischen Einfluß im Wirtschaftsleben vom katholischen Standpunkt verurteilte und damit das Schweigen der katholischen Bischöfe rechtfertigte.[271]

Die zunehmende Isolation der Juden in Köln resultierte nicht daraus, daß die Zentrums- und SPD-Politiker ihre Rolle als verbliebene Verteidiger der staatsbürgerlichen Integration aufgaben und dem radikalen Antisemitismus in den späten Weimarer Jahren nicht mehr offensiv entgegentraten. Denn gerade die politischen Eliten bildeten nach wie vor eine wichtige Abwehrfront zum Schutz der Kölner Juden. Der zunehmende Dissoziationsprozeß war vielmehr

---

[268] Das veränderte Gesicht der völkischen Bewegung von Leo Schwering (Köln) MdL, in: CV-Zeitung, 11. November 1927; und Front gegen den Nationalsozialismus, in: CV-Zeitung, 5. April 1929. Leo Schwering, geb. 1883 in Coesfeld bei Münster aus katholischem Elternhaus. Sein Vater leitete 1901–1921 das katholische Apostelngymnasium. Schwering promovierte 1907 an der Kölner Universität in Wirtschaftswissenschaften, arbeitete als Studienrat und freier Mitarbeiter der Kölnischen Volkszeitung. War Schwering in der frühen Republik als Vorsitzender des »christlichen Mittelstands« einem strikt antirepublikanischen Kurs verpflichtet, so wechselte er nach eigenen Aussagen seit 1922 »angewidert von der Demagogie der völkischen Rechten« zum linken Zentrumsflügel über. Biographische Angaben entnommen aus Leo SCHWERING, In den Klauen der Gestapo. Tagebuchaufzeichnungen aus den Jahren 1944/45, hrsg. und kommentiert von Markus Schwering, Köln 1988, S. 7–23.

[269] Katholizismus – Judaismus – Antisemitismus, in: Rheinische Post, 10. Januar 1930, Osoby, Fond 721, Opis I, Akte 796, eingesehen in: CAHJP, HM 2 8712, Frame 1692.

[270] Der Erzbischof von Köln für inneren Frieden, in: Kölnische Volkszeitung, 2. April 1932.

[271] Tagebuch Carl Bachem, HStAK, 1006, 524.

Resultat des wachsenden Antisemitismus aus der Mitte der Gesellschaft und dem Inneren der Milieus. Diesen Antisemitismus verstärkten die Nationalsozialisten zwar, aber nur indirekt durch die Brutalisierung der politischen Kultur und die Eskalation antisemitischer Gewalt. Der »ungeheuerliche seelische und moralische Druck, der von einer rauhen und unfreundlichen Außenwelt« auf die Kölner Juden ausgeübt werde, wie es ein Redner der Kölner Repräsentantenversammlung im Februar 1932 formulierte, der »tägliche Verlust an Terrain« war kein monokausales Resultat der Gewalt, sondern der Dynamik und Interaktion der städtischen Akteure geschuldet, wie nun im Fazit zusammenfassend ausgeführt werden soll.[272]

[272] Etatberatung »Allen Gewalten zum Trutz sich erhalten«, in: Kölner Jüdisches Wochenblatt, 27. Februar 1932.

SCHLUSS

Es war das Ziel dieser Studie, das bipolare Deutungsschema, daß die deutschen Juden in der Weimarer Republik zwischen erfolgreicher Integration einerseits und weitgehender Isolierung andererseits verortet, zugunsten einer vielschichtigen historischen Komplexität aufzubrechen. Dazu wurden die Gestaltung der jüdisch-nichtjüdischen Beziehungen und die Entwicklung des Antisemitismus aus einer akteurs- und handlungsorientierten Perspektive des städtischen Raums Köln untersucht.

Es zeigte sich, dass Integration und Ausgrenzung im lokalen Raum nicht von zwei gesellschaftlichen Lagern praktiziert wurden und nicht primär die Funktion eines kulturellen Codes einnahmen, der die Zugehörigkeit zum Lager der Demokraten bzw. der Republikfeinde signalisierte. Weder die jüdische noch die nichtjüdische Bevölkerung bildeten homogene Blöcke, die kollektiven Denk- und Handlungsmustern folgten. Vielmehr waren Integration und Ausgrenzung eng miteinander verwoben und wurden bisweilen von denselben Personen situativ und in Abhängigkeit von ihrem Gegenüber praktiziert. Auch antijüdische Denkbilder wurden im lokalen Raum der 1920er Jahre nicht durchgängig, sondern kontextbezogen verbalisiert. Sie waren in einen übergeordneten Normenzusammenhang eingebettet, der ihre Kommunikation und Umsetzung in die soziale Praxis regelte.

Hieraus ergibt sich eine eindeutige Absage an die These einer homogen feindseligen Umwelt und eines kollektiv gruppenübergreifenden Antisemitismus, wie er am prononciertesten von Goldhagen vertreten wurde. Die gesellschaftliche Verbreitung von Antisemitismus kann nur aus einer sozial differenzierenden Perspektive erklärt werden, die die Akteure zugleich soziokulturell verortet und von den Gruppenbindungen losgelöst betrachtet. Die Ergebnisse der mehrdimensionalen Analyse zum Verhältnis zwischen Juden und Nichtjuden in Köln bestätigen, daß monokausale Erklärungsansätze der Antisemitismusforschung zu kurz greifen: Gruppenspezifische Bewußtseinslagen und Handlungsmuster der Akteure ergaben sich weder allein aus ihrer sozioökonomischen Position noch aus ihrem Milieuzusammenhang.

Gerade für die Analyse der individuellen Begegnungen im alltäglichen Zusammenhang ist es fruchtbar, zusätzlich einen generations- und geschlechterhistorischen Zugriff zu verwenden. Denn Alter und Geschlechtszugehörigkeit bestimmten neben der Klassenlage die Qualität des Miteinanders und den Grad der sozialen Nähe maßgeblich mit. Es erwies sich dabei als gewinnbringend, das Generationskonzept kulturgeschichtlich zu wenden und weniger die Auswirkungen der Kriegsfolgen und der besonderen Arbeitsmarktsituation einer überflüssigen Generation zu reproduzieren als generationsspezifische Normen und Regeln des Umgangs in der Altersfolge in die Analyse einzubeziehen. Denn im individuellen Miteinander überwanden sowohl Kinder als auch Jugendliche soziale Barrieren leichter als ihre Eltern, da für sie die lang verinnerlichten Berührungsängste der Erwachsenen weniger Bestand hatten: Sie fragten beim Spiel und in ihrem Freundeskreis nicht nach der Religionszugehörigkeit und nach den Verkehrsformen der gesellschaftlichen Etikette. Dadurch fanden sie zu einem selbstverständlicheren Umgang untereinander und Zugang zum privaten Leben andersgläubiger Familien, von dem sich die Erwachsenen fernhielten und ausgeschlossen waren. So praktizierten Kinder und Jugendliche vielfältigere und engere Formen des Miteinanders. Die Kehrseite des freieren – und tabuloseren – Verhaltens war aber, daß sie sich auch nicht scheuten, antisemitische Beleidigungen und Übergriffe offen auszuleben, während umgekehrt das Normenkorsett der Erwachsenen die Beziehungen stabilisierte: In der Welt der Erwachsenen schob das Gebot der Höflichkeit offen antisemitischen Äußerungen in den persönlichen Sozialbeziehungen bis in die späten 1920er Jahre einen Riegel vor. Diese antijüdischen Äußerungen und Handlungen waren bei den meisten Kindern unreflektierte Grausamkeiten, die sich in modifizierter Form auch gegen andere Kinder richteten und sich mit selbstverständlichen Momenten des Miteinanders verbanden. Sie waren überwiegend nicht antisemitisch intendiert und wurden von den jüdischen Kindern auch nicht so aufgefaßt. Dagegen waren sich die Jugendlichen der Dimension ihres Handelns stärker bewußt. Ihre Gewalt auf der Straße und der Ausschluß jüdischer Jugendlicher aus den Reihen der Jugendbewegung bestätigten den von der Forschung konstatierten antisemitischen Gestus einer »überflüssigen« Generation, ohne daß dieser aber für die gesamte Generation Verbindlichkeit erreicht hätte. Hier gilt es, sich vor unzulässigen Verallgemeinerungen zu hüten.

Darüber hinaus bildete die Geschlechterzugehörigkeit ein zentrales Differenzmerkmal in der Gestaltung der individuellen Beziehungen. Es erweitert die Perspektive der sozialgeschichtlichen Antisemitismusforschung, Frauen und Männer als aktiv Handelnde in ihrer sozialen Umwelt zu fokussieren und nicht nur die deutsch-völkischen Männerbünde und ihre Gewaltformen in den Blick zu nehmen. Gerade im Nachbarschafts- und im Vereinsleben erwiesen sich dabei die geschlechtsspezifischen Handlungszusammenhänge der jüdischen und nichtjüdischen Frauen als besonders eng. Dies ist damit zu erklären, daß Frauen in ihren alltäglichen Verrichtungen und im (semi)öffentlichen Raum stärker davon abhängig waren und es entsprechend besser verstanden, Netzwerke zu gründen, um so ihre vielfältigen Aufgaben zu bewältigen und ihre Interessen zu vertreten. In diesen Netzwerken wurde Vertrauen auf- und Vorurteile wurden abgebaut. Somit blieben die Kontakte bis in die letzten Jahre der Republik stabil. Auch wenn die poststrukturalistische und diskurstheoretische Geschlechtergeschichte zu Recht das einfache Differenzdenken der Geschlechtergeschichte aus den 1980er Jahren hinterfragt und auf die Bedeutung antisemitischer Denkbilder in der Frauenbewegung hingewiesen hat, zeigt sich im sozialen Alltagsleben doch, daß Frauen aufgrund ihrer spezifischen Situation in den 1920er Jahren eigene und engere Verkehrsformen ausbildeten, die konfessionelle Grenzen überschritten.

Dagegen konnte der Milieuzusammenhang das persönliche Verhältnis zwischen Juden und Nichtjuden nur im Arbeitermilieu nachhaltig prägen und dort im individuellen Verkehr milieuverbindliche Deutungs- und Handlungsmuster in einer gemeinsamen Alltagspraxis durchsetzen. Dieser Befund widerspricht den Aussagen der neueren Milieuforschung zum Katholizismus, die einen engen Zusammenhang des katholischen Milieus gerade auf der Mikroebene konstatiert hatte. Wenn nicht einmal in einer so katholisch geprägten Stadt wie Köln dieser Zusammenhalt gegeben war, ist die Validität dieser Aussage grundsätzlich zu hinterfragen.

Doch auch aus anderen Gründen sollte das bisher dominierende Milieukonzept zum Verhältnis von Antisemitismus und Katholizismus modifiziert werden: Aus der akteurs- und handlungsorientierten Perspektive zeigt sich erstens, daß ein homogener Milieuantisemitismus auf der Ebene sozialer Handlungsmuster nicht existierte. In vielen Fragen standen sich katholische Kirche und Synagogengemeinde in ihrer Ablehnung der modernen, liberalen Gesellschaft in den 1920er Jahren näher als Protestantismus und Katholizismus. Sie gingen auf der lokalen Ebene gesellschaftliche und politische Bündnisse ein und sendeten damit Integrationssignale aus. Erinnert sei hier an die Positionsnahme im Mischehestreit oder an die Intervention der katholischen Kirche zugunsten des jüdischen Friedhofs gegenüber der Stadtverwaltung. Die politische Nähe religiöser Juden und Katholiken zeigte sich auch darin, daß in Wahlkampfzeiten Kölner Rabbiner öffentlich für die Zentrumspartei eintraten.[1]

Zweitens verlief die antisemitische Dynamik im Milieuzusammenhang keineswegs durchgängig von oben nach unten, d. h. es war kein Prozeß der von den »Milieumanagern« einseitig initiiert wurde. Innerhalb des Milieus wurden vielmehr heftige Interessenkonflikte ausgetragen, wie sie im Berufungsstreit Kelsen, den Bestrebungen des katholischen Bühnenvolksbunds und den Boykottforderungen der katholischen Kaufleute besonders greifbar wurden. Ihr Ausgang entschied maßgeblich über die Durchsetzung von Antisemitismus im Milieuzusammenhang. In diesem Kontext gilt es, die mittleren Lagen des katholischen Milieus stärker als bisher zu fokussieren und die sozioökonomische und die milieutheoretische Antisemitismusforschung miteinander auszusöh-

---

[1] »... in Köln aber bewirbt sich das Zentrum nicht nur um die evangelische, sondern auch um die jüdische Orthodoxie. Ein leibhaftiger Rabbiner ist dieser Tage in einer Kölner Zentrumsversammlung aufgetreten«. Der Rabbiner für die Antisemiten, in: Rheinische Zeitung, 7. Januar 1919.

nen. Denn die katholischen Akademiker, Bildungsbürger und Mittelständler waren als klassische Modernisierungsverlierer für antisemitische Denk- und Handlungsmuster einerseits besonders ansprechbar. Sie forcierten antisemitische Vorstöße innerhalb des Milieus und drohten potentiell, aus dem Milieuzusammenhang auszubrechen. Der Zusammenhalt wurde andererseits aber dadurch gesichert, daß die vermeintlich liberalen Milieueliten antisemitische Forderungen unter bestimmten Umständen flexibel in den Gruppenzusammenhang integrierten und den Zusammenhalt damit stabilisierten.

Wegen der gesellschaftlichen und politischen Relevanz des Kölner Katholizismus wurden seine Mechanismen der Integration und Ausgrenzung hier intensiver untersucht als innerhalb des schwer zu greifenden protestantisch-bürgerlichen und des Arbeitermilieus. Es zeigte sich aber, daß die bürgerlichen Parteien und protestantischen Kirchenspitzen integrationsfeindlicher eingestellt waren als ihre katholischen Pendants. Sie unterstützten partiell antisemitische Positionen der Nationalsozialisten im Stadtrat, und sie öffneten sich den Nationalsozialisten im Kirchenalltag, indem sie ihnen beispielsweise Zugang zu ihren Gemeindehäusern gewährten und protestantische Kirchentermine im *Westdeutschen Beobachter* bekannt gaben. Daraus jedoch einen einheitlichen Milieuantisemitismus abzuleiten, wäre falsch. In einem Teil der bürgerlich-protestantischen Kreise dominierten noch immer die engen bürgerlich geprägten Verbindungslinien, die aus dem 19. Jahrhundert herrührten und die vor antisemitischen Ausgrenzungen schützten. Hierfür ist die bürgerliche Frauenbewegung ein hervorragendes Beispiel. In anderen Gruppierungen setzten sich die sozialen und rassistischen Exklusionstendenzen dagegen rasch durch, wie im studentischen Vereinswesen. Für protestantisch-bürgerliche Kreise in Köln ist das Milieukonzept daher wenig ertragreich und kaum anwendbar.

Innerhalb des Arbeitermilieus zeigte sich der kollektive Milieuzusammenhang auf der Mikroebene, wie erwähnt, am deutlichsten und stützte eindeutig integrative Tendenzen. Gerade in wirtschaftlichen Krisenzeiten waren gegenseitige Unterstützung und Hilfe unter Arbeitern und Arbeitslosen unabdingbar, und jüdische »Klassengenossen« waren vorbehaltlos in diese Netzwerke integriert. Darüber hinaus konnte der kollektive Milieuzusammenhalt gerade in dem Schutz osteuropäischer Juden vor antisemitischer Gewalt nachgewiesen werden. Außerdem nahmen Arbeiterpresse und -parteien in der kritischen Auseinandersetzung mit antisemitischen Tendenzen im gesellschaftlichen Leben eine wichtige Rolle ein. Sie bemühten sich mit einigem Erfolg, die Arbeiterschaft vor antisemitischen Mobilisierungsversuchen der Nationalsozialisten zu »immunisieren«, wie man am Beispiel des Kapp-Putschs sehen konnte. Bis 1933 blieb sich gerade die Sozialdemokratie in der Rolle eines starken Bündnispartners der Juden in Köln treu. Zwar integrierten ihre Anhänger – und stärker noch die Kölner Kommunisten – antijüdische Denkbilder in ihren Argumentationszusammenhang, was die neuere Forschung zum Arbeitermilieu hervorhebt. Weil aber bei ihnen diese Denkbilder nur situativ zum Tragen kamen und sie grundsätzlich aktive Integration und Abwehrkampf gegen den Antisemitismus (nicht nur der Nationalsozialisten) in den Vordergrund stellten, muß die positive Wirkkraft des Arbeitermilieus für den Integrationsstand der Juden wieder stärker betont werden.

Um die Ergebnisse der Studie im reichsweiten und regionalen Vergleich einordnen zu können, müssen wichtige Besonderheiten der Kölner Verhältnisse berücksichtigt werden. Zunächst sind in diesem Zusammenhang die besonderen politischen Rahmenbedingungen der Besatzungsherrschaft in Westdeutschland zu nennen. Wie in einem Laborversuch wurde deutlich, was passiert, wenn in einer gesellschaftlichen Krisensituation die rechtsradikale Bewegung als politischer und gesellschaftlicher Faktor nahezu ausgeschaltet ist: Die Kölner Nachkriegsgesellschaft wurde nicht von einem erstarkten Antisemitismus beherrscht und kam ohne das Feindbild Jude aus: Daraus leitet sich die Kritik an einer allzu simplen und mechanischen Gleichsetzung von sozioökonomischer Krise und Hochkonjunktur des Antisemitismus ab. Stärker noch als die Krise waren die politischen Rahmenbedingungen für den vehementen Antisemitismus in der direkten Nachkriegszeit verantwortlich. Die politischen Verhältnisse bestimmten entscheidend die Periodisierung des Antisemitismus in der Weimarer Republik, wie das Kölner Beispiel zeigt. Zugleich hing es maßgeblich von der Form der Besatzung ab, ob sie, wie die vergleichsweise milde britische Besatzungsherrschaft in Köln, demokratiefördernd wirkte oder ob sie, wie unter der rigiden französischen Besatzung in Mainz, rechtsradikale Tendenzen forcierte.[2]

Darüber hinaus sind die grundlegende politische Schwäche der Nationalsozialisten und die Dominanz des Katholizismus im Hinblick auf die Durchsetzung eines gesellschaftlichen Antisemitismus in Köln zu diskutieren. Entgegen der herrschenden Meinung zeigte sich, daß diese Faktoren die zunehmende Verbreitung antisemitischer Denk- und Handlungsmuster nicht verhinderten, sondern sie partiell sogar förderten: Gerade weil die Nationalsozialisten im Reichsvergleich politisch schwach waren, versuchten sie durch eine besonders rigide antisemitische Hetze und Gewaltausübung in den mittleren Jahren der Republik auf sich aufmerksam zu machen. Und gerade die Stärke des Katholizismus ermöglichte in einigen Bereichen des städtischen Lebens die Durchsetzung antisemitischer Tendenzen, die in anderen Städten nicht vorstellbar waren. Ein kirchlicher Kaufboykott jüdischer Waren in der Weimarer Republik wurde in preußisch-protestantischen Regionen nicht praktiziert. Unter Berücksichtigung dieser lokalen Besonderheiten soll nun abschließend die Entwicklung der Beziehungen zwischen Juden und Nichtjuden in Köln unter dem Einfluß eines erstarkten Antisemitismus in der Weimarer Republik zusammenfassend dargestellt und interpretiert werden.

Das Verhältnis zwischen Juden und Nichtjuden in Köln war bis in die Mitte der 1920er Jahre gut und fußte auf relativ langen Traditionen. Der gleichbe-

---

[2] Vgl. hierzu auch HERBERT, Best.

rechtigte Umgang war Teil der städtischen Normalität. Er blieb keineswegs auf vereinzelte Nischen oder Ausnahmesituationen beschränkt. Der hohe Integrationsstand der Juden in Köln zeigte sich nicht nur in dem ungehinderten Zugang jüdischer Bürger zu wichtigen Ämtern und Positionen, sondern auch in ihrer aktiven Teilhabe am lokalen Geschehen. Juden konnten in den lokalen Parteien und der kommunalen Verwaltung, in den wirtschaftlichen Verbänden und Kulturinstitutionen und nicht zuletzt im Vereinswesen wichtige Positionen einnehmen. Bürgerliche Juden engagierten sich als Mäzene städtischer Projekte und für konfessionsübergreifende Wohlfahrtseinrichtungen. Schichtenübergreifend partizipierten jüdische Kölner in allen Bereichen der Freizeit, Kultur und des Konsums. Juden führten in Köln kein isoliertes Gruppendasein, sondern waren in Abhängigkeit von ihrer sozialen Lage und ihren persönlichen Interessen auf vielfältige Weise in das lokale Leben eingebunden. Daß in Köln ein reiches jüdisches Leben existierte und jüdische Kultur selbstbewußt nach außen getragen wurde, wie am Beispiel der Jahrtausendausstellung und der Pressa gezeigt wurde, ist als ein weiteres Zeichen des offenen sozialen Klimas jenseits strenger Assimilationsforderungen zu werten und deutet keineswegs auf eine selbstgewählte oder fremdbestimmte Isolation hin. Diese gewachsenen Verbindungen wurden auch nicht in der ersten großen Krisenphase der frühen Republik bedroht oder gelöst.

Die Gründe für diese weitreichende Integration sind zunächst in den liberalen Traditionslinien des Miteinanders seit dem 19. Jahrhundert zu suchen, die sowohl vom städtischen Bürgertum und dem vergleichsweise liberalen Kölner Katholizismus als auch von der Kölner Arbeiterschaft mitgetragen wurden. Der moderne – politisch organisierte – Antisemitismus, der im Rheinland ohnehin schwach war, konnte aufgrund dieser Verbindungen und der Haltung der städtischen Eliten in Köln kaum Wirkung entfalten. Daß sich dies auch nicht in den Krisenjahren der Republik änderte, lag vornehmlich an den politischen Rahmenbedingungen der Besatzungsherrschaft und den kommunalpolitischen Strukturen, die eine antisemitische Radikalisierung der Gesellschaft verhinderten. Trotz der schwerwiegenden sozioökonomischen Belastungen in der Nachkriegsgesellschaft ist daher von einer Hochkonjunktur eines qualitativ neuen Antisemitismus nicht zu reden. Lediglich im Wirtschaftsleben zeigte die antisemitische Propaganda punktuell ihre Wirkung.

Im Hinblick auf die osteuropäischen Juden muß allerdings dieser Befund einer liberalen Stadtgesellschaft bereits für die ersten Jahre der Republik revidiert werden: Osteuropäische Juden waren von engeren gesellschaftlichen Kontakten zu Nichtjuden so gut wie abgeschnitten. Auch in den unterbürgerlichen Verkehrsformen dominierte das Gefühl, nicht dazuzugehören. Wie stark die divergierenden kulturellen und religiösen Traditionen und vor allem die stetige Angst, abgelehnt zu werden, zumindest zur gesellschaftlichen Isolation der ersten Generation der Immigranten beitrugen, geht aus den Zeitzeugenberichten deutlich hervor. Doch auch das Verhältnis zu den deutschen Juden war kaum besser. Die sogenannten Ostjuden bekamen die Ressentiments der sozial bessergestellten Juden deutlich zu spüren. Diese teilten die sozialen Vorurteile und die nationalistische Überheblichkeit der nicht-jüdischen Bürger. Sie waren darüber hinaus darum bemüht, nicht mit den Ostjuden identifiziert zu werden, damit sich die antisemitischen Vorwürfe nicht gegen sie richten könnten. Entsprechend schwach blieben die Einwände der eingesessenen Juden gegen die strukturelle Diskriminierungspolitik an der Universität, im Wirtschaftsleben und in Fragen der kommunalpolitischen Behandlung ihrer osteuropäischen Glaubensgenossen. Dieser administrative Antisemitismus wurde von einem weitverbreiteten und stark negativ aufgeladenen Ostjudenstereotyp getragen, das die osteuropäischen Juden zu einer Bedrohung der städtischen Gesellschaft stilisierte. Damit ließ sich durchaus eine interessengeleitete Politik sozialer Schließung verbinden, die sich mehrheitlich gegen die ärmeren osteuropäischen Juden richtete und die akademische Konkurrenz aus Osteuropa auszuschalten suchte. Auch im vermeintlich liberalen Köln konnten daher schon früh strukturelle Formen der Judenfeindschaft mit weitgehender Billigung der lokalen Akteure praktiziert werden.

Seit Mitte der 1920er Jahre verschlechterte sich die Situation auch für die übrigen Kölner Juden: Dieser Desintegrations- und Dissoziationsprozeß setzte ab 1926/27 ein und beschleunigte sich in den letzten Jahren der Republik. Der erstarkte Antisemitismus zeigte sich in der Zunahme verdeckter Distanzierungen und Zurückweisungen. Auch offen ausgesprochene Ressentiments und Beleidigungen häuften sich im Alltagsleben und im öffentlichen Kommunikationszusammenhang. In verschiedenen Bereichen des städtischen Lebens wurden erstmalig Vorstöße zu formalen sozialen Ausgrenzungspraktiken lanciert, Boykott- und »NC«-Forderungen erhoben und institutionalisierte Formen des Miteinanders aufgekündigt. Seit 1927 häuften sich schließlich die Formen antisemitischer Gewalt und nahmen in den letzten Jahren zum Teil bedrohliche Formen an.

Trotz dieser Verschlechterungen prägte aber auch die späten Jahre der Republik kein eindeutiges Schwarz-Weiß-Bild einer weitgehenden Isolation der Juden in Köln und eines durchgängigen Antisemitismus der nichtjüdischen Bevölkerung. In allen Bereichen städtischen Lebens zeigte sich ein breites Spektrum an Verhaltensweisen, das von sozialer Akzeptanz bis hin zum radikalen Ausschluß reichte, und antisemitische Tendenzen setzten sich nicht in allen Untersuchungsbereichen gleich stark durch.

Die persönlichen Sozialbeziehungen, die sich durch ihre große Heterogenität auszeichneten, erodierten ab Mitte der 1920er Jahre zunehmend. In den bis dahin außerordentlich guten nachbarschaftlichen Verhältnissen, regen privaten Kontakten und in der Geselligkeit des Vereinslebens, die von den vielfältigen Verbindungen zwischen Juden und Nichtjuden in Köln zeugen, mehrten sich Zurückweisungen und Zurücksetzungen. Gerade in den kollektiv praktizierten Verkehrsformen der Nachbarschaft und der sozialen Organisationen verstärkten sich die Ausgrenzungsformen und nahmen in offenen Beleidigungen und rassistisch begründeten Ausschlüssen aus dem Vereinswesen eine bisher unbekannte Schärfe an. Hierfür war aber nicht direkt die Propaganda der radikalen Antisemiten verantwortlich, die den Bereich sozialer Beziehungen kaum zum Thema machte und selbst die christlich-jüdischen Ehen ignorierte. Vielmehr wirkte sich die allgemeine – und in den Quellen schwer greifbare – Zunahme einer judenfeindlichen Stimmung aus, die die persönlichen Beziehungen zumindest partiell negativ beeinflußte. Entscheidend war gerade im Vereinswesen und in den öffentlichen Verkehrsformen die Haltung der städtischen Eliten, die anders als in der antisemitischen Welle der Gründerzeit die judenfeindlichen Vorstöße im sozialen Bereich nicht länger unterbanden.

Im kulturellen Leben der Stadt zeigte sich der Integrationsstand der Juden in Köln dagegen bis 1933 vergleichsweise unbeeindruckt von antisemitischen Einbrüchen. Dies hing zunächst damit zusammen, daß im Kulturbereich die Beziehungen zwischen Juden und Nichtjuden auf verschiedenen Ebenen besonders fest verankert waren: Lange Traditionslinien der Partizipation verbanden sich mit einem aktiven Engagement der Kölner Juden als Kulturproduzenten, -förderer und -konsumenten unter den neuen Bedingungen der 1920er Jahre. Gerade im Selbstverständnis und in den Handlungsweisen der jüdischen und nichtjüdischen Kulturproduzenten hatte ihr soziokultureller Hintergrund fast völlig an Bedeutung verloren. Auch die städtischen Eliten unterstützten die Kulturproduzenten unabhängig von ihrem Glauben und ihrer Herkunft, solange sie sie als einen Gewinn für die Kulturszene ansahen. Am Beispiel der Pressa zeigte sich, daß sich die Zusammenarbeit zwischen den jüdischen Kulturproduzenten aus Köln und den Stadtgremien unkomplizierter gestaltete als die Kooperation der jüdischen Kulturproduzenten aus Köln und dem übrigen Reichsgebiet.

Gegen diese Formen des Miteinanders konnten die radikalantisemitischen Angriffe nichts ausrichten, weil ihre Bestrebungen zur Errichtung einer »deutschen« Kultur weder Rückhalt in der Bevölkerung noch in der bürgerlichen Honoratiorenkultur fanden und sie von den Schaltstellen der städtischen Kultur und Kulturpolitik ausgeschlossen waren. Für eine deutsch-völkische Kulturoffensive war Köln schlichtweg die falsche Adresse. Doch auch gegenüber den kulturkonservativen und antijüdischen Angriffen, die sich aus der Mitte des katholischen Milieus formierten, dominierten die Verteidiger der Integration in einem vielschichtigen Tableau von Interessen, Konfliktlagen und Meinungen. Zwar waren in der katholischen Bevölkerung durchaus antijüdische Vorurteile gegenüber den jüdischen Kulturproduzenten und Mäzenen präsent, doch waren diese zu schwach, um handlungsleitend zu werden und antijüdische Vorstöße zu unterstützen. Zentral war, daß die Eliten an ihrem integrationsfreundlichen Kurs festhielten, damit Köln als Kulturstadt Großstadtqualitäten entwickelte.

Auch an der zentralen Wissenschaftsinstitution Kölns, der neugegründeten Stiftungsuniversität, hatten die Universitätsbehörden und die Stadt als ihre Trägerin großes Interesse daran, durch eine sachbezogene Berufungspolitik das Profil der Universität zu schärfen und ihre Reputation zu steigern. Vor diesem Hintergrund zeichnete sich die Kölner Berufungspolitik bis 1933 durch ihre liberale Linie aus, wie sie auch an anderen Reformuniversitäten der Zeit zu beobachten war. Die Kölner Hochschule hielt in dieser Frage antisemitischen Angriffen aus dem lokalen Umfeld und aus den Fakultäten stand. Trotzdem konnten sich an der vermeintlich liberalen Universität zugleich antisemitische Tendenzen durchsetzen. Toleranz zeigten die Universitätsbehörden nur gegenüber jenen jüdischen Professoren, die das Renommee der Universität stärkten. Gegenüber den akademischen jüdischen Außenseitern aus dem Mittelbau – und hier insbesondere gegenüber jenen mit einer osteuropäischer Herkunft –, die noch kein Prestige brachten, wirkten sich die konkurrenz- und sozialisationsbedingten Ressentiments der nichtjüdischen Kollegen negativ aus. Und gerade der größere Entscheidungsspielraum der privaten Stiftungsuniversität, die über die Annahme ihrer ausländischen Studenten entscheiden konnte, führte dazu, daß gegenüber den jüdischen Studenten aus Osteuropa ein informeller »NC« installiert werden konnte.

Auch in Köln führte die Verbindung von Hochschulkrise, ökonomischen Problemen und beruflicher Perspektivlosigkeit gemeinsam mit der politischen Radikalisierung, Emotionalisierung und Mobilisierung der seit 1921 an die Hochschule drängenden »Kriegsjugendgeneration« zu einem erstarkten Antisemitismus unter den Studenten. Obwohl in Köln die Waffenstudentenschaft und die Kölner Hochschulgruppe des NS-Studentenbunds als Speerspitzen des studentischen Antisemitismus im Reichsvergleich lange schwach blieben, waren die jüdischen Studenten im organisatorischen Gefüge doch so stark aus dem sozialen Gefüge ausgeschlossen wie aus keinem anderen Bereich städtischen Lebens. Den judenfeindlichen Tendenzen in der Studentenschaft, wie sie exemplarisch am Satisfaktionsstreit und in der Verfassungsfrage deutlich wurden, brachten die Universitätsbehörden intern einiges Verständnis entgegen. Nur gegen die antisemitische Gewalt der nationalsozialistischen Hochschüler zeigten sie keine Toleranz, da diese die Prinzipien des akademischen Lebens verletzte. Damit ist das liberale Bild der Kölner Hochschule in zentralen Punkten zu revidieren.

Im Wirtschaftsleben setzten sich die judenfeindlichen Vorstöße am klarsten durch. Bereits vor dem Ersten Weltkrieg nahmen die Stereotype von dem »verderblichen jüdischen Einfluß« im Wirtschaftsleben einen festen Platz im Denken der Bevölkerung ein. Diese Denkbilder gingen auf eine lange mittelalterliche Tradition zurück, waren mit der Gründerkrise im katholischen Denken aktualisiert worden und manifestierten sich in alltäglichen Diskriminierungen. Gerade in Köln schufen die schlechtere ökonomische Position der katholischen Mehrheitsbevölkerung und ihre Konzentration in den krisengeschüttelten Professionen des alten Mittelstands die sozioökonomische Grundlage für die antisemitische Aktualisierung dieser Vorurteile in der Krisensituation der direkten Nachkriegszeit. Und tatsächlich führte die gezielte Wirtschaftspropaganda der radikalen Antisemiten zu offenen antisemitischen Äußerungen aus der Bevölkerung und erstmalig zu antisemitischen Ausschreitungen während der Hungerunruhen. Aber auch wenn die sozioökonomische Krisensituation im Wirtschaftsleben punktuell als direkter Katalysator eines radikalisierten Antisemitismus wirkte, gilt es festzuhalten, daß die Ausschreitungen im Reichsvergleich schwach blieben und sich die wirtschaftlichen Beziehungen zwischen Juden und Nichtjuden in der frühen Krisenphase strukturell nicht dramatisch verschlechterten: Weiterhin konnten beruflich erfolgreiche Juden führende Positionen in den wirtschaftlichen Verbänden und Gremien einnehmen. Darüber hinaus wurden die radikalantisemitischen Wirtschaftsstereotype – mit Ausnahme des Ostjudenstereotyps, das gerade die wirtschaftliche Bedrohungsdimension hervorhob – kaum öffentlich kommuniziert und antisemitische Gewalt unterbunden. Besonders die Konsumgewohnheiten der Bevölkerung und das ökonomische Preis-Leistungs-Denken zeigten sich gegenüber antisemitischen Boykottaufrufen resistent.

Erst mit der heftigen Wirtschaftspropaganda der Nationalsozialisten in der zweiten Hälfte der 1920er Jahre setzte sich ein qualitativ neuer Antisemitismus in Köln durch. Hierzu trug die nunmehr enthemmte und geschickte Agitation bei, die die negativen Vorstellungsbilder in den Köpfen der Bevölkerung – und gerade im katholischen Mittelstand – emotionalisierend verdichtete und unter der sich abzeichnenden Weltwirtschaftskrise damit auf zunehmende Resonanz stieß. Die katholischen Mittelständler trugen diese antisemitischen Boykottforderungen in das katholische Milieu und fanden das Entgegenkommen der Milieuspitzen, die so den Zusammenhalt des Milieus vor nationalsozialistischen Einbrüchen zu sichern suchten. Ein starker katholischer Milieuzusammenhang in Wirtschaftsfragen mochte daher vor der politischen Abwanderung der Katholiken zu den Nationalsozialisten schützen, einen erstarkten Wirtschaftsantisemitismus in Köln verhinderte er dagegen nicht.

Im Vergleich dazu war das Verhältnis von Integration und Ausgrenzung im politischen Leben der Stadt wesentlich komplexer. In den ersten Jahren der Republik verbürgten die politischen Rahmenbedingungen der Besatzung, die politische Stärke des Katholizismus und die gewachsenen Kooperationslinien zwischen Zentrum und Sozialdemokratie stabile politische Verhältnisse in Köln. Dadurch war auch der Aktionsradius der deutsch-völkischen Antisemiten extrem eingeschränkt. Ferner trugen die liberalen Traditionslinien der Kommunalpolitik, in der über Jahrzehnte das Engagement jüdischer Politiker und Beamter als Teil der städtischen Normalität etabliert war, dazu bei, daß im lokalen Raum die durchaus präsenten Stereotype vom jüdischen Revolutionär und vom zersetzenden Einfluß der Juden in der Politik nicht offen gegenüber den jüdischen Politikern vor Ort vorgebracht wurden. Während sich in der

Ämtervergabe, den öffentlichen Politikformen und den Interventionen jüdischer Akteure im kommunalpolitischen Entscheidungsprozeß der fortdauernd hohe Integrationsstand der deutsch-jüdischen Kölner zeigte, erinnert das lückenlose System antisemitischer Verdrängung gegenüber den osteuropäischen Juden bereits 1919 an das Vorgehen rechtsautoritärer Regimes.

Auch nach dem Abzug der Besatzungsbehörden und mit der Zunahme der gewalttätigen Vorstöße der Nationalsozialisten blieben die politischen Eliten des Zentrums und der Sozialdemokratie bis zum Ende der Republik wichtige Bündnispartner der Juden in der Verurteilung und Abwehr des radikalen Antisemitismus. Doch obwohl der politische Einfluß der Nationalsozialisten bis 1933 äußerst gering blieb, hatte die Stadt Köln ihre Vorreiterrolle einer paritätischen Politik aufgegeben, so daß sich seit Mitte der 1920er Jahre der politische Gestaltungsraum der Kölner Juden – wenn auch nur partiell – verringerte. Hierfür war nicht wie auf der Reichsebene direkt der Niedergang des politischen Liberalismus verantwortlich, sondern die Entwicklung des Kölner Zentrums, das sich unter dem Rechtsruck der Bevölkerung und der Parteiführung zunehmend antiliberalen Tendenzen öffnete. Der Schlüssel zur Erklärung dieser heterogenen und zum Teil disparaten Entwicklung liegt darin, wie die Beteiligten interagierten und gleichzeitig darin, wie ihre Interessenlagen und Kräfteverhältnisse in dem jeweiligen Handlungsbereich konfiguriert waren.

Mit dem Abzug der Besatzungsbehörden hatten die radikalen Antisemiten in Köln erstmalig die Möglichkeit, ungehemmt antisemitische Stereotype offen zu aktualisieren, ideologisieren und radikalisieren. Sie machten die Juden im lokalen Raum zum zentralen Objekt ihrer Agitation und versuchten, in öffentlichkeitswirksamen Kampagnen das städtische Klima gezielt zu vergiften. Neu war ab 1926 zudem die Umsetzung ihrer verbalen Gewalt in konkrete Übergriffe auf jüdische Bürger und Institutionen. Bewaffnete Überfälle auf Synagogenbesucher, Bombenattentate auf Gotteshäuser, Friedhofsschändungen und brutale Gewalt gegen jüdische Bürger auf der Straße wurden in Köln bereits vor 1933 praktiziert. Das physische Bedrohungspotential der Nationalsozialisten verschärfte sich seit 1927 kontinuierlich und wurde in Wahlkampfzeiten besonders intensiviert, was auf den politisch-instrumentellen Charakter der Gewalt verweist.

Mit dieser Offensive der radikalen Antisemiten im lokalen Raum war die städtische Integrationseinheit erstmalig vor eine wirkliche Belastungsprobe gestellt: Jetzt sollte sich erweisen, ob die gewachsenen Verbindungen und die Integrationsfreudigkeit der Eliten ernsthaften Herausforderungen standhielten oder nicht. Gegenüber den neuen Formen der physischen Gewalt stand die Abwehrfront fest. Wer angegriffen wurde, konnte auf direkte Unterstützung zählen: Diese Hilfe wurde gruppen- und bereichsübergreifend von unbekannten Passanten, von den Nachbarn und weitgehend von der Polizei geleistet, und die Angriffe wurden öffentlich einhellig verurteilt. Antisemitische Gewalt bildete bis 1933 einen gravierenden Normbruch, gegen den auf der direkten Handlungsebene sofort eingegriffen wurde, der allerdings von der Justiz nicht entsprechend geahndet wurde. Die Kölner Richter unterschieden sich in diesem Punkt nicht von der reichsweiten Praxis ihrer Amtskollegen. Auch sie waren auf dem rechten Auge blind und begründeten ihre milde Rechtsprechung gegenüber nationalsozialistischen Verbrechen mit zum Teil hanebüchenen Konstruktionen.

Den radikalen Antisemiten gelang es auch nicht, unmittelbaren politischen und gesellschaftlichen Einfluß zu gewinnen und judenfeindliche Positionen im städtischen Gefüge durchzusetzen. Im Stadtrat, im bürgerlichen Vereinswesen, in den Gremien und Behörden blieben sie bis 1933 machtlos. Von einem offenen Schulterschluß mit dem Bürgertum oder einer Unterstützung durch weite Kreise der Bevölkerung waren die Kölner Nationalsozialisten weit entfernt. Aber auch wenn die radikalen Antisemiten strukturelle und politische Außenseiter blieben, hatte ihr Auftreten doch starke indirekte Folgen auf die Gestaltung der Beziehungen. Sie nährten mit ihren gezielten Kampagnen antijüdische Vorstellungsbilder und erzeugten judenfeindliche Stimmungen. Vor allem verlagerten sie die Grenzen dessen, was im städtischen Kommunikationszusammenhang gesagt und gefordert wurde. Damit schufen sie den Raum für antijüdische Vorstöße aus Kreisen, die schon zuvor judenfeindliche Ressentiments gehegt hatten, diese aber angesichts des dominierenden Integrationsklimas und des geltenden Normgefüges nicht offen ausgesprochen hatten. Diese Vorstöße im städtischen Raum gingen von den Unzufriedenen aus, von den nach eigenem Dafürhalten zu kurz gekommenen, von den (angehenden) Akademikern und den katholischen Bildungsbürgern, die im Vergleich zum Kaiserreich an Einfluß verloren hatten. Es waren die von Verarmung bedrohten Mittelständler, die wie ihre jüdischen Konkurrenten besonders unter den Folgen der Wirtschaftskrisen litten. Dieser Befund läßt sich aber für Köln nicht mit dem klassischen Bild von den politischen Verführern und verführten Massen beschreiben. Denn diese Kreise folgten nicht blindlings den Nationalsozialisten, waren von einem geschlossenen rassistischen Weltbild weit entfernt und entwickelten eine eigene Stoßrichtung. Sie bauten vereinzelte soziale und rassistische Exklusionsforderungen situativ in den Kommunikations- und Handlungshorizont ihres eigenen Gruppenzusammenhangs ein. Sie versuchten »ihre Eliten«, die mehrheitlich zugleich wichtige Verfechter der Integration darstellten, auf ihre Seite zu ziehen und so den eigenen Spielraum zu erweitern. Sie taten dies in Form öffentlichkeitswirksamer Kampagnen nach außen und in Form nach innen gerichteter Intrigen und Petitionen.

Im lokalen Raum war letztlich die Frage entscheidend, ob diese antisemitischen Vorstöße auf breite Unterstützung in der Bevölkerung zählen konnten und wie die städtischen Eliten und strukturellen Akteure auf die Vorstöße reagierten. Gaben die Politiker, Behörden und katholischen Milieuspitzen nach und signalisierten Akzeptanz für existierende und zukünftige antijüdische Vorstöße, forcierten sie dadurch den Desintegrationsprozeß. Umgekehrt setzte ihre entschiedene Abwehr ein Zeichen für die Chancenlosigkeit eines radikalen und gesellschaftlichen Antisemitismus.

Die städtischen Eliten widersetzten sich diesen antisemitischen Vorstößen und hielten bis zum Ende der Republik an ihrem Integrationskurs fest, solange dieser nicht massenhaft angegriffen wurde und solange das eigene Interesse für diesen Kurs sprach. Diese Haltung könnte man interessengeleitete Integrationsbereitschaft oder Toleranz aus Sacherwägung nennen. Einzelne Mediatoren wie Konrad Adenauer traten in verschiedenen gesellschaftlichen Bereichen zugunsten dieser sachbezogenen Integration auf und nahmen in diesem Zusammenhang eine entscheidende Rolle ein.

Zentral ist aber, daß sich diese sachbezogene Position der Kölner Eliten, die in der Forschung vorschnell als liberal etikettiert wurde, mit einem weitgehenden Verständnis für antijüdische Tendenzen im eigenen Gruppenzusammenhang und einem strukturellen Antisemitismus verbinden ließ, ohne deshalb zwingend mit dem gleichzeitig interessegeleiteten Integrationskurs zu kollidieren. In der Logik dieses Denkens fanden Integration und Ausgrenzung gleichermaßen Platz, standen abgestuft nebeneinander und bezogen sich auf unterschiedliche jüdische Personen bzw. jüdische Gruppen. Diese exklusionsträchtige Seite des vermeintlichen Liberalismus und der Milieuinteressen zeigte sich in Köln um so stärker, je größer der antisemitische Druck aus der Bevölkerung und den unteren Milieuorganisationen wurde. Dies wurde im Wirtschaftsleben besonders deutlich.

Auch wenn die Eliten also nur in bestimmten Situationen den antisemitischen Vorstößen nachgaben, bedeutete dies aufgrund ihrer führenden Stellung in der städtischen Gesellschaft, daß sie damit über die engere Entscheidung hinaus die grundsätzliche Akzeptanzschwelle für antisemitische Haltungen Stück für Stück nach unten verschoben haben. Damit waren sie, wenn vielleicht auch ungewollt, dafür mitverantwortlich, daß ein zunehmend feindseliges Klima um sich greifen konnte, das desintegrativen Prozessen Vorschub leistete.

Die Kölner Juden beobachteten diesen Prozeß aufmerksam und mit Sorge, reagierten offensiv auf die antisemitischen Bedrohungen und bemühten sich in zahlreichen Initiativen um die Verbesserung des Verhältnisses zur nichtjüdischen Bevölkerung. Doch konnten sie gegen den Wandel des städtischen Klimas, der zunächst eng mit dem Wechsel der politischen Rahmenbedingungen zusammenhing und sich unter den Bedingungen einer zunehmend antiliberalen Gesellschaft beschleunigte, wenig ausrichten. Die sich verstärkende Isolation der Kölner Juden gründete in der sozialen Dynamik zwischen den städtischen Akteuren, die die seit dem 19. Jahrhundert eng geknüpfte »Integrationsfront« nun erstmalig aufkündigten. In den späten 1920er Jahren erodierten damit städtische Normen und Verhaltenstabus gegenüber den Kölner Juden in einem Maße, das noch zu Beginn der Republik undenkbar gewesen wäre und der strukturellen Ausgrenzung 1933 den Weg ebnete: Das Sachdenken der städtischen Eliten, die antisemitischen Ressentiments in der Bevölkerung und die Radikalität der Nationalsozialisten, die nun zu einem persönlichen Rachefeldzug gegen ihre jahrelang angefeindeten Gegner ansetzten, denen sie unter den Bedingungen der Republik nichts hatten anhaben können, führten zu der Vorreiterrolle Kölns in der frühen nationalsozialistischen Verdrängungspolitik. So wirkte sich die konfligierende Minderheiten- und Mehrheitenkonstellation zwischen Juden, Katholiken und Protestanten in Köln in den 1920er Jahren ambivalent aus: Während sie zugleich größere Integrations- und Partizipationschancen bot und diesen zur historischen Umsetzung verhalf, schuf sie zugleich erst die Grundlage für antisemitische Vorstöße aus der Mitte der katholischen Gesellschaft. Im sozialen Beziehungsgeflecht lagen Integration und Ausgrenzung nah beieinander.

Dieser Befund ist für den Umgang mit antisemitischen Tendenzen in der Gesellschaft durchaus unbequem. Wenn Antisemitismus nicht strukturell determiniert ist, sondern situativ von einzelnen Personen und Institutionen verbreitet wird und man ihn durch gezielte Bündnisarbeit einhegen kann, dann folgt daraus zugleich der Handlungsimperativ, antisemitische Organisationen zu verbieten und judenfeindliche Gewalt zu verhindern, antisemitische Äußerungen nicht hinzunehmen und vor Ort ein starkes Netzwerk des Miteinanders zu etablieren, um so der gesellschaftlichen Verbreitung von Antisemitismus auch für die Zukunft entgegenzuwirken.

ABKÜRZUNGEN

AEK	Archiv des Erzbistums Köln
AfS	Archiv für Sozialgeschichte
BdF	Bund deutscher Frauen
BVB	Bühnenvolksbund
CAHJP	Central Archives for the History of Jewish People
C.V.	Cartellverband der katholischen Deutschen Studentenverbindungen 1856
CV	Centralverein deutscher Staatsbürger jüdischen Glaubens
CZA	Central Zionist Archives
DDP	Deutsche Demokratische Partei
DHV	Deutschnationaler Handlungsgehilfen-Verband
DNVP	Deutschnationale Volkspartei
DVP	Deutsche Volkspartei
DSt	Deutsche Studentenschaft
DVSTB	Deutsch-völkischer Schutz- und Trutzbund
GdA	Gewerkschaftsbund der Angestellten
GdK	Gesellschaft der Künste
GG	Geschichte und Gesellschaft
GiK	Geschichte in Köln
GVA	Generalvikariat
GWU	Geschichte in Wissenschaft und Unterricht
HStAD	Hauptstaatsarchiv Düsseldorf
HStAK	Historisches Archiv der Stadt Köln
HZ	Historische Zeitschrift
JbfA	Jahrbuch für Antisemitismusforschung
JTV	Jüdischer Turnverein
KC	Kartellconvent der Tendenzverbindungen deutscher Studenten jüdischen Glaubens
KdF	Kraft durch Freude
KKK	Kleiner Kölner Klub
KKV	Katholischer Kaufmännischer Verein
KPD	Kommunistische Partei Deutschlands
LBI	Leo Baeck Institute
LBIYB	Beo Baeck Institute Year Book
LHK	Landeshauptarchiv Koblenz

LThK	Lexikon für Theologie und Kirche
NPL	Neue Politische Literatur
NSDStB	Nationalsozialistischer Deutscher Studentenbund
NSDAP	Nationalsozialistische Deutsche Arbeiterpartei
NS-Dok.	NS-Dokumentationszentrum
RDK	Rundfunkarbeitsgemeinschaft der deutschen Katholiken
RDR	Reichsverband Deutscher Rundfunkteilnehmer
RjF	Reichsbund jüdischer Frontsoldaten
RThK	Realencyklopädie für protestantische Theologie und Kirche
SPD	Sozialdemokratische Partei Deutschlands
TAJB	Tel Aviver Jahrbuch für deutsche Geschichte
USPD	Unabhängige sozialdemokratische Partei Deutschlands
UAK	Universitätsarchiv Köln
VfZ	Vierteljahrshefte für Zeitgeschichte
WDR	Westdeutscher Rundfunk
Werag	Westdeutsche Rundfunk AG
ZfG	Zeitschrift für Geschichtswissenschaft
ZGO	Zeitschrift für die Geschichte des Oberrheins

QUELLEN UND LITERATUR

1. Archivalien

Archiv des Erzbistums Köln (AEK)

Bestand GVA Dekanatsakten Köln überhaupt
Nr. 16 II   Gottesdienst, Pfarrprozessionen etc. (Seelsorge)
Nr. 74   Kirchliche Statistik

Bestand CR I, Cabinetts-Registratur I
Nr. 14.2,7   Jahresberichte der Dechanten
Nr. 26.4,2   Die in der ED Köln und in der Rheinprovinz erscheinenden periodischen Zeitschriften zur Förderung kirchl. u. päd. Zwecke
Nr. 17.1,4   Gemischte Ehen und die dabei in kirchlicher Beziehung zu beobachtende Praxis
Nr. 2.3,2   Hirtenbriefe

Bestand Generalia
Gen. I. 3.8   Katholikentage
Gen. I 5,4a   Diözesansynode 1922
Gen. I 6.2   Begräbnisplätze für Gemeinden verschiedener Konfessionen und für Private
Gen. I 8.2,4   Unmoralisches Betragen von Laien
Gen. I 13.2,1   Ehesachen überhaupt u. in weltl. Beziehung
Gen. I 19.4   Empfehlungen
Gen. I 22.5,1   Die Dissidenten in der Erzdiözese
Gen. I 22.13,1   Bestrebungen zur Bildung einer deutschnationalen Reichskirche und verwandte Angelegenheiten
Gen. I 23.13,1   Kaufmännische Vereine (1911–1931)
Gen. I 23.13,2   Kaufmännische Vereine (1931–1938)
Gen. I 23,30   Sittlichkeitsvereine und Sittlichkeitsfragen
Gen. I 23.36,1   Kath. Frauenbund & Soziale Frauenschule
Gen. I 23.49   Bühnenvolksbund, Bühnen- u. Theaterwesen überh.
Gen. I 23.60,2   Radio
Gen. II 8.4, 1a   Gewaltsame Angriffe auf Juden u. Judaica

Archiv der Evangelischen Gemeinde Köln am Rhein

nA 1,11   Amtsbücher des Presbyteriums und der Repräsentation
23-3,2   Amtshandlungen Trauungen, auch gemischte Ehen

Historisches Archiv der Stadt Köln (HStAK)

Abteilung 3: Stadtvertretung
Nr. 18/31   Sitzungsberichte des Ältestenausschusses

Abteilung 10: Organisationsangelegenheiten der Stadtverwaltung
Nr. 45/14   Glückwünsche

Bestand 46: Theater-, Konzert-, Filmwesen
Nr. 5–7   Protokollbücher der Theaterkommission
Nr. 7a   Beschlußbuch der Theaterausschüsse

Bestand 560: Dreikönigsgymnasium
Nr. 787   Mitgliederverzeichnis Franziskus-Xaverius-Missionverein, Pfadfinderbewegung, Satzung Jungdeutschland

Bestand 651: Friedrich-Wilhelm-Gymnasium
Nr. 133   Hauptschülerverzeichnis mit alphabet. Register

Bestand 902: Konrad Adenauer – Stadtkölnische Angelegenheiten
Nr. 101/4   Fraktionen der Stadtverordnetenversammlung (vertraulich)
Nr. 105/4   Politische und Parteiangelegenheiten (vertraulich)
Nr. 117/1   Schriftwechsel mit dem Polizeipräsidenten
Nr. 118/2–3   Kirchliche Angelegenheiten vertraulich
Nr. 141/3   Philosophische Fakultät vertraulich
Nr. 142/2   Rechtswissenschaftliche Fakultät vertraulich
Nr. 151/1   Schriftwechsel mit der Studentenschaft
Nr. 193/5   Theaterangelegenheiten vertraulich
Nr. 229/1   Schlacht- und Viehhof
Nr. 258/3   Parteiangelegenheiten
Nr. 263/1 und 6 Widmungen und Glückwünsche des Oberbürgermeisters
Nr. 275/3   Vereine
Nr. 285/1   Komitée Pro-Palästina

Bestand 1006: Nachlaß Carl Bachem
Nr. 524   Persönliche Erinnerungen

Bestand 1138: Stadtverband Kölner Frauenvereine
Nr. 2   Geschäftsbericht 1926/27

NS-Dokumentationszentrum der Stadt Köln (NS-Dok.)

Zeitzeugeninterviews
Leo Blau
Selma Blaugrund
Samuel Brückner
Shulamit Cohen
Doris Falikmann
Edith Freundlich
Miriam Geiger
Sholamid Ginossah
Harry H.
Netti Haas
Henry Isaac
Efraim Kapelner
Arnold Helmut Katz
Lotti Korn
Zvi Miller
Rudolf Nathan
Ilse Pollack

Hilde R.
Georg Kaufmann
Erich Schäfer
Gertrud Schneider
Max Siegellack
Kuno Treumann
Manfred Vogelhut

»Mappe Kultur« der Sammlung des NS-Dok.

Nachlaß Schönenberg
Tagebuch Dr. Max Schönenberg

Universitätsarchiv Köln (UAK)

Zugang 9: Kuratoriums- und Verwaltungsakten
Nr. 4   Ehrenpromotionen
Nr. 15   Statistik, Verwaltungsberichte
Nr. 18   Zeitungsnachrichten
Nr. 28   Verschiedenes
Nr. 52   Besatzung, Anordnungen der Besatzungsbehörde

Zugang 27: Personalakten alphabetisch und Sammelakten sowie Sach- und Handakten; Amtsbücher
Nr. 19   Aschaffenburg, Gustav
Nr. 139   Satzungen, allg.

Zugang 27p: Senatsprotokolle
Nr. 1   Senatsprotokolle, Bd. 1

Zugang 28: Rektorat
Nr. 76   Immatrikulation von Ausländern
Nr. 99   Chronik, Bd. 1
Nr. 114–116   Disziplinarangelegenheiten
Nr. 212   Bekanntmachungen (Schwarze Bretter), Bd. 2
Nr. 300   Seelsorge für die katholischen Studierenden, Bd. 1
Nr. 302   Seelsorge für die jüdischen Studierenden
Nr. 304   Die Verfassung (Satzung) der Studentenschaft
Nr. 305   Studentenschaftswahlen, Urabstimmung und Auflösung der Studentenschaft der Universität, Bd. 1
Nr. 309   Studentenvertretung und Studentenwahlen
Nr. 332   Verein Kölner Studentenburse e. V.
Nr. 339   Katholisches Studentenhaus (Studentenküche)
Nr. 340   Evangelisches Studentinnentagesheim
Nr. 341   Katholisches Studentinnentagesheim
Nr. 345   Universitätszeitung
Nr. 361   Studentenunruhen, Bd. 1
Nr. 369–371   Verbindungen der Studierenden
Nr. 372–373   Nationalsozialistischer Deutscher Studentenbund Hochschulgruppe Köln

Hauptstaatsarchiv Düsseldorf (HStAD)

Bestand Regierung Köln
Nr. 2122   Verkehr mit unedlen Metallen

Nr. 7563 Polizeiberichte v. a. Nationalsozialistische Organisationen
Nr. 7856 Vereinigungen der Kriegsbeschädigten und ehemaligen Kriegsteilnehmer
Nr. 7857 Vereine Stadt Köln (sowie örtlich übergreifend), Bd. 7
Nr. 8087 Umsturzbewegungen
Nr. 8101 Vereine
Nr. 11526–28 Namensänderungen und Verleihung des Prädikats Frau
Nr. 11558–11563 Namensänderungen
Nr. 11681 Einbürgerungen in der Stadt Köln

Bestand Polizeipräsidium Köln
Nr. 176 Niederlassung von Ausländern 1917–1918
Nr. 177 desgl. 1919–1920
Nr. 197 Flugblätter
Nr. 209 Vorträge Spec. 1918–1922
Nr. 210 Vorträge Spec. 1923–1926
Nr. 216 Theater Sonderakten
Nr. 283 Verordnungen der Rheinlandkommission (zumeist Verkehrspolizei)
Nr. 284 desgl. (u. a. Auswanderungen)
Nr. 285 Britische Angelegenheiten (Allg. Anordnungen u. Zwischenfälle)
Nr. 291 Versammlungen und Umzüge
Nr. 298 Berichte, Politik (Besonders Verhütung von Unruhen, Verstärkung der Polizei)
Nr. 7626 Schutz- und Sicherungsmaßnahmen, Gen. und spec.
Nr. 7687 Gesetz und Verordnungen zum Schutze der Republik
Nr. 7714 Polizeiberichte v. a. kommunistische Organisationen
Nr. 7726 Unruhen und Demonstrationen
Nr. 7855 Unruhen, Streiks
Nr. 8087 Umsturzbewegungen
Nr. 8119a Sicherheitsmaßnahmen bei Staatsbesuchen u. pol. Unruhen
Nr. 8126 Ausweisungen und Aufenthaltsverbote, Gen., Bd. 5

Bestand Staatsanwaltschaft Köln
Rep. 9 Nr. 80 Arbeiter Alberschmidt und Agent Franz Reinartz wg. Mißhandlung und verbotenen Waffenbesitzes
Rep. 9 Nr. 133 Strafsache ./. Reichstagsabgeordneten Wilhelm Börger
Rep. 9 Nr. 252 Johann Lames und Genossen in Köln wg. Körperverletzung. Zusammenstoß zwischen Angehörigen des Stahl-helms und des Reichsbanners Schwarz-Rot-Gold
Rep. 9 Nr. 256 Ermittlungsverfahren ./. Kaufmann Otto Mathias Loevenich in Köln Ehrenfeld, Mitglied der »Deutsch-Sozialen Partei« wg. Vergehen gg das Sprengstoffgesetz
Rep. 9, Nr. 302 Anzeige betr. Schlägerei zwischen Mitgliedern des Bundes jüd. Frontsoldaten und Deutschnationalen in Köln 1924
Rep. 9 Nr. 323 Katz und Rosenthal ./. Ley und Grohé
Rep. 9 Nr. 333 Tietz ./. Ley Grohé Landgericht Köln (6. Zivilkammer)
Rep. 11 Nr. 551 Berichte in Pressesachen
Rep. 11 Nr. 565 Israelitische Friedhofsschändung zu Kerpen
Rep. 11 Nr. 574 Berichte in Pressesachen
Rep. 11 Nr. 577 Desgl.
Rep. 21 Nr. 15, 16, 18 Berichte und Erlasse betr. Beleidigung der Reichs- oder Staatsregierung oder eines Mitgliedes derselben 1924–1930
Rep. 21 Nr. 26 Berichte und Erlasse betr. Beleidigung der Reichs- und Staatsregierung oder eines Mitgliedes derselben 1930
Rep. 21 Nr. 32 Berichte und Erlasse betr. Beleidigung der Reichs- und Staatsregierung oder eines Mitgliedes derselben 1931–1932

Rep. 21 Nr. 53–67 Berichte in Strafsachen Strafverfolgung Ley wg. Presseverg.
Rep. 21 Nr. 90 Berichte in Strafsachen u. a. Schlägerei in der KölnerHochschule für Musik
Rep. 21 Berichte in Strafsachen. Zusammenstöße zwischen Angehörigen politi-
Nr. 330 f., 334, scher Verbände
339, 341

Bestand Generalstaatsanwaltschaft Köln
Rep. 145, Nr. 24 Politische Umtriebe aus Anlaß der Staatsumwälzung und das Gesetz zum Schutz der Republik
Rep. 145 Nr. 53 Berichte in Strafsachen Strafverfolgung Ley wg. Pressevergehen
Rep. 145 Nr. 63 Politische Umtriebe aus Anlaß der Staatsumwälzung und das Gesetz zum Schutz der Republik Einzelfall ./. Schuhmacher Martin Johnen in Köln
Rep. 145 Nr. 75 Strafsache ./. Redakteur Dr. Robert Ley in Köln und Gen. wg. Beleidigung der Inhaber der Fa. Katz-Rosenthal in Köln in der Presse
Rep. 145 Nr. 122 Politische Umtriebe aus Anlaß der Staatsumwälzung
Rep. 145
Nr. 123–124 Desgl. enthält u. a. Verfahren ./. Chemiker Dr. Robert Ley
Rep. 145 Nr. 206 Presse und Vereinswesen
Rep. 145 Nr. 237 Schutzmaßnahmen gegen Mißbrauch der Koalitionsfreiheit (durch Streik, Unruhen, Landvolkbewegung usw.)

Bestand Landgericht Köln
Rep. 231
Nr. 120 ./. Metzger Hubert K. in Köln wg. Mißhandlung jüd. Händler am 1. 4. 1933 im Schlachthof Köln
Rep. 231
Nr. 1429–1432./. kaufm. Angestellten Peter Stieldorf in Köln wg. Körperverletzung des jüd. Viehhändlers Max Moses am 3. 4. 1933 mit Todesfolge (Aktion zur Vertreibung der Juden vom Gelände des Schlachthofes in Köln)

Landeshauptarchiv Koblenz (LHK)

Abt. 403: Oberpräsidium der Rheinprovinz
Nr. 13454 Innere politische Bewegung
Nr. 13468 Schutz der Republik, Bd. 1
Nr. 13472 Beaufsichtigung der Presse zum Zweck des Schutzes der Republik
Nr. 13578 Wochenberichte für die amerikanische Besatzung. Wirtschaftliche, politische und soziale Lage in Kreis und Bezirk
Nr. 14800–03 Einzelne mit den Besatzungstruppen in Vbdg. stehende Angelegenheiten
Nr. 15219 Jüdische Kultusangelegenheiten
Nr. 16010 Synagogengemeindestatuten des Regierungsbezirks Köln
Nr. 16786 Zusammenstöße zwischen Mitgliedern radikaler Parteien, Bd. 1
Nr. 16801 Schutz der Republik. Generalia, Bd. 3
Nr. 16819 Sonstige Verbände, Bd. 1
Nr. 16865 Innenpolitische Bewegung, Bd. 3
Nr. 16866 Innenpolitische Bewegung, Bd. 4

Yad Vashem, Jerusalem

Ruth Pincus-Wieruszowski, 033/2399
Fritz A. Lewinson, Das jüdische Leben in Köln 1932–1936, 01/150

Central Archives for the History of the Jewish People, Jerusalem (CAHJP)

Nachlaß Bruno Kisch, P80
Nr. 36b   »Universität Köln« Correspondence with university and Government
Nr. 48a   Jawne Schule generelle Korrespondenz
Nr. 71   Photographs, Official documents, correspondence, newspaper clippings

Mikroverfilmte Akten des CV-Vereins, die im Center for the Preservation of Historical Documentary Collections (Moscow) archiviert sind

HM 2 8695 – Osoby, Fond 721, Opis I, Akte 111
HM 2 8700 – Osoby, Fond 721, Opis I, Akte 1116
HM 2 8700 – Osoby, Fond 721, Opis I, Akte 1133
HM 2 8712 – Osoby, Fond 721, Opis I, Akte 796
HM 2 8757 – Osoby, Fond 721, Opis I, Akte 2251
HM 2 8758 – Osoby, Fond 721, Opis I, Akte 2285
HM 2 8825 – Osoby, Fond 721, Opis I, Akte 3386

Central Zionist Archives, Jerusalem (CZA)

Nachlaß Max Bodenheimer A 15
Nr. 761   Correspondence and various papers concerning the Jewish Community of Cologne 1929–1931
Nr. 762   Correspondence concerning the Jewish Community of Cologne 1929/30
Nr. 766   Correspondence and various papers concerning the Jewish Community of Cologne 1923–1933
Nr. 770   Various documents concerning the »Jüdische Sonderschau« der »Pressa«
Nr. 1145 Essays and speeches of feminism and Jewish women by Rosa Bodenheimer

Archives of the Leo Baeck Institute, New York (LBI NY)

Cologne; Jewish Community Archives, AR 998, AR 5324, Add.: Kl/4/B.
B'nai Brith Collection, AR 3836/A.1135
Gisela Block Collection, AR 11010/A28/1
Adolf-Kober-Collection, MF 524 Reel 12.
Siegmund Mannheim, Unveröffentlichte Biographie, Brüssel 1941, Memoirs 1880–1941, ME 420; MM reel 53.
Liffman, Herbert & Doris, Erinnerungen, Archives ME 2809; MM reel 49.
Lydia Treidel, Lebenserinnerungen, Jerusalem 1956 Memoirs 1880–1956, ME 646; MM reel 77.
Helene Wintgen, No title, Archives ME 689; MM reel 81.

2. Periodika, Zeitschriften und Zeitungen

Antisemitische Zeitung
Bulletin D
CV-Zeitung. Blätter für Deutschtum und Judentum (ab 1922)
Das evangelische Rheinland
Gemeindeblatt der Synagogen-Gemeinde zu Köln
Im deutschen Reich. Zeitschrift des Centralvereins (1916–1922)
Israelitisches Gemeindeblatt
Jüdische Freie Presse
Jüdische Woche

Jüdischer Beobachter
Kirchlicher Anzeiger für die Erzdiözese Köln
Kirchlicher Anzeiger für die evangelischen Gemeinden zu Köln
Kölner Jüdisches Wochenblatt
Kölner Jüdisch-Liberale Zeitung
Kölner Lokal-Anzeiger
Kölner Nachrichten, Nachrichten-Blatt des »Christlichen Mittelstands«
Kölner Stadtanzeiger
Kölner Tageblatt
Kölner Universitäts-Kalender
Kölner Universitäts-Zeitung
Kölnische Volkszeitung
Kölnische Zeitung
Merkuria
Missionsblatt des Westdeutschen Vereins für Israel
Der Mittag
Die neue Front
Rheinische Post
Rheinische Tageszeitung
Rheinische Zeitung
Rheinischer Merkur
Der Schild
Sozialistische Republik
Statistische Jahrbücher der Stadt Köln
Der Ventilator
Die Verhandlungen der Stadtverordnetenversammlung zu Köln, Protokolle
Völkischer Beobachter
Westdeutscher Beobachter

3. Zeitgenössische Veröffentlichungen

BLEK, Gottfried zur (Hrsg.), Die Geheimnisse der Weisen von Zion, 10. Aufl. München 1930.
BODENHEIMER, Max Widor, Die jüdische Presse, in: Internationale Presse-Ausstellung (Hrsg.), Presse- u. Kulturschau am Rhein, Köln 1928, S. 125–128.
Centralverein deutscher Staatsbürger jüdischen Glaubens (Hrsg.), Friedhofsschändungen in Deutschland 1923–1931. Dokumente der politischen und kulturellen Verwilderung unserer Zeit, 4. Aufl. Berlin 1932.
EWALD, Wilhelm/Bruno KUSKE (Hrsg.), Katalog der Jahrtausendausstellung der Rheinlande in Köln 1925, Köln 1915.
Handbuch des Erzbistums Köln, 26 Ausgaben (1827–1966).
HÖNIG, Fritz (Hrsg.), Sprichwörter und Redensarten in Kölnischer Mundart, 2. Aufl. Köln 1912.
Katalog Internationale Kunstausstellung des Sonderbundes Westdeutscher Kunstfreunde und Künstler zu Cöln 1912, Köln 1912.
KIRCH, Gerhard, Die Nachbarschaft in der Vorstadt. Auszug aus der Dissertation, in: Kölner Vierteljahreshefte für Soziologie 8 (1929), S. 63–77.
KUHNEN, Emil (Hrsg.), Hundert Jahre Kölner Karneval. Die Wiedergeburt 1925, Köln 1926.
Ders. (Hrsg.), Kölner Karneval und Rosenmontagszug in Wort und Bild, Köln 1927.
KUSKE, Bruno, Die Großstadt Köln als wirtschaftlicher und sozialer Körper, Köln 1928.
Lieder vom Kölner Karneval, Köln 1927.
MOSES, Elisabeth, Die Abteilung »Juden und Judentum im Rheinland« auf der Jahrtausendausstellung in Köln Juni–August 1925, in: Soncino-Blätter. Beiträge zur Kunde des jüdischen Buchs, Berlin 1925, S. 86–89.
PINNER, Felix, Deutsche Wirtschaftsführer, Charlottenburg 1925.
ROST, Hans, Die Katholiken im Kultur- und Wirtschaftsleben der Gegenwart, Köln 1908.

SILBERGLEIT, Heinrich, Die Bevölkerungs- und Berufsverhältnisse der Juden im Deutschen Reich, Berlin 1930.
ZWEIG, Arnold, Juden auf der deutschen Bühne, Berlin 1928.

4. Gedruckte Erinnerungen

AHLFELD-HEYMANN, Marianne, Und trotzdem überlebt. Ein jüdisches Schicksal aus Köln durch Frankreich nach Israel 1905–1955, Konstanz 1994.
AMELN, Elisabeth von, Köln Appellhofplatz. Rückblick auf ein bewegtes Leben, Köln 1985.
BECKER-JÁKLI, Barbara (Hrsg.), Ich habe Köln doch so geliebt. Lebensgeschichten jüdischer Kölnerinnen und Kölner, Köln 1993.
DOERRY, MARTIN (Hrsg.), »Mein verwundetes Herz«. Das Leben der Lilli Jahn 1900–1944, 2. Aufl. Stuttgart/München 2002.
DOMIN, Hilde, Von der Natur nicht vorgesehen, München 1974.
ELLSCHEID, Rosa Maria, Erinnerungen von 1896–1987, Köln 1988.
ERNST, Jimmy, Nicht gerade ein Stilleben. Erinnerungen an meinen Vater Max Ernst, Köln 1985.
FRÖHLICH, Peter, Es war ein langer Weg. Erinnerungen eines alten Kölners, Köln 1976.
HEYWATH, Peter (Hrsg.), Gespräch mit Otto Klemperer, Frankfurt a. M. 1974.
JOSEPH, Artur, Meines Vaters Haus, Stuttgart 1959.
JÜRGENS, Franz J. (Hrsg.), »Wir waren ja eigentlich Deutsche«. Juden berichten über Emigration und Rückkehr, Berlin 1997.
KISCH, Bruno, Wanderungen und Wandlungen. Die Geschichte eines Arztes im 20. Jahrhundert, Köln 1966.
KÜHN, Heinz, Widerstand und Emigration. Die Jahre 1928–1945, Hamburg 1980.
MAYER, Hans, Ein Deutscher auf Widerruf. Erinnerungen, Bd. 1, Frankfurt a. M. 1982.
Ders., Gelebte Musik. Erinnerungen, Frankfurt a. M. 1999.
MATZERATH, Horst (Hrsg.), »... Vergessen kann man die Zeit nicht, das ist nicht möglich ...«. Kölner erinnern sich an die Jahre 1929–1945, Köln 1985.
MÜLLER-SCHAFFRATH, Die Chronik des Lädchens, Erinnerungsbericht, in: Kölner Frauengeschichtsverein, »10 Uhr pünktlich Gürzenich«, S. 12–15.
SCHOLEM, Gershom, Von Berlin nach Jerusalem. Jugenderinnerungen, Frankfurt a. M. 1977.
SCHNITZLER, Victor, Erinnerungen aus meinem Leben, Köln 1921.
SEEWALD, Richard, Der Mann von gegenüber. Spiegelbild eines Lebens, München 1963.
SILBERMANN, Alphons, Verwandlungen. Eine Autobiographie, 2. Aufl. Bergisch Gladbach 1992.
STRAUS-ERNST, Louise, Nomadengut (Lebenserinnerungen, geschrieben 1941), auszugsweise abgedruckt in: Wulf HERZOGENRATH (Hrsg.), Max Ernst in Köln. Die rheinische Kunstszene bis 1922, Ausstellungskatalog Kölnischer Kunstverein, Köln 1980, S. 295–302, und Neuabdruck Köln 1999.

5. Literatur

ADAM, Uwe Dietrich, Hochschule und Nationalsozialismus. Die Universität Tübingen im Dritten Reich, Tübingen 1977.
ADELSON, Józef, The Expulsion of Jews with Polish Citizenship from Bavaria in 1923, in: Polin. A Journal of Polish-Jewish Studies 5 (1990), S. 57–73.
ADENAUER, Konrad, Freunde, Förderer, Mäzene – Kölner Familien unterstützen das Orchester, in: SCHARBERTH, Gürzenich-Orchester, S. 116–127.
Akademie der Künste (Hrsg.), Geschlossene Vorstellung: Der Jüdische Kulturbund in Deutschland 1933–1941, Berlin 1992.
ALEXANDER, Gabriel E., Die jüdische Bevölkerung Berlins in den ersten Jahrzehnten des 20. Jahrhunderts. Demographische und wirtschaftliche Entwicklungen, in: Reinhard RÜRUP (Hrsg.), Jüdische Geschichte in Berlin. Essays und Studien, Berlin 1995, S. 117–148.

ALLEN, William S., The Nazi Seizure of Power. The Experience of a Single German Town, 1930–1935, Chicago 1965.
ALTER, Peter/Claus-Ekkehard BÄRSCH/Peter BERGHOFF (Hrsg.), Die Konstruktion der Nation gegen die Juden, München 1999.
ALTERMATT, Urs, Katholizismus und Antisemitismus. Mentalitäten, Kontinuitäten, Ambivalenzen. Zur Kulturgeschichte der Schweiz 1918–1945, Frauenfeld/Stuttgart/Wien 1999.
ALTGELD, Wolfgang, Katholizismus, Protestantismus, Judentum. Über religiös begründete Gegensätze und nationalreligiöse Ideen in der Geschichte des deutschen Nationalismus, Mainz 1992.
ALTMANN, Wolfgang, Die Judenfrage in evangelischen und katholischen Zeitschriften zwischen 1918 und 1933, Diss. München 1971.
ANGRESS, Werner T., Revolution und Demokratie: Jüdische Politiker in Berlin 1918/19, in: Reinhard RÜRUP (Hrsg.), Jüdische Geschichte in Berlin. Essays und Studien, Berlin 1995, S. 181–196.
Ders., Generation zwischen Furcht und Hoffnung. Jüdische Jugend im Dritten Reich, Hamburg 1985.
Ders., Juden im politischen Leben der Revolutionszeit, in: W. E. MOSSE/PAUCKER, Deutsches Judentum, S. 137–315.
Arbeitskreis für kirchliche Zeitgeschichte Münster, Katholiken zwischen Tradition und Moderne. Das katholische Milieu als Forschungsaufgabe, in: Westfälische Forschungen 43 (1993), S. 588–654.
ARING, Paul Gerhard, Christen und Juden heute – und die »Judenmission«? Geschichte und Theologie protestantischer Judenmission dargestellt und untersucht am Beispiel des Protestantismus im mittleren Deutschland, Frankfurt a. M. 1987.
Ders., Christliche Judenmission. Ihre Geschichte und ihre Problematik dargestellt und untersucht am Beispiel des evangelischen Rheinlands, Neukirchen-Vluyn 1980.
ARNDT, Ino, Die Judenfrage im Licht der evangelischen Sonntagsblätter von 1918–1933, Diss. Tübingen 1960.
ASARIA, Zvi, Die Juden in Köln. Von den ältesten Zeiten bis zur Gegenwart, Köln 1959.
ASCHHEIM, Steven E., German History and German Jewry: Boundaries, Junctions and Interdepence, in: LBIYB 43 (1998), S. 315–322.
Ders., Brothers and Strangers. The East European Jew in German and German-Jewish Consciousness, 1800–1923, Madison 1982.
ASSENMACHER, Ralf Bernd/EULER-SCHMIDT, Michael/SCHÄFKE, Werner (Hrsg.), 175 Jahre ... und immer wieder Karneval, Köln 1997.
AYCOBERRY, Pierre, Köln zwischen Napoleon und Bismarck. Das Wachstum einer rheinischen Stadt, Köln 1996.
BARKAI, Avraham, Die Juden als sozio-ökonomische Minderheitengruppe in der Weimarer Republik, in: GRAB/SCHOEPS, Juden, S. 330–346.
Ders., Politische Orientierungen und Krisenbewußtsein, in: M. A. MEYER, Deutsch-jüdische Geschichte, Bd. 4, S. 102–122.
Ders., Etappen der Ausgrenzung und Verfolgung bis 1939, in: Ebenda, Bd. 4, S. 193–224.
Ders., Bevölkerungsrückgang und wirtschaftliche Stagnation, in: Ebenda, Bd. 3, S. 37–49.
Ders., Jüdisches Leben in seiner Umwelt, in: Ebenda, Bd. 3, S. 50–73.
Ders., Der Kapitalist, in: SCHOEPS/SCHLÖR, Antisemitismus, S. 265–272.
Ders., Vom Boykott zur »Entjudung«. Der wirtschaftliche Existenzkampf der Juden in Deutschland 1933–1943, Frankfurt a. M. 1989.
Ders., Jüdische Minderheit und Industrialisierung. Demographie, Berufe und Einkommen der Juden in Westdeutschland 1850–1914, Tübingen 1988.
BARTOV, Omar, Defining Enemies, Making Victims: Germans, Jews and the Holocaust, in: American Historical Review 103 (1998), S. 771–816.
BAUER, Günther, Kirchliche Rundfunkarbeit 1924–1939, Frankfurt a. M. 1966.
BAUER, Yehuda, Vom christlichen Judenhaß zum modernen Antisemitismus – ein Erklärungsversuch, in: JbfA 1 (1992), S. 77–90.
BAUMANN, Ulrich, Zerstörte Nachbarschaften. Christen und Juden in badischen Landgemeinden 1862–1940, Hamburg 1999.

BAYERDÖRFER, Hans-Peter, Playwrights and Theater Critics in the Weimar Republic Assume the Role of Advocates for Justice, in: GILMAN/ZIPES, Yale Companion to Jewish Writing, S. 455–463.
Ders., Schrittmacher der Moderne? Der Beitrag des Judentums zum deutschen Theater zwischen 1848 und 1933, in: VOLKOV, Deutsche Juden, S. 39–55.
BECKER, Hans-Jürgen, Hundert Jahre Kölner Anwaltverein. Zur Geschichte der Kölner Rechtsanwaltschaft 1887–1987, in: Festschrift zum 100jährigen Jubiläum des Kölner Anwaltvereins, Köln 1987, S. 17–126.
BECKER, Robert, Der Wahrheit die Ehre: Das Reichsbanner Schwarz-Rot-Gold. Die vergessene »Judenschutztruppe« der Weimarer Republik, Wiesbaden 2000.
BECKER-JÁKLI, Barbara, Das jüdische Krankenhaus in Köln. Die Geschichte des israelitischen Asyls für Kranke und Altersschwache 1869–1995, Köln 2004.
Dies., Zur Geschichte der Juden in Köln, in: Dies., Ich habe Köln, S. 323–359.
Dies., »Fürchtet Gott, ehret den König«. Evangelisches Leben im linksrheinischen Köln 1850–1918, Köln 1988.
Dies., Art. »Köln«, in: REICHER, Geschichte, S. 155–167.
Dies., Die Protestanten in Köln. Die Entwicklung einer religiösen Minderheit von der Mitte des 18. bis zur Mitte des 19. Jahrhunderts, Köln 1983.
BEER, Udo, Die Juden, das Recht und die Republik. Verbandswesen und Rechtsschutz 1919–1933, Frankfurt a. M./Bern/New York 1986.
BENNATHAN, Esra, Die demographische und wirtschaftliche Struktur der Juden, in: W. E. MOSSE/PAUCKER, Entscheidungsjahr, S. 87.
BENZ, Wolfgang, Bilder vom Juden. Studien zum alltäglichen Antisemitismus, München 2001.
Ders., Antisemitische Bilder. Statt einer Einleitung, in: Ebenda, S. 7–12.
Ders., Das Bild vom mächtigen und reichen Juden, in: Ebenda, S. 13–26.
Ders., Die jüdische Erfahrung. Die Legende von der deutsch-jüdischen Symbiose vor 1933, in: Ebenda, S. 44–56.
Ders., Judenfeindschaft als Zeitgeist. Theodor Fontane und die Wilhelminische Gesellschaft, in: Ebenda, S. 57–69.
Ders., Antisemitismusforschung als gesellschaftliche Notwendigkeit und akademische Anstrengung, in: Ebenda, S. 129–142.
Ders. (Hrsg.), Die Juden in Deutschland 1933–1945. Leben unter nationalsozialistischer Herrschaft, München 1989, S. 268–314.
BENZ, Wolfgang/Werner BERGMANN (Hrsg.), Vorurteil und Völkermord. Entwicklungslinien des Antisemitismus, Freiburg i. Br. 1997.
Dies., Antisemitismus – Vorgeschichte des Völkermords?, in: Ebenda, S. 10–29.
BENZ, Wolfgang/Arnold PAUCKER/Peter PULZER (Hrsg.), Jüdisches Leben in der Weimarer Republik – Jews in Weimar Germany, Tübingen 1998.
BERDING, Helmut, Antisemitismus in der modernen Gesellschaft: Kontinuität und Diskontinuität, in: Jörg K. HOENSCH (Hrsg.), Judenemanzipation – Antisemitismus – Verfolgung in Deutschland, Österreich-Ungarn, den böhmischen Ländern und in der Slowakei, Essen 1999, S. 85–99.
Ders., Moderner Antisemitismus in Deutschland, Frankfurt a. M. 1988.
BERESWILL, Mechthild/Leonie WAGNER (Hrsg.), Bürgerliche Frauenbewegung und Antisemitismus, Tübingen 1998.
BERGER WALDENEGG, Georg Christoph, Antisemitismus: Eine gefährliche Vokabel? Zur Diagnose eines Begriffs, in: JbfA 9 (2000), S. 108–126.
BERGHAHN, Klaus L., Der Jude als der Andere, in: HERMAND/MATTENKLOTT, Jüdische Intelligenz, S. 7–33.
BERGHAHN, Marion, German-Jewish Refugees in England. The Ambiguities of Assimilation, London 1984.
BERGHAHN, Volker, Der Stahlhelm. Bund der Frontsoldaten 1918–1935, Düsseldorf 1966.
BERGMANN, Werner, Geschichte des Antisemitismus, München 2002.
BERGMANN, Werner/Rainer ERB, Sozialwissenschaftliche Methoden in der Antisemitismusforschung. Ein Überblick, in: JbfA 7 (1998), S. 103–120.

BERGMANN, Werner/Juliane WETZEL, »Der Miterlebende weiß nichts«. Alltagsantisemitismus als zeitgenössische Erfahrung und spätere Erinnerung (1919–1933), in: BENZ, Jüdisches Leben, S. 173–196.
BERNARD, Birgit, Gleichschaltung im Westdeutschen Rundfunk 1933/34, in: D. BREUER/ CEPL-KAUFMANN, Moderne und Nationalsozialismus, S. 301–310.
BERING, Dietz, Kampf um Namen. Bernhard Weiß gegen Joseph Goebbels, 2. Aufl. Stuttgart 1992.
Ders., Der Name als Stigma. Antisemitismus im deutschen Alltag 1812–1933, Stuttgart 1987.
BERS, Günther, Die Regionalgliederung der KPD: Der Bezirk Mittelrhein und sein Parteitage in den Jahren 1927/1929, Reinbek 1981.
BESSEL, Richard, Political Violence and the Rise of Nazism. The Storm Troopers in Eastern Germany 1925–1934, New Haven/London 1984.
Ders., Militarismus im innenpolitischen Leben der Weimarer Republik: Von den Freikorps zur SA, in: Klaus Jürgen MÜLLER/Eckart OPITZ (Hrsg.), Militär und Militarismus in der Weimarer Republik, Düsseldorf 1978, S. 193–222.
BIALAS, Wolfgang/Burkhard STENZEL (Hrsg.), Die Weimarer Republik zwischen Metropole und Provinz. Intellektuellendiskurse zur politischen Kultur, Weimar/Köln/Wien 1996.
BIEBER, Hans-Joachim, Antisemitism as a Reflection of Social, Economic and Political Tension in Germany: 1880–1933, in: David BRONSEN (Hrsg.), Jews and Germans from 1860–1933. The Problematic Symbiosis, Heidelberg 1979, S. 33–77.
BIERBACH, Wolf, Rundfunk zwischen Kommerz und Politik. Der Westdeutsche Rundfunk in der Weimarer Zeit, Frankfurt a. M. [u. a.] 1986.
Ders., Versuch über Ernst Hardt, in: FÖRST, Köln, S. 363–405.
Ders., Von Wefag und Werag. Rückblick und Chronik I (1924–1933), in: Walter FÖRST (Hrsg.), Aus Köln in die Welt. Beiträge zur Rundfunk-Geschichte, Köln/Berlin 1974, S. 167–228.
BILSKY, Emily (Hrsg.), Berlin Metropolis. Jews and the New Culture 1890–1918, New York 2000.
BILLSTEIN, Reinhold, Krieg und Revolution, Die Kölner Sozialdemokratie in den Jahren von 1914 bis 1918, in: Ders. (Hrsg.), Das andere Köln. Demokratische Traditionen seit der Französischen Revolution, Köln 1979, S. 189–223.
BLACKBOURN, David, Die Zentrumspartei und die deutschen Katholiken während des Kulturkampfs und danach, in: Otto PFLANZE (Hrsg.), Innenpolitische Probleme des Bismarck-Reiches, München 1983, S. 73–94.
BLASCHKE, Olaf, Bürgertum und Bürgerlichkeit im Spannungsfeld des neuen Konfessionalismus von den 1830er bis zu den 1930er Jahren, in: GOTZMANN/RHADEN, Juden, Bürger, Deutsche, S. 33–66.
Ders. [u. a.] (Hrsg.), Katholischer Antisemitismus im 19. Jahrhundert. Ursachen und Traditionen im internationalen Vergleich, Zürich 2000.
Ders., Die Elimination wissenschaftlicher Unterscheidungsfähigkeit. Goldhagens Begriff des »eliminatorischen Antisemitismus« – eine Überprüfung, in: Johannes HEIL/Rainer ERB (Hrsg.), Geschichtswissenschaft und Öffentlichkeit. Der Streit um Daniel J. Goldhagen, Frankfurt a. M. 1998, S. 63–90.
Ders., Antikapitalismus und Antisemitismus. Die Wirtschaftsmentalität der Katholiken im Wilhelminischen Deutschland, in: HEIL/WACKER, Shylock?, S. 113–146.
Ders., Katholizismus und Antisemitismus im deutschen Kaiserreich, Göttingen 1997.
BLASCHKE, Olaf/Frank-Michael KUHLEMANN (Hrsg.), Religion im Kaiserreich. Milieus, Mentalitäten, Krisen, Gütersloh 1995.
Ders., Die Kolonialisierung der Laienwelt. Priester als Milieumanager und die Kanäle klerikaler Kuratel, in: Ebenda, S. 93–135.
Ders. [u. a.] (Hrsg.), Nachhilfe zur Erinnerung. 600 Jahre Universität Köln, Köln 1988.
BLASIUS, Dirk, Ehescheidung in Deutschland im 19. und 20. Jahrhundert, Frankfurt a. M. 1992.
BLASIUS, Dirk/Dan DINER (Hrsg.), Zerbrochene Geschichte. Leben und Selbstverständnis der Juden in Deutschland, Frankfurt a. M. 1991.

BLESSING, Werner K., Umwelt und Mentalität im ländlichen Bayern. Eine Skizze zum Alltagswandel im neunzehnten Jahrhundert, in: AfS 19 (1979), S. 1–42.
BLEUEL, Hans Peter, Deutschlands Bekenner. Professoren zwischen Kaiserreich und Diktatur, Bern 1968.
BLEUEL, Hans Peter/Ernst KLINNERT, Deutsche Studenten auf dem Weg ins Dritte Reich. Ideologie – Programme – Aktionen 1918–1935, Gütersloh 1967.
Fritz BLUMRATH, Essay über Leonhard Tietz, in: Rheinisch-Westfälische Wirtschaftsbiographien, Bd. 7, Hagen 1960, S. 48–66.
BODENHEIMER, Henriette H., Max Bodenheimer. Ein zionistisches Lebensbild, Köln 1986.
BOHNKE-KOLLWITZ, Jutta [u. a.] (Hrsg.), Köln und das rheinische Judentum. Festschrift Germania Judaica 1959–1984, Köln 1984.
BOLLENBECK, Georg, Tradition, Avantgarde, Reaktion. Deutsche Kontroversen um die kulturelle Moderne 1880–1945, Frankfurt a. M. 1999.
Ders., Kulturelle Enteignung? Diskursive Reaktionen auf die Moderne in Deutschland, in: EHRLICH/JOHN, Weimar, S. 31–45.
BOLTEN, Jochen, Hochschulstudium für kommunale und soziale Verwaltung in Köln 1912–1929. Eine Studie zur Wiedererrichtung der Universität zu Köln, Köln/Wien 1987.
BOPF, Britta, »Arisierung« in Köln. Die wirtschaftliche Existenzvernichtung der Juden 1933–1945, Köln 2004.
BORSCHEID, Peter, Alltagsgeschichte – Modetorheit oder neues Tor zur Vergangenheit?, in: Wolfgang SCHIEDER/Volker SELLIN (Hrsg.), Sozialgeschichte in Deutschland, Bd. 3, Göttingen 1987, S. 78–100.
BORUT, Jakob, »Bin ich doch ein Israelit, ehre ich auch den Bischof mit«. Village and Small-Town Jews within the Social Spheres of Western German Communities during the Weimar Period, in: BENZ/PAUKER/PULZER, Jüdisches Leben, S. 117–133.
BOTSTEIN, Leon, Judentum und Modernität. Essays zur Rolle der Juden in der deutschen und österreichischen Kultur, 1848 bis 1938, Wien/Köln 1991.
BOYARIN, Jonathan/Daniel BOYARIN (Hrsg.), Jews and other Differences. The New Jewish Cultural Studies, Minneapolis/London 1917.
BRACHER, Karl Dietrich, Die Auflösung der Weimarer Republik. Eine Studie zum Problem des Machtverfalls in der Demokratie, Villingen 1955.
BRAUN, Christina von, Zur Bedeutung von Sexualbildern im rassistischen Antisemitismus, in: Inge STEPHAN/Sabine SCHILLING/Sigrid WEIGEL (Hrsg.), Jüdische Kultur und Weiblichkeit in der Moderne, Wien 1994, S. 23–49.
Dies., »Der Jude« und »Das Weib«. Zwei Stereotypen des »Anderen« in der Moderne, in: Ludger HEID/Joachim H. KNOLL (Hrsg.), Deutsch-jüdische Geschichte im 19. und 20. Jahrhundert, Stuttgart/Bonn 1992, S. 289–322.
BRENNER, Michael, Die Weimarer Jahre (1919–1932), in: NACHAMA/H. SCHOEPS/SIMON, Juden in Berlin, S. 137–180.
Ders., The Renaissance of Jewish Culture in Weimar Germany, New Haven/London 1996, deutsch: Jüdische Kultur in der Weimarer Republik, München 2000.
Ders., Jüdische Turn- und Sportvereine in Köln 1900–1939, Diplomarbeit an der Deutschen Sporthochschule, Köln 1983.
BREUER, Dieter (Hrsg.), Die Moderne im Rheinland und ihre Förderung und Durchsetzung in Literatur, Musik, Architektur, angewandter und bildender Kunst 1900–1933, Köln 1994.
BREUER, Dieter/Gertrude CEPL-KAUFMANN (Hrsg.), Moderne und Nationalsozialismus im Rheinland. Vorträge des Interdisziplinären Arbeitskreises zur Erforschung der Moderne im Rheinland, Paderborn u. a. 1997.
BREUER, Stefan, Ästhetischer Fundamentalismus. Stefan George und der deutsche Antimodernismus, Darmstadt 1995.
BRIDENTHAL, Renate/Atina GROSSMANN/Marion KAPLAN (Hrsg.), When Biology Became Destiny. Women in Weimar and Nazi Germany, New York 1984.
BRINBERG, Morat, Jewish Intellectuals in German Culture, in: Midstream 45 (1999), S. 39–41.
BRINGMANN, Tobias C., Duell, Student und Davidstern. Satisfaktion und Antisemitismus in Deutschland 1871–1900, Freiburg 1995.

BROCH, Ernst-Detlef, Katholische Arbeitervereine in der Stadt Köln 1890–1901, Wendorf bei Hamburg 1971.
Stadt Brühl (Hrsg.), Dadamax 1919–1921. Ausstellungskatalog, Brühl 1982.
BRUNN, Gerhard, Die SPD im politischen Leben der Stadt Köln im Kaiserreich, in: GiK 35 (1994), S. 105–115.
BRUNNER, Otto/Werner CONZE/Reinhard KOSELLECK (Hrsg.), Geschichtliche Grundbegriffe. Lexikon zur politisch-sozialen Sprache in Deutschland, Bde. 1–8, Stuttgart 1975–1997.
BUCHNER, Bernd, Um nationale und republikanische Identität: Die deutsche Sozialdemokratie und der Kampf um die politischen Symbole in der Weimarer Republik, Bonn 2001.
BUDDENSIEG, Tilmann [u. a.] (Hrsg.), Ein Mann vieler Eigenschaften. Walther Rathenau und die Kultur der Moderne, Berlin 1990.
BUSELMEIER, Karin/Dieter HARTH/Christian JANSEN, Auch eine Geschichte der Universität Heidelberg, 2. Aufl. Heidelberg 1986.
BUTTARONI, Susanne/Stanislaw MUSIAL (Hrsg.), Die Ritualmordlegende in der europäischen Geschichte, Köln/Wien/Bonn 2003.
CANARIS, Volker/Tota GAEHME/Jürgen PULLEM (Hrsg.), Theaterstadt Köln, Köln 1986.
CAPLAN, Jane, Government without Administration. State and Civil Service in Weimar and Nazi-Germany, Oxford 1988.
CARLEBACH, Alexander, Die Orthodoxie in der Kölner jüdischen Gemeinde der Neuzeit, in: BOHNKE-KOLLWITZ, Köln, S. 341–358.
Ders., Adass Yeshurun of Cologne. The Life and Death of a Kehilla, Belfast 1964.
CHAMBERLIN, Brewster S., The Enemy on the Right. The Alldeutsche Verband in the Weimar Republic 1918–1926, Ph. D. Univ. of Maryland 1972.
CHARTIER, Roger, Zeit der Zweifel. Zum Verständnis gegenwärtiger Geschichtsschreibung, in: Ch. CONRAD/KESSEL, Geschichte, S. 53–97.
CHAZAN, Robert, Medieval Stereotypes and Modern Antisemitism, Berkeley 1997.
CHILDERS, Thomas, The Nazi Voter: The Social Foundations of Fascism in Germany, 1919–1933, Chapel Hill 1983.
COHN, Emil Bernhard, David Wolffsohn, Herzls Nachfolger, Amsterdam 1939.
CONRAD, Christoph/Martina KESSEL, Geschichte schreiben in der Postmoderne. Beiträge zur aktuellen Diskussion, Stuttgart 1994.
CONRAD, Rolf, Die Kölner Neustadt und der innere »Grüngürtel«, in: KAYSER/T. KRAUS, Köln, S. 170–181.
CORBACH, Dieter, Die Jawne in Köln. Zur Geschichte des ersten jüdischen Gymnasiums in Köln, Berlin 1990.
CORSTEN, Wilhelm (Hrsg.), Sammlung kirchlicher Erlasse, Verordnungen und Bekanntmachungen für die Erzdiözese Köln, Bde. 1–3, Köln 1969.
Ders. (Hrsg.), Kölner Aktenstücke zur Lage der katholischen Kirche in Deutschland 1933–1945, Köln 1949.
CRAIG, Gordon A., Deutsche Geschichte 1866–1945: Vom Norddeutschen Bund bis zum Ende des Dritten Reiches, 2. Aufl. München 1999.
CSER, Andreas, Geschichte der Juden in Heidelberg, Heidelberg 1996.
CULLEN, Michael S., Juden als Sammler und Mäzene, in: SCHOEPS, Juden, S. 123–148.
DAMBERG, Wilhelm, Katholizismus und Antisemitismus in Westfalen. Ein Desiderat, in: Arno HERZIG [u. a.] (Hrsg.), Verdrängung und Vernichtung der Juden in Westfalen, Münster 1994, S. 44–61.
DANIEL, Ute, Kompendium Kulturgeschichte, 3. Aufl. Frankfurt a. M. 2002.
Dies., Clio unter Kulturschock. Zu den aktuellen Debatten der Geschichtswissenschaft, Teil 1, in: GWU 4 (1997), S. 195–219, Teil 2, in: GWU 5/6 (1997), S. 195–219.
DANN, Otto, Vereinswesen und bürgerliche Gesellschaft in Deutschland, München 1984.
DIAMOND, Elin, Performance and Cultural Politics, London 1996.
DIETMAR, Carl/Werner JUNG, Kleine illustrierte Geschichte der Stadt Köln, Köln 1996.
DIETRICH, Tobias Zwischen Milieu und Lebenswelt – Kirchenbindung und Konfession im Hunsrück des 19. Jahrhunderts, in: Monatshefte für Evangelische Kirchengeschichte des Rheinlandes 50 (2001), S. 37–60.
DILLER, Ansgar, Rundfunkpolitik im 3. Reich, München 1980.

DÖPP, Suska, Jüdische Jugendbewegung in Köln 1906–1938, Münster 1997.
DOUGLAS, Donald M., The Early Ortsgruppen-Development of NS Local Groups 1919–23, Ph. D. Kansas State University 1968.
DREIER, Werner (Hrsg.), Antisemitismus in Vorarlberg. Regionalstudie zur Geschichte einer Weltanschauung, Bregenz 1988.
DRENKER-NAGELS, Klara, Die rheinischen Expressionisten und ihre Förderer – Ein Überblick, in: D. BREUER, Moderne im Rheinland, S. 367–382.
DÜWELL, Kurt, Universität, Schulen und Museen. Adenauers wissenschafts- und bildungspolitische Bestrebungen für Köln und das Rheinland (1917–1932), in: STEHKÄMPER, Adenauer, S. 167–206.
Ders., Staat und Wissenschaft in der Weimarer Epoche. Zur Kulturpolitik des Ministers C. H. Becker, in: Theodor SCHIEDER (Hrsg.), Beiträge zur Geschichte der Weimarer Republik, München 1971, S. 31–74.
Ders., Die Rheingebiete in der Judenpolitik des Nationalsozialismus vor 1942. Beitrag zu einer vergleichenden zeitgeschichtlichen Landeskunde, Bonn 1968.
Ders., Das Schicksal der Juden am Rhein im nationalsozialistischen Einheitsstaat. Die Jahre 1933–1945, in: SCHILLING, Monumenta Judaica, S. 601–646.
DUSSEL, Konrad, Deutsche Rundfunkgeschichte. Eine Einführung, Frankfurt a. M. 1999.
DUSTMANN, Ursula, Die Kölner Zeitschriften und Verlage für aktuelle Kunst und Literatur, in: HERZOGENRATH, Max Ernst, S. 114–125.
EHRLICH, Lothar/Jürgen JOHN (Hrsg.), Weimar 1930. Politik und Kultur im Vorfeld der NS-Diktatur, Köln/Weimar/Wien 1998.
EMDEN, Richard van, Die Briten am Rhein 1918–1926. Panorama einer vergessenen Besatzung, in: GiK 40 (1996), S. 38–60.
ERB, Rainer, Die Ritualmordlegende: Von den Anfängen bis ins 20. Jahrhundert, in: BUTTARONI/MUSIAL Ritualmordlegende, S. 11–20.
Ders., Die Legende vom Ritualmord. Zur Geschichte der Blutbeschuldigung gegen Juden, Berlin 1992.
ERB, Rainer/Michael SCHMIDT (Hrsg.), Antisemitismus und jüdische Geschichte. Studien zu Ehren von Herbert A. Strauss, Berlin 1987.
ESSNER, Cornelia, Die Alchemie des Rassenbegriffs und die »Nürnberger Gesetze«, in: JbfA 4 (1995), S. 201–223.
EULER-SCHMIDT, Michael, »und wer ein Weiser Juble sich heiser: Hoch leb' der Kaiser ...«, in: Festkomitee des Kölner Karnevals von 1823 e. V., 175 Jahre, S. 44–53.
Ders., Kölner Maskenzüge 1823–1914, Köln 1991.
Das evangelische Köln, Köln 1965.
FAUST, Anselm (Hrsg.), Verfolgung und Widerstand im Rheinland und in Westfalen 1933–1945, Köln 1992.
Ders., Der Nationalsozialistische Deutsche Studentenbund. Studenten und Nationalsozialismus in der Weimarer Republik, Bde. 1–2, Düsseldorf 1976.
FAUST, Manfred, Sozialer Burgfrieden im Ersten Weltkrieg. Sozialistische und christliche Arbeiterbewegung in Köln, Essen 1991.
FEIN, Helen (Hrsg.), The Persisting Question. Sociological Perspectives and Social Contexts of Modern Antisemitism, Berlin/New York 1987.
FEINBERG-JÜTTE, Anat, »Shylock«, in: SCHOEPS/SCHLÖR, Antisemitismus, S. 119–126.
FELDMAN, Gerald D., Die Nachwirkungen der Inflation auf die deutsche Geschichte, 1924–1933, München 1985.
FELSENSTEIN, Frank, Anti-Semitic Stereotypes. A Paradigm of Otherness in English Popular Culture 1660–1830, Baltimore/London 1995.
FESSMANN, Ingo, Rundfunk und Rundfunkrecht in der Weimarer Republik, Frankfurt a. M. 1973.
Festkomitee des Kölner Karnevals 1829 e. V. (Hrsg.), 175 Jahre ... und immer wieder Karneval, Köln 1997.
FIEBACH, Joachim/Wolfgang MÜHL-BENNINGHAUS (Hrsg.), Spektakel der Moderne. Bausteine zu einer Kulturgeschichte der Medien und des darstellenden Verhaltens, Berlin 1996.
FISCHER, Bruno, Köln, in: HEID/SCHOEPS, Wegweiser, S. 148–175.

FISCHER, Klaus, Jüdische Wissenschaftler in Weimar: Marginalität, Identität und Innovation, in: BENZ/PAUCKER/PULZER, Jüdisches Leben, S. 89–116.
FLADE, Roland, Juden in Würzburg 1918–1933, Würzburg 1985.
Ders., »Es kann sein, daß wir eine Diktatur brauchen«. Rechtsradikalismus und Demokratiefeindschaft in der Weimarer Republik am Beispiel Würzburg, Würzburg 1983.
FLASCH, Kurt, Die geistige Mobilmachung. Die deutschen Intellektuellen und der Erste Weltkrieg, Berlin 2000.
FLATZ, Gisela/Helmut GROSSE, Theaterstadt Köln – kölnisches Theater?, in: Kölnischer Kunstverein, Dadamax, S. 176–179.
FLECK, Ludwig, Entstehung und Entwicklung einer wissenschaftlichen Tatsache. Einführung in die Lehre vom Denkstil und Denkkollektiv, Frankfurt a. M. 1980.
FÖRST, Walter, Köln 1918–1936. Kleine Stadtgeschichte im 20. Jahrhundert, Düsseldorf 1982.
Ders. (Hrsg.), Aus Köln in die Welt. Beiträge zur Rundfunkgeschichte, Köln/Berlin 1974.
FONK, Friedrich Hermann, Das staatliche Mischehenrecht in Preußen vom allgemeinen Landrecht an. Eine rechtsgeschichtliche Untersuchung, Bielefeld 1961.
FOSTER, Stephen C. (Hrsg.), Dada: The Coordinates of Cultural Politics, New York 1996.
FOX, John P.,Weimar Germany and the »Ostjuden« 1918–1923: Acceptance or Expulsion?, in: Michael R. MARRUS (Hrsg.), Refugees in the Age of Total War, New York 1992, S. 51–68.
FRANKEMÖLLE, Hubert (Hrsg.), Opfer und Täter: Zum nationalsozialistischen und antijüdischen Alltag in Ostwestfalen-Lippe, Bielefeld 1990.
FRANKEN, Irene (Hrsg.), »Ja, das Studium der Weiber ist schwer!« Studentinnen und Dozentinnen an der Kölner Universität bis 1933. Katalog zur Ausstellung in der Universität und Stadtbibliothek, Köln 1995.
FRANKEN, Irene/Christiane KLING-MATHEY (Hrsg.), Köln der Frauen. Ein Stadtwanderungs- und Lesebuch, Köln 1992.
FRANZE, Manfred, Die Erlanger Studentenschaft 1918–1945, Würzburg 1972.
Frauenbeauftragte der Universität Köln (Hrsg.), »Genia – Nur für Frauen«. Lese- und Handbuch für Studentinnen, Köln 1995.
FREVERT, Ute, Ehrenmänner. Das Duell in der bürgerlichen Gesellschaft, München 1995.
FRICKE, Dieter, »Antisemitisch bis in die Knochen!« Judenfeindschaft in Bremen während der Weimarer Republik, in: Arbeiterbewegung und Sozialgeschichte. Zeitschrift für die Regionalgeschichte Bremens im 19. und 20. Jahrhundert 3 (2000), S. 5–17.
FRIEDLÄNDER, Saul, Die politischen Veränderungen der Kriegszeit und ihre Auswirkungen auf die Judenfrage, in: W. E. MOSSE/PAUCKER, Deutsches Judentum, S. 27–65.
FROHN, Christina, Der organisierte Narr. Karneval in Aachen, Düsseldorf und Köln 1823 bis 1914, Marburg 2000.
FROHN, Hans-Werner, Arbeiterbewegungskulturen in Köln 1890–1933, Essen 1997.
FRYE, Bruce B., The German Democratic Party and the »Jewish Problem« in the Weimar Republic, in: LBIYB 21 (1976), S. 143–172.
FUCHS, Konrad, Jüdische Unternehmer im deutschen Groß- und Einzelhandel dargestellt an ausgewählten Beispielen, in: W. E. MOSSE/POHL, Unternehmer, S. 177–195.
FUCHS, Peter, 100 Jahre Kaufhof Köln 1891–1991, Köln 1991.
Ders., Pressa Köln. Rückblick nach 30 Jahren auf die 1. Internationale Presseausstellung 1928 in Köln, Köln 1958.
FUCHS, Peter/Max Leo SCHWERING, Kölner Karneval. Zur Kulturgeschichte der Fastnacht, Bd. 1, Köln 1972.
FUCHS, Peter/Max Leo SCHWERING/Klaus ZÖLLER, Kölner Karneval. Seine Geschichte, seine Eigenart, seine Akteure, Köln 1984.
FUHRMANN, Horst, »Sind eben doch alles Menschen gewesen.«. Gelehrtenleben im 19. und 20. Jahrhundert, München 1996.
GAILUS, Manfred, Protestantismus und Nationalsozialismus, Studien zur nationalsozialistischen Durchdringung des protestantischen Sozialmilieus in Berlin, Köln 2001.

Ders., Antisemitismus im protestantischen Sozialmilieu Berlins 1930–1945, in: Michael GRÜTTNER (Hrsg.), Geschichte und Emanzipation. Festschrift für Reinhard Rürup, Frankfurt a. M. 1999, S. 333–358.

GAY, Peter, Freud, Juden und andere Deutsche. Herren und Opfer in der modernen Kultur, Hamburg 1986.

Ders., In Deutschland zu Hause ... Die Juden in der Weimarer Zeit, in: Arnold PAUCKER (Hrsg.), Die Juden im Nationalsozialistischen Deutschland. The Jews in Nazi Germany 1933–1943, Tübingen 1986, S. 31–43.

Ders., Begegnung mit der Moderne. Deutsche Juden in der deutschen Kultur, in: Werner E. MOSSE/Arnold PAUCKER, Juden im Wilhelminischen Deutschland, Tübingen 1976, S. 241–311.

Ders., Die Republik der Außenseiter, Geist und Kultur in der Weimarer Zeit 1918–1933, Frankfurt a. M. 1970.

GEBHARDT, Miriam, Das Familiengedächtnis. Erinnerung im deutsch-jüdischen Bürgertum 1890 bis 1932, Stuttgart 1999.

GEHMACHER, Johanna, Die Eine und der Andere. Moderner Antisemitismus als Geschlechtergeschichte, in: BERESWILL/WAGNER, Frauenbewegung, S. 101–120.

GEISEL, Eike/Henryk M. BRODER, Premiere und Pogrom. Der jüdische Kulturbund 1933–1941, Berlin 1992.

GENDTNER, Otto/Hans HENGSBACH/Sibille WESTERKAMPF, »Ich bin katholisch getauft und Arier«. Aus der Geschichte eines Kölner Gymnasiums, Köln 1985.

GENSCHEL, Helmut, Die Verdrängung der Juden aus der Wirtschaft im Dritten Reich, Göttingen [u. a.] 1966.

GERHARD, Hans Wolfram, Die wirtschaftlich argumentierende Judenfeindschaft, in: Karl THIEME (Hrsg.) Judenfeindschaft. Darstellung und Analysen, Frankfurt a. M. 1963, S. 80–125.

GERLACH, Peter (Hrsg.), Vom realen Nutzen idealer Bilder: Kunstmarkt und Kunstvereine, Aachen 1994.

Ders., Moralität und Konflikte im Kölnischen Kunstverein, in: D. BREUER, Moderne im Rheinland, S. 367–382.

Geschichte der unternehmerischen Selbstverwaltung in Köln 1914–1997, hrsg. aus Anlaß des 200jährigen Bestehens der Industrie- und Handelskammer zu Köln am 8. November 1997, Köln 1997.

GEYER, Martin, Verkehrte Welt. Revolution, Inflation und Moderne: München 1914–1924, Göttingen 1998.

GILES, Geoffrey J., Students and National Socialism in Germany, Princeton/London 1985.

GILMAN, Sander L., Rasse, Sexualität und Seuche. Stereotype aus der Innenwelt der westlichen Kultur, Hamburg 1992.

GILMAN, Sander L./Jack ZIPES (Hrsg.), Yale Companion to Jewish Writing and Thinking in German Culture 1096–1996, New Haven/London 1997.

GINSEL, Bernd, Jüdischer Alltag in Deutschland 1933–1945, Düsseldorf 1984.

GINZBURG, Carlo, Mikro-Historie. Zwei oder drei Dinge, die ich von ihr weiß, in: Historische Anthropologie 1 (1993), S. 169–192.

GIOVANNINI, Norbert, Zwischen Kaiser und Führer. Die Kommilitonen von Ernst Toller, Carl Zuckmayer, Joseph Goebbels und Golo Mann, in: BUSELMEIER/HARTH/JANSEN, Auch eine Geschichte, S. 195–210.

GIRADET, Cella-Margaretha, Jüdische Mäzene für die Preußischen Museen zu Berlin. Eine Studie zum Mäzenatentum im Deutschen Kaiserreich und in der Weimarer Republik, 2. Aufl. Egelsbach 2000.

GOERTZ, Hans-Jürgen (Hrsg.), Geschichte. Ein Grundkurs, Reinbek bei Hamburg 1998.

GÖTZ VON OLENHUSEN, Albrecht, Die »nichtarischen« Studenten an den deutschen Hochschulen, in: VfZ 14 (1966), S. 175–206.

GÖTZ VON OLENHUSEN, Irmtraud, Vom Jungstahlhelm zur SA: Die junge Nachkriegsgeneration in den paramilitärischen Verbänden der Weimarer Republik, in: Wolfgang R. KRABBE (Hrsg.), Politische Jugend in der Weimarer Republik, Bochum 1993, S. 146–182.

Dies., Jugendreich, Gottesreich, Deutsches Reich. Junge Generation, Religion und Politik 1928–1933, Köln 1987.
GOLCZEWSKI, Frank, Kölner Hochschullehrer und der Nationalsozialismus. Personengeschichtliche Ansätze, Köln/Wien 1988.
Ders., Jüdische Hochschullehrer an der neuen Uni Köln vor dem Zweiten Weltkrieg, in: BOHNKE-KOLLWITZ, Köln, S. 341–358.
Ders., Die »Gleichschaltung« der Universität Köln im Frühjahr 1933, in: HAUPTS/MÖLICH, Aspekte, S. 49–72.
GOLDHAGEN, Daniel J., Hitlers willige Vollstrecker. Ganz gewöhnliche Deutsche und der Holocaust, Berlin 1996.
GOLDMANN, Simon, Beiträge zur Geschichte der Juden in Köln, in: Jahrbuch des Kölner Geschichtsvereins 43 (1971), S. 265–271.
GORDON, Sarah, Hitler, Germans and the »Jewish Question«, Princeton 1984.
GOSEWINKEL, Dieter, »Unerwünschte Elemente«. Einwanderung und Einbürgerung der Juden in Deutschland, in: TAJB 27 (1998), S. 71–106.
GOTZMANN, Andreas/Rainer LIEDTKE/Till van RAHDEN (Hrsg.), Juden, Bürger, Deutsche. Zur Geschichte von Vielfalt und Differenz 1800–1933, Tübingen 2001.
GRAB, Walter /Julius H. SCHOEPS (Hrsg.), Juden in der Weimarer Republik, Stuttgart/Bonn 1986.
GREIVE, Hermann, Juden im öffentlichen Leben, in: BOHNKE-KOLLWITZ, Köln, S. 207–225.
Ders., Geschichte des modernen Antisemitismus in Deutschland, Darmstadt 1983.
Ders., Theologie und Ideologie. Katholizismus und Judentum in Deutschland und Österreich 1918–1933, Heidelberg 1969.
GREVELHÖRSTER, Ludger, Kleine Geschichte der Weimarer Republik 1918–1933. Ein problemgeschichtlicher Überblick, Münster 2000.
GRÖZINGER, Karl-Erich, Die »Gottesmörder«, in: SCHOEPS/SCHLÖR, Antisemitismus, S. 57–67.
GROTEN, Manfred (Hrsg.), Älteste Stadtuniversität Nordwesteuropas. 600 Jahre Kölner Universität, Köln 1988.
GRÜBEL, Monika, Seit 321. Juden in Köln, Köln 1999.
GRÜNBERG, Ingrid, Operette und Rundfunk. Die Entstehung eines spezifischen Typs massenwirksamer Unterhaltungsmusik, in: Dietrich STERN (Hrsg.), Angewandte Musik der 20er Jahre, Berlin 1977, S. 59–80.
GRÜTTNER, Michael, Studenten im Dritten Reich, Paderborn 1995.
Ders., Die Hamburger Universität im »Dritten Reich«. Analyse und Dokumente, Berlin/Hamburg 1991.
GUMBRECHT, Hans Ulrich, Art. »Modern« in: BRUNNER/CONZE/KOSELLECK, Grundbegriffe, Bd. 4, S. 93–131.
HÄSSLIN, Johann Jakob (Hrsg.), Kunstliebendes Köln – Dokumente und Berichte aus hundertfünfzig Jahren, München 1957.
HAGEMANN, Karen, Frauenalltag und Männerpolitik. Alltagsleben und gesellschaftliches Handeln von Arbeiterfrauen in der Weimarer Republik, Darmstadt 1990.
HAHN, Rolf, Das »schändliche Dekret vom 17. 3. 1808« und seine Auswirkungen auf die rechtliche Stellung der Kölner Juden, Köln 1967.
HAIBL, Michaela, Zerrbild als Stereotyp, Visuelle Darstellungen von Juden zwischen 1850–1900, Berlin 2000.
Dies., Vom Ostjuden zum Bankier. Zur visuellen Genese zweier Judenstereotypen in populären Witzblättern, in: JbfA 6 (1997), S. 44–91.
HAMEL, Iris, Völkischer Verband und nationale Gewerkschaft. Der Deutschnationale Handlungsgehilfen-Verband 1893–1933, Hamburg 1967.
HAMM, Bernd, Betrifft: Nachbarschaft. Verständigung über Inhalt und Gebrauch eines vieldeutigen Begriffs, Düsseldorf 1973.
HAMMERSTEIN, Notker, Professoren im Kaiserreich und der Weimarer Republik, in: ALTER/BÄRSCH/BERGHOFF, Konstruktion, S. 119–136.
Ders., Antisemitismus und deutsche Universitäten 1871–1933, Frankfurt a. M./New York 1995.

Ders., Die Johann Wolfgang Goethe-Universität Frankfurt am Main. Von der Stiftungsuniversität zur staatlichen Hochschule 1914–1950, Frankfurt a. M. 1989.
HANNOT, Walter, Die Judenfrage in der katholischen Tagespresse Deutschlands und Österreichs 1923–1933, Mainz 1990.
HARDTWIG, Wolfgang, Alltagsgeschichte heute. Eine kritische Bilanz, in: Winfried SCHULZE (Hrsg.), Sozialgeschichte, Alltagsgeschichte, Mikro-Historie. Eine Diskussion, Göttingen 1994, S. 19–32.
Ders., Strukturmerkmale und Entwicklungstendenzen des Vereinswesens in Deutschland 1789–1848, in: DANN, Vereinswesen, S. 11–48.
HAUPTS, Leo, Zum Schicksal der Kölner Juden, in: BOHNKE-KOLLWITZ, Köln, S. 399–414.
HAUPTS, Leo/Georg MÖLICH (Hrsg.), Aspekte der nationalsozialistischen Herrschaft in Köln und im Rheinland. Beiträge und Quellen, Köln 1983.
HAUSEN, Karen/Heide WUNDER (Hrsg.) Frauengeschichte – Geschlechtergeschichte, Frankfurt a. M. 1992.
HECHT, Cornelia, Deutsche Juden und Antisemitismus in der Weimarer Republik, Bonn 2003.
HEGE, Ingrid, Köln am Ende der Weimarer Republik und während der Herrschaft des Nationalsozialismus, in: Otto DANN (Hrsg.), Köln nach dem Nationalsozialismus, Wuppertal 1981, S. 15–34.
HEGEL, Eduard, Das Erzbistum Köln zwischen der Restauration des 19. und der Restauration des 20. Jahrhunderts 1815–1962, Köln 1987.
HEHL, Ulrich von, Die katholische Kirche im Rheinland während des Dritten Reiches. Kirchenpolitik und alltagsgeschichtliche Aspekte, in: Rheinische Vierteljahresblätter 59 (1995), S. 249–270.
Ders., Katholische Kirche und Nationalsozialismus im Erzbistum Köln 1933–1945, Mainz 1977.
HEIBER, Helmut, Universität unterm Hakenkreuz, Bde. 1–2, München 1991–1992.
HEID, Ludger, Maloche – nicht Mildtätigkeit. Ostjüdische Arbeiter in Deutschland 1914–1923, Hildesheim/Zürich/New York 1995.
HEID, Ludger/Julius H. SCHOEPS (Hrsg.), Wegweiser durch das jüdische Rheinland, Berlin 1992.
HEIL, Johannes, Deutsch-jüdische Geschichte, ihre Grenzen und die Grenzen ihrer Synthesen. Anmerkungen zu neueren Erscheinungen, in: HZ 269 (1999), S. 653–680.
Ders., »Antijudaismus« und »Antisemitismus«. Begriffe als Bedeutungsträger, in: JbfA 6 (1997), S. 92–114.
HEIL, Johannes/Bernd WACKER (Hrsg.), Shylock? Zinsverbot und Geldverleih in jüdischer und christlicher Tradition, München 1997.
HEILBRONNER, Oded, From Antisemitic Peripheries to Antisemitic Centres. The Place of Antisemitism in Modern German History, in: Journal of Contemporary History 35 (2000), S. 559–576.
Ders., Die Achillesferse des deutschen Katholizismus, Gerlingen 1998.
Ders., The Role of Nazi Antisemitism in the Nazi Party's Acitivity and Propaganda. A Regional Historiographical Study, in: LBIYB 35 (1990), S. 397–439.
HEIMANN, Dieter, NS-Rundfunkführung am Beispiel Köln, in: Winfried B. BERG/Rolf STEININGER (Hrsg.), Rundfunk und Politik bis 1923 bis 1973. Beiträge zur Rundfunkforschung, Berlin 1975, S. 153–178.
HEIMBÜCHEL, Bernd/Klaus PABST, Kölner Universitätsgeschichte, Bd. 2: Das 19. und 20. Jahrhundert, Köln/Wien 1988.
HEIMBÜCHEL, Bernd, Die neue Universität. Selbstverständnis – Idee und Verwirklichung, in: Ebenda, S. 101–692.
HEIN, Dieter, Soziale Konstituierungsfaktoren des Bürgertums, in: Lothar GALL (Hrsg.), Stadt und Bürgertum im Übergang von der traditionalen zur modernen Gesellschaft, München 1993, S. 151–181.
HEIN, Dieter/Andreas SCHULZ (Hrsg.), Bürgerkultur im 19. Jahrhundert. Bildung, Kunst und Lebenswelt, München 1996.
HEIN, Peter Ulrich, Die Brücke ins Geisterreich. Künstlerische Avantgarde zwischen Kulturkritik und Faschismus, Reinbek bei Hamburg 1992.

HEITHER, Dietrich [u. a.] (Hrsg.), Blut und Paukboden. Eine Geschichte der Burschenschaften, Frankfurt a. M. 1997.
HELLFELD, Matthias von/Brigitte JUMPERTZ, Mit der Stimme des Blutes. Theater im Dritten Reich, in: CANARIS/GAEHME/PULLEM, Theaterstadt Köln, S. 45–53.
HENDRICKX, John/Osmund SCHREUDER/Wouter ULTEE, Die Konfessionelle Mischehe in Deutschland (1901–1986) und den Niederlanden (1914–1986), in: Kölner Zeitschrift für Soziologie und Sozialpsychologie 46 (1994), S. 619–645.
HENNING, Friedrich-Wilhelm, Die Industrie- und Handelskammer zu Köln und ihr Wirtschaftsraum im Ersten Weltkrieg und in der Weimarer Republik, in: Die Geschichte der unternehmerischen Selbstverwaltung in Köln 1914–1997, Köln 1997, S. 7–117.
Ders., Soziales Verhalten jüdischer Unternehmer in Frankfurt am Main und Köln 1860–1933, in: W. E. MOSSE/POHL, Unternehmer, S. 247–270.
Ders. (Hrsg.), Kölner Volkswirte und Sozialwissenschaftler, Köln/Wien 1988.
HEPP, Corona, Avantgarde – Moderne Kunst, Kulturkritik und Reformbewegungen nach der Jahrhundertwende, München 1992.
HERBERT, Ulrich, Best. Biographische Studien über Radikalismus, Weltanschauung und Vernunft, 1903–1989, Bonn 1996.
Ders., »Generation der Sachlichkeit«. Die völkische Studentenbewegung der frühen zwanziger Jahre in Deutschland, in: Frank BAJOHR/Werner JOHE/Uwe LOHALM (Hrsg.), Zivilisation und Barbarei. Die widersprüchlichen Potentiale der Moderne. Detlev Peukert zum Gedenken, Hamburg 1991, S. 115–144.
HERF, Jeffrey, Reactionary Modernism. Technology, Culture, and Politics in Weimar and the Third Reich, 4. Aufl. Cambridge 1990.
HERMAND, Jost, Bürger zweier Welten? Zweigs Einstellungen zur deutschen Kultur, in: Ders., Judentum und deutsche Kultur. Beispiele einer schmerzhaften Symbiose, Köln [u. a.] 1996, S. 115–135.
Ders., Juden in der Kultur der Weimarer Republik, in: GRAB/SCHOEPS, Juden, S. 9–37.
HERMAND, Jost/Gerd MATTENKLOTT (Hrsg.), Jüdische Intelligenz in Deutschland, Hamburg 1988.
HERMAND, Jost/Frank TROMMLER, Die Kultur der Weimarer Republik, 2. Aufl. München 1978.
HERRES, Jürgen, Städtische Gesellschaft und katholische Vereine im Rheinland von 1840–1860/70, Essen 1996.
HERRMANN, Ulrich (Hrsg.), »Neue Erziehung« – »Neue Menschen«. Erziehung und Bildung zwischen Kaiserreich und Diktatur, Weinheim/Basel 1987.
HERRMANN, Walther, Wirtschaftsgeschichte der Stadt Köln 1914–1970, in: Zwei Jahrtausende Kölner Wirtschaft, Köln 1976, S. 360–473.
HERZIG, Arno, Jüdische Geschichte in Deutschland. Von den Anfängen bis zur Gegenwart, München 1997.
Ders. [u. a.] (Hrsg.), Verdrängung und Vernichtung der Juden in Westfalen, Münster 1994.
Ders., Zur Geschichte des politischen Antisemitismus in Deutschland (1918–1933), in: Hans Otto HORCH/Horst DENKLER (Hrsg.), Conditio Judaica: Judentum, Antisemitismus und deutschsprachige Literatur vom Ersten Weltkrieg bis 1933/1938. Interdisziplinäres Symposium der Werner-Reimers-Stiftung Bad Homburg, Tübingen 1993, S. 1–15.
Ders., Andreas Gottschalk und der Kölner Arbeiterverein in: BOHNKE-KOLLWITZ, Köln, S. 177–181.
HERZOGENRATH, Wulf (Hrsg.), Frühe Kölner Kunstausstellungen. Sonderbund 1912, Werkbund 1914, Pressa USSR 1928. Kommentarband zu den Nachdrucken der Ausstellungskataloge, Köln 1981.
Ders., Die Tradition aktueller Kunstausstellungen in Köln, in: Ebenda, S. 11–19.
Ders. (Hrsg.), Max Ernst in Köln. Die rheinische Kunstszene bis 1922, Ausstellungskatalog Kölnischer Kunstverein 7.5.–6.7.1980, Köln 1980.
Ders. (Hrsg.) Vom Dadamax zum Grüngürtel – Köln in den 20er Jahren. Ausstellungskatalog Kölnischer Kunstverein, Braunschweig 1975.
HEUSINGER VON WALDEGG, Joachim, Max Ernst und die rheinische Kunstszene 1909–1919, in: HERZOGENRATH, Max Ernst, S. 89–110.
HEYWORTH, Peter, Otto Klemperer, Dirigent der Republik 1885–1933, Berlin 1988.

HIRSCH, Helmut, Moses Heß und Köln – bis zur Emigration im Jahre 1842, in: BOHNKE-KOLLWITZ, Köln, S. 177–181.
HOFFMANN, Christhard, The German-Jewish Encounter and German Historical Culture, in: LBIYB 41 (1996), S. 277–291.
Ders., Christlicher Antijudaismus und moderner Antisemitismus. Zusammenhänge und Differenzen als Problem der historischen Antisemitismusforschung, in: Leonore SIEGELE-WENSCHKEWITZ (Hrsg.), Christlicher Antijudaismus und Antisemitismus. Theologische und kirchliche Programme Deutscher Christen, Frankfurt a. M. 1994, S. 293–317.
Ders., Politische Kultur und Gewalt gegen Minderheiten. Die antisemitischen Ausschreitungen in Pommern und Westpreußen 1881, in: JbfA 3 (1994), S. 93–120.
Ders., Neue Studien zur Ideen- und Mentalitätengeschichte des Antisemitismus, in: JbfA 1 (1992), S. 274–285.
HOFFMANN, Christhard/Werner BERGMANN/Helmut Walser SMITH (Hrsg.), Exclusionary Violence. Antisemitic Riots in Modern German History, Ann Arbor/Michigan 2002.
HOFFMANN, Stefan-Ludwig, Die Politik der Geselligkeit. Freimaurerlogen in der deutschen Bürgergesellschaft, 1840–1918, Göttingen 2000.
HOLZ, Klaus, Nationaler Antisemitismus. Wissenssoziologie einer Weltanschauung, Hamburg 2001.
HOLZAMER, Karl, Als Redakteur in den dreißiger Jahren, in: FÖRST, Köln, S. 87–104.
HOPP, Andrea, Jüdisches Bürgertum in Frankfurt am Main im 19. Jahrhundert, Stuttgart 1997.
HORN, Gustav, Juden in Köln 1925–1933, in: BOHNKE-KOLLWITZ, Köln, S. 359–362.
Ders. (Hrsg.), Jüdische Jugend im Übergang. Ludwig Tietz 1897–1933. Sein Leben und seine Zeit, Köln 1980.
HORTZITZ, Nicole, Die Sprache der Judenfeindschaft, in: SCHOEPS/SCHLÖR, Antisemitismus, S. 19–40.
HRADIL, Stefan, Soziale Ungleichheit in Deutschland, 7. Aufl. Opladen 1999.
HUERKAMP, Claudia, Jüdische Akademikerinnen 1900–1938, in: GG 19 (1993), S. 311–331.
HÜRTEN, Heinz, Deutsche Katholiken 1918–1945, Paderborn [u. a.] 1992.
Ders., Der Kapp-Putsch als Wende, Opladen 1989.
HUNT, Lynn, Geschichte jenseits von Gesellschaftstheorie, in: Ch. CONRAD/KESSEL, Geschichte, S. 98–122.
HYAMS, Helga-Ulrike, Jüdische Kindheit in Deutschland. Eine Kulturgeschichte, München 1995.
IGGERS, Georg G., Academic Anti-Semitism in Germany 1870–1933. – A Comparative International Perspective, in: TAJB 27 (1998), S. 473–489.
ITZKOFF, Seymon W., Emanuel Feuermann, Vituoso. A Biography, Alabama 1979.
JAKUBOWSKI, Jeanette, »Die Jüdin«, in: SCHOEPS/SCHLÖR, Antisemitismus, S. 196–209.
JANSEN, Christian, Professoren und Politik. Politisches Denken und Handeln der Heidelberger Hochschullehrer 1914–1935, Göttingen 1992.
JARAUSCH, Konrad, Deutsche Studenten 1800–1970, Frankfurt a. M. 1984.
Ders., Students, Society, and Politics in Imperial Germany. The Rise of Academic Illiberalism, Princeton 1982.
JASPER, Karlbernhard, Der Urbanisierungsprozeß dargestellt am Beispiel Köln, Köln 1977.
JEISMANN, Michael, Der letzte Feind. Die Nation, die Juden und der negative Universalismus, in: ALTER/BÄRSCH/BERGHOFF, Konstruktion, S. 173–190.
Ders., »Bürgerliche Kultur« und Kultur des Bürgertums – Theater und Museen im 19. Jahrhundert, in: Franz J. JACOBI (Hrsg.), Geschichte der Stadt Münster, Bd. 2, Münster 1993, S. 489–508.
JOCHMANN, Werner, Gesellschaftskrise und Judenfeindschaft in Deutschland 1870–1945, Hamburg 1988.
Ders., Die Ausbreitung des deutschen Antisemitismus, in: W. E. MOSSE/PAUCKER, Deutsches Judentum, S. 409–510.
JOHN, Jürgen, »Weimar« als regionales, intellektuelles Reform- und Experimentierfeld, in: Wolfgang BIALAS/Burkhard STENZEL (Hrsg.), Die Weimarer Republik zwischen Metro-

pole und Provinz. Intellektuellendiskurse zur politischen Kultur, Weimar/Köln/Wien 1996, S. 11–21.
Die jüdischen Opfer des Nationalsozialismus aus Köln. Gedenkbuch, Köln/Weimar/Wien 1995.
JUNG, Dieter, Das gestörte Weltbild. Über die Funktion des Antisemitismus im völkischen Denken, Berlin 2000.
JUNG, Ute, Walter Braunfels (1882–1954), Regensburg 1980.
JUNG, Werner, Ein gleitender Übergang. Die Kölner Polizeiführung zwischen »Preußenschlag« und Machtergreifung, in: Harald BUJAHN/Werner JUNG (Hrsg.), Wessen Freund und wessen Helfer? Die Kölner Polizei im Nationalsozialismus, Köln 2000, S. 64–144.
JUNGFER, Eberhard, Flüchtlingsbewegungen und Rassismus. Zur Aktualität von Hannah Arendt, »Die Nation der Minderheiten und das Volk von Staatenlosen«, in: Beiträge zur nationalsozialistischen Gesundheits- und Sozialpolitik 11 (1993), S. 9–47.
KAMIS-MÜLLER, Aaron, Antisemitismus in der Schweiz 1900–1930, Zürich 1990.
KAMPE, Norbert, Studenten und »Judenfrage« im Deutschen Kaiserreich. Die Entstehung einer akademischen Trägerschicht des Antisemitismus, Göttingen 1988.
Ders., The Friedrich-Wilhelms-Universität of Berlin: A Case Study on the Students' »Jewish Question«, in: LBIYB 32 (1987), S. 43–101.
KAPLAN, Marion A., Jüdisches Bürgertum. Frau, Familie und Identität im Kaiserreich, Hamburg 1997.
Dies., The Making of the Jewish Middle Class. Women, Family, and Identity in Imperial Germany, Oxford 1991.
Dies., Freizeit – Arbeit. Geschlechterräume im deutsch-jüdischen Bürgertum 1870–1914, in: Ute FREVERT (Hrsg.), Bürgerinnen und Bürger. Geschlechterverhältnisse im 19. Jahrhundert, Göttingen 1988, S. 157–174.
Dies., Die jüdische Frauenbewegung in Deutschland. Organisation und Ziele des jüdischen Frauenbundes 1904–1938, Hamburg 1981.
KARADY, Victor, Gewalterfahrung und Utopie. Juden in der europäischen Moderne, Frankfurt a. M. 1999.
KATER, Michael H., The Revenge of the Fathers. The Demise of Modern Music at the End of the Weimar Republic, in: German Studies Review 15 (1992), S. 295–315.
Ders., Everyday Anti-Semitism in Prewar Nazi Germany: The Popular Bases, in: Yad Vashem Studies 16 (1984), S. 129–159.
Ders., The Nazi Party. A Social Profile of Members and Leaders 1919–1945, Cambridge 1983.
Ders., Die nationalsozialistische Machtergreifung an den deutschen Hochschulen. Zum politischen Verhalten akademischer Lehrer bis 1939, in: Hans VOGEL/Helmut SIMON/Adalbert PODLECH (Hrsg.), Die Freiheit des Anderen. Festschrift für Martin Hirsch, Baden-Baden 1981, S. 49–75.
Ders., Studentenschaft und Rechtsradikalismus in Deutschland 1918–1933. Eine sozialgeschichtliche Studie zur Bildungskrise in der Weimarer Republik, Hamburg 1975.
KATZ, Jakob, Jews and Freemasons in Europe, 1723–1939, Cambridge 1970.
KAUDERS, Anthony, False Consciousness? »German-Jewish« Identity after Emancipation, in: TAJB 28 (1999), S. 459–508.
Ders., German Politics and the Jews. Düsseldorf and Nuremberg 1910–1933, Oxford/Clarendon 1996.
KAYSER, Karl/Theodor KRAUS (Hrsg.), Köln und die Rheinlande. Festschrift zum 33. Deutschen Geographentag vom 22. bis 26. Mai 1961, Köln 1961.
KELLENBENZ, Hermann, Wirtschafts- und Sozialentwicklung im Kaiserreich (1870–1914), in: Franz PETRI/Georg DROEGE (Hrsg.), Rheinische Geschichte, Bd. 3, Düsseldorf 1979, S. 71–112.
Ders., Wirtschafts- und Sozialentwicklung von Beginn des Ersten Weltkriegs bis zum Ausbruch des Zweiten Weltkriegs, in: Ebenda, S. 113–153.
Ders., Die Wirtschaft im Regierungsbezirk Köln 1816–1945, in: 150 Jahre Regierungsbezirk Köln, Berlin 1966, S. 321–340.
Ders., Die Juden in der Wirtschaftsgeschichte des rheinischen Raumes von der Spätantike bis zum Jahre 1648, in: SCHILLING, Monumenta Judaica, S. 199–241.

KERSHAW, Ian, Antisemitismus und die NS-Bewegung vor 1933, in: Hermann GRAML/Angelika KÖNIGSEDER/Juliane WETZEL (Hrsg.), Vorurteil und Rassenhaß, Antisemitismus und faschistische Bewegungen Europas, Berlin 2001, S. 29–49.

KLEIN, Adolf, Köln im 19. Jahrhundert. Von der Reichsstadt zur Großstadt, Köln 1992.

Ders., Köln im Dritten Reich. Stadtgeschichte der Jahre 1933–1945, Köln 1983.

KLEINERTZ, Everhard, Der Liberalismus im Köln der Kaiserzeit (1871–1914), in: GiK 35 (1994), S. 85–104.

KLENKE, Dietmar, Bürgerlicher Männergesang und Politik in Deutschland, in: GWU 40 (1989), S. 458–485, 534–553.

KLERSCH, Joseph, Die Kölnische Fastnacht. Von ihren Anfängen bis zur Gegenwart, Köln 1961.

KLÖCKER, Michael, Das katholische Bildungsdefizit in Deutschland. Eine historische Analyse, in: GWU (32) 1981, S. 79–98.

KLOFT, Matthias Thedor, Das christliche Zinsverbot in der Entwicklung von der Alten Kirche zum Barock. Eine Skizze, in: HEIL/WACKER, Shylock?, S. 21–34.

KNÜTTER, Hans-Helmuth, Die Juden und die deutsche Linke in der Weimarer Republik 1918 bis 1933, Düsseldorf 1971.

Ders., Die Linksparteien, in: W. E. MOSSE/PAUCKER, Entscheidungsjahr, S. 323–345.

KOBER, Adolf, History of Jews in Cologne, Philadelphia 1940.

KOCKA, Jürgen, Bürgertum und Bürgerlichkeit als Probleme deutscher Geschichte vom späten 18. bis zum frühen 20. Jahrhundert, in: Ders. (Hrsg.), Bürger und Bürgerlichkeit im 19. Jahrhundert, Göttingen 1987, S. 21–63.

Ders., Klassengesellschaft im Krieg 1914–1918. Deutsche Sozialgeschichte 1914–1918, Göttingen 1973.

KÖHLE-HEZINGER, Christel, Evangelisch – Katholisch. Untersuchungen zu konfessionellem Vorurteil und Konflikt im 19. und 20. Jahrhundert, vornehmlich am Beispiel Württembergs, Tübingen 1976.

KÖHLER, Henning, Adenauer. Eine politische Biographie, Frankfurt a. M./Berlin 1994.

Kölner Frauengeschichtsverein (Hrsg.), »10 Uhr pünktlich Gürzenich«. 100 Jahre bewegte Frauen in Köln – zur Geschichte der Organisationen und Verbände, Münster 1995.

Kölnischer Kunstverein (Hrsg.), Franz W. Seiwert 1894–1933. Leben und Werk. Text und Werkverzeichnis von Uli Bohnen, Köln 1978.

Ders. (Hrsg.), Vom Dadamax zum Grüngürtel – Köln in den 20er Jahren. Ausstellungskatalog, Braunschweig 1975.

KÖSTERS, Christine, Katholische Verbände und moderne Gesellschaft. Organisationsgeschichte und Vereinskultur im Bistum Münster 1918–1945, Paderborn/München 1995.

KOHL, Christine von, Jüdische Künstler und Schriftsteller – ihr Beitrag zum rheinischen Kulturleben. Von der Emanzipation bis zur Ausschließung, in: SCHILLING, Monumenta Judaica, S. 467–519.

KOLB, Eberhard, Die Weimarer Republik, 5. Aufl. München/Wien 2000.

KOLLAND, Hubert, »Undeutsche Musik«. Gesellschaftliche Aspekte im Musikgeschichtsbild konservativer Musikpublizistik in der Weimarer Republik, dargestellt am Beispiel der »Zeitschrift für Musik«, in: Dietrich STERN (Hrsg.), Angewandte Musik der 20er Jahre, Berlin 1977, S. 147–167.

KOSHAR, Rudy, Cult of Associations? The Lower Middle Classes in Weimar Germany, in: Ders. (Hrsg.), Splintered Classes. Politics and the Lower Middle Classes in Interwar Europe, New York 1990, S. 31–54.

Ders., Social Life, Local Politics and Nazism: Marburg 1880–1935, Chapel Hill 1986.

KRAMER, Rolf, Kölnische Volkszeitung 1860–1941, in: Hans Dietrich FISCHER (Hrsg.), Deutsche Zeitungen des 17. bis 20. Jahrhunderts, Pullach bei München 1972, S. 257–267.

KRAUS, Elisabeth, Jüdisches Mäzenatentum im Kaiserreich: Befunde – Motive – Hypothesen, in: Jürgen KOCKA/Manuel FREY (Hrsg.), Bürgerkultur und Mäzenatentum im 19. Jahrhundert, Berlin 1998, S. 38–53.

Dies., Jüdische Stiftungstätigkeit: Das Beispiel der Familie Mosse in Berlin, in: Zeitschrift für Geschichtswissenschaft 45 (1997), S. 101–121.

KRAUS, Hans-Joachim, Die

KRAUS, Hans-Joachim, Die evangelische Kirche, in: W. E. MOSSE/PAUCKER, Entscheidungsjahr, S. 249–269.
KREMER, Arnold, Die Kölner Altstadt und ihre Geschäftsviertel in jüngerer Entwicklung, in: KAYSER/T. KRAUS, Köln, S. 155–169.
KREUTZBERGER, Wolfgang, Studenten und Politik 1918–1933. Der Fall Freiburg im Breisgau, Göttingen 1972.
KROLL, Thomas, Sozialgeschichte, in: Christoph CORNELISSEN (Hrsg.), Geschichtswissenschaften. Eine Einführung, Frankfurt a. M. 2000, S. 149–161.
KRÜGER, Gabriele, Die Brigade Ehrhardt, Hamburg 1971.
KRÜGER, Gerd, »Treudeutsch allewege!« Gruppen, Vereine und Verbände der Rechten in Münster (1887–1929/30), Münster 1992.
KUSKE, Bruno, Die Großstadt Köln als wirtschaftlicher und sozialer Körper, Köln 1928.
LÄSSIG, Simone, Juden und Mäzenatentum in Deutschland. Religiöses Ethos, kompensierendes Minderheitsverhalten oder genuine Bürgerlichkeit? in: Zeitschrift für Geschichtswissenschaft 46 (1998), S. 211–236.
LÄSSIG, Simone/Karl-Heiz POHL, Verbürgerlichung als kulturelles Phänomen. Eine jüdische Quelle, in: GWU 52 (2001), S. 433–444.
LANGMUIR, Gavin I., History, Religion, and Antisemitism, Berkeley/Los Angeles 1990.
Ders., Towards a Definition of Antisemitism, Berkeley/Los Angeles 1990.
LAQUEUR, Walter, Weimar Culture. A Cultural History, New York 1976.
LARGE, David Clay, »Out with the Ostjuden«. The Scheunenviertel Riots in Berlin, November 1923, in: Christhard HOFFMANN/Werner BERGMANN/Helmut Walser SMITH (Hrsg.), Exclusionary Violence. Antisemitic Riots in Modern German History, Ann Arbor, Michigan 2002, S. 123–140.
LAUF, Peter, Jüdische Studierende an der Universität zu Köln 1919–1934, Köln/Wien 1991.
LEHNERT, Detlef, Die Weimarer Republik. Parteienstaat und Massengesellschaft, Stuttgart 1999.
LEHR, Stefan, Antisemitismus – religiöse Motive im sozialen Vorurteil. Aus der Frühgeschichte des Antisemitismus in Deutschland 1870–1914, München 1974.
LEISEN, Adolf, Die Ausbreitung des völkischen Gedankens in der Studentenschaft der Weimarer Republik, Heidelberg 1964.
LEKEBUSCH, Sigrid, Not und Verfolgung der Christen jüdischer Herkunft im Rheinland 1933–1945. Darstellung und Dokumentation, Köln 1995.
LENMAN, Robert, Die Kunst, die Macht und das Geld. Zur Kulturgeschichte des kaiserlichen Deutschland, 1871–1918, Frankfurt a. M. 1994.
LEPSIUS, Rainer, Parteiensystem und Sozialstruktur. Zum Problem der Demokratisierung der deutschen Gesellschaft, in: Wilhelm ABEL (Hrsg.), Wirtschaft, Geschichte und Wirtschaftsgeschichte. Festschrift zum 65. Geburtstag von Friederich Lütge, Stuttgart 1966, S. 371–393.
LERG, Winfried B., Rundfunkpolitik in der Weimarer Republik, München 1980.
LEUSCHEN-SEPPEL, Rosemarie, Sozialdemokratie und Antisemitismus im Kaiserreich. Die Auseinandersetzungen der Partei mit den konservativen und völkischen Strömungen des Antisemitismus 1871–1914, Bonn 1978.
LEVITT, Cyril, The Prosecution of Antisemites by the Courts in the Weimar Republic: Was Justice Served?, in: LBIYB 35 (1991), S. 151–167.
LIBRETT, Jeffrey S., The Rhetoric of Cultural Dialogue. Jews and Germans from Moses Mendelssohn to Richard Wagner and Beyond, Stanford 2000.
LICHTBLAU, Albert, Antisemitismus und soziale Spannung in Berlin und Wien 1867–1914, Berlin 1994.
LIDTKE, Vernon L., Museen und die zeitgenössische Kunst in der Weimarer Republik, in: MAI/PARET, Sammler, S. 222–185.
LIEBERMANN, Peter, Die Selbstgleichschaltung der Universität, in: BLASCHKE, Nachhilfe, S. 69 f.
LIEPACH, Martin, Das Krisenbewußtsein des jüdischen Bürgertums in den Goldenen Zwanzigern, in: GOTZMANN/LIEDTKE/RAHDEN, Bürger, Juden, Deutsche, S. 395–417.
Ders., Das Wahlverhalten der jüdischen Bevölkerung. Zur politischen Orientierung der Juden in der Weimarer Republik, Tübingen 1996.

LILL, Rudolf, Die deutschen Katholiken und die Juden in der Zeit von 1850 bis zur Machtübernahme Hitlers, in: Karl H. RENGSTORF/Siegfried von KORTZFLEISCH (Hrsg.), Kirche und Synagoge. Handbuch zur Geschichte von Christen und Juden, Bd. 2, Stuttgart 1970, S. 370–420.

LINKE, Manfred/Gerárd SCHMIDT, Karneval in Köln. Ein Fest in Bildern, Köln 1990.

LIPP, Carola, Alltagskulturforschung in der empirischen Kulturwissenschaft und Volkskunde, in: Heike DIELSWISCH [u. a.] (Hrsg.), Alltagskultur, Subjektivität und Geschichte. Zu Theorien und Praxis von Alltagsgeschichte, Münster 1994, S. 78–93.

LIPPERT, Werner, Und noch mehr Dada W/3 und Stupid, in: HERZOGENRATH, Max Ernst, S. 34–36.

LIPPMANN, Walter, Die öffentliche Meinung, München 1964.

LÖNNE, Karl-Egon, Katholizismus-Forschung, in: GG 26 (2000), S. 128–170.

LÖSCHE, Peter (Hrsg.), Solidargemeinschaft und Milieu. Sozialistische Kultur- und Freizeitorganisationen in der Weimarer Republik, Bde. 1–4, Bonn 1991–1994.

Ders., Zur Organisationskultur der sozialdemokratischen Arbeiterbewegung in der Weimarer Republik. Niedergang der Klassenkultur oder solidargemeinschaftlicher Höhepunkt, in: GG 15 (1989), S. 511–536.

LÖSCHE, Peter/Franz WALTER, Katholiken, Konservative und Liberale. Milieus und Lebenswelten bürgerlicher Parteien in Deutschland während des 20. Jahrhunderts, in: GG 26 (2000), S. 471–492.

Dies., Zwischen Expansion und Krise. Das sozialdemokratische Arbeitermilieu, in: Detlef LEHNERT/Klaus MEGERLE (Hrsg.), Politische Identität und nationale Gedenktage. Zur politischen Kultur in der Weimarer Republik, Opladen 1990, S. 161–187.

LÖWENTHAL, Leo, Falsche Propheten. Studien zum Autoritarismus, Frankfurt a. M. 1982.

LOHALM, Uwe, Völkischer Radikalismus. Die Geschichte des Deutschvölkischen Schutz- und Trutzbundes 1919–1923, Hamburg 1970.

LONGERICH, Peter, Deutschland 1918–1933. Die Weimarer Republik. Handbuch zur Geschichte, Hannover 1995.

Ders. (Hrsg.), Die Erste Republik. Dokumente zur Geschichte des Weimarer Staates, München 1992.

Ders., Die braunen Bataillone. Geschichte der SA, München 1989.

LORENZ, Ina, Die Juden in Hamburg zur Zeit der Weimarer Republik. Eine Dokumentation, Hamburg 1987.

LOUIS, Reinold, Kölnischer Liederschatz, Köln 1986.

LOWENSTEIN, Steven M., Der jüdische Anteil an der deutschen Kultur, in: M. A. MEYER, Deutsch-jüdische Geschichte, Bd. 3, S. 302–332.

Ders., The Mechanics of Change. Essays in the Social History of German Jewry, Atlanta 1992.

Ders., Jewish Residential Concentration in Post-Emancipation Germany, in: Ebenda, S. 153–181.

LOWENTHAL, Ernst G., Die Juden im öffentlichen Leben, in: W. E. MOSSE/PAUCKER, Entscheidungsjahr, S. 51–85.

LUDWIG, Johannes, Boykott, Enteignung, Mord. Die »Entjudung« der deutschen Wirtschaft, Hamburg 1989.

Ders., »Wartet nur, wir kommen schon«. Der große Boykott vom 1. April 1933. Aus dem Traditionskaufhaus »Leonhard Tietz« wird die »Kaufhof AG«, in: Ebenda, S. 104–127.

LÜDEMANN, Lutz, Art. »Buschkötter«, in: Dietrich KÄMPER (Hrsg.), Rheinische Musiker, 6. Folge, Heft 80, Köln 1969, S. 29 f.

LÜDTKE, Alf, Alltagsgeschichte, Mikro-Historie, historische Anthropologie, in: GOERTZ, Geschichte, S. 557–578.

Ders. (Hrsg.), Alltagsgeschichte. Zur Rekonstruktion historischer Erfahrungen und Lebensweisen, Frankfurt a. M./New York 1989.

Ders., Hungererfahrungen und Hungerpolitik am Ende der Weimarer Republik, in: AfS 27 (1987), S. 145–176.

MAGNUS, Shulamith Sharon, Jewish Emancipation in a German City. Cologne, 1798–1871, Stanford 1997.

MAI, Ekkehard/Peter PARET (Hrsg.), Sammler, Stifter und Museen. Kunstförderung in Deutschland im 19. und 20. Jahrhundert, Köln/Weimar/Wien 1993.
MAI, Ekkehard/Hans POHL/Stephan WAETZOLD (Hrsg.), Kunstpolitik und Kunstförderung im Kaiserreich, Berlin 1982.
MALLMANN, Michael, Kommunisten in der Weimarer Republik. Sozialgeschichte einer revolutionären Bewegung, Darmstadt 1996.
MANNHEIM, Karl, Das Problem der Generationen, in: Ders., Wissenssoziologie. Auswahl aus dem Werk, hrsg. von Kurt Wolff, Neuwied 1962, S. 509–565.
MARRUS, Michael R., The Unwanted. European Refugees in the Twentieth Century, Oxford 1985.
MATTHES, Olaf, James Simon. Mäzen im Wilhelminischen Zeitalter, Berlin 2000.
MATTIOLI, Aram (Hrsg.), Antisemitismus in der Schweiz 1848–1960, Zürich 1998.
MATZERATH, Horst, Köln in der Weimarer Republik, in: Peter FUCHS (Hrsg.), Chronik zur Geschichte der Stadt Köln, Bd. 2: Von 1400 bis zur Gegenwart, Köln 1992, S. 188–220.
MATZERATH, Horst/Elfi PRACHT (Hrsg.), Jüdisches Schicksal in Köln 1918–1945. Ausstellung des Historischen Archivs der Stadt Köln, NS-Dokumentationszentrum, Köln 1988.
MAURER, Trude, Die Entwicklung der jüdischen Minderheit 1780–1933. Neuere Forschungen und offene Fragen, Tübingen 1992.
Dies., Die Juden in der Weimarer Republik, in: BLASIUS/DINER, Zerbrochene Geschichte, S. 102–120.
Dies., Ostjuden in Deutschland 1918–1933, Hamburg 1986.
MAZURA, Uwe, Zentrumspartei und Judenfrage 1870/71–1933. Verfassungsstaat und Minderheitenschutz, Mainz 1994.
MEDICK, Hans, »Missionare im Ruderboot«. Ethnologische Erkenntnisweisen als Herausforderung an die Sozialgeschichte, in: GG 10 (1984), S. 295–319.
MEDICK, Hans/Anne-Charlott TREPP (Hrsg.), Geschlechtergeschichte und Allgemeine Geschichte. Herausforderungen und Perspektiven, Göttingen 1998.
MEIRING, Kerstin, Die christlich-jüdische Mischehe in Deutschland 1840–1933, Hamburg 1998.
MENDES-FLOHR, Paul, The Berlin Jew as Cosmopolitan, in: BILSKY, Berlin, S. 14–32.
Ders., Juden in der deutschen Kultur, in: M. A. MEYER, Deutsch-jüdische Geschichte, Bd. 4, S. 167–190.
Ders., Divided Passions. Jewish Intellectuals and the Experience of Modernity, Detroit 1991.
MERGEL, Thomas, Zwischen Klasse und Konfession. Katholisches Bürgertum im Rheinland 1794–1914, Göttingen 1994.
MESMER, Beatrix, Das Schächtverbot von 1893, in: MATTIOLI, S. 215–239.
METTELE, Gisela, Bürgertum in Köln. Gemeinsinn und freie Association, München 1998.
Dies., Der private Raum als öffentlicher Ort. Geselligkeit im bürgerlichen Haus, in: D. HEIN/A. SCHULZ, Bürgerkultur, S. 154–169.
MEUTHEN, Erich, Kleine Kölner Universitätsgeschichte, Köln 1998.
Ders. (Hrsg.), Kölner Universitätsgeschichte, Bd. 3: Die neue Universität. Daten und Fakten, Köln/Wien 1988.
MEYER, Beate, »Jüdische Mischlinge«. Rassenpolitik und Verfolgungserfahrung 1933–1945, Hamburg 1999.
MEYER, Jürgen, Organisierter Karneval und »Narrenrevolte« im Nationalsozialismus. Anmerkungen zu Sein und Schein im Karneval 1933–1935, in: GiK 37 (1997), S. 69–88.
MEYER, Martin, Vom J.T.V. 02 zum Tus Makkabi. 100 Jahre jüdischer Sport in Köln, Köln 2002.
MEYER, Michael A., Juden – Deutsche – Juden. Wandlungen des deutschen Judentums in der Neuzeit, LBI Information-Sonderheft 1998, Frankfurt a. M. 1998.
Ders. [u. a.] (Hrsg.), Deutsch-Jüdische Geschichte in der Neuzeit, Bde. 1–4, München 1996–1997.
MEYER ZU UPTRUP, Wolfram, Weltherrschaft und Weltwirtschaft. Eine Skizze aus den Quellen zu einem Aspekt des Antisemitismus in der NSDAP-Propaganda, in: HEIL/WACKER, Shylock?, S. 219–233.
MICHALSKI, Gabriele, Der Antisemitismus im deutschen akademischen Leben in der Zeit nach dem Ersten Weltkrieg, Frankfurt a. M. 1980.

MICK, Christoph, Nationalisierung in einer multiethnischen Stadt. Interethnische Konflikte in Lemberg 1890–1920, in: AfS 40 (2000), S. 113–146.

MIES, Paul, Das kölnische Volks- und Karnevalslied von 1823–1923. Ein Beitrag zur Kulturgeschichte der Stadt Köln von 1823–1923 im Lichte des Humors, Köln/Krefeld 1951.

MÖLICH, Georg, »Moderne« und »Modernisierung« als Leit- und Epochenbegriff in den Kulturwissenschaften. Eine kritische Skizze, in: D. BREUER/CEPL-KAUFMANN, Moderne, S. 17–20.

MOLITOR, Hansgeorg, Die Juden im französischen Rheinland, in: BOHNKE-KOLLWITZ, Köln, S. 87–94.

MOMMSEN, Hans, Aufstieg und Untergang der Republik von Weimar 1918–1933, 2. Aufl. München 2001.

Ders., Die verspielte Freiheit. Der Weg der Republik von Weimar in den Untergang 1918 bis 1933, Berlin 1990.

Ders., Generationskonflikt und Jugendrevolte in der Weimarer Republik, in: Thomas KOEBNER/Rolf-Peter JANZ/Frank TOMMLER, »Mit uns zieht die neue Zeit«. Der Mythos Jugend, Frankfurt a. M. 1985, S. 50–67.

MOMMSEN, Wolfgang, Bürgerliche Kultur und politische Ordnung. Künstler, Schriftsteller und Intellektuelle in der deutschen Geschichte 1830–1933, Frankfurt a. M. 2000.

Ders., Stadt und Kultur im Deutschen Kaiserreich, in: Ebenda, S. 11–45.

Ders., Die Stiftung bürgerlicher Identität, in: Ebenda, S. 48–58. Kunst- und Museumsvereine in Deutschland 1820–1914.

Ders., Bürgerliche Kultur und künstlerische Avantgarde. Kultur und Politik im deutschen Kaiserreich 1870 bis 1918, Berlin 1994.

MOOSER, Josef, Sozial- und Wirtschaftsgeschichte, Historische Sozialwissenschaft, Gesellschaftsgeschichte, in: GOERTZ, Geschichte, S. 516–538.

MORGENTHALER, Sibylle, Countering the Pre-1933 Nazi Boykott against the Jews, in: LBIYB 36 (1991), S. 127–149.

MORSEY, Rudolf, Der Untergang des politischen Katholizismus. Die Zentrumspartei zwischen christlichem Selbstverständnis und »nationaler Erhebung« 1932–1933, Stuttgart 1977.

MOSSE, George L., Jüdische Intellektuelle in Deutschland zwischen Religion und Nationalismus, Frankfurt a. M./New York 1992.

Ders., Die Nationalisierung der Massen. Politische Symbolik und Massenbewegungen in Deutschland von den Napoleonischen Kriegen bis zum Dritten Reich, Frankfurt a. M. 1976, S. 153–190.

Ders., The Crisis of German Ideology. Intellectual Origins of the Third Reich, New York 1964.

MOSSE, Werner E., The German-Jewish Economic Elite, 1820–1935. A Socio-Cultural Profile, Oxford 1989.

Ders., Jews in the German Economy. The German-Jewish Economic Elite 1820–1935, Oxford 1987.

Ders., Zwei Präsidenten der Kölner Industrie- und Handelskammer: Louis Hagen und Paul Silverberg, S. 308–340, in: BOHNKE-KOLLWITZ, Köln, S. 308–340.

Ders., Die Krise der europäischen Bourgeoisie und das deutsche Judentum, in: W. E. MOSSE/PAUCKER, Deutsches Judentum, S. 1–26.

MOSSE, Werner E./Arnold PAUCKER, Deutsches Judentum in Krieg und Revolution 1916–1923, Tübingen 1971.

Ders., Die deutsche Rechte, in: W. E. MOSSE/PAUCKER, Entscheidungsjahr, S. 183–246.

MOSSE, Werner E./Arnold PAUCKER (Hrsg.), Entscheidungsjahr 1932. Zur Judenfrage in der Weimarer Republik, Tübingen 1965.

MOSSE, Werner E./Hans POHL (Hrsg.), Jüdische Unternehmer in Deutschland im 19. und 20. Jahrhundert, Stuttgart 1992.

MOYN, Samuel, German Jewry and the Question of Identity. Historiography and Theory, in: LBIYB 41 (1996), S. 291–308.

MÜLLER, Alfred M., Geschichte des Deutschen und Österreichischen Alpenvereins. Ein Beitrag zur Sozialgeschichte des Vereinswesens, Münster 1980.

MÜLLER, Angelika, Der »jüdische Kapitalist« als Drahtzieher und Hintermann. Zur antisemitischen Bildpolemik in den nationalsozialistischen Wahlplakaten der Weimarer Republik 1924–1933, in: JbfA 7 (1998) S. 175–197.

MÜLLER, Michael, Karneval und Politik. Zum Verhältnis zwischen Preußen und dem Rheinland im 19. Jahrhundert, Koblenz 1982.

MÜLLER-JERINA, Alwin, Zwischen Befreiung und Vernichtung – Juden in Köln: in: Werner SCHÄFKE (Hrsg.), Der Name der Freiheit 1288–1988. Aspekte Kölner Geschichte von Worringen bis heute, Köln 1988, S. 61–72.

Ders., Die Geschichte der Juden in Köln von der Wiederzulassung 1789 bis um 1850. Ein Beitrag zur Sozialgeschichte einer Minderheit, Köln 1984.

Ders., Das Sozialprofil der Juden in Köln (1808–1850), in: BOHNKE-KOLLWITZ, Köln, S. 102–116.

MÜLLER-LIST, Gabriele, Die Sozialstruktur der evangelischen Einwohner Bonns im 19. Jahrhundert, Bonn 1980.

NACHAEMA, Andreas/Julius H. SCHOEPS/Hermann SIMON (Hrsg.), Juden in Berlin, Berlin 2001.

Nebeneinander – Miteinander – Gegeneinander? Zur Koexistenz von Juden und Katholiken in Süddeutschland im 19. und 20. Jahrhundert, Gerlingen 2002.

NEIDIGER, Bernhard, »Von Köln aus kann der Sozialismus nicht proklamiert werden«. Der Kölner Arbeiter- und Soldatenrat im November/Dezember 1918, Köln 1985.

NEISS, Marion, Diffamierung mit Tradition – Friedhofsschändungen, in: Wolfgang BENZ (Hrsg.), Antisemitismus in Deutschland. Zur Aktualität eines Vorurteils, München 1995, S. 140–156.

NEUBACH, Helmut, Die Ausweisungen von Polen und Juden aus Preußen 1885/86, Wiesbaden 1967.

NEUGEBAUER, Hans-Joachim, Judenfiguren. Drama und Theater im frühen 19. Jahrhundert, Frankfurt a. M. 1994.

NIEDHART, Gottfried, Deutsche Geschichte 1918–1933. Politik in der Weimarer Republik und der Sieg der Rechten, 2. Aufl. Stuttgart 1996.

NIEMÖLLER, Klaus Wolfgang, Musikleben und jüdisches Mäzenatentum bis 1933, in: D. BREUER, Moderne im Rheinland, S. 225–240.

NIEWYK, Donald L., Solving the »Jewish Problem«. Continuity and Change in German Antisemitism 1871–1945, in: LBIYB 35 (1990), S. 335–370.

Ders., The Impact of Inflation and Depression on the German Jews, in: LBIBY 28 (1983), S. 19–36.

Ders., The Jews in Weimar Germany, Baton Rouge 1981.

Ders., Jews and the Courts in Weimar Germany, in: Jewish Social Studies 37 (1975), S. 99–113.

Ders., Socialist, Anti-Semite, and Jew. German Social Democracy confronts the Problem of Antisemitism 1918–1933, Baton Rouge 1971.

NIPPERDEY, Thomas, Deutsche Geschichte 1866–1918, Bde. 1–2, München 1990–1992.

Ders., Verein als soziale Struktur in Deutschland im späten 18. und frühen 19. Jahrhundert, in: Hartmut BOOCKMANN/Arnold ESCH/Hermann HEIMPEL (Hrsg.), Geschichtswissenschaft und Vereinsleben im 19. Jahrhundert. Beiträge zur Geschichte der historischen Forschung in Deutschland, Göttingen 1972, S. 1–44.

Ders., Die deutsche Studentenschaft in den ersten Jahren der Weimarer Republik, in: Adolph GRIMME/Wilhelm ZILIUS (Hrsg.), Kulturverwaltung der Zwanziger Jahre, Stuttgart 1961, S. 19–48.

NIPPERDEY, Thomas/Reinhard RÜRUP, Art. »Antisemitismus«, in: BRUNNER/CONZE/KOSELLECK, Geschichtliche Grundbegriffe, Bd. 1, S. 129–153.

NOAKES, Jeremy, The Nazi Party in Lower Saxony, 1931–1933, London 1971.

NONN, Christoph, Eine Stadt sucht einen Mörder. Gerücht, Gewalt und Antisemitismus im Kaiserreich, Göttingen 2002.

Ders., Zwischenfall in Konitz. Antisemitismus und Nationalismus im preußischen Osten um 1900, in: HZ 266 (1998), S. 387–418.

NOVICK, Peter, That Noble Dream: The »Objectivity Question« and the American Historical Profession, New York 1988.

NOWAK, Kurt, Evangelische Kirche und Weimarer Republik. Zum politischen Weg des deutschen Protestantismus zwischen 1918 und 1932, Göttingen 1981.

Nowak, Kurt/Gerard Raulet, Protestantismus und Antisemitismus in der Weimarer Republik, Frankfurt a. M./New York 1994.

Omran, Susanne, Frauenbewegung und Judenfrage. Diskurse um Rasse und Geschlecht nach 1900, Frankfurt a. M./New York 2000.

Ostländer, Elke /Dirk Teuber, Zur Kultur in Köln 1910–1922, Kunstereignisse und chronologische Daten zu Max Ernst, in: Herzogenrath, Max Ernst, S. 17–38.

Otte, Marline, Eine Welt für sich? Bürger im Jargontheater von 1890 bis 1920, in: Gotzmann/Liedtke/Rahden, Bürger, Juden, Deutsche, S. 121–145.

Paret, Peter, Modernism and the »Alien Element« in German Art, in: Emily Bilsky (Hrsg.) Berlin Metropolis. Jews and the New Culture 1890–1918, New York 2000, S. 34–57.

Ders., Bemerkungen zu dem Thema: Jüdische Kunstsammler, Stifter und Kunsthändler, in: Mai/Paret, Sammler, S. 173–185.

Partsch, Cornelius, Schräge Töne. Jazz und Unterhaltungsmusik in der Kultur der Weimarer Republik, Stuttgart/Weimar 2000.

Paul, Gerhard, Aufstand der Bilder. Die NS-Propaganda vor 1933, Bonn 1990.

Pellegrini, Anne, Whiteface Performances: »Race«, Gender, and Jewish Bodies, in: Daniel Boyarin/Jonathan Boyarin, Thinking in Differences. The New Jewish Cultural Studies, Minneapolis 1997, S. 108–149.

Penka, Thomas, »Geistzerstäuber« Rundfunk. Sozialgeschichte des Südfunkprogramms in der Weimarer Republik, Potsdam 1999.

Peukert, Detlev K., Die Weimarer Republik. Krisenjahre der klassischen Moderne, 2. Aufl. Frankfurt a. M. 1989.

Pfahl-Traughber, Armin, Antisemitismus in der deutschen Geschichte, Opladen 2002.

Planert, Ute, Reaktionäre Modernisten? Zum Verhältnis von Antisemitismus und Antifeminismus in der völkischen Bewegung, in: GbfA 11 (2002), S. 31–51.

Pleticha, Heinrich (Hrsg.), Das Bild des Juden in der Volks- und Jugendliteratur vom 18. Jahrhundert bis 1945, Würzburg 1985.

Plum, Günter, Wirtschafts- und Erwerbsleben, in: Benz, Juden in Deutschland, S. 268–314.

Pommerin, Reiner, Die Ausweisung von »Ostjuden« aus Bayern 1923. Ein Beitrag zum Krisenjahr der Weimarer Republik, in: VJZ 34 (1986), S. 311–348.

Postone, Moishe, Die Logik des Antisemitismus, in: Merkur 36 (1982), S. 13–25.

Pracht, Elfi, Jüdisches Kulturerbe in Nordrhein-Westfalen, Teil 2: Regierungsbezirk Köln, Köln 1997.

Dies., Ottmar Strauß: Industrieller, Staatsbeamter, Kunstsammler, in: Menora. Jahrbuch für deutsch-jüdische Geschichte 1994, S. 39–70.

Prass, Ilse, Treffpunkt Karneval. Tips und Infos rund um die Kölner Karnevalsgesellschaften, Köln 1995.

Pulzer, Peter, Rechtliche Gleichstellung und öffentliches Leben, in: M. A. Meyer, Deutsch-jüdische Geschichte, Bd. 3, S. 151–192.

Ders., Der Erste Weltkrieg, in: Ebenda, Bd. 3, S. 356–381.

Ders., Jews and the German State. The Political History of a Minority 1848–1933, Oxford/Cambridge 1992.

Ders., Politische Einstellung und politisches Engagement jüdischer Unternehmer, in: W. E. Mosse/Pohl, Unternehmer, S. 313–331.

Ders., Jewish Participation in Wilhelmine Politics, in: David Bronsen (Hrsg.), Jews and Germans from 1860–1933. The Problematic Symbiosis, Heidelberg 1979, S. 78–99.

Ders., Die jüdische Beteiligung an der Politik, in: Werner E. Mosse/Arnold Paucker (Hrsg.), Juden im Wilhelminischen Deutschland 1890–1914, Tübingen 1978, S. 143–239.

Pyta, Wolfram, Dorfgemeinschaft und Parteipolitik 1918–1933. Die Verschränkung von Milieu und Parteien in den protestantischen Landgebieten Deutschlands in der Weimarer Republik, Düsseldorf 1996.

Quack, Sibylle, Zuflucht Amerika. Zur Sozialgeschichte der Emigration deutsch-jüdischer Frauen in die USA 1933–1945, Bonn 1995.

Rahden, Till van, Intermarriages, the »New Woman« and the Situational Ethnicity of Breslau Jews from the 1870s to the 1920s, in: LBIYB 46 (2001), S. 125–150.

Ders., Juden und andere Breslauer. Die Beziehungen zwischen Juden, Protestanten und Katholiken in einer deutschen Großstadt von 1860 bis 1925, Göttingen 2000.
Ders., Words and Actions: Rethinking the Social History of German Antisemitism, Breslau, 1870–1914, in: German History 18 (2000), S. 413–438.
Ders., Die Grenze vor Ort – Einbürgerung und Ausweisung ausländischer Juden in Breslau 1860–1918, in: TAJB 27 (1998), S. 47–69.
Ders., Mingling, Marrying, and Distancing. Jewish Integration in Wilhelminian Breslau and its Erosion in Early Weimar Germany, in: BENZ/PAUCKER/PULZER, Jüdisches Leben, S. 197–222.
Ders., Ideologie und Gewalt. Neuerscheinungen über den Antisemitismus in der deutschen Geschichte des 19. und frühen 20. Jahrhunderts, in: NPL 41 (1996), S. 11–29.
Ders., Weder Milieu noch Konfession. Die situative Ethnizität der deutschen Juden im Kaiserreich in vergleichender Perspektive, in: BLASCHKE/KUHLEMANN, Religion, S. 409–434.
RAPHAEL, Freddy, »Der Wucherer«, in: SCHOEPS/SCHLÖR, Antisemitismus, S. 103–117.
RAPHAEL, Lutz, Diskurse, Lebenswelten und Felder. Implizite Vorannahmen über das soziale Handeln von Kulturproduzenten im 19. und 20. Jahrhundert, in: Wolfgang HARDTWIG/Hans-Ulrich Wehler (Hrsg.), Kulturgeschichte Heute, Göttingen 1996, S. 165–181.
RAUH-KÜHNE, Cornelia, Katholisches Milieu und Kleinstadtgesellschaft. Ettlingen 1918–1939, Sigmaringen 1991.
RAULFF, Ulrich (Hrsg.), Mentalitäten-Geschichte, Berlin 1987.
RECKER, Marie-Luise, Adenauer und die englische Besatzung, in: STEHKÄMPER, Adenauer, S. 99–121.
REICHARDT, Sven, Gewalt und Gemeinschaft im italienischen Squadrismus und in der deutschen SA, Köln 2002.
REICHER, Bruno (Red.), Jüdische Geschichte und Kultur in NRW. Ein Handbuch, Duisburg 1988.
REINHARDT, Hildegard, Olga Oppenheimer (1886–1941) und Emmy Worringer (1889–1961). Zwei Kölner Künstlerinnen zu Beginn des 20. Jahrhunderts, in: FRANKEN/KLING-MATHEY, Köln, S. 261–275.
REINHARZ, Yehuda/Walter SCHATZBERG (Hrsg.), The Jewish Response to German Culture. From the Enlightenment to the Second World War, Hannover 1995.
REINHOLD, Gerd (Hrsg.), Soziologie-Lexikon, 3. Aufl. München 1997.
REITMEYER, Morten, Bankiers im Kaiserreich, Göttingen 1999.
REUTTER, Ursula, Jüdische Zeitungen in Köln 1919–1938, in: GiK 29 (1991), S. 83–117.
RICHARZ, Monika, Der Wandel weiblichen Selbstverständnisses in den Lebenszeugnissen jüdischer Frauen, in: Hans Otto HORCH/Charlotte WARDI (Hrsg.), Jüdische Selbstwahrnehmung. La prise de conscience de l'identité juive, Tübingen 1997, S. 99–110.
Dies., Bürger auf Widerruf. Lebenszeugnisse deutscher Juden 1780–1945, München 1989.
Dies., Forschungen zur jüdischen Gemeindegeschichte, in: Benno REICHER (Red.), Jüdische Geschichte und Kultur in NRW. Ein Handbuch, Duisburg 1988, S. 21–27.
Dies. (Hrsg.), Jüdisches Leben in Deutschland, Bd. 3: Selbstzeugnisse zur Sozialgeschichte 1918–1945, Stuttgart 1976.
RIEKER, Yvonne, Von der rechtlichen Gleichstellung bis zum Genozid, in: Yvonne RIEKER/Michael ZIMMERMANN (Hrsg.), Geschichte der Juden im Rheinland und in Westfalen, Köln/Stuttgart/Berlin 1998, S. 141–259.
Dies., Kindheiten. Identitätsmuster im deutsch-jüdischen Bürgertum und unter ostjüdischen Einwanderern 1871–1933, Hildesheim/Zürich/New York 1997.
RINGER, Fritz K., Die Gelehrten. Der Niedergang der deutschen Mandarine, 1890–1933, München 1987.
ROECK, Sully, Der Stadtverband Kölner Frauenvereine und seine angeschlossenen Vereine, in: Kölner Frauengeschichtsverein, »10 Uhr pünktlich Gürzenich«, S. 183–219.
Dies., Else Falk, in: Ebenda, S. 220 f.
ROHE, Karl, Das Reichsbanner Schwarz Rot Gold. Ein Beitrag zur Geschichte und Struktur der politischen Kampfverbände zur Zeit der Weimarer Republik, Düsseldorf 1966.
ROHKRÄMER, Thomas, Der Militarismus der »kleinen Leute«. Die Kriegervereine im Deutschen Kaiserreich 1871–1914, München 1990.

ROHRBACHER, Stefan, Kaiserreich und Weimarer Republik, Horte innigster deutsch-jüdischer Symbiose?, in: GWU 43 (1992), S. 681–687.
ROHRBACHER, Stefan/Michael SCHMIDT (Hrsg.), Judenbilder. Kulturgeschichte antijüdischer Mythen und antisemitischer Vorurteile, Reinbek bei Hamburg 1989.
ROMEYK, Horst, Die Deutsche Volkspartei in Rheinland und Westfalen 1918–1933, in: Rheinische Vierteljahresblätter 39 (1975), S. 189–236.
ROSENBERG, Hans, Große Depression und Bismarckzeit. Wirtschaftsablauf, Gesellschaft und Politik in Mitteleuropa, Berlin 1967.
ROSENKRANZ, Zeev, »Der Zionismus des Dreinschlagens«: Die Rituale der nationaljüdischen und zionistischen Studenten im ausgehenden Kaiserreich, in: Menora. Jahrbuch für deutsch-jüdische Geschichte 3 (1992), S. 63–84.
ROSSBACH, Rainer, »...und der Rundfunk«, in: Kölnischer Kunstverein, Dadamax, S. 170–175.
ROZENBLIT, Marsha, The Jews of Vienna 1867–1914: Assimilation and Identity, Albany/New York 1984.
RÜHLE, Günther, Theater für die Republik 1917–33 im Spiegel der Kritik, Frankfurt a. M. 1967.
RÜRUP, Miriam, Jüdische Studentenverbindungen im Kaiserreich. Organisationen zur Abwehr des Antisemitismus auf »studentische Art«, in: JbfA 10 (2001), S. 113–137.
RÜRUP, Reinhard, Jewish History in Berlin – Berlin in Jewish History, LBIYB 45 (2000), S. 37–50.
Ders., Jüdische Geschichte in Deutschland. Von der Emanzipation bis zur nationalsozialistischen Gewaltherrschaft, in: BLASIUS/DINER, Zerbrochene Geschichte, S. 79–101.
Ders., Emanzipationsgeschichte und Antisemitismusforschung. Zur Überwindung antisemitischer Vorurteile, in: ERB/SCHMIDT, Antisemitismus, S. 467–478.
Ders., Emanzipation und Antisemitismus. Studien zur Judenfrage der bürgerlichen Gesellschaft, Göttingen 1975.
RÜTHER, Martin, Daten 1919–1932, in: Peter FUCHS (Hrsg.), Chronik zur Geschichte der Stadt Köln, Bd. 2, Köln 1992, S. 194–209.
Ders., Arbeiterschaft in Köln 1928–1945, Köln 1990.
SABROW, Martin, Die verdrängte Verschwörung. Der Rathenau-Mord und die deutsche Gegenrevolution, Frankfurt a. M. 1999.
Ders., Der Rathenaumord. Rekonstruktion einer Verschwörung gegen die Republik von Weimar, München 1994.
SACKETT, Robert Eben, Popular Entertainment, Class and Politics in Munich 1900–1923, Cambridge/London 1982.
SASS, Anna, Mehr als nur »Kwartier Latäng«. Leben am Rathenauplatz, Köln 1994.
SASSENBERG, Marina, Der Jüdische Frauenbund in Köln (1926–1938), in: Kölner Frauengeschichtsverein, »10 Uhr pünktlich Gürzenich«, S. 239–245.
SAUNDERS, Thomas J., Weimar Germany: Crisis as Normalcy – Trauma as Condition, in: NPL 19 (2000), S. 207–226.
SCHÄR, Christian, Der Schlager und seine Tänze im Deutschland der 20er Jahre. Sozialgeschichtliche Aspekte zum Wandel in der Musik- und Tanzkultur während der Weimarer Republik, Zürich 1991.
SCHANK, Chrostoph, »Kölsch-katholisch«. Das katholische Milieu in Köln (1871–1933), Köln/Weimar/Wien 2004.
SCHARBERTH, Irmgard (Hrsg.), Gürzenich-Orchester Köln, Köln 1988
Dies., Hundert Jahre einer langen Musiktradition, in: Ebenda, S. 13–113.
SCHEIL, Stefan, Die Entwicklung des politischen Antisemitismus in Deutschland zwischen 1881 und 1912. Eine wahlgeschichtliche Untersuchung, Berlin 1999.
SCHIEDER, Wolfgang, Sozialgeschichte der Religion im 19. Jahrhundert. Bemerkungen zur Forschungslage, in: Ders. (Hrsg.), Religion und Gesellschaft im 19. Jahrhundert, Stuttgart 1993, S. 11–28.
SCHIEDER, Wolfgang/Volker SELLIN (Hrsg.), Sozialgeschichte in Deutschland. Bd. 3: Soziales Verhalten und soziale Aktionsformen in der Geschichte, Göttingen 1987.

SCHILLING, Konrad (Hrsg.), Monumenta Judaica. 2000 Jahre Geschichte und Kultur der Juden am Rhein. Handbuch und Katalog, Köln 1964.
SCHINDLER, Thomas, Studentischer Antisemitismus und jüdische Studentenverbindungen 1880–1933, Gießen 1988.
SCHLÖGL, Rudolf, Glaube und Religion in der Säkularisierung. Die katholische Stadt – Köln, Aachen, Münster 1700–1840, München 1995.
SCHMELZ, Usiel O., Die demographische Entwicklung der Juden in Deutschland von der Mitte des 19. Jahrhunderts bis 1933, in: Zeitschrift für Bevölkerungswissenschaft 8 (1982), S. 31–72.
SCHMIECHEN-ACKERMANN, Detlef, Großstädte und Nationalsozialismus 1930–1945, in: Rolf MÖLLER (Hrsg.), Nationalsozialismus in der Region. Beiträge zur regionalen und lokalen Erforschung und zum internationalen Vergleich, München 1996, S. 254–270.
SCHMIDT, Michael, Hinter den Spiegeln: Mergels Uhr und Aarons Risiko. Aufsatz ohne Untertitel, in: HEIL/WACKER, Shylock?, S. 171–191.
Ders., Schacher und Wucher. Ein antisemitisches Stereotyp im Spiegel christlicher und jüdischer Autobiographien der Goethezeit, in: Menora. Jahrbuch für deutsch-jüdische Geschichte 1 (1991), S. 235–277.
SCHMITT-ROST, Hans, Galerien und Kunsthandlungen in den 20er Jahren, in: Kölner Kunstverein, Dadamax, S. 22–24.
SCHOEPS, Julius H. (Hrsg.), Juden als Träger bürgerlicher Kultur in Deutschland, Stuttgart/Bonn 1989.
Ders., Ritualmordbeschuldigung und Blutaberglaube, in: BOHNKE-KOLLWITZ, Köln, S. 286–299.
SCHOEPS, Julius H./Joachim SCHLÖR (Hrsg.), Antisemitismus, Vorurteile und Mythen, München 1995.
SCHOLEM, Gershom, Von Berlin nach Jerusalem. Jugenderinnerungen, Frankfurt a. M. 1977.
Ders., Wider den Mythos vom deutsch-jüdischen Gespräch, in: Ders., Judaica, Bd. 2, Frankfurt a. M. 1970, S. 7–11.
SCHRADER, Bärbel /Jürgen SCHEBERA, Kunstmetropole Berlin 1918–1933, Berlin/Weimar 1987.
SCHRAUT, Sylvia, Sozialer Wandel im Industrialisierungsprozeß. Esslingen 1800–1870, Essen 1989.
SCHUBERT, Hans Achim, Nachbarschaft, Entfremdung und Protest. Welche Chancen haben Gemeinschaftsinitiativen in modernen Gesellschaften?, Freiburg i. Br./München 1977.
SCHUBERT, Heribert J., Private Hilfenetze. Solidaritätspotentiale von Verwandtschaft, Nachbarschaft und Freundschaft. Ergebnis einer egozentrierten Netzwerkanalyse, Hannover 1990.
SCHÜLER-SPRINGORUM, Stefanie, Die jüdische Minderheit in Königsberg, Preußen 1871–1945, Göttingen 1996.
SCHÜTTE, Wolfgang, Regionalität und Föderalismus im Rundfunk. Die geschichtliche Entwicklung in Deutschland 1923–1945, Frankfurt a. M. 1971.
SCHÜTZ, Chana C., Die Kaiserzeit (1871–1918), in: NACHAMA/SCHOEPS/SIMON, Juden in Berlin, S. 89–136.
SCHULIN, Ernst, Walther Rathenau. Repräsentant, Kritiker und Opfer seiner Zeit, Göttingen/Zürich/Frankfurt 1979.
SCHULZ, Andreas, Individuum und Generation – Identitätsbildung im 19. und 20. Jahrhundert, in: GWU 52 (2001), S. 406–414.
SCHULZ, Günther, Gesellschaftliche Veränderungen in Rheinland-Westfalen zur Zeit der Weimarer Republik, in: Kurt DÜWELL/Wolfgang KÖLLMANN (Hrsg.), Rheinland-Westfalen im Industriezeitalter – Beiträge zur Landesgeschichte, Bd. 3, Wuppertal 1984, S. 35–50.
SCHUMACHER, Renate, Zur Geschichte der Westdeutschen Rundfunk A.G. (WERAG). Hans Stein, Mitarbeiter der WERAG von 1927 bis 1933, in: D. BREUER/CEPL-KAUFMANN, Moderne und Nationalsozialismus, S. 287–299.
SCHUMANN, Peter, Jüdische Deutsche im Kaiserreich und in der Weimarer Republik, in: GWU 43 (1992), S. 32–40.

SCHWABE, Klaus, Die deutsche Politik und die Juden im Ersten Weltkrieg, in: Hans-Otto HORCH (Hrsg.), Judentum, Antisemitismus und europäische Kultur, Tübingen 1988, S. 255–266.

SCHWARZ, Egon, The Staging of Arthur Schnitzler's play Reigen in Vienna creates a public uproar that draws involvement by the press, the police, the Viennese city administration, and the Austrian parliament, in: GILMAN/ZIPES, Yale Companion to Jewish Writing, S. 412–419.

SCHWARZ, Jürgen, Die deutsche Studentenschaft in der Zeit zwischen 1918 und 1923, Berlin 1971.

SCHWARZ, Hans-Peter, Adenauer. Der Aufstieg, 2. Aufl. Stuttgart 1986.

SCHWARZKOPF, Jutta/Adelheid von SALDERN/Silke LESEMANN, Geschlechtergeschichte. Von der Nische in den Mainstream, in: ZfG 50 (2002), S. 485–504.

SCHWERING, Leo, In den Klauen der Gestapo. Tagebuchaufzeichnungen aus den Jahren 1944/45, hrsg. und kommentiert von Markus Schwering, Köln 1988.

SCHWERING, Max-Leo, Fragen an den Kölner Karneval, Köln 1990.

Ders., Historische Kölner Karnevalsorden, Köln 1989.

Ders., Handwerk in Köln. Köln 1984.

SCHWIENORST-MEIER, Ingrid, Karneval im »Dritten Reich« unter besonderer Berücksichtigung der Stadt Köln, Berlin 1983.

SEGAL, Joes, Krieg als Erlösung. Die deutschen Kunstdebatten 1910–1918, München 1997.

SERUP-BILFELDT, Kirsten, Zwischen Dom und Davidstern. Jüdisches Leben in Köln von den Anfängen bis heute, Köln 2001.

SHAW, David Gary, Happy in Our Chains? Agency and Language in the Postmodern Age, in: History and Theory 40 (2001), S. 1–9.

SHOWALTER, Dennis E., Little Man, What Now? Der Stürmer in the Weimar Republic, Hamden, Connecticut 1982.

SIEDER, Reinhard, Sozialgeschichte auf dem Weg zu einer historischen Kulturwissenschaft?, in: GG 20 (1994), S. 445–468.

SIEG, Ulrich, Der Preis des Bildungsstrebens. Jüdische Geisteswissenschaftler im Kaiserreich, in: GOTZMANN/LIEDTKE/RAHDEN, Juden, Bürger, Deutsche, S. 67–95.

SIGNON, Helmut/Stefan VOLBERG, Die Roten Funken von Köln, Köln o. J.

SILBERMANN, Alphons, Juden im Musikleben der Weimarer Republik, in: SCHOEPS, Juden, S. 109–123.

SINZ, Herbert, 200 Jahre Kölner Handwerk. Chronik einer großen Leistung, Köln 1975.

SK Stiftung Kultur (Hrsg.), Zeitgenossen. August Sander und die Kunstszene der 20er Jahre im Rheinland, Köln 2000.

SMITH, Helmut W., Die Geschichte des Schlachters. Mord und Antisemitismus in einer deutschen Kleinstadt, Göttingen 2002.

Ders., The Learned and the Popular Discourse of Anti-Semitism in the Catholic Milieu in the Kaiserreich, in: Central European History 27 (1994), S. 315–328.

Ders., Alltag und politischer Antisemitismus in Baden 1890–1900, in: ZGO 141 (1993), S. 280–303.

SOÉNIUS, Ulrich S., »Unsere Bestrebungen sind aber wahrhaftig kein Sport...«. Nationale Verbände in Köln während des Kaiserreichs, in: Geschichte in Köln 1994, S. 116–130.

SORKIN, David, The Transformation of German Jewry, 1780–1840, New York 1987.

SPERBER, Jonathan, Kirchengeschichte or the Social and Cultural History of Religion, in: NPL 18 (1998), S. 13–35.

STEHKÄMPER, Hugo (Hrsg.), Konrad Adenauer. Oberbürgermeister von Köln. Festgabe der Stadt Köln zum 100. Geburtstag ihres Ehrenbürgers am 5. Januar 1976, Köln 1976.

STEIMEL, Robert, Kölner Köpfe, Köln 1958.

STEINBERG, Steven, Sabers and Brown Shirts: The German Students' Path to National Socialism, 1918–1935, Chicago 1973.

STEINLEIN, Rüdiger, Die Stadt als geselliger und als karnevalistischer Raum. Theodor Fontanes »Berliner Romane« in anderer Sicht, in: Klaus SIEBENHAAR (Hrsg.), Das poetische Berlin. Metropolenkultur zwischen Gründerzeit und Nationalsozialismus, Wiesbaden 1992, S. 41–68.

STELZMANN, Arnold, Illustrierte Geschichte der Stadt Köln, 8. Aufl. Köln 1978.

STRIESOW, Jan, Die Deutschnationale Volkspartei und die Völkisch-Radikalen 1918–1922, Frankfurt a. M. 1981.
STROELE-BUEHLER, Heike, Studentischer Antisemitismus in der Weimarer Republik. Eine Analyse der Burschenschaftlichen Blätter 1918–1933, Frankfurt a. M. 1991.
STÜRMER, Michael/Gabriele TEICHMANN/Wilhelm TREUE, Wägen und Wagen. Sal Oppenheim jr. und Cie. Geschichte einer Bank und einer Familie, München/Zürich 1989.
SUCHY, Barbara, Antisemitismus in den Jahren vor dem Ersten Weltkrieg, in: BOHNKE-KOLLWITZ, Köln, S. 252–285.
SUTER, Andreas/Manfred HETTLING (Hrsg.), Struktur und Ereignis, Göttingen 2001.
TENFELDE, Klaus, Die Entfaltung des Vereinswesens während der Industriellen Revolution in Deutschland (1850–1873), in: DANN, Vereinswesen, S. 55–114.
TEUBER, Dirk, Die Ausstellungen im Spiegel der Kölner Presse: Sonderbund, in: HERZOGENRATH, Kunstausstellungen, S. 148–175.
THIEME, Karl, Deutsche Katholiken, in: W. E. MOSSE/PAUCKER, Entscheidungsjahr, S. 271–288.
THIMME, Anneliese, Flucht in den Mythos. Die Deutschnationale Volkspartei und die Niederlage von 1918, Göttingen 1969.
THOMSEN, Peter, Ärzte auf dem Weg in »Dritte Reich«. Studien zur Arbeitsmarktsituation, zum Selbstverständnis und zur Standespolitik der Ärzteschaft gegenüber der staatlichen Sozialversicherung während der Weimarer Republik, Husum 1996.
TIETZ, Georg, Hermann Tietz. Geschichte einer Familie und ihrer Warenhäuser, Stuttgart 1965.
TITZE, Hartmut, Hochschulen, in: Dieter LANGEWIESCHE/Heinz-Elmar TENORTH, Buch der deutschen Bildungsgeschichte, Bd. 5: 1918–1945. Die Weimarer Republik und die nationalsozialistische Diktatur, München 1989, S. 209–239.
TOURY, Jakob, Gab es ein Krisenbewußtsein unter den Juden während der »Guten Jahre« der Weimarer Republik, 1924–1929?, in: TAJB 17 (1988), S. 145–168, auch in: Ders., Deutschlands Stiefkinder. Ausgewählte Aufsätze, Gerlingen 1997, S. 191–214.
TRAVERSO, Enzo, Die Juden und Deutschland. Auschwitz und die »jüdisch-deutsche Symbiose«, Berlin 1993.
TREUE, Wilhelm, Zur Frage der wirtschaftlichen Motive im deutschen Antisemitismus, in: W. E. MOSSE/PAUCKER, Deutsches Judentum, S. 387–408.
Ders., Die Juden in der Wirtschaftsgeschichte des rheinischen Raumes 1648–1945, in: SCHILLING, Monumenta Judaica, S. 444–459.
TYRAKOWSKI, Marlene, »Die machten aus uns keine Nazi'ssen«. Kölner Frauenbewegung und Nationalsozialismus, in: FRANKEN/KLING-MATHEY, Köln, S. 261–275.
ULBRICHT, Justus H., »Wege nach Weimar« und »deutsche Wiedergeburt«: Visionen kultureller Hegemonie im völkischen Netzwerk Thüringens zwischen Jahrhundertwende und »Drittem Reich«, in: Wolfgang BIALAS/Burkhard STENZEL (Hrsg.), Die Weimarer Republik zwischen Metropole und Provinz. Intellektuellendiskurse zur politischen Kultur, Weimar/Köln/Wien 1996, S. 23–35.
ULLRICH, Volker, Drückeberger, in: SCHOEPS/SCHLÖR, Antisemitismus, S. 210–217.
UNGER, Wilhelm, Das Kölner Theater in den Zwanziger Jahren, in: Volker CANARIS/Tota GAEHME/Jürgen PULLEM, Theaterstadt Köln, Köln 1986, S. 36–44.
VERHEY, Jeffrey, Neuere Arbeiten zur Propagandageschichte, in: AfS 41 (2001), S. 624–632.
Ders., Dada-Köln – Daten und Fakten, in: HERZOGENRATH, Max Ernst, S. 150–174.
VITTE, Walter, Auf der Suche nach Baargeld. Drehbuch zum Fernsehfilm über den Kölner Dadaisten, in: D. BREUER, Moderne im Rheinland, S. 85–131.
VOGELSANG, Bernd, Die Moderne in der »Theaterprovinz«. Bühne und Bühnenbild rheinischer Theater 1908–1928, in: Ebenda, S. 153–200.
VOLKOV, Shulamit, Juden als wissenschaftliche »Mandarine« im Kaiserreich und in der Weimarer Republik. Neue Überlegungen zu sozialen Ursachen des Erfolgs jüdischer Naturwissenschaftler, in: AfS 37 (1997), S. 1–18.
Dies. (Hrsg.), Deutsche Juden und die Moderne, München 1994.
Dies., Die Juden in Deutschland 1780–1918, München 1994.

Dies. (Hrsg.), Jüdisches Leben und Antisemitismus im 19. und 20. Jahrhundert, München 1990.
Dies., Antisemitismus als kultureller Code, in: Dies., Antisemitismus als aktueller Code. Zehn Essays, 2. Aufl. München 2000, S. 13–36.
Dies., Das geschriebene und das gesprochene Wort. Über Kontinuität und Diskontinuität im deutschen Antisemitismus, in: Dies., Jüdisches Leben, S. 54–75.
Dies., Überlegungen zur Ermordung Rathenaus als symbolischem Akt, in: Tilmann BUDDENSIEG [u. a.] (Hrsg.), Ein Mann vieler Eigenschaften. Walther Rathenau und die Kultur der Moderne, Berlin 1990, S. 99–105.
Dies., Soziale Ursachen des Erfolgs in der Wissenschaft. Juden im Kaiserreich, in: HZ 245 (1987), S. 315–342, auch in: Dies., Antisemitismus, S. 146–175.
VULETIC, Aleksandar-Sasa, Christen jüdischer Herkunft im Dritten Reich. Verfolgung und organisierte Selbsthilfe 1933–1939, Mainz 1999.
WACHTER, Andrea, Antisemitismus im Österreichischen Vereinswesen für Leibesübungen 1918–38 am Beispiel der Geschichte ausgewählter Vereine, Wien 1983.
WAHL, Fritz, Bernhard Falk, ein rheinischer Patriot, in: Den Unvergessenen. Opfer des Wahns 1933–1945, Heidelberg 1952, S. 105–122.
WALTER, Dirk, Antisemitische Kriminalität und Gewalt. Judenfeindschaft in der Weimarer Republik, Bonn 1999.
WEBER, Christoph, Der politische Katholizismus in Köln von 1870–1914, in: Gik 35 (1994), S. 87–94.
WEICHLEIN, Siegfried, Sozialmilieus und politische Kultur in der Weimarer Republik. Lebenswelt, Vereinskultur, Politik in Hessen, Göttingen 1996.
WEISBROD, Bernd, Gewalt in der Politik. Zur politischen Kultur in Deutschland zwischen den beiden Weltkriegen, in: GWU 43 (1992), S. 391–404.
WEISS, John, Der lange Weg zum Holocaust. Die Geschichte der Judenfeindschaft in Deutschland und Österreich, Hamburg 1997.
WEISS, Lothar, Rheinische Großstädte während der Weltwirtschaftskrise (1929–1933). Kommunale Finanz- und Sozialpolitik im Vergleich, Köln [u. a.] 1999.
WENNINGER, Markus J., Zum Verhältnis der Kölner Juden zu ihrer Umwelt im Mittelalter, in: BOHNKE-KOLLWITZ, Köln, S. 17–34.
WERTHEIMER, Jack L., Unwelcome Strangers: East European Jews in Imperial Germany, Oxford 1987.
WIDDIG, Bernd, Culture and Inflation in Weimar Germany, Berkeley/Los Angeles/London 2001.
WIENER, Paul B., Die Parteien der Mitte, in: W. E. MOSSE/PAUCKER, Entscheidungsjahr, S. 289–321.
WILLETT, John, Die Weimarer Jahre. Eine Kultur mit gewaltsamen Ende, Stuttgart 1987.
WINKLER, Heinrich August, Weimar 1918–1933, Die Geschichte der ersten deutschen Demokratie, München 1993.
Ders., Von der Revolution zur Stabilisierung. Arbeiter und Arbeiterbewegung in der Weimarer Republik 1918 bis 1924, Berlin/Bonn 1984.
Ders., Die deutsche Gesellschaft der Weimarer Republik und der Antisemitismus, in: Bernd MARTIN/Ernst SCHULIN (Hrsg.), Die Juden als Minderheit in der Geschichte, München 1981, S. 271–289.
WINNECKEN, Andreas, Ein Fall von Antisemitismus. Zur Geschichte und Pathogenese der deutschen Jugendbewegung vor dem 1. Weltkrieg, Köln 1991.
WIRSCHING, Andreas, Deutsche Geschichte im 20. Jahrhundert, München 2001.
Ders., Die Weimarer Republik: Politik und Gesellschaft, Oldenburg 2000.
WISTRICH, Robert S., Socialism and the Jews. The Dilemmas of Assimilation in Germany and Austria-Hungary, London/Toronto 1982.
WORTMANN, Michael, Der Nationalsozialistische Deutsche Studentenbund an der Universität Köln (1927–1933), in: GiK 8 (1980), S. 101–118.
WULFF, Reimer, Die Deutschvölkische Freiheitspartei 1922–1928, Marburg 1968.
ZECHLIN, Egmont, Die deutsche Politik und die Juden im Ersten Weltkrieg, Göttingen 1969.

ZEPTER, Michael, Paradiesvogel und Lumpenball. Zwei Kölner Künstlerfeste zwischen 1925 und 1939 im Spiegel der Presse, in: D. BREUER/CEPL-KAUFMANN, Moderne und Nationalsozialismus, S. 395–432.
ZIMMERMANN, Moshe, Die deutschen Juden 1914–1945, München 1997.
Ders., Aufkommen und Diskreditierung des Begriffs Antisemitismus, in: Ursula BÜTTNER (Hrsg.), Das Unrechtregime. Festschrift für Werner Jochmann, Bd. 1, Hamburg 1986, S. 59–77.
Ders., Wilhelm Marr. The Patriarch of Anti-Semitism, New York 1986.
ZIPES, Jack, The Negative German-Jewish Symbiosis, in: GILMAN/ZIPS, Yale Companion to Jewish Writing, S. 144–154.
ZUNKEL, Friedrich, Köln während der Welt-Wirtschaftskrise 1929–1933, in: Zeitschrift für Unternehmensgeschichte 26 (1981), S. 104–128.

PERSONENREGISTER

Abendroth, Hermann 160
Ackermann, Henriette 169
Adenauer, Konrad 53 f., 56*, 138, 149, 159, 164, 165*, 166, 172, 174 f., 179*, 185, 189*, 190, 193, 205, 214 f., 220–229, 248*, 253*, 257*, 274 f., 280, 283, 312*, 368 f., 372 f., 379, 396*, 399, 403, 435
Adickes, Franz 210*, 213
Adler, Anni 88*, 198*, 202*
Ahlfeld-Heymann, Marianne 90*, 168
Albers, Johannes 349 f., 386
Albers-Frank, Hilda 198*
Arnheim, Rudolf 180*
Ameln, Elisabeth von 327*, 394
Aramesco, Susanne 183*
Arco-Valley, Anton Graf 365
Aron, Raymond 222 f.
Arp, Hans 153*
Aschaffenburg, Gustav 218*, 282, 292 f.
Aussenberg, Nathan 77

Baargeld, Johannes Theodor alias Alfred Ferdinand Grünwald 149*, 150, 153 f.
Bachem, Carl 311, 421
Barmat, Brüder 309*, 310*
Barthel, Ernst 181*
Bartning, Otto 190
Bartsch, Hans 108*
Basch, Viktor 280
Bauknecht, Otto 275*, 337*, 404, 407*, 419
Baumann, Sally 345
Becker, Carl Heinrich 259–261, 270, 276
Becker, Heinrich 112
Beer, Alexander 191*
Bendix, Simon 121
Berg, Heinrich 252
Berger 77*
Bergmann, Johann 379, 381*, 382
Berk, Ernest 90* 170

Bertram, Adolf Kardinal 271*
Beyer, Georg 155, 171, 178, 289*, 364, 416
Bismarck, Otto von 48
Bitter, Hans 257*
Blau, Leo 79*, 87*, 88*, 329*
Blaugrund, Selma 79*, 327*, 328*
Bluhm, Herbert 83*, 339*, 349*
Blumenau, Emil 189*, 247, 335, 368*, 369*, 370
Bock, Eugen 142
Bodenheimer, Max 111, 190*, 191*, 192*, 360*
Bodenheimer, Rosa 128, 360*, 369*
Börger, Wilhelm 416*
Bohlmann, Ferdinand 281, 284*
Braecker 257*
Braun, Otto 280
Braunfels, Walter 160, 167, 179*
Breslauer, Bernhard 217*
Bresslau, Ernst 218*
Breuer, Hermann Josef 58
Bruch, Max 160*
Brückner, F. P. 179*
Brückner, Samuel 79*
Brugger, Philipp 272*
Buber, Martin 182*
Buck, Margot 81*
Buschhoff, Adolf 50, 408
Buschkötter, Wilhelm 180

Caemmerer, Margarete 187*
Cahen, Ludwig 53*
Callmann, Rudolf 190*, 286*, 364*
Camphausen, Ludolf 48
Caro, Klara 128, 158*, 165*
Carlebach, Emanuel 105, 379*
Carlebach, Joseph 371
Cassirer, Ernst 292
Coenders, Albert 224*
Coenen, Heinrich 80*
Cohen, Shulamit 89*, 328*

Cohn, Walter 249 f.
Corbach 276
Cordé W., 263*

Dahmen, Leopold 113
Daube, Helmut 408
Decker 375*
Dionysius, Pater 271
Domgörgen, Jack 341, 342
Domin, Hilde 327*
Dülken, Joseph 53*
Dusse 182

Eckert, Christian 213, 222, 226, 244, 247*, 248, 253*, 270*, 272, 284*, 286*, 288*, 289*
Ebel, Wilhelm 168, 180, 225*, 340*, 368, 399, 403
Ebers, Godehard Josef 294
Ebert, Friedrich 369
Ebert, Hans 183*
Edelheim, Margarete 192*
Ehnle, Heinz 201*
Eisner, Kurt 365
Elfgen 91
Elfgen, Hans 172*
Eliel, Louis 141
Ellscheid, Rosa Maria 329*
Eltzbacher, Louis 364*
Epp, Franz Ritter von 307
Ernst, Jimmy 152
Ernst, Max 148*, 149 f., 152–155
Erzberger, Matthias 316*, 396
Esch 190*
Esser, Hermann 320
Ewald, Wilhelm 186, 189

Faber 197
Falk, Bernhard 54*, 61*, 187*, 188*, 189*, 304, 360*, 364
Falikmann, Doris 79*, 84*, 196*, 198*
Falk, Else 124*, 128, 273*
Fassbender, Joseph 168*
Feinhals, Josef 142–144, 146, 150*
Feist, Jacob 364*
Feldin, Hans Gál 183*
Ferguson, Charles 55*
Feuermann, Emanuel 157
Fischer, Antonius 121
Fischer, Frieda 234
Flechtheim, Alfred 142–144, 146

Flechtheim, Julius 142
Fliedner, Wilhelm 311 f.
Förster, Heinz jr. 202*
Frank, Abraham 53, 122, 367
Franzen, Theodor 51*
Freundlich, Edith 79*, 82, 88
Freundlich, Otto 149*, 150, 151*, 152–154
Friedrich Wilhelm III., preuß. König 103
Fritzen, Aloys 202*
Fröhlich, Peter 74*, 75*, 76*, 82*

Gails 163
Gebsattel, Konstantin von 316
Geiger, Miriam 74*
Geis 163
Ginossah, Sholamid 327*
Gisevius, Hans Bernd 288
Glagauer, Otto 308
Glasmeier, Heinrich 180, 184
Gleichen, Heinrich von 271*
Gödde, Barthel 368*
Görlinger, Robert 229*, 274
Goldberg, Erna 75*
Goldschmidt, Heinrich 111, 112*
Gottschalk, Andreas 363
Graven, Hubert 244, 247*, 250, 251*, 252 f., 257*, 263
Grohé, Josef 37*, 340*, 342, 347*, 379*, 380 f., 392, 405*, 406, 410 f., 414*
Grosche, Robert 267, 271
Gruen, Henry 83*
Grünwald, Alfred Ferdinand siehe Baargeld, Johannes Theodor
Grünwald, Heinrich 150*
Gruner, Carl Julius 50
Grzesinski, Albert 337*
Gusik, Bekya 152*
Gusik, Genya 152*
Gusyk, Jenny 258

H., Harry 111* 417
Haake, Heinz 392, 403
Haas, Netti 89*
Haenisch, Konrad 213, 214*
Hagelstange, Alfred 140, 145
Hagen, Louis 62*, 91, 142, 160*, 282 f., 312 f., 322*, 326, 333, 337, 364
Hammel 276*

Hardt, Ernst 164, 175 f., 178–180, 181*, 182–185
Hartmann, Felix 105 332*
Hartung, Gustav 162, 164, 168 f., 171
Haubrich, Josef 142, 143*, 146
Haymann, Fritz 219
Heimann, Friedrich Carl 172
Heimann, Max 142
Heimberg, Friedrich 310
Heinberg 399*
Heine, Wolfgang 384
Heinen, Reinhold 289*
Hensel, Eduard 51, 333*
Hering, Ewald 219*, 220
Hertner, Walter 161
Hertz, Henriette 142*
Hertz, Hermann 142–144, 146
Hertz, Wilhelm 364*
Heß, Moses 363
Hiller, Ferdinand 159, 160*
Hindenburg, Paul von 148, 275
Hirsch, Helmut 363*
Hirschberg 381*
Hirschfeld, Magnus 204*
Hitler, Adolf 171
Hoerle, Angelika 149*, 152, 153*, 154
Hoerle, Heinrich 149*, 150*, 152–154, 199*
Hofmüller, Max 163*, 166
Holl, Fritz 165, 171
Holländer, Ludwig 394
Honigsheim, Paul 176, 179*, 287*

Ignatia, Schwester 272*
Ihering, Herbert 180*
Isaac, Henry 90*

Jacobi, Eugen 187*, 188*, 353*, 398*, 410
Jahn, Lilly 111*, 366*
Jansen, Franz M. 150
Jatho, Carl Oskar 151 f.
Jatho, Käthe 151 f.
Johst, Hanns 306
Jonen, Hans 200*, 201
Joseph, Arthur 89, 91*, 110, 160*, 167*, 198, 327*, 329, 339*

Kaiser, Jakob 179*, 406
Kalischer, Hans-Erich 253*
Kallen, Gerhard 227, 230

Kapelner, Efraim 79*, 81*
Kapp, Wolfgang 316*
Katz, Abraham 341*
Katz, Arnold Helmut 91*
Katz, Danny 341*
Katz, Röschen 341*
Katz, Samuel 341*
Kaufmann, Generalsekretär jüdischer Arbeiterfürsorge 390
Kaufmann, Georg 113
Kaufmann, kath. Theologe 421
Kayser, Wilhelm 405*
Kelsen, Hans 218*, 222–228, 230, 234, 272, 295
Kettner, Eduard 334*
Keun, Irmgard 89
Kisch, Bruno 124*, 218–221, 232
Kisch-Arndt, Ruth 346*
Klee, Paul 153*
Klein 379
Klein, Franz 202*
Klemperer, Otto 157*, 160, 167
Klingemann, Karl 61
Klingenburg, Georg 107, 420
Kloth, Hans 403
Knab, Peter 378*
Kober, Adolf 124, 177*, 186, 187*, 189, 191*, 267, 379, 409
Konen, Raoul 148
Korn, Lotti 74*, 78*, 79*
Korte, Helmut 183*
Krämer 274
Kramer, Albert 191*, 365*
Kraus, Hertha 365
Krautwig, Peter 220
Kreuger, Ivar 310*
Kroll, Josef 284*, 287*, 288 f.
Krummacher, Gottfried Adolf 180
Kübbeler, Jakob 339*
Kühn, Heinz 293
Kuhlemann, Theodor 150*
Kuske, Bruno 153*, 186, 189, 289 f.,

Landauer, Gustav 365
Lassalle, Ferdinand 363
Laué, Walter 141*
Lauen, Konrad 392*
Lauscher, Albert 228 f.
Lazarus, Arthur 333*
Leffmann, P. 143*
Lehmann, Heinrich 224*

Leibowitz, Jesaiah 221–223
Lenné, Albert Emil 162*, 354*
Lessing, Theodor 274–276
Levano 110*
Levi 329
Lewin 310*
Lewy, Fritz 176, 179*, 183*
Ley, Robert 281, 342, 403, 406, 408 f., 414*
Liebknecht, Karl 365
Liebmann, Benjamin 364*
Liffmann, Doris 196, 198*
Lingens, Walter 368*, 419
Linnartz, Kaspar 187–189, 371
Linneborn, Johannes 409*
Lissauer, Brüder 328
Lissauer, Menno 62*
Löwenich, Otto 398*
Löwy, A. 311*
Longerich, Peter 410 f.
Lüttwitz, Walter von 316
Luyken, Walter 179*
Lützeler, Egon 315, 392*

M., Lore 74*, 82*, 84*, 85*
Maaß, Leonore 183*
Macke, August 150*
Mannheim, Siegmund 327*, 366 f.
Marschall, Bernhard 179*, 181, 183
Marut, Ret 152*
Martin, Karl 256*
Marx, Karl 363
Marx, Wilhelm 274
Maste 258
Maus, Heinrich 163*, 272
Mauss, Anne-Marie 257*, 261*
Mayer, Arnold 244, 248
Mayer, Hans 80*, 90, 302*, 303*
Meerfeld, Johannes 53, 159, 164, 171
Meirowsky, Emil 233 f.
Menne 155 f.
Mermet, Irene 153*
Mevissen, Gustav 48, 215*
Mevissen, Mathilde von 151*
Meyer 109*
Meyer, Felix 249 f.
Miebach, Arthur 250*, 258*
Miller, Zvi 78*, 79*
Modes, Theo 164
Moeller, Arthur van den Bruck 272*
Moses, Elisabeth 186, 187*

Moses, Ludwig 333*
Moses, Max 383
Münchmeyer, Ludwig 126, 406
Müller, Anna 400*
Münzer, Friedl 161
Munik 381*

Nack, Robert 267
Nadrigny-Beyer, Gisela 416*
Nahen, Heinrich 267*
Nathan, Rudolf 89*
Neitzel, Otto 167
Nettmann, Leo 250*, 258*
Neuberg, Carl 221
Neuhauser, Josef 399
Neumann, Hans 251 f.
Neumann, Rudolf 289*
Nezer, Heinrich 89*, 328*
Niemann 389*
Nierendorf, Karl 147–149, 153

Offenbach, Isaac 159*
Offenbach, Jacques 159*
Oppenheim, Abraham 160, 326, 363
Oppenheim, Albert 144*
Oppenheim, Dagobert 363
Oppenheim, Salomon 47*, 55*, 119
Oppenheim, Simon 197, 326
Oppenheim, Simon Alfred 62*
Oppenheimer, Olga 150*, 151
Ostermann, Willi 89*, 198, 346
Osthaus, Karl Ernst 142

Parvus, Alexander 310*
Piggot, Julian 55*
Pincus-Wieruszowski, Ruth 111*, 234, 327*
Planitz, Hans 283, 289*
Pleyer, Klaus 289*
Pollack, Ilse 79*
Preuninger, Erna 88*
Preuss, Hugo 358
Prinz, Erwin 281

R., Hilde 113*
Radetzky 205*
Räderscheidt, Anton 153*
Ranker 77*
Ranshoff, Gertie 199
Rath, Emil vom 143*
Rathenau, Walter 264 f., 358, 361, 392, 395–397, 399

Remerz 232 f.
Rémond, Fritz 161
Renner, Karl 224
Richter 220
Richter, Heinrich 381
Richter, Reinhold Siegfried Ernst 220
Riefenstahl 250*
Rings, Johann 229
Rosenthal 342*
Rosenthal, Joseph 364*
Rosenthal, Ludwig 53, 123, 177 f., 369*, 371, 377*, 379*, 409
Rost, Hans 331
Rubensohn 109*
Rudding 389
Rüben 91
Runge, Franz 347*
Runge, Paul 385

Salmony, Alfred 151*
Salomon, Alice 128
Sander, August 198 f.
Sassen, Engelbert 200*
Schack, Wilhelm, (S. 179)
Schäfer, Erich 89*
Schaller, Richard 281, 403, 406
Scheler, Max 218*, 226
Schirach, Baldur von 281, 284
Schlack, Friedrich 397*
Schlechter-Bonessen, Käthe 76*
Schlegel, Hermann 267
Schlitzer, Aloys 397*
Schlund, Erhard 269*
Schmeer, Eduard 392
Schmeer, Rudolf 392
Schmitt, Andreas M. 123
Schmitz, Hans 153*, 199*
Schneider, Gertrud 76*, 78*, 113*
Schnitzler, Viktor 166
Schönenberg, Erna 317*
Schönenberg, Max 317*
Schulte, Karl Joseph 102*, 104*, 128*, 163*, 164*, 184*, 201*, 271, 350, 351*, 421
Schulze 193
Schumacher, Hermann 121
Schupler, Max 349*
Schwechten, Eduard 333*
Schweickart, Hans 151*
Schwering, Leo 420 f.
Seewald, Richard 157, 158*

Seiwert, Franz W. 151–154, 199*
Seligmann, Heinrich 160, 312*
Seligmann, Moritz 142
Seligmann, P. 142
Severing, Carl 314, 337*, 386
Seypold, Leo 181
Siegellack, Max 78*, 79*, 87*
Silbermann, Alphons 80*
Silverberg, Paul 326, 365
Simchowitz, Sascha 162, 191*, 222 f., 235
Simon, Gustav 283
Sinkhöfer, Heinrich 166*
Sklarz, Brüder 310*
Smeets, Josef 149*
Sobernheim 191*
Sollmann, Wilhelm 53, 371
Sombart, Werner 308*
Spahn, Martin 226, 271 f., 289*
Spieker, Otto A., 257*
Spier, Otto, 79*, 196*, 198*, 328*, 349*
Spitz, Harry Hermann 183*
Spitzer, Leo 218*, 222 f., 227, 230
Stadtler, Eduard 279*
Stahl, Peter 169, 229*
Stein, Edith 233*
Stein, Hans 174*, 176, 178, 180
Stein, Johann Heinrich von 216*
Stein, Norbert 199
Stern, Robert 191
Stern, Walter 151*, 153*, 176, 183*
Sternberg, Benno 123*
Stier-Somlo, Fritz 218, 251*, 277*, 282
Stinnes, Heinrich 144*
Stinnes, Hugo 144*
Stock, Leo 109*
Stoffel, Heinrich 163*
Stoltenhoff, Ernst 61
Straus, Charlotte 149*
Straus, Jakob 149*
Straus-Ernst, Louise 123*, 148*, 149 f., 152, 154 f.
Strauß, Ottmar 62*, 327, 339, 360*, 418
Streicher, Julius 106, 406
Stresemann, Gustav 274, 405*
Szenkar, Eugen 161, 166–168, 173, 202

Tauber, Robert 161
Teusch, Josef 107
Thediek, Franz 180

Tietz, Alfred Leonhard 143*, 160*, 199, 282 f., 285, 334, 340*, 344, 346, 348, 407
Tietz, Flora 160*, 345
Tietz, Gerhard Leonhard 334, 344
Tietz, Hermann 344
Tietz, Leonhard 62*, 121*, 142, 161, 323, 327 f., 330*, 337, 344 f.
Tietz, Luise 273*
Tietz, Margarethe 345, 346*
Tietz, Wolfgang 346
Tillmann, Fritz 250*
Tobar, Hans 199
Töller, Theo 172*
Treidel, Lydia 328*
Trimborn, Karl 169 f., 305*, 306*
Treumann, Emil 91
Treumann, Kuno 91*, 124*, 329*
Trunk, Richard 171 f.

Ulmann, Hans 176, 183*
Unger, Hermann 171

Virchow, Rudolf 380*
Vogelhut, Manfred 83*
Vordemberge, Els 183*

Wäscher, Aribert 151*
Waldmann, Moses 192*

Wallraf, Max 145
Walter, Bruno 166
Wecker 305*
Weiler, Rudolf 281
Weinand, Georg 378
Weingarten 262
Wienkötter, Helm 250*, 258*, 261, 262*
Wieruszowski, Alfred Ludwig 123*, 142, 217 f., 233 f.
Wilden 405*
Wilhelm II., deutscher Kaiser 148*
Windfelder, Norbert 392*
Windthorst, Ludwig 50
Wingender, Josef 198
Winkelnkemper, Peter 178, 415 f.
Wolff, Friedrich 368*, 369*
Wolff, Otto 62*, 312, 327
Wolfsohn 123*
Worm, Fritz 176, 178, 183*
Worringer, Adolf R. 151
Worringer, Emmy 150*, 151

Zahn, Leopold 190*
Ziegellaub, Karl David 77*, 82*, 88*, 329*
Zinsser, Ferdinand 280*, 284
Zörgiebel, Karl 401
Zuckmayer, Carl 169 f., 202

WEITERE VERÖFFENTLICHUNGEN DES INSTITUTS FÜR EUROPÄISCHE GESCHICHTE
Abteilung für Universalgeschichte

Band 169
ALEKSANDAR-SAŠA VULETIĆ
Christen jüdischer Herkunft im Dritten Reich
Verfolgung und organisierte Selbsthilfe 1933–1939

1999. X, 308 Seiten; Ln. mit Schutzumschlag
ISBN 3-8053-1967-3 € 39,90

Mit ihrer Rassenpolitik zielten die Nationalsozialisten seit 1933 auch gegen Christen jüdischer oder teilweise jüdischer Herkunft. Während die Kirchen gegen diese antisemitische Politik nicht protestierten, versuchten Betroffene, ihre Identität als Christen und als Deutsche zu bewahren und sich gegen die gesellschaftliche Ausgrenzung zur Wehr zu setzen. Sie gründeten 1933 den »Reichsverband nichtarischer Christen«, der 1937 auf staatliche Anordnung hin in eine »Mischlings«-Organisation umgewandelt wurde. Auch diese mußte 1939 ihre Tätigkeit einstellen.

Aleksandar-Saša Vuletić legt die umfassende Gesamtdarstellung über diesen einzigen organisierten Selbsthilfeversuch rasseverfolgter Christen im Hitlerreich vor. Er zeichnet die Hintergründe für das Entstehen des »Reichsverbands« nach, schildert seine Arbeit und sein Scheitern. Auch das Verhältnis zu den Kirchen und zu den jüdischen Organisationen wird beschrieben. Nicht zuletzt untersucht der Autor, inwieweit staatliche Institutionen die Tätigkeit des »Reichsverbands nichtarischer Christen« überwachten und für ihre eigenen Zwecke zu instrumentalisieren suchten.

VERLAG PHILIPP VON ZABERN · MAINZ AM RHEIN

WEITERE VERÖFFENTLICHUNGEN DES INSTITUTS FÜR EUROPÄISCHE GESCHICHTE

Abteilung für Universalgeschichte

Beiheft 66

HEINZ DUCHHARDT/ISTVÁN NEMETH

Der Europa-Gedanke in Ungarn und Deutschland in der Zwischenkriegszeit

2005. X, 172 Seiten; kartoniert
ISBN 3-8053-3591-1 € 29,90

Der Aufsatzband untersucht die Qualität und Intensität des Europa-Denkens in der Zwischenkriegszeit in Mittel- und Osteuropa, namentlich in Deutschland und Ungarn. Deutsche, polnische und ungarische Autoren beleuchten verschiedene Aspekte des europäischen Denkens in diesem Teil des Kontinents.

Die Beiträge schlagen Schneisen in politische Aktivitäten und ein Schrifttum, das ebenso vielfältig wie kontrovers war und das sich ebenso schnell wieder verflüchtigte, wie es tiefe Spuren hinterließ. Wie sehr »Europa« für viele ein Strohhalm oder gar eine Vision, für andere nur ein Kampfbegriff war, um ganz andere Ziele zu kaschieren, illustrieren die hier versammelten Beiträge je auf ihre Weise. Der Band geht zurück auf eine im Juni 2004 in Budapest durchgeführte Tagung des Instituts für Europäische Geschichte und der Eötvös-Lorand-Universität Budapest.

VERLAG PHILIPP VON ZABERN · MAINZ AM RHEIN